Heinrich Brüning

MEMOIREN
1918 – 1934

DEUTSCHE VERLAGS-ANSTALT STUTTGART

© 1970 Deutsche Verlags-Anstalt GmbH, Stuttgart. Schutzumschlag-
entwurf: Edgar Dambacher. Gesetzt aus der Monophoto Baskerville
Serie 169. Gesamtherstellung: Deutsche Verlags-Anstalt GmbH,
Stuttgart. Printed in Germany. Titelnummer 1541

Freiheit ist nicht rechthaberisch. Der Geist der Freiheit ist bestrebt, die Gedankengänge anderer zu verstehen und gleichmäßig die Interessen anderer mit den eigenen zu wägen. Freiheit liegt in den Herzen der Menschen. Wenn sie da stirbt, nutzen Verfassung, Gesetzgebung und Gerichte nichts.

The Honorable Learned Hand

in

„Der Geist der Freiheit"

INHALT

VORWORT

Die nachfolgenden Darstellungen der wichtigsten Ereignisse der deutschen Geschichte in den Jahren 1918 bis 1934 sind zu verschiedenen Zeiten geschrieben. Als ich am 30. Juni 1934, vier Wochen nach meiner Flucht aus Deutschland, am Rundfunk von dem Massenmord von politischen Freunden und Gegnern in Deutschland hörte, war mir klar, daß Hitler nicht nur jeden möglichen Widerstand, sondern alle Zeugen seiner dunklen Vergangenheit beseitigen wollte. Das allein ließ mich die innere Abneigung überwinden, Erinnerungen niederzuschreiben, ohne zunächst an eine Veröffentlichung zu denken.

Die Darstellung der deutschen Politik in den Jahren 1931 und 1932 beruht größtenteils auf den „Tageszetteln", auf denen der Staatssekretär in der Reichskanzlei, Dr. Pünder, täglich alle Besuche, Verhandlungen und Vorgänge mit genauester Zeitangabe eintrug. Kurze stenographische Notizen meinerseits auf den Tageszetteln vervollständigten diese Aufzeichnungen. Die Tageszettel, nebst einer Reihe von wichtigsten Aktenstücken, wurden mir durch treue Freunde unter großer eigener Gefahr im Herbst 1934 nach Melide am Luganer See gebracht, wo ich in den Jahren 1934 und 1935 diese Schilderung diktierte. Besonders wichtige Teile dieser Arbeit wurden bei gelegentlichen Besuchen mit Dr. Pünder und Vizekanzler Dietrich eingehend durchgesprochen und auf ihre Korrektheit geprüft, ebenso mit den Ministern Treviranus, Hilferding und einzelnen anderen im Exil lebenden Parlamentariern. Bestimmte Verhandlungen und Ereignisse wurden mit Henry Stimson, Ramsay MacDonald, den früheren Botschaftern Sir Horace Rumbold, Frederic Sackett und Hugh Gibson, sowie führenden Politikern in anderen Ländern erörtert. Während des Zweiten Weltkrieges wurde der Text in drei Kopien von Freunden im Auslande verborgen.

Die Darstellung von Erlebnissen im Jahre 1918 ist aufgebaut auf meinen ebenfalls geretteten Notizen für das Kriegstagebuch der MGSS-Abteilung 12. Die Schilderung der Vorgänge des Jahres 1923 beruht im wesentlichen auf den von meinen Freunden und mir geschriebenen Aufsätzen in der Tageszeitung „Der Deutsche", die ich nach 1945 nur für fünf Monate 1923 ausfindig machen konnte. In der Heimat wurde auch diese Darstellung mit den wenigen überlebenden intimen Kennern der Ereignisse im einzelnen durchgesprochen. Als ich in den fünfziger Jahren die übrigen Skizzen für die Jahre 1919–1929 diktierte, standen mir die zeitgenössischen Berichte der bekanntesten deutschen, englischen und amerikanischen Zeitungen zur Verfügung.

Meine scharfen Urteile aus den Jahren 1934 und 1935 sind inzwischen erheblich milder geworden. Eigene Erlebnisse und die Beobachtung der politischen Entscheidungen in anderen Ländern haben mich gelehrt, versöhnlicher über viele Persönlichkeiten und Ereignisse des politischen Lebens in Deutschland zu denken. Nur die propagandistische Verfälschung der Ereignisse vor und während des Zweiten Weltkrieges und eine teils aus Angst, teils aus Selbstrechtfertigung entstandene Memoirenliteratur haben mich zu dem schweren Entschluß gebracht, diese Erinnerungen veröffentlichen zu lassen. Mein im Jahre 1947 in der „Deutschen Rundschau" veröffentlichter Brief sollte eine Warnung sein für einzelne Persönlichkeiten, ebenso vor dem Mißbrauch von Aussagen vor den alliierten Gerichten. Solche Aussagen und Memoiren und selbst die Darstellungen von objektiven Historikern beweisen, wie schwer es ist, Geschichte zu schreiben auf Grund rein zufällig erhaltener und unter dem Einfluß bestimmter zeitgebundener Strömungen geschriebener Aufzeichnungen oder Dokumente. Vielleicht kann diese Veröffentlichung dazu beitragen, einer jüngeren Generation zu zeigen, wie „unplanmäßig" entscheidende politische Vorgänge verlaufen, wie Zufälle, persönliche Freundschaften und Gegensätze sowie nicht vorherzusehende Ereignisse den Ablauf der Geschichte viel stärker bestimmen als ausgeklügelte Verfassungsbestimmungen und parlamentarische Geschäftsordnungen, Wirtschafts- und Finanztheorien, Parteidoktrinen und geschichtsphilosophische Konstruktionen.

Entstellungen durch zeitgenössische Propaganda hat es in der Geschichte immer gegeben. Aber der Versuch der totalitären Regimes, jede geschichtliche Tradition und jede Möglichkeit objektiver Darstellung geschichtlicher Ereignisse planmäßig zu beseitigen, ist etwas Ungewöhnliches in der Geschichte Europas. Um einen Mythos zu erhalten, mußten Goebbels und seine Mitarbeiter versuchen, eine künftige objektive Darstellung der jüngsten Geschichte Deutschlands unmöglich zu machen. Das geschah teils durch die Beseitigung der meisten noch lebenden Zeugen dieser Periode, teils auch durch Vernichtung von Dokumenten, die einem künftigen Historiker hätten beweisen können, daß, als Hitler an die Macht kam, alle entscheidenden politischen Fragen auf friedlichem Wege bis zu einem Grade gelöst waren, den die Führer der NSDAP für unerreichbar gehalten hatten, wie Goebbels vor der Machtergreifung in Privatgesprächen sich nicht scheute anzuerkennen. Gegen diesen Versuch von Goebbels ist im Auslande eine große Literatur, teilweise von kommunistischen Emigranten, veröffentlicht worden, wie sie sich Goebbels für seine Gegenpropaganda nicht geeigneter hätte wünschen können.

Die heutige Technik der Propaganda ist in ihren Folgen zerstörender als irgendeine militärische Waffe. Sie verhindert weitschauende, konstruktive Lösungen vor und nach Kriegen, denn die Wirkungen des Rundfunks, der Zeitung und der Buchpropaganda können nicht so schnell ausgelöscht werden. Dies ist eine der gefährlichsten Entwicklungen in der heutigen Massendemokratie. Die heroische Selbstaufopferung für ein Volk kann vergeblich sein, wenn es durch Verdrehungen der Wahrheit und des objektiven Urteils, wie schon im Ersten Weltkrieg, in einem Chaos ethischer und rechtlicher Begriffe und Traditionen endet.

Nach schweren Schicksalsschlägen neigen die Völker dazu, Fehlschläge und Enttäuschungen in kritischen Augenblicken durch Intrigen zu erklären. Intrigen hat es in der Politik zu allen Zeiten gegeben. Die Urheber verfolgen dabei nicht immer selbstsüchtige Zwecke. Ihre Fähigkeit, kommende Entwicklungen vorauszufühlen, kann aber beschränkt sein; es kann ihnen an Vertrauen und Geduld mangeln, um den Ausgang einer Politik abzuwarten.

Es gibt immer verschiedene Lösungen schwerer Probleme. Nichts ist gefährlicher, als wenn politische Führer oder Parteien an die Unfehlbarkeit einer einzigen, bestimmten Lösung glauben. Man kann nur aus der Geschichte lernen, wenn man gewissenhaft zu erforschen sich bemüht, welches die Möglichkeiten in einem bestimmten Augenblick waren und wie die Temperamente der Einzelnen darauf reagierten; denn jeder ist von seinem Temperament und seinem Lebensschicksal bei jeder Entscheidung beeinflußt. Es gibt Menschen, die in untergeordneter Stellung in einem gegebenen Augenblick in jedem Fall die richtige Entscheidung treffen können, die aber versagen, wenn sie mit letzter Verantwortung eine Entscheidung allein zu fällen haben.

Ich hoffe, der wohlwollende Leser dieser Aufzeichnungen, der nicht nach Sensationen und entstellender Vereinfachung sucht, wird erkennen, daß die Zahl der Menschen, die eine endgültige Probe in anscheinend aussichtslosen Spannungen bestehen, in der Geschichte immer sehr klein gewesen ist. Man wird vielleicht sehen, daß in der heutigen Massendemokratie, die eine dauernde Beeinflussung der öffentlichen Meinung nötig macht, die Aufgabe der politischen Führer ständig schwieriger wird. Wenn die Erwartungen und Nerven der Völker durch Propaganda und Agitation in größter Spannung gehalten werden, so gibt es in der Politik nicht die natürliche Entspannung, wie sie der Körper nach höchster Erregung findet.

Männer, die unabhängig von Massenreaktionen ihre Verantwortung und ihren Gleichmut in den schwersten Stunden bewahren, werden immer seltener von ihren Völkern mit der höchsten Verantwortung betraut werden. Die Geschichte zeigt, daß diese Erscheinung charakteristisch ist für die endgültige Krise jeder Staatsform, in der unabhängige Kontrolle und Kritik keinen entscheidenden Einfluß mehr haben, und zwar gilt das sowohl für die Massendemokratie als auch für die Diktatur. Auf alle Fälle wird sich eine demokratisch-parlamentarische Regierungsform nur so lange halten können, als alle Parteien, ob sie in der Regierung oder in der Opposition sind, sich für den Staat voll verantwortlich fühlen und die leitenden Staatsmänner immer so handeln, als ob sie ihre eigenen Nachfolger sein würden. Kein Einzelner braucht verherrlicht oder verteidigt zu werden, aber jüngere Menschen guten Willens sollten in der Lage sein, aus den Ereignissen eigene Schlüsse zu ziehen.

I

POLITISCHE ERFAHRUNGEN

DAS ENDE DES KRIEGES

In meinen politischen Auffassungen unterschied ich mich von meiner Generation vielleicht nur insofern, als lange und häufige Aufenthalte im Auslande und vergleichende Studien der politischen und wirtschaftlichen Systeme anderer Länder meinen Blick erweiterten. Wir waren eine Zwischengeneration, voller Verachtung gegenüber dem herrschenden Materialismus, der vom klassischen Liberalismus übrigblieb. Die Bedeutung der romantischen Reaktion der Jugendbewegung erkannte ich erst in den Schützengräben. Da wurden Gedanken entwickelt und Bücher geschrieben voll intuitiver Erkenntnisse, die später im Auslande mehr gewürdigt wurden als in Deutschland.

Das politische Interesse verblaßte in den vier Jahren an der Front, unterbrochen nur durch kurzen Urlaub und Aufenthalt in Lazaretten. Der tägliche Zwang zum militärischen Handeln verdrängt Überlegungen über künftige politische Entwicklungen. Durch reinen Zufall befand ich mich gegen Ende des Krieges inmitten politischer Entscheidungen.

Für mich begann der Kampf in den Argonnen. Wer diesen Tag und Nacht ununterbrochen andauernden Minen- und Handgranatenkampf überlebte, dem schienen die Gefahren in allen späteren Schlachten leicht zu ertragen. Verwundete und Kranke konnten die Heilung nicht abwarten, um wieder zu ihren alten Argonnenregimentern zurückzukehren. So kehrte auch ich aus meinem zweiten Lazarettaufenthalt vorzeitig zum Ersatzbataillon zurück, erhielt aber nicht die Erlaubnis, ins Feld zu gehen. Statt dessen erhielt ich eine ausgezeichnete Ausbildung am Maschinengewehr zwecks Übernahme einer Maschinengewehrkompanie im Regiment. Als die Anforderung ausblieb, meldete ich mich zu den Maschinengewehrscharfschützen-Abteilungen, die gerade aus den einzelnen vorher schon bestehenden Maschinengewehrtruppen gebildet wurden. Bei der Zentrale dieser Abteilungen in Rozoy lag die Anforderung seitens meines alten Regimentes vor. Es wurde mir aber erklärt, daß die Regimenter gegenüber einer besonderen Obersten Heeresleitungstruppe kein Recht auf solche Anforderungen besäßen.

Es war die Aufgabe der neuen MGSS-Abteilungen, einer Schöpfung Ludendorffs, in Tiefenstaffelung zwischen der Infanterie und schweren Artillerie feindliche Durchbrüche um jeden Preis aufzuhalten – wie die Befehle lauteten, „bis zum letzten Mann" –, bis Reserven aufgebracht

werden konnten. Die einzelnen Abteilungen, im Westen durchschnittlich
40, wurden von der Obersten Heeresleitung an die Armeen und von diesen
an einzelne Divisionen vorübergehend „ausgeliehen", unter der Bedingung, daß durch keinen Befehl untergeordneter Stellen ihre Sonderauf-
gabe gefährdet würde.

Während in den Großkämpfen die Divisionen nach wenigen Tagen
abgelöst wurden, blieben diese Abteilungen während der Dauer des
feindlichen Durchbruchversuchs bodenständig. Wir wurden von einem
Großkampfschauplatz auf den anderen geworfen – vom Chemin des
Dames durch alle Flandernschlachten und die Tankschlachten bei Cam-
brai und, nach neuen Aufgaben in der Frühjahrsoffensive 1918, wiederum
an die Hauptdurchbruchstellen des Gegners. Die Aufgabe war, vor Beginn
der gegnerischen Großangriffe unsere Maschinengewehrnester selbst für
feindliche Flugaufnahmen unkenntlich zu machen und mit dem eigenen
Feuer zu warten, bis die Infanterie hinter uns zurückgewichen war.

Diese Aufgabe gab den MGSS-Abteilungen eine Sonderstellung. Offiziere
mußten im einzelnen unter eigener Verantwortung handeln. Sie konnten
unter der Voraussetzung sofortiger Meldung aus eigener Entscheidung
innerhalb eines bestimmten Umkreises neue Stellungen einnehmen. Bei
einem Durchbruch des Gegners war neue Befehlserteilung unmöglich.
Jeder einzelne Unteroffizier mußte für sich selbst entscheiden. Der Stab
bestand nur aus fünf Personen, ohne Schreibmaschine und Telephon.
Offiziere, Unteroffiziere und Mannschaften waren eng miteinander vertraut. Persönliche Anteilnahme an dem Leben der Einzelnen und ihren
Familien war selbstverständlich.

Die Mannschaften waren überwiegend junge hochqualifizierte Metallarbeiter, zum großen Teil aus Berlin. Sie waren Mitglieder der sozialistischen
Gewerkschaften, deren erzieherischen Einfluß in bezug auf Enthaltsamkeit
von geistigen Getränken ich hoch schätzen lernte. Zum Unterschied von
anderen Truppen wurde Teilnahme am Feldgottesdienst nur für die
Offiziere befohlen; Unteroffiziere und Mannschaften kamen aber immer
vollzählig. Wenn es nach langen, harten Kämpfen in einem der geräumten
Dörfer für eine Weile Ruhe gab, konnten die Mitglieder dieser Abteilung
an Fröhlichkeit und natürlich tadellosem Benehmen nicht übertroffen
werden. Weder früher noch später in meinem Leben habe ich etwas
Gleiches an gegenseitigem Vertrauen, unabhängiger Gesinnung, Anpassungsfähigkeit, Humor und Selbstaufopferung erlebt.

Im Kampf ist Disziplin etwas Instinktives. Soldaten beobachten den
Gesichtsausdruck eines Führers, der vorausschauend und kühn ist, und

folgen ihm ohne weiteres. Formelle Befehle erübrigen sich. Den Divisions- und Korpskommandeuren und manchem Regimentskommandeur blieb das unverständlich. Wir waren ihnen nur in kritischen Augenblicken willkommen, in denen sie uns nach veralteten Methoden einsetzen wollten. Nie wieder habe ich so frei und scharf sprechen können wie bei solchen Gelegenheiten.

Unsere Unpopularität bei älteren Offizieren rührte größtenteils von der uns von Ludendorff auferlegten Pflicht her, monatlich der Obersten Heeresleitung zu berichten, ob die Divisionen, denen wir unterstellt waren, die neue Abwehrtaktik genau eingehalten hatten. Das Gerücht ging um, daß wir „Polizeifunktionen" hätten. Aus dem Gerücht wurde Wirklichkeit insoweit, als die späteren SS-Formationen der NSDAP von dem Führer einer MGSS-Abteilung, Major Buch, ursprünglich gegründet wurden.

Nur einmal erhielten wir ein besonderes Lob von dem Führer einer Armee, Generaloberst von der Marwitz. Das war vor der Offensive 1918, als die einzelnen Divisionen geprüft wurden, ob sie sich für den Angriff eigneten. Wir hatten nur vier Gewehre aufgestellt, aber so gut getarnt, daß die angreifende Division sie nicht erkennen konnte. Populär waren wir nur bei jüngeren Generalstabsoffizieren und einigen wenigen Regiments- und Divisionskommandeuren. Ohne ihre Hilfe hätten wir nicht die dauernden Schwierigkeiten mit älteren höheren Offizieren beilegen können. Bei der Kritik nach Übungen beobachtete ich die wachsende Spannung zwischen den jüngeren Offizieren und den älteren. Einige ältere Generäle, schon zu alt für den Krieg, ließen sich später in den Reichstag wählen. Jüngere Generalstabsoffiziere, die in freimütigster Weise die ältere Generation kritisierten, spielten auch in meinem späteren politischen Leben eine bedeutende Rolle.

Am letzten Tage der Flandernschlacht von 1917 war die Gefahr eines vollen Durchbruchs seitens der Engländer so groß, daß Ludendorff sich entschloß, die von ihm selbst geschaffene Elitetruppe, entgegen seiner für die Gründung maßgebenden Auffassung, restlos zu opfern. Unsere Leute hatten seit Tagen und Wochen in Schlamm und Wasser gelegen, so daß die Maschinengewehre angerostet waren. Aber sie trieben mit Handgranaten und Pistolen die zu Tode ermüdeten Engländer am Abend zurück, bis neue Verstärkungen auf unserer Seite kamen. Der gute Ruf, den unsere Abteilung seit diesem Tage erhielt, erschien unseren Leuten in ihrer Bescheidenheit übertrieben; sie hatten mehr Bewunderung für den Todesmut der englischen Angreifer.

Von der ersten Flandernschlacht an waren wir immer an derselben Stelle

eingesetzt wie das Richthofen-Geschwader. Es entspann sich eine lebhafte
Korrespondenz zwischen unseren Leuten und Richthofen, der jede
Postkarte beantwortete, die unsere Leute ihm schrieben. Seine Postkarten
schätzten sie höher als das Eiserne Kreuz. In der Artillerievorbereitung für
die erste Flandernschlacht 1917 war Richthofens Flugzeug schwer beschä-
digt. Er versuchte, es hinter unsere Linie zurückzubringen. Dann geschah
etwas Einzigartiges. Beim Gegner wie bei uns hörte plötzlich das Feuer auf;
es herrschte einen Augenblick völlige Waffenruhe, als Freund und Feind
aus den Trichtern aufstanden, um zu sehen, ob Richthofen sich retten
konnte.

Uns ging es erst gut, als wir seit der großen Offensive 1918 größtenteils bei
derselben Division 79 blieben, deren eines Regiment sich aus dem Ersten
Garderegiment rekrutierte und dessen Führer in Friedenszeiten Kommandeur des Leibbataillons gewesen war. Unvergeßlich bleibt mir ein
Augenblick, als wir 1918 südlich von Kemmel lagen und auf die Nachricht, daß sein Schwiegersohn, der gerade geheiratet hatte, gefallen
sei, die Infanteristen und unsere Leute mit Tränen in den Augen von
Trichter zu Trichter sprangen und die Nachricht weiterverbreiteten. Mit
solchen Truppen konnte man alles leisten.

Am 8. August 1918 wurde unsere Abteilung nach kurzer Ruhe, während
der auf Ludendorffs Befehl weitere Angriffsübungen gemacht wurden,
über Nacht in die Hauptdurchbruchstelle der Alliierten gegenüber der
Naht der englischen und französischen Armeen geworfen. Zusammen mit
dem ausgezeichneten Regiment der 79. Reservedivision und zwei Geschützen wurden trotz Einschließung von drei Seiten alle Angriffe des
Gegners ohne einen einzigen tödlichen Verlust unsererseits erfolgreich
abgewehrt. Vom 9. August 1918 an blieben wir zusammen mit der
79. Reservedivision, bei der, mit Ausnahme eines einzigen Regiments,
wir uns besonders wohl fühlten.

Nördlich von uns hatten wir eine Division, die nach zwei kampflosen
Jahren vom östlichen Kriegsschauplatz herübergebracht worden war.
Unsere Leute hatten schon in der Frühjahrsoffensive Erfahrungen mit
ähnlichen Divisionen gemacht und nannten sie „Bolschewiken"-Divisio-
nen. Es wurde uns bald klar, daß die Hoffnung, durch einen Friedens-
schluß mit Lenin und Trotzki eine große Zahl von Divisionen vom Osten
nach dem Westen bringen zu können, sich zwar zahlenmäßig erfüllte, aber
in Wirklichkeit nur die Zersetzung der Westfront anbahnte.

Erst Ende August, als wir ein einziges Mal bis zum Ende des Krieges drei
Tage Ruhe in der einsamen, schönen Landschaft von Solente hatten,

wobei wir aus der Ferne das rollende Feuer der Artillerie hörten, konnten wir nachdenken. Jetzt, unter dem Eindruck des Gegensatzes zwischen dieser Landschaft und unseren Erlebnissen, bemächtigte sich unser, im Gegensatz zu der Fröhlichkeit früherer Ruhezeiten, eine ernste Stimmung. Jeder suchte einen einsamen Platz zum Liegen, um ungestört zu sein. Am dritten Tag sagte einer zum anderen: „Wenn wir nur wieder an der Front wären!" Als ich am 17. September unseren Leuten die Gründe für das Waffenstillstandsangebot auseinandersetzen mußte, erholte ich mich von der eigenen Bedrückung nur durch ihre stoische Reaktion darauf.

Nach dem Verlust der Hälfte der Offiziere in dauernden Rückzugsgefechten, für die wir, mangels jeder anderen Unterrichtung über die Gesamtlage, die jeweils auf eigene Initiative zurückgehenden „Bolschewiken"-Division nördlich von uns verantwortlich machten, erreichten wir Ende September die Siegfried-Stellung. In den frühen Morgenstunden des 29. September, nach heftigem nächtlichen Artilleriefeuer des Gegners, kam der Divisionsbefehl, die Siegfried-Stellung nach Norden abzuriegeln. Die Gräben seien teilweise schon von englischen Patrouillen besetzt, weil die „Bolschewiken"-Division nördlich von uns ohne Befehl die Stellung geräumt habe. Mit einer kleinen Reserve ging unser Kommandeur zurück, um zu versuchen, einen von Norden her drohenden englischen Tankangriff in unserem Rücken aufzuhalten. Wir sahen die englischen Tanks schon teilweise nach Südosten umschwenken. Ich erhielt den Befehl, zur Bagage zurückzugehen, nötigenfalls sie weiter zurückzuschaffen und mit einem Teil der Fahrer das Dorf Fresnoy le Grand bis zum äußersten zu verteidigen. Wegen der Bewegungen der englischen Tanks weit nach Südost ausweichend, stieß ich auf den Korpskommandeur, der mit seinem Auto auf der Heerstraße parallel zur Front in schärfstem englischem Artilleriefeuer hielt, offenbar den Tod suchend. Am Abend und in der Nacht schlugen sich die beiden guten Regimenter der Division und alle unsere Leute, mit Ausnahme von acht, von denen wir nie wieder gehört haben, durch die englische Umzingelung durch.

Am anderen Morgen kam für mich ein telephonischer Befehl vom Hauptquartier der 40 Scharfschützenabteilungen des Westens, sofort nach Tongern bei Lüttich zu kommen. Während meines stundenlangen Wartens auf dem Bahnhof Bohain sammelte sich ein merkwürdiges Gemisch von Verwundeten und „Verstreuten" an, die offenbar auf eigene Faust in die Heimat zurückzukehren beabsichtigten. Unvergeßlich bleibt mir das Verhalten eines Unteroffiziers vom pommerschen Grenadierregiment, dem ein Auge ausgeschossen war. Ich hatte Mühe, ihn zu überreden, mitzufahren. Er wollte zurück zur Front, dort den Tod zu suchen, weil er die Schande des Aufgebens der Siegfried-Stellung an ihren entscheidenden Punkten nicht überleben wollte.

Es war die Gewohnheit der jüngeren Generalstabsoffiziere geworden, sich über die Front durch Reserveoffiziere zu imformieren, in der Erwartung, daß diese schärfer und freier sprechen würden als viele aktive Offiziere. Trotzdem hielt der Chef des Stabes des Kommandos der MGSS-Abteilungen in Tongern, Major von Courbière, ein Enkel des großen Helden Preußens im Kampf gegen Napoleon 1806 und gleich so vielen anderen preußischen Generalstabsoffizieren hugenottischer Abkunft, die Mahnung für notwendig, daß ich meine Eindrücke schnell und rücksichtslos formulieren solle. Ich erklärte ihm, daß die Armee Gefahr laufe, durch das Anciennitätsprinzip völlig zusammenzubrechen, und erinnerte ihn an meine früher persönlich berichteten Erfahrungen vor Albert in der Frühjahrsoffensive 1918.

Wir standen damals 300 Meter vor Albert, mit bloßem Auge sehend, wie die letzten Engländer flüchteten. Nur ein einziges englisches Auto stand noch auf der Höhe jenseits der Ancre, dessen ruhiges Warten wir uns nicht erklären konnten. Viele Jahre später in Oxford in Unterhaltungen mit dem früheren Generalquartiermeister der 5. Armee fand ich heraus, daß er es war, der in dem Auto saß und uns mit seinem Glas beobachtete, als wir unseren Kommandeur bedrängten, uns die Erlaubnis zu erwirken, allein durch Albert auf die jenseitigen Höhen vorzustoßen. Der Brigadekommandeur, der bis zur Frühjahrsoffensive nur geringe Fronterfahrung gehabt hatte, nahm mich vom ersten Tage an dauernd zur Division mit, aus Furcht, wir würden in seiner Abwesenheit auf eigene Faust handeln und nachher vor ein Kriegsgericht kommen. Wäre der Major von dem Hagen vom Großen Generalstab, der nur den ersten Durchbruch ermöglichte, dann schwer verwundet wurde, Brigadekommandeur geblieben, so wäre in unserem Abschnitt der Durchbruch gelungen. Major von dem Hagen wurde ersetzt durch einen höchst verantwortlichen und persönlich tapferen Offizier aus der Etappenverwaltung, der einem meiner Kameraden offen erklärte, er sei mit der neuen Kampfesmethode so wenig vertraut, daß er um Hilfe bei der Erstattung seines Lageberichtes bitten müsse.

Meinen persönlichen Eindrücken fügte ich die Äußerungen zweier junger Generalstabsoffiziere hinzu, von denen der eine, als die Scharfschützen-Abteilungen an der Front die Deckung des Aufmarsches der Angriffsdivisionen am Tage vor der großen Offensive übernehmen mußten, mir erklärte, er habe bereits dem Korpskommando gemeldet, daß er jede

Verantwortung wegen der an der Front abzulösenden „Bolschewiken"-Divisionen ablehnen müsse. Der andere, der oft bei uns an der Front weilte, sagte schon Wochen vorher, es scheine, als ob die Oberste Heeresleitung völlig die Weisheit Napoleons vergessen habe: „Wenn du zurückgehst, gehe weit genug zurück", eine Lehre, die Joffre 1914 so meisterhaft befolgt habe. Warum fand kein dauernder Austausch statt zwischen diesen jungen Generalstabsoffizieren und denen in der Obersten Heeresleitung? Warum wurden sie nicht Korpskommandeure an Stelle der älteren, schon in Friedenszeiten verabschiedeten Generäle? Bereits im Winter 1917/18 hatte ich Courbière unsere Erfahrungen in dieser Hinsicht bei unserem Einsatz bei Bourlon geschildert.

Courbière fragte nach dem Erfolg des „vaterländischen Unterrichts". Ich sagte ihm, in den meisten Fällen würden dafür die ungeeignetsten Offiziere ausgesucht, die die Leute nur durcheinander brächten. Die Oberste Heeresleitung habe anscheinend überhaupt kein Verständnis mehr für die Psyche der Fronttruppen; wo die Offiziere mit ihren Leuten vertraut seien und sie richtig behandelten, folgten sie ihnen auch ohne „vaterländischen Unterricht". Ich hätte unseren Leuten mit einem Satze die Gefahr des Bolschewismus klarmachen können, indem ich ihnen sagte, daß unter diesem System die Gewerkschaften den Befehlen der Regierung zu gehorchen hätten.

Auf besonderen Wunsch meines Kommandeurs habe ich dann auch mitgeteilt, daß kein aktiver Offizier mehr die Tatsache verstünde, daß die alten Korpsstreifen noch immer schräg auf die Front zuliefen, so daß der Gegner beim Durchstoß sofort die Verbindungslinien der noch aushaltenden Divisionen durchbrechen könne. Sich mühsam von seinem Stuhle erhebend – er ging wegen einer schweren Verwundung seit Anfang des Krieges an zwei Stöcken – fragte er, was ich vorschlüge. Ich antwortete: „Wir müssen weiter zurück." Man müsse den Mut haben, die „Bolschewiken"-Divisionen und die Etappe zu opfern, und mit den guten Divisionen schnellstens auf die Reichsgrenze zurückgehen, da sie die kürzeste Verteidigungslinie sei. Der Gegner zeige erhebliche Ermüdungserscheinungen. Wenn dem nicht so wäre, so säße ich nicht da. Scharfschützen-Abteilungen und Heeresartillerie, wenn sie wie wir in den letzten Wochen durch Kraftwagen schnell beweglich gemacht würden, seien noch immer in der Lage, einen planvollen schnellen Rückzug des Heeres zu decken. Man hätte kein Waffenstillstandsangebot abgeben dürfen, bevor die guten Divisionen die Reichsgrenze erreicht hätten.

Während der Wiedergabe meiner Eindrücke über Soldaten auf der Fahrt nach Tongern wurden wir durch ein Telephongespräch von der Obersten Heeresleitung unterbrochen. Ich sah, wie Courbières Gesicht sich versteinerte, und hörte, wie er sagte: „Ich habe nur noch zwei Abteilungen, die nicht seit der Frühjahrsoffensive ununterbrochen an der Front waren." Courbière gab meine Eindrücke der Obersten Heeresleitung durch und fragte mich, ob ich der Unterhaltung hätte folgen können. Er glaube, daß für unsere Abteilung eine völlig neue, schwere Aufgabe bevorstünde. Er hoffe aber, daß wir bis dahin zwei Wochen Ruhe haben könnten. Zum Abschied gab er mir einen Tagesbefehl Hindenburgs mit:

„1. X. 18. Zum Tage des 2jährigen Bestehens sage ich dem MGSS-Kdo. „West" meine Glückwünsche und meinen Dank für treu geleistete Arbeit. Es ist dem Kdo. gelungen, in den MGSS-Abteilungen eine Truppe herauszubilden, die durch hervorragende Ausbildung und beseelt vom Geiste treuester Pflichterfüllung in zahlreichen Angriffs- und Abwehrschlachten entscheidend zum Erfolg beigetragen hat. Ich erwarte, daß die MGSS-Abteilungen bleiben, was sie sind: eine Mustertruppe der Armee, die freudig bis zum letzten Blutstropfen kämpft für des Kaisers, des Vaterlandes und der Waffen Ehre."

Es schien mir, daß die Oberste Heeresleitung doch wieder Hoffnung auf langsame Besserung der Lage habe, aber dieser Eindruck hielt nicht einmal bis zum Abend vor. Nach meiner Rückkehr zum Armeekorps, dem unsere Abteilung damals unterstand, wurde mir gesagt, daß die Abteilung zusammen mit der uns vertrauten 79. Reservedivision in eine Ruhestellung im Walde von St. Gobin verladen sei. Mit Urlaubern und Genesenden teils mit der Bahn, teils zu Fuß dort angelangt, erfuhr ich, daß es der Division nicht gelungen war, die Ablösung unserer Abteilung durchzusetzen. Das Suchen nach der Abteilung auf zwei größeren Truppensammelplätzen brachte trübe Eindrücke. Tausende von Soldaten und Offizieren, die vom Urlaub zurückkehrten, suchten verzweifelt die Stellungen ihrer Regimenter ausfindig zu machen. Zum Teil hatten sie sich auf die Nachricht von dem Durchbruch des Gegners hin sofort entschlossen, ihren Urlaub abzubrechen. Ich sprach mit einer großen Gruppe von Offizieren, die, plötzlich aus zweijährigen Ruhestellungen in Rußland nach dem Westen geschickt, zwar guten Willens waren, sich zu opfern, aber klar sahen, daß sie sich nicht in wenigen Tagen in die westliche Kriegstaktik einleben konnten.

Aus den angesammelten Zeitungen konnte ich entnehmen, wie die Oberste Heeresleitung und die Regierung wegen des übereilten Waffenstillstandsangebotes zur Annahme immer schärferer Bedingungen der Alliierten gezwungen wurden. Parallel mit dem diplomatischen Spiel lief die russische Revolutionstaktik in Deutschland. Schon im September brachten zurückkehrende Urlauber und Genesende Gerüchte mit von bolschewistischen Verschwörungen in den Ersatztruppen, vor allem in Frankfurt an der Oder, von wo wir unseren Ersatz bekamen. Dabei fiel der Name Liebknecht. Wie gewöhnlich wußten unsere Leute mehr als die Offiziere, dieses Mal auch mehr als die Oberste Heeresleitung. Der letzte Ersatz, den wir im Oktober erhielten, fiel uns anfangs wegen seiner politischen Einstellung auf, ohne daß wir uns weitere Gedanken darüber machten. Wir hatten auch keine Zeit dazu.

Am 12. Oktober kam Befehl, nach Fourmies im französischen Flandern zu marschieren, um während des Winters den Ersatz für die Scharfschützen-Abteilungen zu schulen. Der Soldat glaubt gerne alle guten Nachrichten, auch wenn sie unwahrscheinlich sind; er ist auch nicht erstaunt, wenn gute Nachrichten sich nicht bewahrheiten. Jeder neue Befehl schafft neue Hoffnungen. Schon am Abend der Ankunft in Fourmies kam der Befehl der Obersten Heeresleitung durch, am nächsten Tage in Eilmärschen nach Tongern zu marschieren, mit der Auflage, jeden Abend den Ort, wo wir die Nacht verbringen wollten, und das Marschziel des nächsten Tages der Obersten Heeresleitung unmittelbar telephonisch mitzuteilen. Naiverweise dachte ich, daß die Weiterschickung im Sinne der Bildung einer Front sich vollziehen würde.

Die nächsten Marschtage zeigten uns die völlige Auflösung der Etappe. In einem Ort an der Maas ließ sich der Ortskommandant erst herbei, sein Abendessen zu unterbrechen und uns Quartiere anzuweisen, nachdem ich ihm den Befehl der Obersten Heeresleitung gezeigt hatte. Sein Feldwebel sprach von „schmutzigen Frontsoldaten" und weigerte sich lange, den Ortskommandanten herbeizurufen. Man schien zunächst nur darauf bedacht zu sein, die Etappe zu retten. Ganze Etappen-Ortsverwaltungen mit landwirtschaftlichen Geräten waren auf dem Rückzug und versperrten uns die Straßen. Nur durch schärfste Drohungen konnten wir uns freie Bahn schaffen. Unvergeßlich bleibt mir, daß nach einem schönen Ritt durch die Ardennen wir in Andennes eine Nummer einer Kölner Zeitung fanden mit der Nachricht von Hindenburgs Telephonat an den Reichskanzler, des Inhalts, daß die Westfront in größter Anspannung sei, daß aber durch Absetzen vom Feinde in Belgien ein Widerstand organisiert werden könne, der vor dem Äußersten bewahre. Wie sollte das nach unseren Erfahrungen auf dem Marsche noch möglich sein? Der Berliner

Zeitungskorrespondent meldete großen Optimismus über den Ausgang der Waffenstillstandsverhandlungen.

WAFFENSTILLSTAND UND REVOLUTION

Sofort nach Ankunft in der Gegend von Tongern erhielten wir den Befehl, uns für Straßenkämpfe auszubilden. Es fing ein Rätselraten an. Wir nahmen an, daß wir zur Unterdrückung von Aufständen in Antwerpen oder Revolten in der Marinedivision in Flandern, deren Zersetzung wir schon im Frühjahr beobachtet hatten, verwendet werden würden. Am 8. November morgens kam telephonisch die Ankündigung des Tages X. In Tongern wurde uns mitgeteilt, daß wir die Spitze einer neuen „Gruppe Winterfeld" zu bilden hätten, die die Aufgabe haben sollte, die in Berlin und anderen Orten ausgebrochene Revolution niederzuwerfen. Erstes Ziel sei die Sicherung von Aachen und dann von Köln. Von dort würden wir mit der Bahn weitergeleitet werden. Dieser Befehl erfreute alle, aber ein zweiter zeigte, daß die Oberste Heeresleitung nicht mehr das geringste psychologische Verständnis für Fronttruppen hatte. Wir sollten zehn Prozent unserer Unteroffiziere und Mannschaften zurücklassen, vor allem Sozialisten, und diesen Ausfall mit jungen Rekruten und Leuten aus dem älteren Ausbildungspersonal ersetzen. Wir weigerten uns, aber die strikte Ausführung des Befehls der Obersten Heeresleitung wurde von uns verlangt. Die Hälfte unserer Unteroffiziere und bis zu zwei Drittel der Mannschaften waren Sozialdemokraten, zum größten Teil Berliner, alle besonders erprobte und zuverlässige Leute. Die Kompanieführer, mit Ausnahme eines einzigen, neu hinzugekommenen Offiziers, weigerten sich, Rekruten anzunehmen, sie zogen ältere Mitglieder des Ausbildungspersonals vor. Schon während der Fahrt überzeugten wir uns, daß die meisten von diesen rein körperlich nicht mehr in der Lage waren, an der Erfüllung unserer Aufgabe mitzuwirken. Wir entließen an jeder Haltestelle eine Gruppe nach der anderen dieser älteren Leute. Somit hatten wir zwei schwache, aber zuverlässige Kompanien, dazu eine vollzählige mit Rekruten, denen niemand traute. Wiederum schematisches Denken, aber kein Unterscheidungsgefühl für menschliche Qualität!

Da uns vor der Abfahrt mitgeteilt wurde, daß es fraglich sei, ob der Zug noch nach Aachen hineinfahren könne, stiegen kurz vor Überschreitung der deutsch-belgischen Grenze Feldwebel Jordan, unser erstklassiger Waffenunteroffizier, der auch geprüfter Lokomotivführer war, und ich auf die Lokomotive. Über unsere Aufgabe, die Revolution in der Heimat zu unterdrücken, lächelten der Lokomotivführer und der Heizer verächtlich: „So was gibt es in Preußen nicht." Als ich auf der Lokomotive stand, versuchte ich auszudenken, was uns bevorstehen könne. Welches waren die Persönlichkeiten hinter den Veränderungen in Berlin und in der Obersten Heeresleitung? Würden wir jeweils rechtzeitig klare Befehle erhalten? Wenn nicht, wie sollten wir uns gegenüber dem revolutionären Mob verhalten? Würden wir überall Verpflegung und Nachschub von Munition erhalten? Bestand irgendeine Vereinbarung der Obersten Heeresleitung mit der neuen Regierung? Für wen kämpften wir?

Die Unterdrückung der Revolution erschien mir durchaus möglich und eine dauernde Abschaffung der Monarchie undenkbar. Im Grunde waren nun alle „demokratischen Forderungen" Wilsons bereits erfüllt. Das parlamentarische System und die Beschränkung der Kommandogewalt waren mit Zustimmung des Kaisers bereits durchgeführt. Aber was nachher? Unser Befehl lautete zunächst, „die drei Bahnhöfe in Aachen zu besetzen".

Auf dem Bahnhof Aachen-West wurden befehlsgemäß zwei Kompanien zur Besetzung der anderen Bahnhöfe abgesandt. Mein Kommandeur und ich begaben uns ins Eisenbahndirektionsgebäude zu Major Prausnitzer, dem Leiter einer vorgeschobenen Befehlsstelle der Obersten Heeresleitung. Ich sprach zunächst mit den sehr freundlichen und hilfsbereiten Beamten der Eisenbahndirektion, die uns mitteilten, daß sie befehlsgemäß einen Zug bereithielten zum Weitertransport nach Köln-Nippes. Vorsichtshalber bat ich, über das Eisenbahntelephon die Kompanieführer von dem Weitertransport nach Nippes zu benachrichtigen, worauf sich eine Kompanie sofort in Marsch zum Verladebahnhof setzte.

Über das Bahntelephon waren die Herren der Eisenbahndirektion genau über den Fortschritt der Revolution unterrichtet. Traurig für die Monarchie, hatten sie nur den einen Willen, Recht und Ordnung zu sichern. An diese Aufgabe gingen sie, wie es uns schien, mit größerer Überlegung und Anpassungsfähigkeit heran als die Oberste Heeresleitung.

Major Prausnitzer telephonierte, als wir in sein Zimmer traten. Hinter ihm stand ein junger Generalstabsoffizier mit Zügen, die an den großen Moltke erinnerten. Die Oberste Heeresleitung fragte an, ob wir Aachen allein halten könnten. Prausnitzer wiederholte diese Frage an uns. Den bittenden Blick in den Augen des jungen Offiziers bemerkend, sagte ich: „Es kann kein Zweifel sein, daß wir diese Aufgabe erfüllen." Dieses gab Prausnitzer

über das Telephon weiter. Der junge Generalstabsoffizier konnte die
Antwort mit anhören; sein Gesicht wurde blaß und erstarrte. Dann
verkündete Prausnitzer den Befehl, Aachen wegen der dort schon verstärkten Anhäufung von Revolutionären sofort wieder zu räumen und nach
Herbesthal zu marschieren, um dort den Bahnhof von den aus der Ruhr
zurückflutenden belgischen Bergleuten und den meuternden Landsturm-
bataillonen zu säubern. Der Nachschub für vier Armeen sei durch die
Unsicherheit auf dem Bahnhof Herbesthal gefährdet.

Als ich mehrere Monate später in Berlin Major Prausnitzer näher
kennenlernte, sagte er mir, er sei von der OHL nach Aachen geschickt
worden, ohne in den ersten Stunden selbst eine klare Vorstellung von der
Organisierung der Gruppe Winterfeld oder der wachsenden kommunisti-
schen Agitation zu haben. In der Telephonunterhaltung in meiner
Gegenwart habe die OHL ihm die Entscheidung zugeschoben, ohne ihn
über die Lage in der Heimat oder in den Etappen informieren zu können.
Auf den Befehl hin betonte mein Kommandeur scharf, daß wir wegen der
Ermüdung unserer Pferde nicht noch in der Nacht nach Herbesthal
marschieren könnten, und verlangte einen Zug zur Weiterbeförderung. Die
Eisenbahnbeamten versprachen, sofort einen Zug bereitzustellen. Major
Prausnitzer verkündete den strikten Befehl der Obersten Heeresleitung,
unter keinen Umständen auf die Revolutionäre zu schießen. Ich fragte:
„Was sollen wir dann tun? Soldaten, die nicht auf Angreifer schießen
dürfen, sind weniger wert als unbewaffnete Zivilisten." Die Antwort war:
„Es ist Ihre ausschließliche Aufgabe, den Nachschub für die Front in
Herbesthal zu sichern."

Ich erreichte die Kompanie, die schon zur Verladung nach Köln
marschierte, noch auf der Straße. Sie kehrte sehr widerwillig um. In der
Dämmerung des feuchten Novembertages gingen wir an einer Versammlung vorbei, auf die ein leidenschaftlicher Agitator einredete. Nach einer
halben Stunde fuhr unser Zug nach Herbesthal. In der Nacht wurde ich
wach durch starken Lichterschein. Ich sprang aus dem Zug heraus und
fand, daß wir wieder in Aachen waren. Eine erregte Menge drängte sich
am Fuße der Haupttreppe zum Bahnsteig zusammen. Vom Bahnhofskommandeur, einem tieftraurigen, älteren Reserveoffizier, hörte ich, daß seine
Anordnungen nicht mehr befolgt würden und der Bahnhof von Revolutionären umzingelt sei. Der Zugführer weigerte sich abzufahren, bevor er
pflichtgemäß die Nummern aller Wagen aufgeschrieben habe; außerdem
verböte ihm das rote Licht die Ausfahrt. Der Bahnhofskommandeur stellte
fest, daß die Signaldrähte teilweise schon zerschnitten seien. Als ich zu

meinem Kommandeur zurücklief, der mit innerem Widerstreben den strengen Befehl, nicht auf die Revolutionäre zu schießen, an die Offiziere wiederholte, sah ich auf der Haupttreppe eine Menschenmenge, an der Spitze Weiber der übelsten Sorte in schwarzen Kleidern mit roten Bändern, die von hinter ihnen stehenden Marinesoldaten und Revolutionären langsam die Treppe hinaufgeschoben wurden. Hinter mir öffneten sich die Wagentüren. Maschinengewehrläufe wurden vorgeschoben und auf den Mob gerichtet, der alsbald in Panik geriet. Es war nun nur eine Frage von Sekunden und unsere Leute würden auf eigene Verantwortung feuern. Die Lage meines Kommandeurs war von größter Tragik. Er gehörte zu einer der wenigen preußischen Familien, die in aufeinanderfolgenden Generationen das Eiserne Kreuz I. Klasse erworben hatten. Er kam von einem der ältesten und ruhmreichsten preußischen Regimenter.

Feldwebel Jordan löste die Schwierigkeit des Augenblickes in gewohnter Ruhe mit der Erinnerung, er sei geprüfter Lokomotivführer und scheue nicht vor dem Risiko zurück, einen Zug gegen das rote Licht aus dem Bahnhof herauszufahren. Wir liefen zusammen zur Lokomotive, hatten sie aber noch nicht erreicht, als plötzlich das grüne Licht hochging und der Zug sich in Bewegung setzte. Es blieb uns nichts anderes übrig, als auf einen der offenen Wagen, die mit unseren Maschinengewehren beladen waren, zu springen. Jordan half mir mit dem Karabiner über den Puffer hinweg von einem Wagen zum anderen. Als Jordan die Lokomotive erreichte, ging wieder ein rotes Signal auf. Weiter dahinter waren aber die Signale nicht mehr von den Eisenbahnern aufgezogen worden. Daraufhin entschloß er sich, weiterzufahren. Jordan blieb auf der Lokomotive. Ich legte mich schlafen, bis wir morgens um sieben Uhr in einer Station vor Herbesthal ankamen, von wo ich dem MGSS-Kommando in Tongern telephonisch unsere baldige Ankunft in Herbesthal meldete.

Auf dem Bahnhof in Herbesthal ging ich mit einem meiner Kameraden und den besten Unteroffizieren auf die belgischen Bergleute zu und fragte sie, was sie wollten. Ihr Wunsch war, nach Mons und Charleroi weiterbefördert zu werden, was ich ihnen noch bis zur Nacht zusagte, falls sie in den Zollschuppen gehen würden, dessen Türen wir schlossen und vor die wir zwei Maschinengewehre postierten. Sofort darauf fand ich den Bahnhofskommandanten, einen älteren Landwehroffizier. Auf meine Frage, wie es mit der Meuterei stünde, war er erstaunt. Es gebe in der preußischen Armee keine besser disziplinierten und königstreueren Leute als die seinen. Wenn die Oberste Heeresleitung ihm mißtraue, so unterstelle er sich gern dem Kommandeur unserer Abteilung.

Ich bat um telephonische Verbindung mit der Obersten Heeresleitung, erreichte nach kurzer Zeit den diensttuenden Offizier und diktierte ihm meine Meldung: daß weder Meuterei noch eine andere Schwierigkeit am Bahnhof oder in der Stadt Herbesthal bestände. Auf meine Bitte wiederholte er korrekt meine Meldung. Im Begriff, ihn um seinen Namen zu bitten, hörte ich wüsten Lärm auf dem Bahnhof. Da nur eine Kompanie auf dem Bahnhof zur Verfügung stand, die andere die Ausgänge von Herbesthal schon besetzt hatte, wagte ich nicht, länger am Telephon zu bleiben, und habe so den Namen des aufnehmenden Offiziers nicht festgestellt.

Der einfahrende Zug war der erste einer ununterbrochenen Folge von Zügen, voll von Angehörigen der Etappen- und Besatzungsverwaltung, die in wilder Flucht der Heimat zustrebten. Ungefähr die Hälfte der Insassen waren anständige, sich gut verhaltende Leute. Aus den Gesprächen mit diesen fanden wir alsbald heraus, daß der andere Teil aus Deserteuren bestand, die sich seit mehr als zwei Monaten in den übelsten Vierteln von Lüttich und Antwerpen verborgen gehalten hatten. Sie kehrten nun eiligst nach Deutschland zurück, da sie nach der Revolution keine Bestrafung mehr zu befürchten brauchten. Wir sahen mehrere der mit ihnen reisenden Weiber mit geraubten Kirchengewändern geschmückt. Oft stiegen einzelne dieser Deserteure aus und sagten unseren Leuten höhnisch: „Ihr dürft ja nicht schießen!" Wenn aber die Unteroffiziere mit den Karabinerkolben auf sie losgingen, was die Oberste Heeresleitung nicht verboten hatte, flohen sie in wilder Panik in den Zug zurück. Erst als ihre Züge sich in Bewegung setzten, forderten Revolutionäre unsere Leute auf, gegen ihre Offiziere zu meutern.

Der Kaiser verließ am 10. November in der Morgenfrühe Spa und fuhr auf Drängen der Obersten Heeresleitung im Zuge, in dem er bereits die Nacht verbracht hatte, nach Holland, begleitet vom Kommandeur der 2. Gardedivision, General von Friedensburg. Wenige Tage später stießen wir zum ersten Male bei unseren jungen Rekruten auf die Wirkung der Entbindung vom Treueide infolge der Abdankung des Kaisers.

Unsere Leute verhielten sich tadellos. Ein einziger Mann, der Wache an einem Signalblockhaus östlich des Bahnhofs hatte, verließ uns. Er war ein zuverlässiger und tapferer Soldat. Er sagte mir über das Telephon, daß er dauernd von revolutionären Agitatoren aus Aachen gehänselt würde; entweder müßte er die Erlaubnis haben, auf diese Leute zu schießen, oder er würde seinen Posten verlassen. Meine Mitteilung, daß Verstärkung für uns auf dem Wege sei, machte keinen Eindruck. Im Frühjahr 1920 fiel er in den Revolutionskämpfen in Sachsen, verlassen von seinen revolutionären Genossen und bis zum letzten Augenblick sich mit Handgranaten wehrend.

In der Tat war die 2. Gardedivision, von Hindenburg selbst für diese Aufgabe bestimmt, im Anmarsch. Innerhalb von 24 Stunden hatten wir Verbindung mit sechs anderen Scharfschützen-Abteilungen, die in weitem Bogen von der holländischen Grenze bis südlich von Spa die Sicherung gegenüber Kommunisten, die aus Deutschland und aus den Etappen kamen, übernommen hatten. Ohne besonderen Befehl hatten sie, wie in Großkämpfen nach feindlichen Durchbrüchen, auf eigene Verantwortung und Initiative Verbindung miteinander hergestellt.

Ein einziges Mal wagten während des Haltens ihres Zuges Deserteure an unsere Maschinengewehre heranzukommen. Als die Unteroffiziere mit Karabinerkolben gegen sie losgingen, sprangen sie schreiend in den Zug. In dieser Beziehung machten wir nun überall die gleiche Erfahrung und zogen die Lehre daraus, daß die Revolutionäre, mit Ausnahme einiger fanatischer Führer, überkompensierte Feiglinge waren. Am zweiten Tage kam ein Bataillon des Regiments Franz der 2. Gardedivision, um uns bei der Sicherung der Eisenbahn und der Straßenzüge von Herbesthal zu unterstützen. Unsere Leute wußten schon, daß eine Batterie der 2. Gardedivision auf dem Marsch nach Eupen, südlich von Aachen, die Pferde verkauft und ihr Regiment verlassen, daß aber das Regiment Alexander sich in Eupen ausgezeichnet verhalten hatte. Dagegen schwenkten einzelne Angehörige des Regiments Franz rote Fahnen. Wie man ausgerechnet diese Division ohne Kommandeur an den Hauptpunkt der Gefahren senden konnte, blieb uns unverständlich. In den Gesichtszügen des stellvertretenden Kommandeurs, der uns auf dem Bahnhof besuchte, waren die Zeichen von Trauer und Resignation deutlich.

Als einer der regelmäßigen Züge von Berlin nach Spa, die wir auf eigene Faust alle nach Revolutionären absuchten, in den Bahnhof einlief und gleichzeitig eine Signalpatrone für Fliegerabwehr detonierte, entschuldigte sich der wachhabende Reserveoffizier vom Regiment Franz, daß er gewohnt sei, zu dieser Zeit mit seinen Herren zu Mittag zu essen!

Beim Durchsuchen des Zuges fand ich einen jungen Generalstabsoffizier, der bei meiner Meldung sagte, er sei mit meinem Kommandeur befreundet. Es war der spätere Feldmarschall von Witzleben. Er war völlig ruhig und gab uns die erste Darstellung der Ereignisse in Berlin. Die Oberste Heeresleitung stehe in enger Verbindung mit den Gewerkschaftsführern, unter denen er vor allem Legien pries, und mit den Führern der

Mehrheitssozialisten, Ebert und Wels, in die er das allergrößte Vertrauen setzte. Diese seien die einzigen Männer, die klar die Gefahren einer Überschwemmung Deutschlands durch den Bolschewismus sähen und ihr Leben einsetzen würden, um diese Gefahr zu bannen. Von ihnen lernte ich später nur Wels näher kennen; er war der mutigste Mann im Kampfe gegen Hitler. Witzleben fügte hinzu, daß mit den liberalen Geschäftsleuten, die, mit Ausnahme ganz weniger, in ihrem alten Trott eingefahren seien, nichts anzufangen sei. Sie seien nur gut zum Hurraschreien.

Die hervorragenden Herren der Eisenbahndirektion in Aachen gaben uns fernmündlich alle Nachrichten, die sie über die Vorgänge in Deutschland erhielten. Sie meldeten, daß ein Zug mit dem revolutionären Obersten Marinerat und Admiral Scheer von Spa durch Herbesthal kommen würde. Die Mitglieder des Marinerates hatten auf die Nachricht, daß in Herbesthal zuverlässige Truppen stünden, gebeten, ihren Zug über die neue, südliche Strecke von Spa nach Aachen zu leiten. Das hatten die Herren der Eisenbahndirektion abgelehnt. Wir hielten den Zug an. Mit zwei Unteroffizieren ging ich in das Abteil von Admiral Scheer und fragte ihn, ob wir die Leute vom Marinerat verhaften sollten, was er freundlich lächelnd abwehrte. Ich habe nie wieder den gleichen Ausdruck von Schrecken und Feigheit gesehen wie auf den aschfahlen Gesichtern der Marine-„Revolutionsführer".

Am dritten Tage hörten wir von Mitgliedern der Eisenbahndirektion, daß in Köln der Oberbürgermeister und die Führer der Gewerkschaften auf die Ankunft der Fronttruppen warteten. Der Gouverneur von Köln befinde sich in einer furchtbaren Lage, er habe von der Obersten Heeresleitung den Befehl, die Garnison nicht gegen die Revolutionäre einzusetzen. Aber ein Befehl, nach Köln zu marschieren, blieb aus. Dafür kam ein anderer Befehl von der Obersten Heeresleitung, derart, daß wir einen Augenblick die Fassung verloren. Er lautete, einen Soldatenrat zu bilden. Alle Angehörigen der Abteilung sollten an der Wahl teilnehmen. So war der Befehl einfach nicht auszuführen. Hätten wir die an den Ausgängen von Herbesthal stehenden Posten zu der Versammlung berufen, so wäre es für die vorbeiziehenden Deserteure und Marodeure ein leichtes gewesen, uns im Bahnhof einzuschließen. Von diesem Augenblick ab verloren wir das Vertrauen, daß in der Obersten Heeresleitung irgendeine klare Auffassung über die Lage bestünde.

Einige unserer Unteroffiziere hielten den Vertreter des Soldatenrates der Obersten Heeresleitung, der die Wahl leiten sollte, vor dem Versammlungsraum auf. Die Wirkung war, daß er mit stark östlichem Akzent, ängstlich und stotternd, seine Rede begann. Bald aber geriet er in die Begeisterung revolutionärer Phrasen, vermischt mit Wilsonschen Schlagwörtern. Zum Schluß forderte er auf, die „Internationale" zu singen, in die unsere Leute begeistert einstimmten. Einen Augenblick beschlich mich die Furcht, daß sie nun doch der suggestiven Kraft der Revolution unterlegen seien. Aber als die Wahl begann, wurde ich einstimmig zum Vorsitzenden des Soldatenrates gewählt und zu Mitgliedern unsere treuesten und erprobtesten Unteroffiziere und Gefreiten, alle Inhaber des goldenen Tapferkeitskreuzes. Das geschah ohne jede Vorbereitung.

In einer kurzen Ansprache forderte ich die Mitglieder der Abteilung auf, zusammenzustehen wie bisher. Nur wenn wir geschlossen blieben, könnten wir sie ohne Gefahren nach Berlin bringen. Ich sagte bewußt nicht „nach Frankfurt an der Oder"; denn der größere Teil der Abteilung hoffte noch immer, daß wir zur Unterdrückung der Revolution nach Berlin geleitet würden, und die uns in Tongern zugeteilten jungen Rekruten hatten nur den Wunsch, so schnell wie möglich zu ihren Eltern nach Berlin zurückzukehren.

Der Unteroffizier von der Obersten Heeresleitung brachte auch den Befehl für Unteroffiziere und Soldaten, Offiziere nicht mehr zu grüßen. Als unsere Leute die Halle verließen, grüßten sie so korrekt wie in einem Friedensregiment. Draußen begannen wir ein Gespräch mit diesem Vertreter des höchsten Soldatenrats, der uns sehr bedrückende Aufklärungen gab. Er berichtete, er sei bereits Ende 1916 der Organisation „Liebknecht" beigetreten, die ihre Hauptstützpunkte in Frankfurt an der Oder und in der Obersten Heeresleitung selbst hatte. Er rühmte sich, in der Telephonabteilung der Obersten Heeresleitung die privaten Gespräche der Offiziere mit der Heimat abgehört und sie dann an die Organisation „Liebknecht" weitergegeben zu haben. Auf die Frage, was mit diesen Mitteilungen geschehen sei, antwortete er stolz, die seien von der Organisation „Liebknecht" sowohl an die Russen wie an die Westalliierten weitergegeben worden. Das sei die einzige Möglichkeit gewesen, den Krieg zu einem schnellen Ende zu bringen, das Brüderlichkeit und Freiheit für das Proletariat der ganzen Welt bedeuten würde. Jetzt verstanden wir vieles, wie zum Beispiel, daß zwei Tage vor Beginn der Frühjahrsoffensive ein Schild über den englischen Gräben gezeigt wurde mit der Aufschrift „Auf Wiedersehen am 21. März".

Im Jahre 1920, als sich wieder eine leidenschaftliche Diskussion in der Öffentlichkeit über Abdankung und Flucht des Kaisers entwickelte, erhob General Groener eine Klage vor dem Ehrengericht des Großen Generalstabes gegen General von Waldersee, der ihn für die Vorgänge verantwortlich gemacht hatte. Ich erhielt über meinen früheren Kommandeur fünf Fragen zur Beantwortung für das Ehrengerichtsverfahren zugestellt. Nach Eintreffen meiner Antworten wurde es allen Beteiligten klar, daß irgend jemand im Großen Hauptquartier meine telephonische Meldung der frühen Morgenstunden des 9. November in folgender gefälschter Form dem Kaiser zugeleitet hatte: „Aufrührerische Truppen von Aachen kommend haben soeben den Bahnhof Herbesthal besetzt." Wie ich später feststellen konnte, war meine Meldung in dieser Form auch an Hindenburg und Groener am Morgen des 9. November weitergegeben worden. Meine zufällige, unbedeutende Verknüpfung mit diesen Ereignissen führte während meiner Amtszeit jedesmal am 9. November zu einer längeren Unterhaltung mit Hindenburg. An diesen Tagen war er tief traurig. Er fragte immer wieder, wie es möglich gewesen war, daß eine Gardedivision meuterte. Hindenburg erzählte mir über seine letzte Unterhaltung mit dem Kaiser am Abend des 9. November, und wie er mit Bestürzung am Morgen des folgenden Tages erst hörte, daß der Kaiser Deutschland verlassen habe. Er verteidigte jedesmal Groener gegen alle Vorwürfe, die gegen ihn gemacht wurden. Wenn ich ihn fragte, wie die Fälschung meiner Meldung möglich gewesen sei, schüttelte er nur traurig den Kopf und äußerte die Vermutung, daß wohl jemand im Großen Hauptquartier dafür verantwortlich gewesen sei, in der Absicht, den widerstrebenden Kaiser und seine Umgebung zum Verlassen Deutschlands zu zwingen, um so die Auslieferung des Kaisers an die Alliierten zu verhindern. Der 9. November blieb der point neuralgique im Leben Hindenburgs, aber auch anderer der leitenden Männer im späteren Wehrministerium. Ich hatte schon in Aachen und Herbesthal das Gefühl, daß es jemand in der Obersten Heeresleitung gab, der fast bis zum Pessimismus realistisch, aber auch sprunghaft war und vielleicht nie die Folgen seiner Handlungen erkannte. Die ganze Angelegenheit erhielt eine nicht zu erwartende Bedeutung für mich in meiner Amtszeit. Ich war einer der wenigen, die der NSDAP mit ihrer wüsten Agitation gegen die „Novemberverbrecher" hätte entgegentreten können, vor allem auch mit der Feststellung, daß ein Mitglied der kommunistischen Verschwörergruppe im Großen Hauptquartier Jahre später ein nicht gerade einflußloses Mitglied der NSDAP geworden war. Aber ich mußte auf den geeigneten Augenblick warten und immer vermeiden, daß eine einmal fällige Auseinandersetzung mit der NSDAP über die Ereignisse des 9. November in einem Augenblick stattfand, wo sie Hindenburg und Groener hätte schaden können.

Die Gründung des Vertrauensrates, wie wir ihn nannten, erfolgte am Abend des 11. November. Das Bataillon vom Regiment Franz hatte plötzlich gegen 11 Uhr vormittags, ohne uns Nachricht zu geben, den Bahnhof verlassen. Möglicherweise war dies der Grund, weshalb die Oberste Heeresleitung auf Gründung des Vertrauensrates drängte, zumal sie gleich nachher den Befehl zum Abmarsch über Eupen in Richtung Bonn gab. Mein Kommandeur verlangte von der 2. Gardedivision scharf, daß das Regiment Franz uns nur im Abstand von drei Marschstunden folgen und nie mit uns zusammen Quartier machen dürfe. Das wurde bewilligt. Um Quartier zu machen, nahm ich die Mitglieder des neuen Soldatenrates mit mir.

In Eupen waren die Straßen leer, die Fensterblenden geschlossen. Aber die guten Bürger mußten wohl die goldenen Kreuze unseres Soldatenrats gesehen haben. Als einige Stunden später die Abteilung durchmarschierte, unter dem Gesang „O Deutschland, hoch in Ehren", kamen die Leute aus den Häusern mit Blumen und den besten Weinen, die sie hatten. Das war die Gesinnung der rheinischen Bevölkerung, wenn sie frei war vom kommunistischen Terror.

Solcher Terror bestand noch in Lammersdorf. Beim Quartiermachen kam plötzlich ein Unteroffizier mit einer roten Kokarde und einer großen Pionierpistole und verlangte von den beiden Gefreiten, die ich bei mir hatte, „im Namen der neuen Berliner Regierung" die Abgabe der Waffen. Es genügte, meine Pistole aus der Tasche zu ziehen, um ihn zum schnellen Flüchten zu bringen. Als die Abteilung heranmarschierte und ich ihr entgegenging, sah ich, wie dieser Unteroffizier versuchte, mit seinem Stock, wiederum „im Namen der Berliner Regierung", die Abteilung aufzuhalten. Ich gab den vorausmarschierenden Unteroffizieren ein Zeichen, worauf sie auf ihn mit den Kolben losgingen. In Hasensprüngen lief er davon, laut um Schonung schreiend. Die Bevölkerung war froh, von diesem Manne befreit zu werden. Sie wußte, daß er als Deserteur zu langjähriger Festungshaft in Koblenz verurteilt, aber von dem dortigen Soldatenrat sofort freigelassen worden war. Einer meiner späteren Reichstagskollegen aus der Gegend hat sich die Mühe gemacht, die Spur dieses Mannes weiterzuverfolgen. 1923 war er Separatist, 1929 war er Hitlers SA-Mann. Es gibt eben Revolutionäre, denen das Ziel der Revolution gleichgültig ist.

Unterwegs sprach ich mit den Unteroffizieren einzeln über unser mögliches weiteres Schicksal. Ich sagte ihnen, falls es Ebert und seinen Freunden nicht gelingen würde, in Berlin die Kommunisten und die

USPD zu überwinden, könnten wir immer noch in Berlin eingesetzt werden. Es ist sehr schwer, eine Truppe im richtigen Geiste zu halten, wenn sich die Befehle – in diesem Fall nur in bezug auf die Marschstraßen – alle zwei Tage widersprechen. Gerade eine Elitetruppe ist besonders empfindlich in dieser Beziehung.

Wir wußten nicht, wie die politische Lage in Köln und Bonn war. Ich fuhr mit dem Rade voraus, um Auskunft einzuholen. Unvergeßlich bleibt mir der erste Anblick des Siebengebirges, mit großen düsteren Wolken im Hintergrund, die es gewaltiger erscheinen ließen, als es ist. In Mehlem erfuhr ich von Freunden, daß in Bonn alles in Ordnung sei. Ein christlicher Gewerkschafter sei dort Vorsitzender des Arbeiter- und Soldatenrates und habe sofort die Anordnung erlassen, die Häuser zum Empfang der zurückkehrenden Truppen mit der Reichsflagge zu schmücken.

Während der zwei Ruhetage am Rhein fuhr ich nach Bonn und traf dort auf der Straße den Ordonnanzoffizier der 79. Reservedivision. Ich fragte ihn, ob er nicht veranlassen könne, daß wir wieder zusammen auf derselben Straße marschieren könnten; dann würden wir schon etwas gegen die Revolution ausrichten. Auf der Rückfahrt beobachtete ich, wie die Truppen in glänzender Ordnung, vom Volke jubelnd begrüßt, über die Rheinbrücke marschierten.

Es folgte ein neues Hin und Her der Befehle. Von Eudenbach hinter dem Siebengebirge sollten wir in einem Tage nach Altenkirchen marschieren. Ich ritt mit dem Vertrauensrat vor, um Quartier zu machen. Nach 20 Kilometern wurden wir in einer Ortschaft von dem Postbeamten angehalten, der uns den Befehl überreichte, sofort wieder nach Eudenbach zurückzukehren. Dort lag der Befehl vor, am folgenden Tage nach Wahn zu marschieren, wo wir „in Richtung Berlin" verladen wurden. Gerade vor unserer Abfahrt erhielten wir die streng geheime Nachricht, daß wir möglicherweise an der Ostgrenze eingesetzt werden könnten. Es war erstaunlich, daß unsere Leute bei den ewig wechselnden Befehlen ihren Humor nicht verloren.

Von der Fahrt sind mir zwei Städte lebendig in der Erinnerung, die sich durch ihren übermäßig reichen roten Fahnenschmuck vor den anderen auszeichneten: das alte Soest, im frühen Mittelalter die Mutterstadt der meisten Stadtverfassungen im Osten bis nach Kiew, dem Baltikum und Schweden; und Eisleben, die Geburtsstadt Martin Luthers. Wir waren tief bedrückt, weil wir nicht wußten, welche Umschichtung durch die Kriegsindustrie mit Heranziehung von entwurzelten Arbeitern aus Deutschland und dem Auslande sich vollzogen hatte. Nur dadurch war es möglich, daß radikale Tendenzen vorübergehend zur Herrschaft kamen. Auf einzelnen Haltestellen fragten uns Reisende aus schmutzigen, verkommenen Wagen immer wieder, ob unsere Leute sich noch nicht der Revolution angeschlossen hätten. Unsere Leute lachten laut.

Auf der Weiterfahrt hielt unser Zug einmal in den späten Nachtstunden so lange, daß wir gleich Verdacht über eine neue Befehlsänderung schöpften. Wir waren in Kottbus, schon südöstlich von Berlin. Einzelne der in Tongern der einen Kompanie zugeteilten Rekruten weigerten sich, weiterzufahren, da wir offenbar nicht, wie versprochen, nach Berlin geleitet wurden. Sie erklärten, sie würden ordnungsgemäß bei der Abteilung bleiben, wenn diese nach Berlin befördert würde. Am Bahnhof lag schon ein Befehl, daß die Abteilung nicht nach Berlin, sondern nach der polnischen Grenze weitergeleitet werden solle.

Wir riefen das Oberkommando an. Ich machte dem Offizier vom Dienst in der schärfsten Weise klar, man würde durch den täglichen Wechsel der Befehle und Marschziele auch noch die Elitetruppen durcheinanderbringen. Darauf kam, mit der Bürooffizieren in der Heimat eigentümlichen Stimme, der Befehl, nach Frankfurt an der Oder zu fahren und sofort zu demobilisieren, worauf uns tatsächlich einige wenige der uns in Tongern überwiesenen Rekruten verließen.

In Frankfurt an der Oder wurden wir außerhalb der Stadt ausgeladen. Ein Bogen aus Tannenzweigen, mit roten Fahnen geschmückt, war zum Empfang errichtet. Der Befehl des Oberkommandos lautete: „Alle Waffen abliefern und die Offiziere von den Mannschaften trennen." Frankfurt an der Oder war die Stadt, wo Liebknecht seine ersten Zellen aufgebaut hatte. Die Frage unserer Leute, ob sie ihre Pistolen unter den Mänteln behalten dürften, bejahten wir auf eigene Verantwortung. Wir hatten Schwierigkeiten, sie, die größtenteils Sozialdemokraten waren, davon abzuhalten, die roten Fahnen und Bänder von dem Bogen herunterzureißen.

Für die Offiziere stand ein Packwagen bereit, hinter dem wir in eine Kaserne marschierten, wo uns ein einziger großer Raum angewiesen wurde. Voller Verdacht wollten wir die Tür öffnen; sie war von außen verrammelt. Das war für uns das Ende des Krieges, wie es manchen anderen Fronttruppen ähnlich beschieden war. Es war auch der Beginn einer Welle von Ressentiments, die sich unvermeidlich eines Tages fühlbar machen mußten. Die Politiker, die die Kriegsjahre sicher in der Heimat verbracht hatten, und die Oberste Heeresleitung hatten allerdings kein Vorgefühl für das, was sich eines Tages aus diesen Ressentiments politisch ergeben würde.

Wir waren nicht lange Gefangene. Nach einer halben Stunde wurden die Türen aufgebrochen. Früher verwundete Angehörige unserer Abteilung, aus den Krankenhäusern entlassen, begrüßten uns freudig, brachten uns Essen und setzten mit vorgehaltenen Pistolen durch, daß wir in einem Hotel untergebracht wurden. Abends sah ich auf den Straßen einen langen Zug von unseren Soldaten, je zwei und zwei, die überall die roten Fahnen abrissen. Am nächsten Tage entdeckten sie, daß der einzige Mann unserer Abteilung, der nicht vom Urlaub zurückgekehrt war, Vorsitzender des Arbeiter- und Soldatenrates war.

Monate später hörte ich in Berlin von verschiedenen Seiten, daß tatsächlich unser möglicher Einmarsch in Berlin von der Organisation „Liebknecht" befürchtet worden war, die über die Vorgänge in Herbesthal gut unterrichtet war. Aber auch antirevolutionäre Kreise waren damals in Berlin gegen die Einsetzung von zuverlässigen Fronttruppen, weil sie glaubten, daß man mit den Gewerkschaften allein die Kommunisten überwinden könnte, und weil sie fürchteten, daß es sonst zu neuen blutigen Kämpfen in Berlin kommen würde. Nur wenige Wochen später zeigte es sich, daß das falsche Überlegungen waren. Wie ungeschickt der Empfang der endlich in Berlin eingesetzten Truppen angelegt war, ist in den Erinnerungen von General von Lüttwitz treffend geschildert.

Vor dem Abschied sorgten wir dafür, daß unsere Fahrer von den nicht allzuweit abgelegenen Gebieten ihre alten liebgewordenen Pferde für einen nominellen Preis erhielten, weil wir wußten, daß die Pferde bis an ihr Ende gut versorgt sein würden. Unsere Leute aus dem Westen und Südwesten fuhren mit uns zusammen nach Berlin, wo die Badener, als sie weiterfuhren, uns mit ihren schönen Liedern zum letztenmal erfreuten, zum Staunen des Publikums auf dem Schlesischen Bahnhof und des roten „Ordnungsdienstes". In Hannover nahm Feldwebel Jordan Abschied; ich dankte ihm besonders herzlich; denn seine sorgfältige Pflege unserer Maschinengewehre, vor allem der in Massenproduktion hergestellten Ersatzgewehre, hatte es uns erlaubt, Tanks so nahe herankommen zu lassen, bis wir sie wirklich erledigen konnten. Nur seiner Ruhe war es zu verdanken, daß es im Bahnhof Aachen nicht zu einem Blutbade gekommen war.

In meiner Heimatstadt Münster angekommen, sah ich den Platz vor dem Bahnhof festlich geschmückt, ohne eine einzige rote Fahne. Wenige Tage darauf kam das Infanterieregiment 13 aus dem Felde zurück. Ich ging in einer engen Straße, die zu dem alten Marktplatz führte. Es herrschte eine unglaubliche Spannung in dem Volke, aus widersprechenden Gefühlen heraus. Das Regiment hatte während des Krieges 3000 tödliche Verluste. Die Regimentskapelle marschierte voraus. Nur die jüngeren Leute jubelten laut; die Frauen weinten. Die Soldaten marschierten in bester Disziplin, mit grauen, eingefallenen Gesichtern; ihr Blick verlor sich in der Ferne. Das Regiment drehte zum Marktplatz herum. Die Musik verhallte langsam. Als Kompanie auf Kompanie in vollendetem Friedensschritt fast wie Geistergestalten vorbeimarschierte, ohne auf das Volk zu achten, und man nur noch den Rhythmus auf dem Pflaster hörte, drehten sich Männer zu den Häusern um, um ihre Tränen nicht zu zeigen. Das Schweigen war der würdigste Ausdruck des Leidens und der Trauer, die jeder in seinem Herzen fühlte. Plötzlich kam ein Kommando; die Spitze des Regimentes war vor dem ehrwürdigen alten Rathaus angelangt, in dem nach dem Dreißigjährigen Kriege der Friede unterzeichnet worden war. Ein einziger Laut wurde hörbar: das Regiment präsentierte mit Friedenspräzision die Gewehre. Als die letzte Kompanie in fast beängstigender Stille vorübermarschierte, schien es, als ob Geister einer anderen Welt vorüberzogen.

Später erfuhr ich, daß manche Politiker im Sommer 1918 immer noch Illusionen über die Möglichkeit eines Sieges hegten, während die Mehrzahl der Frontsoldaten nach der Frühjahrsoffensive klar erkannte, daß der Krieg nicht mehr mit einem Siege der Mittelmächte enden könne. Die Diskussionen im Reichstage und in der Presse über Friedensziele waren für die Front fast lächerlich, aber man ärgerte sich, wenn Annexionisten dann eine umgekehrte Politik vertraten. Da begann die Verachtung des Parlaments zu wachsen. Die im militärpflichtigen Alter stehenden Abgeordneten wurden in Deutschland, im Gegensatz zu den alliierten Ländern, gleich reklamiert oder nicht an der Front verwendet. Von 397 Mitgliedern des Reichstages fielen im Kriege zwei. Beide waren für den vorherrschenden Nationalliberalismus „reichsfeindlich". Der eine war ein Welfe, der andere der kriegsfreiwillige, radikal sozialdemokratische, jüdische Frank.

In meiner Amtszeit hatte ich nicht den geringsten Einfluß auf die Beförderung der ausgezeichneten Offiziere, die ich im Felde gekannt hatte. Nur für die Neubesetzung der Stelle des Chefs der Heeresleitung 1930 war ich zuständig. In außenpolitischen Verhandlungen brachten die Kriegserlebnisse einen völlig überraschenden Vorteil. In dem Augenblick, in dem es sich herausstellte, daß Unterhändler aus verschiedenen Ländern sich im Kriege vielleicht gegenübergestanden hatten, änderten sich die persönlichen Beziehungen; zwischen den Gegnern entwickelte sich sofort gegenseitiges Vertrauen. Während der sehr schwierigen Abrüstungsverhandlungen in Genf 1932 fing Tardieu an, vom Kriege zu sprechen; ich konnte seine große Tapferkeit bei Verdun nur hochachten. Umgekehrt war es fast unerträglich, daß Hitler in fast jeder Unterhaltung mit mir betonte, daß der Krieg noch 1918 hätte gewonnen werden können.

Eine rein politische Wirkung des Ersten Weltkrieges haben wir alle bis zum Jahre 1930 nicht genügend gewürdigt: Die jüngere Generation war im Ersten Weltkriege dezimiert worden. Die Kriegsfreiwilligen von 1914, die eine ethische Erneuerung der Völker wollten, lagen größtenteils unter kühler Erde in allen Teilen Europas und waren nicht zu ersetzen. Der Verlust an jungen Männern war so gewaltig, daß innerhalb von zwölf Jahren die Nachkriegsgeneration unter den männlichen Wählern Deutschlands die Mehrheit bildete.

NERVENZENTRUM BERLIN 1919

Es gab kaum eine geschichtliche Parallele für Deutschlands Lage seit Ende 1918. Ereignisse und Auffassungen wechselten so schnell, daß es nie möglich gewesen ist, eine eindringende und umfassende Darstellung dieser Zeit zu geben. Während in Berlin und den Industriegebieten Revolutionäre an eine Wiederholung der Taktik Lenins von 1917 gingen, diskutierte man im Lande in unfaßbarer Ruhe theoretische Verfassungsprinzipien. In der ersten politischen Versammlung nach dem Kriege in Münster, als meine Nerven noch unter dem Zwange des stündlichen Handelns nachschwangen, lauschte die Menge aufmerksam und geduldig den langen Ausführungen eines Universitätsprofessors, der die Prinzipien des Naturrechtes auseinandersetzte. In einer Versammlung kam es zu leidenschaftlichem Widerspruch, als der Redner von der neugegründeten Demokratischen Partei die Monarchie schmähte.

Der nach dem neuen Wahlsystem geschaffene große Wahlkreis, das ganze nördliche Westfalen umfassend, zeichnete sich dadurch aus, daß alle großen Parteien bemüht waren, hervorragende Männer als Spitzenkandidaten aufzustellen, selbst wenn sie nicht im Wahlkreis beheimatet waren: Severing für die SPD; Hugenberg für die Deutschnationale Volkspartei; Adam Stegerwald, den Führer der christlichen Gewerkschaften, einen Bayern, für die Zentrumspartei, die zunächst unter dem Namen einer Christlichen Demokratischen Partei auftrat. Alle drei sprachen in höchst gemäßigter Form. Zweifellos gelang es Stegerwald mit seinen Auseinandersetzungen über die Notwendigkeit, die Zentrumspartei in eine interkonfessionelle Partei umzuwandeln, und durch seine Erinnerungen an die großen politischen Traditionen Münsters den größten Erfolg zu erzielen. Seine Worte trafen so die innersten Gefühle seiner Zuhörer, daß es mir erstaunlich blieb, wie dieses einem bayerischen Franken möglich sei. Später hörte ich, daß die Rede zum großen Teil von Dr. Franz Röhr formuliert war, der aus dem Münsterland stammte und mit dem ich bald eng befreundet wurde. Der Sohn eines kleinen Bauern, Röhr, hatte eine ungewöhnliche Auffassungsgabe in allen Rechtsfragen. Seine Hochachtung vor dem Recht stand in dauernder Spannung mit seinem sozialen Radikalismus. Ökonomisch war er radikal sozialistisch, aber in der allgemeinen Politik nahm er einen Standpunkt ein, den ein altpreußischer Konservativer hätte teilen können.

Rednerisch am eindrucksvollsten war Eduard Stadtler, den ich von meiner Straßburger Studienzeit her kannte. Er sprach in einer Versammlung der Liga zur Bekämpfung des Bolschewismus und hatte als Kriegsgefangener die russische Revolution miterlebt. Von Stadtler erhielt ich den ersten klaren Bericht über die Lage in Berlin. Seiner wartete unter Hitlers Herrschaft ein noch furchtbareres Ende als das von Röhr.

Die großen Industriefirmen befolgten die Bestimmungen der Demobilmachungsverordnung genau; manche kleinere Arbeitgeber weigerten sich aber, Angehörige meiner Abteilung wieder einzustellen, aus Angst vor den örtlichen Arbeiter- und Soldatenräten. Noch 1920 in Berlin mußte ich Minister bitten, von den Frontsoldaten nicht immer als von der „Soldateska" zu sprechen. Weder meinem Kommandeur noch mir gelang es, auch nur eine Antwort vom Kriegsministerium zu erhalten auf unsere schon vor Ende des Krieges gemachten Eingaben zur Verleihung von Auszeichnungen an Soldaten, die sich gerade in den letzten Kämpfen besonders ausgezeichnet hatten. Niemand ahnte die späteren Auswirkungen dieses „Dankes des Vaterlandes".

Einer aktiven Beteiligung an der Politik stand vielen, wie mir, die Frage der Legalität der Regierungsgewalt der Volksbeauftragten im Wege. In solchen Zeiten können Verfassungs- und Staatsrechtler leicht, vom Begriffe der Volkssouveränität ausgehend, die Notwendigkeit einer neuen Verfassung beweisen, aber ethische Bedenken gegenüber solchen Theorien blieben in einem Teil der Bevölkerung der Weimarer Republik bestehen. Erst als ich im März nach Berlin kam und der Zug außerhalb Charlottenburgs zwei Stunden halten mußte, weil noch um den Bahnhof Alexander-

platz zwischen den Bolschewisten und den neu aufgestellten Truppen
gekämpft wurde, überwand ich diese Hemmungen. Der neu sich bil-
dende Staat mußte der selbstverständlichen Achtung, die nur aus einer
ungebrochenen verfassungsrechtlichen Tradition erwachsen kann, entbehren.

Selbst Ebert hatte ähnliche Hemmungen. Ich hörte später von jemandem,
der intime Kenntnis der Vorgänge im Spätherbst 1918 hatte, daß Ebert
bemüht war, eine verfassungsrechtliche Form zu finden, die die Monarchie
im Prinzip hätte retten können. Für Ebert hatten hervorragende konservative preußische Beamte die größte Hochachtung, die wesentlich zur
Konsolidierung der Republik beigetragen hat.

Man muß diese Problematik leidenschaftlich miterlebt haben, um den
tragischen Zwist im Innern des alten Hindenburg zu verstehen. In vielen
Unterredungen, als er mich bat, doch noch über die gewohnte Dauer
meiner Vorträge bei ihm zu bleiben, zeigte er seine Gewissensqualen über
die Frage, ob er berechtigt gewesen sei, den Treueid auf die Weimarer
Verfassung zu leisten. Ich hatte nur einen Trost für ihn, die Erinnerung an
die Konzeption Friedrichs des Großen, der von sich sagte, er sei der erste
Diener des Staates. Aber Ratgeber fehlten nicht, die allmählich die
Legitimität jeder Regierungshandlung beweisen konnten; sie gelangten
auf den Standpunkt, daß, wenn formal und äußerlich die Verfassungsbestimmungen eingehalten würden, jede Notverordnung legal sei, auch zum
Beispiel die Verhaftung gewählter Abgeordneter im März 1933, um die
nötige Zweidrittelmehrheit für ein Ermächtigungsgesetz zu schaffen.

Die Frage der Legitimität führte zum tragischen Schicksal einer Reihe der
besten Offiziere. Sie setzten ihr Leben für Ebert ein, aber lehnten es ab, im
aktiven Dienst zu bleiben, da sie ihrer Auffassung nach nicht zwei
verschiedene Treueide im Leben schwören konnten. Nach der überwiegenden Auffassung der Beamten war der Treueid ein Eid auf den
Herrscher als Verfassungsinstitution; für die Offiziere war es ein Eid auf die
Person, auch wenn sie der Person des Kaisers skeptisch gegenüberstanden.
Ihre Bedenken verloren sich, als Hindenburg Reichspräsident wurde, den
sie als Platzhalter des Monarchen betrachteten.

Die Beamten arbeiteten in hingebender Pflichterfüllung geräuschlos
weiter; sie trugen Sorge für eine zwar unzureichende aber einigermaßen
gerechte Verteilung der Lebensmittel. Sie überlegten schon die Ausführungsbestimmungen für die unter Leitung des Staatssekretärs von Rödern
und des Unterstaatssekretärs von Stein während des Krieges vorbereitete
Reichsfinanzreform und für neue Steuergesetze. Sie gingen daran, die für

die landwirtschaftliche Produktion vom Kriegsernährungsamt ausgearbeiteten Pläne durchzuführen und nach schneller Durchführung der Demobi-
lisierung die industrielle Produktion nach den Plänen der während der
Revolutionswochen gegründeten Zentralarbeitsgemeinschaft der Unternehmer und Gewerkschaften wieder in Gang zu bringen.

Diese Leistungen der Verwaltung in Reich, Ländern und Gemeinden
wurden vom deutschen Volke als etwas Selbstverständliches hingenom-
men. Wenn auch diese Beamten nicht mehr die Macht hatten, Verstöße
gegen die Gesetze vor die ordentlichen Gerichte zu bringen, so verfehlten
sie nicht, solche Verstöße in den Akten zu registrieren. Das Material fiel
vielfach den Nationalsozialisten nach ihrer Machtergreifung in die Hände
und wurde zwecks politischer Erpressung ausgenutzt.

Der Reichspostminister Giesberts, der unter großen persönlichen Opfern
die Gewerkschaftsbewegung in Deutschland mitgegründet hatte, ein
Mann von größter Sauberkeit, großem Mut und schneller Entschlußfähig-
keit, war ein Mitglied der Friedensdelegation, die nach Versailles entsandt
wurde. Freunde rieten ihm, mich für finanz- und währungspolitische
Probleme mitzunehmen. Er bat mich zu einer Unterredung in Osna-
brück, als er unterwegs nach Holland war, um dort Lebensmittel für das
hungernde Volk zu besorgen, und verlangte von mir eine Darstellung
unserer Finanzlage im Zusammenhang mit den von den Alliierten schon
verlangten Reparationen. Das war für mich eine willkommene Arbeit,
deren Ergebnis einige Monate später teils in Martin Spahns Zeitschrift
„Das Gewissen", teils im Jahrbuch der Christlichen Gewerkschaften
veröffentlicht wurde. Ich bemühte mich vor allem nachzuweisen, daß hohe
Reparationsleistungen in Bargeld auf die Dauer nicht nur die deutsche
Währung, sondern auch die anderer Länder völlig zerrütten würden und
in einer dauernden Senkung der Lebenshaltung der Arbeiter in ganz
Europa enden müßten. Von Giesberts kam ein Brief, in dem er bedauerte,
mich nicht mitnehmen zu können, weil Mitglieder der Reichsregierung,
auf Grund von Besprechungen mit französischen Industriellen, die in
Holland stattgefunden hatten, wünschten, daß er statt meiner Fritz
Thyssen als seinen Begleiter nach Versailles nehme, um wichtige Beziehungen für die deutschen Delegierten herbeizuführen. Diese Hoffnung zeugt
für die Gutgläubigkeit der Minister. Ich selbst war nachher sehr froh, nicht
an den bedrückenden Vorgängen in Versailles teilgenommen zu haben.
Die radikale Presse griff den persönlich einwandfreien Giesberts wegen
seiner Beziehung zu Thyssen scharf an.

Ende Februar traten alte Freunde an mich heran mit der Bitte, ob ich nicht mit Karl Sonnenschein in Berlin zusammenarbeiten würde, den ich von meiner Studentenzeit her kannte und hochschätzte wegen seines leidenschaftlichen Bemühens, die Akademiker in engen Zusammenhang mit der Arbeiterbewegung zu bringen. Sonnenschein war Apostel der Caritas, bereit, alles zu verstehen und allen Menschen in Not zu helfen. Er war der größte Redner, den ich je gehört habe. Auf der ersten deutschen Studententagung in Würzburg im Frühsommer 1919 gelang es ihm, durch eine improvisierte Rede eine Einigung der extremsten Radikalen auf der Rechten mit denen auf der Linken herbeizuführen. Er studierte in Rom und kam in enge Verbindung mit Don Romulo Murri, dem Führer und Gründer der christlich-sozialen Bewegung in Italien. Im Dom von Palermo hielt er in italienischer Sprache eine Predigt, deren scheinbar radikaler Inhalt dazu führte, daß er Rom verlassen mußte. Dies war ein großer Gewinn für den von Windthorst gegründeten München-Gladbacher Volksverein.

In der Politik führte Sonnenscheins künstlerisches Temperament ihn manchmal zu übertriebenen Formulierungen. Deshalb wünschten gemeinsame Freunde, daß ich manchmal auf ihn mäßigend wirken sollte.

So fuhr ich Anfang März nach Berlin. Den Eindruck der ersten Tage in Berlin, mit dem drohenden politischen Chaos, dem dumpfen, unerschütterlichen Lebenswillen der hungernden Bevölkerung, den infolge des dauernden Streiks der Müllkutscher unsauberen Straßen, dem Luxusleben der Kriegsgewinnler und internationalen Spekulanten und den sprühenden Diskussionen über neue Wirtschaftsformen und über eine Synthese zwischen Bolschewismus und Demokratie auch nur einigermaßen lebendig wiederzugeben, würde die Gaben eines Balzac übersteigen. Das Bild eines völligen moralischen Chaos erlebte ich am zweiten Abend nach meiner Ankunft, als mich Freunde in den Wintergarten führten, um mir einen Einblick in das „internationale" Berlin zu geben. Der Abschaum aller europäischen Nationen schien sich zusammengefunden zu haben. Hoffnungslosigkeit überkam mich zum ersten Male.

Am nächsten Abend brachte mich mein Studienfreund aus Straßburg, Dr. Friedrich König, gerade aus einem französischen Gefängnis in Straßburg entronnen, nun in der Elsaß-Lothringischen Abteilung des Auswärtigen Amtes, in die Wohnung von Dr. von Loesch. Dieser war Abkömmling einer sehr verdienten, geadelten jüdischen Familie aus Schlesien. Mit anderen zusammen hatte er gleich in den ersten Revolutionstagen den „Deutschen Schutzbund" gegründet, um Vorbereitungen für die vorgesehenen Volksabstimmungen in den östlichen Gebieten zu treffen.

Dank Dr. von Loesch waren die Volksabstimmungen generalstabsmäßig durchdacht und geplant, einschließlich der Heranschaffung der Schlesier, Westpreußen und Ostpreußen selbst aus den Vereinigten Staaten. Abstimmung nach Abstimmung, von Schleswig bis Schlesien, fand statt, mit dem Ergebnis, daß die Bevölkerung bis auf geringfügige Prozente für den Verbleib bei Deutschland stimmte. Die Enttäuschung der alliierten Regierungen war so groß, daß sie die Ergebnisse zum Teil beseitigten. Es dauerte nahezu zwanzig Jahre, bis sie die Folgen dieser amoralischen Interpretation ihrer eigenen Prinzipien der Selbstbestimmung zu fühlen bekamen.

Unter von Loeschs Gästen fiel mir einer durch seine ruhige, aber entschiedene Art besonders auf. Wenn er sprach, begann er mit leichtem Stottern, um dann mit einer ungewöhnlich klaren, kurzen und präzisen Meinung herauszukommen. Das Gesicht mit der hohen Stirn und dem freundlichen offenen Ausdruck der Augen sowie die straffe Gestalt, die äußerste, kühle Energie verkörperte, schien mir bekannt zu sein. Auf dem gemeinsamen Heimwege fanden wir heraus, das wir uns im Sommer 1918 in Frankreich getroffen hatten, als meine Kompanie, zusammen mit einem aus dem 1. Garderegiment gebildeten Reserveregiment und zwei Geschützen von drei Seiten eingeschlossen, vier Tage die dauernd wiederholten Angriffe von mehreren feindlichen Divisionen abgeschlagen hatte. Als wir in der Nacht den Befehl erhielten, die Stellung lautlos zu räumen und durch die neugebildete eigene Linie durchgegangen waren, traf ich einen Generalstabsmajor, der mir auf meine Meldung hin nur sagte: „Sie werden wohl selbst nicht wissen, was Ihre Leute in den vergangenen Tagen geschafft haben." Dann drückte er jedem einzelnen unserer Leute schweigend die Hand. Meine Wiederbegegnung mit Major von Willisen war der Anfang einer politisch bedeutungsvollen Freundschaft, die erst mit seinem Tode im Januar 1933 endete.

Wie viele preußische Offiziere kam Willisen von einer Militär- und Verwaltungsfamilie, ursprünglich aus Hessen, deren Mitglieder überwiegend nicht preußisch waren. Sein Großvater war der „liberale", bei dem polnischen Bevölkerungsteil populäre, erste königliche Generalgouverneur der Provinz Posen. Sein Onkel war einer der hervorragenden Männer der alten preußischen Selbstverwaltung, von Köller. Willisen, ein Schüler Groeners auf der Militärakademie, wurde 1913 mit der Ausarbeitung eines neuen Plans für die Verteidigung der Vogesen beauftragt, der eine Durchführung des Schlieffenplanes in Groeners Sinn ermöglicht hätte. Er plante und führte den Überraschungskampf gegen die französischen und englischen Kavalleriedivisionen an der belgisch-französischen Grenze im Spätherbst 1914 durch. Er war der wirkliche Sieger von Brezeny, wo er die vorgedrungenen deutschen Truppen aus der Umklammerung der russischen Armeen befreite und noch 60 000 russische Gefangene einbrachte. Er plante und war hauptsächlich verantwortlich für den Sieg über die Italiener bei Caporetto. Am Ende des Krieges auf den Balkan geschickt, um den Rückzug der österreichischen und deutschen Truppen vorzubereiten, erlebte er die Revolution in Budapest und Wien und wurde in München von der von Kommunisten beherrschten Revolutionsregierung verhaftet.

Nach Berlin zurückgekehrt, wurde er die Seele des Widerstandes gegen den Bolschewismus und der Zusammenarbeit der jüngeren Generalstabsoffiziere mit Ebert, um dessen Leben er immer besorgt war. Ebert wollte ihn zum Sonderkommissar für die Unterdrückung der Revolution machen, aber Willisen lehnte ab, eine offizielle Stellung anzunehmen, weil er dem Monarchen einen Treueid geschworen habe. Solche jüngere Generalstabsoffiziere aus der Groener-Schule waren erzogen, sich von der inneren Politik fernzuhalten. Nun waren sie plötzlich durch die Revolution 1918 gezwungen, immer wieder in schwierigen Augenblicken selbst in die Politik einzugreifen. Sie wollten nicht hervortreten, aber die Politiker unterstützen, die die nötige Erfahrung, Mut und Charakter besaßen.

Für eine Niederwerfung des Bolschewismus in ganz Deutschland hatten sie zunächst nicht die nötigen zuverlässigen militärischen Kräfte, und sie sahen klar, daß der Entscheidungskampf in Berlin ausgefochten werden müsse. Von ihrem Planen und Wirken wußte man auch in Berlin sehr wenig. Sie wären vor der radikalsten sozialistischen Idee nicht zurückgeschreckt, wenn diese einen Weg geboten hätte, die Einheit Deutschlands aufrechtzuerhalten. Das galt auch für die Intellektuellen, mit denen sie zusammenarbeiteten. Industrielle, die im Kriege ungeheure Gewinne gemacht hatten und nicht genügend Opfer bringen wollten, wurden von ihnen sehr scharf angefaßt. Später sind aus dem Verhalten dieser jüngeren Offiziere Theorien vom „preußischen Sozialismus" entstanden. Davon war nichts vorhanden. Sie hatten ein einfaches nationales Ziel, und sie verstanden das Organisieren in Einzelheiten auf Grund weittragender Pläne.

Willisen selbst hatte eigene konstruktive Ideen, aber entscheidender war es, daß er sich nach kurzer Überlegung den Auffassungen anderer anschließen konnte. Bescheidenheit war einer seiner Hauptzüge. Viel später in London stellte ich fest, daß der englische Militärdelegierte in Berlin,

General Sir Neil Malcolm, nie Willisens Namen gehört hatte. Diese Eigenschaft erlaubte es allerdings anderen im Reichswehrministerium, sich selbst die Leistungen Willisens zuzuschreiben. Willisen und andere Gleichgesinnte haben ihre Aufzeichnungen und Briefe über politische Fragen vernichtet. Die einzige politische Notiz, die nach Willisens Tode gefunden wurde, war ein Bericht über seine Verhandlungen mit den Kommunisten in Oberschlesien im Frühjahr 1919. Vielleicht wollte er zur aufrichtigen, kameradschaftlichen Behandlung der ärmsten Mitglieder der Nation mahnen.

Als ich Willisens Geschäftsstelle im Schloß Bellevue, „Centralstelle Ost", besuchte, wurde ich sofort von seiner organisatorischen Begabung und Entschlußkraft beeindruckt. Der erste, den ich dort traf, war Major Prausnitzer, der uns am 8. November von Aachen nach Herbesthal zurückgeschickt hatte. Unter dem Decknamen „Mittelstelle Ost" wurden schon Pläne gemacht für die Erhaltung der östlichen Provinzen, für die Zurückweisung des gleichzeitigen Vordrängens der polnischen Insurgenten und bolschewistischen Truppen, für die Heranziehung geeigneter junger Intellektueller zur staatsbürgerlichen Schulung der neuen Freiwilligen-Truppen und endlich für die Sammlung der vor den Bolschewisten aus dem Baltikum bis herunter nach Bessarabien geflüchteten Politiker, die Verbindungen mit ihrer Heimat aufrechterhalten und ihre eigenen besonderen Erfahrungen mit den Methoden und der Taktik des Bolschewismus zur Verfügung stellen sollten.

Dazu kam der Versuch, zuverlässige Truppen in Ostpreußen aufzustellen für den Fall, daß die Bolschewisten in dem Augenblick, in dem das neue Polen sich nach allen Seiten ausdehnen wollte, dazu ansetzen würden, bis nach Berlin vorzustoßen. Man hoffte, Ostpreußen aus den Kämpfen zwischen Polen und Russen heraushalten zu können und es wie eine Festung zu verteidigen.

Die Bevölkerung in Ostdeutschland war zum großen Teile in dumpfer Verzweiflung. In dem südlichen Teile von Ostpreußen, wo man den Einmarsch von bewaffneten polnischen Banden erwartete, galt es, die Bevölkerung aufzurütteln. Ich hatte einen ostpreußischen Zentrumsabgeordneten kennengelernt, halb jüdischer Abkunft, der mir das nötige psychologische Verständnis zu haben schien. In wenigen Tagen schrieb er den Text für einen sentimentalen Film nieder, der das ganze südliche Ostpreußen bewegte. Überall bildeten sich Einwohnerwehren und strömten Freiwillige aus dem übrigen Deutschland dorthin zusammen, um erneut für das Vaterland zu kämpfen.

Die ersten Wochen in Berlin zeigten mir überhaupt, in welch starkem Maße Männer jüdischer Abkunft in allen politischen Gruppen und bei der wirtschaftlichen Planung und Organisation führend waren. Von den Urhebern und Geldgebern der „Liga zur Bekämpfung des Bolschewismus" über den eigentlichen Gründer und Führer des Stahlhelms, Major Düsterberg, bis zu Kapp, von den Verfassern der hervorragenden Aufsätze für die ideologische Auseinandersetzung mit Bolschewismus und Marxismus bis zu den Radikalen auf der äußersten Linken, überall waren Persönlichkeiten jüdischer Abstammung mitführend. Die dauernden finanziellen und sozialen Folgen des Krieges waren ihnen deutlicher als den übrigen Deutschen. Darum waren sie leidenschaftlicher im Kampf gegen die Lethargie eines großen Teiles des Volkes.

Wer diese ersten Nachkriegsjahre in Berlin miterlebt hatte, konnte nie zu der Auffassung kommen, daß die deutschen Juden etwa geistig oder politisch eine Einheit darstellten. Sie bekämpften sich untereinander auf das leidenschaftlichste.

Ganz klar über die Gefahren des Bolschewismus waren sich die deutschstämmigen Flüchtlinge aus Rußland, vor allem aus dem Baltikum. Unter ihnen waren auch die schärfsten Gegner des Alldeutschen Verbandes und anderer überpatriotischen Verbände.

Mir damals unbekannt, warnte der englische Militärvertreter in Berlin in seinen Berichten nach London dauernd vor den Gefahren, die sich aus einer mangelnden militärischen Widerstandskraft gegenüber dem Bolschewismus ergaben. Die jüngeren deutschen Militärs waren gegen die Wiedereinführung der allgemeinen Wehrpflicht. Bei der politischen Zerrissenheit des deutschen Volkes wäre ein Heer, begründet auf der allgemeinen Wehrpflicht, ein höchst unzuverlässiges Instrument. Solange ein Berufsheer, dessen Ziffer man im Reichswehrministerium selbst auf 200 000 beschränken wollte, noch nicht bestand, waren Regierung und Nationalversammlung der Gefahr ausgesetzt, von der radikalen Linken überrumpelt zu werden. Der amerikanische Militärdelegierte verfügte über einen ausgezeichneten Nachrichtendienst und gab oft Warnungen vor neuen Putschversuchen. Regierung und Wehrministerium sahen Freikorps als einen Notbehelf bis zur endgültigen Entscheidung im Versailler Vertrag über eine deutsche Wehrmacht an. Die jungen Generalstabsoffiziere wurden immer besorgter, daß die Freikorpsführer sich zu Condottieren entwickelten.

Die Freikorps zu ersetzen, wollte man eine Veteranenorganisation von Zeitfreiwilligen aufbauen, die zwecks Unterdrückung neuer Putsche von rechts oder links aufgerufen werden konnte. Der erste Versuch war die Gründung des Stahlhelms durch Major Düsterberg in Sachsen. Politisch waren der Freistaat Sachsen, ein großer Teil der Provinz Sachsen und Thüringen immer unbeständig. Ein Drittel der Bevölkerung wählte einmal kommunistisch und bei der nächsten Wahl extrem rechts, eine bedeutende Tatsache in der politischen Entwicklung Deutschlands. Kurz nach meiner Ankunft in Berlin ging ich in eine Versammlung, bei der alle Organisationen, die sich um Kriegsteilnehmer unter den Studenten bemühten, vertreten waren und wo Wehrminister Noske einen unvergeßlichen Appell zur Sammlung von Zeitfreiwilligen machte.

Noske hatte in den beiden ersten Jahren der Weimarer Republik die schwerste Aufgabe nächst Ebert. Er kam aus der sozialdemokratischen Bewegung und war ein Mann von seltenem Mut und schneller Entschlußkraft. Er war kein Werkzeug in den Händen der jungen Generalstabsoffiziere; im Gegenteil, sie hielten ihn für unersetzlich als ihren Führer, der ihnen parteipolitische Schwierigkeiten aus dem Wege räumen konnte und die Fähigkeit hatte, rücksichtslos dem Kommunismus und den schwankenden Gestalten in seiner eigenen Partei entgegenzutreten. Ohne die enge Zusammenarbeit zwischen Ebert, Noske und den jungen Generalstabsoffizieren wäre es nicht gelungen, der Revolution Herr zu werden. Oft hat mir Willisen gesagt, welch schwerer Fehler es gewesen sei, Noske 1917 nicht zum Kriegsminister zu machen und Groener zum Chef des Generalstabes.

Daß Studenten, die nach den Kriegsjahren immer wieder aufgerufen wurden, sich dem Vaterlande zur Verfügung zu stellen, trotzdem Bedeutendes in ihren Berufen leisteten, war erstaunlich. Sie studierten zusammen mit einer jüngeren Generation, die sich völlig in Utopien verlor. Mit Sonnenschein gaben wir viele Kurse für die Studenten im Lande, um ihnen die Aufgaben einer völlig neuen Zeit vorzustellen. Alle waren wißbegierig, aber mit dem Instinkt der Jugend wollten sie die schweren Realitäten nicht gelten lassen. Die Warnung, daß die Hungerjahre bleibende Folgen für die Stabilität der Nerven der heranwachsenden Jugend haben würden, hörte ich zum ersten Male im Herbst 1919 von amerikanischen Ärzten, die einen Besuch im preußischen Wohlfahrtsministerium machten.

Sonnenscheins Schwager Röhr brachte mich in Verbindung mit Rathenau, den er seit 1917 kannte. Der schnelle, künstlerisch veranlagte Rathenau machte den hartnäckigen Bauernsohn zum Leiter der Rathenau-Stiftung für die geistige Bildung von jungen Arbeitern. Es war ein Vergnügen, ihren Unterhaltungen zu folgen. Röhr, völlig im persönlichen Banne Rathenaus, aber skeptisch seiner Dialektik gegenüber, stellte

genaue, konkrete Fragen über die Folgen von Rathenaus weittragenden
Plänen für den einzelnen Landwirt oder Fabrikanten. Die Diskussion endete
immer remis. Durch Röhr lernte ich auch den zurückhaltenden Wichard
von Möllendorf kennen, der große theoretische Begabung mit praktischer
Genauigkeit verband. Er kam von dem Kriegswirtschaftsamt und erarbei-
tete weiter mit großem Fleiß und großer Erfindungsgabe Entwürfe für die
Gesamtwirtschaft.

Zu dieser Zeit tagte die Sozialisierungskommission, die den Privatkapita-
lismus beseitigen sollte, tatsächlich aber zu keinem schöpferischen Ergebnis kam. Ich war für wenige Wochen Mitglied, trat alsbald zurück, weil die
theoretisch höchst interessanten Verhandlungen für mich einen Zeitverlust
bedeuteten. Etwas Gleiches wiederholte sich in dem Reichswirtschaftsrat,
dessen Begründung schon ein Sieg der freien Verbände über den staats-
wirtschaftlichen Gedanken war. Auch dort war ich kurze Zeit Mitglied.
Aus der Zentralarbeitsgemeinschaft, die Rathenau, von Raumer und
Stinnes auf der einen Seite sowie Legien und Stegerwald auf der anderen
1918 gegründet hatten, wurde eine verfassungsmäßige Institution, die
leider den freien Wuchs der Verbände in größere Aufgaben unterband.
Nach der Verfassung sollte die Reichsregierung alle finanziellen und
wirtschaftlichen Gesetzentwürfe zunächst dem Reichswirtschaftsrat zur
Einholung seines Gutachtens vorlegen. In Wirklichkeit entschied der
Reichstag seit 1924 über solche Vorlagen, als der Reichswirtschaftsrat nach
langen Diskussionen sein Gutachten noch nicht fertiggestellt hatte.

Die besetzten Gebiete lebten unter besonderen Bedingungen. Die Bewoh-
ner wurden, wenigstens in der französischen Zone, einer rigorosen
Überwachung unterworfen. Ohne die Möglichkeit einer offenen Gegen-
wehr mußte man am Rhein die französischen Vorbereitungen für den
Separatismus mit ansehen. Freie Meinungsäußerungen waren zwischendurch unmöglich. Völlig anders waren die Verhältnisse in Süddeutschland. In München sammelten sich vom Fall der Räterepublik bis zum
Herbst 1923 immer mehr Persönlichkeiten aus allen Teilen Deutschlands,
die hofften, in Bayern die „Ordnungzelle" eines neuen Staatswesens zu
finden. Dabei waren die wirtschaftlichen Bedingungen Bayerns relativ
einfach. Während man in Berlin schon anfing, die volle Tragweite der
Reparationslasten und der Abtrennung großer landwirtschaftlicher und
industrieller Überschußgebiete im Osten für die Zukunft Deutschlands zu
erkennen, war in Bayern kein klares Verständnis dafür vorhanden. Auch in
Weimar, wo die Nationalversammlung in einer romantischen Atmosphäre
tagte, fehlte solche Erkenntnis.

In Berlin fielen die kritischen Entscheidungen. Es war das Nervenzentrum für das ganze Reich. Die wichtigste Arbeit für eine schnelle Belebung der deutschen Wirtschaft wurde in Berlin geleistet. Dort war auch die Waffenstillstandkommission, die tagtäglich die schwersten Fragen zu lösen hatte, was ohne die Energie und den oft beängstigenden Optimismus ihres Leiters Erzberger nicht möglich gewesen wäre. Erzberger verfügte über eine fast beispiellose Arbeitskraft und ein beneidenswertes Gedächtnis für Zahlen und Tatsachen. Er fuhr zwischen Weimar und Berlin dauernd hin und her und brachte in die Weimarer Atmosphäre von Zeit zu Zeit einen realistischen Einschlag. Seine Schwierigkeiten erwuchsen aus seinem Temperament. Einmal überzeugt, daß sein bisheriger Weg falsch war, vertrat er mit derselben Leidenschaft eine neue Auffassung, ohne irgendeine psychologische Vorbereitung seines Publikums. Die daraus sich leicht ergebenden falschen Eindrücke trugen wesentlich zu seinem tragischen Tode bei.

Die Nationalversammlung in Weimar drohte, wie die Frankfurter Nationalversammlung von 1848, sich in theoretischen Diskussionen zu erschöpfen. Einen Tag ging ich mit Freunden nach Weimar, wo der Optimismus und die fast würdelose Geschäftigkeit uns entsetzten. Später wuchs bei mir die Überzeugung, daß es ohne den etwas leichtsinnigen Optimismus einer großen Anzahl von Abgeordneten möglicherweise überhaupt zu keiner Verfassung gekommen wäre, womit die separatistischen Strömungen einen vollen Erfolg hätten haben können.

Die vielen deklaratorischen Artikel der Reichsverfassung waren schließlich kein Hemmnis für die Weiterentwicklung, weil die Gründung eines Reichswirtschaftsrates den bolschewistischen Rätegedanken geschickt aufgefangen und in eine positive Richtung hineingezwungen hat. Der Sozialisierungsfrage wurde ebenfalls ihre größte Gefährlichkeit genommen, indem man die Entscheidung einer besonderen Kommission von Sachverständigen überwies.

Der Artikel 48, ursprünglich nur als Nachahmung des entsprechenden Artikels in der preußischen Verfassung von 1848 gedacht, wäre wahrscheinlich nicht in die Weimarer Verfassung gekommen, wenn nicht nach dem Vorstoße eines Freikorps gegen einzelne Abgeordnete der Nationalversammlung ein junger Generalstäbler Ebert und andere führende Politiker hätte überzeugen können, daß man ohne einen solchen Notstandsparagraphen in revolutionären Zeiten nicht regieren kann. Die Bedeutung, die der Artikel 48 im Jahre 1923 und zu Anfang der 30er Jahre erhielt, hat dieser Offizier 1919 nicht geahnt. Sehr wenig Menschen sahen, daß es unter den Reparationsverpflichtungen keine stabile deutsche Währung geben könnte. Ohne eine einigermaßen stabile Währung hat sich aber in der Geschichte noch nie eine demokratische Staatsform halten können.

Als 1924 nach Annahme des Dawes-Plans die Verhältnisse in Deutschland sich zu konsolidieren schienen, schrieb ich einen Aufsatz zur Warnung gegen einen übermäßigen Optimismus. Darin standen die Sätze, daß die Weimarer Verfassung für die „Inseln der Seligen" höchst geeignet sei, das gegebene Deutschland aber nur wegen des Artikels 48 retten könne, und nur wenn die Anwendung dieser Notgesetzgebung unter höchstem Verantwortungsbewußtsein für Gegenwart und Zukunft erfolge, *nicht um vorübergehenden Schwierigkeiten zu entgehen oder um rein taktische Vorteile zu gewinnen.*

Wenn man durch eine Verfassung zuviel für die Zukunft im einzelnen bestimmen will, erreicht man nach aller Erfahrung eher das Gegenteil. Denn Wörter und Begriffe nehmen unter veränderten wirtschaftlichen und finanziellen Bedingungen unvorhersehbare Bedeutungen an. Die weniger dogmatischen und weniger faszinierenden Persönlichkeiten in der Politik, die der Erfahrung von Geschlechtern und der darauf aufgebauten Tradition mehr trauen als ihrem eigenen, durch vorübergehende Ereignisse und Stimmungen beeinflußten Urteil, werden meistens durch die Geschichte gerechtfertigt. *Schließlich kann man mit jeder Verfassung und jedem Wahlsystem regieren und dauernde Erfolge erzielen, wenn im Volke und bei der Regierung gewisse Traditionen der Verantwortung für das Gemeinwohl bewußt bleiben, die als ein verfassungsrechtliches „depositum fidei" ein stärkeres Bollwerk gegen den Mißbrauch der Regierungsgewalt sind als alle verfassungsmäßigen Grundregeln.*

Die Verfassungen der einzelnen deutschen Länder, im Gegensatz zu der Weimarer Verfassung, bewährten sich im allgemeinen ausgezeichnet, vor allem die Verfassung Preußens. Ihre Väter waren sich bewußt, daß es weniger auf die Sonderbestimmungen einer Verfassung als auf eine erprobte Verwaltung ankommt. Erfahrene Verwaltungsbeamte berieten ihre neuen Minister, auch in Verfassungsfragen, mit großer Objektivität. Persönlichkeiten wie Herr von Dryander, der Sohn des früheren Oberhofpredigers, und Herr von Kamecke haben den Führern der preußischen Sozialdemokratie ebenso treu gedient wie den früheren Monarchen. Unter deren vielen Verdiensten ist eines besonders hervorzuheben: mit feinem Takt und großer Loyalität haben sie verhindert, daß das preußische

Kabinett, wie öfters das Reichskabinett, sich in stundenlangen Debatten erging, ohne zu einer klaren, schriftlich formulierten Entscheidung zu kommen. Zwischen Braun und Dryander bestand eine lebenslängliche persönliche Freundschaft. Die Regierungen in den Einzelstaaten waren im allgemeinen viel stabiler als im Reiche. Die schweren Entscheidungen, vor allem in der Außenpolitik, mußten allerdings die Nationalversammlung und den Reichstag mit einer viel größeren Unpopularität belasten als die Parlamente der Einzelstaaten.

Nach dem Kriege war es für die Zukunft des deutschen Volkes von entscheidender Bedeutung, daß die Mehrheitssozialisten in dem Verzweiflungskampfe gegen die USPD und KPD Sieger blieben. Ein solcher Sieg war nur möglich, wenn alle politischen Fehler der Vergangenheit und die Niederlage Deutschlands auf die Monarchie und die Militärs, auf Wilhelm II. und Ludendorff abgewälzt wurden. Die Form und das Übermaß dieser Agitation schufen einen dauernden Riß im deutschen Volke. Für die immer wieder auflebende Gehässigkeit der Agitation, die bleibende Ressentiments erzeugte, war die „liberale" Presse, vor allem des Mosse- und Ullstein-Verlages, in starkem Maße verantwortlich. Der Durchschnittsagitator der SPD verblieb bei dieser Methode, als die Gefahr von links längst abgewehrt war und eine neue Gefahr von rechts drohte.

Einige von Hitlers Unterführern haben einflußreichen Persönlichkeiten und Gruppen wiederholt die Wiederherstellung der Monarchie versprochen. Diese Taktik brachte Hitler schon bei der Reichstagswahl 1930 viele Stimmen, die sonst gegen ihn abgegeben worden wären.

Sicherlich war die Tatsache, daß die Siegermächte keine Wiederherstellung der Monarchie in Deutschland gestatten würden, für weitschauende Monarchisten, wie den größten Teil des alten östlichen Adels, überzeugend genug, sich hinter Ebert zu stellen. Das muß auch die Einstellung von Herrn von Heydebrand, einem der bedeutendsten Parlamentarier im alten Reichstage, gewesen sein, als er die Konservative Partei auflöste und eine „Konservative Vereinigung" begründete zur Pflege monarchistischer Auffassungen. Heydebrands Ausscheiden aus dem Parlament und seine Zurückhaltung in der Tagespolitik sind wahrscheinlich Fehler gewesen. Er hätte mit seiner parlamentarischen Erfahrung und seinen hohen Führereigenschaften zusammen mit Graf Westarp eine andere Entwicklung in der neubegründeten Deutschnationalen Volkspartei ermöglichen können.

Einer, der besonders stark für Ebert, Braun und Severing eintrat, war Fürst Hatzfeldt, Führer der liberalen Fraktion im preußischen Herrenhause,

Oberhof-Mundschenk des Königs von Preußen. Er war, wie Heydebrand, ein Schlesier. Alle weiterdenkenden Politiker hatten ihn wegen seines kühlen politischen Urteils und seiner Verwandtschaft mit einflußreichen Persönlichkeiten in den alliierten Ländern als den gegebenen Nachfolger von Bethmann-Hollweg betrachtet. Seine Ernennung zum Reichskanzler scheiterte an der persönlichen und konfessionellen Abneigung der Kaiserin gegen ihn. Ich hatte ihm später sehr viel Unterstützung und weisen Rat zu verdanken.

Der deutsche Arbeiter, Handwerker, Bauer oder Industrielle zeichnet sich aus durch Liebe zu seinem Beruf und das dauernde Trachten nach der Vervollkommnung seines Werkes. Im Grunde beherrscht ihn dieses Gefühl stärker als die Notwendigkeit des Geldgewinnes. Der Staat hat durch die Fortbildungsschulen dazu wesentlich beigetragen. Diese Veranlagung ist vielleicht einer der Gründe, weshalb das deutsche Volk so leicht einem Utopismus verfällt und wenig Verständnis hat für eine revolutionäre Politik und die zu ihrer Durchführung notwendigen taktischen Züge. Im Grunde ist das deutsche Volk außerordentlich konservativ. Hätte Bismarck mit der Einführung des allgemeinen Wahlrechtes für den Reichstag so lange gewartet wie das englische Parlament, das dieses Wahlrecht für das Parlament nach dem Ersten Weltkriege und für die Gemeinden erst nach dem Zweiten Weltkriege einführte, so wäre die innerpolitische Entwicklung Deutschlands und damit auch die außenpolitische wahrscheinlich ruhiger und beständiger gewesen.

Viele der Schöpfer der Weimarer Republik haben anfangs übersehen, wie konservativ der Deutsche in bezug auf Parteiprogramme und Parteien ist. Alle Parteien, mit Ausnahme der SPD, schienen geneigt zu sein, sich zu neuen Gebilden zu entwickeln und nahmen zu diesem Zwecke neue Namen an, die bei den Wählern im Lande nicht populär waren. Die Aufsplitterung in Parteien mit dogmatischen Programmen war nicht etwas völlig Neues der Weimarer Zeit und nicht ausschließlich eine Folge des extrem egalitären Wahlsystems. Das neue Wahlsystem, zugeschnitten auf die Befestigung einer entscheidenden Stellung der Linken, erlaubte es später der radikalen Rechten, zuerst die gemäßigte Linke und dann auch die Mitte zu vernichten. Versuche, Verbesserungen des Reichstagswahlrechts durchzuführen, scheiterten in der zweiten Hälfte der zwanziger Jahre immer wieder daran, daß die eine oder andere Partei einen Verlust an Reichstagssitzen fürchtete.

Alle Parteien, die das Opfer gebracht hatten, den Versailler Vertrag anzunehmen oder für den Dawes-Plan zu stimmen, waren dauernd den

Angriffen der äußersten Rechten und Linken ausgesetzt. Das wurde erst gefährlich durch die Verarmung eines großen Teils des Mittelstandes, der schließlich dem Radikalismus anheimfallen mußte. Wann immer die Folgen der Reparationspolitik sich besonders hart fühlbar machten, kam es bei den Wahlen zu einem gewaltigen Ausschlag des Pendels zu den Extremen. Möglicherweise hätte das System der Stichwahlen der Bismarckschen Verfassung die volle Auswirkung dieser Gefahr abmildern können. Die Gefahren waren Ende 1918 manchen führenden Politikern klar.

Verhandlungen fanden in Berlin statt zur Bildung einer neuen gemäßigten, aber starken Partei, die auf dem Boden alter Traditionen und neuer sozialer Gesinnung auf längere Zeit stetige Mehrheitsverhältnisse im Reichstage hätte sichern können. Sie scheiterten an der Eile, überhaupt eine arbeitsfähige Nationalversammlung zu wählen, und an der Tatsache, daß die Wähler im Lande in der Parteizugehörigkeit viel konservativer waren, als man es sich in Berlin vorstellen konnte. Es zeigte sich auch, daß alte konfessionelle und wirtschaftliche Gegensätze immer noch ihre alte schwerwiegende Bedeutung im Lande beibehielten.

Auf der Linken bestand der schärfste Kampf zwischen den Unabhängigen und den Mehrheitssozialisten. Auf der Rechten schien sich in der DNVP eine starke, konservative Oppositionspartei herauszubilden. Ihr fehlte es aber nach Helfferichs Tode an einem weitschauenden Führer mit großer agitatorischer Begabung. Dadurch blieb die DNVP in sich gespalten. Als sie zweimal an der Verantwortung im Reichskabinette teilgenommen hatte, verlor sie fortschreitend ihre Wähler an die ursprünglich fast lächerliche NSDAP oder an solche neue Gründungen wie die Wirtschaftspartei, die ausschließlich die Wahrung der oft sachlich sich widersprechenden Interessen des Mittelstandes sich zur Aufgabe machte.

Nur zwei Parteien erhielten bis zu Hitlers Machtergreifung im Durchschnitt ihre ursprüngliche Stärke – das Zentrum und die Bayerische Volkspartei, die sich 1920 von der Zentrumspartei abtrennte. Das war um so eindrucksvoller, als diesen Parteien, wie der Demokratischen Partei und später der DVP, die Aufgabe zufiel, Agitationsanträge von rechts und links auf Erhöhung der Ausgaben über die Regierungsvorschläge hinaus niederzustimmen.

Eine besonders schwere Aufgabe ergab sich gleich nach dem Friedensschlusse aus der Neuaufstellung und Organisation des 100 000-Mann-Heeres. Tausende von Offizieren und Unteroffizieren, die sich im Kriege ausgezeichnet hatten, mußten entlassen werden. Ein Berufsheer mit zwölfjähriger Dienstzeit wird immer unter der ewig gleichen Routine des Dienstes leiden, vor allem in einem Staate, der unter den Drohungen der Sieger vermeiden muß, daß selbst gelegentlich die Truppen sich in geschlossener Formation auf den Straßen zeigen. So leidet auch eine Demokratie und ihr Parlament, wenn es im Grunde nichts anderes tun kann, als Verträge annehmen, die Volk und Land zerreißen, die wirtschaftliche Erholung verhindern und fast automatisch die Währung ruinieren.

Das wiegt um so schwerer nach einem Bruch in der ganzen Tradition. Man kann einem Volke eine Verfassung aufzwingen, die sich in einem anderen Lande unter anderen Bedingungen bewährt hat. Aber alles, was nicht aus der ureigensten geschichtlichen Tradition des Landes gewachsen ist, hat nicht Bestand. Letzten Endes glauben die Völker nicht an die einzelnen Artikel einer Verfassung, sondern an das, was sie sich oft in romantischer Art als das Wesen ihrer eigenen Entwicklung vorstellen. Symbole sind ihnen wichtiger als doktrinäre Formulierungen. Darin liegt die Kraft der Wiedererholung nach schweren Notzeiten.
Zwei Erlebnisse in dieser Richtung sind mir besonders lebendig geblieben. Wiederholt haben die Gewerkschaften in kritischen Augenblicken durch ihre Demonstrationen Berlin vor dem Bolschewismus gerettet. Ich habe nicht die ersten nach der Revolution miterlebt, aber spätere. Die organisierte Arbeiterschaft, die Lenin zur Errichtung seiner Diktatur gebrauchte, wurde in Deutschland die stärkste Waffe zur Bekämpfung des Bolschewismus. Man kann kaum den Eindruck wiedergeben, den die Demonstrationszüge von vielen Hunderttausenden ausgehungerter Gewerkschaftler machten. Sechzehn Männer in einer Reihe, marschierten sie in vollendetem Gleichschritt schweigend durch die Straßen. Der Zuschauer zweifelte, wie solche Demonstrationen enden würden. Aber keine Truppe wagte, auf solche im Schweigen und in vollendeter Ordnung vorbeimarschierende Massen zu feuern. Alte Frontsoldaten, auch wenn sie der äußersten Rechten angehörten, standen voll Bewunderung für dieses Vorbild an freiwilliger Disziplin in einer Zeit allgemeiner Militärmüdigkeit.
Jahre später, als zum ersten Male wieder die Wache mit klingendem Spiele durch die Straßen zog, gab es eine andere Reaktion. Kommunisten, Sozialisten und Bürgerliche schlossen sich der Wache an und marschierten mit ihr im Gleichschritt zum Hause des Reichspräsidenten, der so zum ersten Male für sie zu einem greifbaren Repräsentanten der unparteiischen höchsten Staatsgewalt wurde.

IM PREUSSISCHEN WOHLFAHRTSMINISTERIUM

In dem politischen Unterricht für die Truppen fand sich eine Elite von jungen Intellektuellen zusammen, zum Teil wegen Verwundung oder Krankheit früh aus dem Heere ausgeschieden, zum Teile Flüchtlinge aus dem Baltikum und Polen. Parteiangehörigkeit war ihnen gleichgültig. Über den Sonnenschein-Kreis lernte ich viele von ihnen näher kennen, die meine persönlichen Freunde und späteren Mitarbeiter wurden und dann Opfer des Nazi-Regimes geworden sind. Aus diesem Kreise suchten die nichtsozialistischen Minister Mitarbeiter, die ihnen in der politischen Arbeit behilflich sein sollten.

Die neuen parlamentarischen Minister im Reich und in den Einzelstaaten fühlten bald heraus, daß sie sich in sachlichen Aufgaben ihrer Ministerien auf die alte Beamtenschaft verlassen konnten, aber nicht immer in den parlamentarischen und politischen Aufgaben. Dazu kam, daß an die Minister als Parlamentarier eine große Menge von Einzelwünschen herangebracht wurden, die sich aus der Zerrüttung aller wirtschaftlichen Verhältnisse ergaben. Ein Minister brauchte jemanden um sich, der ihm einen Teil der neuen Aufgaben mehr persönlicher Art abnehmen konnte. Eine solche Tätigkeit wurde mir sowohl von Erzberger wie dem Führer der christlichen Gewerkschaften, Stegerwald, angeboten. In Erinnerung an Stegerwalds Rede in Münster mit der Ankündigung seines Planes einer großen, auf christlichen, politischen und sozialen Traditionen fußenden und beide Konfessionen verbindenden Partei nahm ich sein Angebot an und trat im preußischen Wohlfahrtsministerium Anfang September 1919 in den Dienst ein.

Zivilverwaltung war für mich etwas völlig Neues, das ich nur von der rechtlichen Seite kannte. Das Wohlfahrtsministerium war aus früheren Abteilungen des Kultusministeriums, Handelsministeriums, des Ministeriums für Öffentliche Bauten und des während des Krieges errichteten Kommissariats für das Wohnungsbauwesen zusammengesetzt. Weitsichtiges Planen auf Grund der Realitäten und Verwaltungserfahrungen war den vorzüglichen Beamten, die in das Wohlfahrtsministerium übernommen wurden, vertraut. Utopisches oder doktrinäres Planen war ihnen verhaßt. Sie konnten in wenigen Tagen Pläne im einzelnen entwerfen, die in wenigen Wochen in jedem Orte durchgeführt werden konnten. Sie standen dem Manchester-Liberalismus ebenso ablehnend gegenüber wie

einem sozialistischen Wirtschaftssystem. Sie wollten nur eingreifen, soweit
es die soziale Gerechtigkeit unbedingt notwendig machte.

Als ich in das Wohlfahrtsministerium eintrat, wurden Pläne für neue und
billige Bauformen und vereinfachte Enteignungsverfahren von Grundstük-
ken für neue Siedlungen durchgeführt. Ich erinnere mich der Führung einer
Quäker-Gruppe aus Lancashire, die die „slums" von Berlin sehen wollte. Ich
führte sie in die minderwertigsten Wohnungen, die ich von meiner Zusammenarbeit mit Siegmund Schultze am Schlesischen Bahnhof kannte. Als wir
den Häuserblock verließen, sagten mir die eine Dame und mehrere Herren
taktvoll ermunternd, ich solle ihnen nun doch „slums" zeigen, und waren
erstaunt, daß es keine schlechteren Wohnverhältnisse in Berlin gäbe.

Alle höheren Beamten, mit Ausnahme des Staatssekretärs, der aus der
mittleren Beamtenlaufbahn kam, hatten lange praktische Verwaltungserfahrung im Westen und Osten Preußens. Sie sperrten sich gegen jede
Einstellung neuer Beamten, hielten aber streng auf eine klare Verantwortlichkeit eines jeden. Selbst die Gruppierung der Dienstzimmer in dem dem
Wohlfahrtsministerium überwiesenen früheren preußischen Herrenhause,
an sich nicht geeignet für ein Ministerium, war so vollzogen, daß die
wichtigsten Beamten mit Ausnahme der Medizinalabteilung um die
Zimmer des Ministers und des Staatssekretärs herumgruppiert waren, um
so viele unnötige Gänge und dadurch eine bedenkliche Neueinstellung von
Personal zu vermeiden. Die Schwierigkeit dieser alten Beamtenschaft lag
vor allem darin, daß die Minister aus ihrer früheren Tätigkeit im
Parlamente wie in den Gewerkschaften daran gewöhnt waren, sehr viel
Zeit darauf zu verwenden, das Für und Wider irgendeiner Maßnahme zu
diskutieren, aber die Entscheidungen selbst, namentlich wenn sie realistisch waren, möglichst zu verschieben.

Was mich bei der Vorbereitung des Gesetzes über den Ruhrsiedlungsver-
band am meisten fesselte, war die Tatsache, daß sie jeden Absatz und
ebenso jede Ausführungsbestimmung nur nach Durchdenkung der vollen
Auswirkung bis in die letzte kleine Ortschaft formulierten. Das konnten sie
nur, weil sie nach dem alten preußischen System immer zwischen der
Zentralverwaltung und der Verwaltung im Lande ausgewechselt worden
waren und so die Auswirkung der Gesetze, an deren Formulierung sie
selbst gearbeitet hatten, nachher unter eigener Verantwortung in Einzel-
fällen kennenlernten. Besonders schätzen lernte ich die Tatsache, daß alle
Formulierungen für Ausführungsbestimmungen und Einzelanweisungen
an die Verwaltung im Lande mit der Hand geschrieben werden mußten;
dadurch blieben sie kurz, einfach und klar.

Eine für mich sehr anstrengende und zeitraubende Tätigkeit war das Durchlesen der täglich einlaufenden Weltverbesserungspläne, für die ein Teil des deutschen Volkes eine ungewöhnliche Begabung besitzt. Dazu kam das Wiederaufleben von jahrhundertealten Besitzstreitigkeiten in der Landwirtschaft, vor allem in Westfalen, die schon längst durch die Gerichte entschieden waren. Die Antworten mußten wenigstens kurz mit dem jeweiligen zuständigen Referenten durchgesprochen werden. Mit allen solchen Eingaben und Plänen wurde die Medizinalabteilung routinemäßig schnell fertig. Sie war gedeckt gegenüber jeder sich daraus ergebenden Kritik durch ihren sozialistischen Ministerialdirektor, der in seiner früheren Tätigkeit als Berliner Stadtarzt sich ausgezeichnet hatte und keine Angriffe im Parlamente zu befürchten brauchte. Die meisten Beamten gehörten der alten Konservativen Partei an, einige der früheren Liberalen Partei und sehr wenige der Zentrumspartei und der SPD, was sich in ihrem Verhalten und ihren Entscheidungen nie geltend machte.
Leiter der sozialpolitischen Abteilung war der aus dem Reichsinnenministerium kommende Dr. Bracht, der sowohl die Entwicklung der sozialpolitischen Gesetzgebung genau kannte wie auch Erfahrung im Umgange mit Abgeordneten hatte. Neben ihm kam ich mit drei anderen hervorragenden Beamten in dauernde engste Fühlung: dem Ministerialdirektor der Bauabteilung, Dr. Konze, Geheimrat Hintze, dem Referenten für die Jugendwohlfahrt, Geheimrat Kugeler, dem Referenten für staatsministeriale Sachen, und gelegentlich mit Geheimrat Hoffmann, einem alten Bekannten meiner Familie, der noch an den ersten Gesetzen über Krankenversicherung mitgearbeitet hatte. Als Reichskanzler habe ich oft Geheimrat Kugeler konsultiert wegen Einsparungen und Vereinfachungen in der Verwaltung der Arbeitslosenfürsorge. Ihm danke ich, daß die einschlägigen Bestimmungen der Notverordnungen von 1930 und 1931 so formuliert waren, daß sie sofort von der Verwaltung wirklich ausgeführt werden konnten.
Bei meinem Eintritt in das Wohlfahrtsministerium waren die Beratungen über die neue preußische Verfassung in vollem Gange. Noch wurde erwogen, ob die preußische Regierung aufgelöst und die einzelnen Provinzen selbständige Bundesländer wie Bayern oder Baden werden sollten. Daß dieses eines Tages kommen würde, darüber waren sich auch viele der alten preußischen Beamten klar. Ebenso klar war die Tatsache, daß für eine schwere Übergangzeit die preußische Verwaltung, die zwei Drittel der deutschen Bevölkerung betreute, die einzige Klammer für den Zusammenhalt des Reiches sein würde. Dieses war meine Überzeugung,

über die ich fast täglich mit Geheimrat Kugeler sprach und gelegentlich auch mit Herrn von Dryander und Herrn von Kamecke.

Als Braun und Severing in den Vordergrund der preußischen Politik traten, war Braun am schärfsten bestrebt, die Einheit Preußens zu erhalten. Daher genoß er die Sympathie dieser Beamten. Es gelang Geheimrat Kugeler und mir, auch den Bayern Stegerwald für die Erhaltung Preußens zu gewinnen. Ihm schloß sich schließlich der Justizminister am Zehnhoff an, obwohl er von seiner rheinischen Herkunft her und von den Erfahrungen mit der nationalliberalen Ära in Preußen ein gewisses Ressentiment gegen die Hohenzollern hatte.

Ein Mann überlegener juristischer und staatsrechtlicher Bildung, bleibt ihm das Verdienst, über alle Stürme hinweg die völlige parteipolitische Unabhängigkeit der Richter in Preußen gerettet zu haben. Solange am Zehnhoff Justizminister war, wagte kein anderer preußischer Minister, sich je in die Personalangelegenheiten der Justizverwaltung einzumischen. Er bemühte sich, die besten der jungen Assessoren für das Gerichtswesen zu erhalten. Um ihre Fähigkeiten und ihren Charakter persönlich kennenzulernen, bestimmte er einen Tag in der Woche, an dem er sich mit den jungen Leuten persönlich unterhielt, die ein gutes Assessorexamen bestanden hatten.

Die Mitarbeit an der Beratung Stegerwalds in Verfassungsfragen führte zu meiner Ernennung zum Korreferenten für staatsministeriale Sachen, was meine Stellung in den Augen der Beamten festigte. Der größte Teil meiner Arbeit aber war mit dem Bestreben Stegerwalds verbunden, eine enge Verbindung aller nichtsozialistischen Gewerkschaften durchzuführen. In dieser revolutionären Zeit war es ratsam, obwohl gegen alle Tradition, daß Gewerkschaftsführer, die als Politiker in die Kabinette eintraten, gleichzeitig die Gewerkschaften selbst fest in der Hand behielten. So wurden die Gewerkschaften neben den neugebildeten militärischen Organisationen das stärkste Bollwerk gegen den Bolschewismus.

Gleich nach meinem Eintritt in das Wohlfahrtsministerium fing mein Studium der umfangreichen Korrespondenz von Stegerwald an, von der Vorbereitung des ersten Christlich-Nationalen Arbeiterkongresses vor dem Kriege über Stegerwalds Tätigkeit während des Krieges im Kriegsernährungsamt und in der Vorbereitung der Zentralarbeitsgemeinschaft zu den Verhandlungen seit Oktober 1918 über die Bildung eines großen Blocks der nichtsozialistischen Arbeitnehmer. Bei meinem Eintritt in das Wohlfahrtsministerium war der Versuch der Einigung mit den Hirsch-Dunckerschen Gewerkschaften schon gescheitert.

Stegerwald und andere Gewerkschaftsführer begannen nun Verhandlungen mit den bis dahin selbständigen Angestelltengewerkschaften und den neuen Organisationen der Angestellten im öffentlichen Dienst, in der Eisenbahn und Postverwaltung. Bald lernte ich diese Gewerkschaftsführer näher kennen und kam in ein engeres Verhältnis vor allem mit den Führern der Angestelltenbewegung: Bechly, Habermann, Thiel, Winter und von Pein. Ich lernte auch den harten Kämpfer für die Bergarbeiter, Imbusch, kennen, den Gründer des Metallarbeiterverbandes Wieber und den Gründer der Christlich-Nationalen Gewerkschaft der Eisenbahner, Gutsche, beide von tief religiösem Idealismus beseelt. Diese Gewerkschaftsführer gehörten den verschiedenen Parteien rechts von der SPD an.

Eine andere Aufgabe hielt mich jeden Abend im Ministerium bis nach zehn Uhr fest: das Lesen der Berichte des merkwürdigen neuen Staatskommissariats für Öffentliche Ordnung, das mit reichen Staats- und privaten Mitteln gegründet worden war, um die kommunistische Organisation und Agitation ebenso wie die der äußersten Rechten zu bewachen. In ihrer Leitung war Ottmar Strauß, eng verbunden mit der Firma Otto Wolff, die mit dem Ankauf und der Verwertung von noch vorhandenen Kriegsmaterialien zur Beherrscherin des deutschen Schrottmarktes wurde.

Man kann sich schwer die Lage in Berlin und in anderen Teilen des Landes um diese Zeit vergegenwärtigen. Im obersten Stock des Wohlfahrtsministeriums hauste noch 1919 der rote Vollzugsrat. Kommunistische Agenten gingen ständig aus und ein. Im Frühherbst 1919 löste ein erfahrener alter Beamter dieses Problem durch Sperrung der Wasserleitung in den oberen Räumen, und im November löste Noske den kommunistischen Vollzugsrat für Groß-Berlin endgültig auf. Dann gelang es dem preußischen Innenminister Heine, mit großer Umsicht eine neue Polizei zu schaffen, die hauptsächlich aus bewährten Frontsoldaten bestand.

Am 12. Januar 1920 ging ich zum Reichstag zu meinem Minister. Die Bänke im Tiergarten waren mit verdächtig aussehenden jungen Leuten besetzt. In den benachbarten Straßen standen Gruppen, die anscheinend gespannt auf ein Zeichen warteten. Meine Warnungen, daß ein kommunistischer Angriff auf das Reichstagsgebäude unmittelbar bevorstehe, wurden im Reichstage skeptisch aufgenommen. Eine Stunde später war der Reichstag, dessen Mitglieder wegen des bevorstehenden Ultimatums der Alliierten auf Auslieferung der Kriegsverbrecher fieberten, von kommunistischen Massen umzingelt. Nur wenige Mitglieder der neuen Polizei waren im Reichstage anwesend. Der preußische Innenminister Heine befahl, über die Köpfe der andrängenden Massen hinweg mit Maschinen-

gewehren zu feuern, und darauf stob die Menge in Panik auseinander. Die
Opfer waren Spaziergänger in einem entfernten Teil des Tiergartens.
Dieser Putschversuch schuf eine schwüle Atmosphäre, aber keine Sympathie für den Reichstag. Selbst gemäßigte Kreise in der Arbeiterschaft
verlangten, daß endlich einmal durchgegriffen werden sollte. Dafür hielten
sie die Reichswehr und die früheren Freiwilligen-Korps geeignet. Man
verlangte nach einem Diktator und debattierte, wer es sein solle. Das taten
auch kleine Zirkel, die sich jeden Abend im „Rheingold" trafen, in denen
der Generallandschaftsdirektor von Ostpreußen, Kapp, hervortrat.

DER KAPP-PUTSCH

Kapp, der Sohn eines Revolutionärs von 1848 und einer hochbegabten
jüdischen Mutter, hat sich vor dem Kriege einen hervorragenden Namen
gemacht durch die Umschuldung der ostpreußischen Landwirtschaft.
Kapp war also ein Mann, der konstruktive Ideen besaß und große Energie,
sie durchzusetzen, mehr Verwaltungsmann als Politiker. Sein Name war in
weitesten Kreisen bekannt, seitdem er während des Krieges eine neue
große Partei gründen wollte, die Vaterlandspartei. Schon der Gedanke
bewies, daß Kapp vom parlamentarischen Betrieb nicht viel verstand. Sein
Name wurde gegen Ende Februar und Anfang März 1920 immer häufiger
in den abendlichen Berichten des Staatskommissars für Öffentliche Ordnung als Organisator eines drohenden Rechtsputsches erwähnt, ebenso
seine Verbindungen mit Oberst Bauer, General von Lüttwitz und Kapitän
Ehrhardt, die schon im Juni 1919 den Plan hatten, Noske zum Diktator
auszurufen, der eine zu kühle Beurteilung der innenpolitischen und
außenpolitischen Lage hatte, um auf solche Pläne einzugehen.
Nach einer Unterhaltung mit Lüttwitz am 10. März verhängte Noske
über Kapp und andere Schutzhaft. Die Politiker gaben sich der Illusion
hin, daß die Freiwilligeneinheiten der Baltikumkämpfer, die den Bolschewismus in Litauen niedergeworfen hatten – gegen das Versprechen der
litauischen Regierung, Land zugeteilt zu bekommen –, ihre Enttäuschung
und die ihnen befohlene Auflösung einfach hinnehmen würden. Männer
wie Kapitän Ehrhardt waren aber gewohnt, einmal beschlossene Pläne
auch durchzuführen. Die Reichswehr sah die Lage als äußerst gefährlich an
und riet Präsident Ebert und den Reichsministern, Berlin zu verlassen.

Abends kurz vor elf Uhr gab der Staatskommissar für Öffentliche Ordnung einen optimistischen Bericht heraus, der mich erschreckte. Es schien mir, daß der Staatskommissar für sich die Türen nach jeder Richtung hin offenhalten wollte. Ich ging zu meinem Minister in seine Privatwohnung, wo ich Unterstaatssekretär Becker-Arnsberg vorfand. Ich versuchte auf Grund früherer Berichte nachzuweisen, daß irgend jemand beim Staatskommissariat ein Doppelspiel treibe. Ich sagte, daß die Nichterfüllung aller Versprechungen gegenüber den Frontsoldaten zwangsläufig zu einer Revolution der äußersten Rechten führen müsse. Ich könnte aber nicht glauben, daß die Nachricht des Staatskommissars, die englische Regierung habe den Führern eines Rechtsputsches Waffenlieferungen versprochen, richtig sei. Diese Nachricht wurde von Trebitsch-Lincoln verbreitet, den man im Reichswehrministerium für einen möglichen Doppelagenten hielt.

Als ich um drei Uhr morgens die Wohnung des Ministers verließ und an der Reichsbank vorbeiging, war diese schon mit Soldaten und Stacheldraht umgeben. Ich fragte einige Soldaten, die das Scharfschützenabzeichen trugen, von wo eine Gefahr gegen die Reichsbank drohe. Die Antwort war: „Wir wissen von nichts; wir tun, was unsere Offiziere befehlen." Weitergehend durch die menschenleeren Straßen, fiel mir eine Blutlache auf vor der Deutschen Bank, kurz vor der Wilhelmstraße. Es war keine Leiche zu sehen. Auf meinem ganzen Weg durch den Tiergarten bis zum Schloß Bellevue begegnete ich keinem Menschen. Auf der Spreebrücke nach Moabit sah ich in der ersten Dämmerung Lastwagen mit Soldaten im scharfen Tempo in Richtung Wilhelmstraße fahren. Die erdfarbenen Gesichter, in denen sich höchste Energie ausprägte, waren die von Elite-Unteroffizieren und Frontsoldaten, bereit jeden Aufstand niederzuschlagen. Endlich beruhigt ging ich nach Hause und wachte erst um acht Uhr auf.

Es war ein wunderschöner Frühlingsmorgen, als ich, wie gewöhnlich, durch den Tiergarten zum Leipziger Platz ging, aber kein anderer Mensch war im Tiergarten zu sehen. Keine Straßenbahn fuhr. Am Hotel Esplanade war ein Extrablatt des „Berliner Lokalanzeigers" angeschlagen mit der Nachricht, daß die alte Regierung abgesetzt sei und General von Lüttwitz und andere die Leitung der Staatsgeschäfte übernommen hätten. Auf dem Leipziger Platz standen Maschinengewehre, mit Blumen geschmückt. Damen und Herren redeten auf die Vorbeigehenden ein, daß nun endlich wieder Ruhe und Ordnung in Deutschland herrschen würden. Im Wohlfahrtsministerium war nur der alte Pförtner, früher Flügelmann der Leibkompanie des 1. Garderegimentes zu Fuß, anwesend. Seine Frau sei die ganze Nacht unruhig gewesen und habe ihm um drei Uhr gesagt, er müsse aufstehen, um wie bei früheren Unruhen zu Fuß von Reinickendorf zum Ministerium zu gehen. Dann sagte er: „Eine schreckliche Zeit. Auch wenn der König fort ist, muß doch in Preußen Ruhe und Ordnung herrschen. Diese Revolutionäre kennen eben keine Disziplin mehr." Von dem Bürodirektor habe er gehört, daß die preußischen Minister in der ersten Morgenfrühe zu einer Kabinettsitzung in der Wilhelmstraße geladen waren und dort gefangengehalten würden. Ich ging sofort zu dem von freiwilligen Truppen abgesperrten Wilhelmsplatz. Wiederum fand ich zwei frühere Mitglieder einer Scharfschützen-Abteilung, die mich freundlich passieren ließen. Der Versuch, mit derselben Taktik in das preußische Staatsministerium zu kommen, scheiterte an der freundlichen, aber festen Weigerung des wachhabenden Offiziers. Kurz darauf war es mir möglich, einen Freund zu Willisen zu schicken mit der Bitte, sich für die Freilassung Stegerwalds einzusetzen. Willisens Auffassung über den Kapp-Putsch wurde mir in drastischer Form zurückgebracht: „Die Führer müssen an die Wand gestellt werden."

Eine Reihe von Gewerkschaftlern und Parlamentariern, die alte persönliche Freunde von Stegerwald waren, sammelten sich in meinem Büro. Sie alle suchten Verbindungen mit dem Reichswehrministerium. Nachdem sich dort endlich eine einheitliche Meinung durchgesetzt hatte und die „Regierung Kapp" nur noch einen Ausweg suchte, wurden die preußischen Minister aus der Haft entlassen. Die Entscheidung im Reichswehrministerium brachten Willisen und seine Freunde, vor allem Hammerstein, der seinen eigenen Schwiegervater, den General von Lüttwitz, kurzerhand verhaften ließ, zustande. Man spürte aber, daß jetzt im Reichswehrministerium, wie im November 1918 in der OHL, jemand im Hintergrunde Gefahren sehr sensibel vorausfühlte und zur Handlung drängte, um dann schnell in Zweifel zu geraten.

Im Wohlfahrtsministerium erschienen nach und nach zwei der Ministerialdirektoren und einige höhere Beamte. Einige hatten einen dreistündigen Fußmarsch von ihren Wohnungen zum Ministerium hinter sich. Sie waren alle fest entschlossen, keinen Befehl der Kapp-Regierung durchzuführen, und setzten sich mit Staatssekretär Schröder im Reichsfinanzministerium in Verbindung, um ihn bei seinem Bemühen zu unterstützen, jedem Versuch der Kapp-Regierung, sich der Staatsgelder zu bemächtigen, zu widerstehen. Daran scheiterte der Kapp-Putsch schon am ersten Tage.

Nun waren auch die Gewerkschaften in der Lage, ihre Leute zu sammeln und mit einem Generalstreik zu drohen. Legien und andere Gewerkschaftsführer erkannten sofort, daß, im Gegenstoß gegen den schon gescheiterten Kapp-Putsch, die Kommunisten einen Putsch versuchen würden. Diese Gefahr war nur zu bannen durch Zusammenarbeit der Offiziere und der Gewerkschaftsführer und durch Aufstellung eines radikalen Programms, das die Arbeiter befriedigen und den Kommunisten den Wind aus den Segeln nehmen würde.

Am folgenden Tage wartete morgens vor dem Wohlfahrtsministerium Feldwebel Schultz von meiner Abteilung auf mich. Ich war erstaunt, daß er wußte, wo ich zu finden war. Er gehörte zu den Truppen, die die Reichswehr aus den umliegenden Garnisonen in der Nacht zusammengezogen hatte. Er kam im Namen der Unteroffiziere seiner Brigade, um mich zu fragen, ob sie ihren Offizieren noch weiter Vertrauen schenken könnten, und sagte, er würde nicht noch einmal wie 1918 in die Lage kommen, jeden zweiten Tag einem anderen Befehl folgen zu müssen, um dann zum Schluß den Kommunisten ausgeliefert zu werden. Ich versicherte ihm, daß die Führer der Reichwehr hinter Ebert stünden, aber die Kapp-Truppen durch Verhandlungen aus Berlin herausbringen wollten, um einen offenen Kampf zu vermeiden.

Der erste Gewerkschaftler, der, als Stegerwald noch in Haft war, Verbindung mit mir suchte, war Wilhelm Gutsche. Da das Gerücht ging, die Kapp-Regierung würde alle Gewerkschaftsführer verhaften lassen, wanderte er von einem Haus zum anderen, stets Fühlung mit seiner Gewerkschaft, mit dem sozialistischen Eisenbahnerführer und mit Politikern haltend. In mehreren Besprechungen lernte ich den Mut, die Loyalität und die überragende Klugheit dieses Mannes bewundern. Die übrigen Eisenbahnergewerkschaften wollten einen Generalstreik der Eisenbahner ausrufen. Gutsche allein sah voraus, daß ein solcher Streik die Lebensmittelzufuhr der Großstädte gefährden und damit den Kommunisten in die Hände spielen würde. Er schärfte seinen Unterhändlern ein, eine Verzögerungstaktik zu betreiben. Als Gutsche sicher war, daß der Rechtsputsch überall gescheitert sei, ließ er den anderen Gewerkschaften mitteilen, er sei bereit, an einem Generalstreik der Eisenbahner teilzunehmen, sofern dadurch nicht die Lebensmittelversorgung der Großstädte gefährdet sei. Er bestand darauf, da bei ihm alle Eisenbahntelegraphisten organisiert seien, daß er allein das Recht haben müßte, die Instruktionen zum Generalstreik in das Land zu senden. Damit zögerte er, bis der Generalstreik in Mitteldeutschland und an der Ruhr sich tatsächlich gegen die Kommunisten richten konnte, die an der Ruhr schon die Macht an sich gerissen hatten. Ohne diese überlegene Taktik Gutsches hätte der Aufstand der Kommunisten im Ruhrgebiet nicht so schnell niedergeworfen werden können, da es zum großen Teil zur demilitarisierten Zone gehörte und die Reichswehr ohne besondere Genehmigung der Alliierten dort ihre Truppen nicht einsetzen konnte.

Bei den Straßenkämpfen in Berlin selbst, vor allem um das Rathaus in Steglitz, das von der Einwohnerwehr verteidigt wurde, zeigte es sich, daß die Spartakisten die Führung des Widerstandes hatten und einen Massenmord planten, nicht nur der Offiziere der Kapp-Truppen, sondern auch der der Reichswehr und der Führer der Einwohnerwehren, die die verfassungsmäßige Regierung verteidigten. Daß in Essen die Reserveoffiziere und Freiwilligen im Wasserturm von den Alliierten dem Terror der Kommunisten überlassen wurden, schaffte ein nicht erlöschendes Ressentiment, vor allem gegen Frankreich. Ohne diese Ressentiments wäre drei Jahre später der einmütige Widerstand der Bevölkerung gegen die Besetzung der Ruhr undenkbar gewesen.

Ich sah einen Teil der Brigade Ehrhardt von meinem Büro in der Leipziger Straße auf dem Wege von der Wilhelmstraße nach Döberitz vorbeimarschieren. Nie habe ich eine so erstklassige Truppe gesehen. Sie bestand aus Marineoffizieren, ausgesuchten Unteroffizieren und Mannschaften, vor allem der U-Boote, alle mit den höchsten Auszeichnungen für Tapferkeit geschmückt. Wie die Zuschauer auf der Straße, so wandte auch ich mich am Fenster um, weil die Tragik dieser von Vaterlandsliebe beseelten, politisch mißbrauchten Männer zu überwältigend war. In der Gegend des Brandenburger Tors hatten sich Kommunisten und eine merkwürdige Menge angesammelt, die die Brigade mit Schmähungen bis zum äußersten reizten und drohten, den Schluß der Brigade abzuschneiden. Ein Kommando, eine Salve, und der Platz war leer. Ein Ressentiment tiefer denn zuvor blieb bei diesen Veteranen, nicht nur gegen die Regierung, sondern auch gegen das Reichswehrministerium. Während diese jungen Leute nicht zu Brot und zu Beruf kamen, sollten nun ungeeignete und ungeschulte Leute auf Grund der Parteizugehörigkeit in die Verwaltung hineinkommen.

Zunächst folgte eine gegenseitige Beschuldigung der Politiker, die das Ansehen der Nationalversammlung vernichtete. Die Minister und Politiker, die den Mut gehabt hatten, in Berlin zu bleiben, und, um eine Katastrophe zu verhindern, baldige Neuwahlen zum Reichstage zugesagt hatten, wurden von ihren eigenen Parteigenossen angegriffen und verdächtigt. Gewisse Berater von linksstehenden Ministern, die während des

Kapp-Putsches selbst nur das Bestreben hatten, ihr eigenes Leben zu retten, tauchten plötzlich aus ihren Schlupfwinkeln wieder auf mit fertigen Proskriptionslisten für eine große Anzahl von höheren Beamten und Offizieren, zur „gründlichen Reinigung der gesamten Verwaltungen von gegenrevolutionären Persönlichkeiten, besonders solchen in leitenden Stellen, und ihren Ersatz durch zuverlässige Kräfte".

Im Wohlfahrtsministerium war der sozialdemokratische Staatssekretär erst wieder zum Dienst erschienen, als die Gefahr des Kapp-Putsches den Höhepunkt bereits überschritten hatte. Die alten Beamten, die zusammen mit Staatssekretär Schröder die sofortige Sperrung von Staatsgeldern für die Kappisten durchgesetzt hatten, sollten nun beseitigt werden. Geheimrat Hintze hatte mit seinen beiden Söhnen an der Verteidigung des Rathauses von Wilmersdorf gegen Kappisten und gegen Kommunisten teilgenommen. Der Plan dieser Reinigung ging aus von der Gruppe, die man später die „Preußische Kamarilla" nannte. Dies waren jüngere Leute, leidenschaftlich antichristlich, aber eng verbunden mit dogmatisch linksgerichteten Journalisten der Zentrumspartei. An den einzigen katholischen höheren Beamten wagten sie sich nicht offen heran; es fiel auf, daß alle Beamten, die auf der Proskriptionsliste standen, der lutherischen Kirche angehörten.

Ich ging sofort nach Überreichung des Ultimatums an meinen Minister zu den beiden Älteren der preußischen Zentrumspartei, Dr. Porsch und Herold. Sie kehrten mit mir in das Ministerium zurück und erklärten Stegerwald, daß, wenn das preußische Kabinett versuchen würde, die höheren Beamten, die wesentlich zur Niederwerfung des Kapp-Putsches beigetragen hatten, wegen ihrer Treue zu ihren religiösen Auffassungen zu beseitigen, es keine Koalition mehr mit der SPD geben würde. Die Zentrumspartei habe schon in der liberalen Ära es als ihre Pflicht angesehen, evangelische wie katholische Beamte zu verteidigen.

Mit der Kamarilla habe ich in folgenden Jahren und in meiner Amtszeit einen dauernden stillen Kampf geführt. Sie hat wesentlich zu der Zuspitzung der politischen Verhältnisse beigetragen. Hätten die preußischen Minister die Kraft gehabt, diese Leute rechtzeitig zu beseitigen, so wäre die politische Entwicklung anders verlaufen. Die Angehörigen der Kamarilla haben später als Emigranten im Auslande ein Zerrbild der Geschichte der Weimarer Republik geschaffen.

Ein Gutes hatte der Kapp-Putsch: Die darauffolgenden Wahlen zeigten, daß die Nationalversammlung, in Revolutionsstimmung gewählt, nicht mehr den Auffassungen der Bevölkerung entsprach. In dem neuen

Reichstag besaß die sogenannte Weimar-Koalition, bestehend aus Mehr-
heits-Sozialdemokraten, Demokraten und Zentrum, keine Mehrheit mehr.
Die Bildung des gemäßigten Kabinetts Fehrenbach brachte eine sofortige
Stärkung der deutschen Währung im Auslande.

DEUTSCHER GEWERKSCHAFTSBUND UND ZENTRUMSPARTEI

Die Führer der Gewerkschaften aller drei Richtungen – sozialistisch,
demokratisch (Hirsch-Duncker) und christlich-national – waren instinktiv
evolutionär. Schon vor dem Kriege hatten sie in ihrer Mehrheit rein
marxistische Theorien abgelehnt. Nach dem Kriege haben sie mit den
jüngeren Generalstabsoffizieren in der Tat den Staat gerettet und die
kommunistischen Revolutionsversuche überwunden. Sie haben sich damit
nicht nur für Deutschland, sondern auch für Europa ein großes historisches
Verdienst erworben. In dem Augenblick, wo der Kommunismus in
Rußland siegte und seine Propaganda geschickt auf Deutschland ausdehnte, wurde die Lage der sozialistischen Gewerkschaftsführer taktisch
und politisch außerordentlich schwierig. Sie haben bis zur Machtergreifung durch Hitler immer wieder in ihren Hauptgebieten, Berlin und
Mitteldeutschland, den schärfsten Kampf gegen die kommunistischen
Agitatoren und ihre Zellenbildung bestehen müssen.

Die von Haus aus konservativere Arbeiterschaft in Süd- und Westdeutschland war großenteils in den christlich-nationalen Gewerkschaften organisiert. Die älteren Führer dieser Gewerkschaftsrichtung kämpften ursprünglich für einheitliche Gewerkschaften und haben vielerorts solche
gegründet. Sie hätten eine sehr viel stärkere Mitgliederzahl gehabt, wenn
nicht der unglückliche Streit über die Interkonfessionalität dieser Gewerkschaften entstanden wäre. Im Oktober 1914 haben deutsche Truppen in
Antwerpen Dokumente gefunden, die klar bewiesen, daß dieser Streit
bewußt von französischer Seite geschürt wurde. Peinliche Zusammenhänge, die bis dahin nicht bekannt waren, wurden offenbar. Das Kriegsministerium gab von diesen Schriftstücken zwei Führern der Zentrumspartei
Kenntnis, auf deren Bitte die Dokumente dann vernichtet wurden.

So splitterte sich die deutsche Arbeiterschaft politisch auf nahezu alle
bestehenden Parteien auf. Der Vorteil davon war, daß alle Parteien
sozialpolitisch fortschrittlich sein mußten. Der Nachteil war, daß die

christlich-nationale Arbeiterbewegung nicht leicht eine politische Stoßkraft entwickeln konnte. Ihre Mitglieder verteilten sich auf vier oder fünf
Parteien, gehörten in ihrer überwiegenden Mehrheit aber zur Zentrumspartei oder zur Bayerischen Volkspartei. Der größte Teil der Mitglieder
der Angestelltengewerkschaften gehörte den Rechtsparteien an und wurde
in den Parlamenten von diesen Parteien vertreten. Dies machte eine
einheitliche Führung der christlichen Gewerkschaften, die sich unter
Stegerwalds Führung im Deutschen Gewerkschaftsbund zusammenschlos-
sen, sehr schwierig. Für die Gewerkschaften wurde der Verlaß auf
politischen Einfluß im Reichstag statt eigener, gewerkschaftlicher Arbeit
eine Gefahr. Von 1924 an habe ich immer wieder vor dieser Aushöhlung
gewarnt. Es sollte sich zeigen, daß die Gewerkschaften 1933 nicht mehr den
Elan der ersten Jahre nach dem Kriege besaßen. Ihre Führer waren
teilweise durch maßlose Verantwortung und Anstrengung müde geworden; teilweise hatten sie zu viel Geschmack an politischen Mandaten
bekommen.

Im Winter 1919/20 war die Frage besonders brennend, ob Beamte und
höhere Angestellte gezwungen werden sollten, sich gewerkschaftlich zu
organisieren. Gegen diesen Gedanken entstand eine starke Bewegung
unter Führung des späteren Parteifreundes von Stresemann, Dr. Pinker-
neil, mit dem ich viele Verhandlungen führte. Ich erinnere mich meiner
Nervosität, als ich auf einer Tagung der höheren Beamten und Angestellten die Haltung Stegerwalds gegen eine zwangsweise gewerkschaftliche
Organisation dieser Gruppe vertreten mußte. Daraus ergab sich eine
dauernde Fühlungnahme mit diesen Standesorganisationen und eine
Sicherung der Richter vor jedem gewerkschaftlichen Einfluß. Die höheren
Richter waren sehr dankbar, und viele von ihnen gaben freiwillig den
Angestellten der Gewerkschaften Unterricht in Arbeitsrecht und berieten
die Gewerkschaftsführer in rechtlichen Fragen. Aus all diesen Besprechungen entwickelte sich der Gedanke eines nichtsozialistischen Gewerkschaftsbundes gegliedert in drei Säulen: Arbeiter, Angestellte, untere Beamte und
Staatsarbeiter. Während des Kapp-Putsches wuchs bei den Führern dieser
Gewerkschaften die Überzeugung, daß der Deutsche Gewerkschaftsbund
die Grundlage einer großen christlichen Partei bilden könnte. Die
Versuche von Rathenau, Stegerwald und Politikern anderer Parteien, eine
breite, antimarxistische, sozial fortschrittliche Partei zu bilden, waren
schon an Zeitmangel gescheitert. Ohne eine starke, gemäßigte Partei,
bereit auch unpopuläre Maßnahmen rechtzeitig durchzuführen und die
Praktiken der Spekulanten, auch da, wo sie in Industrie, Handel und

Landwirtschaft eingesessen waren, vom ethischen Standpunkt aus zu bekämpfen, würde der Vielparteienstaat sich selbst das Grab bereiten. Ein großer Kongreß sollte im November 1920 in Essen stattfinden, die sozialen, wirtschaftlichen und parteipolitischen Ziele des neugegründeten Deutschen Gewerkschaftsbundes zu verkünden. Aus den Beratungen und Unterhaltungen, die ich mit Gewerkschaftsführern nun häufig hatte, erwuchs ein Programm mit scharfer Frontstellung gegen den Marxismus, nicht aber, wenigstens der Mehrheitsmeinung nach, gegen die gemäßigte Sozialdemokratie. Es sollte eine Grundlage bieten, auch für sozialgesinnte evangelische Kreise aus allen Parteien, im Kampfe gegen die Formen des Kapitalismus, die sich, gefördert durch die Inflation, auf reiner Spekulation entwickelten. Man einigte sich auf den Gedanken, daß die Arbeiter schrittweise zu Mitbesitzern der industriellen Unternehmungen werden und daß die Gewerkschaften sich nicht auf Auseinandersetzungen über Löhne und Arbeitszeit beschränken sollten, sondern auch in wirtschaftlicher Beziehung eine starke Verantwortung zeigen müßten. Alte deutsche Traditionen, wie die des genossenschaftlichen Bergbaus, wurden wieder lebendig. Das schien während der Erholung der Reichsmark bis zum Spätsommer 1920 nicht so utopisch wie nach dem erneuten Verfall der Währung in den folgenden Monaten.

Mir wurde die Aufgabe zuteil, eine Rede zu formulieren, die Stegerwald im November in Essen halten sollte. Die rein parteipolitischen Probleme, die behandelt werden sollten, wurden seit dem Frühjahr häufiger auf Spaziergängen mit Stegerwald und Dr. Brauns durchgesprochen. Als der Volksverein seine Massenaufklärung durch geschickte, populäre Flugschriften anfing, war Dr. Brauns schon ein führendes Mitglied und mit Dr. Pieper maßgebend für die wirtschaftlichen und sozialpolitischen Fragen. Schon Windthorst hatte die Notwendigkeit einer solchen Einrichtung erkannt. Er sah in einer solchen katholischen Massenorganisation auch die Möglichkeit, katholische Wähler, vor allem Arbeiter, für die Zentrumspartei zu erhalten.

Ursprünglich hatte die Zentrumspartei einige wenige protestantische Mitglieder aus Hannover. Windthorst hoffte, kirchlichgesinnte Protestanten, vor allem in der Arbeiterschaft, zu gewinnen und so eine gemeinsame Front der gläubigen Protestanten und Katholiken gegen den Ansturm des kirchenfeindlichen Liberalismus und Sozialismus zu schaffen. Durch den interkonfessionellen Charakter suchte er zu verhindern, daß das Zentrum eine klerikale Partei würde. Er hat sich nicht gescheut, in den Septennatenwahlen einen Wahlkampf gegen die Politik des Vatikans zu führen, und wurde von dem Versuch Roms, zu einem unmittelbaren Arrangement mit Bismarck zu kommen, innerlich erschüttert. Noch kurz vor seinem Tode äußerte er sich zu seinem vertrautesten Mitarbeiter, dem späteren Geheimrat Porsch aus Breslau, daß die Zentrumspartei nur so lange bestehen könne, wie sie nicht nur im Prinzip, sondern auch in Wirklichkeit eine interkonfessionelle Partei sei. Dieses prophetische Wort, vergessen später von fast allen Mitgliedern der Zentrumspartei, sollte sich im Jahre 1933 erfüllen. Windthorsts Auffassung wurde um die Jahrhundertwende von Justizrat Bachem, dem Leiter der „Kölnischen Volkszeitung", neu belebt. Das führte zu einem heftigen Streit innerhalb des deutschen Katholizismus. Brauns war über alle diese Vorgänge genau unterrichtet.

Im Juni 1920 wurde Brauns Arbeitsminister im Kabinett Fehrenbach. Er blieb in diesem Amte bis zum Sommer 1928. Er war einer der hervorragendsten Minister, die die Weimarer Republik gehabt hat, und erfreute sich des größten Ansehens bei allen Parteien, mit Ausnahme der Kommunisten, besonders wegen seiner großen Vermittlungsgabe, durch die er häufig, zusammen mit Geßler, die schwersten politischen Krisen überwinden half.

Dr. Brauns billigte den ersten Entwurf der Rede, die ich für Stegerwald formulierte, und war bereit, sich restlos für die in der Rede gesteckten Ziele einzusetzen. Das war von größter Bedeutung, da sein Einfluß sich auf weite Volkskreise und führende Persönlichkeiten in einer Reihe von Parteien erstreckte. Seine Unterstützung und die Besprechung mit den Gewerkschaftsführern gaben mir das Vertrauen, daß die Vorschläge der Essener Rede Stegerwalds auch tatsächlich durchgeführt werden würden. Die Aufnahme der Rede seitens der Delegierten des Deutschen Gewerkschaftsbundes war außerordentlich günstig. Während des Kongresses trat eine Reihe der Führer der Gewerkschaften an mich heran mit der Bitte, doch aus dem Wohlfahrtsministerium auszuscheiden und die zentrale Geschäftsführung der Gewerkschaften unter der Leitung eines kleinen geschäftsführenden Vorstandes zu übernehmen, eine Bitte, der ich gerne nachkam. Damals verstand ich noch nicht, daß weitschauende programmatische Reden häufig gehalten werden, mit dem einzigen Ergebnis jahrelanger theoretischer Debatten und der Enttäuschung der wohlmeinenden Wählermassen. Überraschend waren für mich die dem Essener Programm zustimmenden Briefe, die von führenden Persönlichkeiten im öffentlichen Leben, hohen Beamten, führenden Geistlichen beider Konfessionen und bedeutenden Intellektuellen kamen. Von dem größten Teil dieser Persönlichkeiten hätte ich nie eine so bejahende Zustimmung erwartet, sicherlich am wenigsten von Ludendorff, der mich bat, ihn in dem Haus, in dem er bei seinen Besuchen in Berlin jeweils abstieg, zu besuchen.

Die ruhige, fast bescheidene Form von Ludendorffs Ausführungen stimmte mit dem Bild, das ich von ihm hatte, keineswegs überein. Er sagte, ein solches Programm hätte er im Jahre 1917 haben müssen; ihm habe es an jeder politischen Vorbildung gefehlt. Ich fragte nicht, weshalb ihn das Essener Programm beeindruckt habe, da dessen ausgesprochen christliche Tendenz seinen gelegentlichen Äußerungen in weltanschaulicher Beziehung völlig widersprach. Alles in allem erhielt ich den Eindruck einer ungeheuren Energie und einer fast maschinellen Gedankenarbeit. In sehr diplomatischer Form bat ich ihn, sich doch nicht öffentlich für das Essener Programm einzusetzen, weil das von der Linkspresse zu einer wüsten Agitation ausgenutzt werden würde. Er sagte das ohne weiteres zu und verabschiedete sich mit den Worten: ,,Ich stehe immer zur Verfügung, wenn man glaubt, meinen Rat nötig zu haben.`` Ich fühlte, daß ihm das völlig ernst war und daß er mit all seiner unbändigen Energie jeder politischen Bewegung zur Verfügung stand, von der er den Eindruck bekam, daß sie dem Vaterlande einen Weg aus tiefster Erniedrigung heraus eröffnen könnte.

Völlig anders mußte die Reaktion eines Politikers sein, der wie Stegerwald Minister und Mitglied des obersten Parteivorstandes des Zentrums war. Zunächst freudig überrascht durch den starken Widerhall der Essener Rede in den verschiedensten Bevölkerungsschichten, vor allem bei Intellektuellen und Beamten, fand er sich bald verstrickt in einer raffinierten Parteitaktik. Die maßvollen Führer der Deutschnationalen Partei und Stresemann als Führer der Deutschen Volkspartei bekundeten sofort in öffentlichen Reden ihre volle Sympathie mit dem Essener Programm, nicht etwa um auf der Grundlage dieses Programms sich mit Stegerwalds Gefolgschaft in einer neuen Partei zusammenzufinden, sondern um ein Abströmen ihrer bisherigen Wähler zu einer solchen Partei zu verhindern. Die überwiegende Mehrheit der Parlamentarier der Zentrumspartei und ihrer Presse verhielt sich in der Öffentlichkeit abwartend, nicht ohne gleichzeitig persönliche Sympathie für das Programm und gelegentlich auch Sorgen über die Aufrechterhaltung der Parteidisziplin zum Ausdruck zu bringen.

Sehr starken Widerstand fand Stegerwald bei der Gruppe, die zu Erzberger und Wirth stand, teilweise auch bei den konfessionellen Arbeitervereinen und besonders bei der kleinen Gruppe von Journalisten, die sich um Erzberger gesammelt hatte und ihn wieder in die Linie der

Berliner demokratischen Presse und weiter nach links drängen wollte. Die gemäßigtere demokratische Presse, wie die „Frankfurter Zeitung", nahm eine äußerlich wohlwollende Haltung ein, betonte die Notwendigkeit einer großen gemäßigten Partei, ließ aber fortschreitend durchblicken, daß ihr eine solche neue Partei auf der von Stegerwald umrissenen Grundlage nicht sehr sympathisch sein würde. Das Berliner Organ der Zentrumspartei, die „Germania", für längere Zeit fast dogmatisch links eingestellt, suchte Stegerwald innerhalb der Zentrumspartei zu verdächtigen.

Von allem, was die Essener Rede enthielt, wurde nur das Programm für den vorläufigen weiteren Bestand Preußens zu einer Realität. Alles andere lebte weiter als ein Ideal. In der späteren Entwicklung wurden die gemäßigten Rechtsparteien in sich immer schärfer gegenüberstehende Gruppen gespalten. Ihre Aufsplitterung verhinderte die Möglichkeit, jüngere Wähler an sich zu ziehen. Das gab der NSDAP auf die Dauer ihre größten Chancen.

Die Angriffe in der Presse machten Stegerwald unsicher. Da der Widerhall der Essener Rede so unerwartet stark war, war auch die Enttäuschung in seiner Gefolgschaft besonders groß, daß Stegerwald nicht, wie erwartet, sein Ministeramt niederlegte, um sich ausschließlich der Arbeit für die Gründung einer neuen Partei zu widmen. Ich war erschrocken, als er mir sagte, ich solle nun vom Deutschen Gewerkschaftsbund aus die Arbeit für die praktische Verwirklichung seiner Gedanken weiterführen. Daß es für mich, als einen in der Öffentlichkeit völlig Unbekannten, unmöglich sein würde, gleichzeitig die Konsolidierung des aus 40 bis 50 Einzelverbänden bestehenden Deutschen Gewerkschaftsbundes und die Vorbereitung zur Gründung einer neuen Partei zu betreiben, war klar.

Da die Führer der gemäßigten Rechtsparteien sich für das Essener Programm ausgesprochen hatten, aber aus taktisch-politischen Ursachen die Gründung einer neuen großen Partei auf der Basis dieses Programms ablehnten, so gab es nur die Möglichkeit, auf Umwegen eine bessere Zusammenarbeit zwischen den Parteien herzustellen, die das Essener Programm begrüßt hatten und in denen die Mitglieder des Deutschen Gewerkschaftsbundes auch in den Parlamenten vertreten waren. Ich mußte in erster Linie verhindern, daß die in den verschiedenen Parteien im Reichstage und in den Länderparlamenten vertretenen Gewerkschaftsführer durch Koalitionsgegensätze und Taktik auch in persönliche Gegensätze hineingetrieben wurden, wie es die linksgerichtete Berliner Presse erwartete. Daraus ergab sich die Aufgabe, Anregungen und Vorschläge auf allen finanziellen, wirtschaftlichen und sozialpolitischen Gebieten, in gesetzter Form ausgedrückt, diesen Gewerkschaftsmitgliedern rechtzeitig zuzustellen, so daß sie in ihren Parteien dafür eintreten konnten.

Man bot mir die Möglichkeit, eine Reihe der besten jungen Leute, die ich in den ersten Monaten 1919 näher kennengelernt hatte, für die einzelnen Verbände und die Zentrale des Deutschen Gewerkschaftsbundes anzustellen. Gleichzeitig gelang es, eine lose Verbindung mit dem Bund der Richter und der höheren Beamten herzustellen. Meine Aufgaben vermittelten mir häufige Kontakte mit einer großen Zahl der führenden Politiker im Reich und in Preußen. Ein Gebäude, in dem Leitungen der in Berlin zentralisierten Verbände und des ganzen Bundes vereinigt werden konnten, fand sich endlich in dem einzigen Stadtbezirk ohne eine sozialistisch-kommunistische Mehrheit. Vorher wurden zwei uns schon zugesprochene Gebäude nacheinander für die gewaltige Organisation der russischen Handelsvertretung beschlagnahmt, in die auch die Spionageabteilung eingebaut war.

Die gleichen Schwierigkeiten ergaben sich bei der Beschaffung von Räumlichkeiten für Redaktion und Druckerei der Tageszeitung des Deutschen Gewerkschaftsbundes „Der Deutsche". Schließlich gelang es, einen Mietvertrag mit evangelischen Körperschaften abzuschließen für das alte Haus am Johanneum, von wo aus deren soziale Bewegung Ende der 80er Jahre ausgegangen war. „Der Deutsche" sollte einen überparteilichen Standpunkt vertreten.

Ein ausgezeichneter Redaktionsstab wurde zusammengestellt unter Dr. Ullmann, einem der weitschauendsten und angesehensten Führer im Grenzlanddeutschtum. Ihm stand Dr. Dovifat zur Seite, wohl die angesehenste Persönlichkeit des deutschen Journalismus.

Stegerwald selbst wurde, halb gegen seinen Willen, in die unmittelbare Parteipolitik hineingezogen. Brauns Kabinett mit vier Sozialdemokraten und je zwei Mitgliedern der Demokratischen Partei und des Zentrums arbeitete gut, aber es schaffte der SPD keine Möglichkeit, die USPD wieder an sich heranzuziehen, und einem großen Teil der Zentrumswähler war es nicht sympathisch. Bei den preußischen Landtagswahlen im Februar 1921 verlor die SPD erheblich Stimmen an die USPD und die KPD. Die Demokraten verloren mehr als die Hälfte ihrer Stimmen. Im Landtage hatten zwar die Mehrheits-Sozialdemokraten, die Demokraten und das Zentrum noch eine Mehrheit von 14 Stimmen, aber es schien, daß das Zentrum, falls es wieder in ein Kabinett der Weimarer Koalition eintreten würde, weitere Verluste an die Rechte haben würde.

Stegerwald wurde von Mitgliedern der Gewerkschaften in den beiden gemäßigten Rechtsparteien empfohlen, ein Kabinett zu bilden, das die Rechtsparteien nicht unter allen Umständen zu bekämpfen haben würde. Versuchte er ein Kabinett mit der Linken zu bilden oder bliebe er als Minister in einem Kabinett, das die Stimmen der USPD nötig hätte, so wäre sein Gedanke, eine große christlich-nationale, sozial fortschrittliche Partei zu bilden, erledigt. Ich selbst hatte auch den Gedanken, daß die SPD, wenn sie in Preußen eine Zeitlang in einer gemäßigten Opposition war, vielleicht doch wieder einen Teil der Unabhängigen zurückgewinnen könnte.

So trat ich in Verbindung mit Geheimrat Porsch und einigen Herren vom Vorstande der Zentrumspartei in Münster, die Stegerwald klarmachten, daß er jetzt unter den Umständen ein neutrales Kabinett bilden müsse, um der Linken und vor allem der Mosse- und Ullstein-Presse klarzumachen, daß sich die Zentrumspartei in der Parteipolitik kein einseitiges Dogma von außen aufzwingen lassen würde. Für diese Haltung hatten die christlich-nationalen Gewerkschaftler Wallbaum und Rippel aus Hagen ein besonderes Verständnis. Mit ihnen stand ich dauernd in Verbindung, und ihnen gelang es, sowohl in der DNVP wie in der DVP Verständnis dafür zu gewinnen, daß Stegerwald kein Rechtskabinett bilden könne, wohl aber ein Kabinett mit gemäßigten Politikern der Rechten und erfahrenen Beamten, die konservativ in ihrer Gesinnung, aber nie Mitglieder der Rechtsparteien gewesen seien.

Als im Mai 1921 im Reiche ein Kabinett mit der Linken gebildet werden konnte und in Preußen, das zwei Drittel der deutschen Bevölkerung umfaßte, ein nach rechts tendierendes Kabinett ohne parteipolitische Bindungen regierte, wurde eine Voraussetzung geschaffen für eine allmähliche Heranziehung aller Parteien von der SPD bis einschließlich der DNVP zur politischen Verantwortung, und zwar so, daß niemals die Rechte oder die Linke gleichzeitig im Reiche und in Preußen entscheidend war. Wäre diese Linie immer eingehalten worden und hätte sie vor allem in einer den Wählern deutlich erkennbaren Form gehalten werden können, so wären die schweren späteren politischen Entwicklungen wenigstens gemildert geworden. Für die Weiterentwicklung der Zentrumspartei und deren Bestand war es entscheidend, daß sie jetzt deutlich dokumentierte, daß sie sich nicht dogmatisch auf eine Koalition, sei es mit der Rechten oder der Linken, durch Außenseiter festlegen lassen würde. Das hat wesentlich zur Erhaltung ihrer Wählermassen und zu einer stabilen Entwicklung der deutschen Politik beigetragen. Auf der Grundlage des

Essener Programmes bildete sich keine große Partei, wohl aber eine zunächst nur lose und gelegentlich wirksam werdende Arbeitsgemeinschaft der gemäßigten Parteien rechts von der Demokratischen Partei, die bis zum Jahre 1929, der Öffentlichkeit nahezu unerkennbar, einen ruhenden Pol in den schweren außen- und innenpolitischen Krisen bilden konnte. Die Pflege der „Querverbindungen" über die Mitglieder des Deutschen Gewerkschaftsbundes in diesen Parteien wurde eine meiner Hauptaufgaben. Unmittelbar nach der Bildung des Kabinetts Stegerwald in Preußen verließ ich endgültig das Wohlfahrtsministerium, um mich der Erhaltung und Festigung dieser Arbeitsgemeinschaft zu widmen.

Im Reichstag entwickelte sich eine feste Arbeitsgemeinschaft der DVP, der Zentrumspartei und der Demokraten auf rein politischer Grundlage. Innerhalb der DNVP führten die Mitglieder des Deutschen Gewerkschaftsbundes den Kampf gegen die völkischen Gruppen mit solchem Erfolge, daß die völkischen Mitglieder aus der DNVP ausgeschlossen wurden. Das ebnete den Weg zu einer Entwicklung in der Deutschnationalen Partei, die für die schweren Entscheidungen der Jahre 1924 und 1925 von größter Bedeutung war.

Im Mai 1921 fing eine Periode größter außen- und innenpolitischer Spannungen an. Als die Abstimmung in Oberschlesien überwiegend zugunsten Deutschlands ausfiel, versuchte der Polenführer Korfanty ganz Oberschlesien mit Gewalt von Deutschland loszureißen. Unter der Aufsicht eines englischen Militärbevollmächtigten stürmten deutsche Freiwilligenverbände unter der Führung des einarmigen Generals Höfer die Hauptposition der Polen auf dem Annaberg. Aber als sie die polnischen Insurgenten im schnellen Vorstoß aus Oberschlesien verdrängten, kam ein Ultimatum der Alliierten, das die Auslieferung aller Industriestädte in Oberschlesien an Polen verlangte.

Das Londoner Ultimatum vom 5. Mai 1921 setzte die Reparationsschuld Deutschlands auf 132 Milliarden Goldmark fest. Es war eine außerordentlich weitschauende und mutige Politik des neuen Kabinetts Wirth, sich für die Annahme dieses Ultimatums einzusetzen. Außenminister Simons hatte auf Veranlassung amerikanischer Besucher den konstruktiven Vorschlag gemacht, daß Deutschland die in den Reparationsforderungen enthaltenen Schulden der Alliierten an die Vereinigten Staaten unmittelbar übernehmen und über den Zahlungsmodus sich mit den Vereinigten Staaten einigen solle. Tatsächlich waren von 1924 bis 1929 die Reparationsleistungen Deutschlands unter dem Dawes-Plan nur möglich durch große private Anleihen aus den Vereinigten Staaten an die deutsche

Industrie und öffentliche Körperschaften. Aber im Jahre 1921 war die Erkenntnis des Transferproblems noch nicht genügend weit fortgeschritten. Außerdem hatte Frankreich noch nicht sein altes Ziel aufgegeben, Rhein und Ruhr unter dauernden französischen Einfluß zu bringen. Noch war nicht klar erkannt, daß die ungeheure Reparationshypothek, die auf Deutschland gelegt wurde, auf seiten der Alliierten ein Interesse an der Einheit Deutschlands schaffen mußte.

Im deutschen Volk herrschte teilweise dumpfe Verzweiflung, teilweise radikaler Nationalismus. Es kam die Ermordung Erzbergers und wenige Monate später die Ermordung Rathenaus. Die leidenschaftlichen politischen Spannungen, die sich zwischen rechts und links entwickelten, führten zum Ausscheiden Stegerwalds als preußischem Ministerpräsidenten. Gleichzeitig begann das Wachsen des Prestiges von Stresemann, dessen Beziehung zu dem englischen Botschafter Lord D'Abernon auf Jahre hinaus von großer Bedeutung war. Stresemann erkannte klar, daß angesichts der verzweifelten Lage die DVP sich nicht auf die Dauer der Verantwortung gemeinsam mit den Parteien der Weimarer Koalition entziehen könne. Auf dem Wege zu diesem Ziel hatte er die größten Schwierigkeiten mit dem rechten Flügel seiner Partei zu überwinden.

Diese parteitaktischen Schwierigkeiten bewiesen, daß der Gedanke einer großen neuen Partei sich nicht hätte verwirklichen lassen können unter Reparationsforderungen, die auch bei den radikalsten Steuermaßnahmen die deutsche Währung in den Abgrund treiben mußten. Es mußten erst gewaltige weitere Erschütterungen kommen, bis die Reparationsgläubiger einsahen, daß ohne amerikanische Hilfe die Gefahr des Bolschewismus in Mitteleuropa nicht überwunden werden konnte, und andererseits, daß der völlige Verfall der deutschen Währung auch die anderer Länder unausweichlich nach sich ziehen mußte.

DER VERFALL DER DEUTSCHEN WÄHRUNG

Das Jahr 1923 ist von einem englischen Geschichtsschreiber als „annus terribilis" bezeichnet worden. Es sollte für Deutschland das „annus mirabilis" werden. Alle Voraussicht und alle theoretischen wirtschaftlichen und finanziellen Überlegungen deuteten auf einen völligen Zusammenbruch Deutschlands hin, mit dem Erfolg des Gedankens der Weltrevolution oder der Errichtung einer französischen Hegemonie über das ganze nichtrussische Europa. Wenige Geschichtsschreiber haben den Ereignissen dieses Jahres genügend Aufmerksamkeit geschenkt.

Die Fülle der Ereignisse und der sich gegenseitig bedingenden und beeinflussenden Probleme ist überwältigend. Ein tragischer Punkt wurde erreicht, wo der Glaube wichtiger war als die wirtschaftlichen und finanziellen Tatsachen. Es war die Gefahr völliger Vernichtung, die dem deutschen Volke, ähnlich wie dem einzelnen Menschen in äußerster Not, den Glauben an seinen Weiterbestand gab und ebenso schließlich den Glauben an eine Währung, die im eigentlichen Sinne keine Währung war.

Um eigentliche Parteipolitik kümmerte ich mich damals kaum. Restloses Vertrauen hatte ich nur zu drei im Vordergrunde der Reichspolitik stehenden Männern: Ebert, Brauns und Geßler. Ich hatte die Hoffnung, daß diese schließlich durchgreifende Entscheidungen herbeiführen würden, während die meisten anderen Politiker versuchten, der Unpopularität radikaler Lösungen zu entgehen. Ich suchte mit der Ungeduld eines alten Soldaten in Unterhaltungen mit einer Reihe von politischen Führern diese aufzurütteln aus der Ermüdung der langen Beratungen und Verhandlungen der Parteien, auf die nie ein entscheidender Beschluß folgte.

Mit Dr. Brauns und Stegerwald und den Freunden in der überparteilichen Arbeitsgemeinschaft der Mitte hatte ich für eine große Koalition gekämpft. Im Falle eines Scheiterns dieser Lösung waren wir für eine Regierung der Mitte, die von der Rechten einschließlich der DNVP toleriert werden konnte, aber nicht in scharfen Gegensatz zu der gemäßigten Sozialdemokratie zu kommen brauchte. Zweifellos würde die Bildung einer Regierung, die sich auf eine Koalition von den Sozialdemokraten bis einschließlich der DVP stützte, eine sicherere Grundlage geboten haben als die Tolerierung einer Minderheitsregierung der Mitte durch die Rechte. Aber dem stand die immer weitere Kreise erfassende Auffassung gegenüber, daß Handel und Industrie ebenso wie die Landwirtschaft kein Vertrauen in eine von der SPD in starkem Maße beeinflußte Regierung haben würden. Sobald die SPD in der Regierung oder in der Lage war, die Regierung von sich abhängig zu machen, wuchs das Tempo der Inflation. Man wurde sich darüber klar, daß zumindest ohne Einbeziehung der DVP in die Regierung ein Vertrauen der Industrie und des Handels in die Politik der Reichsregierung nicht aufkommen könne.

Die ersten Jahre der Weimarer Republik hatten durchweg gezeigt, daß, wenn die SPD in der Regierung war, sie in den Wahlen eine große Zahl von Stimmen an die äußerste Linke verlor. Umgekehrt bestand die Gefahr, daß die Demokratische Partei, wenn sie mit der Zentrumspartei und der Bayerischen Volkspartei allein in der Regierung war, stark an die Rechte verlieren mußte. Sobald die Deutschnationale Volkspartei an einer Regierung teilnahm oder sie wenigstens unterstützte, verlor auch sie an die extremen Rechtsgruppen. Das war ein fast unentrinnbares Verhängnis, das aus den Folgen der Friedensverträge und vor allem aus den aller wirtschaftlichen Vernunft widersprechenden Reparationsforderungen der Alliierten entsprang. Wie gerecht die Opfer auch verteilt werden, eine Regierung, die Opfer erzwingt, wird eine Mehrheit gegen sich aufrufen. Die entgegengesetzte Methode, durch die Sonderbegünstigung von verschiedenen Gruppen eine sichere Mehrheit zusammenzubringen, konnten sich die deutschen Regierungen nicht leisten.

Niemand sah diese fast zwangsläufige Entwicklung klarer als Ebert. So neigte er aus weiterschauenden staatspolitischen Überlegungen dazu, Persönlichkeiten für das Kanzleramt vorzuziehen, die parteipolitisch nicht gebunden waren, aber auf der Rechten Sympathien besaßen und wegen ihrer sozialpolitisch fortschrittlichen Einstellung keinen leidenschaftlichen Gegensatz der Gewerkschaften und des gemäßigten Teiles der SPD hervorzurufen brauchten. Daß ein Kabinett Cuno in der Reparationsfrage keine wesentlich neue Politik würde betreiben können, war allen Einsichtigen klar. Aber es bestand damals auch in der Umgebung Eberts die Illusion, daß Cuno, wegen seiner Beziehungen zu einflußreichen Persönlichkeiten in Wirtschaft und Finanz der Vereinigten Staaten, die Washingtoner Regierung in irgendeiner Form in die Lösung der Reparationsprobleme einzuschalten in der Lage sein würde.

Der Schlüssel zu einer Lösung des Reparationsproblems lag nicht, wie die radikale Rechte und Linke behaupteten, ausschließlich bei Frankreich und den anderen Reparationsgläubigern, sondern im wesentlichen bei den Vereinigten Staaten, an die die Alliierten jährlich erhebliche Summen in Dollar abführen mußten für die Verzinsung und Amortisierung der in den Vereinigten Staaten während des Krieges aufgenommenen Schulden. In Europa waren selbst Bankiers sich der Bedeutung der Tatsache nicht bewußt, daß der Weltkrieg die Vereinigten Staaten, deren Wirtschaft im Laufe eines Jahrhunderts mit Hilfe von europäischen Anleihen aufgebaut worden war, zum größten Gläubigerland der Welt gemacht hatte. Der Passivsaldo des Handelsverkehrs zwischen den USA und Europa in den Jahren 1915–1921 betrug für Europa 21 Milliarden Dollar. Die Gesamtverschuldung Europas an die Vereinigten Staaten belief sich nach günstiger Schätzung Ende 1921 bereits auf 14,2 Milliarden Dollar. Ende

1922 waren selbst die europäischen Edelvaluten in Gefahr abzugleiten.
Einen Ausweg sah ich damals noch nicht. Aber ich war der Auffassung, daß
man aus eigener Kraft alles daransetzen müsse, um durch die Reform der
Steuererhebung zumindest den völligen Verfall der deutschen Währung
aufzuhalten. Nur wenn man die höchsten Anstrengungen machte, konnte
man ernsthaft hoffen, in der Welt eine Wendung in bezug auf die
Reparationen herbeizuführen. Man mußte so handeln, daß der Glaube an
die Zukunft Deutschlands und an eine Gerechtigkeit im Innern erhalten
blieb.

Unverständlich blieb mir, daß Wirth durch Cuno im November 1922
gerade in dem Augenblick ersetzt wurde, als ein neuer deutscher Vorschlag
der Reparationskommission vorlag und eine internationale Konferenz von
Währungssachverständigen ein Reparationsmoratorium empfohlen hatte.
Ebenso haben die Sozialdemokraten im August 1923, zu demselben
Zeitpunkte, als England eine starke Initiative in der Reparationsfrage
entwickelte, ihr Mißtrauen gegen Cuno ausgesprochen. Persönlich konnte
ich die Politik des neuen Kabinetts Cuno in der Reparationsfrage nicht voll
verstehen. Die aufeinanderfolgenden, in ihren Leistungsversprechungen
sich steigernden Angebote an Frankreich stellten nach meinem Gefühl
nicht die richtige Methode dar, um mit Frankreich, falls es überhaupt
möglich sein sollte, zu Verhandlungen zu kommen. Im Auswärtigen Amte
herrschte im allgemeinen Pessimismus. Der neue Außenminister von
Rosenberg war ein verantwortungsbewußter Berufsdiplomat, gewohnt,
politische Instruktionen auszuführen, aber nicht, die Außenpolitik zu
bestimmen. In den ersten Monaten hatte er nicht die nötige Autorität im
Kabinett, das sich gefühlsmäßigen, patriotischen Aufwallungen und
ebenso düsteren Ansichten über die Zukunft hingab.

Im Oktober 1922 wurde ein Aufsatz des Vorsitzenden des Finanzausschus-
ses der französischen Kammer, Dariac, veröffentlicht, der eine selbständige
Währung für das Rheinland und die Wahl eines besonderen Rheinland-
Parlaments vorschlug. Man könne von Deutschland nicht in den nächsten
35 Jahren gewaltige Reparationssummen fordern, wenn Frankreich Angst
vor einer Entwicklung der deutschen Industrie habe, die es Deutschland
allein möglich machen würde, seine Reparationsverpflichtungen zu
erfüllen. In dem Augenblick, wo die Reparationskommission das Recht
habe, auch die deutsche industrielle Produktion zu kontrollieren, würde
Frankreich an der deutschen Industrie teilnehmen, ohne selbst gefährdet
zu werden. Die französische Politik hat damals, wie noch in den Jahren
1930 und 1932, Angebote der deutschen Regierung auf eine freie

Zusammenarbeit der deutschen und französischen Schwerindustrie abgelehnt. Sie zog vor, das zu erzwingen, was sie durch freie Zusammenarbeit hätte haben können.

Wer die von Frankreich finanzierte separatistische Presse im Rheinland verfolgte, mußte sich darauf vorbereiten, daß Poincaré unter dem Einfluß der französischen Schwerindustrie unter allen Umständen nach einem Vorwand rein formaler Art suchen würde, um das Ruhrgebiet zu besetzen. Die englische Rechtsauffassung ist evolutionär; bestehende Verträge werden durch Interpretation den Verhältnissen angepaßt. Auch die römische Rechtstradition enthält den Satz: „Ultra posse nemo teneatur." Dagegen war die französische Auffassung eine völlig statische, besonders in Fragen des Völkerrechts, wo die Präzision der Sprache ausgenutzt wurde, um einmal errungene Vorteile zu verewigen.

Als Rathenau sich 1920 mit anderen Industriellen bemühte, einen möglichst hohen Teil der Deutschland auferlegten Reparationsverpflichtungen durch Sachleistungen zu bezahlen, hielt er streng darauf, daß diese Sachleistungen genau in der vereinbarten Form und den vereinbarten Fristen erfolgten.

Tatsächlich stellte Poincaré Anfang Januar 1923 die Behauptung auf, daß Deutschland mit der Lieferung von Kohlen und einer großen Anzahl von Telegraphenstangen im Verzuge sei. Rein formalrechtlich war er im Irrtum; 1920 hatte die Reparationskommission beschlossen, daß, wenn Deutschland hinsichtlich dieser Lieferungen im Verzuge sei, es verpflichtet wäre, an Stelle dieser Sachleistungen Barzahlungen zu machen, und daß Sanktionen nur im Verhältnis zu den formalrechtlichen Verfehlungen verhängt werden durften.

Die Lieferungen von Eisen und Stahl auf Reparationskonto hatten schon zu einer Übersättigung des französischen Marktes geführt und zu einem Mangel in Deutschland, so daß die deutsche verarbeitende Industrie wiederholt vorübergehend auf Reparationskonto gelieferten Stahl und Eisen von Frankreich wieder zu hohen Preisen zurückkaufen mußte. Solange die Staffeltarife auf den deutschen Reichsbahnen bestanden und die Inflation in Deutschland weiterging, konnte die Eisen- und Stahlindustrie in Lothringen und an der Saar nicht mit der Ruhr auf dem oberdeutschen Markt konkurrieren. Das bedeutete für die französische Schwerindustrie mangelnde Ausnutzung der Produktionskapazität und daher verhältnismäßig hohe Produktionskosten. Besetzte Frankreich die Ruhr, so konnte es den Versand von Eisen und Stahl nach dem übrigen Deutschland völlig unterbinden. Der süddeutsche Markt allein würde schon ausgereicht haben zu einer vollen Ausnutzung der Kapazität der französischen Eisen- und Stahlindustrie. Norddeutschland westlich der Elbe mußte nach der Besetzung der Ruhr Roheisen und Stahl aus England einführen, als die deutsche Währung ins Bodenlose sank.

Ein englischer Versuch, den Völkerbund einzuschalten, schlug völlig fehl. In ihrer Ablehnung einer Vermittlung durch den Völkerbund gebrauchten die Franzosen die Formulierung, daß Besetzung keinen Kriegsfall bedeute – ein folgenschwerer Bruch mit der völkerrechtlichen Tradition. An den Ostgrenzen Deutschlands fing eine Kettenreaktion an. Am gleichen Tage, an dem die französischen Truppen in das Ruhrgebiet einmarschierten, besetzte Litauen das unter dem Mandat des Völkerbundes stehende Memelland. Der Völkerbund, der für die Aufrechterhaltung des internationalen Memelstatuts verantwortlich war, regte sich nicht. Die polnische Regierung befahl eine sofortige Registrierung der männlichen Bevölkerung für den militärischen Dienst.

Um England irgendeine aktive Politik wegen der Ruhrbesetzung unmöglich zu machen, begann Poincaré eine Störungspolitik in der Lausanner Konferenz über die türkisch-griechische Frage; die Konferenz brach zusammen. Auf die türkische Truppenkonzentration in Konstantinopel und Thrakien antwortete Lloyd George mit einer scharfen Kritik der französischen Ruhrpolitik. Zu der gleichen Zeit vermittelte eine französische Delegation zwischen Polen und Rußland. Man war sich wohl in Paris darüber klar, daß Frankreich im Augenblick Polen gegen eine Wiederholung des russischen Vorstoßes von 1920 nicht schützen konnte.

Niemand durfte erwarten, daß die Masse des Volkes die Wirkungen der Ruhrbesetzung auf die Währung verstehen würde, wenn selbst Finanzminister die Lage erst nach dem völligen Zusammenbruch der deutschen Währung begriffen. 1923 mußten Mündelgelder noch in Staatsanleihen oder Hypotheken angelegt werden. Ein Vierteljahr nach der Gründung der Deutschen Volksbank versuchte ich, Stegerwald klarzumachen, daß bei der Anlage des zusammengebrachten Fonds in festverzinslichen Papieren eine dauernde Entwertung durch die Inflation stattfinde. Es war hoffnungslos. Am Ende der Inflation rechnete er aus, daß das Kapital der Volksbank nunmehr schon Trillionen wert sei und sie in kurzer Zeit die Konkurrenz mit den Großbanken aufnehmen könne. Kurz nach der Stabilisierung hielt er sogar vor Bankiers einen Vortrag mit ähnlichen Ankündigungen. Einige Tage später hörte ich zu meinem Erstaunen, daß die Bankiers sehr beunruhigt seien über das Anwachsen der Kapitalmacht der christlich-nationalen Gewerkschaftsbewegung. Ich bildete mir damals meine eigene Ansicht über die Bedeutung der Bankiers, die das Hohle dieser Redensarten doch hätten durchschauen müssen.

Günstige wirtschaftliche Bedingungen konnten sich unter den Reparationsforderungen nicht mehr entwickeln. Man sah noch nicht, daß damit die gesamteuropäische Wirtschaft gefährdet und der Welthandel gelähmt wurden. Am schwersten fühlte Polen die Folgen des deutschen Markssturzes. Die meisten europäischen Währungen gerieten ins Schwanken, und man mußte ernstlich ein ökonomisches und finanzielles Chaos befürchten.

Die Banken und der kleinere Handel in den Provinzen verstanden die ganze Entwicklung nicht mehr. Tag für Tag wurde mittags in Berlin der neue Dollarkurs festgesetzt. Wer nicht rechtzeitig seine Aufträge telephonisch nach Berlin gegeben hatte, war am anderen Tage ärmer. Der Haß gegen die Banken und Spekulanten in Berlin, die jeden Versuch der Stabilisierung der Währung vereiteln konnten, wuchs von Tag zu Tag. Das Schlagwort „Enteignung der Reichen" fand immer größere Verbreitung. Man sagte sich, daß, wenn alle arm wurden, die Regierung einen Ausweg finden würde, jedem ein Existenzminimum zu schaffen. Man wurde skeptisch gegenüber den sozialistischen Parteien; die Ansicht, daß sie mit ihrer Politik seit 1918 gescheitert seien, war im Wachsen.

Auch wenn das deutsche Steuererhebungssystem so ausgebildet worden wäre, daß es unter normalen Umständen einen weiteren Verfall der deutschen Währung hätte aufhalten können, so wäre das schon vor der Besetzung der Ruhr deswegen nicht möglich gewesen, weil die Reichsbank und die deutsche Regierung keine Möglichkeit hatten, Vermögensverschiebungen über die ausländischen Banken im besetzten Gebiet zu verhindern. Völlig unmöglich war aber eine Stabilisierung der Währung nach der Besetzung der Ruhr durch die Franzosen und Belgier, da die Ruhr der größte Devisenverdiener in Deutschland war.

Dazu kam, daß die Art und die zeitliche Festlegung immer neuer Reparationsforderungen seitens der Alliierten es der Reichsbank unmöglich machten, sich unter sorgfältiger Vorbereitung und in aller Stille die nötigen Devisen auf dem Weltmarkte zu verschaffen. Die Spekulation im Auslande, aber auch im Inlande, mußte der Reichsbank unausweichlich immer überlegen sein und die Dispositionen der Reichsbank noch vor ihrer Durchführung bereits wertlos machen.

Es gab nur eine Möglichkeit, wenigstens das Tempo des Verfalls der deutschen Währung zu verlangsamen: das war eine Änderung der Steuererhebung und nicht etwa, wie es die Auffassung der Mehrheit der Parteien im Reichstage war, die Einführung immer höherer nomineller

Steuertarife. Um eine solche andersgeartete Steuererhebung ging der
Kampf, den Jahn, wie ich ein Schüler von Dietzel, und den ich vor allem
in der Tageszeitung „Der Deutsche" führten, und zwar schon seit dem
Jahre 1921.

Offenbar verstanden die leitenden Beamten des Reichsfinanzministeriums nicht, daß Industrie, Handel und Landwirtschaft bei fortschreiten-
der Inflation durch die nachträgliche Bezahlung der Steuern in Papiermark auf Grund der Veranlagung des vorangegangenen Jahres gewaltige
Gewinne machen mußten. Bei der Lohnsteuer war das in doppelter Form
der Fall. Die Lohnsteuer wurde vom Wochenlohn durch die Arbeitgeber
jeweils, wie wir damals sagten, in „gutem" Gelde einbehalten und konnte
von den Unternehmern sofort zum Kaufen von Rohstoffen oder Gold-
schatzwechseln benutzt werden. Wenn die einbehaltenen Summen an das
Finanzamt, ursprünglich nach einem Vierteljahr, in Papiermark abge-
führt werden mußten, so war der Betrag in Goldwert vielleicht nur noch
ein Viertel oder weniger als in dem Augenblick, wo er dem Arbeiter und
Angestellten vom Lohn und Gehalt abgezogen wurde.

Ende Juli 1923 hat der Vorstand der SPD plötzlich Vorauszahlungen der
Steuern gefordert und auch eine jeweils der Geldentwertung entsprechende Aufwertung der Zwangsanleiheeinzahlungen. In der letzten
Phase des Cuno-Kabinetts gelang es, eine große Mehrheit für einen
Steuerkompromiß zu finden, der die Bezahlung der abgezogenen Steuer-
beträge jeweils in „Goldmark" zustande brachte. Was man früher damit
hätte erreichen können, war nur die Vermeidung einer völligen Ausbeutung der wirtschaftlich Schwachen.

Nichts hatte mich mehr erregt als ein plötzlicher Entschluß einer
Reichstagsmehrheit, der die sofortige Einzahlung für Vermögen bis zu
100 000 Mark verlangte, während es den reicheren Steuerzahlern erlaubt
war, ihre Einzahlung ratenweise zu machen. Dieser Beschluß erschien
mir als einfach unsinnig. Er war geeignet, das Vertrauen der großen
Masse der Steuerzahler völlig zu erschüttern und bei den reicheren
Steuerzahlern eher ein Interesse an einer Weitertreibung der Inflation als
das Gegenteil zu erwecken. Die Abgeordneten, die dafür stimmten,
wollten teilweise weniger vermögenden Geschäftsleuten helfen. Ihr Ziel
war ein ehrenhaftes. Sie erkannten nicht die Bedeutung des Satzes
„Vernunft wird Unsinn, Wohltat Plage" unter einem schnellen Währungsverfall.

Solange man nicht zunächst zu einer Vorauszahlung aller Steuern als
Übergangsform zu Goldsteuern kommen würde, wäre auch die klügste

Interventionspolitik der Reichsbank vergeblich gewesen. Trotz nahezu konfiskatorischer Steuersätze würden Reich und Länder in steigendem Maße gezwungen, ihren in Papiermark wachsenden Bedarf durch Diskontierung von Schatzwechseln bei der Reichsbank zu sichern. Man hat dem damaligen Reichsbankpräsidenten Havenstein im In- und Auslande den Vorwurf gemacht, daß er bewußt oder aus Unverstand durch die fortschreitende Diskontierung von Schatzwechseln die Inflation weitertreibe. Das war ein völlig unberechtigter Vorwurf. Bei einer schnell fortschreitenden Inflation verliert die Diskontpolitik einer Zentralbank fortschreitend ihre Wirkungsmöglichkeit. Das zeigte sich zur Genüge im Sommer 1923, als die Reichsbank mit dem Diskont bis auf 30% hinaufging, ohne eine durchschlagende Wirkung zu erzielen.

Worin die Reichsbank fehlte, war mangelnde Sorgfalt in der Nachprüfung der sogenannten Konzernanforderungen. Sie prüfte nicht und hatte vielleicht auch nicht die Möglichkeit festzustellen, ob diese Konzernanmeldungen auf einer wirklichen Notwendigkeit beruhten und ob nicht vielmehr Großhandel und Großindustrie aus Sorge, daß sie nicht genügend Devisen zugeteilt bekommen würden, die dreifachen oder vierfachen Summen anmeldeten, als im Augenblick unumgänglich erforderlich waren. Es fehlte zweifellos an klarer Einsicht und verantwortlicher Mitarbeit der Großbanken.

Für die Reichsbank war es wegen der fehlenden Verantwortlichkeit und Übersicht bei einzelnen Großbanken und bei den in der Inflation neugegründeten Banken fast unmöglich, eine Kontrolle über den Geldmarkt auszuüben. Ich habe damals die Aktienerwerbungen einzelner Großspekulanten, wie zum Beispiel der Michael, Herzberg, Stinnes und anderer verfolgt. Michael ist es gelungen, aus einer Reihe von nach der Stabilisierung nicht mehr lukrativen Unternehmungen noch in den letzten Tagen vor der endgültigen Stabilisierung der Mark im November 1923 auszusteigen, gegen hohen Zinsfuß sein bares Geld an Firmen auszuleihen, die in Kreditnot geraten waren, dann in dem Augenblick, als die Stabilisierung einen sicheren Erfolg versprach, Aktien von soliden Unternehmungen billig zu kaufen und seinen ganzen Besitz rechtzeitig in eine Mantelgesellschaft im Staat Connecticut einzubringen. Manche Produktionsstätten wurden ausgeweitet, nicht unter Berücksichtigung dauernder Absatzmöglichkeiten, sondern infolge Überlegungen des Augenblicks. Die Inflation ermöglichte auch die Durchführung eines gewaltigen Programmes von öffentlichen Arbeiten und eine beispiellose Vollbeschäftigung.

Zwei Dinge mußten damals für jeden, der den Prozeß des Aufkaufens von Aktien der verschiedenartigsten Firmen mit Hilfe von Bankkredit beobachtete, klarwerden:

Einige Großspekulanten würden über kurz oder lang nach einer Stabilisierung der Währung in die größten Schwierigkeiten kommen. Ihre Verschuldung gegenüber den Banken konnte dann so hoch sein, daß die Banken, um sich selbst zu retten, diesen Großkunden weitere gewaltige Kredite geben mußten. Aus diesem und anderen damit in Zusammenhang stehenden Gründen mußten die Goldmarkbilanzen nach der endgültigen Stabilisierung der Mark oft willkürliche Ziffern für das Anlagekapital aufführen. Die Folgen und die ganze Misere dieser willkürlich frisierten Bilanzen wurden offenbar, als die Aktiengesellschaften im Jahre 1932 auf Grund einer Notverordnung die Vollmachten zu einer erleichterten Form der Kapitalzusammenlegung erhielten.

Die zweite Erfahrung, die sich mir damals einprägte, war, daß eine Arbeitslosigkeit unvermeidlich war, sobald die Inflation nur vorübergehend aufgehalten würde. Das nannte man schon eine Deflation, obwohl es nur ein vorübergehender Stillstand der Inflation war. Alles rief aus politischen und wirtschaftlichen Sorgen heraus sofort wieder nach einer weiteren Inflation, Kreditausweitung genannt. Es ist keine Frage, daß damals einige der Mächtigen in der Wirtschaft die Mark-Stützungsaktion der Reichsbank sabotiert haben, nicht allein wegen ihrer eigenen Finanzlage, sondern auch, weil sie die politischen Folgen einer wachsenden Arbeitslosigkeit befürchteten. Wie es sich zu Anfang der dreißiger Jahre zeigte, gibt es nichts Gefährlicheres, als den nach einer gewaltigen Inflation unvermeidlichen operativen Eingriff in die private Finanzgebarung zu verschieben.

Noch eine Erfahrung, auf die ich im Jahre 1920 in einem Aufsatz im Jahrbuch der Christlichen Gewerkschaften hingewiesen hatte, bestätigte sich wiederum bei den Reichstagsberatungen über die neuen Steuern im Februar und März 1923. Man stritt sich wochenlang im Reichstag um radikale Steuererhebungen, ohne zu schnellen und entscheidenden Entschlüssen kommen zu können; gleichzeitig aber empörte sich die Landwirtschaft gegen den Gedanken einer Zwangsanleihe, für die eine vierfache Erhöhung der Bewertungssätze der Grundstücke festgelegt werden sollte, ebenso wie andere wochenlang in den gleichen Monaten um eine weniger hohe Bewertung des Aktienbesitzes kämpften. Man erreichte dadurch nichts anderes als Kapitalflucht und weitere Inflation; gerade die vermögenden Kreise mit ihren auf Bankkredit aufgebauten geschickten Dispositionen konnten sich der Wirkung der neuen Steuermaßnahmen und der Zwangsanleihe entziehen. Es wurde mir damals klar, daß man in solchen Zeiten mit der normalen parlamentarischen Erledigung von Finanzgesetzen nicht weiterkommt und einen Stoß ins Leere führt. Schwere Krisen der öffentlichen Finanzen können nur überwunden werden, wenn eine Regierung weiß, was sie will, und über Nacht sorgfältig überlegte Gesetze verkündet, so daß am anderen Morgen die Spekulation nicht eine neu geschaffene Stabilität sofort wieder unterminieren kann.

DIE RUHRBESETZUNG

Wenige Tage vor dem Einmarsch der Franzosen in das Ruhrgebiet nahm mich Stegerwald mit zu einer Versammlung der Führer der christlichen Gewerkschaften in Essen. Ich war mir damals völlig klar, daß die Stunde der Entscheidung für den Weiterbestand des Deutschen Reiches geschlagen hatte. Das ganze Ruhrrevier lag unter dichtem Nebel, mit Kohlenstaub vermischt, als wir in Essen ankamen; alles sah grau auf schwarz aus. Die Gewerkschaftsführer warteten ruhig auf Anweisungen der Reichsregierung. Bis dahin war aber die einzige Vorbereitung seitens der Reichsregierung für den Einmarsch der Franzosen die Verlegung der Dienststellen des Kohlensyndikats nach Hamburg.

Die Lebensmittelversorgung wurde schon schwierig. Die dadurch hervorgerufenen Preissteigerungen führten schon überall in Deutschland zu kommunistischen Unruhen. Die Gewerkschaftsführer waren sich der Gefahr der kommunistischen Agitation für einen aktiven Widerstand voll bewußt. Es hatten schon Zusammenkünfte von deutschen, französischen und russischen Kommunistenführern an der Ruhr stattgefunden. Die französische Regierung hatte die französischen Kommunistenführer, die an den Verhandlungen teilgenommen hatten, nach ihrer Rückkehr in Paris verhaftet, aber die Sorge wegen der vermutlichen Pläne der Dritten Internationale wuchs. Das wiederum veranlaßte Hitler, in Bayern mit Reden und Demonstrationen kühner aufzutreten. Es war das erstemal, daß man sich in der Öffentlichkeit mit ihm mehr beschäftigte.

Die Führer der christlichen Gewerkschaften in Essen waren aber der festen Überzeugung, daß weder die extremen nationalistischen noch die kommunistischen Gruppen an der Ruhr Erfolge haben würden. Die

Erinnerung an den Kapp-Putsch und die darauffolgende, einige Wochen dauernde wilde Herrschaft der Kommunisten an der Ruhr sei noch zu lebendig. Alle Anwesenden waren bereit, den Franzosen denselben Widerstand zu leisten wie 1920 den Kommunisten und wie Jahrzehnte vorher den extrem liberal eingestellten Bergwerksbesitzern, die die alten Traditionen der Ruhrarbeiter zu unterdrücken versucht hatten.

Zweier besonders eindrucksvoller Ausführungen erinnere ich mich noch. Der Führer der Metallarbeiter, Wieber, der jüngste Sohn einer kinderreichen Bauernfamilie aus der Gegend von Fulda, sprach in bewegten Worten von seinen bitteren Erfahrungen, als er nach Aufhebung des Sozialistengesetzes 1890 begann, eine Gewerkschaft in der Eisen- und Stahlindustrie aufzurichten. Als er von den Direktoren der großen Werke auf die schwarze Liste gesetzt wurde, konnte er nur durch freiwillige Beiträge seiner Arbeitskollegen seine Familie und seine Zeitschrift unterhalten. Er sprach mit Hochachtung vom alten Thyssen und vom alten Krupp, kritisierte aber scharf die Großspekulanten, die die Aktien der einzelnen Werke aufgekauft hatten; ein persönliches Verhältnis der Arbeiter zu ihnen könne überhaupt nicht mehr aufkommen. Der Gedanke der ständigen Arbeitsgemeinschaft zwischen Arbeitgebern und Arbeitnehmern, der 1918–1919 geholfen hatte, die Revolution zu überwinden, sei leider zum Teil durch die Schaffung des Reichswirtschaftsrates verlorengegangen. Wenn die französischen Truppen kämen, so müßte man wiederum zu einer ständigen Arbeitsgemeinschaft der Gewerkschaftsführer und Unternehmer kommen. Was an Verbitterung bei den Gewerkschaften noch vorhanden sei, müsse nun vergessen werden. Die Arbeiter im Bergbau, in der Eisen-, Berg- und Stahlindustrie und die Eisenbahner würden allein schon in der Lage sein, die Ruhr für Deutschland zu retten.

Imbusch, der Führer der Bergarbeiter, war kühler, aber im Grunde ebenso wie Wieber zum äußersten Widerstand gegen die Franzosen entschlossen. Er warnte, daß am Ende des Kampfes die Unternehmer die Kampfgemeinschaft vergessen und versuchen könnten, die sozialen Errungenschaften zu beseitigen. Er schloß seine Ausführungen mit der Bemerkung, daß er sich zu einer gemeinsamen Front mit den Unternehmern nur bereit finden würde, wenn er durch Handschlag das Versprechen von Stinnes erhielte, daß während des Ruhrkampfes und nach der Wiederbefreiung die Unternehmer keine Wirtschafts- und Sozialpolitik ohne Verständigung mit den Gewerkschaften betreiben würden. Nach Beendigung des passiven Widerstandes zeigte sich, wie berechtigt seine Einstellung war.

Gutsche, der Führer der Eisenbahner und der Beamten und Angestellten der Reichspost und anderer staatlicher Verwaltungen, verhielt sich abwartend. Auf der Rückfahrt nach Berlin machte mir Gutsche klar, daß von seiten der Besatzungstruppen den Eisenbahnern die größte Gefahr drohe. Als Staatsangestellte könnten die Eisenbahner und die Beamten der Reichspost und der staatlichen Verwaltung nicht auf eigene Faust handeln. Sie könnten sonst die Reichsregierung in Schwierigkeiten bringen und vielleicht Verhandlungen mit den Franzosen erschweren oder unmöglich machen. Auf meine Frage, ob die Eisenbahner zusehen würden, falls die Franzosen erfolgreich Kohle und Koks abtransportieren und gleichzeitig die Eisen- und Stahlproduktion an der Ruhr stillegen würden, was zweifellos zu einem spontanen Widerstand führen müsse, mit dem Ergebnis, daß die Radikalen rechts und links dann die Führung an sich reißen würden, antwortete Gutsche: „Ich weiß, daß wir zwischen zwei Übeln zu wählen haben, aber ich muß erst eine Zeitlang nach der Besetzung die Reaktion meiner Leute auf die Behandlung seitens der Franzosen abwarten."

Wie diese Reaktion sein würde, zeigten uns schon die entschlossenen Gesichter der Ruhrarbeiter, die wir auf der Rückfahrt beobachteten. Als die Franzosen bald anfingen, alle schon verladenen Kohlen zu beschlagnahmen, konnte die Reichsbahnverwaltung nach einer Besprechung mit Gutsche ihren Angestellten die Anordnung für den passiven Widerstand geben. Nunmehr schlossen sich die sozialistischen Gewerkschaften der Taktik der christlichen an. Durch das von Gutsche vorbereitete System der buchstäblichen Ausführung aller bestehenden Verordnungen wurde der Güterverkehr im Ruhrgebiet in Verwirrung gebracht.

Als Gutsche seinen Leuten die Anordnung gab, gemeinsam mit den anderen Eisenbahngewerkschaften gegen jegliche Einmischung der Besatzungsbehörden in den Eisenbahnbetrieb zu protestieren, wagten die Franzosen nicht einen unmittelbaren Schlag gegen die Gewerkschaftsführer; statt dessen beschlagnahmten sie mehrere Zeitungen der Zentrumspartei und verhafteten ihre Herausgeber. Wo immer die Franzosen mit Anordnungen in den Eisenbahnverkehr eingriffen, kam es zu technischen Schwierigkeiten; auch entgleisten mehrere französische Truppentransportzüge, da die Eisenbahner die Stellwerke verließen, in deren Betrieb die französischen Eisenbahner sich nicht auskannten. Daraufhin verhafteten die Franzosen Beamte Preußens und des Reiches, auch Schullehrer, und vertrieben sie aus dem besetzten Gebiet. Als die Franzosen das Postgebäude von Trier, die Gaswerke in Mainz und ähnliche Einrichtungen besetzten, wurden sie durch einen Generalstreik gezwungen, ihre Soldaten zurückzuziehen.

Vier Wochen nach Anfang der Ruhrbesetzung arbeiteten in Luxemburg nur noch 40% der Hochöfen, in Französisch-Lothringen nur 33 von 84, im früheren deutschen Lothringen nur 20 von einer Gesamtzahl von 66. Nach der Besetzung von Offenburg und Appenweier veranlaßte Imbusch auch die christlichen Bergarbeiter im Saargebiet zu streiken, obwohl alle ihre Lohnforderungen von den Franzosen angenommen wurden. Die Schwierigkeit in den Besprechungen in Elberfeld, an denen ich regelmäßig teilnahm, war, den Bergarbeitern und Eisenbahnern klarzumachen, daß sie nicht den Versand von Kohle überhaupt verhindern durften, da soweit wie möglich die Kohlenversorgung des unbesetzten Gebietes aufrechterhalten werden mußte. Das gelang im Anfang, aber später nicht mehr.

Im März hatte ich, auf Veranlassung des Herausgebers der Tageszeitung „Der Deutsche", Dr. Hermann Ullmann, eine eindrucksvolle Unterredung mit Willisen, den ich seit dem Kapp-Putsch nur einmal gesehen hatte, als ich ihn bat, seinen großen Einfluß in der Reichswehr und bei den verabschiedeten Offizieren in den Rechtsparteien für die Annahme des Gesetzes zur Verlängerung der Amtszeit des Reichspräsidenten Ebert einzusetzen. Willisen war sehr skeptisch gegenüber der Politik des Kabinetts Cuno und dessen gefühlsmäßigem Patriotismus. Eine stabile politische Entwicklung und ein nüchternes Urteil über die internationale Lage Deutschlands seien das, was die Reichswehr brauche. Unter den Politikern gebe es außer Geßler eine einzige Persönlichkeit, die in der Reichswehr hochgeachtet würde – Ebert. Wenn mehrere Männer wie er auch im Reichstage vorhanden wären, so könne Deutschland trotz der französischen Politik allmählich zu einer Konsolidierung kommen.

Von der äußersten Rechten meinte er, die Gefahr sei, daß diese überspannten Menschen sich auf eine Zusammenarbeit mit den Kommunisten einlassen könnten, von der sie nicht wieder loskommen würden. Das galt vor allem für die große Anzahl von entlassenen Offizieren, die keine Beschäftigung hatten und in der Inflation von ihren Pensionen nicht leben konnten. Sie verstanden etwas von Organisation, und wenn sie aus Verzweiflung ihre Erfahrung den Kommunisten zur Verfügung stellten, dann „möge Gott uns helfen". Die Landsknechte in den nationalistischen Gruppen würden immer dem in die Hände fallen, der das höchste Geldangebot machte. „Wo können wir das Geld herbekommen?" Einmal, im Oktober/November 1918, seien die Bankiers und Industriellen bereit gewesen, der Reichswehr jeden Betrag zu geben. Jetzt hätten sich dieselben Männer vielfach politische und wirtschaftliche Berater zugelegt, die sich in laienhaften Plänen für politische Krisen verlören. Die Reichswehr werde von Industrie und Banken erst wieder Geld bekommen, wenn kommunistische Aufstände stattfänden. Es gebe Leute, die sich jetzt schon unter der Hand mit Geld eine Rückversicherung für den Fall einer kommunistischen Herrschaft schaffen wollten. Das müsse aufhören. Wenn sie ihr Geld für die Ausbildung der entlassenen jungen Offiziere in praktischen Berufen gäben, hätten wir nicht so viele Planer und Fanatiker.

Ich fragte, was die Reichswehr machen würde, wenn die Kommunisten und die äußerste Rechte zuschlagen würden. Ich meinte, es müsse irgendeine Organisation des passiven Widerstandes geschaffen werden, der sonst unter die Kontrolle der Radikalen gerate. Die Reichswehr könne sich nicht heraushalten, wenn die Franzosen nationalistische Aufstände provozierten, um Grund für eine weitere Besetzung deutscher Gebiete zu haben. „Was werden Sie tun?"

Willisen: „Das muß unter allen Umständen verhindert werden!"

Brüning: „Es kann nicht verhindert werden, wenn die Reichswehr nicht ihre Hand in dem ganzen Gewirr hat, ohne daß sie in irgendeiner Form verantwortlich gemacht werden kann."

Ich fragte, ob es bei einem völligen Zusammenbruch der Währung nicht besser wäre, einem General vorübergehend diktatorische Gewalt zu geben. Für Willisen kam in diesem Falle nur der Reichswehrminister in Frage; eine andere Lösung wäre Frankreich ein willkommener Vorwand, uns zu erledigen. Ich sagte: „Angenommen, alle die von mir befürchteten Gefahren werden gleichzeitig akut, dann werden Sie alsbald an jeder Straßenecke einen Diktator finden mit einer fanatischen Anhängerschaft. Falls Ebert in einem solchen Augenblick Seeckt die vollziehende Gewalt übertragen wollte, würde Seeckt sich dann sträuben, wenn die Franzosen, Polen und Tschechen vormarschierten? Wenn ausländische Truppen überall in Deutschland einmarschierten, angeblich zur Unterdrückung einer kommunistischen Revolution – was dann?"

Jetzt sprang er auf und sagte: „Wenn die Nation in Gefahr ist, völlig zu verschwinden, dann müssen wir allerdings handeln!" Willisen ging im Zimmer auf und ab. In seinen Augen sah ich zum ersten Male denselben melancholischen Ausdruck wie im Jahre 1932, als er tödlich erkrankt war und kaum noch sprechen konnte. Dann sagte er bestimmt, mit dem leichten Stottern, das bei ihm immer kam, wenn er sich zu einer Entscheidung zwang, die nicht mit seiner innersten Hoffnung für eine friedliche Entwicklung übereinstimmte: „Das ist eine verzweifelte letzte Entscheidung. Wir werden uns nicht zu diesem letzten Schritt zwingen lassen durch Zivilisten, die sich in einen patriotischen Rausch hineingeredet haben."

Beim Abschied versprach ich, ihn häufiger zu besuchen. Vom Spätsommer 1923 an wurde daraus ein täglicher Besuch punkt acht Uhr morgens. Diese Zeiteinteilung erlaubte mir, den Stadtbahnzug vom Charlottenburger zum Lehrter Bahnhof zu nehmen, mit dem Arbeitsminister Brauns zusammen die Lage zu besprechen, um dann noch rechtzeitig in meinem Büro mich mit Stegerwald unterhalten zu können, bevor er um neun Uhr dreißig zum Reichstage fuhr. Willisen ging dann eine Viertelstunde später ins Reichswehrministerium. Diese Form unserer Zusammenarbeit konnte allerdings nur deshalb wirksam sein, weil der Reichsarbeitsminister und der Reichswehrminister wachsend durch Freundschaft verbunden waren und beide sich des größten Vertrauens bei Ebert erfreuten. Mehrere Male nach längeren Unterhaltungen an Sonntagen legte der Reichsarbeitsminister Dr. Brauns seine Auffassungen handschriftlich in einem Brief an Ebert nieder, den ich dann in Eberts Büro persönlich abgab. Auf dem Höhepunkt der Krise sahen Willisen und ich uns mehrere Male täglich. Manchmal kam er noch spät in der Nacht in mein Büro. Erst als ich nach seinem Tode seine Gattin besuchte, erfuhr sie von mir, daß ich es war, der jeden Morgen in der zweiten Hälfte 1923 die Ruhe in ihrem Hause gestört hatte; Willisen war so verschwiegen, daß er sich weigerte, ihr zu sagen, wer der regelmäßige Besucher war.

Noch wurde die Gefahr nicht allgemein erkannt, daß nach der Weimarer Verfassung die Polizei in den Händen der einzelnen Länder war und daher in Sachsen und Thüringen möglicherweise für Regierungen kämpfen mußte, die unter kommunistischem Einfluß standen, und in Bayern für eine Rechtsdiktatur. Das Volk und das Parlament machten sich keine Vorstellung, welcher Nervenruhe und Voraussicht es bei der Reichswehr bedurfte, sich an jede Regierungsänderung anzupassen, die in den Ländern entweder zu einer Neutralisierung der Polizei oder zu ihrer Beherrschung durch die extreme Linke oder extreme Rechte führen konnte.

Um diese Zeit war sich kaum jemand klar, welche von den beiden extremen Bewegungen, die NSDAP oder die KPD, eines Tages, wenn die Dinge so weiterliefen, am gefährlichsten sein würde. Mich bedrückte am meisten die Tatsache, daß die Mitglieder des Reichstages sich nicht der drohenden Gefahren und der unter der Oberfläche sich vollziehenden politischen Strömungen bewußt wurden. Bei den Rechtsparteien und in Regierungskreisen entwickelte sich eine bedenkliche Stimmung; viele hielten den Zeitpunkt für gekommen, auf Grund der Meinung der englischen Kronjuristen, daß die Ruhrbesetzung eine Verletzung des Versailler Vertrags sei, den Vertrag zu kündigen.

Ich bat einen Bekannten von Ludendorff, ihn telephonisch nach Berlin einzuladen, und erreichte über den Arbeitsminister, daß der Reichskanzler ihn empfangen würde. In demselben Hause wie zwei Jahre zuvor erläuterte ich Ludendorff die Lage und meine Befürchtungen. Er antwortete sofort: ,,Diese Leute auf der Rechten sind nicht mehr bei Sinnen. Jetzt ist der Versailler Vertrag der einzige Schutz, den wir haben." Die nationalistischen Sentimentalitäten seien aus völliger Verkennung der militärischen Hoffnungslosigkeit unserer Lage geboren. Bei seiner Unterhaltung mit Reichskanzler Cuno bat Ludendorff ihn auf das schärfste, jedem gefühlsmäßigen Patriotismus Widerstand zu leisten.

Wieweit diese Unterhaltung zu der vorsichtigen Haltung von Außenminister Rosenberg gegenüber Frankreich und Belgien in seiner Rede vom 16. April beigetragen hat, entzieht sich meiner Kenntnis. Bedeutender noch war eine Rede Stresemanns, die sich gegen die Auffassungen des extrem rechten Flügels der DNVP richtete, der einfach die Verweigerung von Reparationszahlungen verlangte. Wegen des Verbots jeglicher Zusammenarbeit der Reichswehr mit illegalen Widerstandsgruppen wuchsen die Angriffe der Rechten auf die Reichswehr.

Zusammenstöße zwischen Zivilisten und französischen Soldaten häuften sich in dem besetzten Gebiet. Unter einer anderen Bevölkerung als der des Ruhrgebietes wäre eine völlige ideologische Verwirrung eingetreten. Selten war das Doppelspiel der kommunistischen Propaganda klarer zu erkennen als damals. In einzelnen Städten begrüßten die Kommunisten die französischen Truppen: ,,Willkommen, Brüder!" In anderen Städten sangen sie: ,,Siegreich wollen wir Frankreich schlagen." Ebenso doppelsinnig war die französische Propaganda. Im Auslande beschuldigte sie die Ruhrindustrie der Sabotage, und im Ruhrgebiet verbreitete sie Gerüchte, daß die Leitung der Krupp- und Thyssen-Werke zur Zusammenarbeit mit den Franzosen bereit sei.

Durch eine Verordnung Eberts konnten diejenigen, von denen eine Unterstützung der Einbruchsmächte zu befürchten war, in Haft genommen werden – vom Standpunkt der deutschen Rechtstradition aus gesehen, ein sehr weitgehender Schritt. Von französischer Seite wurde der Reichskommissar für die besetzten Gebiete, Fürst Hatzfeldt, der über seine Kusine Comtesse Boni de Castelanne einen gewissen Einfluß in Paris haben konnte, ausgewiesen.

Mit mir fuhr meistens an die Ruhr Kriminaldirektor Mercier, der erfahrenste Beamte im Berliner Polizeipräsidium, von wo aus er gleichzeitig im Abwehrdienst der Reichswehr tätig war. Mercier wurde wegen seiner früheren Tätigkeit in der Sicherung der durch Deutschland reisenden Staatsoberhäupter gegen anarchistische Anschläge und wegen seiner Verbindung zur Reichswehr vom sozialistischen Polizeipräsidenten in der Beförderung übergangen. Ebenso wie Gutsche hatte Mercier seine Leute in den verschiedenen radikaleren Gruppen im Ruhrgebiet, die statt des passiven einen aktiven Widerstand wünschten und wilde Sabotage begingen, die zweck- und sinnlos war.

Es wurde mir allmählich klar, daß man auf längere Zeit keinen planmäßigen passiven Widerstand durchhalten konnte, wenn Regierung und Reichswehr es aus verständlichen Gründen ablehnen mußten, eine klare Verantwortung für die Führung des passiven Widerstandes zu übernehmen. Auch innerhalb der Gewerkschaften bildeten sich nun allmählich aktivistische Gruppen. Im November 1923 zeigte sich, daß diese zum Teil aus kommunistischen Agenten bestanden, die den Auftrag hatten, die Gewerkschafter zum aktiven Widerstand aufzupeitschen. Anfang 1924 tat Imbusch, der Führer der christlichen Bergarbeiter, den einzig richtigen und mutigen Schritt und löste die Ortsgruppen seines Verbandes auf, in die verkappte Kommunisten eingedrungen waren, um dann neue Ortsgruppen aus zuverlässigen Mitgliedern zu bilden. Leider folgten nicht alle Gewerkschaftsführer diesem Beispiel.

Die größte Gefahr eines radikalen aktiven Widerstandes lag bei den unabhängigen einzelnen Gruppen, in denen die Franzosen ihre Agenten hatten. Das war die Grundlage der Schlageter-Tragödie. Schlageter gehörte zu einer Gruppe, deren radikalstes Mitglied ein Agent war. Als Schlageter verhaftet und zum Tode verurteilt wurde, sprach mein Bruder, ein Geistlicher, mit dem französischen Feldgeistlichen über eine Milderung der Strafe. Er fuhr dann nach Berlin und berichtete mir, daß die Franzosen bereit seien, die Todesstrafe gegen Schlageter in eine lebenslängliche Gefängnisstrafe umzuwandeln, falls man beweisen könne, daß Schlageter nicht für den Mord eines deutschen Geistlichen in Oberschlesien verantwortlich sei. Mein Bruder und ich besprachen die Angelegenheit mit Willisen und Stülpnagel, die bereit waren, alles für

Schlageter zu tun. Das Reichswehrministerium besaß keine Dokumente über die Vorgänge in Oberschlesien, und Stülpnagel versuchte sofort, im Auswärtigen Amte die Unterlagen einzusehen, was nicht erlaubt wurde. Wir versuchten, Cuno zu erreichen. Das gelang erst am späten Abend.

Er gab sofort die Anweisung, daß das Material im Auswärtigen Amt eingesehen werden könne. Aus den Akten ging hervor, daß der oberschlesische Geistliche tatsächlich durch ein Mitglied der Schlageter-Gruppe erschossen worden war, aber durch einen agent provocateur, der dann aus Deutschland entkam. Als dieses festgestellt wurde, war die Frist für den Aufschub der Urteilsvollstreckung des französischen Kriegsgerichts bereits verstrichen und Schlageter erschossen. Man machte ihn zu einem nationalsozialistischen Helden, obwohl Hitler gegen den passiven Widerstand war. Es wurde schon systematisch ein Mythos des passiven Widerstandes geschaffen, der zu der Wirklichkeit in scharfem Gegensatz stand.

Ich besprach gelegentlich die Lage mit Falkenhausen, dem weisen und diplomatischen Chef des Stabes der Münsterschen Division. Er stand der Entwicklung sehr skeptisch gegenüber, aus Besorgnis, daß es unmöglich sein würde, eine Form der Kontrolle über den passiven Widerstand zu finden, durch die unsinnige Sabotageakte, die zum Teil auf kommunistische Agenten zurückgingen, verhindert werden konnten. Die Ruhrbevölkerung in ihrer Mehrheit erkannte das ebenso. Es gelang Falkenhausen allmählich, auf eigene Verantwortung, ohne seinen Divisionskommandeur in Kenntnis zu setzen, solche Sprengungen und Anschläge auf Eisenbahnen, die zu Verlusten von Menschenleben führen konnten, zu verhindern.

Wie die Stimmung bei anderen Offizieren war, zeigte mir eine Unterhaltung mit dem jungen Adjutanten Falkenhausens, der deutlich eine Sympathie für die äußerste Rechte bekundete. Als ich ihm antwortete, daß das Aufrollen einer falschen politischen Front in Zukunft nur von den politischen Vertretern der Gewerkschaften kommen könne, und man diese nicht argwöhnisch, vor allem gegenüber der Reichswehr, machen dürfe, lächelte sein Chef zufrieden, ohne ein Wort zu sagen. Willisen nahm diese Einstellung des Adjutanten nicht tragisch. Er meinte, die Leitung der Reichswehr habe in den vergangenen Jahren durch Fernhalten von der Politik und Untersagung selbst privater politischer Unterhaltungen unter den Offizieren erreicht, daß straffe Disziplin herrsche. Die Gefahr für die weitere Entwicklung sah er darin, daß die Regierung nicht zu Entschlüssen über die notwendigen Reformen kommen könne. Es sei allerdings schwer für die Reichswehr, im Ernstfall sich für eine Regierung und ein Parlament schlagen zu müssen, wenn diese nur auf den Tag warteten, an dem die Lage so katastrophal werden würde, daß man auf eine englische oder amerikanische Vermittlung hoffen könne.

Es wurde zunehmend Mode, von den „Münchener Neuesten Nachrichten" angefangen, über die Notwendigkeit einer diktatorischen Regierung zu sprechen, vor allem auch in Berlin, wo sich in Hotels und Restaurants regelmäßig Gruppen zu Besprechungen über die Vorbereitung einer Diktatur trafen, wobei jede Gruppe einen eigenen Kandidaten hatte. Das wäre normalerweise nur eine Komödie gewesen. Aber wenn ein Volk keinen Ausweg aus höchster Not sieht und seine wirtschaftliche und politische Sicherheit im Verfall begriffen ist, nicht wegen eines Ultimatums oder einer Kriegserklärung, sondern in angeblichen Ausführungen eines Friedensvertrages, so müssen alle gesunden politischen Überlegungen und Gesetzestraditionen ins Wanken kommen.

Die Nachkriegsgeneration zu verstehen, fiel mir trotz aller Bemühungen schwer. Sie war utopisch eingestellt, teilweise nationalistisch, aber, wie auch in meiner eigenen Partei, überwiegend pazifistisch. Bei einigen wuchs der Patriotismus während des Ruhrkampfes; sie fanden irgendeinen Unteroffizier oder einen Lehrer, der Reserveoffizier gewesen war, der ihnen etwas Drill beibrachte und mit ihnen Nachtpatrouillen machte – für Soldaten alles etwas lächerlich. Gelegentlich redete ich sonntags zu Jugendgruppen, und es wurde mir klar, daß sie eine andere Sprache sprachen.

Sie hatten den besten Willen, wollten die ganze Menschheit reformieren und waren von dem Gedanken beeinflußt, daß Deutschland in seinem Elend eine echte brüderliche Liebe unter den Nationen und ein soziales Wirtschaftssystem einführen könne, das über dem politischen Spiel der parlamentarischen Parteien stehen und alle Ungerechtigkeiten einer ungleichen Teilung des Reichtums beseitigen würde. Viele glaubten an die Möglichkeit einer gemeinsamen Planwirtschaft mit Rußland als Grundlage für einen dauernden Frieden. Für das Parlament hatten sie nur Verachtung. Ich war bestürzt zu finden, daß diese Generation sich nicht einmal oberflächlich mit praktischer Politik beschäftigte. Sie hatte keine Vorstellung von der Hauptaufgabe eines Parlamentes – die öffentlichen Finanzen in Ordnung zu halten als Grundlage für eine stabile Entwicklung – oder von dem Grundsatz erfolgreichen parlamentarischen Regierens – eine allgemein annehmbare Linie innezuhalten.

Sicherlich hatten die russischen Berater der KPD auf Grund ihrer

Erfahrung unter dem Kerenski-Regime eine klare Vorstellung über die politischen Folgen einer unaufhaltsamen Inflation. Sie waren der Überzeugung, daß eine solche Inflation nur mit Hilfe einer Diktatur überwunden werden könne und daß es dem Durchschnittsmenschen zu allen Zeiten in der Geschichte schließlich völlig gleichgültig wird, wer die Politik macht, sofern er sie nur dazu gebraucht, wieder feste Währungsverhältnisse einzuführen. Aus einer Reihe von Bemerkungen in kommunistischen Zeitungen konnte man schon während des ganzen Jahres 1922 erkennen, daß Moskau alle seine Berechnungen in bezug auf die Eroberung der Macht durch die Kommunisten in Mittel- und Westeuropa auf dem unvermeidlichen Währungsverfall aufgebaut hatte.

Schon Anfang Januar 1923 hörte ich, daß Radek, der von allen russischen Kommunisten die Mentalität der westlichen Nationen, besonders Deutschlands, am besten verstand, eifrig an der Arbeit war, um eine enge Verbindung zwischen den kommunistischen Intellektuellen und den nationalistischen Gruppen auf der äußersten Rechten herbeizuführen. Besprechungen über eine solche Arbeitsgemeinschaft der extremen Rechten und Linken wurden in der „Roten Fahne" und in der Wochenschrift von Graf Reventlow fortgesetzt. Obwohl sie nach meiner damaligen Auffassung infolge der Ruhrbesetzung gewisse Erfolgsmöglichkeiten hatten, führten sie zu keinen praktischen Ergebnissen.

In Norddeutschland, das lange Zeit für die nationalsozialistische Agitation unzugänglich blieb, war Graf Reventlow der Führer der „völkischen" Gruppe. Früherer Marineoffizier, Mitglied des alten schleswigholsteinischen Adels, mit einer Französin verheiratet, glaubte dieser Nationalist, daß Deutschland seine Freiheit nur mit Hilfe der Arbeiterschaft wiedergewinnen könnte. Sein Bruder hatte als Anwalt ohne Vergütung die Verteidigung solcher Persönlichkeiten übernommen, die unter dem Bismarckschen antisozialistischen Gesetz angeklagt worden waren. Reventlow war ein scharfer Gegner des Christentums, dessen Versagen während des Krieges und bei den Friedensverhandlungen er beklagte. Nach der Machtergreifung der NSDAP lehnte er jedes Amt ab und bekundete in seiner Zeitschrift Proteste gegen die Ausschreitungen der SA und die Verfolgung der Kirche.

Zunächst wollte die KPD die Stellung der SPD durch das Verlangen nach einer Koalition der Sozialdemokraten und Kommunisten in einzelnen Ländern wie Sachsen und Thüringen unterminieren. In der SPD wuchsen die Spannungen zwischen den früheren Unabhängigen und den alten Führern der Mehrheitssozialisten, die treu zu Ebert hielten. Es ist die ewige Tragödie von ausgesprochenen Arbeiterparteien, daß ihre Realisten mit den Doktrinären zu kämpfen haben. Von Haus aus sind die Arbeiter fast überall konservativ, weil ihre Familien durch eine Krise viel stärker gefährdet sind als andere, aber sie geraten doch leicht unter den Einfluß von Theoretikern, die ihnen einen Ausweg aus allen Schwierigkeiten bieten.

In der damaligen Lage Deutschlands war eine realistische Beurteilung des Doppelproblems der Reparationen und der Währungsstabilisierung unbedingt erforderlich. Eine Reihe der Führer der SPD, vor allem Hilferding, sahen klar, was man tun konnte und tun mußte für die Rettung des Volkes in der äußersten Not. Aber wenn sie klar und offen über die Grenzen der Möglichkeiten gesprochen hätten, so hätten sie den größten Teil ihrer Anhänger an die Extremisten verloren, die ihre Stärke in der Tatsache suchten und fanden, daß Fanatismus in der Politik leichter ist als Realismus.

Mitte März kam es zu einer Verständigung zwischen der SPD und KPD in Sachsen. Mit zwei Stimmen Mehrheit wurde ein Kabinett gebildet, das von der Duldung der Kommunisten im Landtage abhing. Proletarische Hundertschaften wurden in Thüringen und Sachsen aufgestellt, angeblich zum Schutze der Versammlungen der Linksparteien gegen nationalsozialistische Störungsversuche. Unter dem Namen „Saalschutz" wurden sie auch für nichtsozialistische Versammlungen angeboten.

Willisen und ich waren einig über die Gefahr der nationalsozialistischen Agitation. Es bestand kein Zweifel, daß die Reichswehr, die preußische und vor allem die bayerische Regierung darüber sehr besorgt waren. Willisen fuhr Mitte des Sommers nach München und hatte eine Unterhaltung mit Hitler. Sein Eindruck war, daß Hitler manisch veranlagt sei und keine klare Vorstellung der Möglichkeiten habe, die ihm die weitere Währungsentwicklung und die Politik Frankreichs bieten könnten. Er meinte, daß der Mangel an persönlichem Mut Hitler besonders gefährlich mache, weil er in einem entscheidenden Augenblick, wenn er merke, daß seine Anhänger enttäuscht würden, alles riskieren würde. Willisen fand, daß Hitler von jedermann Geld nahm. Er beklagte die mangelnde Zusammenarbeit zwischen der Reichswehr und der bayerischen Staatspolizei, die bestimmte Dokumente über die finanzielle Unterstützung Hitlers in die Hand bekommen könne, auf Grund deren eine Anklage Hitlers wegen Hochverrats möglich war. Aus welchen Gründen man im Jahre 1923 von Berichten über Hitlers Verhandlungen mit ausländischen Agenten keinen öffentlichen Gebrauch gemacht hat, habe ich nie begriffen. Mir war damals wie später das Spiel von Canaris in solchen Dingen undurchsichtig.

Ich bat einen der Führer des passiven Widerstandes, Edgar Jung, zu Hitler zu gehen und ihn vor die Frage zu stellen, weshalb er seinen Anhängern die Teilnahme am passiven Widerstand verboten habe. Hitlers Antwort war nur ein verächtliches Lachen. Er zeigte auf eine große Karte von München und Umgebung und sagte, seinen Finger auf Dachau legend: „Herr Jung, ich bin nur daran interessiert, Dachau zu erobern und von dort München. Die Ruhr geht mich nichts an. Wenn ich einmal meine Macht hier in München fest aufgerichtet habe, werde ich alles an Ruhr und Rhein zurückbekommen, was jetzt verloren ist. Ein Widerstand kann nicht passiv, sondern nur aktiv sein. Ich werde Leute nicht für so einen logischen Unsinn opfern."

Der passive Widerstand war aber eine politische, keine militärische Waffe. Die Politiker in Berlin übersahen damals, daß gerade in einer katastrophalen Lage ein Parteiprogramm, das nur verschwommene Versprechungen enthält, und ein Parteiführer, der sich nicht einmal der Widersprüche in seinem Programm und seinen Reden bewußt wird, gewisse Vorteile haben. Hitler konnte alle sachlichen Einwendungen gegen sein Programm durch den Appell an die Gefühle der Skeptiker und der Kritiker aller übrigen Parteien beseitigen und seine eigene Gefolgschaft sowie seinen wohlmeinenden Besucher immer wieder mit der Erklärung beruhigen, er müsse erst die volle Macht erobern, um alle seine Versprechungen zu erfüllen.

Es gab noch eine Gruppe, die auf einen Staatsstreich ausging, die Organisation „Fridericus Rex" unter Major Buchrucker. Im Frühjahr hatte ich ihn bei einer Einladung kennengelernt. Er machte einen persönlich integeren Eindruck und führte ein spartanisches Leben, das eine wachsende Anziehungskraft für einen Kreis von Veteranen und jungen Offizieren hatte. Nach außen hin erweckte er den Eindruck, daß er beherzte Leute um sich sammeln wolle, mit denen er die Reichswehr im Falle einer kommunistischen Revolution unterstützen könne. Wir kamen in eine heftige Unterhaltung über die Führung und Organisation der Wehrmacht im Ersten Weltkriege. Ich fand, daß er sehr irreal und einseitig dachte. Später hörte ich von einem Bekannten Buchruckers, daß er sich über Seeckt und die Generalstabsoffiziere lustig mache, die ihre Stellen nur durch Inaktivität und Nachlaufen hinter den Reichstagsparteien behalten könnten.

Immer mehr häuften sich die Nachrichten über die Pläne Buchruckers

und das Wachsen seiner Organisation. Auf meinen Bericht darüber sagte
mir Willisen, es sei unmöglich, daß dieser Mann, dem er den Eintritt in
den Generalstab während des Krieges gesichert hatte, etwas gegen die
Reichswehr unternehme; man brauche nicht jeden verworrenen Idealis-
ten ernst zu nehmen. Er ließ ihn aber beobachten, und später saß
Mercier oft im Café Weinhut, wo Buchrucker mit Gleichgesinnten über
das Nichtstun der Reichswehr schimpfte. In den kritischen Tagen Mitte
August berichtete mir Gutsche, daß Buchruckers Organisation allmählich eine Reihe der nationalistischen Gruppen an der Ruhr aufgesogen
habe und einen Aufstand plane für den Augenblick, wo Reichswehr und
Polizei nicht in der Lage sein würden, gleichzeitige Vorstöße der
äußersten Rechten und Linken zu unterdrücken. Im Oktober unternahm
er in Küstrin einen Putschversuch.

Von Mai an fanden Besprechungen statt, teilweise rein persönlicher Art,
zwischen Vertretern der Industrie und Gewerkschaften, für die ich mich
besonders interessierte. Ich machte Denkschriften für die Vertreter des
Deutschen Gewerkschaftsbundes für den Fall, daß es doch zu einer neuen
Regelung der Reparationszahlungen kommen würde. Aus der Vereinbarung Ende Mai zwischen dem Reichsverband der Industrie, dem Reichslandbund und den Gewerkschaften über eine Gesamtbürgschaft der
deutschen Industrie für dreißig Jahreszahlungen von je fünfhundert
Millionen Goldmark an die Reparationsgläubiger ergaben sich gewisse
Aussichten für eine Verhandlungsgrundlage mit den Alliierten. Man
konnte hoffen, mit Hilfe der Berufsorganisationen auf die Dauer allmählich die mangelnde Bereitschaft des Parlaments zu unpopulären Maßnahmen überwinden zu können.

Da die Eisenbahnen durch die Inflation praktisch keine Anleiheschuld
mehr hatten, stellten sie ein Vermögen dar, das als Grundlage zu einer
großen internationalen Anleihe dienen und gleichzeitig dem Reiche neue
Einnahmen verschaffen konnte. Gutsche war kritisch gegenüber der
Neigung aller deutschen Regierungen nach 1918, den Angestellten der
Reichsbahn Beamtencharakter zu geben. Mit Hugo Stinnes hatte
Gutsche nun Aussprachen, in denen er zu erkennen gab, daß die bisherige
Betriebsform der Reichsbahn zu bürokratisch sei und nicht genügend
Einnahmen einbrachte. Aber er wollte gleichzeitig Stinnes, der an alle
diese Fragen mit bestimmten Auffassungen, aber ohne Einzelerkenntnisse
heranging, überzeugen, daß eine erfolgreiche Reorganisation nur zusam-
men mit den Gewerkschaften durchgeführt werden könne, die allein in

der Lage sein würden, Einzelvorschläge darüber zu machen, wo ohne unnötige Härte ungeeignetes Personal eingespart werden könne. Diese Besprechungen führten vor allem durch die Beteiligung von Dr. Quaatz, der aus der Eisenbahnverwaltung kam und damals noch nicht im Reichstage war, zu einer Reihe von Vorschlägen, die später verwirklicht wurden.

Stinnes wollte auch eine radikale Reform der Postverwaltung durchführen. Lange hielt er an der Auffassung fest, daß die Industrie selbst Post und Eisenbahnen übernehmen solle. Dagegen wandte sich Gutsche sehr scharf aus sachlichen Gründen und wegen der zu erwartenden Opposition der Angestellten der Reichsbahn und der Reichspost. Stinnes hatte damals die Auffassung, alle in öffentlichem Besitze befindlichen Unternehmungen an Private zu verpachten, um so höhere Einnahmen für das Reich und die Länder zu erzielen. Er hatte noch keine Vorstellung, wie schwierig die Lage für alle die Industriellen nach der Stabilisierung werden würde, die in der Inflation mit Hilfe von jeweils in entwertetem Gelde zurückgezahlten Bankkrediten Aktien der verschiedenartigsten Unternehmungen aufgekauft hatten.

In dem Reparationsvorschlag des Reichsverbandes der Industrie wurden auch die Abschaffung des Acht-Stunden-Tages und eine Revision der Sozialversicherung erwähnt, was natürlich die größte politische Erregung hervorrufen mußte. Immerhin wurde erreicht, daß bei den Industriellen in den Rechtsparteien, vor allem in der DVP, klar erkannt wurde, daß sie ein ziemliches Opfer für eine erträgliche Lösung des Reparationsproblems aufbringen mußten. Niemand wußte, wie die echte finanzielle Lage nach einer Stabilisierung der Währung sein würde, aber viele Bankiers und Industrielle hatten eingesehen, daß die Inflation eine Kapitalvernichtung darstellte.

Die Intellektuellen, die die sozialistischen und Hirsch-Dunkerschen Gewerkschaften berieten, befaßten sich mit dieser Frage. Sie hatten nichts einzuwenden gegen die gewaltigen Gewinne, die der Großhandel in der Inflation immer noch machen konnte, weil er den Verkaufserlös sofort in neuen Waren anlegte. Sie übersahen, daß gleichzeitig der mittlere und kleinere Handel vernichtet wurde und eine Konzentration in wenigen Händen stattfand. Ein praktisches Verständnis für die Notwendigkeit einer Reorganisation und Rationalisierung der Industrie hatten sie zunächst nicht. Sie sahen auch nicht, daß die Konzentration im Handel auf Kosten einer Reihe bedeutender Überseehandelsfirmen erfolgt war. Die Gewerkschaftsführer verstanden diese Probleme lange Zeit überhaupt nicht, aber die Probleme, die sich für die Sozialgesetzgebung aus der Inflation ergaben, verstanden sie.

Ich setzte durch, daß die Führer des Deutschen Gewerkschaftsbundes solche Gespräche mit radikalen Intellektuellen ablehnten, und schlug die Fortsetzung von Besprechungen in kleinen Kreisen mit konstruktiven Industriellen vor. Diese Methode konnte zu praktischen Lösungen führen, die im Reichstage von Mitgliedern aller Parteien, die noch Verantwortungsgefühl hatten, angenommen werden konnten, während die andere Methode zur weiteren Radikalisierung der Bevölkerung und der Unmöglichkeit, die nötige Mehrheit im Reichstage zu erreichen, führen würde. Die radikalen Doktrinäre behielten, wie im Sommer 1930, zunächst die Oberhand.

Der Arbeitsminister Dr. Brauns erkannte klar die Notwendigkeit durchgreifender Reformen. Ich riet ihm dringend, keine Reformgesetzgebung vorzuschlagen, die damals schon als Dauerregelung hätte angesehen werden können. Dafür sei die weitere Entwicklung zu unsicher. Es gelang ihm auch, die Führer der freien Gewerkschaften für diese Auffassung zu gewinnen. Es gibt kaum eine schwierigere Lage als die der Gewerkschaftsführer, die freiwillig auf eine Herabsetzung der Löhne und die Aufgabe gewisser sozialpolitischer Errungenschaften eingehen müssen und gleichzeitig, wie damals, der schärfsten, von Moskau geleiteten Agitation ausgesetzt sind.

Ende März war Monsignore Testa als Beobachter des Papstes im Ruhrgebiet angekommen. Im Juli bat er meinen Bruder, ihm in Essen zur Seite zu stehen. Sobald mein Bruder dieser Einladung folgte, mußte ich mich von jeder Aktivität im passiven Widerstand zurückziehen. Ich kehrte an die Ruhr erst im Herbst zurück, als mein Bruder wieder in den Vereinigten Staaten war. Monsignore Testa sympathisierte mit dem Widerstand der Ruhrbevölkerung, war aber erschüttert durch die wilden Sabotageakte, deren Umfang ihm in übertriebener Form dargestellt wurde. Er riet dem Vatikan zu einer Vermittlungsaktion, die mit dem Ersuchen an die deutsche Regierung beginnen müsse, jeden Sabotageakt zu verurteilen. Das konnte die Regierung leicht tun, aber sie hatte keine Möglichkeit, die Sabotage tatsächlich zu verhindern, ebensowenig Falkenhausen oder die Gewerkschaftsführer. Unglücklicherweise wurde nur diese erste Forderung des Vatikans veröffentlicht, mit dem Ergebnis, daß eine heftige Reaktion gegen den Vatikan und die deutschen Katholiken einsetzte. Der gleichzeitige Schritt des Vatikans in Paris gegen Übergriffe der Besatzungstruppen wurde erst einen Tag später bekannt.

Ende Juli, wenn ich mich nicht täusche, kam ich mit Willisen überein, daß Falkenhausen nach Berlin gerufen werden sollte, da keine Möglichkeit mehr bestehe, den passiven Widerstand noch längere Zeit durchzuhalten, vor allem weil jede Form der Verhinderung von unsinnigen Ausschreitungen nunmehr versagen müsse. Falkenhausen, der wie wenige Reichswehroffiziere einen politischen Instinkt hatte, machte die Lage dem Kanzler in einer Form klar, daß jede Illusion über die Möglichkeit einer weiteren Fortsetzung des passiven Widerstandes verschwinden mußte.

Mit dem Aufgeben des passiven Widerstandes konnte die Regierung, wie ich hoffte, eine Verständigung mit Frankreich erreichen, wozu Verhandlungen über Private notwendig waren. Ich schlug Gutsche und Brauns vor, daß die Beförderung von Kohle vorläufig wieder anfangen sollte, unter der Bedingung, daß die Ausfuhr von Kohlen und Stahl nach dem übrigen Deutschland wieder erlaubt würde. Die Berg- und Stahlarbeiter aber wollten bis zum bitteren Ende aushalten. Meiner Berechnung nach würde der Zustand der Währung ab August zu chaotischen Verhältnissen in Deutschland führen. Ich hatte mit Willisen darüber gesprochen, ob nicht die Reichswehr durch den Reichswehrminister einen Druck auf das Kabinett ausüben müsse, daß alle jetzt notwendigen Maßnahmen schnell durchgeführt würden. Er hielt die Zeit nicht reif dafür, denn im Reichskabinett sei man sich nicht einig über das, was zu geschehen habe und wie der Ablauf der einzelnen Beschlüsse sich zeitlich vollziehen müsse. Es fehle an einer vertrauensvollen Zusammenarbeit zwischen dem Außenministerium und den Parlamentariern, die in ein neues Kabinett kommen konnten. Obwohl er wisse, daß man in allen Kreisen des Volkes anfange, über die Notwendigkeit einer Militärdiktatur zu sprechen, wäre es falsch, schon jetzt die Autorität der Reichswehr einzusetzen. Das sei erst möglich, wenn das Kabinett einen klaren Plan habe.

Im Kabinett Cuno und auch im folgenden Kabinett Stresemann gab es nur vereinzelte Minister, die in der Lage waren, den ganzen Fragenkomplex zu erfassen und zu zeitlich und sachlich koordinierten Entscheidungen zu kommen. Doch was die Währungs- und Finanzprobleme in Deutschland damals anging, so hatte Polen wenige Monate vorher ähnliche Schritte tun und betrübende Erfahrungen machen müssen, die in Deutschland leider wenig beachtet wurden. Denn auch der polnische Minister Grabski hatte seine Pläne nicht restlos durchführen können, aus mangelnder Bereitschaft der privaten Banken, sich schnell umzustellen und die Politik der Regierung und der Zentralbank restlos zu unterstützen. Auch in Polen zeigte sich, wie einige Monate später in Deutschland, daß es fast unmöglich ist, unter einem Viel-Parteien-System in rein parlamentarischer Form der Gesetzgebung alle auf einem klaren, einheitlichen Plan aufgebauten nötigen Maßnahmen im richtigen Augenblick zu veröffentlichen und sofort durchzuführen. Dabei war Polen in diesen Monaten nicht mehr von Kriegsgefahr bedroht und seine wichtigste industrielle Produktion war nicht unter der Kontrolle von fremden Besatzungsmächten wie in Deutschland.

Die SPD-Führer hatten erkannt, daß ein Wechsel in der Regierung eintreten mußte, waren aber nicht geneigt, die Verantwortung für den Sturz des Kabinetts Cuno auf sich zu nehmen. In diesem Augenblick war die Wahl des innen- und außenpolitisch richtigen Zeitpunktes für einen Kabinettswechsel entscheidend. Dazu fehlten das Verständnis und die Ruhe. In Deutschland haben die Politiker selten die Nerven gehabt, auf den richtigen Augenblick für eine weittragende Entscheidung zu warten, der manchmal wichtiger ist als die Entscheidung selbst. Wie viele andere, so machte auch ich Versuche, den mir bekannten Abgeordneten klarzumachen, daß das Kabinett Cuno nicht gestürzt und das Ende des passiven Widerstandes nicht verkündet werden solle, bevor man wisse, wieweit man dann auf eine Unterstützung der englischen und belgischen Regierung rechnen könne.

Nationalsozialistische Vorstöße, die immer mit kommunistischen Aktionen zusammenfielen, nahmen im Juli und August in Bayern zu. Im August setzte Graf Reventlow die Aussprache mit den Kommunisten wieder fort. Er stimmte mit Radek überein, daß eine Internationalisierung der deutschen Produktionskapazität eine Gefahr für das deutsche Volk sein würde und daß eine enge deutsch-französische industrielle Verbundwirtschaft unerwünscht sei. Jeden Eintritt von Nationalisten in die KPD lehnte er ab, aber er betonte gewisse Ähnlichkeiten zwischen den nationalen und wirtschaftlichen Zielen der Nationalisten und der Kommunisten. Damit drückte er eine gefühlsmäßige Auffassung aus, die sich damals weit über die Grenzen der KPD und der äußersten Rechten verbreitete. Menschen in allen Gesellschaftsgruppen, vom ungelernten Arbeiter bis in die alte Aristokratie, blieb es unverständlich, weshalb die Lebensmittelpreise täglich stiegen und die Löhne alle zehn Tage erhöht werden mußten. Es entwickelten sich starke antikapitalistische Gefühle. Die Erbitterung über die Neureichen, die mit Hilfe der wahllos gegebenen Bankkredite ihren Sachwertbesitz vergrößerten, wuchs. Der alte Adel, der den Nationalbolschewismus als die Verneinung des preußischen Rechtsstaats ablehnte, fing an, die DNVP unter Druck zu setzen, eine große Koalition mit Einschluß der SPD zu unterstützen. Das war von großer politischer Bedeutung, die nur wenige erkannten.

Willisen erklärte mir, daß nunmehr auch die Reichswehr eher bereit sei, offen einzugreifen. Falls die Parteien sich nicht entschließen könnten, sich einmütig hinter Ebert zu stellen, so werde man sie eben dazu zwingen. Diese Einstellung des Adels und des Offizierkorps war um so wichtiger, als die Lage Eberts immer schwieriger wurde, nachdem es offensichtlich war, daß das Kabinett Cuno nicht länger gehalten werden konnte. Falls man überhaupt zu Verhandlungen mit den Franzosen kommen konnte, mußte man, nachdem Anfang August Poincaré jeden englischen Vermittlungsversuch zurückgewiesen hatte, eine neue Regierung bilden und das „Kabinett des passiven Widerstandes" opfern. Das bedeutete, daß die neue Regierung ein schweres Odium auf sich nehmen mußte und daß die Gefahr von Putschversuchen auf der Rechten und Linken sich vergrößern würde. In der Tat ließ das Interesse am besetzten Gebiete im übrigen Deutschland etwas nach, während man innerhalb des besetzten Gebiets die drohende Gefahr von Putschen in Mitteldeutschland und Süddeutschland nicht erkannte.

Das neue Kabinett Stresemann fing gut an. Der neue Reichswirtschaftsminister von Raumer zog eine rücksichtslos offene Bilanz der Währungs- und Wirtschaftslage Deutschlands. Es war höchste Zeit, sich offen auszusprechen, denn die Berichte der Untersuchungskommission des Reichstages über den Fehlschlag der Markstützung hatten dem Volke klargemacht, daß ein Teil der Wirtschaft und der Banken die Reichsbank nicht voll unterstützt hatte. Die Reichsbank solle keine Reichsschatzscheine mehr diskontieren, um so als eine Goldnotenbank funktionieren zu können. Für die Übergangzeit wollte man den Plänen Helfferichs folgen und Noten durch eine neue Bank ausgeben, die durch eine Goldverpflichtung der privaten Wirtschaft auf Grund des Wehrbeitragswertes sichergestellt werden sollte. Der neue Finanzminister Hilferding erhielt nun die schwierige Aufgabe, die öffentlichen Ausgaben des Reiches erheblich herabzusetzen, was er im wesentlichen bis zum Sturze Stresemanns im November durchführte.

Glücklicherweise besaß Stresemann ein Temperament, das ihm erlaubte, über Einzelheiten hinweg eine große Linie wenigstens in der Außenpolitik nach jeder neuen Enttäuschung weiterzuverfolgen. Die Gefahr seines Optimismus lag darin, daß er schnell neue Lösungen fand, ohne zu erkennen, daß diese Lösungen neue Schwierigkeiten ergeben mußten, die in der damaligen und späterer Lage Deutschlands unvermeidlich waren.

Dabei war seine eigene Partei sich keineswegs einig über die politische
Lage und die sich daraus ergebenden Notwendigkeiten.

Als Stresemann Kanzler wurde, fand er eine Lage vor, die er nicht völlig
klar vorausgesehen hatte. Er wollte zu Entscheidungen kommen, mehr
aus seinem Temperament heraus als auf Grund sachlicher Bedingungen
und Möglichkeiten. Aber in Augenblicken, wo es um Sein oder Nichtsein
geht, müssen Politiker den Mut zum Handeln haben. Sonst tritt eine
Stagnation im politischen Leben ein, die unter den damaligen Bedingungen in Deutschland zu revolutionären Explosionen hätte führen müssen.
Was immer die Rechte an Kritik an Stresemanns Politik vorbrachte, es
war sein Glaube an ein schließliches Eingreifen von England und den
Vereinigten Staaten, der ihn dazu führte, die Entwicklung vorwärts zu
treiben. Dabei schien die Regierung vorläufig das Spiel zu verlieren, aber
ihre Trumpfkarten behielt sie in der Hand.

Die Lehre, die ich aus diesen Ereignissen zog, druckte ich Mitte Oktober,
nach Übertragung der vollziehenden Gewalt an den Reichswehrminister
und der Annahme eines Ermächtigungsgesetzes für alle erforderlichen
finanziellen Maßnahmen seitens der Regierung, in einem Aufsatz in „Der
Deutsche" ab:

„Im ganzen genommen ist natürlich, vom Parlament aus gesehen, der
jetzige Zustand nicht ein Zeichen von Kraft, sondern von Schwäche, und
er würde sich nicht allzulange halten, wenn nicht der Riß durch alle
Parteien ginge ... Wenn also die mit außerordentlichen Vollmachten
ausgestattete Regierung endlich arbeiten und sich regen kann, dann ist
das im wesentlichen darauf zurückzuführen, daß von den Parteien keine
innerlich stark und einheitlich genug ist, um in eine kräftige Aktivität
einzutreten. Weder nach der Seite der Mitverantwortung noch der der
Opposition. Denn als eine wirkliche Opposition im Dienste der Allge-
meinheit kann natürlich nur die gelten, die bereit und fähig ist, selbst die
Verantwortung zu übernehmen.

... Seit dem Zusammenbruch hatte keine deutsche Regierung so starke
Vollmachten und so hohe Verantwortung wie diese ... Auf die parla-
mentarischen Hemmungen kann jetzt nicht mehr zur Rechtfertigung für
Entschlußmangel und weitere Verzögerungen hingewiesen werden. Die
Schwäche der Parteien macht eine um so entschiedenere Haltung der
Regierung möglich, aber auch notwendig. Vollmachten wie die hier
gegebenen müssen verwandt, müssen voll ausgenutzt werden in unge-
wöhnlicher innen- und außenpolitischer Aktivität ..."

Die Monate, in denen ich durch Willisen mit der Reichswehr täglich zusammenarbeitete, waren mit Begeisterung begonnen und endeten mit Skepsis. Das äußere feste, scheinbar entschlossene Auftreten gab mir im Anfang die Hoffnung, daß das, was in der Politik im Kriege gefehlt hatte, nunmehr durch die Reichswehr in sie hineingetragen wurde. Zu meinem Entsetzen fand ich fortschreitend einen absoluten Mangel an politischen schöpferischen Gedanken. Die Reichswehr war eine starke Wand, auf die jeder, der ihr nahte, seine Ideen aufschreiben konnte. Ich fand von August bis Dezember nicht die Entschlossenheit, rechtzeitig durchzusetzen, was ich als selbstverständlich annahm. Um so leichter fiel es mir allerdings, durch Willisen täglich Ideen in das Reichswehrministerium hineinzulancieren, je mehr die Hilflosigkeit der Reichswehr in bezug auf politische Schöpferkraft ihr selbst bewußt wurde.

Wenige Tage nach dem Tode meines Bruders Anfang 1924 sah ich in Münster die ersten Anzapfungen in bezug auf die Beibehaltung der vollziehenden Gewalt durch General von Seeckt. Ich sah die Gefahr eines langsamen Zermürbens der Autorität der Reichswehr und rief Willisen an, mich am anderen Morgen mit Bracht zusammen am Bahnhof Friedrichstraße abzuholen. Hinter dem Holzverschlag des im Umbau begriffenen Bahnhofs machte ich den beiden klar, daß für die Reichswehr nur eine Möglichkeit bestehe, um für die Zukunft ihre Macht, auch bei der Linken, zu retten – wenn Seeckt sofort freiwillig auf die vollziehende Gewalt verzichte. In einer halben Stunde waren wir uns einig, und am Abend hatte Willisen das Gewünschte durchgesetzt.

Diese Erfahrungen bedrängten mich noch in dem Reichstagswahlkampf im Frühjahr 1924. Da ich gesehen hatte, wie die Militärs in Wirklichkeit keine politischen Ideen hatten außer der einen, im gegebenen Augenblick die gesamte Gewalt an sich zu reißen, so glaubte ich, leise auf diese Gefahr bei Wahlreden in Reichenbach und Glatz hinweisen zu müssen. Anknüpfend an das Beispiel MacMahons suchte ich Warnungen vorsichtig auszusprechen vor dem Überwuchern des militärischen Gedankens in der Politik. Es war ein Glück, daß ich 1924 ein in der Öffentlichkeit kaum bemerkter Abgeordneter war. Die Nazis hätten sonst in agitatorischer Aufbauschung dieser vorsichtigen Warnungen meine ganze Kampagne für den Reichspräsidenten 1932 gefährden können.

ABGEORDNETER DER ZENTRUMSPARTEI

Im Mai 1924 wurde ich als Abgeordneter der Zentrumspartei für den Wahlkreis Breslau in den Reichstag gewählt, ebenso wieder in den Wahlen vom Dezember dieses Jahres. Selten hat ein Parlament einen solchen Elan gezeigt und eine so konstruktive Verantwortlichkeit bewiesen wie der deutsche Reichstag in den Jahren 1924 und 1925. Nach der schweren Erfahrung der Inflation baute sich auf der Währungsstabilisierung und dem Dawes-Plan eine allgemeine Hoffnungsfreudigkeit auf. Im Frühjahr 1925 wurden innerhalb von drei Monaten die vorläufig durch Notverordnungen getroffenen Stabilisierungs- und Aufwertungsregelungen durch dauernde Gesetzgebung ersetzt und den Bedingungen des Dawes-Plans angepaßt. Gleichzeitig waren ein neuer Zolltarif durchberaten und beschlossen, neue Steuergesetze eingeführt und alte völlig neu formuliert.

Das gelang dank der starken Vertretung der Frontgeneration in allen Parteien nach den Dezember-Wahlen von 1924, die einen starken Rückgang der extremen Parteien rechts und links und eine Änderung in der Atmosphäre des Reichstags brachten. Vertrauliche Gespräche zwischen den ehemaligen Soldaten wurden nicht parteipolitisch ausgenützt. Die alten Männer aller Parteien, schon vor dem Kriege eine Generation lang in den Parlamenten, begrüßten dieses gegenseitige Vertrauen, wohl wissend, daß, wenn es nicht vorhanden ist, kein Parlament dauernde Erfolge erzielen kann. „Die jungen Leute" wurden von ihnen daher über die Köpfe der mittleren Generation hinweg gefördert. Der Argwohn der mittleren Generation und ihre Versuche, Verbindungen zu zerstören, führten in einzelnen Parteien, vor allem in der DNVP, zu der Idee rigoroser Parteidisziplin unter einem einzigen Führer.

Im Frühjahr 1924 berichteten die Dawes-Sachverständigen, und im August wurde der Dawes-Plan mit Reparationssachlieferungen und einer internationalen Anleihe für Deutschland angenommen. Weder damals noch später war es dem Volk oder der Mehrheit des Reichstages klar, daß internationale Verträge wie der Dawes-Plan das höchste Gesetz eines Landes sind, und daß es daher die Pflicht der Regierung ist, solche Verträge zu erfüllen. Das deutsche Volk hatte vom moralischen Standpunkte aus instinktiv recht, wenn es den Versailler Friedensvertrag nicht als das höchste Gesetz anerkennen wollte. Aber die Reparationsverträge waren, mindestens der Form nach, freiwillig abgeschlossen. Daher konnte juristisch kein Zweifel bestehen, daß Regierung und Parlament alles daransetzen mußten, um sie loyal durchzuführen. Als sich zeigte, daß ein Artikel der Dawes-Gesetzgebung gegen die Reichsverfassung verstieß und zur Annahme des Dawes-Plans daher eine Zweidrittelmehrheit des Reichstages erforderlich wurde, sprachen sich vereinzelte Stimmen für eine Ignorierung der Verfassung aus. Diese Auffassung, wenn auch vielleicht theoretisch vertretbar, erschien mir außerordentlich gefährlich. Die Stimmen der DNVP, die zur Annahme des Dawes-Plans notwendig waren, wurden aber zu dem Preis einer nie geheilten Spaltung innerhalb der Partei gewonnen.

Angesichts der Tatsache, daß der Dawes-Plan steigende Jahresleistungen Deutschlands innerhalb von fünf Jahren von einer Milliarde auf 2,5 Milliarden Goldmark voraussah mit der Möglichkeit zusätzlicher Leistungen unter den kleinen und großen „Besserungsscheinen", deren finanzpolitische Bedeutung oft übersehen wird, mußte ein Fünf-Jahres-Plan für das Budget in sorgfältigster Vorausschätzung der wirtschaftlichen Entwicklung festgelegt werden. Zoll- und Aufwertungsgesetzgebung, Beamtengehälter und Sozialausgaben mit vorsichtigen Mindest- und Höchstschätzungen für die nächsten fünf Jahre mußten eisern mit den Reparationsverpflichtungen verbunden werden. Es war das große Verdienst des deutschnationalen Finanzministers von Schlieben und seiner Mitarbeiter, einen solchen Plan rechtzeitig ausgearbeitet und dem Reichstage vorgelegt zu haben.

Sollte dieser Plan Aussicht auf dauernden Erfolg haben, so mußten Regierung und Reichstag in voller Einigkeit an ihm festhalten. Das wäre nur möglich gewesen durch eine feste Mehrheitskoalition unter Vermeidung einer Auflösung des Reichstages vor seinem normalen Ende im Herbst 1928. Dem Reichstag und den Regierungen erwuchsen finanzielle Aufgaben, die kaum ein Parlament unter dem Druck der öffentlichen Meinung und der Unmöglichkeit, die komplizierten Probleme der Aufbringung und Transferierung der Reparationen der Masse des Volkes – und selbst einigen Sachverständigen – zu erklären, ohne schwere Erschütterungen hätte erfüllen können. Daß die Hoffnung der jüngeren Generation auf eine weitere feste Zusammenarbeit der gemäßigten Parteien sich nicht erfüllte, lag auch an den inneren Schwierigkeiten, die sich aus der Zufälligkeit der Zusammensetzung der einzelnen Parteien ergaben.

Die Wiedervereinigung der Unabhängigen Sozialistischen Partei mit den Mehrheitssozialisten machte die vereinigte SPD im Reichstage zahlenmäßig sehr stark, aber die Aufgaben ihrer Führung wurden immer schwieriger. Als die Führer der USPD in die SPD hineingingen, lief die Masse der USPD-Wähler zu den Kommunisten über. Wie so oft in der Geschichte, wurde ein anscheinend großer politischer Erfolg der Grund zu einer schwelenden Krise. Unter den Führern der Unabhängigen waren solche hervorragende Finanzpolitiker wie Hilferding und Heimann, aber auch einige, die rein negativ eingestellt waren und die erst in den dreißiger Jahren von Wels aus der SPD ausgeschlossen wurden. Der Mut, das Pflichtbewußtsein, der Wille zur Verantwortung von Hermann Müller und Wels standen außer Frage, aber sie brauchten Zeit, um aus den heterogenen Elementen ihrer Partei eine zur Staatsführung geeignete Grundlage herauszubilden. Die Niederlage der KPD in der Dezemberwahl 1924 stärkte zunächst die Richtung in der SPD, die von einer scharfen oppositionellen Haltung einen weiteren Rückgang der KPD erhoffte.

Auf der Rechten wuchs die Kritik und die Verzweiflung am parlamentarischen System. Auch dort gab es eine latente Polarität, sowohl im Volke wie im Reichstag, für die nur wenige Abgeordnete ein Gefühl hatten. In der DNVP war noch viel von der Tradition der alten Konservativen Partei lebendig. Graf Westarp, Hergt, die 1924 neugewählten Mitglieder der Partei, die sich dann im Jahre 1929 von der DNVP trennten, sahen es als ihre Pflicht an, die Verantwortung für ein echt ausgeglichenes Budget zu tragen, auch wenn sie in der Opposition waren. Das Jahr 1925 zeigte, daß man mit der DNVP, trotz ihrer Agitation gegen die Reparationen, eine sicherere Grundlage für die Erfüllung der Reparationsverpflichtungen schaffen konnte als mit der SPD, die keine Bedenken gegen die Reparationspolitik Stresemanns äußerte, aber, mit Ausnahme weniger ihrer Abgeordneten, eine höchst optimistische Auffassung von den Erfüllungsmöglichkeiten vertrat.

Die Zentrumspartei, ohne die keine Mehrheit im Reichstage gebildet werden konnte, mußte die Schwierigkeiten der sich widerstrebenden übrigen Parteien in sich selbst erst austragen. Das belastete mit Arbeit und einer Unpopularität, die es erstaunlich erscheinen ließ, daß sie bei den Wahlen überhaupt ihren Besitzstand halten konnte. Die Koalitionspartner scheuten sich nicht, die Verantwortung für entscheidende Schritte auf die Zentrumspartei abzuladen. Vier Jahre trug diese Partei im wesentlichen die Verantwortung, unter dauernden, ernsten Bemühungen, die beiden großen Flügelparteien SPD und DNVP nicht in starre Negation verfallen zu lassen. Sie hatte bei der Wahlagitation 1928 die stärksten Angriffe von der Rechten auszustehen, da sie in Preußen dauernd eine Regierung mit der SPD und der Demokratischen Partei gebildet hatte. Von der Linken wurde sie ebenso scharf angegriffen, weil es ihr zweimal gelungen war, die DNVP zu verantwortlicher Mitarbeit in der Reichsregierung zu bringen. Ein ähnliches Problem bestand für die DVP und machte Stresemann das Leben schwer.

Auch die DVP war für jede mögliche Mehrheitskoalition unentbehrlich, aber sie war in sich zu zerrissen, um eine feste Linie zu halten. Das lag zum Teile an der Tatsache, daß Stresemann 1918 als letzter mit einer neuen Partei herauskam, in der sich diejenigen zusammenfanden, die aus irgendeinem politischen oder persönlichen Grunde bei den vorher gegründeten Parteien nicht rechtzeitig Anschluß gefunden hatten. Stresemanns schnelle Auffassungsgabe und sein Temperament ließen ihn nicht verstehen, daß andere den Wechsel von der alldeutschen Einstellung zur Locarno-Politik nicht so schnell vollziehen konnten wie er. In der Außenpolitik konnte er sich mehr auf die SPD, die Zentrumspartei und die Demokratische Partei verlassen als auf seine eigene Partei. Mit wirklicher Trauer und Teilnahme verfolgten Angehörige aller Parteien, welche unnötigen Schwierigkeiten Stresemann sich selbst schuf. Bei aller Anerkennung der Verdienste dieses großen Mannes und der großen Linie seiner Politik – nicht ihrer Einzelheiten – fand ich sein Wirken verhängnisvoll für die innenpolitische Entwicklung der Weimarer Republik.

Stresemann brauchte den Weihrauch der Presse und verlor darüber die realistische Einschätzung der parteipolitischen und psychologischen Möglichkeiten für die einzelnen Phasen seiner Außenpolitik. Hatte er einmal Verdacht gegen jemanden, so konnte er ihn nicht wieder überwinden. Er haßte die Deutschnationalen, ohne deren Hilfe es keine Zweidrittelmehrheit für den Dawes-Plan gegeben hätte. Er konnte weder öffentliche noch private Kritik, mehr an seinen Methoden als an seinen Zielen, ertragen und hat dem hervorragenden Außenpolitiker der Zentrumspartei, Prälat Kaas, gelegentliche Warnungen gegenüber den „Locarnisten" im Reichstage nicht verziehen. Für mich hatte er eine ausgesprochene Abneigung, obwohl ich dauernd bemüht war, die Unterstützung der „nationalen Opposition" für seine Politik zu gewinnen. Sicherlich war Stresemanns Herzleiden für seine Neigung, Versuche, ihm zu helfen, als Intrigen aufzufassen, verantwortlich. Diese Neigung wurde aber gestärkt durch die große Zahl der ihn umgebenden Schmeichler und durch seine Bereitschaft, jedem Zwischenträger und jedem Gerücht Gehör zu leihen. Intrigen gibt es in jedem Parlament, aber es gab in diesen Jahren weniger

Intriganten innerhalb des Reichstages als Männer außerhalb, die sich einen Einfluß durch das Intrigieren zwischen den Parteien erworben hatten. Diese kamen vielfach in Stellungen hinein, die früher nur Berufsbeamten zugänglich gewesen waren. Sie schlossen sich ohne Überlegung einer Partei an, durch die sie in die Ministerien gelangten, wo sie in erster Linie dem Interesse ihrer Gönner in den Parteien dienten. So wurde zum Beispiel die Presseabteilung im Auswärtigen Amt nie ein schlagkräftiges Instrument des Gesamtkabinetts. In die Beamten der Reichskanzlei versuchte jede Partei, einen ihrer Angehörigen hineinzubringen, den sie als ihren Informanten betrachtete.

1920–1923 wurde ich öfters vom Reichsarbeitsminister Brauns während Kabinettsberatungen in die Reichskanzlei gebeten, wo er mich um meine Stellungnahme bat, wissend, daß ich weder über den Inhalt noch über die Tatsache einer solchen Unterhaltung sprechen würde. Ich sah, wie Dutzende von „Sachverständigen" in Finanzfragen sich damals in der Reichskanzlei herumtrieben, bis daß ein ihnen persönlich bekannter Minister herauskam und sie um eine Meinung bat. Ich stellte auch fest, daß diese merkwürdigen Gestalten dann über das Telephon der Reichskanzlei ihre Spekulationsaufträge für den nächsten Tag aufgaben.

Im Gegensatz zu dem englischen Kabinettsgeheimnis wurde es gang und gäbe, daß die Regierungsmitglieder über die Vorgänge im Kabinett alsbald ihren Parteien und den Vertretern einflußreicher Zeitungen berichteten. Gefährlicher war die wiederholte, parteipolitische Ausbeutung von Äußerungen, die im Kabinett gemacht wurden. Stresemann scheute sich nicht, als die Deutschnationalen wieder in der Opposition waren, Bemerkungen ihrer früheren Kabinettsmitglieder aus dem Kabinettsprotokoll im Reichstage vorzulesen. Damit schuf er große Bitterkeit nicht nur innerhalb der DNVP, sondern auch gegen sich selbst. Man war eben in die parlamentarische Verfassung hineingesteuert ohne irgendeine Vorstellung von den Klammern und Vorsichtsmaßregeln, die notwendig sind für eine wirksame, auf lange Sicht geplante, durchführbare Kabinettspolitik.

Die abrupte Umstellung von dem früheren auf ein parlamentarisches System mußte Schwierigkeiten mit sich bringen. Früher wurden die Gesetze hauptsächlich in den preußischen Ministerien vorbereitet und im Reichstag einzeln angenommen oder abgelehnt. Alle Parteien sahen ihre Aufgabe in der Kritik an der Regierung. Nach 1919 wurde den Fraktionen und auch der Regierung nicht klar bewußt, daß die Regierung nun ein Teil des Reichstags geworden war. Es war widersinnig, daß Parteien, die die Regierung bildeten, Regierungsvorschläge ablehnten. Wenn kein Junktim, das notwendige Maßnahmen mit populäreren verband, erreicht wurde, konnte der Reichstag nur durch Artikel 48 gezwungen werden, ein klares „Ja" oder „Nein" zum Regierungsprogramm zu geben.

Zudem waren die Minister wegen mangelnder eigener Sachkenntnis zu sehr von ihren Staatssekretären abhängig. Die Macht der Staatssekretäre in den Jahren 1926–1929 stieg in einzelnen Fällen so hoch, daß sie die Parteien zum Widerstand gegen ihre eigenen Minister aufstachelten. Reichstagsmitglieder, die keine menschlichen Beziehungen mit der Berliner Bevölkerung und keine Fühlung mehr mit der Bevölkerung im Lande hatten und in Kreisen von Journalisten lebten, liebten das Gerede über neue Regierungskombinationen. Die Schwächen von Koalitionsregierungen wurden dadurch verschärft, daß die Parteien in der Regel keineswegs ihre besten Männer in das Kabinett schickten, sondern solche, die Schwierigkeiten in der eigenen Partei machten, solange sie nicht im Kabinett saßen. Waren sie einmal im Kabinett, so glitten sie, oft unbewußt, von der Offensive in die Defensive. Mangels einer großen Partei rechts von der SPD hingen wichtige Entscheidungen manchmal von den Gegensätzen innerhalb der kleinsten Partei ab.

Im französischen Parlament konnten führende Abgeordnete sich auf das schärfste in glänzenden Reden angreifen und wenige Tage danach zu gemeinschaftlicher Arbeit im Kabinett zusammenfinden. Der humorvolle Zynismus des französischen Volkes gegenüber Regierung und Parlament wurde leicht verständlich durch die Tatsache, daß Frankreich in 150 Jahren mehr als zwanzig neue Verfassungen gehabt hat. In der deutschen Politik wurden Angriffe nicht verziehen. Die dogmatische, theoretisch-politische Einstellung eines großen Teils des deutschen Volkes hat einfache menschliche Lösungen tragischerweise verhindert.

Die jüngeren Abgeordneten, die 1924 in den Reichstag gewählt wurden, kümmerten sich wenig um Parteipolitik und taktische Vorteile. Wir hatten immer ein altes Schlagwort aus dem Kriege zur Hand: „Warum es einfach machen, wenn es auch kompliziert geht?" In der DNVP war Treviranus, der aus meiner engeren Heimat stammte, dessen Vater langjähriges, hochgeachtetes Mitglied des preußischen Landtags und ein vorbildlicher Landwirt war. Treviranus' Laufbahn in der Marine hatte seinen angeborenen trockenen Humor weiterentwickelt, der ihm allmählich persönliche Freundschaften mit Mitgliedern anderer Parteien, sogar mit zwei oder drei Kommunisten, ermöglichte. Alle wußten, daß jedes Mitglied der KPD unter dauerndem Terrordruck stand. In den dunklen

Wandelgängen um den Sitzungssaal des Reichstages herum, wo sie nicht
beobachtet wurden, fanden sie viel Freude an Treviranus' scherzhafter
Kritik gegen ihre eigenen Kollegen. Ein Kommunist, der mich in seinen
Reden besonders wild angriff, wandte sich an mich, um sich Rat zu holen,
als er sich von seiner Frau, die ihn für die KPD überwachen mußte,
scheiden lassen wollte. Er sagte: „Eines habt ihr Schwarzen allen anderen
voraus; ihr sprecht nicht über persönliche Angelegenheiten."
Als Constantin Fehrenbach, der Führer der Zentrumsfraktion, früher
Reichskanzler und Präsident des Reichstages, Ende März 1926 starb,
wollte der Reichstag das Ehrengeleit zu seinem Begräbnis in Frei-
burg/Breisgau geben. Das wäre unmöglich gewesen, wenn die Kommunisten ihre gewöhnliche Taktik, die pünktliche Verabschiedung eines Etats
vor Mitternacht des 31. März durch Obstruktion zu verhindern, fortgesetzt hätten. Ich suchte zwei Kommunisten auf, die mich im Steuerausschuß, im Plenum und im Lande dauernd angriffen, und bat sie,
einmal diese Obstruktion aufzugeben. Schnell wurde eine Sitzung des
kommunistischen Vorstandes berufen; nach wenigen Minuten kehrte
Höllein zurück und verkündete ihr Einverständnis, das ich als absolut
vertraulich behandeln sollte. Durch Augenzwinkern gab er zu verstehen,
daß dieser Beschluß nur möglich war, weil die radikalsten Elemente keine
Zeit gehabt hatten, bei ihrem wirklichen Leiter in der russischen Han-
delsorganisation nachzufragen.
Die Kommunisten im Reichstage setzten ihre gewohnte Obstruktion fort,
so daß ich zweifelte, ob sie ihren Beschluß durchhalten würden. Als ich
eine fragende Geste gegenüber Torgler, dem Sprecher der KPD, machte,
zeigte er mir durch eine Handbewegung an, daß sie zu ihrem Versprechen
stehen würden. Tatsächlich gaben sie ihre Obstruktion in der letzten
Minute auf, wo es noch möglich war, den Sonderzug nach Freiburg zu
erreichen.
Große Verdienste in der Überwindung von mehreren Krisen hatten die
beiden hervorragenden Minister, die seit 1920 dauernd in ihren Ämtern
blieben: Reichswehrminister Geßler von den Demokraten und Reichsarbeitsminister Brauns vom Zentrum. Die wachsende Freundschaft zwischen den beiden war eine gewisse Garantie für ein Mindestmaß an
Kontinuierlichkeit in entscheidenden Fragen. Ihre Bedeutung auch als
Fachminister ist dem Volke kaum zu Bewußtsein gekommen. Sie waren
beide weit über den Rahmen einer Parteipolitik hinausgewachsen. Als ich
noch keinen persönlichen Kontakt mit Geßler hatte, hörte ich öfters von
Willisen und Brauns, wie hoch sie seine Ruhe und seine Bereitschaft, jede

Verantwortung zu übernehmen, schätzten. Er hatte auch persönlichen Einfluß auf Hindenburg. Daß seine Kandidatur für die Reichspräsidentenschaft nach Eberts frühem Tode von der Linkspresse vereitelt wurde, hatte sehr schwere Folgen.

Die persönliche Freundschaft, die sich zwischen den Finanzsachverständigen der Regierungsparteien 1924–1925 entwickelt hatte, erwies sich als ein sehr starkes Band. Männern wie Oberfohren und Quaatz, und auch Hilferding und Herz von der SPD, war es letzten Endes nicht so wichtig, mit welchen Parteien eine Regierung gebildet wurde. Ihnen kam es darauf an, eine Garantie für loyale Zusammenarbeit und eine verantwortungsbewußte Finanzpolitik zu schaffen. Die Ausschüsse des Reichstags arbeiteten ohne Publizität und ohne Protokoll. Heimann (SPD) war viele Jahre Vorsitzender des Hauptausschusses für das Budget. Durch seine Objektivität und sein Verantwortungsbewußtsein erwarb er sich solche Autorität, daß selbst die NSDAP ihn hoch achtete und die Kommunisten nicht wagten, im Hauptausschuß Obstruktion zu betreiben.

Rudolf Hilferding galt den Linkssozialisten als ein Abtrünniger, den Parteien der Rechten als ein gefährlicher Revolutionär. Viele fürchteten sein unabhängiges Urteil, seine scharfe analytische Begabung, seine Sachkenntnis, seine große theoretische Autorität. Vor dem Kriege hatte Bebel, der unbestrittene Führer der Sozialdemokratie, ihn oft von Wien geholt, um programmatische Fragen zu besprechen. Die Sowjetregierung hatte ihm den Vorsitz in der Kommission, die die monumentale Ausgabe der Schriften von Karl Marx vorbereitete, angeboten. Als er ablehnte, haben die Sowjets versucht ihn zu überreden, wenigsten eine allgemeine Einleitung für diese Ausgabe zu schreiben, was er auch sofort ablehnte. Natürlich wurde ihm die Einladung von der einen Seite und die Ablehnung von der anderen verübelt. Hilferding war in der Tat der einzige, der eine neue theoretische Grundlage für die sozialistischen Parteien hätte schaffen können. In den Aufsätzen, die er für seine Zeitschrift „Die Gesellschaft" schrieb, versuchte er vom realistischen, wirtschaftlichen Gesichtspunkt aus einen sicheren Boden zu schaffen für den Kampf der sozialistischen Parteien gegen die Kommunisten, die mit einer marxistischen Theorie arbeiteten, die Moskau je nach der inneren und internationalen Lage als verpflichtend für alle Marxisten der Welt bestimmte. Die große Mehrzahl der SPD hatte längst den reinen Marxismus aufgegeben, mit nicht größerer Gefühlsbewegung als jemand, der seinen abgetragenen Rock durch einen neuen ersetzt, ohne zu sehen, wie bitter die Kommunisten sie als Verräter bekämpfen konnten. Andere

Sozialisten hielten es noch für gefährlich, die absolute Richtigkeit der Lehre von Karl Marx anzutasten, wodurch die Grenzlinien gegenüber den Kommunisten verwischt wurden. In den letzten Briefen, die ich 1941 von Hilferding erhielt, schrieb er, daß es getrennt von einer starken religiösen Tradition überhaupt keine soziologische Grundlage für eine Nation und einen Staat geben könnte.

Schon 1920 hatte ich Hilferdings Einstellung in der Sozialisierungskommission und nachher seine Veröffentlichungen verfolgt. Seine Auffassungen in Währungsfragen waren realistisch, fast konservativ. Allmählich wuchs in mir die Überzeugung, daß er in der kritischen Lage Deutschlands 1923 das Erforderliche tun könnte, um das Doppelproblem der Reparationen und der Währungsstabilisierung zu lösen. 1925 lernte ich ihn näher kennen, und eine enge Freundschaft verband uns bis zu seinem Tode unter den Händen der Gestapo.

1927 gelang es Hilferding und mir, mit Unterstützung von Finanzsachverständigen anderer Parteien, ein überparteiliches Gremium zu schaffen, wo rechtzeitig, vor jeder finanzpolitischen Entscheidung der Regierung, alle finanziellen Fragen besprochen werden sollten. Wir wollten auf diesem Wege eine dauernde Fühlungnahme mit der Reichsbank herstellen, um die Folgen der Schwankungen von Dr. Schacht zu mildern, und unter Herbeiziehung auch von Vertretern der Banken und der Industrie eine Gesamtwirtschafts- und Finanzpolitik auf lange Sicht sicherstellen.

NACH DER WAHL HINDENBURGS

Hindenburgs Wahl zum Reichspräsidenten im Frühjahr 1925 gab mir die freudige Zuversicht, daß er ein konservatives Regime unterstützen würde. Nach schweren Kämpfen in der Fraktion gelang der Anfang, nach noch schwereren dreimonatigen Kämpfen im Reichstag der erste große Erfolg. Im Herbst 1925 sprangen die Deutschnationalen ab, ohne daß Hindenburg, der vor seiner Wahl der DNVP angehört hatte, sich rührte. Diejenigen in den Mittelparteien, die die ganze Last des Kampfes getragen hatten, blieben in einer schwachen Verteidigungsstellung. Für mich blieb der Zweifel an Hindenburg tief in der Seele stecken.

Seit 1926 entwickelte sich eine Krise in der Führung der Reichspolitik, unbemerkt in der Öffentlichkeit und im Reichstage nicht allgemein verstanden. So wurde es allmählich möglich, daß nichtverfassungsmäßige Berater des Reichspräsidenten die Entwicklung der Politik entscheidend beeinflußten. Die Verantwortung dafür lag nicht bei Hindenburg und nicht bei der Bürokratie; sie lag im Reichstage, in seinen Parteien und der Unstabilität der Mehrheitsbildung. Die 1926 beginnende finanzielle und politische Krise wurde zur Staatskrise.

Man wird zur Entschuldigung der verantwortlichen Politiker und auch der wirtschaftswissenschaftlichen Theoretiker dieser Jahre sagen dürfen, daß die Friedensverträge, die Reparationen und die plötzliche Wandlung der USA vom Schuldnerlande zum Weltgläubiger in ihrem Zusammenwirken einen so gewaltigen Bruch in der Entwicklung auslösten, daß Auffassungen, die aus der Erfahrung der hundert Jahre zwischen 1814 und 1914 erwachsen waren, in ihrer Anwendbarkeit auf jeweils gegebene Verhältnisse eine völlig andere Bedeutung bekamen. In einer Hochkonjunktur, wie der nach 1924, reden viele von den Gefahren eines unausgeglichenen Haushalts, die die Probleme nicht in ihrer Einfachheit erkennen und daher auch dem Volke nicht klarmachen können. Wieweit aber irgendeine demokratische Staatsform dauernden Bestand haben kann, wenn sich das Volk an immer steigende Löhne und Preise gewöhnt hat, bleibt eine ernste Frage.

Die harte Finanzpolitik von Ende 1923 und 1924 führte durch drastische Abstriche an den Leistungen der Sozialversicherung, der Arbeitslosen- und Wohlfahrtsunterstützung, an den Gehältern von Beamten und öffentlichen Angestellten zu erheblichen Reserven in der Reichskasse. Diese Reserven wuchsen noch in den ersten Monaten des Jahres 1925. Diese Reserven sollten eine endgültige Aufwertung für Hypotheken, öffentliche Anleihen, Sparkassen und Banken ermöglichen und eine Steuererhebung für die Höchstsumme der jährlichen Reparationen, die schon ab 1929 fällig wurde, vermeiden. Die unerwartet günstige Konjunktur des Jahres 1925 war die Folge eines hohen Zuflusses von ausländischen Anleihen und eines umfassenden Systems von Sachlieferungsverträgen zwischen Deutschland und den Reparationsgläubigern, vor allem Frankreich. Neue chemische Fabriken wurden erbaut, ebenso wie ganze Häuserblocks in Paris. Oft waren die Unkosten höchst fragwürdig, aber an solchen Sachleistungen verdienten die deutschen Lieferanten, die französischen Unternehmer und die Mittelsmänner, die alle ein Interesse hatten, möglichst hohe Preise festzusetzen.

Anfang 1926 wurde Dr. Reinhold, ein hochbegabtes Mitglied der Demokratischen Partei und ein glänzender Redner, Reichsfinanzminister und warf mit der Zustimmung aller Parteien die ganze Schliebensche Finanzplanung um. Er senkte „zur Belebung der Wirtschaft" die Umsatzsteuer um einen Prozentsatz, der keine andere Wirkung haben konnte, als Handel und Industrie größere Gewinne zu geben, ohne die Erzeugung zu heben. Das dadurch entstehende Etatsdefizit sollte durch eine langfristige Anleihe ausgeglichen werden, die ein solcher Mißerfolg war, daß schon 1927 mehr als die Hälfte vom Reichsfinanzministerium zurückgekauft werden mußte. Er ermäßigte die Börsensteuer und die sogenannte Fusionssteuer, ein wesentliches Moment für die Bildung von großen Industriekonzernen, nicht immer auf der Grundlage sorgfältiger wirtschaftlicher und technischer Überlegungen. Infolge der Bereitschaft der Großbanken, großen spekulativen Unternehmungen wie Otto Wolff und Flick Kredite zu gewähren, fand ein Zusammenraffen von Aktien aller Art in wenigen Händen statt. Als ein gewisser, nicht beängstigender Rückschlag gegenüber dem Optimismus von 1925 eintrat, schüttete Reinhold die angesammelten Reserven aus. Reichsbankpräsident Schacht stimmte einer neuen Reichsanleihe von nahezu zwei Milliarden RM zwecks Arbeitsbeschaffung zu.

Obwohl die Konjunktur wegen des immer stärkeren Einströmens von ausländischem Kapital sich in wildem Tempo erholte, gab es in jeder Partei Finanzpolitiker, die die Gefahr dieser Politik erkannten. Es ist schwierig für Parlamentarier, unter solchen Umständen Bedenken zu erheben. Während einer Rede Reinholds im Reichstage flüsterte Hilferding mir zu: „Diesen Schwindel werde ich wieder zu beseitigen haben." Ein Jahr später, als Reichsfinanzminister Köhler eine Erhöhung der Beamtengehälter vorschlug, die die deutschen Beamten besser stellte als die Beamten der reichsten Länder, sagte mir Hilferding: „Diesen neuen Schwindel werden Sie in Ordnung bringen müssen."

Langfristige Auslandsanleihen in einem gewissen Maße hätten die Grundlage einer gesunden Kapitalentwicklung bilden können, obwohl die steigenden Zinssummen, zusätzlich zu den jährlich steigenden Reparationssummen, nur durch steigende deutsche Ausfuhrüberschüsse transferiert werden konnten. Schon 1926 aber gaben die Banken kurzfristige Auslandsgelder „vorübergehend" aus, ohne eine Garantie, daß ihre Schuldner nicht in kurzer Zeit diese kurzfristigen Gelder auf dem deutschen Geldmarkte in langfristige umwandeln würden. Das Volk in seiner Schaffenskraft und Sparlust kaufte wertbeständige Anleihen in erstaunlichem Ausmaße begierig auf. Darüber wurde vergessen, daß nach dem Verlust von Sparkapitalien in der Inflation eine normale innere

Kaufkraft, vor allem bei älteren Leuten, fehlte. Die Industrie führte die schon bei der Inflation begonnene Rationalisierung im Sturmschritt in drei Jahren durch. Auch die Finanzierung von Kirchen, Schulen und Krankenhäusern, die keine Devisen verdienen konnten, mit Auslandsanleihen zu 8% Zinsfuß wurde durch eine Steuerregelung von 1924 gefördert. Von einer Prüfung des echten Produktionswertes der öffentlichen Arbeiten in dem Reinholdschen Programm war keine Rede; Länder, Provinzen und Gemeinden reichten Projekte aller Art ein.

Während in jeder Partei eine größere oder kleinere Gruppe die Reinholdsche Politik verwarf, nahmen andere Mitglieder Bauvorschläge von ihren Wahlkreisen auf. Mein Wahlkreis Oberschlesien hatte durch die Abtrennung seiner natürlichen Absatzgebiete nach dem Kriege schwer gelitten, die Verhältnisse auf dem rechten Oderufer waren besonders schwierig. Seit Jahren wurde ich gebeten, bei der Regierung eine Regulierung des Laufs der Malapane zu erwirken. Als ich mich nun dafür einsetzte, war die erste Wirkung sehr ungünstig. Fürst Hatzfeldt erschien in Berlin, völlig entrüstet über die Höhe des Kostenanschlages. Niemand würde größere Vorteile durch die vorgeschlagene Begradigung genießen als er, aber so viel Geld dafür zu verwenden, sei ein Skandal. Dann wandte er sich leidenschaftlich gegen die Kosten des Ottmachauer Stauwerks und sagte, wenn man das Geld so wegwerfe, werde der Staat ruiniert, weil das Augenmaß für das Mögliche verlorengehe. Diese Einstellung eines in der Verwaltung und Diplomatie so erfahrenen Mannes zeugt für das alte preußische Planen, bei dem die finanziellen Folgen auf lange Sicht maßgebend waren.

Reichskanzler Luther, der überragende Verdienste für den Ausgleich des Haushalts in der Stabilisierung hatte, verhielt sich 1926 passiv. 1925 hatte ich Verhandlungen mit ihm geführt zwecks eines Junktims zwischen dem neuen Zolltarif, der Aufwertung und der Steuerreform, und hatte ihm meine Befürchtungen wegen mancher Strömungen in meiner und anderen Parteien vertraulich mitgeteilt. Ich bedauerte sehr, daß er durch eine Unvorsichtigkeit in der Flaggenfrage überraschend scheiterte. Als Reichsbankpräsident 1930–1933 war er ein sehr loyaler Mitarbeiter. Ich habe ihn damals zu allen Kabinettsitzungen eingeladen, so daß er nicht von einem engeren Gesichtspunkt aus, sondern immer in Betrachtung der breiten Linie der Regierungspolitik handeln konnte.

Männern, die, wie Luther, aus der Oberbürgermeisterlaufbahn kamen, fiel es meistens schwer, die Zwangsmäßigkeiten der parlamentarischen Taktik und der zeitlichen Abstimmung von Maßnahmen auf verschiedenen Gebieten einzusehen. Ein Oberbürgermeister, bei seiner starken rechtlichen Stellung der Stadtverordnetenversammlung gegenüber, konnte seine Ziele Schritt für Schritt mit wechselnden Mehrheiten erreichen, und in finanzieller Hinsicht konnten die Aufsichtsbehörden der Länder eingreifen, um eventuellen Schwierigkeiten vorzubeugen – wenigstens solange ein Oberbürgermeister keinen überragenden Einfluß in dem Parlament des Landes hatte, was nur bei wenigen der Fall war. Weil sie meistens Verhandlungsgabe und Verwaltungserfahrung hatten, waren die Oberbürgermeister willkommene Kandidaten für das Reichskanzleramt, aber Versuche, die notwendigen Maßnahmen auf Reichsebene Schritt für Schritt mit wechselnden Mehrheiten ad hoc durchzusetzen, ohne ein Gesamtprogramm für die Innen- und Außenpolitik, scheiterten leicht und konnten im besten Falle keine dauernde psychologische Wirkung im Volke haben.

Nach Luthers Sturz hoffte ich, wie viele meiner Freunde in anderen Parteien, daß es Geßler gelingen würde, ein Mehrheitskabinett zu bilden. Statt dessen schlug er Adenauer vor. Stark in meiner Erinnerung aus dieser Zeit bleiben die unendlichen Schwierigkeiten, die zwischen dem früheren Reichskanzler Wirth und der Mehrheit der Zentrumsfraktion bestanden. Sie waren teils Wirths Temperament zuzuschreiben, seiner Neigung, flüchtig hingeworfene Äußerungen als feste Versprechungen hinzunehmen, und teils der Undankbarkeit des Volkes und des Reichstags Wirth gegenüber, trotz seiner großen Leistungen in der schwierigen Zeit nach dem Kriege. So kam es im Mai 1926 zu einem Minderheitskabinett Marx, das wiederum nicht in der Lage war, eine weitblickende Finanzpolitik zu garantieren.

Marx war selbstlos und streng objektiv, unbeugsam, wie ein Richter sein muß. Er führte sein Reichskanzleramt wie der Vorsitzende eines hohen Gerichtshofes, ohne Rücksicht auf die psychologische Einstellung der Wähler zu nehmen und ohne selbst schöpferische Initiativen zu entfalten. Seine Erwägungen wurden auch von den Meinungen anderer beeinflußt, deren taktische Rücksichten er nicht erkannte. Bei Marx' erster Kanzlerschaft hatten wir gehofft, daß die Gefahr durch einen erfahrenen, sich zurückhaltenden Staatssekretär, wie Bracht es war, überwunden werden würde. Bracht fühlte aber, daß Marx von seinem Pressechef beeinflußt wurde, der auf eigene Faust Politik machte. Das war ein wesentlicher Grund für Marx' Scheitern als Kanzler und für die sehr peinliche Ablehnung der Kandidatur Geßlers bei der Reichspräsidentenwahl 1925 im Ausschuß der Zentrumspartei.

Solche persönlichen Schwierigkeiten, besonders nach der Neubildung eines Kabinetts, trugen entscheidend zur Labilität des Weimarer Systems bei. Aus Mißverständnis des englischen Kabinettsgeheimnisses wollte man die Stellung des Staatssekretärs der Reichskanzlei zu einer parlamentarischen machen, und ich wurde bedrängt, als Parlamentarier Staatssekretär zu werden, was ich sofort ablehnte. Ich schlug vor, einen höheren Beamten des Reichsfinanzministeriums, Dr. Hermann Pünder, als Staatssekretär der Reichskanzlei zu nehmen. Er hat es verstanden, soweit wie menschenmöglich eine sachliche, fortdauernde Linie im Kabinett vorzubereiten.

Im Kabinett und im Reichstage bestanden große Schwierigkeiten wegen des deutsch-russischen Vertrages, der von französischer Seite stark angegriffen wurde. Nur wenige, wie der englische Botschafter und die Weiterschauenden im Auswärtigen Amt und in der Reichswehr, verstanden, daß nicht der Locarno-Vertrag allein, sondern der Locarno-Vertrag zusammen mit dem deutsch-russischen Vertrag eine gewisse prekäre Stabilisierung in Europa herbeiführen konnte. Deutschland wurde durch seine geographische Lage zu der schwierigen und gefährlichen Aufgabe bestimmt, immer wieder zwischen Ost und West zu vermitteln. Die öffentliche Meinung aber wurde von der unrealen, schulmäßigen Auffassung einer ausschließlichen Orientierung nach Westen oder nach Osten beherrscht. Auf der Linken verschärfte sich eine dogmatische Westorientierung, während die Deutschnationalen unter dem Einfluß von Hoetzsch, eines hervorragenden Kenners der russischen Verhältnisse, fortschreitend zu realistischeren Einsichten, einschließlich einer positiveren Einstellung zum Völkerbund, kamen.

Diese Entwicklung wurde vorübergehend gestört durch den Enthusiasmus der Linkspresse für die Thoiry-Gespräche im September 1926 zwischen Briand und Stresemann. Briand liebte es, in privaten Gesprächen, Zukunftshoffnungen für Europa zu entwickeln; in seiner eigenen Außenpolitik blieb er aber stets realistisch. Die Tragik in Stresemanns Temperament war, daß er, obwohl seit seiner Jugend mit der sächsischen Industrie verbunden, in öffentlichen wie in privaten finanziellen Fragen kein nüchternes Urteil hatte und leicht dazu verführt wurde, Hoffnungen als Tatsachen zu bewerten.

Unter den Reichstagsmitgliedern, die mit Stresemann nach Genf fuhren, war der Außenpolitiker der Zentrumspartei, Prälat Kaas. Er schickte durch Kurier ein Memorandum über den Inhalt der Gespräche und bat mich über Nacht um eine Stellungnahme zu Briands Ausführungen über die Reparationsfrage. Angesichts der Notwendigkeit einer Stabilisierung des Francs war die internationale Finanzlage damals von besonderer Bedeutung für Frankreich. Ich bejahte im Prinzip Briands Pläne, hielt sie aber für undurchführbar in der gegebenen Finanzlage. Für ein Land in der damaligen politischen Lage Deutschlands ist nichts gefährlicher als große unberechtigte Hoffnungen. Hilferding, der meine Auffassung im wesentlichen teilte, wollte wegen der Stimmung in seiner eigenen Partei nicht stark kritisch hervortreten. Stresemanns Freunde und die Berliner Presse verloren sich in glücklichen Spekulationen. So trug die Enttäuschung über Thoiry zur Verschärfung der innenpolitischen Position bei.

Den Rückschlag mußte Stresemanns eigene DVP besonders fühlen, die an die DNVP verlieren mußte, solange sie in der Regierung war und die DNVP in der Opposition. Ende 1926 hielt der Führer der DVP, Scholz, zwei Reden, in denen er sich gegen eine große Koalition mit der SPD und für eine Regierung mit der DNVP aussprach. Seine Haltung wurde durch Verhandlungen über die gesetzliche Regelung der Arbeitszeit und vor allem durch die scharfen Angriffe eines Teiles der SPD auf das Reichswehrministerium beeinflußt.

Marx und Geßler sowie die Chefs der Heeres- und Marineleitung hatten vertrauliche Verhandlungen mit der SPD geführt, die den Forderungen des linken Flügels der SPD weit entgegenkamen. Die Erbitterung der gesamten Rechten darüber führte nach einer unverantwortlichen Rede Scheidemanns, die zum Teil auf Berichten eines ausländischen Geheimdienstes beruhte, zu einer einzigartigen Demonstration der Verurteilung. Alle Parteien rechts von der Demokratischen verließen demonstrativ den Sitzungssaal und hielten nach Ende der Scheidemann-Rede Fraktionssitzungen ab.

In meiner Fraktion erreichte ich gegen starke Opposition, daß Wirth Scheidemann antwortete. Er tat es in meisterhafter Form, aber seine Antwort erregte die SPD um so mehr, als Scheidemann vor seiner Rede mit Wirth gesprochen hatte, der nach der Darstellung der SPD keinen Einwand erhoben hatte. Die Erbitterung auf allen Seiten war so stark, daß ruhige Überlegungen kaum noch möglich waren.

So wurde die Regierung durch ein Mißtrauensvotum der Flügelparteien rechts und links, die zusammen nie eine Regierung bilden konnten, gestürzt. Was die verantwortliche Arbeit des Reichstags in den zwei Jahren 1924 und 1925 erreicht hatte, wurde in dem einen Jahre 1926, hauptsächlich durch persönliche und taktische Intrigen, vertan. Alle

Parteien zogen daraus eine Lehre: Nachher wurden Mißtrauensvoten erst eingebracht, nachdem man sich vergewissert hatte, daß eine Mehrheit dagegen vorhanden war.

SPD und DVP wollten und konnten keine Regierung zusammen bilden. Einflußreichen Abgeordneten in allen Parteien, ebenso den Beratern des Reichspräsidenten, wurde es auch klar, daß man ohne eine feste Mehrheit keine konsequente Politik, vor allem in finanziellen Belangen, durchführen konnte. Stresemann hatte sich gegen eine Beteiligung der Rechten an der Regierung von 1924 gewendet, mit der Begründung, daß sie seine Außenpolitik gefährden würde. Es erregte Argwohn und Verwirrung in allen Parteien, daß der Reichspräsident Stresemanns Freund Curtius, einen Mann von großem Wissen, von Mäßigung und Loyalität, mit der Aufgabe beauftragte, eine Regierung mit der DNVP zu bilden. Ich persönlich hielt diese Aufgabe für außen- und finanzpolitisch entscheidend.

Es war kennzeichnend für die Lage innerhalb der DNVP, daß die alten Konservativen für eine Teilnahme an der Verantwortung waren, während die alten Liberalen und Reichsparteiler, vor allem Hugenberg selbst, die scharfe Opposition bevorzugten. Sie wollten dadurch den Boden bereiten für eine stark autoritäre Regierung, die, von weiten Schichten des Volkes unterstützt, aufkommende Gefahren meistern konnte. Hier liegt die tragische Verknüpfung, die zu der großen Staatskrise Anfang der dreißiger Jahre führte. Hugenberg und seine Freunde hatten insoweit recht, als die DNVP, wenn sie sich für „die Folgen der Stresemannschen Außenpolitik" – in Wirklichkeit die Folgen des verlorenen Kriegs und des aufgezwungenen Friedensvertrags – verantwortlich machte, unausbleiblich über kurz oder lang an die neuen Parteien weiter rechts verlieren müsse.

Langwierige Verhandlungen ohne ein klares Ziel waren die Folge. Nie wurde in den Kulissen des Reichstags so viel intrigiert, nie wurden so viele falsche Meldungen Stunde für Stunde verbreitet wie in diesem kritischen Augenblick. Nie war der Ehrgeiz verschiedener Persönlichkeiten in jeder Partei, Kanzler zu werden, so ausgesprochen. An die spätestens nach zwei Jahren unausweichliche Krise der öffentlichen Finanzen, an die Schwierigkeiten des im Jahre 1928 fälligen Finanzausgleichs zwischen Reich und Ländern dachten nicht mehr als ein Dutzend Abgeordnete. Es war bedrückend zu sehen, wie ein großer Teil der Abgeordneten sich von wahltaktischen Überlegungen bestimmen ließ. Einzelne Mitglieder der Zentrumspartei, mehr in den Landtagen als in der Reichstagsfraktion,

fürchteten starke Verluste bei den nächsten Wahlen, wenn sie weiter eine
unpopuläre Verantwortung tragen mußten. In Preußen, Baden und
Hessen bildete das Zentrum Regierungen mit der SPD, und die Parteiführer fürchteten ein Zusammenbrechen, wenn im Reiche eine Rechts-
koalition gebildet würde. Solche Gefühle hätten weniger bedeutet, wenn
in der Partei und der Fraktion eine starke Führung vorhanden gewesen
wäre, aber eine starke Führung konnte Marx nicht gewähren, vor allem
wenn er gleichzeitig Reichskanzler war.

Der lange Kampf endete durch Ermattung in der Bildung einer neuen
Regierung Marx mit fünf deutschnationalen Ministern, aber die Wunden, die in jeder Partei zurückblieben, heilten nicht. Für die Entwicklung
der DNVP wie für die Reform der öffentlichen Finanzen war der Sieg nur
ein scheinbarer.

Dank dem vornehmen und objektiven Charakter von Marx fing die
praktische Arbeit des Kabinetts gut an. Parker Gilberts Wunsch, den
Reichsetat von den Kosten der Arbeitslosenunterstützung zu befreien,
entsprechend, brachte Dr. Brauns ein Gesetz zur Arbeitslosenversicherung ein. Im Unterschied zu der früheren Unterstützung fiel bei der
Versicherung die Bedürftigkeitsprüfung weg. Die Sachverständigen fast
aller Parteien hatten Bedenken wegen der finanziellen Unterlagen und
fürchteten, daß bei einer größeren Arbeitslosigkeit die Leistungen der
Arbeitslosenversicherung doch aus allgemeinen Etatsmitteln gedeckt
werden müßten. Sie stellten ihre Bedenken zurück, um nicht Parker
Gilbert zu verärgern.

Ich hatte den badischen Finanzminister Köhler, der eine höchst verantwortliche Finanzpolitik betrieben hatte, obwohl er sich gerne als linken
Flügelmann des Zentrums gerierte, als Reichsfinanzminister vorgeschlagen. Er kam aus der Beamtenlaufbahn, hatte große praktische Erfahrung
und hatte die Interessen der Einzelländer beim Finanzausgleich sehr
stark vertreten. Er hatte seine Bereitwilligkeit erklärt, die Reichsreform
und den endgültigen Finanzausgleich, den Parker Gilbert verlangt hatte,
ernsthaft in Angriff zu nehmen. Er schien es aber nicht eilig zu haben.
Zusammen mit den Finanzsachverständigen anderer Parteien drängte ich
sehr auf die Einberufung einer Länderkonferenz, weil der Streit zwischen
Reich und Ländern, zwischen den einzelnen Ländern und zwischen den
Gemeinden und den Länderregierungen die Gesamtfinanzlage gefährdete und die politische Atmosphäre vergiftete.
Ohne eine „Reichsreform", die den Ländern und Gemeinden eine

größere Verantwortung für ihre eigenen Einnahmen und Ausgaben zurückgab, konnte ein endgültiger Finanzausgleich kaum erreicht werden. Einige kleinere und mittlere Länder konnten auf Grund ihrer Steueraufkommen nicht auf die Dauer bestehen, während Preußen und Hamburg Steuerüberschüsse haben konnten. Bayern und die anderen süddeutschen Staaten hatten der Weimarer Verfassung erst zugestimmt, nachdem ihnen Versprechungen bezüglich der Biersteuer und anderer indirekter Steuern gemacht, Abfindungen für die frühere Post und Eisenbahnen bezahlt wurden und ein Schlüssel für die Verteilung eines Teils der Einkommen- und Körperschaftssteuern sowie einiger indirekter Steuern gefunden wurde, der ihnen eine verhältnismäßig höhere Überweisung als Preußen garantierte. Dieser Schlüssel war eine Geheimwissenschaft, die weder die meisten Reichstagsabgeordneten noch die Wähler verstehen konnten.

Im Prinzip waren alle für eine Reform, aber die Deutschnationalen wollten nicht an eine Zerschlagung Preußens herangehen, und die sozialdemokratischen Minister Preußens stellten die theoretische Forderung des Einheitsstaats zurück hinter der Überlegung, daß sie über den Reichsrat auch unter einem rechts tendierenden Reichskabinett starken Einfluß üben konnten. Das Kabinett zu bewegen, eine Länderkonferenz einzuberufen, war eine lange, schwierige Arbeit. Es gelang Treviranus, zwei deutschnationale Minister – von Keudell, der im Zentrum und in der Bayerischen Volkspartei sehr populär war, und Hergt – entscheidend zu beeinflussen. In einer langen Unterhaltung, die Treviranus herbeigeführt hatte, konnte ich Justizminister Hergt überzeugen, daß, wenn nicht jetzt die Grundlagen einer Reichsreform und eines endgültigen Finanzausgleichs gelegt wurden, eine klare politische Verantwortung der verschiedenen Regierungen und des einzelnen Bürgers sich nie entwickeln konnte.

Die Länderkonferenz trat Anfang Januar 1928 zusammen. Das Kabinett überraschte mich mit meiner Ernennung zum Mitglied als einzigem Reichstagsabgeordneten. Der Kampf um die Einsetzung dieser Kommission hatte zu lange gedauert, und die Verhandlungen nahmen zu viel Zeit in Anspruch, um rechtzeitige Entschlüsse zu ermöglichen. Ich habe in der Konferenz nur einmal fünf Sätze gesprochen. Die Länderminister mit anderen Mitgliedern der Konferenz, darunter auch ich, fanden, daß unser Verstand für die lange theoretische Auseinandersetzung zwischen Anschütz und Triepel nicht ausreichte. Wir setzten uns daher in einem anderen Zimmer zusammen und formulierten praktische Vorschläge, jeweils mit einer Reihe von eventuellen Abänderungen. Weil diese Unterhaltungen vertraulich blieben, führten sie zu Einigungen in einer Reihe von kritischen Fragen, die dann zum Teil in den Notverordnungen Gültigkeit erhielten.

VERHÄNGNISVOLLE ENTWICKLUNGEN

Im Januar 1927 stimmte ich mit Reichsarbeitsminister Brauns überein, daß man nach der starken Erhöhung der Arbeiterlöhne in den vergangenen zwei Jahren sich zunächst darauf beschränken mußte, zurückgebliebenen Arbeitergruppen einen gerechten Ausgleich zu geben. In erster Linie mußten die Gehälter der Beamten und Staatsangestellten der Entwicklung der Löhne und Lebenshaltungskosten angepaßt werden. Es wurde allgemein zugegeben, daß eine durchschnittlich zehnprozentige Erhöhung der Beamtengehälter wegen des niedrigen Anfangsniveaus bei der Stabilisierung unumgänglich sei. Darüber hinaus sollten die Beamtengehälter, selbst nach der Meinung der sehr verantwortlichen Führer des Deutschen Beamtenbundes, nur durch Teuerungszuschläge, die bei fallenden Lebenshaltungskosten wegfallen würden, erhöht werden.

Dabei mußte auch eine Reform der Einstufung der einzelnen Beamtengruppen stattfinden. Diese sehr verwickelte Aufgabe wurde durch die Tatsache erschwert, daß die Ministerien unter politischem Druck Persönlichkeiten hineinnahmen, die ihren Aufgaben nicht immer gewachsen waren, aber über die Köpfe erfahrener Beamter hinweg in höhere Stellungen befördert wurden. Im Volke spottete man über die Titelfrage. Diejenigen mittleren und unteren Beamtengruppen, die im Reichstage besonderen Einfluß hatten, wurden entsprechend hoch besoldet. Ein Wettrennen der wohlorganisierten einzelnen Gruppen um die Gunst des Reichstages stand bevor, wenn man nicht eine zielklare Ordnung in die Rangverhältnisse und die Aufgabenverteilung hineinbringen konnte.

Vor der Vertagung des Reichstages wurde zwischen dem Reichsfinanzminister und den Führern der Koalitionsparteien eine nicht mehr als durchschnittlich zehnprozentige Erhöhung der Gehälter der Reichsbeamten vereinbart. Als ich dem Minister vorschlug, die Gesamterhöhung in einen festen und einen mit den Lebenshaltungskosten variablen Teil zu spalten, sagte er zu. Ministerialdirektor Zarden vom Reichsfinanzministerium warnte mich aber, daß die Entwürfe, an denen die einzelnen Ministerien arbeiteten, zweifellos viel höhere Ausgaben bedeuten würden.

Die gleichen fünf Abgeordneten, die 1925 Deutschland auf der ersten interparlamentarischen Handelskonferenz nach dem Kriege in London vertreten hatten, sollten auch zu der interparlamentarischen Handelskonferenz nach Rio fahren. In den letzten Tagen vor der Abfahrt war ich besorgt, daß die Vereinbarung über die Gehaltserhöhung nicht genügend kontrolliert würde, wenn Hilferding und ich fast drei Monate abwesend waren. Am Abend vor der Abfahrt lud mich Staatssekretär Popitz in seine Wohnung ein und erklärte, er würde den Minister, wenn notwendig, schon zwingen, an der Vereinbarung festzuhalten. Wir riefen zusammen den Minister in Misdroy, wo er zur Erholung weilte, an und erhielten sein feierliches Versprechen.

Auf der Rückreise hielt der Dampfer in Madeira, wo mit der Post Zeitungen geliefert wurden. Von einer Durchschnittsgrenze von 10 % und einer Aufgliederung der Erhöhung in feste und variable Teile war keine Rede mehr. Einzelne Beamtenkategorien sollten Gehaltserhöhungen bis zu 40 % erhalten. Schlimmer noch, die Aufwandsentschädigungen der Reichstagsabgeordneten wurden dem Gehalt der Ministerialräte gleichgestellt. Der deutschnationale Abgeordnete Lejeune kam entsetzt in meine Kabine mit den Worten: „Nun ist alles aus." Einige Minuten später erschien Hilferding in einer Erregung, wie ich sie bei ihm nie gesehen hatte, und sagte: „Das ist ein Verbrechen!"

Hilferding und ich waren uns voll bewußt, daß eine Gehaltserhöhung in diesem Ausmaße, der sich die Länder und Gemeinden anpassen würden, kaum mehr als zwei Jahre finanziell ertragbar sei und eine weitere Erhöhung der privaten Gehälter und Löhne, mit verderblichen Folgen für die deutsche Ausfuhr, unvermeidbar machte. In dem Augenblick, wo die Reparationszahlungen sich der Höchstsumme von 2,5 Milliarden näherten, wurden die Etats von Reich, Ländern und Gemeinden mit gewaltigen neuen Ausgaben belastet. Es stellte sich heraus, daß Kabinett und Parteiführer keinen bedeutenden Widerspruch erhoben hatten. Als die Beamtenbesoldungsvorlage im Hauptausschuß des Reichstages zur Besprechung kam, gelang es durch die Reden von Hilferding und Quaatz, dem Reichstag und dem Lande klarzumachen, daß nunmehr eine höchst gefährliche Zeit für die deutsche Wirtschafts- und Finanzpolitik beginne.

An eine Möglichkeit wesentlicher Abstriche von den Regierungsvorschlägen glaubte natürlich keiner von uns. Dazu war der Einfluß der Beamtenorganisationen in den Parteien zu stark, ebenso der korrumpierende Einfluß der Gleichstellung der Abgeordnetendiäten und der Ministerialrätegehälter. Es gab in allen Parteien Abgeordnete, die sich, besonders vor jenen, die in der Inflation 80% ihrer Ersparnisse verloren hatten, dieses Schrittes schämten. In einzelnen Parteien, wie in der Zentrumspartei, wurde den Abgeordneten der größte Teil der erhöhten Bezüge abgezogen, um die Parteibüros zu finanzieren, aber das wurde im Volke nicht bekannt.

Bittere Auseinandersetzungen zwischen den Gewerkschafts- und Beamtenvertretern in einigen der Regierungsparteien, besonders in der Zentrumspartei, folgten. Nach einer leidenschaftlichen Rede Stegerwalds beschloß der Vorstand des Deutschen Gewerkschaftsbunds in seinem Wahlkreis gegen jeden Abgeordneten, der für die Beamtengehaltserhöhung stimmte, aufzutreten.

Gutsche war seit einem Jahre bemüht, die eigentlichen Beamtengruppen aus dem Deutschen Gewerkschaftsbund auszuscheiden und sie dem Deutschen Beamtenbund zuzuführen, zwecks einer engeren Verbindung zwischen Gewerkschaftsbund und Beamtenbund. Die Gefahren einer rein gewerkschaftlichen Organisation der Beamten hatte er bereits 1919 klar erkannt; schon die Unkündbarkeit und die Pensionsberechtigung der Beamten gaben ihnen eine andere Stellung als den Arbeitern und Angestellten. Bis zur Revolution war die Beamtenvereinigung eine Standesorganisation. Ihre Führer blieben sich vollkommen klar darüber, daß sie nicht dieselben Forderungen wie Angestellten- und Arbeitergewerkschaften stellen konnten. In wiederholten Unterhaltungen mit Gutsche stimmten sie mit ihm überein, daß Gewerkschaften und Beamtenorganisationen zusammenarbeiten müssen, eine möglichst stabile Grundlage für die Wirtschaftsentwicklung zu erhalten. Weil sie, ebenso wie die christlich-nationalen Gewerkschaften, in allen nichtsozialistischen Parteien vertreten waren, zeigten sie Verständnis für das Ziel, eine große finanziell verantwortliche, sozial fortschrittliche Partei herauszubilden. Durch Stegerwalds erregte Stellungnahme gegen die Beamtengehaltserhöhung wurde diese Zukunftsaussicht vertan. In allen Beamtenverbänden trat Verbitterung ein.

Schacht, der immer wieder die Politik von Banken, Regierung und Reichstag plötzlich angriff, erhob nur zögernd eine Warnung gegen die Beamtengehaltserhöhung. Ich bat ihn, meinen Plan für eine langsame Herabsetzung der Zahl der Beamten zu unterstützen. In dem schwersten

Kampf meiner parlamentarischen Tätigkeit setzte ich als Zusatz zu der Beamtengehaltserhöhung durch, daß in den nächsten fünf Jahren jede dritte freiwerdende Beamtenstelle nicht wieder besetzt würde. So wurde die Verwaltung gezwungen, ihre Organisation zu vereinfachen und Besseres mit geringeren Ausgaben zu leisten. Deutschland konnte sich nicht, wie die Siegerländer, eine vom Kriege her aufgeblähte Verwaltung leisten. Mit Hilfe von Treviranus fand ich Unterstützung bei führenden Mitgliedern der DNVP, vor allem bei Dryander und Graf Westarp. Ministerialdirektor Zarden arbeitete im gleichen Sinne in der DVP wie auch Prälat Leicht in der BVP.

Inzwischen bereitete der Reparationsagent einen höchst kritischen Bericht über die deutsche Finanzpolitik vor. Es war ein Unglück, daß Parker Gilbert bei Gesellschaften die leicht hingeworfenen Kritiken von Wirtschaftsführern und Bankiers, auch von Schacht, begierig hinnahm und sie als Grundlage seiner Kritiken benutzte. Deshalb griff ich ihn sehr gereizt im Reichstag an, als er die Teilung in einen ordentlichen und außerordentlichen Haushalt getadelt und den amerikanischen Haushalt als ideales Muster vorgeschlagen hatte. Kurz danach, in einem persönlichen Gespräch, bat ich Parker Gilbert, noch einmal den französischen Etat durchzuprüfen, wo der Überschuß der deutschen Reparationszahlungen an Frankreich über die französischen Zahlungen an England und die Vereinigten Staaten verbucht sei; ich könne ihn nicht finden. Die zu niedrige Stabilisierung des Franc und das folgende Einströmen spekulativen kurzfristigen Kapitals nach Frankreich gefährde die Gesamtfinanzlage Europas. Ich sagte Parker Gilbert, daß eine stabile Entwicklung erst möglich sein würde, wenn die Vereinigten Staaten den Zinssatz ihrer Kriegsanleihen und ihre Einfuhrzölle für die Schuldnerländer herabsetzten. Daß diese Ausführung psychologisch nicht weise war, bekam ich später zu fühlen.

Sehr bedauerte ich, daß Reichswehrminister Geßler über die „Phöbus"-Angelegenheit zum Rücktritt gezwungen wurde. Der Marine wurde eine Summe überwiesen für technische Forschungen, die teilweise im Ausland gemacht werden sollten. Diese Summe erschien nicht im Etat und wurde einem pensionierten Offizier zur Verwaltung gegeben. Der legte einen großen Teil in einem neuen Filmunternehmen an, das von vornherein unsolide war und wie nahezu alle deutschen Filmunternehmen mit Zuschüssen arbeiten mußte.

Das Reichsfinanzministerium muß etwas davon gewußt haben. Bei der Darstellung der Finanzpolitik von Ende 1923 bis Mitte 1925 fiel mir auf, daß die Reichskassenabrechnungen, die in der ersten Zeit nach der Stabilisierung alle zehn Tage veröffentlicht wurden, nicht stimmten. Es fehlten 50 Millionen RM. Ich bat den Staatssekretär im Reichsfinanzministerium, Dr. Popitz, um Aufklärung. Er verwies mich an den damaligen Ministerialrat Herrn von Krosigk, der ebenso ausweichend war. Mir wurde klar, daß hier, mit Zustimmung des Kabinetts oder zumindest des Reichsfinanzministers, 50 Millionen RM für nicht ausgewiesene Ausgaben gegeben worden waren. Es war nicht meine Absicht, die Angelegenheit aufzugreifen, wohl aber, in der Hoffnung, daß sie nachträglich alles etatsrechtlich in Ordnung bringen würden, die Verantwortlichen im Finanzministerium zu warnen, daß sich aus dieser Angelegenheit eine „Affäre" entwickeln würde. Natürlich kam mir nie der Gedanke, daß die Summe so leichtsinnig verwendet wurde. Die Folge des Skandals war Geßlers Ersetzung durch General Groener, der bei der Linken sehr populär war.

Unter General von Schleicher, der von Herbst 1918 bis Sommer 1919 im Großen Hauptquartier eng mit Groener zusammenarbeitete und ihm seitdem sehr nahe geblieben war, bildete sich im Reichswehrministerium eine politische Abteilung aus, die ihren Anfang in den letzten Monaten vor Seeckts Rücktritt hatte. Daß sich der spätere General Marcks, der spätere Botschafter Ott und andere jüngere Offiziere in dieser Abteilung zusammenfanden, war den meisten höheren Offizieren, die sich selbst nicht mit unangenehmen politischen Fragen beschäftigen wollten, willkommen. Diesen Offizieren schien Schleichers Fähigkeit, für eine gute Presse zu sorgen und Hindernisse im Haushaltsausschuß des Reichstages zu überwinden, ohne selbst in der Öffentlichkeit hervorzutreten, die beste Garantie, daß die Reichswehr aus der Politik herausgehalten werden würde. Wie Offiziere in allen Heeren, verachteten sie die in der Politik nun einmal unerläßliche Taktik, und bei den meisten erfreute sich Schleicher keiner persönlichen Popularität. Schleicher, der aus demselben Regimente wie der Sohn Hindenburgs kam, konnte unmittelbar oder über Groener in allen Fragen einen wachsenden Einfluß auf den Reichspräsidenten ausüben.

Ein besonders wichtiger Punkt in dem Regierungsprogramm war das Reichsschulgesetz, das von Keudell als Innenminister ausgearbeitet hatte. In einigen Ländern war das Problem des religiösen Unterrichts in den Volksschulen zufriedenstellend gelöst. Die Elternbeiratswahlen in Berlin zeigten, daß selbst unter Linkswählern die Mehrheit eine marxistisch antireligiöse Erziehung nicht billigte. Ein neues Gesetz sollte ähnliche

Lösungen ermöglichen in den Ländern, wo die Ausschaltung jeder christlichen Tradition bewußt betrieben wurde, mit dem Erfolge, daß die junge Generation nach einigen Jahren nicht sozialistisch, sondern kommunistisch oder nationalsozialistisch wählte. Der Einfluß des liberalen Lehrerverbandes in der DVP und in einigen kleineren Parteien machte die Verhandlungen über das Schulgesetz besonders schwierig. Inzwischen brachte das Kabinett ein Gesetz nach dem andern in den Reichsrat und Reichstag, ohne an eine Taktik zu denken, die die Parteien zwingen konnte, auch die ihnen weniger sympathischen Punkte im Regierungsprogramm zu unterstützen. In der DNVP, im Zentrum und in der BVP wuchs der Argwohn, daß man sich in bezug auf das Schulgesetz in eine Sackgasse führen ließ.

Bei einem Abendessen für die Führer der Linksparteien und Stresemann schlugen Staatssekretär Meißner und General von Schleicher eine große Koalition einschließlich der SPD vor; der zeitweilige Führer der Zentrumsfraktion Herr von Guérard stimmte diesem Vorschlag für seine Person zu. Es war so weit gekommen, daß Meißner und Schleicher entscheidende Funktionen in einer in der Verfassung nicht vorhergesehenen Art ausübten. Gerüchte darüber brachten schon vor der Entscheidung über das Schulgesetz eine solche Erregung in die DNVP, das Zentrum und die BVP, daß diese Parteien im Februar 1928 den Rücktritt des Kabinetts verlangten. Neuwahlen wurden unvermeidlich.

Man konnte kaum etwas verteidigen, was diese Regierung geleistet hatte. Preise und Löhne waren nicht festgehalten, sondern künstlich heraufgetrieben. Der Finanzausgleich war zwar ein Fortschritt, aber nicht in ausreichendem Maße. Die Länderkonferenz arbeitete, aber zu langsam. Nur in der Landwirtschaft wurden Erfolge erreicht. Das Scheitern des Schulgesetzes führte zu einer folgenschweren Zerrissenheit in der DNVP und der Zentrumspartei. Das Gesamtergebnis der Koalition war Enttäuschung und Verbitterung zwischen den und innerhalb der Regierungsparteien und Skepsis ihrer Wähler. Manche meiner Freunde in den Regierungsparteien, ebenso wie ich, erwogen, ob es nicht besser wäre, aus dem Parlament auszuscheiden und vom Lande aus eine gesunde und verantwortliche Bewegung gegen die parlamentarische Mißwirtschaft anzustoßen.

Ich selbst glaubte, daß ich nicht wiedergewählt würde, da ich das Vertrauen der Wähler eingebüßt hatte. Zu meiner Überraschung wurde ich in geheimer Abstimmung der Delegierten meines Wahlkreises von der dritten auf die erste Stelle vorgerückt – ein Vertrauensbeweis, dem ich mich nicht entziehen konnte. Ich habe aber keinen Wahlkampf mitgemacht, wo es so schwer war, auch nur den geringsten Enthusiasmus der Wähler zu erwecken. Die Müdigkeit in den Versammlungen der Regierungsparteien und die radikale Agitation von den Linksparteien machten die Wahlkampagne seelisch und körperlich sehr schwer. Was mich besonders bedrückte, war die Tatsache, daß einige Demokraten und die meisten SPD-Mitglieder ihre ganze Wahlagitation auf einer wüsten Kritik der vorgeschlagenen Panzerkreuzer aufbauten.

Das Programm, in den nächsten Jahren vier Panzerkreuzer zu bauen, lag völlig im Rahmen der Abrüstungsbestimmungen. In keiner Partei wurde es sachlich unbedingt unterstützt, es war mehr eine Gefühlsfrage, daß man die Marine nicht „versacken lassen" sollte. Zu diesem Zeitpunkt zeigten die anderen Mächte, England und die USA ausgenommen, immer deutlicher, daß sie nicht daran dachten, ihre freiwilligen Abrüstungsversprechungen zu erfüllen, die die moralische Grundlage der deutschen Abrüstung bildeten. Aus diesem Gefühl heraus bildete sich eine Reichstagsmehrheit für den Bau der Panzerkreuzer. Die übertriebene Agitation der Linken dagegen schuf unter alten Soldaten und auch in der teils pazifistisch, teils nationalistisch eingestellten jüngeren Generation einen Haß, von dem ich starke Beweise erhielt. Die Wahlverluste der Regierungsparteien und die Gewinne der SPD und KPD führten leider zu Illusionen für die weitere politische Entwicklung.

MITGLIED DES REICHSTAGS
UND DES PREUSSISCHEN LANDTAGS

Nach Rat der Ärzte fuhr ich gleich nach den Wahlen zum Herzbad Altheide in der Grafschaft Glatz, um mich durch eine längere Kur zu erholen. Hermann Müller war schon mit der Bildung einer neuen großen Koalition beauftragt. Diesen sehr mutigen und pflichtbewußten Mann kannte ich damals nicht näher. Dank der offensichtlichen Lauterkeit seines Charakters ließen seine manchmal scharfen Äußerungen in der Opposition keine dauernden Wunden zurück. Er war auch einer der vielen Sozialdemokraten, die nie vertrauliche Bemerkungen in Verhandlungen zwischen den Parteien später mißbrauchten. Eberts und Groeners Appell folgend, hatte Müller zusammen mit meinem Freund Dr. Bell den Versailler Vertrag unterzeichnet. Er war der gegebene Kanzler nach dem Scheitern des Kapp-Putsches, aber in Erkenntnis, daß seine Unterschrift unter den Vertrag ihn in den Augen vieler belastete, schlug er an seiner Stelle Fehrenbach vor. Müller war ein sozialistischer Demokrat, nicht ein marxistischer Sozialist. Seine große politische Erfahrung und seine guten Beziehungen zu den Mitgliedern aller Parteien ließen mich hoffen, daß er mit der Rückendeckung Hindenburgs bald ein gemäßigtes und verantwortliches Kabinett bilden würde.

Daß diese Hoffnung irrig war, erfuhr ich durch viele Besucher und Anrufe aus dem Reichstage. Die SPD und DVP, auch einige Zentrumsmitglieder, forderten den Rücktritt von Dr. Brauns. Bei der Industrie war die Überzeugung, daß ein sozialdemokratischer Arbeitsminister in Lohn- und Sozialfragen weniger erreichen würde als Brauns, dessen Idealismus, Nüchternheit und Verhandlungsmethode unwiderstehlich waren. Mit Hilferding, dem von allen Koalitionsparteien das Finanzministerium aufgedrängt wurde, hatte ich viele Telephongespräche.

Meine Besorgnis war, daß Hilferding, wenn er Finanzminister würde, alsbald, wie 1923, in ein Kreuzfeuer hineinkommen würde. Wenn er eine Finanzpolitk betrieb, die praktisch unvermeidlich war, aber in krassem Widerspruch zu den Wahlversprechungen der SPD stand, würde er wachsenden Widerstand in seiner eigenen Partei hervorrufen. Als Wirtschaftsminister dagegen würde er maßgebend für die heranziehenden Reparationsverhandlungen sein, auch in finanzpolitischer Hinsicht. Ich riet ihm, das Reichsfinanzministerium entweder dem praktisch eingestellten Keil oder dem sehr erfahrenen Dr. Herz zu überlassen. Hilferding fürchtete aber, daß, wenn er nicht selbst das Reichsfinanzministerium übernähme, die SPD überhaupt keinen ausgeglichenen Etat zustande bringen würde. Außerdem verlangte die DVP das Wirtschaftsministerium für sich. Ich war nicht sicher, daß selbst Müller und Hilferding die SPD zu einer Finanzpolitik anhalten konnten, die ihre Wähler enttäuschen mußte. Es war aber klar, daß man in der DVP und in anderen Parteien den Sozialdemokraten die unpopuläre Verantwortung für das Finanzministerium aufladen wollte.

Von Altheide kehrte ich nach Berlin zurück als gleichzeitiges Mitglied des Reichstages und des preußischen Landtages, in den ich auf der Landesliste gewählt wurde. Ich hatte die Aufstellung als Kandidat unter der Bedingung angenommen, daß ich aus dem Landtag wieder ausscheiden konnte, sobald zwei mir gestellte Aufgaben erfüllt seien. Verträge des preußischen Staates mit der evangelischen und katholischen Kirche sollten, wenn möglich gleichzeitig, angenommen werden. Die durch die

Revolution völlig veränderten Verhältnisse zwischen Staat und Kirche sollten gesetzlich geordnet werden. Diese Aufgabe schlug in einem Punkte fehl wegen der Schwierigkeit, einen Staatsvertrag mit sieben Partnern auf der evangelischen Seite, statt einem auf der katholischen abzuschließen. Mit mehr gutem Willen hätte diese Schwierigkeit überwunden werden können; als im Herbst 1931 Hindenburg sich aufregte über die schleppenden Verhandlungen zwischen der preußischen Regierung und den evangelischen Kirchen, konnten Ministerpräsident Braun und ich uns in vierundzwanzig Stunden einigen.

Meine zweite Aufgabe im Landtage war, die verhängnisvollen Reibungen zwischen den Zentrumsfraktionen im Landtag und im Reichstag zu beseitigen. Manche Zentrumsmitglieder des preußischen Landtages unterstützten dogmatisch die preußische Regierung, auch wenn diese aus taktischen Gründen der Reichsregierung die größten Schwierigkeiten machte. 1928 erweckte der Vorstoß des preußischen Ministerpräsidenten im Reichsrat im letzten Augenblick vor der Verabschiedung des neuen Finanzausgleichs den Eindruck, daß er nicht nur den Finanzausgleich und das Steuervereinheitlichungsgesetz, die endlich mit den einzelnen Ländern verhandelt worden waren, vereiteln, sondern auch das Reichskabinett zum Scheitern bringen wollte. Ich habe dem preußischen Ministerpräsidenten in einer persönlichen Unterhaltung die Drohung gebracht, daß der Zentrumsvorstand bei der Wiederholung einer solchen Taktik die Koalition mit der SPD in Preußen aufgeben würde. Damals stellte es sich heraus, daß die Führer der Zentrumsfraktion in Preußen über Brauns Vorstoß völlig uninformiert waren. Alle sahen ein, daß bei solchen Vorgängen die Mission, die der Zentrumspartei in der Weimarer Republik zugefallen war – zu verhüten, daß die Rechte oder die Linke sich aus taktischen Rücksichten in eine rein negative Haltung verstieg –, nicht erfüllt werden konnte.

Weil ich Mitglied der Länderkonferenz war, hoffte man, daß meine Zugehörigkeit zum preußischen Landtage zu einer praktischen Reichsreform und einem endgültigen Finanzausgleich beitragen würde. Gesprochen habe ich nie im Landtag oder in den täglichen Sitzungen der Zentrumsfraktion. Ich wurde von dem ehrwürdigen Fraktionsvorsitzenden Porsch oder dem praktischen Fraktionsführer Hess bei jedem Schritt der Zentrumspartei in Preußen gefragt, ob ich vom Standpunkt der Reichspolitik Bedenken habe. In diesem Falle wurde eine gemeinschaftliche Vorstandssitzung der beiden Fraktionen einberufen. Nach einem Jahr wurden Dr. Hess regelmäßig und die Zentrumsmitglieder der preußischen Regierung gelegentlich zu den Sitzungen der Reichstagsfraktion eingeladen. Es gab keine Schwierigkeiten mehr. Die gegenseitigen Beziehungen waren so einfach, wenn man nur das Gerede beseitigte, das aus mangelnder Sachkenntnis entsprungen war. Solche konstruktiven Fortschritte blieben den Wählern natürlich meistens unbekannt.

Nach dem wüsten Wahlkampf und der Niederlage der Rechten drängte man sowohl in der Fraktion als auch im Lande auf einen großen Zentrums-Parteitag, der Ende 1928 in Köln unter dem Vorsitz von Mönnig stattfand. Der Parteitag sollte natürlich eine tatsächlich nicht bestehende Einigkeit demonstrieren, wenigstens in der Wahl des Parteiführers. Ich selbst bin nie ordentliches Mitglied des leitenden Parteigremiums geworden. (Auch Windthorst hat nie die formale Fraktionsführung innegehabt.) Vollbeschäftigt als Vorsitzender einer Kommission, die ein wirtschaftliches, finanzielles und sozialpolitisches Programm aufstellen sollte, blieb ich den Verhandlungen des Parteitages fern. Vor der Verkündung der Wahl des Prälaten Kaas zum Parteiführer ließ er mich fragen, ob ich bereit sei, in Dingen, die er selbst nicht bearbeiten könne oder wolle, sein persönlicher Stellvertreter zu werden. So habe ich praktisch, mit Ausnahme von kulturellen Fragen, die Parteiführung übernommen in enger Zusammenarbeit mit Kaas, der die mir fehlende Rednergabe in entscheidenden Augenblicken glänzend ersetzte.

Kaas war seiner Natur nach für die päpstliche Diplomatie prädestiniert. Die Fülle täglicher Organisations- und Agitationsarbeit war seinem Wesen zuwider. Nichts vielleicht hat ihn in den Gedanken des autoritären Staates so sehr hineingedrängt als die vier Jahre Arbeit, die er als Vorsitzender der Zentrumspartei zu leisten hatte, obwohl man ihm die lästigsten Dinge von Anfang an abnahm. Innerlich glaubte er nicht mehr an eine Möglichkeit für katholische Minderheiten, sich parlamentarisch durchzusetzen. In den stürmischen Wahlkämpfen von 1932 hatte er keine Neigung, die Führung zu übernehmen oder überhaupt sich an der Agitation zu beteiligen; er war wiederholt lange in der Schweiz abwesend.

Seine Wahl zum Vorsitzenden erfolgte durch die Stimme des Parteivolkes. Die älteren Vorstandsmitglieder, die noch in Windthorsts Tradition standen, waren sich der Gefahren bewußt, die sich aus Kaas' Stellung als römischer Prälat und langjähriger Berater des Kardinalstaatssekretärs ergeben konnten. Der Kardinalstaatssekretär, obwohl er nahezu dreizehn Jahre ununterbrochen in Deutschland gelebt hatte, hatte weder die Grundbedingungen der deutschen Politik noch die besondere Stellung der Zentrumspartei je richtig verstanden. Fest im konkordatären System stehend, glaubte er, durch Verträge zwischen dem Vatikan und den einzelnen Ländern die Interessen der Katholiken besser wahrnehmen zu können als durch die Macht katholischer Laienpolitiker. Das habe ich ihm schonend und ehrerbietig, aber deutlich gesagt zu einem kritischen Zeitpunkte in den Konkordatsverhandlungen 1929 in Preußen. Er sah nicht ein, daß erst die Stellung der Zentrumspartei den Abschluß des preußischen Konkordats ermöglichte.

An die Stelle des Denkens Leos XIII. trat eine starre Auffassung des zentralisierten Regierens der Katholiken der ganzen Welt durch feste Verträge. Bei dem langsamen Tempo, das die römischen Monsignori aus einer tausendjährigen Tradition sich für die Erledigung von Akten angewöhnt hatten, überlegte keiner, daß dem Vatikan eine Arbeitslast erwachsen würde, unter der die Menschen und der Apparat der bisherigen Verwaltung zusammenbrechen mußten; immerhin erschien der vatikanischen Bürokratie eine autoritäre Staatsform die stabilste und zuverlässigste. Der Gedanke des autoritären, korporativen Staates, der in der Enzyklika „Quadragesimo Anno" unklar und nach jeder Richtung auslegbar war, nahm immer berauschendere Formen an. Wirklich vorhandene Stimmungen und Strömungen entschwanden dem Auge. Ein Zeitalter prästabilierter Ordnung sollte das leidenschaftliche Drängen derjenigen Katholiken ersetzen, die durch parlamentarische Mittel in Übereinstimmung mit dem Glauben und der Hoffnung der tiefreligiösen Massen ihre Auffassungen schrittweise in der Politik durchsetzen wollten.

Das Scheitern des Kabinetts und die Wahlniederlage brachten noch größere Schwierigkeiten in der DNVP als im Zentrum. Durch kluge Organisation im voraus wurde Hugenberg auf dem Parteitag im Oktober 1928 zum Vorsitzenden mit nahezu diktatorischen Vollmachten gewählt – eine folgenschwere Niederlage für den gemäßigten Flügel der DNVP unter Graf Westarp und Treviranus. Hugenbergs Appell für ein neues, lebendiges Kraftzentrum und seine Kritik an den „Halbheiten" von Stresemanns Politik wurden geschickt der jüngeren Generation angepaßt. Er fragte in diesem Augenblick nicht, was käme, wenn eines Tages die SPD verantwortungsmüde wieder in die Opposition gehen würde. Würden Industrie und Landwirtschaft dann eine Partei unterstützen, die sie durch Obstruktion ihrem Schicksal überlassen hatte?

Hugenberg stand wohl auf dem Standpunkt, daß eine Krise unvermeidlich sei, daß sich eine starke Rechte nur durch eine Krise herausbilden könne, um dann das Land zu retten. Er übersah, daß eine solche Krise sich nur in der Zwangsjacke der Reparationsverträge lösen lassen würde. Er stellte sich anscheinend vor, daß Deutschland die Reparationszahlungen einfach einstellen würde. Er dachte in den wirtschaftlichen und finanziellen Bedingungen des Vorkriegsdeutschland, das jede Wirtschaftskrise aus eigenen Kräften überwinden konnte, während sich das Nachkriegsdeutschland, auch nach dem Ende der Reparationen, nur auf einer niedrigeren wirtschaftlichen Stufe konsolidieren konnte.

Eine scharfe Rede von Marx gegen Hugenberg gefährdete noch mehr die Lage des gemäßigten Flügels der DNVP. Die SPD-Fraktion im Reichstage verlangte, in Opposition zu ihrem eigenen Kanzler Müller, die Einstellung des Baus von Panzerkreuzer A. Unter großer Erregung im Zentrum und in der DVP sprach Wirth scharf aus, daß diese Haltung der SPD eine Krise des Parlamentarismus herbeiführen würde. Nur weil die DNVP mit den gemäßigten Parteien stimmte, wurde der sozialdemokratische Antrag von einer Mehrheit des Reichstags abgelehnt. Dieser Vorgang hätte Hugenberg lehren sollen, daß seine Partei in nationalen Fragen auch einer linksgerichteten Regierung die Unterstützung nicht versagen könne; seine Politik der Obstruktion versagte bei der ersten Probe. Die Autorität der Regierung wurde aber außerordentlich geschwächt durch diese Opposition von des Kanzlers eigener Partei.

In meiner Partei mehrten sich die Stimmen für einen Rücktritt des Zentrumsministers aus der Regierung. Müller verhandelte Ende Januar 1929 über eine Umbildung der Regierung zu einem Kabinett der großen Koalition, in das die Zentrumspartei bereit war, mit drei Ministern einzutreten. Die DVP machte ihre Zustimmung dazu abhängig von einer Umbildung der preußischen Regierung durch den Eintritt von zwei DVP-Mitgliedern. Diese Forderung bedeutete anscheinend, daß Stresemann den Abschluß des preußischen Konkordats mit dem Vatikan, den er auf dem Parteitag der DVP scharf kritisiert hatte, verhindern wollte. Stresemann und Hugenberg hatten dieselbe alldeutsche, nationalliberale Vergangenheit mit allen Vorurteilen gegen den Katholizismus. Die Zentrumspartei würde keinen Widerspruch erhoben haben, wenn sie sich in reformierter Gesinnung zusammengefunden hätten.

Gerade weil der Streit um die juristische Form eines Staatsvertrags mit dem Vatikan an sich so unbedeutend war, wuchs die Auffassung, daß Stresemann die Zentrumspartei im Reichstag isolieren wollte und trotzdem erwartete, daß sie, ohne um Rat gebeten zu werden, seine Außenpolitik weiter unterstützen würde. Weil sie sich herausgefordert fühlten, ließen einige Zentrumsabgeordnete durch Stimmenthaltung einen Regierungsantrag, die Besoldung von Beamten im Wartestand betreffend, fallen. Ich drängte Kaas zu der Entscheidung, den einzigen Zentrumsminister aus der Regierung herauszuziehen, weil er keinen Einfluß auf die Reparationsverhandlungen ausüben könne. Da die anderen Parteien sich in allen finanziellen Fragen scharf gegenüberstanden, mußten sie das Zentrum über kurz oder lang bitten, einen Kompromiß zu schaffen, zumal die DVP in sich über die meisten politischen Fragen nicht einig war.

Bei der Tagung des Völkerbundes im September 1928 wurde, gegen den Willen des neuen Reichskanzlers Müller, ein Communiqué angenommen, das praktisch die frühere Räumung der „Dritten Zone" des Rheinlandes von einer endgültigen Regelung der Reparationsfragen abhängig machte, über deren Inhalt keinerlei Besprechungen stattgefunden hatten. Prälat Kaas erkannte sofort die Bedeutung dieses Fehlers. Ich selbst war zur Weitererholung in Engelberg, wo ich vergeblich versuchte, Hilferding in Genf vor schnellen Abmachungen zu warnen. Ich hielt eine neue Reparationskonferenz für höchst bedenklich in einem Augenblick, wo das einströmende ausländische Kapital einen Eindruck von Deutschlands Leistungsfähigkeit erlaubte, der sich bald als völlig falsch erweisen konnte.

Blieb der Dawes-Plan und stellte es sich heraus, daß die aufgebrachten Summen nicht ohne Gefährdung der deutschen Währung in ausländische Währungen übertragen werden konnten, so mußte der Reparationsagent die untransferierbaren Summen in der deutschen Wirtschaft anlegen, wodurch einer extrem deflationistischen Wirkung vorgebeugt werden konnte. Inzwischen war es die Pflicht der deutschen Regierung, alles zu tun, um die Höchstsumme rechtzeitig im Innern aufzubringen. Ging man in neue Reparationsverhandlungen hinein, ohne dafür und für einen soliden Etat gesorgt zu haben, so entstand im Ausland der Eindruck, daß die deutsche Regierung nicht alles daransetzte, ihre Verpflichtungen zu erfüllen. Und mit einem wachsenden Defizit in den Reichseinnahmen gab man den Reparationsgläubigern alle Vorteile. Diese wußten, daß, wenn ein neuer Plan statt der fälligen 2,5 Milliarden eine niedrigere Zahlung für das Jahr 1930 mit einer internationalen Anleihe verband, der Reichstag für diese vorübergehende Erleichterung eine Hypothek aufnehmen würde, die nach kurzer Zeit viel größere Opfer des deutschen Volkes unumgänglich machte.

Parker Gilbert konnte sich in seinen Überlegungen nicht von den Interessen der amerikanischen Gläubiger befreien, die die großen alliierten

Kriegsanleihen unterschrieben hatten. Die sahen in Deutschland, ohne Rücksicht auf seine dauernde Zahlungsfähigkeit zu nehmen, einen Bürgen für die Kriegsanleihen, die „kommerzialisiert" werden sollten. Die Kriegsschulden der Alliierten gegenüber den USA sollten Schritt für Schritt in private internationale Anleihen an Deutschland umgewandelt werden. Diese Absicht zeigte sich in dem Zweckoptimismus eines Berichts des Reparationsagenten, der durch seinen Gegensatz zu den vorangegangenen kritischen Berichten über die deutsche Finanzpolitik manche in der Welt und vor allem in Deutschland erstaunte, da die deutsche Finanzlage sich inzwischen erheblich ungünstiger entwickelt hatte.

Stresemann mußte im Reichstage erklären, daß er eine frühere Räumung der Rheinlandzone nicht gegen unmögliche Zahlungsverpflichtungen erkaufen würde. Prälat Kaas riet der Regierung, in die Reparationsverhandlungen lieber mit einem ehrlichen Nein als mit einem falschen Ja hineinzugehen. Als die NSDAP ein Mißtrauensvotum einbrachte, nahm eine große Anzahl von Abgeordneten an der Abstimmung nicht teil. Das hätte die Regierung zur Vorsicht mahnen müssen.

Hilferding hatte einen Etat von nahezu 10 Milliarden RM vorbereitet, mit maßvoller Senkung der Einkommensteuer in den unteren und mittleren Stufen, Erhöhung der Branntwein- und Biersteuer sowie der Vermögenssteuer, und schließlich durch Kürzung der Überweisungen an die Länder und Gemeinden. Die DVP forderte teils sehr vernünftige Änderungen der Reichsverfassung, besonders die Beschränkung der Ausgabebewilligungen des Reichstages, verlangte aber gleichzeitig, Steuereingänge über den Voranschlag zur Steuersenkung zu benutzen. Als Antwort veröffentlichte Hilferding die Tatsache, daß die Reichsregierung der Wirtschaft über eine Milliarde RM Darlehen gegeben und Garantien für die Wirtschaft zu ungefähr dem gleichen Betrage übernommen habe. Seine vorgeschlagene Senkung der Einkommensteuer lehnte der Reichsrat ab. Zwischen Bayern und Preußen entstand ein heftiger Streit über Entschädigungsansprüche.

Bald wurde veröffentlicht, daß die Kassenschwierigkeiten des Reichs einen neuen Kredit von den Großbanken nötig machten und daß der Reparationsagent den größeren Teil der auf sein Konto überwiesenen Reparationsleistungen ohne Gefährdung der deutschen Währung nicht transferieren könne. Dr. Schachts Ausführungen zu der gleichen Zeit vor den Reparationssachverständigen in Paris waren sachlich größtenteils berechtigt, aber seine unüberlegten Vorstöße hatten die Atmosphäre psychologisch so verdorben, daß eine bissige Kampagne in der französi-

schen Presse gegen die deutsche Finanzpolitik folgte. Die Wirkung war
ein Massenabzug von kurzfristigen ausländischen Geldern aus Deutschland, vor dem viele, auch ich, Schacht vergeblich gewarnt hatten. Die
Arbeitslosenziffer schnellte gewaltig in die Höhe.

Das war die Lage, in der Dr. Herz, der Steuersachverständige der SPD,
mich bat, mit ihm einen Ausgleich des Etats vorzubereiten, der auch für
die DVP, BVP und Demokratische Partei annehmbar sein würde. Nach
Gutheißung Hilferdings und des Zentrumsparteivorstands gingen wir,
später unter Hinzuziehung der Vertreter anderer Parteien, an die
Einzelheiten dieser Aufgabe. Ich stellte die Bedingung, daß alle Beteiligten absolutes Stillschweigen über den Inhalt der Besprechungen halten
sollten, bis ein Bericht dem Reichskabinett und dann den Parteien
vorgelegt werde. Vierzehntägige Arbeit im Vorstandszimmer der Zentrumspartei führte durch eine Unmenge von Einzelvorschlägen und
Kompromissen zu einer Einigung, die einen Etatsausgleich erlaubte. Ich
stellte nun die Bedingung, daß jeder Vertreter, dessen Partei nicht alle
Einzelheiten des Kompromisses unverändert annahm, aus dem Haus-
halts- oder Steuerausschuß ausscheiden müsse. Außerdem, um die Wiederholung einer für das Kabinett so unwürdigen Situation zu vermeiden, sollte
die Zentrumspartei mit drei Mitgliedern in die Regierung eintreten.

Eine letzte Schwierigkeit war Ostern 1929 zu beseitigen. Dr. Herz hatte
große Sorge, daß das Reichswehrministerium und der Reichspräsident
die Abstreichungen am Wehretat ablehnen würden. Samstags sagte ich
ihm, daß ich vor der entscheidenden Kabinettssitzung am folgenden
Mittag eine Garantie haben würde. Ich rief Willisen, den ich seit 1926
nur einmal gesehen hatte, an und bat ihn, mich im Reichstag zu treffen.
Weniger als eine halbe Stunde genügte, ihn zu überzeugen, daß, wenn das
Reichswehrministerium diesen Abstreichungen nicht zustimmte, ein Etat
überhaupt nicht verabschiedet werden könne. Sonntagvormittag um elf
Uhr meldete Willisen, daß die Sache bereits „richtig gelegt" sei.

Als wir beim Frühstück zusammensaßen, erklärte er mir, die Reichswehr
erwarte von mir einen ebenso schnellen Entschluß zur Unterstützung im
gegebenen Augenblick für eine große, aufbauende Politik, die am Ende
des Jahres einsetzen mußte. So nur sei der Widerstand des Feldmarschalls
zu brechen gewesen. General von Schleicher erwarte mich nach Abschluß
der Etatverhandlung im Reichstag zu einer diesbezüglichen Besprechung
unter vier Augen. Ich hatte durch Treviranus gehört, daß Hindenburg
entschlossen sei, dem Marasmus in der Politik ein Ende zu machen.
Zunächst ungläubig, wurde ich hoffnungsfreudiger, sicherlich am meisten

aus den Gründen, die sich im Menschen immer auswirken, wenn er noch einmal die Hoffnung hat, einen verlorengegangenen Glauben wiederzugewinnen.

II

ALS KANZLER IN DER
WIRTSCHAFTSKRISE

KONTAKTE MIT SCHLEICHER

Das Ende des Krieges hinterließ in mir eine Auffassung über den Feldmarschall Hindenburg, die, voller Bewunderung für seine militärische Leistung, die Schuld an dem Zusammenbruch ausschließlich der Politik zuschrieb. Bei mir, wie bei allen Kameraden, bestand die Auffassung, daß Groener die Schuld an den schmählichen Begleitumständen des Zusammenbruches trug. Ich muß gestehen, daß sich in mir ein jahrelanger Haß gegen Groener bildete, der sich erst dann allmählich legte, als ich durch viele Veröffentlichungen und durch manche Unterhaltungen mit Willisen vieles über die Vorgeschichte des Krieges, die Führung im Kriege und die Ereignisse 1918–1919 erfuhr. Nach meiner Enttäuschung über Hindenburgs politische Passivität 1925 lehnte ich Einladungen in das Haus des Reichspräsidenten stets ab, weil ich nicht erleben wollte, daß der letzte Abglanz des Bildes, das ich von Hindenburg immer trug, erlosch.

Die verabredete Unterhaltung mit Schleicher fand nach Ostern 1929 in seiner Wohnung am Matthäikirchplatz beim Frühstück statt. Sie begann mit einer Beschwerde Schleichers, daß ich seit 1923 die Beziehungen zur Reichswehr nicht mehr gepflegt habe. Ich antwortete ihm, meine Erfahrungen im Jahre 1923 hätten mich daran gehindert. Schleicher sagte, inzwischen habe sich alles geändert. Der Reichspräsident sehe die Gefahr, daß die ganze Innen- und Außenpolitik im Sumpfe verlaufe. Er sei entschlossen, zusammen mit der Reichswehr und den jüngeren Kräften im Parlament die Dinge vor seinem Tode in Ordnung zu bringen. Ich fragte, ob der Reichspräsident das mit oder ohne Parlament machen wolle. Darauf Schleicher: Der Reichspräsident würde nicht die Verfassung verletzen, aber er würde das Parlament im gegebenen Augenblick für eine Zeit nach Hause schicken und in dieser Zeit mit Hilfe des Artikels 48 die Sache in Ordnung bringen.

Brüning: „Wie lange schätzen Sie die für die Reform notwendige Zeit ein?"

Schleicher: „Na, in sechs Monaten muß man das schaffen."

Ich versuchte nunmehr Schleicher klarzumachen, daß man angesichts der Young-Plan-Situation unter keinen Umständen mit solchen Ideen vor vollzogener Räumung des Rheinlandes hervortreten dürfte. Dabei hatte ich, wie im Verlauf des ganzen Gespräches, den Eindruck, daß er,

Schleicher, die Vollmacht des Artikels 48 selbst ausüben wollte. Ich hielt es aber nicht für zweckmäßig, ihm in diesem Augenblick zu sagen, daß vor Räumung des Rheinlandes ein General nicht an die Spitze der Regierung treten könne. Er las meine Gedanken falsch, und sagte: „Denken Sie nicht, daß wir die Monarchie im Handumdrehen wieder einführen wollen. Selbstverständlich muß man sich überlegen, was man tut beim Tode des Feldmarschalls." Meine Antwort: „Mich stört die Frage der Wiedereinführung der Monarchie nicht, aber die Dinge, die gemacht werden müssen in bezug auf die Ordnung der Finanzwirtschafts- und Sozialpolitik werden so unpopulär sein, daß man die Monarchie damit nicht belasten darf. Ich halte es nach den Erfahrungen der Etatsverabschiedung für möglich, die notwendigen Reformen auf diesen Gebieten schrittweise mit der jetzigen Mehrheit zu machen, bis das Rheinland geräumt ist. Der patriotische Schwung, der durch die Räumungsfeiern auch über die Sozialdemokratie kommen wird, schafft vielleicht die Möglichkeit, diese so weit zu bringen, daß sie zum mindesten eine Situation wie in Ungarn toleriert."

Schleicher: „Phantastisch. Das ist ganz meine Idee. Hermann Müller ist zwar krank, aber ein fabelhaft anständiger und patriotischer Mann."

Brüning: „Dann stimmen wir darin überein, daß die Monarchie unter keinen Umständen im Kampfe gegen die Masse der geschulten Arbeiterschaft eingeführt werden darf. Die Monarchie muß am Ende der Reformen stehen. Der Artikel 48 ist zur Änderung oder Umbiegung der Verfassung nicht zu gebrauchen."

Schleicher: „Das geht zu weit. Der Feldmarschall will nicht sterben, ohne diese Frage gelöst zu haben. Wir haben im Reichswehrministerium Gutachten von Kronjuristen gesammelt, die beweisen, daß man in Fortbildung der Praxis den Artikel 48 auch zur Verfassungsänderung gebrauchen kann."

Brüning: „Ich kann mit Ihnen in diesem Punkt nicht übereinstimmen, aber schicken Sie mir diese Gutachten, und ich werde sie prüfen. Ich halte die Anwendung des Artikels 48 auf allen Gebieten des Wirtschafts- und Soziallebens für möglich, aber ich halte es für ausgeschlossen, daß man für eine längere Frist, selbst in diesen Dingen, ausschließlich mit dem Artikel 48 regieren kann."

Ich fürchtete, die Wirtschaftskrise würde gewaltige Ausmaße annehmen. Mit dem Artikel 48 konnte man die Dinge höchstens ein Jahr lang meistern. Dann war der Artikel 48 eine stumpfe Waffe geworden. Daher bat ich ihn, seinen Einfluß geltend zu machen, daß die Reformen zunächst mit dem Parlament gemacht würden. Erst wenn das Parlament sich daran gewöhnt habe, wie es jetzt zum erstenmal im neuen Etat geschehen sei, die Ausgaben herabzusetzen, statt sie zu erhöhen, sei die Zeit reif, die letzte größte Reform mit Hilfe des Artikels 48 auf einen Schlag zu machen.

„Wenn es zu früh geschieht, bricht alles zusammen. In diesem Sinne müssen Sie den Reichspräsidenten beraten." Schleicher versprach das in nicht überzeugender Form.

Wenige Tage darauf erhielt ich die Gutachten, die von den Staatssekretären Joël und Zweigert erstattet waren. Ich mußte zu meinem Erstaunen feststellen, daß sie in ihrer Auffassung über die Anwendungsmöglichkeit des Artikels 48 zwar über meine hinausgingen, aber mit dem, was Schleicher in sie hineingelesen hatte, nichts zu tun hatten.

In mir setzte sich nun die Überzeugung fest, daß Schleicher den Reichspräsidenten auf eine gefährliche Linie drängen würde, und daß man daher alles daransetzen mußte, das Parlament selbst zu Reformen zu bekommen. Diese Erkenntnis, zusammen mit den Ereignissen in der deutschnationalen Partei, beseitigten in mir mehr und mehr die Hemmungen, die Führung der Zentrumsfraktion zu übernehmen, die ich tatsächlich – unter dem geschickten Drängen von Kaas – seit dem Frühsommer 1929 besaß.

Das Ausscheiden von Treviranus aus der Deutschnationalen Volkspartei und seine persönlich gewinnende Art machten es mir leichter, von Woche zu Woche die Mitglieder der Fraktion einzeln für weitgreifende Reformen nach Annahme des Young-Plans zu gewinnen. Bei den weiterblickenden Mitgliedern in der Fraktion konnte ich erfolgreich mit Andeutungen wirken, daß man im Falle des Versagens des Parlamentes mit einer selbständigen Politik des Reichspräsidenten und der Reichswehr zu rechnen habe.

In den letzten Monaten des Jahres 1929 verschärfte sich die Wirtschaftskrise. Das Reichsfinanzministerium kam mehr und mehr unter den Druck der Launen von Schacht. Hermann Müller kämpfte einen mutigen Kampf, aber er war nach seiner Operation ein kranker Mann geblieben. Stresemanns Tod machte die DVP führerlos. Die Nachrichten der bestorientierten Parteibeamten deuteten auf ein gewaltiges Anwachsen der Kommunisten und, was wenige glauben wollten, der Nationalsozialisten hin. Immer häufiger kamen die Nachrichten, daß der Reichspräsident nicht mehr lange diesen politischen Zustand ertragen wolle, aus Sorge, seinen historischen Namen am Lebensende zu verlieren. Der

Tiefpunkt des parlamentarischen Systems war das Aufgeben von Hilferding und alles, was sich an Intrigen in seinem Ministerium, in seiner und den übrigen Parteien abspielte.

ERSTES GESPRÄCH MIT HINDENBURG

Im Dezember fand ein Abendessen bei Hermann Müller statt, zu dem ich als Fraktionsvorsitzender eingeladen war. Damen und Herren hatten sich getrennt für den Empfang des Reichspräsidenten aufgestellt. Ich stellte mich als Jüngster neben Breitscheid ans Ende der Reihe, halb hinter einen Lorbeerbaum. Die Vorstellung begann. Hindenburg sah erschreckend alt aus. Im letzten Augenblick entdeckte mich sein Sohn. Der Reichspräsident rief laut aus: „Da ist er ja, den ich suche!" Jetzt merkte ich, wie weit Schleicher, ohne daß eine Verbindung zwischen uns bestand, den Reichspräsidenten bereits bearbeitet hatte. Der Eindruck verstärkte sich, als ich nach dem Essen wiederholt merkte, daß der Reichspräsident sehr ostentativ eine Gelegenheit suchte, mit mir allein zu sprechen. Es gelang mir, mich dem zu entziehen. Die Müdigkeit und die Unbeholfenheit in seinem ganzen Auftreten erschütterten mich; zum erstenmal in meinem Leben sah ich ihn in der Nähe.

Als neu gewählter Fraktionsführer war es meine Pflicht, dem Reichspräsidenten meinen Besuch zu machen. In einer Unterhaltung von zwanzig Minuten wurde mir klar, daß ich mich getäuscht hatte: Schleicher wollte nicht selbst Kanzler werden, sondern zunächst mich vorschicken. Daher war es meine Aufgabe, meine Auffassung dem Reichspräsidenten sofort in geeigneter Form vorzutragen. Das Kabinett Hermann Müller müsse gehalten, aber mit den notwendigen Reformen auch gleich begonnen werden. Wir hätten die größte Hochachtung vor dem Kanzler. Im übrigen wäre es die Schuld Hugenbergs, daß die Zentrumspartei gezwungen sei, mit den Sozialdemokraten zusammenzugehen.

Die Mehrheit der Fraktion, namentlich seitdem die Kriegsteilnehmergeneration den maßgebenden Einfluß bekommen habe, sei an sich für ein Zusammengehen mit der Rechten. Aber Hugenberg mache es unmöglich. Daher müsse man das jetzige Kabinett, solange es energisch die Reformen in die Hand nehme, loyal unterstützen. Was geschehen solle, wenn das Kabinett diese Aufgabe nicht erfülle, sei sehr dunkel, es sei denn, daß ihm, dem Herrn Reichspräsidenten, Möglichkeiten zur Verfügung ständen, auf Hugenberg Einfluß auszuüben.

Jetzt kam ein trauriger Zug über das wie aus Eichenholz geschnittene Gesicht des Reichspräsidenten, aber auch eine gewisse Härte und Entschlossenheit; es wurde wachsbleich. „Wenn Sie wüßten, was ich alles versucht habe, um Hugenberg durch meine Freunde zur Vernunft zu bringen, aber er will nicht. Es ist mit ihm eben nichts zu machen." Eine kurze Stille trat ein. Ich merkte: Hier ist die Wunde.

Ich versuchte abzubrechen und sprach ein paar Sätze in dem Sinne, daß in der deutschnationalen Fraktion auch nach der Spaltung noch viele Freunde des Reichspräsidenten säßen und daß sein Ansehen bei den Sozialdemokraten im letzten Jahr gewaltig gestiegen sei. Ich hoffte, daß es seiner großen Autorität gelingen würde, die Brücke zu schlagen zwischen den aufbauwilligen Kräften von rechts und links. Was ich als Parlamentarier dazu beitragen könnte, würde ich mit allen Kräften tun. Ich brauche allerdings einige Monate, um genug Einfluß auf meine Fraktion gewonnen und sie geschlossen in diesem Streben hinter mir zu haben. Ich erhob mich. Der Reichspräsident stand auf, stützte sich mit der Hand schwer auf den Schreibtisch, halb vornübergebeugt. Er schien noch etwas Schweres sagen zu wollen. Ich zögerte einen Augenblick. Plötzlich nahm er meine Hand in seine beiden Hände und hielt sie lange fest. Tränen kamen ihm in die Augen, er sagte: „Alle haben mich im Leben verlassen, Sie müssen mir versprechen, mit Ihrer Partei mich am Ende meines Lebens nicht im Stich zu lassen."

Ich hatte den Eindruck eines tatsächlichen Gefühls der Verlassenheit bei ihm, fast einer Hoffnungslosigkeit. Ich kann nicht leugnen, daß plötzlich ein Gefühl tiefsten Mitleids über mich kam, die Sorge, daß trotz aller Versuche über kurz oder lang schon wankende Mauern auf meinen Schultern lasten würden. Aber nochmals glaubte ich, ohne den Reichspräsidenten noch mehr in seiner trüben Stimmung zu bestärken, eine Warnung aussprechen zu müssen vor Intrigen gegen Hermann Müller und gegen zu früh gewaltsam herbeigeführte Entwicklungen. Ich verabschiedete mich, indem ich sagte: „Sie können sich darauf verlassen, daß meine Freunde und ich in den entscheidenden Stunden des Vaterlandes, jetzt – so wie immer – das Staatsoberhaupt nicht im Stich lassen werden. Uns kommt es nicht auf Ämter, sondern auf das Vaterland an. Darum werden wir das jetzige Kabinett unterstützen und vorwärtsdrängen auf dem Wege notwendiger Reformen. Ich glaube, daß wir das schaffen. Ich

bitte nur um die Erlaubnis, in entscheidenden Augenblicken Ihnen kurz
Vortrag halten zu dürfen, wie ich die Lage sehe." Der Reichspräsident,
der noch immer meine Hand in seinen Händen hielt, sagte das zu und
schloß: „Also Sie verlassen mich nicht, was auch kommen mag. Gott
schütze Sie!"

UM DEN YOUNG-PLAN

Wenige Tage darauf besuchte mich Treviranus und sagte mir, es müsse
endlich Klarheit geschaffen werden; Groener wünsche mit mir eine
Aussprache über die politische Lage zu haben. Ich gab ihm zu erkennen,
daß ich alle diese Besprechungen für übereilt ansehe und daß man die
Lage mit Hermann Müller noch bis zum Herbst 1930 halten könne.
Außerdem würde ich, schon aus Loyalitätsgründen, unter keinen Um-
ständen selbst Nachfolger Hermann Müllers werden können. Ich wäre
durchaus bereit, dieses selbst Groener klarzumachen, obwohl ich seit 1919
ihm gegenüber noch immer ablehnend sei. Es wurde mir gesagt, daß wir
uns am zweiten Weihnachtsabend bei Willisens treffen sollten. Am zweiten
Weihnachtsabend waren bei Willisens zu meiner Überraschung außer
Groener und Treviranus auch Schleicher, Staatssekretär Meißner und
Ministerialdirektor Brandenburg eingeladen. Nach dem Essen fingen
Schleicher und Meißner an, mir klazumachen, daß der Reichspräsident
unter keinen Umständen gewillt sei, nach Verabschiedung des Young-
Plans noch das Kabinett Hermann Müller im Amt zu lassen, und daß er
erwarte, daß ich mich dem an mich ergehenden Ruf nicht versagen
werde.
Ich setzte die Gründe auseinander, weshalb ich glaubte, daß das Kabinett
Hermann Müller unter allen Umständen bis zum Spätherbst des Jahres
im Amte bleiben müsse. Meißner erklärte demgegenüber, daß es mir
nicht gelingen werde, den Reichspräsidenten von meiner Auffassung zu
überzeugen. Hermann Müller würde gestürzt werden, und sein Nachfolger würde im Notfall die Vollmacht des Artikels 48 bekommen. Ich
machte die gleichen Einwendungen wie acht Monate vorher gegenüber
Schleicher und wies darauf hin, daß im Sommer 1929 auf meine Initiative
eine Besprechung zwischen Hugenberg und Kaas zustande gekommen
war, die zum Ziele hatte, Hugenberg festzulegen auf die Bereitwilligkeit,

im Herbst 1930 eine Regierung mit der Zentrumspartei zu bilden, falls das Kabinett Hermann Müller zusammenbrechen sollte.

Hugenberg habe sich damit einverstanden erklärt, und man müsse sich doch überlegen, daß es gleich nach Annahme des Young-Plans für Hugenberg sehr schwer sein werde, in eine Regierung einzutreten. Ganz abgesehen davon, daß die Franzosen einem solchen Kabinett sicherlich noch Schwierigkeiten wegen der Rheinlandräumung machen würden. Außerdem hielte ich es politisch für falsch, die Früchte der Annahme des Young-Planes, nämlich die Rheinlandräumung, Hermann Müller zu entziehen und ihn nur mit den unangenehmen Dingen zu belasten. Das würde für später eine außerordentliche Erbitterung schaffen, die Linke würde gegen die einschneidenden finanziellen und sozialen Reformen, die auf alle Fälle nötig seien, Sturm laufen mit dem Ergebnis, daß ein Kabinett mit der Rechten genau wie 1925 und 1927 alsbald wieder scheitern und das Parlament wieder unter den Einfluß einer der Realpolitik erneut entfremdeten Sozialdemokratie kommen würde.

Groener, Schleicher und Meißner erklärten demgegenüber, daß von einer Betrauung Hugenbergs auch im Herbst keine Rede sein könne, der Reichspräsident wolle diesen Mann nicht. Infolgedessen müsse man sich sowieso auf eine schwierige Situation vorbereiten, die der Reichspräsident sehe, der er aber nicht aus dem Wege gehen wolle. Groener machte bewundernde Ausführungen über den Charakter und den Entschluß des Reichspräsidenten, die, aus seinem Munde kommend, für mich besonders bedeutungsvoll waren.

Ich erklärte, ich würde mich einer schweren Verantwortung nie entziehen, wenn ich auch keine Lust hätte, in normalen Zeiten Minister zu spielen. Ich müsse aber dabei bleiben, daß der erste geeignete Augenblick für eine Änderung der Regierung erst nach der Rheinlandräumung eintreten könne. Die Stimmung wurde frostig. Ich sah vor allem Brandenburg an, daß er entsetzt war über meine Ausführungen. Groener, Meißner und Willisen blieben noch bei mir sitzen. Frau von Willisen ging mit Schleicher und Treviranus in das Nebenzimmer. Dort erklärte Schleicher Treviranus: „Also Sie sehen, Brüning macht es nicht, dann bleibt nichts anderes übrig, als daß ich es mache."

Groener suchte mir klarzumachen, daß er entscheidenden Einfluß auf den alten Herrn habe und daß er wisse, daß der Reichspräsident bis zum Letzten hinter mir stehen würde. Er bitte mich, mir die Sache nochmals zu überlegen und mit ihm einen Sonntag allein auszugehen, um die Dinge in aller Ruhe durchzusprechen. Ich erklärte mich dazu bereit, aber ich konnte meine Meinung nicht ändern.

Als nach wenigen Wochen die Verhandlungen im Reichstag über den Young-Plan begannen, war in den Mittelparteien eine stark ablehnende Stimmung vorhanden. Selbst im engsten Kreis des Vorstandes meiner Fraktion zeigten sich Schwierigkeiten, die sich von Tag zu Tag vergrößerten, weil eine große Anzahl von Fraktionsmitgliedern in Sorge waren, daß eine Festlegung der Fraktion durch den Vorstand kommen könne. Von rechts und links suchte man der Zentrumspartei die alleinige Verantwortung für Annahme oder Ablehnung des Young-Plans zuzuschieben. Die Freunde im Lande wurden unter dieser Agitation nervös. Sehr kluge und im Wirtschaftsleben erfahrene Anhänger der Partei im Lande erklärten, daß sich die Entwicklung der Wirtschaft in diesen Monaten seit Annahme des Sachverständigenplans in Paris so verschlechtert habe, daß die Voraussetzung für die Annahme inzwischen weggefallen sei.

Diese Argumente waren schwer zu entkräften. Offen konnte man ihnen nur entgegentreten durch den Hinweis, daß die Rheinlandräumung unter allen Umständen erreicht werden müsse. Käme die Krise des Young-Plans sehr früh, so müsse man eben schon im nächsten Jahr versuchen, den ungeschützten Teil der Jahreszahlungen (das heißt den Teil, für den es keine Aufschubrechte gab) zu beseitigen. Eine solche Möglichkeit wurde aber sehr skeptisch aufgenommen.

In kleinsten, vertraulichen Kreisen konnte man es wagen, über die Vorgänge vor der Unterzeichnung des Young-Planes Aufklärung zu schaffen. Kaas und ich erinnerten daran, daß wir beide für die Ablehnung des Sachverständigenplanes im Frühjahr 1929 gewesen waren und in einer kleinen Besprechung es durchgesetzt hatten, daß unsere Minister im Kabinett für die Ablehnung stimmen sollten. Dann hätten Kaas und Herr von Guérard eine Unterredung mit Schacht gehabt. Schacht habe ihnen erklärt, daß er nach eintägigem Aufenthalt in Berlin von allen Großbank-Direktoren gehört habe, daß angesichts der starken Zurückziehung von kurzfristigen Krediten, vor allem seitens Frankreich, eine Nichtunterzeichnung des Young-Planes einen Zusammenbruch der Großbanken herbeiführen würde. Angesichts dieser verhängnisvollen Situation, die er lange habe kommen sehen, bleibe nichts anderes übrig, als den Young-Plan zu unterzeichnen.

Ich suchte in diesen Tagen eine Besprechung mit Schacht, in der er mir erklärte, gegen den Young-Plan an sich sei nichts einzuwenden, aber die politischen Klauseln hätten ihm eine Zustimmung zu den gesamten Zusätzen unmöglich gemacht. Auch darüber berichtete ich im Vorstand. Es verstimmte in der Zentrumspartei sehr, daß bei einem großen Teil der Sozialdemokraten offenbar die Ansicht bestand, zwar den Young-Plan möglichst schnell zur Annahme zu bringen, aber die sehr ernsten Reformarbeiten des Kabinetts nicht mehr zu unterstützen.

Das Kabinett führte nicht. Die Entscheidung lag mehr und mehr ausschließlich bei der Zentrumspartei. Für mich stand fest, daß mit Rücksicht auf die Rheinlandräumung der Young-Plan angenommen werden müsse. Aber die Sorge um die Sanktionen, trotz der von mir in der zweiten Haager Konferenz durchgesetzten leichten Verbesserung der Formel, bedrückte mich ebenso wie viele Mitglieder der Fraktion sehr stark. War es, ohne den Plan abzuändern, möglich, eine Präambel zu finden, die eine Reservation des gesamten Reichstags gegenüber der Sanktionsklausel verkündete? War es möglich, durch längere Verhandlungen im Reichstag der Welt zu zeigen, daß der Reichstag in voller Erkenntnis, daß der Young-Plan nicht länger zu halten sei, ihn nur annahm, um die Rheinlandräumung zu erreichen? Mußte man nicht schon gleich jetzt dafür sorgen, daß die Welt auf einen schnellen Zusammenbruch des Young-Planes vorbereitet wurde, ohne die Rheinlandräumung zu gefährden? Gab es einen Weg, der verhinderte, daß die Sozialdemokraten nach Annahme des Young-Planes ihren Kanzler im Stich ließen, sich nicht mehr an den unpopulären Reformarbeiten beteiligten und so die Mittelparteien in die Lage brachten, mit der doppelten Unpopularität des Young-Planes und schmerzhafter Reformen, die keine Mehrheit im Reichstag fanden, belastet, in einen Reichstagswahlkampf zu ziehen?

So entschloß ich mich, dem Vorstande die Anregung zu einem Beschluß zu geben, der die Stellungnahme der Zentrumspartei zu der Annahme oder Ablehnung des Young-Planes noch nicht festlegte, aber die Erledigung der Beratung des Young-Planes gleichzeitig von der dringendst notwendigen finanziellen Reform abhängig machte. Der Vorstand nahm einmütig diesen Vorschlag an, überbrückte damit zunächst die Gegensätze in der Fraktion und schuf die Möglichkeit, das Kabinett Hermann Müller auch bei den Sozialdemokraten bis nach der Rheinlandräumung zu retten.

Als die Beratungen im Reichstag, beziehungsweise im vereinigten Auswärtigen und Hauptausschuß, begannen, vermied ich, die Fraktion über

154   *Um den Young-Plan*

meine eigene innere Entschlossenheit aufzuklären, den Young-Plan mit
Rücksicht auf die Rheinlandräumung anzunehmen. So konnte der volle
Druck dieser Unsicherheit auf die Linke und ebenso auf das Kabinett zur
Annahme der Reform eingesetzt werden. Hermann Müller klärte ich
persönlich über meine letzten Absichten auf, die ich mit dieser Taktik
verfolgte. Er verstand sie sofort, ging energisch an die Arbeit, und in
langwierigen Parteiführer- und Sachverständigenbesprechungen gelang
es, einen aussichtsreichen Kompromiß zu fördern.
In der gleichen Zeit gingen die Debatten im Ausschuß über den Young-
Plan vor sich, in einer Form, die die Nachteile des Young-Plans in den
entscheidenden Punkten stark hervorhob, ohne uns die Annahme später
unmöglich zu machen. Trotz der übermäßigen Beanspruchung der
Kräfte, die diese doppelten Verhandlungen naturgemäß mit sich brachten, denke ich gerne an diese Zeit zurück, weil sich die Mitglieder der
Zentrumspartei von Tag zu Tag mehr in glänzender Form auf diese
Taktik einspielten. Von Tag zu Tag wuchs in mir auch die Hoffnung, zum
Ziele zu kommen und in derselben Form die Fraktion geschlossen für die
kommende Reform im nächsten Herbst einsetzen zu können.
Aber ich sollte mich täuschen. Einige Mitglieder des Kabinetts, die die
politische Situation nicht erkannten und hofften, ohne die Sozialdemokraten radikalere und weniger soziale Reformen durchführen zu können,
arbeiteten dagegen. Ein Teil der Sozialdemokraten erkannte das sehr
bald und schwenkte immer mehr auf die entgegengesetzte Linie um.
Besorgt sahen alle Führer der Regierungsparteien, auch Hermann Müller, die Stimmung gegen den Young-Plan täglich wachsen. Außerdem
wurde mir mitgeteilt, daß der Reichspräsident die schnelle Annahme des
Young-Plans verlange, um für die Reformen sofort eine andere Regierung
einzusetzen.
Das Intrigieren im Kabinett und in den Parteien steigerte sich. Als man
eine Präambel gefunden hatte, die in den Augen fast aller Fraktionsmitglieder einen Schutz gegen die Sanktionsklausel bot, wurde auch die
Stimmung in meiner eigenen Fraktion gegenüber meiner Taktik schwieriger. Die Banken arbeiteten unter der Hand mit pessimistischen Gerüchten, falls der Young-Plan nicht sofort angenommen würde. Hermann
Müller erklärte mir, er fürchte, die Situation nicht beherrschen zu
können, wenn der Young-Plan nicht umgehend angenommen würde,
mache sich aber stark, nach Annahme des Young-Planes seine eigene
Partei für Reformen zu gewinnen.
Ich suchte um eine Unterredung beim Reichspräsidenten nach. Er bat

mich, von dem Junktim zwischen Young-Plan und Reformen Abstand zu nehmen. Ich erklärte ihm, daß ich das nur könne, wenn er mir die Garantie gäbe, daß die notwendigen Reformen sofort vom gleichen Kabinett durchgeführt würden. Diese Zusicherung erhielt ich mit dem Recht, sie sofort der Öffentlichkeit zu übergeben. Ich machte bei dieser Unterhaltung den Reichspräsidenten darauf aufmerksam, daß, wenn er nicht seine ganze Autorität für die Annahme der Reformen einsetzen würde, eine außerordentlich schwierige Lage entstünde. Er müsse sich dann auf Hugenberg stützen und ihn berufen. Die Aussicht einer solchen Berufung würde aber in meiner Partei die Schwierigkeiten gegen die Annahme des Young-Planes vergrößern. Nur die jetzige Regierung könne Reformen und Young-Plan durchführen.

In diesem Sinne hat angeblich gleich darauf der Reichspräsident mit dem Kanzler gesprochen. Mir gegenüber äußerte er im Laufe des Gespräches, daß eine Berufung Hugenbergs im Falle eines Scheiterns des Kabinettes Müller nicht in Frage käme, da er Hugenberg in der Woche vor Weihnachten gefragt habe, ob er bereit wäre, die Kanzlerschaft zu übernehmen. Hugenberg habe das kategorisch abgelehnt. Der Reichspräsident fügte hinzu: ,,Hugenberg will nur an die Macht, wenn alles durcheinander ist. Darüber habe ich ein Protokoll aufstellen lassen, das ich hier auf meinem Schreibtisch habe.''

So kam es zu der verhängnisvollen Beseitigung des Junktims. Es war mein Fehler, mich auf ein Versprechen des Reichspräsidenten zu verlassen, statt rücksichtslos die parlamentarische Machtstellung auszunutzen. Allerdings wurde der Druck aus dem Rheinland, das ganz frei sein wollte von der Besatzung, immer stärker und wirkte mir entgegen. Zwar wurden die Verhandlungen über die Reformen in diesen Tagen ein gutes Stück weitergebracht, aber der Young-Plan wurde ohne Bezug auf sie angenommen, dazu im Reichstag fast einstimmig die Präambel der Zentrumspartei. Damit war für die Zukunft einer sicheren Hand eine Waffe gegeben.

Schwierig wurden die Verhandlungen durch die Demission Schachts, der einen glänzenden Absprung suchte oder sich schmeichelte – wie mir später Herr Meißner erzählte –, daß seine Demission nicht angenommen würde und er damit das verhaßte Kabinett Hermann Müller völlig in die Hand bekäme.

Die Besprechungen der Parteiführer mit der Regierung liefen fast ununterbrochen. Einigen wurden sie zur täglichen Leidenschaft. Einige wenige erkannten das Wehen einer neuen Zeit. An einem der letzten Tage des Kabinetts Hermann Müller fand in der Reichskanzlei eine Sitzung des

Kabinetts und der Parteiführer statt. Es schien, als ob man die widerstrebenden Geister in allen Punkten auf eine Linie bringen könne. Dann hielt der Arbeitsminister Wissel eine intransigente Rede. Ich antwortete mit einer scharfen Rede, in der ich deutlich genug auf die dem Kabinett drohende Gefahr aufmerksam machte. Am nächsten Morgen fand eine erneute Besprechung des Kabinetts und der Parteiführer statt. Eine kleine Erleichterung für die Sozialdemokraten wurde noch geschaffen. Es war schwer, sie der Deutschen Volkspartei abzuringen, aber es gelang. Die meisten Parteiführer und Kabinettsmitglieder ließen durchblicken, daß nunmehr eine ultimative Lösung erreicht sei. Man trennte sich, und jeder versprach, in seiner Fraktion sich für die unveränderte Annahme des Kompromisses einzusetzen. Das Kabinett beschloß darauf mit allen gegen eine Stimme von Wissel, sich restlos hinter den Kompromiß zu stellen.

Die Zentrumsfraktion nahm in wenigen Minuten debattenlos den Kompromiß an. Ich ging zu Scholz von der Deutschen Volkspartei und bat ihn dringend, ein Gleiches in seiner Fraktion zu erreichen. Er versprach es. Eine halbe Stunde später hörte ich, daß die Stimmung einer großen Mehrheit in seiner Fraktion für den Kompromiß sicher sei.

STURZ DES KABINETTS MÜLLER

Am 27. März ließ mich Scholz rufen und teilte mir mit, er habe soeben Nachricht aus dem Reichskanzlerpalais bekommen, daß der Reichspräsident nicht mehr wünsche, daß die Kompromißlösung noch von der jetzigen Regierung durchgeführt werde. Erstaunt rief ich Pünder an und bat ihn, Authentisches festzustellen. Nach zehn Minuten meldete Pünder, Staatssekretär Meißner habe den Reichspräsidenten gefragt, was daran wahr sei. Der Reichspräsident habe kategorisch eine ähnliche Äußerung von sich gewiesen. Das Gerücht lief durch den Reichstag. Ich teilte Scholz die Meldung Pünders mit. Scholz war zwar überzeugt, sagte mir aber, das Gerücht habe sich in seiner Fraktion schon derartig festgesetzt, daß er es schwer haben würde, die Fraktion noch umzustimmen. Ich versprach ihm, einige persönliche Freunde in der DVP und auch einige Wirtschaftsführer zu bearbeiten, daß diese telephonisch einen Druck auf die DVP-Fraktion ausübten. Ich suchte Direktor Kehl von der

Deutschen Bank auf, telephonierte mit Raumer und Hoff und ging mit zwei Freunden zum Mittagessen ins „Schwarze Ferkel".

Nach einiger Zeit kam die Nachricht, die DVP habe für den Kompromiß gestimmt. Jetzt war in meinen Augen, nachdem die sozialdemokratischen Minister des Kabinetts, außer Wissel, sowieso festgelegt waren, die Situation bis Herbst gerettet. Nach langen Wochen konnte ich zum erstenmal wieder aufatmen. Nach der Rückkehr stieß ich im Reichstag auf einen meiner Freunde, der mir sagte, Breitscheid habe mich vergeblich eine Stunde lang gesucht. Ich eilte sofort die Treppen hinauf zum sozialdemokratischen Fraktionszimmer. In diesem Augenblick öffnete sich die Türe. Maier-Baden trat heraus und sagte: „Es ist alles aus. Wissel hat dagegen gekämpft, Hermann Müller war müde. Er glaubte, schon vom Reichspräsidenten aufgegeben zu sein."

Das Kabinett trat zusammen. Es beschloß, den Reichspräsidenten zu bitten, den Kompromiß mit Hilfe des Artikels 48 zu verkünden. In diesem Augenblick erhob sich Meißner und teilte mit, der Reichspräsident werde diesem Kabinett die Vollmachten des Artikels 48 nicht mehr geben. Im gleichen Augenblick platzte in die Kabinettssitzung die Nachricht herein, daß die „DAZ" (Deutsche Allgemeine Zeitung) die Meldung von der Demission der Regierung Müller bereits in ihrer Nachmittagsausgabe gebracht und als Nachfolger Hermann Müllers mich oder, wenn ich mich weigern sollte, Bracht genannt habe. Darauf beschloß das Kabinett seine Demission. Hermann Müller hatte in der Fraktion nicht mehr gekämpft. Er sah sich in einem Netz von Intrigen verstrickt. Wie er mir am nächsten Tag sagte, hatte er schon eine Woche vorher gehört, daß Schleicher in einer Gesellschaft erklärt habe, Hermann Müller würde zum Rücktritt genötigt und ich gezwungen werden, die Nachfolge zu übernehmen; im Falle meiner Ablehnung werde der Reichspräsident mit dem Artikel 48 gegen den Reichstag regieren.

Während wir im Vorstand zusammensaßen und mit den Kabinettsmitgliedern überlegten, wie die Anwendung des Artikels 48 durch das Kabinett Hermann Müller erzwungen werden könnte, kam auch schon Meißner mit der Mitteilung, daß der Reichspräsident mich berufen werde und mich auch unverzüglich zu sich bitten lasse.

Ich bat, mir unbedingt Zeit bis zum nächsten Morgen zu geben, da ich durch den plötzlichen Zusammenbruch der Regierung alle meine Bemühungen im Augenblick stark erschüttert sah. Drei Tage vorher hatte ich zudem längere Verhandlungen über die Übernahme einer neuen

Wohnung abgeschlossen und freute mich, endlich in einem eigenen Heim mit meinen politischen Freunden aus allen Parteien öfter zusammenzukommen, eine Möglichkeit, die bislang immer gefehlt und sich sehr nachteilig für alle erwiesen hatte. Die finanzielle Grundlage dazu sollte durch meine Entschädigung als politischer Direktor der „Germania" geschaffen werden. Meine Wohnung sollte gleichzeitig Prälat Kaas für seine gelegentlichen Aufenthalte in Berlin als Absteigequartier dienen.

Wir wollten gemeinsam, unter Heranziehung der führenden Köpfe der preußischen Landtagsfraktion und unter Hinzuziehung der vernünftigen Männer bei der SPD und der Rechten, die großen Reformen für den Winter 1930 vorbereiten. Das war der Plan, den ich wiederholt mit Treviranus und noch vierzehn Tage vorher mit Groener durchgesprochen hatte. Groener hatte mich entsprechend seinem am zweiten Weihnachtsabend bei Willisens geäußerten Wunsch gebeten, mit ihm in die Potsdamer Wälder hinauszufahren und die weitere Entwicklung durchzusprechen. In dieser Unterhaltung, die mir ein völlig anderes Bild von Groener gab, als ich es mir bislang von fern über ihn gemacht hatte, suchte ich ihn von meinem Gedankengang zu überzeugen. Wir besprachen alle erforderlichen Reformen und waren uns in allen Fragen völlig einig. Nur wollte Groener nicht zugeben, daß die Durchführung dieser Reformen mit dem Parlament möglich sei.

Ich konnte darauf hinweisen, daß es mir bislang durch ruhige und zielbewußte Arbeit im Parlament gelungen war, fortschreitend seit 1925, mit Ausnahme der während meiner Reise nach Brasilien beschlossenen allzu starken Erhöhung der Beamtengehälter, alle notwendigen Maßnahmen durchzubringen. Man könne bei rechtzeitiger Verständigung mit der Regierung auch ein großes Reformprogramm mit dem Artikel 48 auf wirtschaftlichem und finanziellem Gebiet verkünden, ohne die Gefahr einer Ablehnung herbeizuführen. Dazu sei es aber notwendig, daß ich nicht in ein Kabinett einträte, sondern vom Parlament aus die Dinge vorwärtstriebe. Er dürfe nicht vergessen, daß mir eine völlige Umänderung des Etats im vergangenen Frühjahr in vierzehn Tagen gelungen sei, weil ich den Vertretern der einzelnen Parteien, denen ich schrittweise meine Lösungen beigebracht habe, nach außen hin den vollen Erfolg zugebilligt habe, während mein Anteil an der ganzen Sache außer bei einigen Dutzend Eingeweihten völlig unbekannt geblieben war.

In vierzehn Tagen, also einer kürzeren Zeit, als die Verabschiedung des Etats durch das Kabinett gedauert hatte, sei es gelungen – mit dem gleichen Effekt der Nichtabänderungsmöglichkeit in Einzelheiten wie bei einer Verkündigung des Etats auf Grund des Artikels 48 –, die Schwierig- keiten zu lösen. Ich mache mich stark, dasselbe für alles andere zu erreichen, wenn man es mir ermöglichte, meine Arbeit im Parlament fortzusetzen. Der deutsche Charakter sei nun einmal so, daß man alles in der Politik erreichen könne, solange man die Erfolge nicht mit einem einzelnen Namen verknüpfe. Sonst melde sich die ,,invidia". Nach kurzer Zeit bestehe, statt der sachlichen Ziele, nur der Wunsch zu verhindern, daß der Lorbeer sich auf *einem* Haupte sammle.

Groener entgegnete, ich würde mich schon in den nächsten Tagen täuschen. Hermann Müller, den er sehr schätze, sei krank, das Kabinett selbst habe keine Entschußkraft mehr. Die Dinge würden zwangsläufig auf mich zueilen. Es sei besser, dieser Tatsache ins Auge zu sehen. Die beiden Unterhaltungen, die der Reichspräsident mit mir gehabt habe, hätten diesen so beeindruckt, daß er sich von dem Entschluß, mich zu seinem *letzten* Kanzler zu machen, mit dem er durch alle Schwierigkeiten hindurch aushalten werde, unter keinen Umständen abbringen lasse. Er sei entschlossen, eher mit mir bei Schwierigkeiten gegenüber dem Parla- ment zurückzutreten, als es mit jemand anderem nochmals zu versuchen.

Ich warf ein, ob der Reichspräsident nicht besser einen General, sei es ihn selbst oder Schleicher, nehmen wolle. Ich würde beide vom Parla- ment her loyal unterstützen. Allerdings müsse ich die Sicherheit haben, daß, falls es Schleicher wäre, er nicht leichtsinnig einen Verfassungskon- flikt herbeiführe. Das mache mir nach meiner Unterhaltung mit Schlei- cher die größte Sorge. Groener wies scharf zurück, einen General zum Kanzler zu machen. Seine ganzen Lebenserfahrungen sprächen dagegen. Sein Lebenswerk nach dem Kriege, die Reichswehr durch Heraushalten aus der Politik und durch planmäßige sorgfältige Vorbereitung zum stärksten Instrument nach innen und außen zu machen, würde durch eine solche Lösung zerstört. Außerdem sei Schleicher, den er wie seinen Sohn liebe und den er für die militärische Arbeit ganz außerordentlich hoch schätze, für die rein politische Arbeit nicht zu gebrauchen. Der alte Herr schätze Schleicher sehr und hätte viel Vergnügen an seiner char- manten Art, aber manchmal steige ihm doch der Verdacht auf, ob Schleicher nicht letzten Endes ein Windhund sei. Er habe schon zwei- oder dreimal solche Verdachtsäußerungen des Reichspräsidenten mit viel Mühe zurückweisen müssen.

Er, Groener, selbst würde außer dem Reichswehrministerium keineswegs noch ein Amt annehmen. Er sehe für sich nur noch eine große Lebensaufgabe in der militärischen Ertüchtigung der Jugend, welche die Vorbereitung für die Ersetzung der zwölf Jahre dienenden Infanterie durch ein Volksheer nach Schweizer Muster oder nach den ihm bekannt gewordenen italienischen Plänen sein solle.

Ich sagte ihm darauf: „Exzellenz, Sie müssen mir eine schwere Frage erlauben, ohne daß die Stellung dieser Frage eine Änderung meiner Haltung bedeutet. Sie haben die langen persönlichen Erfahrungen mit dem Reichspräsidenten. Früher habe ich Ihnen, glaube ich, unrecht getan in der Beurteilung der Vorgänge 1918/19. In den vergangenen Jahren bin ich allmählich zu der Überzeugung gekommen, daß ein großer Teil der Verantwortlichkeit für das Unglück beim Reichspräsidenten selbst liegt. Ich habe ihm nie die Preisgabe des Kaisers verziehen. Ist der alte Herr wirklich zuverlässig?"

Groener: „Die Dinge von 1918/19 sind nicht reif für eine Veröffentlichung. Der Krieg war verloren, weil man sich weigerte, den Plan von 1911, den Ludendorff in Umänderung des Schlieffen-Planes aufgestellt hatte, im letzten Augenblick der durch das Eingreifen Englands völlig veränderten Situation anzupassen. Der alte Herr trägt keine Schuld an der militärischen Niederlage. Ich werde Ihnen die Ereignisse im Großen Hauptquartier während der Revolution und in Kolberg vor der Unterzeichnung des Friedensvertrages später einmal genau erzählen. Sie werden dann ein völlig anderes Bild bekommen. Mir ist der Alte so zu Dank verpflichtet, daß ich ihn, wenn es Schwierigkeiten geben sollte, immer wieder auf Ihre Linie bekommen werde. Ich werde hinter Ihnen stehen, durch dick und dünn. Der alte Herr kann nach meinem Verhalten ihm gegenüber in den letzten zwölf Jahren nicht anders, als meinem Rate folgen. Es ist menschlich unmöglich, daß es anders wäre. Ich gebe Ihnen mein Wort als Offizier, daß ich diesen meinen Einfluß bis zum äußersten hinter Sie stellen werde."

Brüning: „Ich danke Ihnen, Exzellenz, für dieses Vertrauen. Ich selbst habe meinerseits durch diese Unterhaltung das größte Vertrauen zu Ihnen gewonnen. Ich werde mich nie einer schwierigen Lage des Vaterlandes entziehen. Aber ich bleibe dabei, daß das Kabinett Müller bis zum Herbst gehalten werden muß. Der letzte Einsatz allen Einflusses und aller Autorität darf nur im äußersten Augenblick erfolgen. Diesen Augenblick sehe ich frühestens im nächsten Winter kommen."

Groener: „Sie täuschen sich. Dieser Augenblick kommt nach meiner Kenntnis der Charaktere der in Betracht kommenden Persönlichkeiten viel früher. Überlegen Sie das noch einmal alles ruhig. Wir wollen uns in vierzehn Tagen oder drei Wochen wieder treffen und dann nochmals die Dinge durchsprechen."

Brüning: „Dazu bin ich gerne bereit, aber ich glaube nicht, daß ich dann meine Auffassung geändert habe. Helfen Sie mir, den Kompromiß über die Finanzen und die Arbeitslosenversicherung durchzubringen. Dann kann man über die Zukunft in Ruhe und ohne Zeitverlust für die großen Reformen sprechen."

Groener: „Das verspreche ich Ihnen, aber ich fürchte, daß Ihre Pläne diesmal scheitern werden. Wenn Sie berufen werden und ablehnen, ist Ihre Autorität im Parlament hin. Es wird dann alles gerade *den* Weg gehen, den Sie vermeiden wollen."

Dieses Gespräch ging mir den ganzen Abend des 27., den ich mit einigen Freunden verbrachte, im Kopf herum. Als dann auch Dr. Wirth mich abends um elf Uhr mit ähnlichen Argumenten zu überzeugen versuchte und mir Mitteilung machte, daß im Falle meiner Ablehnung die Reichswehr entschlossen sei, auch gegen die Auffassung von Groener mit einer gefügigen Figur im Reichskanzlerhaus die Dinge auf direktem Wege nach ihrer Art zu lösen, und mir im Vorstand der Fraktion von einer Reihe von Mitgliedern gesagt wurde, daß man es nach den Quälereien des vergangenen Jahres endgültig satt habe, Handlangerdienste zu tun für den Reichskanzler, der dann von der eigenen Partei langsam zu Tode gequält würde, entschloß ich mich, die Berufung anzunehmen.

BERUFUNG ZUM REICHSKANZLER

In der Nacht überlegte ich. Nach zwei Stunden Schlaf ging ich am anderen Morgen zum Reichspräsidenten. Dieser war sehr gütig und kurz. Ich bat ihn um die Erlaubnis, ein nicht an die Parteien gebundenes Kabinett bilden zu dürfen, und um die Zusage, mir für dieses Kabinett im Notfall die Vollmachten des Artikels 48 zu erteilen. Er sagte das sofort zu mit der Bemerkung: „*Aber selbstverständlich nur so weit, wie es sich mit der Verfassung, die ich vor Gott beschworen habe, vereinbaren läßt.*"

Zu Beginn der Unterhaltung legte ich ihm nochmals nahe, doch Herrn Hugenberg zuerst zu berufen. Er lehnte das kurz und scharf ab und verwies mich auf die frühere Unterhaltung. Auch Herr Meißner unterstützte ihn dabei und sagte: „Der Reichspräsident hat es verschiedene

Male mit Hugenberg versucht, aber der will nicht." Der Reichspräsident deutete dann auf die Schublade seines Schreibtisches und sagte: „Hier liegt der Beweis. Eher trete ich zurück, als mich noch einmal einer Weigerung meiner deutschnationalen Freunde auszusetzen." Zum Schluß sagte der Reichspräsident: „Sie haben volle Freiheit in der Auswahl der Persönlichkeiten, nur wünsche ich, daß Groener Reichswehrminister bleibt, Schiele die Landwirtschaft bekommt und Sie auch Treviranus heranziehen." Herr Meißner fügte hinzu: „Der Reichspräsident pflegt bei der Kabinettsbildung stets seine Wünsche in bezug auf einzelne Persönlichkeiten auszusprechen. Sie, Herr Reichspräsident, hatten auch den Wunsch, daß Herr Schätzel Postminister bleibt." Der Reichspräsident nickte: „Das ist mein alter Freund." Ich sagte zu, diese Wünsche zu berücksichtigen, und bat, an die Arbeit gehen zu dürfen. Es sei für mich entscheidend, daß ich das fertige Kabinett in 48 Stunden dem Reichspräsidenten vorstellen könne.

Anschließend ging ich zu Hermann Müller. Es war das schmerzlichste Erlebnis dieser Tage. Würdig und aufrecht empfing er mich und erzählte mir, daß der Kampf in seiner Fraktion zwecklos gewesen sei. Seine Leute hätten zu viel von den Intrigen gehört und hätten gefürchtet, daß nach Annahme unpopulärer Reformen er doch gestürzt und damit der Reichstag aufgelöst würde. Ich bat ihn um seinen Rat und seine Unterstützung, die er mir zusagte. Er dankte mir für die Mühe, die ich mir gemacht hätte, um ihn zu retten. Anschließend bat ich Pünder, im Amt zu bleiben, und fuhr dann mit ihm und Planck in den Reichstag, wo die Verhandlungen begannen.

Die erste Schwierigkeit bestand darin, Dietrich für das Kabinett zu erhalten und zugleich, obwohl er die allergrößten Verdienste um die Landwirtschaft hatte, durch Schiele zu ersetzen, gegen dessen Ideen er außerordentlich mißtrauisch war. Ich bot ihm das Innen- oder Wirtschaftsministerium an, obwohl ich selbst ihn gerne als Finanzminister mit Moldenhauer als Wirtschaftsminister gehabt hätte.

Die zweite Schwierigkeit lag nach den Erfahrungen früherer Jahre in der Notwendigkeit, für den schweren Gang zunächst die Zentrumspartei als geschlossene Garde hinter mich zu bringen. Stegerwald mußte unter allen Umständen in das Arbeitsministerium. Wirth mußte im Kabinett bleiben, sonst wäre ich in der Fraktion in Schwierigkeiten gekommen. Ich brauchte ihn außerdem als Brücke zu dem mir nicht sehr gewogenen Gewerkschaftsflügel der preußischen Landtagsfraktion.

Die dritte Schwierigkeit lag in der Besetzung des Außenministeriums und damit bei der Deutschen Volkspartei. Curtius, der sich im Augenblick im Süden befand, war in seiner Fraktion und auf der Rechten seit der zweiten Haager Konferenz verhaßt, beim Reichspräsidenten nicht beliebt. Bei meiner eigenen Fraktion wurde er abgelehnt. Moldenhauer, der ein guter Arbeitsminister gewesen wäre, war einige Monate vorher Reichsfinanzminister geworden, wo er sich nicht bewähren konnte, schon weil der rechte Flügel der Deutschen Volkspartei ihn unter keinen Umständen in diesem Amte haben wollte und ihm systematisch Schwierigkeiten bereitete. Für den Start brauchte ich die geschlossenen Mittelparteien und die Unterstützung weit in die deutschnationale Partei hinein.

Ich durfte gleichzeitig nicht das Wohlwollen der gemäßigten Kreise der SPD verlieren, mit Rücksicht auf ihr Gewicht im Reichstag und auf die Notwendigkeit, ein völlig anderes, verfassungsänderndes Finanzsystem für Reich, Länder und Gemeinden im kommenden Winter einzuführen. Dazu kam noch mein Plan, gewisse, den Mißbrauch des Parlaments einschränkende Reformen mit dem Reichstag gemeinsam durchzubringen, was gegen die geschlossene Linke nicht möglich war.

Die letzte Aufgabe war, ohne die Parteiführer zu verletzen, das Intrigenspiel in den Fraktionen, das bei Kabinettsbildungen üblich war, völlig auszuschließen.

Es mußte ein Kabinett herauskommen, dem eine Mehrheit des Reichstages Unterstützung gab; zugleich aber mußte der Einfluß der Fraktionen auf dessen Zusammensetzung und Beschlüsse gebrochen werden. Daher konnte nicht mehr mit einzelnen Gesetzen gearbeitet werden, sondern mit großen, zusammenfassenden Regierungsvorlagen, im einzelnen nicht mehr abzuändern, die einen, meiner Ansicht nach, möglichen Kompromiß zwischen den Parteien vorwegnahmen, der sonst die Arbeit des Reichstages für mehrere Wochen und Monate in Anspruch nehmen würde. So wurden die Parteien vor eine einfache, aber schwere Entscheidung gestellt und die Autorität der Regierung gegenüber dem Parlament wiederhergestellt. Die Parteien, deren Empfindsamkeit durch Konzessionen in Kleinigkeiten geschont werden konnte, sollten in allen entscheidenden Fragen durch Zusammenfassung jeweils aller gesetzgeberischen Punkte in Mantelgesetzen nur noch vor ein klares Ja oder Nein gestellt werden.

Praktisch konnte es sich nur darum handeln, *die Ablehnung eines Mißtrauensvotums zu erzielen, die einzige Form, unter der ein deutscher Reichstag sein Vertrauen auszusprechen pflegte,* und den Kompromiß über Finanzen sowie

Arbeitslosenversicherung und Zollvorlagen im Reichstag durchzusetzen. Das mußte in einer Woche geschafft werden, um eine neue Form des Regierens in Deutschland zu beginnen und damit den Glauben an die Möglichkeit einer Regierung mit Autorität gegenüber dem Parlament ohne Verletzung der Verfassung zu begründen. Ich dachte zunächst, in kurzen Verhandlungen mit den Parteien, durch Ausweigen der Auffassungen und Interessen, zu einer Front – von den Dietrichschen Demokraten bis zu den Deutschnationalen – zu kommen. Es mußte bis zum Juni 1932 bei Kabinettsbildungen immerhin der Rechenstift über die Mehrheit bereit liegen. Erst der Juni 1932 brachte ein Kabinett – in etwas längerer Zeit – zustande, das bewußt auf die denkbar kleinste Minderheit sich stützte.

Mit diesen und keinen anderen Gedanken, die ich mir in der Nacht vorher überlegt hatte, bin ich an die Arbeit gegangen. Auf den Gedanken eines formalen anstatt des ehrenwörtlichen Junktims, mit dem der Etatskompromiß von 1929 durchgebracht worden war, sind andere Leute gekommen, wenn ich mich nicht irre, Herr von Guérard, Herr Schiele und Staatssekretär Joël. Wenn daher, als der Erfolg auf der ganzen Linie in der beabsichtigten Zeit erreicht war, in der demokratischen Linkspresse behauptet wurde, ich hätte mir den Plan seit Wochen in allen Einzelheiten überlegt, so konnte ich darüber lächeln. Mir war nicht anders zumute als so oft im Kriege, wenn wir plötzlich aus heiterem Himmel den Befehl bekamen, manchmal sogar ohne Karten, eine durchbrochene Stelle an der Front zu sichern und bis zum Äußersten zu halten, ohne zu wissen, ob vor uns, rechts oder links noch etwas von eigenen Truppen geblieben war.

Allerdings ging ich mit der gleichen Verbissenheit, die ich in solchen Augenblicken vielleicht gehabt habe, an diese Aufgabe heran. Wenn diejenigen, die glaubten, daß ich nach einem bis in alle Einzelheiten lange vorher durchdachten Plan gearbeitet hätte, während dieser 48 Stunden in mein Amtszimmer im Reichstag hereingesehen hätten, so würden sie erkannt haben, daß selten ein Kanzler mit weniger Vorbereitung in bezug auf sachliche und personelle Pläne an die Arbeit ging.

Nach drei Stunden Verhandlung wurde mir klar, daß für den Fall des Regierungswechsels von allen möglichen Seiten im Namen des Reichspräsidenten oder seiner Umgebung Versprechungen gemacht worden waren. Die Zahl derer, die als wesentliche Bedingung für eine Änderung die Erreichung lange in ihnen schlummernder, ehrgeiziger Ziele erblickten, war besonders in Deutschland sehr groß.

In dieser Hinsicht hatte ich in den vergangenen zwölf Jahren erhebliche Erfahrungen erworben, vor allem während des Etatskompromisses von 1929. Während dieser Zeit war der allmächtige Staatssekretär im Reichsfinanzministerium, Popitz, auf eine Urlaubsreise nach Rhodos gegangen, um seinen Minister sich während seiner Abwesenheit so festfahren zu lassen, daß er zurücktreten mußte. Er hatte vor seiner Abreise gleichzeitig drei Parlamentariern verschiedenster Richtung das Reichsfinanzministerium nach seiner Rückkehr versprochen. Als er nach seiner Rückkehr einen völlig die Finanzen sichernden Kompromiß vorfand und die Parteien zum erstenmal einig waren, versuchte er mit Hilfe einiger Herren des Arbeitsministeriums den ganzen Kompromiß zu zerstören und ein Chaos in den Reichsfinanzen herbeizuführen.

Für den Außenministerposten sollten mir mindestens drei unmögliche Kandidaten aufgezwungen werden. Am Abend des ersten Tages war ich mir innerlich darüber klar, daß aus außenpolitischen Gründen und mangels eines wirklichen Kandidaten nur Curtius in Frage kam. Dafür mußte ich Herrn von Schubert opfern, dessen Schicksal, wie ich jetzt erfuhr, schon vorher bestimmt war. Außerdem mußte ich beim Reichspräsidenten ein feierliches Versprechen erwirken, daß Herr von Lindeiner, im Zuge eines diplomatischen Revirements im Zusammenhang mit der Besetzung des Staatssekretärpostens im Auswärtigen Amt zum Botschafter in London ernannt würde, was übrigens der Reichspräsident, ich weiß nicht unter welchem Einfluß, nach einiger Zeit kategorisch ablehnte.

Die Frage um Curtius war aber schwierig durch die Haltung seiner eigenen Partei, der DVP. Als einen der ersten Politiker hatte ich Herrn Scholz kommen lassen, um ihm das Justizministerium zu geben. Ich legte auf seine Mitarbeit großen Wert. Ich wußte auch, daß die Beziehungen zwischen dem Reichspräsidenten und ihm sehr freundlich waren. Herr Scholz erklärte mir, er sei bereit, das Amt anzunehmen, aber menschlich sei es nicht möglich, wenn seine beiden Kollegen Curtius und Moldenhauer ausgeschifft würden, obwohl er mir nicht vorenthalten wollte, daß seine Fraktion einem Verbleiben der beiden Herren im Kabinett, nach einiger Zeit zum mindesten, größere Schwierigkeiten machen würde.

Bei Dietrich war ich sicher, ihn trotz des großen Opfers, das er durch die Aufgabe des Landwirtschaftsministeriums persönlich bringen mußte, für das Kabinett gewinnen zu können. Jetzt kam es darauf an, zwischen Schiele und Dietrich eine völlige Einigung über die Agrarpolitik, einschließlich der besonderen Hilfe für den Osten, zu schaffen. In dreistündiger Unterhaltung gelang es, die gegensätzlichen Auffassungen soweit zu überbrücken, daß Schiele darangehen konnte, auf der Grundlage seines Programms, das in Wirklichkeit im wesentlichen nur eine Fortsetzung der Dietrichschen Agrarpolitik war, in der deutschnationalen Partei zu arbeiten. Ich bekam darüber laufend Berichte von Schiele, die im Grundton durchaus optimistisch waren, die aber in dieser optimistischen Form in die Presse gelangten, zum Teil in vergröberter Form. Dadurch wurden die Mineure auf der Rechten und Linken aktiviert.

Zwei Überraschungen kamen am anderen Morgen. Während am ersten Tage die maßgebenden Mitglieder der Wirtschaftspartei mir erklärt hatten, ohne daß ich sie gefragt hatte, sie würden die neue Regierung ohne Personalbeteiligung unterstützen, kam Drewitz am anderen Morgen und teilte mir mit, daß seine Fraktion durch die von rechts und links verbreiteten Gerüchte durcheinandergebracht werde und er mir dringend raten müsse, ein Mitglied der Wirtschaftspartei in das Kabinett aufzunehmen. Er schlug auf meine Frage Professor Bredt für das Justizministerium vor. Ich antwortete ihm, daß ich dieses Ministerium Herrn Scholz angeboten habe. Ich könne außerdem, falls sein Vorschlag ein Ultimatum seiner Partei darstelle, nicht darauf eingehen, da ich überhaupt mit Parteiführern nicht spräche, außer mit Scholz, mit dem ich mich aber nur als Ministerkandidaten unterhielte.

Nach einigen Stunden merkte ich, daß ich in dieser Frage doch zu früh scharf geschossen hatte. Langsam kamen Viertelstunde für Viertelstunde deutlichere Nachrichten über Besprechungen zwischen Wirtschaftsparteilern, dem ewig frondierenden Flügel der DVP, dem intransigenten Teil der Deutschnationalen und sogar zwei Persönlichkeiten, die ich für das Kabinett sicher in Aussicht genommen, mit denen zu verhandeln mir aber bislang die Zeit gefehlt hatte.

In diesem Augenblick, der geschickt gewählt war, kam Breitscheid und eröffnete mir, daß seine Partei bereit sei, mein Kabinett zu unterstützen, wenn Schiele und Treviranus nicht Mitglieder seien. Auf die Frage, ob denn die Sozialdemokraten den im wesentlichen von mir ausgearbeiteten Kompromiß über Finanzen und Arbeitslosenversicherung annehmen würden, falls ich nicht Schiele und Treviranus einbezog, erklärte er mir, er könnte eine bestimmte Zusage dafür geben. Es war ein Akt staatsmännischer Einsicht bei Breitscheid, einem Kompromiß zuzustimmen, dessen Ablehnung durch die gleiche SPD 36 Stunden vorher den eigenen Kanzler gestürzt hatte.

Ich konnte mich nicht der Verantwortung entziehen, diese Tatsache dem Reichspräsidenten durch Herrn Meißner berichten zu lassen. Die Antwort kam, daß der Reichspräsident dann eine schärfere Lösung ins Auge fassen müsse. Ich unterhielt mich noch einmal mit Breitscheid. Er ging dann so weit, für Schiele und Treviranus, für letzteren allerdings sehr ungern, Duldung zuzusagen.

Als ich ihm aber loyalerweise die Stimmung beim Reichspräsidenten mitteilte, sah er ein, daß es zu spät war. Ich sagte ihm, er möge die Opposition nicht übertreiben, die Brücken zur Mitte dürften weder durch ihn noch durch mich für die Zukunft abgebrochen werden. Während ich über den Inhalt dieser Besprechungen schwieg, verbreiteten sich die Nachrichten darüber im Reichstag. Die Wolken zogen sich zusammen. Noch sechs Stunden standen mir bis zu dem von mir selbst dem Reichspräsidenten gegenüber gesetzten Ziel zur Verfügung. Es gelang mir, Dietrich für das Wirtschaftsministerium zu gewinnen. Um die Wertschätzung seiner Person nach außen hin hervorzuheben, erreichte ich vom Reichspräsidenten, daß er der gleichzeitigen Ernennung von Dietrich zum Vizekanzler zustimmte.

Bredt bot ich nach einer längeren Unterhaltung das Justizministerium an, unter der Bedingung, daß er sich nicht an Beschlüsse seiner Partei gebunden fühle und nur als Einzelpersönlichkeit in das Kabinett eintrete.

Dann erklärte ich, ich machte Curtius zum Außenminister oder ich gäbe den Auftrag zurück. Nach einer längeren Unterhaltung über die Außenpolitik und die Personalien im auswärtigen Dienst, wobei ich Bülow zum Staatssekretär vorschlug, kamen wir zur Einigung. Schmerzlich war es mir, auf Scholz verzichten zu müssen, der bei seiner Weigerung blieb, in das Kabinett einzutreten, falls einer seiner bisherigen Freunde im Kabinett ausscheiden müsse. Daher mußte ich mich schnell sachlich mit Moldenhauer verständigen, der wieder Finanzminister wurde.

Der Gedanke, Treviranus zum Innenminister zu machen, scheiterte in erster Linie an den Schwierigkeiten, die mir wegen seiner Person für die Unterstützung des Kabinetts seitens der Deutschnationalen gemacht wurden. Die ausgesandten Vertrauensleute berichteten, daß ich mit Treviranus die Mehrheit der deutschnationalen Partei nicht gewinnen würde. Nach einer Aussprache mit Wirth über die im Innenministerium nunmehr einzuschlagende Politik bot ich ihm das Innenministerium an. Herr von Guérard weigerte sich, auf das Verkehrsministerium zu verzichten, was mir sehr schmerzlich war. Er behielt es unter der Bedingung, daß er bei der nach der Rheinlandräumung zu erfolgenden Auflösung des Ministeriums für die besetzten Gebiete, das Treviranus erhielt, das Verkehrsministerium an diesen abgeben sollte.

Ich konnte dem Reichspräsidenten eine Stunde vor der von mir angekündigten Zeit die Bildung des Kabinetts und die Einigung auf ein sachliches Programm melden. Um zwölf Uhr abends war ich dann noch mit Einzelbesprechungen über die Lage in der deutschnationalen Partei beschäftigt und konnte der Presse in fünf Sätzen mitteilen, daß ich fertig sei. Die Erklärung war so kurz, daß man, entgegen der Gewohnheit, vor Erstaunen vergaß, Fragen zu stellen.

DIE ARBEIT BEGINNT

Am nächsten Tag verabschiedete ich mich von Hermann Müller und bat ihn, bei der Feier der Rheinlandräumung in Mainz an meiner Stelle die Rede zu halten; es sei für mich eine Pflicht der Dankbarkeit, auch öffentlich die Verdienste der Rheinlandräumung mit seinem Namen und dem Stresemanns zu verknüpfen. Ich würde den Reichspräsidenten bitten, die Zustimmung zu geben. Am Nachmittag waren Nachverhandlungen über die Regierungserklärung und die Vereidigung seitens des Reichspräsidenten. Der Reichspräsident war sehr befriedigt über die Wiederherstellung der Regierungsautorität infolge der Kürze der Verhandlungen über die Kabinettsbildung.

Die Besprechungen über die Regierungserklärung beschäftigten uns auch noch tags darauf; ich diktierte sie im letzten Augenblick selber, ohne verhindern zu können, daß doch noch Kompromißformulierungen, die die gewünschte Wirkung verhinderten, aufgenommen wurden. Alsdann begannen die Besprechungen über Agrarschutz, Finanzkompromiß und Osthilfe.

Wieder kam ein Tag mit Verhandlungen im Parlament und mit neuen Beratungen. Die Schwierigkeiten lagen vor allem in dem Durcheinander innerhalb der deutschnationalen Partei. Es galt, in ihr eine Mehrheit für die Unterstützung der Regierung und der Gesetze, die sie vorlegte, zu schaffen. Schiele sowie die Volkskonservativen arbeiteten sehr stark dafür, wobei Schiele allerdings immer mehr an Agrarschutz herausholen wollte, in einer Form, die stärkstes Bedenken bei Dietrich und auch bei Mitgliedern meiner eigenen Partei erregte. Hier galt es, die Zügel fest in der Hand zu halten. Ich hatte mir vorgenommen, in drei Tagen alles zur Entscheidung zu bringen. Am Abend dieses 31. März, nach langen Verhandlungen mit den Parteiführern, bei denen der Prälat Leicht gegen seinen Willen gezwungen wurde, stärksten Druck für Sonderwünsche der bayrischen Regierung auszuüben, sah die Lage keineswegs freundlich aus.

Ich erklärte darauf den Parteiführern, daß ich in den sachlichen Forderungen nicht nachgeben würde, daß ich aber vorhabe, als Zwang gegenüber den Deutschnationalen ein unauflösliches Junktim zwischen Agrar- und Finanzvorlagen zu schaffen, so daß Änderungen im einzelnen ausgeschlossen seien. Dieses Junktim würde ich zur Abstimmung bringen. Der Reichstag und die Parteien müßten entscheiden, ob sie eine Auflösung des Reichstages der Annahme der gesamten Gesetzesvorlagen vorzögen.

Die Genehmigung für eine Auflösung erhielt ich vom Reichspräsidenten ohne jede Schwierigkeit. Die Auflösungsurkunde wurde für alle Fälle fertiggestellt. Ich hatte sie in den nächsten beiden Tagen in der Tasche bereit. Ich machte die Parteiführer an diesem Abend darauf aufmerksam, daß es so kommen würde, und erklärte dann, ich müsse meine Kräfte für den folgenden Tag schonen und bedauere daher, nicht länger an den Besprechungen teilnehmen zu können.

Das wirkte. Noch am späten Abend erfolgte eine Einigung der Parteiführer. Der Druck in der deutschnationalen Partei verschärfte sich dadurch. Unter großer Bewegung des Hauses mußte dann Hugenberg, um seine Partei zusammenzuhalten, in einer längeren Rede die Zustimmung seiner Partei für die Gesetzesvorlagen und die Ablehnung des Mißtrauensvotums seitens seiner Freunde verkünden.

Die Lage war für ihn außerordentlich peinlich. Aber der Entschluß war mutig, so schwer er ihm auch fiel. Er hatte in diesem Augenblick eine klügere Haltung als die SPD, die nicht davon abzubringen war, ein eigenes Mißtrauensvotum einzubringen. Als Hugenberg seine Rede noch nicht beendet hatte, begann schon der Ansturm auf mich, nunmehr, mit der Auflösungsurkunde bewaffnet, vom Reichstag ein *positives* Vertrauensvotum zu erlangen. Diesem Ansturm mußte mit allen Mitteln Widerstand geleistet werden. Noch hatte ich die Hoffnung nicht aufgegeben, mit der gesamten DNVP später zusammenarbeiten zu können; menschlich wäre es für mich außerdem unmöglich gewesen, die Zwangslage Hugenbergs – über ein durch die Interessen des Vaterlandes gebotenes Maß hinaus – bis zur tiefsten persönlichen Erniedrigung auszunützen.

Angesichts der schweren Sorgen für die Zukunft war den Verantwortlichen eine kühle Haltung geboten, ohne Rücksicht auf Parteiinteressen. Ich habe nie etwas dafür übrig gehabt, im Interesse der Agitationsmöglichkeit anderer Parteien – der eigenen mit eingeschlossen – eine Partei zu zerschlagen. Dieses erklärte ich in wiederholten Besprechungen auch Graf Westarp und Herrn Hergt. Dabei war ich mir klar, daß diese meine Haltung auf Hugenberg persönlich aller Wahrscheinlichkeit nach nicht die gewünschte Wirkung haben werde. Ich legte diese Auffassung dem Reichspräsidenten vor, der sie billigte, mir dabei aber sagte, ich solle auf Hugenberg nicht die geringsten Hoffnungen setzen.

Der Anfangserfolg im Reichstag war gut, auch die Stimmung weit ins Land hinein von einem gewissen Enthusiasmus getragen, der im deutschen Volke immer plötzlich hochschlägt, wenn man die sogenannte starke Hand zeigt. Für mich, der ich die Wirtschafts- und Finanzlage pessimistisch beurteilte, war die Stimmung eine andere. Nur eine Hoffnung konnte ich nunmehr haben, die Rheinlandräumung vor der nächsten Auseinandersetzung mit dem Reichstag in froher Stimmung mitfeiern zu können. Das sollte eine Täuschung sein.

Unendlich langwierige Verhandlungen über die Modalitäten der Young-Anleihe begannen, ebenso Verhandlungen über das Saargebiet. Dazu kamen Schwierigkeiten, die von Woche zu Woche von den französischen Generälen wegen der Rheinlandräumung gemacht wurden. Sie suchten ständig neue Vorwände, um die Räumung aufzuschieben. Immer wieder wurde entdeckt, daß noch eine kleine Bedingung der Räumungsprotokolle nicht erfüllt sei. Es handelte sich vor allem um die vor dem Krieg errichtete und nicht mehr brauchbare Zeppelinhalle in Trier und um die angeblich noch nicht völlig durchgeführten Sprengungen der Kehler Befestigungen.

Die Stimmung aller, die damit zu tun hatten oder davon erfuhren, wurde durch diese maßlose Pedanterie des französischen Militärs bis aufs äußerste gereizt. Erklärungen, die einzelne französische Generäle, Beamte der rheinischen Verwaltung und untergeordnete französische Stellen auch der Zivilbevölkerung gegenüber in Privatgesprächen abgaben, in dem Sinne, daß man doch nicht räumen werde, schufen eine erhebliche Verärgerung und hinterließen Haß gegen die französische Politik.

Ich erinnere mich, daß im letzten Augenblick vor der Räumung von den französischen Militärs entdeckt wurde, daß ein Zementblock von einem gesprengten Fort bei Kehl nicht genügend zerkleinert sei. Sie verlangten eine nochmalige Sprengung, die noch im letzten Augenblick vollzogen wurde.

Auch die Saarverhandlungen schleppten sich hin. Nochmalige Erpressungen in bezug auf das Warndtgebiet wurden versucht. Es stellte sich heraus, daß die Franzosen nur an *diesen* Gruben Interesse hatten. Ich machte den Vorschlag, zu einem Arrangement zu kommen, wodurch Deutschland verpflichtet wurde, für eine bestimmte Zahl von Jahren eine zu vereinbarende Menge von Kohlen und Koks zu liefern, wofür die Franzosen ihrerseits Minette zu liefern hatten. Dieser Vorschlag wurde abgelehnt. Angeblich befürchtete der französische Generalstab durch ein solches Abkommen eine frühe Erschöpfung des Erzvorkommens in Lothringen. Damals konnte ich zum erstenmal einen Einblick tun, wie kühl die rheinisch-westfälische Industrie diesen Verhandlungen gegenüberstand, und welche Sonderinteressen Einfluß auf die Saarregelung nehmen wollten.

Ich war entschlossen, auf jeden Prestigeerfolg zu verzichten, wenn er mit neuen, unmöglich zu erfüllenden Bedingungen verknüpft war. Das war die Linie der Politik, die Kaas und ich auch in bezug auf die Rheinlandräumung 1929 besprochen hatten, die aber von der Regierung damals abgelehnt worden war. Wir hätten lieber mit der sicheren Rheinlandräumung bis 1935 gewartet, statt, wie es Stresemann wollte, einen schnellen Erfolg zu erzielen, der mit dem Young-Plan vielleicht zu teuer erkauft war.

Im Lichte der nachfolgenden Entwicklung wurde ich, was die Rheinlandräumung angeht, gezwungen, eine positivere Haltung gegenüber der Politik Stresemanns im Jahre 1929 einzunehmen. In der Saarfrage blieb ich fest, wie ich es mir vorgenommen hatte. Trotzdem wurde ich von Herrn Max Braun und der preußischen Pressestelle der Preisgabe nationaler Interessen beschuldigt.

Die Vertagung der Saarverhandlungen bei Beginn der öffentlichen Diskussion über Briands Paneuropaprogramm, die gereizte Stimmung der Bevölkerung in der Dritten Zone über die Shylock-Manieren der französischen Generäle wurden im Lauf der nächsten Wochen außerordentlich stark von der Rechtspresse gegen die Regierung ausgenutzt. Nach sechs Wochen war von dem Enthusiasmus über die Wiederherstellung der Autorität der Regierung gegenüber dem Reichstag nicht mehr viel zu spüren.

Die Stimmung wurde bereits um Pfingsten aus einem anderen Grunde kritisch. Mit Ausnahme weniger hatte man im Volke und auch in der

Wirtschaft gehofft, daß nach Annahme der Finanzvorlage die Wirtschaft einen dauernden Aufschwung nehmen würde. Niemand, auch nicht die Parteiführer, hatte bemerkt, daß es gelungen war, in dem Aprilkompromiß noch über die angegebenen Ziffern hinaus eine stille Mehreinnahme von 50 Millionen Mark zu schaffen. Ich glaubte, wenigstens *diese* kleine Kassenreserve schaffen zu müssen. Weder bei dem ausgezeichneten Staatssekretär des Reichsfinanzministeriums Schäffer noch bei Professor Wagemann, dem Direktor des Instituts für Konjunkturforschung, war es mir in einer längeren Unterhaltung wenige Tage nach dem Amtsantritt gelungen, Eindruck mit meiner pessimistischen Einschätzung der Wirtschaftslage zu machen, auf Grund derer ich glaubte, höhere Einsparungen und Einnahmen für den Reichsetat sofort, Anfang April, schaffen zu müssen.

Der einzige, der meine Auffassung teilte, war Direktor Kehl von der Deutschen Bank. Professor Wagemann ging so weit, daß er für November 1930 einen großen Young-Boom prophezeite, der die öffentlichen Finanzen in eine glänzende Entwicklung hineintreiben würde.

Anfang Mai bat mich dann Schäffer um eine längere Unterredung unter vier Augen. Er legte mir die Kassenziffern vor, auf Grund deren er zu einer sehr pessimistischen Schätzung der Einnahmen des Reiches und der Arbeitslosenversicherung nunmehr endgültig hatte kommen müssen. Wir einigten uns sofort auf diese Auffassung. Ich sagte ihm, ich sei fest entschlossen, mich nach den Erfahrungen der vergangenen Jahre rechtzeitig für die notwendigen finanziellen Maßnahmen auch auf dem Gebiete der Reform der Krankenkassenversicherung einzusetzen, und damit nicht bis Oktober zu warten, weil dann schon wieder höhere Opfer notwendig seien.

Mit Moldenhauer, Stegerwald und Dietrich gingen wir an die Arbeit. Ich machte davon dem Reichspräsidenten eine kurze Mitteilung. Er war sichtlich enttäuscht, daß sich nun doch nicht sofort mit einer neuen Regierung, wie durch ein Wunder, eine glänzende Entwicklung auf allen Gebieten zeigte. Aber er äußerte kein Wort darüber. Dabei konnte ich ihm mitteilen, daß die Pläne für die Osthilfe, für deren Durchführung ich nach der Rheinlandräumung Treviranus in Aussicht genommen hatte, bis zum Herbst trotz aller Schwierigkeiten mit Preußen der Verwirklichung nahegebracht sein würden. Das war die Frage, die ihn damals, bestimmt nicht aus egoistischen Gründen, sondern aus Prestigerücksichten und wegen seiner Auffassung von der Notwendigkeit der finanziellen Sanierung derjenigen Familien, die aus alter Tradtion den Nachwuchs zum preußischen Offizierkorps stellten, am meisten interessierte. Nach seinem der Öffentlichkeit übergebenen Schreiben an den Reichskanzler Hermann Müller sollte nach dem Vorschlage Silverbergs die bei der Annahme des Young-Planes freiwerdende Summe – aus der Industriebelastung für Reparationszwecke – für die Umschuldung des Großgrundbesitzes im Osten benutzt werden. Nach der Lage der Reichsfinanzen, wie sie jetzt auch vom Reichsfinanzministerium zugegeben wurde, brauchte man diese Summe aber dringend zur Ausgleichung des Etats. Ich machte dem Reichspräsidenten klar, daß, wenn man die Umschuldung noch im Jahre 1930 in Angriff nehmen wolle, man der schlechteren Finanzlage wegen jetzt schon an die für später geplanten Reformen herangehen müsse. Ich versuchte, ihm klarzumachen, daß ich, solange ich sein Vertrauen hätte, um jeden Preis die Reichskasse so sichern würde, daß wir im Gegensatz zu früheren Jahren Freiheit in der Außenpolitik hätten und nicht wie im Jahre 1929 beim Young-Plan zur Kapitulation gezwungen würden, so unpopulär für den Augenblick ein solcher Weg sei. Der Reichspräsident gab seine Zustimmung.

Die Gesetzesvorlagen sahen eine Zuschlagsabgabe für alle beschäftigten Arbeiter, Angestellten und Beamten zur Sicherung der Ausgaben für die Arbeitslosen vor, ferner eine Herabsetzung der Krankenkassenbeiträge bei gleichzeitiger Einführung einer Leistung von 50 Pfennig für Kranken- und Arzneischeine seitens der Versicherten und eine Reihe von anderen in der Sozialversicherung durch Reformen zu erzielende Ersparnisse. Sie wurden von der Presse mit einem Sturm der Entrüstung aufgenommen.

Moldenhauer und Stegerwald setzten in einer Pressekonferenz die Maßnahmen auseinander. Für den Geist eines Teiles der deutschen Presse war es bezeichnend, daß von verschiedenen höchst vertrauenswürdigen Persönlichkeiten der Beamtenschaft und der Presse selbst festgestellt wurde, wie sofort einzelne Herren der Presse sich ausrechneten, wieviel sie von ihrem Einkommen abzugeben hatten, und dann voller Entrüstung erklärten, daß sie diese Vorlagen unmöglich machen würden. Die Presse des Deutschen Beamtenbundes lief Sturm. Andere Beamtenorganisationen verhielten sich maßvoller. Die Ärzte befürchteten eine Minderung ihrer Einnahmen, obwohl mir führende Persönlichkeiten der deutschen Ärzteschaft mitgeteilt hatten, sie schämten sich, welcher Mißbrauch von einem Teil ihrer Kollegen mit der Krankenkassenpraxis betrieben werde. Die Verwaltungen der Hospitäler, die eine viel zu starke Expansion – zum großen Teil mit öffentlichen Mitteln oder ausländischen Anleihen –

getrieben hatten und daher auch daran interessiert waren, daß leicht Erkrankte möglichst lange ihren Anstalten überwiesen würden, wurden nervös.

DIE ERSTE KRAFTPROBE

In 24 Stunden war es klar, daß es diesmal nicht nur galt, eine Kraftprobe mit dem Reichstag, sondern auch mit der durch die Zeitungen und interessierten Organisationen aufgepeitschten öffentlichen Meinung zu bestehen. Links und rechts war man einig in der Anprangerung der vorgeschlagenen Reformmaßnahmen. So wurde durch die Bekanntgabe dieser einschneidenden Reform für jeden im deutschen Volke klar, daß der Blütentraum einer neuen Konjunktur dahin sei. Zum erstenmal mußte versucht werden, die Macht der Organisationen, vor allem die des Deutschen Beamtenbundes, auf das durch das Staatsinteresse gebotene Maß zurückzudrängen und den Beamten klarzumachen, daß ihre Organisationen durch die übersteigerte Beamtengehaltserhöhung im Jahre 1927 entgegen allen Warnungen den Bogen überspannt hatten. Von einer direkten Kürzung der Beamtengehälter nahm ich noch Abstand.

In diesem Augenblick gab es nur eine Institution, die soviel sachliche Voraussetzungen besaß, daß man sie von der Notwendigkeit der Reform überzeugen und bei ihr Verständnis finden konnte. Das war der *Reichsrat*. Seine Stellung mußte auch aus anderen Gründen in der Öffentlichkeit gehoben werden. Nur so konnte es gelingen, falls man gezwungen war, sich auf den Artikel 48 zu stützen (eine Methode, bei der der Reichsrat formal ausgeschaltet war), sein Mißtrauen gegenüber der Regierungspolitik zu beseitigen. Um jedem Reichsratsmitglied das Gefühl zu verschaffen, daß in Zukunft der Reichsrat, trotz möglicher formaler Ausschaltung bei Reformen auf Grund des Artikels 48, eine erhöhte Bedeutung haben würde sowohl in der öffentlichen Meinung wie auch dem Reichstag gegenüber, wurde zum erstenmal eine große öffentliche Sitzung veranstaltet, zu der auch die Mitglieder der Länderregierungen und die Mitglieder des Reichstages eingeladen wurden.

Vor diesem Gremium, das im Gegensatz zum Reichstag in der Lage war, schwerwiegende Verlautbarungen der Reichsregierung ohne Unterbrechung oder gar ohne allgemeines Toben anzuhören und von hoher sachlicher Warte aus zu diskutieren, mußte der ganze Ernst der Lage auseinandergesetzt werden. Ich entsinne mich sehr genau, mit welch starker Erschütterung der Reichsrat die Prognose über die Lage der Finanzen der öffentlichen Körperschaften, der Eisenbahn und Post entgegennahm, wie die Stimmung auch bei den anwesenden (etwa hundert) Reichstagsmitgliedern langsam umschlug. Ein Vorgefecht war gewonnen, der Angriff der Parteien und der öffentlichen Meinung zwar nicht abgeschlagen, aber zum Stillstand gebracht.

Eines konnte man als Erfolg des Tages buchen: alle ernsthaften Politiker stellten sich nunmehr auf die Wirklichkeit ein und auf die Notwendigkeit, die Reformen zu verabschieden. Aber jeder Parteiführer ging mit der Sorge von dannen, wie er seine eigene Partei für ein Programm gewinnen könne, das den bestorganisierten und einflußreichsten Gruppen seiner Wählerschaft solche Opfer zumutete. Dabei wußten nur wenige aus Besprechungen mit mir, daß weitere Opfer in einem halben Jahr notwendig sein würden und daß für die Sanierung der Finanzen der Gemeinden und der Reichsbahn sowie eines Teils der Sozialversicherung die endgültigen Vorschläge erst nach einigen Monaten dem Reichstag unterbreitet werden konnten.

Die öffentliche Meinung reagierte mit einem grenzenlosen Pessimismus. Die dumpfe Stimmung, die seit 1928 nur im stillen im Lande geherrscht hatte, schlug nun in eine gewaltige Welle der Enttäuschung, wenn nicht der Verzweiflung um. Nur wenige Berliner Blätter führten mutig den Kampf für die Regierung. Für die anderen setzte sich in mir seit diesen Wochen eine grenzenlose Verachtung fest, die ich gelegentlich zeigte. Außer den Blättern meiner eigenen Partei und einigen führenden Blättern anderer Richtung schwamm die Presse im Lande mit den hochgehenden Wellen der Kritik und Enttäuschung.

Diese Stimmung wirkte auf die Stimmung der Regierungsparteien zurück. Manche Intriganten in den Parteien, vor allem der frühere Finanzminister Köhler und gewisse Herren vom Rechtsflügel der DVP, die Stresemann das Leben bis in den Tod hinein verbittert hatten, sahen ihre Stunde gekommen. Einzelne Spezialisten auf den verschiedenen Gebieten versuchten, namentlich im Steuerausschuß, ohne die Fraktion zu befragen, zum Teil sogar gegen Beschlüsse ihres Vorstandes, ihren eigenen Kopf durchzusetzen.

So wurde in einem Falle die Möglichkeit einer Einigung mit den Sozialdemokraten, auf die ich ebenso einzuwirken versuchte wie auf die Rechte, im letzten Augenblick zerschlagen, weil der Führer einer Partei in diesem Ausschusse bewußt gegen die von mir mit seinem Vorstande vereinbarten taktisch richtigen Linien handelte. Das erregte Mißtrauen bei der SPD, als ob ich sachliche Verhandlungen mit ihr überhaupt nicht wolle. Im Plenum des Reichstages hielt der Abgeordnete Schlack, gegen den Beschluß seines Vorstandes, für seine Konsumvereinsinteressen eine leidenschaftliche Rede gegen die Regierung, die das stärkste Mißtrauen bei allen Vertretern des Mittelstandes von der Zentrumspartei bis zu den Deutschnationalen hervorrief.

Durch die Unterstützung von Hoff gelang es langsam, in der DVP Boden zu gewinnen durch Hereinnahme der Bürgersteuer in die Gesetzesvorlage, über die wir uns zwar seit langem einig waren, die mir aber für größere Verwaltungsreformen im Winter vorschwebte. Als der rechte Flügel der DVP sah, daß die Mehrheit in der Fraktion für eine sachliche Mitarbeit zu haben war, konzentrierte er seine Angriffe gegen den eigenen Minister Moldenhauer und zwang ihn zum Rücktritt, obwohl ich mich bereit erklärte, ihn zu decken. Niemand wollte das Finanzministerium übernehmen. Höpker-Aschoff lehnte nach längeren Verhandlungen ab. Ich wollte eine Personalunion zwischen dem preußischen und dem Reichsminister für Finanzen schaffen. Dieser Plan scheiterte dieses Mal geradeso, wie er später, Anfang 1932, nach der Demission Höpker-Aschoffs als preußischer Finanzminister scheiterte. 1932 wurde Reichsfinanzminister Dietrich, obwohl der preußische Ministerpräsident ihn akzeptiert hatte, von seiner eigenen preußischen Landtagsfraktion abgelehnt.

Nach der Ablehnung Höpker-Aschoffs hatte ich eine längere Besprechung mit Dietrich, der, wie stets, Mut zum Kampf hatte. Er nahm sofort an. Nach Dietrichs Ernennung zum Finanzminister wurde im Kabinett spontan der Wunsch geäußert, alle Minister sollten das Versprechen geben, mit mir auf dem schwankenden Schifflein auszuharren.

Das war die Abwehr gegen die Versuche der Minderheiten in jeder hinter der Regierung stehenden Partei, die eigenen Parteifreunde, einen nach dem andern, herauszuschießen. Diese Methode war das letzte Aufflackern des alten instinktiven Wunsches des Reichstags, auf der ganzen Linie über das Kabinett zu herrschen und den einzelnen Abgeordneten die Möglichkeit zu verschaffen, durch Erpressungen und Drohungen die Regierung in ihrer Gesamtheit oder einzelne ihrer Minister zur Erfüllung ihrer Lieblingswünsche reif zu machen. Mit diesem System unter allen Umständen aufzuräumen, hatte ich mir vorgenommen.

Kaum eine der großen Wirtschaftsgruppen, die bisher immer so sehr nach einer starken Regierung gerufen hatten, abgesehen von einzelnen Führern und Mitgliedern des Reichsverbandes der Industrie und der Deutschen Arbeitgebervereinigung, leistete dabei auch nur die geringste Unterstützung. Wild und planlos wurden alle Versuche – vor allem durch Herrn von Raumer – zerschlagen, wieder wie 1918/19 zu einer Arbeitsgemeinschaft zwischen Gewerkschaften und Industrie zu kommen. Unermüdlich arbeiteten Raumer, Stegerwald, Lammers und andere an der Verwirklichung dieses Gedankens. Er stand vor der Vollendung. Da zerschlug ihn die rheinisch-westfälische Schwerindustrie in einer großen, allerdings taktisch nicht geschickt vorbereiteten Versammlung unter Führung von Thyssen, der sich gegen die „Gewerkschaftsregierung" wandte und sie für alle Schwierigkeiten in der Industrie verantwortlich machte.

Dahinter aber saß Hugenberg. Ebenso wie hinter einem scharfen Vorstoß des Landbundes. Die Herren des Landbundes, die mit Schiele zu mir kamen, und deren Wünsche durch Osthilfe und Zollmaßnahmen zum großen Teil in einer bis dahin noch nicht gekannten kurzen Frist erfüllt wurden, traten in der typischen Art von Landbundagitatoren auf, in der Meinung, daß man dieser Regierung durch maßloses Auftreten den Gnadenstoß geben könne. Als ich sie scharf anfaßte, wichen sie zurück. Dem Reichspräsidenten wurde mitgeteilt, ich hätte es abgelehnt, auf die Wünsche des Landbundes in irgendeiner Weise einzugehen.

Zum erstenmal wurde mit allen Mitteln der Druck im Hause des Reichspräsidenten gegen mich eingesetzt. Das alles hätte nichts geschadet, wenn der Reichspräsident nicht gerade während der Verhandlungen über die Aufhebung der Stahlhelmverbote in der entmilitarisierten Zone für einige Tage zum Besuch des Schwiegervaters seines Sohnes nach Großschwülper (bei Braunschweig) gefahren wäre, wo er einer konzentrierten Bearbeitung ausgesetzt war.

Ich war mit der preußischen Regierung in Verhandlungen über die Aufhebung des Stahlhelmverbotes, die ziemlich aussichtsreich waren. Jetzt setzten die Kräfte, die ab und zu den klaren Blick des preußischen Ministerpräsidenten trübten, gegen die Aufhebung des Verbotes ein. Und auf der andern Seite beeinflußten (mir damals noch unbekannte) Kräfte im Familienkreis gelegentlich den Reichspräsidenten.

Zwischen beiden Gruppen wirkten Leute, die durch Hinterbringung von Gerüchten dafür sorgten, daß der Kampf nicht zum Ende kam. Ob damals schon Schleicher auf dem Umweg über den Staatssekretär Weismann durch schnell hingeworfene Bemerkungen zu diesen Persönlichkeiten gehörte, vermag ich nicht zu sagen. Selbst der Verdacht, daß es so sein könnte, ist mir erst ein Jahr später gekommen.

Jedenfalls wurden Meißner und Döhle sehr aufgeregt, da der Sohn des
Reichspräsidenten am Telephon eine recht scharfe Sprache führte. Herr
Meißner sandte mir einen telephonisch beorderten Entwurf für einen
Brief, den der Reichspräsident im Falle einer Weigerung der preußischen
Regierung, das Stahlhelmverbot aufzuheben, an den preußischen Mini-
sterpräsidenten richten sollte. Herr Pünder legte ihn mir während einer
Sitzung am Abend vor. Ich sagte, eine Reihe von Sätzen müßte unter
allen Umständen abgeändert werden, falls der Brief wirklich notwendig
würde, sonst komme es zu einem unabsehbaren Konflikt zwischen dem
Reichspräsidenten und Preußen.

Daß der Brief eine geschickt gelegte Mine war, wobei ich nicht glaube,
daß Herr Meißner ihn als solche erkannt hat, habe ich erst am
nächsten Tag eingesehen. Ich setzte mich am andern Morgen mit
Hirtsiefer und Graß von der preußischen Landtagsfraktion in Verbindung, um sie zu bitten, ihren Einfluß auf den preußischen Ministerpräsidenten anzusetzen und gleichzeitig Dr. Hess zu bitten, sofort nach Berlin
zu kommen. Wenn die Sozialdemokraten in den nächsten Tagen zu
einem so scharfen Angriff übergehen sollten, wie es den Anschein hatte,
dann müsse die preußische Regierung verschwinden, die Zentrumspartei
könne nicht im Reich dauernd die unpopuläre Arbeit machen und sich
dafür ununterbrochen schärfsten Angriffen seitens der SPD aussetzen,
während SPD und Zentrum so friedlich miteinander in der preußischen
Regierung säßen, als sei nichts los.

Ich würde den Parteivorstand bitten, zusammenzutreten; ich sei sicher,
daß er meine Auffassung billigen und die Landtagsfraktion zwingen
werde, sich dieser Auffassung zu fügen. Für den Augenblick tat das seine
Wirkung: es übte einen gewissen Druck auf den preußischen Ministerpräsidenten aus und bewog die besonnenen Elemente der SPD-Reichstags-
fraktion zu einer ruhigen Haltung. So bestand etwas Hoffnung, falls die
DNVP sich ablehnend verhielt, das Gesetzeswerk, mit einigen Änderungen, durch die SPD zur Annahme zu bringen. Eine ernste Unterhaltung
mit dem preußischen Ministerpräsidenten klärte die Lage endgültig. Er
war bereit, sofort mit mir zum Reichspräsidenten zu gehen. Zwischen
ihm und dem Reichspräsidenten wurde die Frage schnell bereinigt. Die
plötzlich aufgetauchte Krise schien beigelegt zu sein. Während ich beim
Reichspräsidenten war, wurde jedoch in einer Fraktionssitzung der SPD
verbreitet, ich hätte am Morgen für den Reichspräsidenten einen
scharfen Brief an den Ministerpräsidenten entworfen. Die ganzen Unterhaltungen mit diesem seien nur ein Täuschungsmanöver meinerseits. Der

nervösen Stimmung in der SPD genügte das, um einen Beschluß zu fassen, der jede weitere sachliche Behandlung unmöglich machte. Das wäre noch nicht das Schlimmste gewesen, aber das Gerücht über diesen Beschluß verbreitete sich alsbald in übertriebener Form im Reichstag.

So wurden Hugenberg die Trümpfe in die Hand gespielt. Er wurde intransigent. Das führte zu einer entscheidenden Entwicklung. Zwar waren die Hoffnungen meiner Freunde auf eine vernünftige Mehrheit in der DNVP noch immer sehr stark. Nach der Presse der DNVP mußte man allerdings zu anderer Auffassung kommen. Bei einer Unterredung mit Westarp erklärte ich mich zu einer eingehenden Besprechung mit Hugenberg bereit. Sollte das Abschlagen des mit Hilfe des Stahlhelmverbotes vorgetragenen Angriffs in Hugenberg eine bessere Einsicht geweckt haben? Ein Hoffnungsschimmer leuchtete auf. Für den Fall, daß man zu einer Einigung kam, mußte Dietrich sofort zustimmen und die Demokraten bei der Stange halten. Auch wollte ich Zeugen für das Gespräch mit Hugenberg. So bat ich Dietrich dazu. Ich versuchte, Hugenberg sehr eingehend zu überzeugen und erwähnte kurz die späteren Reformen. Hugenberg stellte die Gegenfrage, ob das Zentrum bereit wäre, in Preußen sofort die Koalition mit der SPD zu brechen. Das war in den letzten zehn Jahren zum mindesten das vierte Mal die Frage, an der immer wieder ein Zusammengehen der Rechten mit dem Zentrum zu scheitern drohte.
Alle Ereignisse der Jahre 1920, 1921, 1924, 1925 und 1927 gingen mir blitzschnell durch den Kopf. Ich erinnerte mich, daß man, als 1920 Herr von Guérard die Verhandlungen führte, den Vorstand der preußischen Zentrumsfraktion von der Gesamtpartei aus zwang, einen Beschluß zu fassen, eine Koalition mit der DNVP in Preußen zu bilden. Damit war die Bedingung der DNVP für eine Beteiligung an der Reichsregierung erfüllt. Was war die Antwort, die Exzellenz Hergt brachte? „Die DNVP ist bereit, in die Preußenregierung einzutreten, aber nicht in die Reichsregierung."
1921 wurde das Kabinett Stegerwald durch meine Bemühung in Preußen gebildet. Nach kurzer Zeit blieb die Unterstützung der Deutschnationalen in Preußen aus. Selber in das Kabinett einzutreten, hatten sie sich geweigert. Stegerwald fiel sechs Monate später. Ein gewaltiger Rückschlag in der Zentrumspartei nach links war die Folge.
1925 sprangen die Deutschnationalen infolge eines Beschlusses ihres Reichstagsvorstandes nach sechs Monaten während der Parlamentsferien aus der Regierung heraus, gegen den Wunsch ihrer *eigenen* Minister,

gerade in *dem* Augenblick, wo ich nach zweimonatiger täglicher Agitation und Aufklärung über die unpopulären Aufwertungs-, Zoll- und Steuergesetze des Sommers die radikal nach links geworfene Stimmung in der eigenen Partei wieder nach rechts gedreht hatte, mit dem Ziele, in Preußen die gleiche Regierung zu schaffen.

1926 war die preußische Zentrumsfraktion tatsächlich so weit, daß sie die sozialdemokratische Koalition preisgab, um im Reich wieder eine Regierung mit den Deutschnationalen zu ermöglichen. Marx wurde zum preußischen Ministerpräsidenten vorgesehen, die Verhandlungen mit der Rechten über Einzelheiten waren im Gange, als Herr von Papen zu Exzellenz Kriege und den Deutschnationalen ging, um ihnen zu sagen, der Vorstand der preußischen Zentrumsfraktion habe beschlossen, unter allen Umständen eine Regierung mit der Rechten zu bilden. Man solle die Forderungen nur sehr hoch schrauben, sie würden bewilligt werden.

Niemand von den Unterhändlern des Zentrums wußte, weshalb plötzlich eine intransigente Haltung der beiden Rechtsparteien eintrat. Diese Haltung wurde so scharf, daß die Verhandlungen sich zerschlugen. Bei der Abstimmung über das Mißtrauensvotum gegen das Kabinett Marx stimmte Herr von Papen mit zweien seiner Freunde gegen Marx, und diese drei Stimmen brachten ihn zu Fall. Aus der Fraktion ausgeschlossen, erklärte er sich bereit, freiwillig für einen sozialdemokratischen Minister zu stimmen.

1927 war die Koalition mit den Deutschnationalen nur halb arbeitsfähig, weil der Hugenbergflügel dauernd Opposition machte. Die beabsichtigte Herbeiführung einer Koalition in Preußen scheiterte, weil das Schulgesetz scheiterte.

Ich mußte mich also sichern. Ich erklärte Herrn Hugenberg, daß es in all den Jahren mein Wunsch gewesen sei, eine dauernde Koalition im Reich und in Preußen mit der Rechten zustande zu bringen, um gemeinsam die Reichsreform und die notwendigen finanziellen und sozialen Reformen durchzusetzen. Ich erinnerte ihn kurz an alle die Versuche. Ich konnte ihm Kaas' und mein Wort geben, daß wir im Herbst auf alle Fälle eine Koalition mit der DNVP in Preußen machen würden. Es sei aber auch die Möglichkeit, wenn er mit seiner Fraktion den Gesetzesvorlagen zustimme, sofort mit den Verhandlungen in Preußen zu beginnen. Ich könne aber diese Lösung nicht in drei Tagen herbeiführen. Er könne zu seiner Sicherung sich die schriftliche Zusicherung des Führers der Zentrumspartei geben lassen, daß wir sofort eine Koalition mit der Rechten in Preußen herbeiführen würden. Hugenberg schlug vor, die Abstimmung über die Gesetzesvorlagen bis zum Herbst auszusetzen. Ich erklärte ihm, das sei angesichts der Kassenlage des Reiches eine Unmöglichkeit. Dietrich bestätigte das. Hugenberg versprach nach Rücksprache mit seiner Fraktion am nächsten Tage eine schriftliche Antwort.

Am Nachmittag um drei Uhr erhielt ich einen Brief von ihm, in dem für mich ganz deutlich die Ablehnung ausgesprochen war. Nun war ich zwischen zwei Feuern, und die Kraftprobe mußte gegen Hugenberg *und* die Linke bestanden werden. Es kam auf wenige Stimmen an. Alle hinter der Regierung stehenden Parteien verlangten auch von den erkrankten Mitgliedern Teilnahme an der Abstimmung.

Vorher kam Hergt zu mir und bat mich, im Reichstag eine Rede zu halten, die sehr große Aussichten, in konkreten Sätzen ausgedrückt, für die Osthilfe enthalten sollte. Ich versuchte, ihn von seinem Vorschlag abzubringen. Denn das bedeutete für mich ein unerfüllbares Versprechen. Ich setzte ihm auseinander, daß die Kassenlage eine Erhöhung der Osthilfe über die schon versprochene Summe hinaus einfach unmöglich mache.

Bei der unter größter Spannung sich vollziehenden Abstimmung am 18. Juli, bei der die rote Auflösungsmappe schon auf meinem Tisch lag, waren mehrere Deutschnationale noch immer nicht entschlossen. Exzellenz Hergt hielt eine rote und eine blaue Karte in der Hand. Sein Nachbar entriß ihm die rote Karte und steckte sie in die Abstimmungsurne. Hergt, der in einer bemitleidenswerten Lage war, ließ sich diese Vergewaltigung ruhig gefallen.

Ich hatte vor der Abstimmung Herrn Dittmann von der SPD gebeten, zuerst über die Mißtrauensvoten abstimmen zu lassen. Das war für mich das größte Risiko. Aber da die Kassenlage einen Aufschub der neuen Gesetze nicht zuließ, wollte ich, um den Preis meiner eigenen Stellung, den Versuch machen, sie zu retten. Dittmann besprach sich mit seinen Freunden, während Dietrich einen letzten Appell an den Reichstag richtete und ihn bat, die Notverordnung, in der alle Gesetze zusammengefaßt waren, nicht abzulehnen und sich nicht selber zu einem Interessenhaufen zu degradieren.

Die Notverordnung wurde mit sieben Stimmen Mehrheit abgelehnt, der Reichstag sofort aufgelöst.

Am Abend wurde in einer Kabinettssitzung der Wahltermin auf den 14. September festgelegt. Ebenfalls noch am 18. Juli schickte der Reichspräsident einen Brief an das Reichskabinett, der vorher vereinbart war, in dem er um eine Vorlage ersuchte, um die vom Reichstag abgelehnte Notverordnung zurückzuziehen, und bat, alsbald Vorschläge für eine neue Notverordnung zu machen. Man ging sofort an diese Arbeit heran. Die neue Notverordnung sah vor: die Reichsarbeitshilfe, den Zuschlag zur Einkommensteuer, die Bürgersteuer, die Gemeindekrankensteuer, die Veränderung der Tabaksteuer und finanzielle Reform in der Arbeitslosen- und Krankenkassenversicherung. Ferner das Haushaltsgesetz, den Vollstreckungsschutz für den Osten und Maßnahmen zur Verhütung wirtschaftlicher Preisbindung. Auch wurde ein Arbeitsbeschaffungsplan für die Reichsbahn aufgestellt, der die sofortige Vergebung von Bestellungen in Höhe von 350 000 000 Mark vorsah. Im gleichen Augenblick machte Preußen einen taktischen Vorschlag eines Kreditangebotes für die Osthilfe.

Der Wahlkampf wurde zu einem Plebiszit über die Notverordnung, aber auch gleichzeitig zu einem Entscheidungskampf zwischen einer sinnlosen Form des Parlamentarismus und einer gesunden, maßvollen Demokratie, in der die Regierung, um die öffentlichen Finanzen vor dem Zusammenbruch zu retten, vor dem ganzen Volke den Kampf für diese Aufgabe gegenüber dem Intrigenspiel und der Unvernunft im bisherigen Reichstag aufnehmen mußte.

SEPTEMBERWAHLEN 1930

Die Rheinlandräumungs-Feierlichkeiten begannen in einer gedämpften Stimmung. Die Vorbereitung der neuen Notverordnung erlaubte es nicht, daß außer dem Innenminister jemand an den Feierlichkeiten in Begleitung des Reichspräsidenten teilnahm. Normalerweise hätte Treviranus den Reichspräsidenten begleiten müssen, was für meine Stellung dem Reichspräsidenten gegenüber bedeutend besser gewesen wäre. Es kam aber zu einem sehr heftigen Einspruch gegen eine solche Lösung seitens meiner eigenen Parteifreunde, die der Ansicht waren, daß auch äußerlich der Erfolg der Räumung verknüpft sein müsse mit einer Persönlichkeit, die in den dunkelsten Jahren der Politik die schwerste Verantwortung für die Rettung der Rheinlande hatte tragen müssen. Zudem war Treviranus notwendig für die Beratungen der Ostvorlage in der neuen Notverordnung.

Der Reichspräsident wurde auf der Rheinlandfahrt begeistert begrüßt. Die Rundfahrt stellte erhebliche Ansprüche an ihn, die er anscheinend leicht erfüllte, weil ihn der Gedanke, die Räumung des Rheinlandes als

Oberhaupt des Staates erleben zu können, mit sichtlicher Freude und frischer Spannkraft erfüllte. Plötzlich wurde die Freude- und Jubelstimmung der Räumung jäh gestört. Am 23. Juli brach ein über die Mosel führender Steg zusammen, auf dem sich viele Zuschauer aufgestellt hatten. Eine Reihe von Menschen fand den Tod. Die Jubelstimmung, die günstig für den Wahlkampf hätte sein können, schlug in düstere und abergläubische Prophezeiung um. Das Erschütterndste war, daß in dem Gesundheitszustand des Reichspräsidenten ein plötzlicher Rückschlag eintrat. Als Treviranus und ich ihn bei seiner Ankunft am nächsten Tage am Bahnhof Friedrichstraße abholten, erkannte er uns nicht. Sein Sohn mußte ihm zweimal sagen: ,,Hier ist der Herr Reichskanzler mit dem Minister Treviranus." Aber auch dann ging es nicht völlig in sein Bewußtsein ein, wer wir waren. Über Nacht war er greisenhaft geworden. Das eröffnete düstere Ausblicke für die Zukunft.

Neben den Kabinettsverhandlungen liefen die Versuche, eine Front der Mitte und der erweiterten Rechten zu bilden, als Fortsetzung der Verhandlungen, die in der Pfingstwoche begonnen hatten. So sehr ich mich im stillen bemühte durch Beeinflussung einzelner prominenter Mitglieder der in Frage kommenden Parteien, mit denen ich persönlich befreundet war, so mußte ich auf der anderen Seite verhüten, daß der Öffentlichkeit diese Beeinflussungen bekannt wurden. Sonst hätte die Rechte sofort die Instinkte der protestantischen Mehrheit des deutschen Volkes aufgepeitscht, und damit wäre die Einigung gefährdet worden. Das Schauspiel, das einzelne dieser Parteien dem deutschen Volke im Laufe dieser und der nächsten Wochen vorführten, trieb den Nationalsozialisten mehr Wind in die Segel, als dies beim einfachen Weiterbestehen der alten Parteien der Fall gewesen wäre. Zwar war es möglich, im Kabinett eine einheitliche Linie zwischen Treviranus und Dietrich zu schaffen, aber schwer, bei der deutschen Parteigläubigkeit das gleiche bei ihren Anhängern zu erzielen. Die Demokraten glaubten durch Zuzug des Jungdeutschen Ordens die ihnen fehlende Jugend zu gewinnen. In Wirklichkeit verloren beide durch diese Vereinigung erheblich an Mitgliedern. Die meisten Mitglieder des Jungdeutschen Ordens schwenkten zu den Nationalsozialisten über. Eine außerordentliche Verwirrung trat ein. Nach vielem Hin und Her traten statt weniger Parteien mehr Vertreter des gemäßigten Bürgertums in den Wahlkampf. Das Bürgertum sah nicht, daß seine Schicksalsstunde gekommen war.

Angesichts dieser Erkenntnisse hielt ich es nicht für opportun, die

Autorität des Reichspräsidenten für eine Einigung der gemäßigten Parteien einzusetzen. Im übrigen taten die freien Gewerkschaften und die Arbeitgeber, letztere teils unter dem Einfluß Hugenbergs, teils aus völliger Verständnislosigkeit, alles, um die Leidenschaften auszuspielen, obwohl der große Erfolg Hitlers am 5. August in Frankfurt am Main, wo es ihm gelang, 17 000 Zuhörer für seine Rede um sich zu versammeln, allen hätte die Augen öffnen können. Am selben Tag, als das Reichskabinett die Gründung eines Finanzierungsinstituts für die Arbeitsbeschaffung, der ÖFFA, vollzog, kündigten die freien Gewerkschaften den Tarif in den Nordwestgruppen und die Berliner Metallindustrie einen großen Teil ihrer Angestellten.

Namentlich letzteres hatte eine verheerende Wirkung. Man konnte sich alsbald auf der Generalversammlung des Deutschnationalen Handlungsgehilfen-Verbandes davon überzeugen. Um Treviranus und seinen Freunden in Köln eine Chance zu geben, wurde er als Vertreter der Reichsregierung dorthin abgesandt. Aber er und die DHV-Abgeordneten aller übrigen Parteien, die zum Teil eine Lebensarbeit für die Interessen der Angestellten hinter sich hatten, wurden kühl aufgenommen, während sich bei der Begrüßung des nationalsozialistischen Abgeordneten Stöhr ein Sturm der Begeisterung erhob. Auch dieses Sturmzeichen wirkte nicht.

Das Angebot Koch-Wesers an die Parteien der Mitte, mit Ausnahme des Zentrums, für eine Sammlung unter neuer Führung, das meinem Gefühl nach nur taktisch gemeint war, verfiel der Ablehnung seitens der DVP. Vier Tage nach dem Erfolg Hitlers in Frankfurt erhielt Herr Scholz auf seine Sammlungsbemühungen Absagen von allen Seiten. Zwei Tage darauf hielt Treviranus anläßlich der Wiederkehr des Abstimmungssieges in Westpreußen seine Ostrede, die zwar auf der Rechten keine Begeisterung erweckte, aber dafür um so mehr Spannung in Frankreich und England erzeugte. Ein halbes Dementi im Rundfunk, ein Widerruf des Dementis, eine beruhigende Erklärung von Curtius, gegen den sich daraufhin die Wut der Nazis entlud in einem solchen Ausmaß, daß Curtius unter der seelischen und körperlichen Erschütterung des Wahlkampfes in Baden-Baden einen Ohnmachtsanfall hatte, zwangen mich, in einer Versammlung in Trier eine an das Ausland gerichtete Erklärung abzugeben, die die Chancen der Regierungsparteien bei den rechtsstehenden Wählern bestimmt nicht vergrößern konnte.

Die Stimmung in der Wählerschaft wurde durch weitere Dinge verschlechtert. Am 15. August erfolgte die Kündigung des Lohnabkommens im Ruhrbergbau. Eine Woche später machte das preußische Pressebüro sehr peinliche Enthüllungen über den Verlust von Reichs- und Staatsgeldern bei der Ostpreußenhilfe von 1929. Am gleichen Tage erfolgten die Ablehnung der Schlachtsteuervorlage in Bayern, der Rücktritt der bayrischen Regierung mit der Demission des bayrischen Finanzministers fünf Minuten vor Rücktrittsbeschluß des Gesamtkabinetts und der Rücktritt des Chefs der Heeresleitung, General Heye.

Demgegenüber wirkten die Pläne der Reichsregierung über eine Preissenkungsaktion und die erste Anwendung der Kartellnotverordnung auf die Linoleumindustrie überhaupt nicht. Ebensowenig das Bekanntwerden des Finanzprogramms der Reichsregierung für die nächsten Jahre, das eine weitere Senkung der Ausgaben und ein mehrjähriges Programm für den Wohnungsbau vorsah. Selbst die „Frankfurter Zeitung", die in der Woche vorher im Handelsteil sehr ernste Artikel über die zunehmende Kapitalflucht aus Deutschland gebracht hatte, glaubte bei der Bekanntgabe dieses Programms die Reden von Dietrich und mir noch lächerlich machen zu müssen. Der Wahlreformvorlage wollte sie keine Bedeutung beimessen. Gleichzeitig begannen die Klagen über die dauernden Freisprüche der nationalsozialistischen Verleumder seitens der Gerichte.

Mit Mühe und Not gelang es, den drohenden Konflikt im Ruhrbergbau für drei Monate zu bannen. Der verhältnismäßig günstige Eindruck wurde jedoch stark geschwächt durch eine Veröffentlichung des Institutes für Konjunkturforschung, das die Schwere der augenblicklichen Depression darlegte und für die Zukunft vage und unberechtigte Hoffnungen erweckte. Diese Formulierungen wirkten nach jeder Richtung hin negativ. Sie machten die einen radikal, weil sie verzweifelten, und andere, wie die Beamten und Arbeiter, soweit ihre Führer sie auf diesen Bericht stießen, oppositionell, weil sie die Hoffnung aufkommen ließen, daß bei einer Änderung der Regierung weitere Opfer der Beamten, Angestellten und Arbeiter nicht mehr nötig seien. Am 12. September kritisierte die „Frankfurter Zeitung" die mangelnde Großzügigkeit der geplanten Finanzreform, und am nächsten Tag, einen Tag vor den Wahlen, peitschte sie die Instinkte Südwestdeutschlands gegen die Spritbewirtschaftung auf. Den Rechtsparteien gab das Vorgehen Pilsudskis gegen die Opposition in Polen einen starken Auftrieb.

Angesichts meiner Beobachtungen im Wahlkampf, die ein noch stärkeres Anschwellen der nationalsozialistischen Stimmen erkennen ließen, als ich schon lange befürchtet hatte, entschloß ich mich zwar, das Frage-und-Antwort-Spiel mit dem preußischen Ministerpräsidenten in den öffent-

lichen Reden weiter fortzuführen, aber am letzten Tag vor der Wahl
mich nicht festzulegen, sondern das ewig wahlfaule Bürgertum im
Interesse der die Regierung stützenden Parteien durch einen Rundfunkvortrag aus Glatz zur Wahlbeteiligung zu ermahnen. Ich wurde von allen
Seiten dazu gedrängt. In Wirklichkeit war bei dem Charakter des
deutschen Volkes ein solcher Vorschlag ein schwerer psychologischer
Fehler. Der Deutsche will in einer solchen Lage seitens der Regierung
eine in scharfen Worten gehaltene Anweisung hören. Es war aber nicht
möglich, ihm diese zu geben, da sieben Parteien hinter der Regierung
standen und die Regierung überwachten, ob sie sich für irgendeine Partei
stärker einsetzte als für eine andere. Wie anders, wenn die Sammlung auf
der Mitte gelungen wäre! Der Spießer, der durch den Rundfunkvortrag
an seine Wahlpflicht erinnert wurde, wurde ärgerlich und wählte daher
die radikale Opposition.

Am Sonntagmorgen fuhr ich im Auto von Glatz nach Breslau und stellte
dabei in den Dörfern, durch die wir kamen, vor allem im Landkreis
Breslau, fest, daß die SA-Trupps am Eingang der Wahllokale eine
vollkommene Kontrolle ausübten. Am Abend in Berlin angekommen,
telephonierte ich mit Pünder und weckte sowohl ihn als Groener aus
Illusionen. Ich schätzte in diesem Gespräch die Mandatziffer der Volkskonservativen auf 5–10 und die der Nationalsozialisten auf 120 und bat
ihn, Herrn Meißner darauf vorzubereiten. Mit Wirth und Drechsel
lauschte ich am Rundfunk den Wahlresultaten, die mit einem solchen
Enthusiasmus für die Erfolge der Nationalsozialisten wiedergegeben
wurden, daß man einschreiten mußte, um zu verhindern, daß das
deutsche Volk durch die linksstehenden Angestellten des Rundfunks nicht
noch in der Nacht in einen Nazirauschzustand versetzt wurde. Im
übrigen erfüllten sich meine Schätzungen in bezug auf die Naziwahler-
folge nicht ganz. Die Zentrumspartei hatte sehr gut abgeschnitten, aber
die Wahlniederlage der Volkskonservativen war noch größer, als ich
erwartet hatte.

Am folgenden Morgen ließ mir der Reichspräsident durch Pünder
mitteilen, daß er nach wie vor hinter mir stehe und ich mich nicht durch
den Wahlausgang beirren lassen solle. Das war ein guter Auftakt für die
kommenden Monate. Sobald ich den Rücken durch den Reichspräsidenten gesichert hatte, konnte ich ruhig an die Arbeit herangehen trotz der
Schwere der Lage. Nur in einem Punkte war ich auch jetzt durch den
Reichspräsidenten sehr behindert. Noch immer galt zwar mein Auftrag,
unabhängig von den Parteien die Hauptlinien der Politik durchzuführen.

Aber dahinter stand beim Reichspräsidenten das Gefühl, im wesentlichen gestützt auf die Rechte regieren zu müssen, so wie er sie vor Augen hatte, das heißt auf die bürgerlichen Rechtsparteien einschließlich der Deutschnationalen ohne die Persönlichkeit Hugenbergs.

Es war ein Schachspiel, bei dem der eine Spieler nicht die Bauern einsetzte und den König auf der Gegenseite nicht angreifen durfte. So blieb es in aller Zukunft.

DAS REGIERUNGSPROGRAMM

Der Schreck über den Wahlerfolg der Nazis war allen in die Knochen gefahren. Die demokratische Presse stellte auf einmal mit Genugtuung die gelassene Ruhe des Kanzlers fest. Was während der Wahlen nur ein Frage-und-Antwort-Spiel zwischen dem preußischen Ministerpräsidenten Braun und mir gewesen war, sollte nun durch viele Persönlichkeiten, auch der Wirtschaft, in eine feste Koalition mit der SPD übergeleitet werden. Das war für mich bei der Einstellung des Reichspräsidenten schon an sich ganz unmöglich und schien mir, im Hinblick auf das Anwachsen der Rechtsopposition, auch für die Zukunft gefährlich. Mein Auftrag wäre gescheitert, wenn ich mich irgendwie auf Koalitionsversicherungen eingelassen hätte. Ich bat daher Wirth, angesichts der nervös werdenden Presse, in einer Rundfunkrede über das Wahlresultat klar auszusprechen, daß die Regierung die Aufgabe habe, ein sachliches Notprogramm im Reichstag alsbald durchzuführen, aber nicht Koalitionsverhandlungen alter Art mit der Rechten oder mit der Linken zu führen. Diese Erklärung hatte die Wirkung, daß man auf der Rechten und auf der Linken vorsichtig wurde. Sie sicherte mir auch die weitere Rückendeckung des Reichspräsidenten. Dadurch, daß Wirth diese Rede hielt, wurden die Brücken zur SPD nicht abgebrochen. Volles Verständnis für diese Taktik fand ich überraschenderweise vor allem bei Dr. Hess, dem Führer des preußischen Zentrums. Das schaffte für mich einen der größten Gefahrenherde des Augenblicks aus der Welt.

Der größere Erfolg war aber, daß Hitler gezwungen wurde, am nächsten Tage eine sehr vorsichtige Rede zu halten, und Strasser eine Anweisung an die Nazipresse ergehen ließ, sich nicht von vornherein festzulegen. Gerade in diesen Tagen fanden bei Hilferding die ersten geheimen

Besprechungen mit den Sozialdemokraten Müller, Wels, Breitscheid und Braun statt, die eine Fühlungnahme zunächst nur über die Möglichkeit der Aufrechterhaltung der vor der Wahl erlassenen Notverordnung und der Unterstützung der Sozialdemokratie für das ihnen in den Grundzügen vertraulich mitgeteilte große Reformprogramm der Reichsregierung bedeuten sollte. Die Rede Hitlers gab mir die Möglichkeit, der SPD nunmehr jeden Gedanken an eine koalitionsmäßige Bindung der Regierung zu nehmen.

Aber schon zwei Tage später war diese Wirkung nicht mehr so stark. Es war bekanntgeworden, daß Goebbels in einer geheimen Konferenz der Berliner Führer der NSDAP erklärt hatte: „Das System muß uns bezahlen, damit wir es stürzen können." In gewissen Kreisen der Wirtschaft und anderen, gleichfalls zu Schwächeanfällen geneigten Kreisen hatten die Rede Hitlers und die Äußerungen von Goebbels eine panikartige Wirkung. Die „B. Z. am Mittag" sah schon Barrikaden auf der Wilhelmstraße. Ein gewaltiger Kreditabzug seitens der französischen und amerikanischen Banken war die Folge.

Dazu kam, daß jetzt der Ulmer Hochverratsprozeß gegen die drei jungen Reichswehroffiziere begann, die mit den Nazis konspiriert hatten. Durch diesen Prozeß und durch die Äußerung von Goebbels war die Reichswehr gezwungen, entschieden gegen die Nazis Stellung zu nehmen. Ich fühlte das sofort bei meinem Vortrag beim Reichspräsidenten am 22. September. Nach Darlegung der Lage bat ich den Reichspräsidenten um Zustimmung zu meiner Absicht, mit einem sachlichen, großen Programm vor den Reichstag zu treten und mir eine Mehrheit zu erzwingen. Der Reichspräsident war durch die Ulmer Vorgänge sehr beeindruckt und nahm eine scharfe Haltung gegen die Nazis ein, so daß ich bitten mußte, diese Haltung nach außen hin nicht bekannt werden zu lassen, weil ich nicht sicher sei, ob ich auf der Linken die nötige Unterstützung finden würde. Darauf mußte ich um so stärker verweisen, als mir bekannt war, daß die DVP eine Erklärung gegen eine feste Zusammenarbeit zwischen der Linken und der Regierung abgeben würde.

Der Reichspräsident fügte mahnend hinzu: „Natürlich müssen Sie sich streng im Rahmen der Verfassung halten." Ich antwortete dem Reichspräsidenten, das sei schon aus Gewissensgründen eine Selbstverständlichkeit für mich, um so mehr, als ich im Sportpalast vor der Wahl ausdrücklich darauf hingewiesen hätte, daß der Reichspräsident einen religiösen Eid auf die Verfassung geleistet habe und man bei seinem Charakter einen Bruch dieses Eides nicht zu befürchten brauche.

Am Nachmittag des gleichen Tages konnten die normalen Verhandlungen im Kabinett über das Reformprogramm beginnen, unter nicht gerade günstigen Vorzeichen, abgesehen von der Rückendeckung durch den Reichspräsidenten. Bevor die Verhandlungen begannen, mußte ich Schiele dringend ersuchen, angesichts der Intrigen im Landbund – der mit der Forderung einer sofortigen Erklärung des Aufschubs der Zahlungen nach dem Young-Plan die Regierung in eine unmögliche Lage bringen wollte – vorsichtig zu sein. Herr Luther, in starker Besorgnis und Aufregung, teilte mit, daß er in einer Woche 360 Millionen Devisen und Gold aus der Reichsbank verloren hätte. Fast zwei Stunden saß er bei mir vor dem Kabinettsberatungszimmer und erging sich in düsteren Prophezeiungen über einen völligen Zusammenbruch und den Auseinanderfall des Deutschen Reiches. Erst als ich ihm Erlebnisse aus dem Felde erzählte, wie oft wir den Befehl bekommen hätten, in einer scheinbar völlig hoffnungslosen Lage einen Igel um ein für den Kampf entscheidendes Dorf zu bilden und es bis zum letzten Mann zu halten, worauf sich dann am nächsten Tage, entgegen aller Wahrscheinlichkeit, eine normale Lage entwickelte, gelang es mir, bei ihm wieder Mut und Frische herzustellen.

Solche Nervenkrisen mußte ich auch noch bei anderen sehr wichtigen Persönlichkeiten der Regierung und der Parteien in den nächsten Wochen überwinden. Dietrich war immer kampfeslustig, Stegerwald sehr auf der Höhe, Treviranus immer optimistisch und belebend, Wirth leidenschaftslos, klar und fest.

Die Reichswehr war in ihrer Führung für ein Zusammengehen mit der SPD und schärfstens gegen eine Zusammenarbeit mit den Nazis. Sehr stark war diese Stellungnahme beeinflußt durch die radikale Haltung des in Berlin die Partei beherrschenden Dr. Goebbels. Er drohte in diesen Tagen, gemeinsam mit den Kommunisten einen Streik in der Berliner Metallindustrie aufzuziehen, und erklärte, daß die Nazis, sei es mit geistigen, sei es mit Gewaltmaßnahmen, die Auseinandersetzung mit dem herrschenden System fortsetzen würden. Die Nervosität in Berlin und dem ganzen Lande wuchs, auch unter dem Eindruck der innenpolitischen Spannung in Polen. Für mich kam es darauf an, unter gleichzeitiger Fortführung stiller Verhandlungen und sorgfältiger Vermeidung irgendeiner Frontstellung gegen die Rechte, das große gesetzgeberische Programm der Regierung im Kabinett fertigzustellen. Daneben gingen die ersten Verhandlungen über einen Überbrückungskredit in Höhe von 125 Millionen Dollar durch Vermittlung des Bankhauses Lee-Higginson. Mehrere Unterhaltungen – auch über die weitere politische Entwicklung

– mit dem Vertreter des Bankhauses förderten die Anleihe. Vor allem war beiden Teilen der Gedanke der Sicherung einer Schuldentilgung durch den Reichstag als Voraussetzung für die Gewährung der Anleihe sehr sympathisch. Der Zweck der Anleihe war, in erster Linie die Panikstimmung auf dem Geldmarkt aufzuhalten und dadurch die Neigung zu weiteren Kapitalabzügen einzudämmen.

Am 1. Oktober wurde das Gesamtprogramm der Reichsregierung der Öffentlichkeit unterbreitet, absichtlich noch nicht in gesetzgeberischen Einzelheiten, weil mir seit Juli die formale Erledigung, nach vorhergehender Sicherung einer Mehrheit, in Form einer Notverordnung als einziger Ausweg vorschwebte. Das Programm enthielt Gehaltskürzungen für Reich, Länder und Gemeinden sowie eine Kürzung der Überweisungen an die Länder in Höhe der für die Länder und Gemeinden durch die Gehaltskürzungen zu erzielenden Ersparnisse, ferner eine verschärfte Haushaltskontrolle, eine Vereinfachung der Besteuerung der Landwirtschaft und der kleinen Gewerbetreibenden, eine Regelung der Einheitsbewertung und Vermögenssteuer, eine Freigrenze von 5000 Mark für die Umsatzsteuer, das Steuervereinheitlichungsgesetz als Voraussetzung für eine dauernde Gesamtreform der Finanzen in den öffentlichen Körperschaften, eine neue Regelung des Wohnungswesens zur Erzielung tragbarer Mieten, ein Wohnungsbauprogramm, eine Senkung der Realsteuer, ein Gesetz zur Höchstbegrenzung der Ausgaben der öffentlichen Hand, Ausbau der Agrargesetzgebung sowie die Ankündigung der Preissenkung.

Am 2. Oktober konnten die Besprechungen mit den Parteiführern beginnen, die in drei Tagen zu Ende geführt werden sollten. Sie wurden sehr erleichtert durch eine am gleichen Tage bekanntgewordene Rede Hoovers, die eine optimistische Beurteilung der Weltwirtschaft enthielt, und überraschend bestimmt durch eine Kundgebung Groeners gegen die Nazis anläßlich des sogenannten Güstrower Falles. Groener sagte darin: „Die Nationalsozialistische Arbeiterpartei ist eine Partei, die eine Änderung des gesetzlichen Zustandes mit verfassungswidrigen Mitteln erstrebt."

Langsam begannen während der Parteiführerbesprechungen die Vorfeldkämpfe. Ich erhielt vertrauliche, optimistische Mitteilungen aus der DNVP über die Möglichkeit einer Zweidrittelmehrheit, deren Erreichung eine stille Hoffnung bis 14 Tage vor den Wahlen gewesen war und die den Reichspräsidenten von der Unpopularität der Notverordnungen entlastet hätte. Obwohl ich nach der Erfahrung des Sommers am guten Willen Hugenbergs zweifelte, gab ich, da mir versichert wurde, daß Elard von Oldenburg-Januschau als neugewählter Abgeordneter sich dem Reichspräsidenten zur Verfügung gestellt habe, die Anweisung, die Deutschnationalen möglichst freundlich zu behandeln, was den Zorn der demokratischen Presse heraufbeschwor.

Diese Presse vermochte nicht einzusehen, wie schwer es gefühlsmäßig für den Reichspräsidenten war, sich wieder auf die SPD zu stützen, und wie schwierig es bei der taktischen Einstellung der Nazis und der DNVP für die Volkskonservativen, den Christlichen Volksdienst, die Bayerische Volkspartei und das Zentrum sein würde, mit den Sozialdemokraten auf längere Zeit zusammenzuarbeiten. Persönliche Unterhaltungen mit hervorragenden Vertretern der Linkspresse vermochten sie nicht von den hier schlummernden Gefahren zu überzeugen. Bei Herrn Kircher, der, aus England kommend, die ganze Entwicklung in Deutschland nicht kannte, erschien es mir hoffnungslos, weitere Versuche zu machen. Dagegen war eine lange Abendunterhaltung mit Theodor Wolff außerordentlich fruchtbar für die Zukunft, wenigstens insoweit, daß jedesmal, wenn er selbst die Redaktion in der Hand hatte, das „Berliner Tageblatt" sich in kulturellen Dingen einer bis dahin noch nicht gekannten Zurückhaltung befleißigte.

Am 5. Oktober begann Hilferding in der für die gemäßigten Führer der SPD besonders gefährlichen Berliner Bezirksversammlung den Kampf für die Reichsregierung. Nachdem am 3. Oktober Dr. Frick als Vorsitzender der Reichstagsfraktion der NSDAP einer Einladung nicht gefolgt war, mußte ich zuerst mit den Deutschnationalen verhandeln, die Dr. Oberfohren und Herrn von Winterfeldt schickten. Als ich hörte, daß diese beiden als Vertreter ausersehen seien, schlug bei mir eine gewisse Hoffnung durch, doch vielleicht zu einer Zweidrittelmehrheit zu kommen. Ich tat alles, um die sachliche Notwendigkeit des Programms in der freundlichsten Form auseinanderzusetzen, und erinnerte Dr. Oberfohren an die vielen Jahre freundschaftlicher Zusammenarbeit im Steuerausschuß. Ich beschwor beide Herren beim Abschied, alles daranzusetzen, um zu einer Einigung auf breitester staatsbejahender Front zu kommen. Daraus würde sich die Möglichkeit notwendiger staatspolitischer Reformen ohne Erschütterung des ganzen Volkes ergeben.

Am 6. Oktober fand eine Besprechung mit Hitler, Frick und Strasser in der Wohnung von Treviranus statt. Pressephotographen und Reporter warteten in der Zwischenzeit vergeblich vor den Toren der Reichskanzlei auf das in ihren Augen sensationelle Ereignis. Vertraulich hatte ich vorher den Führern der anderen Parteien mitgeteilt, daß ich über das

Programm der Reichsregierung auch mit den Führern der NSDAP
verhandeln werde.

Vor dieser Besprechung stand schon nach allen Nachrichten fest, daß die
DNVP eine Unterstützung der Regierung trotz angeblicher anderer
Bemühungen des Herrn von Oldenburg-Januschau verweigern würde.
Auf der andern Seite war eine Unterstützung der SPD wahrscheinlich.
Die Wahl zwischen der Rechten und der Linken zur Durchführung der
dringendsten Notmaßnahmen war durch diese beiden Tatsachen an sich
entschieden, bevor eine Aussprache mit der NSDAP stattfinden konnte.
Auf der anderen Seite mußte aus staatspolitischen Gründen der Weg der
Unterhandlung mit der NSDAP gewählt werden, um bei einer größeren
Bereitwilligkeit der DNVP später die Unterstützung durch die Rechte zu
ermöglichen. Die Zusammensetzung des Reichstages machte die dem
Reichspräsidenten sympathischste Lösung, eine Zweidrittelmehrheit für
ein Ermächtigungsgesetz zu schaffen, nur möglich, wenn man die Sozialdemokraten, die Mittelparteien und die Deutschnationalen dafür gewinnen konnte. Die Rechte und die Mittelparteien reichten dafür nicht aus.
Da die Möglichkeit der Erreichung einer Zweidrittelmehrheit in einem
späteren Stadium nicht außer acht gelassen werden durfte, ergab sich,
daß die Linie von der SPD über die Mittelparteien soweit wie möglich
nach rechts zunächst als sichere Basis festzuhalten war.

UNTERHALTUNG MIT HITLER

Daher wurde die Unterhaltung mit Hitler so geführt, daß ihm über die
Lage und die Absichten ohne jede weitere sonst im parlamentarischen
Leben übliche taktische Zurückhaltung reiner Wein eingeschenkt wurde.
Nach einigen einleitenden kurzen Gesprächen begann ich mit der
Darlegung der Lage und der Absichten der Regierung für die Zukunft.
Die Krise würde nach unserer Schätzung etwa vier bis fünf Jahre dauern,
frühestens im Sommer 1932 sei die erste Besserung möglich. Wahrscheinlich aber kämen wiederholte Rückschläge, und erst vom Jahre 1935 an
könne man mit einem gleichmäßigen Wiederanstieg der Wirtschaft rechnen, falls keine unvorhersehbaren Ereignisse dazwischenträten. Eine Wie-
dererreichung des Lebensstandards von 1927/28 sei auch nach Streichung

der Reparationen in den nächsten Jahren nicht möglich. Diese Streichung der Reparationen herbeizuführen, unter gleichzeitiger Inangriffnahme der Abrüstungsfrage, würde das erste Streben der Außenpolitik der Regierung sein. Mit beiden Fragen hoffe man im Laufe von anderthalb bis zwei Jahren den ganzen Versailler Vertrag, ohne darüber zu reden, ins Wanken zu bringen.

Der erste Ansatz dazu sei der schwierigste. Man müsse Finanzmaßnahmen treffen, die zunächst eine Atempause für ein halbes Jahr gäben. Dann würden weitere Einschränkungen der Ausgaben auf allen Gebieten notwendig, verbunden mit einer Senkung der Preise und Löhne, um, gestützt auf eine bis dahin zu verwirklichende Autarkie auf allen landwirtschaftlichen Gebieten mit Ausnahme der Fettwirtschaft, Deutschland als erstes Land so zu rüsten, daß es jeden Druck von außen her aushalten könne und dazu noch in der Lage sein würde, seinerseits jederzeit die Weltkrise zu benutzen, um durch sie einen Druck auf alle übrigen Mächte auszuüben. Das letztere sei notwendig, weil befürchtet werden müsse, daß wir nach anderthalb Jahren nicht mehr als eine kleine Herabsetzung der Reparationen oder ein zwei- bis dreijähriges Moratorium bekommen würden. Das sei aber keine Lösung, man müsse aufs Ganze gehen, da man nach zwei oder drei Jahren dem deutschen Volke unmöglich den Leidensweg erneut zumuten könne.

Die Regierung sei fest entschlossen, den dargelegten Weg bis zum Äußersten zu gehen. Sie könne darüber vor der Öffentlichkeit keine Erklärung abgeben. Allein die Idee, daß ein halbes Jahr nach Inkrafttreten des Young-Planes die Offensive mit dem Ziel, die gesamten Reparationen zu streichen, beginnen würde, wäre ein Schock für die Welt und würde von ihr mit der sofortigen Herausziehung des kurzfristigen Kapitals beantwortet, was eine Kapitulation Deutschlands zwei Monate später zur Folge haben müßte. Fast alle Gläubiger Deutschlands seien sich noch nicht klar darüber, wie verzweifelt die Lage im Augenblick schon sei. Um die Welt über diese Lage hinwegzutäuschen, brauchte ich den 125-Millionen-Dollarkredit, der mir von Lee-Higginson ohne jede politische Bedingung, nur gegen verstärkte Schuldentilgung, angeboten war. Diesen Kredit müßten wir um jeden Preis haben, um nicht schon Mitte Dezember einen Zusammenbruch zu erleben. Er würde zusammen mit den sonstigen Maßnahmen der Regierung die Chance bieten, im nächsten Jahr die Reparationen ausschließlich durch unsern Ausfuhrüberschuß zu bezahlen und dadurch das Gefüge des gesamten Weltmarkts auseinanderzubrechen. Ich schätze die Zeit, die notwendig sei, um auf diese Weise den Ruf nach Streichung der Reparationen in der Welt zu wecken, auf etwa 12 bis 14 Monate.

Das sei die erste Phase der Politik, für die eine schärfere außenpolitische Opposition seitens der NSDAP das zweckmäßigste wäre. Eine Verständigung im einzelnen über die Formen der Opposition wäre natürlich eine Voraussetzung für ein späteres Zusammengehen. Ich hoffe, in der zweiten Phase zusammen mit der Rechten an die Verfassungsreform herangehen zu können, die nach meinen persönlichen Wünschen in einer monarchischen Restauration enden müsse, ohne daß es möglich sein würde, schon wieder einen Kaiser zu proklamieren, solange nicht im Hause Hohenzollern selbst eine Einigung über die drei möglichen Kandidaten erfolgt sei. Unter der Voraussetzung, daß er, Hitler, mir sein Wort gebe, sich mit mir in jeder Phase über die Form der Opposition zu verständigen, würde ich dafür sorgen, daß seiner Presse abseits jeder persönlichen Verunglimpfung volle Freiheit gegeben würde, auch zur schärfsten Kritik an der Außenpolitik und an meiner Person.

Es werde den Herren vielleicht merkwürdig erscheinen, daß die Regierung beabsichtige, die Reparations- und Abrüstungsfrage in parallelen Phasen in Angriff zu nehmen. Beide fänden aber ihre letzte Lösung in Washington. Die Streichung der Reparationen sei nur zu erreichen, wenn gleichzeitig die Vereinigten Staaten in eine Streichung der interalliierten Kriegsschulden einwilligten. Das wiederum könne aber nur erreicht werden, wenn Präsident Hoover dem emotionalen amerikanischen Volke gleichzeitig die europäische Abrüstung als Gegengabe bringe. Daher sei zunächst in der Reparations- und Schuldenfrage eine scheinbar gegen die Vereinigten Staaten erreichte Einigung der europäischen Mächte herbeizuführen, daneben aber im stillen eine ähnliche Einigung auf dem Gebiete der Abrüstung. Das Verdienst, die Abrüstung herbeigeführt zu haben, müsse mit dem Namen des Präsidenten Hoover verknüpft werden, weil es ihm sonst unmöglich wäre, das amerikanische Volk zu einer Streichung der alliierten Kriegsschulden zu bringen, die nach der These der amerikanischen Politik nichts mit den Reparationen zu tun hätten, während diese Verbindung umgekehrt eine elementare Zustimmung bei den Reparationsgläubigern finde.

Um dieses Werk zu vollbringen, müßten ungeschwächte Kräfte erhalten bleiben. In dem nunmehr beginnenden, wahrscheinlich zwei bis drei Jahre dauernden großen Weltringen würden sich alle deutschen Parteien mehr oder minder abnutzen, in der zweiten Phase auch die NSDAP. Es komme aber darauf an, zu versuchen, alle für diesen großen Kampf nur irgendwie bereiten Kräfte zu mobilisieren. Das erste Land, das bereit wäre, alle unpopulären Opfer nach innen auf sich zu nehmen, würde an die Spitze kommen. Die Krise würde auch Länder wie Frankreich und England nicht verschonen. Diejenigen Länder, die zuletzt von ihr betroffen würden, würden als letzte auch die notwendigen Gegenmaßnahmen treffen und daher die unterliegenden sein.

Wenn Hitler bereit sei, auf der Grundlage dieser Außenpolitik in loyaler Weise, erst versteckt und dann offen, mitzuarbeiten, so würde das deutsche Volk in zwei bis drei Jahren die Fesseln des Versailler Vertrages los sein. Ich hoffe, daß ich an ihn als alten Frontsoldaten nicht vergeblich appelliere, genauso wie es mir und meinen Freunden als alten Frontkämpfern gleichgültig sei, ob der Enderfolg mit unseren Namen verknüpft würde.

Hitler antwortete in einer einstündigen Rede. Er fing so schüchtern und zaghaft an, daß Treviranus und ich begannen, Mitleid mit ihm zu haben, und glaubten, ihn durch kurze Zwischenbemerkungen ermuntern zu müssen. Nach einer Viertelstunde merkten wir, daß das eine sehr falsche Methode war. Sein Reden wurde immer heftiger und lauter. Obwohl vereinbart war, daß bis nach der Unterredung niemand außer den fünf Anwesenden etwas von der Unterhaltung wissen dürfe, marschierten jede Viertelstunde über die Heerstraße und Reichsstraße singende SA-Abteilungen. Beim zweitenmal wurde uns deutlich, daß es sich um eine wohlvorbereitete Demonstration handelte, die Eindruck auf uns machen sollte. Der Eindruck stellte sich aber nur bei Hitler selbst ein, der schon nach dem zweiten Vorbeimarsch einer SA-Abteilung in einen Volksversammlungston verfiel.

Er ging mit keinem Wort auf die grundlegenden Fragen jeder künftigen Politik ein, namentlich nicht auf den finanziellen Mehrjahresplan, den er anscheinend nicht verstand. Immer häufiger kam das Wort „vernichten", zuerst gegen die SPD gerichtet, dann gegen die Reaktion und endlich gegen Frankreich als den Erbfeind und gegen Rußland als den Hort des Bolschewismus. Er mache sich stark, wenn er an der Regierung sei, gemeinsam mit England, dann mit Italien und Amerika diese Feinde in kurzer Zeit zu Boden zu werfen. Voraussetzung dafür aber sei zunächst die Vernichtung der KPD, der SPD und der Reaktion. Er sei bereit, für den Beginn dieses Kampfes mit drei Ministern in das Kabinett einzutreten, ohne sich aber auf Maßnahmen der Regierung festlegen zu können.

Eine Zwischenbemerkung, wie er sich denn eine Mehrheit im Reichstag vorstelle und wie er glaube, die Lee-Higginson-Anleihe zu bekommen, nachdem der Wahlerfolg der NSDAP schon einen Abfluß von ausländischem Kapital in Höhe von mehr als einer halben Milliarde Mark herbeigeführt habe, störte ihn in seinem Redefluß wenig. Er weigerte sich, auf eine konkrete Diskussion einzugehen. Mir zuckte es durch den Kopf: Mussolini.

Unser Eindruck wurde durch die Länge seiner Rede auch nicht besser. Es waren nun schon zwei Stunden vergangen. Wir sahen, daß mein Angebot auf den ersten Anhieb gescheitert war. Trotzdem durften die Fäden, mit Rücksicht auf das nunmehr beginnende Wagnis, nicht abreißen. Wir gingen sehr geduldig auf seine phantastischen außenpolitischen Ausführungen ein; wir suchten ihn zu überzeugen, daß ein frontaler Angriff ohne vorherige, ausreichende Rüstung im Innern zu einem völligen Mißerfolg und einem chaotischen Zustand in Deutschland führen würde. Unter Ignorierung aller von ihm ausgesprochenen Unmöglichkeiten erklärte ich mich bereit, dafür zu sorgen, daß überall in den Länderparlamenten schon in dieser ersten Anlaufzeit, wo es zahlenmäßig möglich sei, NSDAP und Zentrum zusammen eine Regierung bilden konnten, um so die Brücken für die zweite Phase zu bilden. Das machte sichtlich mehr Eindruck auf ihn als alles vorher Gesagte.

Mir wurde klar, daß sein Grundsatz: „Erst Macht, dann Politik" für ihn stets maßgebend sein würde. Nach drei Stunden wurde ein Kommuniqué vereinbart, und wir schieden mit der ausdrücklichen Zusage Hitlers, über die außenpolitischen Pläne der Regierung stärkstes Stillschweigen zu wahren, und der Zusicherung, daß Treviranus und ich von seiner Presse nicht bekämpft würden. Der Abschied war, im Gegensatz zu der Stimmung vor einer halben Stunde, eher freundlich zu nennen. Draußen nahm ich eine Taxe und fuhr an den singenden SA-Abteilungen vorbei, die den vor mir her fahrenden Hitler stürmisch begrüßten, allein nach Hause.

Was ich in Wirklichkeit von der NSDAP zu erwarten hatte, zeigte sich etwa drei Wochen später. Ein ausländischer Journalist größten Ansehens ersuchte immer dringender um eine persönliche Unterredung unter vier Augen mit dem ausdrücklichen Bemerken, er wolle weder ein Interview noch mich ausfragen, sondern mir selbst etwas sehr Wichtiges erzählen. Er kam und sagte mir, daß er nicht ohne Wissen des amerikanischen Botschafters komme, der allerdings ablehne, Kenntnis von dem genommen zu haben, was mir jetzt mitgeteilt würde. Herr Hanfstaengl, der Pressechef des Herrn Hitler, habe ihn vor zehn Tagen eingeladen und ihm gesagt, er könne ihm zur Weitergabe an den amerikanischen

Botschafter eine höchst wichtige Mitteilung über die Absichten der Reichsregierung machen. Brüning habe in einer mehrstündigen Aussprache mit Hitler diesen gewinnen wollen für eine Außenpolitik, deren letzter Zweck sei, gemeinsam mit England und Frankreich einen politischen Block gegen die Vereinigten Staaten zu bilden, um diese plötzlich mit der Beseitigung sämtlicher Reparationen und Kriegsschulden zu konfrontieren und sie dadurch in eine schwere wirtschaftliche Krise hineinzutreiben. Der Führer habe das für so wichtig gehalten, daß er sofort nach seiner Rückkehr den Inhalt dieser Besprechung diktiert habe. Hanfstaengl habe diese Niederschrift in der Tasche und werde die für Amerika gefährlichen Sätze in der eigenen Fassung des Führers vorlesen. Der Führer habe keine Bedenken geäußert, als Hanfstaengl ihn um die Erlaubnis gebeten hätte, diese Sätze durch einen Mittelsmann an den amerikanischen Botschafter weiterzuleiten. Er könne angesichts der Tatsache, daß seine Mutter Amerikanerin sei, nicht dulden, daß eine deutsche Regierung eine derartig heimtückische Politik gegen sein zweites Vaterland betreibe.

Ich fragte, was der amerikanische Botschafter dazu gesagt hätte. Antwort: Er habe laut gelacht und Lochner gebeten, falls er mich darüber orientiere, dafür zu sorgen, daß ich kein Aufhebens davon mache, da ein Prozeß ohne eine Richtigstellung in den Vereinigten Staaten eine umgekehrte Wirkung haben könnte.

Zu dem Zeitpunkt dieser Unterredung war mir der auf Drängen der höheren Reichswehroffiziere herausgegebene und vom Reichspräsidenten ausdrücklich gewünschte Erlaß Groeners an die Reichswehr gegen die NSDAP noch nicht bekannt. Die Reichswehr war durch die Enthüllungen über den Umfang des nationalsozialistischen Komplotts in der Ulmer Garnison außerordentlich besorgt. Vor allem deshalb, weil die Haltung des verantwortlichen höchsten Offiziers in Ulm äußerst bedenklich gewesen war. Ohne Fühlungnahme mit dem Reichskabinett entschloß sich das Reichswehrministerium selbst zur schärfsten Stellungnahme gegen die NSDAP. Der Reichswehr war es sehr lieb, daß am 5. Oktober der gewaltige Aufmarsch des Stahlhelms am Rhein erfolgte, um der Öffentlichkeit ein sichtbares Gegengewicht zu zeigen. Außenpolitisch drohte aber dieser Aufmarsch fast alles wieder zu zerschlagen. Die Herren Murnane und Courtney kamen von Paris herangereist, um zu schildern, daß dort geradezu eine Panikstimmung ausgebrochen sei, die wahrscheinlich zum weiteren Abzug französischen Kapitals führen würde. Zu gleicher Zeit begann ein Vorstoß von seiten der bürgerlichen Rechtsgruppen gegen Curtius wegen seiner Haltung in Genf. Ich bat den Prälaten Kaas, im Sonderflugzeug nach Genf zu fahren und Curtius über die gefährliche Lage und die veränderte Stimmung aufzuklären. Er solle einen revisionistischen, allgemein gehaltenen Vorstoß machen, um einer Offensive der Franzosen wegen der Naziwahlen und des Stahlhelmaufmarsches zuvorzukommen. Curtius begriff, hielt eine Rede, die es der Opposition unmöglich machte, ihn im Augenblick weiter anzugreifen, ohne daß er aber gleichzeitig außenpolitisch Porzellan zerschlug.

VERSCHÄRFUNG DER KRISE – ABSTIMMUNGSSIEG IM REICHSTAG

Die wirtschaftliche und finanzielle Krise verschärfte sich von Tag zu Tag. Am 9. Oktober überschritt zum erstenmal die Zahl der Arbeitslosen die Dreimillionengrenze. Zwei Tage später war der Gold- und Devisenbestand der Reichsbank schon um über 650 Millionen Mark gesunken. Der im Sommer nach langem Druck auf Luther gesenkte Reichsbankdiskont mußte wieder erhöht werden. Für das von der Regierung veröffentlichte Programm meldete sich außer einer Kundgebung des Industrie- und Handelstages keine Stimme in der Wirtschaft. Im Gegenteil. Das Verhalten der Berliner Metallindustriellen, nicht ihrer Führer, aber der Masse der Unternehmer, und ähnliche Anzeichen aus der westlichen Industrie deuteten hin auf einen von Herrn Hugenberg vorbereiteten Generalansturm gegen die Regierung, der insofern – vor allem im Blick auf den Reichspräsidenten – geschickt angesetzt war, als er nach außen hin durch Nichtbeantworten meiner Aufforderung an die NSDAP, das Programm der Reichsregierung zu unterstützen, den Eindruck erweckte, als ob man politisch gegen die Regierung nichts unternehmen wolle.

In diesem Augenblick zeigten sich die Qualitäten des preußischen Ministerpräsidenten. Er entschloß sich, öffentlich den Kampf in der SPD aufzunehmen für eine bedingungslose Mitarbeit an dem Reformprogramm der Reichsregierung. Dieser Vorteil wurde einen Tag später nahezu verloren, als die Wirtschaftspartei, dem stillen Drucke ihrer Wähler aus dem Lande und der persönlichen Bearbeitung seitens der Deutschnationalen nachgebend und gleichzeitig zur Tarnung ihrer inneren Schwierigkeiten, der Öffentlichkeit ein Schreiben übergab, in dem sie ihr Kabinettsmitglied Bredt zum Rücktritt auffordete.

Eine Stunde vor Eröffnung des Reichstages veröffentlichte der „Lokalanzeiger" einen Brief Hugenbergs und Oberfohrens an mich, der durch die Post erst am Abend des nächsten Tages zugestellt wurde. Der Brief endete mit dem Satz: „Wir werden für Aufhebung der Notverordnung und für das Mißtrauensvotum stimmen." Der Brief war zur Verwirrung der Lage im Reichstage sehr geschickt ausgedacht. Die Verfasser hatten sich aber nicht überlegt, daß er beim Reichspräsidenten einen umgekehrten Effekt auslösen würde. Der Reichspräsident betrachtete einen Antrag auf Aufhebung „seiner" Notverordnung als einen persönlichen Affront. Er ersuchte ohne mein Zutun den preußischen Ministerpräsidenten um eine Aussprache. Braun erklärte dem Reichspräsidenten kühn und entschlossen, obwohl er in dem Augenblick die Mehrheit seiner eigenen Partei nicht hinter sich hatte, daß seine Partei in der Notlage des Vaterlandes dem Reichspräsidenten ohne Rücksicht auf Agitation und Wahlen und ohne politische Bedingung für die Durchführung der Reformen zur Verfügung stehe. Dieses Mal hatte Hugenberg das Gegenteil von dem erreicht, was er beabsichtigte.

Der 15. Oktober brachte eine Reihe wichtiger Ereignisse. Die Reichsregierung war in der Lage, dank der Vorsorge der letzten Monate, an diesem Tag der Reichsbank die letzte Rate des sogenannten „Schacht-Kredits" zurückzuzahlen. Das war die erste Stützung des Kreditmarktes und damit der im stillen schon stark bedrängten Bank seitens der Regierung. Gleichzeitig kamen Nachrichten über die am Tage vorher sich fast zur Panik steigernde wirtschaftliche Nervosität in den Vereinigten Staaten. Der Kohlenpreis wurde noch eine Stunde vor Eröffnung des Reichstages um 6% gegen die stärksten Widerstände des Bergbaues gesenkt. Alles das gab einen guten Start für die Regierung. Verschleierte Andeutungen über die Notwendigkeit der Revision der Reparationen beruhigten die zur Mitarbeit entschlossenen Parteien und wurden gleichzeitig in Amerika und England deutlich und richtig verstanden, ohne in diesem Augenblick eine Gegenaktion auszulösen. Auch das Intrigenspiel um die Wahl des Reichstagspräsidenten wurde durch die Wahl Löbes als Vertreter der stärksten Partei alter Tradition entsprechend beendigt. Um die Deutsche Volkspartei abzusprengen, hatten Deutschnationale und Nazis eine Mehrheit in der Deutschen Volkspartei unter Führung von Herrn von Stauß für einen Beschluß gewonnen, Scholz gegen seinen Willen als Präsidenten zu präsentieren. Während die Debatten hin und her gingen, hatten die Nazis entdeckt, daß ihr Kandidat Scholz jüdische Verwandtschaft hatte. Statt darüber zu schweigen, teilten es einige der

DNVP mit. Von dort ging es über die Mittelparteien zu den Sozialdemokraten, die es in einer Rede aufgriffen. Die Nazis saßen mit verzerrten
Mienen da. Der arme Scholz, der schon damals die Anzeichen eines
schweren inneren Leidens hatte, war von diesem Tage an ein gebrochener
Mann.

Am 18. Oktober kam die Entscheidung. Die Reden brachten nichts
Außergewöhnliches. Ich blieb der Wirtschaftspartei gegenüber fest, da
ich mir unter keinen Umständen von irgendeiner Partei Kabinettsmitglieder herausschießen oder aufoktroyieren ließ, eine Auffassung, die ich
auch in allen späteren Krisen ohne Rücksicht auf die Folgen aufrechterhalten habe. Diesmal hatte es zur Folge, daß im letzten Augenblick ein
Mehrheitsbeschluß der Wirtschaftspartei für die Regierung zustande kam.
Jetzt sah Hugenberg seinen großangelegten Vorstoß nahezu als gescheitert an. Es gelang ihm aber, im letzten Augenblick Oldenburg-Januschau
für eine Attacke gegen die Regierung zu gewinnen. Der alte erfahrene
Politiker entledigte sich nicht nur seines Auftrages in außerordentlich
wirksamer Form. Er setzte den Stoß gleichzeitig meisterhaft an dem
gefährlichsten Punkte an, indem er den Reichspräsidenten gegen Groener
aufzubringen suchte, vor allem durch die oft widerlegte Äußerung
Groeners über den Fahneneid im November 1918. Vorausgegangen war
ein leidenschaftlicher Vorstoß in gleicher Richtung durch seinen Partei-
freund Schmidt (Hannover).

Die Luft war schwül und voller Spannung. Wenn ich auf die Angriffe
Oldenburgs antwortete, so bedeutete dies, sich mit dem ältesten und
intimsten persönlichen Freunde des Reichspräsidenten öffentlich auseinanderzusetzen, ohne zu wissen, wie der Reichspräsident sich dazu stellen
würde. Eine Entscheidung ohne Fühlungnahme mit der Umgebung des
Reichspräsidenten war nicht möglich. Ich stellte zunächst fest, daß
Groener, in der Überzeugung, die Lage sei gefahrlos, am Morgen zu einer
Dienstreise abgefahren war. Herr Meißner weigerte sich, eine Meinung
zu äußern. Auf meine Bitte, mindestens Oskar Hindenburg die Situation
mitzuteilen, da es für den Vater schon zu spät abends war, bekam ich
einen ausweichenden Bescheid. Inzwischen war Schleicher nach langem
telephonischen Suchen in seiner Wohnung gefunden worden. Ich bat
ihn, als Vertreter seines verreisten Chefs, sofort zu einer Aussprache in
den Reichstag zu kommen. Er erklärte, das sei nicht möglich, da er
gerade vom Reiten zurückkomme und erst ein Bad nehmen müsse. Eine
zweite und dritte telephonische dringende Bitte lehnte er ab. Endlich
erschien Herr Meißner. Die Rednerliste war abgeschlossen. Die Stim-

mung im Reichstag wurde immer kritischer. Die Mehrheit der Abgeordneten gab die Regierung bereits verloren. Ich mußte eingreifen.

Als ich aus dem Zimmer ging, traf Schleicher ein, in der Hoffnung zu spät zu kommen! Ich legte, zur Rückendeckung beim Reichspräsidenten, Schleicher und Meißner fest, ging hinein und antwortete Herrn von Oldenburg auf seine Angriffe, zwar sachlich scharf, aber in denkbar verbindlicher und verehrungsvoller Form. Die Defensive hätte die Situation nicht mehr gerettet. Ich griff Oldenburg an, weil er sich als Royalist und alter preußischer Offizier nicht gegen die Herabsetzung des Fahneneides durch seinen Kollegen Schmidt gewandt hätte, und appellierte an den Reichstag und an alle außerhalb: Nicht nur Herr von Oldenburg, sondern Mitglieder aller Parteien des Reichstages hätten unter dem Befehl des Feldmarschalls gekämpft. Ich war durch die frisch erworbenen Erkenntnisse über den Mangel an Verantwortlichkeitsbewußtsein in der Umgebung des Reichspräsidenten so erregt, daß ich nur zehn Sätze sprechen konnte. Nach fünf Minuten war der Kampf entschieden. Zum erstenmal, seitdem es in Deutschland ein parlamentarisches System gab, war erreicht, was immer vorher möglich gewesen wäre: durch rückhaltlosen Selbsteinsatz des Regierungschefs aus einer Minderheit eine Mehrheit zu machen. Herr von Oldenburg war in der Defensive und brachte Entschuldigungen vor, Schmidt (Hannover) korrigierte sein Stenogramm, und die Mehrheit, die von den größten Optimisten auf 40 geschätzt worden war, betrug 80 Stimmen.

Aber noch gab es keine Ruhe. Entscheidend war nunmehr, den Reichstag bis zum Dezember zu vertagen. Davon durfte man sich keinen Tag abhandeln lassen, um ein für allemal, im Gegensatz zu all den vergangenen Jahren, der Regierung de facto die Bestimmung über die Tagungszeit des Parlamentes zu geben. Das Intervall nach der ersten Rede Herrn von Oldenburgs hatte genügt, um die Landvolkpartei der Regierung wieder abspenstig zu machen. Sie verlangte, entgegen ihrer dauernden Kritik am Parlamentarismus, das Parlament solle weitertagen. Trotzdem fand sich eine knappe Mehrheit für die Vertagung. Von da an hat sich der Reichstag nicht wieder gegen den Willen der Regierung versammelt.

ANFANGSSCHWIERIGKEITEN – ANFANGSERFOLGE

Nach außen gestärkt ging ich sorgenvoll aus dem Reichstag, da ich nicht wußte, ob der Reichspräsident sich nicht am nächsten Tage auf die Seite Oldenburgs stellen würde. Ich vergaß dabei, daß Menschlichkeiten eine große Rolle spielen. Alle in der Umgebung des Reichspräsidenten, die sich am Abend gescheut hatten mitzuhelfen, wurden *nach* dem Erfolg stark. Am andern Morgen ließ mir der Reichspräsident durch Meißner sagen, er gratuliere mir zu dem doppelten Siege über das Parlament am Jahrestag der Schlacht bei Leipzig. Mit seinem alten Freunde müsse ich mich aber wieder aussöhnen.

Die Niederlage der Landvolkpartei bei der Abstimmung und meine Weigerung, Zollerhöhungen vor Annahme des Schuldentilgungsgesetzes vorzunehmen, führten bereits am nächsten Tage zu scharfen Auseinandersetzungen im Landbund. Am 23. Oktober wurde Hepp, der den Kampf gegen die Regierung inszeniert hatte, gestürzt, und Graf Kalckreuth, den Schiele für einen ergebenen Freund hielt, zum Vorsitzenden gewählt. Der Tag brachte einen weiteren Erfolg. Nach stundenlangen Verhandlungen nahmen Arbeitgeber und Arbeitnehmer in der Berliner Metallindustrie meinen Vermittlungsvorschlag an. Der Erfolg der Regierung im Reichstag hatte beide Teile zum Einlenken veranlaßt.

Mit viel Mühe war es gelungen, die Reparationsdebatte im Plenum des Reichstages auf die Beratung im auswärtigen Ausschuß abzudrängen. Aber der Anschein, daß da kein Unglück passieren könnte, war eine Täuschung. Präsident Hoover, erschreckt, nachdem er den genauen Text meiner Rede bekommen hatte, erließ am 21. Oktober ein scharfes Verdikt gegen jedes Moratorium in der Reparationsfrage. Das führte zu einer stärkeren Depression der Regierungsparteien. Es bedurfte wieder vieler Mühe, am 28. Oktober eine Mehrheit im auswärtigen Ausschuß zustande zu bringen für eine Entschließung, die zwar die Stellungnahme Hoovers berücksichtigte, aber gleichzeitig einigermaßen dem stürmischen Verlangen nach sofortiger Inangriffnahme der Reparationsrevision entgegenkam. Eine schärfere Resolution hätte den Lee-Higginson-Kredit zerschlagen und eine sofortige Finanz- und Bankenkrise herbeigeführt. Leichter war es möglich, eine große Mehrheit im Ausschuß für eine Entschließung in der Abrüstungsfrage zu finden.

Jetzt hieß es, in wenigen Tagen die zurückgestellten Differenzen mit den einzelnen Gruppen in der Regierungsmehrheit zu bereinigen. Eine Erledigung vor der Abstimmung hätte den sicheren Auseinanderfall der Regierungsmehrheit bedeutet. Zunächst gelang es, eine überwältigende Mehrheit in der Urabstimmung der Arbeitnehmer für die Wiederaufnahme der Arbeit in der Berliner Metallindustrie zu erhalten. Als das gelungen war, konnte man es wagen, die Beschlüsse des Reichskabinetts über die agrarpolitischen Maßnahmen zu veröffentlichen und dadurch gleichzeitig eine freudige Stimmung beim Reichspräsidenten hervorzurufen. Es galt, mit Rücksicht auf den Plan zur Erschütterung der Reparationsleistungen, alle Zahlungen durch Ausfuhrüberschuß zu tätigen, Maßnahmen zu treffen, die einen Weizenimport vom nächsten Erntejahr ab überflüssig machten und gleichzeitig den aus den vergangenen Jahren mitgeschleppten riesigen Roggenvorrat schnellstens zu verbrauchen.

Zu diesem Zwecke wurden bis dahin in der neueren Geschichte noch nie angewendete hohe Zölle angekündigt, die den Weizenpreis in Deutschland auf 230% und den Gerstepreis auf 300% des Weltmarktpreises steigerten. Der Zweck dieser vor allem die Demokratische Partei erschütternden Maßnahmen war, möglichst viel Anbaufläche anstatt für Roggen für Weizen zu verwenden und den vorhandenen Roggenvorrat an Stelle von Gerste zur Schweinemast zu verbrauchen. Um die wahrscheinliche gewaltige Steigerung des Preises für Weißbrot zu vermeiden, wurde der Beimischungszwang von Roggenmehl zum Backen verordnet. Beide Maßnahmen retteten in den nächsten zwei Jahren die deutsche Landwirtschaft vor dem Zusammenbruch und ermöglichten das außenpolitische Aushalten unter jedem Druck und in jeder Krise. Aber sie trieben die Bäcker bei der Wirtschaftspartei und die norddeutschen Schweinemäster bei der Demokratischen Partei ins Lager der NSDAP.

Dietrich, als Vorsitzender der Demokratischen Partei, war sich völlig klar, daß seine Partei, vor allem nach dem Austritte des Jungdeutschen Ordens, dadurch den Todesstoß erhielt. Das hinderte ihn nicht, am heftigsten für die im weitverstandenen Staatsinteresse liegenden Maßnahmen zu kämpfen. Die Sturmzeichen der Weltkrise zeigten sich in diesen Tagen immer heftiger. Die erste Serie der südamerikanischen Revolutionen begann in Brasilien. In Frankreich drohte der Oustric-Skandal schon gleich am Anfang, das innenpolitische Gefüge durcheinanderzuwerfen. Die Erregung in der deutschen Landwirtschaft fand, neben fortschreitenden Attentaten in Schleswig-Holstein, ihren Ausdruck in dem am 1. November beginnenden ostpreußischen Bauernprozeß, der schon nach wenigen Tagen den Entschluß bei der NSDAP herbeiführte, in diesem

Winter die ganze Agitationskraft auf die Radikalisierung der Landwirtschaft im Osten anzusetzen.

Bevor das Reichskabinett das Finanzprogramm in den Einzelheiten formulierte, mußte leider wie gewöhnlich für Bayern etwas Besonderes geleistet werden. Nach Verhandlungen mit Held, Wohlmut und Schäffer erhielt Bayern auf Grund der Zusage vom 22. Oktober 5,6 Millionen Zinsen aus der Postabfindung. Die Panikstimmung am Geldmarkte legte sich. Zwar war das Ultimo in Deutschland im Gegensatz zu der übrigen Welt noch schwer gewesen, aber es war wieder ein freies Angebot an Devisenleihgeld vorhanden.

Um die Stellung der Regierung vor Beginn der Verhandlungen des Reichsrats über das Reformprogramm zu befestigen, wurde am 1. November unsere Note betreffend Abrüstung veröffentlicht. Die Note und im Zusammenhang damit vor allem auch mein Interview mit dem Vertreter des „Petit Parisien" hatten ein schlechtes Echo bei einem großen Teil der französischen Presse, vor allem im „Temps". Die Aufnahme in England und den Vereinigten Staaten war günstiger. Am selben Tage, an dem die Verhandlungen im Reichsrat begannen, kam es in Genf zu einem scharfen Rededuell zwischen Curtius und Briand über die Abrüstung. Am 7. November war die Schlußtagung der vorbereitenden Abrüstungskommission, und nunmehr konnte die Vorbereitung für die Haupttagung beginnen.

Außenpolitisch wurde durch die günstige Lagerung dieses Termins das Interesse an Deutschland zunächst von der Reparationsfrage abgelenkt. Dabei waren die Forderungen Deutschlands in der Abrüstungsfrage so, daß niemand von der Rechten mit einigem politischen Verständnis das Geringste daran aussetzen konnte. Daher setzte der offenbar gleich nach Vertagung des Reichstags vorbereitete neue Ansturm der gewohnheitsmäßigen Krisenmacher auf andern Gebieten ein. Die Ruhe auf dem Geldmarkt, die nach der Vertagung des Reichstages und nach dem Abschluß der Lee-Higginson-Anleihe bis zu einem gewissen Grade eingetreten war, wurde durch neue politische Intrigen alsbald wieder gestört, obwohl namentlich die Führer der Industrie aus der Lage des Geldmarktes, nicht nur in Deutschland, sondern auch in London, nunmehr endgültig hätten erkennen können, daß die Welt in eine schwere Wirtschaftskrise hineinsteuerte. Am 5. November setzten neue französische Goldabzüge in London ein. Das Pfund zeigte eine erneute Schwäche. Trotzdem waren die Forderungen der Arbeitgeberverbände nur negativ. Ihre Kundgebung wandte sich gegen generelle Arbeitszeitkürzung, Notstandsarbeiten und Subventionen. Da sie am selben Tage erfolgte, an dem Stegerwald als Arbeitsminister nach London fuhr, um mit dem englischen Bergbauminister zu einer Einigung über die internationale Regelung der Arbeitszeit im Bergbau zu kommen, also zu einer Lösung, die dem Bergbau Englands und Deutschlands in gleicher Weise bis zu einem gewissen Grade geholfen hätte, war dahinter wieder deutlich ein Vorstoß der Schwerindustrie aus politischen Gründen zu erkennen. Dieses wurde um so klarer, als eben an diesem Tage Herr Dingeldey von der DVP mit dem Sturz der Regierung durch eine sogenannte bürgerliche Mehrheit drohte.

Zu dieser bürgerlichen Mehrheit rechnete er auch Herrn Goebbels, der, als es nach mühseligen Verhandlungen gelungen war, die Gewerkschaften und die Mehrheit der Berliner Metallarbeiter zu einer Wiederaufnahme der Arbeit im Berliner Metallgewerbe zu bringen, gemeinsam mit den Kommunisten alles daransetzte, um die Arbeiter erneut in eine radikale Streikstimmung hineinzutreiben. Hinzu kam, daß gleichzeitig in Kreisen der Wirtschaftspartei Sturm gelaufen wurde gegen die Senkung der Fleischpreise. Endlich, was noch gefährlicher war, sah sich Schiele in der Führung des Reichslandbundes getäuscht. Durch den Grafen Kalckreuth wurde die grüne Front reaktiviert. Am 7. November erfolgte ein gemeinsamer Vorstoß der grünen Front beim Reichspräsidenten, der ersucht wurde, die agrarischen Maßnahmen durch Verkündigung auf Grund des Artikels 48 vorwegzunehmen. Jeder suchte für sich allein das in seinem Interesse Liegende durchzusetzen, ohne an die Gesamtheit und an die Schwere der Krise zu denken.

Damit nicht genug: In den Parteien begann ein Intrigieren von geradezu erschreckendem Ausmaß. Der Streit Colosser–Drewitz in der Wirtschaftspartei ging fort. Colosser mußte aus der Wirtschaftspartei ausscheiden. Seine Tätigkeit beschränkte sich nunmehr darauf, immer erneut zu versuchen, mich durch Lieferung von Nachrichten aus der Wirtschaftspartei gegen Drewitz und seine Freunde zu mobilisieren. Herr Dingeldey intrigierte lustig weiter gegen seinen Parteiführer Scholz und erreichte es glücklich, daß Scholz zurücktrat und er selbst am 8. November zu seinem Nachfolger ernannt wurde. Die Kreise um Herrn Dingeldey und weiter rechts sahen anscheinend nicht, daß Goebbels in der NSDAP immer offener zu einem Radikalismus hindrängte, der alles, was die SPD in ihren unfruchtbarsten Zeiten gefordert hatte, übertraf und auf hundertprozentigen Wettbewerb mit der KPD hinauslief. Goebbels proklamierte feierlich ein extremes Streikrecht, auch für den Fall einer nationalen

Regierung. Gleichzeitig nahm er bereits siegesbewußt den Vorstoß des Herrn Dingeldey und der agrarischen Kreise auf und verlangte für den Fall des Sturzes der Regierung und des Eintritts der NSDAP in eine neue Regierung die gesamte Kultusverwaltung, das Reichswehrministerium und die Polizei in allen Ländern. Diese Forderungen hätten den bürgerlichen Politikern, vor allem den Deutschnationalen, die Augen über die letzten Absichten der NSDAP öffnen müssen. Aber weit gefehlt! Obwohl außenpolitisch die Regierung immer deutlicher einen Vorstoß vorbereitete, der mehr als hundertprozentig die Forderungen der Rechten erfüllte, und ein Reformprogramm vor der Verwirklichung stand, über das seit zehn Jahren immer als Forderung der DNVP geredet worden war, schienen alle bürgerlichen Gruppen der Rechten nur bestrebt zu sein, Verwirrung anzustiften, um so die Nazis an die Macht zu bringen und dabei sich selber ans Messer zu liefern.

Ich entschloß mich daher, vor der offenen Erklärung, daß das ganze Notprogramm der Reichsregierung auf Grund des Artikels 48 verkündet werden sollte, und nachdem auch dem letzten bürgerlichen Politiker durch die Reden von Goebbels – und durch das Verhalten der NSDAP insgesamt – die Gefahr von dieser Seite hätte klar sein können, nochmals einen Versuch zu machen, um alle Kräfte im Reichstag, von denen man auch nur irgendwie ein Verantwortlichkeitsgefühl erwarten durfte, zu einer Zweidrittelmehrheit für ein Ermächtigungsgesetz zusammenzufassen. Damit dies gelang, mußte noch mehr als im Sommer die Autorität des Reichsrates gegen das Durcheinander im Reichstag und in der öffentlichen Meinung gestärkt und eingesetzt werden. Zu diesem Zweck wurden die Gesetze, die in ihrer Gesamtheit das ganze Programm der Reichsregierung enthielten und auf allen Gebieten einschneidendste Maßnahmen brachten – die so weit gingen, daß selbst die Reichsreform in ihnen schon finanziell begründet wurde –, dem Reichsrat zugeleitet und von Dietrich, Stegerwald und mir in einer großen öffentlichen Sitzung begründet. Der Eindruck war außerordentlich stark. Aber in diese günstige Atmosphäre platzte ein sinnloser Vorstoß des Langnamenvereins hinein, der an allem Kritik übte, ohne auch nur einen einzigen positiven Gedanken vorzubringen. Trotzdem gelang es, die Gesetze im Reichsrat bis zum 20. November zu verabschieden. Der gute Eindruck der Verabschiedung des größten Gesetzeswerkes, das je dem Reichsrat oder dem früheren Bundesrat vorgelegen hatte, innerhalb von vierzehn Tagen war noch deutlich zu spüren, als ich am 21. November auf dem Landgemeindetag vor etwa 1000 Delegierten, also vor Persönlichkeiten, die Tag für Tag von den wirtschaftlichen und finanziellen Schwierigkeiten der Verwaltung bis ins kleinste Gebirgsdorf hinein bedrückt wurden, eine Rede hielt. Obwohl in der Versammlung, namentlich unter den Delegierten aus Sachsen, Mitteldeutschland und der Grenzmark, vielleicht schon ein Viertel offen oder insgeheim mit der NSDAP sympathisierte, wagte niemand an dem großen Reformprogramm der Reichsregierung ernsthaft Kritik zu üben. So hatte ich die nächsten zwei Tage Zeit und auch Autorität, um in Berlin Besprechungen mit dem ungarischen Ministerpräsidenten Graf Bethlen zu führen. Es war der erste Besuch eines ausländischen Ministerpräsidenten, abgesehen vom österreichischen Bundeskanzler, seit 1913.

Während dieser ganzen Zeit wurde schon eine Reihe von Maßnahmen des Reformprogramms, die außerhalb der eigentlichen Gesetze lagen, durchgeführt. Während die politischen Parteien sich mit wenigen Ausnahmen in gegenseitigen Gehässigkeiten erschöpften, liefen die wirtschaftlichen Beratungen im Reichskabinett und ihre Durchführung ununterbrochen weiter. Es gelang vor allem, die Gewerkschaften für die aktive Mitarbeit bei der Preissenkung zu gewinnen, ebenso den deutschen Städtetag. In weniger als einem Vierteljahr war es möglich geworden, der Mehrheit der Arbeiterschaft klarzumachen, daß es notwendig sei, schrittweise die Löhne zu senken, um niedrigere Preise für die Produktion, namentlich der Fertigwaren, zu erzielen. Auf die gewerkschaftlich geschulten Arbeiter machten die Tatsachen Eindruck: Der Senkung der Löhne in der Schwerindustrie war durch den Druck von seiten der Regierung eine Senkung der Eisen- und Kohlenpreise gefolgt, in der Berliner Metallindustrie geschah dasselbe, und außerdem erreichte die Regierung durch Senkung der entsprechenden Eisenbahntarife eine größere Herabsetzung der Preise für diese Produkte, als dies der Lohnsenkung entsprach. Man konnte in der Preis- und Lohnsenkung nach einiger Zeit einen Schritt weitergehen, wenn es gelang, trotz der gewaltigen Erhöhung der Getreidezölle eine Senkung der Lebensmittelpreise herbeizuführen. Die täglichen Sitzungen des Reichskabinetts, zusammen mit Vertretern der preußischen Regierung, des Städtetags und der Gewerkschaften sowie anschließende Verhandlungen mit den Vertretern des Lebensmittelhandels, hatten am 11. November in Berlin den ersten großen Erfolg. Ohne daß die Landwirtschaft weniger für ihre Produkte erhielt, wurde der Brot- und Fleischpreis in Berlin um 8% und der Milchpreis um einen Pfennig herabgesetzt. Das waren Anfangserfolge. Der Städtetag übernahm es, zusammen mit der preußischen Regierung diese Preissenkung in allen größeren deutschen Städten durchzusetzen. Gleichzeitig gelang es mehr und mehr, die Reichsbahnverwaltung zu überzeugen, daß man das drohende, gewaltige Defizit nicht durch Steigerung der Tarife, sondern durch eine schrittweise Senkung der Frachtsätze für die Ausfuhr, für die Kohle und für die wichtigsten agrarischen Produkte vermindern könne.

Nachdem Severing wieder preußischer Innenminister geworden war, fand ich in ihm einen Mitarbeiter zur Sanierung der Gemeindefinanzen in Preußen, wie er energischer, opferbereiter und entsagungsvoller nicht gefunden werden konnte. Severing war jede Rücksicht auf seine eigene Partei gleichgültig. Er entschloß sich, Aufsichtskommissare von Staats wegen mit unbeschränkten Vollmachten selbst in den Gemeinden einzusetzen, wo seine eigenen Freunde tonangebend waren. In meiner Gegenwart gab er einem dieser Kommissare die Instruktion, rücksichtslos mit jeder Verschwendung und Korruption in der Kommunalverwaltung aufzuräumen, gleichviel welche politische Partei er dabei treffen könne. Gleichzeitig erließ er eine Zwangsverordnung für die Steuereintreibung und -ablieferung bei den preußischen Gemeinden.

In diesen Wochen und in der ganzen folgenden Zeit habe ich Severing schätzen und bewundern gelernt als einen lauteren Charakter von einer unparteiischen Staatsgesinnung, wie sie dem Ideal eines preußischen Innenministers entsprach. Zu meiner großen Freude entdeckte ich bei ihm eine tief religiöse Gesinnung. Als ich ihm sagte, ich könne nicht in den großen Kampf eintreten, ohne zuvor eine Garantie zu haben, daß die preußische Regierung die Verhandlungen über das „Konkordat mit der evangelischen Kirche" mit dem Ziele eines friedlichen Abschlusses begonnen habe, erklärte er mir, das entspreche auch seinem Wunsche. Er würde sich im preußischen Staatsministerium dafür restlos einsetzen. Das Gemurre seiner eigenen Parteifreunde sei ihm dabei höchst gleichgültig. Jetzt gelte es, nicht nur die politischen, sondern auch die positiven religiösen Kräfte zusammenzufassen, um sowohl gegen den Bolschewismus wie gegen die religiösen und politischen Irrlehren des Nationalsozialismus zusammenzustehen. Am 26. November teilte er mir telephonisch mit, daß zwei Tage später die ersten konkreten Verhandlungen über den Kirchenvertrag beginnen könnten.

So war ich für die Verhandlungen mit den Parteien im Reichstag durch Anfangserfolge auf allen Gebieten gerüstet: Steuerreform und Lohnsenkung für die bürgerliche Rechte, Preissenkung für die Linke, außenpolitische Offensive auf dem Gebiete der Abrüstung wieder für die Rechte und Erfüllung des alten Postulates auf Eröffnung der Verhandlungen über den evangelischen Kirchenvertrag mit Preußen für den Volksdienst und alle gläubigen Protestanten in den bürgerlichen Parteien. Ich glaubte auch, daß die Lage günstig sein würde, nachdem in den letzten vierzehn Tagen die Nationalsozialisten sich zunehmend als viel radikaler als die SPD enthüllt und in Oldenburg und Baden die bürgerlichen Parteien mit Ausnahme der Zentrumspartei infolge ihrer Selbstzerfleischung wieder starke Verluste an die Nazis gehabt hatten.

DER KAMPF UM DIE NOTVERORDNUNG

Bei den Verhandlungen im Reichsrat war absichtlich offengeblieben, in welcher Form die etwa zwanzig neuen Gesetze im Reichsrat verabschiedet werden sollten. Noch immer mußte ich versuchen, die DNVP für eine Zweidrittelmehrheit für ein Ermächtigungsgesetz zu gewinnen. Eine gewisse Hoffnung hatte ich nach einer längeren, sich in den angenehmsten Formen abspielenden Unterhaltung mit Oldenburg-Januschau. Nach einer Erinnerung, daß er früher auf eigene Faust mit der Zentrumspartei Politik gemacht hatte, um 1901 gegen Dr. Hahn und Genossen die Zollvorlagen durchzusetzen, legte ich ihm meine letzten Pläne in der Außenpolitik klar und auch den Weg, der in Etappen zurückgelegt werden müßte, um mit Hilfe der konservativen Kräfte in der Mitte und auf der Rechten und verantwortungsbereiter Kreise der Arbeiterschaft zu einer Konsolidierung unseres Staatswesens und schließlich zu einer Änderung der Verfassung im monarchischen Sinne zu kommen. Nach meinen Erfahrungen sei es nicht zweckmäßig, alles das im einzelnen Hugenberg mitzuteilen, da zu leicht die Gefahr bestünde, daß Hugenberg aus taktischen und agitatorischen Rücksichten solche Pläne an die Öffentlichkeit bringe. Er könne aber davon Gebrauch machen, wie er es für notwendig hielte, um Hugenberg für eine positive Mitarbeit zu gewinnen. Herr von Oldenburg wurde lebendig wie ein Dreißigjähriger, als er meine Pläne hörte, und versprach, den Hugenberg „schon gründlich zu salben" für die Unterhaltung, die ich einige Tage später mit ihm haben sollte.

Am 24. November begannen die Besprechungen mit den Parteiführern. Ich erklärte zunächst den Führern der SPD, daß ich versuchen würde,

alles nur Mögliche zu tun, um vor Beginn des Reichstages eine Mehrheit
für die Gesetze zu schaffen, auch wenn es notwendig sei, weniger wichtige
Dinge auf dem Normalwege abzuändern. Im übrigen hätte ich noch eine
gewisse Hoffnung auf ein Ermächtigungsgesetz. Sollte alles scheitern, so
müßten eben die ganzen Gesetze durch eine Notverordnung verabschiedet werden. Zwei Tage später sollte die lange Aussprache mit Hugenberg
stattfinden. Wie immer platzte auch vor dieser Besprechung eine Bombe.
Die Wühlereien der Rechten und der Wirtschaftspartei veranlaßten
Drewitz, den Justizminister Bredt am 25. November endgültig aus dem
Kabinett herauszuziehen. Trotzdem begann ich am nächsten Tage die
Verhandlungen mit den Parteien über jede Einzelheit der Notverordnung, vor allem mit den Sozialdemokraten persönlich.

Dazwischen war am Nachmittag des 26. November die entscheidende
Aussprache mit Hugenberg, die über vier Stunden dauerte. Was mir an
Menschlichkeit, Liebenswürdigkeit, Wärme und letzter Offenheit im
politischen Leben überhaupt je zur Verfügung stand, setzte ich von
Anfang an ein, um Hugenberg zu gewinnen. Ich deutete an, daß ich es
nur begrüßen würde, wenn er sich mit seinen alten Parteifreunden, die
aus der DNVP ausgeschieden seien, wieder aussöhne. Wir brauchten eine
starke konservative, protestantische Partei neben dem Zentrum. Alle
Ziele der Wirtschaftspolitik wurden ihm, soweit ich es für verantwortbar
hielt, offen dargelegt. Endlich, nach drei Stunden, glaubte ich, mich mit
ihm einigen zu können. Er ging auf Einzelheiten der Verständigungsmög-
lichkeiten ein, wurde dann aber deutlicher über seine Ziele und Absichten, die Verfassung zu zerschlagen. Hier mußte ich bremsen und
vorsichtiger werden. Ich merkte alsbald, daß ihm dieser Punkt der
wichtigste war und daß er sich die Verfassungsänderung sehr massiv
vorstellte. Ich versuchte davon abzulenken und stellte eine erneute
Aussprache über diese Punkte nach kurzer Zeit in Aussicht. Um so mehr
richtete ich die Unterhaltung auf die Außenpolitik.

Nach einer weiteren halben Stunde sah Hugenberg plötzlich nach der
Uhr, stand auf und sagte als Abschluß der Unterhaltung mit stereotyper,
eiskalter Miene: „Ich bin jetzt mehr überzeugt denn je, daß ich immer
recht hatte. Deutschland steht mitten in dem von mir vorausgesagten
Zusammenbruch. Das ist mir nach Ihren ausführlichen Darlegungen
klarer denn je. Deshalb muß ich Sie und das ganze System bekämpfen."
Ich antwortete ihm daraufhin, in der Erkenntnis der Gefahren stimmten
wir beide wohl seit langer Zeit überein, ich könne aber nach meiner
Auffassung der Politik nicht warten, bis der Zusammenbruch eingetreten

sei. Für mich gäbe es nur eines: Genau wie im Felde mich dort einzusetzen, wo eine Gefahr noch zu verhüten sei. Ich gäbe trotzdem die Hoffnung nicht auf, doch mit ihm zusammenarbeiten zu können, und würde ihn zu häufigeren Aussprachen, in denen ich zu rückhaltloser Auskunft über die jeweiligen Ziele und Phasen der Außenpolitik bereit sei, bitten. Eine kühle, stumme Verbeugung war die Antwort.

Die Verhandlungen mit den Sachverständigen der Parteien gingen in den nächsten Tagen vom frühen Morgen bis in die Nacht hinein in den Räumen des Reichstages weiter. Genau wie bei dem Etatskompromiß von 1929 waren die einzelnen Gruppen in verschiedenen Zimmern. Die Mitglieder des Reichskabinetts und die besten Mitarbeiter, vor allem Zarden, gingen von Raum zu Raum. Gewisse Dinge wurden endgültig geändert. So zum Beispiel die Erleichterung der Bürgersteuer für die Arbeitslosen. Fast alle übrigen Forderungen, von welcher Seite sie auch kamen, lehnte ich ab, aber in einer solchen Form, daß alle schließlich überzeugt waren, die 20 Gesetze, einschließlich der nach Auflösung des Reichstages erlassenen Notverordnung, müßten von der Regierung in einer einzigen Notverordnung verkündet und als Einheit dem Reichstage zur Entscheidung vorgelegt werden. Am 1. Dezember wurde die Notverordnung im Reichskabinett in endgültiger Form beschlossen.

Der 2. Dezember brachte am frühen Morgen nach drei durchgearbeiteten Nächten eine peinliche Überraschung, als sich herausstellte, daß die Herren des Arbeitsministeriums in letzter Minute in die Notverordnung eine scheinbar nebensächliche Bestimmung eingeschmuggelt hatten, die allein für die Reichsbahn eine Mehrbelastung von 250 Millionen bedeutete. Die Angelegenheit wurde einige Tage später, nach Annahme der Notverordnung seitens des Reichstages, in der staatsrechtlich höchst bedenklichen Form der Berichtigung eines Druckfehlers wieder in Ordnung gebracht. Wenn die Opposition vor der Abstimmung diesen Vorgang entdeckt hätte, wären Regierung und Notverordnung wahrscheinlich verloren gewesen. Denn der taktisch allein mögliche Aufmarsch der Reichsregierung für den Kampf im Reichstag bestand in der kategorischen Ablehnung aller Ausschußberatungen und Abänderungsanträge. Beim Entdecken eines solchen Fehlers hätte die Regierung die Beratung von Abänderungsanträgen in einem Ausschuß nicht ablehnen können. Das hätte aller Voraussicht nach die gleiche Situation wie im Sommer vor der Reichstagsauflösung zur Folge gehabt. Viele aus meiner Umgebung waren der Ansicht, hinter der Sache habe eine bewußte politische Überlegung und ein Vorstoß gegen die Regierung seitens eines leitenden Beamten im Reichsarbeitsministerium gestanden.

Dem Reichstag wurde klargemacht, daß die Regierung nach den vorausgegangenen Verhandlungen sich unter keinen Umständen auf irgendwelche Abänderung der Notverordnung einlassen würde, auch die Ausschußberatung ablehne. In vorsichtiger Form, aber deutlich genug für den Reichstag selber, wurde angedeutet, daß bei einer Ablehnung der Notverordnung etwas Ungewöhnliches folgen würde. Alles schien günstig, als plötzlich die bayrische Regierung einen Konflikt wegen des Steuervereinheitlichungsgesetzes begann, das die unerläßliche Vorbedingung für die endgültige Reform der Finanzen und für den endgültigen Finanzausgleich bildete. Am 5. Dezember, vor der Abstimmung, fanden erneute Verhandlungen mit Bayern statt, die es wenigstens ermöglichten, die Bayerische Volkspartei im Reichstag für eine positive Abstimmung zu gewinnen. Es war das Ziel des unermüdlich für Ausgleich und positive Arbeit wirkenden Prälaten Leicht, unter allen Umständen seine Fraktion bei der Regierungsmehrheit zu halten. Das zwang mich, in diesem Augenblick auf eine Kraftprobe mit Bayern zu verzichten, obwohl ich mir nach allen Erfahrungen der vergangenen Jahre darüber klar war, daß die bayrische Regierung rücksichtslos jede Notlage des Reiches ausnützen würde, um neue Erpressungen auszuüben. Die Regierung hätte in diesem Augenblick die Stimmen der Bayerischen Volkspartei nicht unter allen Umständen gebraucht; sie hätte auch ohne dieselbe eine Mehrheit von 20 Stimmen gehabt.

Der nächste Tag bereits zeigte, daß der Verzicht auf eine Kraftprobe mit Bayern in diesem Augenblick ein schwerer Fehler war. Trotz entgegengesetzter Versprechungen, die Herr Schacht mir am Abend vorher gemacht hatte, hielt er am nächsten Tage auf der Industriellentagung der BVP in München eine politische Rede, in der er sich stark für die NSDAP einsetzte. Der Vorsitzende der BVP, Fritz Schäffer, folgte ihm mit einer massiven Rede gegen das Steuervereinheitlichungsgesetz. Ich erkannte erst jetzt, daß hier ein seit langem wohlvorbereiteter Vorstoß von München gegen die Regierung und gegen die Führung der BVP in Berlin erfolgte.

Am nächsten Tage hielt Dingeldey eine Rede, durch die er nach Annahme der Notverordnung die Regierungsmehrheit durcheinanderbringen wollte. Er erklärte in dieser Rede, daß die neue Notverordnung eine ausgesprochene antisozialistische Tendenz habe. Da noch die Abstimmung über die Mißtrauensvoten gegen Curtius, Wirth und Treviranus, stereotyp bei jeder Tagung von der DNVP eingebracht, ausstand, und ich unter allen Umständen, nachdem Tardieu am Tage vorher gestürzt worden war, eine außenpolitische Debatte im Reichstag vermeiden mußte, stand am 7. Dezember die Chance im Reichstag nach der Rede von Dingeldey sehr ungünstig für die Regierung. Eine lange Unterredung mit Dingeldey brachte ihn zur Vernunft zurück.

Der persönliche Einfluß des Prälaten Leicht, der den Vorstoß von München aus in einem Augenblick, wo er selber unter allen Umständen in Berlin anwesend sein mußte, auch als eine persönliche Intrige gegen sich selber empfand, war wieder einmal stark genug, um die BVP im Reichstag zusammenzuhalten. Eine Stunde später gelang es, den Christlichen Volksdienst zu überreden, auf eine außenpolitische Debatte zu verzichten und die SPD für die Ablehnung des Winterhilfsantrags der KPD für den Fall zu gewinnen, daß die Rechtsopposition für ihn stimmen würde. Mit zum Teil wechselnden Mehrheiten wurde der Antrag der KPD abgelehnt, ebenso die Mißtrauensvoten gegen Curtius, Wirth und Treviranus. Der Reichstag vertagte sich, dem Wunsch der Regierung entsprechend, bis zum 3. Februar 1931. Damit war auf allen Gebieten, trotz der Intrigen von den verschiedensten Seiten, die Regierung Sieger geblieben.

Das große Werk der Rahmengesetzgebung für die endgültige Stabilisierung der Finanzen, vor allem für die Senkung der Realsteuern und die Ausgabenbeschränkung der Gemeinden, war nunmehr gesetzlich so weit fixiert, daß die Reichsregierung und die Länderregierungen keine weiteren Vollmachten vom Reichstag brauchten, um im Verlauf der nächsten zwei Jahre alle Dinge in Ordnung zu bringen. Jahrzehntelange Forderungen waren erfüllt. Für die Stimmung in Deutschland war es interessant, daß gerade von den Seiten, die immer und immer wieder nach dieser Finanzreform gerufen hatten, alles getan wurde, um wenigstens noch nachträglich diesen Erfolg herunterzusetzen. Die „Frankfurter Zeitung", die lauteste Ruferin im Streit für die Reformen, brachte einen griesgrämigen Artikel, in dem sie nachzuweisen sich bemühte, daß eine Senkung der Realsteuern und der Hauszinssteuer unmöglich sei.

Drei Wochen später versuchte Kircher in der „Frankfurter Zeitung" einen weiteren Vorstoß, der den ganzen Haß gewisser Linkskreise gegen jede positive Arbeit enthüllte. Ich hatte alle Minister gebeten, nach diesem Jahre maßlosester Anstrengung, von Weihnachten bis zum 3. Januar in Urlaub zu gehen, also ein Drittel der Zeit, die nach alter Gewohnheit jede Regierung als Ruhepause für sich selbst und für die

Beamten um diese Zeit eingelegt hatte. Kircher griff die Regierung an, daß sie nichts tue und sich im Urlaub amüsiere.

Schlimmer war das Verhalten des Kölner Oberbürgermeisters. Nachdem die preußische Regierung am 17. Dezember neue Zwangsetats für eine Reihe von Gemeinden verfügt hatte, erhöhte er, der gleichzeitig Präsident des Staatsrates war, gegen den Sinn der Notverordnung noch kurz vor Toresschluß am 20. Dezember für seine Gemeinde die Realsteuer. Das war eine offene Verhöhnung der Staatsautorität. Erst einige Wochen später erfuhr ich zum ersten Male einiges über die wirklichen finanziellen Hintergründe dieser Art der Finanzpolitik.

Um die DVP bei der Stange zu halten, hatte ich in den Tagen vor dem 20. Dezember eine Reihe von Besprechungen mit ihren Finanzsachverständigen und Herrn Dingeldey. Soweit ich es bei der Natur des Herrn Dingeldey verantworten konnte, sprach ich über die weiteren Pläne der Regierung in bezug auf die Sicherstellung des Haushaltes des Reiches und der Gemeinden im kommenden Sommer. Herr Dingeldey hatte mir strengstes Stillschweigen über diese Unterredung zugesichert. Das hinderte ihn aber nicht, zwei Monate später mit einem sensationellen Antrag plötzlich herauszukommen, in dem er als seine eigene Forderung die vertraulichen Pläne der Reichsregierung der Öffentlichkeit übergab. Im übrigen ging sofort nach Vertagung des Reichstages die Zersetzung innerhalb der bürgerlichen Parteien, mit Ausnahme des Zentrums, weiter. Am 20. Dezember wurde Treviranus durch einen plötzlichen öffentlichen Vorstoß von Edgar Jung überrascht, der eine sofortige Liquidierung der Volkskonservativen Partei forderte und nur mit Mühe abzuwehren war.

Die Schwerindustrie tat alles, um friedliche Verhandlungen im Ruhrbergbau zu sabotieren. Noch am 30. Dezember brachte sie es fertig, daß alle Schlichtungsverhandlungen abgebrochen wurden. Um so mehr konnte ich mich in dieser Zeit auf den Prälaten Leicht, auf Hermann Müller, Severing und Hilferding bei der SPD sowie auf den Christlichen Volksdienst und die Zentrumspartei verlassen. Dinge, wie sie sich in den Intrigen des früheren Ministers Köhler und den gehässigen Vorstößen des Herrn Schlack im Sommer dieses Jahres gezeigt hatten, waren jetzt unmöglich.

Der Abgeordnete Hess, leider durch schwere Krankheit schon damals gehemmt, sah die Bedeutung der Stunde und überraschte damit auch mich, obwohl ich schon während der kurzen Zeit, in der ich gleichzeitig preußischer Landtagsabgeordneter war, erkannt hatte, daß er bei richtiger Behandlung zu sehr positiver und weitschauender staatspolitischer Arbeit zu gebrauchen war. Er hatte die Fehler des preußischen Zentrums im Sommer dieses Jahres erkannt und war unablässig bemüht, die preußische Regierung bei allen, auch den unpopulärsten Maßnahmen, die zur Aufrechterhaltung der finanziellen Grundlage der öffentlichen Haushalte notwendig waren, vorwärtszutreiben.

Wohlwollend war auch Herr Hirtsiefer geworden. Leider stand aber Hirtsiefer in der Umschuldungsfrage unter sehr ungünstigem Einfluß und machte dadurch und gleichzeitig durch seine Passivität Treviranus im Ostkommissariat die allergrößten Schwierigkeiten, die dieser aus Freundschaft zu mir und aus innerster Überzeugung, daß nur das zähe Voranarbeiten nach klarem Plan die außenpolitische Freiheit bringen würde, mit einer übermenschlichen Geduld ertrug. Auf die Dauer konnte ich im Interesse der Sache und auch aus Rücksicht auf die politische Stellung von Treviranus diese Haltung Hirtsiefers nicht ertragen. Schon zwei Monate später war ich mir klar, daß ich die erste Gelegenheit benutzen müsse, um Hirtsiefer – und Preußen überhaupt – aus jedem Einfluß auf die Osthilfe herauszudrängen. Das war aber erst möglich nach Verabschiedung des Osthilfegesetzes und nach Vereinbarung mit Preußen über die Durchführungsbestimmungen. Außerdem brauchte die Reichsregierung noch für Monate die formale Mitwirkung Preußens, weil unter Führung Bayerns das Drängen der Länder auf Ausdehnung der Osthilfe auf ganz Bayern, Thüringen und alle Gebiete östlich der Elbe immer stärker und dadurch der Sanierung im Osten jede finanzielle Basis entzogen wurde. Das Drängen nach regionaler Ausdehnung der Osthilfe kam vor allem vom Waldbesitz her, der durch den langjährigen Holzlieferungsvertrag der deutschen Zelluloseindustrie mit Rußland in eine unbestreitbar schwierige Lage gekommen war. Es ist aber eine Pflicht, anzuerkennen, daß im Gegensatz zu den Methoden des Reichslandbundes die Vertreter des deutschen Waldbesitzes in allen Verhandlungen mit der Reichsregierung ihre Forderungen in sehr verständnisvoller und vornehmer Form vortrugen.

Diese Haltung wurde unterstützt durch den vornehmen Entschluß von Dietrich, mit seinem Familienbesitz, dem Zellulosewerk in Kehl, der deutschen Zelluloseindustrie in dieser Frage ein gutes Beispiel zu geben. Er löste den Holzlieferungsvertrag mit Rußland, der ebenso wie die übrigen Verträge noch zwei Jahre lief, und bezog dafür Holz aus den badischen Staatswäldern. Für die Lösung dieses Vertrages mußte er an die russische Handelsvertretung ein außerordentlich hohes Reuegeld

zahlen. Dieses tat er, obwohl er gleichzeitig 100 000 Mark Verlust hatte
durch vorzeitigen Rücktritt vom Pachtvertrage eines Gutes in der Nähe
von Konstanz, das dem Grafen Douglas gehörte und im wesentlichen auf
Weizenproduktion eingestellt war. Nach Einführung der hohen Weizen-
zölle auf seinen Antrag hin hielt er es für unvereinbar mit dem Amte
eines Ministers, auch nur den geringsten persönlichen Vorteil aus dieser
Zollerhöhung zu ziehen. Seinen Aktienbesitz verkaufte er, als die Börsenkurse am niedrigsten waren. Er setzte während seiner Ministerzeit durch
diese selbstlose Haltung mehr als die Hälfte seines Vermögens zu. Für das
Kabinett war Dietrich auf Grund seiner vielfachen politischen, wirtschaftlichen und Verwaltungserfahrungen geradezu unersetzlich. Dabei
war er kampfeslustig und vorausschauend. Sein Artikel vom 14. 12. über
die kommende Kreditkontrolle hätte sowohl den Banken wie den öffentlich-rechtlichen Kreditinstituten zeitig die Augen öffnen müssen. Statt
dessen wurde dieser Artikel entweder verspottet oder totgeschwiegen.

Die allergrößte Hilfe fand ich bei den alten, erfahrenen Freunden der
Zentrumspartei. Ohne die außergewöhnliche taktische Geschicklichkeit
und die Erfahrung in bezug auf die Geschäftsordnung bei Bell und Esser
wäre ich durch die gefährlichen Klippen der Geschäftsordnungsdebatte
niemals hindurchgekommen. Dazu kam die gar nicht zu ersetzende Hilfe
durch die persönliche Loyalität und Selbstverleugnung von Perlitius,
meinem Nachfolger als Vorsitzenden der Zentrumsfraktion. Außerdem
gab es neben Schiele, Schlange-Schöningen und Dietrich kein Mitglied
des Reichstags, das die Agrarpolitik so gut kannte und so leidenschaftslos
behandelte, wie ihn. Mehr und mehr traten durch persönliche Eigen-
schaften und Fähigkeiten auch Schetter und Wegmann in den Vordergrund.

Eine außerordentliche Hilfe war sowohl für mich als auch für die Reichsregierung die unerschütterliche Sachlichkeit und außergewöhnliche Erfahrung des württembergischen Staatspräsidenten Eugen Bolz. Im Gegensatz zu Bayern und den übrigen Ländern legten Bolz und seine Kollegen
der württembergischen Regierung stets Wert darauf, Württemberg aus
eigener Kraft zu sanieren, im übrigen aber die Interessen des Reiches an
die Spitze ihrer Arbeit zu stellen. Württemberg konnte das, weil es in den
ganzen Jahren seit der Revolution eine nicht nur in Deutschland, sondern
in der ganzen Welt einzigartige, kühle und besonnene Finanzpolitik
geführt hatte. Mit echt schwäbischer Zähigkeit hatte sich die württem-
bergische Regierung jedem Antrag ihres Parlamentes auf eine Erhöhung
ihrer Ausgaben widersetzt, selbst wenn es sich nur um 10 000 Mark

handelte. Dabei war es seit 1920 in Württemberg nie zu einer Regierungskrise gekommen, ein Beweis, daß es möglich war, selbst mit einer extrem demokratischen Verfassung zu regieren, wenn die Verantwortlichen nur den Mut hatten, sich den Entartungserscheinungen des Parlamentes von vornherein entschlossen zu widersetzen.

Die Reichsgesinnung von Bolz und seinen Ministerkollegen ging so weit, daß sie die ganze Postabfindungsfrage jahrelang ruhen ließen, um die Reichskasse nicht zu erschüttern, und dafür lieber unpopuläre Steuererhöhungen im eigenen Lande machten. Erst als Bayern nach jahrelangen politischen Erpressungen eine hohe Abfindungssumme für sich gesichert hatte, kam Bolz zu mir und erklärte, es sei ihm außerordentlich peinlich, nun auch seine Forderungen anmelden zu müssen. Er wisse, daß es bei der Lage der Reichskasse ein Verbrechen sei, derartig hohe Summen zu verlangen. Aber nachdem Bayern sich gesichert habe, würde er als Staatspräsident Württembergs unverantwortlich handeln, wenn er nicht wenigstens seine Forderungen anmelde. Ich fragte ihn nach der Höhe dieser Forderungen. Sie waren niedrig im Vergleich zu denen Bayerns. Ich bat ihn, nach acht Tagen mit seinem Finanzminister wiederzukommen zu einer formalen Verhandlung. In zwei Stunden war diese Verhandlung abgeschlossen, zur beiderseitigen Zufriedenheit. Die Verhandlungen mit Bayern hatten demgegenüber sieben Jahre gedauert.

Nicht so günstige Beziehungen wie zu Württemberg bestanden zu Baden und zu der badischen Zentrumspartei. Nach dem Tode des Prälaten Schofer, Anfang Dezember 1930, wurde das während der letzten Jahre seines Lebens schon begonnene Intrigenspiel innerhalb des badischen Zentrums fortgesetzt. Der neue Führer dieser Partei war damals in der Reichspolitik und in der Berliner Atmosphäre unerfahren und hatte in Baden selbst eine große Zahl mächtiger politischer Gegner. Der badische Staatspräsident, in allen rein finanziellen Fragen ein ausgezeichneter Fachmann, war im Grund ein alter liberaler Demokrat badischer Prägung geblieben. Charakterlich sehr loyal, war er politisch instinktlos. Das führte später in der Ära Papen und nach der Machtübernahme durch Hitler zu schweren Täuschungen und Enttäuschungen. Das Gefährliche für die Reichsregierung und in gewisser Weise auch für die Zentrumspartei lag darin, daß die badischen Minister und der badische Zentrumsführer sich, ohne es zu ahnen, für jede bayrische Intrige mißbrauchen ließen. Es war für mich eine persönliche Freude, trotz all dieser Dinge, mich im Grundcharakter von Dr. Föhr nicht getäuscht zu haben. Nach einigen Jahren der Erfahrung war er nicht nur klug und klar, sondern auch mutig und unbeugsam, selbst in den schwersten persönlichen Gefahren.

Ein Wort der Anerkennung verdienen die sozialdemokratischen Minister in den Ländern, mit Ausnahme weniger. Die Entwicklung war schon Ende 1930 so weit gediehen, daß aus früheren Parteiagitatoren Männer geworden waren, die nur das Interesse des ihnen anvertrauten Landes vor Augen hatten. Es wird selbst in der besten Zeit der preußischen Verwaltung im 19. Jahrhundert wenig preußische Minister gegeben haben, die so restlos in der Arbeit für die Staatsnotwendigkeiten aufgingen. Ich bin im Anfang vielen dieser Männer mit Abneigung entgegengetreten, mußte aber schon Ende 1930 erkennen, daß sie bereit waren, ihre eigene Zukunft und die Zukunft ihrer Partei jederzeit aufs Spiel zu setzen, wenn es sich um das Gesamtinteresse handelte. Ich erinnere mich besonders einer mehrstündigen Unterhaltung mit dem lippischen Staatspräsidenten Drake, von dem ich von meinen Freunden auf der Rechten vorher nur Ungünstiges gehört hatte. Nach zwei Stunden mußte ich, zunächst widerwillig, anerkennen, daß ich es mit einem Mann zu tun hatte, der im Rahmen der ihm gesetzten Aufgabe die Dinge klar sah und entschlossen war, alles zu tun, um das Reich zu retten. Ich glaube mich eines Satzes recht zu erinnern, den er beim Abschied aussprach: ,,Ich habe durch diese Unterhaltung jetzt erkannt, daß wir in Deutschland vielleicht durch die drei schwersten Jahre seit den napoleonischen Kriegen durchmüssen, um zu bestehen und unsere außenpolitische Freiheit wiederzugewinnen. Auf mich können Sie sich dabei verlassen, auch wenn meine eigene Partei die Dinge nicht mehr richtig sehen sollte oder wenn ich Gefahr liefe, von den Kommunisten oder der SA eines Tages umgelegt zu werden.''

Steigende Unterstützung bekam ich von dem hessischen Minister Adelung und, ohne es zu erkennen, auch von Leuschner. Ich muß hier bekennen, daß ich durch die hessischen Minister der Zentrumspartei gegen Leuschner voreingenommen war. Zudem hatte ich das Gefühl, daß Leuschner gegen mich irgendein Mißtrauen hatte. Erst in den für Leuschner so schrecklichen und gefährlichen Frühlingswochen 1933 habe ich ihn voll schätzen gelernt und dabei erkannt, daß ich mich in der Annahme, er mißtraue mir, nicht getäuscht hatte. Wenige Tage vor seiner Verhaftung war ich mit ihm bei Röhr zusammen. Nach einer kurzen Unterhaltung sagte er plötzlich, er müsse eine Gewissensfrage an mich richten. Ob es wahr sei, daß meine letzte innere Absicht die Zertrümmerung der Gewerkschaften gewesen sei. Ich war über diese Frage überrascht und bat ihn, mir den Grund für diese Auffassung zu sagen. Daraufhin erklärte er, General von Schleicher habe im Sommer 1931 zwei führende Mitglieder des Bundesvorstandes der freien Gewerkschaften zu sich eingeladen und sie vor mir gewarnt. Dabei habe er ihnen mitgeteilt, daß er genau wisse, welchen Plan ich hätte, um alle Gewerkschaften zu vernichten. Auf Wunsch dieser beiden Herren habe daraufhin eine Bundesvorstandssitzung stattgefunden, in der sich Leipart und Graßmann leidenschaftlich gegen diese Verdächtigungen gewandt hätten, ohne daß es ihnen gelungen sei, jeden Zweifel an der Unrichtigkeit der Behauptung Schleichers zu beseitigen. Damit wurden mir auf einmal viele unerklärliche Entschlüsse und manches unsichere Verhalten bei den freien Gewerkschaften, vor allem im Oktober und November 1931, klar.

Eine der Öffentlichkeit völlig unbekannte Unterstützung fand ich bei den deutschnationalen Ministern beider Mecklenburg. Vor allem der Mecklenburg-Schwerinsche Finanzminister half mir in allen schwierigen Situationen und gab mir sehr kluge Ratschläge. Wiederholt sprach er die Auffassung aus, daß die Politik Hugenbergs Deutschland noch einmal in das Chaos bringen werde. Natürlich lief formal daneben ein Beschwerdeschriftwechsel der mecklenburgschen Regierung über die nicht ausreichende Hilfe des Reiches für Mecklenburg. Aber ich war sicher, die mutige Unterstützung beider Regierungen für die nach der Lösung der Reparationsfrage beabsichtigte Reichsreform zu haben. Wohlwollend, aber nicht sehr fest, war die Haltung der sächsischen Regierung. Nach anfänglich schärfster Opposition war es bis zu seinem Tode, trotz aller taktischen Züge, die er als Vorsitzender der Landvolkpartei machen mußte, der thüringische Staatsminister Baum ein aufrechter und willensstarker Freund der Reichsregierung.

Ein Vergnügen war es, mit Bürgermeister Petersen in Hamburg und den Sachverständigen der Bremer Regierung zusammenzuarbeiten. Petersen war oft in Reichsratssitzungen und in Besprechungen der Länderminister in ganz großer Form. Er war ein glühender Patriot und gehörte zu den Mitgliedern der Demokratischen Partei, die wie Dietrich, ihr letzter Vorsitzender, in den letzten zwei Jahren, vor dem Ende einer nahezu 60jährigen Tradition, entschlossen waren, die Fehler dieser 60 Jahre in den eigenen Reihen rücksichtslos zu unterdrücken. Beide hatten einen leidenschaftlichen Haß gegen die Auswüchse der Linkspresse. Petersen sah das vielleicht geistiger an. Bei Dietrich flammte er geradezu mit alemannischer Rauflust auf.

Am Ende des Jahres 1930 waren nicht nur alle für diesen Zeitpunkt beabsichtigten Maßnahmen gesetzlich verankert, sondern, von der Öffentlichkeit unbemerkt, auch bereits die Vollmachten in der Notverordnung für die finanziellen Maßnahmen gesichert, die automatisch die Reichsreform in unserem Sinne bedingten für den Zeitpunkt, den wir außen- und innenpolitisch dafür geeignet hielten.

Die Löhne, gerade in den dafür schwierigsten Industrien, wurden ein erstes Mal gesenkt, ohne daß es, mit Ausnahme der kurzen Arbeitsruhe im Berliner Metallgewerbe, zu irgendeinem Streik gekommen wäre. Die Gehälter der Beamten in Reich, Ländern und Gemeinden waren zurückgebracht auf das Maß, das 1927 zwischen dem Finanzministerium und mir vereinbart worden war und vielleicht damals hätte durchgeführt werden können. Dabei war das scheinbar unmögliche Werk gelungen, den Preissturz landwirtschaftlicher Erzeugnisse in Deutschland im Gegensatz zur gesamten übrigen Welt aufzuhalten und gleichzeitig die Lebenshaltungskosten, soweit agrarische Produkte in Frage kamen, mehr zu senken als Löhne und Gehälter. Der Preis des Roggenbrotes in 51 preußischen Groß- und Mittelstädten war Ende November 1930 um 6,3% niedriger als im November 1929 und um 2,3% niedriger als im Oktober 1930. Obwohl Zölle eingeführt waren, die den Weizenpreis auf das Dreifache des Weltmarktpreises brachten und ihn im Inland sofort um 4,4% gegenüber 1929 erhöhten, war es durch den Beimischungszwang gelungen, den Preis für Weizenbrot um 1% zu senken. Die Preise für Hülsenfrüchte waren im November 1930 um 21–28% niedriger als im November 1929, die Preise für Kartoffeln in den gleichen Zeiträumen um rund 19%, für Weißkohl, Rotkohl und Wirsing um 30–37% niedriger, für Vollmilch um 13,5%, für Molkereibutter um 22,8%, für inländisches Schweineschmalz um rund 19%, für Eier um 6,2%. Durch die zollpolitischen und sonstigen planmäßigen Vorkehrungen war es aber gleichzeitig gelungen, überall eine Abtrennung des Absinkens der Preise beim landwirtschaftlichen Erzeuger in Deutschland von dem rapiden Fall der Weltmarktpreise für die gleichen Produkte herbeizuführen. Bei der Milch- und Fettproduktion war das innerhalb von wenigen Monaten gelungen. Das inländische Schweineschmalz war vom Oktober bis November nur noch um 1% im Konsum gefallen, für den Erzeuger gestiegen. Der Erzeugerpreis für Vollmilch war um 0,4% gestiegen. Der Preis für Molkereibutter trotz weiterer geringer Senkung im Kleinverkauf beim Erzeuger stabil geblieben, der Erzeugerpreis für Eier sogar um 12,5% erhöht.

Das Milchgesetz war zwar verabschiedet, aber Schiele sabotierte die Durchführung, weil er klarer als ich sah, daß es vorübergehend die größte

Unpopularität bei den Bauern hervorrufen würde. Ich blieb aber fest, den Butterzoll nur dann zu erhöhen, wenn durch Sicherung der Durchführung des Milchgesetzes eine wirklich dauernde Besserung der Rentabilität der deutschen Milch- und Fettwirtschaft garantiert war. Eine Erhöhung des Butterzolls war das gefährlichste handelspolitische Experiment, das Deutschland machen konnte. Das gesamte Kabinett war sich darüber klar, daß die Butter- und Fettzölle dauernd die größten Schwierigkeiten bringen würden.

Klar waren wir uns auch darüber, daß mit der bisherigen Lohn- und Preissenkung unsere Ausfuhr auf die Dauer nicht aufrechterhalten werden konnte. Schließlich war uns bewußt, daß, auch wenn die Umschuldungsfrage schnell gelöst werden könnte, das Realkreditproblem noch keineswegs gelöst sei, sowohl für den städtischen wie für den ländlichen Grundbesitz. Im Dezember bat ich daher den Reichsbankpräsidenten zu einer streng vertraulichen Unterhaltung zu mir und sagte ihm, mein letztes Ziel, worüber er mit niemand sprechen dürfe, sei, nach Durchführung einer zweiten Lohn-, Gehalts- und Preisreduktion und nach Lösung des Reparationsproblems eine Devalvation der Mark um 20 % herbeizuführen. Ich sei aber fest entschlossen, unter keinen Umständen über diesen Punkt hinauszugehen, und müsse mit den entsprechenden Maßnahmen daher warten, bis die außenpolitische Situation für die Beschaffung eines Devisenmanövrierfonds von 2 Milliarden Mark reif sei. Nur dann könne es gelingen, die Fehler der zu hohen Stabilisierung der Mark im Spätherbst 1923 wieder zu beseitigen und eine Inflation dauernd zu verhindern.

Bis dahin müsse eine scheinbar planlose Deflationspolitik durchgeführt werden, um die Welt selbst zu einer Initiative für Streichung der Reparationen zu zwingen. Luther war anfangs etwas erschrocken, ging aber dann begeistert auf den Plan ein und versprach mir, durchzuhalten und verständnisvolle Unterstützung seitens der Reichsbank bis zum äußersten zu leisten. Dieses stillschweigende, niemandem bekannte Einverständnis zwischen ihm und mir hat mir die Situation 1931 außerordentlich erleichtert. Nur einer in der Welt hat es geahnt, ohne davon zu wissen: Mussolini, der im Januar 1931 einen Artikel voller Begeisterung über die Politik der Reichsregierung schrieb und deutlich erkennen ließ, daß seine Sympathien mit uns und nicht mit den Nazis gingen.

REPARATIONEN UND SCHULDVERPFLICHTUNGEN

Das Jahr 1931 begann mit zwei ungünstigen Aspekten. Obwohl es gelungen war, den Reichstag zu bewegen, auf eine die internationale Lage erschwerende Debatte über das Reparationsproblem zu verzichten, war im Auslande, trotz aller drakonischen Maßnahmen der Reichsregierung zur Konsolidierung der öffentlichen Finanzen und der Wirtschaft, in keiner Weise das Verständnis dafür gewachsen, daß in kurzer Zeit Deutschland kaum noch in der Lage sein würde, die Reparationssummen aufzubringen, geschweige denn, sie zu transferieren.

Am 8. Dezember bat der britische Botschafter um eine sofortige Unterredung mit mir. Ich fühlte, daß er einen ihm sehr unsympathischen Auftrag auszuführen hatte. Er gab mir eine an ihn gerichtete Instruktion des Foreign Office zu lesen, statt sie mündlich vorzutragen. Als erfahrener Diplomat zögerte er, wegen der ungewöhnlich unliebenswürdigen Form, den Inhalt der Instruktion persönlich vorzutragen. Sie enthielt eine scharfe Warnung an die Reichsregierung, in irgendeiner Weise das Reparationsproblem aufzurollen.

Diese Warnung wurde verstärkt durch einen Artikel in der „Times" vom 3. Januar, der sehr eindringlich der deutschen Regierung absolute Zurückhaltung in der Reparationsfrage nahelegte. Es war für mich auch später nicht ganz klar, weshalb dieser Schritt erfolgte, da man aus meinen eigenen Äußerungen entnehmen konnte, daß ich an diese Frage nur nach günstiger Vorbereitung herangehen würde. Ich selber hatte den Sommer 1931 für die Aufrollung in Aussicht genommen, das heißt den Zeitpunkt, wo aller Wahrscheinlichkeit nach eine neue Notverordnung zur Anpassung der deutschen Wirtschaft an den fortschreitenden Verfall der Weltmarktpreise und an das weitere Absinken der öffentlichen Einnahmen erforderlich, wo auch gleichzeitig, nach Erledigung des Etats auf normalem Wege durch den Reichstag, ein genügender Zwischenraum verstrichen sein würde, der politisch und psychologisch eine neue Notverordnung ermöglichte.

Ende November oder Anfang Dezember glaubte ich aber, den amerikanischen Botschafter entsprechend meiner Auffassung über die Schlüsselstellung Washingtons in der ganzen Frage über den Ernst der Lage und die Notwendigkeit einer Inangriffnahme des Reparations- und Schuldenproblems innerhalb weniger Monate rückhaltlos aufklären zu müssen. Ich entwarf ihm ein sehr düsteres Bild der Situation in der Welt und besonders in Deutschland, so wie es meiner inneren Auffassung entsprach. Vor allem machte ich ihn darauf aufmerksam, daß, wenn diese Dinge wie in den vergangenen zwölf Jahren auf großen internationalen Reparations- und Wirtschaftskonferenzen behandelt würden, keine großzügige Lösung der die Welt bedrohenden, ungelösten Fragen in der noch zur Verfügung stehenden Zeit möglich sein würde. Jeder Monat Zeitverlust würde meiner Auffassung nach ein Jahr längere Krise bedeuten. Ich sähe die Dinge nur dann als rechtzeitig lösbar an, wenn Präsident Hoover für den Beginn des nächsten Jahres eine Konferenz der Premierminister der fünf Großmächte nach Washington einberufen würde, ohne Hinzuziehung eines großen Stabes von Sachverständigen. Ich sei der Überzeugung, daß es dem Präsidenten bei seiner großen Einsicht in die internationalen wirtschaftlichen und finanziellen Zusammenhänge gelingen würde, gemeinsam mit den fünf Premierministern, hinter verschlossenen Türen einen Ausweg und einen Plan für eine Lösung der Wirtschaftskrise zu finden. Dabei müsse selbstverständlich auch das Reparations- und Schuldenproblem gelöst werden, obwohl ich bereits heute der Ansicht sei, daß selbst nach etwaiger Streichung der Reparationen und Schulden die Welt noch immer nicht aus den größten Schwierigkeiten heraus sei. Voraussetzung für die von mir vorgeschlagene Methode sei, daß jeder der Premierminister sich verpflichte, bedingungslos in seinem Lande für die in Washington vorliegenden Lösungen einzutreten, und sie in seinem Parlament durchsetzen oder zurücktreten müsse. Nur so sei es möglich, einen Weg zu finden, der die Welt fasziniere, ihr das Vertrauen wiedergebe und gleichzeitig die Chance biete, sich über den in diesen Fragen störenden Einfluß der Parlamente aller Länder hinwegzusetzen. Ich würde mich bereiterklären, mich meinerseits genau wie bei den Notverordnungen rückhaltlos gegenüber jeder Form von „vested interest" in meinem Lande durchzusetzen und mit dieser Lösung zu stehen und zu fallen.

Ich sei überzeugt, daß dies angesichts der überwältigenden Probleme der einzig gangbare Weg sei, um Europa und die Welt vor einem wirtschaftlichen und politischen Chaos zu retten. Falls der richtige Zeitpunkt versäumt würde, bestünde die Gefahr einer Entwicklung, die zwar vielleicht nicht in der ersten Phase, aber bestimmt in der zweiten und dritten überall zu extremen politischen und wirtschaftlichen Störungen führen würde.

Ich war nicht sicher über den Eindruck meiner Ausführungen auf Botschafter Sackett. Die Warnung vor der drohenden Ausbreitung des Bolschewismus war in den letzten zwölf Jahren zu stark abgenutzt. Ich glaubte, daß selbst die von mir gewählte Form, um auf solche Gefahren aufmerksam zu machen, bei dem Botschafter ein skeptisches Zucken im Gesicht hervorrief. Beim Diktieren der Unterredung für die Akten des Auswärtigen Amts ließ ich deshalb keinen großen Optimismus einfließen.

Nach meiner Rückkehr von der Ostreise überraschte mich jedoch Botschafter Sackett gelegentlich einer gesellschaftlichen Veranstaltung mit der Mitteilung, daß es ihm gelungen sei, mit meinen Ausführungen wenigstens soweit Eindruck auf Präsident Hoover zu machen, daß dieser sich entschlossen habe, den Unterstaatssekretär Cotton nach Europa, und zwar zuerst nach Berlin, zu einer eingehenden Aussprache mit mir zu senden. Über die Instruktionen für Cotton wisse er allerdings noch nichts Genaues. Er schließe aber aus der Tatsache, daß gerade der ihm persönlich befreundete und sehr einflußreiche Cotton für diese Mission ausersehen sei, daß Hoover etwas Ernsthaftes plane. Das war die erste Hoffnung, die aber nach wenigen Tagen zerrann. Ausgerechnet am 27. Januar, dem Tage, an welchem sich Cotton für Deutschland einschiffen sollte, starb er an einer Lungenentzündung. Sackett war sehr deprimiert und sah zunächst keine Möglichkeit für einen neuen Ansatzpunkt bei der Regierung der Vereinigten Staaten.

Die englische öffentliche Meinung verhielt sich weiter ablehnend oder stumm gegenüber einer Reparationsrevision. Ein Lichtpunkt war wieder ein Eingreifen von Herrn Murnane von Lee-Higginson, der uns am 15. oder 16. Januar die Nachricht brachte, daß die französische Finanzwelt bereit sei, sich an der Unterbringung der Reichsbahnvorzugsaktien zu beteiligen. Ich hatte mit diesem hervorragenden Manne, dessen Nerven auf die Krise feiner und schneller reagierten, weil er, was ich damals noch nicht wußte, die letzten Transaktionen von Ivar Kreuger finanziert hatte, am 16. und 17. Januar eingehende Besprechungen, in denen ich ihm meine Besorgnisse über die weitere chaotische Entwicklung der Weltwirtschaft auseinandersetzte.

Nach einer längeren vertraulichen Unterhaltung mit Ministerialdirektor Zarden vom Reichsfinanzministerium bat ich am 22. Januar den erfahrensten Reparationsfachmann in der Beamtenschaft, Ministerialrat Berger, zu einer Besprechung zusammen mit Dr. Pünder über die ganzen sachlichen und formalen Bedingungen einer anderen Lösung des Reparationsproblems. Das Ergebnis war, daß man rein formal nur ein Moratorium über den beratenden Sonderausschuß erreichen konnte. Das würde zwar im Augenblick eine innenpolitische Entspannung in Deutschland hervorrufen, aber keine dauernde Lösung der Wirtschaftskrise in

Deutschland und der Welt. Diese Unterhaltung bestärkte mich in meiner ursprünglichen Auffassung, außerhalb der formalen Bedingungen des Young-Plans in irgendeiner Form auf das Ziel loszusteuern, eine Gesamtstreichung der Reparationen zu erreichen, die Initiative zur Aufrollung dieses Problems aber den Gläubigermächten zu überlassen.

In dieser Auffassung wurde ich noch bestärkt durch eine Unterredung am 30. Januar mit dem Staatssekretär im preußischen Ministerpräsidium, Weismann. Bei unseren Unterhaltungen mit Murnane war auch die Rede von der Möglichkeit eines neuen Kredits für das Reich in den USA, der ich skeptisch gegenüberstand. Weismann berichtete, daß Murnane für einen solchen Kredit in der amerikanischen Finanzwelt auf eine von ihm nicht erwartete günstige Aufnahme gestoßen war. Daraus konnte man schließen, daß nach dem Tode Cottons Präsident Hoover und die amerikanische Finanzwelt jetzt weniger an eine zielbewußte Gesamtlösung der Frage der Reparationen und Interalliierten-Schulden dachten und wohl an die Möglichkeit einer Wiedererholung der Weltwirtschaft glaubten, falls man Deutschland über eine nur vorübergehend bestehende Finanz- und Wirtschaftskrise hinweghelfen würde. Es war also von den USA keine Initiative für die Aufrollung des Gesamtproblems zu erwarten. Ebensowenig war unter dem schwachen Kabinett Steeg und unter dem nachfolgenden Kabinett Laval Frankreich reif für diese Frage. Mussolini, der als einziger die Gefahren voll einsah und mutig und offen für eine neue Gesamtlösung eintrat, konnte keine aktive Initiative in der Reparationsfrage ergreifen.

So kam für diese Rolle nur noch England in Betracht, das wegen der Höhe seiner kurzfristigen Kredite an Deutschland durch die Krise in Deutschland am stärksten in Mitleidenschaft gezogen war. Ich ließ mich von der Hoffnung auf eine englische Initiative auch nicht durch die ungünstigen Nachrichten und Eindrücke beeinflussen, die Herbert Gutmann am 30. Januar in bezug auf die Haltung der City zur Reparationsfrage aus London mitbrachte. Aber Gutmann machte einen starken Eindruck auf das Auswärtige Amt und alle höheren Beamten des Finanzministeriums, mit Ausnahme von Zarden und Berger.

Irgendeine Erklärung meinerseits über die Reparationsfrage im Reichstage bei Beginn der Etatsverhandlungen war unbedingt erforderlich angesichts der nervösen Spannung im Reichstage, die das Ergebnis der Schwierigkeiten bei den Banken und in der Wirtschaft war. Die Aufgabe war, Worte zu finden, die die Mehrheit des Reichstages beruhigten, keine ernsten Reaktionen im Auslande hervorriefen und trotzdem die Welt stärker auf die Dringlichkeit einer anderen Lösung des Reparationsproblems hinwiesen.

Die politische Lage für das Kabinett war damals sehr schwierig. Eine weniger vorsichtig abgewogene Erklärung meinerseits würde einen größeren Erfolg in der Innenpolitik haben, konnte aber vielleicht sogar einen neuen Run der Auslandsgläubiger auf die deutschen Banken mit nachfolgendem Zusammenbruch der Banken herbeiführen, den zu überwinden ich mich damals psychologisch, politisch und diplomatisch noch nicht stark genug fühlte.

Als ich das Reichskanzleramt übernommen hatte, stand ich noch voll unter dem Eindruck der bitteren Erfahrungen von 1928 und 1929. Das plötzliche Abrufen von 2 Milliarden RM kurzfristiger Auslandskredite im kritischen Augenblick der Reparationsverhandlungen hatte damals Reichsbank und Reichsregierung in eine Lage gebracht, in der sie zwischen Annahme des Young-Plans und einem schon damals drohenden Zusammenbruch der Banken zu wählen hatten. Daher war es mir mindestens zweifelhaft, ob, falls nicht unerwartete Glücksfälle eintreten würden, die deutschen Banken nach erneuter Aufrollung des Reparationsproblems einen neuen Run vom Ausland aushalten konnten. Eine solche Gefahr konnte nicht überwunden werden ohne vorhergehende Stärkung der öffentlichen Finanzen durch drastische Maßnahmen, da nur so den Gläubigern der Banken eine ausreichende Sicherheit geschaffen werden konnte. Ich fürchtete auch aus anderen Gründen eine Bankenkrise, die unter keinen Umständen ausbrechen durfte, ehe die Kassenlage des Reiches so weit geordnet war, daß wir ohne ausländische Hilfe mit dem gefestigten Kredit des Reiches auch den Kredit der Banken retten konnten.

Jede Andeutung seitens der Regierung, die eine zu frühe öffentliche Diskussion über die Unfähigkeit Deutschlands, weitere Reparationen zu zahlen oder zu transferieren, hervorrief, hätte für wenige Wochen Jubel im deutschen Volke erzeugen können, aber in nicht viel längerer Frist wäre Deutschland zur politischen Kapitulation vor Frankreich und vielleicht auch vor anderen Reparationsgläubigern gezwungen worden. Schon damals war es unverständlich, daß fast niemand in der Wirtschaft, den Banken, der Politik und den Ministerien erkannte, daß unsere übermäßige Auslandsverschuldung, die Schacht erst zu spät und mit zu radikalen Mitteln einzuschränken versuchte, uns in eine, in manchen Beziehungen viel schwierigere Situation hineinbringen würde als manche Einzelbedingungen des Young-Plans selbst.

Außenpolitisch war die übermäßig hohe kurzfristige Verschuldung Deutschlands noch bedenklicher als finanzpolitisch. Trotz Locarno und anderer Sicherungen, die die deutsche Außenpolitik seit dem Dawes-Plan geschaffen hatte, blieb jede außenpolitische Initiative Deutschlands riskant, da durch Zurückziehung der hohen kurzfristigen Auslandsgelder Deutschland immer wieder zum Nachgeben gezwungen werden konnte, vor allem Frankreich gegenüber. Ich kannte sehr wenige Persönlichkeiten, die sich darüber überhaupt Gedanken machten. Der damals in allen Ländern verbreitete Optimismus in bezug auf die Möglichkeit einer fortschreitenden Kommerzialisierung der deutschen Reparationsschulden ist wohl die einzige Erklärung für diese Tatsache. Bis 1929 übersah man völlig, daß sich seit dem Kriege eine fundamentale Änderung in der Bankenpolitik vollzogen hatte, mit Ausnahme von den USA, England und, auf dem Kontinent, Frankreich.

Eine der wenigen deutschen Zeitungen, die ähnlich wie der Londoner „Economist" auf die fundamentale Änderung hinwies, die der Gold-Exchange-Standard für die internationalen Kreditbeziehungen nach dem Kriege herbeigeführt hatte, war die „Frankfurter Zeitung", deren wirtschaftlichen Teil ich täglich las, trotz der Antipathie gegen den politischen Teil. Ich erinnere mich lebhaft häufiger Unterhaltungen mit Hilferding über Aufsätze des „Economist" und der „Frankfurter Zeitung". Wir besprachen die Folgen der internationalen Kreditausweitung infolge der Tatsache, daß die meisten kontinentaleuropäischen Länder Golddevisen zusätzlich zum Gold als Deckung benutzten und daß fortschreitend Notenbanken in Ländern, die sich zum reinen Goldstandard bekannten, sich an der Erwerbung von Golddevisen beteiligten – mit dem Ergebnis, daß dadurch beim Ausbruch einer Panik in *einem* Lande Krisenerscheinungen sich sehr viel schneller auf die ganze Welt ausdehnen würden als vor 1914.

Ebenso klar war, daß, wegen der zu niedrigen Stabilisierung des französischen Franc durch Poincaré, Frankreich zum Herrscher des internationalen Geldmarktes werden würde, solange wenigstens, als es nicht gelang, die deutschen Reparationszahlungen an Frankreich, die über Frankreichs Kriegsschulden an seine Alliierten hinausgingen, ausschließlich in Form von Sachleistungen durchzuführen.

Als ich einige Zeit im Amte war, wurde mir bis zu einem gewissen Grade, aber leider noch nicht genügend, klar, daß der neue Staatssekretär des Reichsfinanzministeriums diese Entwicklung nicht nur als selbstverständlich hinnahm, sondern auch als Grundlage unserer eigenen Finanz- und

Reparationspolitik fast begrüßte. Ich war Staatssekretär Schäffer außerordentlich dankbar, daß er in enger Verbindung mit andern Herren des Finanzministeriums und der Reichsbank und vor allem mit Finanzminister Dietrich sein Hauptaugenmerk darauf richtete, durch langfristige Disponierung die ständigen Krisen in der Kassenlage des Reiches zu vermeiden, die seit 1926 zu wiederholten finanziellen und vor allem parlamentarischen Schwierigkeiten, manchmal sogar zu Kabinettskrisen, geführt hatten.

Die Staatssekretär Schäffer zu dankende vorsichtige Finanz- und Kassenpolitik und die Aussicht, einen den Wünschen der Regierung entsprechenden Etat auf normalem parlamentarischem Wege zur Annahme zu bringen, führten zu einer bedenklich überoptimistischen Stimmung. Ich hielt es deshalb für notwendig, einige Minister und ihre höheren Beamten über meine Finanzsorgen vertraulich aufzuklären. An der Besprechung nahmen auch die leitenden Beamten des Finanzministeriums, des Auswärtigen Amtes und des Reichswehrministeriums teil. Als ich ihnen erklärte, daß wir, nach meiner Beurteilung der finanziellen und wirtschaftlichen Lage, gezwungen sein würden, spätestens im Mai eine Initiative in bezug auf die Weiterzahlung der Reparationen zu entwickeln, entstand betroffenes Schweigen. Zwar fehlte Bülow nicht der Mut zu einer außenpolitischen Initiative, aber seine Gedanken bewegten sich mehr in Richtung der Aufnahme von Verhandlungen mit der Tschechoslowakei und Österreich sowie den anderen Donaustaaten zwecks Herabsetzung der Einfuhrzölle, wie wir dies im Juli 1930 besprochen hatten, als er in den Akten des Auswärtigen Amtes das zwischen Reichskanzler Hermann Müller und Bundeskanzler Schober vereinbarte Protokoll fand, in dem sich Deutschland zu Unterhandlungen mit Österreich zwecks einer Zollangleichung verpflichtete.

Ministerialdirektor Ritter ließ deutlich erkennen, daß er ein Anschneiden des Reparationsproblems in diesem Zeitpunkt für undenkbar halte. Die zum Teil freundliche, zum Teil eisige Ablehnung seitens der leitenden Persönlichkeiten in den Ministerien brachte mich in ungewohnte Erregung. Ich verlangte eine schärfere Zusammenfassung der Arbeit und des Willens zur Durchführung der von mir festgelegten Ziele der Politik. Starke Unterstützung fand ich nur bei Dietrich, Curtius und Admiral Raeder. Nachträglich sah ich, daß meine Darlegungen von Bülow mißverstanden worden waren und er aus diesem Mißverständnis heraus die Verhandlungen mit Österreich in der Zollangleichungsfrage stärker vorantrieb, als mir lieb war und er es selbst beabsichtigt hatte.

Immerhin führte diese Aussprache zu einer besseren Zusammenarbeit zwischen den Ministerien. Ich hoffte, vor allem im Reichswehrministerium mehr Verständnis für die Notwendigkeit einer zeitlichen Koordination aller Einzelphasen in der *Reparations- und Abrüstungspolitik* erzielt zu haben, vor allem weil ich betonte, daß nach menschlicher Voraussicht die beiden Fragen zum gleichen Zeitpunkt zu einer endgültigen Entscheidung heranreifen würden. Daher müsse vermieden werden, daß ein Ministerium eine Vorlage im Kabinett durchzusetzen versuche, bevor die damit zusammenhängenden Probleme von den anderen Ministerien völlig geklärt seien. Eine Wiederholung solcher Besprechungen sei dafür nötig, aber nur dann möglich, wenn ihr Inhalt streng vertraulich bleibe und darüber keine Aufzeichnungen gemacht würden. In diesem Augenblick sah ich in Schleichers Miene ein etwas zynisches Lächeln, das mich stutzig machte. Dieses eigentümliche Lächeln deutete Schleichers Neigung zur Skepsis in allen entscheidenden Augenblicken an; es stand im Gegensatz zu dem jovial forschen Auftreten, das er jeweils zur Schau trug, wenn eine schwere Krise eine glückliche Wendung zu nehmen schien.

Trotz der strengsten Vertraulichkeit dieser Unterhaltung sickerten nach acht Tagen einzelne wesentliche Punkte durch. Das Reichswehrministerium schob die Verantwortung für den Bruch der Vertraulichkeit auf Staatssekretär Schäffer vom Finanzministerium, für den aber Pünder auf Grund seiner langen Zusammenarbeit mit ihm auf das stärkste eintrat. Wegen der Unmöglichkeit festzustellen, woher die Indiskretionen kamen, mußte ich auf ähnliche Besprechungen von nun an verzichten und mich selbst in Kabinettsitzungen nur auf Andeutungen über die nächsten von mir geplanten politischen Schritte beschränken.

Dies war der Grund, weshalb ich niemanden darüber unterrichtete, als ich Major Archibald Church von der Labour Party bat, mich zu besuchen. Ich hatte ihn und auch Mitglieder der Konservativen Partei gelegentlich des Interparlamentarischen Handelskongresses in London im Jahre 1925 näher kennengelernt und diese Beziehungen weiter ausgebaut, als ich mit Treviranus zusammen auf Einladung mit einer Gruppe von konservativen Abgeordneten mehrere Tage 1927 in London politische Aussprachen führte. Das Gespräch mit Major Church fand Anfang Februar statt. Ich besprach mit ihm die Möglichkeit einer englischen Initiative in der Reparationsfrage. Er war verhältnismäßig optimistisch und glaubte bestimmt, MacDonald dafür gewinnen zu können, mich zu einer eingehenden Besprechung nach Chequers einzuladen. Damit begann eine Politik, die keine Frontstellung gegen Frankreich bedeutete, aber die Möglichkeit bot, mit Hilfe Englands einer Verständigung mit Frankreich näherzukommen. (Als später die Einladung nach Chequers wirklich erfolgte, wurde von Rechtskreisen verbreitet, Herbert Gutmann habe diese Einladung vermittelt – wie er sich allerdings auch selbst rühmte –, aber auf Grund eines Versprechens meinerseits, Gutmanns Spielschulden in Höhe von 300000 RM aus Reichsmitteln zu bezahlen. Der Reichspräsident glaubte für einige Tage an diese kindische Verleumdung und schüttelte bekümmert den Kopf.)

Nur Bülow und Schäffer wurden über den Plan von Major Church orientiert. Beide waren ablehnend, Bülow, weil er, falls MacDonald ablehnte, einen Prestigeverlust für mich befürchtete. Ich gab deshalb eine Notiz zu den Akten, daß ich Church keinen Auftrag gegeben habe. Am 11. Februar erklärte ich aber Church persönlich, daß ich nichts dagegen einzuwenden hätte, wenn er seinen Plan als eine rein private Angelegenheit betreibe. Gleichzeitig bat ich Botschafter von Neurath, nach Berlin zu kommen, um für den Fall, daß Church irgendeinen Erfolg hatte, die Lage durchzusprechen. Innerhalb von drei Wochen erreichte dann Church, daß MacDonald am 17. März Neurath, der nun darauf vorbereitet war, für mich eine Einladung nach Chequers für Anfang Mai übermittelte. Wesentlich dazu beigetragen haben meine Unterhaltungen im Hause von Herrn von Raumer und in der Reichskanzlei mit Sir Phillip Cunliffe-Lister, der auf Veranlassung von Dannie Heinemann nach Berlin gekommen war. Mit Dannie Heinemann hatte ich auf Veranlassung von Bücher und Oliven eingehende Aussprachen über die Reparationen und die Weltwirtschaftslage. Es war eine der glücklichsten Verbindungen für die Entwirrung internationaler wirtschaftlicher Schwierigkeiten, die während meiner ganzen amtlichen Tätigkeit für mich geschaffen wurden.

Inzwischen war Botschafter Sackett nicht untätig gewesen. Er arbeitete zähe daran, uns weiterzuhelfen, ohne sich nach außen hin etwas anmerken zu lassen. Sackett bat um eine Darstellung seitens der Reichsbank über die Folgen der Reparationsverpflichtungen Deutschlands für die deutsche Zahlungsbilanz und die Lage des Reichshaushalts, weil er beabsichtige, Anfang Mai nach Washington zu fahren, um Hoover dafür zu gewinnen, die in Stocken geratene Initiative in der Reparationsfrage wieder aufzunehmen.

Als einzige unter den Parteiführern wurden Prälat Kaas und Graf Westarp streng vertraulich über diese Vorgänge unterrichtet. Während meines kurzen Osteraufenthaltes in Badenweiler wurden Curtius, Dietrich und Luther über die Einladung nach Chequers informiert mit der Bitte, sich, falls bis Juni keine neue Initiative in der Reparationsfrage seitens Präsident Hoovers erfolge, auf eine offene Krise in der Reparationsfrage vorzubereiten.

Um katastrophalen Auswirkungen einer solchen Krise vorzubeugen, mußte eine schwierige, rein menschliche Aufgabe gelöst werden. Dr. Schacht mußte in irgendeiner Form vertraulich in unsere reparationspolitischen Gedankengänge eingeweiht werden. Seine von finanztheoretischem Standpunkt aus völlig richtigen Warnungen vor einem baldigen Zusammenbrechen des Young-Plans durften unter keinen Umständen zu einem Run der privaten ausländischen Gläubiger auf Deutschland führen. Ein Run in diesem Augenblicke würde uns außenpolitisch zu einer Kapitulation gezwungen haben. Auf seiner letzten Reise nach den Vereinigten Staaten hatte Dr. Schacht nicht nur öffentlich von der Notwendigkeit einer Streichung der Reparationen gesprochen, sondern auch gewisse Andeutungen gemacht, die die Sorge in New York erweckt hatten, daß Deutschland über kurz oder lang seinen lang- und kurzfristigen privaten Schuldverpflichtungen dem Auslande gegenüber nicht mehr gerecht werden könne.

Daraus erwuchsen die größten Schwierigkeiten, denn es gab eine klare Alternative: Entweder mußte die deutsche Regierung fortfahren, Reparationen zu zahlen und zu transferieren, um dann ein Moratorium für unsere lang- und kurzfristigen Auslandsschulden zu erbitten; oder, was für den dauernden Kredit Deutschlands in der Welt und für die Lösung der verwickelten internationalen Zahlungs- und Handelsprobleme viel günstiger wäre, versuchen, durch die Erreichung eines Moratoriums für die Reparationen mit nachfolgender Streichung pünktlich und peinlich die Schuldverpflichtungen dem Auslande gegenüber zu erfüllen. Das war so klar, daß es einer nachfolgenden Generation unverständlich bleiben muß, daß man darüber im Interesse der Erholung der Weltwirtschaft überhaupt in Zweifel sein konnte.

Gewiß mußten wir uns auf alle Fälle auf einen Run der Gläubiger bei kurzfristigen Auslandsschulden einstellen, sobald es ihnen klar wurde, daß der unvermeidliche Zeitpunkt herannahe, in dem wir nicht mehr gleichzeitig unsere Reparationsverpflichtungen und die dem Auslande gegenüber eingegangenen privaten Schuldverpflichtungen erfüllen konnten. Denn nur durch die lang- und kurzfristigen Auslandsanleihen war bislang eine Transferierung der deutschen Reparationszahlungen möglich gewesen. Kam das Einströmen der Darlehen zum Stillstand und wurden sie zurückgezogen, so wurde die Transferierung der Reparationen unmöglich.

Das hätte eine deutsche Reichsregierung kühl lassen können, solange der Dawes-Plan in Geltung war. Dann hätte das Problem von Parker Gilbert gelöst werden müssen. Ich hatte mich währenddessen im Schwarzwald ausruhen können. Aber durch die Annahme des Young-Plans war die Verantwortung von Parker Gilbert auf die deutsche Reichsregierung und die Deutsche Reichsbank abgewälzt. Die Bedingungen des Young-Plans ermöglichten keine unabhängigen und konstruktiven Lösungsvorschläge seitens der Reichsregierung. *Diese Bedingungen mußten Wort für Wort genau erfüllt werden, vor allem was die Stabilität des Goldwertes der RM, die Diskontpolitik der Reichsbank und die Möglichkeit einer Diskontierung von Schatzwechseln mittelbar oder unmittelbar durch die Reichsbank zwecks offener Kreditausweitung anging.*

In der Befürchtung der Folgen dieser Bedingungen gab es keine Meinungsverschiedenheit zwischen Hugenberg, einzelnen anderen vorausschauenden Gegnern des Young-Plans in den verantwortlichen Parteien und mir. Sicherlich hat ein so hervorragender Bankfachmann wie Dr. Schacht diese Bedenken geteilt. Aber er hatte dem Young-Plan zugestimmt und war dann im letzten Augenblick skeptisch geworden.

Hätte Schacht seine Unterschrift verweigert, wozu er schon während seines kurzen Besuches in Berlin in den letzten Phasen der Pariser Verhandlungen über den Young-Plan geneigt schien – auf meine Veranlassung waren der Führer meiner Partei und die Zentrumsmitglieder im Kabinett bereit, ihn dabei zu ermuntern –, so wäre die finanzielle und politische Entwicklung nicht nur in Deutschland eine völlig andere geworden.

In solchen Augenblicken – das möchte ich hier anmerken – ist es entscheidend, daß sich bei den verantwortlichen Persönlichkeiten Klugheit und Temperament die Waage halten. In der deutschen Geschichte scheint nur einmal eine Persönlichkeit die stoischen Kardinaltugenden in sich vereinigt zu haben: Friedrich der Große nach schweren und bitteren Lebenserfahrungen. Und unter Wilhelm I. verkörperte wenigstens die Regierung als Ganze diese Tugenden, weil der Herrscher die große Gabe besaß, drei Männer zu seinen Beratern zu wählen, die sich gegenseitig ergänzten.

In den kritischen Reichstagssessionen im März 1930 fiel mir die tragische Aufgabe zu, nur andeutungsweise das auszusprechen, was Dr. Schacht später temperamentvoll in den Vereinigten Staaten offen verkündete.

Sachlich bestand keine Meinungsverschiedenheit in dieser Frage zwischen uns. Die Achtung vor Dr. Schachts Fähigkeiten in London und New York und seine der meinen weit überlegene Gabe der schnellen Beeinflussung der öffentlichen Meinung waren mir voll bewußt. Daher hielt ich es für meine Pflicht, den Versuch zu machen, ihn durch gelegentliche Besprechungen und eine vorsichtige Einweihung in meine Gedankengänge für eine indirekte schöpferische Mitarbeit zu gewinnen.

In Besprechungen, zu denen ich Bülow, Zarden und Pünder heranzog, versuchten wir auf Schacht einzuwirken, doch in seinen öffentlichen Äußerungen über unsere sich zuspitzend schwierige Lage, vor allem dem Auslande gegenüber, das Maß von Verantwortlichkeit zu zeigen, das der Hochachtung, die er in der Welt erworben hatte, entsprach. Ich wußte seit meinem Besuch in London im Jahr 1927, daß Schacht in der Londoner City und bei Montagu Norman ein sehr großes Ansehen besaß, wenn auch nicht im gleichen Maß im Foreign Office und im Treasury. Nur in Paris hatte Schacht keinen Einfluß und war er fast verhaßt.

Leider konnte ich Schacht nicht mitteilen, daß sowohl einige Herren der Reichsbank wie Meißner über meine Besprechungen mit ihm besorgt wurden. Eines Tages wurde ich plötzlich zum Reichspräsidenten gerufen; zweifellos unter dem Einfluß von Meißner eröffnete mir Hindenburg, daß er meine wiederholten Unterhaltungen mit Schacht nicht gerne sehe. Falls ich beabsichtige, etwa Schacht wieder zum Leiter der Reichsbank zu machen, so wolle er mir jetzt schon mitteilen, daß er einer solchen Ernennung nicht zustimmen würde. Er sagte wörtlich: „Schacht ist ein Deserteur; er hat auf dem Höhepunkt der Gefahr freiwillig seinen Posten verlassen. Das werde ich ihm nie vergeben." Bei den Gesprächen wurde erreicht, daß Schacht versprach, in seinen öffentlichen Ausführungen Rücksicht auf die im Augenblick besonders schwierige Lage der Regierung in der Reparationsfrage zu nehmen. Als MacDonalds Einladung nach Chequers bekannt wurde, hatten viele die Empfindung, daß Schacht sich wieder von der Regierung distanzieren wolle.

Daß er dann trotzdem in der Bankenkrise im Juli 1931 spät in der Nacht nach Berlin kam und Dietrich und mir half, das Zögern der Reichsbank und den Widerstand einzelner Bankiers zu überwinden, habe ich in dankbarer Erinnerung behalten. Zwei Tage danach teilte mir Meißner nach einer angeblichen telephonischen Unterhaltung mit dem Reichspräsidenten mit, daß dieser weiterhin jede Betrauung Schachts mit einer offiziellen Stellung ablehne. Nicht vorauszusehen war, daß das Pariser Kabinett schon am folgenden Morgen von meinen Bemühungen wußte,

Schacht zur Teilnahme an der gemeinsamen Beratung des Kabinetts und der Bankiers zu gewinnen. Botschafter Hoesch sandte durch Kurier einen für mich persönlich bestimmten handgeschriebenen Brief über die Rückwirkung dieser Einladung Schachts auf die französische Regierung. Bei meinem Besuch in Paris im Juli sprach Laval dann sehr offen, aber freundschaftlich, über die damals in Paris gehegten Befürchtungen, ich könnte Schacht auf dem Umwege über die Stellung eines Währungsdiktators wieder maßgebenden Einfluß auf die Reichsbankpolitik geben. Ich antwortete Laval, ich könne mir vorstellen, von wem die französische Regierung mittelbar diese Information erhalten habe. Für die dauernde Zusammenarbeit der französischen und deutschen Regierungen würde es ersprießlicher sein, wenn diese Persönlichkeit in Zukunft ausgeschaltet würde.

PROBLEME DER INDUSTRIE

Der Beginn des Jahres 1931 brachte noch andere Schwierigkeiten, die sich fortschreitend steigerten. Sie kamen aus der Industrie und aus der Landwirtschaft im Osten. Gewisse Kreise der Industrie – nicht so sehr die Leiter und Besitzer der großen Unternehmen als kleinere, schon der Nazipsychologie verfallene Unternehmer und Verbandsfunktionäre – wollten nicht nur, wie auch die Reichsregierung, die seit 1927 überhöhten Löhne wieder den Weltmarktbedingungen anpassen, sondern die schwere Arbeitslosigkeit benutzen, um die Gewerkschaften und die Arbeiter wieder um ihre Errungenschaften in der Arbeitszeitgesetzgebung, dem Schlichtungs- und Tarifwesen zu bringen. Die großen, konstruktiven Führer der deutschen Industrie – wie Bosch, Siemens, Krupp, Vögler, Bücher – hatten nichts mit diesen Bestrebungen zu tun.

Im Gegensatz zu der Einstellung der großen Industriellen standen die Auffassungen, die in den Berichten des Langnamenvereins und von Geschäftsführern einzelner Arbeitgeberverbände vertreten wurden. Von dieser Seite gingen Verbindungslinien zu Hugenberg, Dingeldey und den Nazis. Lohnverhandlungen wurden oft von diesen Kreisen benutzt, um für die Regierung politische Schwierigkeiten zu schaffen. Diese Kreise setzten auf die Karte Hitlers, obwohl er den Arbeitern öffentlich viel größere Versprechungen machte als dies die Gewerkschaften und die SPD, nachdem sie in die Verantwortung gekommen war, je getan hatten. Mir wurde öfters über Unterhaltungen Hitlers mit einzelnen solcher Gruppen berichtet, in denen Hitler Glauben fand für seine Behauptung, daß er seine radikalen sozialen Forderungen nur aufstelle, um die SPD und die Gewerkschaften zu vernichten; wenn er die volle politische Macht besäße, würde er in allen sozialen und Lohnfragen dem Rate der Unternehmer folgen. Schon 1933 und 1934 haben einige Männer, die an solchen Besprechungen teilgenommen, mir ihr Bedauern ausgesprochen, daß sie unter dem faszinierenden Einfluß Hitlers vorübergehend ihr klares Denken verloren hatten.

Vermutlich konnten sie nicht erkennen, daß die extremen Anträge der NSDAP im Reichstag auf Erhöhung der Sozialversicherungsleistungen und gegen die Herabsetzung der Löhne – die zum Teil weiter gingen als die agitatorischen Anträge der KPD – nicht nur den Zweck hatten, den Einfluß der SPD und der Gewerkschaften zu brechen, sondern eine Staatskrise herbeiführen sollten. Denn dieser Wettbewerb der gegenseitigen Übertrumpfung zwischen NSDAP und KPD auf Erhöhung der sozialen Ausgaben und Leistungen mußte nicht nur das Parlament lächerlich machen und zur weiteren Abziehung kurzfristiger Auslandsgelder aus Deutschland führen; er konnte auf die Dauer die SPD, die nunmehr die größte Staatsverantwortlichkeit zeigte, in eine unmögliche Lage hineinbringen. Ohne die SPD war die Ablehnung solcher Anträge unmöglich. Aber diese schwere Last der Verantwortung führte schon bald zur Absplitterung einer kleinen Gruppe von früheren USPD-Mitgliedern, die nunmehr gemeinsam mit NSDAP und KPD drohten, gelegentlich eine Mehrheit für solche die Wirtschaft und Finanzen unterhöhlenden Agitationsanträge zu schaffen. Zwar konnte der Reichsrat solche agitatorischen Ausgabebewilligungen ablehnen, aber das war nicht immer eine sichere Garantie. In Sachsen, Hessen, Oldenburg und Mecklenburg drohte die Gefahr, daß – wie in Thüringen schon 1929 – Koalitionsregierungen mit der NSDAP gebildet wurden. Trotz der Entschlossenheit der Regierung, solche Obstruktionsanträge abzuwehren – wofür bald schon das geeignete Instrument gefunden wurde –, ging der von gewissen Industriellen getragene Kampf um den Abbau eines großen Teiles der sozialen Gesetzgebung – vor allem der Betriebsrat- und Schlichtungsgesetze – weiter.

Man konnte nicht bestreiten, daß die vom Reichstag übertriebene Gesetzgebung früherer Jahre in dieser Richtung große praktische Schwierigkeiten brachte. Darüber waren sich auch weitschauende Gewerkschaftsführer aller Richtungen klar. Die Stimmung war reif, in Verhandlungen der Gewerkschaftsführer und der wirklich großzügigen Wirtschaftsführer bessere Lösungen zu finden. Ein großer Teil der weiterdenkenden Gewerkschaftsmitglieder war skeptisch geworden gegenüber den praktischen Auswirkungen einer extrem-sozialen Gesetzgebung, und ihre Führer waren durchaus zu einer Wiederbelebung des Gedankens der Zentralarbeitsgemeinschaft von 1918 bereit, um mit der Industrie die Gesetzgebung über Tarifverträge und über das Schlichtungswesen den besonderen Bedingungen der Krise anzupassen. Aber nach den Verhandlungen Pfingsten 1930 über eine Wiederbegründung der Zentralarbeitsgemeinschaft zweifelte eine Reihe von Gewerkschaftsführern am guten Willen mancher Unternehmer oder ihrer Syndici. Sie hatten auch vollkommen recht mit dem Verlangen, daß nun nicht sie die Verantwortlichkeit für unpopuläre Lösungen tragen sollten, sondern die Regierung, deren Vorgänger der Annahme von übersteigerten Anträgen aus Popularitätsstreben zugestimmt hatten.

Diese Forderung war um so gerechtfertigter, als, nach Herabsetzung der Löhne in der Berliner Metallindustrie Ende 1930, die kommunistischen und nationalsozialistischen Zellen in den Betrieben durch wüste Agitation gemeinsam daran arbeiteten, nicht den Staat, sondern die Gewerkschaftsführer für die Herabsetzung der Löhne verantwortlich zu machen. Zu einer unmittelbaren zwangsweisen Senkung der Löhne in einzelnen Industrien konnte sich die Regierung aber um diese Zeit unmöglich entschließen. Dazu hatten sie sich in den einzelnen Industrien zu verschieden gestaltet. Außerdem wäre es vom Standpunkt der Handelsbilanz und der gesamten wirtschaftlichen Lage aus nicht zweckmäßig gewesen, Lohnsenkungen vorzunehmen, ohne die in Frage kommenden Industrien gleichzeitig zu veranlassen, die Lohnersparnis ausschließlich für eine Preissenkung ihrer Erzeugnisse zu verwenden. Aber auch in bezug auf die Preisentwicklung der vorangegangenen Jahre gab es keine einheitliche Entwicklung. Die Exportindustrie hatte vielfach schon freiwillig ihre Preise heruntergesetzt.

Daher gab es im Augenblick nur die Lösung, die Schlichtungsordnung dem englischen System anzunähern. Das geschah bei dem am 13. Dezember ausgebrochenen Streik in der Ruhrindustrie. Durch eine Notverordnung vom 9. Januar 1931 konnte der Schlichter nunmehr unabhängig von den Parteien, nötigenfalls unter Hinzuziehung von zwei unabhängigen Beisitzern, die Löhne herabsetzen. Die Regierung konnte gleichzeitig von der Industrie eine Herabsetzung der Kohlenpreise und nachfolgend eine niedrige Preissetzung für Eisen und Stahl verlangen.

Damit wurde das Verantwortlichkeitsgefühl der Arbeitgeber und Arbeitnehmer allerdings nicht gestärkt. Praktisch wurden sie aus der Verantwortung entlassen und konnten nun extreme Forderungen aufstellen. Beide Gruppen haben damit der Regierung eine Verantwortung aufgezwungen, die sie nicht suchte.

Der Lokomotiv-Industrie konnte selbst durch eine noch so große Lohnsenkung nicht mehr geholfen werden. Die Reichsbahn hatte in wenigen Jahren den größten Teil ihres Lokomotivparks schon völlig erneuert. Selbst durch an sich nicht nötige neue Aufträge konnte man keine der Lokomotivfabriken retten. So wurde nach einem Plan von Generaldirektor Dorpmüller, der die Regierung in jeder Lage zu stützen bemüht war, gleichzeitig mit einer Lohnherabsetzung für die Arbeiter eine Rationalisierung der Lokomotiv-Industrie durchgeführt. Einzelne Firmen hatten den Bau von Lokomotiven aufzugeben. Das machte es den übrigen Firmen möglich, nach der Lohnsenkung jedes Jahr eine geringe Anzahl von Lokomotiven zu bauen, ohne dabei Verluste zu haben.

Die schnelle Befriedigung des während des Kriegs und in den ersten Nachkriegsjahren aufgestauten Bedarfs hatte zu einer so stürmischen Rationalisierung der Industrie geführt, daß man dabei vielfach das Augenmaß für weitere Entwicklungsmöglichkeiten verlor. Diese in wenigen Jahren erfolgte Rationalisierung, die zum Teil nur mit Hilfe ausländischen Kapitals möglich war, hatte sogar zu Besorgnissen wegen der Beschaffung ausreichender Rohstoffe geführt. So hatte die eisenschaffende Industrie in der Erwartung einer weiteren Hochkonjunktur aus Sorge für eine ausreichende Erzzufuhr noch im Jahre 1929 mit Schweden einen fünfjährigen Lieferungsvertrag für Eisenerz abgeschlossen, zu den höchsten Preisen, die je zu Friedenszeiten für ausländische Erze bezahlt wurden. Eine Abänderung dieses Vertrages konnte nur nach langen und schwierigen diplomatischen Verhandlungen erzielt werden, in denen Schweden billigerweise Gegenleistungen von seiten der Reichsregierung auf anderen wirtschaftlichen Gebieten verlangen konnte.

Als mir eines Tages Dr. Vögler mitteilte, daß auf Grund dieses Vertrages und der absinkenden Konjunktur an der Ruhr Erze, wenn ich mich recht erinnere, im Wert von über 100 Millionen RM auf den Halden lagen, eröffnete sich für die Regierung wie auch für die Banken eine nahezu verzweifelte Perspektive, weil die Reparationssachlieferungen gerade in dem Augenblick absanken, wo die Rationalisierung durchgeführt war. Seit 1926 hatte die Reichsregierung, in der Hoffnung, einen immer größeren Prozentsatz der Reparationen in Form von Sachlieferungen ausführen zu können, selbst die Rationalisierung gefördert und dafür steuerliche Erleichterungen geschaffen.

In Gesprächen mit Dr. Vögler und anderen Ruhrindustriellen ergab sich im Laufe des Jahres 1931 allmählich eine gewisse Erkenntnis der Tatsache, daß eine starke Rationalisierung, also eine kapitalintensive Form der Produktion, sich nur dann bezahlt macht, wenn die neugeschaffene Kapazität über einen gewissen Punkt dauernd ausgenutzt bleibt. Sinkt die Ausnutzung der Kapazität unter diesen Punkt, so kann man nur mit Verlusten produzieren. Die volle Bedeutung dieses Problems wurde der Reichsregierung allerdings erst nach Übernahme des Flickschen Besitzes an Stahlvereinsaktien klar. Herr von Flotow, den die Regierung zur Prüfung der Lage des Stahlvereins einsetzte, ermittelte zum erstenmal die genauen Prozentsätze der Ausnutzung der Kapazität, bei denen die Produktion aufhörte, Verluste zu bringen, und ab wann sie begann, steigende Gewinne abzuwerfen. Daß diese Verhältniszahlen die gleichen waren wie bei den größten Stahlwerken der Vereinigten Staaten, konnte ich bei meinem ersten Besuch in den Vereinigten Staaten 1935 feststellen. 1930 und 1931 wurde dieses Problem des sogenannten ,,break-even point" erst allmählich seitens der Reichsregierung und der Industrie erkannt, und so auch eine Erklärung dafür gefunden, weshalb gerade die Schwerindustrie der Vereinigten Staaten und Deutschlands in der Krise am meisten zu leiden hatte.

Solche Probleme konnten nicht durch eine noch so radikale Lohnherabsetzung gelöst werden. Für Deutschland aber war die Lage von einem Gesichtspunkte aus weit schwieriger als für die Vereinigten Staaten. In Deutschland fielen die durch die Rationalisierung eingesparten Arbeiter erst der Arbeitslosenversicherung, dann der Krisenfürsorge und schließlich der Wohlfahrtspflege der Gemeinden zur Last. Daraus ergab sich die bedrückende Notwendigkeit, die Fristen und die Zahlungen in der Arbeitslosenversicherung und dann in der Krisenfürsorge immer weiter herabzusetzen mit dem Ergebnis, daß dadurch die Finanzlage der Gemeinden fortschreitend erschüttert wurde. In den Vereinigten Staaten hatte die Bundesregierung um diese Zeit überhaupt keine Verpflichtungen gegenüber der Masse der Arbeitslosen. Daher war es noch im Frühjahr 1931 schwer, in Washington Verständnis für die besonders schwierige finanzielle Lage der Reichsregierung zu schaffen. Praktisch hatte die Reichsregierung mittelbar oder unmittelbar die ganzen finanziellen Risiken einer in zu schnellem Tempo durchgeführten Rationalisierung zu tragen.

Eine Reihe der führenden deutschen Industriellen erkannte im Sommer 1931 diese katastrophale Auswirkung der Rationalisierung auf die öffentlichen Finanzen. Anderen, wie zum Beispiel Fritz Thyssen, war das nicht beizubringen. Die einsichtigen Männer der Industrie waren mehr Kaufleute als einseitige Techniker. Bei ihnen fand Hugenberg keine Gegenliebe, als er Ende Januar im Sportpalast den Kampfruf ausgab: ,,Zurück zur Helfferich-Mark!''

Hugenberg, in Erkenntnis der schweren landwirtschaftlichen Krise, besonders im Osten, hatte wenigstens konkrete Vorstellungen von der Wirkung der Rentenmark auf die Preisrelation zwischen industriellen und landwirtschaftlichen Produkten. Jene Industriellen aber, denen Hugenbergs Programm zusagte, dachten dabei nur an eine neue Inflation oder eine Abwertung der Währung, ohne zu bedenken, daß, solange der Young-Plan galt, beides ausgeschlossen war. Auch konnten manche nicht begreifen, daß eine fortgesetzte Lohnsenkung die Kaufkraft vermindern und damit die Krise verschärfen mußte, wenn nicht parallel dazu die Weltmarkt- und Inlandspreise fielen.

Da Hugenbergs Rede bei der Industrie große Verwirrung gestiftet hatte, nicht nur in finanzieller, sondern auch in politischer Beziehung, entschloß ich mich, einer Einladung des Verbands der sächsischen Industriellen zu folgen, auf ihrer Tagung in Chemnitz zu sprechen, unter der Voraussetzung, daß wüsten Diskussionsreden, wie sie nach Vorträgen von Mitgliedern der Reichsregierung auf anderen Tagungen vorgekommen waren, vorgebeugt wurde. Aus Furcht vor nationalsozialistischen und kommunistischen Ausschreitungen wurde die Polizei in Chemnitz verstärkt. Der Leiter der Versammlung war voller Sorgen wegen des Gerüchtes, daß die Mehrheit der Versammlung unter Leitung des nationalsozialistischen Fabrikanten Mutschmann, des späteren Reichsstatthalters für Sachsen, eine Demonstration gegen mich plante. Zu Beginn meines Vortrages erfolgten noch scharfe Zwischenrufe; nach einer Viertelstunde war achtungsvolle Ruhe im Saale; am Schluß nach Zitierung der Worte Mussolinis über die weitschauende Politik der deutschen Regierung erfolgte minutenlanger Beifall. Trotzdem endete, wie ich später erfuhr, die Versammlung in Chemnitz eine Viertelstunde nach meiner Abreise in einer tobenden Kritik der Reichsregierung.

Nach diesen Erfahrungen schien unbedingt notwendig, in Einzelbesprechungen ein größeres Verständnis für die Gesamtlage und für die Notwendigkeit einer Zusammenarbeit von Industrie, Gewerkschaften und Regierung zu wecken. Auf Anregung eines weitschauenden Direktors der Thyssen-Unternehmungen, Dr. Lenze aus Mülheim, fand dann in der Reichskanzlei eine gemeinsame Besprechung von Industriellen aus dem Westen und Führern der christlichen Gewerkschaften statt. Alte Ressentiments sollten beseitigt werden, aber nach einem vielversprechenden Verlauf der Beratung warf Fritz Thyssen den Führern und Mitgliedern der christlichen Gewerkschaften Mangel an nationaler Gesinnung vor. Von da an beschränkten sich die Mitglieder des Kabinetts auf Einzelbesprechungen mit weiterdenkenden Führern der Industrie, die positiver verliefen als die Besprechungen in größeren Gruppen.

Sehr viel schwieriger war es, eine Verständigung zwischen den Gewerkschaften und den kleineren und mittleren Industriellen herbeizuführen, namentlich solchen, die im wesentlichen für den Export arbeiteten. Diese Industrien konnten Auslandsaufträge häufig nur hereinholen, wenn sie schneller und billiger lieferten als die ausländische Konkurrenz, weshalb die Arbeiter vorübergehend bis zu zehn Stunden täglich arbeiten mußten. Dem standen das Arbeitszeitgesetz entgegen und auch manche Tarifverträge. Die Gewerkschaftsführer fürchteten, daß, wenn man in solchen Fällen Überstunden durch entprechende Interpretation der Bestimmungen ermöglichte, auch das Prinzip des Achtstundentages verlorengehen würde. Sie waren mehr für eine Verkürzung der Arbeitszeit, wie sie in einzelnen Fabrikationszweigen mit kontinuierlichem Betrieb, auch von einem großen Hamburger Unternehmen, mit Zustimmung der Arbeiterschaft bereits praktiziert wurde. Dadurch wurden mehr Arbeiter eingestellt, allerdings mit geringerem Wochenverdienst für den Einzelnen. Aber eine solche Lösung paßte nicht für die Exportindustrie, vor allem nicht in den zwei Monaten nach der Lösung des Pfundes vom Goldstandard, in denen die englischen Importeure noch Auslandsprodukte zollfrei einführen konnten und dann große Aufträge vergaben, besonders nach Deutschland, um sich einzudecken. Die Arbeiter begriffen durchaus, daß es, um solche Aufträge für ihre Firmen hereinzuholen, notwendig war, über die Bestimmungen des Arbeitszeitgesetzes und der Tarifverträge hinaus zu arbeiten, aber ein Teil der Gewerkschaftsführer war aus prinzipiellen Gründen dagegen. Wiederholt waren Vertreter der Betriebsräte bei Mitgliedern der Reichsregierung und auch bei mir mit dem Verlangen, die Regierung möge ihnen die Möglichkeit solcher Mehrarbeit auch gegen die Gewerkschaftsführer verschaffen.

Sie sahen sehr klar, daß die Arbeitsgesetzgebung zu stark auf die Bedingungen der Großindustrie eingestellt war. Das hatte auch Stegerwald erkannt und bei der Beratung des Arbeitszeitgesetzes öffentlich vor den Folgen gewarnt. Übertreibungen in der Sozialgesetzgebung, das wurde uns völlig klar, können in einer Krise zur Folge haben, daß die Arbeiter sich selbst dagegen wenden und nicht mehr verstehen, weshalb ihre Führer noch an etwas festhalten, was nicht mehr zu verwirklichen ist.

In den Gewerkschaften wuchs damals allgemein die Erkenntnis, daß es ein schwerer Fehler gewesen war, Errungenschaften, die die Gewerkschaften ohne gesetzliche Grundlage gemacht hatten, nachher im Wettkampf der politischen Parteien durch Gesetzgebung schematisch weiterzutreiben. Das Ergebnis war, daß die Gewerkschaften sich von ihren eigentlichen Aufgaben entfernten und mehr und mehr in die reine Parteipolitik hineingerieten. Mit der wenn auch nur vorübergehenden Beseitigung solcher gesetzlichen Übertreibungen kam die Enttäuschung und verloren die Gewerkschaften bei ihren enttäuschten Mitgliedern ihre Stoßkraft. Das war eine Entwicklung, die sowohl die Kommunisten wie die Nationalsozialisten klar erkannten und in ihrer Agitation ausnutzten. Das erklärt auch zum Teil, weshalb 1933 die Gewerkschaften sich so schnell von den Nationalsozialisten überrumpeln ließen.

OSTREISE UND OSTHILFE

Neben der Radikalisierung der Industrie wuchs die Radikalisierung der Landwirtschaft im Osten, beides bedingt durch die wirklich vorhandene Notlage, aber auch durch die Neigung, sich einzureden, daß die Zeit der Hochkonjunktur auf allen Gebieten ein Dauerzustand werden müsse. Die NSDAP nutzte diese Stimmung in Mitteldeutschland, Sachsen und dem Osten sehr geschickt aus. Die Nazis konnten das unsinnigste Zeug versprechen und eine Dummheit nach der anderen machen, ihre Anhängerschaft wuchs trotzdem von Woche zu Woche, auch bei den bürgerlichen Schichten, von denen man eine tiefere politische und wirtschaftliche Einsicht hätte erwarten können.

Vor Weihnachten wurde beschlossen, eine Reise in den Osten zu machen, um zu zeigen, daß die Reichsregierung alles daransetzen werde, dort zu helfen und nach Befreiung des Rheinlandes alle Kräfte und Mittel auf die Behebung der Notlage der Ostgebiete zu konzentrieren, die mit Ausnahme von Oberschlesien und Ostpreußen im Verlauf der letzten zwölf

Jahre etwas stiefmütterlich behandelt worden waren. Gleichzeitig hoffte ich, der intensiven Agitation der Nazis entgegentreten zu können, die immer schärfer wurde, weil sie durch Erfahrung herausgefunden hatten, daß es bei der Stimmung und der politischen Urteilskraft in diesen Teilen Deutschlands gar nicht mehr darauf ankam, selbst das an sich schon bedenklich niedrige Niveau politischer Versammlungen in den Jahren nach der Revolution noch zu wahren. Je ungereimter und radikaler die Behauptungen und Versprechungen waren, desto größer war der Erfolg. Selbst die KPD wurde an Radikalismus übertroffen. Wenn es mir im Laufe dieser maßlos anstrengenden Reise, die vom 4. bis 11. Januar dauerte – die Nächte verbrachte ich größtenteils in der Eisenbahn, die Tage waren restlos durch Besprechungen und Versammlungen ausgefüllt –, auch gelang, einzelne führende Persönlichkeiten, auch im deutschnationalen Lager, zu überzeugen und zu gewinnen und in ununterbrochenen Gesprächen große Erfahrungen zu sammeln, so war diese Reise insgesamt gesehen doch ein absoluter Fehlschlag.

Mir zeigte sich das klar bereits am ersten Tage in Hinterpommern, wo selbst in kleineren Orten wie Bütow und Rummelsburg sich auf den Straßen radikalisierte Volksmassen angesammelt hatten, von denen die Verwaltung und Polizei annahmen, daß es Kommunisten seien, während sich im Laufe der Reise immer mehr herausstellte, daß diese Straßenkundgebungen von den Nazis organisiert waren. Der ruhige Bürger und Arbeiter blieb zu Hause. Die Krawalle steigerten sich von Tag zu Tag. Ihren Höhepunkt erreichten sie bei dem Besuch in Breslau, wo wir durch etwa 40000 Demonstranten, die sich auf dem Ring versammelt hatten, zum Rathaus fahren mußten. Waren in den Tagen vorher nur vereinzelte Steine geworfen worden, so mußten wir jetzt durch einen wirklichen Steinhagel fahren, der zwar nie mich bedrohte, weil erfahrungsgemäß der erste Wagen nie getroffen wird, wohl aber auf die nachfolgenden Autos niederging und einige Herren verletzte. Der Osten war nicht reif für eine besonders wohlwollende Behandlung seitens der Regierung. Wohlwollen wurde dort zu leicht als Schwäche aufgefaßt. Dann traten letzte, durch Polizei und militärische Erziehung bis dahin niedergehaltene Instinkte zum Vorschein.

Obwohl ich nunmehr sechs Jahre einen östlichen Wahlkreis vertrat, hatte ich mir doch nicht vorstellen können, wie groß der Unterschied zwischen dem Osten und Westen in bezug auf die politische Reife war. Dazu kam eine naive Grundeinstellung. Als mehrere Mitglieder des Reichskabinetts, die Direktoren der Reichsbank und Reichsbahn zu einer Studienreise

nach dem Osten fuhren, glaubte man, daß nunmehr das Geld scheffel-
weise aus den Eisenbahnwagen herausgeworfen würde. Immer und
immer wieder mußte ich in den Nächten daran denken, daß vielleicht
doch von der Marwitz recht gehabt hatte in seiner Kritik an den
Steinschen Reformplänen vor dem Befreiungskrieg. Der Osten war auch
heute, nach 120 Jahren, nicht reif für eine Demokratie, auch nicht in
gemäßigter Form. Zum ersten Male erkannte ich, welche Folgen sich aus
den hohen Verlusten des alten östlichen Adels im Weltkriege ergeben
hatten. Die Witwen waren auf den Rat der Gutsverwalter angewiesen,
die durchweg zur extremen Rechten gehörten und diese wüsten Szenen
organisiert hatten. Wenn eine Anzahl Abgeordneter aus dem Westen
Zeugen mancher Vorgänge gewesen wären – zum Beispiel wie die
angeblich vor dem Bankrott stehenden Großgrundbesitzer auf den Land-
straßen, über die wir fuhren, massenhaft Landarbeiter und Erwerbslose
gegen besondere Bezahlung aufgestellt hatten, die Plakate trugen mit
beleidigenden Inschriften für die Regierung und gegen die angebliche
Bevorzugung des übrigen Deutschland –, so hätte ich im Reichstage keine
Mehrheit für die Bewilligung von Hunderten von Millionen für den
Osten gewinnen können.

Zu meinem Erstaunen und Schrecken mußte ich feststellen, daß die
Popularität des Reichspräsidenten recht gering war. Er hatte von dieser
Reise so außerordentlich viel erwartet und gedacht, daß mit der Einzel-
besprechung in allen Landkreisen des Ostens über die Notlage und mit
der Ankündigung, daß in den nächsten Monaten ein Hilfsprogramm für
den Osten verwirklicht würde von so gewaltigem Ausmaß, wie man es für
das übrige Deutschland nie bekommen hatte, sich eine begeisterte
Stimmung für ihn und die Reichsregierung herausbilden würde. Er war
vor Beginn der Reise so aufgeräumt, wie ich ihn nie vor- oder nachher
gesehen habe. Einige Stunden vor der Abfahrt schickte er mir seinen
dicken Pelzmantel aus dem Kriege mit einem langen Handschreiben, aus
dem eine fast väterliche Sorge sprach, ob ich die Strapazen dieser Reise
auch aushalten würde. Ich habe nach der Rückkehr mich nicht überwinden können, ihm die Illusion völlig zu rauben und ihm klarzumachen,
daß er sich nicht auf die Stimmung verlassen dürfe, die in dem engsten
Kreis seiner Gutsnachbarn angeblich herrschte. Der Hindenburg-Mythos, der im Westen und Süden Deutschlands noch lebte, war im Osten
bereits tot. Das erfüllte mich mit tiefen Besorgnissen im Gedanken an die
Tatsache, daß in einem Jahr die Amtsperiode des Reichspräsidenten
abgelaufen war, zumal ich mir darüber klar war, daß die Durchführung

aller geplanten Reformmaßnahmen im Osten mindestens drei Jahre in Anspruch nehmen würde, bis sich ein für jeden erkennbarer Fortschritt zum Besseren zeigte.

Obwohl ich seit sechs Jahren die Verhältnisse im Osten genau studiert hatte und seit 1926 als erster immer für ein großes Hilfsprogramm gekämpft hatte, waren die Erkenntnisse, die sich aus Einzelbesprechungen ergaben, geradezu katastrophal. Ich machte überall dieselbe Erfahrung, wie in meinem eigenen Wahlkreis in den Jahren 1926–1927, als ich selbst Projekte für die Verwendung von vorhandenen Geldern vorschlagen mußte, weil die Verwaltungsstellen viel zu lange brauchten, um entsprechende Pläne auszuarbeiten.

Solche Versäumnisse waren uralt. Ein Beispiel ist die Bartschregulierung zwischen dem Zweiten Schlesischen und dem Siebenjährigen Krieg sowie nach den Freiheitskriegen. Im ersten Fall gelang es Friedrich dem Großen, die Schwierigkeiten, die die Verwaltungsbeamten machten, und die Neigung zur Forderung extravaganter Summen zu überwinden. Er sperrte den zuständigen leitenden Beamten so lange in der Festung Spandau ein, bis er ihm ein Projekt vorlegte, mit einem Kostenaufwande, der einem Sechstel der vorher als Minimum bezeichneten Summe gleichkam. Nach den Freiheitskriegen brachte man die gleiche Energie nicht auf. Als es der Zentralverwaltung in Berlin nicht gelang, bei den Provinzbehörden durchzusetzen, daß ein sparsames Projekt vorgelegt würde, erklärte der König, er habe für diese Dinge nach den Kriegen kein Geld mehr in der Kasse. So blieb alles liegen und drei preußische Landkreise wurden um ein Drittel ihrer möglichen Produktion gebracht.

Jetzt mußte ich im Laufe einer Woche erkennen, daß derartige Versäumnisse und mangelnde Vorstellungen von den finanziellen Möglichkeiten des Staates fast überall die Schwierigkeiten im Osten mit verursachten.

Bei einem der angesehensten Großgrundbesitzer östlich der Weichsel stellte ich in nächtlicher Unterhaltung fest, daß ein vom Vater als Fideikommiß schuldenfrei übernommener, gewaltiger Besitz durch völlige Verkennung der finanziellen Lage im Jahre 1924 an den Ruin gebracht worden war. Sich verlassend auf die Agitation der Deutschnationalen und die Auffassung von Stinnes, daß nach der sicheren Ablehnung des Dawes-Planes eine neue Inflation kommen würde, hatte er mehr als zwei Millionen Bankkredit aufgenommen zwecks Intensivierung seiner Wirtschaft, von dem er hoffte, daß er ihn in völlig entwertetem Gelde spielend werde zurückzahlen können. Statt dessen mußte er vier Monate lang einen Jahreszinssatz von 40–60% zahlen und die späteren Jahre bis zu

15 %. In Gesprächen mit Landräten unter vier Augen während der Fahrt hörte ich von einer großen Zahl solcher Fälle.

In den zwei Tagen in Ostpreußen, wo wir fast durch jeden einzelnen Bezirk fuhren und Vertreter der Verwaltung des Großgrundbesitzes, der Bauern, des Mittelstandes und der Industrie anhörten und sie ausfragten, wurde mir klar, daß die rund 400 Millionen, die vom Reich und von Preußen seit der Stabilisierung, vor allem seit 1927, nach Ostpreußen geflossen waren, im wesentlichen nur benutzt wurden, um solche Löcher zu stopfen, ohne eine Heilung von Grund aus herbeizuführen. All dies Geld war praktisch verloren. Ich entsinne mich sehr genau, wie auf der Fahrt zwischen zwei Kreisstädten in Masuren im Eisenbahnwagen ein kluger alter Bauer, ich glaube es war ein Gemeindevorsteher, mir sagte, als er für fünf Minuten mit mir allein war und seine Scheu ablegte: „Alles Unglück in Ostpreußen kommt von dem Geld, das schon während des letzten Krieges für den Wiederaufbau Ostpreußens verwendet worden ist. Die Beamten und die Bevölkerung haben sich damals daran gewöhnt, aus dem vollen zu schöpfen, und den Wert des Geldes vergessen. Deshalb rufen alle in Ostpreußen jedes Jahr nach neuen staatlichen Mitteln. Sie würden, auch wenn die Reichsregierung in der Lage wäre, auf einmal eine Milliarde nach Ostpreußen zu geben, ein Jahr später nach neuen Mitteln schreien."

Der Osten hatte das Maß verloren. Der kluge deutschnationale Landeshauptmann von Ostpreußen sowohl wie der Fürst Hatzfeldt oder der Oberpräsident von Bülow in der Grenzmark, ebenso wie eine große Anzahl von geradezu hervorragenden Landräten, die die preußische Regierung in den letzten Jahren nach dem Osten geschickt hatte, gaben das, obwohl sie der Deutschnationalen oder der Deutschen Volkspartei angehörten, auf Befragen oder aus eigener Initiative stets zu. Aber es fehlte ihnen die Möglichkeit oder die Kraft, sich durchzusetzen. Neben ihnen saßen Oberpräsidenten, Regierungspräsidenten und Landräte, zum Teil sehr sympathische Charaktere, zum Teil weniger sympathisch und gleichzeitig wenig begabt, einige von ihnen schon in der Vorkriegszeit in der gleichen Stellung, die ihren Aufgaben nicht gewachsen waren.

Wenn das Reich die preußische Verwaltung gleichzeitig in der Hand gehabt hätte, so wäre es besser gewesen, bevor man irgendeinen Pfennig nach dem Osten gab, zunächst einmal ein großes Revirement in der Verwaltung vorzunehmen, ohne Rücksicht auf Parteizugehörigkeit. Es war unmöglich, den Oberpräsidenten Lüdemann in Schlesien zu lassen.

Der gerade, ehrliche Oberpräsident von Ostpreußen war nicht mehr rüstig genug, um der Kritik wegen seiner Zugehörigkeit zur Demokratischen Partei gewachsen zu sein, trotz der menschlichen Hochachtung, die er in allen Kreisen genoß, und mußte durch eine jüngere Kraft ersetzt werden. Mindestens ein Drittel der Regierungspräsidenten und die Hälfte der Landräte hätten verschwinden müssen. Für die Ostpreußische Landschaft mußte ein wenn möglich rechtsstehender Kommissar gefunden werden, der den Dingen nachging, die mir auf der Reise im Zuge von einigen mutigen Leuten zugeflüstert und die 1933 durch die Gerichtsverhandlungen öffentlich festgestellt wurden.

Nach meiner Rückkehr sprach ich darüber mit dem preußischen Ministerpräsidenten und Severing. Letzterer erklärte mir, daß er zweimal umsonst auf einen Vorstoß der Demokraten und der Zentrumspartei gehofft habe, um Lüdemann zu beseitigen. Ein so großes Revirement bedeute nach seiner Kenntnis der Lage die Notwendigkeit, verhältnismäßig sehr junge Leute völlig außerhalb der Reihe in leitende Stellungen zu bringen. Das würde einen Aufruhr in der Beamtenschaft geben. In diesen bewegten Zeiten sei es schwer, eine solche Stimmung bei den höheren Verwaltungsbeamten durchzuhalten. Ein ganz großer Teil nicht gerade überragender früherer konservativer Verwaltungsbeamter sei seit dem Kapp-Putsch zur Demokratischen Partei übergetreten, wohl nicht innerlich, sondern um Karriere zu machen, und stark genug, die Demokratische Partei in Preußen gegen die Regierung zu mobilisieren.

Mich ließ die Frage nicht ruhen. Die langsame Durchführung der Osthilfe, die steigenden Schwierigkeiten, die sich aus den einseitigen Informationen des Reichspräsidenten durch seine alten Freunde ergaben, ließen mir Ende November 1931 die Situation reif erscheinen, ein offenes Wort mit dem Ministerpräsidenten zu sprechen, nachdem er im Frühherbst dafür hatte gewonnen werden können, daß Preußen restlos auf jede Beeinflussung der Oststelle des Reiches verzichtete. Es war die Zeit, wo man sich im engsten Kreis Gedanken und Sorgen um die Wiederaufstellung Hindenburgs als Präsidentschaftskandidaten machen mußte. Braun wußte, daß es den Freunden des Reichspräsidenten gelungen war, die alte gute Stimmung zwischen ihm und dem Reichspräsidenten zu trüben. Er wie ich hatten davon gehört, daß der Reichspräsident zögere, sich wieder als Kandidat für die Präsidentschaft aufstellen zu lassen, weil man ihm klargemacht hatte, er würde an seinem historischen Prestige verlieren, wenn er kandidiere, solange Braun preußischer Ministerpräsident sei. Nach dem großen Vorstoß der Deutschnationalen gelegentlich

der Frage der Aufhebung des Stahlhelmverbotes im besetzten Gebiet war
das Verhalten der Generalität des alten Heeres bei der Einweihung des
preußischen Ehrenmals für die Gefallenen in der alten Schinkelschen
Hauptwache nicht ohne starken Eindruck auf den Reichspräsidenten
geblieben.
Obgleich hier symbolisch die große Wandlung der sozialdemokratischen
Partei zu einer bewußten nationalen Partei vollzogen wurde, obgleich es
mir einige Wochen vorher gelungen war, etwas zu erreichen, was das
Reichswehrministerium nie für möglich gehalten hätte, nämlich einen
Geheimbefehl Brauns und Severings an alle Oberpräsidenten und Regierungspräsidenten, in aller Stille, gemeinsam mit der Reichswehr den
Landesschutz in allen preußischen Provinzen aufzubauen, geheime Mo-
bilmachungsvorbereitung, geheime Bezirksämter und Stammrollen einzuführen und Freiwillige aus allen Parteien mit Ausnahme der Kommunisten für einen fest organisierten geheimen Landesschutz zu werben,
lehnte die gesamte alte Generalität ihre Teilnahme an den Einweihungs-
feierlichkeiten, mit Ausnahme von dreien, ab mit der Begründung, man
könne nicht an dieser Einweihung teilnehmen, weil sie von einem
vaterlandslosen, antinationalen Mann vollzogen werde. Braun, dem in
diesen Tagen die Erinnerung an den Tod seines einzigen Kindes als
Kriegsfreiwilliger in der Masurenschlacht lebendig war, wurde, obwohl
er aus hartem Holz war, durch diese Haltung tief verwundet. Es gelang
ihm nur mit Mühe und leiser Stimme, seine Rede zu halten.
Dieses Erlebnis bewirkte, zusammen mit den andern Erregungen, daß
Braun mir einige Tage nach unserer Unterhaltung im Spätherbst durch
den Staatssekretär Weismann die Eröffnung machen ließ, er sei bereit
zurückzutreten, falls ich gleichzeitig preußischer Ministerpräsident
würde. Das war ein Schritt von gewaltiger Tragweite. Als Reichskanzler
konnte ich vom Reichspräsidenten entlassen werden, als preußischer
Ministerpräsident nicht. Alles, was im Sommer 1932 sich ereignete, der
Bruch der Verfassung seitens der Reichsregierung und des Reichspräsidenten, wäre zu verhindern gewesen. Die Verwaltungs- und Personalre-
formen konnten dann ohne grobe Reibung schnell erledigt werden. Ohne
eine Änderung der Verfassung war die Reichsreform praktisch durchgeführt, im Sinne einer tatsächlichen Rückkehr zu den Prinzipien der
Bismarckschen Verfassung. Der Ausblick war so bedeutend, daß ich mich
entschloß, trotz meiner Arbeitsüberlastung an die Verwirklichung der
Idee heranzutreten.
Erste Voraussetzung war die Zustimmung des Reichspräsidenten, da ich

schon damals nicht mehr so stark vom Parlament, sondern mehr von ihm abhängig war. Ich trug dem Reichspräsidenten die Angelegenheit vor. Zu meinem Erstaunen mußte ich feststellen, daß er offenbar bereits orientiert war und eine Sprachregelung von irgendeiner Seite bekommen hatte. Er erklärte mir kurz, aber scharf, mit Rücksicht auf meinen Gesundheitszustand und meine Arbeitsüberlastung könne er sich nie mit einem solchen Vorschlag abfinden. Ich merkte, daß man ihm klargemacht hatte, seine Autorität würde dann gegenüber der des Reichskanzlers zu stark zurücktreten. Da es mir peinlich war, in einer Sache zu plädieren, die mir von meinen geheimen Gegnern in seiner Umgebung als persönlicher Ehrgeiz ausgelegt werden konnte, verzichtete ich auf ein weiteres Drängen. Acht Monate später hat der Reichspräsident unter Bruch der Verfassung die Kumulierung der beiden Ämter auf die Person des Herrn von Papen zugelassen. Für mich bedeutete das Scheitern dieses Planes, trotz bester menschlicher Beziehungen zu den besten Köpfen des Staatsministeriums, mehr Arbeit und Reibung und eine unnötige Verzögerung der Durchführung der Osthilfe und der Pläne für die gleichzeitige Verwaltungsreform in Reich und Preußen. Es ist eine der folgenschwersten Entscheidungen des Reichspräsidenten für die ganze weitere Entwicklung gewesen.

Die Ereignisse während der Ostreise hatten überall eine gereizte Stimmung zur Folge. Da das Programm in dreiwöchiger Arbeit bis in jede Einzelheit durch die erfahrensten Beamten im Reich und in Preußen für jede Viertelstunde festgelegt war, so hatte ich mich um Einzelheiten nicht zu kümmern und war „fahrplanmäßig" weitergereicht worden. Es war selbstverständlich, daß ich in Breslau dem Herrn Kardinal einen kurzen Staatsbesuch von einer Viertelstunde machte. Seine Stellung war schon nach der alten preußischen Rangordnung eine ganz exzeptionelle. Durch das preußische Konkordat war er praktisch der Metropolit des ganzen Ostens geworden. Ein Besuch beim Breslauer Generalsuperintendenten war nicht vorgesehen. Persönlich ist mir auch nicht der Gedanke gekommen, weil ich ihn, wie alle gleichgestellten Persönlichkeiten, bei dem Empfang im Schlosse bzw. im Rathause antraf. Ich ahnte nicht, daß sich aus dieser Etiketteangelegenheit ein gewaltiger Sturm ergäbe, der, mit Hilfe der deutschnationalen Presse geschürt, den furor prostetanticus gegen mich mobilisierte. Treviranus wurde verdächtigt, er sei Konvertit geworden. Der Christliche Volksdienst kam dadurch in eine außerordentlich schwere Lage. Er verlor in Schlesien die Hälfte seiner Anhänger. Auch dieser Vorgang wurde später dem Reichspräsidenten in geschickter

Form beigebracht und erweckte in ihm ein konfessionelles Mißtrauen gegen mich. Noch 1932 wirkte sich dieser Vorgang stark in den Wahlen aus.

AGRARPROBLEME

Wegen dieser Aufpeitschung der konfessionellen Instinkte und wegen der scharfen Einstellung des Ostens verschärfte sich auch die Stimmung in der Zentrumspartei, vor allem unter den Abgeordneten des Westens, außerordentlich. Mehr und mehr wurde ich aus den eigenen Parteikreisen bedrängt, die Osthilfe aufzugeben und lieber eine allgemeine Regelung der landwirtschaftlichen Kreditfrage vorzunehmen. Die Stimmung für den Reichstag wurde ausgesprochen nervös. Der preußische Ministerpräsident besuchte mich am 27. Januar und gab seiner Befürchtung, aber auch seiner Entschlossenheit hinsichtlich der Stimmung im Osten Ausdruck. Für mich ergab sich die Aufgabe, dafür zu sorgen, daß eine schnelle Durchführung der geplanten Maßnahmen vorbereitet und dem Reichstag in Gesetzesform bei Beratung des Etats im Zusammenhang mit anderen Lösungen auf dem Gebiete der Agrarpolitik unterbreitet werden konnte.

Zu diesem Zwecke gedachte ich in mehrtägigen Aussprachen zunächst ein umfassendes Agrarprogramm mit den Vertretern der grünen Front vorzubereiten, das auf den Erfahrungen der Ostreise aufgebaut war und ein einheitliches Ganzes darstellen sollte. Im Kabinett herrschte, namentlich bei Dietrich und Stegerwald, eine sehr starke Unzufriedenheit mit der Methode von Schiele, alle vier Wochen dem Kabinett eine weitere Zollerhöhung vorzuschlagen. Schiele versuchte, durch Abschlagszahlungen den Reichslandbund zu beruhigen, übersah aber dabei, daß durch diese Methode die Forderungen seitens der Landwirtschaft immer mehr gesteigert wurden. Der Reichslandbund bediente sich jetzt derselben Taktik wie die Gewerkschaften in ihren schlechtesten Zeiten. Alle Vierteljahre wurden zur Beschäftigung und Festigung der Mitglieder neue programmatische Forderungen aufgestellt, die gleichzeitig den Zweck haben sollten, den Eingriff der Nationalsozialisten in die landwirtschaftlichen Organisationen aufzuhalten. Man nahm ohne jede Überlegung und ohne jeden planmäßigen Zusammenhang im Reichslandbund den Wettbewerb mit der nationalsozialistischen Agitation auf.

Erst war es die Erhöhung der Getreidezölle. Nachdem diese so weit getrieben war, daß – wie ich den Vertretern der grünen Front vorausgesagt hatte – bei einer guten Ernte die Zölle unwirksam zu werden drohten und sich der Getreidepreis dann ausschließlich nach der inneren Kaufkraft richtete, verlangte man die Abdrosselung jeder Fleisch- und Vieheinfuhr. Auch das wurde konzediert, jedoch mit keinem andern Ergebnis, als daß ein weiteres Abgleiten der Vieh- und Fleischpreise aufgehalten werden konnte. Dann kam die Forderung nach prohibitiven Fett- und Butterzöllen, Verbot der Einfuhr von Frühkartoffeln und Südfrüchten, wobei sogar der groteske Gedanke auftauchte, die Regierung solle ein Südfruchthandelsmonopol einführen. Die Landwirtschaft im Westen drängte auf Erhöhung der Gemüsezölle. Alle landwirtschaftlichen Kreise verlangten sofortige Steuersenkung und ein Zahlungsmoratorium. Bei der Fortsetzung dieses Weges der schrittweisen Konzedierung von Forderungen, den Schiele gegangen war, war das Ende vorauszusehen: eine völlige Erstarrung der Landwirtschaft und dann, nach einiger Zeit, ein chaotischer Zustand unter gleichzeitigem Verlust des größten Teils unserer Ausfuhr, verbunden mit dem Sinken der Kaufkraft der Bevölkerung, die auf längere Sicht gesehen wiederum ein Absinken der Agrarpreise und vor allem des Überganges vom Butter- zum Margarinekonsum zur Folge gehabt hätte. Dieser Gefahr glaubten die Führer der Landwirtschaft einfach dadurch entgehen zu können, daß sie die Margarineproduktion durch staatliche Mittel verteuerten bzw. drosselten. Je mehr man für die Landwirtschaft tat in einem in der neueren Geschichte unerhörten Ausmaße, um so mehr glaubten ihre Führer, den 80 Prozent des deutschen Volkes, die nur Konsumenten und nicht landwirtschaftliche Produzenten waren, neue Entbehrungen auferlegen zu können.

Um die Unterstützung eines Mannes zu haben, der Erfahrungen in der Industrie und der Landwirtschaft besaß und in beiden Bereichen anerkannt war – ich brauchte bei den bevorstehenden Beratungen mit der grünen Front ein Gegengewicht zu Schiele –, lud ich am 17. Januar zum ersten Male Professor Warmbold ein und trug ihm meine Anschauungen vor. Zwei Tage später fand eine erneute Besprechung mit ihm und Treviranus statt, in der ich sie bat, eine gemeinschaftliche Denkschrift über die Osthilfe anzufertigen. Gleichzeitig begannen Besprechungen mit Dr. Silverberg und Geheimrat Kastl über die Verwendung der Industrieobligationen und mit Herrn von Pechmann über die Senkung des Pfandbriefzinssatzes, die er damals in leichtem Ausmaße für möglich hielt.

In der ersten Besprechung mit der grünen Front am 27. Januar erklärte ich den anwesenden Herren, daß die Reichsregierung bereit sei, auch an die Butterzollfrage heranzugehen, wenn nur eine schnelle Durchführung des Milchgesetzes mit Unterstützung der landwirtschaftlichen Organisationen zugesichert würde. An eine Verteuerung sei nicht zu denken, dagegen wären wir bereit, einen Verwendungszwang für die Margarineindustrie vom premier jus herbeizuführen, falls sich die Margarineindustrie nicht zu einer freiwilligen Vereinbarung entschließen könne. Im übrigen seien noch weitergehende Zollerhöhungen für Gemüse, Obst usw. nur dann für die Regierung zu ertragen, wenn gleichzeitig die Landwirtschaft die Organisation des Absatzes nach den Plänen der Reichsregierung fördere, von der auf die Dauer allein eine Besserung der Landwirtschaft in diesem Bereich zu erwarten sei. Zu einer Ausdehnung des Vollstreckungsschutzes auf die Gebiete westlich der Elbe und auf Süddeutschland könnten wir uns nicht entschließen, da das zu einer Erstarrung des landwirtschaftlichen Kredits für vielleicht ein Jahrzehnt führen würde. Die Landwirtschaft müsse uns helfen, einen großen Plan der Umlagerung der Produktion in Deutschland durchzuführen. Die Reichsregierung habe in einer Reihe von Geschäftsbesprechungen ihr Ostprogramm nach der Ostreise festgelegt und werde es durch den Reichstag bis Ende März verabschieden lassen. Wir würden die lebensfähigen Güter umschulden, die andern für Anliegersiedlung und Neusiedlung erwerben, bei allen Gütern aber die Forderung stellen, bei der Umschuldung die Böden 7. und 8. Klasse stillzulegen. Für Böden 6. Klasse seien wir bereit, Mittel zur Aufforstung bereitzustellen. Wir hofften dadurch zu einer Einschränkung des übermäßigen Kartoffel- und Roggenanbaus und damit der industriellen Schweinemast im Osten zu kommen. Das würde zu einer natürlichen dauernden Hebung der Preise für Roggen und Kartoffeln und ebenso natürlicherweise zu einer Wiedergewinnung erträglicher Preise für die Schweinemast in West- und Süddeutschland führen. Die Tatsache, daß die 150 000 Neusiedler, die wir im Laufe von drei Jahren anzusetzen beabsichtigten, im wesentlichen für ihren eigenen Bedarf produzieren und dadurch den Markt nicht belasten würden, könne ebenfalls zu einer indirekten Besserung der Lage des Großgrundbesitzes und der mit Überschuß produzierenden bäuerlichen Wirtschaft führen.

Drei Tage wurden die Debatten über dieses Programm weitergeführt, wobei Professor Warmbold klug und mit großem Wissen und viel Erfahrung eingriff. Zum Schluß war das Ergebnis sehr dürftig, weil die

meisten der landwirtschaftlichen Vertreter nur eine unmittelbare Realisierung ihrer Agitationsforderungen wünschten und sich sogar weigerten,
Stellung zu nehmen zu den weitgreifenderen und eine dauernde Sanierung der Landwirtschaft bringenden Plänen der Reichsregierung, die im
Anfangsstadium nicht populär waren. Vergeblich versuchte ich, den
Herren klarzumachen, daß ich für die Lösung der Reparationsfrage die
Unterstützung Hollands, Schwedens, der Schweiz und Italiens brauche,
weil diese Mächte, wenn auch inoffiziell, im beratenden Sonderausschuß
vertreten seien. Für diesen Punkt hatte zwar Schiele Verständnis, und bis
zu einem gewissen Grade auch Hermes. Auf die übrigen machte das
keinen Eindruck. Immer mehr fühlte ich, namentlich bei Brandes,
heraus, daß auch diese Besprechungen benutzt werden sollten, um der
Regierung beim Reichspräsidenten und beim Reichstage Schwierigkeiten
zu bereiten.

Wenn es noch irgendeines Beweises für die Richtigkeit meiner Vermutung bedurft hätte, so wurde sie in der Besprechung mit den Herren der
Ostpreußischen Landschaft am 26. Januar geliefert. In tagelangen Vorbesprechungen mit dem preußischen Ministerpräsidenten, dem Landwirtschaftsminister, Staatssekretär Krüger, dem Präsidenten der Preußenkasse und mit dem Zentrumsfraktionsführer in Preußen, Hess, war es mir
gelungen, die Schwierigkeiten, die zwischen den preußischen Instanzen
und der Ostpreußischen Landschaft bestanden, größtenteils aus dem
Wege zu räumen. Ich hatte am Tage vorher die Zusage des preußischen
Landwirtschaftsministers bekommen, auf eine Regelung einzugehen, die
ich mit den Herren der Ostpreußischen Landschaft auf der Ostreise
oberflächlich besprochen hatte. Das war an sich sehr viel angesichts der
Tatsache, daß gerade in diesen Tagen die Presse sich mit der Cliquen-
wirtschaft bei Verwendung von Krediten und staatlichen Mitteln in
Ostpreußen eingehend beschäftigte und dabei dunkle Andeutungen über
Korruption bei maßgebenden Herren der Ostpreußischen Landschaft
machte, die, wie sich 1933 herausstellte, nicht unbegründet waren und
derentwegen der Streit zwischen der preußischen Aufsichtsinstanz und
der Ostpreußischen Landschaft in der Hauptsache entstanden war.

Ich konnte damals, da sowohl Graf Eulenburg-Prassen wie Herr von
Hippel alte Freunde des Reichspräsidentenhauses waren, nicht an die
Berechtigung dieser Vorwürfe glauben; und doch hätte ich aus der Art,
wie am nächsten Tag die beiden Herren in der Verhandlung auftraten,
zum mindesten den Argwohn schöpfen müssen, daß nur sie eigenes
Schuldbewußtsein hinter einem politischen Vorstoß verbargen. Selbst

mit Fritz Thyssen habe ich nie etwas Gleiches erlebt wie mit den Herren der Ostpreußischen Landschaft. Die radikalsten Vertreter von gewerkschaftlichen und Mittelstandsorganisationen haben selbst in schwierigsten und erregtesten Zeiten stets ein Mindestmaß an Form in Unterhaltungen mit der Reichsregierung gewahrt.

In dieser Sitzung, an der acht Reichs- und Staatsminister und etwa zehn höhere Beamte von großen Verdiensten und großer Erfahrung teilnahmen, und die ich mit einem sehr optimistischen Ton eröffnete, ereignete sich etwas Unglaubliches. Ich bat Herrn von Hippel, Vorschläge zu machen, und erwartete, sie im Sinne unserer Besprechungen in Ostpreußen vorgetragen zu hören. Statt dessen erklärte er, er habe überhaupt keine Vorschläge zu machen, das älteste Mitglied der Generallandschaft (in Wirklichkeit war es ausgesucht), das einzige bürgerliche Mitglied, habe den Auftrag, eine formulierte Erklärung vorzutragen. Diese Erklärung strotzte von demagogischen Angriffen auf die beiden Regierungen in der vulgärsten Form. Mit Rücksicht auf die Stimmung des Reichspräsidenten nahm ich diese Erklärungen noch ruhig auf, obwohl ich schon sah, daß die preußischen Vertreter sich anschickten, den Saal zu verlassen. Ich erklärte, ich sei über die Form und den Inhalt der vorgelesenen Entschließung erstaunt, wolle aber angesichts der Wichtigkeit der Sache nunmehr in eine Diskussion eintreten. Der preußische Landwirtschaftsminister gab eine sehr wohlwollende Erklärung ab, ich bat dann Herrn von Hippel und den Grafen Eulenburg-Prassen nochmals, Vorschläge zu machen, und erinnerte sie an die Unterhaltung in Ostpreußen. Beide Herren erklärten in herausforderndem Tone, es sei nicht ihre Aufgabe, Vorschläge zu machen. Darauf bat ich sämtliche Minister, mit mir den Saal zu verlassen, mit Ausnahme von Treviranus, dem ich als Ressortminister den Vorsitz für eine etwaige Aussprache zwischen den Vertretern der Generallandschaft und den Ministerialbeamten übertrug. Vor mir lag ein ganzer Tag voll gleichzeitiger Verhandlungen: Mit Vertretern der Industrie über grundsätzliche wirtschaftliche Fragen und über die Gestaltung der Osthilfe; daneben mit Sozialdemokraten und Zentrum über die Staffelung der Beamtenabzüge; Besprechungen mit Curtius und Bülow waren notwendig wegen der Lage in Frankreich, wo am Tag zuvor Laval zum Ministerpräsidenten gewählt war; am nächsten Tage mußte die Einigung mit der Reichsbahn über die sofortige Elektrifizierung der Strecke München–Stuttgart, die 10 000 Arbeitern für anderthalb Jahre Beschäftigung gab, und die Bereitstellung der Mittel hierfür vollzogen werden.

Am Abend bat mich Treviranus, mit Rücksicht auf den Reichspräsidenten, der schon über das Auffliegen der Sitzung am Morgen durch Herrn von Hippel in gewissenloser Art informiert war, die Herren der Landschaft noch einmal zu empfangen. Ich erklärte den Herren, daß die Reichsregierung auch nach den Vorgängen des Morgens sachlich der Ostpreußischen Landschaft helfen und die Schwierigkeiten mit Preußen aus dem Wege schaffen werde. Im übrigen sei es mir unmöglich, mit den Herren selbst weitere Verhandlungen zu führen. Nicht wegen meiner Person, sondern weil ich die Würde meines Amtes, auch im Interesse meiner Nachfolger, gegenüber jedermann, vor allem auch denjenigen gegenüber wahren müsse, die in konservativer Staatsgesinnung aufgewachsen, nach dieser Richtung hin eine größere Verpflichtung hätten als andere.

Dieser Vorgang führte beinahe zu einem Konflikt mit dem Reichspräsidenten. Der Sohn des Reichspräsidenten war natürlich durch seine Freunde einseitig beeinflußt. Die Herren hatten auch selber dem Reichspräsidenten erzählt, ich hätte mich geweigert, ihnen irgendeine Hilfe zu gewähren. Ich ersuchte um einen Vortrag beim Reichspräsidenten und stellte ihm die Lage dar. Dabei erklärte ich, weil ich sah, daß auch das geringste Nachgeben jetzt mich um jede Autorität gebracht hätte, daß der Ostpreußischen Landschaft zwar geholfen würde, ich aber bei meiner Weigerung mit allen Konsequenzen bliebe, mit irgendeinem dieser Herren noch persönlich zu verhandeln. Ich hätte mich dem Reichspräsidenten gegenüber stark gemacht, seine und der Reichsregierung Autorität gegenüber dem Reichstag wiederherzustellen und das Parlament in seine Schranken zurückzuweisen. Ich sei aber ebenso fest entschlossen, dasselbe zu tun gegenüber jeder Interessengruppe, namentlich wenn Persönlichkeiten konservativer Herkunft sich dazu hergäben, die Autorität des Staates so zu verunglimpfen, wie es seitens der Generallandschaftsdirektion geschehen sei.

Es war sehr interessant, daß einen Tag später Hugenberg seinen großen Vorstoß im Sportpalast machte. Der Zusammenhang war deutlich zu erkennen, auch mit einem neuen Vorstoß aus der DVP wegen eines Abstrichs von 300 Millionen beim Etat, der natürlich den Zweck hatte, die Sozialausgaben weiter herabzusetzen und die Sozialdemokratie dadurch aufzureizen. Im gleichen Augenblick brachte der Stahlhelm den Antrag auf ein Volksbegehren ein über die Auflösung des preußischen Landtags. Damit hatte der Generalangriff für die Eröffnung des Reichstages begonnen.

ÄNDERUNG DER REICHSTAGS-
GESCHÄFTSORDNUNG – REICHSTAGSSITZUNG

Gerade in diesem Augenblick brauchte ich aber eine gewisse Ruhe, um die Fühlungnahme über die Reparationsfrage ausreifen zu lassen und den entscheidendsten Vorstoß vorzubereiten für eine durchgreifende Beseitigung der Auswüchse des Parlamentarismus. Gleich nach der Rückkehr von der Ostreise hatte ich Besprechungen mit Dr. Bell, Geheimrat Kahl, Präsident Löbe und Staatssekretär Joël über eine Änderung der Geschäftsordnung im doppelten Sinn aufgenommen.

Die eine Maßnahme wandte sich gegen den Mißbrauch der Immunität, der namentlich von der KPD und der NSDAP betrieben wurde. Es hatte sich die Gewohnheit herausgebildet, daß für die demagogischen Zeitungen der NSDAP und KPD Parlamentsmitglieder als verantwortliche Herausgeber zeichneten. Beleidigungsklagen wegen maßloser Verleumdung von Abgeordneten und Regierungsmitgliedern konnten vor Gericht nicht durchgebracht werden, weil diese Herausgeber sich auf ihre Immunität als Abgeordnete beriefen. Zur Durchführung einer Beleidigungsklage war es deshalb erforderlich, daß vor dem Gerichtsverfahren der Reichstag die Aufhebung der Immunität des verantwortlichen Herausgebers beschloß. Das führte jedesmal zu Sturmszenen im Reichstag und drohte verantwortungsvolle Beratungen im Reichstag unmöglich zu machen. In dieser Richtung haben die deutschen Parlamente oft wenig Gefühl für ihre Würde und Verantwortung gezeigt. Damit schwand die Achtung des Volkes vor dem Parlament fortschreitend, nicht erst in der Weimarer Zeit.

Die zweite Reform betraf eine Krankheit aller Parlamente, mit Ausnahme des englischen. Jede Gruppe des Reichstags, wenn sie 30 Unterschriften für einen Antrag aufbrachte, hatte es in der Hand, die Reichsregierung durch ein Initiativgesetz, für das sich in diesem Reichstag dann gewöhnlich aus Popularitätsgründen eine Mehrheit fand, zu phantastischen Ausgaben zu zwingen. Immer und immer wieder wurde dadurch, nicht nur im Laufe der Etatsberatung, sondern auch zu anderen Zeiten, namentlich kurz vor Weihnachten, das Gleichgewicht im Reichsetat über den Haufen geworfen. So kam gewöhnlich die sogenannte Weihnachtskrise zustande, die durch irgendeinen extremen Antrag auf Bewilligung einer Weihnachtshilfe manchmal in Höhe von mehreren 100 Millionen

Mark für alle Sozialrentner, für die Beamten, für Staatsarbeiter hervorgerufen wurde.

Der deutsche Reichstag hatte es seit 1918 nicht begriffen, daß die Macht eines Parlamentes in der Geschichte fast überall nur auf einer Weiterentwicklung des Steuerbewilligungsrechtes beruht, daß aber ein Parlament das Ausgabenerhöhungen beschließt, die dafür notwendigen Einnahmequellen jedoch ablehnt, sich selbst auf die Dauer das Grab gräbt.

In den Besprechungen wurden Änderungen der Geschäftsordnung ausgearbeitet, die diese Mißstände beseitigen sollten. Anträge auf Erhöhung von Ausgaben sollten in Zukunft nur im Zusammenhang mit der Etatsberatungen gestellt werden und mußten ausgearbeitete Deckungsvorschläge enthalten. Wurden diese Deckungsvorschläge von der Reichsregierung nicht als echt anerkannt, so durften die Anträge nicht zu Beratung zugelassen werden. Das war die größte Zurückdämmung der Macht des Parlamentes, die denkbar war. Mit meinem letzten Plan, auch die Möglichkeit der Stellung von Mißtrauensanträgen auf den Schluß von Etatsberatungen und die Wiedereröffnung des Parlamentes im Winter zu beschränken, wollte ich jetzt noch nicht hervortreten. Meine Absicht war dies in der Herbstsitzung zu tun. Dann war der Parlamentarismus ohne Verfassungsänderung auf seine wahre Form zurückgeführt und damit gesund geworden. Da diese Dinge auf dem wenig sensationellen Wege der Änderung der Geschäftsordnung de facto erreicht wurden, fanden sie kaum Interesse in der Öffentlichkeit und in der Presse. Die Nerven waren bereits so überreizt, daß entscheidende Eingriffe von geschichtlicher Bedeutung keinen Eindruck machten, sondern nur das Sensationelle.

Ich erklärte dem Reichstagspräsidium und den Führern der Regierungsparteien, daß ich mein Wort, den Etat auf normalem Wege zu verabschieden, nach der Entwicklung der letzten Woche nur dann ohne Gefährdung der Staatssicherheit und der finanziellen Grundlage von Reich, Ländern und Gemeinden einlösen könnte, wenn die Mehrheit des Reichstages mit der Änderung der Geschäftsordnung einverstanden sei. Nach mehrtägigen Verhandlungen hatte ich die Zustimmung der Mehrheitsparteien gefunden. Der Reichstag begann mit der Beratung des entsprechenden Antrags. Die gesamte Opposition merkte auf einmal, daß ihr das Gesetz des Handelns entrissen und die Reichsregierung ihr offensiv entgegengetreten war. Entsprechend heftig war das Toben im Reichstag. Goebbels begrüßte die Regierung mit „Verfassungsbrecher und Hochverräter". Es half aber nichts. Am 3. Februar wurde der Antrag auf Änderung der Geschäftsordnung formuliert und eingebracht.

Nach langwierigen Verhandlungen wurde am gleichen Tag eine Einigung im Kabinett über die Ostvorlage erzielt und nach noch schwierigen Verhandlungen mit der DVP, dem Zentrum und den Sozialdemokraten eine Formel über den 300-Millionenabstrich-Antrag der DVP vereinbart, die ich in meine Eröffnungsrede übernahm. Gleichzeitig wurde in diesen Tagen eine neue Verordnung gegen radikale Agitation durch Wort und Schrift vorbereitet.

Die Verhandlungen im Reichstag begannen mit einer Erklärung der Regierung in Form einer Rede, die zum Teil, namentlich was die Formulierung der Zustimmung zu dem mit der DVP vereinbarten Antrag auf Ermächtigung zur Einsparung von 300 Millionen betraf, vorher schriftlich festgelegt war. Am 5. Februar wurde die eigentliche Debatte durch diese Rede eingeleitet und von den Deutschnationalen durch die Abgeordneten Doehring und Kleiner mit ungewöhnlicher Schärfe beantwortet, die mich zwang, nochmals zu erwidern. Dieses Mal ging alles verhältnismäßig leicht dank der eingehenden Vorbereitung aller strittigen Fragen mit den Parteien. Das Mißtrauensvotum wurde mit 72 Stimmen Mehrheit abgelehnt, das besondere Mißtrauensvotum gegen Treviranus durch Übergang zur Tagesordnung erledigt. Die Opposition sah sich geschlagen.

Am 10. Februar bei der Beschlußfassung über die Geschäftsordnungsreform verließen die Abgeordneten der NSDAP und der KPD den Saal; ihnen schlossen sich nach einer Rede von Freytagh-Loringhoven die Deutschnationalen an, obwohl derselbe Freytagh-Loringhoven in einer Schrift früher diese Mißbräuche gegeißelt und Forderungen aufgestellt hatte, die sich mit diesen neuen Anträgen völlig deckten. Ich hatte versucht, den Auszug der Deutschnationalen durch Unterhaltungen mit Exzellenz Hergt zu verhindern, der durchblicken ließ, daß ein Teil der DNVP den Beschluß der Mehrheit nicht billige, aber machtlos sei infolge der Verbitterung über das Ausscheiden der gemäßigten und verantwortungsvollen Mitglieder, die sich der Herrschaft Hugenbergs nicht beugen wollten. Später wurde es klar, daß Hugenberg selbst Bedenken gegen eine Abstimmungsgemeinschaft der DNVP mit der KPD und NSDAP hatte, aber wohl fürchtete, daß, wenn er eine andere Haltung einnähme, nun auch der rechtsradikale Flügel der DNVP sich abspalten und dann zur NSDAP übergehen würde. Es war ein verhängnisvoller Beschluß für die Weiterentwicklung der DNVP. Mitglieder des preußischen Adels zeigten mir ihren Austritt aus der DNVP an, weil sie nicht in einer Partei bleiben konnten, die aus sturer Opposition mit der KPD und NSDAP zusammenginge. Hindenburg wurde sehr verbittert über die Haltung der DNVP der er selbst vor seiner Wahl angehört hatte.

Die KPD kehrte am nächsten Tag wieder in das Plenum zurück. Durch den Exodus konnte die sehr gefährdete Position von Curtius gerettet werden; infolgedessen waren die Mehrheitsparteien außerordentlich optimistisch. In Wirklichkeit war die Lage der Regierung im Reichstag durch diese neue Methode keineswegs so günstig. Ein dauerndes Fehlen von rund 150 Abgeordneten machte den Reichstag und seine Beratung wenig interessant, auch für das Ausland. Es bestand die Gefahr, daß die Opposition die fast zwei Monate dauernden Etatsverhandlungen benutzte, um, während ihre Gegner durch praktische Arbeit an Berlin gefesselt waren, im Lande Agitation zu treiben. Überdies bestätigte sich auch jetzt wieder die alte Erfahrung, daß eine Truppe nur angesichts des Gegners dauernd zusammengehalten werden kann. Es war zum Beispiel außerordentlich schwierig, die Wirtschaftspartei während der folgenden sechs Wochen dauernd am Zügel zu halten.

Dabei spielte der Schenkervertrag eine große Rolle, der mir mehr Sorge und Arbeit bereitet hat als manche der wichtigsten gesetzgeberischen Maßnahmen. Vor der Lösung der Reparationsfrage durfte man unter keinen Umständen, auch gegenüber einzelnen Abgeordneten, davon sprechen, daß die Reichsbahn schon seit langem unter der Hand die Firma Schenker und ebenso die Behala angekauft hatte. Hätte einer der Reparationsgläubiger in diesem Stadium erfahren, daß die Reichsbahn noch so wichtige und zum mindesten auf die Dauer wertvolle Reserven hatte, so hätte sie zweifellos bei den kommenden Reparationsverhandlungen den auf sie entfallenden Teil der Reparationsverpflichtungen weiter bezahlen müssen. Zu meinem Erstaunen mußte ich in den nächsten zwölf Monaten feststellen, daß sich die Reichsbahnverwaltung und ebenso der Verwaltungsbeirat ganz selbstverständlich darauf eingestellt hatten, die Mittel zu sichern, um auch in Zukunft ihre Reparationsverpflichtungen zu erfüllen. Infolgedessen machten sie eine sehr vorsichtige Finanzpolitik und täuschten zu diesem Zweck die Reichsregierung über ihre wirklich vorhandenen Reserven. Als ich im Dezember 1931 in einer Besprechung mit den Herren der Reichsbahn einmal erklärte, die Reichsbahn müsse jetzt neben der steuerfreien Anleihe auch aus ihren Reserven Mittel für die Arbeitsbeschaffung bereitstellen, da sie ja doch im nächsten Jahre keine Reparationen mehr zu zahlen brauche, begegnete ich einem skeptischen Lächeln auf allen Gesichtern. Anscheinend hielt man mich nicht für normal, wenn ich sagte, daß die Reichsbahn ebenfalls dauernd von der Last der Reparationen befreit werden sollte. Die Herren einschließlich des Verwaltungsrats haben die Reichsregierung damals regelrecht betrogen. Das aus der steuerfreien Anleihe fließende Geld wurde, entgegen den mündlichen und schriftlichen Zusagen, nicht für zusätzliche Arbeitsbeschaffung verwandt, sondern für laufende Instandsetzung und Reparaturen, die aus dem ordentlichen Etat der Reichsbahn hätten bestritten werden müssen. Es war diesen Herren völlig gleichgültig, ob sie dadurch die Gefahr heraufbeschworen, daß alle meine Darlegungen über die Unmöglichkeit weiterer Reparationszahlungen seitens der Reichsbahn von den ausländischen Sachverständigen widerlegt werden konnten. Das Ergebnis dieser Situation zeigte sich dann in den Überlegungen des beratenden Sonderausschusses im Dezember 1931 in Basel.

Die Reichsregierung wurde mit dem Schenkervertrag praktisch vor eine vollendete Tatsache gestellt. Erst nach Abschluß seitens der Reichsbahn wurde ihr mitgeteilt, daß die Mehrheit der Firma Schenker sich bereits seit Jahren indirekt in den Händen der Reichsbahn befinde. Der Gedanke, mit Hilfe dieses Vertrages die Autolastwagen auf der Landstraße zu regulieren, war sehr gut und mir sehr sympathisch. Die hinter dem Rücken der Regierung gewählte Form hat zweimal fast den Sturz der Regierung herbeigeführt. Mit Rücksicht auf die Reparationsfrage mußte die Regierung mit fadenscheinigen Argumenten gegen die Kritik in der Presse und in der Öffentlichkeit kämpfen. Sie mußte stillhalten; ebenso wie die preußische Regierung gegenüber den Vorwürfen der Korruption, die gelegentlich des Verkaufes der Behala an die Firma Schenker gegenüber der Stadt Berlin und den preußischen Aufsichtsinstanzen erhoben wurde. In Wirklichkeit hat Schenker niemals die Behala besessen. Sie ist vielmehr aus den Händen der Stadt Berlin in die der Reichsbahn übergegangen.

Eine andere Schwierigkeit, die durch den Exodus der Rechtsopposition verschärft wurde, lag in dem Flottenbau- und Agrarprogramm der Reichsregierung. Die Rechte hoffte, durch ihren Exodus eine Mehrheit im Reichstag von SPD und Kommunisten gegen das Agrarprogramm und den Bau weiterer Panzerkreuzer herbeizuführen. Herr Hugenberg verließ damit endgültig den Boden einer nationalen und konservativen Politik und ordnete sich restlos der Demagogie der Nazis unter. In keinem Parlament der Welt wäre es denkbar gewesen, daß eine Partei der Rechten um den Preis der Verhinderung der Wiederaufrüstung der Flotte die Regierung zu stürzen versucht hätte. Langwierige Verhandlungen mit den Sozialdemokraten waren die Folge. Zwar gelang es, ihre

Führer, gerade mit Rücksicht auf die in einem Jahr beginnende Abrüstungskonferenz, für die Idee des Panzerkreuzerbaus zu gewinnen. Sie hatten aber in ihrer Partei unsagbare Schwierigkeiten, sich durchzusetzen. In diesem Punkt konnte ich nicht im geringsten nachgeben, ohne unsere Politik in der Abrüstungsfrage von Anfang an zu gefährden. Ich ließ deshalb im entscheidenden Augenblick dem Reichspräsidenten und den Sozialdemokraten mitteilen, daß ich fest entschlossen sei zurückzutreten, falls ich, auch ohne die Rechte, bei der Panzerkreuzervorlage keine Mehrheit im Reichstage erhielte.

Es gelang Hermann Müller auf Grund dieser Drohung, einen Beschluß der SPD herbeizuführen, sich einmütig bei der Abstimmung über die Panzerkreuzer der Stimme zu enthalten. In diesem Punkte war die Taktik der Rechten nunmehr völlig gescheitert. Sie hatte sogar das Gegenteil bewirkt. Zum ersten Male in der Geschichte der SPD war es gelungen zu verhindern, daß sie gegen eine Aufrüstungsvorlage stimmte. Es war eine entscheidende Wendung für die ganze zukünftige Entwicklung im deutschen Volke.

Schwieriger war es, die SPD für die Ostvorlage und für neue agrarische Zollermächtigungen zu gewinnen. Hermann Müller, wie immer bereit, positiv mitzuarbeiten, sah in diesem Punkte in den letzten Wochen seines Lebens klarer als ich. Er war der Ansicht, daß, sobald man der Reichsregierung die gewünschten Zollermächtigungen gäbe, die agrarische Opposition im Osten sich bemühen würde, mich beim Reichspräsidenten zu stürzen, da sie dann alles das erreicht hätte, was sie sich für ihre Interessen wünsche. Er war in diesem Punkte unnachgiebig, erklärte sich aber „einverstanden, wenn die Dauer der Ermächtigung verknüpft würde mit der Amtszeit der Regierung Brüning". Nach der zweiten Unterhaltung mit Hermann Müller erkannte ich, daß er recht hatte. Er rettete die Regierung für das nächste Jahr. Die Verhandlungen fielen ihm schon sehr schwer. Er mußte dauernd ein Stahlkorsett tragen. Gleich nach Abschluß der letzten Kompromisse befiel ihn ein neuer, schwerer Anfall. Nach einer neuen Operation in den letzten Märztagen verschied er.

Sein Tod war der schwerste Verlust, der die SPD treffen konnte. Es hat kaum jemals im Reichstag einen vornehmeren, nur auf das Wohl des Vaterlandes bedachten Mann gegeben als ihn. Er hat nie ein Ressentiment in der Politik gekannt und war als Kanzler stets bemüht, auch gegen die eigene Fraktion zu stehen, wenn es sich um das Wohl der Gesamtheit und ihrer Interessen handelte. Um so schmerzlicher war es für mich, daß es so außerordentlich schwer war, den Reichspräsidenten für irgendeine Form sichtlicher Teilnahme an den Begräbnisfeierlichkeiten zu gewinnen. Endlich gelang es Groener, ihn wenigstens zu einer Geste zu bewegen. Es wäre leichter gewesen, wenn die SPD darauf verzichtet hätte, die roten Banner ihrer Jugendorganisation bei dem Begräbnis mitzuführen. Auch die Teilnahme der Reichswehr hätte sich dann in größeren Formen vollzogen.

Der Aufmarsch der Berliner Sozialdemokraten für das Leichenbegräbnis war gewaltig. Es war vielleicht die größte Kundgebung, die die SPD in Berlin je zeigen konnte. Viele Stunden dauerte der Vorbeimarsch. Der Leichenzug hielt vor der Reichskanzlei, wo die Reichsregierung und das diplomatische Corps warteten. Dort legte ich, zugleich im Namen des Reichspräsidenten, mit einer kurzen Ansprache einen Kranz auf den Sarg. Die Dämmerung des Märzabends sank sehr früh herab. Gewaltig hoben sich die Tausende von roten, großen, flatternden Bannern gegen die schneeerfüllte Luft ab. Viele meiner Bekannten sagten mir nachher, daß nur eine rote Fahne so stark wirken könne, und wie klug es von der NSDAP gewesen sei, Rot als Hauptfarbe ihrer Parteibanner zu wählen. Nach wenigen Minuten setzte sich der Leichenzug wieder in Bewegung. Die Dämmerung machte es fast unmöglich zu erkennen, was sich vor der Türe des Reichspräsidentenpalais abspielte. Als der Sarg die Höhe des Vorhofes des Palais' erreicht hatte, trat der Reichspräsident heraus auf die Freitreppe, schwarz gekleidet, und entblößte sein Haupt. Die Geste, dem Reichspräsidenten aufgezwungen, war trotz allem würdig und eindrucksvoll. Wie die andern fühlte auch ich in diesem Augenblick, daß eine Welt versank. In dem unsicheren Lichte dieser Spätnachmittagsstunde war man eine Sekunde nicht gewiß, ob die Gestalt, die dort vor dem Portal stand, noch Leben hatte oder auch schon unter den Toten weilte. Wie anders noch anderthalb Jahre früher bei der Beerdigung von Stresemann!

Die Beratungen des Etats wurden unter großen Schwierigkeiten und häufigen, riskanten Zwischenfällen in den letzten Märztagen zu Ende geführt. Alle Versuche der Parteien, bei diesen zweimonatigen Etatsverhandlungen die Erfüllung von Sonderwünschen durchzusetzen, wurden abgelehnt. Der Fortschritt war gewaltig. Außer 1929, nach dem Osterkompromiß der Parteien, war niemals vor und nach dem Kriege im deutschen Reichstag ein Etat so restlos nach den Wünschen der Regierung verabschiedet worden, obwohl während dieser ganzen Zeit die

Leidenschaften im ganzen Lande bis aufs äußerste aufgepeitscht waren und es zu blutigen Krawallen in Leipzig, Hamburg und Düsseldorf durch die Nazis und Kommunisten gekommen war.

Der Aufhetzung der Volksmassen entgegenzuwirken, war der Zweck der neuen, seit Wochen fertigen Notverordnung gegen die radikale Agitation in Wort und Schrift, die nach Vertagung des Reichstages verkündet wurde. Man war bis Oktober den Reichstag und damit gefährliche Zwischenfälle los. Es wäre auch bis zum letzten verfassungsmäßigen Termin, Mitte November, eine Vertagung zu erreichen gewesen. Meine parlamentarische Erfahrung hatte mich aber gelehrt, daß die Novemberstimmung stets eine Krise herbeiführt. Ich entschloß mich daher, selbst den Termin für den zu erwartenden neuen und schweren Kampf im Reichstag auf Anfang Oktober festzusetzen.

Verabschiedung des Etats auf normalem Wege, Überwindung aller Obstruktion, Vertagung des Reichstages bis Oktober und die wachsende Einsicht eines Teiles der Industrie in die Ziele der Politik der Reichsregierung führten zu einem starken Optimismus. Die Börsenkurse stiegen außerordentlich, die Lage des Geld- und Kreditmarktes verbesserte sich. Als ich am Abend des 31. März nacheinander erst die Führer der Sozialdemokratie zu einem Abendessen bei Hilferding, dann die Bankwelt im Hause Luthers und endlich nachts um zwölf die maßgebenden Persönlichkeiten der Reichswehr und Industrie bei Zarden traf, war alles in hoffnungsfroher Stimmung, die in schärfstem Widerspruch zu meiner eigenen stand. Niemand von all diesen Menschen ahnte, daß wir im Kabinett uns darüber klar waren, daß der Reichsetat kaum länger als einige Monate in der verabschiedeten Form durchzuhalten war. Niemand schien den Sturmzeichen, die sich seit Januar in Österreich zeigten, eine Bedeutung beizumessen. Außer Curtius, Bülow und mir wußte niemand, daß wir uns seit der Démarche des englischen Botschafters am 25. März bereits in einem außenpolitischen Konflikt ersten Ranges befanden.

Wenn auch die Einsicht der DVP in die Notwendigkeit der Stützung der Regierung und eines entschlossenen Zusammenstehens gegen die Politik des Radikalismus so weit gewachsen war, daß sie in Bremen die NSDAP aus der Regierung beseitigen konnte, wenn auch in Thüringen Herr Frick stürzte, wenn auch unter dem Eindruck des völlig abgeschlagenen Sturmes der NSDAP gegen die Reichsregierung die Stennes-Revolte der SA Berlins gegen Hitler begann und ich den häufigen, freundschaftlichen Besuch des Herrn von Oldenburg erhielt, wenn endlich, am 28. März,

ler Reichspräsident mich in außergewöhnlicher Form zu sich bestellte,
im mir den Dank für die erfolgreiche Arbeit der Regierung auszuspre-
hen, so waren gleichzeitig innenpolitische, der Außenwelt unbekannte,
chwere Gefahren im Anzuge. An der unentwegt negativen Haltung
Bayerns scheiterten am 28. März die Vergleichsverhandlungen mit der
bayrischen Staatsregierung über das Steuervereinheitlichungsgesetz unter
lem Vorsitz des Reichsgerichtspräsidenten Dr. Bumke. Die Herren der
bayrischen Regierung ließen dabei durchblicken, daß sie der Regierung
beim Wiederzusammentreten des Reichstags durch die Fraktion der
Bayerischen Volkspartei schärfste Opposition ansagen lassen würden. Es
gelang nur mit Mühe, den Sturm zu beschwichtigen, der sich bereits am
Tage nach Verkündigung der Notverordnung zur Bekämpfung politi-
cher Ausschreitungen erhob. Die großstädtische Presse und auch die
Masse der Sozialdemokraten fühlten nicht, daß sie durch ihre scharfe
Kritik an der Notverordnung sich selbst das Grab gruben.

ZOLLUNION MIT ÖSTERREICH

Einige Zeit nach der Auflösung des Reichstages im Juli 1930 wurde mir
ein langes Protokoll über die Verhandlungen zwischen Hermann Müller,
Curtius und dem österreichischen Bundeskanzler Schober während dessen Anwesenheit in Berlin im Februar des Jahres vorgelegt. Als ich es
während der Reichstagswahlkampagne genau durchlas, fand ich zu
meinem Erstaunen, daß es im Prinzip zu einer Einigung über die deutsch-
österreichische Zollunion gekommen sei. Das war für mich eine unangenehme Kunde. Eine deutsch-österreichische Zollunion paßte wenig in
len Gang der außenpolitischen Ereignisse, wie ich ihn mir vorgestellt
hatte. Curtius hatte bei der langen Rücksprache am Tage vor der Bildung
les neuen Kabinetts von dem Zollunionsgedanken nichts erwähnt; dazu
hatte er an sich in der Aufregung jener Tage auch keine Veranlassung. In
gelegentlichen Kabinettsitzungen des Sommers war wiederholt von der
Notwendigkeit einer engen Zollverständigungspolitik mit den habsburgi-
chen Nachfolgestaaten und Rumänien gesprochen worden. Das war der
große Gedanke von Dietrich, dem dabei eine Zollangleichung mit der
Tschechoslowakei, Österreich und Ungarn als erste Phase vorschwebte.
Niemals war bei solchen Debatten das Protokoll erwähnt worden, auch

nicht bei der Vorbesprechung des Empfanges des Grafen Bethlen i
Berlin. An sich entsprach es der Gepflogenheit des Auswärtigen Amtes
seine Pläne vor den übrigen Kabinettsmitgliedern bis zum letzte
Augenblick geheimzuhalten. Wie wenig damals ein enger Zusammenha
zwischen dem Auswärtigen Amt und dem Regierungschef existierte
beweist die Tatsache, daß mir die Reise des Grafen Bethlen völli
überraschend mitgeteilt wurde und ich einen besonderen Zweck diese
Reise (November 1930) nicht erkennen konnte. Sie wurde mir lediglic
als Höflichkeitsbesuch des Grafen hingestellt, den er schon lange beab
sichtigt habe, aber nicht hätte durchführen können, solange eine sozia
demokratische Regierung am Ruder war.

Persönlich hatte ich bei einer kurzen Unterhaltung unter vier Augen unc
bei einem später ihm zu Ehren arrangierten Empfang den Eindruck, daß
er gekommen sei, um nach dem Besuche Schobers die Bedeutung
Ungarns durch seinen eigenen Besuch zu dokumentieren und Stimmung
zu machen für eine bessere Behandlung der ungarischen Agrarproduk
tion. Ich hatte dabei das Gefühl, daß Graf Bethlen gleichzeitig feststellen
wollte, ob gelegentlich der Reise des österreichischen Bundeskanzler
weitergehende Vereinbarungen mit Österreich getroffen worden seien
Dementsprechend gefielen mir die Unterhaltungen, da es meine inner
Absicht war, Verhandlungen mit Österreich über eine konkrete Formu
lierung des Zollunionsprojektes möglichst lange hinauszuschieben.

Seit Ende Januar häuften sich die Anzeichen, daß die wirtschaftliche unc
finanzielle Lage Österreichs in ein kritisches Stadium zu geraten drohte
Wie uns berichtet wurde, sah sich die österreichische Regierung verzwei
felt nach einer Hilfe von außen um. Anfang Februar teilte mir mein
Freund, Major Church, mit, daß man in der Bank von England und ir
der City die Lage Wiens für äußerst ernst hielt. Gerade deshalb drängte
er, daß die Verhandlungen in Chequers möglichst bald stattfinden
sollten. Schließlich wurde mir mitgeteilt, daß man es in Wien langsam al
Unfreundlichkeit empfinde, daß der Gegenbesuch der deutschen Regie
rung jetzt bereits ein Jahr auf sich warten lasse. Ich sah die Notwendigkei
ein, daß man mit dem Gegenbesuch nicht mehr länger warten könne
Dies um so mehr, als seit dem 1. Dezember 1930 das Bundeskanzleram
auf den christlich-sozialen Landeshauptmann von Vorarlberg, Enders
übergegangen war. Ich erklärte mich daher einverstanden, daß de
Gegenbesuch der Reichsregierung Anfang März erfolgen sollte. Ich
wählte diesen Zeitpunkt, um nicht selber gezwungen zu sein, die Reise
mitzumachen; ich wollte unter keinen Umständen dieser Reise einer

hochpolitischen Charakter geben. Am 3. März sollten Curtius und Pünder nach Wien fahren, beide die einzigen, die an den Februarbesprechungen im vorigen Jahre teilgenommen hatten. Angesichts der Schwierigkeiten der Etatsberatungen im Reichstag erschien es plausibel, daß ich mich nicht von Berlin entfernen konnte.

Die Gesprächsgegenstände, wie Rechtsangleichungen, Fortsetzung der Februarbesprechung über handelspolitische Annäherung, wurden im Kabinett ganz kurz behandelt. Eine Instruktion für den formellen Abschluß des Zollunionvertrages ist von mir nicht gegeben worden. Meine Tendenz war nach wie vor eine dilatorische. Ich war der Auffassung, daß man die Fäden der Berliner Verhandlungen nicht abreißen lassen dürfe, um sich Österreich nicht dauernd zu entfremden. Auf der andern Seite hielt ich die Situation noch nicht für reif, bevor man mit Ungarn und der Tschechoslowakei zu einer gewissen Verständigung gekommen war, einen formellen Abschluß der Zollunion herbeizuführen. Nach Rückkehr berichtete mir Curtius, daß die zuständigen Herren der österreichischen Regierung sehr stark auf einen formalen Abschluß gedrängt und ihm einen fertigen Entwurf unterbreitet hätten, den er mit einem seit langer Zeit im Auswärtigen Amt für alle Eventualitäten ausgearbeiteten Entwurf beantwortet habe. Man habe sich im Handumdrehen geeinigt. Er bringe die fertige Vereinbarung mit.

Ich äußerte, auch nach der rechtlichen Seite, Befürchtungen über die Möglichkeit der Durchführung. Curtius meinte aber, Bülow und der sonst so skeptische und vorsichtige Gaus hätten ihm erklärt, daß nach der rechtlichen Seite überhaupt kein Bedenken bestehen könne. Bülow drängte sehr auf baldige Annahme des Entwurfs seitens des Kabinetts. Mir schoß im Augenblick der Gedanke durch den Kopf, daß mich Bülow bei der Besprechung im Januar mißverstanden haben könnte, als ich scharf eine größere Aktivität der einzelnen Ressorts gefordert hatte. Ich erklärte Curtius, ich würde im Laufe der nächsten vierzehn Tage eine Kabinettssitzung zusammenrufen, bis dahin dürfte niemand von dem Wiener Protokoll Kenntnis erhalten.

In den nächsten Tagen drängte das Auswärtige Amt dauernd. Ich mußte mich diesem Drängen scharf widersetzen, weil das Wiener Abkommen in die internationale Situation in diesem Augenblick so schlecht wie möglich hineinpaßte. In Genf fanden die Beratungen über das internationale Handelsabkommen gerade in dieser Zeit statt. Ein Bekanntwerden des Zollunionsprojektes wäre ein Schock für die öffentliche Meinung der Welt gewesen. Hinzu kam die Nachricht, daß Henderson in den nächsten

Tagen auf Einladung der Pariser Regierung sich zu Besprechungen nach Paris begeben wolle. Ich war an sich der Ansicht, daß, wenn es zu erreichen wäre, Curtius gleichzeitig dorthin fahren solle; falls, wie zu erwarten, das Genfer Handelsabkommen scheitere, könne er dort in den Besprechungen mit Briand und Henderson die Idee der österreichisch-deutschen Zollunion en passant in die Unterhaltung hineinwerfen. Die Meinung des Auswärtigen Amtes war dagegen. Ein solcher Gedankengang widersprach der damals dort herrschenden Methode.

So blieb für mich nichts anderes übrig, als zunächst eine Taktik zu finden, die das Zollunionsprojekt für die öffentliche Meinung in Europa plausibler erscheinen ließ. Zu diesem Zweck forderte ich gegen den Widerstand von Schiele und ihm nahestehenden Gruppen im Reichstag die Annahme des Genfer Handelsabkommens seitens des Reichstages. Die Annahme erfolgte an dem Tage, an welchem das Handelsabkommen selbst in Genf begraben wurde. Damit war klar, daß man auf dem Wege über Genf zu den notwendigen und von Tag zu Tag dringender werdenden zollpolitischen Vereinbarungen nicht kommen werde. Genf zeigte sich unfähig, die von Woche zu Woche stärker werdende wirtschaftliche Krise in Europa zu lösen.

Nunmehr konnte ich es wagen, am 16. März dem Kabinett über das Ergebnis der Wiener Reise von Curtius Aufschluß zu geben. Ich ließ eine Diskussion zu, vertagte aber bewußt eine Beschlußfassung. Auch schon deshalb, weil der Reichspräsident gegen den Zollunionsgedanken eine instinktive Ablehnung hatte, von der ich allerdings schon wegen der Form, in der sie geäußert wurde, im Kabinett keinen Gebrauch machen konnte. Der Reichspräsident erklärte mir, er habe sich von Curtius und Meißner informieren lassen. Seine Erfahrungen aus dem Kriege gingen dahin, daß man mit Österreich niemals gemeinsam eine Politik machen dürfe, da die Österreicher nie durchhielten und im geeigneten Augenblick solche Einigungen gegen einen hohen Preis an andere verkaufen würden. Der Reichspräsident hatte mit dieser Auffassung, wie die Zukunft bewies, recht.

Auch bei mir selber war schon vorher die Besorgnis entstanden, ob der an sich frankophile allmächtige Sektionschef Schüller nicht auf den Abschluß der Zollunion dränge, um von Frankreich für das spätere Fallenlassen der Zollunion große finanzielle Zugeständnisse zu erringen. Ich teilte dem Reichspräsidenten meine Besorgnisse mit, machte ihn aber darauf aufmerksam, daß ich hier de facto eine Erbschaft angetreten habe, die mir nicht sympathisch sei. Ich hätte angenommen, er sei über das Ergebnis der Berliner Besprechungen mit Schober eingehend informiert worden. Würden wir, nachdem schon damals diese Besprechungen zu einer prinzipiellen Einigung geführt hätten, uns nunmehr dem österreichischen Drängen entziehen, so bestände die Gefahr, daß sich Österreich völlig und dauernd in die Arme der Franzosen werfe. Das könne ich aber unter keinen Umständen verantworten. Ich beabsichtige daher, zwar die Zollunion durch das Kabinett gutheißen zu lassen, aber dies nicht sofort der Öffentlichkeit bekanntzugeben. Nur die österreichische Regierung solle vertraulich von dem Beschluß in Kenntnis gesetzt werden. Unter diesen Voraussetzungen erklärte der Reichspräsident, meine Taktik völlig billigend, sich einverstanden.

Die Entscheidung im Reichskabinett wurde auf Mittwoch, den 18. März, nachmittags vier Uhr, vertagt. Alle Exemplare des Vertragsentwurfes wurden am Schluß der Sitzung Montag abend wieder eingesammelt. Am andern Morgen war der ganze Entwurf in der Presse, und zwar anscheinend auf Grund einer Mitteilung, die in einer vertraulichen Korrespondenz von Herren des Wolffschen Bureaus herausgegeben wurde.

Am 17. März brachte die Presse teilweise noch vernünftige Artikel, entsprechend meinen Gedankengängen, die ich im Kabinett geäußert hatte. Sie hatten die Tendenz, die Politik der Berliner und Wiener Kabinette so darzustellen, daß eine Zollangleichung gesucht würde, um den südeuropäischen Raum handelspolitisch zu ordnen. Das kam zu spät. Bei den Sozialdemokraten wurde das Zollunionsprojekt ungünstig aufgenommen. Das Echo in Frankreich und in der Tschechoslowakei war ablehnend, in Italien reserviert. In England brachten die der City nahestehenden Blätter und auch der „Observer" in den nächsten Wochen trotz Abschwenkens der englischen Regierung noch günstige Artikel.

Die City, vor allem die Bank von England, sah die Gefahr der wirtschaftlichen und finanziellen Lage für Österreich. Sie wußte, daß die Krise in Österreich nicht durch theoretische Debatten über europäische Zollunion abgewendet werden konnte, auch daß Österreich nur durch engsten Anschluß an das deutsche Wirtschaftssystem auf die Dauer wirtschaftlich lebensfähig erhalten werden könne – eine Auffassung, die noch nach drei Jahren in der englischen Presse und in einflußreichen Wirtschaftskreisen geäußert wurde. Völlig übersehen hatte das Auswärtige Amt die Rückwirkung auf Italien, das in dieser Zeit stark en bagatelle behandelt wurde. Die Unterschätzung Italiens in diesen Fragen war ein schwerer Fehler. Das schlimmste aber war, daß durch die Art der Veröffentlichung des

Zollunionplanes, wenige Tage nach dem Scheitern des Briandschen Planes der europäischen Zollunion, Briand persönlich in Frankreich einen Stoß erhielt, von dem er sich nicht wieder erholen konnte. Das mußte auf ihn um so bedenklicher wirken, als er, was wir damals nicht wußten, sich im Innern schon entschlossen hatte, für die bevorstehenden Präsidentschaftswahlen zu kandidieren.

Für das Reichskabinett ergab sich nach dieser Indiskretion nur die Möglichkeit, dem Vertrag zuzustimmen. Eine andere Haltung hätte unsere Lage nicht gebessert, uns vielmehr den Trumpf aus der Hand genommen. Alsbald zeigte sich, daß es ein schwerer Fehler gewesen war, daß Curtius nicht gleichzeitig mit Henderson nach Paris gefahren war. Henderson fiel in Paris völlig um und ließ sich auf eine scharf ablehnende Politik festlegen. Das Ergebnis war eine Démarche des englischen Botschafters am Abend des 25. März, der darauf aufmerksam machte, daß der deutsch-österreichische Zollunionsvertrag eine Verletzung des Genfer Protokolls von 1922 bedeute. Die Entscheidung über die Verletzung des Genfer Protokolls müsse der Haager Gerichtshof bringen. Das Auswärtige Amt war absolut optimistisch in bezug auf eine solche Entscheidung. Infolgedessen wurde erklärt, daß wir uns einer Anhängigmachung des Streitfalles vor dem Haager Gerichtshof nicht widersetzen würden.

Das Bekanntwerden der Einladung nach Chequers am 6. April für den 1. Mai schuf weitere Erregung in Frankreich. Henderson wurde dadurch noch nervöser und unangenehmer. Das war der Grund, weshalb Chequers auf Juni verschoben und unersetzliche Zeit verloren wurde. Eine Woche später war es klar, daß die City und Montagu Norman die Auffassung des Foreign Office nicht teilten. Am 14. April wurde bekannt, daß Frankreich dem sogenannten Norman-Plan wohl aus diesen Gründen schärfsten Widerstand entgegensetzen würde. Frankreich rüstete sich zur Offensive. Wenige Tage darauf wurde der Vorschlag bekannt, die Getreideexportländer Europas durch Vorzugszölle zu gruppieren, sie zu begünstigen und von dieser Seite einen Schlag, nicht nur gegen die deutsch-österreichische Zollunion, sondern auch gegen die Verbreitung des Zollunionsgedankens nach dem Südosten zu führen. Der Druck Frankreichs und Englands wurde immer stärker. Er hatte alsbald auch in Deutschland eine psychologische Wirkung. In der Generalversammlung der Deutschen Bank hielt Direktor Wassermann eine für diese Stelle ungewöhnliche Rede über die Außenpolitik, in der er ziemlich deutlich die Kapitulation vor Frankreich empfahl. Auch die für uns sehr wichtige Einigung über ein neues Russengeschäft in Höhe von 500 Millionen

Mark, die am 15. April erfolgte, fand keine günstige Aufnahme in einflußreichen Kreisen Frankreichs und Englands.

In dieser Situation erfolgte eine erneute Feststellung Schobers über die Zollunion und ihr Zustandekommen. Darin hieß es u. a.: ,,Wir sind sehr loyal vorgegangen bei den Verhandlungen im März. Mit Curtius vereinbarten wir, daß die Pläne der Zollunion der Maisitzung des Europaausschusses vorzulegen seien. Ende März aber sind vorher die Pläne durch Indiskretion in Berlin bekanntgeworden. Daher sind das Berliner Kabinett am 18. und das Wiener Kabinett am 19. gezwungen gewesen, dem Projekt beizustimmen." Schober wies weiter darauf hin, daß ähnliche Vorschläge schon 1929 gemacht worden seien. In diesem Jahr habe Deutschland ein Angebot gemacht für eine Zollunion mit Österreich und der Tschechoslowakei.

Es war sehr peinlich, daß Schober Berlin den Vorwurf machen konnte, die ganze Schwierigkeit sei durch Indiskretion entstanden. Damit begann ein Streit, der nie zu Ende gegangen ist, auf welcher Seite die Initiative für die Zollunion, für das Drängen auf schnellen Abschluß und für den psychologisch ungeschickten Start gelegen habe. Der damalige österreichische Gesandte in Berlin, Dr. Frank, erklärte mir 1934, daß er persönlich von seiner Regierung über die Zollunion überhaupt nicht orientiert gewesen sei. Er würde dringend vom Abschluß abgeraten haben. Bei einem Frühstück beim preußischen Wohlfahrtsminister, das ich nur annahm, um dem Drängen Dr. Franks auf Empfang und politische Unterhaltung in höflicher Form zu entgehen, wurden solche Bedenken mir gegenüber nicht geäußert. Wie eifrig das österreichische Kabinett bestrebt war, auch einen populären politischen Erfolg zu erzielen, geht daraus hervor, daß schon am 26. März der österreichische Justizminister in Berlin eintraf, um die Beratungen über die Rechtsangleichung Österreichs und Deutschlands zu beschleunigen. In Berlin war die Auffassung stark verbreitet, daß gewisse österreichische Kreise die Berliner Indiskretion verursacht hätten, um das Reichskabinett zur Zustimmung zu zwingen, da man meine Bedenken gegen den Zeitpunkt des Abschlusses kannte.

Alles wäre trotz des unglücklichen Starts besser gegangen, wenn nicht das Verhalten Hendersons ein so erbärmliches gewesen wäre. Henderson hat in diesem Monat alles getan, um der deutschen Regierung, selbst seinen eigenen politischen Freunden in Deutschland, die größten Schwierigkeiten zu bereiten. Immer wieder geriet er unter französischen Einfluß und suchte durch gutes Zureden Deutschland zu immer weiterer Nachgiebigkeit zu bringen. Er sah nicht, daß er die Krise durch seine Politik weiter verschärfte, daß die wirtschaftliche Nervosität wuchs und daß der krisenhafte Zustand in der Finanz- und Wirtschaftslage Europas schon so weit fortgeschritten war, daß alle aus einer ganz anders gearteten früheren Situation geborenen Projekte der Einigung über schwebende internationale Fragen schon längst zum Sterben verurteilt waren.

Am 30. April kam es in London zur Vertagung der Flottenvorlage. Am 1. Mai kam die Nachricht, daß der Norman-Plan aufgegeben werden und ein Franqui-Plan an seine Stelle treten solle. Am 8. Mai erfolgte die scharfe Rede Briands. Am 11. Mai wurden zum erstenmal Zahlen über Verluste der Österreichischen Kreditanstalt genannt, die 75 % der gesamten österreichischen Industrie beherrschte. Am 13. Mai erlitt Briand trotz seiner scharfen Rede eine schwere Niederlage. Doumer wurde zum Präsidenten Frankreichs gewählt. Wenige Tage darauf begannen die Beratungen in Genf zwischen Curtius, Henderson, Briand und Grandi.

Am gleichen Tage, an dem die so folgenschwere und unüberlegte Enzyklika „Quadragesimo anno" in der Presse veröffentlicht wurde, erfolgte in Genf das Nein Frankreichs zur Zollunion und das Bekanntwerden des französischen Donauplanes. Ein folgenschwerer politischer Kampf begann, durch eine gute, maßvolle Rede von Curtius eröffnet, die aber von Briand mit eisiger Kühle aufgenommen wurde. Am gleichen Tage erfolgte die Feststellung einer Isolierung des deutschen Geldmarktes. Obwohl in Genf mit deutscher Zustimmung beschlossen wurde, daß ein Haager Gutachten über die juristischen, mit der Zollunion in Verbindung stehenden Streitigkeiten eingeholt werden sollte, obwohl Deutschland in Genf den wirtschaftlichen Nichtangriffspakt unterstützte, wuchs in der Welt und in Deutschland die Nervosität. Ein scharfer Angriff auf Curtius in der „D. A. Z." folgte.

Die österreichische Krise im Zusammenhang mit der Kreditanstalt zog immer weitere Kreise. Trotz der Warnungen der Bank von England blieb die englische Regierung untätig, in völliger Verkennung auch der eigenen finanziellen und wirtschaftlichen Lage. Es gab nur wenige Menschen, die das Ausmaß des Erdbebens herausfühlten, das die Gebäude fast aller finanziellen Institutionen der Welt bis in die Fundamente hinein erschüttern sollte. Bis Chequers blieb die englische Regierung im Gegensatz zur Bank von England taub und steif gegenüber allen Warnungen und allen sich anbahnenden Entwicklungen, die zum kleinen Teil durch den unglücklichen Start der Zollunion, zu 90 % durch die Intransigenz der Politik Frankreichs und der Tschechoslowakei bedingt waren.

INNENPOLITISCHE SORGEN

Meine pessimistischen Einschätzungen der finanziellen und innerpolitischen Lage Ende März waren nicht übertrieben. Mitte April stellte sich
heraus, daß das gesamte Steueraufkommen im Rechnungsjahr 1930/31
um 1240 Millionen Mark hinter dem Soll zurückgeblieben war. Trotz der
im März erfolgten Erhöhung des Roggenzolls um 200 RM bedrängte
mich Schiele mit neuen Forderungen, hinter denen er bereits eine
politische Front auf dem rechten Flügel der Regierungsmehrheit im
Reichstage während meiner Abwesenheit in Badenweiler aufgebaut
hatte. Das erfolgte in einem Augenblick, zu dem wir uns innerlich schon
darüber klar waren, daß wir mit neuen Opfern zur Sicherung der
Auszahlungen der Arbeitslosenunterstützung an das deutsche Volk herantreten mußten. Die Arbeiten der sogenannten Braunskommission über die
Reform der Arbeitslosenversicherung lagen in drei getrennten Gutachten
vor, deren letztes einen großen Arbeitsbeschaffungsplan enthielt, der
leicht hingeworfen war und über dessen Finanzierung sich die Kommission keine Gedanken gemacht hatte. Bayern drängte weiter mit den
Schwierigkeiten über das Steuervereinheitlichungsgesetz.

Die Stimmung bei der SPD wurde wegen der neuen Opfer und der neuen
agrarpolitischen Maßnahmen immer schlechter. Bereits in der dritten
Maiwoche mußte ich mit einem Frontwechsel der SPD rechnen. Es fehlte
schon jetzt, sechs Wochen nach dem Tode Hermann Müllers, dessen
ruhige und sichere Hand. Daneben mußte ich auf Wunsch des Christlichen Volksdienstes und der DVP selbst die Verhandlungen über den
preußischen Kirchenvertrag mit Preußen führen. Diese Verhandlungen
brachten insoweit einen Erfolg, als am 11. Mai die Veröffentlichung des
Kirchenvertrages erfolgen konnte. Die Rechte verstand es, nach ihrer
Niederlage im Reichstag, geschickt die Umgebung des Reichspräsidenten
zu beeinflussen, indem sie jetzt ihre Vorstöße gegen die Person des
Reichspräsidenten selbst richtete. Hugenberg begann am 31. März mit
dem Vorstoß gegen den Reichspräsidenten, nachdem ein erster öffentlicher Versuch seitens des deutschnationalen Landtagsabgeordneten Wege
gescheitert war.

Die NSDAP hielt sich, nachdem sie in Thüringen und Bremen aus der
Regierung wieder herausgedrängt war und die Braunschweiger Wahlen
der gesamten Rechten eine gewisse Enttäuschung bereitet hatten, zu-

nächst in diesem Angriff zurück. Das hatte zum Teil sicherlich darin seinen Grund, daß sie sich nicht während des kommenden Volksbegehrens über die Auflösung des preußischen Landtages in das Schlepptau des Stahlhelms nehmen lassen wollte. Die Nazis erkannten vielleicht damals auch zum Teil, daß die Nervenbelastung bei der Sozialdemokratie so groß war, daß mit ihrem Abspringen im Mai oder Juni gerechnet werden mußte. Für diese Situation befürchtete die NSDAP, vor allem Göring, der damals alleinige Beauftragte Hitlers in Berlin, eine Diktatur der Deutschnationalen, also etwa ein Experiment, wie es im Sommer 1932 mit Herrn von Papen versucht wurde.

Göring kam aus einem andern Grunde im März und April häufiger zu mir. Dabei ließ er wiederholt einfließen, daß seine Partei gar keinen Wert darauf lege, mit Hugenberg, dem „alten Silberfuchs", zusammenzuarbeiten. Sie seien durchaus bereit, bei entsprechender Gleichschaltung Preußens und Zusicherung des nötigen Einflusses im Kabinett, mich bei einem etwaigen Abspringen der SPD zu unterstützen. Unter vier Augen könne er mir vertraulich mitteilen, daß Hitler und seine Freunde gegen meine Außen- und Wirtschaftspolitik im Grunde gar nichts einzuwenden hätten. Ich solle ihre scharfe Agitation im Lande gegen mich nicht als gegen meine Person oder meine persönliche Politik gerichtet auffassen. Gegenüber diesen Behauptungen war ich nach allen Erfahrungen der letzten acht Monate sehr skeptisch. Ich hielt es aber trotzdem für meine staatspolitische Pflicht, entgegen den Auffassungen von Bülow, Schleicher und Pünder, Göring noch in einer ihn persönlich stark drückenden Frage liebenswürdig und entgegenkommend zu behandeln.

Trotz des Bemühens von Braun und Hilferding glaubte ich in jener Zeit nicht mehr fest an die Möglichkeit, mit der Unterstützung der SPD die sachlich notwendige Politik durchzuführen. Der Zweifel verstärkte sich bei mir bis zum Juli so weit, daß ich mich entschließen mußte, es auf eine offene Kraftprobe in der Frage des früheren Zusammentritts des Reichstages ankommen zu lassen. Aus diesem Grunde mußte ich bestrebt sein, für den Reichspräsidenten die Wege zu einer parlamentarischen Regierung mit der Rechten offenzuhalten. Damals überlegte ich mir, welche Sicherungen möglich und nötig seien, um in einem solchen Falle die Tendenz der Nazis, die erste Phase von Mussolinis Machtergreifung nachzuahmen, von vornherein zu bekämpfen.

Auf der Reise zum Stapellauf des Panzerkreuzers „Deutschland" lud mich der Reichspräsident, der in glänzendster Stimmung war, ein, in seinem Salonwagen Platz zu nehmen. Er fing dabei ein Gespräch an, in dem er seine Freude zum Ausdruck brachte, daß es mir gelungen sei, das Flottenprogramm zu verabschieden, und ebenso die agrarpolitischen Maßnahmen trotz aller staatsverneinenden und minderwertigen Intrigen und Obstruktionsversuche der Rechten. Er wurde dabei außerordentlich scharf gegen Hugenberg persönlich und die gesamte NSDAP. Er freue sich, daß die wiederholten Besprechungen mit Herrn von Oldenburg-Januschau diesen so stark für mich eingenommen hätten. Herr von Oldenburg habe gesagt, man habe den besten Kanzler gefunden, den es seit Bismarck gegeben habe. Darauf habe der Reichspräsident ihm geantwortet, das sei alles gut und schön, aber was nutze es, wenn diese Äußerungen nur ihm gegenüber unter vier Augen gemacht würden. Er, Oldenburg, solle den Mut haben, das einmal öffentlich auszusprechen, was Oldenburg ihm dann auch versprochen habe.

Ich dankte dem Reichspräsidenten für sein Vertrauen, hielt mich aber für verpflichtet, seine optimistischen Auffassungen etwas zu dämpfen, zumal er, vielleicht bis zu einem gewissen Grade berauscht durch den Jubel und die Huldigungen an jeder Bahnstation bis Kiel, gesagt hatte: „Darauf können Sie sich verlassen, Sie sind mein letzter Kanzler. Ich werde mich von Ihnen nicht trennen." Solchen Äußerungen gegenüber, so gut und ehrlich sie gemeint waren, war ich skeptisch. Die Erfahrungen mit dem Konflikt wegen der Aufhebung des Stahlhelmverbots im besetzten Gebiet und vor allem die noch frischen Erinnerungen an die Vorgänge beim Volkstrauertag hatten mich genügend gewarnt.

Seit langen Jahren bestand ein Konflikt zwischen den Länderregierungen und der Reichsregierung, an welchem Tage die Ehrung der Gefallenen stattfinden solle. So kam es, daß an dem Tage, an dem die Reichsregierung an der Feier teilnahm, die preußischen Gebäude nicht geflaggt waren. Plötzlich drohte es darüber unter dem Einfluß von Oskar Hindenburg zu einem schweren Konflikt zu kommen. Ich weiß nicht, wer den Sohn zum erstenmal auf diesen seit Jahren bestehenden, mir völlig unbekannten Zustand aufmerksam gemacht hatte. Vor Beginn der Feier brachte mir Treviranus die Nachricht, daß Oskar Hindenburg wegen Nichtbeflaggens der Gebäude den Kopf des Reichsinnenministers gefordert hatte, obwohl dieser nach der Reichsverfassung den Ländern keine Vorschriften in dieser Frage machen konnte. Er hatte dabei auch Treviranus gegenüber geäußert, daß „mit diesem Schwein und andern Schweinen im Kabinett aufgeräumt werden müsse". Als der Reichspräsident mit seinem Sohne in den Reichstag kam und vom Präsidium des Reichstages und einer Reihe von Kabinettsmitgliedern in der Empfangs-

halle begrüßt wurde, fuhr er vor diesem Gremium auf den Reichsinnenminister los und schnauzte diesen nach alter militärischer Methode an.
Ich hatte große Mühe, Wirth, der sofort seine Demission einreichen
wollte, zu beruhigen. Die andern Mitglieder des Kabinetts und das
Präsidium des Reichstages waren über diesen Vorgang äußerst erregt.
Meine Sorgen und Schwierigkeiten wurden damals ohne mein Wissen
dem Reichspräsidenten durch jemanden mitgeteilt. Daraufhin erklärte
er: ,,Mein Sohn hat in der Politik nichts zu melden. Der Reichskanzler
soll wissen, daß mein Sohn ihm keine Schwierigkeiten machen darf.'' Was
der Reichspräsident damals nicht sah, war, daß durch solche Vorstöße
über Nacht eine Kabinettskrise und ein chaotischer politischer Zustand in
Deutschland entstehen konnten.

In Erinnerung an diese und ähnliche Vorfälle glaubte ich im Interesse des
Staates dem Reichspräsidenten (bei der günstigen Gelegenheit der gemeinsamen Fahrt nach Kiel in einer längeren Aussprache) ein klares Wort
sagen zu müssen, wie ich über die politische Zukunft dachte. Ich habe
ihm damals auseinandergesetzt, daß ich es als meinen Auftrag ansehe,
fünf Hauptaufgaben zu lösen. Als die wichtigste erschiene mir, Schritt für
Schritt im Rahmen der Verfassung bleibend, die Autorität des Staatsoberhauptes gegenüber dem Parlamente so zu stärken, daß mit Ausnahme eines in der Anwendung beschränkten Mißtrauensvotums das
Staatsoberhaupt die Zusammensetzung der Regierung im wesentlichen
bestimmen könne. Die zweite Aufgabe sei die schrittweise Zurückführung
der finanziellen und wirtschaftlichen Verhältnisse Deutschlands auf eine
der unglücklichen Lage Deutschlands entsprechende Grundlage, um für
die dritte Aufgabe gerüstet zu sein, den Kampf um Streichung der
Reparationen und Gleichberechtigung Deutschlands mit Erfolg durchstehen zu können. Die höchste Aufgabe sei, die Politik so zu führen, daß ich
sowohl rechts als auch links eine sichere Mehrheit für die Wiederwahl
des Reichspräsidenten im nächsten Jahre sicherstellen könne. Zu diesem
Zweck bestünde meine letzte Aufgabe darin, zu erreichen, ohne Rücksicht auf meine Person, daß für den Reichspräsidenten die Verbindungen
weder nach rechts noch nach links abrissen. Dieses sei vielleicht meine
schwierigste Arbeit für die nächsten zwölf Monate. Ich bäte, es nicht
als eine Neigung meinerseits, ihn im Stich zu lassen, aufzufassen,
aber es könne einen Augenblick geben, wo ich nach ruhiger Prüfung
der Gesamtlage und nach meiner ganzen Auffassung vom Staat und
den Funktionen des Staatsoberhauptes selber ihm den Rat geben
müsse, sich von mir zu trennen und einen andern Kanzler zu wählen. Ich

hätte nur die eine Bitte an ihn, nicht selber und ohne vorherige Fühlungnahme mit mir, unter dem Einfluß von politisch nicht erfahrenen Persönlichkeiten einen solchen Kanzlerwechsel vorzunehmen. Alles hinge davon ab, die Kontinuität letzter Wege in der Außen- und Innenpolitik in einem solchen Augenblick weiter zu sichern. Das sei seine Aufgabe, für die er sich vor der Geschichte zu verantworten habe. Meine Aufgabe würde es gegebenenfalls sein, einen Regierungswechsel so vorzubereiten, daß für ihn die Erfüllung dieser seiner höchsten Aufgabe als Staatsoberhaupt ermöglicht und erleichtert würde, weil sonst das Schiff, gerade vor dem Einlaufen in den sicheren Hafen, noch stranden könnte.

Der Reichspräsident hörte aufmerksam zu. Ich hatte nicht den Eindruck, daß er mich ganz verstand oder daß ihm das Gespräch, gerade auf dieser Reise, sehr lieb war. Für mich war entscheidend, die Gelegenheit zu haben, ihm dies alles offen sagen zu können, weil es meine Grundauffassung war, von der ich nicht abgehen konnte.

Diese Grundauffassung veranlaßte mich auch in der erwähnten persönlichen Frage Görings, eine maßvollere Haltung einzunehmen als meine besten Mitarbeiter. Göring hatte sich in Informationen und Mitteilungen an ein prominentes Mitglied der italienischen Botschaft sehr weit vorgewagt. Sein oft täglicher Besuch in der italienischen Botschaft war beobachtet worden. Gewisse Nachrichten aus dem Ausland ließen den dringenden Verdacht aufkommen, daß er in diesen Unterhaltungen über die Grenze des für das Staatswohl Erträglichen hinausgegangen war. Es wurde ihm bekannt, daß dieser Verdacht sich im Reichswehrministerium und Auswärtigen Amt immer mehr verstärkte. In einer Unterhaltung, um die er nachsuchte, bat er mich, Aufklärung zu schaffen, mit der Zusicherung, daß er niemals die ihm zur Last gelegten Äußerungen getan hätte. Ich versprach ihm, Herrn von Schleicher und Herrn von Bülow zu befragen. Ich stellte fest, daß bis dahin überhaupt kein ausreichendes Material gegen Göring zu einer eventuellen Verurteilung wegen Hochverrats hatte beschafft werden können. Zwar wäre in solchen Fällen, wenn es sich um einen KPD-Abgeordneten gehandelt hätte, dieser wahrscheinlich verhaftet worden. Ich meinte aber, in diesem Falle das verhindern zu müssen, mit Rücksicht darauf, daß ich damals noch an die Möglichkeit glaubte, eines Tages die NSDAP in das gleiche Joch der Verantwortlichkeit mit hineinspannen zu können wie die andern Parteien. Ich ließ mir Briefe von Schleicher und Bülow geben, die Görings Ehre retteten und die ich ihm in Abschrift zusandte. Er dankte dafür schriftlich in einer ihn sehr festlegenden Form.

Zweifellos hat die Erledigung dieser Angelegenheit viel zu einer vorsichtigen Haltung der NSDAP im April beigetragen. Vier Wochen haben sie
der Versuchung widerstanden, sich dem Vorstoß der Deutschnationalen
gegen den Reichspräsidenten anzuschließen. Erst am 28. April beschloß
die Reichstagsfraktion der NSDAP, den Rücktritt des Reichspräsidenten
zu fordern. Göring ließ mir aber streng vertraulich einige Tage später
mitteilen, daß ich beachten solle, daß dies kein Vorstoß Hitlers, sondern
nur der Reichstagsfraktion sei.

Unterdessen ging die Arbeit zur Vorbereitung der Durchführung der
Osthilfe, der Beilegung des Konfliktes mit Bayern, der agrarpolitischen
Maßnahmen und der Sicherung der Finanzlage weiter. Am 7. Mai
entschloß ich mich, die erste Chefbesprechung über die Reparationsrevision abzuhalten, und verkündete in der Rede im oldenburgischen
Wahlkampf in Kloppenburg die Vorlegung eines neuen Sparprogramms.
Dieses Sparprogramm mußte vor allem Rücksicht nehmen auf die
steigende Last der Gemeinden durch die Erwerbslosenwohlfahrtsfürsorge.
Es wurde namentlich von Mittelsmännern der Gemeinden sehr stark
gedrängt, die ganze Arbeitslosenversicherung aufzuheben und zurückzukehren zu dem Zustand, der vor 1927 geherrscht hatte. Unterdessen
wuchsen die Schwierigkeiten in Österreich, die durch die Krise der
Kreditanstalt hervorgerufen waren. Wir versuchten festzustellen, wie
groß die Summe war, die zur Sanierung der Kreditanstalt notwendig
wäre. Post und Eisenbahn erklärten sich am 18. Mai bereit, die damals
genannte Summe zur Verfügung zu stellen. Wir ließen dies der österreichischen Regierung mitteilen und erwarteten von ihr eine Antwort. Wir
waren der Ansicht, daß nur so eine gewisse Festigkeit bei der österreichischen Regierung erreicht werden könne.

Anschließend an diesen Vorgang bat ich Severing um eine Aussprache
und teilte ihm mit, wie ernst die Lage außen- und innenpolitisch
geworden sei. Ich sähe die Gefahr des Abspringens der Sozialdemokratie
könne aber unter keinen Umständen von der Linie der sachlichen Politik
die ich mir vorgenommen hätte, abweichen. Ich sei entschlossen, die
Notverordnung mit den notwendigen Maßnahmen zu verkünden und es
auf diesem Höhepunkt der außenpolitischen Entscheidungen auf eine
Kraftprobe, auch mit seiner Partei, ankommen zu lassen. Severing
erklärte mir, ich könne mich unter allen Umständen auf ihn verlassen. Er
würde sich bis zum letzten für meine Politik, ohne Rücksicht auf
Strömungen in seiner Partei, einsetzen. Nebenher gingen die Besprechungen über Reparationsfragen und Abrüstungsfragen weiter, unterbrochen

durch den Besuch des irischen Außenministers, der, etwa acht Tage vor Chequers, mit Rücksicht auf die Stimmungsrückwirkung in England im denkbar ungünstigsten Moment kam.

Es gelang, eine vorläufige Einigung mit der bayrischen Regierung über die Steuervereinheitlichungsfrage zu erreichen. Aber die Nervosität wuchs. Ich will dafür nur ein Beispiel anführen. Wenige Tage nach dem Stapellauf des neuen Panzerkreuzers bat Herr von Keudell um eine Unterredung. Ich hatte ihn menschlich immer sehr gern, und lud ihn, um diese Unterredung nicht zu formell zu gestalten, zum Frühstück ein. Ich merkte alsbald, daß er etwas auf dem Herzen hatte. Nach einigem Zögern kam er damit heraus. Er erklärte mir, der um eine Minute zu früh erfolgte Stapellauf des Panzerkreuzers habe ihn zu seinem Bedauern zu meinem Gegner gemacht. Es sei ein böses Vorzeichen gewesen, und er könne sich nunmehr mit dem besten Willen nicht mehr aufraffen, an den Erfolg meiner Politik zu glauben. Es fiel mir bei dieser Erzählung schwer, ernst zu bleiben.

Sehr viel ernster war ein Besuch Dingeldeys am 1. Juni, der mir erklärte, für die in der Notverordnung vorgesehene Krisensteuer könne seine Fraktion unter keinen Umständen stimmen, so sehr sie manche Reformen der Arbeitslosenversicherung begrüße. Zwei Tage vor Abschluß der Beratung der Notverordnung hatte ich also die Gegnerschaft der DVP, der SPD und eine unsichere Haltung der Bayerischen Volkspartei. Ich erklärte das Herrn Dingeldey ganz offen und fügte hinzu, daß ich entschlossen sei, die Notverordnung unter allen Umständen zu erlassen. Dingeldey meinte, die neue Steuer sei wohl nicht notwendig, da die Reparationsfrage jetzt ja gelöst würde. Um nicht eine zu starke Enttäuschung nach der Rückkehr von Chequers aufkommen zu lassen, sagte ich ihm, es sei ausgeschlossen, daß ich auf den ersten Anhieb in Chequers mein Ziel erreichen werde, und verwies ihn dabei auf den mir stets freundlich gesinnten „Observer" vom 31. Mai, der sich zwar für die Zollunion ausgesprochen habe, aber warnte, in Chequers die Reparationsfrage anzuschneiden. Herr Dingeldey wurde sehr ernst und fragte, wie ich mir die nächste Zukunft vorstelle, falls die Notverordnung abgelehnt würde. Ich antwortete ihm, daß, wenn der Reichspräsident mich bei einem so verantwortungslosen Verhalten des Reichstages nicht fallen ließe, ich mich nicht um den Reichstag kümmern würde. Für diesen Fall habe ich bereits mit Groener gesprochen und werde am nächsten Tag vor meiner Abreise einen Kabinettsbeschluß herbeiführen, daß, falls während meiner Abwesenheit irgendein Vorstoß auf Aufhebung der Notverordnung oder sofortigen Zusammentritt des Reichstags erfolge, der General von Hammerstein unter Gegenzeichnung des Vizekanzlers und des Reichswehrministers mit der vollziehenden Gewalt betraut würde.

Ich bat Groener, dies sofort dem General von Hammerstein mitzuteilen, worauf dieser erklärte, er erbitte für die Zeit meiner Abwesenheit einen Urlaub, um in der Nähe von Berlin Enten zu schießen. Unter der Hand wurden über diesen Beschluß des Kabinetts Nachrichten und Gerüchte verbreitet, die im Zusammenhang mit dem Jagdurlaub des Generals von Hammerstein nach rechts und links eine äußerst beruhigende Wirkung ausübten. Dann wurde ein Aufruf der Reichsregierung zur Verkündung der Notverordnung entworfen, der am Tage meiner Ankunft in England veröffentlicht werden und einen Satz enthalten sollte, daß dieses nunmehr das letzte Opfer des deutschen Volkes für die Erfüllung der Reparationsleistungen sein solle. Es könne dieser und auch keiner andern Reichsregierung zugemutet werden, dem deutschen Volke neue Opfer ohne Erleichterung der Reparationslasten aufzuerlegen. Am Abend fuhr ich mit Curtius nach Bremerhaven. Eine tobende Volksmenge hatte sich zur Begrüßung am Dampfer eingefunden. Die begleitenden ausländischen Journalisten meldeten diesen für sie deprimierenden Eindruck, für mich nicht unwillkommen, in die Welt. Die Einzelformulierung der Kundgebung der Reichsregierung war noch nicht fertiggestellt; entgegen der Erwartung konnte sie nicht mehr auf den Dampfer telegraphiert werden, sondern erreichte uns erst am Abend unserer Ankunft in London.

DAS GESPRÄCH VON CHEQUERS

Curtius und ich fuhren ohne Illusionen nach England. Vorbereitet im Sinne früherer Konferenzen war die Besprechung in keiner Art und Weise. Es wurde das Charakteristikum dieses Sommers, daß Besuche und Gegenbesuche gemacht und Konferenzen abgehalten wurden in so schnellem Tempo, daß eine diplomatische Vorbereitung kaum möglich war. Zwar war diese Methode, namentlich für mich, körperlich maßlos anstrengend, aber es war meine Chance, da ich ständig weiter nachstoßen konnte, sobald ich fühlte, daß an irgendeinem Punkte der Widerstand schwächer wurde. Dieses Mal bot die Reise auch noch den Vorteil, sich auf dem Dampfer ausruhen zu können. Hinter uns ließen wir ein

Deutschland, in dem, sobald die Notverordnung bekannt war, ein ungeheurer Sturm losbrechen mußte. Vor uns hatten wir ein England, das sich gerade anschickte, einige erste Maßnahmen, die bei uns nun schon ein Jahr in Kraft waren, auch bei sich einzuführen, vor allem bei der Arbeitslosenversicherung. Auch ein England, in dem der französische Einfluß vorherrschend war, das einfach ablehnte, sich mit der Frage der Revisionen der Reparationen überhaupt zu befassen.

Der Begrüßungsartikel in der „Times" war voll ausgesuchter Unhöflichkeiten. Ewer vom „Daily Herald", mit bolschewistischen Sympathien, versetzte mir persönlich bei der Ankunft noch einen besonders empfindlichen Schlag. Der Tag der Landung in Southampton war der Fronleichnamstag. Morgens früh las der Hamburger Seemannspfarrer eine Messe, an der nur Planck und ich teilnahmen. Dieses wurde von einem Mitglied der Besatzung dem Korrespondenten des „Daily Herald" mitgeteilt. So kam ein Artikel mit der Tendenz, mich in den Augen des englischen Publikums als einen frömmelnden Katholiken hinzustellen. Man konnte sich keine ungünstigere Atmosphäre für unsern Besuch vorstellen. Im Innern fest entschlossen, vorsichtig die Welt nicht auf eine Revision des Young-Planes, sondern auf eine völlige Streichung der Reparationen schrittweise vorzubereiten, hatte ich im eigenen Lande Unruhe und Ablehnung und einen Grad der Erregung, der ungeheuer gefährlich schien, der aber eine Waffe war, mit der ich die ablehnende Front durchbrechen konnte. Am Freitagabend fand ein Staatsdiner statt, an dem sämtliche Minister des Kabinetts teilnahmen. Die Stimmung war frostig. Anschließend war ein Empfang, auch für Politiker anderer Parteien und hohe Beamte. Hier gelang es mir zum ersten Male, den Hebel für einen Stimmungsumschwung anzusetzen. Vor allem eine Unterhaltung mit Lloyd George bot mir diese Chance.

In der Nacht kam der telegraphische Text des Aufrufs der Reichsregierung an. Um sieben Uhr versuchte ich irgend jemanden von der Regierung in Berlin telephonisch zu erreichen. Es gelang nur, Ministerialdirektor Ritter vom Auswärtigen Amt zu sprechen. Ich teilte ihm mit, daß für die Londoner Stimmung die Formulierung des Aufrufs über die Reparationsfrage zu scharf geraten war, und bat ihn, auf neun Uhr eine Ministerbesprechung zusammenzuberufen, die eine Abschwächung vornehmen sollte. Nach dem Mittagessen fuhren wir im Auto nach Chequers. Hinter uns jagten die Autos von Journalisten und Pressephotographen her. Die schöne Landschaft gab eine gewisse Frische nach der halbdurchwachten Nacht. Wir nahmen Tee. Ich versuchte nach einiger

Zeit, das Gespräch auf das Thema zu bringen. Es war nicht leicht. MacDonald und Henderson hatten eine verständliche Scheu vor der Eröffnung der politischen Unterhaltung. So gingen wir erst wieder spazieren, und dann gelang es endlich, in dem wunderbaren Bibliotheksraum das Gespräch zu beginnen.

Ich legte die Lage Deutschlands in einfachster Form dar. Nach einer Stunde hatte ich noch keinen Eindruck gemacht. Henderson war ablehnend bis zum äußersten. Beide Herren waren für die komplizierten Fragen der Aufbringung und des Transfers nicht vorbereitet und nicht sehr aufnahmefähig. Nach etwa zwei Stunden wurde abgebrochen. Wir machten einen Spaziergang durch den Park. An den Taxushecken stehend, fragte mich MacDonald plötzlich, was ich zu den düsteren Auffassungen Montagu Normans, die er mir im einzelnen auseinandersetzte, und zu den Forderungen, die er an die Regierung stelle, sagen würde. Das war ein Vertrauensbeweis. Nun konnte ich fechten – von der Grundlage der englischen Schwierigkeiten aus und brauchte die deutschen im Augenblick nicht weiter klarzumachen. Ich sagte ihm, wenn England seine Währung halten wolle, so müsse nach meiner Überzeugung die englische Regierung die Vorschläge des Governors annehmen. Jetzt erst komme die wirtschaftliche und finanzielle Liquidierung des Krieges. Dieser Sturm würde über jedes Land der Welt hinwegbrausen. Entweder müsse man die Deflation mitmachen oder die Währung entwerten. Für uns komme nur das erste in Frage, da sechs Jahre nach dem Überstehen einer Inflation ohnegleichen eine neue, auch nur vorsichtig dosierte Inflation nicht möglich sei. Die Mark würde sofort ins Bodenlose sinken. Zudem seien wir durch den Young-Plan verhindert, eine Inflation zu machen.

Bislang habe Deutschland die Reparationen aus ausländischen Krediten bezahlt. Seit einem Jahr zahlten wir sie aus eigener Kraft. Wir seien auch dazu bereit gewesen, aber dieses Zahlen aus eigener Kraft bedeute, daß wir immer weniger einführen und immer mehr ausführen müßten. Darüber seien die Franzosen aufgeregt, die nicht mehr Waren von uns aufnehmen, aber auch nicht auf Reparationen verzichten wollten. Das französische Volk sei klug genug, um diese Politik seiner Regierung zu verstehen. Daher die Unruhe in Frankreich, Gold zu horten. Das führe zu immer weiteren Goldabzügen Frankreichs aus der City. Dies aber sei eine gefährliche Entwicklung Frankreichs für England, die die englische Regierung zwingen würde, falls die City ihre große, internationale Position als Weltbankier aufrechterhalten wolle, schrittweise leichte, aber unpopuläre Maßnahmen zu treffen, wie es die deutsche Regierung seit nunmehr 14 Monaten dauernd getan habe. Wir wünschten, daß die City weiter Weltbankier bleibe, weil sie allein das Geschäft verstehe und Deutschland immer auf die City angewiesen sein würde. Am Ende dieser Entwicklung würde eine zunehmende Verschärfung der schwierigen Lage der Arbeiterschaft in der ganzen Welt entstehen mit gefährlicher politischer Stimmung. MacDonald schien stark beeindruckt. Beim Abendessen merkte ich, daß, obwohl Curtius Henderson seit einem Jahr kannte und sich alle Mühe gegeben hatte, Henderson zu beeindrucken, dieses nicht gelungen war. Nach dem Abendessen begannen wir eine neue Unterhaltung. MacDonald und Henderson wurden häufig ans Telephon gerufen. Foreign Office und Treasury waren durch die Kundgebung der Reichsregierung außerordentlich erregt. Diese Erregung wurde am späten Abend noch verschärft, als der Draht Nachrichten über eine gleiche Erregung in Washington und New York brachte. Die Stimmung verdüsterte sich. Um elf Uhr gingen wir zu Bett. In der Nacht glaubte ich, Schreie zu hören, und wurde mit einem merkwürdigen Gefühl wach. Erst gegen Morgen schlief ich wieder ein. Als wir zum Frühstück kamen, las MacDonald aus der Zeitung vor, daß zum erstenmal seit Hunderten von Jahren im Osten und im Zentrum Englands ein Erdbeben gewesen sei. Niemand von uns ahnte die volle Tragweite dieses Symbols. In Chequers hob ein Erdbeben an, wie es noch nicht dagewesen war, in der gesamten wirtschaftlichen und finanziellen Struktur der Welt.

Um elf Uhr trafen Sir Robert Vansittart, Sir Frederic Leith Ross und Montagu Norman ein. Sie brachten in ihren Mappen und Gesichtern die Zeichen und Spuren der Erregung mit, die die ganze Welt nach Bekanntwerden des Aufrufs der Reichsregierung durchzitterte. Leith Ross machte uns scharfe Vorwürfe. Ich konnte erklären, daß ich noch telephonisch die Formulierung abgemildert habe, daß ich aber nicht in der Lage sei, irgendein Mitglied des Kabinetts dafür zu gewinnen, auf eine Erklärung zu verzichten, daß Deutschland nicht mehr in der Lage sei, Reparationen zu zahlen. Es würde sich überhaupt kein Politiker finden, der ohne eine solche Erklärung noch bereit wäre, ein Ministeramt anzutreten. So begann die Unterhaltung scheinbar sehr unglücklich. Ich fühlte nach einiger Zeit, daß es mir eher gelang, auf Leith Ross und Norman mit meinen Argumenten Eindruck zu machen als auf die Politiker.

Es war meine Aufgabe, in ruhiger Form und in englischer Denkweise die wirkliche Lage Deutschlands darzulegen. Das war ein gefährliches Spiel.

Ich mußte auch offen über die Banken reden. Ich sagte, der Governor wisse ja besser als ich, daß die deutschen Banken nur noch von dem Kredit der City lebten. Ich wisse, daß ich eine Gefahr heraufbeschwöre für die deutschen Banken, wenn ich dieses offen ausspreche, aber ich hielte es für meine Pflicht. Wir seien dankbar, daß die City mit großen Krediten bereit gewesen sei, Deutschland wiederaufzubauen. Wenn diese Kredite verlorengingen, so wolle ich nicht, daß man nachher dem verantwortlichen deutschen Staatsmann nachsagen könne, er habe nicht rechtzeitig vorher gewarnt. Ich wisse nicht, in welchem Zustand ich Deutschland vorfinden würde, wenn ich zurückkäme. Ich sah Hendersons noch immer kühles, ablehnendes Gesicht. Mich an ihn wendend, schloß ich meine Ausführungen: „Mister Henderson, ich erkläre freimütig, daß ich aus der Geschichte der österreichischen Zollunion gelernt habe. Ich bin hierher gekommen, um Ihnen und Ihren Freunden als Mensch zu sagen, wie die Dinge stehen. Ich kann sie nicht ändern. Aber wenn ich dieses als Mensch Ihnen sage, so können Sie mir als Politiker später keine Vorwürfe machen." Zum ersten Male ging über Hendersons Gesicht ein befriedigtes Lächeln. Ich fühlte, daß ich richtig angesetzt hatte. Er merkte nicht, daß ich ihm jetzt vor den andern Herren seine voraussichtlichen Argumente für die nächste Zeit bereits aus der Hand schlug. Aber Leith Ross merkte das.

So begann die Debatte über den deutschen Etat, die deutschen Steuern, namentlich über die Änderungen der Zigarettensteuer in allen Einzelheiten. Das war für mich ein guter Boden, wo es leicht zu fechten war. Aber dann setzte der Governor ein. In einem merkwürdigen, fast eine Stunde dauernden Gespräch, das häufig durch Telephonate MacDonalds, auch, wenn ich mich nicht irre, mit dem britischen Botschafter in Washington und Senator Borah, unterbrochen wurde, opponierte Norman allem, was ich vorbrachte. Er wandte sich sehr scharf gegen die Veröffentlichung eines Communiqués, in dem auch nur mit einem Wort die Tatsache erwähnt würde, daß wir die Frage der Reparationsrevision in den Unterhaltungen angeschnitten hätten. Immer wieder warnte er in eindringlicher Form MacDonald, unserm Vorschlag für ein solches Communiqué zuzustimmen. MacDonald übernehme damit eine ungeheuere Verantwortung, die er, der Governor, zu teilen kategorisch ablehnen müsse. Ich erklärte, für mich sei es unmöglich, nach Deutschland zurückzukehren ohne ein solches Communiqué. Wenn ein gemeinschaftliches nicht möglich sei, so müßten wir für uns ein eigenes herausgeben. Jetzt trat der tote Punkt ein.

MacDonald zog sich zurück. Draußen fiel feiner Sprühregen. Trotzdem nahm plötzlich der Governor meinen Arm und zog mich in den Garten. „Woher haben Sie Ihr Englisch?" rief er aus. Ich erzählte ihm etwas über meine früheren Aufenthalte in England. „Ich sage Ihnen, das war verdammt geschickt, wie Sie es gemacht haben. Erst fahren Sie nach England, ohne vorher den Aufruf Ihrer Regierung zu sehen. Dann geht der Aufruf durch die Welt, als Sie einen Tag hier sind. Sie brauchen keine Verantwortung dafür zu übernehmen, aber die Bombe ist geplatzt, und die Welt ist in einer Erregung, die, das sage ich Ihnen, nicht wieder abflauen wird. Ich wollte dem Premierminister klarmachen, was jetzt beginnt. Ich bin gegen ein Aufrollen des Reparationsproblems, aber Sie können im Augenblick nicht mehr zahlen. Wissen Sie, worauf es jetzt ankommt? Alles andere ist nebensächlich. Alles in der Welt hängt jetzt davon ab, daß Sie allein die Nerven behalten." Der Regen fing an zu rieseln, und ich atmete freier. Jetzt wußte ich, die erste Schlacht war gewonnen.

Wir gingen zurück in die Bibliothek. Die Beamten kamen mit dem Entwurfe eines neuen Communiqués. Ich mußte es ablehnen. Neue Herren kamen aus London, unter ihnen Neurath. Ich orientierte ihn und bat ihn, falls er sähe, daß ich müde würde, nach dem Mittagessen bis zum äußersten den Kampf um das Communiqué in unserm Sinne durchzuführen. Bis sechs Uhr abends wurde gekämpft, immer wieder unterbrochen durch neue Telephonate, die die Stimmung MacDonalds verdüsterten. Im letzten Moment gelang es, eine Formulierung durchzusetzen, die für die deutsche öffentliche Meinung zu schwach war, sachlich aber für uns den Sieg bedeutete. Der Abschied war zwar freundlich, aber gedrückt.

Äußerlich waren wir von der englischen Regierung aufgenommen wie noch nie eine deutsche Regierung seit dem Kriege. Von der Abholung durch einen Torpedobootszerstörer in Southampton bis zur Einladung, an der Parade „Trooping the colours" auf der Regierungstribüne teilzunehmen, und bis zum Empfang beim König war alles arrangiert, uns zu zeigen, England wolle den Krieg vergessen. Aber der Wille, uns zu helfen, fehlte.

Am Abend folgte ich einer Einladung zu Major Church, an der Lord Weir, Sir Harry Gowan und einige andere Führer der britischen Wirtschaft teilnahmen. Wir diskutierten die Weltlage. Die dunkle Stimmung verflog. Es kam zu engem Kontakt und zur Übereinstimmung. Halb eins gingen wir zu Lady Astor, wo Lord Lothian, der frühere Privatsekretär Lloyd Georges, Garvin vom „Observer" und Brand von Lazard Brothers auf uns warteten. Hier konnte ich schon fröhlich werden. Um zwei Uhr nachts schieden wir. Am andern Morgen um sieben Uhr war Layton bei mir – eine angenehme Unterhaltung, die Übereinstimmung über die Geldlage brachte. Um neun Uhr kam Lord D'Abernon. Ich hatte mit ihm eine zweistündige Diskussion über die Goldfrage. Dann Audienz beim König, der 20 Minuten ununterbrochen sprach und eine geradezu fabelhafte Orientierung über Schulden und Reparationsprobleme zeigte. Er hatte alle Zahlen, auch des englischen Budgets, im Kopf. Dann Frühstück bei der deutsch-englischen Gesellschaft. Die Sympathie von Lord Reading war gewonnen, aber wichtiger war die Unterhaltung mit dem Schatzkanzler Snowden. Wir diskutierten sein Budget und freuten uns über die Entdeckung, daß wir beide an die „reine Lehre" glaubten. Von dieser Stunde an war Snowden immer bereit, meine Politik zu verteidigen.

Am Nachmittag hielt ich eine Vorlesung im Royal Institut for Foreign Affairs. Als ich eintrat, merkte ich, daß der Bann gebrochen war. Ich wurde mit stürmischem Beifall begrüßt. Dann Pressekonferenz. Abends eine Einladung zur deutschen Botschaft. Es gelang mir nicht, in ein warmes Gespräch mit Sir Austen Chamberlain zu kommen. Dafür aber gewann ich einige Sympathien bei Baldwin. Anschließend bis elf Uhr Empfang der Prominenz der Politik, City und Wirtschaft, ununterbrochene Gespräche. Um halb zwölf war ich nahe daran, körperlich zusammenzubrechen. MacDonald entzog sich weiteren Gesprächen. Bei Rückkehr ins Hotel Telephongespräch mit Pünder. Die Stimmung in Deutschland war wegen der Notverordnung bis zur Explosion geladen. Am andern Morgen weitere Unterhaltung und Abfahrt. Wieder auf dem Zerstörer, dessen Offiziere Wert darauf legten, als Kriegsteilnehmer zu zeigen, daß sie uns mehr achteten als ihre früheren Verbündeten. Auf dem Dampfer hatte ich Zeit, die eingegangenen Briefe aus England durchzulesen.

Ich konnte zufrieden sein. Die feindliche und kühle Stimmung war in drei Tagen ins Gegenteil umgeschlagen. Die City war für die Revision bzw. Streichung der Reparation gewonnen, die Politik noch nicht. Aber alle französischen Argumente waren erledigt, wie stark, das sah ich aus Briefen englischer Gardeoffiziere, die sich anboten, bei einem neuen Krieg als deutsche Freiwillige zu kämpfen. Es war der Durchbruch einer prodeutschen Stimmung, wie ihn der größte Phantast nicht hätte erwarten können. Die Rückreise war so angelegt, daß wir von Southampton aus mit der „Europa" zurückfuhren, mit der Sackett aus den Vereinigten

Staaten zurückkam. Er erzählte, er habe schwere Arbeit mit Präsident Hoover gehabt. Nach der ersten zweistündigen Unterhaltung über die deutsche Lage und über die Notwendigkeit der Revision der Reparation sei Hoover zornig aufgefahren und habe ihm erklärt, er wolle überhaupt nichts davon hören; Deutschland könne und müsse sich aus eigener Kraft halten und müsse weiter Reparationen zahlen. Nach zwei Tagen sei Sackett wieder zu ihm gegangen. Dieses Mal glaube er, einen stärkeren Eindruck auf Hoover gemacht zu haben, aber er befürchte, daß eine sehr schnelle Initiative, wenn überhaupt, nicht zu erreichen sei. Todmüde legte ich mich schlafen, um für den bevorstehenden Kampf in Deutschland frisch zu sein.

NEUE INNENPOLITISCHE KÄMPFE

In Bremerhaven kamen die Vertreter des Norddeutschen Lloyd an Bord und berichteten über die Stimmung. Zu Sacketts Ehren wurde ein kleiner Imbiß gereicht, der nachher von der nationalsozialistischen Presse und der Agitation wüst ausgebeutet wurde. Es wurde erzählt, wir hätten für 300 RM Kaviar gegessen und voller Hohn für die Not des deutschen Volkes bis zur Landung geschlemmt. Ich lud Sackett und seine Gemahlin ein, mit in den Salonwagen zu steigen. An jeder Station hatten die Nazis ihre Leute aufgestellt, die beim Durchfahren in wüste Schimpfrufe ausbrachen und Steine gegen den Wagen warfen, so daß ich schließlich Sackett und seine Gemahlin bitten mußte, in ein besonders geschütztes Coupé zu gehen und zu ihrem Schutz die Vorhänge herunterzulassen. Vor dem Bahnhof Friedrichstraße standen Tausende von Menschen, die uns mit Schmährufen empfingen. Dietrich, Pünder und Meißner berichteten über den Ernst der Lage. In den letzten acht Tagen sei der Devisenabfluß von Tag zu Tag gestiegen. Am andern Morgen verstärkte Luther diesen Eindruck und wies darauf hin, daß auch auf dem inneren Geldmarkt durch die Erschütterung des Prestiges der Regierung, infolge der Vorstöße der Parteien auf sofortige Abänderung der Notverordnung, eine außerordentliche Unsicherheit entstanden sei. Spät am Abend sah ich zunächst die Führer der Zentrumspartei.
Am andern Morgen wurde eine Ministerbesprechung abgehalten, in der über Chequers berichtet wurde. Ich erklärte, daß ich sowohl den

Rücktritt wie auch die Umbildung des Kabinetts und eine frühere Einberufung des Reichstages ablehne. Am Tag vorher war es Pünder wenigstens gelungen, eine Vertagung der Entscheidung des Ältestenrates auf sofortige Einberufung des Reichstages durchzusetzen. Von zwölf Uhr mittags bis zwölf Uhr abends empfing ich in ununterbrochener Reihenfolge die Führer aller Regierungsparteien und erklärte ihnen, daß sich das Reichskabinett mit meinen Auffassungen solidarisch erklärt habe und mein Entschluß unumstößlich sei. Der gleiche Tag wies einen weiteren starken Devisenabfluß auf.

Während ich am andern Morgen zum Reichspräsidenten nach Neudeck fuhr, um ihm zu berichten, sprachen sich die Volksparteiler scharf gegen die Regierung aus. Das Kohlensyndikat benutzte die Gelegenheit, um gegen die Regierung Stellung zu nehmen; es lehnte eine Verbindung der Preissenkung mit der Lohnsenkung auf das schärfste ab. Bayern benutzte den Tag zu einem Vorstoß durch seinen Gesandten Preger. Pünder empfing in meiner Abwesenheit nacheinander Zarden und Schäffer, die ein düsteres finanzielles Bild entwarfen, das mir Pünder telephonisch nach Neudeck übermittelte. Meine sachliche Unterhaltung mit dem Reichspräsidenten war kurz. Er war enttäuscht, daß ich von Chequers keine sofortige Lösung mitbrachte, war aber bereit, angesichts der bedrohlichen Situation, sich hinter mich zu stellen.

Nach Ankunft in Berlin am nächsten Tage hatte ich sofort eine Besprechung mit Braun, der bereit war, für mich zu kämpfen. Anschließend mit Luther, der mir berichtete, daß in den letzten 14 Tagen 750 Millionen Devisen abgezogen worden seien; er bat um Zustimmung zu einer Erhöhung des Diskont- und des Lombardsatzes um zwei Prozent. Dann mußte ich den Christlichen Volksdienst, die Volkskonservativen und die Demokraten beruhigen und gewinnen. Eine lange Unterhaltung mit den Führern der Sozialdemokraten folgte, in der ich mich bereit erklärte, später kleine Änderungen der Notverordnung vorzunehmen unter der Voraussetzung, daß jetzt nichts geschähe und der Reichstag nicht früher zusammenträte. Ich wollte versuchen, in weiteren Besprechungen zu einer Einigung über die strittigen Punkte zu kommen und das Ergebnis in einer neuen Notverordnung im Oktober dem Reichstag vorzulegen. Darüber hinaus könne ich keine Zusagen machen. Ich ließ erkennen, daß mir eine Krise in diesem Augenblick trotz der ungeheueren Schwierigkeiten nicht so unwillkommen sei. Auch teilte ich mit, daß ich um ein Uhr fünfzehn eine Besprechung mit dem General von Schleicher haben würde, um ihm Instruktionen zu geben für die am nächsten Tage einberufene Versammlung der Wehrkreiskommandeure. Ich hätte mir vom Reichspräsidenten Vollmacht erbeten, den Wehrkreiskommandeuren Mitteilung zukommen zu lassen, daß die Regierung bei Ablehnung aller Forderungen fest bleibe und daß die Reichswehrkommandeure alle Maßnahmen zur Unterdrückung politischer Unruhen sofort vorzubereiten hätten. Wels erklärte, obwohl fünf Sechstel der Fraktion für den Zusammentritt des Reichstages stimmen würden, sei er dagegen. Die Hauptforderung der Sozialdemokraten war die Abänderung der Notverordnung in bezug auf die Arbeitslosenunterstützung für die Jugendlichen.

Um vier Uhr fuhr ich zu einer Sitzung des Zentrums nach Hildesheim. Vorher ließ ich der Presse „nachbörslich" mitteilen, daß ich, falls der Reichstag früher zusammenträte oder mir Änderungen im Kabinett aufgezwungen würden, dem Herrn Reichspräsidenten meine Demission einreichen und die Übertragung der vollziehenden Gewalt an die Reichswehr vorschlagen würde. Ich mußte diese Kraftprobe unter allen Umständen durchhalten. Als ich in Hildesheim ankam, teilte mir Pünder telephonisch mit, daß Löbe einen Artikel gegen die Einberufung des Reichstags schreiben werde. Bei meiner Rückkehr nach Berlin am Sonntagabend berichtete mir Pünder über die weitere Verschärfung der Lage.

Am Montag, dem 15. Juni, empfing ich zunächst morgens die Vertreter der Wirtschaftspartei, dann von zwölf bis halb vier die Vertreter der Gewerkschaften aller Richtungen. Leipart lehnte eine Einigung ab. Anschließend konnte ich einigen Erfolg bei Dingeldey erzielen. Dann folgte eine Besprechung nach der andern: mit Vertretern der bürgerlichen Regierungsparteien unter Hinziehung des Reichstagspräsidiums, des Reichsbankpräsidenten, der preußischen Minister Braun und Severing; mit den Vertretern der sozialdemokratischen Fraktion in Anwesenheit der gleichen Herrn; mit Hugenberg und Oberfohren und schließlich mit Göring als dem Vertreter der NSDAP. In all diesen Besprechungen legten Luther und ich das Bedrohliche der Lage dar. Hugenberg erklärte, daß seine Fraktion diesen Zustand seit langem erwartet habe und unter keinen Umständen auf einen Zusammentritt des Reichstages bzw. eines Ausschusses des Reichstages zur Beratung der Abänderung der Notverordnung verzichten würde. Ich setzte ihm auseinander, welche Verantwortung er übernähme, und schloß danach zu seinem Erstaunen die Sitzung. Göring war für ein Zusammentreten des Reichstages, aber es gelang, ihn gegen ein Zusammentreten des Hauptausschusses zu gewinnen, weil er das für eine schwache Lösung ansah.

Jetzt sah ich mein Spiel gewonnen. Ich hoffte mit wechselnden Mehrheiten die Ablehnung des Zusammentretens des Reichstages oder eines Ausschusses zu erreichen. Anschließend kamen Treviranus, Pünder und Schleicher zu einer Besprechung über das weitere Vorgehen, falls die Regierung doch nach einem ungünstigen Beschluß des Ältestenrates würde zurücktreten müssen. Herr Prälat Kaas, der an dieser Besprechung teilnehmen sollte, war nirgends zu finden. Ich war der Ansicht, daß die Regierung als geschäftsführendes Kabinett bleiben müsse und daß bei dem Versuche der Bildung eines neuen Kabinetts das Spiel der Parteien ad absurdum geführt würde. Dann müsse der Reichspräsident das Kabinett neu beauftragen. Ich sei der Überzeugung, daß dabei der Reichstag ein für allemal nachgeben müsse.

Am Morgen hatten wir im Kabinett auf Drängen einer Reihe von Ministern die Frage erörtert, ob man bei der Arbeitslosenunterstützung für die Jugendlichen ein Entgegenkommen zeigen könne. Die Kronjuristen hatten am Morgen die Frage geprüft, ob es eine Gefährdung für Zweck und Ziel der Notverordnung darstelle, wenn die Jugendlichen der Wohlfahrt überwiesen würden. In Anwesenheit von Dietrich und Pünder, und nachdem inzwischen meine Freunde in der Volkspartei eifrig gearbeitet hatten, fand bis zwölf Uhr nachts eine Besprechung mit Dingeldey und Breitscheid statt. Stegerwald, der erst um Mitternacht zu erreichen war, gab telephonisch seine Zustimmung zu einem Entgegenkommen. Am andern Morgen um neun wurde den Ministern Mitteilung gemacht über das Ergebnis dieser Besprechung und meinen Entschluß, fest zu bleiben. Ich würde mich höchstens bereit erklären, im Sinne der Besprechung mit Dingeldey und Breitscheid im Laufe der nächsten Wochen in der Frage der Jugendlichen für den Oktober eine neue Lösung zu finden, die kein wesentliches Abweichen von den finanziellen Zwecken der Notverordnung bedeute.

Um halb elf empfing ich Kaas, Perlitius, Joos, Wirth, Ersing und Esser und dazwischen wiederholt den sozialdemokratischen Abgeordneten Hertz, der zwischen der Reichskanzlei und dem preußischen Ministerpräsidium hin- und hereilte. Bei meinen politischen Freunden fand ich ruhige und volle Unterstützung für meinen Standpunkt, auch für den Fall, daß die Sozialdemokraten für Einberufung des Reichstags stimmten, die Bereitwilligkeit, das preußische Zentrum zu einem Bruch mit den Sozialdemokraten in Preußen zu zwingen. Das wurde Hertz mitgeteilt. Um ein Uhr kam Luther mit neuer Hiobspost. Um ein Uhr dreißig ging ich in die Vorstandssitzung der Zentrumsfraktion im Reichstag und hatte anschließend eine Besprechung mit Dietrich, Stegerwald, Treviranus und Pünder. Dieser Kreis wurde um zwei Uhr durch Breitscheid, Hilferding und Wels erweitert. Möglichkeiten des Entgegenkommens in nicht entscheidenden Punkten der Notverordnung wurden erörtert. Die sozialdemokratische Reichstagsfraktion hielt darauf um drei Uhr eine Sitzung ab, in der es zu leidenschaftlichen Kämpfen kam. Um fünf Uhr gab ich Pünder nochmals die Instruktion, fest zu bleiben, und legte mich schlafen, weil ich ruhig war und die feste Zuversicht hatte, daß ich so oder so den Endkampf gewinnen würde. Würden die Sozialdemokraten für die Einberufung des Reichstags stimmen, so hätte das eine weitere schwere Erschütterung des Geldmarktes gegeben, aber die Rechte hätte dann Farbe bekennen müssen, und die Krise, die doch einmal kommen mußte, war gelöst. Denn in diesem Augenblick hatte ich die Reichswehr und den Reichspräsidenten hinter mir.

Die Entscheidung vollzog sich in zwei Phasen. Am 16. Juni um zwölf Uhr lehnte der Ältestenrat die vorzeitige Einberufung des Reichstags gegen die Stimmen der Nationalsozialisten, der Deutschnationalen, der Kommunisten, der Wirtschaftspartei und des Landvolkes (Gesamtstimmenzahl im Reichstag 289) ab. Die Sozialdemokraten beantragten darauf die Einberufung des Haushaltsausschusses zur Beratung der Notverordnung. Die Kommunisten und Nazis behielten sich ihre Stellungnahme zu diesem Antrag vor. Infolgedessen vertagte der Ältestenrat seine Entscheidung über diese Frage auf sechs Uhr abends. Durch die Verhandlungen des Nachmittags wurde erreicht, daß die Sozialdemokraten ihren Antrag zurücknahmen. Nunmehr nahmen die Kommunisten den Antrag auf. Er wurde gegen die 225 Stimmen der Kommunisten, Nationalsozialisten, Deutschnationalen abgelehnt. Der Sieg war entscheidend errungen. Von diesem Augenblick an brauchte ich den Reichstag nicht mehr zu fürchten, solange der Reichspräsident fest hinter mir stand.

Am gleichen Tage fiel das österreichische Kabinett, da alle Hilfegesuche bei Frankreich ergebnislos waren. Frankreich stellte Wien im letzten Augenblick ein kurzfristiges Ultimatum. Chequers trug nun die ersten Früchte. Durch den weiteren Meinungsaustausch mit England wurde erreicht, daß die Bank von England helfend in Wien einsprang, trotz der starken französischen Goldabzüge, angeblich hinter dem Rücken der Bank von Frankreich. Der nächste Morgen wurde benutzt, um unsern taktischen Aufmarsch für die Reparationsfrage weiter zu klären. Zu diesem Zwecke wurde Herr von Hoesch aus Paris nach Berlin gerufen, ebenso Herr von Schubert aus Rom. Ich ging am Nachmittag zu meinem kranken Freunde Mittelmann, dem ich, neben Dr. Hoff, die Wendung in der DVP zu verdanken hatte. Luther wurde immer düsterer.

Während ich mit Lammers und Geheimrat Bücher eine Besprechung abhielt über die Möglichkeit des Anschneidens der Reparationsfrage im Genfer Unterkomitee des Europa-Ausschusses, telephonierte Neurath, ob der Gegenbesuch der englischen Minister vom 17. bis 19. Juli willkommen sei. Die Frage wurde sofort bejaht. Ich bedauerte, daß der Besuch nicht früher erwidert wurde, einmal, weil ich nach dem Verhalten Frankreichs gegenüber Österreich und unter dem frischen Eindruck der Vorgänge in Wien den Zeitpunkt für günstig hielt, um Henderson zu gewinnen, zum andern, weil ich von dem Besuch der beiden britischen Staatsmänner eine Stärkung der Regierung in Deutschland selbst erwartete.

Inzwischen machte Luther unter düsteren Andeutungen, statt sich um seine Reichsbankfragen zu kümmern, Stimmung für die Bildung einer großen Koalition im Reich und in Preußen. Ich mußte das auffangen, lud ihn daher mit Kaas zum Kaffee ein, damit er Kaas selbst seine Ideen vortragen könne. Luther interessierte in diesem Augenblick die Reichsreform mehr als die Lage der Reichsbank. Er hoffte, die Reichsreform mit der großen Koalition durchsetzen zu können. Wenn die Reichsreform nicht sofort gemacht würde, so sei er nicht in der Lage, die Sache länger zu halten. Natürlich war es für die bürgerlichen Rechtsparteien in der Regierungsmehrheit ausgeschlossen, in eine Koalition mit der Sozialdemokratie einzutreten. Für mich hätte sie einen Rückschritt in der Entwicklung bedeutet, da ich mich um jeden Preis an das Prinzip einer nicht parteigebundenen Regierung halten wollte, um die Evolution zu einer Stellung der Reichsregierung im Sinne der Bismarckschen Verfassung weiter vorwärtszutreiben. Eine große Koalition wäre auch für die Reichswehr, die an sich schon einer schweren Belastungsprobe ausgesetzt war, kaum tragbar gewesen. Um aber sicher zu sein, daß die Reichswehr hinter meiner Auffassung stand, bat ich noch in der Nacht Schleicher und Pünder zu mir und stellte übereinstimmende Auffassungen fest. Groener, der sich einige Wochen vorher wieder verheiratet hatte, war in Urlaub. Am nächsten Morgen in der Frühe sah ich Hess und Kaas, um mit ihnen die Anregung Luthers durchzusprechen. Auch mußte ich den Christlichen Volksdienst wegen der Gerüchte über die Pläne der Bildung einer großen Koalition beruhigen.

Nachdem das gelungen war, fand eine Besprechung über die Reparationsfrage statt, in der festgelegt wurde, daß wir zu Beginn der nächsten

Woche ein Moratorium für die Reparationen erklären müßten, gleichzeitig mit dem Hinweis, daß wir wegen der dauernden Devisenabzüge, die an diesem Tag allein 50 Millionen Mark betrugen, auch nicht mehr in der Lage wären, eine Garantie für den geschützten Teil der Young-Annuität zu übernehmen.

Nach dem Essen drängte mich Luther erneut, wenigstens mit dem preußischen Ministerpräsidenten die Frage der großen Koalition und Reichsreform zu besprechen. Um sechs Uhr war ich dann bei Braun in dessen kleinem Hause in Zehlendorf. Braun mit seinem gesunden Menschenverstand konnte überhaupt nicht begreifen, weshalb Luther sich in diesem Augenblick mit diesen Fragen beschäftigte. Wir kamen alsbald zu dem Ergebnis, daß wir seine Vorschläge nicht weiter verfolgen sollten.

Am nächsten Tage – es war Sonntag, der 20. Juni – erreichten uns abends die ersten Gerüchte über einen Schritt des Präsidenten Hoover. Das Kabinett beschäftigte sich am frühen Morgen mit den Vorbereitungen über die Verlängerung des Berliner Vertrages mit Rußland, ferner mit Fragen der Arbeitsstreckung und des freiwilligen Arbeitsdienstes. Dann besprach ich mit Herrn Dr. Solmssen die beiderseitigen Reden auf dem bevorstehenden Bankiertag. Ich sagte ihm, daß ich in vorsichtiger Form auf die gefährliche Lage der deutschen Banken und die Notwendigkeit von Reformen hinweisen würde. Meine Bitte sei, daß er darauf eingehe, damit im Falle einer Bankenkrise das deutsche Publikum den Banken keine Vorwürfe wegen einer Vertuschung der Lage machen könne. In der Ministerbesprechung, zu der auch Herr von Hoesch hinzugezogen wurde, sagte dieser auf einmal, daß man bereits am Tage vorher in Paris über die Möglichkeit eines vom Präsidenten Hoover zu verkündenden Moratoriums für alle Kriegs- und Reparationsschulden auf ein oder mehrere Jahre gesprochen habe. Ich machte die Minister darauf aufmerksam, daß ein etwa dreijähriges Moratorium für uns die ungünstigste Lösung sei, weil es aller Wahrscheinlichkeit nach zu einer Wiederaufnahme eines Teiles der Reparationszahlungen und damit zu neuen Opfern und Krisen führen werde. Dieselbe Auffassung äußerte ich in einer längeren Besprechung am Nachmittage auch Sir Walter Layton gegenüber, der wohl im Auftrage der englischen Regierung zu einem Studium der deutschen Lage nach Berlin gekommen war.

Für vier Uhr dreißig waren Luther, Dietrich, Curtius, Schäffer, Pünder, Bülow, Hoesch, Schubert und Berger zu einer Beratung zusammengerufen. Zehn Minuten vorher meldete sich der amerikanische Botschafter und brachte um fünf Uhr fünfzehn die Ankündigung einer Botschaft Hoovers. Dabei regte er an, der Reichspräsident möge sofort ein Telegramm an Präsident Hoover senden, in der die Lage Deutschlands dargelegt und er um eine Initiative gebeten würde. Ich verstand, daß Hoover ein solches Telegramm mit Rücksicht auf die Deutschamerikaner für die nächsten Wahlen brauchen könnte, und versprach daher Sackett, mich mit allen Mitteln für die Absendung einzusetzen. Dann dankte ich Sackett aus tiefstem Herzen für seine unermüdliche Arbeit. Er erzählte mir, daß Hoover bei einem Besuch im Mittleren Westen plötzlich erkannt habe, daß es mit der Prosperity und der Stabilisierung der bestehenden internationalen Zahlungsverpflichtungen zu Ende sei. Er sah die Lage in der Landwirtschaft im Mittleren Westen als katastrophal an. Die Preise sanken; der Absatz stockte. Hoover hatte sich entschlossen, sofort ein Moratorium für die europäischen Kriegsschulden zu empfehlen, obwohl gerade bei den Landwirten im Mittleren Westen der Gedanke nicht populär war.

Ich unterrichtete die noch beratenden Herren über Sacketts Mitteilung und bat Meißner, den Reichspräsidenten zu informieren und ihn zu bitten, den Vorschlag Sacketts wegen eines Telegramms an Präsident Hoover aufzugreifen. Um halb acht brachte Meißner die prinzipielle Zustimmung des Reichspräsidenten. Der Wortlaut des Telegramms wurde entworfen und telephonisch mit dem Reichspräsidenten abgestimmt. Am späten Abend redigierten Bülow und ich den englischen Text, und Bülow überbrachte ihn dem amerikanischen Botschafter. Es wurde vereinbart, den Text vorläufig nicht zu veröffentlichen.

Am nächsten Morgen nahm ich die Gespräche mit Sir Walter Layton und Lammers über die Verhandlungen im europäischen Studienkomitee, das Schicksal der deutsch-österreichischen Zollunion und die Lage der deutschen Banken wieder auf. Bei einer Besprechung mit Dietrich, Luther und Schäffer über die Kassenlage und die von Luther beabsichtigte Kreditrestriktion blieb Luther nach langen Verhandlungen bei der Ansicht, daß einschneidende Maßnahmen am nächsten Tage notwendig seien. Nach dem Fortgange Luthers blieben Dietrich und Schäffer allein, um nochmals die schwierige Kassenlage, die am 25. Juni eintreten würde, zu besprechen. Es fehlten uns 200 Millionen Mark. Wir waren nicht in der Lage, die Beamtengehälter voll zu zahlen, wenn wir nicht zu diesem Termin von der Reichsbank einen Überbrückungskredit von 200 Millionen Mark bekamen.

Ich hatte den Eindruck, daß Luther die Notlage des Reiches benutzen wollte, um die Durchsetzung seiner Lieblingsgedanken, der großen Koalition und der Reichsreform, zu erzwingen. Da am Freitag vorher die Herren Duisberg, Silverberg, Cremer und Herle bei mir gewesen waren, um mich über den einstimmigen Beschluß des Vorstandes des Reichsverbandes der deutschen Industrie zu unterrichten, daß ich im Gegensatz zu Herrn Luther ihr vollstes Vertrauen besitze, entschloß ich mich, gegebenenfalls diese Tatsache zu verwenden, um Luther unter Druck zu setzen. Ich fuhr um neun Uhr abends zu Luther nach Dahlem hinaus und erzielte nach mehreren Stunden die erhoffte Wirkung. Er war bereit, den Überbrückungskredit sicherzustellen, beharrte aber auf seiner Forderung, im folgenden Monat Kreditrestriktionen vorzunehmen. Am folgenden Morgen bat ich Bücher, mir mit der Industrie zu helfen im Widerstande gegen die politischen Forderungen Luthers und seine bankpolitischen Absichten, die meiner Auffassung nach zu einer Verschärfung der Krise führen müßten. In dieses Gespräch kam Luther selbst eine Stunde später wie umgewandelt herein. Er teilte mit, daß infolge des Stimmungsumschwunges in der Finanzwelt und einer soeben telephonisch in Aussicht gestellten Rediskontmöglichkeit in New York und London Kreditrestriktionen kaum mehr nötig sein würden.

Am Nachmittag sprach ich mit Bülow und Schleicher über die Möglichkeit eines französischen Drucks in der Panzerkreuzerfrage. Der Pariser Vertreter des Bankhauses Lee-Higginson, Paul Courtney, hatte davor gewarnt und war sehr besorgt über die Stimmung in Paris. Bei einem Gespräch mit Schleicher unter vier Augen zeigte sich dieser merkwürdigerweise darüber orientiert. Diese Unterhaltung machte mich überhaupt sehr stutzig. Ich hatte das Gefühl, daß nach dem Erfolge seine Stimmung mir gegenüber umgeschlagen sei. Er erzählte mir, ,,Männe", wie er den Sohn des Reichspräsidenten bezeichnete, sei ihm bei der Nachricht von dem Hoover-Moratorium glückselig um den Hals gefallen und habe ausgerufen: ,,Nun hat der Kanzler gesiegt." Er habe ihm darauf gesagt: ,,Nur nicht so eilig. Das dicke Ende kommt noch."

Herr Courtney regte an, ich solle mich zu den Fragen des Panzerschiffsbaus und der Zollunion in einer Form äußern, die der Pariser Regierung die Annahme des Hoover-Vorschlags erleichtere. Ich antwortete ihm, daß diese Form einer Geste für mich unmöglich sei. Er solle aber auf alle Fälle den Entwurf einer solchen Verlautbarung einmal aufsetzen und mir bringen. Ich wollte ihn angesichts der Tatsache, daß Lee-Higginson mich im vergangenen Oktober gerettet hatte, nicht verprellen. Courtney kam um sieben Uhr wieder und brachte eine Formulierung. Ich dankte ihm, sagte ihm aber, ich könne diese Form nicht annehmen und habe mir inzwischen eine andere überlegt. Ich würde in eine Rundfunkrede am nächsten Tage eine besonders freundliche Wendung gegenüber Frankreich einbauen und sei bereit, öffentlich Frankreich den Vorschlag eines französisch-deutschen Chequers zu machen. Courtney war sehr befriedigt und sagte, das sei angesichts der innenpolitischen Situation in Deutschland mehr, als Stresemann je gewagt haben würde.

Der nächste Tag brachte zum erstenmal keine neuen Devisennachfragen, aber den ersten einer Reihe von Schlägen, die das ganze finanzielle Gebäude in Deutschland erschüttern sollten. Geheimrat Bücher hatte mich am Morgen auf die schwierige Lage der Nordwolle aufmerksam gemacht, die nach Nachrichten vom Vortage statt der bisher bekannten 40 Millionen Bankschulden mit über 100 Millionen verschuldet sei, im wesentlichen bei der Darmstädter und Nationalbank. Luther nahm die Lage der Nordwolle noch nicht so tragisch. Mich beschlich ein dumpfes Gefühl, das noch verstärkt wurde durch die starrköpfige Haltung des Kohlensyndikats, das sich nochmals weigerte, irgendeine Kohlenpreissenkung vorzunehmen. Am Abend war ich bei Mittelmann mit Kahl, Dingeldey und Schnee zusammen, die alle sehr optimistisch waren. Ich konnte mich nicht entschließen, von meinen inneren Sorgen zu sprechen.

In der Frühe des folgenden Morgens zeigten die Depeschen aus Paris, daß sich die Lage in Frankreich weiter verschärft hatte. Um zehn Uhr kamen Wels und Breitscheid und drängten auf sofortige starke Erleichterungen der Bestimmungen der letzten Notverordnungen. Es wurde mir sehr schwer, beide zu überzeugen, daß die finanzielle Lage sich trotz des Hoover-Moratoriums weiter verschlechtern würde. Ich wagte nicht, ihnen zu sagen, daß ich nach spätestens sechs Monaten noch eine weitere Notverordnung mit gewaltigen Eingriffen und später nochmals eine Herabsetzung der Leistungen der Invaliden- und Knappschaftsversicherung sowie der Unterstützung der Arbeitslosen als dann endgültig letzte Maßnahmen für wahrscheinlich hielt. Ich bat Wels, nach London zu reisen und mit den Führern der Arbeiterpartei, vor allem mit Henderson, über die Lage in Deutschland zu sprechen. Es sei für mich unmöglich, in der Panzerkreuzerfrage nachzugeben, wenn ich die Unterstützung der Reichswehr nicht verlieren wolle. Außerdem würde jeder Tag, an dem Frankreich zögere, den Hoover-Plan anzunehmen, die Gefahr einer Finanzkrise in Deutschland näherbringen. Ich versprach, ihm das entsprechende Material zu liefern. Wels benahm sich vorbildlich und erklärte sich bereit, bei seinen politischen Freunden in London den Standpunkt der deutschen Regierung mit allen Kräften zu vertreten. Ihm wurde schlecht dafür gedankt. Anderthalb Jahre später beschuldigten ihn die Nazis wegen dieser Reise des Hochverrats. Er hatte Mühe, sich vor Gericht dagegen zu verteidigen.

Die vergangenen vier Wochen, in denen ich mich um die Umschuldungsfrage des Ostens nicht hatte kümmern können, hatten einzelne preußische Stellen benutzt, um die Durchführung der Osthilfegesetze möglichst zu sabotieren. Treviranus entwarf in einem längeren Gespräch ein sehr trübes Bild. Die Dinge drängten so zur Krise, daß ich die unbedingt notwendige Zeit für den Entwurf der Rundfunkrede am Abend kaum gewinnen konnte. Erst um sieben Uhr konnte ich mit Dietrich, Curtius, Bülow, Pünder und Zechlin an die Formulierung herangehen, obwohl die Rede schon für elf Uhr angekündigt war. Glücklicherweise war es möglich, Kaas zu finden, mit dessen Hilfe es dank seiner unvergleichlichen Formulierungskunst gelang, einen auch für französische Ohren erträglichen Text noch in letzter Minute fertigzustellen.

In dieser Rede kam es mir vor allem darauf an, dem Präsidenten Hoover zu danken und eine große Geste an Frankreich zu machen. Wegen des Drängens der Parteien auf sofortige Erleichterung der Notverordnung mußte ich mich entschließen, die verhältnismäßig gute Stimmung nach der Hoover-Botschaft selber zu zerstören und dem Volk die Augen zu öffnen, daß der Leidensweg noch lange nicht zu Ende sei. Voraussichtlich werde der Höhepunkt der finanziellen Schwierigkeiten erst 1932 erreicht. Dies mußte ich sagen in einem Augenblick, da die Agitation über das Stahlhelmvolksbegehren schon in vollem Gange war und meine Äußerungen auf das stärkste gegen die Regierung ausgenutzt werden konnten. Aber zwischen Staatswohl und Popularität gab es keine Wahl.

Während der Vorbereitung für die Rede entglitten mir die Zügel bei den letzten Verhandlungen über die Verlängerung des Berliner Vertrages mit der Sowjetunion, für den ich im Gegensatz zum Auswärtigen Amt statt der fünfjährigen Geltungsdauer eine nur zweijährige durchgesetzt hatte, weil ich für weitere Pläne zur Gesamtrevision des Versailler Vertrages in der Frage unseres Verhältnisses zu Rußland gegebenenfalls freie Hand haben mußte, zumal man die Entwicklung im Fernen Osten und ihre Rückwirkung auf die europäische Konstellation nicht sicher voraussehen konnte. Eine Annäherung Frankreich–Polen–Japan, für die nach unseren Nachrichten schon in allen drei Ländern im stillen gearbeitet wurde, konnte für uns die russische Karte entwerten. Was ich aber keinesfalls gebrauchen konnte, war ein Bekanntwerden der Verlängerung des deutsch-russischen Vertrages gerade in einem Augenblick, in dem ich mehr noch als sonst Rücksicht auf die öffentliche Meinung in Frankreich nehmen mußte.

Ich hatte am Tage vorher gebeten, dem Auswärtigen Amt meine Auffassung klarzumachen. Pünder gab sich noch am 25. morgens früh die größte Mühe, das durchzusetzen. Aber es ging wie bei der deutsch-österreichischen Zollunion. Um zwölf Uhr berichtete unser Moskauer Botschafter telephonisch, daß eine Veröffentlichung der am Morgen in Moskau vollzogenen Einigung auf russischer Seite nicht mehr zu verhindern sei. Ich habe mich mehr als einmal über diesen Mangel an Gefühl für das, was zu einem bestimmten Zeitpunkt für die Gesamtlage nötig ist, bitter beklagen müssen. Es war selbstverständlich, daß die Wirkung meiner Rundfunkrede in Frankreich durch das gleichzeitige Bekanntwerden der Verlängerung des Berliner Vertrages stark beeinträchtigt wurde. Ich bat den Abgeordneten Breitscheid, der nach Paris fahren wollte, um die französischen Sozialisten zu bearbeiten, doch in Paris Aufklärung zu schaffen, daß auf Grund langer Verhandlungen die Unterzeichnung des Verlängerungsprotokolles des Berliner Vertrages rein zufällig heute erfolgt sei, daß aber die Veröffentlichung dieser Tatsache gegen meinen ausdrücklichen Wunsch erfolgt sei.

Am gleichen Tage kamen schon neue Vorstöße innerpolitischer Art. Die landwirtschaftlichen Vertreter der Zentrumsfraktion verlangten jetzt dringend eine Erhöhung der Butterzölle. Es gelang dem immer klugen und gemäßigten Auftreten von Perlitius mehr als mir selbst, diesen Vorstoß abzuschlagen. Am Morgen kam eine bayrische Delegation, darunter der Bischof von Speyer und Forstrat Escherich, um in der höchst liebenswürdigen Form eines Glückwunsches zu den letzten außenpolitischen Ereignissen die bayrischen Wünsche zu vertreten und den bayrischen Widerstand gegen Luthers Reichsreformpläne, die inzwischen doch durchgesickert waren, anzukündigen. Am Abend mußte ich mit Herrn Klepper die größten Schwierigkeiten in der Ostfrage bereinigen, und dann, in Gegenwart meines Freundes Mittelmann, das Eisen Bayern-Dingeldey schmieden, solange es warm war. Tags darauf galt es, den Christlichen Volksdienst zu beruhigen und einen letzten Versuch zu machen, mit dem Vertreter des Kohlenbergbaus eine Einigung in der Kohlenpreisfrage zu erzielen. Den ganzen Morgen verwendete ich, um nacheinander mit Dietrich und Trendelenburg die im Falle einer Finanz- und Bankenkrise möglichen Maßnahmen zu erörtern, obgleich die Reichsbank aus New York gerade 100 Millionen Dollar für 14 Tage als Ultimokredit zugesichert erhalten hatte.

Langsam zehrten diese Wochen an der Gesundheit. Bei einer Freiherr-vom-Stein-Feier des Westfalenbundes im Reichstag versagte während einer kurzen Ansprache meine Stimme für mehrere Minuten, und da man dies am Rundfunk gehört hatte, verbreiteten sich pessimistische Meinungen über meinen Gesundheitszustand, was die Nervosität der Banken und Börse noch steigerte.

Die Schwierigkeiten wuchsen in den nächsten Tagen von allen Seiten. Am 26. Juni morgens, während einer Chefbesprechung über die Personalverhältnisse bei den Landstellen, brach ein anscheinend unüberbrückbarer Gegensatz zwischen dem preußischen Ministerpräsidenten und Treviranus auf, vermutlich verursacht durch die wenig wohlwollende Haltung von Klepper, trotz meiner persönlichen Versuche in den vergangenen Tagen, eine Einigung zu erzielen. Dazu kam ein Gegensatz zwischen der Reichswehr und Preußen über die Auswirkung der Notverordnung auf die Bezüge der Wehrmacht und der Polizei. Die Reichswehr wehrte sich gegen eine schlechtere Behandlung als die der Polizei. Es gelang in längeren Verhandlungen zwischen Reichsfinanz- und Reichswehrministerium eine Einigung im Sinne einer Annäherung an die bisherige preußische Lösung zu erzielen.

Den ganzen Tag mußte ich mich bemühen, zu verhindern, daß leitende Beamte aus den Ministerien mit den deutschen diplomatischen Vertretungen, vor allem in Paris, in einen schriftlichen oder einen telephonischen Gedankenaustausch über die deutsch-französischen Divergenzen wegen des Hoover-Planes eintraten. In einer Besprechung mußte ich sehr scharf werden und vor allem den Weg über Herrn Mannheimer ein für allemal abschneiden. Schon nach wenigen Tagen, an denen ich nicht selbst jede Einzelheit der Taktik bestimmte, schlichen sich wieder gewisse Methoden der Stresemannschen Zeit ein, in der das Auswärtige Amt sich autonom fühlte. Spät am Abend kam Hilferding, um zu versuchen, den sogenannten Fall Baade beizulegen (Dr. Baade, dem Reichskommissar bei der Deutschen Getreide-Handelsgesellschaft, wurden Unkorrektheiten vorgeworfen). Ich sprach mit Hilferding auch über die Spartakiade, ein in Berlin geplantes kommunistisches Sportfest. Wenn die preußische Regierung diese nicht verbiete, könne es zu einem neuen Konflikt mit dem Reichspräsidenten kommen, analog dem Konflikt wegen der Weigerung der preußischen Regierung, das Stahlhelmverbot im besetzten Gebiet aufzuheben. Ich kündigte an, daß ich entschlossen sei, falls Preußen die Spartakiade nicht rechtzeitig verbiete, dies vom Reich aus mit einer neuen Notverordnung zu tun. Schließlich blieb mir den ganzen Tag nicht eine Stunde übrig, um die endgültige Fassung der Rede auf der Bankiertagung zu diktieren.

Der nächste Tag brachte zwar die Einigung über den deutsch-rumänischen Handelsvertrag und die Einladung Mussolinis zu einem Besuch in Rom, zu deren Anregung ich Herrn von Schubert in persönlicher Unterhaltung ermächtigt hatte, aber auch neue Schwierigkeiten mit Frankreich über die Verwendung der geschützten Annuität, die Frankreich nur kreditieren wollte, und die Gewißheit, daß Mellons Verhandlungen in Paris ohne Einfluß auf die Pariser Regierung blieben.

Überall in der Welt wuchs die Enttäuschung. Die psychologische Wirkung des Hoover-Planes war bereits verpufft. Nur anscheinend nicht bei einem großen Teil der deutschen Bankiers, die ich am andern Morgen um halb zehn Uhr im Herrenhause vor mir sah. Herr Louis Hagen, der sich vorstellen ließ, war äußerst optimistisch, andere auch. Meine Nerven waren so stark angespannt, daß ich ein paarmal, während meiner sorgfältig formulierten Ansprache und während der Rede Solmssens, die in keiner Weise auf meine Warnungen einging, am liebsten frei gesprochen und geschrien hätte: „Seht ihr denn nicht, daß ihr euren schwersten Gang geht und daß die französische Politik entschlossen ist, uns, selbst um den Preis einer Wiederholung der Krise der österreichischen Kreditanstalt bei allen deutschen Banken, auf die Knie zu zwingen."

Während meiner Rede ließ der amerikanische Botschafter um zehn Uhr mitteilen, er müsse mich um zehn Uhr fünfundvierzig sprechen, da er Nachrichten aus Washington habe. Deshalb brach ich meinen Besuch bei dem Bankierstag ab. Die Ankunft des amerikanischen Botschafters verzögerte sich jedoch, da er aus Washington noch ein Gespräch erwartete. Wir begannen vorher die weitere Besprechung der Vorbereitung einer Konferenz über die Ausführung des Hoover-Moratoriums. Um elf Uhr fünfzig kam dann der amerikanische Botschafter und blieb eine Stunde. An der Besprechung nahm auch Bülow teil. Das aus Washington erwartete Ferngespräch war nicht zustande gekommen. Ich hatte aber fast die Vermutung, daß es doch stattgefunden hatte, daß es aber Sackett menschlich nicht möglich war, mir den bedrückenden Inhalt mitzuteilen. Er war sehr traurig und gütig und begriff die Unmöglichkeit, den Franzosen die gewünschten Konzessionen zu machen. Ich sagte ihm, selbst wenn ich sie machen würde, würde ich am nächsten Tage von der öffentlichen Meinung in Deutschland weggefegt werden; dann sei doch nichts gewonnen. Ich hatte volles Verständnis für die Lage des Präsidenten Hoover, der statt des erhofften Booms als Folge seiner großzügigen Initiative jetzt ebenso wie ich sähe, daß die Welt in weitere Schwierigkeiten hineingerate. Es komme eben immer alles einige Wochen zu spät. Schuld an alledem trage die Intransigenz der französischen Politik. Sackett fühlte vor, ob nicht irgendein deutsches Entgegenkommen möglich sei. Ich sagte ihm, ich wolle gern noch einmal darüber nachdenken, müsse ihm aber mit wirklicher Betrübnis jetzt schon sagen, daß ich kaum an eine Möglichkeit glaube. Wir schieden sehr herzlich, aber auch sehr bedrückt. Ich sah den Zusammenbruch der Banken, den ich seit langem befürchtet hatte, endgültig herannahen. Aber ich war seit dem ersten Tage der Regierungsübernahme auf Grund der Erfahrungen vom Frühjahr 1929 fest entschlossen, selbst auf die Gefahr eines Bankenzusammenbruches, einmal die Kraftprobe auch gegenüber den ewigen französischen Strangulierungsversuchen zu wagen. Am Sonntag, dem nächsten Tage, war ich nachmittags bei Luther in Dahlem. Ich fragte ihn, was er für den Fall einer Bankenkrise für Vorschläge habe. Ich merkte in dem zweistündigen Gespräch: Keine. Wenn nur nicht gleichzeitig noch alle innerpolitischen Schwierigkeiten weiter gewachsen wären. Der Spartakiadenkonflikt mußte beigelegt werden, der Reichspräsident wurde ungeduldig. Ich setzte Hess an, sprach am Dienstagmorgen schon um acht Uhr mit Severing und fühlte, daß der Reichspräsident in dieser Frage anfing, gereizt zu werden. Sie hat mich an diesen zwei Tagen allein nahezu fünf Stunden in Anspruch genommen. Es wurde eine Notverordnung entworfen, die der Reichspräsident billigte. Preußen wurde mitgeteilt, daß, wenn es für die Veranstaltung der Spartakiade bestimmte Auflagen mache, vorläufig die Notverordnung noch nicht verkündet würde. Am 30. 6. erhielt ich dafür eine schriftliche Zusage von Severing.

Ich sah die Schwierigkeiten der preußischen Regierung selbst ein. Die Sozialdemokraten wurden unter stärksten Druck seitens der KPD gesetzt, ohne daß sie, aus Rücksicht auf die Reichsregierung, gleichzeitig scharfe Maßnahmen gegen die NSDAP treffen durften. Ich hoffte durch die vorläufige Beilegung des Konflikts ein späteres Verbot der Spartakiade zu erreichen. Daneben liefen die Verhandlungen über die Beilegung des Falles Baade und den Erlaß eines Stickstoffeinfuhrverbotes. Wels und Breitscheid kamen von ihren Reisen zurück und berichteten sehr gedrückt, aber mir gegenüber sehr wohlwollend über die Stimmung, die sie in London und Paris vorgefunden hatten. Die Sozialdemokraten waren, auch wenn sie sich selbst in einer denkbar schwierigen Lage befanden, in all dieser Zeit menschlich viel vornehmer als die Rechte.

Das zeigte sich wieder in einer einstündigen Unterhaltung, die ich am 29. Juni mit dem Staatssekretär Schmid (dem sogenannten Schweineschmid) hatte. Was mich an dessen Haltung aufhorchen ließ, waren ein paar Bemerkungen, die er unvorsichtigerweise über häufige Unterhaltungen mit Schleicher in den letzten Tagen einfließen ließ. Da bekannt war, daß Schmid in der DVP der größte Wühler gegen mich war, so war das höchst verdächtig. Am Nachmittag des 29. war Silverberg lange bei mir und sagte, er und seine ältesten Freunde in der Industrie hätten eine grenzenlose Skepsis gegen Luthers Fähigkeiten. Ich solle doch Schacht an seine Stelle setzen, er sei bereit, Schacht aufzusuchen. Ich erklärte ihm, daß ich zu Schachts Fähigkeiten als Bankfachmann bedingungsloses Vertrauen habe, nicht aber zu seinem Charakter. Zudem würde eine Ernennung Schachts zum Reichsbankpräsidenten an Stelle von Luther, die staatsrechtlich bei einer Weigerung Luthers zurückzutreten überhaupt nicht durchzuführen sei, angesichts der Hochspannung zwischen Frankreich und Deutschland auf die Franzosen wie ein rotes Tuch wirken.

In der Frühe des 29. wurden zwei Stunden lang alle Möglichkeiten durchgesprochen, um Hoover zu besänftigen, da der amerikanische Botschafter sich um elf Uhr beim Reichsaußenminister angesagt hatte. Weder bei der Besprechung unter uns, noch bei der Unterhaltung zwischen Curtius und Sackett kam etwas wesentlich Neues heraus. Ich hatte den Eindruck, daß Sackett die Unterhaltung mit Curtius gesucht hatte, weil er glaubte, bei ihm schärfere Worte wählen zu können, um den Grad der Erregung des Präsidenten Hoover und die drohende Gefahr eines Umschwenkens der amerikanischen öffentlichen Meinung unter dem Einfluß der geschickten Taktik Frankreichs zu verdeutlichen.

Der 30. Juni brachte eine doppelte Verschärfung der Lage. Otto Wolff suchte mich nach dem Mittagessen auf und berichtete sehr sorgenvoll über die Lage bei der Nordwolle, die die Reichsbank in keiner Weise überschaue. (Am folgenden Tag lieferte er neue und noch höhere Ziffern über den Umfang der Kreditverpflichtung in der Nordwolle.) Um halb eins kam Sackett mit Gordon und erkundigte sich, ob wir von uns aus nicht einen Vorschlag für die Lösung der Schwierigkeiten mit Frankreich machen könnten. Namentlich auch in der Frage der französischen Forderung auf Ausstellung von Schuldverschreibungen in Höhe der durch das Hoover-Moratorium betroffenen Reparationszahlungen, die später eingelöst werden sollten.

Es war immer erneut der Versuch Frankreichs, nicht nur politische Zugeständnisse zu erpressen, sondern vor allem auch die Zahlungen der Reparationsleistungen bis zum letzten Pfennig in einem Augenblick sicherzustellen, in dem die ganze Welt der Ansicht war, daß Deutschland für die nächste Zeit Reparationen nicht mehr leisten konnte. Der Quai d'Orsay sah, daß Europa an einem großen Wendepunkt der Gesamtpolitik angelangt war. Er wollte noch einmal, durch Drohungen und Erpressungen, die ins Wanken geratene Hegemonie Frankreichs retten. Deswegen mußten wir in der Sache fest, in der Methode elastisch sein. Ich sagte deshalb Sackett, ich wäre gerne bereit, mit meinen Mitarbeitern zu überlegen, ob wir ihm gewisse unverbindliche Anregungen geben könnten. Wir setzten uns um vier Uhr fünfundvierzig zusammen, um zu solchen nicht gefährlichen Formulierungen zu kommen, die wir um sechs Uhr dreißig Sackett und Gordon mitteilten. Die Unterhaltung dauerte nahezu zwei Stunden. Um acht Uhr dreißig mußte ich den Mitarbeitern, die nicht an der Besprechung teilgenommen hatten, mitteilen, daß wenig Aussicht für eine Verständigung da wäre.

Am andern Morgen um zehn Uhr erschienen Sackett und Gordon erneut. Die Amerikaner fragten, ob wir den Bau des zweiten Panzerschiffes nicht zurückstellen könnten. General von Schleicher wurde geholt, er erklärte, daß das Panzerschiff bereits seit Wochen auf der Helling liege, die Baurate, auf sechs Jahre verteilt, betrage pro Jahr nur neun Millionen Mark. Ich war sehr froh, als ich diese Nachricht erhielt. Die Tatsache, daß der Bau des Panzerschiffs schon in Angriff genommen war, bestärkte meine Position. Herr von Hoesch erhielt auf Grund dieser Tatsache eine Instruktion, die um elf Uhr telephonisch durchgegeben wurde. Dann mußte ich schnell die ausgebrochenen Divergenzen zwischen Dietrich und Schiele beilegen und Graf Lerchenfeld mit einer Instruktion für Brüssel versehen. Um drei Uhr dreißig fand eine erneute Reparationsbesprechung statt, bei der Hoesch neue Anweisungen zu drei strittigen Punkten, insbesondere zu den Schuldverschreibungen, erteilt wurden. Den Abend verbrachten wir mit den Herren der Reichsbank, wobei überlegt wurde, ob durch einen einmaligen Einsatz von 50 Millionen die Nordwollesituation noch gerettet werden konnte.

Am 2. Juli vormittags wurde in einer Reparationsbesprechung festgestellt, daß keine wesentliche Veränderung der Lage eingetreten sei, außer einem gewissen Weichwerden der englischen und amerikanischen Presse. Mit Curtius, Bülow, Pünder und Schleicher wurde die Sprachregelung gegenüber Sackett in der Panzerschiffsfrage festgelegt, dann in einer ersten Chefbesprechung die für Oktober vorgesehene Änderung der Notverordnung, die die Sozialdemokratie beruhigen sollte, behandelt. Arthur Balfour, der mit Clemens Lammers erschien, suchte ich die deutschen Argumente klarzumachen und ließ einfließen, daß, wenn die politische Methode Frankreichs so weitergehe, ich vielleicht gezwungen sein würde, noch in der Nacht Deutschlands Zahlungsunfähigkeit für die Reparationen überhaupt zu verkünden.

Nachher kam Treviranus und teilte mit, daß die unter dem Einfluß des Abgeordneten Drewitz stehende Mittelstandsbank in Zahlungsschwierigkeiten geraten sei. Ich ließ Joël kommen und bat ihn, aus dem seit langem in Vorbereitung befindlichen Entwurf einer Reform des Aktienrechts diejenigen Bestimmungen herauszusuchen, die sich zur Verkündung durch Notverordnungen eigneten. Obwohl ich mit Joël übereinstimmte, daß sich weittragende gesetzgeberische Reformen, die für Jahrzehnte unverändert bleiben mußten, nicht für die Verkündung durch Notverordnungen eigneten, gab Joël doch zu, daß die Vorgänge bei der Nordwolle und anderen uns einfach zwangen, in wenigen Wochen eine neue Basis des Aktienrechtes zu schaffen. Joël war tief erschüttert über die Mitteilungen, die ich ihm über das Verhalten der Gebrüder Lahusen machte. Es handelte sich um einen der besten Namen Deutschlands, eng verknüpft durch Generationen mit den höchsten Kirchenstellen, dem Reichsgericht und der Wissenschaft.

Um fünf Uhr dreißig meldeten sich Curtius, Bülow, Pünder und Schleicher zu einer nochmaligen Vorbesprechung für die Unterhaltung mit Sackett über den Panzerkreuzer, die dann um sechs Uhr in Gegenwart von Gordon und Bülow stattfand, während Curtius sich im gleichen Sinne um dieselbe Stunde mit dem englischen Geschäftsträger Newton unterhielt. Ich lehnte jede Konzession hinsichtlich des Panzerschiffes B ab und erklärte Sackett, daß ich gerade mit Rücksicht auf die Abrüstung und im Interesse der ganzen Welt mich entschließen müsse, festzubleiben. Wenn Deutschland in der Frage des Panzerschiffs nachgäbe, so präjudizierte ich von vornherein die Gesamtsituation auf der Abrüstungskonferenz. Deutschland würde dann auf der Abrüstungskonferenz erscheinen und nicht einmal die Möglichkeiten des Versailler Vertrages ausgenützt haben, mit der Folge, daß Frankreich und die andern hochgerüsteten Mächte in der Abrüstung kleine Konzessionen machen könnten, die Lage Deutschlands aber militärisch gleich ungünstig bleiben würde. Ich übergab eine ausführliche Aufstellung über das deutsche Flottenbauprogramm und versuchte, den amerikanischen Herren nochmals klarzumachen, daß 70 Prozent unseres Wehrbudgets infolge der durch den Versailler Vertrag vorgesehenen zwölfjährigen Dienstzeit aus Personalausgaben bestünden und wir nicht einmal in der Lage seien, Munition für mehr als 48 Stunden bereitzustellen. Das machte auf Sackett und Gordon starken Eindruck. Sie baten um Überreichung eines Exposés über die Wehrausgaben, das wir eine Stunde später fertigstellten und Gordon überreichen ließen.

Anschließend unterhielten wir uns unter Zuziehung von Schäffer, Krosigk und Berger über das englische Angebot, sofort eine Konferenz der Young-Mächte einzuberufen, und über die Möglichkeit, noch in der Nacht unsere generelle Unfähigkeit, Reparationen zu zahlen, zu verkünden. Hierüber wurde mit dem Reichsbankpräsidenten telephonisch eine Verständigung erzielt, der für neun Uhr eine Sitzung des Reichsbankdirektoriums einberief, um die für den Fall einer solchen Erklärung sofort notwendigen devisentechnischen Fragen zu besprechen. Dazwischen meldete sich Bücher mit neuen, düsteren Nachrichten. Ich lud Stegerwald zum Essen ein, orientierte ihn und bat, auch für den Bereich seiner Verwaltung Überlegungen für den Fall einer solchen Erklärung anzustellen. Gleichzeitig hielt ich mich telephonisch auf dem laufenden über die in der Reichsbank bis in die Nacht hinein stattfindenden Besprechungen der Nordwollekrise. Der nächste Tag brachte nichts wesentlich Neues, außer erneuten Devisenabzügen und einer Annäherung zwischen Reich und Preußen über die Personalien der Oststellen. Meißner kam kurz herein, um mitzuteilen, daß der Reichspräsident hinter mir stehe. Abends ging ich zu Mittelmanns, die in diesen Tagen in rührender Weise bemüht waren, für mein Wohlergehen zu sorgen.

Der Sonnabend war ein schwüler Tag. In der Frühe kam Dr. Kehl von der Deutschen Bank und berichtete eingehend über die krisenhafte Finanzlage, anschließend Dr. Fraenkel von der Centralbodenkredit über das gleiche Thema. In einer Ministerbesprechung über die Wirtschaftskrise wurde eine Stützungsaktion für die Nordwolle grundsätzlich positiv beurteilt. Diesen Tag äußerster Bedrängnis benutzte der bayrische Ministerpräsident zu dem Versuch einer neuen finanziellen Erpressung. Ich lehnte jede sachliche Unterhaltung mit ihm ab. Um ein Uhr ergänzte

Senator Bömers die Mitteilungen über die katastrophale Finanzlage in Bremen.

Diese Häufung der Schwierigkeiten benutzte die Rechtsopposition zu Vorstößen, die eine Panikstimmung unter der Bevölkerung hervorrufen mußten und in Frankreich noch im letzten Augenblick die Hoffnung aufkommen ließen, Deutschland werde entweder kapitulieren oder finanziell zusammenbrechen. Seldte und General von Seeckt machten gegen die Regierung mobil. Herr Goebbels dagegen war klug genug, in einer sonst wüsten Kundgebung festzustellen: „Noch ein paar Tage, dann hätte die Frage gelautet, soll Deutschland und mit ihm der gesamte mittel- und westeuropäische Raum in bolschewistisches Chaos versinken, oder bieten sich für die NSDAP Chancen, zur Macht zu gelangen. Diese hoffnungsvollen Aussichten sind für den Augenblick zweifellos vernichtet."

Am Sonntagmorgen versuchte ich bei Tennstedts den Schlaf der letzten Woche nachzuholen. Aber schon um zwei Uhr suchte Luther mich dort auf und berichtete von bedenklichen Erscheinungen bei der Rheinischen Landesbank. Dann wurde es Zeit für mich, in die Reichskanzlei zurückzukehren, zu einer Aussprache mit Bülow und Pünder, weil sich um vier Uhr fünfzehn der amerikanische Botschafter angesagt hatte. Er war am Morgen von Hoover angerufen worden. Hoover hatte ihn in leidenschaftlichen Worten „wie ein Maschinengewehr" bedrängt. Hoover verlangte, daß unsere Aufstellung über die Heeresausgaben, aus der auch hervorging, daß die Rüstungsausgaben nicht erhöht wurden und die ersparten Reparationsausgaben nicht für neue Rüstungen verwendet werden sollten, in Washington veröffentlicht werden dürfe. Nachdem ich sachlich nicht nachgegeben hatte, mußte ich diesen Wunsch erfüllen, obwohl ich wußte, daß ich persönlich dadurch innenpolitisch in die größten Schwierigkeiten geriet. Herr von Seeckt glaubte seine Chance nahen zu sehen. Aber ich hatte unsere möglichen Rüstungen gerettet und gleichzeitig Hoover wieder auf die deutsche Seite gezogen. Jetzt war Frankreich, wenn es den Hoover-Plan nicht ratifizierte, in die Isolierung gedrängt.

Ich konnte nunmehr den Montag von neun Uhr dreißig bis in die Nacht mit den Besprechungen über die Rheinische Landesbank und die sonstigen wirtschaftlichen Schwierigkeiten zubringen. Diese öffneten den Weg zur Vorbereitung einer Kreditbürgschaft der Industrie in Höhe von 500 Millionen Mark, deren Einzelheiten am folgenden Morgen in einer Chefbesprechung festgelegt wurden. Am Abend vorher hatte Frankreich den Hoover-Plan angenommen. Es war zu spät.

Um elf Uhr dreißig brachten die Herren Kehl und Wassermann weitere pessimistische Nachrichten, aber ohne Erkenntnis der ganzen Schwere der Lage. Um zwölf Uhr fünf informierte mich Oberbürgermeister Bracht, Essen, daß die Krise der Rheinischen Landesbank noch schwerer sei, als dies der Reichsbank und den preußischen Aufsichtsbehörden bislang bekannt sei. Ganze fünf Minuten unterhielt ich mich mit Silverberg, Vögler, Kastl und Bücher über die Kreditbürgschaft der Industrie und die Schwierigkeiten des Reichsbankpräsidenten. Herr Wassermann und Herr Kehl, die mit Dietrich zusammen in meinem Arbeitszimmer waren, nahmen ebenfalls einige Sekunden an dieser Besprechung teil. Trotzdem beschwerte sich Luther, daß er nicht hinzugezogen worden war. Um ihn nicht unnötig zu verletzen, brach ich die Besprechung ab.

Nach einer Ministersitzung unter Beteiligung der zuständigen preußischen Minister über die Rheinische Landesbank versuchte ich in einer Sonderbesprechung Höpker-Aschoff dafür zu gewinnen, daß Preußen für die westdeutschen Großstädte, die durch die Rheinische Landesbank in Zahlungsschwierigkeiten gekommen waren, Kredite bereitstellte. Aber das einzige, das ich schließlich erreichen konnte, war die Bereitstellung eines Kredits von 10 Millionen Mark für die Rheinische Landesbank seitens der Reichsbank, ein Betrag, der bei weitem nicht ausreichte. Aber das entsprach der Gesamthaltung der Reichsbank in diesen Wochen, die im Anfang immer nur mit kleinen Mitteln helfen wollte und die ganze Lage nicht erkannte. Das mußte sich bitter rächen. Am späten Abend konnte ich Oberbürgermeister Bracht und Justizrat Mönnig durch die Bereitstellung dieses Reichsbankkredits wenigstens insoweit beruhigen, als die rheinischen Großstädte für die nächste Woche in der Lage sein würden, ihre Zahlungen aufrechtzuerhalten. Aber nicht mehr.

An diesem Abend bat ich Curtius, Stegerwald, Luther, Bülow und Schleicher zu mir, um eine Übereinstimmung in der Außen- und Innenpolitik für den Fall einer noch weiteren Verschärfung der Gesamtkrise herbeizuführen. Ich wollte auch vor diesen Herren klarstellen, schon in diesem Augenblicke, daß die Reichsbank überhaupt keine Lösung gefunden und keine Vorbereitungen getroffen habe. Mir war diese Situation schon in den Besprechungen, die ich im Laufe der letzten vier Wochen mit Luther gehabt hatte, völlig klargeworden. Die 500-Millionen-Kreditbürgschaft der Industrie, die am nächsten Tage durch Notverordnung verkündet wurde, konnte nach innen keine psychologische Wirkung mehr haben. Sie war im Augenblick höchstens nach außen hin als Garantie für einen

Kredit zu gebrauchen. Erst im Herbst 1934 wurde sie auch nach innen zum erstenmal von Bedeutung.

Luther glaubte, diese Bürgschaft noch für Verhandlungen bei der BIZ (Bank für Internationale Zahlungen) benutzen zu können. Er sah aber am nächsten Abend in einer langen Unterhaltung mit mir ein, daß es technisch gar nicht mehr möglich war, vor Ausbruch der akuten Gesamtkrise eine Verwaltungsratsitzung der BIZ zusammenzubekommen. Im übrigen hatte Luther in den beiden letzten Sonntagsbesprechungen nur noch einen andern Vorschlag. Er beabsichtigte die Ausgabe von 500 Millionen gestempelter Rentenmarkscheine, die noch im Portefeuille der Reichsbank lagen. Ich lehnte diesen Vorschlag als währungspolitisch unmöglich ab. Ich hatte diesen Gedanken vor einer Woche mit Dietrich vertraulich durchgesprochen. Dietrich und ich waren der Überzeugung, daß sich dieser Vorschlag psychologisch und währungstechnisch nicht realisieren lasse, da die Ausgabe von neu abgestempelten Rentenmarkscheinen beim Publikum die Idee der Inflation hervorrufen und entweder zu einem Mißtrauen gegen diese neu abgestempelten Scheine oder gegen die Reichsbanknoten und die alten Rentenbankscheine führen müsse. Weder in den Sonntagsunterhaltungen mit Luther, noch in der Unterhaltung am 8. Juli, noch in der Nacht vom 11. auf den 12. Juli, ist von irgendeiner Seite der Gedanke erwogen worden, die Ausgabe dieser 500 Millionen abgestempelter Rentenmarkscheine mit der 500-Millionen-Bürgschaft der deutschen Industrie in engste Verbindung zu bringen. Wäre das geschehen, so wäre psychologisch der Vorschlag Luthers leichter zu verwirklichen gewesen. Sachlich wäre diese Lösung komplizierter gewesen als Dietrichs Vorschlag, der zum erstenmal zu Beginn der Woche die Grundidee etwas mehr konkretisierte, die ich seit Regierungsübernahme für den Fall des von mir dauernd befürchteten Ausbruchs der Bankenkrise gehabt hatte.

Meine Idee war denkbar einfach. Wir mußten die Staatsfinanzen dauernd so in Ordnung halten, daß wir in der Lage waren, den Banken und der Wirtschaft im Ernstfalle beizuspringen. Ich vereinbarte am 8. Juli auf der Grundlage dieses Gedankenganges und der bisher betriebenen drakonischen, aber festen Ordnung der Reichsfinanzen mit Dietrich, daß das Reich 184 Millionen Mark kurzfristige Schulden bei den Banken am gleichen Tage tilgen sollte, um ihnen eine erste Entlastung zu verschaffen. Darüber hinaus kam ich an diesem Tage – wie schon vorher einmal kurz besprochen – mit Dietrich zu einer damals noch unfertigen Lösung. Für den Fall, daß die Aussichten auf einen Auslandskredit endgültig scheiterten, sollte das Reich in einigen Tagen den Banken mehrere 100 Millionen Schatzanweisungen zur Verfügung stellen, die diese bei der Reichsbank rediskontieren konnten, gegen eine entsprechende Menge Reichsbanknoten.

Gleichzeitig machte ich vor allem der badischen Regierung klar, daß das Reich über seine gesetzlichen Verpflichtungen hinaus den Ländern nicht helfen könne. Das lag im Rahmen der Gesamtkonzeption, den Ländern ihre eigene finanzielle Verantwortlichkeit zuzuschieben oder, falls sie nicht den Mut hatten, sie zu übernehmen, sie für die Reichsreform reif zu machen. Am 8. Juli einigten wir uns in einer Chefbesprechung über die Abrüstungsfragen, trafen aber noch keine Entscheidung über die damit verbundenen Personalfragen.

Der Versuch, die Weltmeinung von der Notwendigkeit einer internationalen Konferenz über die Finanzlage Deutschlands zu überzeugen, wurde verstärkt fortgesetzt. Am 9. Juli wurde diese Konferenz dann auf den 17. Juli, einen sehr späten Termin, mit dem Tagungsorte London festgelegt. Während die Verhandlungen darüber in vollem Gange waren, überraschte mich Luther noch am 8. Juli in einer ganz kurzen, zweiten Besprechung mit seiner Absicht eines sofortigen Rundfluges nach London, Paris und Basel, um vor der Konferenz, auf Grundlage der 500-Millionen-Bürgschaft der deutschen Industrie, noch eine Kredithilfe vom Auslande zu erlangen. Ich war sehr skeptisch, ließ ihn aber ziehen, um nicht die Verantwortung zu übernehmen, daß der Versuch nicht gemacht worden sei. Dieser Sturmflug Luthers erwies sich als ein Fiasko und verschärfte die Nervosität im In- und Auslande. Mit Montagu Norman konnte Luther nur bei dessen Abfahrt nach Basel kurze Zeit reden. Er war auf Luther nicht gut zu sprechen. Wieweit Schacht dazu beigetragen hatte, kann ich nicht feststellen. Norman sagte mir im Juni 1934, daß er „die weinende Tante" nun einmal nicht ausstehen könne. Am nächsten Tage flog Luther von London nach Paris und hatte dort Besprechungen mit dem französischen Notenbankpräsidenten und dem französischen Finanzminister Flandin. Flandin war sehr ablehnend und stellte unmögliche Forderungen, über die Luther am Donnerstag um sechs Uhr fünfzehn berichtete. Ich lehnte diese Forderungen kurzerhand ab und bedeutete Luther, er möge schleunigst zurückkommen.

Am 10. Juli morgens hatte ich mit dem Comte de Brinon eine Besprechung, von der sich Staatssekretär Schäffer sehr viel versprach. Brinon stellte die Dinge so hin, als ob der Versuch, Deutschland Schwierigkeiten zu schaffen, nicht von Briand und Laval ausginge, sondern von Vansittart und Leith Ross. Ich verhielt mich passiv und ließ ihn erzählen, wies aber darauf hin, daß ich mich zur Beilegung der Schwierigkeiten mit Frankreich bereit erklärt hätte, selbst nach Paris zu fahren oder zu einer schnellen Aussprache mit Laval nach Luxemburg zu kommen, eine geheizte Lokomotive mit einem Salonwagen habe zwei Tage bereitgestanden, aber auch darauf sei Laval nicht eingegangen. Die Aufnahme Luthers durch die französische Presse und Flandin mache mich seinen Behauptungen gegenüber sehr skeptisch. Schäffer drängte sehr auf eine weitere Besprechung mit Brinon. Ich habe mich für den unwahrscheinlichen Fall, daß ich dazu noch Zeit erübrigen würde, höflich dazu bereit erklärt. (Die Darstellungen von de Brinon im Jahre 1934 über diese Vorgänge sind entweder grundlos oder gehen auf eigene, mir unbekannte Initiativen Schäffers zurück.) Ich habe de Brinon in diesen überlasteten Tagen nur empfangen, um keine Gelegenheit einer freundlichen Geste gegenüber Frankreich unbenutzt zu lassen, da ich wußte, daß die Aufgabe, Frankreich für die Teilnahme an der Londoner Konferenz zu gewinnen, ohne Konzessionen zu machen, noch bevorstand.

Es kam nur darauf an, noch einige Tage durchzuhalten und auf die amerikanischen Privatgläubiger Eindruck zu machen. Mellon war schon in London. Stimson kam am 9. in Rom an. Am gleichen Tage überbrachte der italienische Botschafter mir ein Schreiben Mussolinis mit der formalen Einladung nach Rom. Auch diesen Trumpf mußte ich gegenüber Frankreich einsetzen. Wenn es gelang, Amerika, England und Italien zu gewinnen, wenn die Regierung festblieb und wir aus eigener Kraft durchhielten, so war der Sieg unser. Bei aller Bereitwilligkeit, mich jederzeit mit Frankreich zu verständigen – auf Erpressungen konnten wir nicht reagieren, und weder unsere Gleichberechtigungsforderungen in der Abrüstungsfrage noch der Gedanke, eine völlige Streichung der Reparationen in Jahresfrist zu erreichen, durften preisgegeben werden.

Die Aktionen der Regierung mußten Stunde für Stunde, unter Berechnung der psychologischen und sachlichen Wirkung wie der Einsatz letzter, schwacher Reserven im Großkampfe, genau überlegt werden. Von meinen letzten Zielen durfte ich niemandem etwas sagen. Nur Bülow und teilweise Krosigk, Pünder und Schleicher ließ ich sie spüren. Obwohl ich in diesen Tagen vom frühen Morgen bis tief in die Nacht hinein meistens mehrere Besprechungen nebeneinander führte, gelang es mir, völlig ruhig zu sein und dabei zu überlegen, welchen der besten Mitarbeiter, wie zum Beispiel Bülow, ich jeweils entbehren und deshalb frühzeitig ins Bett zum Ausruhen seiner Nerven schicken konnte. Nur Krosigk, Trendelenburg, Pünder und meist auch Schäffer sowie die Minister konnte ich leider nicht schonen. Arbeitend bis zum körperlichen Zusammenbruch, haben sie eine Entscheidungsschlacht geschlagen, denn diese Tage und Nächte haben trotz scheinbarer Katastrophe den Durchbruch geschaffen.

Nach diesem und dem zweiten Kampfe in Paris und London, der zum Stillhalteabkommen führte, war es mit den ewigen Drohungen und Erpressungen Frankreichs aus. Das französische Gold vermochte weder zu locken noch zu drohen. In diesen Tagen waren die Reparationen bereits erledigt, die Gleichberechtigung in der Rüstungsfrage nicht mehr gefährdet. Die Augen konnten sich im stillen schon der Gesamtrevision des Versailler Vertrages zuwenden und dem wirtschaftlichen Wiederaufbau der Welt. Das Bizarre, scheinbar Unmögliche wurde erreicht: das größte Schuldnerland, nachdem es die Freiheit des Handelns und die Unabhängigkeit von den Gläubigern gewonnen hatte, wurde zum finanziellen Nervenzentrum der Welt, auf das alle andern, wollten sie nicht selbst dem Siechtum verfallen, dauernd Rücksicht nehmen mußten. Aus der Krankheit konnten wir unsere Waffe machen.

Die Bankiers, die in den nächsten Tagen einer nach dem andern kamen, um mir ihre trostlose Lage verhüllt zu gestehen, ärgerten sich über meine Ruhe. Als Sobernheim kam, den ich auf Druck von Meißner empfangen mußte, und gewichtig mitteilte, daß eine Bankenkrise unabwendbar sei, sagte ich nur, darauf hätte ich seit 1926 gewartet. Nur die Möglichkeit, sich fast gleichgültig zu zeigen, konnte diesem nervösen Haufen etwas Ruhe und Nerven wiedergeben. Es war besser, sie ärgerten sich und schimpften auf die Reichsregierung, als daß sie durch dauernde gegenseitige Denunziationen die Panik im Publikum erhöhten. Luther kam völlig gebrochen wieder. Ich wurde erneut gedrängt, Schacht zu nehmen. Das war nach wie vor innenpolitisch, aber noch mehr außenpolitisch im Augenblick völlig ausgeschlossen. Als ich ihn als Experten von seinem Gut holen und in den permanenten Kabinettsitzungen stets zu meiner Rechten den Platz einnehmen ließ, so daß ich laut oder leise in jeder einzelnen Phase fragen konnte, ob er andere Vorschläge machen könne, stellte ich fest, daß er auch nicht einen einzigen positiven Gedanken vorzubringen in der Lage war. Nur einmal sagte er etwas, was weit über meine Gedanken hinausging: „All die Leute, die uns hier gegenübersitzen, sind Verbrecher. Sie waren schon 1926 alle pleite. Ich habe ihnen das schon mit den gleichen Worten 1926 erklärt." Das war die Hilfe, die

ich in jenen Tagen erhielt. Meine Augen blickten um Hilfe nach dem
Auslande. Unterhaltungen mit Wallenberg und Brand zeigten mir,
woher ich gegebenenfalls Rat holen konnte. Seit Dienstag, 7. Juli, hatte
ich meinen Freund Church da, der die Verbindung mit Sprague in
nichtoffizieller Form schaffen und aufrechterhalten sollte. Ich brauchte
diese wirklich großen ausländischen Sachverständigen, die über eine
reichliche Erfahrung verfügten, vor allem für den kommenden Wiederaufbau, denn darüber konnte kein Zweifel sein, am Abend des Sieges
würden wir alle todmüde und Deutschland blutleer sein.

DIE GROSSE BANKENKRISE

Der Donnerstag, 9. Juli, begann mit einer Kabinettssitzung, in der an sich
wichtige, aber für den Augenblick nebensächliche Wirtschaftsfragen, wie
die der mechanischen Werke und der Kohlenpreissenkung, besprochen
wurden. Ich mußte die Minister und ihre Referenten beschäftigen und
zusammenhalten, ohne über das eigentliche Thema zu reden. Kurz nach
elf Uhr rief Senator Bömers nochmals an. Es war ein Verzweiflungs-
schrei. Dann kam Jacob Goldschmidt mit einem andern Direktor der
Darmstädter Bank und überreichte ein Schreiben, in dem die verzweifelte
Lage der Danatbank in wenigen Sätzen geschildert wurde. Sofort fand
eine Besprechung statt mit Dietrich, Trendelenburg, Pünder, Schäffer,
Dreyse, Ernst vom preußischen Handelsministerium und Krosigk. Dazu
kamen später Bülow und Geheimrat Vocke. Wir ließen noch Staatssekretär Sautter und die Finanzreferenten der Post hinzurufen, um zu
überlegen, wieviel der Post aus ihrem Postscheckkonto für eine Hilfsaktion zur Verfügung stehe. Thema: Die Schwierigkeiten der Danatbank.
Zwischendurch wurde der italienische Botschafter empfangen, dann
unter Hinzuziehung von Geheimrat Norden die Besprechung fortgesetzt,
an der auch Herr Wassermann einige Minuten teilnahm. Um 17 Uhr
dreißig sagte mir Perlitius, ich müsse unbedingt in die Vorstandssitzung
der Zentrumsfraktion in den Reichstag kommen, da dort eine sehr
sorgenvolle Stimmung herrsche. Um 19 Uhr fünf kam Goldschmidt mit
einigen Direktoren und Räten der Reichsbank, um den Status der
Danatbank detaillierter vorzutragen. In einem andern Zimmer waren
anwesend: Wassermann, Frisch und Reinhart. Um 21 Uhr dreißig

wurde die Besprechung im kleinen Kreise fortgesetzt und dauerte bis Mitternacht. Es ging vor allem um die Frage: Besteht irgendeine Aussicht, die Krise auf die Darmstädter Bank zu lokalisieren, eine Möglichkeit, von der die Mehrheit der Herren, durch die Einwirkung der drei im Nebenzimmer befindlichen Herren der übrigen Notenbanken, überzeugt war.

Am nächsten Tag konnte ich mich der Bankenkrise nur vorübergehend widmen, weil ich zunächst Dr. Hess veranlassen mußte, wegen einer großzügigen Hilfe für die westlichen Großstädte auf den preußischen Finanzminister Druck auszuüben, und darnach Dingeldey zu beruhigen hatte. Dann kam die Unterhaltung mit Brinon. Um ein Uhr mittags fand eine Besprechung über Reparationsfragen statt, die sich als überflüssig herausstellte, da nach den letzten direkten Nachrichten Luthers aus Paris an Pünder zunächst keine Entschlüsse zu fassen waren. Bülow erbat und erhielt die Ermächtigung zu einer Démarche bei Sackett, um diesen auf die äußerste Gefahr der deutschen Lage aufmerksam zu machen und eine rechtzeitige Hilfe Amerikas zu erbitten. Der Gedanke war, auf diese Art und Weise Mellon und Stimson auf ihrer Rundreise durch Europa auf dem laufenden zu halten. Dann gab es eine Unterhaltung mit Schäffer über Brinon und über die Frage, ob die am Abend entsprechend meinen Mahnungen getroffenen Entschlüsse der badischen Regierung über neue Gehaltskürzungen sofort von den anderen Regierungen nachgeahmt werden sollten. In einer längeren Unterhaltung mit Senator Shipstead, der hauptsächlich die Interessen der Farmer im auswärtigen Ausschuß wahrnahm, suchte ich ihm die Lage Deutschlands zu erklären und ihm die Überzeugung beizubringen, daß eine Rettung der Farmer im Mittleren Westen nur möglich sei, wenn die Vereinigten Staaten durch neue Kredite die Kaufkraft Deutschlands für die Produkte des Mittleren Westens wieder hebe.

Nach einer Vorbesprechung mit Dietrich, Stegerwald, Geib und Pünder fand um fünf Uhr nachmittags eine Besprechung mit Breitscheid, Wels, Hilferding und Hertz über die Abänderung der Notverordnung statt, zu der sie außerordentlich scharf drängten, während umgekehrt Dingeldey, der seltsamerweise von allen Besprechungen in der Reichskanzlei vorher Kenntnis erhielt, sich am Morgen scharf gegen jede Konzession an die Sozialdemokraten ausgesprochen hatte. Eine Einigung mit den Sozialdemokraten wurde zunächst nicht erzielt. Sie drohten mit der schärfsten Opposition, falls ich ihnen nicht entgegenkommen würde.

Um sechs Uhr konnte ich die Besprechungen glücklicherweise abbrechen, um den amerikanischen Botschafter zu empfangen zu einer Besprechung über die Einzelheiten von Stimsons Besuch in Berlin. Da Bülow um fünf Uhr dreißig bei ihm seine Démarche gemacht hatte, über die er mich in einer Minute orientierte, so nahm ich an, daß die mit Stimsons Besuch verknüpften Fragen nur ein Vorwand für Sackett waren, mir einigen Mut zu machen. Nach einem Ferngespräch mit Luther in Paris kam Vögler mit einigen nebensächlichen Nachrichten seiner Agenten in London und Paris, die, wie gewöhnlich nichts wert, zum Teil direkt falsch waren. Bei dieser Gelegenheit fing er zum erstenmal an, vage Andeutungen zu machen über die ungeheure Kreditverschuldung der rheinisch-westfälischen Industrie bei den Banken, die im wesentlichen auf die sinnlose, gewaltige Erzversorgung der westlichen Industrie zurückzuführen war. Anschließend erklärte ich bei einer längeren Besprechung mit Pünder und Herrn von Hagenow, ich hätte den Sonntag für die Beschlüsse über die im Zusammenhang mit der Bankenkrise zu treffenden gesetzgeberischen Maßnahmen reserviert. Gleichzeitig bat ich in der Frage der Notverordnung beruhigend zu wirken, Pünder bei der SPD und Hagenow bei der DVP.

Um neun Uhr erschienen zu einer zweistündigen Aussprache Wegmann und Gerig, neben Perlitius und Bell die Treuesten der Treuen, die es übernahmen, in den nächsten beiden Tagen in Einzelgesprächen die nervös gewordenen Mitglieder meiner eigenen Partei zu beruhigen. Um elf Uhr kamen Church, Brand und Treviranus, weniger um Einzelfragen zu besprechen, als um mich zu unterhalten, gleichzeitig aber, um in dieser Form Brand unsere Hochachtung zu dokumentieren, dessen Einstellung im absoluten Gegensatz zu dem Verhalten der deutschen Bankiers stand. Während die meisten Herren von den Großbanken, mit denen ich in diesen Tagen zu tun hatte, Jacob Goldschmidt wie einen Pestkranken behandelten, zeigte Brand, der mit seiner Firma Lazard Brothers Jacob Goldschmidt wohl die größten Kredite gegeben hatte, daß die erste Voraussetzung für die Überwindung einer schweren Krise Menschlichkeit sei und Ermutigung des in schweres Unglück Geratenen. Das Schimpfen und Kritisieren seitens der deutschen Bankiers könne, wie Brand sich äußerte, nur die Kreditkrise verschärfen und ausdehnen. Wenn man dagegen Vertrauen zeige, trotz aller vielleicht von Goldschmidt gemachten Fehler, könne man nicht nur die Danatbank, sondern auch die übrigen Banken leichter retten. Zu diesem Zwecke habe Brand zum ersten Male seine Wohnung im Privathause von Jacob Goldschmidt genommen, anstatt, wie üblich, im Kaiserhof.

Ich habe die Erinnerung, daß am Abend in der Dämmerung noch für wenige Minuten Herr Wassermann bei mir war. Möglicherweise aber hat die in einem Punkte sehr wichtige Besprechung am andern Morgen um zehn Uhr fünfzehn stattgefunden. Herr Wassermann kam mit dem Vorwande, neue Nachrichten aus Paris zu haben, auf Grund deren er die Lage der deutschen Banken, mit Ausnahme der Danatbank, als verhältnismäßig günstig hinstellte. Ich fragte ihn, ob er meine, daß nur eine Aktion für die Danatbank notwendig sei. Er bejahte das kategorisch und fügte hinzu, daß er, nachdem er wisse, daß die Regierung eine Hilfsaktion für die Danatbank vorbereite, die Lage für so entspannt ansähe, daß er beabsichtige, für mehrere Tage zum zionistischen Kongreß nach Basel zu fahren. Jetzt wurde ich endlich hellhörig. Hatte ich doch am Abend vorher erfahren, daß in der City das Gerücht verbreitet sei, die Deutsche Bank ließe durch Freunde in Basel die Dresdner Bank „besprechen". Ich erklärte ihm, daß am Sonntag die Beschlüsse über die gesetzgeberischen Maßnahmen für die Bankenkrise getroffen würden. Ich wolle an diesem Tag Klarheit über alle Banken haben. Noch sei ich empört, daß mich die Großbanken alle zusammen in der Frage der Nordwolle falsch informiert hätten. An dem Tage, wo die Großbanken als Maximalsumme der Verschuldung der Nordwolle bei ihnen selbst 60 Millionen Mark angegeben hätten, hätte ich indirekt von der Bank von England durch den Anruf eines Londoner Freundes erfahren, daß diese Verschuldung der Nordwolle mindestens 180 Millionen betrüge; in Wirklichkeit seien es nachher über 200 Millionen gewesen. Eine solche Situation wolle ich nicht ein zweites Mal erleben. Infolgedessen müßte ich ihn bitten, als den prominentesten Vertreter der deutschen Banken in Berlin zu bleiben und sich zur Verfügung der Reichsregierung zu halten. Ich hoffe, daß diese Bitte genüge, sonst sähe ich mich zu anderen Maßnahmen gezwungen. Herr Wassermann nahm das sehr ruhig und würdig auf und erklärte, daß er selbstverständlich, nachdem er dieses gehört habe, in Berlin bleibe und jede Stunde für die Reichsregierung zu erreichen sei.

Ich wußte, daß früher das große Ziel eines kleinen Kreises in der Leitung der Deutschen Bank war, die Danatbank sich anzugliedern, wozu, ist mir auch in verschiedenen Unterhaltungen mit Dr. Kehl in früherer Zeit nicht klar gewesen. Ich war von zwei oder drei weiterblickenden Industriellen schon vor dem jetzigen Spiele der Dedibank (Deutsche Bank und Diskonto-Gesellschaft) gewarnt worden. Man habe verschiedene Äußerungen gehört, daß man sich bei der Dedibank im kleinsten Kreise auf eine Siegesfeier über Jacob Goldschmidt vorbereite. Ich lehnte äußerlich ab, so etwas zu glauben, aber ich hatte auf Grund einer Reihe von Umständen schon seit 14 Tagen einen ähnlichen Verdacht. Ich möchte niemandem Unrecht tun. Die Bankenkrise wäre doch gekommen. Sie ist durch das Verhalten der Deutschen Bank nur verschärft worden. Der größte Teil des Direktoriums der Deutschen Bank hat bestimmt von den letzten Zielen des Spiels, das getrieben wurde, nichts gewußt. Eine Unterhaltung im Herbst 1933 mit den Herren Schlitter und Solmssen hat mir das deutlich gezeigt; sie hatten von den Vorgängen im einzelnen während der Bankenkrise auch damals noch keine Ahnung.

Nach der Erfahrung mit Wassermann ließ ich nachfragen, ob die wichtigsten Berliner Bankiers in Berlin anwesend wären. Zu meinem Erstaunen wurde festgestellt, daß auch der angesehenste Mann der Dresdner Bank, Herr Nathan, am Freitagabend nach Holland gefahren sei. Jetzt wurde ich noch mehr stutzig. Es war mir schlagartig klar, daß die übrigen Großbanken glaubten, es sei möglich, sich selbst zu retten, wenn man den Sündenbock, Jacob Goldschmidt, allein in die Wüste schickte. Es war eine furchtbare Erkenntnis für mich, denn nunmehr sah ich, daß alle diese Persönlichkeiten engstirnig waren und von den unvermeidlichen Begleiterscheinungen, vor allem des psychischen Zusammenbruchs der Einleger bei jeder Bankenkrise keine Vorstellung hatten. Jeder glaubte aus einer Krise dieser Art dadurch sich retten zu können, daß er einen andern denunzierte. Dieses Mal war zunächst diese Denunziation einmütig gegen die Danatbank gerichtet. Keine Überraschung war, wie Hugenberg sich verhielt. Er griff nach seiner alten Melodie, die man in jeder Krise Deutschlands immer wieder hörte: „Ich habe es immer gesagt, aber man hat nicht rechtzeitig auf mich gehört." Er sah jetzt seine Stunde gekommen und setzte zum Frontalangriff auf der ganzen Linie gegen die ihm verhaßte Regierung an, indem er die Agitation für das Stahlhelmvolksbegehren verschärfte. Ich habe mir damals wie so oft später die Frage vorgelegt: Wußte Hugenberg nicht, oder wollte er nicht wissen, daß die Folgen aus seinem Handeln die Vernichtung Deutschlands bedeuteten oder zum mindesten ihn, wenn er an die Regierung gekommen wäre, erst recht zu einer außenpolitischen Kapitulation geführt haben würden?

So begann der 11. Juli, ein Sonnabend, mit zwei bitteren Erkenntnissen. Ich hatte keine Zeit, glücklicherweise, allzuviel darüber nachzudenken. Nach dem Weggang von Wassermann hatte ich eine weitere Unterredung mit Marcus Wallenberg. Auf Grund dieser Besprechung telephonierte er mit Brincard von der Banque de France, um ihn über die Lage

Deutschlands und die drohenden Gefahren für das übrige Europa rechtzeitig zu informieren. Um elf Uhr fand eine Reparationsbesprechung statt, als Tarnung für die laufende Besprechung der Bankenkrise. Wegen der bürokratischen Haltung des preußischen Finanzministeriums angesichts der Notlage der westlichen Großstädte mußte ich nochmals Dr. Hess zu mir bitten. Dann erschien Bücher, den ich bat, mit seinen Freunden in Paris und Brüssel zu telephonieren, damit rechtzeitig jedermann wisse, welche Krise man durch das Abziehen seiner Guthaben in Deutschland herbeiführe.

Um ein Uhr dreißig kamen Church, Brand und Treviranus zum Frühstück. Brand telephonierte auf Veranlassung von Church mit Montagu Norman. Es ging aus diesen telephonischen Unterhaltungen hervor, daß Montagu Norman anscheinend nichts tun wollte. Drei Uhr vierzig nachmittags rief Trendelenburg an und teilte mit, daß er und die übrigen Herren nach Durchprüfung des Status der Danatbank zu dem endgültigen Ergebnis gekommen seien, daß die Danatbank am Montag schließen müsse. Ich erörterte um vier Uhr mit Hilferding die Frage und betonte, ich würde die Maßnahmen so treffen, daß keine Inflation damit verbunden sein könne. Bei diesem Sozialisten fand ich mehr Verständnis für die Prinzipien des kapitalistischen Banksystems als bei den Leitern der Großbanken zusammengenommen.

Anschließend war Senator Bömers da, der mich beschwor, doch unter keinen Umständen zu glauben, daß die Danatbank allein im Wanken sei. Es müsse eine Lösung gefunden werden, die nicht allein der Danatbank helfe und sie auch nicht allein mit dem Odium des Zusammenbruchs belaste. Er kam nachträglich noch einmal wieder. Sechs Uhr dreißig berichtete Luther über seine Reise nach London; darauf wurden die Besprechungen über die notwendigen Maßnahmen fortgesetzt bis acht Uhr. Ich hatte den Samstagabend reserviert, um geladene Vertreter der Bankwelt und der Industrie, zusammen mit den besten Mitarbeitern der Reichsregierung, noch einmal vor der Entscheidung zu hören. Bei der Wiedergabe dessen, was sich um neun Uhr dreißig in der begonnenen Sitzung ereignete, bin ich ebenso wie für die Ereignisse des nächsten Tages auf mein Gedächtnis angewiesen, da hier der Tageszettel Unrichtiges oder Ungenaues in Stichworten wiedergibt. Nach meiner Erinnerung waren bei dieser Besprechung anwesend: Pünder, Bülow (für kurze Zeit, nachdem er von mir den Entwurf einer Zirkularnote an die Großmächte gezeichnet bekommen hatte, von der wir zwar nichts erwarteten, die aber im Hinblick auf spätere Entscheidungen die Schuld für die weitere

Entwicklung rechtzeitig mit dem Kapitalrückzuge aus Deutschland dauernd verknüpfen sollte), Luther, Dietrich, Dreyse, Trendelenburg, Ministerialdirektor Reichardt und Geheimrat Norden, Herbert Gutmann, Joël und Meißner, der mehrere Male während der Sitzung fernmündliche Besprechungen mit dem Reichspräsidenten hatte, Schäffer und Ministerialdirektor Ernst. Rechts von mir saßen in einigem Abstand Löb, Jeidels, Wassermann, Solmssen, Reinhart. Mir gegenüber Luther, rechts von ihm Melchior, Hilferding, Bücher, Direktor Meinhardt, Jacob Goldschmidt.

Ich stellte zunächst fest, daß die Vertreter der übrigen Großbanken erklärten, daß bei ihnen keine Gefahr sei, sondern es sich lediglich um eine Krise der Darmstädter Bank handle. Diese Erklärung wurde von Dr. Solmssen im Namen des Bankiergewerbes abgegeben. Nur Löb und Jeidels sowie Melchior, Hilferding und Bücher waren oder schienen nicht der gleichen Meinung zu sein. Ich stellte vor allem die Frage, wie es bei der Dresdner Bank aussähe. Schon die Frage wurde als Beleidigung aufgefaßt. An die Commerzbank die gleiche Frage zu richten, kam mir nicht in den Sinn. Den Herren Sobernheim und Reinhart ist es am längsten gelungen, uns alle über ihren wirklichen Zustand zu täuschen. Nach Monaten stellte sich heraus, daß in Wirklichkeit ihr Status mindestens ebenso schlecht war wie der der Dresdner Bank.

Ich fragte nun die Herren nach einigen allgemeinen, mehr theoretischen Debatten, welche Vorschläge sie, als berufene Führer der Banken, der Reichsregierung zur Lösung der Krise machen könnten. Ihre Vorschläge waren mit Ausnahme der Bemerkungen von Melchior, Bücher und Jacob Goldschmidt selbst, der an diesem und den nächsten Tagen immer an die Gesamtlage Deutschlands dachte, mehr oder minder erschütternd. Selbst der so kluge Jeidels versagte. Jetzt kam zunächst Herr Reinhart mit Vorschlägen, die er aus einem voluminösen Konzept vorlas. Ich erkannte sofort, wo die Vaterschaft der früheren Lutherschen Vorschläge auf Ausgabe von 500 Millionen Mark gestempelter Rentenbankscheine lag, und erklärte Herrn Reinhart, daß ich mich auf diese inflationistische Lösung auf keinen Fall einlassen würde, selbst nicht auf eine Lösung, die den Eindruck einer Inflation und damit eine Verstärkung der Abhebung der Einlagen hervorrufen könne. Darauf verlangte Hilferding mit Unterstützung von Löb, die Reichsbank solle sofort die notwendigen Mittel zur Unterstützung der Sparkassen und Banken zur Verfügung stellen.

Nun erklärte Jeidels kurz und bündig, daß es keine Möglichkeit für die

Regierung gebe, aus eigener Kraft die Bankenkrise zu lösen. Es gäbe nur eine Möglichkeit: sie mit Hilfe von französischen Krediten zu überwinden. Das habe zur Voraussetzung, daß die Reichsregierung außenpolitisch vor Frankreich unverzüglich kapituliere. Durch die vorangehenden übrigen Äußerungen der Bankiers schon gereizt, verlor ich jetzt für einen Augenblick die Ruhe. Ich erklärte erregt, daß wir nie kapitulieren würden und daß ich die Besprechung mit den Herren sofort abbrechen würde, wenn noch ein weiteres Wort im gleichen Sinne gesprochen würde. Damit war die Besprechung im wesentlichen zu Ende. Sie brachte keine Ergebnisse. In der Zwischenzeit hatten lediglich Trendelenburg, Ministerialdirektor Reichardt, Joël und Schäffer sowie Geheimrat Norden Vorentwürfe zusammen mit Herrn Reinhart und einigen Herren der Reichsbank gemacht über Eventuallösungen: Danatbank allein oder alle Banken.

Am Sonntag traf ich mich zunächst um elf Uhr mit Marcus Wallenberg. Nachdem alle Banken außer der Danatbank erklärt hatten, daß sie keine Hilfe brauchten, war die weit überwiegende Meinung in der Besprechung des „Reparationsgremiums", man solle ausschließlich für die Einleger der Danatbank eine Garantie übernehmen. Während dieser Beratung wurden Luther und ich hinausgerufen zu Wassermann, der uns in dem kleinen Zimmer neben den Telephonzellen erklärte, er komme soeben aus einer Sitzung der Stempelvereinigung und müsse uns mitteilen, daß die Behauptungen der Bankiers am Abend zuvor, daß die Krise sich nur auf die Darmstädter Bank erstrecke, zu seinem Bedauern irrig sei. Die Dresdner Bank habe soeben erklärt, daß auch sie notleidend geworden sei. Ich stellte die Frage: „Und die übrigen Banken?" Herr Wassermann antwortete: „Für die besteht nicht die geringste Gefahr."

Ich teilte diese Nachricht unverzüglich den im Kabinettszimmer anwesenden Herren mit und bat nunmehr, eine Notverordnung zu entwerfen für die Dresdner Bank und die Danatbank im Sinne einer Ermächtigung für die Reichsregierung, ohne besondere Nennung der beiden Firmen. Um ein Uhr fünfzig mittags vertagte man sich, auf vier Uhr war eine Kabinettsitzung zusammenberufen, in der die Beschlüsse gefaßt werden sollten. Ich hatte gebeten, daß sich die leitenden Herren der Bankwelt um die gleiche Zeit im sogenannten Ländersaal der Reichskanzlei versammeln sollten. Als ich mit den fertigen Notverordnungen, die eine Garantieübernahme seitens der Reichsregierung für die Einleger dieser Banken, die Einsetzung der Treuhänder seitens der Reichsregierung und die Anpassung der Gehälter der Direktoren an entsprechende Beamtenbezüge enthielten, in diesen Saal trat, fand ich zu meinem Erstaunen nahezu 100 Bankiers, zum Teil Persönlichkeiten, die niemand kannte. Ich erläuterte die Notverordnung. Geheimrat Frisch als alter Beamter, nicht aus persönlichen Gründen, war tief betroffen über die Gehaltsbestimmungen, die mir an sich gleichgültig, aber aus psychologischen Gründen notwendig waren. Ich hatte für seine Argumente karges Verständnis. Dann kam aber der Knalleffekt. Herbert Gutmann stellte an mich die Frage, wie die Reichsregierung überhaupt dazu komme, für die Dresdner Bank eine Stützungsaktion einzuleiten.

Ich erklärte, daß Herr Wassermann im Auftrag der Dresdner Bank mir am Morgen zwischen elf und zwölf Uhr diese Notwendigkeit mitgeteilt habe. Gutmann antwortete, von seiten der Dresdner Bank sei niemals eine solche Forderung erhoben worden, Herr Wassermann müsse diese Behauptung eigenmächtig aufgestellt haben. Wassermann stellte fest, ihm sei von der Dresdner Bank der Auftrag zuteil geworden, was Gutmann erneut bestritt. Jetzt wurde ich ein zweites Mal erregt und schlug ein zweites Mal mit der Faust auf den Tisch. Ich machte den Herren der Banken starke Vorwürfe wegen ihres Verhaltens und ihrer Unklarheit. Mir blieb nichts anderes übrig, als wieder in die Kabinettssitzung zurückzugehen und mitzuteilen, daß die Lage sich wieder geändert habe. Ich fragte Luther nochmals, wie die Reichsbank die Lage der übrigen Banken beurteile, da ich keine Neigung für weitere Überraschungen verspüre. Er gab eine beruhigende Erklärung ab.

Ich hatte während dieser Nachmittagssitzung eine Reihe von wichtigen Besprechungen und versuchte die Leiter der einzelnen Banken wieder einander näherzubringen. Dies hielt ich für besonders notwendig, weil inzwischen weitere ungünstige Nachrichten einliefen, vor allem aus Hamburg und Bremen. Senator Bömers teilte mit, daß sich bei dem Bankhaus Schröder in Hamburg und Bremen Zahlungsschwierigkeiten ergeben hätten. Daraus entstanden wieder Zahlungsschwierigkeiten für den Norddeutschen Lloyd, vielleicht auch für die Hapag. Das war nicht überraschend; seit Wochen kursierten Gerüchte über die katastrophale Lage dieser beiden Schiffahrtsgesellschaften.

Hier muß ich etwas einfügen. Es spielte sich tags zuvor, also am Samstag ab. Im Zusammenhang mit der Frage des Gegensatzes Danat- und Dedibank wurde im Botschafterzimmer eine Unterhaltung zu dritt geführt, die angeblich den Zweck haben sollte, ein besseres Einvernehmen zwischen Jacob Goldschmidt und Wassermann herbeizuführen. Ich bat die Herren, doch die Gegensätze zu vergessen. Goldschmidt erklärte sich sofort einverstanden. Man könne ja der Deutschen Bank, um den guten Willen zu zeigen, gewisse Konten abtreten. Wassermann horchte hin. Die Herren flüsterten in meiner Gegenwart etwas am Fenster. Wassermanns Gesicht blieb ruhig, aber für eine Sekunde flog ein Lächeln des Triumphes darüber. Zwischen den beiden wurden kleine Zettel ausgetauscht, auf denen das vollzogene Geschäft niedergelegt war. Es handelte sich um die Abtretung der Konten des Norddeutschen Lloyds und der Hapag an die Dedibank, die einige Jahre vorher an die Danatbank verlorengegangen waren. Ich wunderte mich, daß Wassermann nicht sah, welch ein bedenkliches Geschäft er für seine Bank übernommen hatte.

Am Sonntagnachmittag erschien auch Oberbürgermeister Sahm und berichtete über starke Abhebungen bei den Berliner Sparkassen in der vergangenen Woche, deren Lage sehr bedenklich erscheine. Um zu verhindern, daß Schacht die Wirkung der Maßnahmen der Regierung im Publikum beeinträchtigen könnte, bat ich ihn, als ersten Schritt für eine weitere Verwendung seitens der Regierung das Amt eines Treuhänders für die Danatbank zu übernehmen. Ich hoffte, auf diese Art und Weise eine stärkere Initiative bei Luther hervorzurufen und gleichzeitig Schacht zu einer positiven Mitarbeit zu gewinnen. Schacht lehnte das Angebot rundweg ab. Für ihn käme nur das Präsidium der Reichsbank in Frage. Ich sagte ihm, daß das zur Zeit nicht möglich sei, da ich für die Konferenz in London die Zustimmung der Franzosen brauche, auf die er im Augenblick herausfordernd wirken würde.

Zunächst wurde ein Telegramm an die Länderregierungen geschickt mit dem Ersuchen, an den Börsen Montag und Dienstag den Effekten- und Devisenhandel einzustellen. Dann wurde eine Notverordnung neu entworfen, die eine Regelung der Verhältnisse der Danatbank vorsah und die übrigen Banken vorläufig außer acht ließ. Danach wurden die Kabinettsitzungen geschlossen. Jetzt fand sich eine Reihe prominenter Vertreter der Wirtschaft ein, die erklärten, daß man eine Lösung finden müsse, die nicht eine sofortige Kontrolle der Danatbank vorsehe, da sich herausstellen würde, daß die Verhältnisse bei der Danatbank nicht schlechter seien als bei den übrigen Großbanken. Ich ließ die Kabinettsmitglieder noch einmal zurückrufen. Die Beratungen dauerten bis drei Uhr morgens. Das Ergebnis war, daß die Danatbank ermächtigt wurde mitzuteilen, daß die Regierung auf Grund einer Notverordnung die volle Garantieleistung für alle Einlagen übernehmen und für eine ruhige Abwicklung der Geschäfte der Danatbank Sorge tragen würde. Die

Danatbank werde am Montag zur Durchführung der notwendigen Maßnahmen vorübergehend ihre Schalter schließen.

Meine Befürchtungen, daß die Zahlungseinstellung einer Bank den Run des Publikums auf die andern Banken noch verschärfen würde und daß nachher eine Gesamtregelung gleichzeitig für alle Banken notwendig würde, bestätigte sich am folgenden Morgen. Der Run war da. Die Banken und Sparkassen kamen überein, vorläufig nur 10 Prozent ihrer Einlagen auszubezahlen. Auch das war eine halbe Maßnahme. Es war interessant, daß schon am andern Morgen um elf Uhr fünfzehn Solmssen, Frisch und Dr. Bernstein gegen die Meldung über die Danatbank Einspruch erhoben, weil dadurch eine Vorzugsstellung für die Danatbank geschaffen würde. Da ich den Herren am Tage vorher vorausgesagt hatte, daß es so kommen würde, lehnte ich ab, sie jetzt zu empfangen, und verwies sie an Trendelenburg und Schäffer.

Am Abend vorher hatte ich um neun Uhr durch Vermittlung von Church Professor Sprague angerufen und ihn gebeten, für einige Tage zu meiner Beratung nach Berlin zu kommen. Er erklärte sich bereit, fügte aber hinzu, er müsse sich am folgenden Morgen erst mit Montagu Norman in Verbindung setzen. Ich sagte ihm, daß dann die erste Phase der Entscheidungen schon vorbei sein würde, gab ihm kurz eine Darstellung der Lage und sagte, ich beabsichtige, die Krise gleichzeitig für alle Banken zu lösen „on classical lines". Er verstand, daß ich damit Garantie und Hilfe seitens der Regierung ohne jede inflatorische Entwicklung meinte, und stimmte mir zu. Er war der einzige Bankier außer Wallenberg, der mich in meinen Auffassungen stützte. Weder Schacht noch Luther noch irgendeiner der Bankiers halfen mir dabei. Die hatten verschiedene Meinungen, die fortwährend wechselten, oder äußerten überhaupt keine Meinung. Ich muß nachträglich bedauern, daß ich an dem Abend mich von der offenen Linie, die ich instinktiv als die richtige erkannte, allgemein Bankfeiertage zu erklären und eine Gesamtregelung vorzunehmen, durch die immer erneuten Erklärungen der Vertreter der Großbanken, daß sie ohne Bankfeiertag auskämen, abdrängen ließ. In einer dreiviertelstündigen Besprechung am Montag versuchte ich in Gegenwart von Vizepräsident Dreyse und Staatssekretär Meißner nochmals Schacht für eine Mitarbeit zu gewinnen. Ich hatte aus einem doppelten Grunde Meißner gebeten, an der Besprechung teilzunehmen. Einmal sollte er mich mit seiner Kenntnis der Auffassung des Reichspräsidenten unterstützen, wenn ich Schacht andeutete, daß, falls er sich jetzt für das Amt eines Treuhänders der Danatbank zur Verfügung stelle, die Schwierigkeiten für seine Verwendung an entscheidender Stelle, auch soweit der Reichspräsident in Frage käme, überwunden werden könnten. Sollte er sich aber auch dann noch sperren, so konnte Meißner als Ohren- und Augenzeuge den Reichspräsidenten über Schachts Verhalten informieren. Es war also letztlich eine Vorsichtsmaßnahme. Der Reichspräsident saß seit Wochen in Neudeck. Ich hatte keine Möglichkeit, ihn persönlich zu informieren, und wußte nicht, ob er unter dem Eindruck des Bankenzusammenbruchs nicht in der Zwischenzeit gegen mich bearbeitet werden würde. Diese Befürchtung stellte sich als grundlos heraus.

Der Reichspräsident gab ohne Bedenken stets sofort seine Zustimmung zu neuen Notverordnungen, sobald Herr Meißner ihn telephonisch informierte. Technisch waren wir im Anfang durch die Abwesenheit des Reichspräsidenten in einer äußerst schwierigen Lage, da die Verkündigung einer Notverordnung im Reichsgesetzblatt nur möglich war, wenn der Reichspräsident vorher seine Unterschrift gegeben hatte. So mußte er entweder Blankounterschriften senden, oder Kuriere eilten, zwecks Einholung der Unterschrift, zwischen Neudeck und Berlin hin und her. Das mich manchmal überraschende Verhalten des Reichspräsidenten entsprach seinem Charakter. Wenn die Lage sehr schwierig, fast katastrophal erschien, wurde er ängstlich und klammerte sich an die Entscheidungen anderer. Wenn es gut ging, wurde er kritisch, und man hatte dann jeden Augenblick eine plötzliche Schwenkung bei ihm zu befürchten.

Drei Uhr nachmittags erschienen der frühere Reichsminister Scholz und Oberbürgermeister Scharnagl, um im Auftrage des Giroverbandes auf die Lage der Sparkassen aufmerksam zu machen. Beide Herren, die ich persönlich sehr schätzte, hatten nur den Vorschlag, ein verklausuliertes Zahlungsmoratorium einzuführen. Vorher, um zwölf Uhr, hatte ich die Lage mit Wallenberg durchgesprochen, der mir dringend riet, auf meinen ersten Plan zurückzukommen und allgemein die Schalter der Banken und Sparkassen für ein paar Tage zu schließen. Gleichzeitig berichtete er, daß die Lage in Basel nicht günstig stehe und wir höchstens auf eine Verlängerung des 100-Millionen-Dollarkredits rechnen könnten. In der Tat lautete der um Mitternacht des 13. Juli gefaßte Beschluß entsprechend, nur wurde hinzugefügt, der Verwaltungsrat der BIZ sei überzeugt, daß die Lage Deutschlands eine internationale Unterstützung erforderlich mache, und die BIZ sei bereit, daran mitzuwirken. Mit dem preußischen Ministerpräsidenten besprach ich eingehend die finanzielle und politische Lage. Er war wie immer sehr ruhig und gefaßt.

Während dieser Zeit vereinbarte ich telephonisch ein Telegramm über die Lage Deutschlands, das Bücher an Owen Young schicken sollte. Um sieben Uhr abends begannen die Besprechungen im sogenannten Wirtschaftsausschuß, die, um zehn Uhr im Ministerrate fortgesetzt, um ein Uhr nachts zu einer neuen Notverordnung führten. Es wurde angeordnet, daß alle Banken und Sparkassen sowie andere Kreditinstitute, mit Ausnahme der Reichsbank, am 14. und 15. Juli und die Wertpapierbörsen bis Ende der Woche geschlossen bleiben sollten.

Noch immer spukte die Idee von Luther und Reinhart in den Köpfen, daß man bei Wiederaufnahme der Zahlungen gestempelte Rentenmark ausgeben sollte, allerdings jetzt mit einer Modifikation, die den Gedanken nach der währungstechnischen Seite günstiger erscheinen ließ. Die gestempelten Rentenbankscheine sollten nach dem neuen Vorschlag nur eine beschränkte Umlaufstätigkeit haben, so daß sie nach kurzer Zeit wieder zur Reichsbank zurückströmen müßten. Die Herren der Reichsbank und andere befürchteten, daß bei einer Zurverfügungstellung von unbegrenzten Krediten in Form von Reichsbanknoten die Banken immer weitere Zahlungsmittel hamstern würden, während umgekehrt Dietrich zum ersten Male den richtigen Gedanken äußerte, man müsse, um die Panik zu überwinden, dem Publikum unbegrenzt Reichsbanknoten auszahlen. Nach kurzer Zeit würden dann die Leute nicht mehr gern große Beträge in Noten zu Hause haben wollen und würden sie wieder den Banken übergeben. Dem wurde von den Herren der Reichsbank entgegengehalten, daß dieser Plan technisch nicht möglich sei, weil nicht genügend Reichsbanknoten vorhanden seien und auch nicht gedruckt werden könnten. Wegen dieser technischen Schwierigkeiten wurde beschlossen, die Reichsbank gegebenenfalls zu ermächtigen, die noch vorhandenen Rentenbankscheine in den Verkehr zu leiten, aber erst nach besonderer Genehmigung durch die Reichsregierung, und diese Genehmigung wurde noch nicht gegeben. Gleichzeitig wurde durch eine Verordnung bestimmt, daß die Leistung von Zahlungen und Überweisungen an das In- und Ausland in allen Formen, auch durch den Postscheckverkehr, nicht zulässig sei. Diese Maßnahme wurde notwendig, weil sich schon gleich am ersten Tage zeigte, daß starke Überweisungen von den Banken auf Postscheckkonti erfolgten, da die Post ihre Auszahlungen im Postscheckverkehr aufrechterhielt.

Die Schaffung eines Ersatzgeldes wurde von einer Abordnung des Reichsverbandes der Industrie stark befürwortet, um die Lohnzahlungen im industriellen Westen zu sichern. Im Wirtschaftsausschuß wurde am

Nachmittag im Zusammenhang mit dem Vorschlag dieser industriellen Abordnung die Frage der Ausgabe von Rentenmarkscheinen nochmals besprochen. Die Reichsbank kam jetzt auch zu dem Ergebnis, daß die Möglichkeit dafür nicht bestehe. Abends zehn Uhr wurden nach kurzen telephonischen Rückfragen bei Hülse und Melchior in Basel und nach persönlichen Rücksprachen mit Dr. Kehl und Schacht in einer Sitzung, die bis Mitternacht dauerte, die Probleme der Zahlungsmittelbeschaffung für die Freitagslöhne, der Devisenbewirtschaftung, der sich nunmehr doch herausstellenden Zahlungsschwierigkeiten der Dresdner Bank, der Zahlungsunfähigkeit der Sparkassen und der Fälligkeit der Reparationszahlungen am 15. Juli durchgesprochen. Gleichzeitig wurde der Reichsbank nahegelegt, entsprechend einer Anregung von Sprague, mit der Kreditrestriktion, die nur zu einer Verschärfung der Panik führte, aufzuhören und an deren Stelle das einfachere und klare Mittel der Diskonterhöhung anzuwenden.

Nach dieser Vorbesprechung wurde ab 15. der Reichsbankdiskont auf 10% und der Lombardsatz auf 15% erhöht. Diese Erhöhung, vor allem des Lombardsatzes, war die Bedingung Luthers, für die er bereit war, nach drei Tagen, entsprechend dem Rate von Sprague, die Krise „on classical lines" weiter zu behandeln. Der Gesamtverlust an Deckungsmitteln seit Ultimo Mai belief sich auf nahezu 1,2 Milliarden. Der Notenumlauf war nur um 51 Millionen gestiegen. Die Stempelvereinigung erhöhte am 16. Juli die Sollzinsen auf 13%, die Habenzinsen auf 8–9%. Für neueingezahlte Gelder wurden nur 4–4,5% vergütet. Die Verkündung des letzteren Satzes zeigte wieder einmal, daß die Großbanken die Lage nicht erkannten. Es kam darauf an, durch einen hohen Zinssatz für neuangelegte Gelder die abgezogenen Gelder wieder auf die Banken zu bringen. Die Regierung mußte eingreifen und die Stempelvereinigung zwingen, ihre Habensätze für neue Konten auf 8–9% zu erhöhen.

Die Sparkassen erhöhten nach Vereinbarung mit der Regierung ihre Habensätze auf 5–6% und für Ausleihen um 1%. Eine frühzeitigere Erhöhung des Diskontsatzes wurde von der Reichsbank abgelehnt. Da, wie aus der geringen Erhöhung des Notenumlaufs hervorging, die Abzüge größtenteils aus politischen Erwägungen vom Auslande her getätigt wurden, ist es in der Tat strittig, ob eine solche Erhöhung überhaupt eine Wirkung gehabt hätte. Erst als der Inlandrun begann, konnte die Diskontschraube mit Erfolg angesetzt werden. Am 16. öffneten die in Verbindung mit der Danatbank stehenden Bankfirmen Schwarz, Goldschmidt und Co. und Gebr. Hammerstein wieder ihre Schalter, am 17.

auch die Danatbank für den beschränkten Geschäftsverkehr. Am gleichen Tage geschah der erste entscheidende Schritt vom Ausland her. Auf Anraten der Federal Reserve Bank wurden die deutschen Akzeptkredite verlängert. Auch die Londoner Banken entschlossen sich, ihre Akzeptkredite stehen zu lassen und die Rembourskontingente weiter aufrechtzuerhalten. Nachdem Sprague dies erreicht hatte, kam er im Flugzeug nach Berlin. Am 15. hatte ich die erste entscheidende Besprechung mit ihm, zu der ich um drei Uhr Schacht hinzuzog.

Die deutsche Bankenkrise hatte zur Folge, daß sich überall in der Welt die ungeheure Nervosität steigerte. Unter dem Eindruck der Schwierigkeiten der Danatbank brach in Litauen ein Run auf die Litauische Kommerzbank aus, an der die Danatbank beteiligt war. Dieses wiederum hatte den Schalterschluß von zwei Rigaer Banken zur Folge. Frankreich setzte seine Politik des politischen Drucks durch Geldabzüge auf dem Londoner Markt fort. Infolgedessen wurde nunmehr die englische Regierung sehr nervös und bemühte sich, vor der Londoner Konferenz eine Vorbesprechung mit der französischen Regierung herbeizuführen. Die ganzen Tage waren ausgefüllt mit Verhandlungen über diese Frage, soweit sie nicht mit Beratungen über neue Devisenverordnungen und den Erlaß einer neuen Notverordnung über Wiederaufnahme des Zahlungsverkehrs nach den Bankfeiertagen in Anspruch genommen waren. Außerdem liefen Verhandlungen mit den Vertretern der Sozialdemokratischen Partei, die stark beunruhigt waren über das häufige Erscheinen Schachts in der Reichskanzlei.

Am 15. Juli, nach wiederholten Telephonaten mit Hoesch und nachdem um neun Uhr abends der britische Geschäftsträger die Mitteilung Hendersons überbracht hatte, daß ein Besuch in Paris erwünscht sei, erhielt ich um zwei Uhr nachts durch Bülow die Mitteilung einer definitiven Einladung nach Paris. Am andern Morgen früh kam der englische Botschafter zu einer zweistündigen Besprechung und übermittelte den Wunsch MacDonalds, nun doch vor der Pariser Konferenz nach Berlin zu kommen. Während dieser Besprechung rief Sackett bei Bülow an und teilte mit, daß Stimson ebenfalls getrennt mit mir verhandeln wolle.

Nun waren die Dinge so weit, daß ich Rückendeckung durch England und Amerika hatte. Die Schwierigkeit war, daß Henderson in Paris weilte und dort dauernd von Frankreich bearbeitet wurde, Sonderkonferenzen mit MacDonald und Stimson zu verhindern. Am Donnerstag, dem 16., rief

Hoesch um ein Uhr vierzig an und teilte mit, daß Henderson an einer baldigen Abreise nach Paris festhalte. Eine halbe Stunde später erschien der englische Botschafter und bat, ich möchte doch noch am gleichen Abend abfahren. Ich erklärte, daß wegen einer notwendigen Verabschiedung der Notverordnung zur Pressefreiheit und einer zweiten gegen Kapital- und Steuerflucht der früheste Termin erst in den nächsten Tagen liegen könne.

Die Lage hatte sich noch dadurch erschwert, daß tags zuvor von den Gläubigern der Nordwolle nach der Verhaftung der Brüder Lahusen Konkursantrag gestellt worden war, dem am 21. stattgegeben werden mußte. Gleichzeitig erfuhren wir, daß in spätestens zwei Tagen die Schröderbank in Bremen ihre Schalter schließen mußte. Für sie war ebenfalls eine Rettungsaktion auszuarbeiten und außerdem eine dritte Verordnung über die Wiederaufnahme des Zahlungsverkehrs in der Zeit vom 20. bis 23. Juli zu erlassen. Bevor ich nach Paris fuhr, mußte ich, um meine Pläne durchhalten zu können, einen gewissen Überblick haben, ob die eigenen Maßnahmen sowie die Aufrechterhaltung der Akzept- und Rembourskredite seitens der Londoner und New Yorker Banken den gewünschten Erfolg haben würden. Am Donnerstagabend konnte Luther berichten, daß in den letzten zwei Tagen kaum noch neue Devisen abgezogen worden seien, so daß ich ruhig sein könne. Für uns arbeitete auch die Tatsache, daß das internationale Kapital in seiner Nervosität überall neue Krisen herbeizuführen drohte. In Jugoslawien waren die Auslandsabzüge so stark, daß man auch hier einen neuen Run zu befürchten hatte, weshalb der Diskont erhöht wurde.

Der Freitag war durch weitere Vorbereitungen für die Pariser Reise und durch Besprechungen mit dem englischen und amerikanischen Botschafter ausgefüllt. Daneben mußte ich über Dr. Hess auf die stark nervös gewordenen Sozialdemokraten einwirken, um während meiner Abwesenheit die Gefahr einer politischen Krise zu bannen. Ich hielt dem Reichspräsidenten, der auf der Durchreise nach Dietramszell für kurze Zeit in Berlin anwesend war, längeren Vortrag über die Reise. Ich konnte ihm nicht im geringsten eine Änderung mir gegenüber anmerken. Er fragte mich, ob er Sorge haben müsse für seine kleinen Ersparnisse. Ich erklärte ihm, wir würden die Währung, wenn auch mit drastischen Maßnahmen, halten und wären stark genug, um ohne irgendwelche politischen Konzessionen die Teilnahme Frankreichs an der Londoner Konferenz zu erreichen. Ich setzte ihm auseinander, wie ich mir das Spiel dachte, ließ allerdings ihm gegenüber keinen Zweifel daran, daß die

Aufgabe, Frankreich ohne politische Konzession nach London zu bringen, angesichts der eigentümlichen Haltung Hendersons, die schwerste und entscheidendste sein würde, die ich bislang zu erfüllen gehabt hätte. Da ich selbst nicht mehr die Zeit hatte, am Rundfunk zu sprechen, hielt Treviranus vor meiner Abreise einen Vortrag.

Auf diese Pariser Reise nahm ich nach manchen Überlegungen nicht die Berater mit, vor allem nicht Staatssekretär Schäffer, die sonst seit zehn Jahren bei nahezu allen internationalen Konferenzen die Minister begleitet hatten und über deren außerordentliche Sachkenntnis kein Zweifel bestehen konnte. Ihre Gedankengänge deckten sich jetzt nicht mit den meinigen. Eine Anleihe Frankreichs deswegen auszuschlagen, weil dafür politische Konzessionen verlangt wurden, wäre für sie ein unmöglicher Gedanke gewesen und hätte sie deprimiert. Ihr Widerstand hätte die Stimmung der andern Teilnehmer beeinträchtigt. Außerdem wollte ich nicht, daß meine letzten Gedanken und Pläne, wie es sonst leicht der Fall gewesen wäre, auf dem Umweg über Herrn Mannheimer an die französische Regierung gelangten, was mich kampfunfähig gemacht hätte. Zudem glaubte ich, daß die Franzosen gegenüber Beamten mit historischen preußischen Namen sehr viel höflicher sein würden. Krosigk war schweigsam, zuverlässig und hatte alles notwendige Wissen über die Lage der öffentlichen Finanzen im Kopf. Auf Bülows Loyalität, Kühle und Passion für ein kühnes Spiel konnte ich mich verlassen. In Geheimrat Vocke von der Reichsbank hoffte ich eine Persönlichkeit zu haben, die Montagu Norman sehr sympathisch war, die über ein ausreichendes Wissen verfügte und die, wie ich mich vorher vergewissert hatte, bereit war, auch gegenüber dem stärksten Druck mit mir durchzuhalten in der Ablehnung jeglicher politischer Konzessionen.

Eine kurze Fahrt durch die Straßen von Berlin, die ich in diesen Tagen mit Treviranus und Stegerwald in einem fremden Auto machte, überzeugte mich, daß während meiner Abreise Unruhen nicht zu befürchten waren, da auch die radikale Opposition anscheinend den Ernst der Lage fühlte. Infolgedessen lehnte ich eine Diskussion über Eventualmaßnahmen für den Belagerungszustand während meiner Abwesenheit ab, womit ich auch bei meinen Mitarbeitern das Gefühl der Sicherheit stärkte. So fuhren wir zum Entscheidungskampfe ab.

MINISTERKONFERENZ IN PARIS

Am Morgen wurden Besprechungen im Eisenbahnzug abgehalten. In Jeumont stieg Hoesch ein und teilte mit, daß MacDonald noch nicht entschlossen sei, nach Paris zu kommen. Das war eine böse Nachricht, aber die Maßnahmen der Reichsregierung hatten in England einen so starken Eindruck hervorgerufen, daß die englische Presse sich gegen eine Finanzkontrolle Deutschlands aussprach. Das glich ein etwaiges Fehlen MacDonalds in Paris aus und stärkte meine Position. Hoesch berichtete dann über das Programm im einzelnen. Ich hörte nicht immer zu. Jede Station, durch die der Schnellzug fuhr, weckte in mir Erinnerungen. Es gab keine Station, an der wir nicht einmal im Kriege ausgeladen worden waren, um an den wankenden Stellen der Front eingesetzt zu werden. Ich dachte daran, wie beim Ausladen und bei der Entgegennahme der Befehle uns stets die Lage als hoffnungslos geschildert wurde. In Wirklichkeit war nachher alles besser gegangen, als man es in den kühnsten Träumen erwartete. Auch die Nachricht, die Hoesch aus Berlin übergab über den drohenden Zusammenbruch der Deutschen Orientbank, konnte diese Gedanken nicht abdrängen.

Um halb vier kamen wir in Paris an. Laval und Briand waren an der Bahn, stürmisch begrüßt von einer großen Menschenmenge. Wir lernten, wie man mit Hilfe der politischen Polizei Begrüßungsdemonstrationen aufziehen kann. Beim Einsteigen in die Autos vor dem Bahnhof fuhren Lastautos der Jugend der Action française vorbei mit gehässigen Inschriften gegen Deutschland. Gleich nach Ankunft in der deutschen Botschaft fand sich der außerordentlich sympathische Pensionsminister Champetier de Ribes ein. Wir unterhielten uns eine halbe Stunde. Er sagte mir, ich könne mit vollem Vertrauen in die Verhandlungen mit Laval gehen. Dabei merkte ich sofort, daß man im französischen Kabinett keine konkreten Überlegungen über eine Hilfe für Deutschland angestellt, wohl aber den Entschluß gefaßt hatte, für die Teilnahme an den Londoner Besprechungen politische Vorbedingungen zu stellen, die im wesentlichen darauf hinausliefen, alle politischen Fragen in Europa für die nächsten zehn Jahre ruhen zu lassen. Dann würde vielleicht auch eine Anleihe für Deutschland zu erreichen sein. Das alles war in sehr vagen Worten gesagt, wobei ich von Champetier de Ribes den Eindruck hatte, daß er von der Notwendigkeit einer Annäherung Deutschland–Frankreich in tiefstem

Herzen überzeugt war. Anschließend fuhr Curtius zu Briand und ich zu Laval zu Besprechungen unter vier Augen.

Laval begann die Unterhaltung mit einer Entschuldigung wegen der Demonstration der Action française bei unserer Ankunft. Er war außerordentlich liebenswürdig. Kein Zweifel, daß er die Bedeutung der Stunde völlig verstand und gerne eine restlose Einigung mit Deutschland erreicht hätte. Er sprach auch ganz offen über starke Widerstände im Kabinett gegen diese Idee. Ich erkannte bald, daß er damit Tardieu meinte. Ich sprach ihm mein Bedauern aus über die starken Mißverständnisse in der Politik der letzten Monate und klärte ihn über die Vorgeschichte der deutsch-österreichischen Zollunion auf. Dabei unterhielten wir uns eingehend über die Notwendigkeit weittragender wirtschaftlicher Verständigung, vor allem in Südosteuropa. Die österreichische Zollunion hätte, nachdem das Briandsche Projekt gescheitert war, der erste Schritt dazu sein sollen. Er zeigte, wenigstens äußerlich, Verständnis dafür. Dann schilderte ich ihm die Finanzlage Deutschlands eingehend. Ich versuchte bei ihm Verständnis zu erzielen für das Unsinnige, das in einer Revision des Dawes-Planes lag in einem Augenblick, da die Weltkrise bereits begonnen hatte. Für diese Weltkrise sei der Dawes-Plan viel geeigneter gewesen als der Young-Plan. Deutschland sei in Wirklichkeit schon seit langem am Rande seiner Kräfte gewesen, man könne mir nicht den Vorwurf machen, dem deutschen Volk keine Opfer auferlegt zu haben, um allmählich der Welt die Überzeugung beizubringen, daß Reparationen nicht mehr geleistet werden könnten. Er kam auf den ewigen Gedanken der Franzosen zurück, daß wenigstens die Eisenbahnen weiter ihre Reparationsverpflichtungen hätten erfüllen können. In dieser wie in allen späteren Unterredungen stellte ich mit Erstaunen fest, daß auch den klügsten Franzosen der Unterschied zwischen Aufbringungs- und Transfermöglichkeit noch nicht aufgegangen war. Ein Transferproblem existierte für die Franzosen nicht.

Laval schnitt die Frage der gewaltigen Luxusbauten aus öffentlichen Mitteln an und brachte schrittweise all die anderen französischen Argumente vor. Gleich in dieser Unterhaltung kam eine Frage auf, die schon in Chequers debattiert worden war und die in den Diskussionen der nächsten Tage immer wieder eine Rolle spielte, nämlich die Herabsetzung der Steuersätze für Zigaretten, die wir vor einigen Monaten vorgenommen hatten. Ich versuchte klarzumachen, daß diese Herabsetzung infolge der gesunkenen Kaufkraft der Bevölkerung notwendig geworden sei und eine Erhöhung der Einnahmen aus der Zigarettensteuer bedeute. Er interessierte sich für diese Frage außerordentlich, war aber nicht zu überzeugen. Die Folgen der Deflationspolitik auf diesen Gebieten waren damals den Franzosen ebensowenig klar wie Leith Ross in Chequers. Die Tatsache, daß Deutschland in dem Prozeß der Deflation allen andern Ländern weit voraus war, gab uns die Stärke zum Durchhalten, erschwerte aber bei allen internationalen Verhandlungen das Verständnis für unsere Lage.

Ebenso war es zu Beginn aller Verhandlungen der nächsten Monate fast allen ausländischen Politikern schwer klarzumachen, daß Deutschland nicht nur die gesamten Reparationen mit Hilfe ausländischer Kredite bezahlt, sondern auch die Gemeindefinanzen und Banken mit ihrer Hilfe aufgebaut habe. Das Ausmaß der Opfer, die Deutschland gebracht hatte, um sich zu retten, war noch nicht erkannt. Erst nach Jahren, als andere Länder, um ihre Währung zu halten, ähnliche Opfer bringen mußten, wuchs das Verständnis. Unsere Tragik war es, daß wir im Sturmschritt der Gesamtentwicklung weit vorauseilen mußten. Im eigenen Lande wurde die Radikalisierung dadurch rapide gefördert, ohne daß den ausländischen Staatsmännern über die Gefahr dieser Radikalisierung die Augen aufgingen. Laval sah das Aufkommen der Nazis als Folge einer bewußten antifranzösischen Agitation an. Ich versuchte seine Aufmerksamkeit auf die tieferen Gründe zu lenken und erzählte ihm Einzelheiten über das Verhalten der französischen Generäle bis zum letzten Augenblick der Räumung der dritten Zone. Ich sagte ihm, auch der ruhigste Mensch in Deutschland und der größte Freund Frankreichs hätte am liebsten damals vor der ganzen Welt einen Schrei der Empörung ausgestoßen. Dadurch habe sich, namentlich im früher besetzten Gebiet, eine Stimmung gebildet, die allein die Grundlage für die rauschende Stahlhelmgeste in Koblenz hätte bilden können. Alles das würde sich voraussichtlich auf beiden Seiten leichter ertragen lassen, wenn eine häufigere, persönliche Fühlungnahme zwischen den leitenden Staatsmännern außerhalb der Genfer Atmosphäre stattfände. Man könne dann sehr offen miteinander sprechen und gegenseitiges Verständnis schaffen, während durch die Form der Genfer Verhandlungen man sich zu leicht auseinandermanövriere. Laval zeigte für einen solchen Vorschlag sehr großes Verständnis.

Dann begann er mit dem Angebot, das Champetier de Ribes schon hatte durchblicken lassen, einer französischen Anleihe in Höhe von mehreren Milliarden Franken, die zur Voraussetzung habe, daß Deutschland für zehn Jahre auf jeden Revisionsgedanken verzichte. Ich dankte ihm für dieses Angebot, dessen Bedeutung ich wohl zu schätzen wisse. Ich wolle in dieser Frage aber ganz offen mit ihm sprechen, so wie ich es zur Grundlage meiner Politik überhaupt gemacht hätte. Zunächst müsse ich ihn auf die Änderung des Reparationsproblems hinweisen, die durch eine solche Anleihe hervorgerufen würde. Die Anleihe würde die Wirkung haben, daß die Welt zu der Überzeugung käme, Deutschland könne wieder Reparationen zahlen. Nach einer kurzen Erholungszeit würde in zehn Monaten, nach Ablauf des Hoover-Moratoriums, ein Finanzjahr beginnen, während dessen selbst eine Anleihe von beispielsweise zehn Milliarden Franken völlig verbraucht würde, um die Reparationen zu zahlen. Das bedeute das zu frühe künstliche Schließen einer Wunde, die dann alsbald mit um so größerer Gefahr für den Wirtschaftskörper der ganzen Welt wieder aufbrechen würde.

Wenn eine Anleihe Deutschland wirklich helfen solle, so müßte sie für produktive Arbeiten für die deutsche und französische Industrie nach einem gemeinsamen Plane verwendet werden. Zum Beispiel könne man so die französischen Kolonien erschließen. Frankreich habe dann die Verwendung der Anleihe unter eigener Kontrolle, und alle Bedenken der französischen Bevölkerung würden wegfallen, während gleichzeitig die Arbeitslosigkeit in Deutschland gemindert und die deutsche Kreditsituation wieder gefestigt wäre. Wenn aber Deutschland darauf verzichten müsse, die Reparationsfrage zu einer endgültigen Entscheidung zu bringen, so werde auch ein konstruktiver Plan nur für ganz kurze Zeit Hilfe bringen. Würde ich deshalb nach Deutschland zurückkommen mit einer Hilfe, die keine wäre und gleichzeitig alle Hoffnungen Deutschlands, vor allem der deutschen Jugend, auf eine friedliche Revision des Versailler Vertrages zerstöre, so würde ich alsbald hinweggefegt werden und hätte nur erreicht, das deutsche Volk in eine Verzweiflungsstimmung hineinzubringen, die noch größer wäre als die schon vorhandene. Nur wenn man diese Gefahren ganz klar sehe und auch ganz offen darüber spreche, könne man eine dauernde friedliche Entwicklung in Europa herbeiführen mit einer ebenfalls dauerhaften wirtschaftlichen Aufwärtsbewegung. Ich sei überzeugt, daß auch die Rechte in Deutschland, mit Ausnahme einiger weniger Unbelehrbarer, so für eine Verständigung mit Frankreich zu gewinnen sei. Nichts könnte Frankreich so erwünscht sein, als wenn es mir gelänge, dieses zu erreichen.

Dabei dürfte ich mich von einem Weg der Offenheit und Wahrheit, auch wenn er im Augenblick noch so beschwerlich und bitter sei, nicht abbringen lassen, denn nur so sei das große Ziel einer Verständigung zwischen Frankreich und Deutschland zu erreichen. Scheinerfolge, wie sie in den Jahren, die hinter uns lägen, wiederholt den Regierungen beschert worden seien, hätten nach einiger Zeit gewaltige Enttäuschungen und stimmungsmäßige sowie wirtschaftliche Rückschläge zur Folge. Je öfter sich solche Rückschläge wiederholten, desto größer sei die Gefahr, daß sie zu dauernder Entfremdung führten. Für mich sähe ich die Möglichkeit, falls Frankreich uns zunächst auf der Londoner Konferenz helfen wolle, durch Wiederholung solcher Aussprachen wie der jetzigen, das Ziel im Laufe eines Jahres zu verwirklichen. Ich würde auch keine vorübergehende Unpopularität scheuen, wenn er sich bereit erklären wolle, diesen Weg gemeinsam mit mir zu gehen.

Laval entgegnete, er habe volles Verständnis für meine Ausführungen, aber für ihn sei zur Zeit die Lage zum mindesten eine sehr ähnliche. Nachdem er versucht hatte, mich auf das eindringlichste zur Annahme einer außenpolitischen Kapitulation für zehn Jahre zu bewegen, ich aber die Gründe dagegen immer wieder dargelegt hatte, schlossen wir die anderthalbstündige Aussprache mit sehr freundschaftlichen Feststellungen, daß eine finanzielle, unmittelbare Hilfe Frankreichs zur Zeit nicht möglich sei, weil ich die für Laval unerläßlichen Bedingungen nicht akzeptieren könne, namentlich mit Rücksicht auf die im Februar beginnende Abrüstungskonferenz.

Der Kreis wurde jetzt erweitert. Curtius und Briand kamen hinzu, ferner Flandin, Pietri, Berthelot und vorübergehend Champetier de Ribes. Die Diskussion verlief ähnlich wie vorher unter vier Augen, nur mit dem Unterschied, daß Flandin sehr starkes Geschütz auffuhr. Dadurch wurde die Unterhaltung gelegentlich frostig. Laval versuchte in sehr sympathischer Weise, die Situation sofort zu entschärfen. Er stellte mehrere Male die Lage Deutschlands in einer Art und Weise dar, die in höchst objektiver Form das wiedergab, was ich ihm selber vorher gesagt hatte. Bei ihm hatte ich den Eindruck, daß die offene Aussprache eine gute Wirkung gehabt hatte. Vielleicht täuschte ich mich, aber ich glaubte wahrzunehmen, daß er für die Anbahnung einer großen deutsch-französischen Verständigung unter seiner Führung bereit war, die Bedingungen abzumildern. Aber immer wieder wurde er zu einem Telephongespräch herausgeholt. Ich vermutete damals schon, daß er mit Tardieu sprach, und bekam dies später bestätigt. Jedesmal kehrte er versteift in seiner Haltung zurück. Das zweitemal stellte ich fest, daß, ehe er herausgerufen wurde, Flandin eine Zeitlang ins Nebenzimmer verschwunden war, wo das Telephon stand. Ich fühlte gegen sieben Uhr, wo die guten, wo die

negativen Kräfte im Kabinett Laval standen. Die Verhandlungen ende
ten mit einer Erklärung Flandins, daß er als Finanzminister nicht di‹
Absicht habe, mit nach London zu gehen. Die ganze Konferenz ir
London sei überflüssig. Laval übernähme eine nicht zu tragende Verant‹
wortung, falls er diese Londoner Reise ohne vorherige politische Zusage‹
Deutschlands anträte. Ich versuchte, soweit ich es konnte, die Situatior
zu retten, indem ich vorschlug, alle Fragen doch am nächsten Tage ir
Paris in einer Vorbesprechung unter dem Vorsitz Lavals durchzunehmer
und für London mehr die Einzeldiskussion zu reservieren. Alsbald fühlt‹
ich, daß Laval und Briand, falls sie sich in ihrem Kabinett durchsetzer
konnten, auf diesen Vorschlag eingehen würden.

Sehr spät am Abend vertagten wir die weiteren Besprechungen auf eine
solche Konferenz am nächsten Morgen um neun Uhr. Etwas müd‹
gingen wir in die deutsche Botschaft zum Abendessen. Die dort vorliegen‹
den Nachrichten waren nicht günstig. Immerhin hatte der amerikanisch‹
Botschafter Edge gebeten, um halb elf zu ihm zu kommen, zu eine‹
Aussprache mit Mellon und Stimson. Als Curtius und ich hinkamen,
fielen mir fast die Augen zu. Edge war frostig, Mellon passiv und Stimso‹
freundlich kühl. Nach einer Viertelstunde allgemeiner Unterhaltung fing
die Diskussion an. Sie war für mich leichter, weil die Angelsachsen ir
wirtschaftlichen Dingen, wenn man die rechte Form findet, viel leichter
zu behandeln sind als die Franzosen, die zu ihrem eigenen Unglück jed‹
internationale und wirtschaftliche Frage vom Buchstaben der Verträge
oder von Zugeständnissen abhängig machen, die die internationale Lage
automatisch verschlechtern müssen. Stimson machte einige Vorwürf‹
wegen unserer Starrheit gegenüber den französischen Bedingungen be‹
der Annahme des Hoover-Moratoriums. Ich mußte alle französischen
Argumente, daß wir die Reparationssumme nunmehr für Rüstungs‹
zwecke gebrauchen würden und ähnliches, erneut widerlegen. Dann
lenkte ich das Gespräch auf die Wirtschaftslage der Welt, wobei ich‹
düstere Prophezeiungen für Frankreich und England abgab, und zwar in
der Form von Fragen an Mellon, um deren Beantwortung auf Grund
seiner Bankerfahrung von nahezu 60 Jahren ich bat. Auch das half nicht.
Ich fühlte, daß alle drei Herren von der Pariser Atmosphäre genauso
eingefangen waren, wie es Wilson wenige Tage nach seiner Ankunft 1918
ergangen war. Das war eine bittere Erkenntnis. Einen Augenblick hatte
ich gegen ein Uhr den Eindruck, diese eisige Atmosphäre durchbrechen
zu können. In diesem Moment stand Edge auf und sagte mir in kalter
Form, man müsse jetzt die Unterhaltung abbrechen, ich müsse Rücksicht

auf das hohe Alter von Mellon nehmen. Die Stimmung auf der Botschaft, als wir wiederkehrten, war bedrückend. Nur Bülow zwang sich zu einem heiteren Gesicht und zu optimistischen Auffassungen, um mir Mut zu machen.

Am andern Morgen um acht Uhr fand unter den Auspizien des Friedenswerkes der französischen Katholiken eine feierliche Messe in Notre-Dame statt, an der eine Reihe von Abgeordneten, die zur Gruppe der Action démocrate populaire gehörten, teilnahm. Meine Teilnahme an dieser Messe war Anlaß zu namenlosen Verhetzungen und Verleumdungen in den deutschnationalen Kreisen. Um halb zehn versammelten sich die französischen Minister, die gestern an den Besprechungen teilgenommen hatten, zu einer erneuten Verhandlung mit uns. Flandin spielte immer weiter scharfe Trümpfe aus. Kurz vor Beginn der französischen Vorkonferenz erklärte er, die französischen Minister könnten nicht mit nach London fahren, ohne daß wir uns zu politischen Konzessionen bereit erklärt hätten.

Dann begannen im gleichen Zimmer die Verhandlungen der Vorkonferenz. Laval saß am Schreibtisch, Briand am Kamin. Wir wurden gebeten, zunächst an der Wand Platz zu nehmen, der übrige Raum war ausgefüllt durch die Staatsmänner bzw. Botschafter der Großmächte, die in Front zu Laval saßen. Laval eröffnete die Besprechung mit einem kurzen Resumé der vorangegangenen Verhandlungen. Dann hatte ich 20 Minuten, um die Lage Deutschlands und ihre Gefahr für die Welt darzulegen. Anschließend sprachen Henderson, Stimson, Grandi und der japanische Botschafter, in den bei solchen Gelegenheiten üblichen freundlich gehaltenen Worten, ihre Bereitwilligkeit zu helfen aus, Worte, aus denen aber hervorging, daß niemand einen Vorschlag hatte oder sich fürchtete, angesichts der schwierigen Lage einen solchen Vorschlag zu machen.

Nun griffen Flandin und Laval in die Diskussion ein. In diesem Augenblick war die Londoner Konferenz gefährdet. Plötzlich erwachte Briand, der wie häufig eingeschlummert war, aus seinem tiefen Schlaf als Herr der Situation. Er bat, einige Fragen an mich stellen zu dürfen. Wenn ich sie nicht beantworten könne oder wolle, so habe er dafür volles Verständnis. Ich blickte eine Sekunde Bülow an. Längere Unterhaltungen zwischen uns waren in entscheidenden Augenblicken nie nötig. Ich sah seinen Augen an, daß er dasselbe Gefühl hatte wie ich: Jetzt kommt die Rettung. Eine der drei Fragen Briands lautete: „Was, denken Sie, wird aus Europa und der Welt, wenn nicht jetzt sofort eine durchgreifende

Hilfe für Deutschland kommt?" Das war meine Chance. Ich versuchte
darzulegen, daß die Welt dann jahrelang unter der schwersten Wirtschaftskrise der Geschichte zu leiden haben würde und daß alle Völker
über kurz oder lang dann die Gefahr eines bolschewistischen Denkens zu
spüren haben würden. Dabei fühlte ich die kritischen Augen von Lord
Tyrrel auf mir ruhen. Ich spürte, wenn ich diese Gefahr in den sonst
üblichen Phrasen darlegte, war ich verloren. Ich mußte nur für die
angelsächsische und französische Psyche reden, nicht für die deutsche. Es
gelang. Einer nach dem andern legte nunmehr die Notwendigkeit dar,
daß Frankreich mit nach London zu gehen habe und daß man dort
unverzüglich Pläne im einzelnen zu überlegen hätte.
Ich hatte darauf hingewiesen, daß es mir zunächst nur darauf ankomme,
alle ausländischen Gläubiger Deutschlands dazu zu bringen, weitere
Abzüge sofort einzustellen. Deutschland würde sich dann vorläufig aus
eigener Kraft weiterhelfen. Ich sei absolut der Gegner eines Moratoriums,
weil dieses wahrscheinlich Nachahmung fände und zur Einstellung des
Zinsendienstes in der ganzen Welt für ausländische Schulden und damit
zu schweren Erschütterungen in den Gläubigerländern führen würde.
Diese Formulierung wirkte. Ich hatte das Gefühl, daß ich ein Stillhalten
erreichen konnte, vielleicht mit Ausnahme von Frankreich. Das war an
sich nicht von Bedeutung, da Frankreich noch höchstens 250 Millionen
kurzfristiger Kredite in Deutschland stehen hatte. Aber wegen der
weiteren Außenpolitik war es für mich notwendig, Frankreich zu gewinnen und die Atmosphäre zwischen unseren beiden Ländern zu entspan-
nen. Die Vorkonferenz wurde nach zweistündiger Dauer geschlossen mit
den üblichen Worten für die Gastgeber und den allgemeinen Schmeiche-
leien für die französische Regierung. Dann kam das Photographieren im
Garten des Ministerium des Innern an die Reihe. Jeder mußte eine
optimistische Bemerkung für den Tonfilm sprechen.
Als wir hinausgingen, faßte mich Mellon beim Knopf meines Anzuges
und sagte: „Ich habe die ganze Nacht nicht schlafen können." Ich sprach
mein Bedauern aus. Er sagte, so habe er es nicht gemeint, er habe
vielmehr über meine Argumente nachdenken müssen und sei nunmehr zu
der Überzeugung gekommen, daß die ganze Welt vor einem furchtbaren
Wirbelsturm stehe. Er bat um noch einige Aufklärungen. Ich fühlte, er
war gewonnen. Beim Frühstück bei Frau Laval, das zwei Stunden
dauerte, konnten wir weiter Boden gewinnen.
Den ganzen Nachmittag saßen wir dann mit den französischen Ministern
auf der Veranda des Ministeriums des Innern. Es gab ein schweres

Ringen um das Communiqué, das veröffentlicht werden sollte. Die Franzosen wollten unter allen Umständen darin eine politische Konzession ausgesprochen haben. Ich versuchte, ihnen klarzumachen, daß das unmöglich sei. Gegen sechs Uhr sah es aus, als käme es zu einem Bruch. Ich entschloß mich daher, die ganze deutsch-französische Lage, auch unter gefühlsmäßigen Rücksichten, aufzugreifen und sagte den französischen Ministern, daß dies wie immer der tragische Punkt in den Beziehungen sein würde, aus dem sich später dann für die Welt und für beide Länder größte Konflikte ergäben. Man solle doch endlich einmal versuchen, uns und unsere Politik zu verstehen. Es kamen Nachrichten über eine scharfe Rede von Maginot. Ich sah, daß Laval Tardieu fürchtete, der es offenbar abgelehnt hatte, an dem Frühstück teilzunehmen. Laval und Briand waren bereit, auf meinen Standpunkt einzugehen, aber immer noch obstruierte Flandin. Immerhin nahm das Communiqué schon halbwegs erträgliche Formen an. Am Schluß blieb nur ein einziger Satz stehen, den ich nicht gerne ertrug.

Wir gingen zur Botschaft zurück und von da zum Quai d'Orsay zum Galadiner. Vorher hatte ich Hoesch gebeten, die Zeit nach dem Diner zu benutzen, um auch diesen letzten Satz aus dem Communiqué herauszubringen. Briand, neben dem ich saß, war müde und traurig. Das gab mir die Hoffnung, bei einer nochmaligen Darlegung meiner Situation in Deutschland ihn für die Preisgabe dieses Satzes zu gewinnen. Er erklärte sich bereit, Berthelot Instruktionen zu geben für die Besprechung mit Hoesch. Eine halbe Stunde nach Aufhebung der Tafel war es geschafft. Flandin erklärte, ihm sei dieser Satz jetzt gleichgültig, er lege überhaupt keinen Wert auf ein Communiqué. Er war sehr gereizt. Der erste, den ich dann traf, war Tyrrel. Er erklärte mir, er habe mich bekämpft, aber als Mensch müsse er sich freuen, daß ich mich durchgesetzt hätte. Dann sprach ich lange mit Caillaux.

Briand und Laval kamen zu mir und erklärten, ich müsse jetzt lange allein mit Herriot sprechen, er mache ihnen in der Reparationsfrage die allergrößten Schwierigkeiten. Sie setzten mich mit ihm in eine Ecke zu einer dreiviertelstündigen Unterhaltung; Briand kam gelegentlich dazu. Ich merkte an seinem immer freundlicher und heiterer werdenden Äußeren, daß er sehr zufrieden mit der Unterhaltung war. Er flüsterte mir ins Ohr: „Sie müssen Herriot gewinnen. Das ist heute abend Ihre Hauptaufgabe." Herriot brachte zum Schluß nur noch ein Argument vor: Kein Parteiführer könne dem französischen Volk neue Opfer durch Streichung der Reparationen auferlegen. Ich sagte ihm, ich verstünde das angesichts der im Frühjahr stattfindenden Wahlen, aber nach den Wahlen müsse es trotzdem möglich sein. Dann käme die große, welthistorische Chance einer Verständigung zwischen Deutschland und Frankreich über alle noch strittigen Punkte. Um halb zwölf verließen wir den Quai d'Orsay. Ich bat, noch über die wunderbar erleuchtete Place de la Concorde zu fahren. Wir waren trotz der Übermüdung in gehobener Stimmung. Die erste Schlacht war gewonnen.

Am andern Morgen ging es früh zum Bahnhof. Als wir unser Abteil suchten, kam Laval und bat uns, im Salonwagen der französischen Regierung Platz zu nehmen. Dort waren Briand, Laval, Pietri, Flandin, Berthelot und der belgische Außenminister, auf den ich Curtius abschob. Aus den vorbeifahrenden Vorortzügen und vom Bahnsteig jubelten die Menschen Briand zu. Immer wieder. Das französische Volk hatte den Eindruck, jetzt komme die Versöhnung. Der symbolische Akt eines solchen Besuches, der an sich praktisch nicht viel bedeutet, hat auf die Völker größere Wirkung als Verträge. Ich unterhielt mich anderthalb Stunden mit Briand und Laval.

Das schöne Eure-Tal, das mir von der Jugend her vertraut war, brachte uns zu Betrachtungen über die unschätzbare Bedeutung der engeren Heimatländer für das Überleben der europäischen Völker nach allen Katastrophen eines Jahrtausends. Briand meinte, daß die Täler „de l'horizont coupé" die Menschen vor den Übertreibungen und der Unstetigkeit der Hauptstädte schützten. Er sagte: „J'ai peur des peuples des steppes et des prairies, et je crains de les voir écraser entre eux notre pauvre vieille Europe."

Berthelot, der rechts von mir saß, las Akten. Jedesmal wenn er glaubte, daß seine beiden Chefs zu weit auf meine Darlegungen eingingen, nahm er sofort, im bestgewählten Augenblick, an der Unterhaltung teil. Das Aktenlesen war für ihn nur ein Vorwand, um seine Distanz als Beamter gegenüber den Politikern, der Etikette entsprechend, zu dokumentieren. Ich bekam einen sehr starken Eindruck von ihm, sowohl was seine Fähigkeiten anging, wie seine Starrheit gegenüber Deutschland.

Am Tag vorher hatte ich mich Flandin und Piétri gegenüber bereit erklärt, mit ihnen den deutschen Reichsetat durchzugehen und jede kritische Einzelheit aufzuklären. Wir gingen nunmehr zusammen in ein Abteil, um dies zu tun. Flandin und Piétri zogen Berge von Berichten aus ihren Mappen, aus denen man entnehmen konnte, wie fabelhaft jede einzelne Etatsposition von den französischen Finanzsachverständigen laufend nachgeprüft wurde. Sechs Jahre intensiver Arbeit in Steuer- und

Haushaltungsausschuß kamen mir jetzt zustatten. In anderthalb Stunden war es soweit, daß mir Piétri glaubte, Flandin noch nicht. Jedoch hatte er kein Gegenargument zur Verfügung und war darüber noch unwilliger, als wenn es ihm gelungen wäre, wenigstens in einem Punkt festzustellen, daß ich seine kritische Analyse nicht widerlegen konnte.

LONDONER KONFERENZ

Auf dem Schiff ging ich in die Kabine hinunter, unter dem Vorwand, nicht sehr seefest zu sein. In Wirklichkeit wollte ich wenigstens eine dreiviertel Stunde schlafen. Wir hatten nach den vergangenen schweren Wochen 14 Stunden Bahnfahrt und ununterbrochene Verhandlungen hinter uns. Im Zug zwischen Dover und London überlegten wir die Sprachregelung für London. In London warteten Schäffer, Schmitz von der I. G. und einige andere Finanzsachverständige auf uns. Vom Bahnhof ging es ins Hotel, vom Hotel mit Curtius und Bülow ins Unterhaus, wo wir mit MacDonald, Sir Frederic Leith Ross, Henderson, Snowden, Sir Robert Vansittart zu Abend aßen und die Modalitäten der Konferenz besprachen.

Bei Vansittart merkte ich noch Versteifung. Leith Ross war im Verhältnis zu Chequers schon fast freundlich geworden. Alle waren sehr nervös, niemand hatte eine klare Vorstellung, was geschehen sollte. Ich durfte nicht zu erkennen geben, daß ich schon mit einem Stillhalten der kommerziellen Gläubiger Deutschlands zufrieden wäre. Ich drängte auf endgültige Lösung der Reparationsfragen.

Am andern Morgen begann die Konferenz mit der üblichen belanglosen Eröffnungssitzung. Nachmittags fand in einem kleinen Raum eine Besprechung statt, in der es mir gelang, mit Hilfe von Schmitz und Vocke einen gewissen Eindruck auf Flandin zu machen mit der Idee, die Kreditbürgschaft der deutschen Industrie in Höhe von 500 Millionen Mark als Basis zu benutzen für eine internationale, rein kommerzielle Anleihe an Deutschland. Am andern Morgen hatten Krosigk und ich eine Unterhaltung in der Treasury mit Sprague und Leith Ross. Sprague hatte gut vorgearbeitet. Ich wußte nun, daß die City mich unterstützen würde. Der Tag war schwer und dumpf. Die Franzosen, vor allem Flandin, waren scharf in der Kritik Deutschlands. Snowden half mir. Ich animierte ihn zu einem Vorstoß wegen der Streichung der Reparationen und Kriegsschulden, den er sehr temperamentvoll vortrug. Das war ein Fehler. Mellon antwortete gereizt, die Franzosen hakten ein, wir waren allein geblieben bei diesem Vorstoß mit den Engländern. Henderson, der neben mir saß, drohte schon wieder auf die französische Seite umzufallen.

Ich sprach den ganzen Tag allein, um nicht die Fäden zu verlieren, und bat Curtius und Bülow, in der Zwischenzeit Henderson und Vansittart eine beabsichtigte Resolution über den Panzerkreuzer und die Zollunionsfragen auszureden, was ihnen vorzüglich gelang. Am Abend vorher hatte es in diesem Punkt noch düster ausgesehen. In diesem Augenblick platzte ein haßerfülltes Telegramm Hugenbergs und Hitlers in die Verhandlung hinein, das die Franzosen ungeheuer gegen uns aufreizte. Es war klar, daß wir von Amerika keinen Vorschlag erwarten konnten.

Am Mittwoch wurde die Lage noch bedenklicher. Aus Deutschland kamen ungünstige Nachrichten. Schon wieder drohten die Parteien mit der Einberufung des Reichstags. Das Reichsernährungsministerium benutzte meine Abwesenheit, um Vorstöße wegen agrarpolitischer Handelsvertragswünsche zu machen, obwohl die Stimmung in der Welt durch die Einführung der Ausreisegebühr an sich schon schlecht zu werden drohte. Dazu kam, daß die Steuerkasse mit Danatschecks überschwemmt wurde und so die Kassenlage gefährdet war. Es mußte eine Notverordnung erlassen werden auf Beschleunigung der Steuerzahlung mit Hilfe von drastischen Steuerverzugsvorschlägen. Zwar war in der Vormittagssitzung der Londoner Konferenz am Mittwoch klar, daß ein Einvernehmen über die Verlängerung des alten Rediskontkredits und des Stillhaltekonsortiums erzielt werden würde, aber eine Einigung über die Erhöhung dieses Rediskontkredits war in weiterer Ferne denn je. Am Nachmittag wurden stärkere Garantien von Deutschland gefordert, vor allem was die Devisenkontrolle der Reichsbank betraf. Ich bat, die Sitzung zu unterbrechen, bis Stimson kam. Ich hoffte, die Amerikaner durch ihn aus ihrer Passivität herauszubringen und die französischen Formulierungen abzuwenden.

Die Kritik an der Reichsbank und mein ruhiges Anhören dieser Kritik brachte einen Konflikt mit dem Vertreter der Reichsbank, auf den ich so große Hoffnungen gesetzt hatte. Er hielt mit den Nerven nicht durch und schied praktisch für die weiteren Verhandlungen aus. Bülow steckte mir einen Zettel zu mit der Warnung, die Debatte nicht allein zu führen, weil ich es physisch nicht mehr aushalten würde. Ich verstand die Warnung im richtigen Sinn. Der Fall des Geheimrats Vocke hatte ihm wohl gezeigt, daß die Sachverständigen auch reden wollten. Ich bat daher im geeigneten Augenblick MacDonald, Schäffer und Schmitz zu kurzen Ausführungen über die Lage der Reichsfinanzen und der Reichsbank das Wort zu geben. Vorher hatte ich der Delegation erklärt, daß ich, um den Kontrollwünschen Frankreichs zuvorzukommen, am nächsten Morgen der Konferenz mitteilen würde, daß ich zwei ausländische Berater für die weitere Entwicklung bitten würde, mit mir nach Deutschland zu kommen, Sprague und Wallenberg. Das war ein schon bestehender Zustand, aber durch die öffentliche Erklärung gewann ich die Amerikaner und machte es den Franzosen unmöglich, namentlich durch die Erwähnung Wallenbergs, auf Kontrollwünschen zu bestehen.

Als Stimson kam, ging ich zu ihm hin und sagte ihm, es sei mir unmöglich, einen Teil der vorgeschlagenen Formulierungen anzunehmen. Ich könne unmöglich so nach Deutschland zurückkehren. Er erhob sich sofort und sagte, Amerika stimmte den deutschen Vorschlägen zu, nicht weil sie besser wären, sondern „to please Dr. Brüning". Dagegen gab es kein Argument. Alles lachte. Unsere Wünsche in bezug auf die Formulierung waren erfüllt. Es war aber nicht möglich, eine Erhöhung des Rediskontkredits zu erreichen. Am andern Morgen telephonierte ich mit Pünder, der am Tag zuvor sein Töchterchen verloren hatte, und sagte ihm, persönlich sei ich über den Ausgang der Konferenz zufrieden, namentlich seitdem feststehe, daß im August in Basel, unter Vorsitz von Wiggins, eine Konferenz über die Reparationsfragen zusammentreten würde. Es sei ein außerordentlicher Vorteil, daß es gelungen sei, Wiggins an die Spitze dieses Ausschusses zu bringen, da die Chase Bank, was die Privatkredite angehe, die Hauptgläubigerin Deutschlands sei. Aus taktischen Gründen müßte ich mich aber sehr unbefriedigt zeigen. Pünder solle daher die Presse vorbereiten mit dem Stichwort „sehr wenig befriedigender Ausgang". Pünder machte auf die sich daraus ergebende Gefahr für die Beschlüsse des Ältestenrats wegen einer eventuellen Einberufung des Reichstages aufmerksam. Ich sagte ihm, ich könne von dieser Taktik nicht abgehen, weil ich einen weiteren Druck der öffentlichen Meinung nach außen hin brauche. Ich bat die deutsche Presse in einem Presseempfang, kritisch über die Bedeutung der Londoner Konferenz zu berichten. Trotzdem wurde von Wolffs Telegraphen-Büro mitgeteilt, daß das Ergebnis ein günstiges sei. Eines wurde damit erreicht: der Ältestenrat lehnte eine Einberufung des Reichstages ab.

Während der Sitzung des Ältestenrats fand die Schlußsitzung der Konferenz statt. Bülow reichte mir vorher eine Erklärung herüber, die einen scharfen Protest gegen das Ungenügende der Beschlüsse enthielt. Selbst Schäffer war mit dieser Formulierung einverstanden. Ich glaubte aber für die Behandlung Amerikas und die Weiterführung der Besprechung mit Frankreich während des Vorlesens einige Schärfen dieser Erklärung abmildern zu müssen. Ich merkte, daß die mir besonders ergebenen Mitglieder der Delegation um mein politisches Schicksal besorgt waren, namentlich seit der wüste Artikel der „Bergwerkszeitung" mit der Überschrift „Mönchlein, Du gehst einen schweren Gang" am Morgen bei der Delegation bekanntgeworden war. Es war absolut die Sprache Hugenbergs und der Schwerindustrie mit dem Tenor: Jetzt ist der wunderbare Augenblick gekommen, wo der Kanzler aus vaterländischen Gründen die Industrie durch eine Kapitulation vor Frankreich retten muß. Ist das erst geschehen, so können wir ihn nachher als den zweiten Unterzeichner des Versailler Vertrages stürzen.

Auf mich hatte der Artikel eine umgekehrte Wirkung. Ich war entschlossen, ohne Rücksicht auf das Prestige im Innern, in diesem entscheidenden Augenblick in der Sache zwar unerschütterlich, aber in der Form vorsichtig zu sein.

Mittags gaben wir in der deutschen Botschaft ein Frühstück für die französische Delegation, bei der Briand mir gegenüber von betonter Freundlichkeit war und durchblicken ließ, daß er als alter Routinier meine Taktik als richtig erkannt habe. Er war zu alt und weise geworden, um sich nicht über einen sachlichen Fortschritt in Europa zu freuen, auch wenn dieser Fortschritt seiner eigenen Delegation nicht in allen Punkten angenehm war. Während er in den vergangenen Tagen bei den Verhandlungen häufig geschlafen hatte, sprühte und glänzte er jetzt in der Unterhaltung. Er, der nie ein Buch las, war besser orientiert als die besten Sachverständigen in Deutschland über die finanzielle Lage der Schiffahrtsgesellschaften und den Unsinn staatlicher Subventionen. Die Diskussion über diese Frage, die in England und anderswo überhaupt erst im Jahre 1934 mit dem Problem der Trampschiffahrt begann, wurde von ihm drei Jahre vorher in allen Einzelheiten vorweggenommen.

Ich bemühte mich in dieser Unterhaltung hauptsächlich, Monsieur de Fleurieu, den französischen Botschafter in London, freundlicher zu stimmen. Ich glaubte zu bemerken, daß er bitter war über die Tatsache, daß Frankreich in den vergangenen Tagen weiter an Einfluß in London verloren hatte. Auf der Rückfahrt sagte mir Laval ganz offen, er müsse ihn abberufen und einen fähigeren Mann hinsetzen, da, wie er scherzend hinzufügte, ihm „langsam die Deutschenbegeisterung in London auf die

Nerven falle". Wir schieden in sehr freundschaftlicher Stimmung und beschlossen, gemeinsam bis Calais zu reisen, um unterwegs die Einzelheiten des französischen Ministerbesuchs in Berlin zu besprechen.

Am Nachmittag waren alle Delegationen beim Gartenfest im Buckingham Palace. Der König begrüßte mich sehr freundlich und erinnerte an unsere Unterhaltung sechs Wochen früher. Er freue sich, daß wenigstens ich nicht die Nerven verloren hätte. Er sei gelegentlich Luthers Reise um die Nerven Deutschlands sehr besorgt gewesen. Man müsse doch im deutschen Volk verstehen, daß alles eine gewisse Zeit brauche und daß man die Welt nicht mit Notverordnungen regieren könne. Im übrigen würden auch für die Welt und für England noch schwere Zeiten kommen. Die Königin und die Prinzen waren sehr liebenswürdig.

Von da ging es zu einem Empfang der ausländischen Presse. Am Abend hatten wir Stimson, Mellon und Gibson geladen. Alle waren todmüde. Eine Unterhaltung kam, außer mit Gibson, links von mir – Stimson saß rechts –, schwer in Gang. Ich fragte Stimson schließlich, ob dies das erstemal seit dem Kriege sei, daß er nach Frankreich käme. Er bejahte das und stellte an mich die gleiche Frage. Ich antwortete, ich sei 1926 schon einmal dagewesen, um die Gräber meiner gefallenen Kameraden zu besuchen. Er fragte, ob ich auch in Bapaume gewesen sei. Dies verneinte ich, erzählte ihm aber, daß ich nördlich und südlich von Bapaume Ende 1917 beim Kampf um Bourlon und bei der Frühlingsoffensive eingesetzt gewesen sei. Er horchte auf und fragte: „Wo, bei Bourlon?" Ich erzählte ihm von den Kämpfen beim Dorfe Bourlon und meinem nächtlichen Marsch, nur von zwei Leuten begleitet, am Rande des Bourlonwaldes entlang, um zu erkunden, wie weit der Wald noch von Engländern besetzt war. Er rief aus: „Dann war das Ihre Truppe, die den großen Angriff der Engländer mit den Tanks alleine aufhielt? Es war der erste Kampf, den ich von einem Artilleriebeobachtungsstand miterlebte."

Nun überstürzte sich die Unterhaltung. Alle Müdigkeit war verflogen. Nach Schluß der Tafel holte er Mellon und setzte ihn auf das Sofa neben mich und erzählte ihm unsere gemeinsamen Erlebnisse. Er sagte: „Mellon, jetzt müssen Sie meinem Freunde Brüning helfen!" Auch Mellon wurde lebendig. Er erzählte nun von seinen Erfahrungen als Bankier in den drei großen Bankenkrisen der Vereinigten Staaten, die er miterlebt hatte. In einer halben Stunde hatte ich von der amerikanischen Regierung einen Kredit in Höhe von 500 Millionen Mark für Baumwolle, Kupfer, Weizen und Silber, dessen vielfacher Münzgewinn zusätzliche Geldschöpfung versprach. Stimson berief noch abends um halb zwölf eine

Konferenz der amerikanischen Pressevertreter und erzählte ihnen von den gemeinsamen Erlebnissen am Bourlonwalde. Er hat unter dem Eindruck dieses gemeinsamen Erlebnisses nie aufgehört, für meine persönliche Stellung alles in seinen Kräften Stehende zu tun.

Am Freitag, dem 24. Juni, fuhren wir gemeinsam mit den französischen Ministern ab. Wir hatten lange Unterhaltungen mit ihnen, in denen auch die Ersetzung de Margeries durch François-Poncet besprochen wurde. Laval sagte mir, er habe absichtlich François-Poncet mitgenommen, damit ich ihn beobachten könne. Er sei einer der besten Wirtschafts- und Finanzsachverständigen Frankreichs und kenne seine und Briands innerpolitischen Schwierigkeiten genau. Er hoffte, daß François-Poncet besonders geeignet sei, die gut angebahnten Beziehungen zwischen Frankreich und Deutschland als Botschafter weiterzupflegen. Bei aller Anerkennung der großen Fähigkeiten François-Poncets hatte ich doch instinktiv das Gefühl, er sei nicht der geeignete Mann. Ich versuchte vorsichtig, Margerie noch zu halten, indem ich Laval sagte, daß wir natürlich gegen die Wünsche der französischen Regierung keinerlei Bedenken hätten. Auf der andern Seite lege ich aber Wert darauf festzustellen, daß eine Abberufung de Margeries in keiner Weise von der deutschen Regierung gewünscht würde. Vielleicht würde in einem Zeitalter, in dem, wie ich erhoffe, menschliche Beziehungen zwischen den verantwortlichen Politikern die Regel sein würden, es an sich gut sein, wenn der normale Verkehr durch die Diplomaten der alten Schule liefe. Sollte das aber nicht seine Ansicht sein, so würde ich niemanden lieber in Berlin begrüßen als François-Poncet. In Calais verabschiedete sich Laval. Briand war schon vorher über Boulogne abgefahren, um auf dieser Route alte Freunde zu sehen.

In Brüssel bekamen wir Nachrichten und Presseauszüge, die alles andere als angenehm waren. Am Abend in Aachen ging ich auf dem Bahnsteig etwas auf und ab. Die Eisenbahnbeamten zeigten eine korrekte, aber fast feindselige Haltung, die ich auf die Notverordnung zurückführte. Ich saß allein in meinem Coupé und löschte das Licht, um in Ruhe über das Kommende nachzudenken. Ich wußte, daß die nervöse Spannung in Deutschland andere Ergebnisse erwartet hatte. Meine Stimmung war so gedrückt, daß ich nicht aus dem Fenster sehen mochte, obwohl ich gerne mit so zuverlässigen Menschen wie Mönnig, Ruffini und anderen gesprochen hätte, um mich über die Stimmung in Deutschland zu orientieren. Aber ich rechnete damit, daß auch sie skeptisch und besorgt waren, namentlich wegen der Erbitterung der Beamten über die Notverordnung vom vergangenen Dienstag, die eine Auszahlung der Gehälter in zwei Raten erforderte, um das Hamstern von Noten auszuschalten. Vierzehn Tage später erfuhr ich, daß sie, in ganz anderer Stimmung, alle am Bahnhof gestanden, aber weil kein Licht in meinem Abteil war, nicht gewagt hatten, zu mir zu kommen.

STAATSSEKRETÄR STIMSON IN BERLIN

Am andern Morgen um neun Uhr hatte ich die ersten Besprechungen mit Dietrich, Pünder und Treviranus, an die sich ein Vortrag beim Reichspräsidenten anschloß. Der Reichspräsident war erfreut, daß ich keine Konzessionen gemacht hatte, aber die Bedeutung des Stillhalteabkommens konnte ich ihm nicht erklären. Ich bat ihn, sich mit Dietrich über die Bildung der Akzept- und Garantiebank zu unterhalten, die mit einem Aktienkapital von 200 Millionen Reichsmark, die das Reich in Form von Schatzanweisungen im wesentlichen aufbrachte, die Funktionen gegenüber den Banken und Sparkassen übernehmen wollte, die zu erfüllen die Reichsbank wegen Mangel an geeigneten Persönlichkeiten und mit Rücksicht auf die internationalen Bestimmungen nicht in der Lage war.
Die Besprechungen wurden am Nachmittag fortgesetzt und am Abend im Reichsfinanzministerium weitergeführt. Ich selbst hatte eine längere Unterhaltung mit dem klügsten unserer Diplomaten, Müller-Bern, um mit ihm, dem sich stets als besten Kenner der französischen Politik erweisenden Manne, die Auswertung der Unterhaltungen mit den französischen Staatsmännern durchzusprechen. Dann ging ich zur amerikanischen Botschaft, um an dem Essen zu Ehren des inzwischen eingetroffenen Stimson teilzunehmen.
Ich hatte mit Rücksicht auf meine Unterhaltung mit Stimson am Donnerstagabend Groener gebeten, abends mit Stimson die Vorgänge in den letzten drei Wochen vor Ausbruch des Krieges rückhaltlos durchzusprechen und vor allem zu sagen, daß er, obwohl er doch für die Mobilmachung die wichtigste Persönlichkeit war, noch acht Tage vor Ausbruch des Kriegs in Kissingen gesessen und sich geweigert habe, vorher nach Berlin zu kommen, weil er die nervöse Befürchtung des Generalstabes wegen eines Angriffskrieges der Russen und Franzosen

nicht teilte. Groener hatte mir wiederholt diese Vorgänge erzählt, aus denen hervorging, daß der deutsche Generalstab nur aus Sorge wegen der Vorbereitungen der russischen Armee seinerseits auch Vorbereitungen treffen zu müssen glaubte. Leider glückte diese Unterhaltung mit Stimson nicht. Es mußte alles übersetzt werden, und so kam kein persönlicher Kontakt zwischen den beiden Männern zustande, der notwendig wäre, um Stimson restlos zu überzeugen.

Am andern Morgen um zehn Uhr dreißig holte ich Stimson und Sackett zu einem Besuch des Pergamonmuseums ab, der sie sehr begeisterte und mir nebenbei die Möglichkeit bot, Stimson klarzumachen, daß es entgegen den Darstellungen der französischen Propaganda gelungen sei, mit wenig Geld außerordentliche Leistungen, wie die Vollendung dieses Museums, zu vollbringen. Stimson war beeindruckt von den vielen Leuten aus den einfachsten Kreisen, die sich im Museum aufhielten, offenbar um den ganzen Tag dort zu verbringen. Vor allem imponierte ihm, daß auch die einfachsten Menschen aus dem Arbeiterstande so gut gekleidet waren. Er fragte immer wieder, wie das bei der Krise in Deutschland möglich sei. So gut gekleidete Leute könne man in der Masse in New York nicht finden. Ich versuchte ihm klarzumachen, daß es die Leistung der einfachen Hausfrauen sei, die es verständen, mit spärlichen Mitteln auszukommen und nach außen hin zwar einfach, aber immer sehr sauber aufzutreten. Stimson kam wiederholt auf diesen Eindruck zurück und erklärte, dieser habe ihn mehr als meine Worte überzeugt, daß das deutsche Volk sparsam, diszipliniert und bürgerlich sei und dabei jedem kriegerischen Abenteuer abhold.

Während wir durch die Linden fuhren, wurde er sehr lebendig und erzählte aus seinen Jugenderinnerungen, die den Eintritt der Vereinigten Staaten in den Krieg mit beeinflußt hatten. Sein Vater habe als Freiwilliger gegen die Südstaaten gekämpft und sei während des Krieges 1870 als begeisterter Deutschenfreund mit seiner Familie nach Berlin gekommen, um dort sein Medizinstudium zu vollenden. Eines Tages, als er vier Jahre alt gewesen sei, sei seine Mutter mit ihm an der Hand Unter den Linden spazierengegangen. Am Morgen seien Truppen der deutschen Armee feierlich in Berlin eingezogen. Ein säbelrasselnder Offizier, der offenbar von einer Feier gekommen sei, sei seiner Mutter, die kurz vor einer Entbindung stand, und ihm begegnet. Seine Mutter habe wegen ihres Zustandes nicht so schnell ausweichen können. Darauf habe der Offizier sie angerempelt und vom Bürgersteig gestoßen, so daß sie auf der Straße hingefallen sei. Am nächsten Tage sei sein Vater mit der ganzen Familie

nach Paris gefahren, wo er mehrere Jahre studiert habe. Von dieser Zeit
an habe Stimson mit dem Worte Deutschland immer die Erinnerung an
die Mißhandlung seiner Mutter verknüpft.

So seien ihm 1914 alle angeblichen Greueltaten der deutschen Truppen
in Belgien und Frankreich durchaus glaubhaft erschienen. Er, der bis
1913 Kriegssekretär gewesen war, habe auf den Eintritt Amerikas in
den Krieg für die Sache der Humanität gedrängt und sich für verpflichtet gehalten, mehrere Monate vor Amerikas Eingreifen in den aktiven
Dienst zu treten. Erst durch seine Kriegserlebnisse, nun durch seinen
Eindruck von der Berliner Bevölkerung, vor allem aber durch den
Starrsinn der französischen Politiker habe er doch seine Meinung über
Deutschland ändern müssen.

Ich versuchte dieses Gespräch zu vertiefen auf der Fahrt nach Sanssouci.
Da kamen mir die alten Beziehungen zwischen Friedrich dem Großen
und Washington zu Hilfe. Leider gelang es uns nicht, im Park von
Sanssouci den Baum mit der Bezeichnung „Geschenk der Vereinigten
Staaten an Friedrich den Großen" zu finden. Wir frühstückten im
schwedischen Pavillon, und ich fuhr mit Stimson im Auto zurück. Ich
fand bei ihm für alle Forderungen, auch der Abrüstung, großes Verständnis, aber er machte mir klar, daß Hoover nach dem psychologischen
Echec, der durch Frankreich hervorgerufen sei, im Laufe der nächsten
Monate keine neue Initiative entfalten könne. Er selbst hoffe aber, in fünf
bis sechs Monaten nach Berlin zurückzukehren, spätestens zur Abrüstungskonferenz, und dann in einer Besprechung der Premierminister der
Großmächte mehr für meine Auffassungen tun zu können. Diesen Tag
mußte ich bis zum Äußersten ausnutzen, um Stimson sein tiefverwurzel-
tes Mißtrauen gegen die preußische Militärtradition zu nehmen.

Für die von mir seit langem kombinierte Endaktion in der Abrüstungs-
und Reparationsfrage sollte Stimson die Überzeugung mitnehmen, daß
wir die durch Streichung der Reparationen ersparten Summen nicht
für rapide Aufrüstung verwenden würden. Ich sagte ihm, er brauche
nicht mehr die Sorge zu haben, daß die Armee in Deutschland letzten
Endes die Politik in entscheidenden Augenblicken bestimme. Das sei
vielleicht 1914 der Fall gewesen, gegenüber Bethmann Hollweg, weil der
Generalstab die Kriegsvorbereitungen auf der gegnerischen Seite gesehen
und ihm die geistige Elastizität gefehlt habe, um im letzten Augenblick
einen der politischen Situation angepaßten, neuen Aufmarschplan
anzunehmen. Ich hatte Stimson auf der Rückfahrt gesagt, nochmals über
diese Dinge sprechend, daß er am Abend bei dem Essen die führenden

Männer der neuen Reichswehr, Schleicher, Hammerstein und Raeder, kennenlernen würde; dabei würde er sich überzeugen, daß diese Männer wesentlich andere Typen seien und eine völlig andere Auffassung von Armee und Politik hätten als die entsprechenden Persönlichkeiten 1914. Um sicher zu sein, daß dieser Eindruck auch tatsächlich erzielt würde, hatte ich Planck gebeten, Schleicher über die Aufgabe des Abends zu informieren. Das Ergebnis war absolut entmutigend. Es war unmöglich, Schleicher auch nur für eine Minute in ein ernstes Gespräch mit Stimson hineinzubringen. Er machte nur Witze und zynische Bemerkungen, bis ich schließlich Treviranus zu ihm schickte und ihn bat, doch wenigstens seine Bemerkungen zu unterlassen, da man nicht sicher sei, ob nicht einer der amerikanischen Gäste genügend Deutsch verstehe. Hammerstein beteiligte sich mit keinem Wort an der Unterhaltung.

DER KAMPF GEGEN DIE FINANZKRISE

Am nächsten Tage konnte ich mich wieder mit der deutschen und internationalen Finanzlage beschäftigen. Am 22. Juli war es Dietrich gelungen, Luther von der Notwendigkeit eines Kreditkontingentes von 100 Millionen Mark an die Sparkassen und Girozentralen zur erweiterten Auszahlung der Sparkassen zu überzeugen. So konnte am 23. Juli eine 5. Verordnung über die Wiederaufnahme des Zahlungsverkehrs für die Zeit vom 24. bis 28. Juli erlassen werden. Die schrittweise Wiederaufnahme der Zahlungen mit beschränkter Kreditbereitstellung seitens der Reichsbank, die in der vorangegangenen Woche zu einer Steigerung des Notenumlaufs um 33 Millionen Mark geführt hatte – eine äußerst geringfügige Summe angesichts der Tatsache, daß in der gleichen Zeit eine Besserung des Deckungsverhältnisses von 35,8 auf 36,1 eingetreten war –, brachte Schwierigkeiten über Schwierigkeiten und drohte zu neuen Stockungen im Kapitalverkehr zu führen. Um die Widerstände Luthers und der Reichsbank gegen eine völlige Wiederaufnahme des Zahlungsverkehrs zu beseitigen, brauchte ich jetzt die Hilfe von Wallenberg und Sprague. Ich besprach am Montag in der Frühe diese Frage und die Stillhaltefrage mit den beiden und führte sie dann in einer Besprechung im größeren Kreise als meine offiziellen Ratgeber ein, woran außer den zuständigen Ministern Luther, Trendelenburg, Schäffer, Pünder, der kluge Melchior und Geheimrat Schmitz teilnahmen. Luther wurde stark bedrängt, aber er weigerte sich, weittragende Entschlüsse mitzumachen. Wallenberg und Sprague waren entsetzt. Am Nachmittag wurde die Besprechung ohne sie fortgesetzt, damit ich der Reichsbank gegenüber energischer auftreten konnte. Ich erklärte mich bereit, Luthers Bedenken durch eine Verschärfung der Kapitalfluchtverordnung zu begegnen. Die Verordnung wurde am Nachmittag beschlossen.

Vorher hatte ich MacDonald am Bahnhof abzuholen und mich mit ihm kurz zu unterhalten. Am Abend fand ein Essen in der Reichskanzlei statt, bei dem MacDonald einen improvisierten, sehr freundlich gehaltenen Trinkspruch ausbrachte. Anschließend gingen wir alle zusammen zu einem Empfang der Deutsch-englischen Gesellschaft in den Kaiserhof. Am andern Morgen in der Frühe begannen im Garten der Reichskanzlei die Besprechungen mit den englischen Gästen. Alle Fragen wurden berührt, nur bewußt nicht die Abrüstungsfrage. Die Situation war, namentlich für die Besprechung der finanziellen und wirtschaftlichen Fragen, u. a. der Kohlenfrage, günstig, weil sich die internationale Lage weiter verschärfte. Wegen der starken Goldverluste hatte die Bank von England am Tage nach der Konferenz den Diskont von 2,5% auf 3,5% erhöhen müssen. Die österreichische Nationalbank hatte eine Erhöhung des Diskonts von 7,5% auf 10%, des Lombardsatzes auf 11,5% und die ungarische Nationalbank eine Diskonterhöhung von 7% auf 9% und des Lombards auf 9,5% am gleichen Tage vornehmen müssen. An dem Tage, als MacDonald und Henderson in Berlin eintrafen, mußte die Bank von Frankreich, um nicht eine zu deutschfreundliche Stimmung bei den Engländern aufkommen zu lassen, der Bank von England ein Darlehen von 20 Millionen Pfund geben, an dem sich zur Hälfte ein französisches Bankenkonsortium beteiligte. Jetzt kam zu unserm Glück schon die City unter den Druck des französischen Goldes. Selbst dies genügte noch nicht, um Henderson völlig die Augen zu öffnen. Auch der preußische Ministerpräsident war bei einem Frühstück, das er zu Ehren der ihm politisch doch nahestehenden englischen Gäste gab, nicht in der Lage, Henderson stärker zu beeindrucken. Anders war es mit MacDonald und seiner Begleitung. Sie hatten vor allem Verständnis dafür, daß Deutschland und England sich nicht nur über die finanziellen, sondern auch über die wirtschaftlichen Fragen, namentlich das Kohlenproblem, verständigen müßten. Die Besprechungen verliefen sehr harmonisch.

Anschließend wurden in Gegenwart von Wallenberg und Sprague im

gleichen Kreise wie am Tage zuvor die Besprechungen über die Sanierung der Dresdner Bank und die Wiederaufnahme des uneingeschränkten
Zahlungsverkehrs wieder aufgenommen. Wallenberg und Sprague wurden Luther gegenüber sehr heftig. Sie versuchten, ihm mit allen Analo-
gien der Geschichte klarzumachen, daß der Zahlungsverkehr wieder
völlig normale Formen annehmen werde, nachdem durch die Verhandlungen der Londoner Konferenz und die gleichzeitigen Besprechungen
mit ausländischen Bankiers sichergestellt sei, daß das Ausland gegenüber
lang- und kurzfristigen Schulden unter allen Umständen stillhalten
würde. Die Reichsbank müsse einfach normale Noten zur Verfügung
stellen und für ein paar Tage unbeschränkt ausbezahlen. Dann würde
dem Publikum die Lust zum Abheben vergehen. Die mehr ausgegebenen
Noten würden nach wenigen Tagen wieder in das Portefeuille der
Reichsbank zurückströmen.

Nachmittags um drei Uhr hatte ich eine Besprechung mit dem österreichischen Vizekanzler a. D. Schmitz, demgegenüber ich das Mißtrauen
hatte, daß er als Vertreter der frankophilen Politik in Wien nur die
Absicht hatte, mich auszuhorchen. Von vier bis sieben führten wir die
englischen Gäste bei prächtigem Wetter mit dem Motorboot auf der
Havel spazieren. Braun versuchte alles, um diese Gelegenheit zu einer
stärkeren Beeinflussung Hendersons auszunutzen.

Nach dem Abendessen beim englischen Botschafter hatten wir bis in die
Nacht hinein noch eine Sitzung über die Stützungsaktion für die Rheinische Landesbank und die Sparkassen. An diesem Abend war Luther
nur zu bewegen, Kredit bis zu einer Auszahlung von 30,— RM pro
Einleger an die Kassen zu geben. Am andern Morgen, nach dem
Abschied von MacDonald, wurden die Besprechungen wieder aufgenommen, der Zusammenschluß der Allgemeinen Deutschen Creditanstalt
(Adca) und der Sächsischen Staatsbank zu einer offenen Handelsgesellschaft bewilligt und damit die Sorge für die beiden Banken dem
sächsischen Staat übertragen. Nachdem am Abend vorher Luther die
Verlängerung des partiellen Bankenmoratoriums bis zum 1. August
konzediert hatte, kamen wir an diesem Tag mit ihm überhaupt nicht
weiter, obgleich die Stillhalteabmachungen mit Amerika und England
perfekt waren und Botschafter Sackett um 12 Uhr zu mir kam und mir,
entsprechend der Unterhaltung mit Mellon am letzten Abend in London,
ein konkretes Angebot für einen großen Kredit für die Einfuhr von
Weizen, Kupfer, Baumwolle machte.

Darauf mußte ich am Abend die Industrie gegen Luthers Zögern mobilisieren. Ich ließ Otto Wolff kommen, Silverberg war nicht zu erreichen. Dafür bekam ich die drei leitenden Köpfe der großen Konzerne: Bücher, Schmitz und Vögler, und zog außerdem Professor Warmbold hinzu. Es gelang, die Herren auf Dietrichs und meine Linie zu bringen. Sie versprachen, die Industrie im gleichen Sinn zu beeinflussen. Ich merkte bereits in einer Besprechung mit Luther am andern Morgen um elf, daß diese Unterhaltung ihre Wirkung gehabt hatte. In Gegenwart von Schiele und Trendelenburg wurde dann mit Sackett die Möglichkeit der Benutzung der angebotenen amerikanischen Warenkredite besprochen, wobei Schiele starke Schwierigkeiten machte. In mehrstündigen Gesprächen bis neun Uhr abends gelang es, unter Hinzuziehung von Exzellenz Dernburg, den wir zum Leiter der Akzept- und Garantiebank gemacht hatten und der trotz seines Alters den klarsten Blick der deutschen Sachverständigen für banktechnische Fragen hatte, den Widerstand Luthers zu brechen. Spät am Abend bat ich noch Hilferding zu mir, der sich auch für die von Sprague und Wallenberg vorgeschlagene Lösung aussprach.

Ausgerechnet diesen Zeitpunkt der Wiedereröffnung von Banken und Sparkassen benutzte der Deutsche Landbund zu einem Aufruf für Lieferungssperre und allgemeine Zahlungseinstellung seitens der Landwirtschaft. Es war verbrecherische Demagogie. Luther war nervös geworden durch die weitere Diskonterhöhung der Bank von England um 1 % und durch die Erhöhung der Debetsätze der Amsterdamer Banken für deutsche Häuser auf 10%, während sie die Habensätze auf ein halbes Prozent herabsetzten. Ein kurzsichtigerer Beschluß ist kaum je in einer Finanzkrise gefaßt worden, ganz dazu angetan, einen Reichsbankpräsidenten den Kopf verlieren zu lassen. Trotzdem gelang es am 31., eine Einigung mit der Reichsbank zu erzielen. Wir konzedierten Luther eine Diskonterhöhung auf 15% und eine Lombarderhöhung auf 20%. Dafür verpflichtete sich die Reichsbank zur Aufhebung der Kreditrestriktionen und zur Vollaufnahme des Zahlungsverkehrs am 5. August.

Gleichzeitig übernahm das Reich 300 Millionen Vorzugsaktien der Dresdner Bank, die zu den bisherigen 100 Millionen Stammaktien und 34 Millionen Rücklage hinzutraten. Es war ein schwerer Kampf mit der Reichsbank, diese 300 Millionen durchzusetzen. Die Reichsbank wollte wiederum nur einer kleinen Summe zustimmen. Sprague und Wallenberg erklärten, daß, wenn man sich nicht zu einer die Phantasie des Publikums beeinflussenden, großen Kapitalshergabe entschlösse, die ganze Lösung ein Fehlschlag würde. Ich sah, daß ich in dieser Frage

Luther gegenüber bis auf Biegen und Brechen fest bleiben mußte, nachdem ich am Tag vorher mit Herrn Sobernheim von der Commerzbank und dem sehr sympathischen Herrn Schlitter von der Dedibank die bei diesen Banken schon entstandenen Konkurrenzbefürchtungen für den Augenblick beigelegt hatte. Wir beschafften uns die erforderlichen 300 Millionen Mark für die Parieinzahlung der neuen Dresdner-Bank-Aktien durch Begebung von Schatzanweisungen, die durch Einschaltungen der Akzeptbank diskontfähig gemacht und von der Reichsbank diskontiert wurden. Gleichzeitig wurde der Akzeptbank auf Vorschlag von Dernburg eine neue Aufgabe überwiesen, die normalerweise die Reichsbank hätte erfüllen müssen und, im Gegensatz zu der unmittelbaren Diskontierung der 300 Millionen Schatzanweisungen für die Dresdner Bank, auch angesichts der internationalen Bestimmungen hätte erfüllen können. Presse und Publikum vergaßen völlig, daß diese internationalen Bestimmungen die Reichsbank für eine normale Lösung der Schwierigkeiten völlig handlungsunfähig machten. Bei den Besprechungen mit Montagu Norman in London und bei den Unterhaltungen mit Flandin hatten beide zu ihrem Entsetzen erkannt, welches Unheil die Bestimmungen des Young-Planes über die Reichsbank für die Welt angerichtet hatten.

Die neue Funktion der Akzept- und Garantiebank bestand darin, daß sie die Finanzierung für eine in Berlin neu zu gründende Lombardkasse A.G. übernahm. Diese sollte den Zweck haben, Darlehen bis zu 10 000 RM bei Hinterlegung von Effekten zu geben, ohne daß die Reichsbank unmittelbar beansprucht würde. Um diese Lösung absolut einwandfrei zu fundieren, mußten die Kreditnehmer Solawechsel in Höhe von 10 % ihrer Kredite einreichen. Der Zinssatz sollte jeweils über dem von der Garantiebank festgelegten Satz liegen. Auf diese Weise sollte auch ein Mißbrauch der neuen Institution bei aller Bereitwilligkeit, namentlich der kleineren Wirtschaft zu genügen, verhindert werden. An sich hatte die sehr starke Heraufsetzung des Diskonts die normale und erwünschte Wirkung eines Abstoßens an Vorräten und infolgedessen Sinkens des Großhandelsindex, der in der letzten Woche um 1,8 % gefallen war.

Bei der Danatbank übernahm das Reich außer der bereits geleisteten Garantie für die Einlagen auch eine Garantie für die Erfüllung der Wechselverbindlichkeiten. Diese Lösung ermöglichte es der Reichsbank, der Danatbank eine unbeschränkte Rediskonthilfe zu gewähren. Auf Grund der Besprechungen, die ich in den letzten Tagen und Nächten mit den Vertretern der Industrie gehabt hatte und die mir den Grad der spekulativen Engagements von Flick, Otto Wolff, dem Stahlverein u. a.

)ei der Danat enthüllten, zog ich diese Lösung vor. Ich war nach
Rücksprache mit Dietrich bereit, die Danatbank im Gegensatz zur
Dresdner Bank (Pläne zur Abgliederung der Genossenschaftsabteilung
der Dresdner Bank und Zusammenlegung aller Genossenschaftskredite
)ei der auf das Reich zu übernehmenden Preußenkasse) als Privatbank
weiterbestehen zu lassen, namentlich nachdem mir klar wurde, wieweit
die Großkonzerne in ihrem gesamten Finanzgefüge mit ihr eng verbunden waren, wenn die Industrie selbst bereit war, Geld für die Danatbank
)ereitzustellen. In der nächtlichen Besprechung zwei Tage vorher hatten
ich IG, AEG und Stahlverein dazu bereit erklärt. Die Schwierigkeit
)estand nur darin, daß außer der IG niemand von ihnen Geld hatte. So
.am die Lösung zustande, daß diesen Gesellschaften vom Reich auf
 Jahre der Kaufpreis vorgestreckt wurde für 35 Millionen eigener Aktien
der Danatbank, die diese Konzerne zum Preis von 125% übernehmen
ollten.

Die drakonischen Finanzmaßnahmen der vergangenen anderthalb Jahre
hatten sich nun bewährt. Das Reich, dem noch im März 1930 die
Reichsbank, die Großbanken und die großen Konzerne Ultimaten stellen
onnten, konnte nun allein, aus eigener Kraft, helfen. Schon das Bekanntwerden dieser Maßnahmen übte eine gute Wirkung auf die gesamte
Finanzlage aus. Am 3. August verzeichnete der Ausweis der Reichsbank
ine weitere Zunahme der Deckungsmittel, eine Erhöhung der Girogut-
aben und eine nur mäßige Neubelastung. Um die gleiche Zeit war
die Bank von England gezwungen, von Frankreich und Amerika je
.5 Millionen Mark Kredite anzunehmen und sich vom Schatzamt die
Ermächtigung geben zu lassen, den ungedeckten Notenumlauf um
.5 Millionen Pfund zu erhöhen. Am 3. abends gelang es in einer Minister-
esprechung, unter Hinzuziehung von Luther, Schmitz, Dernburg, Bücher,
Hilferding und Warmbold, eine lose Übereinstimmung über weitere,
umfassende Sanierungsmaßnahmen zu erzielen und die Reichsbank für
ine unbeschränkte Kredithilfe für die Sparkassen zu gewinnen.

Die Wiedereröffnung der Banken- und Sparkassenschalter war aus einem
)esonderen Grunde, gerade in diesem Augenblick, ein gewisses Wagnis.
ie fiel zusammen mit dem Höhepunkt der Agitation für den preußischen
Volksentscheid. Der demagogischen Parole des Landbundes folgte ein
ntsprechender Brief Hugenbergs an den Reichspräsidenten. Die Lage
vurde im Lande glücklicherweise nicht in ihrem vollen Ernste empfun-
en; dagegen machten sich die erfahrenen Politiker außerordentlich
chwere Sorgen, von den bürgerlichen Rechtsgruppen angefangen bis zu

den Sozialdemokraten. Ich mußte in diesen Tagen, auch in längerer Sitzungen des geschäftsführenden Vorstandes der Zentrumspartei, viel Zeit darauf verwenden, um auch für den Fall eines Sieges eine ruhige Auffassung der vereinten Oppositionsgruppen der Kommunisten, Nazi und Deutschnationalen beim Volksentscheid zu erzielen. Ich glaubte nicht an eine Mehrheit für den Volksentscheid, konnte aber nicht restlos durchdringen mit meiner Auffassung, daß es das beste sei, keine Gegenaktion mit Hilfe des staatlichen Apparates zu betreiben.

Am Abend vor meiner Abreise nach Rom sollte ich zur Eröffnung der Banken- und Sparkassenschalter eine Rundfunkrede halten, um das Publikum zu beruhigen. Auch ein großer Teil der maßgebenden Persönlichkeiten der Zentrumspartei drängte mich, nicht aus parteipolitischen Rücksichten, sondern aus Sorge für die glatte Wiederaufnahme normalen Zahlungsverkehrs, in der Rundfunkrede Stellung gegen den preußischen Volksentscheid zu nehmen. Ich konnte nicht alle Gründe gegen solche Wünsche vorbringen, vor allem nicht die Sorge, daß der Reichspräsident ein starkes Ressentiment empfinden würde, falls ich durch eine solche öffentliche Wendung gegen den Volksentscheid jene objektive Linie, wie er sie sich vorstellte, verlassen würde. Schließlich entschloß ich mich, am Schluß der Rede einen einzigen Satz auszusprechen, der nach meiner Auffassung den Gedankengängen des Reichspräsidenten nicht widersprechen konnte und außerdem nur die Feststellung einer für mich durch die Reise nach Rom bedingten Unmöglichkeit der Teilnahme am Volksentscheid enthielt.

Damit hatte ich auch diejenigen Minister im Kabinett zufriedengestellt, die für den Volksentscheid stimmen wollten und auch nach ihrer ganzen politischen Haltung stimmen mußten. Der Schluß der Rede war folgendermaßen: „Ich bin von verschiedenen Seiten gefragt worden, wie man sich beim preußischen Volksentscheid verhalten solle. Darauf kann ich nur antworten: Mich wird man nicht an der Wahlurne sehen." Selbst diese vorsichtige Äußerung war, wie sich zeigen sollte, für den Reichspräsidenten zuviel und für die Linke zuwenig. Die ewig nervösen Persönlichkeiten in Preußen, die ich stets abgelehnt hatte, veranlaßten auf Grund der letzten Pressenotverordnung den Abdruck des Aufrufes der preußischen Regierung gegen den Volksentscheid in allen preußischen Zeitungen am Tage meiner Reise nach Rom.

Sofort setzte der Gegenstoß beim Reichspräsidenten ein, der sehr wohl überlegt war und der mich während meiner Anwesenheit in Rom zur Strecke bringen sollte. Ich war kaum eine Stunde in Rom, als der

Reichspräsident Herrn Pünder mitteilen ließ, er wünsche eine telephonische Verbindung mit mir, um von mir die Zustimmung zur Aufhebung oder mindestens Abänderung der Pressenotverordnung zu verlangen. Während ich mich mit Mussolini im Palazzo Venezia unterhielt, wurde dieser Wunsch des Reichspräsidenten Herrn Planck nach Rom mitgeteilt. 35 Minuten später rief Staatssekretär Meißner erneut bei Pünder an und teilte ihm den Text einer Erklärung mit, der nach Wunsch des Reichspräsidenten schon um zwölf Uhr der Pressekonferenz ausgehändigt werden sollte. Pünder berief, da er wegen meiner Verhandlungen mit Mussolini nicht persönlich mit mir telephonieren konnte, sofort eine Ministerbesprechung. Während derselben konnte ich von Rom aus anrufen und mitteilen, daß ich eine Abänderung der Pressenotverordnung nur zulassen könne, wenn sie nach meiner Rückkehr erfolge. Ich könne für die Formulierung einer Erklärung keine Desavouierung Preußens zulassen, sondern nur eine Distanzierung. Es gelang der Ministerbesprechung, den Reichspräsidenten zu beruhigen. Dietrich übernahm es am Samstag, mit den Verlegern zu verhandeln. Die Ministerbesprechung zur Abänderung der Pressenotverordnung wurde bis zu meiner Rückkehr vertagt.

Auch in einer anderen Beziehung kam während meiner Abwesenheit ein bedenklicher Beschluß zustande. Der erste Tag der Wiedereröffnung der Bankschalter brachte, den Erwartungen entsprechend, einen absolut ruhigen Zahlungsverkehr. Sogar am Morgen schon setzten Rückflüsse bei der Reichsbank ein. Dieses gute Ergebnis ermöglichte die volle Auszahlung auch bei den Sparkassen bereits zwei Tage früher, als beabsichtigt war. Das führte zu einer erheblichen Geldflüssigkeit und einer merklichen Besserung der Steuereingänge. Zwischen Reich und Preußen wurde eine endgültige Einigung über die Bereitstellung von 250 Millionen Schatzanweisungen für die Landesbank der Rheinprovinz erzielt. Das führte zu einer so optimistischen Stimmung, daß, entgegen den hinterlassenen Instruktionen, eine erhebliche Lockerung der Devisenreglementierung beschlossen wurde. Ich mußte von Rom aus am Freitagabend telephonisch eingreifen, um eine allzu weitgehende Lockerung aufzuhalten. So war der erste Tag in Rom für mich praktisch größtenteils von innenpolitischen Vorgängen in Anspruch genommen.

Ich war sehr bedrückt, daß die Besprechungen über die Devisenregelung, die ich noch am Mittwoch gehabt hatte, so wenig von der Reichsbank verstanden worden waren. Meine Absicht war, zu einer sorgfältig überlegten Devisenbewirtschaftung zu kommen, die es ermöglichen sollte, eine Einfuhrdrosselung agrarischer Produkte, vor allem solcher der bäuerlichen Wirtschaft (wie Butter, Eier, Käse) durchzuführen. Das hatte den ungeheueren Vorteil, daß wir die Preise dieser Produkte ohne Zolländerung und daher ohne handelspolitische Schwierigkeiten heben konnten. Auf diesen Zeitpunkt hatte ich seit Monaten gewartet und Schiele immer gesagt, daß ich statt durch eine Butterzollerhöhung mit ihrer gefährlichen Rückwirkung auf unseren Export nach Holland, Skandinavien, Dänemark und Finnland durch eine geeignete Devisenbewirtschaftung eine getarnte Verminderung der Einfuhr dieser Produkte erreichen wolle. Die Reichsbank, in wenigen Tagen vom tiefsten Pessimismus in einen übertriebenen Optimismus umschlagend, gab diese Waffen, trotz meines Eingreifens aus Rom, zum Teil schon jetzt aus der Hand.

Auch später versagte sie in der Anwendung dieser Mittel. Ich mußte mich selbst hinsetzen und überlegen, wie man eine bessere Devisenkontrolle für die Buttereinfuhr aus Dänemark ausüben könne. Kaum waren diese Maßnahmen an der schleswigschen Grenze einigermaßen erfolgreich angelaufen, so stellte sich heraus, daß die Reichsbank en bloc Devisenbewilligungen in bisheriger Höhe an die Hamburger Importeure vorgenommen hatte, die diese veranlaßten, auch wenn sie sich früher mit Buttereinfuhr nie beschäftigt hatten, nun einen Teil dieser Devisen für den Ankauf dänischer Butter zu verwenden. Es ist mir nicht gelungen, in den nächsten Monaten diesen Widerstand der Reichsbank zu überwinden, so daß wir im Januar 1932 gezwungen waren, doch zu Zollerhöhungen der in Frage kommenden Produkte zu schreiten, die, obgleich sie für die einzelnen nordischen Länder differenziert wurden, doch schwere handelspolitische Nachteile zur Folge hatten.

BESUCH IN ROM

Die Fahrt nach Rom hätte ich gerne um acht Tage aufgeschoben, des preußischen Volksentscheids und der Wiedereröffnung der Banken und Sparkassen wegen. Für den zweitägigen Aufenthalt verlor ich während dieser entscheidenden Ereignisse allein 72 Stunden mit der Fahrt. So wichtig es war, mit Mussolini in persönlichen Kontakt zu kommen, um die italienische Karte in den kommenden Verhandlungen ausspielen zu können, so war ich mir doch darüber klar, daß außer der Anbahnung freundschaftlicher Beziehungen ein konkretes Ergebnis bei der Romreise icht erzielt werden konnte. Die Besuche Stimsons und der englischen Minister hatten mir gezeigt, daß im Augenblick sich kein Land an eine aktive Politik heranwagte. Man wollte die Beschlüsse des Wiggins-Ausschusses und das Ergebnis der Stillhalteverhandlungen abwarten. Aber wie all diese Reisen, so konnte auch die römische Reise eine starke psychologische Wirkung haben. Auf diese psychologische Wirkung legte Mussolini, der vier Wochen vorher schon den Besuch Stimsons gehabt hatte, viel Wert. Um die Wirkung zu unterstreichen, sandte er uns seinen Salonzug bis zum Brenner entgegen.

Die Unterhaltungen mit Mussolini und Grandi gehören zu den wenigen angenehmen Erinnerungen dieser schweren Zeit. In London hatte Henderson von der merkwürdigen Art des Empfanges bei Mussolini erzählt. In dem riesigen Saale des Palazzo Venezia hatte Mussolini stehend hinter seinem Schreibtisch gewartet, bis Henderson die ganze Länge des Saales bis zu ihm durchschritten hatte. Aber als wir vor diesem Saale die Garderobe ablegten und uns noch mit Grandi unterhielten, merkte ich plötzlich, daß jemand hinter mir stand. Es war Mussolini, der uns selbst aus dem Vorzimmer holte. In zehn Minuten waren wir in Kontakt. Es entwickelte sich ein Gespräch über die Weltlage, wie ich es interessanter nicht gehabt habe. Mussolini hatte alle Zahlen über Arbeitslosigkeit und Handelsverkehr bei den wichtigsten Staaten im Kopf. Wir stimmten völlig überein, daß ohne Streichung der Reparationen und Kriegsschulden ein Wiederaufblühen der Weltwirtschaft unmöglich sei, aber wir kamen auch zu dem Ergebnis, daß die Zeit für eine Diskussion über diese Fragen im einzelnen noch nicht reif sei. Die Inaktivität des Völkerbundes bedauerten wir beide. Ich sagte ihm, ich komme immer mehr zu der Überzeugung, daß eine dauernde persönliche Fühlungnahme zwischen den Staatsmännern der Großmächte viel ersprießlicher wäre als die der Methode der Verhandlungen im Völkerbund. Mussolini griff diesen Gedanken lebhaft auf und ließ durchblicken, daß solche persönliche Fühlungnahme vielleicht in eine feste Form gebracht werden könne. Ich vermied es, auf diesen Gedanken einzugehen. Er kam mir zu überraschend. Ich überlegte und dachte an Österreich, die Zollunion und die Notwendigkeit, im ersten gegebenen Augenblick eine persönliche Fühlungnahme mit Benesch – die ich vorbereitet hatte – herbeizuführen. Ich dachte in weiterer Ferne an die Notwendigkeit des Beginns unmittelbarer Gespräche mit Polen an Stelle des bisherigen Weges über Paris. Ich dachte gleichzeitig, und das war entscheidend für meine ausweichende Antwort, an meine Erfahrungen in den letzten Monaten. Eine gemeinsame Diskussion im Rahmen einer Versammlung der Staatsmänner der Großmächte hätte mich gezwungen, mich bei diesen Verhandlungen auf Argumente zu beschränken, die für die Vertreter aller dieser Mächte akzeptabel waren. Außerdem hätte mich diese Methode des Vorteiles beraubt, in Besprechungen unter vier Augen individuell geeignete Argumente zu gebrauchen.

In den wenigen Minuten, die mir die telephonischen Verhandlungen mit Berlin übrig ließen, ging mir dieser Gedanke dauernd nach. Bei dem wundervollen Frühstück in der Villa Borghese war ich nur über einen Entschluß noch nicht im klaren. Bei der noch schöneren Wanderung durch die Gärten der Villa d'Este wurde mir in der unvergeßlichen Unterhaltung mit Mussolini bewußt, daß ich an meiner alten Methode festhalten müsse. Die andere war für Prestigeerfolge besser, aber für meine sachlichen Ziele ungünstiger. Dieser Linie folgend, habe ich mich von dem Versuchsballon wegen eines Viermächtepakts, der einige Wochen später in der „Kölnischen Zeitung" hochging, ferngehalten. Der früheste Termin für einen Viermächtepakt kam, nach meiner Auffassung, als Abschluß der Reparations- und Abrüstungsverhandlungen. Mussolini zeigte mir während der Wanderung durch die Gärten der Villa d'Este in der feinfühligsten Art und Weise jede Form der Sympathie für meinen innen- und außenpolitischen Weg. Ich hatte tiefes Verständnis für seine pessimistischen Betrachtungen der Weltlage und für die melancholische Einsamkeit, in der jeder lebt, auf den alle letzten Entscheidungen zurückfallen. Vor der größten Fontäne mich festhaltend, deklamierte er plötzlich Goethes „Grenzen der Menschheit" und wiederholte mehrere Male, ohne sonst ein Wort zu sagen, die Verse:

> „Uns hebt die Welle,
> Verschlingt die Welle,
> Und wir versinken."

Er erzählte, wie er spät noch Lateinisch gelernt habe nach Schulz' lateinischer Grammatik, mit der auch ich am Paulinum in Münster angefangen hatte. Dann unterhielt er sich mit den Journalisten.

Als wir die Treppen wieder hinaufgingen, sagte mir Grandi, ob ich dem Duce eine ganz große Freude machen wolle? Ich sagte ihm: „Selbstverständlich." Dann möge ich mit ihm am Ausgang der Gärten in die Kirche der Minoriten, die seine einzigen Freunde seien, gehen. Mussolini erzählte mir, wie sehr er an dieser Kirche hinge und wie sehr er diesen ärmsten Orden der katholischen Kirche liebe. Dieser Kirchenbesuch fand statt auf dem Höhepunkt des Streites zwischen Mussolini und dem Vatikan und konnte, wie ich noch in der Kirche fühlte, wie eine Demonstration gegen den Vatikan wirken, aber ich war darüber nicht besorgt. Nach einer Unterhaltung während des Frühstücks mit dem Präsidenten des Senates, der bei allen Veranstaltungen immer mein Nachbar war, woraus ich an sich schon bestimmte Schlüsse ziehen mußte, wurde mir klar, daß ich bei dem Staatsbesuch im Vatikan, wenn sich irgendeine passende Möglichkeit ergab, ein Wort über den Konflikt sagen mußte.

Bei dem Staatsessen am Abend wurden die Gespräche allgemeiner Art über die politische Lage fortgeführt. Leise wurde das Zollunionsproblem berührt. Mussolini war sehr vorsichtig und feinfühlig in dieser Frage. Er hatte sicher Verständnis dafür, in welch schwierige Situation ich gekommen war durch die Art des Bekanntwerdens der Zollunion und durch die Tatsache, daß das Auswärtige Amt völlig übersehen hatte, daß nicht nur Frankreich und die Tschechoslowakei, sondern auch Italien schärfster Gegner der Zollunion sein mußte.

Mussolinis bittere Erfahrungen in seiner ersten Regierungszeit, als er in der Außenpolitik populär-patriotischen Stimmungen nachgab, verliehen ihm wohl das große Taktgefühl in der Besprechung dieser Frage und ein Verständnis für die prekäre Situation, in der ich mich gerade in diesem Punkte befand. Ich schloß diese Frage ab, indem ich sagte, ich hoffe, daß bei dem Gegenbesuch, den er für sich selbst oder für Grandi in Aussicht gestellt hatte, nach der Haager Entscheidung die Möglichkeit einer verständnisvollen neuen Unterhaltung über diese Frage sich ergeben würde. Dann brachen wir das Gespräch ab. Ich begann müde zu werden. Beim Abschied wiederholte Mussolini den Satz meines Trinkspruchs aus dem Briefe Dantes: „Ita tunc cives, repirantes pace, confusionis miserias in gaudio recolemus."

Am Sonnabendmorgen hatten wir in der deutschen Botschaft mit Mussolini und Grandi noch eine Besprechung im wesentlichen über beiderseitige handelspolitische Wünsche. Uns lag daran, durch eine Weiterlieferung von Kohlen nach Italien, die bislang auf Reparationskonto exportiert worden waren, die durch unsere Devisenbewirtschaftung hervorgerufene Stockung des italienischen Gemüse- und Fruchtexports nach Deutschland zu mildern. Wir einigten uns darüber in wenigen Minuten. Es gibt keine leichtere Aufgabe, als ohne Sachverständige sich über an sich schwierige Fragen zu unterhalten. Mit einem Frühstück in der deutschen Botschaft fand der Staatsbesuch bei Mussolini ein Ende.

Ich fuhr mit Schubert und Planck in die Albanerberge hinaus über die

Via Appia antiqua und genoß, trotz der glühenden Hitze, das wunderbare Bild. Dann kam der unumgängliche Staatsbesuch beim Vatikan. Für Curtius eine halbe Stunde später als für mich. In allen Gemächern, durch die wir geführt wurden, standen die Ehrengarden, nichts für schnellreisende Politiker, die jede Stunde ausnutzen mußten. Nach einer kurzen Vorstellung bei Pizzardo unterhielt ich mich eine Dreiviertelstunde allein mit Pacelli. Die Unterhaltung begann sehr liebenswürdig. Nach einiger Zeit entstanden Schwierigkeiten in der Frage des Armeebischofs, deren Behandlung ich die ganze Zeit praktisch Kaas überlassen hatte in der Überzeugung, daß seine Idee eines exemten Armeebischofs völlig den Auffassungen Pacellis entspreche. Ich hatte mich auch aus eigener Überzeugung stark auf diese Linie festgelegt. Zu meinem Erstaunen vertrat Pacelli den umgekehrten Standpunkt. Sehr befremdet sagte ich ihm, ich hätte mich auf Kaas verlassen und die Frage energisch bei der Reichswehr in seinem Sinne betrieben. Die Stimmung wurde kühl.

Pacelli schnitt die Frage des Reichskonkordats an. Ich sagte ihm, es sei unmöglich für mich als katholischen Kanzler, angesichts der Spannung in Deutschland, an diese Frage überhaupt heranzugehen. Fast alle deutschen Länder von Bedeutung hatten bereits Konkordate, und mit den übrigen sei man in aussichtsreichen Verhandlungen. Würde ich jetzt die Frage eines Reichskonkordats aufgreifen, so würde ich auf der einen Seite den furor protestanticus aufpeitschen und auf der anderen Seite auf völlige Verständnislosigkeit bei der Linken stoßen. Pacelli meinte, ich müsse eben mit Rücksicht auf ein Reichskonkordat eine Regierung der Rechten bilden und dabei zur Bedingung machen, daß sofort ein Konkordat abzuschließen sei. Ich entgegnete ihm, daß er die politische Situation in Deutschland und vor allem den wirklichen Charakter der Nazis verkenne. Ich erinnerte ihn daran, daß seit dem Abschluß des preußischen Konkordats ein feierliches Versprechen der Zentrumspartei vorliege, zunächst einen Kirchenvertrag mit den protestantischen Kirchen in Preußen abzuschließen. Ich habe bereits vom Reiche her die Initiative ergriffen, dieses Versprechen zu halten.

Pacelli hielt es für unmöglich, daß ein katholischer Kanzler einen protestantischen Kirchenvertrag abschließe. Ich antwortete scharf, daß ich, schon dem Geiste der Verfassung entsprechend, die ich beschworen habe, die Interessen des gläubigen Protestantismus auf der Grundlage völliger Gleichberechtigung wahrnehmen müsse. Der Kardinalstaatssekretär verurteilte nun meine ganze Politik und erklärte, die Stellung von Kaas, der eine solche Politik billige, sei im Vatikan völlig erschüttert. Er

müsse Kaas bitten, sein Amt als Vorsitzender der Zentrumspartei niederzulegen und die freie Stelle eines Rektors am Campo santo anzunehmen.
Ich entgegnete ihm, ich könne ihm insoweit nicht widersprechen, als
Kaas Priester sei, aber jedem Versuch, auf meine politischen Entschlüsse
und auf die Haltung der Zentrumspartei vom Vatikan aus Einfluß zu
nehmen, müsse ich widerstehen. Als Reichskanzler stände ich ihm als der
Vertreter einer in politischer Beziehung koordinierten ausländischen
Macht gegenüber. Ich hätte eine solche Einstellung nicht erwartet in
einem Augenblicke, da der Pakt zwischen dem Vatikan und Mussolini
schon nach kaum zweijährigem Bestehen zu zerreißen drohe.
Ich hatte feststellen müssen, wie die Funktionäre der faschistischen Partei
sich lustig machten über die Ängstlichkeit der vatikanischen Prälaten
gegenüber faschistischen Übergriffen. Nachdem der Lateranpakt abgeschlossen sei und angesichts Mussolinis Voraussicht glaube ich nicht, daß
für den Vatikan überhaupt die Möglichkeit mehr bestehe, es über die
Frage der Jugendorganisation zu einem Bruch mit dem faschistischen
Staate kommen zu lassen. Ich sähe zwar in einer weiteren starken
Identifizierung der vatikanischen politischen Auffassungen mit dem
faschistischen System eine große Gefahr für die Kirche in einer ferneren
Zukunft, fühle mich aber verpflichtet, für die Krise des Augenblicks
dringend zu raten, zu einem Kompromiß mit Mussolini zu kommen.
Pacelli griff diese Äußerung auf und bat mich, dem Heiligen Vater diese
Auffassung darzulegen. Er glaubte, daran anknüpfend, mir wieder eine
Einigung mit den Nazis wünschen zu müssen. Ich erklärte ihm, daß
bislang alle Versuche, mit der Rechten zu einer für den Staat und das
Volk verantwortbaren Einigung zu kommen, mißlungen seien. Er ver-
kenne die Natur des Nationalsozialismus. Die Sozialdemokraten in
Deutschland seien nicht religiös, aber tolerant, während ich bislang noch
die Überzeugung habe, daß die Nazis weder religiös noch tolerant seien.
Das Gespräch wurde abgebrochen, weil der Zeitpunkt des Audienz-
beginns beim Heiligen Vater schon längst überschritten sei.
Diese Audienz währte eine halbe Stunde für mich allein und dann noch
zwanzig Minuten für mich mit Curtius. Der Protestant Curtius wurde in
beiden Audienzen viel freundlicher behandelt als ich. Curtius glaubte
sogar, vom Papst und von Pacelli nur Komplimente für unsere Politik
gehört zu haben. Der Heilige Vater sprach fast ununterbrochen, mit
einem bewundernswerten Erinnerungsvermögen, über persönliche Erlebnisse und Beziehungen, die ihn mit Deutschland verknüpften. Nach der
Unterhaltung mit Pacelli traute ich meinen Ohren nicht, als der Papst

plötzlich die deutschen Bischöfe beglückwünschte zu ihrer klaren und unerschrockenen Haltung gegenüber den Irrlehren des Nationalsozialismus.

Ich antwortete, daß Nationalsozialismus und Faschismus in ihren geistigen Grundzügen nichts miteinander gemein hätten. Deshalb hielte ich es für notwendig, daß in einem Augenblick, wo das bolschewistische Denken unter roter oder anderer Farbe in der Welt um sich greife, der Vatikan mit Mussolini zu einer Versöhnung käme. Konkordate brächten erfahrungsgemäß immer die Gefahr mit sich, daß die Kirche in Fragen der Auslegung des Konkordates schrittweise immer weiter nachgeben müsse. Zu einem Bruch könne es dann nur wegen Fragen kommen, die jeder Katholik ohne weiteres begreife und bei denen er sich instinktiv auf die Seite des Vatikans stellen würde. Ein Bruch über weniger klar entscheidende Fragen würde schwer verständlich sein. Ich fühlte, daß diese Ausführungen auf den Heiligen Vater starken Eindruck machten. Er ließ mich längere Zeit, ohne einzugreifen, reden. Am Abend bei dem Essen in der deutschen Botschaft teilte ich Pacelli diesen Eindruck mit.

Ich hatte vorher mit Monsignore Steinmann, dem Uditore der deutschen Botschaft am Vatikan, über meine Unterhaltungen kurz gesprochen. Er konnte sich die Haltung Pacellis angeblich nicht erklären. Planck gegenüber hatte ich nur eine kurze Bemerkung gemacht, daß die Stunden im Vatikan sehr erfreulich gewesen seien. Beide sah ich dann mit dem Botschafter von Bergen sprechen. Plötzlich tauchte das Gefühl einer Gefahr auf, aber im selben Augenblick kam ich zu der Überzeugung, daß mein Mißtrauen unberechtigt sei. Nach dem Essen erklärte ich dem Kardinalstaatssekretär in Gegenwart von Monsignore Steinmann in etwas scharfer Form, daß ich mir unsere Unterhaltung noch mal habe durch den Kopf gehen lassen; nachdem mir ein solches Mißtrauen entgegengebracht worden sei, sei ich zu dem Entschluß gekommen, die Frage des Armeebischofs und des Konkordats überhaupt ruhen zu lassen und ihre Lösung meinem Nachfolger zu überlassen. Ich fügte ironisch hinzu, ich hoffte, daß der Vatikan mit Hitler und Hugenberg einen größeren Erfolg haben werde als mit dem Katholiken Brüning.

Um zehn Uhr fuhren wir von Rom ab, nach einer freundlichen Verabschiedung von Mussolini. Hier war wieder italienischer Staatsbesuch; der Vatikan konnte sich am Bahnhof nicht vertreten lassen. Der merkwürdige staatsrechtliche Zustand wurde mir besonders klar bei den Schwierigkeiten, die aus dem Wunsche entstanden, mich mit dem Freunde meines Bruders, Monsignore Testa, zu treffen, der jetzt Botschaftsrat bei der

Nuntiatur beim Quirinal war. Am Abendessen in der deutschen Botschaft beim Vatikan teilzunehmen, war für ihn unmöglich; er könne mich nur sehen, solange mein Staatsbesuch bei der italienischen Regierung dauere. Übermüdet und gereizt schlief ich die Nacht nicht. Am Brenner fing es an zu nieseln. Nördlich vom Brenner goß es in Strömen. Die Temperatur schien uns eisig kalt, und ich fing an zu frieren. In Innsbruck stieg Kaas in den Zug, sehr gespannt, und fragte mich nach meinen Unterhaltungen mit Pacelli. Ich muß es auf meine körperliche Ermüdung zurückführen, daß ich dann die volle Kraft von Pacellis Verlangen vielleicht nicht wiedergab. Müde und bedrückt kam ich in Berlin an.

Wenige Wochen später hörte ich ein vages Gerücht, Planck habe mit dem Code des Reichswehrministeriums einen Bericht über einen Zusammenstoß zwischen Pacelli und mir an Schleicher gesandt. Zwar war mir der Verdacht aufgestiegen, daß Planck den Inhalt meiner Unterredung aus Steinmann herausbekommen wollte. Das wäre an sich nichts Außergewöhnliches gewesen, da er die Aufgabe hatte, den Inhalt solcher Unterredungen zu Papier zu bringen für die Akten des Auswärtigen Amtes. Diese Aufgabe machte ihm meine Wortkargheit nicht leicht. Ein tiefer Argwohn erfüllte mich aber, als in der zweiten Oktoberhälfte Kölner Parteifreunde mich aufsuchten und mir den Inhalt einer Unterredung mitteilten, die sie rein zufällig mit einem Herrn gehabt hatten, der am gleichen Tisch in einem Restaurant saß und sich als Leiter der Wirtschaftsstelle der NSDAP in Berlin vorstellte. Er erzählte in allen Einzelheiten meine Auseinandersetzung mit Pacelli und fügte hinzu, daß die Nazis große Hochachtung vor meinem Mut hätten, Eingriffen des Vatikans in die deutsche Politik mich zu widersetzen. Meine Bekannten hatten versucht, den Herrn wiederzutreffen, aber in seinem Büro wurde erklärt, er sei plötzlich verreist; offenbar hatte er unter Wirkung des Alkohols Enthüllungen gemacht, die er in nüchternem Zustande bedauerte.

Ich versuchte vergeblich, die Zusammenhänge zu ergründen. Damals wußte ich noch nicht, daß die Schwiegermutter von Botschafter von Bergen sich begeistert für die Nazis einsetzte. Es blieb mir nur das Gefühl, daß um mich herum eine große Intrige gesponnen wurde.

PROBLEME ÜBER PROBLEME

Als ich dem Reichspräsidenten Vortrag über die Romreise und die Abänderung der Pressenotverordnung hielt, war er sehr ruhig. Weder an diesem Tage noch am nächsten, wo ich ihn traditionsgemäß zur Verfassungsfeier in seinem Palais abholen mußte, stellte ich bei ihm irgendeine Neigung zur Änderung der Politik fest. Er sehnte sich nach Dietramszell und hatte, wie es schien, nur eine Idee: mit dem bisherigen Kurs möglichst schnell in einen politischen Ruhestand hineinzukommen. Ich überlegte, angesichts dieser Stimmung des Reichspräsidenten, ob ich nach dem Abschluß der Verhandlungen des Wiggins-Komitees auch für einige Zeit in Urlaub gehen sollte. Die vergangenen Monate hatten mich doch nervenmäßig sehr mitgenommen. Ich befand mich in einem Zustande, in dem ich nur den einen Wunsch hatte, für acht Tage völlig die Umwelt zu vergessen. An sich wäre der Zeitpunkt zu einem Ausspannen günstig gewesen. Der beruhigende Ausgang des preußischen Volksentscheids hatte auch zu einer Stabilisierung im Zahlungsverkehr geführt. Es kam das Gefühl auf, daß eine Mehrheit im deutschen Volke, auch unter schwierigen Umständen, die Nerven behalten würde. Schon am 11. August war es möglich, den Diskontsatz auf 10% und den Lombardsatz auf 15% herabzusetzen. Kurze Zeit darauf konnte man den Lombardsatz auf 12% herabsetzen. Aber als ich in den nächsten Tagen die ausländische Presse durchsah, erkannte ich, daß keine Ruhe eintreten, sondern das Gebäude der Weltwirtschaft weiter ins Wanken geraten würde. Die Tschechoslowakei war gezwungen gewesen, am 5. August den Diskont zu erhöhen. Die Bank von England hatte trotz der Annahme eines weiteren Kredits von 50 Millionen Pfund Sterling von Frankreich und Amerika und trotz der Erhöhung des ungedeckten Notenumlaufs um 15 Millionen Pfund keine Möglichkeit, ohne Goldverschiffung das Pfund zu halten. Gerüchte von Schwierigkeiten in der Regierung kamen. Ich erhielt von Church Mitteilung über sich immer mehr versteifende Verhandlungen zwischen der Bank von England und der englischen Regierung. Diese Nachrichten erinnerten mich stark an die letzten vier Wochen vor der deutschen Bankenkrise. Aus dem dumpfen Gefühl einer bevorstehenden neuen Krise heraus entschloß ich mich, dauernd in Berlin zu bleiben. Zunächst zwang mich dazu die Vorbereitung der Basler Verhandlungen und die Aufgabe, Krosigk und seinen Mitarbeitern für den Abschluß von Ausführungsvereinbarungen für das Hoover-Moratorium Instruktionen zu geben. Außerdem waren während meiner Abwesenheit die Verhandlungen über die amerikanischen Rohstoffkredite absolut ins Stocken geraten. Endlich mußte die Frage der Kommunalfinanzen vom Reich aus in Angriff genommen werden. In meiner eigenen Partei war die Nervosität groß, teils durch den Streit um die Pressenotverordnung, teils weil die Abgeordneten aus dem Lande über die verheerende Wirkung der Restriktionspolitik der Reichsbank berichteten, die sich praktisch hauptsächlich gegen das mittlere und kleinere Gewerbe gewendet hatte.

Gleich nach dem Zusammentreten des Wiggins-Ausschusses in Basel erreichten mich sehr ungünstige Nachrichten. Ich hatte am Mittwochmorgen in der Frühe eine Besprechung mit Bülow, die ich am Abend spät wieder aufnahm, und in der ich ihn wieder um Unterstützung bat für eine Politik, die zur restlosen Streichung der Reparationen führen sollte. Am gleichen Tage besprach ich die Bankenlage mit Dietrich und teilte in einer sehr langen Unterhaltung Hilferding mit, daß nunmehr der Kampf um die restlose Streichung der Reparationen beginne. Zu diesem Zwecke mußte ich dem Auslande gegenüber die Lage Deutschlands sehr pessimistisch darstellen, was ich, nach der glatten Wiederaufnahme des normalen Zahlungsverkehrs, glaubte, ohne Gefahr für die innere finanzielle Lage Deutschlands tun zu können.

Aus diesem Grunde kam ein Interview mit Ward Price heraus, in welchem ich erklärte, daß Deutschland den schwersten Winter seiner Geschichte vor sich habe. Dieses Interview hatte, unerwarteterweise, wohl die pessimistische Wirkung im Innern, aber keine Wirkung nach außen, ausgenommen auf die Basler Sachverständigen. Es wurde von der Naziagitation außerordentlich stark ausgenutzt.

Am Abend des Donnerstags lauteten die Nachrichten aus Basel ungünstig. Ich hatte den Wunsch ausgesprochen, der Sachverständigenausschuß möge für einige Tage nach Berlin kommen, weil ich hoffte, auf diese Weise durch persönliche Fühlungnahme stärkeren Einfluß auf die Mitglieder nehmen zu können. Ferner war ein vom Standpunkt Wiggins' verständlicher, für unseren Kredit aber bedenklich wirkender Beschluß zustande gekommen, daß Deutschland neue Anleihen nicht aufnehmen könne, wenn nicht vorher das Reparationsproblem gelöst sei. Dieser Beschluß war für uns gut und schlecht gleichzeitig. Er konnte ausgelegt werden als eine Mahnung zur sofortigen Inangriffnahme des Reparationsproblems, damit Deutschland sofort die neuen Anleihen bekommen könne, die es zur Überwindung der Krise notwendig habe. Er konnte aber auch durch die Koppelung der beiden Fragen den Kampf um das Reparationsproblem in einen Stellungskrieg ausarten lassen. Letzteres schien das Wahrscheinliche, weil am gleichen Tage Schwierigkeiten im Kampf um das englische Budgetproblem bekannt wurden und am nächsten Tage Hoesch telephonierte, daß die französischen Minister im August nicht mehr nach Berlin kommen könnten. Zwar wurde diese Absage in eine besonders liebenswürdige Form gekleidet. Entsprechend unseren Vereinbarungen auf der Rückfahrt von London nach Calais, rief mich Laval selbst an und entschuldigte in der liebenswürdigsten Form sein Nichtkommen. Ich konnte mich aber des Verdachts nicht erwehren, daß die französische Politik erst abwarten wollte, wie die politische Lage in England sich entwickeln würde.

In aller Eile mußten am Abend der drohende Zusammenbruch der Firma Borsig abgewehrt und Verhandlungen über die stets gefährlichen Angelegenheiten bei den Gemeindearbeiterlöhnen begonnen werden. Dazu begannen nervöse Presseangriffe in der „Frankfurter Zeitung" über die Sitzung des Zentrumsparteivorstandes, die einen Brief Breitscheids an mich zur Folge hatten, und die Vorbesprechungen für die Ernennung von Sachverständigen zur Beratung des Bankproblems. Jetzt kam bei mir die Reaktion auf die Anstrengungen der vergangenen Wochen. Ich mußte mich zu Bett legen, aber am Sonntagmorgen, wegen der ungünstigen Nachrichten aus Basel, mit leichtem Fieber, das ich für mehrere Wochen nicht wieder los wurde, wieder aufstehen. Am Sonntagmorgen wurde der über Nacht eingetroffene Textentwurf für den Layton-Bericht durchgesprochen und Abänderungsvorschläge an Dr. Melchior nach Lörrach telegraphiert.

Als Melchior diese Vorschläge in Lörrach durchgelesen hatte, rief er mich an und teilte mit, daß er kaum Möglichkeiten sähe, sie bei der Stimmung der Kommission durchzusetzen. Ich bat ihn, den Mitgliedern der Kommission zu sagen, daß, wenn in der Stillhaltefrage kein besseres Ergebnis zustande käme, ich leider gezwungen wäre, ein Auslandsmoratorium zu erklären. Irgendwie müssen die Basler Schwierigkeiten dann durchgesickert sein, denn der Samstag und Sonntag wurden von den Rechtsparteien zu neuen Vorstößen gegen die Regierung benutzt.

Der „Völkische Beobachter" lehnte jede Beteiligung an einer nach rechts verbreiterten Regierungsbasis ab, ein für mich und meine engsten politischen Freunde für die weiteren Entschlüsse sehr maßgeblicher Vorgang. Gleichzeitig ersuchte Hugenberg in einem Brief an den Reichspräsidenten um eine Unterredung mit mir. In der Wirtschaftspartei kriselte es. Drewitz legte seinen Vorsitz nieder. Die Verhandlungen in Basel verschärften sich. Die Besprechung über die Lage der Kommunen ergab ein höchst unerfreuliches Bild, vor allem bekamen wir endlich Material, daß die Gehälter der Kommunalbeamten durchweg weit höher waren als in den entsprechenden Klassen der Reichsbesoldungsordnung. Zum erstenmal bekamen wir im einzelnen ein erschreckend klares Bild über die Mißwirtschaft der Kommunen in bezug auf die Beamtengehälter.

Der Dienstag brachte eine Enthüllung der katastrophalen Lage der Vereinigten Stahlwerke. Das Flickproblem und das Problem Otto Wolff wurden mir plötzlich klar. Beide zusammen hingen mit nahezu 400 Millionen Mark Spekulationskredit bei den Großbanken. Auch hier konnte man meistens nur tropfenweise im Verlauf von Monaten die volle Wahrheit herausbekommen. Otto Wolff hatte bei einem Steuerwert seines gesamten Vermögens von 225 Millionen Mark, berechnet auf der Grundlage der Hochkonjunktur von 1927, eine Schuld bei den deutschen Banken allein von 200 Millionen Mark. Ähnlich sah es bei Flick aus. Damals bildete sich bei mir die Überzeugung, daß es unverantwortlich sein würde, immer neue Hunderte von Millionen Mark zur Rettung der Konzerne vor den Konsequenzen einer sinnlosen Spekulation hinauszuwerfen. Ich war der Überzeugung, daß ich das politisch nicht durchhalten könne und daß ich vorsichtig die Aktienpakete dieser Herren für das Reich erwerben müsse, um eine völlige Reorganisation der rheinisch-westfälischen Industrie und eine Rückgliederung der großen Konzerne zu ermöglichen. Ich machte darüber in einer Besprechung über die Bankenfrage am Dienstag die ersten vorsichtigen Äußerungen und stellte als Ziel unserer Politik die Forderung auf, zu gesunden Größenverhältnissen der Betriebe bei den Banken und in der Wirtschaft zurückzukehren.

Die Beratung konnte nicht vertieft werden, da ich von vier bis zehn Uhr abends fast ununterbrochen mit Lörrach telephonieren mußte. Abwechselnd fuhren Dr. Melchior und Direktor Schlieper von Basel im Auto nach Lörrach, um sich neue Instruktionen zu holen. Ich behielt Luther und Schäffer bei mir. Um ein Uhr wurde uns das Endergebnis der Beratung durchtelephoniert. Ein für uns besserer Kompromiß in der Stillhaltefrage – Stillhaltung für die kurzfristigen Schulden Deutschlands nach dem Stande vom 13. Juni für 6 Monate – wurde angenommen, ebenso der Layton-Bericht über die Reparationsfrage, der in diesem Stadium der Verhältnisse nicht ungünstig für uns war. Die Veröffentlichung des Layton-Berichts hatte einen merkwürdigen Erfolg. Zunächst gab es Schwierigkeiten mit der SPD, die aus dem Layton-Bericht optimistischere Schlußfolgerungen zog und nun Schwierigkeiten wegen der Senkung der Gemeindearbeiterlöhne machte. Höpker-Aschoff machte in der Presse einen Vorstoß auf Erledigung der Reichsreform durch Notverordnung, der sofort alle Gegner der Reichsreform auf den Plan rief.

DIE WELTKRISE

Dies generelle Streben nach inflatorischen Maßnahmen, das besonders stark von den schwerverschuldeten Großkonzernen (mit Ausnahme der Elektrizitätsunternehmungen) und der Landwirtschaft unterstützt wurde, fand eine außerordentlich starke Stütze durch die Entwicklung, die Ende August wie ein Wirbelwind durch die Welt ging und für Wochen außenpolitische Handlungen kaum möglich machte.

Am 24. August trat die Labourregierung zurück. Es wurde ein nationales Konzentrationskabinett gebildet.

Während die deutsche Lage sich besserte und am 28. August sogar die französischen Banken das Stillhalteabkommen unterzeichneten, die Reichsbank am 1. September infolge starken Drucks der Regierung die Kreditrestriktion auch formell aufhob und den Diskontsatz von 10% auf 8% und den Lombardsatz von 12% auf 10% herabsetzte, am 3. September die deutschen Börsen wieder eröffnet werden konnten (gegen meinen Vorschlag) und sich dabei nur ein 25%iger Kursrückgang gegenüber dem 11. Juli ergab, wurde die Lage in England und in andern Ländern täglich bedrohlicher.

Am 28. August mußte das englische Schatzamt zur Stützung der City einen neuen Kredit in Höhe von 80 Millionen Pfund in Frankreich und Amerika aufnehmen. Wie schwierig die Lage der City geworden war, ergab sich aus der Tatsache, daß für den französischen Anteil dieses Kredits 7% Zinsen zu zahlen waren, während für die amerikanische Tranche allerdings nur 5,75% festgelegt wurden.

Am nächsten Tag kam für Schweden der „Schwarze Freitag". An der Stockholmer Börse brach eine gewaltige Panik mit heftigen Kursstürzen aus.

Am 31. August stellte Brasilien die Zins- und Amortisationszahlungen auf ausländische Anleihen ein. Das war für die City und Wallstreet ein

chwerer Schlag. Unter dem Eindruck dieser Vorgänge entschloß sich das
nglische Kabinett, unsern Weg zu beschreiten, und stellte ein umfassen-
les Sparprogramm auf. Dieses und der 80-Millionen-Kredit schafften für
inige Tage Beruhigung.

'unächst nahm ich dies mit Gelassenheit auf, trotz des ungünstigen
Jrteils des Haager Gerichtshofs über die deutsch-österreichische Zoll-
nion und trotz einer in diesen Tagen in Erscheinung tretenden leichten
\bschwächung der Mark infolge erhöhten Markangebots aus ausländi-
chen Effektenverkäufen. Dieses beunruhigte mich nicht, da dadurch eine
ewisse Exportprämie geschaffen wurde und gleichzeitig beim deutschen
'ublikum keine Inflationssorge eintrat, wie die Festigung der Pfandbrief-
urse zeigte.

\m 7. September mußten die 8%igen Pfandbriefe zum Kurs von 90%
nit 10%iger Nachfrage repartiert werden, obwohl am gleichen Tage die
3edingungen des Stillhalteabkommens bekannt wurden, daß nämlich die
rsten 25% der Stillhaltekredite am 15. September zurückzuzahlen seien.
ch machte damals scherzend die Bemerkung, daß ich nicht umsonst bei
Knapp in Straßburg die Vorlesung über die staatliche Theorie des Geldes
ehört hätte. Durch unsere energischen vorausschauenden Maßnahmen
vürde die Mark auf die Dauer die sicherste Währung werden. In dieser
3emerkung lag eine gewisse echte Überzeugung, zumal wenn man in
3etracht zieht, daß ich mit Luther die geheime Abrede hatte, eine
wanzigprozentige Abwertung der Mark nach Streichung der Reparatio-
en vorzunehmen. Ein Teil des deutschen Publikums fing langsam an
inzusehen, daß hinter allen Maßnahmen der Regierung ein wohlüber-
egter Plan stand, und dieses Gefühl gab in jenen Tagen, wenn es nicht
lurch Intrigen und politische Quertreibereien gestört wurde, der Regie-
ung eine starke Stütze. Als am 10. September die englischen Gewerk-
chaften die Inflation forderten und die Regierung statt dessen ein
\nziehen der Steuerschraube, eine Herabsetzung der Gehälter und eine
Einstellung der Darlehen an die Arbeitslosenversicherung ganz nach
leutschem Vorbilde vorschlug, war der Höhepunkt der Anerkennung
nserer Politik in denkenden Kreisen erreicht.

)a trat plötzlich am 15. September etwas gänzlich Unerwartetes ein: Die
nglische Atlantikflotte meuterte wegen Herabsetzung der Besoldung.
)ie englische Regierung mußte kapitulieren und versprach eine Erleich-
erung der Soldkürzungen, wenn die Flotte geordnet in die Häfen
urückkehrte. In Panikstimmung hob die englische Regierung die Gold-
inlösung auf, sie schloß die Londoner Börse. Snowden brachte am 21.

das Gesetz über Aufhebung des Goldstandards im Unterhaus ein und
begründete es mit den Folgen, die sich aus dem Mißtrauen gegen
England im Gefolge der deutschen Bankenkrise ergaben. Was ich der
englischen Regierung mit Unterstützung Montagu Normans in Chequer
vorausgesagt hatte, falls sie nicht Deutschland zu Hilfe eilte, war eingetre
ten. Mehr als 200 Millionen Pfund Sterling waren von Mitte Juli bis
Mitte September aus England abgezogen worden. Dabei betrugen die in
Deutschland eingefrorenen Kredite Englands noch 70 Millionen Pfund
Neue Kredite im Ausland waren für die Bank von England und die
Treasury nicht zu erhalten. Nach Snowdens Ansicht blieb daher kein
anderer Weg übrig. England mußte zu einer Devisenkontrolle nach
deutschem Muster schreiten. Um inflatorischen Tendenzen vorzubeugen
erhöhte die Bank von England den Diskont von 4,5 auf 6%. Sie stellte
jede Intervention zur Regulierung des Pfundkurses gleichzeitig ein.

Das Erdbeben ging weiter: Am 21. September wurde der Pariser Devi
senmarkt geschlossen, ebenso die Börsen in Amsterdam, Stockholm und
Kopenhagen. Die Brüsseler Börse wurde vorläufig nicht wieder geöffnet
Kopenhagen stellte die Devisennotierungen ein. Danzig löste seine Wäh
rung vom Pfund und stellte sie auf Goldbasis. Die griechische Währung
folgte am nächsten Tag. Am 23. verbietet Dänemark die Goldausfuhr
Die Tschechoslowakei erhöht ihren Diskont weiter auf 6,5 %, Jugoslawien
begrenzt die Barabhebungen bei den Banken auf 5000 Dinar. Der
kanadische Dollar wird schwach. Kanada muß Gold nach New York
senden. Die deutschen Börsen werden geschlossen, ebenso am 23. die
japanischen, während am gleichen Tag die Londoner Börse wieder
geöffnet wird. Die Türkei geht zur Devisennotierung auf Franken über
Bis zum 25. hat das Pfund um 25% verloren. Die nordischen Devisen
folgen nach, während die Lira fest bleibt. Das in Arbitragegeschäften
stark engagierte Berlin-Amsterdamer Bankhaus Schönberger gerät in
Zahlungsschwierigkeiten, desgleichen die Banque nationale de credit in
Paris. Die Londoner Börse muß Termingeschäfte verbieten. Am 27. Sep
tember erhöht Italien den Diskont von 5,5% auf 7%, Griechenland von
9 auf 12%, Holland am nächsten Tag von 2 auf 3%. Die Tschechoslowa
kei führt die Devisenanmeldepflicht ein. Ägypten verbietet die Goldaus
fuhr. An den deutschen Börsen wird am 28. auch der Sprechverkehr
verboten, am 3. 10. die Verbreitung von Freiverkehrskursen. Am 28. Sep
tember, als Luther und ich auf der Sparkassentagung die entscheidende
Erklärung abgeben, daß die Regierung die Mark stabil halten werde
heben Norwegen und Schweden die Goldeinlösung auf, am nächsten Tag

folgt Dänemark. Am 1. Oktober erhöht Finnland den Diskont auf 7,5%, am 3. Oktober Litauen auf 8,5 %. Weitere internationale Bankschwierigkeiten folgen. Das Comptoir Lyon-Allemand schließt die Schalter. Am 4. Oktober gerät die Kopenhagener Handelsbank in Zahlungsschwierigkeiten. Finnland und die Tschechoslowakei müssen zu schärferen Devisenverordnungen übergehen. Auch die deutsche Regierung erläßt eine neue verschärfte Devisenverordnung.

Nun ist der Sturm in Europa vorübergehend vorbei, aber am 22. September greift schon die Krise auf die Vereinigten Staaten über. Von Mitte September bis Mitte November verlieren die Vereinigten Staaten 350 Millionen Dollar nach Paris. Am 8. Oktober erreichen die französischen Goldvorräte den Rekordstand von 60 Millionen Franken. Der österreichische Schilling wird schwach. Am 9. Oktober muß Österreich Devisenzwangswirtschaft nach deutschem Muster einführen, am gleichen Tag erklärt Brasilien ein Vollmoratorium auf alle Auslandsanleihezahlungen. Drei Tage später folgt Uruguay nach. Am 12. hebt Finnland die Goldwährung auf, am 20. erläßt Kanada ein Goldausfuhrverbot. Die Goldabzüge aus Amerika halten an. Die Bank von Frankreich muß Jugoslawien einen Kredit von 300 Millionen Franken zur Stützung geben. Die Lage in Italien verschärft sich. Der italienische Staat muß zur Rettung der Banca Commerciale einspringen. Am 3. 11. stößt die Banca Commerciale unter Garantie des Staates ihren Besitz an Industriewerten von 3 Milliarden Lire an eine zu diesem Zweck gegründete industrielle Finanzierungsgesellschaft ab. Dänemark ist gezwungen, einen Tag nach einer neuen Verschärfung der Devisenkontrolle in Deutschland, eine neue Devisenverordnung zu erlassen. Schweden führt am nächsten Tag eine inoffizielle Valutakontrolle durch. Am 9. 11. brechen die Berliner Bank für Handel und Grundbesitz zusammen, am 27. 11. die Brennaborwerke, am 18. 12. die seit 100 Jahren bestehende Maschinenfabrik Borsig. Dann flaut die Zahl der großen Zusammenbrüche in Deutschland ab.

Die 4. Notverordnung wird in dem Augenblick erlassen, wo im wesentlichen in Deutschland ein Stillstand in der Krise erreicht ist.

England ist im Spätherbst und fortschreitend im Dezember zum Zollschutzsystem übergegangen. Zunächst führt das bis zum Inkrafttreten der Zölle zu einer starken Ausfuhrsteigerung von Deutschland nach England, da der englische Handel sich noch mit zollfreien deutschen Waren versorgen will. Die volle Bedeutung der Umwälzung der Weltwirtschaft durch den Übergang Englands zum Zollschutzsystem konnte sich erst in den folgenden Monaten zeigen.

Vor diesem Hintergrund der gewaltigsten Weltkrise, die die Geschichte gekannt hat, spielten sich die außen- und innenpolitischen Vorgänge von August bis November ab. Außenpolitisch führten die Vorgänge in England zu einem vorübergehenden völligen Desinteressement an der Weltpolitik, vor allem in der Reparationsfrage. Erst durch den Erlaß der 4. Notverordnung konnte England wieder zu Verhandlungen und zu einer Initiative gezwungen werden. Innenpolitisch verstärkten sich, aufgebaut auf inflationistischem Denken, die Angriffe gegen die Reichsregierung. Völlig absorbiert von der Verfolgung der Weltkrise und von der jeweiligen Einstellung der Reichsbankpolitik auf diese sowie von der Aktienrechts- und Bankenreform und den Plänen für den Erlaß der neuen Notverordnung, ferner der Regelung der Gemeindefinanzen, habe ich in den ersten Wochen die volle Tragweite des Ansturms nicht übersehen.

Die Beratungen über die Aktienrechtsreformen nahmen sehr viel Zeit in Anspruch. Zudem wollte ich die neue Notverordnung durch regelmäßige Beratungen mit den Führern der Industrie psychologisch vorbereiten. Ich lud dazu die Herren Bücher, Vögler, Silverberg, Schmitz, Warmbold und andere regelmäßig ein. Ich hatte Bücher, mit dessen Anschauungen ich mich am meisten befreunden konnte, schon im Juli als Wirtschaftsminister in Aussicht genommen, da der sehr kluge Staatssekretär Trendelenburg als Beamter nicht die nötige Initiative und Autorität aufbringen konnte. Bücher erklärte mir, daß er an sich bereit sei, das Wirtschaftsministerium zu übernehmen, daß es ihm aber zur Zeit nicht möglich sei. Er legte mir ganz offen den bedenklichen Status der AEG dar und bat mich, Verständnis dafür zu haben, daß er in diesem Augenblick einen so gewaltigen Konzern nicht im Stich lassen könne. Deshalb sollte ich versuchen, irgendeine andere der führenden Persönlichkeiten der Wirtschaft als Wirtschaftsminister zu gewinnen. Ich hatte zu Silverberg sehr großes Vertrauen, aber eine Hereinnahme in das Kabinett hätte den hochgehenden Antisemitismus noch verstärkt. Daher mußte ich bei den andern industriellen Persönlichkeiten durch kontradiktorische Verhandlungen feststellen, ob sie überhaupt irgendwelche Ideen zur Überwindung der Krise hatten.

Meine Erfahrungen hatten mir gezeigt, daß es nur ganz wenig Wirtschaftsführer in Deutschland gab, die über ihren eigenen Betrieb hinaus planmäßig wirtschaftlich denken konnten. Ich hätte gerne eine solche Persönlichkeit gefunden, namentlich wenn sie der deutschnationalen Partei angehörte oder ihr nahestand, um auf diese Weise eine Brücke zur Rechten zu schlagen. Ich hatte dabei trotz aller Bedenken an einen Mann

von der Art Vöglers gedacht. Es stellte sich aber bei diesen Besprechungen
n größeren Kreisen heraus, daß außer Silverberg, Bücher und Otto Wolff
keiner der geladenen Herren auch nur die geringste Eignung für eine
Lösung der Gesamtwirtschaftsfragen besaß. Herr Vögler wechselte am
Tag in grundlegenden Fragen zwei- bis dreimal seine Anschauung. Die
andern, außer Bücher, hatten überhaupt kein Verständnis, daß die
Deflation noch auf Monate für Deutschland zwangsläufig war und daß
die deutsche Wirtschaft durch die Krise nur hindurchgeführt werden
konnte, wenn man alle Einzelmaßnahmen, sorgfältig in einem großen
Plan gegeneinander abgestimmt, gleichzeitig durchführte.

VORBEREITUNG DER 3. NOTVERORDNUNG

Obwohl so meine Hoffnungen auf die Gewinnung eines Wirtschaftsmini-
sters scheiterten, faßte ich den Plan, mir für die kommenden, einschneidenden Maßnahmen ein Gremium aus allen Wirtschaftskreisen dauernd
beizuordnen, das für die Maßnahmen der Regierung die notwendige
Resonanz im Wirtschaftsleben schaffen konnte. Zu diesem Zweck hielt
ich von Ende August den ganzen September hindurch Besprechungen
mit Vertretern des Mittelstandes, der öffentlich-rechtlichen Kreditinstitute, der Landwirtschaft und zwei Gelehrten – Alfred Weber und
Professor Warmbold – ab, um mir von ihren Anschauungen und Fähigkeiten, ohne daß ich mir den Zweck anmerken ließ, persönlich vorher ein
Bild zu machen und im Sinne der geplanten Maßnahmen sie schon
vorher zu beeinflussen. In aller Stille setzte ich eine kleine Kommission
ein, bestehend aus Trendelenburg, dem Staatssekretär des Reichsjustiz-
ministeriums, Dreyse, und Krosigk, die die Frage der beabsichtigten,
durch Verordnung herbeizuführenden, allgemeinen Zinsreduktionen
durchsprechen und die dazu notwendigen gesetzlichen Formulierungen
ausarbeiten sollte. Ich wollte mit dieser Notverordnung nach meinen
Plänen von Ende August einige Tage vor dem Zusammentritt des
Reichstages im Oktober herauskommen.
Zuvor mußte ich zwei Dinge sicherstellen: zunächst die Sicherung der
Länder- und Gemeindehaushalte und die Herabsetzung der überhöhten
Gehälter und Pensionen in den Gemeinden und in den mittelbaren
Staats- und Gemeindeunternehmungen. Dabei wollte ich, um psycholo-
gisch die Notwendigkeit der Reichsreform bei Ländern und Gemeinden

und in der Öffentlichkeit langsam vorzubereiten, mit dem System de Subventionen von Ländern und Gemeinden aus der Reichskasse brechen Die Erfahrungen namentlich mit Bayern zwangen mich dazu, Lände und Gemeinden auf eigene Füße zu stellen; dafür sollten sie alle Recht und Vollmachten bekommen und auch nach außen hin die voll Verantwortung für die Aufrechterhaltung einer gesunden Finanzpoliti tragen. Es mußte dazu erst ein neuer staatsrechtlicher Zustand geschaffe werden. Das geschah für die Länder in der sogenannten Dietramszelle Notverordnung, die nach 1932 auch auf die Gemeinden ausgedehn werden sollte. Zweck dieses Systems war, noch einen letzten Versuch i allen Konsequenzen mit der Selbstverwaltung zu machen. Länder und Gemeinden sollten ohne weiteres ihre Besoldungsanordnungen, ohn Befragung ihrer parlamentarischen Körperschaften, den vorhandenei Mitteln anpassen. Dadurch wurden die über die Reichsbesoldungsord nung hinaus erhöhten Gehälter dieser Körperschaften praktisch scho unmöglich gemacht. Darüber hinaus sollten alle Länder und Gemeindei gezwungen sein, ihre Beamten in die der Reichsbesoldungsordnung entsprechenden Gehaltsklassen zurückzustufen. Endlich sollte die staats rechtliche Möglichkeit geschaffen werden, zur schrittweisen Erleichte rung der Steuerlasten der Landwirtschaft in starkem Maße zu eine ehrenamtlichen Tätigkeit der Verwaltung zurückzukehren, so wie es den Sinn und Geist einer gesunden Selbstverwaltung entsprach. Ich bekam für diese Notverordnung ohne weiteres die Zustimmung des Reichspräsi denten, konnte aber ihre volle Tragweite und ihre letzte Absicht de Öffentlichkeit nicht enthüllen mit Rücksicht auf den Zusammentritt de Reichstages in der zweiten Oktoberwoche, der erst die Notverordnun passieren lassen sollte, bevor er ihren letzten Zweck erkannt hatte.

Nur wenige Persönlichkeiten der Verwaltung erkannten, daß dieses di einschneidendste staatsrechtliche Änderung seit der Weimarer Verfas sung und eine Rückkehr zu den besten Traditionen der preußische Verwaltung vor 100 Jahren bedeutete. Ich rechnete damit, daß binnei Jahresfrist ein großer Teil der Länder kommen würde mit der Bitte, ihnei diese prinzipiell nicht neue, aber ihnen jetzt praktisch erst aufgezwungen Verantwortung wieder abzunehmen. Dann hatte ich in der Notverord nung vom Dezember 1930 die Vollmacht, ohne den Reichstag, nur unte Zustimmung des Reichsrates, mit einem Schlage die finanzielle Grund lage der Reichsreform zu schaffen. Um die Zweidrittelmehrheit in Reichsrat, deren Schaffung allein Schwierigkeiten bereiten konnte be der Durchführung dieses Planes, war mir nicht bange. Ich war de

Überzeugung – sie hatte sich bei mir auf Grund von vielen Unterhaltungen unter vier Augen mit Ministern der kleineren norddeutschen Staaten verschiedenster politischer Färbung verstärkt –, daß ich, wenn die Länder eine Zeitlang die ihnen in der Dietramszeller Notverordnung geschaffenen Vollmachten hätten gebrauchen müssen, eine Zweidrittelmehrheit im Reichsrat für die Reichsreform bekommen würde.

Das einzige, was mir dann noch praktisch fehlte zur rechtlichen Stabilisierung gesunder Verhältnisse in politischer und finanzieller Beziehung, war der freiwillige, durch Änderung der Geschäftsordnung des Reichstages herbeizuführende Verzicht auf die dauernden Mißtrauensanträge, die ich ausschließlich auf die Etatsberatungen und auf das erste Auftreten einer neuen Regierung im Reichstag zu beschränken gedachte. Dann war die Stellung des Staatsoberhauptes eine stärkere als in der Bismarckschen Verfassung. Die Kontinuität der Politik auf allen Gebieten war gesichert, und es war eine Frage des richtigen Augenblicks, um an die Stelle des Präsidenten wieder einen Monarchen zu setzen.

Innerlich klar über diese Pläne, glaubte ich eine zweite Vorbedingung sichern zu müssen: Ich mußte mich der endgültigen Stellung der Reichswehr zu der weiteren politischen Entwicklung vergewissern. In den letzten Wochen hatte ich keinen Kontakt mit ihren führenden Persönlichkeiten gehabt. Groener hatte im Sommer geheiratet, Schleicher Anfang September, beide befanden sich wie auch Hammerstein auf längerem Urlaub. So entschloß ich mich, bevor ich am 25. August an einer Fraktionssitzung der Zentrumspartei in Stuttgart teilnahm und bevor ich mit Hugenberg die für den 27. August vereinbarte Besprechung hatte, nach Wildbad zu fahren, um dort am Montag, den 25. August, mit Schleicher und Hammerstein eine eingehende Aussprache abzuhalten. Ich setzte den Herren auseinander, *daß ich jetzt an einem Wendepunkt der Politik angelangt sei;* ich könne die bisherige Linie einhalten und dabei versuchen, die Deutschnationalen durch geeignete Persönlichkeiten näher an die Regierung heranzubringen; das scheine mir an sich der sichere Weg zu sein, um alle notwendigen Reformmaßnahmen durchzubringen. Andernfalls müßte ich versuchen, jetzt die Rechte in die Regierung hineinzuziehen, was einen Bruch mit der Linken und deren schärfste Opposition zur Folge haben würde. Mir sei es an sich lieber, mich bis zur Entscheidung in der Abrüstungsfrage auf die Mitte und Linke zu stützen, um in der Abrüstungsfrage dem Ausland gegenüber mit einer scharfen Rechtsopposition operieren zu können. Gleichzeitig sei es nach meinen langen Erfahrungen mit Hugenberg und Hitler mehr als zweifelhaft, ob ich sie überhaupt zu einer Mitarbeit gewinnen könne. Selbst ihr momentanes Eingehen auf eine solche Idee könne vielleicht den Zweck haben, nur die parlamentarischen Grundlagen der jetzigen Regierung zu zerstören, um dann die Macht ausschließlich an sich zu reißen. Dieses Risiko würde ich aber übernehmen, wenn die beiden Parteien der Rechten sich vorher feierlich und öffentlich auf eine Wiederwahl des Reichspräsidenten festlegen würden. Ohne die klare und eindeutige Erfüllung dieser Vorbedingung könne ich die Verantwortung für einen Wechsel in der Innenpolitik nicht tragen; diese Vorbedingung müsse ich auch aufrechterhalten und als unerläßlich für mich bezeichnen, wenn ich jetzt den Stellvertreter des Reichswehrministers und den Chef der Heeresleitung um eine klare Antwort bitte, welcher Weg für die Reichswehr selbst, namentlich für den Zusammenhalt der Truppe, der erträglichste wäre. Es komme jetzt beim Beschreiten der entscheidenden Wegstrecke darauf an, daß eine Übereinstimmung in den politischen Grundlinien zwischen der Regierung und der Reichswehr erzielt und von beiden Teilen auch in den größten Gefahren und Erschütterungen treu festgehalten werde. Ich müsse am nächsten Tag in Stuttgart reden; wenn ich mich auch noch so vorsichtig ausdrücke, so könne ich nicht daran vorbei, die Grundlinien der Politik für die kommenden Entwicklungen festzulegen.

Schleicher und Hammerstein erklärten mir übereinstimmend und ohne Zögern, daß für die Reichswehr keine andere Politik als die bisherige in Frage käme. Der gleichen Anschauung sei auch der Reichspräsident, von dem sie durch einen höheren Offizier des Reichswehrministeriums, der vor einigen Tagen nach Dietramszell zu einem militärischen Vortrag gefahren sei, eine entsprechende Mitteilung erhalten hätten. Damit ich ganz beruhigt sein könne, solle aber General von der Bussche, der in der nächsten Woche nach Dietramszell fahre, eine entsprechende Instruktion bekommen und den Reichspräsidenten endgültig auf meine Politik festlegen.

Diese Erklärung wirkte absolut ehrlich, sie überzeugte mich, und ich entschloß mich, in Stuttgart eine zwar nach rechts versöhnliche, aber nach links nicht störende Erklärung abzugeben, daß die Regierung, nicht an die Parteien gebunden und getragen von dem Vertrauen des Reichspräsidenten, ihre Reformarbeit in verfassungsmäßigem Rahmen entschlossen fortführen werde. Die Tagung in Stuttgart verlief an sich gut, aber wie immer wurden vertrauliche Bemerkungen entstellt an irgendein Blatt, diesmal das „Berliner Tageblatt", weitergegeben.

Am Donnerstag, den 27. August, führte ich dann das Gespräch mit Hugenberg; Quaatz und Kaas nahmen daran teil. Es dauerte drei Stunden. Der Vereinbarung mit den Herren der Reichswehr gemäß, legte ich Hugenberg die Ziele meiner Politik dar. Bei aller diesem Manne gegenüber gebotenen Vorsicht glaubte ich, ganz offen sprechen zu müssen. Ich sagte ihm, daß ich mit einer Dauer der Weltwirtschaftskrise von mehreren Jahren rechne. Es gelte, die Kräfte zu schonen. Es müsse aber der Zeitpunkt kommen, in dem man die Rechte in die Regierung hineinnähme. Ich selbst könne, mit Rücksicht auf die bisherige loyale Unterstützung durch die Linke, wohl kaum in einem solchen neuen Kabinett bleiben. Das würde mich aber nicht hindern, nur die Interessen des Staates zu bedenken und die Überleitung zu einer solchen Regierung in dem Augenblicke vorzubereiten, der die richtige außenpolitische Konstellation biete. Als diese sähe ich die erreichte Streichung der Reparationen an und den vollzogenen Aufmarsch der Abrüstungskonferenz. Dann könne aus dem Regierungswechsel keine für uns ungünstige Schlußfolgerung gezogen werden, auch nicht von französischer Seite. Auf der andern Seite wäre dann die Gefahr, daß sich die guten Kräfte auf der Rechten erschöpften, bevor das Gesamtziel erreicht sei, nicht mehr so groß.

Mit der Erreichung des Tiefpunktes der Wirtschaftskrise sei im Sommer 1932 zu rechnen. Bis dahin sei noch eine Reihe unpopulärer Maßnahmen zu treffen. Aber auch nachher, bis zum Sommer 1933, würden, falls wir nicht eine ausländische Anleihe erhielten, noch neue einschränkende Notverordnungen erforderlich sein. Gegen diese würde dann die Linke Sturm laufen. Ich glaube, nach meiner Kenntnis von seinen, Hugenbergs, Auffassungen aus den Jahren 1925 und 1927 mit ihm übereinzustimmen, wenn man diejenigen Kräfte der Rechten, die wirklich staatserhaltend seien, nicht zu frühzeitig einsetze. Das werde bestätigt durch die Erfahrungen bei der Bildung der neuen Regierung im Frühjahr 1930, die ein halbes Jahr zu früh erfolgt sei. Der Wechsel in der Regierung, gleich nach Annahme des Young-Planes, ohne daß vorher die SPD hätte gezwungen werden können, selbst an die Sanierung der Finanzen heranzugehen, habe schon damals zu früh konservative Kräfte verbraucht.

Dies seien meine Grundauffassungen über die Weiterführung der Politik. Ich würde dem Reichspräsidenten nach seiner Rückkehr ganz objektiv Vortrag über die Lage halten und ihm die Entscheidung überlassen. Dazu sei für mich erforderlich zu wissen, ob die Deutschnationale Volkspartei bereit sei, sich öffentlich zu verpflichten, den Reichspräsidenten erneut als Kandidaten für die Präsidentenwahl aufzustellen. Das sei für mich die Kernfrage und der Drehpunkt der ganzen Politik.

Ich stellte diese Frage mit voller Überlegung. Je näher der Termin des Amtsendes des Reichspräsidenten heranrückte, desto mehr mußte ich die gesamte Politik der Sicherung seiner Wiederwahl unterordnen. Nach allem, was ich aus dem Rechtslager gehört hatte, bestand bei den Nationalsozialisten keine Neigung, Hindenburg nochmals zu wählen. Aber auch bei der DNVP schien die Lage nach zuverlässigen Informationen unsicher zu sein. Ich hörte, daß in privaten Unterhaltungen zwischen Persönlichkeiten beider Parteien diskutiert worden sei, daß man sich für die kommende Präsidentenwahl zu einer gemeinsamen Front zusammenschließen müsse. Es wurde dabei überlegt, ob man als Kandidaten für die Reichspräsidentenwahl sich etwa auf Persönlichkeiten wie den Herzog von Sachsen-Coburg-Gotha oder den Herzog Johann Albrecht von Mecklenburg, für den dessen Kammerherr von Brandenstein sehr viel Propaganda machte, einigen könne. Ich hörte von Ausdrücken, man habe genug von dem „alten Verräter". Auch das Haus Hohenzollern sei derselben Ansicht. Es war für mich eine selbstverständliche Pflicht der Loyalität, alles daranzusetzen, um Hindenburg zur Wiederwahl zu verhelfen und die 1932 zu erwartenden Erfolge vor der Geschichte mit seinem Namen zu verknüpfen.

Ich ahnte in diesem Augenblick noch nicht, daß der Reichspräsident schon nach einem Ausweg suchte, um mich loszuwerden. Auch das hätte mich zu einer Änderung meiner Politik in diesem Punkte nicht veranlassen können, da ich mir von dem mystischen Namen des Reichspräsidenten auch in der Welt noch immer sehr viel versprach.

Hugenberg merkte sofort, daß jetzt die entscheidende Frage gestellt sei. Er wich einer Antwort aus und erklärte, daß er in dieser Frage keine Antwort geben könne, da er nicht wisse, wie Hitler sich zu ihr stelle. Das ließ mich aufhorchen, aber im Augenblick führte ich diese Verknüpfung seiner eigenen Entscheidung mit der Hitlers mehr auf taktische Erwägungen zurück. Ich hatte damals noch nicht die leiseste Ahnung, daß sich im stillen schon die Harzburger Front in Vorbereitung befand. Nach dieser Antwort Hugenbergs zog ich es vor – um auch beim Reichspräsidenten keine falsche Ausdeutung möglich zu machen –, die Frage der innerpolitischen Konstellation nicht weiter zu vertiefen. Um aber Brücken zu schlagen, ging ich zu einer Diskussion der wirtschaftspolitischen, finanziellen und außenpolitischen Fragen über. Ich gab Hugenberg auch meinerseits auf jede Frage, bis in die letzten Erwägungen hinein, rückhaltlos und offen Auskunft. Wir besprachen die Ostfrage, die Pläne zur Bankenreform. Ich versuchte ergebnislos, ihn auf eine stabile Währung festzulegen, und ließ durchblicken, daß ich im Verfolg des Deflationsprozesses offen und ehrlich zu einer Entschuldung der Produktion zu kommen beabsichtige. Hugenberg fragte mich, wie ich zu den ausländischen Privatschulden stehe. Die Antwort war, daß man an sie nicht rühren dürfe, bevor die Reparationen ganz gestrichen seien. Man müsse die Privatschulden gegen die Kriegsschulden ausspielen und die Zinszahlung für Privatschulden aus diesen und andern Gründen unter allen Umständen aufrechterhalten. Da alle Zinszahlungen an das Ausland letzten Endes durch Warenlieferung erfolgten, so liege darin auch eine starke Garantie für die Aufrechterhaltung unserer Ausfuhr. Im übrigen brauche Deutschland, um endgültig wieder hochzukommen, noch einmal einen neuen Milliardenkredit. Den könne ich nur erreichen, wenn ich bis dahin die Kreditwürdigkeit Deutschlands aufrechterhielte. Wollte ich diese neue Kapitalzufuhr von außen ohne politische Bedingungen erreichen, so müsse ich für diesen Augenblick das Argument der Aufrechterhaltung des Zinsendienstes für unsere Auslandsanleihen als Trumpfkarte in der Hand behalten. Sobald ich sie vorher ausspielte, wären sowohl die Streichung der Reparationen wie die Gewährung einer neuen Auslandsanleihe gefährdet.

In diesem Punkte enthüllte sich Hugenberg, veranlaßt durch meine Bemerkungen, sehr deutlich. Er entwickelte ein autarkisches Programm mit dem Ziele, eine neue Währung zu schaffen, sehr konfuser Art, und den Auslandszinsendienst einzustellen. Wie ich später aus Unterhaltungen mit Schacht und dem den Deutschnationalen sehr nahestehenden Herrn Mühlenkampf erfuhr, war bei den Deutschnationalen schon lange eine Diskussion im Gange über eine für uns unmögliche Doppelwährung oder für eine Anhängung der Mark an das Pfund. Ich stellte deutlich genug, wenn auch in liebenswürdiger Form fest, daß wir in diesem entscheidenden Punkte zu irgendeiner Verständigung nicht gelangen könnten. Ich wollte keine zu scharfe Diskussion dieser Frage, um nicht jede Möglichkeit weiterer Unterhaltung mit Hugenberg unmöglich zu machen. Dazu zwang mich die Verantwortung für das ganze Volk und die Überlegung, daß ich vielleicht in dieser Frage keine sehr starke Stütze beim Reichspräsidenten haben würde. Seine ostpreußischen „Freunde", die um jeden Preis eine restlose Entschuldung ihrer Güter haben wollten, würden angesichts der schwierigen Lage von Neudeck beim Reichspräsidenten oder seinem Sohn, da ihnen das genügende Verständnis für komplizierte finanzielle und wirtschaftliche Vorgänge natürlich abging, ein leichtes Spiel haben.

Ich mußte die ganze Verhandlung auch aus einem andern Grund sehr vorsichtig führen. Meine Erfahrungen in den vergangenen anderthalb Jahren zeigten mir, daß Hugenberg es im wesentlichen nur darauf ankam, meine parlamentarische Mehrheit durch Verhandlungen mit ihm zu zerschlagen in der Hoffnung, dann die Politik auf einen verfassungswidrigen Weg abzudrängen. Das hätte in diesem Augenblick eine besonders schwere Belastung der ganzen Zukunftsentwicklung bedeutet und die SPD aus begreiflicher Erbitterung heraus nach einiger Zeit in eine revolutionäre Haltung zurückgedrängt. Die SPD hatte die schwersten Opfer, die jemals eine deutsche Regierung offen vom Volk verlangt hatte, bereitwilligst im Interesse des Ganzen mitgetragen. Sie hatte sich bei ihren eigenen Massen einer Unpopularität ohnegleichen ausgesetzt. Sie war, noch mehr als unter Ebert, in schwerster Not des Vaterlandes zu einer wirklich staatstragenden Partei geworden. Ich durfte diese Entwicklung nicht verbrecherisch wieder zerstören.

Die SPD hatte höchst unpopuläre Maßnahmen der Reichsregierung unterstützt. Wenn sich beim Volksentscheid trotzdem keine Mehrheit für die Auflösung des preußischen Landtages ergab, der Reichspräsident und die Reichswehr – von denen ich, je mehr ich die Macht des Parlaments zurückdrängte, immer mehr abhängig wurde – jedoch entschlossen waren, rücksichtslos das Steuer nach rechts herumzuwerfen, so mußte ich, um eine völlige Vergiftung der Atmosphäre und eine Zerrüttung jeden Loyalitätsglaubens bei den Anhängern der jetzigen Regierungsparteien zu verhindern, das Opfer meiner Person bringen. Das war die Lösung im Interesse des Volkes, die Konsequenz aus dem letzten und positiven Zweck des parlamentarischen Systems. Aus dieser Überzeugung heraus führte ich die Unterhaltung mit Hugenberg in der entgegenkommendsten Form unter rückhaltloser Enthüllung meiner Ziele. Stets betrachtete ich mich als Treuhänder des Reichspräsidenten; *ihn wollte ich als Staatsoberhaupt erhalten mit dem Ziel, die friedliche Wiedereinführung der Monarchie vor seinem Ableben zu ermöglichen.* Das war der Angelpunkt meiner ganzen Politik.

Von der Sozialdemokratie trennte mich in kultureller Beziehung ein Abgrund. Aber wie Stresemann und viele andere war ich widerwillig zu der Überzeugung gekommen, daß, wenn es galt, in höchster Not das Vaterland zu retten, ohne dafür brutale Machtansprüche zu stellen, man sich mehr auf die SPD als auf den alldeutsch-hugenbergschen Typ der

Rechten verlassen konnte. Alle diese Überlegungen zwangen mich zu einer vorsichtigen Verhandlungsmethode. Ich wußte, daß ich damit taktisch Hugenberg leicht die Trümpfe zur persönlichen Einwirkung auf den Reichspräsidenten in die Hände spielen konnte. Aber das durfte mich nicht stören, sowenig wie die wüsten Angriffe, gerade am Tag vor dieser Unterhaltung, seitens eines Teiles der deutschnationalen Presse mich veranlassen konnten, Hugenberg irgendwie vor den Kopf zu stoßen. Das war auch der Grund, weshalb ich die Unterhaltung in freundschaftlichster Form abschloß und Hugenberg bat, mit mir in dauernder Fühlungnahme zu bleiben, vor allem in außenpolitischen Fragen, um diese durch eine geschickte Verabredung über eine äußerlich scharfe Oppositionsform zu fördern.

Der Reichspräsident hatte mich durch sein Büro gebeten, ihm eine Aufzeichnung über meine Unterhaltung mit Hugenberg nach Dietramszell zu senden. Da ich damals selbst ungeheuer in Anspruch genommen war, so bat ich Kaas, der Zeuge unserer Unterhaltung war, mir umgehend eine möglichst objektive Darstellung dieser Besprechung aufzuzeichnen. Statt dessen reiste Kaas nach Trier. Von Tag zu Tag wartete ich auf die Übersendung dieser erbetenen Aufzeichnung. Ich selber war mit den Vorbesprechungen für die Herbsttagung des Völkerbundes, neuen Plänen mit den Herren Max, Siegmund und James Warburg über die Reorganisation der Danatbank sowie mit Besprechungen mit dem in Berlin weilenden russischen Außenminister stark beschäftigt. Ich telephonierte immer wieder mit Kaas und bat um beschleunigte Übersendung der Aufzeichnung. Ich verstand sein Zögern absolut nicht, was mich um so mehr bedrückte, als gleichzeitig ein neuer scharfer Vorstoß der SPD auf Abänderung der Juninotverordnung erfolgte und sehr deprimierende Nachrichten über das Schicksal der Zollunion eintrafen.

Der Aufmarsch der Japaner im Osten machte uns seit einer Woche trotz Verlängerung des Berliner Vertrages schwere Sorgen über die Haltung Rußlands. Wir erfuhren, daß Rußland, auf Grund der auch uns vorliegenden Nachricht über vertrauliche Aussprachen französischer und japanischer Militärs, schleunigst bemüht war, sich den Rücken gegenüber Rumänien, Polen und den Randstaaten zu sichern. Gerüchte über Verhandlungen zwischen Rußland und diesen Ländern zwecks Abschluß von Nichtangriffspakten drangen zu uns. Ich fand während Litwinows Anwesenheit in Berlin keine Minute Zeit, um selber zu einem Diktat über die Unterhaltung mit Hugenberg zu kommen. Montag, den 31. August, früh rief Döhle vom Büro des Reichspräsidenten völlig verstört und nervös an, um mir mitzuteilen, daß der Reichspräsident außerordentlich aufgebracht sei, weil er noch immer keinen Bericht über meine Unterhaltung mit Hugenberg habe. Selbst wenn ich noch am Tag der Unterhaltung Zeit zu einem Diktat gehabt hätte, hätte der Reichspräsident dies durch einen Kurier frühestens Sonntag, den 30. August, in Händen haben können. Das sah Döhle auch völlig ein. Er führte daher die Erregung des Reichspräsidenten, gerade nach seiner telephonischen Unterhaltung mit Oskar Hindenburg, darauf zurück, daß der Reichspräsident in Dietramszell bearbeitet worden und einem plötzlichen Stimmungswechsel erlegen sei. Er wußte auch, was nicht bekannt war, daß Hugenberg gleich nach der Unterhaltung nach Kreuth gefahren war, also ganz in die Nähe des Reichspräsidenten, und daß neben dem Abgeordneten Schmitt-Hannover, einem der engsten Freunde Hugenbergs, eine ganze Reihe anderer Mitarbeiter Hugenbergs in den letzten Tagen Oskar Hindenburg besucht hatten.

Ich unterbrach sofort die Besprechungen, die ich an diesem Tage mit Direktor Lange vom Verein deutscher Maschinenbauer, mit den Sozialdemokraten wegen Differenzen in der Lohnpolitik und mit dem Vorstand des Deutschen Gewerkschaftsbundes über die Lage der Deutschen Volksbank hatte, und bat General von dem Bussche zu mir. Er war wenige Tage vorher, entsprechend der Wildbader Vereinbarung, beim Reichspräsidenten in Dietramszell gewesen. Er berichtete ebenfalls über eine starke Bearbeitung des Reichspräsidenten durch alldeutsch-hugenbergsche Kreise gegen mich, die aber seinem Eindruck nach nur den Sohn, nicht den Vater Hindenburg beeinflußt hätten. Der Reichspräsident stehe fest zu der in Wildbad zwischen den Führern der Reichswehr und mir vereinbarten politischen Linie. Ich solle nur möglichst schnell den Bericht über die Verhandlung mit Hugenberg schicken und mich nicht weiter beunruhigen. Eine Stunde später, nach einer Aussprache mit Joël über die Aktienrechtsreform, meldete sich plötzlich der Postminister an. Er hatte eine vertrauliche Mitteilung der bayrischen Regierung erhalten, daß ein ständiges Hin- und Hereilen zwischen Dietramszell und Kreuth stattfinde und daß meine Stellung sehr gefährdet sei. Nun fing ich selber an, die Lage sehr ernst zu nehmen. Ich teilte Kaas mit, daß, wenn ich am nächsten Tage seine Niederschrift noch immer nicht hätte, ich sie selber diktieren müsse. Er sagte mir sofortige Absendung zu.

Nun häuften sich die Unglücksnachrichten. Der Zusammenbruch der Deutschen Volksbank mit allen fürchterlichen Konsequenzen für die politische Lage war in wenigen Tagen zu erwarten. Ich mußte telephonieren und persönlich verhandeln, um einen Ausweg zu finden. Mein Freund Mittelmann kam zu mir und berichtete, daß eine Fraktionssitzung der Deutschen Volkspartei einberufen sei, die nach seinen Informationen keinen anderen Zweck habe, als mich zu stürzen. Ich mußte Stunden und Stunden aufwenden zu Verhandlungen mit der Reichsbahn und Mittelsmännern der Wirtschaftspartei über den Schenkervertrag, da man mir mitteilte, daß die starke Interessenvertretung des Spediteurgewerbes bei der Wirtschaftspartei im Begriff stünde, diese ebenfalls für meinen Sturz zu gewinnen.

Plötzlich erhielt ich aus dem Rheinland die Nachricht, die Reichsbank mache Schwierigkeiten wegen des 75-Millionen-Kredites an die Rheinische Landesbank und es drohe eine neue Zahlungsstockung der von der Rheinischen Landesbank abhängigen mittelständischen Kreditinstitute der Großstädte des Westens. Die Verhandlungen über eine steuerfreie Anleihe der Reichsbahn in Verbindung mit einer Steueramnestie – eine Anregung von Geheimrat Schmitz –, deren finanziellen Ertrag ich für eine große Arbeitsbeschaffung der Reichsbahn ab Oktober benutzen wollte, duldeten keinen Verzug, wenn alles vor Wiedereröffnung des Reichstages zu sofortiger Inangriffnahme der Arbeit fertig sein sollte.

Ausgerechnet in diesem Augenblick erfolgte ein scharfer Angriff der Zeitung „Der Deutsche" auf Litwinow. Jedermann wußte, daß mir diese Zeitung zehn Jahre lang sehr nahe gestanden hatte. Es konnte mir nichts Unglücklicheres passieren, als gerade dieser Angriff in dem Augenblick, da es mir gelungen war, von Litwinow beruhigende Erklärungen über die russische Politik zu erhalten. Es blieb gar nichts anderes übrig, als die Zeitung zu verbieten. Meine Verhandlungen wegen einer Kredithilfe für die Volksbank, die ich vor allem mit Ritscher aussichtsreich gefördert hatte, zerschlugen sich durch diesen Angriff der auch der Volksbank nahestehenden Zeitung völlig. Nun drohte der unmittelbare Zusammenbruch. Ich mußte schon aus diesem Grunde den Gedanken, selber nach Dietramszell zu fahren, aufgeben. Allerdings hatte ich aus den Gesprächen mit Döhle den Eindruck, daß mein Besuch in Dietramszell nicht erwünscht sei.

Es gab aber noch einen andern Grund, von einer Fahrt zum Reichspräsidenten abzusehen: In diesen Tagen reifte die Krise der deutsch-österreichischen Zollunion. Die Abschiebung zunächst der formalrechtlichen Entscheidung über die deutsch-österreichische Zollunion auf den Haager Gerichtshof hatte es mir in den vergangenen Monaten ermöglicht, trotz des gewaltigen Drucks, nicht nur von Frankreich, sondern auch von den Vereinigten Staaten und England, an dem Projekt sachlich festzuhalten. Darauf kam mir sehr viel an. Ich hatte mich, besonders in Rom überzeugt, daß zur Zeit, auch bei einem günstigen Urteil im Haag, die Zollunionsidee praktisch nicht zu verwirklichen war. Aber sie war für Deutschland außerordentlich wichtig als Hebel für die Ingangbringung wirtschaftspolitischer Lösungen im Donauraum nach unserem Sinne. Mehr als vorher war ich jetzt überzeugt, daß, wenn sich die Idee retten ließ, man hier den einzigen praktischen Ansatzpunkt hatte, um in Zentraleuropa zu wirtschaftspolitischen Lösungen großen Stiles zu gelangen. Ich hatte deshalb immer die Instruktion gegeben, nicht auf den multilateralen Weg einer Präferenz für Österreich, wie sie von Frankreich vorgeschlagen wurde, einzugehen, da wir dann die Führung aus der Hand verlieren würden.

Im August hatte ich zweimal Sir Walter Layton meine Pläne entwickelt und ihn überzeugt, daß wir gerade mit Rücksicht auf die Schaffung größerer Wirtschaftsräume in Europa die Zollunionsidee ohne gleichzeitige Sicherstellung solcher Lösungen nicht preisgeben dürften. Ich hatte ihn gebeten, in diesem Sinne auch auf die englische Regierung einzuwirken. Zu einer dieser Unterhaltungen hatte ich Lammers, Curtius und Bülow herangezogen und war der Überzeugung, daß zwischen uns eine völlige Übereinstimmung über Sinn und Taktik unserer Politik in dieser Frage bestünde. Aus diesem Grunde glaubte ich bei einer Besprechung mit Curtius und Bülow im Garten der Reichskanzlei, vor Curtius' Abfahrt nach Genf nicht mehr ausführlich auf diese Frage eingehen zu brauchen. Ich erwähnte nur kurz, daß es bei dem Gedankengange der Unterhaltung mit Layton verbleiben müsse; zwar hoffte ich nicht, die deutsch-österreichische Zollunion als solche durchsetzen zu können, wohl aber sie als Waffe für weitere Pläne in der Hand zu behalten. Um Curtius kein Unrecht zu tun: In diesem Fall war es wohl ein Fehler, ihm keine schriftliche Instruktion mitzugeben, obwohl ich das während meiner Amtszeit sonst nicht tat, weil ich meinen Mitarbeitern möglichst viel Bewegungsfreiheit auf ihren Sachgebieten geben wollte. Wenn es dann sehr kritisch wurde, übernahm ich selbst die Verhandlungen. So erübrigten sich schriftliche Anweisungen. Aber für diese Genfer Verhandlung wären sie notwendig gewesen, wie die Entwicklung zeigte.

Nach den Unterhaltungen mit Sir Walter Layton war ich in bezug auf die Entscheidung im Haag optimistischer als vorher. Die Ressortberater des Auswärtigen Amtes, namentlich der sonst so skeptische Gaus – eine staatsrechtliche Autorität unter den Völkerbundsjuristen mit außerordentlichem Verständnis für die staatsrechtlichen Argumente der Gegenseite –, hatten mir bei der Verweisung an den Haag durch Bülow sagen lassen, sie seien noch nie in einer Frage der letzten zehn Jahre so sicher gewesen, daß die Entscheidung zugunsten unserer Auffassungen falle, wie in dieser. Um so erstaunter waren wir, als am 5. September der Haager Gerichtshof sich mit 8 gegen 7 Stimmen gegen die Zulässigkeit des Zollunionvertrages mit Österreich aussprach. Es war außenpolitisch und innenpolitisch ein schwerer Schlag. Noch schlimmer war es, daß bereits zwei Tage vorher, auf der gemeinsamen Fahrt von Zürich nach Genf, Curtius festgestellt hatte, daß die Österreicher praktisch bereits die Zollunion aufgegeben hatten und dies auf Umwegen Frankreich hatten wissen lassen. Ich erinnerte mich der Worte des Reichspräsidenten vom März 1931, als er mir sagte, daß nach allen seinen Erfahrungen im Kriege die Österreicher gerade im allerletzten Moment schlappmachen würden. Curtius, der ein außerordentlich vornehmer Charakter war, hatte Schobers Bedrängnis erkannt und aus Mitleid mit ihm schon im Zuge von Zürich nach Genf die Möglichkeit einer Erklärung auf der Genfer Tagung besprochen, die die Lage Österreichs erleichtern sollte. Als mir telephonisch der Entwurf einer solchen Erklärung aus Genf übermittelt wurde, faßte mich ein Entsetzen. Ich überlegte mit Bülow eine Abänderung dieser Erklärung. Wir gaben sie telephonisch nach Genf durch, aber es war bereits zu spät.

Ich entsinne mich dieses Tages sehr genau. Es war der Kulminationspunkt aller erwähnten Schwierigkeiten. Überall schien es lichterloh zu brennen. Die Presse schäumte auf vor Wut über die Erklärung von Curtius, einschließlich der „Germania", deren Chefredakteur mir gegenüber behauptete, er habe die Anregung zu seinem Angriff gegen Curtius von einer sehr einflußreichen Persönlichkeit aus einem anderen Ministerium bekommen, sich aber weigerte anzugeben, wer diese Persönlichkeit sei. Er erklärte, ich könne sicher sein, daß Curtius von einflußreichster Stelle aus dem Kabinett herausgeschossen würde, ganz gleichgültig, wie ich mich dagegen wehren werde. Curtius war mit Recht über den Artikel in einem mir sonst nahestehenden Blatte äußerst aufgebracht. Er drohte telephonisch mit seiner sofortigen Demission, noch während seines Genfer Aufenthaltes. Er dächte nicht daran, mir Schwierigkeiten zu machen, und stehe mir nicht hindernd im Wege, aber ein Angriff der „Germania" sei für ihn eine unerträgliche Erschütterung seiner Autorität. Ich versuchte, ihn zu beruhigen, und besprach die Lage mit Bülow.

Bülow erklärte, es müsse hier ein Mißverständnis zwischen mir und dem Auswärtigen Amt vorliegen. Er sähe ein, wie weittragend die Auswirkung der Curtiusschen Erklärung sei. Um Curtius und mich zu retten, sei er mit Freuden bereit, sich zu opfern. Er bot mir seine Demission an, die ich selbstverständlich ablehnte, weil er nach meinem Plan unter allen Umständen als Staatssekretär im Auswärtigen Amt für eine Reihe von Jahren die Kontinuität der Außenpolitik wahren sollte, vor allem für den Fall, daß ich gestürzt würde. England war durch die eigenen Schwierigkeiten daran gehindert, irgendeine energische Initiative in Genf zu entwickeln, auch wenn die englische Regierung es gewollt hätte. Ich entsandte Bülow nach Genf, um zu retten, was zu retten war. Bülow kam auf Grund seiner persönlichen Erkundung der Lage in Genf zu dem Ergebnis, daß es keinen andern Weg mehr gebe als den von Curtius beschrittenen.

Am Samstag, den 5. September, erhielt ich endlich die Aufzeichnungen Kaas' über die Unterredung mit Hugenberg. Ich konnte sie so dem Reichspräsidenten nicht weitersenden. Kaas hatte sie offenbar erst acht Tage später nach dem Gedächtnis diktiert. Entweder hatte er die ganze Tendenz der Unterhaltung nicht richtig aufgefaßt oder sie aus einer gewissen Angst vor möglichen Entwicklungen nicht genau wiedergegeben. Ich merkte plötzlich aus der Art dieser Niederschrift, daß Kaas nicht mehr auf der bisherigen Linie stand, womit mir auch die Vorgänge bei dem Besuch im Vatikan nachträglich klarwurden. Ich mußte mich hinsetzen und in aller Eile aus der Erinnerung das Wesentliche niederschreiben und dem Reichspräsidenten, ohne sein Verhältnis mit Hugenberg weiter zu trüben, einen Gesamteindruck vorläufig negativer Art von der Unterhaltung vermitteln. Wie sich später herausstellte, beging ich hierbei einen Fehler. Ich hätte brutal aussprechen müssen, wie sehr sich Herr Hugenberg um die klare Beantwortung der Frage der Wiederwahl herumgedrückt hatte. Ich hätte ihn im Zusammenhang damit ebenso schonungslos über die Bemühungen auf der Rechten, ihn durch ein Mitglied eines der früher regierenden Häuser zu ersetzen, unterrichten müssen. Ich kann mich des Eindrucks nicht erwehren, daß Hugenberg durch Mittelsmänner in Dietramszell versuchte, mich wegen dieser für ihn sehr wohlwollenden Berichterstattung beim Reichspräsidenten zu diskreditieren.

Die Nachrichten über eine Änderung der Einstellung des Reichspräsidenten mir gegenüber, die sich nun in Berlin und zum Teil im Auslande verbreiteten, zerstörten die psychologische Wirkung des eben Erreichten,

eine Einigung über die Reorganisation der Dresdner Bank, eine Ab-
milderung des Vorstoßes der SPD auf Änderung der Juni-Notverord-
nung und die propagandistische Verbreitung der kommenden Maßnahmen der Reichsregierung mit einer Vertretung der Presse und des
Stahlhelms.

Am Sonntag, den 6. September, kam Herr von Schleicher aus dem
Urlaub zurück. Ich lud ihn zum Abend ein. Zunächst bemerkte ich keine
Veränderung in seiner Haltung. Spät in der Nacht entwickelte Schleicher
ein Programm der völligen Änderung der personalen Zusammensetzung
des Kabinetts im Sinne einer extremen deutschnationalen Orientierung,
was entweder bedeutete, daß Schleicher in den letzten vierzehn Tagen
seine Meinung völlig geändert hatte oder an den Intrigen in Dietramszell
beteiligt war. Ich unterdrückte vorläufig noch jeden Argwohn und glaubte,
durch absolute Loyalität Schleicher wieder gewinnen zu können.

In der Deutschen Volkspartei ging es sehr heftig zu. Man verlangte den
Rücktritt von Curtius. Ich weigerte mich Dingeldey gegenüber, dieser
Forderung stattzugeben, und bat ihn, auf Anraten von Mittelmann, für
einen Abend in der nächsten Woche zu einer Aussprache über die
gesamte Lage. Am Samstag, den 12., führte ich eine lange Besprechung
mit Ministerialdirektor Ernst über die Gesamtorganisation des Bankwe-
sens und legte ihm meine Pläne für eine regionale Dezentralisierung der
Großbanken vor, die er akzeptierte. Darauf entschloß ich mich, obwohl
er Mitglied der Deutschnationalen Volkspartei war, ihn mit dem Amte
eines Reichskommissars für das Bankengewerbe zu betrauen, zwecks
Durchführung der im Zuge der Aktienrechtsreform und der sonstigen
Ergebnisse der fast täglichen Wirtschaftsbesprechungen mit den Ressort-
ministern erzielten Beschlüsse für die schrittweise Reform des gesamten
Banken- und Kreditsystems.

SCHWANKEN DES REICHSPRÄSIDENTEN

Am Sonntag, den 13. September, war ich zum Vortrag beim Reichspräsidenten. Ich konnte in diesem Augenblicke bei ihm noch keine grundsätzliche Änderung seiner politischen Einstellung sicher feststellen. Während er sonst sehr gestärkt und ruhig aus seinem Urlaub nach Berlin
zurückgekehrt war, fehlte ihm diesmal der gewohnte Gleichmut und die

freundliche Grundhaltung. Er sprach in allgemeinen Ausdrücken davon, daß ich nun mehr nach rechts gehen müsse. Darauf erwiderte ich, daß der gesamte Grundzug meiner Politik schon stets rein konservativ, im guten Sinn, gewesen sei, daß aber für eine Majorität dieser Rechten bislang noch keine Voraussetzung bestünde. Vor allem müsse ich nun nach der Unterhaltung mit Hugenberg auch noch mit Hitler sprechen, um festzustellen, ob die NSDAP überhaupt geneigt sei, eine nach rechts erweiterte Regierung zu unterstützen, auch wenn sie die politischen Grundprinzipien Hitlers, soweit sie bis jetzt zu erkennen seien, sich nicht zu eigen machen könne. Das Risiko der bewußten Zerstörung einer nahezu sicheren Majorität im Reichstag könne ich nicht übernehmen, ohne absolut bindende Zusagen sowohl von Hugenberg als auch von Hitler.

Ich schlug vor, der Reichspräsident solle selber mit Hitler sprechen, um sich ein Urteil über die Möglichkeiten eines Zusammenarbeitens und Zusammengehens mit ihm zu bilden. Das lehnte der Reichspräsident ganz kategorisch ab. Ich erklärte ihm, es sei ganz unmöglich, Hugenberg zu empfangen, dies aber dem Führer der zweitgrößten und wahrscheinlich jetzt schon größten Partei zu verweigern. Der Reichspräsident wurde darauf äußerst unwillig und ließ die Bemerkung fallen, man könne ihm doch wirklich nicht zumuten, sich mit „diesem österreichischen Gefreiten" zu unterhalten. Man verlange allmählich zu viele Opfer seiner persönlichen Gefühle und Überzeugungen. Diese Tonart hatte ich bisher noch nie von ihm gehört.

Ich versuchte vorsichtig zu ergründen, ob der Reichspräsident eigentlich klare Vorstellungen über den Weitergang der Politik habe. Es stellte sich dabei heraus, daß er in seinem Kopf die Idee eines Kabinetts hatte, das unter Opferung solcher Persönlichkeiten wie Dietrich, Stegerwald, Curtius, Wirth, Treviranus, Schiele und auch des Staatssekretärs Pünder in der personalen Zusammensetzung hundertprozentig den Wünschen seiner ostpreußischen Freunde entsprach, mit mir als Anführer. Ich sagte ihm, mir sei nichts lieber, als mit konservativen Männern zusammenzuarbeiten, die eine große Sacherfahrung und ein gutes politisches Urteil besäßen. Aber wenn ich in diesem Augenblick nicht die Verfassung brechen und ihn, den Reichspräsidenten, vor seiner Wiederwahl in eine geradezu unmögliche Situation, das Reich aber in einen chaotischen Zustand bringen wolle, so müsse ich auf die Notwendigkeit der Bildung parlamentarischer Mehrheiten und auf die Verfassung Rücksicht nehmen.

Der Reichspräsident stutzte und horchte auf. Als ich meine Ausführungen beendet hatte, erklärte er: *„Ich habe vor meinem Gott einen Eid auf die Verfassung geschworen. Sie müssen mir helfen, daß ich den nie breche."* Ich war erschüttert von diesem Durchbruch seines, wie ich glaube, innersten Wesens und sagte ihm, das sei mein ganzes Ziel. Ich sei bis heute, ohne an die Verfassung zu rühren, in anderthalb Jahren so weit gekommen, daß ich die Machtbefugnisse des Parlamentes – mit Ausnahme des noch bestehenden Mißbrauchs der Anträge auf Entziehung des Vertrauens – auf den Stand der Bismarckschen Zeit zurückgeführt, aber gleichzeitig ihm, dem Staatsoberhaupt, eine größere, tatsächliche Machtfülle geschaffen habe, als sie der Kaiser früher je besaß. Auf diesem Weg wolle ich weitergehen, um nach Erringung der außenpolitischen Erfolge gleichzeitig mit der Reichsreform, zu der ich jetzt von allen Seiten gedrängt würde, das in verfassungsmäßige Formen zu bringen, was ich bis heute erreicht hätte und im nächsten halben Jahr zu erreichen gedächte. Der erste Zeitpunkt, überhaupt auf eine Verfassungsänderung zuzusteuern, würde sich erst nach der Wiederwahl des Reichspräsidenten ergeben, die vorzubereiten und zu sichern ich als meine Hauptaufgabe bei allen innerpolitischen Verhandlungen und bei jeder innerpolitischen Neuorientierung betrachten müsse. Deshalb hätte ich die entsprechende Frage an Hugenberg gerichtet, allerdings erfolglos. Ich müsse sie vor jeder Änderung der parlamentarischen Grundlage auch an Hitler richten und von ihm eine klare Antwort fordern. Bei dem vielen häßlichen Gerede, das gegen ihn, den Reichspräsidenten, wie er selbst wohl wisse, seit November 1918 umginge, hätte ich den Wunsch, um ganz klar und verantwortungsvoll handeln und das Staatsoberhaupt beraten zu können, daß er, der Reichspräsident, eine Aussprache mit Hitler habe, von der ich hoffe, daß sie auf Hitler Eindruck machen und ihn vielleicht zu einer Aussage für die Unterstützung der Wiederwahl des Reichspräsidenten bringen würde.

Hindenburg erklärte, er habe gar keine Lust, wieder zu kandidieren. Alles sei ihm mit Undank gelohnt worden. Seine früheren Freunde hätten ihn verlassen und verleumdeten ihn. Er habe immer gehofft, daß Hugenberg patriotisch handeln werde, aber er glaube, obwohl Hugenberg plötzlich einen Ansatz zur Vernunft gemacht habe, nicht an eine dauernde Besserung. Trotz der Gefahr, die ich heraufbeschwor, konnte es nicht meine Aufgabe sein, das Mißtrauen des Reichspräsidenten gegen Hugenberg noch zu steigern. Daher machte ich einige begütigende Bemerkungen und sagte dem Reichspräsidenten, wenn er nach rechts gehen wolle, dann müsse er selbstverständlich auch Hugenberg in das Kabinett aufnehmen. Jetzt wurde der Reichspräsident sehr energisch. Er erklärte mir erneut, was er mir früher bei ähnlicher Gelegenheit bereits einmal gesagt hatte, daß er niemals seine Zustimmung dazu geben werde, Hugenberg zum Minister zu ernennen. Nun war mir klar, daß der Reichspräsident sich keine klare Vorstellung von den politischen Möglichkeiten gemacht hatte und von mir die Lösung der Quadratur des Zirkels verlangte.

Ich brach die Unterhaltung über diesen Punkt ab und ging dazu über, in meinem Vortrag über das Drängen verschiedener Kreise auf sofortige Inangriffnahme der Reichsreform zu sprechen. Der Reichspräsident erkundigte sich nach diesen Plänen, die ich ihm bereits ein anderes Mal, gelegentlich des Abschlusses der Länderkonferenz im Vorjahre, auseinandergesetzt hatte. Ich sprach von der Neuaufteilung Preußens unter gleichzeitiger Herabdrückung der staatsrechtlichen Stellung der übrigen Länder mit Ausnahme von Sachsen, Bayern, Württemberg und Baden. Darauf erklärte der Reichspräsident, er werde nie, solange er im Amt sei, eine Neugliederung Preußens zulassen. Er wolle das preußische Erbe unversehrt seinem Nachfolger übergeben.

Das Ergebnis dieser Unterhaltung war unklar. Die Gefahr einer unmittelbaren Krise, mit der ich gerechnet hatte, war vorbei. Ich fürchtete zwar den erneuten Ansturm der Freunde des Reichspräsidenten und neue Intrigen, aber von der Wucht der Angriffe, die alsbald erneut einsetzen sollten, habe ich mir in diesem Augenblick keine Vorstellung gemacht. Überall, in gewissem Grade auch beim Reichspräsidenten, war man rein gefühlsmäßig für ein nationales Konzentrationskabinett nach dem Schema des neuen englischen eingestellt, aber alle, die darüber redeten oder dazu drängten, konnten auf Befragen nicht einmal für sich selbst behaupten, daß sie sich eine klare Vorstellung von den Möglichkeiten und den Folgerungen einer solchen Nachahmung gebildet hatten.

Ein Punkt in der Unterhaltung mit dem Reichspräsidenten war mir besonders aufgefallen. Überraschend hatte er plötzlich gesagt: „Halten Sie sich an den General von Schleicher. Das ist ein kluger Mann und versteht viel von der Politik." Ich dachte bei mir nur: „Merkwürdig, höchst merkwürdig!" Aber noch sah ich nicht klar. Am nächsten Tage hatte ich ein Treffen mit Schleicher, um mit ihm ganz kurz das Ergebnis des Vortrages beim Reichspräsidenten zu besprechen. Das ergab sich als Konsequenz meiner Fahrt nach Wildbad, nicht etwa aus der erwähnten Bemerkung des Reichspräsidenten. Schleicher sagte mir: „Es kommt schon alles in Ordnung. Wir kriegen den alten Herrn schon auf die richtige Linie. Sehen Sie nur zu, daß Sie mit Dingeldey ins reine kommen." Der gestern vorübergehend bei mir aufgetauchte Verdacht verschwand alsbald nach dieser Unterhaltung. Mittags informierte ich Kaas und bat ihn, mit den verständigen Mitgliedern der DVP Fühlung zu nehmen. Ich lud ihn zusammen mit Dingeldey für den nächsten Abend ein. Insgesamt etwas beruhigt, konnte ich nun wieder an die praktische Arbeit gehen.

In diesen Tagen beschäftigte mich sehr stark die von einflußreichen Persönlichkeiten betriebene Angliederung der Danat- an die Commerzbank, die wir damals noch für die solideste der deutschen Großbanken hielten. Ich empfing die Herren Sobernheim und Reinhart, deren Einfluß im Hause des Reichspräsidenten mir bekannt, aber leider nicht zur Genüge bekannt war. Ich ließ Bücher kommen und bat ihn, die Sache mit Geheimrat Schmitz zu überlegen. Beide antworteten in bejahendem Sinne. Abends hatten wir gelegentlich eines Abendessens bei Dorpmüller eine erfolgreiche Besprechung über die Verwendung der steuerfreien Anleihe seitens der Reichsbahn zur Arbeitsbeschaffung für die Eisenindustrie. Am nächsten Tage konnte ich auch mit dem vorzüglichen Präsidenten Kleiner zu grundsätzlichen Übereinstimmungen über die Sparkassenpolitik kommen.

Schwieriger waren die Besprechungen mit Vertretern der Länder Bayern, Württemberg, Sachsen, Baden und Hessen. Wie ich schon erwartet hatte, waren die Länderregierungen außer in Württemberg und Baden gar nicht erfreut über die Rechte, die ihnen die Dietramszeller Notverordnung einräumte, um über den Kopf ihrer Parlamente hinweg durch selbständige Sparmaßnahmen ihre Etats in Ordnung zu bringen. Sie verlangten vom Reich eine Gehaltskürzung, um sie dann auch bei sich durchzuführen. Der Zweck dieses Verlangens war natürlich, die unpopuläre Verantwortung auf die Reichsregierung abzuschieben. Ich wollte, nicht aus Angst vor dieser Verantwortung, sondern aus anderen Gründen, sie diesmal den Ländern nicht abnehmen. Es galt, die Reichsreform für ein späteres Stadium psychologisch vorzubereiten. Steuerzahler und Beamte sollten klar erkennen, daß die Länder, mit Ausnahme von Württemberg, Baden und Preußen, keine solide Finanzpolitik getrieben, aber gleichzeitig auch nicht den Mut hatten, auf eigene Verantwortung zu handeln. Vor allem wollte ich damit die unwahrhaftige Politik Bayerns treffen, die mich die ganze Zeit bis aufs Blut gepeinigt hatte. Daher lehnte ich in dieser Frage ein Entgegenkommen den Ländern gegenüber ab. Ich glaubte politisch jetzt dazu stark genug zu sein, nachdem es trotz der Gerüchte und Intrigen in den vergangenen Wochen gelungen war, den Antrag auf Einberufung des Reichstages im Ältestenrat ablehnen zu lassen.

Am Nachmittag des Dienstags kamen aber die Abgeordneten Schneider (Dresden) und Geheimrat Kahl zu mir und wollten über bestimmte Angelegenheiten mit mir sprechen. Bei beiden merkte ich in der Unterhaltung, daß in der Volkspartei unter Führung vom „Schweineschmid" und Dingeldey selber lebhaft gegen mich intrigiert wurde. Da Dingeldey am Abend zu mir kommen sollte, war das ein wertvoller Fingerzeig.

Ich führte die Unterhaltung mit ihm so, daß ich seine Bereitwilligkeit feststellte, das Justizministerium anzunehmen, es ihm aber nicht anbot. Falls mich die nächsten Tage überzeugten, daß Dingeldey seine Partei ernst und loyal bei der Mitarbeit halten würde, so wollte ich ihm in einigen Tagen das Justizministerium anbieten. Ich riet bei dieser Gelegenheit Dingeldey, sich einmal mit Schleicher über die Absichten der Reichswehr zu unterhalten, damit er sähe, daß über die Grundlinien der Politik zwischen Reichswehr und mir völlige Übereinstimmung herrsche. Ich ahnte nicht, daß ich mir damit selber den Todesstoß gab.

Ich war in diesen zwei oder drei Tagen ein wenig zum Optimismus geneigt. Die Aktienrechtsreform war fertig, ebenso eine Notverordnung gegen erhöhte Gehälter, die einzige Konzession, die ich den Länderregierungen gemacht hatte. In der Frage der Goldklausel der steuerfreien Anleihe und damit der Beseitigung des letzten Hemmnisses für ein großes Arbeitsbeschaffungsprogramm für die notleidende Eisenindustrie wurde in langen Besprechungen mit der Reichsbahn und den Vertretern der westlichen Eisenindustrie eine Einigung erzielt. In Aussprachen mit Arbeitgebern und Arbeitnehmern hatte ich eine günstigere Haltung der beiden Gruppen zueinander angebahnt.

In diesen Tagen hatte ich, auf dessen Wunsch, öfters Besuch von Göring, der eine sehr freundliche Haltung der NSDAP in Aussicht stellte und mich warnte, auf die Lockungen und Intrigen des Herrn Hugenberg hereinzufallen, mit dem die NSDAP nichts zu tun haben wollte. Hitler habe gehört, daß ich mich sehr stark für seinen Empfang beim Reichspräsidenten eingesetzt habe. Er wisse das zu würdigen. Ich solle mich nicht täuschen lassen, wenn etwa in der nächsten Zeit die NSDAP aus taktischen Gründen nach außen hin enger mit der DNVP zusammengehen müsse. Ich schlug Göring eine Aussprache mit Hitler vor und sagte ihm, ich würde diese Aussprache am liebsten vor der gemeinsamen

Tagung der NSDAP mit der DNVP, von der ich gerüchteweise gehört hätte, ansetzen. Nach dieser Aussprache würde es sich leichter ermöglichen lassen, den Empfang Hitlers beim Reichspräsidenten durchzusetzen.

Diese Aussprache hat einige Zeit später tatsächlich stattgefunden, aus taktischen Gründen am 10. Oktober, einen Tag vor der Harzburger Tagung. Ich habe in ihr einen ähnlichen Weg eingeschlagen wie in der Aussprache mit Hugenberg. Hitler hatte dieses Mal bereits ein erheblich gesteigertes Selbstbewußtsein; aber seine Ausführungen über die Außenpolitik waren verworren. Bei der Wirtschafts- und Finanzpolitik war es nicht möglich, aus ihm eine einzige konkrete Äußerung herauszulocken. Ich erklärte ihm, bevor ich irgendeine Änderung in der Politik vornehmen könne im Sinne einer Orientierung nach rechts, müsse ich von ihm eine ganz klare Beantwortung derselben Frage haben, die ich Hugenberg vorgelegt hätte: Ob er bereit sei, sich für die Wiederwahl des Reichspräsidenten öffentlich festzulegen. Hitler antwortete, das sei ausgeschlossen. Er wisse bestimmt, daß Hugenberg schon eine andere Kandidatur vorbereite und daß er seine Rache an dem Reichspräsidenten nehmen wolle. Damit sei es für ihn unmöglich, sich jetzt schon für die Wiederwahl des Reichspräsidenten in irgendeiner Form festzulegen.

Ich bedauerte diese Antwort und sagte Hitler, er müsse sich dies doch nochmals sehr reiflich überlegen, denn davon hänge spätestens ab Januar 1932 die Frage ab, ob der Kurs mit der Rechten möglich sei oder nicht. Ich hielte einen Kurswechsel um die Zeit für möglich, wenn vorher besondere verfassungsmäßige Sicherungen vereinbart worden wären. Dann sei auch außenpolitisch der richtige Augenblick dafür. Ich käme aber über den schwersten aller deutschen Winter hinweg, wenn er bis dahin, noch in der Opposition bleibend, ein Gegengewicht gegen den Kommunismus schaffen helfe, der nur dann während dieses Winters eine ernsthafte Gefahr werden könne, wenn bereits vorher eine Rechtsregierung bestehe. Die Aussprache war äußerlich sehr freundschaftlich.

Hitler hielt meine Stellung noch für so stark im Augenblick und die Gefahr eines Hugenbergschen Staatsstreiches für so groß, daß er in der späteren Unterhaltung beim Reichspräsidenten erklärte, er habe gegen meine sachliche Politik nichts einzuwenden, ich müsse nur mit der NSDAP zusammengehen. Das Ergebnis der Unterhaltung war eine vorübergehende Stärkung meiner Stellung beim Reichspräsidenten. Der Reichspräsident äußerte sich nach der Unterredung: „Er hat ja ganz nett gesprochen, aber man kann ihn doch nicht zum Minister machen."

Hitler dagegen berichtete seinen Freunden, er habe einen geradezu vernichtenden Eindruck vom Reichspräsidenten bekommen. Jetzt erst verstehe er, welche fast unmögliche Aufgabe ich bei diesem Staatsoberhaupt zu lösen hätte.

So war an sich die Lage nicht ungünstig. Im Kabinett war im stillen eine Einigung über einen teilweisen Abbau der Hauszinssteuer und ihre ausschließliche Verwendung für finanzielle Zwecke erzielt worden. Gleichzeitig wurde ein grundlegender Beschluß gefaßt zur Änderung des gesamten Wohnungswesens. Wir wollten reichliche Mittel zur Verfügung stellen, um eine städtische Randsiedlung im großen für Erwerbslose und Kurzarbeiter zu schaffen. Diese sollten noch ein Jahr ihre Unterstützung bekommen, dann gegen geringe Zahlung in den Besitz eines kleinen Eigenheims gelangen, das durch Anbauen später vergrößert werden konnte und nicht mehr als 2500 RM kostete, dabei aber ausreichendes Gartengelände zur Selbstversorgung hatte. Dieser Plan, anfangs skeptisch und kühl begrüßt, brachte in Wirklichkeit großen Erfolg. Der geheim eingesetzte besondere Ausschuß für die Zwangskonversion der festverzinslichen Wertpapiere förderte unauffällig seine Arbeiten, so daß ich hoffen konnte, all das, was die spätere Notverordnung im Dezember brachte, schon vor Zusammentritt des Reichstags im November verkünden zu können. Ich ließ es im Kabinett absichtlich nicht zu formalen Beschlüssen im einzelnen kommen. Wenn der große Wurf dieser neuen Notverordnung gelingen sollte, mußte ich vorher eine sichere parlamentarische Mehrheit haben. Selbst die „Frankfurter Zeitung" behandelte mich ein einziges Mal günstig. Sie sprach von einer Reformfreudigkeit auf allen Gebieten.

Der Sorgenpunkt dieser Tage war, daß über den Staatssekretär Weismann ein Mittelsmann der französischen Regierung an den Ministerpräsidenten Braun herangetreten war und ihm den Vorschlag gemacht hatte, gegen Inaussichtstellung einer Anleihe für die industriellen Unternehmungen Preußens auf eine kurzfristige Verlängerung des Hoover-Moratoriums hinzuwirken. Das war der Versuch der Franzosen, eine Streichung der Reparationen zu sabotieren. Ich habe in Gegenwart von Bülow diesen Versuch energisch zurückgewiesen.

Während der Beratungen zur prinzipiellen Einigung über die Zusammenfassung aller erforderlichen Maßnahmen auf sozialpolitischem Gebiete befiel mich am Mittwoch, den 10. September, gegen zehn Uhr starkes Fieber. Bereits seit zwei Tagen hatte ich heftige Zahnschmerzen. Ich fuhr abends zum Zahnarzt, der mich behandelte, und kehrte sofort darnach in die Chefbesprechung zurück, die ich bis ein Uhr nachts leitete. Ich hatte keine Zeit, die Sache richtig zu kurieren, und ließ mir nur Einspritzungen machen, auf die ich mit Schüttelfrost reagierte. Das war der Grund, weshalb ich am andern Morgen den Vortrag beim Reichspräsidenten absagte und im Bett blieb, eine an sich höchst nebensächliche Angelegenheit, aber für politische Gegner wie Hugenberg ein großartiges Mittel zu neuen Intrigen. Wie ein Lauffeuer verbreitete sich am Morgen das Gerücht, ich sei total zusammengebrochen, obwohl ich bereits mittags um zwölf die Besprechungen wieder aufgenommen hatte.

Am andern Morgen merkte ich, daß diese Gerüchte beim Reichspräsidenten gewisse Zweifel hervorgerufen hatten, ob ich überhaupt noch durchhalten könnte. Es ist wichtig festzustellen, daß solche nebensächlichen Dinge bei dem nervösen Zustand des deutschen Volkes eine sehr große Bedeutung hatten. Selbst ein weiterer Kreis meiner Mitarbeiter war, wie ich fühlte, von der Suggestion erfaßt, daß ich es nun körperlich nicht mehr schaffe. Zum erstenmal spürte ich, wie schnell alles darauf reagierte. Niemand hatte es eilig mit Entscheidungen. Ich mußte alle drängen. So viele wollten ihre Chancen bei einem etwaigen Regimewechsel nicht verderben. Ich sagte damals zu Mittelmann, jetzt könne ich mir vorstellen, daß alle höheren Beamten, wenn ich gestürzt sei, am nächsten Tag bereits vermeiden würden, mich auf der Straße zu treffen.

Der Vortrag beim Reichspräsidenten war unerfreulich. Der alte Herr war in einer müden und gereizten Stimmung. Er war in seiner Haltung zu mir, gegenüber dem letzten Sonntag, total verändert. Seine Kritik an der Osthilfe war so scharf, daß ich es fast als Schimpfen bezeichnen muß. Blitzartig erkannte ich den Grund. Treviranus war einige Tage vorher bei mir gewesen und hatte mir gesagt, Oskar von Hindenburg habe ihm sehr stark zugesetzt, er solle das Nachbargut von Neudeck umschulden; Oskar von Hindenburg könne dann bei diesem Umschuldungsprozeß vielleicht den Wald, der zu diesem Gut gehörte und an Neudeck grenze, für eine für ihn tragbare Summe erwerben. Treviranus hatte diese Frage mit einem der besten seiner Mitarbeiter durchgesprochen, der zu dem Ergebnis kam, daß die vorgeschlagene Art der Umschuldung gesetzwidrig sei. Er bat um meine Entscheidung, wie er sich verhalten solle. Ich gab sie ihm ohne Bedenken. Er solle Oskar von Hindenburg sagen, ich sei bereit, alle seine Wünsche zu erfüllen, aber eine Beugung der Gesetze könnte ich auch im Interesse des historischen Namens seiner Familie nicht verantworten.

Bevor ich das Arbeitszimmer des Reichspräsidenten betreten hatte, hatte ich gesehen, daß Oskar von Hindenburg gerade aus diesem Zimmer herauskam und in einer gegenüberliegenden Türe verschwand. Ich wußte nun, daß er seinen Vater aufgepeitscht hatte, merkte auch an der Gereiztheit des Reichspräsidenten, daß eine neue Gefahr für mich kam. Um sie möglichst zu bannen, lud ich Oskar von Hindenburg und Schleicher an einem der nächsten Tage zum Abendessen ein. Die Frage des Ankaufs des Nachbargutes wurde schnell beigelegt. Ich muß zur Ehre Oskars von Hindenburg feststellen, daß ein paar Bemerkungen über die Möglichkeit etwaiger Angriffe auf die Person seines Vaters ihn sofort von jedem weiteren Drängen in dieser Frage Abstand nehmen ließ. Die Unterredung verlief sehr harmonisch. Es war aber ein falsches Experiment, wie ich zu meinem Schreck schon 24 Stunden später feststellen mußte.

Die Unterhaltung mit Oskar von Hindenburg fand am Abend des 21. September, am Tage nach dem Abgang Englands vom Goldstandard, statt. Am Nachmittag war der frühere Minister Hamm bei Pünder gewesen und hatte ihm mitgeteilt, daß nunmehr die verständigen Kreise der Wirtschaft, vor allem des Handels, eingesehen hätten, daß man mir eine politische Basis schaffen müsse. Es seien Verhandlungen im Gange über eine Erklärung für die Regierungspolitik von Persönlichkeiten der Staatspartei bis zu den Volkskonservativen. Dabei spiele der Gedanke der Gründung einer wirklichen Staatspartei für alle diese Gruppen eine große Rolle. In der Unterhaltung kamen wir zunächst auf die am Tage vorher gehaltene Kampfrede Hugenbergs zu sprechen. Der Zeitpunkt für ein solches Gespräch konnte an sich nicht günstiger gewählt sein. Ich stellte bei dem jungen Hindenburg fest, daß er zwar nervös war wegen dieser Rede, aber andererseits sich in ihm die Überzeugung festsetzte, Hugenberg sei ewig negativ. Ich legte dem Obersten auseinander, daß ich vorläufig meinen bisherigen Weg weitergehen müsse. Mein Plan sei aber, die Basis der Regierung, schrittweise und ohne die Sozialdemokraten abzustoßen, nach rechts zu verbreitern. Zu diesem Zweck wolle ich nach der Reichstagssitzung einen Wirtschaftsbeirat zu dauernder Begutachtung der Pläne der Reichsregierung einberufen. Er solle etwa 15 Persönlichkeiten aus allen Zweigen der Wirtschaft umfassen. Darunter solle die Hälfte aus solchen bestehen, die der Deutschnationalen Volkspartei angehörten oder ihr nahestünden. Auf diese Weise hoffte ich doch, langsam eine engere Fühlungnahme mit der Rechten zu erzielen, auch wenn es mir unmöglich schiene, grundsätzlich die Basis der Regierung im Reichstag zu verändern.

Beide Herren waren sehr scharf gegen Curtius eingestellt, der am nächsten Tag von Genf zurückerwartet wurde. Sie waren der Überzeugung, daß Curtius nicht zu halten sei. Ich verteidigte Curtius und sagte, da alle Minister mir feierlich versprochen hätten, gemeinsam mit mir die Pläne ohne Rücksicht auf ihre Partei durchzusetzen, so könne ich wegen eines einzigen Fehlschlags einen Minister nicht fallenlassen. Wenn aber Curtius, namentlich durch seine eigene Partei, aus dem Kabinett herausgeschossen würde, so bleibe eben nichts anderes übrig, als ihn zu ersetzen. Der Oberst fragte, an wen ich für diesen Fall als Nachfolger dächte. Ich antwortete, daß ich schwankte, ob ich selber gleichzeitig das Außenministerium übernehmen oder Herrn von Neurath damit beauftragen solle. Der Oberst interessierte sich sehr für ein dann eventuell notwendiges außenpolitisches Revirement. Wir sprachen es im einzelnen durch. Er schien am Schluß über die Unterhaltung sehr befriedigt zu sein und fügte nur hinzu, ich solle mit dem Austausch von Curtius schnell vorwärts machen und dafür sorgen, daß das Revirement vorbereitet würde. Ich war auch meinerseits sehr erfreut über die Aussprache.

Um sicherzugehen, lud ich für den Abend des 23. Schacht ein, um mit ihm über die ganze Finanz- und Wirtschaftslage zu sprechen. Er wollte die Mark an das Pfund anhängen. Ich erklärte ihm, daß ich das unter keinen Umständen mitmachen würde. Es ist interessant, daß er im Oktober 1934 fast wörtlich die Argumente, die ich ihm an diesem Abend gegen eine Anhängung der Mark an das Pfund auseinandersetzte, für seine eigene Politik wiedergab. Mit keinem Wort ließ Schacht durchblicken, daß er bereits im stillen mit der Rechten einen festen Pakt abgeschlossen hatte. Jetzt galt es, noch die DVP festzumachen, deren Hamburger Parteitag begann. Meine Freunde in der Deutschen Volkspartei, vor allem Herr Mittelmann, hatten zwar Sorge wegen der Intrigen von Dingeldey, aber sie waren der Hoffnung, daß die DVP in Hamburg doch einmal Vernunft annehmen werde.

SPIONAGE IM EIGENEN HAUS

Die Verhandlungen mit den Herren der DVP führte ich telephonisch aus der Reichskanzlei, obwohl ich wußte, daß mein Apparat abgehört wurde; aber es war notwendig, eine vorher verabredete verdeckte Sprache zu gebrauchen.

Meine Sorge, daß meine Telephongespräche abgehört würden, begann schon am zweiten Tag nach meiner Amtsübernahme. Ich fand im Arbeitszimmer einen normalen Apparat vor, der aber mit einem andern Apparat, der an der Wand befestigt war und dessen Sinn ich nicht verstand, verbunden war. Ich merkte sofort, daß dieser zweite Apparat etwa vier bis fünf Sekunden, nachdem ich den Hörer wieder auf die Gabel gelegt hatte, ein Geräusch abgab, wie wenn eine zweite Verbindung einschnappte. Nach einiger Zeit ließ ich mir einen unmittelbar an das Telephon angeschlossenen Apparat aufstellen. Ich bat den Postminister um eine dienstliche Erklärung, daß dieser Apparat nicht abgehört werden könnte. Er gab diese Erklärung nach Rücksprache mit dem höchsten technischen Beamten der Reichspost, Herrn Feyerabend, mündlich ab. Dennoch hörte ich an diesem Apparat oft merkwürdige Geräusche. Es war eine Geheimnummer. Und trotzdem wurde ich auf dieser Geheimnummer eines Tages, angeblich von dem Sekretär des preußischen Innenministers, angerufen. Die Persönlichkeit, die sprach, rief einige Schmähungen in den Apparat und hing dann ab. Diese Erfahrung machte mich sehr stutzig. Tatsächlich bestätigte sich, daß meine telephonischen Unterhaltungen mit Mittelmann von der Reichswehr abgehört worden waren. Wir hatten vereinbart, das, was positiv war, negativ auszudrücken. In einer Unterhaltung mit Schleicher am 23. September stellte ich fest, daß er davon ausging, daß das, was ich in das Telephon negativ hineingesprochen hatte, meine wirkliche Meinung sei. Zwei Tage später stellte ich Herrn Planck und fragte ihn scharf, wie es käme, daß die Reichswehr sich offenbar so viel Mühe mache, meine Gespräche abzuhören. Er schwieg und lächelte betroffen. Am nächsten Tag erklärte er mir, er habe sich im Reichsinnenministerium erkundigt. Die Herren hätten ihm die Versicherung gegeben, daß Gespräche der Minister nie abgehört würden.

Ich wurde aber, gerade in diesen Tagen, argwöhnischer. In der Bibliothek war ein zugemauerter großer Kamin aus der Bismarckschen Zeit. An diesem Kamin stand ein kleiner Tisch mit Sofa und Sessel. Es war meine Gewohnheit, zum Kaffee jeden Tag Persönlichkeiten einzuladen, mit denen ich unter vier Augen sprechen wollte. Mit diesen saß ich am Kamintisch. Seit Mitte September war es nun höchst eigentümlich, daß ich über mir auf dem Dachboden regelmäßig einige Minuten vor Beginn dieser Besprechungen jemand herumlaufen hörte. Das Geräusch verschwand alsbald nach Beginn der Besprechung mit meinen Gästen.

Es begann wieder für einige Minuten nach Beendigung dieser Unterhaltungen. Ich ließ den Hausinspektor kommen und fragte ihn, was das zu bedeuten habe. Er sagte mir, daß es sich um Dacharbeiter handele, die um diese Jahreszeit Reparaturarbeiten zu machen hätten. Als ich aber am nächsten Tag wieder diese Geräusche hörte, entschloß ich mich, selber nachzusehen. Ich ging vorsichtig eine Treppe in das Dachgeschoß hinauf. Im letzten Augenblick knarrte eine Stufe. Nun hörte ich, wie zwei Leute eiligst über den Dachboden wegliefen. Ich ging wieder hinunter in die Bibliothek und sah mir den Kamin näher an. Er war fast völlig zugemauert, aber ein Stein in der Mauerung fehlte. Ich teilte meine Beobachtung Pünder mit, der nicht glauben wollte, daß ich durch den Kamin abgehört würde. Er ließ aber sofort den Kamin völlig zumauern. Ich ließ nun die ganze Reichskanzlei auf die Möglichkeit von eingebauten Mikrophonen überprüfen. Man kam zu negativem Ergebnis. Ich bat den Reichswehrminister um eine dienstliche Erklärung, ob ich von der Reichswehr abgehört würde. Groener forderte ein Votum von Schleicher und Bredow. Beide Herren erklärten ehrenwörtlich, daß das nicht der Fall sei. Nachdem nunmehr von beiden zuständigen Ministern eine dienstliche Erklärung vorlag, war es mir unmöglich, eine amtliche Untersuchung zu eröffnen. Ich versuchte daher in den nächsten Monaten auf anderm Weg festzustellen, wieweit ich abgehört würde. Dabei kam ich zu dem Ergebnis, daß junge Reichswehroffiziere die Aufgabe hatten, verschiedene Telephonnummern zu überwachen. Das System war so ausgebildet, daß sie, wenn sie wollten, jede Telephonnummer in Berlin abhören konnten. Sie konnten sich also auch ohne dienstliche Anweisung ein Vergnügen daraus machen, die Minister abzuhören. In den nachfolgenden Monaten häuften sich die Indizien, daß diese jungen Offiziere dann die abgehörten Gespräche an die Nazis weitergaben. Ich ließ meinen alten Bekannten, den Kriminaldirektor Mercier, kommen, um mit ihm die Frage der Sicherung der Reichskanzlei durchzusprechen. Das geschah Anfang 1932, als ich ein Erlebnis hatte, das mir zeigte, welche Gangstermethoden bereits angewendet wurden, um mich auszuspionieren. Eines Mittags ging ich ein halbe Stunde früher als gewöhnlich von den Diensträumen in die Wohnung. Als ich die Tür vom Kongreßsaal in das alte Botschafterzimmer aufschließen wollte, war diese zu meinem größten Erstaunen offen. Beim Aufmachen der Tür sah ich, wie zwei Männer Schlüssel aus der Tür meines Schreibtisches herauszogen und durch die anderen Räume meiner Wohnung eiligst verschwanden. Sie trugen Arbeitskleidung und hatten nicht an dem eigentlichen Eingang zur Wohnung geschellt. Die Untersuchung ergab, daß die am Portal wachenden Detektive ihr Kommen und Gehen nicht bemerkt hatten.

Das ungemütliche Gefühl, nicht einmal in den eigenen Räumen vor Spionage sicher zu sein, verstärkte sich im Dezember 1931 bei Erlaß der 4. Notverordnung. Um Pfandbriefspekulationen und ähnliches vor dem Erlaß der Notverordnung unmöglich zu machen, hatte ich dafür gesorgt, daß die Exemplare der neuen Notverordnung bei den Kabinettsversammlungen immer wieder eingesammelt wurden. Trotzdem kam eine Indiskretion vor. Jetzt wurde Groener aufmerksamer. Man ging den Dingen nach, und nun stellte sich heraus, daß man bei allen Vermutungen früherer Indiskretionen auf einer falschen Fährte gewesen war. Die „Vossische Zeitung" war als einzige in der Lage, das Communiqué der Notverordnung schon einen Tag früher zu bringen. Ein einziges Wort an diesem Communiqué stimmte nicht mit dem offiziellen Text überein. In der „Vossischen Zeitung" stand der Ausdruck „Strafminimum", während in der amtlichen Veröffentlichung statt dessen das Wort „Mindeststrafmaß" gesetzt war. Eine Untersuchung ergab, daß diese Änderung erst am 8. Dezember abends in der Zeit von 8 Uhr 30 bis 9 Uhr vom Ministerialdirektor Hoche vom Reichsinnenministerium im Zimmer des Ministerialdirektors von Hagenow vorgenommen worden war. Es ergab sich weiter, daß seit Jahren in der Reichskanzlei stets ein Abzug mehr von allen Umdrucken wichtiger Art gemacht wurde als zulässig. Bei gewissen Berliner Zeitungen erschien dann stets ein Herr, der sich Graudenz nannte, und bot einen solchen Umdruck an. Das ging so weit, daß sogar die Tagesordnungen der Kabinettsitzungen vorher einzelnen Zeitungen, auch den nationalsozialistischen, bekannt waren.

GESPRÄCH MIT SCHLEICHER UND KAAS

Ich erwähne diese Dinge gerade im Zusammenhange mit der Unterhaltung, die ich am 24. September abends mit Schleicher und Prälat Kaas führte, weil ich Schleicher zu meiner Überraschung restlos orientiert fand über gewisse Besprechungen, über die er nicht durch Indiskretion der Beteiligten informiert sein konnte. Am Morgen des 24. September hatte ich eine lange telefonische Unterhaltung mit Herrn Mittelmann gehabt. Ich entsinne mich ihrer sehr genau, weil gerade vorher die Nachricht von dem Zusammenbruch des alten Kölner Bankhauses Deichmann eingelaufen war. Mittelmann teilte mir mit, daß die Gefahr auf dem Hamburger Parteitag vorüber war. Mit dieser Überzeugung ging ich in die Besprechung mit Schleicher und Kaas hinein. Schleicher brachte die Unterhaltung nach einiger Zeit auf die Notwendigkeit, sich von der Linken zu lösen, aber gleichzeitig, unter Auswechselung einiger Kabinettsmitglieder, einen Staatsstreich zu machen. Ich erklärte ihm, daß ich das ablehne. Solange ich eine Mehrheit hätte, wäre es ein Verbrechen, sich über die Verfassung hinwegzusetzen. Ich scheute nicht vor letzten Konsequenzen zurück, aber sie müßten vor meinem Gewissen gerechtfertigt sein. Schleicher sah mich einen Augenblick lauernd an und sagte dann: „Wissen Sie denn nicht, daß die Deutsche Volkspartei in einer Geheimsitzung, zu der Ihre engeren Freunde nicht eingeladen waren, ein Mißtrauensvotum gegen Sie beschlossen hat?" Das Blut stockte mir. Nie werde ich diesen Augenblick vergessen. Mit einem Schlag erkannte ich, daß die Unterhaltung mit Oskar von Hindenburg überhaupt keine Bedeutung gehabt hatte. Der Oberst war durch Schleicher auf eine ganz andere Linie gebracht worden. Meine Aufforderung an Dingeldey einige Tage vorher, sich auch mit Schleicher in Verbindung zu setzen, und mein Anerbieten, ihm den Weg dazu zu öffnen, hatten zu einer Einigung geführt, mich zu stürzen oder mich zum Verfassungsbruch zu zwingen. Ich sah Kaas scharf an. Er verstand den Wink nicht, auch nicht, als ich ihm in der Besprechung weitere Winke gab. Er erging sich vielmehr in theoretischen Diskussionen, um aus dem Naturrecht heraus die Notwendigkeit und Erlaubtheit eines Verfassungsbruchs zu begründen. Schleicher hörte gespannt zu, mit weit offenen Augen. Man sah ihm an, daß er sich jedes Wort der Kaasschen Deduktion scharf einprägte und daß er von der Tatsache, daß ausgerechnet Kaas es war, der dies vorbrachte, geradezu begeistert war. Ich glaube nicht fehlzugehen in der Annahme, daß in dieser Diskussion der Grund zu der Entwicklung vom Frühjahr 1932 gelegt wurde. Schleicher hat bestimmt den Eindruck mitgenommen, daß, wenn er jemand von der Zentrumspartei als meinen Nachfolger nähme, um ihn zum Verfassungsbruch zu zwingen, er immer die Unterstützung des Führers dieser Zentrumspartei haben würde. Ich bekämpfte Kaas' naturrechtliche Argumentation in der weiteren Unterhaltung und sagte ihm, ich würde seine Gründe nie annehmen. Ich sähe Wege, nach Streichung der Reparationen und nach der Wiederwahl des Reichspräsidenten die Schwierigkeiten zu lösen, ohne mich leichtsinnig über die Bestimmung der Verfassung hinwegzusetzen.

Ich hätte keine Bedenken dagegen, die Nazis nach den im Frühjahr stattfindenden Wahlen zu den meisten Länderparlamenten an den Regierungen zu beteiligen. Die Dietramszeller Notverordnung würde ihnen dann die volle Verantwortung für weitere unpopuläre Maßnahmen auferlegen. Sollten sie im Reichsrat einer über den Parteien stehenden Regierung Schwierigkeiten machen, so genüge ein Verbot der kommunistischen Partei oder eine weitere Einengung der Immunitätsbestimmungen durch Abänderung der Geschäftsordnung des Reichstages, um im Reichstag selbst der Regierung eine Zweidrittelmehrheit gegen den Reichsrat zu verschaffen. So wie ich bislang den Reichsrat gegen den Reichstag ausgespielt hätte, könnte ich es dann umgekehrt machen. Schleicher warf ein, daß die Länder die Polizei besäßen und damit die Naziregierungen alle Macht außer der Reichswehr in Händen hätten. Ich erklärte ihm, daß es gleichzeitig leicht sein würde, durch eine Notverordnung die gesamte Polizei dem Reichsinnenministerium zu unterstellen. Das sei, nachdem die Länder auf Grund der Dietramszeller Notverordnung im Laufe des nächsten halben Jahres gezwungen wären, ihre Gehälter herabzusetzen, leicht durchzuführen. Die Polizei würde eine solche, auch nach Rücksprache mit Joël, verfassungsgemäß zulässige Maßnahme gerne mitmachen, weil sie bei der besseren Finanzwirtschaft des Reiches damit rechnen dürfe, als Reichspolizei höhere Gehälter zu behalten.

Die Unterhaltung schloß mit dem Gefühl bei allen, daß wir in dieser Frage nie zu einer Einigung kommen würden. Schleicher wollte eine schnelle und direkte Aktion. Ich war der Überzeugung, daß man, um schwerste Erschütterungen in der Zukunft dem deutschen Volke zu ersparen, den etwas langsameren, aber sicheren Weg gehen müsse. Außerdem war ich der Ansicht, daß, wenn der Reichspräsident über diese Schleicherschen Pläne aufgeklärt würde, er sich bei seiner ganzen Natur weigern würde, sie mitzumachen. Er würde bestimmt im letzten Augenblicke sich versagen. Ich glaubte, nach anderthalb Jahren insoweit wenigstens seinen Charakter zu kennen.

Meine Lage in diesem Gespräch war außerordentlich schwierig. Ich durfte mich nicht zu scharf gegen Gewaltmaßnahmen im gegebenen Augenblick aussprechen. Das konnte Schleicher beim Reichspräsidenten gegen mich ausnutzen, ohne ihn wirklich zu orientieren, wohin der Weg gehen sollte. Kam ich seiner und Kaas' Gedankenwelt stärker entgegen, so bestand die Gefahr, daß Schleicher in seiner Gesprächigkeit darüber weitere Kreise unterrichtete, was den Zusammenbruch meiner Mehrheit herbeigeführt und den Nazis die Chance gegeben hätte, unter dem Schlagwort der Verfassungstreue eine Front mit den Sozialdemokraten und Kommunisten zu bilden.

Selbst bei einem politisch so versierten General wie Schleicher zeigte es sich damals schon, daß Militärs in der Politik die planmäßige Anbahnung einer schrittweisen Entwicklung nicht verstehen und nur für die direkte Aktion, für die Durchführung eines auf lange Sicht angelegten Planes im Kampf eines einzigen Tages Verständnis haben. Gelingt dieser Kampf nicht, so sind sie fassungslos und versagen völlig. Das ist das, was ich bei den Wahlreden im Sommer 1932 als „naßforsch" bezeichnet habe. Die Militärs schmeicheln sich, mit ihren Gedankengängen mutiger zu sein. Die zähe Beharrlichkeit, einen durchdachten Plan mit jeweils den Umständen angepaßter Taktik durchzuführen, nennen sie „Zaudern". Dieser Ausfluß des militärischen Denkens ist ein Grundübel der deutschen Politik gewesen. Auch Hugenberg und seine Freunde konnten nicht anders denken. Nachdem ich ihm meinen Plan, die Streichung der Reparationen und eine Einigung über eine Relation zwischen der Abrüstung Frankreichs und der Aufrüstung Deutschlands zu erreichen, um dann erst eine Senkung der Zinslast unserer privaten Auslandsschulden durchzusetzen, dargelegt hatte, hat er, wie ich später erfahren habe, sich geäußert: „Brüning sieht alles, was notwendig ist, aber er zaudert, es durchzuführen." Von den Unterhaltungen mit Hugenberg und Schleicher ging das Schlagwort des „Zauderers" aus. Nie waren schnellere und umfassendere Entschlüsse gefaßt und durchgeführt worden, aber je schneller ich handelte, desto nervöser wurden gewisse Kreise. Diese Nervosität konzentrierte sich dann in ihrem Schlachtruf: „Noch immer schneller handeln!" An die Macht gekommen, handelten sie selbst überhaupt nicht. *Die Lage hätte gerettet werden können, noch im Januar 1933, wenn sie nur in kleinen Dingen wirkliche Überlegungen und einen ruhigen, aber festen Willen gehabt hätten.*

Was damals, in den anderthalb Jahren von Sommer 1930 bis Ende 1931, bei uns erreicht wurde, hat in andern Ländern vier Jahre und mehr zur Durchführung gebraucht. In Frankreich stand die Regierung Doumergue erst im Spätherbst 1934 im Kampf um jene Maßnahmen, die bei uns schon im Winter 1930/1931 erfolgt waren. Die belgische Regierung begann mit ihnen erst im Sommer und die holländische im Herbst 1934. Mussolini konnte das Stadium der 4. Notverordnung trotz aller Machtmittel erst im Frühjahr 1934 erreichen. Aber diese langsamere Entwicklung hatte den Vorteil, daß die Nerven des Volkes in diesen Ländern

nicht auf einen immer beschleunigteren Rhythmus eingestellt wurden
der bei uns zu Maßlosigkeit und zum utopischen Denken führte. Für
mich lag der Zwang vor, allen übrigen Ländern in den Maßnahmen un
einige Jahre voraus zu sein. Wer zuerst durch die Krise hindurchkam
war außenpolitisch der Stärkste. Diesen Gedankengang habe ich sei
Winter 1930/1931 immer wieder meinen Mitarbeitern einzuhämmern
versucht.

Ich mußte ihn jetzt verteidigen, nachdem nunmehr Kaas nicht mehr die
Nerven hatte, diesen überlegten und sicheren Weg durchzuhalten, und
überall in Berlin den Staatsstreich vom Naturrecht her verteidigte und
dadurch auch meine engsten Mitarbeiter so unsicher und nervös machte
daß selbst Pünder einige Tage vor der Reichstagssitzung im Oktober
keinen andern Weg mehr sah als den der Demission. An dem Abend der
Unterhaltung mit Schleicher und Kaas erkannte ich plötzlich, daß ich
fast völlig allein stand mit meinen Auffassungen.

In dem Augenblick, da Schleicher mit lauerndem Blick mir mitteilte, daß
die DVP beschlossen habe, für ein Mißtrauensvotum gegen mich zu
stimmen, fühlte ich instinktiv, daß ich eingekreist war. Das zwang mich
von nun an, über weitere Pläne selbst im Kabinett und meinen engsten
Mitarbeitern gegenüber, außer Planck (bis zu einem gewissen Grade),
nicht mehr zu sprechen. Ich wußte, daß ich ihnen die Arbeit erschwerte,
aber ich kam, namentlich durch Unterhaltungen mit Gereke und andern
Vertretern der Landvolkpartei, in den nächsten Tagen noch mehr zu der
Überzeugung, daß jeder ausgesprochene Plan sofort von irgendeiner
mächtigen Stelle, die das Ohr des Reichspräsidenten hatte, konterkariert
wurde. Wie weit das ging, war mir damals noch nicht ganz klar. Erst im
Januar 1932 erfuhr ich durch Drewitz, daß in dem Augenblick, da ich die
Wirtschaftspartei für die Unterstützung der Regierung und damit eine
Mehrheit gewonnen hatte, die Herren der Wirtschaftspartei beim Verlas-
sen meines Zimmers auf dem Flur von dem der DVP angehörenden
Ministerialdirektor der Reichskanzlei von Hagenow bearbeitet wurden,
gegen mich zu stimmen. Ich schaffte dann auch die Vorträge, die bisher
gemeinsam jeden Morgen vom Staatssekretär, dem Ministerialdirektor
und dem Pressechef gehalten wurden, ab, da ich sicher war, daß durch
Hagenow jede meiner Äußerungen Dingeldey hinterbracht wurde. Der
Charakterzusammenbruch ohnegleichen, der das Bild der Jahre
1932–1934 bestimmte, hob damals an. Ich war einsam, ohne die Macht,
anders als durch Erfolge Herr dieser Gefahren zu werden.

DEUTSCHNATIONALE INTRIGEN

Noch am Abend bis tief in die Nacht hatte ich in der Wohnung eines alten Bekannten aus der Straßburger Studienzeit, Dr. Schnütgen, eine geheimzuhaltende Besprechung mit dem Abgeordneten Spahn, um die er nachgesucht hatte. Diese Unterhaltung war höchst merkwürdig. Ich sagte Spahn, wenn er mit mir eine ganz offene Aussprache haben wollte, dann müsse ich sicher sein, daß er Tatsache und Inhalt dieser Unterhaltung Hugenberg nicht mitteilte. Spahn gab mir sein Ehrenwort, um das ich nicht gebeten hatte. Ich sprach mit ihm eingehend über Lage und Pläne der Außenpolitik. Er sagte mir, die Mehrheit der deutschnationalen Fraktion sei im stillen voller Hochachtung für meine Politik, aber Hugenberg zerschlage immer wieder jede Annäherung der Partei an mich. Ich fragte ihn, wie er den Brief an den Reichspräsidenten, den Hugenberg einige Tage zuvor geschrieben hatte, damit zusammenreime. Er gab darauf keine klare Antwort, erging sich statt dessen eine halbe Stunde in Anklagen auf Hugenberg, der noch die Partei und das Vaterland ruinieren werde. Als Spahn weggegangen war, sprach ich noch mit Schnütgen und fragte ihn nach seinem Eindruck. Er sagte, die ganze Haltung Spahns sei ehrlich. Spahn glaube jetzt, den Kampf gegen Hugenberg aufnehmen zu müssen. Ich war trotzdem unsicher, nach all den Erfahrungen, die ich mit Spahn in den letzten 20 Jahren gemacht hatte. Trotz meines Argwohns erklärte ich mich beim Abschied bereit, mit ihm in vierzehn Tagen eine neue Unterredung zu haben.
In dieser zweiten Unterredung mit Spahn, die nach der Unterhaltung mit Hugenberg stattfand, stellte ich fest, daß ich in eine Falle gegangen war. Nach einigem Zögern gab Spahn zu, daß er unter Bruch seines Ehrenwortes einen schriftlichen Bericht über die ganze Aussprache an Hugenberg geschickt hatte. Wenige Tage darauf mußte ich erfahren, daß er schon während dieser Besprechung mit Dr. Stadtler zusammen an einem Pamphlet arbeitete, das von Hugenberg bezahlt war und das unter übelsten Verleumdungen und Verdächtigungen sich nicht gegen meine Politik, sondern gegen meine Person richtete, ein Machwerk, in dem Spahn, dem ich nach dem Kriege eine Professur in Köln verschafft und ein Mandat auf der Zentrumsliste gesichert hatte, Mitteilungen, die ich ihm in Jahren enger persönlicher Freundschaft gemacht hatte, für Geld an die Öffentlichkeit brachte. Die Absicht war nicht nur, mich aus meinem ganzen Lebensgange beim Reichspräsidenten als Zauderer hin-

zustellen, sondern auch meine Stellung bei der Zentrumspartei unmöglich zu machen.

Zu diesem Zwecke wurde ein Ereignis aus dem Erzberger-Prozeß völlig wahrheitswidrig dargestellt. Damals kam Spahn eines Tages in das Wohlfahrtsministerium. Solche Besuche waren häufiger in jener Zeit, bis zum Deutschnationalen Parteitage von 1921 in München, wo Spahn – der am Tage vorher noch bei mir gewesen war und die Briefe gelesen hatte, die ich im Namen Stegerwalds an die führenden Gewerkschaftsmitglieder in Westdeutschland richtete mit der Bitte, schon jetzt Spahns Kandidatur für den Reichstag vorzusehen – am nächsten Tage, ohne vorher auch nur eine Andeutung zu machen, zur Deutschnationalen Volkspartei übertrat. Ich kam durch dieses Ereignis nahezu zwei Jahre um meinen, damals schon erheblichen politischen Einfluß. Spahn hatte mich seit 1919 im Wohlfahrtsministerium häufig besucht, um durch mich ein Abgeordnetenmandat auf der Zentrumsliste zu erhalten. Während des Erzberger-Prozesses erschien er plötzlich sehr aufgeregt und erklärte mir, er habe eine lange Unterhaltung mit seinem Vater gehabt, der völlig außer sich sei über die beeideten Aussagen Erzbergers am Vormittag im Helfferich-Prozeß. In den Augen des alten Spahn habe Erzberger sich durch seine Aussage am Vormittag schon eines Meineides schuldig gemacht. Er erkenne die Taktik Helfferichs, Erzberger zu weiteren Aussagen dieser Art zu reizen, mit der Endabsicht, am Schluß dieses Prozesses ein Meineidsverfahren gegen Erzberger anzustrengen. Weder er noch sein Vater wisse, wie man Erzberger vor einer solchen Entwicklung warnen könne; persönlichen Rat nähme er nicht an. Man könne ihn höchstens öffentlich warnen. Dazu habe aber niemand in der Zentrumspartei Mut. Ich war durch diese Aussichten sehr erschüttert. Stadtler kam hinzu und erklärte, er würde einen Artikel für den „Ring" schreiben und jetzt schon Erzberger des Meineides bezichtigen. Ich ging sofort zu Stegerwald ins Arbeitszimmer und informierte ihn. Wir überlegten, wie man das Unglück abwenden könne, kamen zu der Ansicht, man solle Stadtler den Artikel schreiben lassen, ihn aber so beeinflussen, daß dieser nur eine Warnung enthielte und nicht, wie Stadtler wollte, eine Grundlage für ein Eingreifen des Staatsanwaltes. So kam ein Artikel zustande, der deutlich Erzberger die Gefahr zeigte, aber es ihm ermöglichte, sich noch rechtzeitig zu besinnen und der Meineidsanklage zu entgehen.

Aus diesem Vorgange machten Spahn und Stadtler in der Broschüre etwas völlig anderes und behaupteten, ich hätte einen Artikel geschrieben, um

Erzberger dem Staatsanwalt zu denunzieren. Ich ließ nach Erscheinen der Broschüre Joël kommen und fragte ihn, ob es einen Zweck habe, einen Prozeß gegen die beiden Verfasser anzustrengen. Joël riet dringend ab, da nach seinen Erfahrungen in den letzten zwei Jahren wahrscheinlich der Richter den beiden Verfassern Wahrnehmung berechtigter Interessen zubilligen würde. Dann würde im Publikum allzuleicht der Eindruck erweckt, als seien die Verfasser freigesprochen und ihnen der Wahrheitsbeweis gelungen. Das Pamphlet erschien zunächst in Artikelform in einer von Hugenberg bezahlten und von Stadtler herausgegebenen Zeitschrift. Das Gerücht, daß ich in nächster Zeit mit einer besonderen Gemeinheit aus dem Kreise Hugenbergs zu rechnen habe, war mir schon bekannt, als ich vom Reichspräsidenten die Aufforderung erhielt, eine Aussprache mit Hugenberg abzuhalten.

Hugenberg erhielt später den Lohn für seine Bezahlung solcher Skribenten. Im Frühjahr 1933 standen in der Fraktion Spahn und Stadtler gegen ihn plötzlich auf und erklärten ihm, daß, wenn er die Partei nicht freiwillig auflöse, sie beide mit noch 20 Mitgliedern der deutschnationalen Reichstagsfraktion, die von ihnen für dieses Vorgehen schon gewonnen seien, offen zur nationalsozialistischen Partei übertreten würden. Das war das politische Ende Hugenbergs.

DROHENDE BANKROTTE

Ein anderes Erlebnis bedrückte mich gleichfalls sehr schwer in diesen Wochen. Seit acht Jahren hatte ich die schwersten Sorgen um das Geschick der Deutschen Volksbank, 1920 zur Zusammenfassung der Sparkräfte der christlich-nationalen Arbeiterbewegung gegründet. Ich hörte immer ungünstigere Nachrichten über diese Bank, namentlich durch Oberbürgermeister Bracht, und begann eine Kampagne für die Überprüfung der Volksbank durch unabhängige und dazu geeignete Revisoren. Immer wieder gelang es, diese Revision aufzuschieben oder ihren Zweck durch Weigerung seitens der Direktoren, alle Bücher vorzulegen, zu vereiteln. Einmal fand eine Sanierung statt, aber schon kurze Zeit danach hörte ich neue ungünstige Berichte. Während der Verhandlungen über die Bankenkrise nahm ich Stegerwald beiseite, der sich auch als Minister geweigert hatte, den Vorsitz im Aufsichtsrat der

Bank niederzulegen, und bat ihn, mir reinen Wein einzuschenken über die wirkliche Lage der Volksbank. Ich könne jetzt, zusammen mit der Sanierung der übrigen Banken, ohne Aufsehen zu erregen, auch die Volksbank sanieren. Stegerwald erklärte mir, es sei nicht die geringste Gefahr vorhanden, er habe gerade noch einen beruhigenden Bericht von den Direktoren erhalten. Ich konnte mir zwar nicht erklären, wie es möglich sein sollte, daß gerade die Volksbank ohne Stützung über die Krise hinwegkommen sollte, aber immerhin mußte ich mich auf Stegerwalds Äußerung verlassen. Ende August kamen neue Gerüchte über die Volksbank. Ich erkundigte mich bei Mitgliedern des Aufsichtsrates, erhielt aber denselben beruhigenden Bescheid wie von Stegerwald. Plötzlich suchte der Vorstand des Deutschen Gewerkschaftsbundes um eine Unterredung nach. Es wurde mir erklärt, daß nicht nur das ganze Aktienkapital, sondern auch der größte Teil der Einlagen verloren sei. Ich müsse mindestens mit 15 Millionen einspringen, um eine Katastrophe zu verhindern, einen Rücktritt Stegerwalds und damit eine politische Krise zu vermeiden. Das war ein schwerer Schlag.

Ein anderer kam sofort darnach. Es begannen Angriffe in der Presse wegen Unterschlagungen bei der Dewaheimsparkasse, die der Inneren Mission nahestand. Ich ließ die Sache verfolgen. Es stellte sich allmählich heraus, daß die ganze Innere Mission mit ihren riesigen Vermögenswerten, die in vierzigjähriger Arbeit aufgebaut waren, vor dem Zusammenbruch stand. Ich ließ einzelne Herren aus der protestantischen Kirchenleitung zu mir kommen, klärte sie über die Lage auf und sagte ihnen, ich sei bereit, nach Rücksprache mit Dietrich, mit mehreren Millionen einzuspringen, und zwar sofort, wenn darüber völliges Stillschweigen bewahrt würde. Die Summe wurde ausgehändigt und von den verantwortlichen Herren bei einer Bank, die der Inneren Mission nahestand, angelegt. Vierzehn Tage später floh der Direktor der Bank, nach Unterschlagung nahezu der ganzen Summe, die wir ohne Wissen des Rechnungshofes, des Rechnungsausschusses des Reichstages und ohne formalen Kabinettsbeschluß zur Verfügung gestellt hatten. Wurde es bekannt, so waren Dietrich und ich geliefert.

Gleichzeitig kam der schrittweise Zusammenbruch von Mittelstandsbanken, in denen Politiker der Wirtschaftspartei, in einem Falle auch der Zentrumspartei, Aufsichtsratsposten innehatten oder denen Abgeordnete dieser Parteien, sei es vom Reich, sei es von der Preußenkasse, Kredite besorgt hatten. Das ganze schon gelöste Problem des Volksvereins wurde durch den Zusammenbruch der München-Gladbacher Gewerbebank wieder aufgerollt. Ich wurde bestürmt und unter stärksten politischen Druck gestellt, dem Volksverein Geld zu geben, wie ich es der Inneren Mission gegeben hatte, und mußte ablehnen, damit niemals gesagt werden konnte, daß ich außerhalb von Etatspositionen irgendeinen Pfennig für katholische Institute gegeben hatte. Aber es war schwer, dies auch den wohlmeinendsten Leuten begreiflich zu machen.

Die Hälfte meiner Zeit wurde während des ganzen Monats September durch Besuche und Verhandlungen über diese Sanierungen in Anspruch genommen. Jetzt hatte ich wirklich keine Partei mehr, aus der ich nicht angefeindet wurde, einschließlich der eigenen, weil ich nur für Lösungen zu haben war, die sich streng an den Rahmen der Haushaltsgesetze hielten und hart für die Beteiligten waren. Nur bei der Inneren Mission entschloß ich mich, schwere Verantwortungen zu übernehmen. Ich glaubte, daß das Bekanntwerden des Tatbestandes zu einem gemeinsamen Ansturm der Linken und der äußersten Rechten gegen das evangelische Kirchenregime führen werde, mit unabsehbarem Schaden für die Autorität der protestantischen Kirche.

Für mich konnte in diesen Wochen, im Zusammenhang mit solchen skandalösen Vorgängen, jede Stunde die Krise ausbrechen. Wochenlang war ich darauf gefaßt, daß der Skandal losbräche. Leichtsinn und Gelder der öffentlichen Hand hatten bei all diesen gemeinnützig sein sollenden konfessionellen, mittelständlerischen und Arbeitnehmer-Kreditinstituten, mit Ausnahme der Bank der freien Gewerkschaften und einiger weniger Genossenschaftsbanken, ein Ausmaß der Korruption und der Mißwirtschaft gezeitigt, das für den, der ganz hineinsah, ebenso niederschmetternd war wie die langsam, aber täglich wachsende Einsicht, daß nahezu sämtliche landwirtschaftlichen Kreditinstitute alle staatlichen Gelder und Kredite aus den vergangenen Jahren sinnlos vergeudet hatten.

Ich habe mir oft in den Nächten vor dem Schlafengehen überlegt, ob ich mit all diesen Erkenntnissen eine Flucht an die Öffentlichkeit wagen sollte. Jede Überlegung drängte mich dazu. Aber trotzdem mußte ich darauf verzichten, weil ich sonst einen neuen Run des Publikums auf die Banken und Sparkassen hervorgerufen hätte.

Bei diesen Sorgen blieb es nicht. Bald drohte der finanzielle Zusammenbruch der Hapag und des Norddeutschen Lloyd. Auch hier mußten nahezu 50 Millionen sofort wieder beschafft werden.

Im Bergbau stellte es sich heraus, daß die Zechen Dahlbusch und König Ludwig, wohl mit die besten Flöze Deutschlands, wegen einer geradezu unsinnigen Finanzwirtschaft vor dem Bankrott standen und von dem hauptbeteiligten Bankhaus Hirschland an Frankreich bzw. an französische Interessenten verkauft werden sollten. Kaum hatten wir hier geholfen, so krachte es in Danzig, Oberschlesien und an der Saar.

Allmählich kamen wir zu geradezu erschreckenden Ziffern für unsere Stützungsaktion. Tag für Tag mußte ich mit Dietrich und manchmal mit Luther und Dernburg sitzen und überlegen, wie wir mit Hilfe der Akzept- und Garantiebank und unter Zusammenkratzen der letzten Pfennige aus der Reichskasse die Wirtschaft Deutschlands vor dem völligen Zusammenbruch retten und die Inflation vermeiden konnten.

Garantien der Akzept- und Garantiebank, die nicht auf Kleingläubiger beschränkt blieben, erreichten nach ein paar Monaten 1,5 Milliarden RM. Garantien seitens des Reichs für Ausfuhren nach Rußland erreichten innerhalb von sechzehn Monaten über 2 Milliarden RM. Unabhängig von der Reichsbank und der Kontrolle der Reparationsgläubiger hat die Regierung in den letzten zwölf Monaten meiner Amtszeit auf diesen Wegen eine Kreditausweitung von über 3 Milliarden RM zustande gebracht, eine Summe, die nicht nur für deutsche Verhältnisse sehr hoch war, sondern zu dieser Zeit auch im Vergleich mit anderen Ländern eine Ausnahme darstellte.

Wenn wir nicht eine so rücksichtslose Finanzpolitik gegen alle Widerstände betrieben hätten, so wäre Deutschland am Ende gewesen und hätte in allen außenpolitischen Fragen kapitulieren müssen. Die Inflation lockte, nahezu die gesamte Wirtschaft drängte dazu, um auf diese Weise ihre Sünden vor der Öffentlichkeit zu verbergen. Alles vereinigte sich von Tag zu Tag mehr gegen mich zu einem gewaltig anschwellenden Sturm, um nach meinem Sturz die Inflation durchzusetzen.

An einer solchen Lösung waren, wie sich herausstellte, in sehr starkem Maße auch einige der großen Zeitungsverlagshäuser interessiert. Der größte Teil der Zeitungen, außer der Generalanzeigerpresse, wurde mehr und mehr notleidend. Die finanzielle Lage der „Frankfurter Zeitung" wurde durch die IG-Farben bereinigt. Die IG war seit längerer Zeit finanziell an der „Frankfurter Zeitung" interessiert. Es bestand der Plan, sie ganz zu erwerben. Ich riet dringend ab, um die Unabhängigkeit der Redaktion, so gehässig und kleinlich sie sich auch der Regierung gegenüber verhalten mochte, zu sichern.

Im Herbst stellte es sich heraus, daß die beiden großen Kölner Zeitungen notleidend waren. Bei der „Kölnischen Zeitung" war die Lage nicht so akut wie bei der „Volkszeitung". Bei letzterer wurde mir der Umfang der Schwierigkeiten systematisch vorenthalten, was später zu einer schweren Krise bei ihr und zu einer peinlichen politischen Konstellation führte.

Von den Berliner Verlagshäusern war nur Ullstein noch solide. Die Lage des Scherl-Konzerns wurde von Woche zu Woche schlechter, vorläufig konnte der Konzern aber durch Überschüsse der UFA gerettet werden. Bei Durchprüfung der Banken ergab sich, daß auch Hugenberg mit dem Scherl-Verlag zu den großen Schuldnern gehörte. Zwar war im Augenblick die Höhe seiner Verschuldung nicht genau festzustellen, aber sie wurde von den Sachverständigen auf 22 Millionen Mark geschätzt. Jetzt verstand man, warum Hugenberg auf Inflation drängte.

Schlimmer war die Lage bei Mosse. Alle Überschüsse aus dem Verlag waren sechs Jahre lang in Grundstücken und Neubauwohnungen in der Gegend Kurfürstendamm investiert und auf diese Weise der gewaltige Reichtum der Familie Mosse illiquide geworden.

Die Regierung fand sich bei dem Zeitungsproblem in einer ungeheuer schwierigen Lage. Mittel zu größeren Unterstützungen oder zum Erwerb von Zeitungen waren nicht vorhanden. Als auf Vorschlag von Curtius und Bülow der Gesandte Köster berufen wurde, um die Stelle des Ministerialdirektors Schneider, dessen Ausscheiden ich bei der Amtsübernahme gefordert hatte, einzunehmen, stellte er nach wenigen Wochen fest, daß mit dem Geheimfonds des Auswärtigen Amtes unter Stresemann in einer Weise umgegangen worden war, die alle Befürchtungen weit übertraf. Die in den Etat eingesetzte jährliche Summe für den Geheimfonds war von Stresemann für drei Jahre im voraus verbraucht worden. Manche Leute hatten regelmäßig Monatsbezüge bis zu 3000 RM erhalten und dafür nichts getan, ja sich sogar für ihre Auslandsreisen, die sie auf Wunsch Stresemanns unternahmen, von privater Seite nochmals schwer bezahlen lassen. Als ich dies dem Kabinett in vorsichtiger Form mitteilte, wurde stark gedrängt, nunmehr den Einfluß des Reiches auf die Großbanken zu benutzen, um eine Reihe der großen Zeitungskonzerne in die Hände der Regierung zu bringen. Es war ein verlockender und verständlicher Vorschlag. Durch die Stützung der Banken seitens des Reiches wurden gerade die Zeitungen am Leben erhalten, die die gehässigste und schärfste Kritik an jenen Finanzmaßnahmen der Regierung übten, die eine solche Stützung überhaupt erst möglich gemacht hatten.

Ich stand vor einem schweren Problem. Gab man dem Vorschlag der Mehrheit des Kabinetts nach, so wurde das Vertrauen in eine im Einzelfall unabhängige Kreditgewährung der vom Staate gestützten

Banken erschüttert. Zudem verstieß das vorgeschlagene Verfahren gegen meine grundsätzliche Auffassung vom Rechtsstaat. Ich beriet mich darüber mit Joël, der zwar der Ansicht war, daß die Regierung im Interesse der Erhaltung der Staatsautorität vor allem gegen die Mosse- und Hugenberg-Konzerne vorgehen müsse. Er teilte aber meine prinzipiellen Bedenken gegen den Vorschlag der Kabinettsmehrheit. Als Ausweg schlug er mir vor, die ganze Nachprüfung und Entscheidung aus dem Kabinett herauszunehmen und sie einem Dreierausschuß höherer Beamter zu übertragen. In diesen Dreierausschuß wurden delegiert: Trendelenburg, Schäffer und, wenn ich mich recht erinnere, ein Herr des Justizministeriums. Später kam der Bankenkommissar Ernst vom preußischen Handelsministerium, der der deutschnationalen Partei angehörte, hinzu. Nunmehr hatte ich ein parteipolitisch objektives Gremium, das in mehreren Wochen das Ausmaß der Guthaben und Kredite, vor allem des Scherl-Konzerns, nachprüfte. Leider blieb die Einsetzung dieser Kommission, obwohl sie in den Kabinettsprotokollen nicht erwähnt war, nicht geheim. Sie führte zu einem weiteren Drängen Hugenbergs auf Sturz der Regierung. Er wollte die Inflation.

FRANZÖSISCHER MINISTERBESUCH

In dieser Atmosphäre fand der Besuch der französischen Minister in Berlin statt. Für zwei Tage brachte er Stillstand in der politischen Entwicklung. Ich mußte den Kampf in der Volkspartei meinem Freunde Mittelmann und Ministerialdirektor Zarden überlassen. Das einzige, das ich in diesen Tagen noch tun konnte, war, inmitten der Besprechungen mit den französischen Ministern auf der Jubiläumstagung des deutschen Sparkassen- und Giroverbandes eine scharfe Rede für die Aufrechterhaltung der Stabilität der Währung zu halten und in längeren Aussprachen mir den Rat des sich am besten bewährenden Bankiers Pferdmenges für die Fragen der Reform des Bankgewerbes zu sichern.

Die französischen Minister trafen Sonntag, den 27. September, auf dem Bahnhof Friedrichstraße ein. Zum ersten Male seit 1878 war ein französischer Außenminister in Berlin. Wir hatten von unserm Empfang in Paris gelernt. Auf der Fahrt vom Bahnhof Friedrichstraße bis zum Adlon standen auf den Bürgersteigen unter den Linden nicht allzu starke

Menschenmengen, die die auswärtigen Gäste freundlich begrüßten und gelegentlich sogar ein schüchternes Hoch riefen. Es waren Polizeibeamte in Zivil, die vom Staatssekretär Weismann abkommandiert waren. Briand war der einzige, der das durchschaute. Er sagte mir am Abend: „Ah, voilà le jeune homme qui apprend son metier de mieux en mieux!" Diese Kriegslist machte ihm großes Vergnügen.

Ich hatte den Nazis mitteilen lassen, daß ich bei der geringsten Demonstration gegen die französischen Gäste ihrerseits zu scharfen Maßnahmen gegen sie gezwungen sei. Vielleicht wirkte das; etwas anderes wirkte noch besser.

Zwei Tage vor dem französischen Besuch war plötzlich Herr Goebbels bei mir. Es waren die Tage der sogenannten Kurfürstendammprozesse. Er erzählte mir, sein Freund, Graf Helldorf, schwebe in großer Gefahr. Sein Chauffeur sei schon verurteilt, das Verfahren gegen Helldorf wegen dessen Nichterscheinens abgetrennt, aber eine neue Verhandlung gegen den Grafen von denselben Richtern anberaumt, so daß seine Verurteilung sicher wäre, da der Chauffeur schon vorher auf Grund der gleichen Vernehmung verurteilt worden sei. Ich erklärte Goebbels, daß ich eine Verhandlung des Sonderprozesses gegen Helldorf von denselben Richtern nicht für das Richtige hielte. In ein schwebendes Verfahren könnte ich aber nicht eingreifen, zumal ich ja nicht sicher wäre, ob nicht dann die Nazis und die SA-Leute des Grafen Helldorf den Besuch der französischen Minister stören würden. Goebbels verstand sofort. Er erklärte, er sei in der Lage, das unter allen Umständen zu verhindern. Darauf bat ich ihn zu warten, ließ Joël und Weismann kommen und fand zusammen mit ihnen einen Ausweg, ohne eine Verletzung der Gerichtsverfassung, den Prozeß Helldorf zu verschieben, so daß er vor andern Richtern verhandelt werden mußte. So war ich sicher, daß der Besuch der Minister nicht gestört würde.

Niemand von uns erwartete etwas Außergewöhnliches von diesem Besuch. Er war symbolisch und sollte zur Entspannung der Beziehungen führen.

Ich hatte in der Bibliothek eine einstündige Besprechung unter vier Augen mit Laval. Er sagte mir gleich, er könne keinen Schritt vorwärts machen und ich zur Zeit auch nicht. Ich stimmte ihm zu, bat ihn aber, die persönlichen Beziehungen zu pflegen. Einen zweiten Schlag wie vierzehn Tage vorher in der österreichischen Zollunionfrage würde ich politisch nicht überleben. Ich hätte auch nicht die Lust dazu. Wenn die französische Politik glaube, mit Hugenberg, Hitler und Schacht besser auszukommen, so möge das doch endlich ausgesprochen werden. Ich würde bestimmt nicht im Wege stehen. Laval erklärte, ich solle doch geduldig sein, es sei seine innerste Überzeugung, daß nur er und ich zusammen eine endgültige deutsch-französische Verständigung herbeiführen könnten. Seine Gattin habe ihm das noch am Bahnhof in Paris als Gruß für mich aufgetragen. Aus dieser Mitteilung könnte ich schließen, daß es bei ihm und in seinem Hause keine andere Meinung gebe. Nur bitte er mich in aller Freundschaft, da er vom Präsidenten Hoover eingeladen sei, nach Washington zu kommen, nicht gleichzeitig mit ihm dort zu sein. Ich horchte auf.

Zwar antwortete ich ihm sofort, schon die innerpolitische Lage ließe eine so lange Abwesenheit aus Deutschland für mich nicht zu. Aber meine Gedanken waren während der weiteren Unterhaltung mehr konzentriert auf die Ergründung des Zweckes, der sich in Wirklichkeit hinter dem Wunsche Lavals verbergen mußte.

Fuhr Laval allein zu Hoover, so bestand die Gefahr, daß trotz allen persönlichen Wohlwollens mir gegenüber die alten französischen Argumente wieder lebendig wurden. Sie brauchte ich an sich nicht zu fürchten, da schon jetzt feststand, daß die Banken in den Vereinigten Staaten mit Ausnahme Morgans zur Rettung ihrer Guthaben für eine Streichung der Reparationen zu gewinnen seien. Nur ein Argument konnte noch Gefahr bringen, das im vergangenen Sommer anscheinend so stark auf Hoover gewirkt hatte. Es war die französische Behauptung, Deutschland wolle die bei Streichung der Reparationen dauernd im Etat frei werdenden Summen für Aufrüstungszwecke verwenden. Während der Unterhaltung mit Laval über andere Dinge überlegte ich die Tragweite dieses Arguments und kam zu dem Ergebnis, daß nach meinen freundschaftlichen Aussprachen mit Stimson auch in dieser Hinsicht keine erhebliche Gefahr mehr bestand.

Je mehr ich mit Laval in ein Gespräch kam, desto stärker wurde mein Eindruck, daß Frankreich auf Grund seines Goldschatzes sich zur Zeit als arbiter mundi fühlte. Die Wirkung dieser Auffassung auf die Vereinigten Staaten konnte ich abwarten. Gerade nach gewissen Andeutungen Lavals, daß er die Amerikaner nicht mehr verstehe und die Krise bei ihnen auch zu wirken beginne, konnte ich annehmen, daß mit einem solchen überheblichen Denken die Franzosen in Washington dieselbe ungünstige Wirkung erzielen würden wie mit dem gleichen Auftreten in London. Sie hatten uns die Chancen dadurch selber in die Hände gegeben. Vielleicht kam es in Washington auch so. Aber das Risiko bedrückte mich, dazu die Überlegung, weshalb Laval die Bitte an mich stellte, nicht gleichzeitig mit ihm in Washington anwesend zu sein, da ich bislang gar nicht eingeladen war.

Dagegen stand das Wissen, wie tief Mellon und Stimson auf Grund ihres Aufenthaltes in Europa ihre Meinung zugunsten Deutschlands und gegen Frankreich geändert hatten. Eine Welt war diesen beiden zerschlagen. Stimson hatte in London die Gründe gesagt. Er sei voller Hoffnungen nach Europa gekommen. Sie seien während seines Aufenthaltes bei Mussolini noch gestiegen, aber in den Pariser Tagen völlig zunichte geworden. Beim Abschied hatte mir Stimson gesagt, ich dürfe nicht damit rechnen, daß Hoover in der nächsten Zeit eine neue Initiative entfalte, aber er, Stimson, würde alles tun, um das „Deutschland Dr. Brünings" zu retten vor dem „anderen Deutschland". So wurde ich im Laufe des Gespräches ruhig und sicher.

Wir bereiteten in der Unterhaltung die Wirtschaftsbesprechung des Nachmittags mit den Sachverständigen vor und kamen in allen Punkten zu einer Einigung. Am Schluß stellten wir fest, daß wir in der Verständigungsarbeit einen allmählichen, aber sicheren Weg beschreiten wollten. Dabei wollten Laval und ich die Zügel fest in der Hand behalten und uns durch häufige Telephongespräche über Ziel und Taktik weiterer Besprechungen einigen. Ich bezweifelte nicht, daß Laval die ehrliche Verständigung mit Deutschland wollte, allerdings ebensowenig, daß er mit Hilfe des französischen Goldes gleichzeitig die Hegemonie Frankreichs in Europa zu stabilisieren und auszubauen beabsichtigte. Für mich gab es nur die Aussöhnung mit Frankreich auf der Grundlage der Gleichberechtigung und der allmählichen Aufhebung des Versailler Vertrags. Dafür konnte ich die Methode des Völkerbundes nicht gebrauchen, wohl aber die bisherige, gleichzeitig die amerikanische, englische und französische Kugel zu benutzen. Ich hatte nun auch die italienische Kugel im Spiel. Die russische war herausgeholt, im nächsten halben Jahre mußte es gelingen, auch die tschechische und polnische Kugel einzusetzen. Der Tag verlief, wie zu erwarten, in sehr angenehmen Formen. Am Abend gab es sehr köstliche Unterhaltungen im roten Saale mit Briand. Ich holte einen der Minister und Politiker nach dem andern zu ihm heran. Er hatte seinen besonderen Spaß an Treviranus.

Während dieser Unterhaltung bat Luther mich in eine Ecke und teilte mir sehr nervös mit, daß er nicht in der Lage sei, für die kommende große Notverordnung die Zinsabwertung mitzumachen. Die Nachrichten aus den Vereinigten Staaten lauteten sehr bedenklich. Er sehe auch angesichts der innerpolitischen Unsicherheiten keine Möglichkeit, in diesem Augenblick eine gewaltsame Zinskonversion mit Erfolg durchzuführen. Da er sehr intim mit Meißner stand, so ahnte ich, daß ein Sturm drohe.

Am nächsten Morgen waren wir mit den französischen Gästen im Pergamonmuseum und fuhren von dort durch den Tiergarten und über die Heerstraße nach dem Klubhaus Unter den Linden. Während des Frühstücks war Briand in fabelhafter Laune. Er hatte am Tage vorher noch unter dem schmerzlichen Eindruck seines Besuches am Grabe Stresemanns gestanden. Er war so weise geworden, wie nur ein Mensch kurz vor seinem Tode werden kann. Ich gewann eine starke persönliche Sympathie für ihn, und ich merkte, daß er persönlich gerne alles getan hätte, um mir Erfolge zu verschaffen. Wir kamen am Nachmittag noch kurz zu einer Besprechung über das Communiqué zusammen und am Abend zu einem Diner in der französischen Botschaft, das politisch nicht sehr ergiebig war.

In der Zwischenzeit mußte ich mich mit der Notverordnung über die Umschuldung der Gemeinden beschäftigen und mit den Schwierigkeiten, die politisch wegen des siebenprozentigen Lohnabzugs im Ruhrgebiet entstehen konnten. Am Dienstag, den 29. September, in der Frühe fuhren die französischen Herren ab.

III

ALS KANZLER IN DER
VERTRAUENSKRISE

QUERTREIBEREIEN

Ich ging schon um neun Uhr dreißig zum Reichspräsidenten, um ihm Vortrag über den Besuch zu halten und die innerpolitische Lage zu besprechen. Er war müde und gedrückt. Als ich ihn so sitzen sah, dachte ich plötzlich daran, daß es der Jahrestag der plötzlichen Forderung Ludendorffs nach sofortiger Anbahnung von Verhandlungen mit Amerika sei. Der Reichspräsident sagte, es sei ihm schmerzlich festzustellen, daß ich fortschreitend an Boden verliere. Er habe eine große Anzahl von Briefen der besten Männer im Deutschen Reiche bekommen, die sich gegen meine Politik aussprächen und meine Entfernung verlangten. Er las mir einige vor. Es fiel mir auf, daß mit Ausnahme eines Briefes des Barons von Pechmann, der wenigstens für die Lauterkeit meiner Gesinnung eintrat, alle Briefe von einem Klischee abgeschrieben waren und sich nicht nur gegen meine Politik, sondern auch gegen meinen Charakter richteten. Es war der Anfang eines groß angelegten Generalansturms der alldeutsch-hugenbergschen Clique. In den nächsten Tagen gingen solche Briefe, wie Meißner Pünder erzählte, waschkorbweise ein. Nach kurzer Zeit war es klar, daß diese Hetze zurückging auf den Alldeutschen Verband und die Vorbereitung für die Harzburger Tagung war. Der Fürst Salm-Horstmar hatte den Entwurf solcher Briefe an frühere Generäle, Wirtschaftsführer vom Schlage Kirdorfs und Politiker der Vorkriegszeit mit der Bitte um Unterzeichnung und Absendung an den Reichspräsidenten inszeniert. Durch dieses Trommelfeuer sollte zusammen mit der machtvollen Demonstration in Harzburg meine Stellung endgültig erschüttert werden.

Ich war auf Grund der Gespräche mit den Nazis wegen Harzburg beruhigt. Aber als ich die Wirkung der ersten Briefe auf den Reichspräsidenten sah, merkte ich, daß es diesem zwar schwer fiel, sich von mir zu trennen, daß er es aber gerne gesehen hätte, wenn sich durch irgendein Ereignis eine Trennung ergäbe, ohne daß er dafür die Verantwortung trüge. Er holte aus seinem Schreibtisch einen Brief hervor, den er mir wörtlich vorlesen wollte. Er sei von dem klügsten der deutschen Monarchen der Vorrevolutionszeit abgefaßt. Ich war gespannt, wer das sein würde. Zu meinem Erstaunen sagte er mir, es sei der König Friedrich August von Sachsen. Diesen Brief habe ich nie in Abschrift besessen. Ich kann ihn also nur dem Sinne nach wiedergeben. Die Quintessenz lag in

folgendem Gedankengang: „Der Dr. Brüning ist nach Paris gefahren. Er
hat unsere Feinde sogar in den Zimmern Bismarcks empfangen. Er hat
zwar vor ihnen nicht kapituliert, aber er hat auch keine Anleihe
mitgebracht. Infolgedessen werden die Holzpreise weitersinken, und ich
und alle alten Familien ruiniert. Deshalb muß der Brüning sofort von
seinem Posten weggejagt werden."

Dem Reichspräsidenten wurde es vor wirklich innerer Erschütterung
schwer, mir den Brief vorzulesen. In diesem Augenblick erst sah ich, daß
es in bezug auf den Reichspräsidenten ein ungeheurer psychologischer
Fehler gewesen war, den Besuch der französischen Minister gerade in jene
Septembertage zu verlegen, die außer dem November für ihn mit den
schmerzlichsten Erinnerungen verknüpft waren. Ich sagte ihm, ich sei
über diesen Vorstoß nicht verwundert, er sei an sich psychologisch richtig
placiert: Gerade in dem Augenblicke, wo das Volk fühle, daß wir
nunmehr dem Tiefstand der Krise entgegengingen, wobei niemand ahne,
daß ich selbst schon, obwohl ich nicht gerade sanguinisch veranlagt sei,
den sicheren Aufstieg vor uns sähe. Ich erkenne auch in dieser Hetze die
Hand Hugenbergs und müsse deshalb um so mehr darauf bestehen, daß
er, der Reichspräsident, auch Hitler sehe.

Zum ersten Male fing ich an, mit ihm kurz über meine Gedanken zu einer
möglichen Wiedereinführung der Monarchie in Deutschland zu sprechen. Der Reichspräsident horchte etwas auf, aber seine Stimmung blieb
gedrückt. Ich hatte das Gefühl, er habe mich aufgegeben. Darüber
mußten andere Kreise nun besser Bescheid wissen als ich. Jetzt wurde mir
plötzlich klar, was die einige Tage vorher stattgefundene Unterhaltung
mit Gereke bedeutete. Gereke kam nach längerer Zeit wieder einmal zu
mir. Sein Verhalten war merkwürdig. Er redete über alles Mögliche, und
doch fühlte ich, daß er etwas auf dem Herzen hatte, das er nicht gerne
aussprach. Schließlich sagte er mir, ich solle nicht lachen, wenn er mir
jetzt einen Traum erzähle. Er habe mich mit dem Reichspräsidenten
zusammen in einem Eisenbahnzug fahren sehen. Ich sei im letzten Wagen
gewesen. Plötzlich sei der letzte Wagen abgesprungen und die Böschung
hinuntergefallen. Ich sei zwar lebend, aber sehr traurig herausgekommen. Ich lächelte darüber. Erst im Jahre 1934 erfuhr ich von einer daran
beteiligten Dame, daß Gereke zu einem engen Kreis um Oskar von Hindenburg gehörte, der sich dauernd auf der Grenze zwischen Traumdeutun-
gen, Hellseherei und Politisiererei bewegte. Diejenigen, die später bis
nach der Machtübernahme seitens der Nazis hinter und vor den Kulissen
in „Politik machten" und die Verbindungen zum Hause des Reichspräsi-

lenten hatten und pflegten, gehörten selbst oder durch ihre Frauen oder durch weibliche Verwandte diesem Kreise an.

Der Reichspräsident wurde von Tag zu Tag müder und sorgenvoller. Schließlich erkrankte er, und in der ersten Oktoberwoche erwartete ich jeden Morgen die Nachricht, daß der Kammerdiener ihn tot im Bett gefunden habe. Ich konnte wenigstens dieses Mal erreichen, daß über den engsten Kreis des Reichspräsidenten-Hauses und der Reichskanzlei hinaus der Zustand des Reichspräsidenten nicht bekannt wurde. Auch den Kabinettsmitgliedern habe ich ihn sorgfältig verheimlicht. Der drohende Ansturm im Reichstag, die Erkenntnis, sich von Curtius trennen zu müssen, vielleicht auch von Wirth und Schiele, das Bekanntwerden der Erschütterung meiner Stellung beim Reichspräsidenten übten auch auf die Kampfwilligen einen lähmenden Einfluß aus. Wie vor jeder großen Notverordnung wurde jede Stunde ausgefüllt mit dem Kampf gegen die Intrigen und gegen alle Versuche, mich über eine solche Notverordnung im letzten Augenblick zum Stolpern zu bringen.

Der erste, der absolut absprang, war Luther. Er wollte nicht mehr mitmachen. Ich mußte wegen seiner Weigerung, die Zinssenkung zu bejahen, auf den Gedanken verzichten, schon in dieser Notverordnung eine allgemeine Lohn-Preis- und Mietsenkung im Zusammenhang mit der Zinssenkung durchzuführen. Das schwächte meine Stellung weiter. Ich erklärte dem Reichspräsidenten, ich müsse all das verschieben, weil ich ohne eine Verpflichtung der Reichsbank und ohne eine Mehrheit im Reichstag diese große Frage nicht lösen könne, da das Gelingen der Zinssenkung ohne eine starke und dauernde Erschütterung des landwirtschaftlichen und städtischen Mobiliarkredits im wesentlichen von psychologischen Faktoren abhängig sei. Nachdem die Öffentlichkeit die am 29. September herausgekommene Denkschrift der zehn Wirtschaftsverbände als eine Kampfansage an mich auffasse, sei dieser Teil der Notverordnung zur Zeit unmöglich. Ich ließ den Herren der Unterkommission mitteilen, sie möchten ihre Arbeiten vorläufig einstellen. Ich mußte jetzt den ursprünglich in einer Einheit geplanten Gesamtkomplex der sofort zu lösenden Fragen in einzelne Notverordnungen auflösen, um so wechselnde Mehrheiten im Reichstage gegen eine Aufhebung dieser Notverordnungen zu schaffen, sachlich eine größere Sicherung, persönlich eine Verschlechterung meiner Lage.

Curtius kam zu mir und erklärte, er müsse jetzt gehen. Er könne weder aus politischen noch aus menschlichen Gründen das Schicksal des Kabinetts durch sein eigenes Verbleiben im Amte gefährden. Ich sagte

ihm, ich würde mich gegen sein Gehen bis zum Äußersten sträuben. Ich
sei entschlossen, um jeden Mann im Kabinett zu ringen. Am 1. Oktober
kamen Graf Westarp und Lejeune, um mir Mut zu machen. Sie konnten
aber nicht verhehlen, daß die Lage äußerst ernst sei. Am 2. Oktober bot
ich auf Veranlassung von Mittelmann dem von mir sehr verehrten
Dr. Scholz das Reichsministerium der Justiz an, nachdem ich mich
vergewissert hatte, daß er als Minister für den unersetzlichen Joël
erträglich sei. Das Wirtschaftsministerium gedachte ich meinem Freunde
Hoff von der DVP anzubieten. Bei einer Unterhaltung mit Dingeldey
wurde mir klar, daß eine Besetzung der beiden freien Posten im Kabinett
durch die beiden genannten Herren der Volkspartei die Spannung in
dieser Partei noch vergrößern würde. Scholz, der zugesagt hatte, sprang
im übrigen zwei Tage später unter dem Druck Dingeldeys und wegen
seines Gesundheitszustandes wieder ab. Ich besprach die Lage mit Herrn
von Kardorff. Ich konnte ihm kein Ministerium anbieten, wie ich es gerne
getan hätte, weil die Nazis sofort einen wüsten Kampf gegen seine Frau
eröffnet hätten. Er sagte mir aber, ein Teil der Volkspartei sei unter allen
Umständen für mich. Ich stellte dasselbe fest in einer Aussprache, die ich
außerhalb des Hauses mit Mittelmann und einigen seiner Freunde hatte.
Es war nunmehr schon so weit, daß ich ganz wichtige und vertrauliche
Besprechungen nicht mehr in der Reichskanzlei abhalten konnte. Bei
dieser Besprechung stellte sich heraus, daß Dingeldey die Unterhaltung,
die er mit mir am Vormittag des gleichen Tages gehabt hatte, in seiner
Fraktionszeitung völlig entstellt wiedergegeben hatte, aber auch, daß ich,
wenn ich der DVP entschlossen die Stirne zeigte, ein Viertel der Fraktion
gewinnen würde. Daran hielt ich nun unbeugsam fest. Ebenso fest blieb
die zu mir haltende Gruppe; sie trennte sich später bei der Abstimmung
im Reichstage von der Fraktion. Dingeldey, der den Diktator Deutschlands spielen wollte, erlitt die seinem Charakter und seinen Fähigkeiten
entsprechende Niederlage. Wie stark die Intrigen um diese Zeit waren,
geht aus Kardorffs Bericht hervor, nach seiner Trennung von der Deutschen Volkspartei habe ihm ein Herr aus der Umgebung des Reichspräsidenten mitgeteilt, der Reichspräsident bedaure außerordentlich, daß
Herr von Kardorff sich meinetwegen von der Partei getrennt habe.
Meißner sprach sich in diesen Tagen wiederholt mit Pünder und mir über
die Verhältnisse im Hause des Reichspräsidenten aus. Während früher
der Reichspräsident stets seinen Sohn aus der Politik herausgehalten und
sich wiederholt ihm, Meißner, gegenüber über Versuche des Sohnes
geäußert habe, Einfluß auf die Politik zu nehmen, sei der Oberst

nunmehr absolut Herr der Lage. Ihm fehle dafür jede Begabung und jede Charaktereigenschaft. Er ordne die Gesamtinteressen des Staates, ohne sich darüber klarzuwerden, der Frage des Prestiges seines Vaters bei dessen alten Kameraden und Freunden aus dem Osten unter. Er, Meißner, habe in der letzten Woche zweimal dem Obersten gesagt, er solle doch an seiner Stelle Staatssekretär beim Reichspräsidenten werden, er gäbe ja doch die maßgebenden Ratschläge und es sei für alle besser, daß das nach außen klargestellt werde. Gewöhnlich kam dann Schleicher kurze Zeit darauf zu mir und erzählte, Meißner intrigiere gegen ihn und versuche „Männe" gegen ihn aufzuhetzen. Er, Schleicher, verliere allmählich jeden Einfluß auf den Reichspräsidenten. Meißner müsse unter allen Umständen schleunigst beseitigt werden. Diese Aussprachen waren manchmal, namentlich in der schnellen Aufeinanderfolge, wirklich zum Lachen, aber ich mußte alles daransetzen, daß die trostlosen Zustände im Hause des Reichspräsidenten nicht bekannt wurden. Ich sprach außer mit Mittelmann und mit Pünder mit niemandem darüber.

DEMISSIONSANGEBOT

Neben dauernden Verhandlungen mit Sprague über die internationale Finanzlage und die deutsche Bankenreform, neben der Fertigstellung der Notverordnung über Bankenaufsicht, Aktienrechtsreform, Gemeindefinanzen usw., die ich im kritischsten Augenblick in einer scharfen Rede bei einer Länderministerbesprechung ankündigte, mußte ich mich dauernd mit der Kabinettsumbildung beschäftigen. Fast hätte die Länderbesprechung zu meinem Sturz geführt. Am Tag vorher ließ mich plötzlich der Reichspräsident zu einer ungewohnten Stunde am Spätnachmittag kommen. Er erklärte mir, es sei eine Verletzung seiner Prärogative, wenn ich vor dem Erlaß der Notverordnung mit den Länderministern darüber spräche. Das war eine neue und plötzliche Entdeckung. Ich erkannte, daß irgend jemand den Sohn zu diesem Vorstoß animiert hatte, wobei ich annehme, daß auch er nicht erkannte, zu welchem Zweck er vorgeschickt wurde. Hatte ich für die Notverordnung eine günstige Aufnahme in der Länderbesprechung, dann war ich nach allen Erfahrungen der letzten anderthalb Jahre auch schon wieder stärker dem Reichstage gegenüber. Das sollte anscheinend verhindert werden.

Diese Forderung des Reichspräsidenten war zuviel. Ich erklärte ihm, sein Einspruch zeige, daß eine Zusammenarbeit zwischen ihm und mir auf einer sicheren Vertrauensgrundlage nicht mehr bestünde. Ich schlüge ihm vor, eine Regierung der Rechten zu bilden, ich würde mich anheischig machen, dieser Regierung die Unterstützung der Zentrumspartei zu bringen, auch ohne daß diese Partei an der Regierung beteiligt sei, da ich wegen des dauernden Verlangens, Wirth, Guérard und Stegerwald sowie auch Pünder zu entlassen, annehmen müsse, daß es dem Reichspräsidenten unerwünscht sei, wenn noch ein aus der Zentrumspartei hervorgegangener Politiker im Kabinett verbleibe.

Ich müsse allerdings, wenn ich diese Unterstützung des Zentrums bringe, nicht aus parteipolitischen Gründen, sondern aus Verantwortungsgefühl für die ganze weitere politische Entwicklung vom Reichspräsidenten fordern, daß er zuvor von den beiden Rechtsparteien eine öffentliche Erklärung sicherstelle, daß sie ihn wiederwählen würden.

Die zweite Forderung sei, daß der Reichstag erst nach Erledigung der Reparationsfrage aufgelöst werden dürfe. Käme eine frühere Auflösung, dann bestünde die Gefahr, daß alle schon gesicherten Erfolge in der Außenpolitik wieder vernichtet würden. Zudem hätte ich ihm im Juli 1930 den Rat einer Reichstagsauflösung nur gegeben, um für die Dauer der Wirtschaftskrise, die ich auf vier Jahre einschätzte, einen arbeitsfähigeren Reichstag zu bekommen. Würde der Reichstag vorher aufgelöst, so wäre das eine große Undankbarkeit gegen die Parteien, die bislang im Staatsinteresse den Mut aufgebracht hätten, die Verantwortung für die unpopulärsten Maßnahmen zu tragen. Nach menschlichem Ermessen wäre die äußerste Radikalisierung die Folge, und jede neue Wahl würde diesen Prozeß verschlimmern. Ich hätte mich schon früher in Besprechungen mit seinen Ratgebern gegen die Tendenz wiederholter Reichstagsauflösungen gewendet, die zwar bei veränderter Begründung der Form und dem Wortlaut der Verfassung nicht widersprächen, wohl aber ihrem tiefsten Sinne und jeder politischen Erfahrung.

Der Reichspräsident war durch mein Rücktrittsangebot gleichzeitig erleichtert und schmerzlich berührt. Er sagte, er müsse meine Vorschläge wörtlich in sein Notizbuch eintragen, um sie mit seinen Ratgebern zu besprechen. Nun kam ein deprimierendes Schauspiel. Nach fünf Uhr nachmittags war der Reichspräsident, wie vielfach hochbetagte Leute, nie sehr aufnahmefähig. Aber an diesem Tage, der so entscheidend war, erlahmte während des Niederschreibens seine Aufnahmefähigkeit völlig. Er schrieb meine Auffassungen nieder und las sie mir vor. Es war das

Gegenteil von dem, was ich ihm gesagt hatte, nahezu in allen Punkten. Ich versuchte nochmals, ihm meinen Ideengang klarzumachen. Jetzt fing er an, Teile seiner ersten Notiz auszustreichen und neue Worte dazwischenzuschreiben. Er las es mir erneut vor. Jetzt kam überhaupt kein Sinn heraus. Das wiederholte sich noch zweimal. Dann gab ich die Hoffnung auf. Ich hatte unsagbares Mitleid mit ihm und wollte ihn nicht verletzen. Ich sagte ihm, als er mir seine vierte Verbesserung vorgelesen hatte, er treffe jetzt nicht ganz meine Ansichten, aber mehr oder minder ungefähr. Dann verabschiedete ich mich und ging zurück. Ich ließ mir nichts anmerken und setzte bis in die Nacht die Besprechungen mit Sprague, Treviranus und Trendelenburg fort. Am andern Morgen in der Frühe hatte ich eine Besprechung mit Pünder und Kaas und teilte ihnen andeutungsweise meine Unterhaltung mit dem Reichspräsidenten mit.

Die Notverordnung wurde fertiggestellt. Ich hatte in der Sitzung des vereinigten Ausschusses des Reichsrates in der Reichskanzlei trotz alledem noch den Mut, zu erklären, daß die Regierung nicht weichen und nicht wanken würde. Allerdings lautete eine Nachricht, die über Meißner und Schleicher an mich gelangte, etwas günstiger. Vor allem wurde Groener mobil. Ich hatte Treviranus erzählt, daß der Reichspräsident mich am Tage vorher auch danach gefragt habe, weshalb ich Herrn von Brandenstein empfangen hätte. Ich bat Treviranus, Groener mitzuteilen, zumal der Reichspräsident mich auch gefragt hätte, woher ich eigentlich Willisen kenne, daß offenbar von irgendeiner Seite dem Reichspräsidenten beigebracht worden wäre, ich stünde mit dem Plane in Verbindung, den Kammerherr von Brandenstein verfolge, seinen Chef, den Herzog Adolf Friedrich von Mecklenburg, zum Reichspräsidenten zu machen. Außerdem habe die „DAZ" meine neue Ministerliste schon vor meiner Demission, nämlich am 6. Oktober, gebracht. Ich hätte in Erfahrung gebracht, daß diese Nachricht in großer Aufmachung aus dem Reichswehrministerium stamme. Der alte Herr verlasse mich völlig. Treviranus solle Groener an das mir beim Amtsantritt gegebene Wort erinnern.

Am 7. Oktober morgens um elf Uhr war ich beim Reichspräsidenten zum Vortrag und überbrachte ihm die Notverordnung zur Unterzeichnung. Er war sehr bedrückt. Er wußte nicht, was er tun und sagen sollte. Ich fragte ihn, ob er sich meine Vorschläge überlegt hätte. Antwort: „Ich kann sie nicht annehmen. Ich habe auch mit meinem Sohn darüber gesprochen, daß ich die Stellung eines Reichspräsidenten herabwürdige, wenn ich auf parteipolitische Bedingungen eingehe." Ich sagte ihm, dies seien keine parteipolitischen Bedingungen, sondern nur ein Ratschlag, den vorzutragen mein Gewissen mich verpflichte. Parteipolitische Bedingungen seien während seiner ganzen Amtszeit bei Kabinettsbildungen gestellt worden. Ich hätte damit gebrochen. Er könne deswegen nicht annehmen, daß ich von dieser Linie abginge. Der Reichspräsident schwieg. Es war sehr peinlich. Ich unterbrach nach einer Minute das beiderseitige Schweigen und sagte ihm im Tone einer militärischen Meldung, um ihn aus seinen Grübeleien aufzuwecken: „Herr Reichspräsident, ich bitte jetzt endgültig, daß Sie meine Demission einfach annehmen." Darauf schrak er zusammen und sagte mit wirklich trauriger Stimme: „Sie werden doch wohl nicht denken, daß ich persönlich mich von Ihnen trennen werde." Meine Antwort: „Herr Reichspräsident, die Zeit geht weiter. In einer Woche tritt der Reichstag zusammen. Entweder Sie müssen mir Handlungsfreiheit geben oder Sie müssen sich von mir trennen." Der Reichspräsident erwiderte: „Können Sie sich nicht von Pünder, Treviranus und Schiele trennen?" Ich erklärte: „Von den beiden ersteren auf keinen Fall." Ich sähe durchaus, daß diese Minister nicht immer allen Anforderungen genügten, aber loyalste und vertrauteste Mitarbeiter aufzugeben, das könne ich unter keinen Umständen mitmachen. Darauf fragte er weiter, ob ich mich nicht wenigstens von zwei Zentrumsministern trennen könne. Antwort: Das sei schwer für mich, aber ich sei bereit, es zu tun, zumal ich es von Anfang an bei der Kabinettsbildung den Herren Guérard und Wirth erklärt habe, daß ich natürlich nicht auf die Dauer vier Mitglieder der Zentrumspartei im Kabinett behalten könne. Einer von ihnen müsse in einem späteren Zeitpunkt wieder ausscheiden. Der Reichspräsident forderte mich auf, mich auch von Curtius zu trennen. Ich erwiderte ihm, daß das für mich sehr schmerzlich sei, aber einem Wunsch von Curtius selbst entspräche. So könne ich in der gesamten Kabinettsgestaltung zu einem völlig konservativen Kabinett kommen mit scheinbar starker Verlagerung nach rechts, ohne eine sichere Mehrheit für das Kabinett zu verlieren. Der Reichspräsident schlug noch einige Herren vor, die zu befragen ich versprach, und er machte den Eindruck, sehr erleichtert über unsere Unterhaltung zu sein.

Ich hatte mir eine Stunde vorher in einer Ministerbesprechung die Zustimmung zu der formalen Erklärung geben lassen, dem Reichspräsidenten den Rücktritt des gesamten Kabinetts anzubieten. Anschließend hatte ich mit Stegerwald, Dietrich und Groener noch eine kurze Besprechung gehabt. In der Viertelstunde, die zwischen der Unterhaltung mit diesen Herren und dem Vortrag beim Reichspräsidenten lag, war es

Groener offenbar gelungen, den Reichspräsidenten wieder stark zu machen. Der Reichspräsident nahm zum Schluß des Vortrages die Gesamtdemission des Kabinetts an und beauftragte mich erneut mit der Regierungsbildung.

DAS ZWEITE KABINETT

Anschließend folgten eine Besprechung mit Dingeldey und ein Besuch bei Mittelmann. Um halb sechs berief ich die Professoren Schmitz und Warmbold zu einer Aussprache über die Wirtschaftspolitik mit Dietrich und Stegerwald. Eine Stunde später hatte ich eine kurze Unterhaltung mit Groener, der die beiden Herren militärisch väterlich beredete, einen Sitz im Kabinett anzunehmen. Geheimrat Kastl berichtete darnach, daß der Reichsverband der Industrie nach heftiger Auseinandersetzung sich nicht an der Harzburger Tagung beteiligen werde. Dazwischen fand in einem dritten Zimmer eine Besprechung mit Kaas, Mittelmann und Treviranus statt, in der nochmals die Lage in der DVP besprochen wurde. Ich ging darnach zu der Besprechung mit Groener, Warmbold, Schmitz und anderen Herren in die Bibliothek zurück.

Gerade war Geheimrat Schmitz im Begriff, das Verkehrsministerium anzunehmen, als es klopfte. Niemand kam herein. Die Tür öffnete sich ein wenig. Eine ganz knochige und magere Hand, die ich als die eines hohen Beamten erkannte, hielt einen Zettel herein. Ich nahm ihn und stellte fest, daß ich die Handschrift kannte; sie stammte von einer sehr fleischigen Hand, die bei gemeinsamen Wirtschaftssitzungen öfters diejenige Hugenbergs drückte. Auf dem Zettel stand: „Brechen Sie sofort die Verhandlungen mit Schmitz ab. Sein Neffe Ilgner sitzt im Adlon und erzählt allen Leuten, sein Onkel würde Verkehrsminister, und die IG beherrsche das Kabinett. Wenn sein Onkel dann im Kabinett sei, würde er Stegerwald, Dietrich und Schäffer aus ihren Stellungen hinauswerfen. Er sei robust genug dazu." Diese Gespräche von Ilgner seien bereits beim Scherlverlag gelandet. In diesem Augenblick würden dort die Informationen zusammengestellt über die riesigen Steuerdefraudationen der IG, für die Schmitz verantwortlich sei und für die er, Schmitz, die steuerfreie Amnestie aufgetrieben habe. Bosch habe, als er von diesen Steuerhinterziehungen erfuhr, verlangt, daß er die Dinge sofort in Ordnung bringe.

Das sei alles bei Scherl bekannt. Wenn Schmitz erst zum Minister im neuen Kabinett ernannt sei, solle das alles veröffentlicht werden. Der sich daraus entwickelnde Skandal würde dann dem Kabinett den Todesstoß geben. Das solle gleichzeitig mit der Harzburger Tagung von Stapel gehen.

Ich schob Groener den Zettel zu und mußte in voller Fahrt beidrehen. Das Manöver war nicht leicht. In einer halben Stunde mußte ich nun Schmitz mit völlig entgegengesetzten Argumenten als vorher die Ablehnung meines Angebotes klarmachen. Das war die erste Panne.

Am andern Morgen hatte ich eine Besprechung mit Hauschild und Gereke, die mir Schlange-Schöningen als Landwirtschaftsminister empfahlen. Dann nacheinander Aussprachen mit Geßler und Bracht. Am Nachmittag mit Silverberg und Vögler gleichzeitig. Nach einem Besuch beim Reichspräsidenten erhielt ich die offizielle Absage von Scholz als Justizminister. Mit Geßler hatte ich eine sehr interessante Aussprache. Am liebsten hätte ich ihn als Innenminister genommen. Es bestanden aber zwei Schwierigkeiten. Gegen ihn sprachen der Widerstand der Bayerischen Volkspartei wegen seiner Reichsreformpläne, starke Bedenken bei den Sozialdemokraten, schärfste Ablehnung bei der Reichswehr. Endlich kam noch eine besondere Sorge dazu. Er machte es zur Bedingung, daß man einen scharfen Kurs steuere und sich rücksichtslos über die Verfassung hinwegsetze. Ich glaubte, ihm das insoweit ausreden zu können, als diese seine Auffassung mehr als ultima ratio für den äußersten Fall gelten könne. Um aber ganz offen zu sein, bat ich ihn, zum Reichspräsidenten zu gehen und diesem seine Auffassung vorzutragen.

Von Meißner erfuhr ich, daß sich der Reichspräsident gegenüber Geßler durchaus ablehnend verhalten habe. Der Reichspräsident bestätigte mir das persönlich am nächsten Abend, als ich ihm die offizielle Ministerliste vorlegte. Er sagte: „Der Geßler hat ganz konfuse Ideen. Er meint wohl, er könne mich zum Bruch meines Verfassungseides bringen. Mit dem Mann können wir nicht zusammenarbeiten."

Bracht war unzugänglich. Er machte mir Vorwürfe, daß ich nicht früher helfend bei der Deutschen Volksbank eingegriffen hätte. Ich konnte mir damals noch nicht erklären, weshalb gerade er über diesen Punkt sprach. Erst nach Jahren wurde mir der Zusammenhang seiner damaligen Haltung mit dem Konto Primus Mangold klar, das ihn als Ehrenmann in keiner Weise belastete, aber ihn politisch dem Druck und der Erpressung der Nazis aussetzte. Wie erwartet, lehnten sowohl Silverberg als auch Vögler die Übernahme des Wirtschaftsministeriums ab. Jetzt war meine

Lage sehr schwierig. Außer Geßler wollte keiner ein Risiko übernehmen. Um halb zwölf hatte ich eine kurze Besprechung mit Pünder. Er war der Ansicht, daß ich bei der Ängstlichkeit der Ministerkandidaten mit Ausnahme Geßlers, eine Verantwortung in diesem Augenblick zu übernehmen, wohl keinen andern Weg mehr habe, als den Auftrag zur Kabinettsneubildung dem Reichspräsidenten zurückzugeben.

Als Pünder ging, kam Planck, der empfahl, unter keinen Umständen Geßler zu nehmen, sondern Groener gleichzeitig als Innenminister. Ich hatte in diesem Augenblick keine Bedenken gegen eine solche Lösung. Nun geschah etwas sehr Merkwürdiges. Planck telephonierte mit Schleicher, der in wenigen Minuten zur Stelle war und meinen Vorschlag akzeptierte. Er wurde mit einem Male zum leidenschaftlichen Vorkämpfer für meine Politik. Ich habe oft später nachgedacht, was wohl der Grund für diese plötzliche Umschwenkung war. War es die Machtlüsternheit der Reichswehr? War es die Sorge, daß Geßler als Reichsinnenminister seine hervorragenden Fähigkeiten, den Reichspräsidenten durch Gebrauch militärischer Bilder zu beeinflussen, dazu benutzen würde, um den ihm verhaßten Schleicher möglichst schnell zu beseitigen? War es die Hoffnung, Groener ganz auf das Innenministerium abzuschieben und selber das Reichswehrministerium zu übernehmen? Oder war es endlich die Furcht, daß, wenn er in diesem Augenblick nicht fest zu mir hielte, durch den Eindruck der kommenden Harzburger Tagung seine eigene Stellung endgültig gefährdet würde? Jedenfalls ging jetzt alles glänzend und schnell. Planck hat mich damals durch diesen Vorschlag gerettet. Im Mai 1932 erkannte ich, daß es besser gewesen wäre, trotz aller augenblicklichen Schwierigkeiten Geßler zu nehmen.

Am nächsten Tag unterhielt ich mich mit Joël und wartete auf die Entscheidungen Geßlers und Brachts. Auf Bracht verzichtete ich, weil ich annahm, daß er in seiner gegenwärtigen Stimmung trotz seiner großen Fähigkeiten für mich keine starke Stütze bedeuten könne. Ich versuchte nun durch Kaas die Sozialdemokraten zur Tolerierung von Geßler zu bestimmen, bevor ich mit Groener verhandelte. Am 9. Oktober um zwei Uhr brachte mir Kaas die endgültige Nachricht, daß er mit diesen Verhandlungen keinen Erfolg gehabt habe. Ich ließ sofort Groener kommen und einigte mich in einer halben Stunde mit ihm. In einer einstündigen Unterhaltung mit Dorpmüller kamen wir beide zur Ansicht, daß es besser sei, namentlich wegen des Schenkervertrages, ihn nicht zum Reichsverkehrsminister zu machen. Die Wirtschaftspartei würde ihn wahrscheinlich in der Reichstagssitzung erledigt haben. Eine Schwierigkeit entstand noch über den Vorschlag, an Stelle von Schätzel den Vorsitzenden der Bayerischen Volkspartei, Fritz Schäffer, zum Reichspostminister zu machen. Prälat Leicht intervenierte stark zugunsten Schätzels. Ich konnte mich den persönlichen und sachlichen Argumenten dieses treuen Mannes nicht entziehen. Treviranus wurde das Reichsverkehrsministerium übertragen, um ihn aus den für ihn so schwierigen Ostfragen zu lösen. Ich hatte Schlange-Schöningen herantelegraphieren lassen. Sonntags einigte ich mich mit ihm in einer längeren Aussprache. Peinlich war für mich der Abschied von Wirth und Guérard, noch peinlicher der Abschiedsbesuch von Geßler. Ich hatte das klare Gefühl, daß die Ablehnung Geßlers seitens der SPD und des Reichspräsidenten zwar im Augenblick entlastend wirkte, daß ich ihn aber in Zukunft sehr entbehren würde. Es fehlte mir nunmehr für die rein politischen Fragen ein Sprechminister, noch mehr als bisher würde alles auf mir lasten. Nur glaubte ich, die Reichswehr fest hinter mir zu haben. Das war, wie ich bereits nach wenigen Wochen feststellte, eine Täuschung. Immerhin, mein Ziel war erreicht: am Vorabend der Harzburger Tagung hatte ich mein Kabinett fertig.

RINGEN MIT DEM REICHSTAG

Dienstag, den 13. Oktober, ging es in den Kampf mit dem Reichstag. Die Lage war unter dem Eindruck der Harzburger Tagung außerordentlich gefährlich. Trotz der Hereinnahme von Schlange war es nicht gelungen, die Landvolkpartei zu gewinnen. Auch bei der Wirtschaftspartei gab es Schwierigkeiten, weil diese zu dem Vorgespräch den Abgeordneten Ladendorff aus dem preußischen Landtag mitbrachte. Als ich in den Reichstag ging, konnte ich höchstens hoffen, aus der Wirtschaftspartei und der Deutschen Volkspartei etwa zwanzig Mitglieder für mich zu gewinnen. Die Regierungserklärung wurde vorgelesen, dann sprach ich eine Stunde frei. Jeder hatte das Gefühl: Von dieser Rede hängt Sein oder Nichtsein ab. Verteidigung bedeutete Niederlage. Deshalb entschloß ich mich, zum schärfsten konzentrischen Angriff auf die Deutschnationalen vorzugehen und die Nazis zu schonen.
Es war mir physisch schwer, die Rede durchzuhalten. Es gelang. Ich endete mit einem versöhnenden Schluß und einem Appell an die

Volksgemeinschaft. Die Deutschnationalen saßen bleich da. Sie hatten wohl erwartet, ich würde gegen die gesamte Harzburger Front kämpfen, sie hatten nicht damit gerechnet, daß ich das Risiko eines frontalen Angriffs gegen sie und die Freunde des Reichspräsidenten auf mich nehmen würde. Nach der Rede kamen zum erstenmal Klein von der „DAZ", Reiner von der „Voss" und sogar Kircher von der „Frankfurter Zeitung" zu mir, um mir zu dem Erfolg zu gratulieren. Sie erklärten, die Schlacht sei bereits gewonnen. Unter dem Eindruck der Rede seien, wenn auch widerwillig, meine schärfsten Gegner unsicher geworden. Nach ihren Mitteilungen würde ein großer Teil der Mitglieder der Deutschen Volkspartei für mich stimmen und manche Mitglieder der Landvolkpartei an der Abstimmung nicht teilnehmen. Ich konnte ihnen nicht sagen, daß ich bislang noch nicht die Zustimmung der Wirtschaftspartei hatte und daß ich zunächst noch die Erpressung der Bayerischen Volkspartei wegen der Postabfindung auszustehen hätte. Schließlich einigte ich mich mit der Wirtschaftspartei. Nach dieser Einigung versuchte Dingeldey durch Herrn von Hagenow nochmals eine Intrige. Am 16. Oktober griff ich am Schluß der Debatte noch einmal mit einer besonders versöhnlichen Rede ein, aus eigener Überzeugung und weil ich befürchtete, daß die Schärfe meines Vorstoßes gegen die Deutschnationalen bei dem Reichspräsidenten Verstimmung hervorgerufen hatte. Ich erhielt eine Mehrheit von 25 Stimmen. Der Reichstag wurde auf vier Monate vertagt, sämtliche Mißtrauensanträge und alle Anträge auf Aufhebung der Notverordnung wurden abgelehnt. Als ich um elf Uhr aus dem Reichstag nach Hause ging, hatte ich zwar das Gefühl, daß der Reichstag nunmehr keinen Kampf mehr gegen mich wagen würde, aber die vielen Monate täglichen Ringens machten sich bemerkbar. Ich war noch nie in meinem Leben körperlich so erschöpft gewesen.

Den Reichstag brauchte ich jetzt nicht mehr zu fürchten, aber der fast tägliche Kampf gegen die Intrigen im Hause des Reichspräsidenten war mir geblieben. Er sah nicht, daß nur durch die jetzige Regierung seine Wiederwahl gesichert werden konnte. Die wirtschaftspolitischen Pläne für die nächste Zeit waren alle fertig bis ins einzelne. Nur mußte ich vorher, um dem Reichspräsidenten einen Gefallen zu tun und seinen Nimbus wieder zu heben, auch den Wirtschaftsbeirat einberufen und ihn sich ausreden lassen. Dann kam die Überlegung, an welchem Tage die 4. Notverordnung verkündet werden konnte. Ohne irgend jemandem etwas mitzuteilen, war ich mir klar darüber, daß diese neue Notverordnung erst an dem Tage verkündet werden konnte, an dem der beratende

Sonderausschuß zusammentrat. Sonst wäre er vielleicht nicht zusammengetreten und hätte ich England nicht aus seiner selbstsicheren Ruhe herausbringen können. Mit dem Erfolg der 4. Notverordnung wollte ich die Wiederwahl des Reichspräsidenten erkämpfen.

Die Tatsache, daß es mir gelungen war, beim Reichspräsidenten den Empfang Hitlers und Görings für den 10. Oktober durchzusetzen, hatte für einige Wochen eine starke taktische Bedeutung. Die am nächsten Tage stattfindende Demonstration der Harzburger Front verlor dadurch an Bedeutung. Hitler hielt sich auf der Tagung sehr zurück. Eine Woche später machte die SA in Braunschweig eine eigene große Kundgebung. Im Reichstage selbst wurde die Harzburger Front in eine Defensivstellung hineinmanövriert. Das einzige Gemeinsame, das übrigblieb, war der Exodus der beiden Parteien, nachdem alle Mißtrauensvoten und Anträge auf Auflösung des Reichstages abgelehnt waren. Die Regierung konnte die Tagung der Harzburger Front daher im allgemeinen ignorieren.

FRANKREICH UND AMERIKA

Nur eine ungeheuerliche Rede Dr. Schachts in Harzburg zwang zu einer Entgegnung. Er warf der Regierung unter anderem vor, daß sie die wirkliche Lage verschleiere und die deutsche Lage in zu schwarzen Farben male. Dieses geschah in dem Augenblick, da Laval in Washington eintraf. Schacht ging in seinen Angriffen zu bewußten Lügen über. Dietrich konnte ihm nachweisen, daß die Reichsbank dem Reiche keinen Pfennig geliehen habe. Das Reich habe in den letzten zwei Monaten bis zum 1. Oktober sogar 287 Millionen schwebender Schulden zurückbezahlt. Im übrigen konnte Schacht in Wirklichkeit keinen Eindruck in der Welt, vor allem nicht in Washington machen. Schon vor der Ankunft Lavals stand die Haltung der amerikanischen Regierung fest.

Sie ließ am 10. Oktober erklären, daß sie nicht auf Wiederaufnahme der europäischen Zahlungen nach Ablauf des einjährigen Moratoriums bestehen würde, falls die Schuldnernationen nicht in der Lage seien, ihren Verpflichtungen nachzukommen. Präsident Hoover sei bemüht, die Meinung der Kongreßmitglieder über einen Vorschlag auf gründliche Revision der Fundierungsabmachungen mit den europäischen Ländern kennenzulernen. In unterrichteten Kreisen herrsche die Auffas-

sung, daß der Kongreß mit einer Herabsetzung der Schulden einverstanden sein würde, falls eine solche Maßnahme von einem gleichzeitigen
Zugeständnis der europäischen Länder in der Frage eines Flottenfeier-
jahres und anderer Rüstungsverminderungen verbunden sei. Gleichzeitig wurde in der „New York Times" von seiten der amerikanischen
Regierung ein Versuchsballon losgelassen über Möglichkeiten bei den
Besprechungen Hoover–Laval. Die Zeitung ließ sich aus Paris melden,
daß Laval eine 50prozentige Schuldenstreichung und eine 25prozentige
Herabsetzung der Rüstungsausgaben vorschlagen wolle.

Wie wenig fundiert die Hoffnung auf eine Verständigung zwischen den
Vereinigten Staaten und Frankreich in Wirklichkeit war, zeigte die
Debatte in der Konferenz der Notenbankpräsidenten in Basel bereits am
nächsten Tage. Burgess, der Vertreter der New Yorker Federal Reserve
Bank, verlangte eine intensivere Zusammenarbeit der Notenbanken.
Die Vereinigten Staaten seien bereit, sich für die Schaffung eines internationalen Goldfonds einzusetzen, aus dem allen beteiligten Notenbanken zusätzliche Mittel zur Stabilisierung und Erhaltung der Währungen gegeben werden sollten. Das war ein direkter Vorstoß gegen
die Politik der Bank von Frankreich. Der Präsident dieser Bank, Moret,
fühlte den Stoß sofort und erklärte, daß Frankreich sich der internationalen Bewirtschaftung des Goldes widersetzen würde. Zwar hatte zwei Tage
vorher die französische Regierung die Herren Farnier und Lacour-Gayet
nach New York delegiert, um eine Verständigung mit der Federal
Reserve Bank herbeizuführen. In Wirklichkeit glaubte der Quai d'Orsay
in dieser und den kommenden Wochen, durch den starken Druck auf die
amerikanischen Goldvorräte die amerikanische Regierung auf seine
politische Linie zwingen zu können.

Diese Politik Frankreichs verschärfte erneut die Weltkrise. So schwierig
die Auswirkungen im Augenblick auch für Deutschland sein mußten, vor
allem, weil eine gewisse Hoffnungslosigkeit sich auf die Gemüter legte, für
uns gab es nichts Besseres. Ich hatte nach den Erfahrungen des Juni und
Juli seit langem darauf gewartet, daß die Hybris des Quai d'Orsay sich
nun auch an den Vereinigten Staaten vergreifen würde. Das mußte zur
endgültigen Änderung der weltpolitischen Situation führen. Für uns war
nur das Bedenkliche, daß wir gerade während der Reichstagsverhandlungen und in den Wochen darauf in keiner Weise zu erkennen geben
durften, daß der Sieg uns winkte. An alle Ressorts wurde die Instruktion
ausgegeben, sich für einige Wochen in der Reparationsfrage völlig passiv
zu verhalten, um ja nicht diese kommende Auseinandersetzung zwischen

Frankreich und den Vereinigten Staaten zu stören. Diese Politik bewährte sich.

Abgesehen von dem Verhältnis Frankreich–USA war eine gewisse Beruhigung in der Welt eingetreten. Am 7. Oktober konnten Schweden und Norwegen wieder ihren Diskont herabsetzen und die Börsen öffnen. Finnland und, in anderer Form, Kanada folgten dem Beispiel. Dagegen lag die österreichische Währung sehr schwach. Dann kam durch die Goldabzüge Frankreichs aus den Vereinigten Staaten die dritte Panik im Laufe eines Jahres über die Welt. Von Mitte September bis Mitte November verloren die Vereinigten Staaten über 1,5 Milliarden Dollar Gold. Zwei Tage vor der Reichstagseröffnung wurde der amerikanische Diskont auf 2,5 % erhöht. Die Bank von Frankreich beantwortete diesen Schritt ebenfalls mit einer Erhöhung auf 2,5 %. Am 15. Oktober mußte New York den Diskont auf 3,5 % festsetzen. Dieser Kampf um das Gold zwischen den beiden Ländern hatte sofortige Rückwirkung auf die ganze übrige Welt. Am 9. Oktober mußte Österreich die Devisenzwangswirtschaft einführen, Lettland den Devisenhandel einschränken und Brasilien ein Vollmoratorium für alle Auslandszahlungen für zwei Monate erklären. Am 12. hob Finnland die Goldwährung auf. Am 13. erklärte Uruguay ein Vollmoratorium für alle Auslandsverpflichtungen. Am 17. mußte die Tschechoslowakei zu einer verschleierten Devisenbewirtschaftung übergehen. Am 20. erließ Kanada ein Goldausfuhrverbot. Auch Deutschland mußte, trotz eines Rekordausfuhrüberschusses von 387 Millionen Mark im Monat September, wieder mit schärferen Mitteln gegen die Banken vorgehen, da diese die aus dem Ausfuhrüberschuß anfallenden Devisen verbargen. Luther wurde beauftragt, den Banken zu erklären, daß jeder Bank, die ihre Devisen nicht ablieferte, der Reichsbankkredit gesperrt würde.

Diese im wesentlichen durch die französische Politik neu geschaffene Panik auf dem internationalen Geldmarkt brachte nun endlich das Faß zum Überlaufen. Regierung und Banken in den Vereinigten Staaten waren entschlossen, sich nicht länger den Druck Frankreichs gefallen zu lassen, und bereit, alle französischen Guthaben in Gold zurückzuzahlen. Am 21. Oktober lehnten die New Yorker Banken eine von Frankreich geforderte Zinserhöhung für französische Guthaben ab. Der Versuch Frankreichs, mit Hilfe seiner durch die deutschen Reparationsleistungen geschaffenen Goldmacht die Welt zwangsweise für seine Politik zu gewinnen, war nun zum drittenmal gescheitert. Im Juli widersetzten wir uns in schwerster Stunde diesem Druck, im September England, jetzt im

Oktober die Vereinigten Staaten. Frankreich konnte seine politischen Trabanten nur noch durch Kredite bei seiner Politik halten. So gab es noch am Tage der Ankunft Lavals in New York Südslawien einen Kredit von 300 Millionen Franken, aber im übrigen war die Macht des französischen Goldes gebrochen und die Bahn für Streichung der Reparationen frei.

Nur in einem Punkt gelang es Laval, in Washington einen Erfolg zu erzielen. Er wehrte den Vorstoß Hoovers auf Revision der Ostgrenzen Deutschlands ab. Gleichzeitig gelang es ihm, von Hoover die Zustimmung zu erhalten, daß die Revision der Reparationen mit den für den Young-Plan geschaffenen Einrichtungen durchzuführen sei. Zwar wurde in dem Communiqué über die Besprechungen Laval–Hoover neben der Vereinbarung über beiderseitiges Festhalten am Goldstandard die Notwendigkeit einer sofortigen Initiative der am Young-Plan interessierten europäischen Mächte betont. In Wirklichkeit aber bedeutete das Zurückgreifen auf die Young-Maschinerie, daß erst im Frühjahr 1932 die Lage für eine völlige Streichung der Reparationen reif sein würde. Ich teilte dies einige Zeit nach Lavals Abreise von Washington den amerikanischen und englischen Botschaftern mit. Trotzdem war es mir klar, daß man noch im Laufe des Jahres 1931 den formellen Versuch mit dem beratenden Sonderausschuß machen müsse, nur durfte man nach aller Erfahrung daran keine allzu starken Hoffnungen knüpfen.

Um so wichtiger war es, alle inneren wirtschaftlichen und finanzpolitischen Fragen, die Vorbereitung der Abrüstungskonferenz und die Reparationsfrage zeitlich richtig zu koordinieren und dabei auch psychologisch den Termin für die Wiederwahl des Reichspräsidenten zu berücksichtigen. Letzten Endes mußten Abrüstungs- und Reparationsfrage mit Rücksicht auf die Psyche der Vereinigten Staaten zeitlich und psychologisch verknüpft werden. Nur wenn Hoover dem amerikanischen Volk einen Erfolg in der Abrüstungsfrage bringen könnte, würde es für ihn möglich sein, vor seiner Wahl eine Streichung der Kriegsschulden durchzusetzen. Auf diese Grundlinie mußte unsere gesamte Politik eingestellt werden. Jetzt kam die schwierige Zeit, in der man kühl und nüchtern für jede einzelne Maßnahme im Rahmen der Gesamtpolitik genau Woche und Tag überlegen mußte. Ich war mir darüber klar, daß die Unmöglichkeit, über diesen Gedankengang mit jemand zu sprechen, außer mit zwei oder drei der engsten Mitarbeiter, die Spannung im Inneren erhöhen mußte. Aber für die deutsche Außenpolitik handelte es sich um Sein oder Nichtsein.

Während der Anwesenheit Grandis in Berlin vom 25. bis 27. Oktober gelang es mir in persönlichen Besprechungen, ohne auf Einzelheiten einzugehen, sehr viel Verständnis für unsere Politik zu gewinnen. Sowohl im Trinkspruch Grandis wie in einer gleichzeitigen Rede Mussolinis in Neapel wurde der Gedanke der völligen Gleichberechtigung als Voraussetzung für eine Neuordnung in aller Deutlichkeit als Grundlage der italienischen Politik proklamiert. Der dreitägige Besuch Grandis gehört zu den angenehmsten Erinnerungen aus meiner Amtszeit. Die dort geschaffenen persönlichen Beziehungen bewährten sich in den folgenden Monaten, vor allem im April des folgenden Jahres. Grandi ließ deutlich durchblicken, was er von den Nazis hielt. Die aufrechte Haltung der gegenwärtigen deutschen Regierung schien ihm für das System in Italien mit geringeren Risiken verbunden zu sein als eine nationalsozialistische Herrschaft. Durch eine persönliche Mitteilung an Bülow während der schwersten Zeit des Kampfes um die Reichspräsidentschaft ließ er mir in diesem Sinne Mut machen. Nach einem Jahr nationalsozialistischer Regierung mußte Italien erkennen, daß die damalige Einsicht richtig gewesen war.

WEGE ZUR ENTSCHEIDUNG

Mit diesem Besuch Grandis schloß die Ära der gegenseitigen Ministerbesuche ab. Viel Konkretes konnte bei diesen Besuchen nicht herausschauen, aber die persönliche Fühlungnahme war von ungeheurer Bedeutung, und die Wirkung auf die Völker, die in den vergangenen Monaten in Verzweiflung zu fallen drohten, war sehr stark. Jetzt mußte das Handgemenge in der Politik anfangen. Mehr durch sorgfältig überlegte persönliche Noten als durch Aussprachen mußten in den nächsten sechs Monaten Abrüstungs- und Reparationsfragen bis zur Entscheidung vorgetrieben werden. Diese sechs Monate gaben uns Zeit zu endgültigen Sanierungsmaßnahmen, aber gleichzeitig auch Zeit für sachliche und psychologische Vorbereitungen großer internationaler wirtschaftlicher und finanzieller Probleme.

Ich hoffte, daß ihre Lösung in zusammengefaßter Form zu Beginn des Sommers 1932 mit einem Schlag erreicht werden könne. In einer Kabinettsitzung im November deutete ich dieses Ziel vorsichtig an und erklärte, daß bei uns die Waffen lägen, die Völker für eine Gesamtlösung reif zu machen. Ich sei entschlossen, den Weg unter allen Umständen weiterzugehen. Vielleicht ergäbe sich dabei auch die Möglichkeit einer Revision der territorialen Lösungen des Versailler Vertrages. In diesen Wochen dachte ich sehr viel daran, in erster Linie Mussolini die Initiative dazu in die Hände zu spielen. Auf eine Initiative von Washington in den nächsten Wochen konnte ich nach Lavals Besuch und einer Unterredung mit dem amerikanischen Botschafter nicht rechnen. Das englische Kabinett war nach dem Wahlsieg im wesentlichen nur noch an den eigenen wirtschaftlichen Problemen interessiert. In der englischen Politik trat eine Periode ein, mit der man von Zeit zu Zeit immer wieder rechnen muß, da die verantwortlichen englischen Staatsmänner glauben, sich völlig von internationalen Fragen zurückziehen und ihre Not schließlich aus eigener Kraft und isoliert beheben zu müssen. Nach meiner Erfahrung war nicht mehr anzunehmen, daß MacDonald für die Rolle des „großen Erlösers" mit mutiger Initiative gewonnen werden könnte. Man konnte es aber den englischen Politikern klarmachen, daß wir in der Lage wären, durch neue Preissenkungen die Vorteile im Welthandel zu erringen, die England durch die Pfundentwertung sich zu sichern glaubte.

Dabei blieb eine Voraussetzung maßgebend. Wir mußten uns handelspolitisch jedem Lande gegenüber interessant erhalten, bestrebt, unsere ganze Wirtschaftspolitik so zu führen, daß wir zwar die Streichung der Reparationen und eine Herabsetzung der Zinsen unserer Auslandsschulden erreichten, aber nicht durch eine Einstellung der Zinszahlung zu einem Übergang zu der damals vom „Tatkreis" stark gepredigten Autarkie gezwungen würden. Hier gab es natürlich auch nach innen große Gefahren. Ich merkte, wie stark die Korrespondenz des Tatkreises und die Artikel in der „Tat" selbst auf einen Teil der Reichswehroffiziere wirkten. Leider war ihnen niemals beigebracht worden, daß das, was der große König in der Wirtschaftspolitik aus Zwang gemacht hatte, kein dauerndes Ideal sein kann und von ihm selbst wohl als allererstem bei veränderten Verhältnissen aufgegeben worden wäre.

Der Einfluß des Tatkreises stieg von Woche zu Woche, auch die persönlichen Angriffe, die sich im wesentlichen auf den Vorwurf des Versuches einer asketischen Wirtschaftspolitik konzentrierten. Daß diese unsere Wirtschaftspolitik der friedliche Weg zur Zertrümmerung des Versailler Vertrags war, ging dem Tatkreis nicht ein. Was Weiterschauenden jetzt schon klar sein mußte: daß wir beim Durchhalten dieser

Politik um weitere zehn Monate am Ende als Sieger auf allen Gebieten dastehen würden, hätte, öffentlich ausgesprochen, damals einen Sturm des Gelächters in Reichswehrkreisen hervorgerufen. Nachrichten von persönlichen Freunden zeigten mir, daß die Auffassungen des Tatkreises vor allem in Ostpreußens Reichswehr immer stärker an Boden gewannen. Ich benutzte eine Gelegenheit, um Schleicher darüber zu befragen. Er machte einige zynische Bemerkungen über die geistige Bedeutung des Herrn von Blomberg und sah mich während der ganzen Zeit lauernd an. Ich fühle diesen Blick noch heute. Trotz allen Grübelns konnte ich mir damals den Grund hierfür nicht erklären. Erst im Sommer 1932 erfuhr ich, daß Schleicher aus dem Geheimfonds des Reichswehrministeriums ohne Wissen seines Chefs die ganzen Publikationen des Tatkreises finanzierte.

Dabei überlegte er aber nicht, wie stark er damit den Boden für den Nationalsozialismus vorbereitete. Ich sah General von Blomberg im April 1932 in Genf bis in die Nacht mit einer Nummer der „Tat" wie mit einer Bibel herumlaufen. Als ich ihm am Abend des 27. April mitteilte, daß die Forderungen der Reichswehr von allen Mächten, mit Ausnahme Frankreichs, hundertprozentig angenommen seien, hörte er kaum zu. Ich merkte, daß ihn das im Grund überhaupt nicht interessierte. Seine Augen verrieten mir, daß er an Autarkie und gewaltsame Aufrüstung ohne internationale Verhandlungen dachte.

Gerade weil ich mir klar sein mußte, daß meine wirtschaftspolitischen Überlegungen von dieser Seite fortschreitend immer stärker gefährdet sein würden, mußte ich mich neben Mussolini nach einer Persönlichkeit umsehen, die auch auf Frankreich großen Einfluß hatte, um so großzügige und planvolle wirtschaftliche und politische Lösungen aufgreifen und zu einem schnellen Abschluß bringen zu können. In der einzigen Stunde, in der ich täglich allein war, prüfte ich diese Möglichkeit. Mir kam der Gedanke an den König Albert von Belgien als den Einberufer einer großen Abschlußkonferenz, in der all diese Fragen zu einem guten Ergebnis geführt werden sollten. Es war ein merkwürdiger Zufall, daß einige Tage später Bücher und Dannie Heinemann zu mir kamen und fragten, ob ich keine Verbindung zu König Albert aufnehmen wolle.

Nichts konnte mir erwünschter sein. So wurden die ersten Fühler ausgestreckt und Überlegungen über ein Gesamtprogramm angestellt: schrittweise Rüstungsangleichung mit dem Ziele einer Gesamtabrüstung, Revision der Ostgrenzen, Streichung der Reparationen plus nochmaliger großer internationaler Anleihe für Deutschland zur Lösung aus den Fesseln der Devisenzwangswirtschaft und zur Ermöglichung einer 20%igen Abwertung der Mark, internationale Verständigung zum schrittweisen Abbau aller Hochschutzzölle. Nach wiederholter Fühlungnahme mit König Albert wurde ein solches Programm in zwölf Punkten niedergelegt und Anfang Februar unter Wahrung strengsten Geheimnisses dem König unterbreitet. Ohne sich auf Einzelheiten festzulegen, war der König bereit, die Initiative zu ergreifen und einen großen Appell an die Welt zu richten, eben in der Zeit, wo ich gestürzt wurde.

Nach dem taktischen Siege Lavals in Washington in der Reparationsfrage war die Aufgabe des Tages, zunächst durch freundliche und vorsichtige Verhandlungen in Wirtschaftsfragen in Frankreich größeres Verständnis zu schaffen. Erst nach Erreichung dieses Zieles konnten die Manöver mit Erfolg angesetzt werden, die Reparationsfrage wieder aus der Verzahnung der Genfer Maschinerie herauszulösen. Diesem Ziele sollten die deutsch-französischen Verhandlungen im Wirtschaftskomitee dienen. Am 3. November wurde die erste Sitzung in Berlin eröffnet. Um eine praktische Arbeit zu ermöglichen, sollten die Besprechungen von vornherein in vier Unterkommissionen erfolgen, so daß man an langatmigen, theoretischen Aussprachen vorbeikam. Ein bedeutendes sachliches Ergebnis konnte man sich kaum versprechen, aber die dauernde Fühlungnahme zwischen deutschen und französischen Vertretern gab die Möglichkeit, falls die deutschen Vertreter auf der von uns vorgeschlagenen sachlichen Linie blieben, eine sehr große Zahl einflußreicher französischer Wirtschaftsführer schrittweise für ein Verständnis der deutschen Politik zu gewinnen.

Inzwischen mußte die Vorbereitung der Reparationslösung betrieben werden. Taktisch mußten wir uns so benehmen, daß die andern Reparationsmächte zu einer Initiative drängten, wodurch wir bei zögerndem Verhalten den für uns denkbar besten Start wählen konnten. Ich hoffte auch, daß es Grandi durch dieses Zögern gelingen würde, bis zu seinem Besuch in Washington Hoover wieder zu einer stärkeren Initiative zu bewegen und den taktischen Vorteil Lavals abzuschwächen. Grandi hatte mir in Berlin versprochen, in diesem Sinne in Washington tätig zu sein.

Am 4. November fand eine Unterhaltung Laval–Hoesch statt, in der Laval über seine Vereinbarungen in Washington informierte und die Dringlichkeit der Berufung des beratenden Sonderausschusses betonte. Eine Woche später hielt er in der Kammer eine Rede über seine Gespräche mit mir, die zwar sehr freundlich für mich war, aber deswegen einen Teil der Kammer nicht befriedigte. Hoesch hatte am Tag vorher ein eingehendes Memorandum für weitere Verhandlungen von uns bekommen. Da Bülow am 14. November zur Teilnahme an den Völkerbundsverhandlungen nach Genf fahren mußte, ergab sich die Möglichkeit, da er als einziger meine Absichten genau kannte, persönlich die Diskussion über das Memorandum in meinem Sinn zu beeinflussen. Am 20. November, eine Woche, nachdem Baldwin im Unterhaus rasche Maßnahmen zur Regelung der Reparationen und privaten Schulden verlangte – was nur durch deutsch-französische Beziehungen erreicht werden konnte –, wurde unser Memorandum veröffentlicht, das die Begründung der Einberufung des beratenden Sonderausschusses bei der Bank für Internationale Zahlungen darstellen sollte.

Die Aufnahme des Memorandums war in England günstig. Die „Times" schrieb nach Eintreffen des Schriftstückes, daß für Deutschland auch die Zahlung der ungeschützten Annuität nicht tragbar sei, da Deutschland nur so lange Reparationen zu zahlen imstande gewesen sei, als es Auslandskapital erhielt. Am nächsten Tage trübte sich die Lage, da Laval eine Rede in der Kammer hielt, die für uns in jeder Beziehung unangenehm war, wenn man auch berücksichtigen mußte, daß die Stellung Lavals im Senat und in der Kammer bereits schwach geworden war. Er kam gänzlich auf den starren Standpunkt der vergangenen Monate zurück. Er erklärte: „Wir nehmen ein neues Arrangement nur für die Periode der wirtschaftlichen Depression an. Wir lassen uns auf eine Reduktion nur in dem Maße ein, als unsere eigene Schuld reduziert wird. Wir können auf die ungeschützte Jahreszahlung nicht verzichten und werden eine Priorität der privaten Schulden vor den Reparationsschulden nicht anerkennen. Es besteht jetzt eine tatsächliche Verbindung zwischen Reparationen und interalliierten Schulden. Das gehe aus dem Hoover-Plan und gemeinsamen Besprechungen in Washington hervor. Das Memorandum Deutschlands an die B. I. Z. ist hierin sehr klar. Die Regelung der Frage der Kurzkredite wird zwischen Privatgläubigern und Privatschuldnern geschehen. Es ist möglich, eine Lösung zu finden in den Milliardenguthaben Deutschlands im Ausland. Die Privatschulden können auf den Konferenzen nicht zum Gegenstand der Debatten werden. Aber die Sachverständigen müssen sie in Rechnung ziehen vom Standpunkt der allgemeinen Zahlungsfähigkeit Deutschlands aus."

Noch schärfer war Flandin, der auf Angriffe Léon Blums erklärte, daß Deutschland doch nicht gerettet wäre, wenn Frankreich das Hoover-Moratorium diskussionslos angenommen hätte. Vor allem habe Dr. Schacht den Mund halten sollen. Er sei es, der mit seiner Kampagne den

Kredit Deutschlands zerstöre. Er habe zuerst gesagt, Deutschland sei bankrott und seine Währung sei verloren. Die französische Regierung habe als erste internationale Stützungs- und Sanierungsaktionen vorgeschlagen. Es sei nicht ihre Schuld, wenn Deutschland die hierzu erforderlichen Garantien verweigert habe. Schärfer konnte der starre französische Standpunkt nicht formuliert werden. Man war ungefähr wieder da, wo man im Juli gestanden hatte.

Noch gefährlicher war es für uns, daß Flandin am 1. Dezember wieder nach London reiste, um England für die französische These zu gewinnen. Er war außer Briand derjenige der französischen Staatsmänner, der durch sein Äußeres und seine sehr guten Beziehungen den größten Einfluß ausüben konnte. Mit großer Sorge verfolgte ich diese Reise, da unser Hauptvertreter, Constantin von Neurath, Herrn Flandin in keiner Weise gewachsen war. Nach Rückkehr Flandins richtete die französische Regierung an die interessierten Regierungen eine Zirkularnote, die die in der Kammerrede Lavals festgelegten Auffassungen nochmals betonte, aber zum Schluß doch etwas mehr Verständnis für die Gesamtlage Deutschlands zeigte.

Es war eine große Erleichterung für mich, daß ich am 30. November mehrere Stunden Zeit hatte, um mit Sir Walter Layton die ganzen Fragen durchzusprechen. Am Abend wurden dazu Luther, Melchior und Bülow geladen. Wir blieben bis ein Uhr zusammen. Mein Eindruck war, daß Layton nicht mehr dieselbe Auffassung hatte wie im August und September. Wir hatten ihn nicht überzeugen können, daß es der Reichsbahn unmöglich sei, nach einiger Zeit ihren Teil der Reparationszahlungen wieder aufzunehmen. England war stärker interessiert an einer glatten Lösung und wieder einmal durch Frankreich stark beeinflußt. Nur gut, daß ich das Pulver trocken gehalten hatte und die im Prinzip seit zwei Monaten fertige Notverordnung für den letzten Augenblick aufsparen konnte. Die Überlegung, daß sie erst einen Tag nach dem Zusammentritt des beratenden Ausschusses der B. I. Z. verkündet werden dürfe, erwies sich trotz einiger Ohnmachtsanfälle in Basel auch in der weiteren Folge als richtig. Sie zeigte England, daß wir trotz seines Übergangs zum Hochschutzzoll und gleichzeitiger Pfundentwertung ein gefährlicher Konkurrent bleiben würden, solange die Reparationen bestanden. Die Deutschlandreise von Sprague am 5. Januar und von Leith Ross am 15. Januar lieferten dafür den endgültigen Beweis.

Während nach außen hin der alte französische Standpunkt in der Reparationsfrage von der französischen Regierung auf das schärfste gewahrt wurde, wurde, entsprechend den Vereinbarungen, die zwischen Laval und mir getroffen waren, ein persönlich herzliches Verhältnis aufrechterhalten. Eine neue Form der Diplomatie entwickelte sich. Bis zum Sturz der Regierung Laval hatten wir zweimal längere Telephongespräche zwischen Berlin und Paris. Diese Form hat zweifelsohne große Vorteile, da sie verhindert, daß durch den juristisch strengen Wortlaut von Noten verschiedenartige Auffassungen sich unüberbrückbar gegenüberstehen. Auf der andern Seite war sie bei den Botschaftern beider Länder unbeliebt. Es ist sehr schwer, normale Verhandlungen zu führen, wenn sie nicht jeden Augenblick durch die Hände der Botschafter gehen. Noch schwieriger wurde es, wenn, wie am 6. November, Laval anrief, nachdem am 4. eine längere Aussprache mit Hoesch stattgefunden hatte, über die wir erst einen kurzen chiffrierten Bericht hatten. Es bestand die Gefahr, daß sich bei der telephonischen Unterhaltung unwillkürlich eine Diskrepanz, wenigstens in Nuancen, zwischen Hoesch und mir ergeben könnte. Außerdem erfordern derartige telephonische Besprechungen von langer Dauer äußerste Konzentration, ohne gleichzeitig den Wert persönlicher Aussprache unter vier Augen zu haben, weil die ständige Selbstkontrolle der Gedanken am Telephon nicht so stark sein kann, als wenn man sich gegenübersitzt.

Ich hatte Bülow hinzugezogen, um an seinem Gesicht abzulesen, ob er irgendwelche Bedenken gegen irgendeine meiner Ausführungen hätte. Wenn ich auch bei Bülow erlebt habe, daß ein einziger Blick genügte, um zur Vorsicht zu mahnen oder um Übereinstimmung festzustellen, so hatte er doch Schwierigkeiten bei der kritischen Verfolgung und schriftlichen Fixierung des Gespräches, weil er nur an einem Nebenhörer die Äußerungen Lavals verfolgen konnte. Das nächste Mal wurde dem durch einen Lautsprecher abgeholfen, so daß eine Sekretärin mitstenographieren konnte.

Diese Methode hat sich auch während der Beratungen des Sonderausschusses in Basel außerordentlich gut bewährt. Die deutschen Mitglieder kamen mehrere Male nach Lörrach, wo ebenfalls eine solche Einrichtung aufgestellt war. In der Reichskanzlei versammelten sich dann die fünf oder sechs Herren, die für die Entscheidung in den Reparationsfragen maßgebend waren. Sie konnten das Gespräch Wort für Wort verfolgen, während ich an ihren Blicken ablas, wie sie im einzelnen eingestellt waren. Das gleiche war für die Herren in Lörrach möglich.

Im gleichen Zeitraum mußte die Abrüstungsfrage vorgetrieben werden. Ich erreichte die Zustimmung der Reichswehr für ein Schreiben an den

Völkerbund, in dem wir uns am 2. November bereit erklärten, einem Rüstungsfeierjahr zuzustimmen unter der Voraussetzung, daß auch die übrigen Mächte ein Gleiches täten. In diesem Schreiben wurde unsere Forderung zur Abrüstung der hochgerüsteten Staaten auf das stärkste betont und als Voraussetzung für unsere Zustimmung die Anerkennung des Grundgedankens der Gleichberechtigung und des gleichen Rechtes auf nationale Sicherheit für alle Signatarstaaten proklamiert. Psychologisch und taktisch proklamierten wir damit die Forderung absoluter Gleichberechtigung in der Hülle stärkster Abrüstungsforderung. Es war eine Kombination, gegen die niemand auch nur das leiseste Wort hätte vorbringen können.

Diese außenpolitischen Vorgänge erregten im Inland kein starkes Interesse. Die Zeit war politisch und wirtschaftlich mit Hochspannung geladen. Die volle Tragweite der wirtschaftlichen Entwicklung und der Bankenkrise begann sich erst jetzt für jeden Einzelnen fühlbar zu machen. Die Krise wurde verstärkt durch die Politik der Banken, die sich weiter in alten Gleisen bewegten. Sie standen ratlos da, was die Großschuldner anging, während sie rücksichtslos die Kredite für die mittleren und kleinen Schuldner abdrosselten. Die Zahl der Konkurse stieg gewaltig. Die Arbeitslosigkeit wuchs von Woche zu Woche, wenn sie auch immerhin noch 10 % unter dem von uns befürchteten Maximum blieb.

Es war der Presse nicht beizubringen, daß sie in der Aufmachung der Arbeitslosenziffern zu differenzieren habe zwischen der Wirkung auf Ausland und Inland. Im Interesse unserer Reparationspolitik mußten wir möglichst hohe Ziffern publizieren. Zu diesem Ziele gaben wir die Zahl der Arbeitssuchenden bei den Arbeitsämtern an, die höher sein mußte als die Zahl der nicht in Arbeit befindlichen wirklichen Arbeitnehmer. Eine große Anzahl von Existenzen des zusammengebrochenen Mittelstandes, nachgeborene Söhne und Töchter von Bauern und Kinder der durch die Gehaltskürzungen getroffenen Familien versuchten für sich oder ihre Familien ein Einkommen zu schaffen oder zu erhöhen, indem sie sich um Arbeit bemühten, die sie sonst nicht angenommen haben würden. Diese Ziffern sollten in Blättern wie „Berliner Tageblatt" und „Frankfurter Zeitung", die in der ganzen Welt gelesen wurden, groß aufgemacht gebracht werden, während für das Inland in der übrigen Presse nur die Zahl der unterstützten Arbeitslosen angegeben werden sollte. Mit diesen Versuchen scheiterten wir. Bei einigen Herren der Presse versuchte ich selber den fundamentalen Unterschied zwischen beiden Formen der Statistik klarzumachen. Es war fast allgemein ergebnislos. Blätter wie

„Morgenpost" und „Generalanzeiger" liebten es, die Nerven ihrer Leser durch die höheren Ziffern der Arbeitssuchenden aufzupeitschen, ohne sich zu überlegen, daß sie dadurch den radikalen Parteien Wasser auf die Mühlen leiteten. Dieselbe Presse gefiel sich im umgekehrten Extrem seit Juli 1932, nach Abschluß der Reparationsverhandlungen, als die Regierung nunmehr mit vollem Recht nur noch die Ziffern der unterstützten Arbeitslosen veröffentlichte. Das führte im Sommer und Herbst 1932 dazu, daß an die Stelle eines übertriebenen Pessimismus ein übertriebener Optimismus trat. Damals studierten die Nazis die psychologische Wirkung der Handhabe der Statistiken und erkannten, wie man für längere Zeit ein Volk mit einem Manipulieren der Statistik, wenn man keine Rücksicht mehr auf die Außenpolitik zu nehmen braucht, in einen sinnlosen Optimismus hineintreiben kann.

In der Industrie wechselten Optimismus und Pessimismus wie immer wellenmäßig. Als die englische Regierung sich zur Einführung von Hochschutzzöllen entschloß, aber noch zwei Monate Frist gab für die zollfreie Einfuhr vorher bestellter Waren und infolgedessen unser Export nach England gewaltig stieg, waren Leute wie Vögler von einem grenzenlosen Optimismus, ohne sich darüber klarzuwerden, daß nach einem Vierteljahr ein starker Rückschlag eintreten müsse.

SANIERUNGEN

Wenige Tage nach Abschluß der Reichstagsverhandlungen hatte ich mit Pferdmenges überlegt, für eine Woche nach dem Westen zu fahren und gleichzeitig mit den Führern der westlichen Industrie persönliche Besprechungen abzuhalten. Sie sollten in seinem Hause stattfinden. Ich hatte dafür in Aussicht genommten Otto Wolff, Silverberg, Vögler, Flick, Springorum. Mir machte die Lage der rheinisch-westfälischen Schwerindustrie ernstlich Sorge. Eine Rettungsaktion für die gesamte Schwerindustrie, die kein anderes Mittel für ihre eigene Rettung sah, als immer weiter die Löhne zu senken, bzw. einen gewaltsamen Umschwung mit nachfolgender Inflation durch starke finanzielle Unterstützung der NSDAP herbeizuführen, erschien dringend geboten.

Otto Wolff, Flick und Springorum sahen die Lage klar. Vögler war angesichts des starken Exports nach England und der Vorversorgung anderer Länder wieder einmal optimistisch. So kam bei den Besprechungen mit ihm nichts heraus. Nicht einmal die vereinbarte genaue Aufstellung der Zinslasten der großen Werke konnte ich trotz wiederholten Mahnens von den Herren erhalten, obwohl ich ihnen in Aussicht stellte, daß die Reichsregierung bereit sei, vorübergehend einzuspringen und eine starke Senkung der Zinslasten herbeizuführen. In den Unterhaltungen dieser Tage setzte sich in mir der Entschluß fest, an eine gewaltsame Zergliederung der großen Konzerne im Rheinland und in Westfalen heranzugehen. Als ich diesen Gedanken vorsichtig andeutete, konnte ich nur eine gewisse Unterstützung bei Flick und Otto Wolff finden. Vögler hat seit der Zeit Sabotage getrieben.

Sein Gedanke, wie bei all denen, die mit Hugenberg und Schacht konspirierten, war ein einfacher: Durch Inflation Senkung der inneren Schulden und durch Einstellung der Zinszahlung nach außen praktische Streichung der Auslandsschulden. Das war, was sich hinter dem Geschrei: „Es muß anders werden!" in Wirklichkeit verbarg. Deshalb wurde Geld hinausgeworfen für die Rechtsparteien, um eine Regierung zu schaffen, die beides durchführen und gleichzeitig die Arbeiter völlig entrechten sollte. Daß man die Löhne nicht über ein gewisses Maß hinaus senken konnte, ohne die Kaufkraft soweit zu hindern, daß eine neue Krise die Folge sein mußte, erkannten wohl Otto Wolff, Silverberg, Springorum und Flick, aber nicht die übrigen. Der ganze Versuch dieser Verhandlungen, der der Auftakt zu den Beratungen des Wirtschaftsbeirats sein sollte, scheiterte völlig. Vielleicht hat dazu beigetragen, daß die Form der Verhandlungen durch das eigenmächtige Dazwischentreten des später gescheiterten Bankdirektors Brüning, der die Besprechungen, ohne mein Wissen, aus Pferdmenges' in sein Haus verlegt hatte, nicht so war, wie ich es erwartet hatte. Ich fühlte mich gedrückt durch diese Eigenmächtigkeit, außerdem fehlte dadurch bis zu einem gewissen Grade der persönliche Einfluß von Pferdmenges, der als Gastgeber vielleicht eine freiere Aussprache ermöglicht hätte, da er wenigstens die konfessionellen Vorurteile einiger Herren hätte mildern können.

Eine Insolvenz bedenklicher Art kam durch den Zusammenbruch der Berliner Bank für Handel und Grundbesitz, an deren Spitze der zur Wirtschaftspartei gehörende preußische Abgeordnete Ladendorff stand. Dieser Zusammenbruch brachte nicht nur einen großen Teil des Berliner Mittelstandes ins Unglück. Er erschütterte auch die Wirtschaftspartei. Schon im Oktober hatte das Reich zur Überwindung der Liquiditätsschwierigkeiten der Bank über die Dresdner Bank drei Millionen Mark gegen

Sicherheiten zur Verfügung gestellt. Allmählich aber wurden uns so bedenkliche Dinge über die Leitung der Bank bekannt, daß an eine weitere Hilfe nicht mehr zu denken war, obwohl einige Herren der Wirtschaftspartei mit dem Sturz der Regierung drohten und die sofortige Einberufung des Reichstages verlangten. Ich war entschlossen, es diesmal auf eine Kraftprobe mit der Wirtschaftspartei ankommen zu lassen. Ich ließ einige absolut einwandfreie Herren der Partei kommen und teilte ihnen Einzelheiten eines vom Bankenkommissar eingeforderten Berichtes über die Lage der Bank mit. Die Herren sahen ohne weiteres ein, daß, wenn ich gezwungen würde, im Reichstage von diesem Bericht Gebrauch zu machen, es um die Wirtschaftspartei geschehen wäre.

Am Abend vorher hatte ich den Bankenkommissar kommen lassen, um ihn um die Verhaftung des Leiters der Bank, Seiffert, zu bitten. Ich wollte schon vor der Besprechung mit den Herren der Wirtschaftspartei die Verhaftung vollzogen haben. Der Bankenkommissar wandte sich an den Ersten Staatsanwalt zwecks Verhaftung von Seiffert. Aus niemals aufgeklärten Gründen verzögerte der Staatsanwalt die Verhaftung, so daß Seiffert ins Ausland fliehen konnte. Ich erwähne diesen Fall, um zu zeigen wie weit damals schon ein Teil der richterlichen Beamten in seiner Pflichtauffassung erschüttert war. Nach der Machtergreifung durch die Nazis hat derselbe Typ absolut unschuldige Menschen gequält und versucht, sie körperlich zu ruinieren, nachdem ihnen mit dem besten Willen nichts anzuhaben war.

Eine weitere Probe von der gesunkenen Moral bei leitenden Persönlichkeiten der Wirtschaft erhielten wir im Laufe dieser und der nachfolgenden Wochen durch den Barmer Bankverein. Im September war der Bankdirektor Brüning aus Köln wiederholt bei Dietrich und mir vorstellig geworden mit vertraulichen Mitteilungen über den wirklichen Status des Barmer Bankvereins, den mitzuteilen er angeblich von den Herren Marx und Bandel, den Direktoren dieser Bank, beauftragt war. Wir erkundigten uns vorsichtig bei der Reichsbank und erhielten die Antwort, die Bank sei erstklassig. Als der Mittelsmann der Direktoren des Barmer Bankverein aber mit Zahlen über immer größere Verluste kam, lud Dietrich die Herren zu sich und ließ sich den Status von ihnen vertraulich vorlegen. Dabei stellte sich heraus, daß die Bank, ebenso wie die anderen Großbanken, in Wirklichkeit völlig bankrott war. Die Leiter der Bank waren aber weniger nervöse Leute als die Berliner Bankdirektoren und hatten während der Bankenkrise, was ihre eigene Bank anging, überall einen robusten Optimismus zur Schau getragen. Das hatte die Wirkung, daß sie an Depositen viel weniger verloren als die übrigen Großbanken. Die Industrie im Westen wurde dadurch in ihrem Glauben an die absolute Solidität der Bank noch weiter bestärkt.

Jetzt kam eine schwere Aufgabe für die Regierung. Irgendein neuer öffentlicher Bankenkrach mußte unter allen Umständen vermieden werden, weil er einen neuen Abfluß von Depositen und Spareinlagen zur Folge gehabt haben würde. Zwar ging der Auszahlungsüberschuß bei den Sparkassen von 311 Millionen Höchststand im August auf 199 Millionen im November zurück, aber die Nervosität über die kleineren Bankenzusammenbrüche im November brachte den Auszahlungsüberschuß im Dezember wieder auf 231 Millionen. Aus diesem Grunde mußten wir alle noch kommenden Bankenzusammenbrüche vermeiden bzw. im stillen erledigen. Diese Methode bewährte sich. Im Januar 1932 sank der Auszahlungsüberschuß bei den Sparkassen schon auf 108 Millionen. Aus diesem Grund kamen Dietrich und ich überein, den Barmer Bankverein bei der endgültigen Regelung des Bankenwesens auf die Commerzbank zu übernehmen und der Commerzbank über die Akzept- und Garantiebank entsprechend höhere Ausfallkredite zu geben. Dafür kamen die Herren Bandel und Marx in den Vorstand der Commerzbank. Wir mußten diese Regelung der Personalien vornehmen, um nach außen hin den Eindruck zu erwecken, daß die Übernahme des Barmer Bankvereins und ihrer leitenden Persönlichkeiten auf die Commerzbank eine Stärkung der letzteren sei. Für mich brachte diese Lösung für einige Wochen größte Unannehmlichkeiten und Spannungen.

Als die Fusion beschlossen war, machten sowohl Bandel und Marx wie der Bankdirektor Brüning aus Köln heftige Vorstöße, um auch Bankdirektor Brüning in den Vorstand der erweiterten Commerzbank hineinzubringen. Letzterer hatte es verstanden, Kaas, Adenauer und andere einflußreiche Zentrumsleute aufzubringen, die mir Vorwürfe machten, daß ich bei der ganzen Umbesetzung keinen einzigen Katholiken gefördert habe, sondern nur Deutschnationale und Demokraten. Dieser fast täglich angesetzte Druck führte vorübergehend zu starken Verstimmungen zwischen Kaas und mir. Ich lehnte alle diese Zumutungen schon aus prinzipiellen Gründen ab. Ich traute auch dem Bankdirektor Brüning nicht die Fähigkeit zu.

In meinem Innern stieg gegen Brüning ein nicht im einzelnen zu begründender Verdacht auf, der auf seinem merkwürdigen Verhalten in der Angelegenheit der Görreshausdruckerei basierte. Von gleicher Seite wie im vorerwähnten Fall wurde ich wochenlang fast täglich gedrängt, dieser Gesellschaft eine Subvention zu geben. Selbst an den schwersten und entscheidungsvollsten Tagen ließ man mich mit diesem Drängen nicht in Ruhe. Man machte mir die bittersten Vorwürfe, daß ich zur Rettung des Vermögens des Herrn von Papen 1930 eine Hilfsaktion für die „Germania" durchgesetzt habe, während ich mich jetzt ablehnend verhielte, obwohl Kaas der Vorsitzende des Aufsichtsrates der „Kölnischen Volkszeitung" sei. Kaas selbst drohte, den Vorsitz niederzulegen, falls ich nicht einspränge. Erst bei einem persönlichen Besuch Weihnachten in Trier gelang es mir, die Spannung zwischen uns beiden zu mildern. Ganz beigelegt wurde sie nie mehr.

Dabei hatte ich erklärt, daß ich in Übereinstimmung mit Dietrich bereit wäre, mit 600 000 RM Reichsmitteln einzuspringen, falls dafür entsprechende, noch unbelastete Vermögenswerte übereignet würden und falls vorher noch eine Zusammenlegung des Aktienkapitals erfolge. Diese Zusammenlegung suchte Brüning mit allen Mitteln zu hintertreiben. Eigentlich war nur die Görresdruckerei notleidend, nicht die Verlagsgesellschaft der Zeitung. Aus diesem Grund kaufte das Reich 600 000 RM noch nicht begebener Aktien der „Kölnischen Volkszeitung", für die es im Jahre 1934 bei der endgültigen Sanierung der Angelegenheit den vollen Wert zurückbekommen hat. Brüning erklärte aber schon im Februar 1932, daß diese 600 000 RM bereits wieder verbraucht seien. Nun drängten er und seine Freunde auf Gewährung neuer Mittel. Ich stellte die Bedingung, daß vorher die Aktienzusammenlegung der Görresgesellschaft erfolge. Das lehnte er ab. Jetzt setzte ein ungeheurer Druck auf Dietrich und mich ein. Kaas wurde kühl und distanzierte sich mehr und mehr. Schon kamen Nachrichten, daß er sich sehr häufig mit Papen in Wallerfangen träfe, was angesichts der Reden Papens in der Öffentlichkeit nicht nur mir auffiel.

Für mich stand fest, daß irgend etwas bei der Görreshausgesellschaft nicht in Ordnung sei, und man sich daher weigere, an die Zusammenlegung heranzugehen. Daher verlangte ich die Untersuchung der Lage durch eine staatliche Treuhandgesellschaft. Auch das wurde mit allen möglichen Ausreden verhindert. Ich einigte mich mit Dietrich auf eine äußerlich freundliche Haltung gegenüber diesem Druck, um eine Krise der Regierung aus der eigenen Partei heraus zu verhindern. Unter vier Augen hatte ich ihm gesagt, er solle unter keinen Umständen neue Mittel zur Verfügung stellen, bevor nicht der Revisionsbericht einer Treuhandgesellschaft vorläge und die Zusammenlegung des Aktienkapitals erfolgt sei. Wir blieben darin fest, zu unserm Glück. Als meine schwierige Lage

am Tage vor meiner Demission noch einmal ausgenützt werden sollte, um
eine sofortige Gewährung von Reichsmitteln durchzusetzen, hat sich
Kaas, wie ich zu meiner inneren Genugtuung feststellen konnte, an
solchen Machenschaften nicht beteiligt, sondern im Gegenteil sie abgelehnt.

Später, als Papen Kanzler war und in Lausanne verhandelte, fuhr ich
nach Köln, um zu versuchen, die Angelegenheit der „Kölnischen Volkszeitung" in Ordnung zu bringen. Vier Tage lang bemühte ich mich,
durch Befragen Aufklärung zu schaffen. Das war ergebnislos. Ich war sehr
behindert durch die Tatsache, daß Kaas als Vorsitzender des Aufsichtsrats selbst die Lage des Unternehmens und den Umfang der finanziellen
Verpflichtungen nicht erkannt hatte. So hatte ich keinen Fingerzeig, wie
eine Prüfung am besten anzusetzen wäre. Mühsam gelang es, von Woche
zu Woche von Privaten die Gelder zusammenzubringen, um die Löhne
auszuzahlen und den Konkurs zu vermeiden. Dabei war die Redaktion
über die wirkliche Lage nicht aufgeklärt. Sie brachte infolgedessen
Mitteilungen ihres Korrespondenten aus Lausanne, die die Papenschen
Verhandlungen aufs schärfste kritisierten. Ich gab den Rat, nicht zu
scharf zu sein, oder die Kritik, mit der sie ja nicht allein standen, in der
Form von Zitaten aus anderen Blättern zu bringen. Papen ließ die Kritik
anderer Blätter unbeachtet. Die „Kölnische Volkszeitung" verbot er für
mehrere Tage. Wenn es sich wiederholt hätte, wäre das ein schwerer
Schlag für die Zeitung geworden.

Im Februar 1933, als ich wahrlich genug andere Sorgen hatte, wurde das
Problem der „Kölnischen Volkszeitung" wieder akut. Die drei Geschäftsführer und Bankdirektor Brüning wurden verhaftet. Es stellte sich heraus,
daß die Vorstandsmitglieder – außer Justizrat Mönnig vom Ehrenrat,
dem höchstens Leichtgläubigkeit vorzuwerfen war – mich noch bei einer
scharfen Auseinandersetzung im Dezember in Gegenwart des Reichs-
anwaltes hinters Licht geführt hatten. In einer Besprechung mit Goetz von
der Commerzbank erfuhr ich zu meinem Entsetzen, daß Kaas nicht nur
als Vorsitzender des Aufsichtsrats formal für gewisse Vorgänge verantwortlich war, sondern daß er, ohne sich der Tragweite seiner Unterschrift
bewußt zu werden, die Geschäftsführung der „Kölnischen Volkszeitung"
übernommen hatte. Es genügte, daß die Nazis dies erfuhren, um ihn in
der Politik noch mehr unter Druck zu setzen. Ich habe tagelang versucht,
die Sache in seinem Interesse wieder in Ordnung zu bringen. Schließlich
mußten über 200 000 RM aus Mitteln der Zentrumspartei für Schulden
der „Kölnischen Volkszeitung" gegeben werden.

Allmählich wußten Dietrich und ich tatsächlich nicht mehr, wem wir überhaupt noch trauen konnten. In den beiden letzten Monaten 1931 gestanden die Leiter der großen Warenhäuser, daß sie zum mindesten illiquide seien. Als sich Dietrich die Zahlen verschafft hatte, kam er eines Abends zu mir zu einer der schwersten aller schweren Besprechungen, die ich mit ihm in den 26 Monaten gehabt habe. Wir waren beide keine Freunde der Warenhäuser, waren uns aber darüber klar, daß, wenn wir nicht einspringen würden, wenige Monate nach der vorläufigen Bankensanierung eine neue Bankenkrise ausbrechen würde. Das bedeutete den Zusammenbruch. Der Entschluß, gegen Willen und Neigung auch hier einzuspringen, wurde uns sehr schwer. Ich entsinne mich dieser Nacht noch sehr genau, wie wir uns in der Bibliothek eine Stunde schweigend gegenüber saßen. Dann erklärte ich ihm: „Machen Sie es, es gibt keinen anderen Ausweg." Für uns beide war es allerdings später eine Genugtuung, daß 1933 Schacht und Hitler trotz jahrzehntelanger Agitation gegen die Warenhäuser noch einmal dasselbe machen mußten.

Bis zum April 1932 wiederholten sich für Dietrich und mich bittere Erfahrungen dieser Art in steigendem Maße. Flick bot seinen ganzen Besitz bei Gelsenkirchen dem Reich an. Mitte Mai erschien Otto Wolff bei mir und sagte, wenn ich nicht Dietrich veranlassen könne, ihm binnen 24 Stunden 5 Millionen Mark zu geben, sei er am Ende. Dazwischen kamen fast täglich ähnliche Enthüllungen größten Umfanges. Ich entschloß mich, mit Dietrich allein die Verantwortung zu übernehmen, Flick und später Otto Wolff aufzukaufen, um dann vom Reich her eine völlige Sanierung und Dezentralisation der rheinisch-westfälischen Industrie vorzunehmen. Dabei wollten wir einen großen Teil der Fertigproduktion der Vereinigten Stahlwerke abnehmen und sie der Kleinindustrie im Hagener Metallbezirk wieder zuführen. Wir hofften dadurch einen tüchtigen, selbständigen und besonders für den Export wichtigen Fabrikantenstand wieder aufzurichten, der nicht durch eigene Schuld, sondern lediglich durch die Politik der Großbanken und durch die mit Hilfe ausländischer Anleihen durchgeführten Expansion der Großindustrie entweder aufgekauft oder um seinen Absatz gebracht worden war. Bei unserem Sturz waren die vorbereitenden Maßnahmen, auch die Auswahl der Persönlichkeiten, die diese Dinge durchzuführen hatten, vollkommen abgeschlossen.

Ebenso lagen unsere Pläne bezüglich der großen Schiffahrtskonzerne vor. Eine einzige Frage war noch nicht restlos gelöst. Sie betraf die ostoberschlesische Schwerindustrie. Hier vertrat Dietrich den kühnen Stand-

punkt, diese Industrie völlig versacken zu lassen, ihre finanziellen Schwierigkeiten und ihre Überproduktion den Polen aufzuladen, dagegen den
deutschen Teil dieser Industrie mit Reichsmitteln zu sanieren und ihn
durch Abstoßung des polnisch gewordenen Teils dauernd und natürlich
lebensfähig zu machen. Es handelte sich vor allem um die Familien Pleß
und Ballestrem. Bei Pleß fanden wir eine Lösung nicht so radikaler Art.
Für Ballestrem erreichte ich die Zustimmung von Dietrich, ihnen nochmals eine Reichshilfe von 56 Millionen Mark zu geben. Diese Entscheidung wurde wenige Tage vor unserem Sturz getroffen.

Mehr als während der Bankenkrise eröffnete sich uns in den nachfolgenden Monaten ein Abgrund der Korruption und des Leichtsinns in der
Wirtschaft, der nicht nur jede Phantasie überstieg, sondern allmählich bei
allen Kabinettsmitgliedern eine gewisse Wandlung im Temperament und
in der Arbeitsfreudigkeit hervorrief. Wenn ein Vertreter oder Inhaber
eines großen Unternehmens sich ansagen ließ, waren wir schon darauf
gefaßt, daß uns zögernd neue Enthüllungen dieser Art bevorstanden.
Dabei wurden wir in sehr vielen Fällen mit einer Kaltblütigkeit belogen,
die in uns unwillkürlich eine gewisse Menschenverachtung aufkommen
ließ. Selbst Schlange und Treviranus, die stets munter und optimistisch
waren, erklärten wiederholt bei solchen Gelegenheiten: „Es ist besser, aus
einem solchen Korruptionslande auszuwandern und andern die Sorge zu
überlassen." Völlig verstehen konnte ich die Psyche mancher der in Frage
kommenden Persönlichkeiten nicht. Kaum waren sie mit unendlicher
Mühe saniert, als neue Mißwirtschaft begann und kein Versprechen
eingehalten wurde. Das galt namentlich für die schlesischen Magnaten,
die zum Teil aus einem falschen Treugefühl sich nicht von ihren
Generaldirektoren trennen konnten, die sie in den letzten zehn Jahren
ruiniert hatten. Schließlich mußten wir, wenigstens bei den paar anstän-
digen Charakteren, so weit gehen, um sie vor einem völligen Zusammenbruch zu retten, daß wir ihren Direktoren auch noch Staatsstellen
verschafften, um sie auf diese Weise von ihnen zu befreien. Manche
benutzten einen Teil der für ihre Sanierung gebrauchten Gelder alsbald,
um die radikale Agitation gegen die Regierung zu finanzieren, oder
warfen das Geld leichtsinnig wieder hinaus.

Ein Fall ist mir dabei besonders in Erinnerung. Es handelt sich um einen
Grafen in Schlesien. Äußerlich hatte er stets zur Zentrumspartei gehört.
Perlitius bemühte sich stark für seine Sanierung. Bei Durchprüfung der
Lage des Grafen kam Treviranus der Verdacht, daß ein Teil der
Schulden ausschließlich durch Spielen entstanden war. Da das ein

überaus häufiger Fall war, drückten wir ein Auge zu. Kaum saniert kaufte sich der Graf einen Mercedes, fuhr zur Riviera und verspielte in drei Monaten alles, was ihm als Barüberschuß der Sanierung übriggeblieben war. Er war der erste oberschlesische Großgrundbesitzer, der nach der Umwälzung die Hakenkreuzfahne aufzog. Nie ist ihm von der neuen Regierung wegen der gesetzwidrigen Verwendung der Reichsgelder auch nur der kleinste Vorwurf gemacht worden.

Immer mehr kamen wir zu der Erkenntnis, daß es in Mittelstands- und Unternehmerkreisen zu viele Existenzen gab, die sich nur noch durch eine Revolution vor einer sie vernichtenden Bloßstellung retten konnten. Gerade den Ministern, die am meisten für die Sanierung der Landwirtschaft im Osten getan hatten, wurde bis aufs äußerste der Krieg erklärt. Sie mußten sich darauf gefaßt machen, selbst in einem Kreise, zu dem sie persönlich eingeladen waren, um Maßnahmen auseinanderzusetzen, die den Bauern Hilfe bringen sollten, niedergeschrien zu werden. Noch mehr als vorher mußte ich diesen Winter die Kabinettsmitglieder bitten, sich in ihrem gesellschaftlichen Verkehr möglichst einzuschränken und sehr vorsichtig zu sein. Es war wiederholt passiert, daß Kabinettsmitglieder in Gesellschaften mit Persönlichkeiten der Wirtschaft zusammengewesen waren, die in ihrer Ehrenhaftigkeit von niemand angezweifelt wurden und dann plötzlich nach einer Woche wegen Betrug oder Fälschung angezeigt wurden. Das wurde nachher in der Agitation von Mund zu Mund heftig ausgenutzt.

ERSTE VORBEREITUNGEN ZUR
PRÄSIDENTSCHAFTSWAHL

Auch der Reichspräsident hatte solche Befürchtungen. Er war in dieser Richtung besonders empfindlich. Kurz vor dem regelmäßigen, großen Winteressen im Herrenclub ließ er mich kommen und teilte mir mit, er befürchte Unannehmlichkeiten, wenn er an diesem Essen teilnähme. Nach dem, was er gehört hatte, riet er mir, ebenfalls abzusagen. Diese Absage, ebenso wie die aus den gleichen Gründen erfolgte Nichtteilnahme am Reit- und Fahrturnier wurde, vor allem von Mitgliedern des Herrenclubs, zu einer neuen Agitation gegen mich ausgenutzt. Es wurde behauptet, ich sei menschenscheu geworden und wage aus Angst vor der

Kritik nicht mehr, mich bei solchen Anlässen zu zeigen. Der stets loyale Graf Magnis kam im Februar zu mir und warnte mich vor der Bedeutung dieser Agitation. Bei dieser Gelegenheit erfuhr ich, daß einer der Hauptträger dieser Agitation Papen sei. Auch die Essen beim Reichspräsidenten wurden allmählich peinlich. Die junge Frau von Hindenburg konnte sich nicht mehr entschließen, mit den ihr schräg gegenübersitzenden Frauen Groener und Löbe überhaupt ein Wort zu wechseln, obwohl ich mit allen Mitteln versuchte, ein solches Gespräch zu vermitteln. Die Gesellschaft verfiel in Beleidigte und Sichwohlfühlende, zwischen denen man keine Brücken mehr schlagen konnte. Ich hatte größte Last, die sich aus solchen Verärgerungen ergebenden Konflikte wieder zu lösen.

Merkwürdigerweise fühlte der Reichspräsident in lichten Augenblicken diese Situation. Eines Tages sagte er plötzlich wie in einem Selbstgespräch: „Ich glaube, sie werden mich eines Tages noch umlegen, wie Eichhorn in Kiew, nur sind es diesmal nicht die Bolschewiken, sondern die andere Seite." Solche Stimmungen des Reichspräsidenten waren für die Politik sehr gefährlich. In diesen Monaten schwankte er zwischen Resignation und Sichaufbäumen gegen die Kritik, namentlich gegenüber seinen alten Freunden. Zwar war sein Gesundheitszustand nach der Krise im September und Anfang Oktober erheblich besser. Aber ich hatte den Eindruck, daß er nicht mehr derselbe sei wie früher. Sein Ruhebedürfnis stieg. Ihn schreckte der Gedanke eines neuen Wahlkampfes, der über den Mai des nächsten Jahres nicht hinausgeschoben werden konnte und den ich persönlich möglichst früh haben wollte. Es war die an sich begreifliche Sorge, sich auf dem Tiefpunkte der Krise noch einmal zur Wahl stellen zu müssen. Wenn ich dieses Thema allmählich immer energischer werdend anschnitt, stellte er mir immer neue Bedenken gegen seine Wiederaufstellung für eine Volkswahl entgegen. Es war mir klar, schon Anfang Dezember, daß er nur dann nochmals für eine Kandidatur zu gewinnen sei, wenn man zunächst den Versuch machte, ihn durch eine Zweidrittelmehrheit seitens des Reichstages wieder wählen zu lassen. Ob sie zu gewinnen sei, erschien mir höchst fraglich, aber trotz aller sonstigen Bedenken mußten bei dieser Gelegenheit Entscheidungen fallen und der letzte Versuch gemacht werden, die Rechte in Koppelung mit der Präsidentenwahl heranzuziehen. Es war der Termin, den ich mir gesetzt hatte. Gelang es, eine Zweidrittelmehrheit im Reichstag zu gewinnen, so war die Person des Reichspräsidenten völlig und endgültig aus dem Streit der Parteien und konnte die letzte Garantie für eine ruhige Entwicklung werden. Allerdings kamen mir in diesen Monaten häufige Zweifel, ob der alte Herr überhaupt noch länger als ein Jahr in der Lage sein würde, selbst bei verantwortungsvoller Beratung, sein Amt einigermaßen zu erfüllen und vor allem an einer klaren Linie festzuhalten.

Diese Überlegungen beruhten weniger auf der Feststellung, daß häufiger als in den vergangenen Jahren seine geistigen Fähigkeiten nachließen und manchmal, namentlich in den späten Stunden des Tages, völlig versagten. Solchen Augenblicken standen andere gegenüber, in denen er eine geradezu erstaunliche Frische des Gedächtnisses zeigte. Als ich mich bei meiner Rückkehr von einem achttägigen Erholungsurlaub im Siebengebirge zurückmeldete und ihm erzählte, daß ich im Margaretenhof gewohnt hätte, sagte er plötzlich: ,,Das Hotel muß wohl nach meiner Zeit als Generalstabschef des 8. Korps gebaut sein. An der Straße kann früher nur ein kleines Gasthaus gestanden haben." Er erzählte, daß er einmal die Aufgabe gehabt hätte, den Plan für eine Verteidigung des Siebengebirges auszuarbeiten. Er wußte alle Straßenkreuzungen, fragte, wie hoch der Wald jetzt an dieser oder jener Stelle stehe, und erklärte, daß manche der Straßen im Siebengebirge wegen der zwar nicht allzu großen, aber lang anhaltenden Steigung ihm für einen schnellen Rückmarsch der Kolonnen schwierig erschienen seien. Ich erzählte ihm von unserem schnellen Rückmarsch mit Maschinengewehrwagen im November 1918 bei leichtem Glatteis auf der Straße Niederdollendorf–Heisterbach. Er entsann sich ganz genau und erkundigte sich, wie wir dann weitermarschiert seien. Nach solchen Unterhaltungen ging ich beruhigt fort. Andere waren sehr deprimierend und zeigten die absolute Unfähigkeit, neue politische Situationen zu begreifen.

Ich hatte es mir zum Prinzip gemacht, selbst meinen engsten Mitarbeitern gegenüber, über die Gespräche mit dem Reichspräsidenten und über meine langsam wachsenden Zweifel an seiner Stabilität absolutes Stillschweigen zu wahren. Das war um so notwendiger, als ich angesichts neuer Redereien von Schleicher alles daransetzen mußte, meine Autorität gegenüber den höheren Beamten zu retten. Im Dezember war der Staatssekretär Geib vom Reichsarbeitsministerium in einer Gesellschaft gewesen, in der sich auch Schleicher befand. In vorgerückter Stunde rief Schleicher in die Gesellschaft hinein: ,,Kinder, regt euch nur nicht auf, die nächste Notverordnung machen wir vom Reichswehrministerium." Solche Äußerungen wiederholten sich. Ich hielt es für richtig, eine loyale und offene Aussprache mit Groener zu führen und ihm zu erklären, wenn er Lust hätte, an meiner Stelle Kanzler zu werden, ich nach Sicherung der Wiederwahl des Reichspräsidenten von meinem persönlichen Standpunkt aus keine Bedenken dagegen haben würde. Ich sei bei der Treue, die er mir entsprechend seinem Wort vom März 1930 gehalten habe, ebenso entschlossen, ihm gegenüber das gleiche zu tun. Ich würde auch sachlich manche Vorteile in einer Übernahme des Reichskanzlerpostens durch ihn sehen. Ich wäre bereit, ihm als Außenminister meine loyale Unterstützung zu geben. Ich glaubte aus Freundschaft mit ihm so sprechen zu müssen, aber auch deshalb, weil ich wußte, daß er von Schleicher gezwungen wurde, jeden Sonntag im Rundfunk Vorträge zu halten, die ihn populär machen sollten. Groener lehnte die Übernahme meines Amtes schroff ab und erklärte: ,,Schleicher schwatzt bei all seiner Intelligenz jeden Tag so viel Unsinn in die Welt. Ich habe mich in meiner 20jährigen Bekanntschaft mit ihm daran gewöhnt, diese Dinge nicht ernst zu nehmen."

Es war ein Fehler Groeners, allerdings leicht entschuldbar bei dem großen Vertrauen, das er in Schleicher setzte, daß er von dieser Aussprache Schleicher Mitteilung machte. So entstand das Gerücht, ich sei amtsmüde und der Reichspräsident verlange Groener als Kanzler.

Ich benutzte die Vorträge in diesen Monaten, sofern sie unter vier Augen stattfanden, dazu, um häufiger in schonendster Form dem Reichspräsidenten beizubringen, daß er auch bei seiner Wiederwahl an die Lösung nach seinem Tode denken müsse. Ich erklärte ihm, ich sei stets Monarchist gewesen und geblieben, und glaube nun allmählich die politische Konstellation so weit vorangetrieben zu haben, daß die Wiederherstellung der Monarchie in den Bereich des Möglichen rücke. Allerdings – das bemerkte ich bei einem zweiten Vortrag – glaubte ich nicht, daß es außenpolitisch möglich sei, den Kaiser zurückzuberufen. Auch die Einsetzung des Kronprinzen scheine mir sehr schwierig und könne zu Komplikationen führen, die die Stellung der Monarchie auf ein Jahrzehnt hinaus erschwere, ja unmöglich mache. Dagegen sei vielleicht die Kombination möglich, daß er mit einer Zweidrittelmehrheit des Reichstages und des Reichsrates als Reichsverweser die Regentschaft für einen der Söhne des Kronprinzen übernehme.

Ich stieß auf eine merkwürdige Gleichgültigkeit bei dieser Frage. Der Reichspräsident erklärte, er würde niemals einwilligen, daß jemand außer dem Kaiser den Thron bestiege. Er betrachte sich als Treuhänder des Kaisers. Er ließ dabei deutlich erkennen, daß er lieber ohne Wiederherstellung der Monarchie aus dem Leben scheiden wolle, als diese Treuhänderschaft zu verletzen. Auch war es ihm gefühlsmäßig höchst unsympathisch, als ich ihm klarzumachen versuchte, daß für die

Stabilität der Monarchie zum mindesten eine passive Zustimmung der organisierten Arbeiterschaft notwendig sei. Das berührte ihn höchst befremdend. Ich erkannte sehr früh, daß eine Monarchie nach englischem Muster, die sich auch auf die Arbeiterschaft stützte, für ihn überhaupt keine wahre Monarchie sei. Als Monarchie schwebte ihm ausschließlich die Form vor, wie sie etwa von 1863 bis 1870 in Preußen bestand. Es war erschreckend festzustellen, daß man über diesen Punkt mit Engelszungen reden konnte, ohne auch nur den geringsten Eindruck auf den Reichspräsidenten zu machen.

Am Mittwoch, den 11. November, hatte ich nachmittags beim Reichspräsidenten einen Vortrag über die Wirtschaftslage und die Außenpolitik, der sich über das übliche Maß von einer halben Stunde auf nahezu fünfviertel Stunden ausdehnte. Die sachlichen Gegenstände des Vortrags waren in einer Viertelstunde erledigt. Da ich gerade an diesem Tage sehr stark in Anspruch genommen war, bat ich, mich verabschieden zu dürfen. Der Reichspräsident forderte mich auf, sitzenzubleiben, wenn ich noch Zeit hätte. Genauso wie im vorigen Jahr um die gleiche Zeit. Wieder beschäftigte ihn der November 1918. Er sprach davon, daß er wenig Lust verspüre, bei einer neuen Wahlagitation im kommenden Frühjahr wieder den Rücken herzuhalten. Alle Vorwürfe wegen der Vorgänge von 1918 würden dann wieder aufgewärmt. Dabei habe er es doch so gut mit der Monarchie gemeint. Auch früher seien die Monarchen schon des öfteren ins Ausland geflüchtet, um dann, wenn die Stimmung im Volk besser geworden sei, wieder zurückgeholt zu werden. So habe er sich auch 1918 die Abreise des Kaisers nach Holland vorgestellt. Er sei auch heute noch, rückschauend, der Überzeugung, daß die Abdankung des Kaisers damals absolut notwendig gewesen sei. Die Front hätte ihn nicht mehr gehalten, die Truppen hätten gemeutert. Da sei für ihn als alten preußischen Soldaten nichts anderes übriggeblieben, als die Person seines Königs zu retten.

Ich antwortete ihm darauf, daß ich, bei aller Verehrung für seine Person, auf Grund meiner eigenen Erfahrungen über die Lage an der Front und über die Meutereien anders denken müsse. Ich erzählte ihm von den Vorgängen in Aachen und Herbesthal und wie leicht es gewesen sei, mit einer Handvoll Leute Revolution und Meuterei zu unterdrücken. Ich wies darauf hin, daß unsere Meldung an die Oberste Heeresleitung, die Ordnung sei in Herbesthal wiederhergestellt, kurz danach dem Kaiser in der Form wiedergegeben worden sei: „Aufrührerische Truppen, von Aachen kommend, haben soeben den Bahnhof von Herbesthal besetzt", und daß der Kaiser erst auf Grund der ins Gegenteil verkehrten Meldung den Befehl zur Abfahrt nach Holland gegeben habe. Diese Tatsache war dem Reichspräsidenten, trotz meiner Zeugenaussage, die in dem Ehrenratsprozeß Groener–Waldersee eine große Rolle gespielt hatte, nicht mehr geläufig. Er sagte mir: „Das mag alles richtig sein, aber die hinter Ihnen heranrollende zweite Gardedivision war nicht mehr zuverlässig." Ich erwiderte ihm, daß nach unseren Beobachtungen die Mannschaften und Unteroffiziere bei richtiger Behandlung in einem Tag wieder zuverlässig gemacht werden konnten.

Darauf schüttelte der alte Herr den Kopf und meinte: „Nein, meine Auffassung bleibt eine andere. Ich wußte schon im Februar 1918, daß der Krieg verloren war. Aber ich wollte Ludendorff noch einmal gewähren lassen." Ich war zutiefst erschüttert und brach die Unterhaltung so schnell wie möglich ab, um nicht noch mehr ähnliche Dinge zu hören. Die erste freie Minute benutzte ich, um Groener kommen zu lassen und ihm zu sagen, daß es mir ungeheuerlich erschiene, daß ein Oberbefehlshaber, der vom Mißlingen eines Angriffs überzeugt sei, der vielleicht 100 000 Menschen das Leben koste, trotzdem einen solchen Angriff zuließe. Das stimme nicht mit dem Bild überein, das er mir im Februar und März 1930 vom Reichspräsidenten entworfen habe, und dem ich gerade deshalb geglaubt habe, weil er, Groener, es mir so geschildert habe. Groener zuckte die Achseln und erwiderte: „Sie sind nicht der erste, dem der alte Herr solche Geständnisse macht. Ich kann ihre Richtigkeit nicht beurteilen."

Etwa drei Wochen später kam in der Frühe jemand und teilte mir in außerordentlicher Erregung mit, daß am Abend vorher eine sehr bekannte Persönlichkeit aus Ostpreußen eine ihn, obwohl er nicht zu meiner Partei gehöre, erschütternde Unterhaltung mit dem Reichspräsidenten erzählt habe. Der alte Herr habe von der Jagd gesprochen. Plötzlich habe er sich zu seinem Gegenüber gewandt und gefragt: „Sie sind doch auch Ostpreuße und Protestant?" Als diese Frage bejaht wurde, habe der alte Herr weiter gefragt: „Was halten Sie denn vom Reichskanzler?" Der Gefragte habe eine sehr gute Meinung über mich geäußert, worauf der Reichspräsident erwidert habe, er habe genau dasselbe Urteil. Es sei keine Frage, daß ich in wenigen Monaten in der Reparationsfrage und auch in der Abrüstungsfrage einen vollen Erfolg erringen würde, den er noch vor einem halben Jahr für völlig unmöglich gehalten habe. Aber das sei für ihn, als protestantischen Ostpreußen, eben untragbar, daß diese Erfolge vor der Geschichte mit dem Namen eines katholischen Zentrumsmannes verknüpft seien. Ich wollte mir nichts anmerken lassen und sagte nur skeptisch, ich glaube nicht, daß das die dauernde Meinung des Reichspräsidenten sei. Ich wisse aus Erfahrung, daß er in späten Abendstunden häufig nicht gut beisammen sei.

Für mich wußte ich nun genug und war über spätere Ereignisse keineswegs erstaunt. Ich wußte, daß ich noch gerade dazu dienen sollte, um die Wiederwahl des Reichspräsidenten zu sichern und die außenpolitischen Verhandlungen so weit voranzutreiben, daß kein Rückschlag mehr möglich war. Dann würde es für mich aus sein. Das war von keiner großen Bedeutung. Ich war in der Innenpolitik so weit, daß ich für den Sommer die Wiedereinführung der Monarchie auf legalem Wege betreiben konnte, in einer Form, die im Innern befriedigte und nach außen die Voraussetzung für ein Sichabfinden mit der Restauration der Hohenzollern bildete. Die Gefahr war, nach all meinen Erfahrungen und Unterhaltungen, daß das vielleicht mit plumper Hand zerstört würde, durch eine Art von monarchistischem Putsch, der den monarchischen Gedanken für Jahrzehnte zerstören mußte.

DER WIRTSCHAFTSBEIRAT

Wochenlang hatte ich in der Sorge gelebt, ob mir das Experiment mit dem Wirtschaftsbeirat – mit dem Reichspräsidenten als Vorsitzenden – gelingen würde, wegen des wesentlichen Zieles, das ich dabei verfolgte. Um den Reichspräsidenten als Kandidaten nochmals durchsetzen zu können, mußte er einem größeren Kreis einflußreicher Persönlichkeiten aller Parteien, die in irgendeiner Form in der Wirtschaft standen, im Vollbesitz seiner geistigen Kräfte vorgeführt werden. Der mythische Glanz seines Namens mußte erhalten und erhöht werden. Nur so konnte ich der wüsten Agitation der Nazis und der Skepsis der Linken begegnen, die beide an der Kandidatur zweifelten oder sie zerstören wollten. Das war mit größter Mühe gelungen. Ich saß in den Sitzungen, die der Reichspräsident leitete, stets sprungbereit, ein Unglück zu verhindern, ihn zu beeinflussen und vor allem dafür zu sorgen, daß er nicht etwa einseitige agrarische Anschauungen äußerte wie schon einmal in einer großen Besprechung. Den ursprünglichen Zweck des Reichswirtschaftsrates konnte dieser schon längst nicht mehr erfüllen. Als ich die Idee zum erstenmal aufnahm und sie im September Oskar von Hindenburg und Schleicher auseinandersetzte, dachte ich daran, den Besprechungen mit Industriellen, Landwirtschaftlern und Gewerkschaftsführern, bei denen nichts herauskam, einen festen Rahmen zu geben und die Teilnehmer langsam daran zu gewöhnen, sich wenigstens, an einem Tisch sitzend, vernünftig auszusprechen.

Darüber hinaus wollte ich aus den Kreisen der Rechten bis zu den Nazis Persönlichkeiten heranziehen, zum mindesten für eine scheinbare Mitarbeit, deren politischer Mitarbeit sich Hugenberg und Hitler mit allen Mitteln widersetzt haben würden. Bei einem Versagen des Reichsrates und des Reichstages hatte ich eine dritte Trumpfkarte in der Hand, die ich im Notfall gegen diese ausspielen konnte. Oskar von Hindenburg beschäftigte sich leidenschaftlich mit dieser Idee und faßte sie als Angelegenheit seines Vaters auf. So bekam ich unmögliche personelle Vorschläge, unter anderem die nicht abzuwendende Kandidatur des Direktors Reinhart von der Commerzbank, der Hugenberg und den Nazis persönlich sehr nahestand, aber noch mehr Meißner und, wie die Fama behauptete, dem Sohne Hindenburgs. Ich wußte, daß der Skandal Schultheiß–Patzenhofer kommen würde. Reinhart würde in diesen Skandal verwickelt werden, aber meine Warnungen halfen nicht. So platzte die Bombe gerade am Tag der Eröffnung des Wirtschaftsbeirates. Da der Staatsanwalt jeden Tag Reinhart verhaften konnte, durfte er nicht an den Sitzungen teilnehmen. Auf der anderen Seite wollten die maßgebenden Kräfte im Hause des Reichspräsidenten nicht zugeben, daß er einer andern Persönlichkeit Platz machte, die die Brücke nach der Rechten hätte bilden können.

Im übrigen war mir längst klar, was im Dezember zu geschehen hatte. Das wollte ich aber dem Wirtschaftsbeirat nicht sagen, da die Wirkung der 4. Notverordnung dadurch schon vorher verspielt worden wäre. Die Aufgabe war also, ohne die Pläne zu enthüllen, den Wirtschaftsbeirat auf diese Pläne festzulegen, wenn auch in loser Form. Außerdem war nach den Erfahrungen der letzten Monate sicher noch ein weiterer Vorteil vorhanden: Wenn man die Leute reden ließ, konnte man durch eine geschickt geführte Debatte den Anwesenden vordemonstrieren, daß sie alle überhaupt keine Pläne hatten. Diese Politik war allerdings schwierig durchzuhalten, weil Professor Warmbold und auch dem einen oder andern Kabinettsmitglied diese Taktik unverständlich war. Warmbold erwies sich in diesen Wochen als ausgezeichneter Theoretiker und

Sachkenner, aber als gänzlich unpolitisch und entschlußunfähig. Es war sehr interessant, seinen Ausführungen zuzuhören. Er war aber nicht dazu zu bewegen, am Schluß seiner Ausführungen irgendeinen konkreten Vorschlag zu machen. Das bedeutet keine Verurteilung seiner Persönlichkeit, seines Wissens oder seines Charakters, nur die Feststellung, daß er für ein politisches Amt unfähig war.

Nur eine konkrete Aufgabe hatte ich dem Wirtschaftsbeirat bzw. einem Sonderausschuß zugedacht, über dessen Arbeit ich mich vorher mit Bücher, Silverberg und Otto Wolff geeinigt hatte. Das war die Neubearbeitung des Stillhalteabkommens, mit dem Luther nicht fertig wurde vor lauter Bedenken. Ich benutzte diesen Ausschuß, um Luther zu Entschlüssen zu drängen, da unsere Pläne und Vorbereitungen für den Abschluß eines neuen Stillhalteabkommens im Dezember fertig sein mußten. Bis zum 1. Januar mußten wir unter allen Umständen ein neues, auf mindestens ein halbes Jahr lautendes Stillhalteabkommen mit unseren Gläubigern erzielen. In diesem Punkte war dem Ausschuß ein Erfolg beschieden. In dem einzigen anderen Punkte, wo ich konkrete Vorschläge gerne gehabt hätte, nämlich über die Art der Verwendung der Hauszinssteuer für großzügig angelegte Reparaturarbeiten, konnte der Ausschuß zu keinem Resultat kommen. Namentlich auch ein Teil der handwerklichen Vertreter befürchtete eine starke Korruption, wenn diese Pläne der Reichsregierung verwirklicht würden.

Am 17. November mußte ein Teil der bereitliegenden 4. Notverordnung vorweggenommen werden. Er betraf die Neuorganisation der Osthilfe. Die Notverordnung erhielt einen Ausbau des Vollstreckungsschutzes der Notverordnung vom 26. Juli 1930, der wir nur widerwillig zustimmten. Der neue Osthilfekommissar Schlange erwies sich hier zum erstenmal, wie dauernd in der Nachfolgezeit, als eine allererste Kraft, nicht nur in sachlicher, sondern auch in politischer Beziehung. Schon die Art, wie er die Notverordnung in der Presse begründete, beseitigte im Augenblick alle Schwierigkeiten. Auch in allen sonstigen agrarischen Fragen waren seine Vorschläge stets von größter Sachkenntnis, Entschlossenheit, aber auch klarer Rücksicht auf die Konsumenten getragen. Die Beratung seiner Vorlagen nahm kaum Zeit in Anspruch. Er besprach sie vorher mit Dietrich und mir. Wenn wir uns geeinigt hatten, gewann er selbst die übrigen Kabinettsmitglieder und eine Mehrheit im Reichstag für seine Verordnungen. Dabei war er von einer nie zu erschütternden Loyalität gegenüber allen Kabinettsmitgliedern.

Die Sorge, daß es Schlange gelingen würde, die Agrarpolitik der letzten drei Jahre zu einem für alle Landwirte in wenigen Monaten erkennbaren Erfolg zu stempeln, wobei die agrarischen Vertreter im Wirtschaftsbeirat sich gezwungen sehen könnten, wenn auch gegen ihren Willen, sich für die Pläne der Reichsregierung auszusprechen, veranlaßte Hugenberg, alsbald seine Minen zu legen. Es gelang ihm und seinen Freunden, die Herren Brandes, von Oppen und Holtmaier am 20. November zum Austritt aus dem Wirtschaftsbeirat zu bewegen. Sie veröffentlichten ein Schreiben an mich, mit dem sie beabsichtigten, der Regierung einen scharfen Stoß zu versetzen. Es war ein Musterbeispiel für Pharisäertum in der Politik. Der Wirtschaftsbeirat war gebildet worden, damit die Herren selbst praktische Vorschläge machen konnten, die die Regierung zu prüfen hatte. Jetzt warfen sie der Regierung vor, daß sie es an der erforderlichen Initiative habe fehlen lassen. Sie hatten bei Beginn der Beratungen sofort Maßnahmen für den Osten verlangt. Als die Schlangesche Notverordnung herauskam, kritisierten sie, daß diese Maßnahmen vorweggenommen seien. Der Inhalt der Notverordnung war zudem von diesen drei ausgeschiedenen landwirtschaftlichen Vertretern vorher gebilligt worden.

Am 23. November fand eine feierliche Schlußsitzung des Wirtschaftsbeirates mit der Annahme von Richtlinien statt. Ich hatte große Mühe, die gewerkschaftlichen Vertreter zu veranlassen, nach dem Ausscheiden der landwirtschaftlichen Mitglieder überhaupt noch zu erscheinen. Schließlich kamen sie alle mit Ausnahme des Vertreters des AFA-Bundes.
Schon vorher war es mir gelungen, den preußischen Ministerpräsidenten zu einem völligen Verzicht Preußens auf Mitwirkung bei der Osthilfe zu bewegen. Am 24. November konnten Reich und Preußen zum erstenmal gemeinsame Richtlinien für die landwirtschaftliche Siedlung festlegen. Danach sollten in Zukunft Aufbausiedlungen und Gruppensiedlungen im Mittelpunkt stehen. Dem Siedlungsbewerber wurde eine vollkommen ausgebaute Bauernstelle übergeben, aber er wurde nur für den dringendsten Wirtschaftsbedarf der ersten Jahre gesichert. Damit wurde eine Verbilligung, Vereinfachung und Beschleunigung der Siedlung erzielt und alle Mißstände und Hemmungen vergangener Jahre beseitigt. Die Erfolge der Siedlungspolitik der Regierung in den Jahren 1930 bis 1932 waren die größten, die in der deutschen Geschichte erzielt worden sind. Die Krönung des Werkes sollte durch die Notverordnung erfolgen, die am 30. Mai 1932 bereits gedruckt war und für die der Reichspräsident seine Unterschrift verweigerte.
Einen vollen Erfolg bedeutete die vorstädtische Kleinsiedlung, die nach

460   *Kontakte und Konflikte mit der NSDAP*

den Gedanken von Dietrich und Treviranus durch die Notverordnung
vom Oktober aufgebaut wurde. Der Erfolg war zu einem großen Teile
dem dafür bestellten Reichskommissar, Regierungspräsident Saaßen aus
Trier, zu verdanken, dem es gelang, alle bürokratischen Anlaufschwierig-
keiten zu überwinden. Es gelang, den Preis der Häuser auf 2500 RM
herunterzubringen und vielen Erwerbslosen nicht nur für das erste Jahr,
sondern auch fernerhin eine bescheidene Existenzmöglichkeit zu sichern.
Daneben bezweckte das System der vorstädtischen Kleinsiedlung die
schnelle und ausreichende Beschaffung billiger Kleinwohnungen für den
Augenblick, wo die Wohnungszwangswirtschaft und der Mieterschutz
auch für Kleinstwohnungen aufgehoben würde. Noch 1933 sind erneut
100 Millionen Mark für diese Zwecke ausgegeben worden. Gegen dieses
System der vorstädtischen Kleinwohnungen regten sich sehr bald die
Interessenvertreter der Architekten.

KONTAKTE UND KONFLIKTE MIT DER NSDAP

Der Kampf der Interessenvertretungen ging überhaupt unentwegt weiter, als ob sich nichts verändert hätte. Während sich der Reichstag
allmählich freiwillig eines großen Teiles seiner Rechte begab, peitschten
die Interessenvertreter die Erregung des Volkes immer wieder hoch. Die
Stimmung steigerte sich seit dem Oktober stellenweise bis zur Hysterie.
Seit dem SA-Treffen in Braunschweig am 18. Oktober nahmen die
politischen Terrorakte zu. Am 19. Oktober erklärte Groener, er werde
mit aller Macht gegen diese Terrorakte vorgehen und sich im Notfall
drakonische Ausnahmebestimmungen vom Reichspräsidenten erbitten.
Dieses hatte einen gewissen Einfluß auch bei den Nationalsozialisten, die
überhaupt durch die Teilnahme an der Harzburger Tagung Schwierigkeiten in ihren eigenen Reihen hatten. Es kam ein Koalitionsangebot des
„Völkischen Beobachters" an die Zentrumspartei und die christlichen
Gewerkschaften, in sehr loser Form, das wohl in erster Linie ein Ergebnis
der Taktik bei den Reichstagsverhandlungen war. Am 29. Oktober
hatten Schleicher und Hitler – mit meiner Billigung – eine Aussprache,
bei der aber nach dem Bericht Schleichers nichts Positives herauskam.
Zwei Tage später wurden auf einer Zentrumsversammlung in Münster
und auf einer nationalsozialistischen Kundgebung in München Reden

gehalten, die weitere Brücken schlagen sollten für die Vorbereitung der Präsidentenwahl. Diese Debatte verursachte bei anderen Parteien eine sehr starke Nervosität. Auf einer Tagung des Reichsausschusses der Zentrumspartei mußten Kaas und ich warnen vor politischen Experimenten, vor allem gleichzeitig auffordern, die rechtsradikale Agitation zu mildern, ehe man an weitere Verhandlungen denken könne.

Da der politische Terror weiter wuchs, berief Groener am 17. November eine Konferenz der Innenminister der Länder, in der er sich besonders scharf gegen die kommunistischen Zersetzungsversuche wandte. Groener war dabei außerordentlich entgegenkommend gegenüber den Nationalsozialisten, um ganz in meinem Sinne bei den Nazis eine günstige Stimmung für die Präsidentenwahl zu schaffen. Eine gewisse Entspannung trat ein. Meine dauernde geheime Fühlungnahme mit dem Strasser-Flügel der NSDAP, außerhalb der Reichskanzlei oder zu nächtlichen Stunden – wobei Besucher mit anderen Namen auftraten –, konnte durchgehalten werden, ohne daß die Öffentlichkeit das geringste erfuhr. Diese Besprechungen fanden mit Wissen von Hitler statt. So sah ich Ende November sehr hoffnungsvoll dem Beginn der Verhandlungen über die Wiederwahl des Reichspräsidenten entgegen. Ich hatte als Termin dafür die Tage nach Weihnachten und Neujahr in Aussicht genommen. Es kam nun alles darauf an, noch die nächsten sechs Wochen durchzuhalten, ohne nach rechts oder links das geringste zu verschütten. Das Ziel war, den Reichspräsidenten durch die Rechte und Mitte wiederwählen zu lassen und dann eine Umgruppierung der unterstützenden Kräfte im Parlament vorzunehmen. Die außenpolitische Lage würde es gestatten, im Frühjahr ein Kabinett mit der Rechten zu bilden. Erste unerläßliche Voraussetzung dafür war die vorherige Wiederwahl des Reichspräsidenten, zweite Voraussetzung, die Rechte dabei im Rahmen der Verfassung in die Regierung zu bringen.

Gleichzeitig mußte ich auch die andere Möglichkeit offenhalten. Sollte, wie schließlich doch nach den Erfahrungen der letzten zwei Jahre zu befürchten stand, die Rechte sich weigern, den Reichspräsidenten wiederzuwählen, so mußte immer noch die Reserve einer Mehrheit der Mitte, der gemäßigten Rechten und der gemäßigten Linken für die Wiederwahl des Reichspräsidenten vorhanden sein. Aus diesem Grunde mußte ich die Rede auf der Tagung des Reichsausschusses der Zentrumspartei halten, da man auf der Linken bereits zuviel von einer möglichen innerpolitischen Schwenkung bei der Reichspräsidentenwahl ahnte.

Auch hielt ich es für richtig, ganz offen und vertraulich mit dem preußischen Ministerpräsidenten sowie mit Severing und Hilferding über die Möglichkeit einer Schwenkung der Politik im Januar zu sprechen. Ich erklärte ihnen, daß ich mich verpflichtet fühle, angesichts der loyalen Unterstützung der vergangenen anderthalb Jahre, darüber rechtzeitig mit ihnen zu reden. Wenn diese Schwenkung käme, würden wir uns bereits im Stadium sicherer außenpolitischer Erfolge befinden, die mir die Autorität gäben, auch wenn ich das Amt des Reichskanzlers dabei abgeben müßte, einer Putschgefahr oder einem Verfassungsbruch entgegenzutreten. Sie müßten auch Verständnis dafür haben, daß man der Stimmung innerhalb der Reichswehr nicht zuviel zumuten könne. Der einseitige Bericht des Standortältesten in Braunschweig über die Vorgänge des SA-Treffens würde zu denken geben.

Ich erinnerte sie daran, daß ich in meiner zweiten Rede der Oktobersitzung des Reichstags bereits offen genug auf solche Möglichkeiten hingewiesen hatte, wobei ebenfalls deutlich ausgesprochen worden sei, daß, wenn es gelänge, im geeigneten Augenblick eine Kombination mit der Rechten durchzuführen, ich persönlich nicht mehr das Kanzleramt bekleiden könne. Politiker würden vielleicht verstehen, wenn ich bei einer solchen veränderten Situation die Verantwortung auch weiter trüge, aber das Volk würde dafür kein Verständnis haben und mir persönlich liege die Rolle MacDonalds nicht. Wohl aber sei ich bereit, in einem veränderten Kabinett, dessen personelle Zusammenstellung mir die Garantie zu geben schiene für eine legale Weiterentwicklung im Sinne der Stärkung der Macht des Reichspräsidenten, das Amt des Außenministers zu behalten. Ich würde mich in einem solchen Fall durch eine öffentliche Rede von der Innenpolitik distanzieren. Die Herren hatten weitgehendes Verständnis für meine Auffassung, wenn auch größte Sorge für die Weiterentwicklung. Sie ließen durchblicken, daß für sie eine legale Weiterentwicklung bis zur Monarchie kein unüberwindliches Hemmnis sein würde. Es würde ihnen gelingen, ihre Massen schrittweise an diesen Gedanken zu gewöhnen, falls die Alternative gestellt würde: Nazidiktatur oder Monarchie. Jetzt war ich an dem Punkt angelangt, den ich die ganze Zeit erstrebt hatte. Ich teilte selbstverständlich die Befürchtungen der Herren, daß außer dem Strasser-Flügel die NSDAP gar nicht im Ernst daran dachte, sich auf eine Koalition einzulassen, sondern sich nur der Reichswehr und der Polizei bemächtigen wollte, um damit einen Staatsstreich zu machen. Ich hätte dem Reichspräsidenten andeutungsweise von dieser Unterhaltung Mitteilung gemacht, um ihm zu zeigen, daß gegebenenfalls auch die

Möglichkeit der Wiedereinführung der Monarchie mit Unterstützung
der Linken bestünde.
Nach dieser Unterhaltung konnte ich etwas optimistischer in die Zukunft
sehen. Am 25. November jedoch kam ein Ereignis, das alle Hoffnungen in
Frage stellte.
Die hessischen Behörden wurden durch den Landtagsabgeordneten
Dr. Schäfer, der aus der nationalsozialistischen Partei ausgetreten war,
über Pläne informiert, die führende Mitglieder der NSDAP für die
gewaltsame Machtergreifung vorbereitet hatten. Bei Haussuchungen in
der Gaugeschäftsstelle in Darmstadt und in den Wohnungen führender
Nationalsozialisten wurden Dokumente beschlagnahmt, die als Unterlage
für eine Beratung gedient hatten, die Mitte November 1931 auf dem von
dem hessischen Landtagsabgeordneten Dr. Wagner gepachteten Boxheimer Hof bei Lampertheim stattgefunden hatte. Unter anderem wurde
ein Dokument gefunden, das die Überschrift trug: „Entwurf der ersten
Bekanntmachung nach dem Wegfall der seitherigen obersten Staatsbe-
hörden und nach Überwindung der Kommune in einem für einheitliche
Verwaltung geeigneten Gebiet". Aus der Überschrift ergab sich, daß das
nicht nur ein für Hessen detaillierter Plan war, sondern ein Schema, das
ohne Abänderung für alle Teile Deutschlands verwendet werden konnte.
Es wurde dabei theoretisch der Fall gesetzt, daß die Reichsregierung
gewaltsam durch die Kommunisten gestürzt wäre, obwohl eine andere
Interpretation nicht ausgeschlossen war. Dabei zeigte sich deutlich, daß
man gleichzeitig mit Übernahme der Macht gefährliche Experimente auf
dem Gebiet der Wirtschaftspolitik vorhatte. Die Veröffentlichung der
Boxheimer Dokumente erregte ein ungeheueres Aufsehen, obwohl Göring
sofort im Auftrag Hitlers dem Reichswehrminister Groener eine neue
Legalitätserklärung abgab. Die Kommunisten verlangten sofortige Einberufung des Reichstages. Wie schwierig die Lage für die Nazis und die
mit ihnen sympathisierenden Parteien war, ergab sich aus der Tatsache,
daß im Ältestenrat des Reichstags nur die Deutschnationalen für den
kommunistischen Antrag stimmten. Die Nazis waren offenbar so verwirrt,
daß sie im Ältestenrat überhaupt nicht vertreten waren. Volkspartei und
Wirtschaftspartei enthielten sich der Abstimmung. Nach einer Besprechung mit Joël und Groener erhielt der Oberreichsanwalt die Anweisung,
in der Angelegenheit vorsichtig vorzugehen und vor allem den Anschein
zu vermeiden, als überschätze die Reichsregierung die Bedeutung dieser
Dokumente. Der Oberreichsanwalt übergab dem Leipziger Vertreter der
Telegraphen-Union eine Darstellung, in der festgestellt wurde, daß das

Vorgehen der Darmstädter Polizei nicht auf seine Veranlassung hin geschehen sei. Von den Aufzeichnungen selbst könne nicht angenommen werden, daß sich die darin vorgesehenen Maßnahmen gegen eine auf Grund der jetzt geltenden Verfassung im Amte befindliche Regierung richteten. Deshalb müsse sorgfältig geprüft werden, ob die Tatsache des Hochverrates wirklich vorliege. Am 30. November mußte sich der Oberreichsanwalt entschließen, das Hochverratsverfahren in der Boxheimer Affäre zu eröffnen. Dies veranlaßte die Leitung der NSDAP, die in die Boxheimer Angelegenheit verwickelten nationalsozialistischen Führer bis zum Abschluß der Untersuchung durch den Oberreichsanwalt von jeder parteiamtlichen Funktion zu suspendieren. Das war ein sehr geschickter Gegenzug, aber die Dinge hatten sich inzwischen weiter zugespitzt, vor allem auch durch eine Entscheidung des Dritten Strafsenats des Reichsgerichts vom 1. Dezember. Diese Entscheidung sprach vier Nazis frei, die vom Schwurgericht Moers wegen Tragens von Parteiabzeichen zu einer geringen Geldstrafe verurteilt worden waren. Dieses Urteil war prinzipiell von großer Bedeutung. Zwar erklärte der Senat in der Begründung, daß die Grundlinien zur Ermächtigung von Uniformverboten in § 8 der Notverordnung zur Bekämpfung politischer Ausschreitungen rechtswirksam und unantastbar seien. Aber die darüber hinausgehende Ausführungsbestimmung des Oberpräsidenten der Rheinprovinz, nach der zu den verbotenen Uniformen auch Gegenstände gehören, die „bestimmt und geeignet sind, abweichend von der bürgerlichen Kleidung die Zugehörigkeit zur NSDAP und ihren Unterorganisationen äußerlich zu kennzeichnen", werde durch die Notverordnung in keiner Weise gedeckt. Dieses Urteil war ein schwerer Schlag für die Autorität der Länderregierungen. Die bayerische und preußische Regierung erklärten dazu, daß diese Entscheidung an ihrer Haltung nichts ändern werde, da der Vierte Strafsenat des Reichsgerichts gleichartige Verbote für gültig erklärt habe.

Die ganze Zuspitzung der Angelegenheit war in diesem Moment äußerst fatal. Die erste Möglichkeit für ein versuchsweises normales Zusammengehen der Zentrumspartei und der NSDAP bestand in Hessen, wo Mitte November Neuwahlen erfolgen mußten. Wegen der Wichtigkeit dieser Wahlen für eine möglichst ruhige Weiterentwicklung hatte ich mich entschlossen, am 13. November im Wahlkampf in Mainz zu reden. Dabei wurde die taktische Linie der ersten Reichstagsrede vom Oktober fortgesetzt. Ich griff die Deutschnationalen an wegen ihrer dauernden Sabotage, ließ aber durchblicken, daß ich eine Verständigung mit der NSDAP, wenn sich eine Mehrheit ergäbe, nicht ablehne. Am 19. Novem-

»er waren dann einige Abgeordnete der hessischen Zentrumspartei in
3erlin eingetroffen und in den gleichen Tagen hatte ich auch eine
3esprechung mit dem Führer des hessischen Zentrums, Bockius. In
»eiden Unterhaltungen legte ich vertraulich auseinander, daß ich es für
wünschenswert hielte, wenn die hessische Zentrumspartei in vorsichtiger
Weise ein Experiment mit den Nazis für die Regierungsbildung versu-
hen würde. Hessen schiene mir dafür besonders geeignet, weil Zentrum
und Nazis über eine große Mehrheit für sich allein verfügten und ein
törungsversuch der Deutschnationalen dort ausgeschlossen sei, da sie
ur noch ein oder zwei Abgeordnete hätten. Die Herren waren durchaus
»ereit, auf meine Pläne einzugehen und dabei mit größter Vorsicht die
Verhandlungen zu führen. Es wurden Minimalforderungen für die
Zentrumsunterhändler festgelegt, die sie aber noch nicht bei den ersten
Verhandlungen bekanntgeben sollten. Vielmehr sollte eine möglichst
ertrauensvolle persönliche Fühlungnahme angestrebt werden. Ich er-
lärte mein Desinteressement an den meisten hessischen Sonderfragen,
erlangte nur, daß unter allen Umständen die Polizei nicht an die Nazis
usgeliefert würde. In diese ersten Verhandlungen platzten dann die
3oxheimer Dokumente. Infolgedessen zogen sich die Verhandlungen hin.
mmerhin wurde, namentlich zwischen Bockius und Best von der
NSDAP, die sich beide sehr gut kannten, da Best als Referendar im
Notariat Bockius gearbeitet hatte, eine theoretische Diskussion über ein
Regierungsprogramm und die Verteilung der Sitze im hessischen Staats-
ninisterium begonnen. Best war dabei außerordentlich entgegenkom-
nend, und Bockius berichtete mir öfters sehr optimistisch über den
'ortgang der Verhandlungen.

Jm diese Zeit wehte aber plötzlich ein sehr scharfer Wind gegen die
Nazis von seiten des Reichswehrministeriums. Offenbar war die Reichs-
vehr alarmiert über die Boxheimer Dokumente und gleichfalls über die
Entscheidung des Dritten Strafsenats des Reichsgerichts. Sie drängte auf
in allgemeines Uniformverbot.

n einer Chefbesprechung am 7. Dezember, an der Groener, Joël,
»chleicher, Zweigert, Pünder teilnahmen, legten die Herren ihre Gründe
ür ein sofortiges, allgemeines Uniformverbot dar. Ich konnte in diesem
Kreise nicht aussprechen, daß ich zur Zeit durch Mittelsmänner vertrau-
.che Verhandlungen mit der NSDAP über die Bildung einer Regierung
1 Hessen führen ließ. Ein Uniformverbot in diesem Augenblick würde es
er NSDAP erlauben, sich mit voller Zustimmung der Massen ihrer

Anhänger aus diesen Verhandlungen zu lösen und mir den Vorwurf z
machen, daß ich bewußt die Bereitwilligkeit der NSDAP zu verfassungs
mäßiger Mitarbeit zurückgestoßen hätte. Trotz meiner prinzipielle
Zustimmung zu einem Uniformverbot, das ich bereits früher erlasse
hätte, falls der Reichspräsident dafür zu gewinnen gewesen wäre, i
diesem Augenblick kam der Antrag denkbar ungünstig. Das Uniformver
bot hätte die SA, SS, das Reichsbanner und den Stahlhelm betroffen
Ich erklärte, daß ich es nach meinen Erfahrungen im Sommer un
Herbst 1930 für außerordentlich fraglich hielte, ob der Reichspräsiden
bereit wäre, eine Notverordnung zu unterzeichnen, die das Uniformver
bot auch auf den Stahlhelm ausdehne. Ein anderer Zweifel an de
Richtigkeit dieser Form der Bekämpfung des Terrors ergebe sich aus de
Erfahrung mit dem Verbot der Rotfront-Uniform, das nun bereits se
zwei Jahren bestehe, jedoch nicht zu einer Minderung kommunistische
Terrorakte geführt habe. Wenn die Reichswehr es aber aus militärische
Gründen für notwendig erachte, so würde ich dem Verbot meine Zustim
mung geben. Schleicher und Groener bejahten dies, und so schloß die Un
terhaltung mit der Beauftragung des Innenministers, in die Notverordnun
eine Bestimmung für ein allgemeines Uniformverbot aufzunehmen.
Ich hatte nachher mit Pünder noch eine vertrauliche Aussprache, in de
ich ihn über die hessischen Verhandlungen orientierte. Er hat als ein
ziger, außer Planck, die Vorgänge gekannt, die sich kurz vor der Unte
zeichnung der 4. Notverordnung seitens des Reichspräsidenten ab
spielten. Ich mußte annehmen, daß das plötzliche Drängen auf ei
allgemeines Uniformverbot, das in völligem Widerspruch zu Schleiche
Verhalten acht Tage vorher während der Chefbesprechung über di
Boxheimer Dokumente stand, die Falle sein sollte, mich beim Reichsprä
sidenten zu stürzen. Die Erfahrungen vom Sommer 1930 legten dies
Vermutung nur allzu nahe. Wenn der Reichspräsident, über desse
Auffassungen Schleicher bestimmt orientiert war, sich im letzten Auger
blick weigerte, den Stahlhelm mit einzuschließen, war ich am Ende, un
meine Situation war rettungslos verfahren. Zudem mußte ich an de
Generallinie der Politik für die nächsten Monate festhalten, die dari
bestand, alles daranzusetzen, um die Rechte zu einer Wiederaufstellun
des Reichspräsidenten zu bewegen. Ein Uniformverbot 14 Tage vc
Beginn der ersten Verhandlungen mit Stahlhelm und NSDAP legte dies
Gruppen von vornherein gegen den Reichspräsidenten fest. Ich fragt
mich auch, warum Schleicher plötzlich am Tag vor der Veröffentlichun
der 4. Notverordnung eine Sitzung verlangte, in der im Handumdrehe

das Uniformverbot beschlossen werden sollte. Groener war damals nicht au fait. Er hatte eine starke Furunkulose mit heftigem Fieber und mußte sich noch am 8. Dezember zu Bett legen.

Meißner hatte sowohl Dietrich wie mir in der letzten Zeit oft gesagt, die Atmosphäre im Hause des Reichspräsidenten sei nicht mehr zum Aushalten. Wenn Schleicher nicht zum Reichspräsidenten vordringe, versuche er, Oskar von Hindenburg zu bearbeiten, der aber unglücklicherweise nie länger als einen Tag an einer Auffassung festhalte. Einen Tag mache er die Politik Schleichers, am nächsten Tag die Eulenburgs, am übernächsten Tag die anderer Leute aus dem Osten. Wenn das so weiterginge, würde noch vor der Reichspräsidentenwahl ein Eklat eintreten. Es war dieselbe Situation wie im September und Oktober. Ich war keinen Tag sicher, wer von den dreien, Oskar von Hindenburg, Schleicher oder Meißner, im Moment die Anschauungen des alten Herrn beeinflußte. Nur eines habe ich allmählich herausbekommen: Daß über den täglichen Wechsel der Auffassungen die Leitung der NSDAP genau orientiert war. Und zwar sofort. Wie mir von nationalsozialistischer Seite im Sommer 1932 mitgeteilt wurde, war ihr Informator Herr Wedigo von der Schulenburg. Die Intimität zwischen Oskar von Hindenburg und Göring wuchs von Tag zu Tag. Den eklatanten Beweis dafür erhielt ich am 11. Dezember, drei Tage nach Erlaß der 4. Notverordnung. Die jede Nacht bis zwei Uhr dauernde Vorbereitung dieser Notverordnung, die gleichzeitige Vorbereitung des neuen Stillhalteabkommens und der Basler Verhandlungen und die Entscheidungen über die innerpolitischen Wirren hatten mich gezwungen, mich einen Tag ins Bett zu legen, um den Schlaf von nahezu 14 Nächten nachzuholen. An diesem Tag, nachdem am Tag zuvor Hitler in Berlin eingetroffen war, fand eine Unterhaltung zwischen dem Reichspräsidenten, Oskar von Hindenburg und Göring statt. Ich drohte vom Bett telephonisch meine Demission an, falls nicht sofort diese verfassungswidrigen Verhandlungen abgebrochen würden. Es kamen umgehend Beschwichtigungsmitteilungen.

Mir war klargeworden, daß auch der plötzliche Vorstoß Schleichers wegen eines allgemeinen Uniformverbots in die Kette solcher Intrigen hineingehörte. Ich entschloß mich daher, am 8. Dezember, als ich auf dem Weg zum Reichspräsidenten war, Groener aufzusuchen, um mit ihm am Krankenbette die Frage des Uniformverbotes noch einmal zu besprechen. Ich unterrichtete ihn über die Lage im Hause des Reichspräsidenten, über die Vorgänge und Verhandlungen in Hessen und über meine Absichten, mit der Rechten über die Wiederaufstellung des

Reichspräsidenten zu verhandeln. Groener begriff sofort und stimmte der Auffassung zu, mit der Durchführung des Uniformverbots zu warten, bis es sich klar zeige, ob die Nazis gewillt seien, wie sie im Hause des Reichspräsidenten versicherten, die Reichspräsidentenwahl zu unterstützen. Diese Unterhaltung war nachmittags. Oskar von Hindenburg bzw. Schulenburg müssen schon am Morgen gewußt haben, daß ich eine Verschiebung des Uniformverbotes wünschte. Als die Nazis sich durch Mitteilungen aus dem Hause des Reichspräsidenten im Augenblick sicher fühlten, wandte sich Hitler nach seinem Auslandsinterview vom 4. Dezember erneut an das Ausland. Jeder Tag, der die 4. Notverordnung dem Abschluß näher brachte, hatte zu einer weiteren Vergiftung der Atmosphäre geführt. Gleichzeitig teilte die Pressestelle der NSDAP in München mit, daß die hessischen Nationalsozialisten für eine Regierungsbildung in Hessen dem Zentrum 12 Bedingungen gestellt hätten: Punkt 1 verlangte den Staatspräsidenten für die NSDAP, Punkt 2 beseitigte sämtliche Ministerien, außer einem einzigen, dem Staatsministerium. Hinzugefügt wurde, daß es sich bei diesen Bedingungen um ein unteilbares Ganzes und ein Mindestprogramm handle, bei dem keine Kompromisse möglich seien. Wenn die Durchführung der 12 Punkte den Nazis, die bereit seien, die volle Verantwortung zu übernehmen, unmöglich gemacht würde, müßten Neuwahlen stattfinden. Das bedeutete de facto, daß die Nazis das Entgegenkommen in der Uniformfrage sofort mißbrauchten, um in Hessen die Alleinherrschaft anzustreben, während Hitler gleichzeitig die Auslandspresse benutzte, um die schärfsten Angriffe gegen die Regierung zu richten.

Am 11. Dezember wollte Hitler eine Rundfunkrede nach Amerika richten, um wieder wie in seinem Interview gegen die Regierung zu polemisieren. Jetzt blieb mir nichts anderes übrig, als das Reichspostministerium zu ersuchen, dazu seine Genehmigung zu entziehen, was dann mit formalen und technischen Schwierigkeiten begründet wurde. Ich hatte mich schon am Tag zuvor gegen die Hitlerinterviews vor den Auslandsjournalisten gewendet, ohne dabei die letzten Brücken für Verhandlungsmöglichkeiten mit der NSDAP wegen der Wiederaufstellung des Reichspräsidenten abzubrechen. Gleichzeitig einigte ich mich mit der hessischen Zentrumspartei über eine Antwort auf die 12 Punkte der Nazis, die außerordentlich geschickt abgefaßt wurde und eine Bereitwilligkeit zum Entgegenkommen in allen Punkten zeigte, soweit sie nicht klar verfassungswidrig waren. Damit war der Vorstoß der NSDAP in dieser Sache abgewehrt.

Im Kaiserhof und anderswo fanden in diesen Tagen Besprechungen zwischen Abgesandten Hugenbergs, Schacht und den Nazis statt. Man scheute nicht einmal vor Konspirationen mit dem Ausland zurück, um die Regierung vor den Basler Verhandlungen zu stürzen oder verhandlungsunfähig zu machen. Mir fiel ein Protokoll in die Hände über eine Unterredung Oberfohrens mit François-Poncet, die bereits im Oktober im Auftrag Hugenbergs geführt worden war. In dieser Unterredung hatte Oberfohren erklärt, daß die DNVP, falls sie an die Macht gelange, sich damit begnügen würde, eine einjährige Verlängerung des Hoover-Moratoriums zu fordern. Thyssen hatte im Kreis von Freunden erzählt, er führe im Auftrag der NSDAP Verhandlungen mit einflußreichen französischen Industriellen und Politikern, die auf eine Bereitwilligkeitserklärung der NSDAP hinausliefen, noch weitere 10 Jahre jährlich 400 Millionen Mark zu zahlen. François-Poncet selbst hatte einem Mitglied des diplomatischen Corps gesagt, wenn die Rechte an die Regierung käme, sei er sich eines Entgegenkommens gegenüber den Forderungen Frankreichs in der Reparationsfrage sicher. Es muß vermutet werden, daß auf Grund solcher Informationen die französische Regierung die Instruktionen an ihre Botschafter in der Reparations- und Schuldenfrage erteilte, die am 11. Dezember im „Daily Telegraph" enthüllt wurden. Die 5 Hauptpunkte dieser Instruktionen waren: 1. Deutschland bleibt an den Young-Plan gebunden. 2. Frankreich ist bereit, die Folgen der Wirtschaftskrise zu berücksichtigen, doch müssen etwaige Abänderungen des Young-Planes auf die Dauer der Wirtschaftskrise beschränkt sein. 3. Frankreich wird unter keinen Umständen größere Summen an seine Gläubiger abführen, als es selbst von Deutschland erhält. 4. Eine Priorität der Privatschulden vor den Reparationen ist ausgeschlossen. 5. Frankreich würde die Einberufung einer Konferenz begrüßen, verlangt aber Anteil an allen deutschen Zahlungen.

All das spielte sich in einem Augenblick ab, als bereits der beratende Sonderausschuß in Basel und die neue Stillhaltekonferenz in Berlin ihre Arbeit aufgenommen hatten. In einem Vortrag beim Reichspräsidenten machte ich auf diese Gefahren aufmerksam. Daß sie ohne Eindruck blieben, und daß er bereits im Sinne der Unterhaltung mit den ostpreußischen Herren eingestellt war, merkte ich sofort bei der Unterzeichnung der Notverordnung am 8. Dezember und ebenso am 22. Dezember, als ich ihm die Glückwünsche des Reichskabinetts zum Weihnachtsfest überbrachte, um mich gleichzeitig zu einem etwa achttägigen Urlaub zu verabschieden. Beim Abschied überreichte er mir sein Bild mit Unterschrift. Draußen erwartete mich Meißner, der mich fragte, ob der Reichspräsident bei Überreichung seines Bildes auch nicht vergessen habe, den Wunsch auszusprechen, es niemanden gegenüber zu erwähnen und es auch nicht auf meinem Schreibtisch oder sonstwo aufzustellen, wo es jemand sehen könnte. Ich sah Herrn Meißner einen Augenblick fragend an. Er sagte: „Es ist mir furchtbar peinlich, aber ich habe Auftrag, Ihnen das mitzuteilen." Ich erwiderte ihm: „Da der Reichspräsident weiß, daß es nicht meine Angewohnheit ist, über solche Dinge zu reden, wird durch Ihren Auftrag die Situation für mich völlig klar." Es war ein Weg, mir ein Abschiedsgeschenk zu geben, ohne daß es beim tatsächlichen Abschied von der Presse erwähnt zu werden brauchte.

In einer Unterhaltung mit François-Poncet suchte ich ihn von dem Gedanken abzubringen, daß er mit einer anderen Regierung die besseren Geschäfte für Frankreich machen könne. Um diese Unterhaltung hatte nicht ich gebeten, sondern er.

Es war am 19. Dezember, einen Tag, nachdem ich durch Schleicher und Meißner die Besprechungen mit Hugenberg und den Nazis über die Wiederaufstellung des Reichspräsidenten hatte eröffnen lassen. François-Poncet wußte bereits über jede Einzelheit dieser Verhandlung Bescheid. Er kam, wie er ironisch sagte, um mir zu dem ersten Erfolg zu gratulieren, den ich dabei durch meine Unterhändler erzielt hätte. Ich erkannte, daß die geheimsten Sachen aus dem Haus des Reichspräsidenten sofort in die französische Botschaft gelangten. Um darüber Genaueres zu erfahren, begann ich mit dem französischen Botschafter, gegen meine sonstige Gewohnheit, ein längeres Gespräch über die deutsche Innenpolitik. Ich erklärte ihm, daß es gar nicht meine Absicht sei, die Rechte dauernd aus der Regierung zu halten. Im Gegenteil. Sobald ich die Möglichkeit einer Generalverständigung mit Frankreich sähe, in einer Form und in einem Ausmaße, die auch für die Rechte befriedigend seien, sei ich fest entschlossen, dafür zu sorgen, daß ein Regierungswechsel einträte, der es ermögliche, die Rechte als Garanten der Verständigung mit Frankreich einzubeziehen.

Hier konnte der Botschafter nicht mehr länger mit seinem Wissen zurückhalten. Er machte eine scherzhafte Bemerkung, die beweisen sollte, daß es auf mich nicht mehr ankäme und daß der Reichspräsident die Verständigung mit der Rechten auf eigenem Wege suche. Um die Lage zu verschleiern, erzählte ich ihm, dem Reichspräsidenten würden oft Absichten unterschoben, die in Wirklichkeit nichts anderes seien als falsch verstandene Pläne, die ich dem Reichspräsidenten für eine fernere

Zukunft vorenthalte. Noch sei eine Schwenkung der Politik in Deutschland im Sinne einer radikalen Lösung ohne das Zentrum nicht durchzuführen. Sein Einfluß sei, wie alle Landtagswahlen zeigten, ohne Verfassungsbruch nicht auszuschalten. François-Poncet fragte mich, ob ich wirklich an eine derartig friedliche Lösung der Dinge in Deutschland glaube. Antwort: Sie sei spielend zu haben, wenn man sich in der Abrüstungs- und Reparationsfrage mit Frankreich verständige. Gegenfrage: Was ich als Verständigung auffasse? Brüning: In der Reparationsfrage sei die Verständigung allerdings nur dann möglich, wenn Frankreich bei den Verhandlungen auf der kommenden Konferenz davon ausgehe, daß Deutschland überhaupt nichts mehr zahlen könne. In der Abrüstungsfrage müsse die prinzipielle Gleichberechtigung Deutschlands, die an sich schon durch die Abrüstungsvorschriften für die anderen Nationen gegeben sei, anerkannt werden. Die faktische Gleichberechtigung in einzelnen Etappen sei eine Frage der Verhandlung. Ich verwies ihn auf das Interview Groeners mit einem amerikanischen Pressevertreter und unterstrich besonders die Formulierung Groeners, daß die Parole heiße: Sicherheit durch Abrüstung. Und nicht: Erst Sicherheit, dann Abrüstung. Wie weit die Regierung vom Geist des Friedens und der Verständigung erfüllt sei, beweise die Tatsache, daß die deutsche Regierung als erste Großmacht den Kriegsverhütungspakt unterzeichnet habe. François-Poncet erwiderte, daß die Abrüstungsfrage sehr schwierig sein würde. In der Reparationsfrage müsse ich bereit sein, wenigstens noch eine Anerkennungssumme zu zahlen, und wenn es nur 20 Rappen wären. Ich entgegnete, dann würde ich vorziehen, diese 20 Rappen als Privatmann zu zahlen, da ich nach allen Erfahrungen befürchtete, daß eine prinzipielle Anerkennung der Reparationsverpflichtung ein ewiger Streitfall zwischen Deutschland und Frankreich bleiben würde. Ich verwies ihn auf die Erklärung des Führers der Freien Gewerkschaften, Leipart, auf der Tagung des sozialdemokratischen Parteiausschusses am 16. Dezember, die eine endgültige Streichung der Reparationen verlangte. Selbstverständlich erwähnte ich nicht, daß ich die Absendung eines Schreibens an die SPD zur Verlesung auf dieser Tagung davon abhängig gemacht hatte, daß eine solche Erklärung erfolge.

Jetzt hatte ich François-Poncet so weit, daß er sein Wissen nicht mehr bei sich behalten konnte. Er sagte: „Gewiß, Sie haben die Linke für Ihre radikalen nationalen Forderungen gewonnen, aber nicht die Rechte, die um den Preis, an die Macht zu gelangen, bereit ist, in außenpolitischer Beziehung viel größere Konzessionen zu machen." Zufrieden, eine solche

Erklärung zu hören, antwortete ich ihm, daß die Rechte solche Konzessionen gar nicht machen könne, ohne in vier Wochen die Hälfte ihrer Anhänger zu verlieren. Außerdem würden solche Auffassungen von der NSDAP sicherlich nicht ernsthaft geteilt. Ich war am Schluß der Unterhaltung überzeugt, daß François-Poncet seine Meinung, mit der Rechten zu einer leichteren Lösung zu kommen, nicht aufgegeben hatte.

Im übrigen war der französische Botschafter sehr gut gelaunt. Unter dem Druck der Entwicklung im Fernen Osten und aus der Eventualüberlegung heraus, daß die Nazis in Deutschland eines Tages doch an die Regierung kämen, war in diesen Tagen der französisch-russische Nichtangriffspakt als erster Schritt für eine mögliche Entwicklung, die von der inneren Lage Deutschlands im wesentlichen weiterbestimmt würde, publiziert worden. An sich waren wir nicht beunruhigt, da das Inkrafttreten dieses Vertrages von der gleichzeitigen Ratifizierung eines gleichen Vertrages auch mit Polen und Rumänien abhängig war, und Litwinow mir die Erklärung abgegeben hatte, daß gerade die Frage Rumänien–Rußland ihm jederzeit die Handhabe gäbe, den ganzen Pakt scheitern zu lassen.

Wieweit der Generalansturm gegen die Regierung in diesen Tagen vorbereitet war, zeigten zwei Ereignisse des 14. Dezember. Die ostpreußische Landwirtschaftskammer forderte den Rücktritt Hindenburgs. Hitler selbst schrieb mir einen offenen Brief in einer wüsten Sprache, in dem er Kampf auf der ganzen Linie ankündigte. Er glaubte, seiner Sache sicher zu sein auf Grund von Informationen aus dem Reichspräsidentenpalais, und fürchtete andererseits den Eindruck der 4. Notverordnung und das Ergebnis der Basler Verhandlungen. Dieser Brief war taktisch falsch, weil er jedem Vernünftigen klarmachte, daß ich nun gezwungen war, in irgendeinem öffentlichen Schritt die Unterstützung der Sozialdemokratie zu suchen. Die ostpreußische Landwirtschaftskammer mußte den Rückzug antreten. Der Vorstand beschloß am 19. Dezember, eine nochmalige Abstimmung herbeizuführen, wobei er sich auf den Standpunkt stellte, daß er eine Amtsniederlegung des Reichspräsidenten für ein großes Unglück, besonders für Ostpreußen, halte. Im Augenblick hatten die Herren aus Ostpreußen über das Ziel hinausgeschossen und hatten einen Rückschlag erlitten. Auch Göring hatte, wie Meißner nachher berichtete, zum Schluß seines Gesprächs mit dem Reichspräsidenten am Abend des 11. Dezember mildere Saiten aufgezogen. Er wollte offenbar verhüten, daß der Reichspräsident verbittert würde, und erklärte sich zu Verhandlungen über die Wiederwahl des Reichspräsidenten bereit.

Ähnliches berichtete am Abend des 10. Dezember Schleicher über seine Besprechungen mit Röhm. In unserem Gespräch, das beim Essen begann und bis tief in die Nacht dauerte, suchte ich Schleicher für meine Idee der parlamentarischen Verlängerung der Amtszeit des Reichspräsidenten zu gewinnen. Ich war gezwungen, ihm offen die Perspektiven einer solchen Taktik auseinanderzusetzen. Eine Ablehnung der Rechten werde zu einer klaren Kampfstellung gegen sie führen. Das müsse der Rechten mit allem Nachdruck klargemacht werden. Auch der Reichspräsident könne sich dann entscheidenden Schritten nicht entziehen. Das sei meine Taktik bei der Hinausschiebung des Uniformverbotes gewesen. Schleicher erklärte sich hundertprozentig mit diesen Auffassungen einverstanden. Er war wie umgewandelt. Wie jedesmal, wenn die Regierung starke Erfolge – wie jetzt durch die Notverordnung und in den Verhandlungen über das Stillhalteabkommen – gehabt hatte.

Spät in der Nacht erkannte ich aber auch den anderen Grund für seine augenblickliche Stimmung. Plötzlich entfuhr es ihm, daß in den Besprechungen zwischen Röhm und ihm Röhm sehr deutlich als Preis für die Zustimmung einer parlamentarischen Verlängerung der Amtszeit des Reichspräsidenten das Wehrministerium für die NSDAP, mit anderen Worten für sich gefordert habe. Schleicher kam bei der Erwähnung dieser Forderung in eine leidenschaftliche Stimmung hinein. Er erklärte, Hammerstein lehne es überhaupt ab, Röhm auch nur ein einziges Mal zu sprechen. Er, Schleicher, möchte ihn am liebsten, statt ihm die Hand zu geben, nur mit der Zange anfassen. Aber ich solle gerade die Behandlung Röhms nur ihm und Hammerstein überlassen. Er habe schon die Art, mit solchen Typen umzugehn, und habe den Röhm schon so weit erzogen, daß er beim Hineinkommen in das Zimmer an der Schwelle militärisch stramme Haltung einnähme und in korrekter, militärischer Form zunächst riefe: „Herr General, ich bitte, eintreten zu dürfen." Obwohl ich nicht alles für bare Münze nahm, beruhigte mich die Erzählung insoweit, als ich sah, mit welch grenzenloser Verachtung die Reichswehr solchen Leuten wie Röhm gegenüberstand, die zwar über ein außerordentliches Organisationstalent verfügten, im übrigen aber nur Abenteurer waren.

In diesen Tagen erklärte Meißner sich bereit, über den Weg einer Familieneinladung bei Geheimrat Quaatz, die erste Fühlung mit Hugenberg aufzunehmen wegen einer parlamentarischen Verlängerung der Amtszeit Hindenburgs.

4. NOTVERORDNUNG, STILLHALTEKONFERENZ, REPARATIONSVERHANDLUNGEN

Die 4. Notverordnung wurde am 8. Dezember erlassen. Alle Spannungen, Verhandlungen und Besprechungen, über die eben berichtet wurde, gruppierten sich um diesen Tag und fielen zusammen mit den Beratungen der Berliner Stillhaltekonferenz, in die ich wiederholt persönlich eingreifen mußte, und mit den Reparationsverhandlungen in Basel. Es war das äußerste Ausmaß der Inanspruchnahme der Nerven. Ein falscher Zug in einer kurzen Besprechung, und alles war für immer vorbei. Dabei lastete Nervosität und das Gefühl stündlich neuer Intrigen auf allen Parteien und Ministerien. Viermal innerhalb von vier Wochen mußte ein Angriff abgeschlagen werden, der auf dem Weg über die Beschlußfassung im Ältestenrat für einen vorzeitigen Zusammentritt des Reichstags vorgetragen wurde. Alle Parteien wurden nervös wegen der allmählich doch durchsickernden Radikalität der 4. Notverordnung. Gewerkschaften und alle Arten von industriellen Gruppen protestierten. Sie mußten einzeln beruhigt werden. Der Reichsbankpräsident suchte, genau wie im Oktober, wegen der Zinssenkung auszubrechen. Die Beamten wurden durch die täglichen Sturmangriffe der Nazis unsicher, mit Ausnahme weniger. Die Länderminister wußten durch die sich widersprechenden Reichsgerichtsentscheidungen zur Uniformfrage nicht mehr, was sie tun sollten. Die Nervosität übertrug sich infolge Überarbeitung auch auf einzelne Kabinettsmitglieder. Sie waren überzeugt, daß Schleicher das ganze Kabinett noch vor Weihnachten umwerfen würde. Es gelang, durch eine zur Schau getragene Heiterkeit und Ruhe schließlich alles zu überwinden. Aber als ich am Weihnachtsabend das Geläute aller deutschen Dome hörte, konnte ich einen Weinkrampf nicht mehr unterdrücken. Und doch war die Schlacht gewonnen.

Der Eindruck der 4. Notverordnung war nicht nur in Deutschland, sondern in der ganzen Welt ungeheuer. Sprague kam von London herübergeflogen, um zu gratulieren und zu helfen. Er erklärte, wenn er seine Tätigkeit als Berater der Bank von England abgeschlossen haben würde, würde er an der Harvarduniversität eine Reihe von Vorlesungen über diese 4. Notverordnung halten, als dem klassischen Gesetzwerk einer mutigen und einzig möglichen Finanz- und Wirtschaftspolitik in der Weltkrise. Die City sehe auf einmal, daß es auch in England vielleicht ohne die Entwertung des Pfundes gegangen wäre. Man habe plötzlich rkannt, daß Deutschland in der Wirtschaftspolitik der Angelpunkt sei. Die englische Regierung habe es jetzt sehr eilig mit einer schnellen Lösung der Reparationsfrage. In der Tat sandte England am 17. Dezember eine Note an die französische Regierung, welche die baldige und endgültige Lösung des Reparationsproblems und die Behandlung der Frage der kurzfristigen Kredite forderte.

Selbst bis in die Kreise der Deutschnationalen hinein ließen mir viele Leute sagen, ich solle die Reichspräsidentenwahl sofort nach Neujahr machen, da die Stimmung in der Bevölkerung dem Reichspräsidenten im ersten Wahlgang mindestens 60 % aller Stimmen sichern würde. Solche Überschwenglichkeit konnte und durfte den Blick nicht trüben. Noch mindestens fünf Monate schwerster Krise standen uns bevor. Die Erfahrungen von eindreiviertel Jahren zeigten, daß günstige Stimmungen in so überaus harten Zeiten schon innerhalb einer Woche ins Gegenteil umschlagen konnten. Aber die Auffassung, wenn die Nerven bis zum Brechen gespannt sind, daß man durch ein Sammelgesetzwerk durchgreifendster Art, plötzlich eine Beruhigung für längere Zeit schaffen kann, viel mehr als durch eine Fülle einzelner, schrittweise veröffentlichter Gesetze, hatte sich bewährt.

Noch mußte ich meinen letzten Schritt, die 20 %ige Abwertung der Mark, für mich behalten und ihn auf den Abschluß der Reparationsverhandlungen verschieben. Aus zwei Gründen:

1. Eine solche Maßnahme hätte uns in Verbindung mit der Zins-, Preis- und Lohnsenkung der 4. Notverordnung einen solchen Vorsprung auf dem Weltmarkt gegeben, daß unser Argument, wir könnten nicht mehr zahlen, bei den Reparationsverhandlungen unglaubwürdig geworden wäre.

2. Um zu verhindern, daß die Sparer weitere Verluste erlitten und in eine Panikstimmung gerieten, falls die Mark nach der Abwertung unter 80 % sank, bedurften wir eines Devisenmanövrierfonds, den ich auf 2 Milliarden Mark schätzte. Diesen Fonds konnten wir uns aber nur schaffen durch eine internationale Anleihe in gleicher Höhe. Die Anleihe wollte ich erreichen, indem ich sie verkoppelte mit einer Abschlußzahlung für die Reparationen in gleicher Höhe, da ich mir im Innern klar war, daß diese nicht zu umgehen war. Der Plan war, mit dieser Abschlußzahlung nach 5 Jahren zu beginnen, nachdem mit Hilfe der Anleihe in gleicher Höhe die deutsche Wirtschaft endgültig saniert war. Eine Anleihe von 2 Milliarden Mark hätte mit Amortisation und Zinslast 150 Millionen jährlich bedeutet. Nach 5 Jahren rechnete ich mit einer Annuität für weitere

10 Jahre von je 200 Millionen Mark, so daß wir vom 5. Jahre an 10 Jahre lang insgesamt für Anleihe und Abschlußzahlung jährlich 350 Millionen Mark aufzubringen und zu transferieren gehabt hätten. Falls die durchschnittliche Verzinsung unserer Auslandschulden in den nachfolgenden Verhandlungen von 7–8% auf 5% herabgesetzt worden wäre, so hätte sich eine jährliche Ersparnis von etwa einer Milliarde Mark erzielen lassen. Damit hätte uns in den ersten 5 Jahren ein Überschuß von 350 Millionen und nach dem 5. Jahr ein solcher von 150 Millionen Mark ohne weitere Maßnahmen und ohne Berücksichtigung des zu erwartenden Exportüberschusses in unserer Zahlungsbilanz zur Verfügung gestanden. Wir würden also in der Lage sein, in 5 Jahren eine gewaltige Rückzahlung auf die Stillhaltekredite zu machen, bis auf die Summe herab, die laufend von englischen Diskonthäusern aus eigenem Geschäftsinteresse dauernd zur Rediskontierung bereitgestellt worden wäre. Kredit und Kaufkraft Deutschlands würden sich auf diese Weise gewaltig erhöhen und gleichzeitig eine sichere Grundlage für den allgemeinen Zollabbau schaffen, bis zu dem niemals aufgegebenen Gedanken der mitteleuropäischen Zollunion mit Tschechoslowakei, Österreich und Ungarn, aber auch mit Frankreich, Belgien und Holland.

Diesem Zweck dienten schon die übrigen Maßnahmen der Notverordnung mit einer nochmaligen 10%igen Lohn- und Gehaltskürzung. Diese weitere Lohn- und Gehaltskürzung konnte nur dann durchgeführt werden, wenn das gesamte Preis- und Lebenshaltungsniveau ihr angepaßt würde. Das Ziel war, Löhne, Gehälter und Lebenshaltungskosten auf den Stand von 1913 zurückzubringen. Unter vorläufiger Aufrechterhaltung des das Weltmarktpreisniveau um das Zweieinhalb- bis Dreifache übersteigenden innerdeutschen Niveaus für Agrarprodukte mußte die 10%ige Senkung aller übrigen Preise abgewälzt werden auf die Verteilungsbranche und die Löhne. Beides konnte nur durchgeführt werden, wenn von der Miets- und Zinsseite gleichzeitig eine entsprechende Erleichterung erfolgte. In geheimen Besprechungen mit Geheimrat Hartmann von der Gemeinschaftsgruppe deutscher Hypothekenbanken war ich zu dem Ergebnis gekommen, daß der Zinssatz für Hypotheken und Pfandbriefe um mindestens 3% abzuwerten sei, d. h. also, 7,5%ige Hypotheken sollten, ebenso wie Pfandbriefe, auf 4,5% zwangsweise konvertiert werden. Das würde eine jährliche innere Zinsersparnis von 600 Millionen Mark bedeutet haben statt der 400 Millionen Mark, die durch die Vorschriften der 4. Notverordnung tatsächlich erzielt wurden.

Diese 600 Millionen Mark sollten zusammen mit einer am 1. Januar vorzunehmenden Senkung der Hauszinssteuer um 20 % eine Senkung der Mieten genau auf die Friedensmieten ermöglichen, wie es schon die Notverordnung vom Oktober vorsah. Vom 1. April 1935 an sollte ein weiterer Abschlag von 25 % gewährt werden, vom 1. April 1937 an für 3 Jahre von 50 %, und ab 1. April 1940 sollte die Hauszinssteuer völlig wegfallen. Durch Herstellung von billigen Kleinwohnungen, namentlich mit dem System der großstädtischen Randsiedlungen, und andere Maßnahmen für die Neubauwohnungen, sollte im Laufe dieser Jahre ein Ausgleich für die Mieten geschaffen werden mit dem Ziel, sie allgemein auf 80 % herunterzubringen. Das hätte im Zusammenhang mit anderen Maßnahmen ein Festhalten an einer nominellen niedrigen Lohnhöhe ermöglicht, unter gleichzeitiger Erhöhung des Reallohns und Bereitstellung einer Marge für die im Zusammenhang mit der 20 %igen Abwertung vielleicht notwendige nominelle Miets- und Lohnsteigerung. Eine Senkung der Hypothekar- und Pfandbriefzinsen im Zusammenhang mit der späteren Abwertung der Mark und den mit Schlange vereinbarten Siedlungsplänen und der Stillegung von Böden der Bodenklassen 6–8 hätte eine Senkung der Getreidepreise und den Abbau der Schutzzölle unter gleichzeitiger Hebung der landwirtschaftlichen Rentabilität bedeutet. Die durch die Zinssenkung ermöglichte Senkung der Mieten, auch für die Ladeninhaber, sollte die 10 %ige Preissenkung zuzüglich Nichtabwälzung der gleichzeitig in der Notverordnung erfolgten Erhöhung der Umsatzsteuer auf 2 % ermöglichen.

Um ein katastrophales Fallen des Kurses der Pfandbriefe zu verhindern, wurde die Bestimmung aufgenommen, daß die Hypothekenbanken bzw. sonstige Realkreditinstitute, die Pfandbriefe ausgaben, bei Rückzahlung der Hypotheken, Pfandbriefe zum Pariwert entgegenzunehmen hätten. Das würde zu einer Nachfrage nach Pfandbriefen führen und außerdem die Bilanzen der Pfandbriefinstitute intakt lassen. Es war notwendig, darüber hinaus einen vom privatrechtlichen Standpunkt aus an sich bedenklichen Schritt weiterzugehen. Die im Augenblick der Hochkonjunktur in völliger Verkennung der Wirtschaftslage abgeschlossenen langfristigen Verträge über Mieten, Pensionen usw. mußten kündigungsfähig gemacht werden, um eine Adjustierung aller Lebensverhältnisse an die neue Lage herbeizuführen.

Es war in der Tat alles eine gewaltsame Adjustierung aller Lebens-, Preis-, Produktions- und Verteilungsbedingungen an eine völlig neue Wirtschaftslage. Sie ermöglichte gleichzeitig einen schnellen Abbau der Wohnungszwangswirtschaft. Die völlige Aufhebung der Wohnungsge-

setze wurde für den 1. April 1933 bestimmt. Die Senkung der Eisenbahn
und Posttarife war eine selbstverständliche Maßnahme im Rahmen de
Ganzen. Um alles das ohne schwere Erschütterungen durchzuführen
wurden Schutzmaßnahmen auf dem Gebiete der Zwangsvollstreckung
Erleichterungen bei der Bilanzierung, steuerliche Erleichterung de
Aufteilung großer Gesellschaften, mit besonderen steuerlichen Erleichte
rungen bei der Aufteilung von Aktiengesellschaften, eingeführt. Ei
allgemeiner Eingriff in die Tarifverträge diente der Anpassung zwischer
den Löhnen in den einzelnen Gewerben, um in Ausnahmefällen, w
bislang die Kürzung geringfügig gewesen war, eine Senkung um 15% zu
ermöglichen. Um die volle Auswirkung der erhöhten Umsatzsteuer zu
mildern, und vor allem um die durch die Erhöhung der Umsatzsteuer
drohende Betriebskonzentration zu verhindern, wurde die Phasenpau
schalierung in Form einer Ermächtigung durchgeführt. Um die Ban
ken zu zwingen, ihre Wertpapiergeschäfte an die Börse zu bringen
wurde die Steuer auf Kompensationsgeschäfte wieder eingeführt. Reichs-
fluchtsteuer und Steuersteckbrief sollten die weitere Kapitalflucht verhindern. Endlich sollte eine gewisse Lockerung der Realsteuersperre es der
Gemeinden, die bisher niedrigere Steuern erhoben hatten, ermöglichen
ihren Etat auszugleichen. Zum Schutz des inneren Friedens wurder
Vorschriften wegen Waffenmißbrauchs, ein allgemeines Uniformverbot
und verstärkter Ehrenschutz sowie Burgfrieden bis zum 3. Januar eingeführt.

Ein Gegensatz doppelter Art tat sich während der letzten entscheidender
Beratungen über die 4. Notverordnung im Reichskabinett auf. Während
Luther eine bedingungslose Ausbalancierung des Etats durch Erhöhung
der Umsatzsteuer forderte, erklärte Warmbold, daß ohne Kreditinflation
auch die Erhöhung der Umsatzsteuer zwecklos sein würde. Vergebens
suchte ich letzteren zu überzeugen, daß eine solche Krediterweiterung bei
den unsicheren politischen Verhältnissen gefährlich und ihre Wirkung in
der Welt so sein würde, daß die Reparationsstreichung vielleicht nicht
erreicht würde. Luther hielt ich vor, daß ohne eine gleichzeitige Diskontsenkung die Wirkung der Steuererhöhung auch leiden und der Pfand-
briefmarkt ruiniert werden würde. Zwischen Luther und mir kam es am
Abend des 7. und in der Nacht zu dramatischen Zusammenstößen. Alles
stand in letzter Minute auf dem Spiel. Schließlich willigte Luther in eine
Diskontsenkung um 1% ein, die eine Zwangskonvertierung der Zinsen
um 3% unmöglich machte.

Da ich im Innern für eine ruhige politische Entwicklung und gleichzeitig im Ausland um die Reparationsfrage kämpfte, konnte ich in diesem Augenblick eine Demission des Reichsbankpräsidenten nicht verkraften. Ich mußte nachgeben, daß eine Konversion der Zinsen nicht unter 6% erfolgen würde. Es ist der einzige Punkt in allen Entscheidungen der beiden Jahre, der mich nachträglich bitter gereut hat. Die 4. Notverordnung wirkte sich dadurch leider nicht voll aus.

Spät in der Nacht kam eine Einigung zustande. Gleichzeitig wurde Staatssekretär Schäffer nach Genf geschickt, um unsere Delegierten rechtzeitig über die 4. Notverordnung zu unterrichten. Am andern Morgen hatte ich zunächst eine Besprechung mit Oberbürgermeister Goerdeler, Dietrich und Schiele, wobei ich Goerdeler das Amt des Preiskommissars anbot. Er lehnte ab.

Zugleich fand die Besprechung über den schon gedruckten Text der Notverordnung statt.

Um zwölf Uhr ging ich zum Reichspräsidenten, um ihm die Notverordnung zu überbringen. Auf dem Weg dorthin überreichte mir Warmbold seine Demission als Wirtschaftsminister und verlangte die Zurückziehung seiner Unterschrift auf der Notverordnung. Ich sagte ihm die Prüfung seiner Krediterweiterungsideen für Februar zu und erklärte ihm, daß ich mich weigere, sein Demissionsangebot dem Reichspräsidenten weiterzuleiten. Ich fühlte, daß er sich im letzten Augenblick als blindes Werkzeug gegen das Kabinett gebrauchen ließ. Um ihn zu beruhigen, ging ich schnell in mein Arbeitszimmer zurück und schnitt alle Unterschriften mit Ausnahme derer von Groener, Dietrich und meiner eigenen wieder herunter.

Am Nachmittag um sechs holte ich die Unterschrift des Reichspräsidenten. Bis dahin hatte ich meine Rundfunkansprache gemeinsam mit Dessauer und Treviranus diktiert, oder vielmehr sie durch die beiden Herren diktieren lassen, da ich nach dem Zusammenstoß mit Warmbold nicht mehr in der Lage war, selber zu diktieren. Der Reichspräsident war sehr unfreundlich, da man ihm hinterbracht hatte, ich wolle nicht mehr zur Pressekonferenz gehen. Er sah nicht, daß ich kaum noch auf den Füßen stehen konnte und zudem für den Abend eine mehrstündige Aussprache mit den Handelsredakteuren der großen Zeitungen angesetzt hatte, die Luther nicht für sich allein machen wollte.

In der Pressekonferenz, zu der ich nun doch ging, merkte ich alsbald den durchschlagenden Erfolg der Notverordnung. Dagegen waren die Handelsredakteure am Abend sperrig, weil alles gegen ihre Theorien ging. Vorher war es nach langen Mühen doch gelungen, mit Hilfe des

Reichspräsidenten und Meißners, Goerdeler zur Annahme des Preiskommissariates zu gewinnen. Vor der Besprechung mit den Handelsredakteuren hielt ich die Rundfunkansprache. Zum Essen war in diesen Tagen keine Zeit.

Zunächst schien alles gut zu laufen. Aber am andern Morgen erschien Luther bei mir und erklärte, er könne die Diskontsenkung, die er versprochen hatte, nicht mitmachen. Die Bekanntgabe der 4. Notverordnung und der Diskontsenkung habe nach soeben eingetroffenen Nachrichten aus Basel geradezu verheerend gewirkt. Die meisten Mitglieder des beratenden Sonderausschusses hätten bereits ihre Koffer gepackt, Melchior, der sie in seiner vornehmen Art zu beruhigen versucht habe, sei ohnmächtig im Konferenzzimmer zusammengebrochen. Ich sagte Luther, daß ich gar keine Angst hätte wegen eines Auffliegens des beratenden Sonderausschusses. Ich hätte mit der Fertigstellung der Notverordnung eigens seit Wochen gewartet, bis der beratende Sonderausschuß seine Beratungen aufgenommen hätte. Wenn er, Luther, die Diskontsenkung nicht mache, so sei ich nicht mehr in der Lage, mit ihm zusammenzuarbeiten. Beides half. Er ging jetzt über die letzte Hürde. Der Lombardzinsfuß wurde um 2%, der Diskontsatz um 1% gesenkt. Am 10. konnte ich der Auslandspresse die Notverordnung auseinandersetzen und unsere unnachgiebige Haltung in der Reparationsfrage erläutern.

Am 14. mußten die Gewerkschaften zur Zustimmung für die Lohnsenkung gebracht werden. Es gelang. In einem Jahr waren die Löhne um durchschnittlich 20–25% gekürzt worden, ohne daß ein einziger Streik, mit Ausnahme des wilden Streiks in der Berliner Metallindustrie, ausbrach. Die Gewerkschaftsführer haben sich, insgesamt gesehen, in diesem Jahr von einer Verantwortlichkeit für das Vaterland gezeigt, wie sie die Führer anderer Berufe und Verbände nicht ein einziges Mal aufgebracht haben.

An verständnisvoller Mitarbeit fehlte es der Regierung zum Beispiel bei den Banken, die unter ihrer unmittelbaren Kontrolle standen. Die Rückgliederung der Großbanken zu lebensfähigen Regionalbanken – erste Versuche waren in Schleswig-Holstein und Württemberg gemacht worden – kam infolge der passiven Resistenz der Großbankleitungen und der mangelnden Initiative und Energie des Bankenkommissars nicht voran. Daß ich bei diesen Plänen keine energische Unterstützung seitens des Reichsbankpräsidenten haben würde, war mir klar. Das beruhte nicht auf mangelndem Wollen, sondern lag in der Natur Luthers, der an sich ein Freund größter Zentralisation war – ein eigentümlicher Zug, schwer zu erklären bei einem früheren Oberbürgermeister, der ein entschiedener Anhänger der Selbstverwaltung auf dem Gebiete des Kommunalwesens geblieben war.

Die Banken setzten ihre Drosselungspolitik bei den mittleren und kleineren Schuldnern trotz dauernden Einspruchs der Reichsregierung fort. Der Lösung der Schwierigkeiten bei ihren Großschuldnern standen sie weiter ratlos gegenüber. So kam es, daß neue, große Zusammenbrüche in der Industrie unter ihren Augen entstanden. Am 17. Dezember stellte Hanomag und am 18. Borsig die Zahlungen ein. Die Zahlungseinstellung von Borsig verdarb die Laune im Reichswehrministerium und im Hause des Reichspräsidenten, wohin verwandtschaftliche Beziehungen bestanden. Ich versuchte mit Reichsmitteln zu helfen, wozu ich glaubte, moralisch berechtigt zu sein, weil Wirth als Reichskanzler auf Veranlassung der Reichswehr gewünscht hatte, daß 1921 Borsig mehr als 120 Millionen Mark in Rußland investierte für geheime Rüstungen. Dieses Kapital ging ebenso wie das von Krupp dort investierte verloren.

Die Neubesetzung des preußischen Finanzministeriums durch Dr. Klepper, den Präsidenten der Preußenkasse, hatte schwere Folgen. Klepper, aus einer alten christlich-sozialen Familie hervorgegangen, lange Jahre nach dem Krieg Mitglied der DNVP, hatte sich durch seine Erbitterung und Enttäuschung über Hugenbergs Politik allmählich nach links orientiert. Niemand konnte seine außerordentlichen Fähigkeiten bestreiten, auch nicht die Entschlossenheit, an einer einmal beschlossenen Linie festzuhalten um jeden Preis. Aber leider war diese Linie manchmal nicht durch Weitblick, sondern stark durch Ressentiments bestimmt. Ich fürchte, er konnte nie vergessen, daß er, obwohl er Hunderte von Millionen in den letzten Jahren durch die Preußenkasse dem östlichen Großgrundbesitz zur Verfügung gestellt hatte, dauernd die Zielscheibe heftigster Angriffe gerade von dieser Seite war.

Seine Einsicht in agrarpolitische Notwendigkeiten war außerordentlich. Er reichte zwar nicht an Schlange heran, der mit gleich starker theoretischer Durchdringung der Fragen eine außerordentliche praktische Erfahrung auf allen Gebieten der Agrarpolitik besaß. Weil Klepper glaubte, theoretische Erkenntnisse mit einem Schlag der gesamten Landwirtschaft aufzwingen zu können, verrannte er sich.

Es fehlten ihm der letzte politische Instinkt, Geduld und das verständnisvolle Eingehen auf die Tatsache, daß keine Schicht sich so langsam auf neue Formen der Wirtschaft einstellt und sich zum Verständnis für die Gesamtwirtschaftspolitik entschließt wie die Landwirtschaft. Ebensosehr fehlte ihm auch die Einsicht, daß eine Regierung sich nicht unnötig unpopulär machen darf und daß man es vermeiden muß, vor Wahlen unpopuläre Maßnahmen zu treffen, deren Verschiebung um ein Vierteljahr vor allem dann ruhig verantwortet werden kann, wenn es sich dabei um Eingriffe in eine hundertjährige Verwaltungstradition handelt.

Klepper war, solange er bei der Preußenkasse war, eines der größten Hemmnisse für Treviranus bei einer schnelleren Durchführung der Osthilfe. Dabei war ihm sehr schwer beizukommen, weil er in Besprechungen mit der Reichsregierung klug und sachlich war, aber nachher insgeheim die preußischen Ressorts anders beeinflußte, wobei er durch seinen Appell an die Partikularinstinkte auch die Unterstützung hoher preußischer Beamter fand, die an sich der deutschnationalen Partei angehörten.

Aus all diesen Gründen und Erfahrungen bemühte ich mich, seine Ernennung zum preußischen Finanzminister zu verhindern. Ich fand dabei dieses Mal die entschlossene Unterstützung der Preußenfraktion der Zentrumspartei, die sogar bereit war, Krosigk zum preußischen Finanzminister zu machen bzw. ihn dem preußischen Ministerpräsidenten aufzuzwingen. So gerne ich Krosigk an dieser Stelle gesehen hätte, so glaubte ich doch, in seinem Interesse diesen Vorschlag nicht befürworten zu können. Eine Teilnahme an einem Kabinett mit den Sozialdemokraten hätte ihn bei seinen politischen Freunden aller Wahrscheinlichkeit nach unmöglich gemacht. Ich sah dagegen in ihm, bei einem Wechsel der Regierung, den kommenden Finanzminister, weil ich zu ihm das Vertrauen hatte, daß er auch nach meinem Abgange unter allen Umständen eine solide Finanzpolitik betreiben würde. Außerdem hatte ich ihn langsam in das ganze Reparationsproblem mit hineingezogen und ihn in alle Verhandlungen eingeschaltet. Bei der Julikonferenz in London hatte ich ihn nach meiner Abreise als Führer der Delegation dagelassen, um ein Experiment mit ihm zu machen. Ich hatte ihm dabei die Generalanweisung gegeben, möglichst alles, was wir durchzusetzen wünschten, den Engländern in die Hände zu spielen, so wie ich es mit Leith Ross und Sprague besprochen hatte, um es durch sie als englische Anregung gegen die Franzosen durchsetzen zu lassen.

Krosigk hatte diesen Auftrag geradezu vollkommen durchgeführt. Alle privaten Berichte, die ich über sein Auftreten und seine Tätigkeit in London erhielt, waren voll des Lobes über ihn. Leith Ross bestätigte es mir persönlich, als er im Januar 1932 in Berlin war. Aus diesem Grunde war mir seit langem der Gedanke gekommen, da der bisherige Staatssekretär im Reichsfinanzministerium unter allen Umständen vor dem 1. Mai ausscheiden wollte, im Etat für 1932 zwei Staatssekretäre im Reichsfinanzministerium einzuführen, und diese beiden Posten mit Krosigk und Zarden zu besetzen. Krosigk sollte den Etat, Reparationen, Reichsbank, Geldmarkt und Führung der Reichskasse unter sich haben, während Zarden Steuern und Zölle in seiner Hand vereinigen sollte. Ich ließ Krosigk kommen und teilte ihm mit, daß es der Wunsch meiner politischen Freunde sei, ihn an der Spitze des preußischen Finanzministeriums zu sehen, legte ihm aber gleichzeitig meine Bedenken und meine Pläne für seine Zukunft vor. Er war sofort einverstanden.

Meine Absicht war, Dietrich gleichzeitig zum preußischen Finanzminister zu machen, um so den ersten praktischen Schritt zur Reichsreform zu tun, ohne daß der Reichspräsident dagegen Einspruch erheben konnte. Die weitere Absicht war, an Stelle des unmöglichen preußischen Landwirtschaftsministers Steiger Schlange zum preußischen Landwirtschaftsminister und Joel zum preußischen Justizminister zu machen. Ich konnte diese Politik nur schrittweise durchführen, um nicht den Mehrheitsparteien in Preußen zu viel auf einmal aufzuerlegen. Ich besprach mit Ministerpräsident Braun sowohl die Vereinigung des preußischen und des Reichsfinanzministeriums in den Händen von Dietrich wie der beiden Landwirtschaftsministerien unter Schlange. Braun, der stets eine große staatsmännische Einsicht bewies, erklärte sich einverstanden, falls der Plan schrittweise durchgeführt würde. Vor allem versprach er, sich für die Ernennung Dietrichs zum preußischen Finanzminister einzusetzen. SPD und Zentrumspartei waren gewonnen.

Dann wurde der Plan zerstört durch die eigenen Parteigenossen Dietrichs in Preußen. Falk von der preußischen Landtagsfraktion der Demokraten ging zu Braun und erklärte ihm, daß eine Ernennung Dietrichs zum preußischen Finanzminister, also die Ernennung des eigenen Parteivorsitzenden zum Mitglied des preußischen Kabinetts, für die Demokraten die Stellung der Kabinettsfrage bedeuten würde. So mußte Braun gegen seine eigene Einsicht nachgeben. Er gab unter vier Augen seiner Verachtung für die demokratische Landtagsfraktion lebhaften Ausdruck. Vier Monate später sollte es sich herausstellen, daß die nunmehr unvermeidliche Ernennung Kleppers zum preußischen Finanzminister einer der schwersten Fehler war, der in der ganzen Politik in den letzten zehn Jahren begangen worden war.

Klepper ging mit außerordentlicher Energie an seine Aufgabe. Am 23. Dezember wurde die preußische Sparverordnung zur Sicherung des

Haushaltes, Vereinfachung der Verwaltung und Senkung der Personalkosten verkündet. Sie stützte sich auf die Dietramszeller Notverordnung und auf deren Fortführung und Ausdehnung auf die Gemeinden durch die Notverordnung vom 6. Oktober 1931.

Eingreifende Maßnahmen auf dem Gebiete der Forstverwaltung, im Bereich der Handels- und Gewerbeverwaltung, bei der Justiz und Landwirtschaft, im Hochschulwesen, bei der Schulverwaltung waren vorgesehen. Die Zahl der Oberförster wurde um 40 verringert. Die Zahl der Stellen für Oberregierungs- und Forsträte um 10% heruntergesetzt.

Ein außerordentlicher Fortschritt wurde gemacht durch Zusammenlegung aller Kassen des Staates, die sich am gleichen Ort befanden.

Sechzig Amtsgerichte wurden eingespart. Eine Reihe von landwirtschaftlichen Versuchsanstalten wurde aufgehoben. Die Staatstheater in Wiesbaden und Kassel sowie das Schillertheater in Berlin wurden geschlossen.

Die Pädagogischen Akademien wurden auf 9 verringert, die Medizinalverwaltung vereinheitlicht, 50 Schulaufsichtskreise eingespart, die Altersgrenze für Lehrer von 65 auf 62 Jahre heruntergesetzt, um so innerhalb von drei Jahren den Überschuß von Junglehrern völlig unterzubringen. Nach den Berechnungen, die Klepper mir vorlegte, würde 1934 kein Junglehrer mehr stellenlos sein.

Am großzügigsten, aber auch am gefährlichsten für die preußischen Landtagswahlen im Frühjahr waren die Verwaltungsvereinfachungen. Meine Befürchtungen, daß gerade diese Maßnahmen den Nazis bei den Preußenwahlen mindestens 2 Millionen Stimmen bringen würden, haben sich leider durchaus bestätigt.

Zwar schrie gerade die Landwirtschaft am lautesten nach Abbau der Verwaltung, wobei man sich vorstellte, daß ein solcher Abbau eine sofortige Senkung der Steuerlasten in gewaltigem Ausmaß zur Folge haben würde. Aber kein Landwirt wünschte, daß in seinem Kreis oder in seinem Bezirk diese Maßnahmen fühlbar würden. Die Einteilung der Kreise und Regierungsbezirke stand mit wenigen Ausnahmen seit nahezu 120 Jahren fest und war tief eingewurzelt im täglichen Empfinden der Bevölkerung. Zusammenlegung von Kreisen bedeutete die Rebellion einer Kleinstadt gegen eine Regierung, die für diese Stadt den Landratssitz aufhob. Meine Warnungen, die auf Erfahrungen und Überlegungen früherer Jahre beruhten, hatten keine Wirkung. Die Landwirte in den betroffenen Kreisen reagierten dann auch erwartungsgemäß. Sie stimmten bei den nächsten Wahlen für die NSDAP. Dagegen war die Übertragung der Geschäfte der Regierungspräsidenten an die Oberpräsidenten eine Reform, die nicht viel Ersparnisse brachte, aber keinerlei unpopuläre Wirkung hatte. Alles in allem war diese durch die preußische Notverordnung vollzogene Verwaltungsreform die größte der letzten 100 Jahre. Es versteht sich von selbst, daß ich für die sachliche Arbeit Kleppers auf diesem Gebiet die größte Hochachtung hatte; aber politisch war sie zu diesem Zeitpunkt falsch.

Schlimm war die passive Resistenz bei der Reichsbahnverwaltung. Zwar hatte die steuerfreie Reichsbahnanleihe bis Dezember 205 Millionen Mark gebracht und ihr Ergebnis stieg in den nächsten Monaten weiter auf rund 254 Millionen Mark. Während der Abwesenheit des Vorsitzenden des Verwaltungsrates, des Herrn von Siemens, in Amerika war es mir gelungen, bei Dorpmüller die Investierung dieser Summe in Neuanlagen, also zur Arbeitsbeschaffung zu verwenden. Als Siemens zurückkehrte, suchte er mit allen Mitteln diese Summe ausschließlich für etatsmäßige Instandsetzungsarbeiten einzusetzen, um so eine Ausbalancierung des Etats ohne Rücksicht auf Reserven zu erreichen. Alle Versuche, ihn und die leitenden Persönlichkeiten der Reichsbahn davon zu überzeugen, daß mit Rücksicht auf die Reparationsverhandlungen die Reichsbahn ein offenes Defizit aufweisen müsse, waren ergebnislos. Als ich erklärte, mein Ziel sei die restlose Streichung der Reparationen, und eine Einigung über eine Lösung, die nur noch die Weiterzahlung der Reichsbahnschuldverpflichtungen vorsähe, wäre für mich schon vor drei Monaten zu erreichen gewesen, erschien ihnen das so ungeheuerlich, daß sie darüber lächelten. Sie wollten die Reichsbahn unter allen Umständen „reparationsfähig" erhalten.

Das Ergebnis war selbstverständlich, daß die Franzosen und ihre Trabanten im beratenden Sonderausschuß sich auf die Fähigkeit der Reichsbahn, weiter Zahlungen zu leisten, versteiften. Diese Politik der Reichsbahn, die Starrköpfigkeit ihrer Leiter, die die Reichsbahn als Selbstzweck ansahen, war während der ganzen Jahre eine der größten Schwierigkeiten, die wir zu überwinden hatten. Sie verlangten immer höhere Tarife und Lohnsenkungen, um ihr Defizit auszugleichen, und ohne sich zu überlegen, daß diese Politik eine Schraube ohne Ende sein würde. Es war für Treviranus furchtbar schwer, der Reichsbahn auch nur die kleinste Tariferleichterung abzuringen, obwohl sich herausstellte, daß solche Tarifsenkungen zum mindesten ein weiteres Herabgleiten der betreffenden Einnahmen verhinderten. Mit Rücksicht auf ihre international gesicherte Stellung durch den Young-Plan glaubte die Reichsbahn, sich um die Gesamtpolitik der Reichsregierung überhaupt nicht kümmern zu brauchen. Das war vor allem der Standpunkt des Herrn von Siemens, der an vermehrten Reichsbahnaufträgen kein Interesse hatte, sondern nur an vermehrten Postaufträgen. Siemens entschloß sich zu einer Kraftprobe. Wenige Tage, nachdem er von Amerika zurück war, reichte er seine Demission ein, wohl wissend, daß seine Stellung beim Reichspräsidenten durch Meißner und andere Persönlichkeiten gesichert war. Zu einem anderen Zeitpunkt hätte ich diese Demission begrüßt. Da sie aber wenige Tage vor dem Zusammentritt des beratenden Sonderausschusses erfolgte, leitete diese Demission den Franzosen Wasser auf ihre Mühlen. Sie war ein Sabotageakt gegen die Reichsregierung bei ihrem Kampf um die restlose Streichung der Reparationen. Der Reichspräsident intervenierte prompt. Siemens blieb. Ich bekam zwar die persönliche Zusicherung von Dorpmüller, er werde im stillen alles versuchen, um einen möglichst großen Anteil der steuerfreien Anleihe für überplanmäßige Beschaffungsarbeiten zu verwenden, in Wirklichkeit war er aber nicht stark genug, dies zu verwirklichen.

Die Reichsregierung wurde von der Reichsbahnverwaltung in diesem Punkt regelrecht betrogen. Derselbe Herr von Siemens und dieselbe Reichsbahnverwaltung brachten es unter dem Druck der gegen sie gerichteten Brachialgewalt im Sommer 1933 fertig, ihre Politik mit nach außen zur Schau getragener Begeisterung genau ins Gegenteil zu verdrehen. Letzte, selbst auf dem Höhepunkt der Depression noch vorhandene Reserven wurden besinnungslos verschleudert, um sich bei der nationalsozialistischen Regierung in ein gutes Licht zu setzen. Während sie den für Juni 1932 vorgesehenen Bau von Autostraßen – wozu alle Pläne damals bis ins einzelnste fertiggestellt waren – mit Hilfe ihres Einflusses beim Reichspräsidenten sabotierten, stellten sie sich, als die nationalsozialistische Regierung die von uns erarbeiteten Pläne aus der Schublade zog, plötzlich als begeisterte Anhänger der Autobahnen hin.

Bei den Reparationsverhandlungen war die Reichsbahn für uns ein Klotz am Bein. Das stellte sich gleich zu Beginn der Verhandlungen heraus. Es waren die erbittertsten und hartnäckigsten Verhandlungen, die je in der Reparationsfrage geführt wurden. Von unserer Seite waren sie diesmal technisch genügend vorbereitet. Wie scharf der Kampf war, bewies allein schon die Tatsache, daß Sir Walter Layton, wie unser Hauptvertreter Melchior, während der zehntägigen Verhandlungen wiederholt ohnmächtig wurde. Dr. Melchior hat sich von diesen Tagen nie wieder erholt. Er war einer unserer besten Männer, vornehm und ruhig in der Art seines Auftretens, von ungewöhnlich reicher Sachkenntnis und

Erfahrung, loyal, aber offen gegen jede Reichsregierung, die ihn beauftragte. 1918 hat er, wie wenige, die Unzulänglichkeit der Obersten
Heeresleitung erkannt. Er hat mir wiederholt erzählt aus jenen Tagen, als
er in Spa weilte, wie er den Trick durchschaute, Erzberger durch einen
Appell Hindenburgs an sein patriotisches Verantwortlichkeitsgefühl die
Verantwortung für die Waffenstillstandsverhandlungen aufzuzwingen,
um so nachher die Schmach von den Generälen wegnehmen und sie
einem Politiker aufhalsen zu können. Er hat Erzberger in Spa gewarnt
und ihm seine Auffassung von der Taktik Hindenburgs mitgeteilt. Aber
auf Erzberger hatte die Art des alten Herrn gewirkt, zumal er sich in
einem gewissen Grad geschmeichelt fühlte. Erzberger hat ihm dann mit
Tränen in den Augen erklärt, daß er sich dem Appell des Feldmarschalls
nicht entziehen könne, ohne nachher als Feigling dazustehen.

Auf den internationalen Konferenzen hat sich Melchior durch sein
Auftreten und seinen Rat um das Vaterland verdient gemacht. Das
hinderte nicht, daß er auch im Auswärtigen Amt mit allen Mitteln
verleumdet und daß gegen ihn intrigiert wurde. Noch kurz vor seiner
Ernennung zum Mitglied des beratenden Sonderausschusses war ein
hoher Beamter des Auswärtigen Amtes ohne Wissen Bülows bei mir, der
mir erzählen wollte, Melchior habe Beziehungen zu einer Französin, die
für den französischen Geheimdienst arbeite. Ich bat Schäffer, unter
vertraulicher Behandlung dieser Dinge, mir Aufklärung zu verschaffen.
Schäffer konnte mir mitteilen, daß Melchior mit einer Dame verlobt sei,
die im übrigen halbdeutscher Abstammung sei und ganz deutsch fühle.
Melchior beabsichtige, wenn erst die Streichung der Reparationen in
meinem Sinne erreicht sei, sich aus dem politischen und wirtschaftlichen
Leben zurückzuziehen und zu heiraten. So geschah es 1932. Melchior
starb, durch seine aufopfernde und aufreibende Arbeit für Deutschland
gesundheitlich zerrüttet und tief verwundet durch die Gemeinheit der
nunmehr auch öffentlich gegen ihn gerichteten Verleumdungen, an einem
Herzschlag, einige Tage, ehe ihm ein Sohn geboren wurde. Diesem Mann
ein Denkmal zu setzen, der ein Patriot war und nur wegen seiner
jüdischen Abstammung angefeindet wurde, ist eine besonders angenehme
Pflicht.

Bei den Beratungen des Basler Sonderausschusses stellte sich heraus, daß
unsere Zustimmung zur Wahl des belgischen Delegierten ein schwerer
Fehler gewesen war. Wir hatten gerade gehofft, daß er uns bei der
Einstellung des Königs Albert eine wertvolle Hilfe sein würde. Statt
dessen stellten er und der jugoslawische Vertreter sich bedingungslos auf

die Seite des französischen Delegierten Rist, gegen dessen Scharfsinn und Sachkenntnis unsere Delegierten einen schweren Stand hatten. Rist gehört zu dem Typ der Franzosen, der unerbittlich an der Logik seiner eigenen Gedanken festhalten zu müssen glaubt, auch wenn die Welt darüber in Trümmer geht. Die Beurteilung der Lage, auch in schwersten Krisenzeiten, schrumpft bei ihnen zu einem logischen Denkexperiment zusammen. Es sind jene Typen, sehr fähig und sonst einwandfrei, die ewig in Frankreich wiederkehren und ewig dafür gesorgt haben, daß letzten Endes deutsch-französische Schwierigkeiten durch Kriege gelöst wurden. Er war es, der für das harte Ringen in Basel verantwortlich war.

Die schon erwähnten technischen Einrichtungen in Lörrach und in der Reichskanzlei ermöglichten eine ständige Fühlungnahme zwischen uns und unseren Delegierten, ohne daß die Gespräche abgehört werden konnten. Um diese Möglichkeit noch zu vervollkommnen, schickten wir am Abend des 7. Dezember Schäffer nach Basel, der gleichzeitig den Auftrag bekam, bei seiner Durchfahrt durch Frankfurt die Handelsredakteure der „Frankfurter Zeitung" für eine günstige Aufnahme der 4. Notverordnung zu gewinnen. Wenn unsere Delegierten in den Verhandlungen saßen und nicht selbst nach Lörrach kommen konnten, fuhr Schäffer im Auto zwischen Lörrach und Basel hin und her, um uns zu orientieren und Melchior und Schmitz neue Instruktionen entsprechend der Sachlage in den Verhandlungsraum zu bringen. In den Mittagspausen und abends kamen dann, während der ganzen Tage, unsere Delegierten nach Lörrach. Wir hatten somit in Lörrach die gesamte Delegation am Telephonlautsprecher und in der Reichskanzlei die für die Reparationen in den Ämtern und in der Regierung entscheidenden Persönlichkeiten. Auf diese Art wurden Verhandlungen ermöglicht, als ob wir alle gemeinsam um einen Tisch herumsäßen. Sprague und Brand waren nach Berlin gekommen. Durch sie hatten wir gleichzeitig permanente Fühlung mit der Bank von England.

Wiggins war in Berlin zur Teilnahme an der gleichzeitig dort abgehaltenen Stillhaltekonferenz. Obwohl seine Stellung in den Vereinigten Staaten schon stark erschüttert war, war er für uns in diesen Tagen eine wertvolle Stütze für die Ausspielung der Macht der privaten Gläubiger Deutschlands gegenüber den Franzosen, die de facto nur noch Staatsgläubiger waren. Erst jetzt merkten die Franzosen überhaupt, daß sie dieses Mal entgegen ihrem sonst so großen taktischen Geschick bei der technischen Vorbereitung von internationalen Verhandlungen unsere Taktik nicht rechtzeitig erkannt hatten. Durch die zeitweilig gleichzeitige Verlegung der Stillhaltekonferenz nach Berlin konnten wir stets die privaten Gläubiger für uns mobil machen und damit auch durch sie in der Weltpresse eine besonders starke Unterstützung für die deutschen Thesen finden. Die Taktik, Sprague und Wallenberg als dauernde Berater der Reichsregierung heranzuziehen, war erfolgreich, gerade in diesen Tagen. Mit Sprague stand ich dauernd persönlich, mit Wallenberg telephonisch in Verbindung. Als durch die Luther von uns aufgezwungene Diskontsenkung der Sachverständigenausschuß in Basel aufzufliegen drohte, habe ich erst durch Sprague am Abend Montagu Norman für unsere Auffassung gewinnen können. Nachts um halb zwei gelang es mir endlich, Wallenberg bei einer Festlichkeit in einem Stockholmer Hotel telephonisch zu erreichen. Ich bat ihn, noch in der Nacht das holländische Mitglied des beratenden Sonderausschusses für unsere Auffassungen zu gewinnen und vor allem die Bank von Frankreich auf die gleiche Linie festzulegen. Er hielt mich die ganze Nacht auf dem laufenden über das Ergebnis seiner Verhandlungen. Am andern Morgen um zehn Uhr konnte ich, nach einer völlig durchwachten Nacht, ironisch Luther gratulieren zu der Anerkennung der Richtigkeit seiner „Diskontpolitik seitens der Präsidenten aller maßgebender Notenbanken". Wiggins hatte in der Nacht über London telephonische Verbindung mit dem Präsidenten der „Federal Reserve Bank" aufgenommen und ihn ebenfalls für unsere Politik gewonnen. Das Gewitter hatte sich entladen und Nutzen statt Schaden gebracht. Ein Tag zu früh oder ein Tag zu spät für den Termin der Verkündung der 4. Notverordnung hätte uns in unabsehbare Bedrängnis hineingebracht. Ich wußte, daß ich mit einer solchen Politik den Nerven der Mitarbeiter, außer Bülow, an sich Unmögliches zumutete, aber ich durfte allem Drängen nicht eine Minute zu früh nachgeben und auch nicht eine Minute zu lange zögern. Der Nachmittag des 8. Dezember war mein Termin gewesen. Er mußte eingehalten werden, auch wenn ein Teil der besten Mitarbeiter und Freunde dem physischen Zusammenbruch nahe war.

Während dieser Zeit hörte ich, daß man mich im Reichswehrministerium den „Zauderer" nannte. Als der Bericht des beratenden Sonderausschusses herausgekommen war, der zwar nicht meinen Erwartungen entsprach, aber der Reichswehr ein unerwarteter Erfolg zu sein schien, war Schleicher, was ich festhalten möchte, so ritterlich, sofort zu mir zu kommen und die Glückwünsche der Reichswehr auszusprechen, wobei er bemerkte, daß ich mir darüber klar sein müsse, daß ein zweites Mal auch seine Nerven eine Wiederholung meiner Taktik nicht aushalten würden.

Weder er noch ich dachten in dieser freundschaftlichen und fröhlicher Unterhaltung daran, daß er ein prophetisches Wort ausgesprochen hatte. Der erste Entwurf eines Berichtes des Basler Ausschusses war für mich nicht akzeptabel. Er enthielt eine zu scharfe Kritik der Finanzpolitik früherer Jahre und eine ebenfalls zu starke Herausstellung der Reparationsfähigkeit der Reichsbahn. Ich entschloß mich deshalb am Abend de 19. Dezember, am selben Tag, an dem ich die erwähnte Unterhaltung mit François-Poncet gehabt hatte, Melchior eine endgültige Instruktion nach Lörrach zu übermitteln. Er wurde angewiesen, einer Empfehlung im Sachverständigenbericht, die irgendeine Belastung Deutschlands enthalte, das negative Ergebnis vorzuziehen, wonach der Sachverständigenausschuß sich angesichts der über den Young-Plan hinausgewachsener Situation für unzuständig erklärte. Als Melchior am 20. dies als Auffassung der deutschen Sachverständigen mitteilte (es mußte immer der Anschein aufrechterhalten werden, als ob die Sachverständigen ohne Instruktion ihrer Regierung zu einer völlig unabhängigen Meinungsbildung gekommen seien, eine Taktik, die Melchior bis zum Schluß wunderbar durchspielte), flog der Ausschuß auf. Ich bat in einem erneuten Telephongespräch Melchior, so zu tun, als ob er die Koffer packe, in Wirklichkeit aber ruhig die Dinge in Basel abzuwarten.

Am nächsten Tage setzte sich Sir Walter Layton hin und entwarf aus eigener Initiative einen neuen Bericht, der starke Abschwächungen enthielt, und legte diesen als Privatarbeit den einzelnen Delegationen vor Er bedeutete ein starkes Entgegenkommen gegenüber unserm Standpunkt, aber ich glaubte nach der 4. Notverordnung stark genug zu sein, auch dieses Entgegenkommen als nicht weitgehend genug ablehnen zu müssen. Dagegen fand ich mich mit einer Kritik des Finanzausgleiches, der Schulausgaben und anderer Dinge ab, die mir im Grunde sehr erwünscht waren. Schließlich kam nach heftigen Kämpfen ein Kompromiß zustande, in dem ausdrücklich ein großer Teil der Schuld für die ganze Entwicklung auf das leichtsinnige Borgen ausländischer Bankiers geschoben und festgehalten wurde, daß auch nach Ablauf des Hoover-Jahres Deutschland nicht in der Lage sein würde, den aufschiebbaren Teil der Jahresraten zu transferieren, und daß alle Voraussetzungen des Young-Planes erschüttert seien; dazu kam noch die Aufnahme eines Vorbehaltes der deutschen Delegation wegen der Erwähnung der Reichsbahn in dem Bericht.

Am 24. Dezember sprachen Dietrich und ich vor der Presse. Ich betonte ausdrücklich, daß das Basler Gutachten in der Schärfe der Formulierung ein Rückschritt gegenüber dem Bericht des Wiggins-Ausschusses sei, daß ich aber angesichts der juristischen Beschränkung des Ausschusses auf die formalen Bestimmungen den Bericht als einen Fortschritt und als eine Etappe auf dem Wege zur Erreichung des Zieles der Reichsregierung ansähe. Im Grunde war ich weit optimistischer, als ich es nach außen hin zu erkennen geben durfte. Ich mußte Rücksicht nehmen auf die Schwierigkeiten, die sich für die französische und englische Regierung gegenüber den Vereinigten Staaten wegen ihrer eigenen Schuldenzahlungen ergeben würden, falls auch der unaufschiebbare Teil der Zahlungen Deutschlands für immer gestrichen werden sollte. Die Verhandlungen, die Leith Ross und Flandin in Paris führten, zeigten dieses klar.

Obwohl ich bereit war, die am 31. Dezember erfolgte Einladung der englischen Regierung auf Zusammentritt der Lausanner Konferenz am 18. Januar anzunehmen, entschloß ich mich, die wirkliche Entscheidung angesichts des Ergebnisses der Pariser Besprechungen hinauszuziehen, weil ich ganz fest davon überzeugt war, daß weitere drei bis vier Monate uns den endgültigen Sieg bringen würden. Ich wußte, daß das im Januar zu erzielende Resultat für mich im Innern eine gewaltige Entlastung bringen konnte. Aber bei ruhiger Überlegung glaubte ich, nachdem die Dinge so weit gelungen waren, auf jeden zu frühen Prestigeerfolg verzichten zu müssen.

Gleichzeitig waren die Stillhalteverhandlungen unter besseren Bedingungen als bisher auf der Basis, die von Otto Wolff u. a. im Wirtschaftsausschuß auf meine Bitte Luther aufgezwungen wurde, zum Abschluß gekommen. Wir hatten auch hier zwei ausgezeichnete Delegierte gefunden: Schlieper von der Deutschen Bank und Jeidels von der Berliner Handelsgesellschaft, etwas zu ängstlich in bezug auf die Möglichkeit der Durchsetzung der Forderungen der Reichsregierung auf diesem Gebiete, aber in Form und Sache so gut, wie wir es nur wünschen konnten.

Dieser zweite Stillhaltevertrag ermöglichte die gesamte Außenpolitik Deutschlands für die nächsten zwei Jahre. Er brachte die Entscheidung. Ohne diesen Vertrag und ohne die Londoner und Basler Konferenz vom Juli und August 1931 wären wir zur Kapitulation gezwungen gewesen. Er war in Wirklichkeit die Erfüllung der Hoffnungen, die ich im Jahre 1924 in Königswinter in einem von Herrn von Lüninck geleiteten Kreise von führenden Persönlichkeiten der Rechtsparteien ausgesprochen und im einzelnen entwickelt hatte. Für den Eingeweihten waren wir über den Berg. Noch ein halbes Jahr, und der Versailler Vertrag wankte in allen Teilen. Die 33 Milliarden Mark, die das Ausland seit 1924 investiert hatte und die nun nicht mehr willkürlich abgezogen werden konnten, waren für uns eine stärkere Waffe als eine Million Reichswehrsoldaten. Wenn die Welt unseren Forderungen auf praktische Beseitigung fast aller Bestimmungen des Versailler Vertrages im nächsten halben Jahr nicht nachgeben wollte, so waren wir, wie Kaas im Februar im Reichstag aussprach, zum mindesten jetzt stark genug, um, wie Samson, die Säulen umzureißen, auf denen Prosperität und Ordnung für eine Generation ruhten. Wie immer vor großen Erfolgen war es notwendig, niemanden außer den engsten Mitarbeitern, die schweigen konnten wie ein Grab, wissen zu lassen, wie weit wir bereits waren und über welche Waffen für den Endkampf wir verfügten.

Für diesen Endkampf mußte jetzt zunächst die Abrüstungsfrage aufgegriffen werden, denn nur die Lösung der Abrüstungsfrage konnte, wegen der zwar nicht formalen, aber tatsächlichen Verknüpfung von interalliierten Schulden und deutschen Reparationen, mit Hilfe Amerikas die völlige Streichung der Reparationen ermöglichen. Am 17. Dezember einigte ich mich mit Nadolny wegen der Übernahme des Vorsitzes der deutschen Delegation für die Abrüstungskonferenz.

Ich kannte seine starke Stellung im Hause des Reichspräsidenten, die auf Meißner beruhte. Ich kannte seine engen Beziehungen zu den Nazis und Deutschnationalen. Ich kannte vor allem seine Pläne, mich zu stürzen. Daher mußte er geschickt ins Feuer gesandt werden, um zu zeigen, was er konnte. Diese Taktik schien Bülow etwas gewagt bei aller Kaltblütigkeit, die ihn nie verließ, und obwohl er stets für kühne Unternehmungen zu haben war. Mit Recht erhob er Bedenken wegen der Unzulänglichkeit Nadolnys, vor allem wegen seiner „östlichen" Art des Auftretens, die für internationale Konferenzen denkbar ungeeignet schien. Ich hielt Bülow entgegen, daß eben diese „östliche" Art die Reichswehr veranlaßte, eine Persönlichkeit als „starken Mann" anzuerkennen. Für die feinere Arbeit und die Pflege gesellschaftlicher Beziehungen empfahl ich, Nadolny den Grafen Welzceck beizugeben. Bülow sah große Schwierigkeiten, den Grafen zu bewegen, mehr oder minder unter Nadolny zu arbeiten. Es gelang ihm jedoch, vorübergehend seine Zustimmung zu erhalten. Allerdings meldete sich Welzceck nach vier Wochen der Zusammenarbeit mit Nadolny krank! Das gleiche geschah mit dem ersten Delegierten nächst Nadolny, Herrn von Weizsäcker, der einer der besten Beamten war, aber Temperament und Charakter von Nadolny nicht ertragen konnte.

Die größte Überraschung für mich war, daß die Reichswehr General von Blomberg als Chef der militärischen Abteilung der Delegation vorschlug.

Bei der Auswahl des Nachfolgers des Generals Heye war mir sowohl von Groener als auch von Schleicher erklärt worden, daß Blomberg in keiner Weise für irgendeine leitende Stelle qualifiziert sei. Bei dem Abendessen kurz vor Weihnachten mit Schleicher sprach ich mein Erstaunen darüber aus, daß man trotz dieser ablehnenden Stellungnahme Blomberg als Chef der militärischen Delegation in Aussicht genommen hatte. Schleicher erklärte mir, daß dies nur ein ehrenvoller Abgang für „den weiter nicht zu gebrauchenden Blomberg" sein solle. Er brauche ja in Wirklichkeit nichts anderes zu tun, als den Vorschlägen der beiden anderen ausgezeichneten, erprobten und informierten Delegierten zu folgen, nämlich des Generals von Schönheinz und des Admirals von Freyberg.

Letzterer erwies sich im Verlauf der Konferenz als der einsichtigste und klarste Kopf, neben Herrn von Weizsäcker. Er war überhaupt der Mann, der, wie ich später hörte, bei der schweren Erkrankung Schleichers im Reichsministerium als einzig möglicher Ersatz vorgesehen war. Er verband sehr gute Formen, die über das normal Militärische hinausgingen, mit einem klaren Verstand, sehr großer Einfühlungsfähigkeit und politischem Instinkt. Er konnte sonst nichts werden, trotz restloser Anerkennung seiner Fähigkeiten, weil er Katholik war. Wie weit der Katholikenkoller in der Marine ging, trotz der Loyalität des Admirals Raeder, hatte ich an dem Geschick meines Vetters Clemens Baeumker gesehen, den zwar Raeder zum Admiral befördern wollte – was ihm dieser bereits mitgeteilt hatte –, der aber, von den Intrigen gegen ihn genau Bescheid wissend, es vorzog, um mir eine Intervention zu ersparen, hinter meinem Rücken seinen Abschied zu nehmen.

Nicht erledigt von dem Programm des Jahres 1931 war die praktische Inangriffnahme der kommunalen Umschuldung auf Grund der Kabinettsbeschlüsse und der Vereinbarungen mit Luther vom Oktober. Die Reichsbank kam nicht recht vorwärts. Zudem ergaben sich neue Komplikationen, als immer klarer wurde, daß die Lage der Westfälischen Landesbank nicht viel besser war als die der Rheinischen Landesbank.

Allerdings waren die Verhandlungen über die Sanierung der Westfälischen Landesbank erheblich leichter als diejenigen wegen der Rheinischen Landesbank. Während der rheinische Landeshauptmann möglichst lange die Lage der Rheinischen Landesbank verheimlichte, aber währenddessen permanenten politischen Druck ansetzte, um ungezählte Millionen von Reich und Preußen zu bekommen, damit er aus seinen akuten Schwierigkeiten herauskam, ohne gleichzeitig Reformvorschläge personeller und sachlicher Art zu machen, handelte der ausgezeichnete westfälische Landeshauptmann Dieckmann genau umgekehrt. Er hal sich zunächst aus eigener Kraft, soweit es nur irgendwie möglich war. Er setzte den leitenden Beamten der Westfälischen Landesbank einen neuer Chef vor, kam dann mit diesem zu mir und unterbreitete einen genauer Status der Bank.

Es war in allen Fragen immer dasselbe: die hannoverschen, westfälischer und württembergischen Staats- und Kommunalbeamten setzten ir schwerster Zeit alles daran, bereit, jede Unpopularität auf sich zu nehmen, um sich aus eigener Kraft zu helfen. Man merkte ihnen an, wie schwer ihnen der Gang wurde, wenn sie wirklich einmal bei der Reichsregierung oder bei der preußischen Regierung anklopfen mußten Nach ihnen waren die besten die badischen Beamten und die mecklen burgischen Minister sowie der sozialdemokratische Landespräsident vor Detmold, Drake, außerdem diejenigen preußischen Beamten, auch im Osten, die entweder in der westfälischen oder hannoverschen Verwaltung tätig gewesen oder sich zumindest der großen preußischen Verwaltungs tradition noch bewußt waren. Ihrer gab es glücklicherweise noch ein große Zahl. Ich habe manche kennengelernt, die sich weigerten, Summen die vom Etat für Arbeitsbeschaffung bewilligt waren, voll auszugeben, wei nach ihrer Ansicht dieselbe Arbeit auch billiger ausgeführt werder konnte. Sie sind dann meistens von Papen oder von der Hitlerregierung mit Schimpf und Schande aus ihrem Amt gejagt worden.

Eine der letzten Schwierigkeiten, die vor Weihnachten überwunder werden mußte, war ein plötzlicher Vorstoß der Reichswehr, nachdem ich Schleicher und Meißner in meine Pläne über die parlamentarische Amtsverlängerung des Reichspräsidenten eingeweiht hatte. Die Reichs wehr verlangte, daß das von ihr selbst, gegen meinen Wunsch, im Jahre 1930 erlassene Einstellungsverbot für Nationalsozialisten im Heer und ir Heeresbetrieben aufgehoben würde. Ich erinnerte Groener und Schlei cher am 22. Dezember daran, daß ich dieses Einstellungsverbot nie für richtig gehalten hätte, aber eine Aufhebung in diesem Augenblick, ehe man eine feste Zusage für die Wiederwahl des Reichspräsidenten besaß scheine mir taktisch zu früh zu sein. Ich sei durchaus bereit, bei den ersten offiziellen Verhandlungen mit Hitler zu erklären, daß wir prinzipiel geneigt wären, das Einstellungsverbot aufzuheben. Schleicher hielt aber die Zustimmung Hitlers nach seinen Unterhaltungen mit Röhm für sicher. So machte er mir zwei Tage lang Schwierigkeiten, die schließlich Planck beizulegen verstand.

Am 22. Dezember hatte ich einen sehr merkwürdigen Besuch des türkischen Botschafters. Er gab mir deutlich zu erkennen, daß er mich beglückwünsche, weil wir nun entschlossen seien, die Diktatur auf der Basis militärischen Denkens in Deutschland einzuführen. Um mein Erstaunen und meinen Verdacht, daß er nur aussprach, was Schleicher wirklich wollte, zu verbergen, fing ich eine politische Unterhaltung mit ihm an über die Vorteile einer Diktatur, unter starker Hervorhebung der außergewöhnlichen Verdienste, die sein Regierungschef sich durch seine Regierungsart unter ,,außergewöhnlichen'' Bedingungen erworben habe. Bei seinen freundschaftlich engen Beziehungen zu Hammerstein und Schleicher war mir nun klar, wohin die Reichswehr steuerte und wofür sie einen Popanz suchte.

Einmal schon, Anfang 1931, war mir ein solcher Verdacht aufgestiegen, als Exzellenz von Kanya, der damalige ungarische Gesandte in Berlin, Herrn von Lindeiner mitteilte, daß der ungarische Militärattaché, ein intimer Freund von Hammerstein und Schleicher, ihm erzählt hatte, die Reichswehr werde in ein paar Wochen eine Militärdiktatur einführen und suche nach einem Mann, der bereit wäre, dafür nach außen hin die Verantwortung zu übernehmen. Lindeiner hielt sich natürlich absolut für geeignet. Ich warnte Treviranus immer wieder vor ihm, zumal ich aus Bern dauernd Nachrichten erhielt, wie Lindeiner unter einer zur Schau getragenen Loyalität sich häufig an Intrigen beteilige. Treviranus konnte und wollte das nicht glauben. Anderthalb Jahre später übersah er klar die Kette der von Lindeiner gesponnenen Intrigen.

Nachdem ich von Meißner Mitteilung erhalten hatte, daß die von ihm arrangierte Besprechung im Hause von Quaatz mit Hugenberg über die Wiederwahl des Reichspräsidenten überraschend günstig verlaufen sei, orientierte ich Kaas, Simpfendörfer und Gereke. Am Abend des 22. lud ich Oskar Meyer als Vorsitzenden der demokratischen Fraktion des Reichstags und Hilferding als dauernden Verbindungsmann zur SPD, beide alte Bekannte, zum Essen ein und teilte ihnen streng vertraulich mit, daß die Verhandlungen mit der Rechten über die parlamentarische Wiederwahl des Reichspräsidenten begonnen hätten und sehr aussichtsreich wären. Um diese nicht zu stören, könne ich keine offiziellen Verhandlungen mit ihren Parteien anknüpfen, da eine Einigung mit den beiden Rechtsparteien wahrscheinlich eine Rechtsorientierung des Kabinetts zur Folge haben würde. Ich hoffte, daß dann ihre beiden Parteien klug genug sein würden, um selbst in diesem Fall der parlamentarischen Verlängerung der Amtszeit des Reichspräsidenten zuzustimmen.

Das sei zweifellos das Schwerste, was man ihnen aus staatspolitischen Gründen überhaupt zumuten könne. Ich hielte es aber für eine Pflicht der Loyalität, sie als alte gute Freunde darüber zu informieren, daß ich ihnen diese Zumutung stellen müsse. Im übrigen sei ich persönlich nicht so sicher wie Meißner und Schleicher, ob die beiden Rechtsparteien tatsächlich das in den Verhandlungen gezeigte Entgegenkommen aufrechterhalten würden. Für diesen Fall sei es außerordentlich wichtig, daß sie mit ruhigen Nerven die Entwicklung der Verhandlungen mit den beiden Rechtsparteien über diesen Punkt abwarteten. Sie verstanden dies sehr gut und versprachen mir, ohne den Zweck jemand mitzuteilen, ihre Presse für die zweite Januarwoche, in der ich die Verhandlungen offiziell beginnen wollte, im Zaum zu halten. Alles in allem standen die Dinge gut mit Ausnahme meiner Stellung beim Reichspräsidenten, über die ich mit niemandem, ohne meine Politik zu gefährden, sprechen konnte.

Am 27. fuhr ich nach Trier ab, wo ich bis zum 5. Januar zu bleiben gedachte. Tägliche lange Spaziergänge in den Wäldern des Hunsrücks machten mich wieder ganz frisch. Ich glaubte auch, die Frage der „Kölnischen Volkszeitung" gelöst und die etwas leichtsinnige Fürsprache von Kaas für eine bewaffnete Diktatur überwunden zu haben. Nur eines war Kaas nicht beizubringen, daß Schleicher nur jemand haben wollte, den er zum Bruch der Verfassung bewegen konnte und auf den er dann, wenn der Coup mißlang oder nicht durchzuhalten war, das Odium für das Mißlingen abwälzen wollte, um seine eigenen Hände in Unschuld zu waschen. Ebensowenig wollte Kaas sich überzeugen lassen, daß der Reichspräsident niemals den Mut zu einem formalen Verfassungsbruch haben würde. Meine vielen Unterhaltungen mit dem Reichspräsidenten im Oktober hatten mir das absolut klargemacht.

Am 2. Januar rief Treviranus an und teilte mir mit, daß Sprague und er am Abend in Köln ankommen würden. Sprague hätte mir wichtige Nachrichten zu bringen und müsse mich noch am Abend sprechen. Wir vereinbarten einen Treffpunkt. Am Abend des 2. und während der gemeinsamen Fahrt nach Berlin am 3. überbrachte Sprague das Angebot, mit einer Abschlußzahlung von 5 Milliarden das Reparationsproblem zu bereinigen. Ich merkte, daß diese Summe in den Verhandlungen zwischen Leith Ross und Flandin eine Rolle gespielt hatte. Ich sprach von einer Maximalabschlußzahlung von 2 Milliarden unter der schon erwähnten Voraussetzung einer internationalen Anleihe in gleicher Höhe. Sprague meinte, die günstigste Lösung für uns, namentlich Frankreich gegenüber, liege zwischen 3 und 4 Milliarden Mark, aber ohne Anleihe.

Ich erwiderte darauf, das sei für mich nicht akzeptabel, namentlich jetzt, wo ich mich anschicke, die Verhandlungen über die Wiederwahl des Reichspräsidenten zu beginnen. Er blieb noch einen Tag in Berlin, so daß ich ihn noch auf den am gleichen Tag erscheinenden Artikel der einflußreichsten radikalsozialistischen Zeitung, der „Dépêche de Toulouse", aufmerksam machen konnte, die sich für eine Streichung der Reparationen einsetzte.

Der Besuch von Sprague und die Unterhaltungen mit ihm zeigten mir endgültig, daß der Termin für eine Reparationskonferenz noch nicht reif war. Für mich wäre eine Konferenz in den Monaten Januar und Februar, da sie mitten in die Reichspräsidentenwahlen hineingefallen wäre, sowieso nicht wahrzunehmen gewesen. Ich mußte jetzt einen Fahrplan aufstellen für alle innenpolitischen und außenpolitischen Verhandlungen. Der äußerste Termin für die Wiederwahl des Reichspräsidenten war Mai, nach dem Gutachten, das ich von Joël und Zweigert einforderte. Mai und April verboten sich jedoch, weil dann die Reichspräsidentenwahl zusammengefallen wäre mit den Landtagswahlen in Preußen, Bayern und Württemberg oder mit den Vorbereitungen dazu. Die Reichspräsidentenwahl hätte dadurch ein für die Ziele der Politik und für die Person des Reichspräsidenten unmögliches Gesicht bekommen. Zudem waren im Frühjahr französische Kammerwahlen, die nach allen Informationen einen Sieg der Radikalsozialisten und damit günstigere Aussichten für Verhandlungen zwischen Frankreich und Deutschland bringen konnten. Mein Ziel war daher, die Reichspräsidentenwahl für Februar oder Anfang März vorzusehen, obschon das innerpolitische Nachteile hatte, da die Wahl zusammenfiel mit dem voraussichtlichen Tiefpunkt der Arbeitslosigkeit.

Andererseits bot die Wiederwahl des Reichspräsidenten nach meiner Ansicht in den internationalen Verhandlungen eine Garantie für eine ruhige Weiterentwicklung in Deutschland – eine Voraussetzung für einen Erfolg der mir vom Botschafter Sackett in Aussicht gestellten Reise Stimsons nach Europa. Es war der letzte große Versuch der Vereinigten Staaten, in die europäischen Geschicke einzugreifen. Ich hätte diese Reise lieber im Mai, nach den französischen Wahlen, gesehen und versuchte, in diesem Sinn auf Sackett einzuwirken. Wie sich später herausstellte, war der tatsächlich von Stimson gewählte Termin der denkbar ungünstigste, weil er in die Zeit zwischen den französischen Stichwahlen und Hauptwahlen fiel.

Außen- und innenpolitisch mußte es mein Ziel sein, die Landtagswahlen bis nach den französischen Wahlen hinauszuschieben. Ich rechnete bei den Landtagswahlen mit einer außerordentlichen Zunahme der national-sozialistischen Stimmen. Würden daher die Landtagswahlen vor den französischen Wahlen stattfinden, so konnte die ungewöhnlich fried-liche und verständigungsbereite Stimmung der französischen Wähler-schaft einen empfindlichen Rückschlag erleiden. Ich hoffte daher, die Landtagswahlen unter allen Umständen bis auf vier Wochen nach den französischen Wahlen verschieben zu können, was verfassungsgemäß denkbar war. Es begann nun in den Gesprächen, die wir in Paris führten und die ich persönlich mit François-Poncet hatte, ein Tauziehen. Ich merkte in der Unterhaltung, die ich am 6. Januar mit ihm hatte, daß Tardieu die französischen Wahlen möglichst hinausschieben wollte, und zwar bis nach den Landtagswahlen in Deutschland, um durch die Reaktion der französischen Wählerschaft auf ein Anwachsen der Nazis seine Situation zu retten. Ich wollte gerade das Umgekehrte.

In der Unterhaltung am 6. Januar erklärte der französische Botschafter, ich solle ja nicht glauben, daß ich mit einer radikalsozialistischen Regierung zu besseren Ergebnissen kommen würde als mit Tardieu. Ich erwiderte ihm, daß ich überhaupt niemals Hoffnungen auf die innerpoli-tische Lage eines anderen Landes setze. Ich würde mich sehr freuen, wenn ich mich mit Tardieu einigen könnte, aber ich müsse darauf bestehen, daß Tardieu Verständnis dafür habe, daß Deutschland nicht weiter in der Lage sei, Reparationen zu zahlen. Der französische Bot-schafter kam dann wieder auf seine Theorie der Entrichtung einer Anerkennungsgebühr zurück. Ich wich aus. Die Zustimmung zu einer solchen Anerkennungsgebühr bedeute nach allen Erfahrungen der ver-gangenen Jahre einen sehr schlechten Start und werde zu einer Steige-rung der französischen Forderungen führen, die leicht mit einer neuen Unmöglichkeit wie dem Young-Plan enden könnte. Der französische Botschafter sagte, er werde diese Auffassung am nächsten Tage persönlich in Paris vortragen.

Ich hatte die drei Botschafter Hoesch, Schubert und Neurath kommen lassen, um mit ihnen die Reparationslage durchzusprechen und ihnen Instruktionen zu geben. Sie trafen am 7. Januar ein. Ich setzte ihnen auseinander, daß ich die glatte Streichung der Reparationen fordern müsse und daß der Kampf hierüber nicht in die Reichspräsidenten-wahl fallen könne. Zu dieser politischen Einstellung wurde ich stark ermutigt durch eine Unterhaltung mit dem Pariser Botschafter der Vereinigten Staaten, Edge, den ich am 6. Januar bei einem Frühstück getroffen hatte, an dem auch Bülow teilnahm. Edge war gegenüber dem

Sommer 1931 wie umgewandelt. Von einer frankophilen Einstellung war bei ihm nichts mehr zu spüren. Er hatte volles Verständnis für die Notwendigkeit einer glatten und klaren Lösung in der Reparations- und Abrüstungsfrage und erklärte mir seine Erbitterung über die Intransigenz der französischen Politik.

Am 8. Januar mittags besuchte mich der englische Botschafter, um vertraulich die Stellungnahme der deutschen Regierung zur Reparationsfrage zu besprechen. Ich setzte sie ihm in vorsichtigen Worten auseinander und erklärte ihm zusammenfassend, daß ich bei aller Bereitwilligkeit des Entgegenkommens zur Entspannung der politischen und wirtschaftlichen Lage in Europa keine Möglichkeiten sähe, daß Deutschland noch weiter irgendwelche Reparationen zahle. Der Botschafter machte auf die Schwierigkeiten, die solche Auffassung bereiten würde, aufmerksam, war aber in der Form außergewöhnlich rücksichtsvoll und freundlich. Ich erklärte ihm, daß ich auch nicht durch Scheinkonzessionen die Wiederwahl des Reichspräsidenten gefährden dürfe.

Am gleichen Tage formulierte Bülow ein Interview für Wolffs Telegraphen-Büro, das eine Zusammenfassung der in den Unterhaltungen mit den Botschaftern festgelegten Auffassung in der Reparationsfrage enthalten sollte. Ich hatte in diesem Augenblick noch Bedenken, offiziell mit der Ablehnung jeder weiteren Reparationszahlung hervorzutreten. Innenpolitisch hätte eine solche Feststellung genützt. Für das Ausland schien der Zeitpunkt psychologisch noch nicht reif. Ich besprach die Lage mit Kaas, Bülow und Pünder. In dem Augenblick wurde bekannt, daß der Inhalt meiner Unterhaltung mit dem englischen Botschafter durchgesickert und durch das Reuterbüro bereits in London verbreitet war. Das war ein unerwarteter Glücksfall. Ich konnte nunmehr, da inoffiziell meine Auffassungen bekanntgeworden waren, sie in einer Richtigstellung der Meldung des Reuterbüros offiziell wiederholen.

Die Welt wurde sich so in einer uns nicht gefährdenden Weise bewußt, daß die Politik der Reichsregierung auf unbedingte und restlose Streichung der Reparationen hinauslief. Bei einem Besuch, den der englische Botschafter mir einige Tage später machte, um mir sein Bedauern über die Reuter-Indiskretion auszusprechen, stellte ich fest, daß der Schock über meine Erklärungen in 48 Stunden überwunden war. Ich hatte nun, was ich wollte. Nach innen und außen war die Haltung der deutschen Politik definitiv in einer für die öffentliche Meinung Deutschlands zu ertragenden Form festgelegt und damit ein guter Start für die Reichspräsidentenwahl möglich.

Auf der anderen Seite sahen die Mächte ebenso klar, daß die Erfüllung dieser Forderung Deutschlands im Augenblick nicht möglich war und daher die Verschiebung der Reparationskonferenz auf den Beginn des Sommers notwendig sei. Damit hatte ich auch, was den Termin anging, ohne eine Verstimmung im Ausland hervorzurufen, mein Ziel erreicht. Ich hoffte, bis dahin gleichzeitig zu einem greifbaren Resultat in der Abrüstungsfrage gekommen zu sein und einiges zur Vorbereitung einer Rückgliederung der Saar und des Gebiets von Eupen-Malmedy sowie einer Revision unserer Ostgrenze gegeben zu haben, um so die Grundlage für einen wirklichen europäischen Frieden von langer Dauer, für eine ruhige Entwicklung in Deutschland und für eine Zurückdämmung des Radikalismus zu schaffen.

Gelang es mir noch, die parlamentarische Verlängerung der Amtszeit des Reichspräsidenten im Januar durchzusetzen, so hatte ich den besten Start für die Eröffnung der Abrüstungskonferenz im Februar. Gelang es nicht, so konnte meine Rede auf der Abrüstungskonferenz wiederum eine starke Hilfe für die Agitation bei einer normalen Wahl des Reichspräsidenten bedeuten.

VERHANDLUNGEN ÜBER HINDENBURGS WIEDERWAHL

Am 5. Januar ließ ich mir noch einmal ein endgültiges Gutachten von Joël und Zweigert erstatten über die verfassungsmäßige Zulässigkeit der parlamentarischen Verlängerung der Amtszeit des Reichspräsidenten auf Grund einer Zweidrittelmehrheit des Reichstages. Anschließend ging ich zum Reichspräsidenten, um ihm die Notwendigkeit vorzutragen, sich nunmehr klar zu entscheiden und seine Zustimmung zu meinen Verhandlungen mit den Parteien über seine Wiederwahl durch den Reichstag zu bekommen. Der Reichspräsident wollte sich möglichst aus der Sache herausziehen und eine Entscheidung erst dann treffen, wenn ich ihm auf Grund meiner Verhandlungen mit den Parteien eine sichere Wiederwahl garantieren könne. Das war ein schwieriger Auftrag, völlig verschieden von seiner Zustimmung zur Übernahme der Kandidatur 1925. Ein Verständnis dafür, wie schwierig meine Lage dadurch sein würde, konnte ich vom Reichspräsidenten nicht erwarten. Das war auch politisch zu kompliziert, als daß sich der Versuch gelohnt hätte, es ihm oder seinem Sohn klarzumachen.

Am 6. Januar hatte ich nachmittags eine lange Unterredung mit Groener und Schleicher, um mit ihnen eine völlige Übereinstimmung zu erzielen für die Verhandlungen, die sie am Abend mit Hitler und Röhm über die Frage der Wiederwahl des Reichspräsidenten führen sollten. Sie berichteten mir darüber sehr optimistisch in der Frühe des nächsten Morgens. Nachmittags fand dann in der Wohnung von Groener meine Besprechung mit Hitler und Röhm statt, an der sich Schleicher nicht beteiligte. Ich merkte sofort, daß Groener und Schleicher viel zu optimistisch berichtet hatten. Hitler hatte sich in der Zwischenzeit von irgend jemand Argumente geben lassen zur Bekämpfung der Auffassung von der verfassungsmäßigen Zulässigkeit der parlamentarischen Verlängerung der Amtszeit des Reichspräsidenten. Vor allem hatte er sich genau orientieren lassen über die Analogie in der französischen Politik in den 70er Jahren. Ich setzte ihm die Lage der Außenpolitik auseinander, vor allem die Bedeutung einer schnellen Wiederwahl des Reichspräsidenten für die Realisierung der erhofften außenpolitischen Erfolge. Ich erklärte Hitler, da ich noch mit keiner Partei Verhandlungen geführt habe, sei jetzt die große Chance für ihn gekommen, falls er als erster sich für die Wiederwahl des Reichspräsidenten einsetzte, die Führung der Politik zu übernehmen.

Ich hatte das Gefühl, daß er noch zögerte, ob er den Lockungen einer friedlichen Eroberung der leitenden politischen Stellung oder des Risikos eines offenen Kampfes um die ganze Macht folgen solle. Es wurde vereinbart, daß er mir am 9. Januar seinen Bescheid geben sollte. Während ich am Abend mit den Botschaftern zusammensaß, um die Reparationslage zu besprechen, wurde durch die Presse des Reichswehrministeriums verbreitet, ich hätte durch die Art meiner Verhandlungen die in der Besprechung Groener-Hitler-Schleicher geschaffenen Aussichten verschlechtert. Das war die erste Phase eines nunmehr dauernden Sonderspieles von Schleicher und seinen Trabanten im Reichswehrministerium. Ich kann nicht verhehlen, daß mich diese Nachricht mit sehr trüben Ahnungen erfüllte. Am Abend des gleichen Tages hatte ich eine bis tief in die Nacht dauernde Verhandlung mit Wels, Breitscheid und Hilferding. Sie mußte ganz offen und loyal geführt werden, um nicht alles zu verderben.

Ich erklärte den Führern der SPD, daß ich jetzt die äußerste Zumutung an ihre staatspolitische Einsicht stellen müsse. Ich müßte Hitler den Vortritt lassen bei der Entscheidung für den Reichspräsidenten. Das könne und werde wahrscheinlich einen Wechsel in der Innenpolitik bedeuten. Trotzdem müßten sie unter allen Umständen, im Interesse des Vaterlandes, aber auch im wohlverstandenen Interesse ihrer eigenen Politik sich entschließen, ebenfalls für die Amtsverlängerung des Reichspräsidenten zu stimmen. Ich könne keine Garantien übernehmen, wie die Innenpolitik sich dann im einzelnen weiterentwickeln werde, aber sie kennten mich genügend, um zu verstehen, was es bedeute, wenn ich ihnen jetzt feierlich erklärte, daß der Reichspräsident, nach allen meinen Unterhaltungen mit ihm während nunmehr nahezu zweier Jahre, wohl eine Fortentwicklung der Verfassung auf legalem Wege – die ich auch anstrebe –, aber niemals einen Bruch der Verfassung unter Verletzung seines persönlichen Eides zulassen werde. Ich müsse sogar die Zumutung an sie stellen, aus taktischen Gründen mit ihrer Zustimmung zur parlamentarischen Verlängerung der Amtszeit des Reichspräsidenten bis zum letzten zu warten, das heißt, bis alle Parteien rechts von ihnen ihre Zustimmung zur Wiederwahl gegeben hätten. Die Herren nahmen meine Ausführungen mit großem Ernst, aber auch mit starker Besorgnis auf. Ich hatte trotzdem das Gefühl, daß sie im Notfall den Einsatz ihrer Parteien riskieren würden.

Wels bat mich dann noch, auch mit den Führern der Freien Gewerkschaften zu sprechen, damit von dieser Seite der SPD keine Schwierigkeiten entstünden. Bei dieser Unterredung mit Graßmann, Leipart und Eggert fand ich ein hohes Maß an staatspolitischer Einsicht.

In den nächsten Tagen wurden auch mit den andern Parteien die Besprechungen aufgenommen. Ich mußte, obwohl die Nachrichten aus den Nazilagern völlig widersprechend waren, die Verhandlungen mit den übrigen Parteien beschleunigen, weil mir schon am 5. Januar von Herrn von Hauenschild, dem Vorsitzenden der Deutschen Landbundpartei, mitgeteilt wurde, daß Verbindungen zwischen den rechten Mittelparteien und den Rechtsparteien schwebten, die eine Wiederholung des ewigen Spieles waren, um mich gerade während entscheidender Verhandlungen, auch über die innerpolitische Neuorientierung, durch Einberufung des Reichstages zu stürzen.

Am 9. Januar fand die offizielle Besprechung mit Kaas als dem Vorsitzenden der Zentrumspartei und Dingeldey für die DVP statt. Am Abend vorher hatte ich die Frage mit Lindeiner für die Volkskonservativen und Schlange als Vertreter von Hauenschild für die LVP besprochen.
Am 10. morgens traf ich dann mit Hugenberg zusammen, dessen Gesicht

ich gleich bei seinem Eintritt in das Bibliothekszimmer wie üblich feste Entschlossenheit ablas, auch diesen Versuch mit allen Mitteln zu sabotieren. Ich setzte ihm die Lage der Außenpolitik auseinander und erklärte ihm, daß ich in der Reparationsfrage schon inoffizielle Angebote hätte auf eine Abschlußzahlung von vier Milliarden Mark. Ich hätte sie aber abgelehnt, weil ich an der glatten Streichung der Reparationen festhielte, es sei denn, daß sie mit einer kleinen Abschlagszahlung, durch die die Möglichkeiten unseres Wirtschaftslebens mit einem Schlage gründlich verbessert würden, verbunden sei. Herr Hugenberg fragte nach dem Stand der Abrüstung. Ich erklärte ihm, daß wir alles vorbereitet hätten, wobei wir besonders auf Amerika rechneten, um einer prinzipiellen Anerkennung der Gleichberechtigung und ihrer schrittweisen Verwirklichung in den nächsten Monaten näherzukommen. Er fragte mich, was wir zu tun gedächten, wenn dies nicht erreicht würde. Daraufhin erklärte ich, daß wir in dem Fall die Abrüstungskonferenz verlassen und aufrüsten würden. Nur bei dieser Ausführung spürte ich ein befriedigtes Lächeln auf seinen Zügen.

Wir gingen dann zur Innenpolitik über. Hier merkte ich, daß er genau orientiert war über den Streit zwischen Luther und Warmbold, der mich seit meiner Rückkehr täglich mehr in Anspruch nahm. Es handelte sich um die Frage der Kreditausweitung, zu der ich in beschränktem Ausmaße – nach Lösung der Reparationsfrage und anschließender Abwertung – bereit war. Diese Abwertung war aber – wie erwähnt – nur möglich bei einer gleichzeitigen internationalen Anleihe, diese aber wiederum nur zu erreichen bei endgültiger Lösung des Abrüstungsproblems. Luther lehnte eine solche Kreditausweitung für alle Zukunft prinzipiell ab, da er einen Zusammenbruch der Mark befürchtete. Bei aller grundsätzlichen Zustimmung zu Warmbolds Plänen war es mir nicht möglich, ihn davon zu überzeugen, daß eine richtige Tat zur unrichtigen Zeit genauso falsch sein kann wie ein völlig falscher Schritt Warmbold war zu wenig Politiker, um das einzusehen. Er wurde gedrängt durch seinen Schwager Wagemann, den Präsidenten des Statistischen Reichsamtes, der ein sehr kluger und geistreicher Mann war, auf dessen Urteil ich aber nicht viel gab, nachdem er bei der Übernahme der Regierung mir eine solch gründlich falsche Prognose der Konjunkturentwicklung für das Jahr 1930 gegeben hatte. Nachdem ich ihn nun nicht mehr zu Beratungen hinzuzog, sabotierte er in den Berichten des Institutes für Konjunkturforschung dauernd die Politik der Reichsregierung, ohne daß ich die Macht hatte, etwas dagegen zu unternehmen, weil dieses Institut zum mindesten teilweise von der Industrie bezahlt wurde. Er trieb seinen Schwager Warmbold, nicht ohne insgeheim dazu von gewissen Kreisen der Reichswehr und den Deutschnationalen aufgefordert zu sein, zu radikalen Erweiterungen in der Kreditgebung und zu erneuten Demissionsdrohungen. Beides verwirrte die innerpolitische Lage und erschwerte die Reparationsverhandlungen. Es störte empfindlich die Abschlußverhandlungen der Stillhaltekonferenz und drohte das Endziel unserer gesamten Wirtschafts- und Finanzpolitik zu gefährden. Wagemann ging so weit, entgegen den Vereinbarungen seines Schwagers Warmbold mit Luther, offiziell die Presse einzuladen und ihr Mitteilung von seinen Plänen zu machen mit der gleichzeitigen Andeutung, daß die Reichsregierung, oder zum mindesten ich, ihm zugestimmt hätte. Es kam darüber zu einem schweren Konflikt zwischen Luther und Warmbold, die beide mit ihrer Demission und einer intransigenten Begründung dieser Demission drohten. Beides wäre außen- und innenpolitisch eine Katastrophe gewesen. Ich mußte alles daransetzen, den Streit beizulegen, wobei ich nicht gerade die Unterstützung Luthers fand.

Bei der Unterhaltung mit Hugenberg merkte ich bald, daß er auf Grund seines Wissens von diesen Vorgängen seine ganze Hoffnung darauf setzte, ich würde an diesem Streit scheitern und damit auch der Reichspräsident, den er haßte. Auch Hugenberg erklärte ich, daß, wenn die beiden Rechtsparteien der parlamentarischen Amtsverlängerung des Reichspräsidenten zustimmen würden, eine sofortige Heranziehung dieser Rechtsparteien zur Regierung unausbleiblich sein würde. Sonst müsse man mit dieser Wendung warten, bis die Landtagswahlen vorbei seien. Meine Person würde in beiden Fällen kein Hindernis bilden. Hugenberg erklärte zum Schluß, daß er diese Unterhaltung mit mir seinem Parteivorstand mitteilen und mir Bescheid geben würde. Er bezweifle, daß Hitler seine Zustimmung zu der von mir vorgeschlagenen Lösung gebe. Das erschwere seine Zustimmung natürlich außerordentlich.

Am 9. Januar sollte ich um zwölf Uhr den Besuch Hitlers erhalten zwecks Mitteilung seiner endgültigen Stellungnahme. Niemand erschien. Zehn Minuten nach zwölf ließ er anrufen und fragen, ob er den Vorsitzenden der Reichstagsfraktion, Frick, mitbringen könne. Um halb eins erschienen Hitler, Frick und, ohne daß ich es wußte, Röhm, der im Vorzimmer blieb. Ich bat telephonisch Treviranus als Zeugen dazu. Erster Eindruck vor Beginn der Unterhaltung: Hitler war unsicher. Ich glaubte daher einen Erfolg bei ihm haben zu können, wenn ich ihn von der rein menschlichen Seite her anpackte. Ich setzte ihm noch einmal auseinander, welch große Chancen ihm nunmehr geboten seien, und erklärte ihm, daß ich auch bereit wäre, dafür zu sorgen, daß die Einstellungssperre der Reichswehr für Mitglieder der NSDAP jetzt aufgehoben würde.

Sofort merkte ich, daß diese Taktik Hitler gegenüber völlig falsch war. Er plusterte sich auf und erklärte erregt, die Aufhebung der Einstellungssperre mit seiner Zustimmung zur Wiederwahl des Reichspräsidenten zu verbinden, sei eine Beleidigung. Ich versuchte, gütlich auf ihn einzuwirken, hatte aber auch damit keinen Erfolg. Er erklärte, er sei überhaupt für eine Änderung der Stellung des Präsidenten. Sein Ziel sei die Schaffung eines Reichsverwesers auf Lebenszeit. Dafür müsse er kämpfen und deshalb käme die Zustimmung zu meinem Vorschlag nur dann in Frage, wenn die Amtsdauer des Reichspräsidenten auf ein, höchstens zwei Jahre beschränkt würde. Ich erklärte ihm, daß ich vor drei Tagen bei aller Schonung der Empfindlichkeit des Reichspräsidenten vorsichtig eine solche Möglichkeit dem Reichspräsidenten angedeutet habe. Ich habe aber gemerkt, daß ich den Reichspräsidenten schwer verstimmen würde, falls ich ernstlich mit einem solchen Vorschlag an ihn herantreten würde. Hitler müsse sich überlegen, daß der Reichspräsident im Laufe dieses Jahres 85 Jahre alt würde und daß eine Befristung der Amtszeit schon an sich peinlich berühre, weil nach menschlichem Ermessen der Reichspräsident den Ablauf einer zweiten Amtsperiode sowieso nicht mehr erleben würde.

Hitler brachte mich in eine sehr schwere Lage. Hätte ich dem Reichspräsidenten befürwortend den Vorschlag Hitlers mitgeteilt, so hätte er wahrscheinlich abgelehnt, überhaupt nochmals zu kandidieren. Gegen mich aber hätte vor den Augen des Reichspräsidenten eine Hetze begonnen, der ich erliegen mußte, ohne die Wiederwahl des Reichspräsidenten zu sichern. Auf der andern Seite konnte ich nicht radikal und schroff die Idee Hitlers ablehnen, weil er dann einen Vorwand zum Abbruch der Verhandlungen gehabt hätte und die Schuld dafür auf mich hätte schieben können. So behandelte ich auch diese Frage in liebenswürdiger Form und suchte bis halb zwei auf ihn einzuwirken. Er erklärte zum Schluß seine Bereitschaft, mir am Nachmittag des gleichen Tages seinen endgültigen Bescheid mitzuteilen. Frick rief um halb sieben an und sagte, Hitler könne noch keine definitive Antwort geben, da Hugenberg erst die deutschnationale Fraktion befragen müsse. Die Antwort könne erst für Montagnachmittag in Aussicht gestellt werden. Damit begann wieder dasselbe Versteckspiel wie im September und Oktober des Vorjahres, wo jeder der beiden Parteiführer erklärte, daß er ohne den andern sich nicht auf eine Wiederwahl des Reichspräsidenten einlassen könne.

Samstagabend und Sonntag, den 10., vormittags erhielt ich höchst alarmierende Nachrichten aus dem Hause des Reichspräsidenten. Den Mittelsmännern der Deutschnationalen und den Nazis war es gelungen, den Sohn Hindenburg in der ganzen Frage prinzipiell umzustimmen und ihn plötzlich zu der Auffassung zu bringen, die Verlängerung der Amtszeit seines Vaters durch eine Zweidrittelmehrheit im Reichstag sei verfassungswidrig. Damit gab das Haus Hindenburg, da diese veränderte Auffassung den beiden Parteien bekannt war, seine eigenen Chancen freiwillig aus der Hand in einem Augenblick, wo ich die Überzeugung hatte, daß Hitler und Hugenberg voreinander Angst hatten, ihre Zustimmung zu meinem Vorschlage zuerst auszusprechen, aber auch ebensosehr Angst hatten, meinen Vorschlag öffentlich klar und deutlich abzulehnen.

Am Sonntagabend hatte ich spät eine Unterhaltung mit Meißner und Pünder. Meißner erklärte dabei, daß nach seinen Informationen die Rechtsopposition meinen Vorschlag ablehne, aber sich bereit erklären würde, den Reichspräsidenten durch eine Volkswahl ohne Agitation wiederzuwählen. Das habe auf den Sohn Hindenburg einen sehr starken Eindruck gemacht, der augenblicklich die Politik allein bestimme. Man sei bereit, auf diesen neuen Vorschlag einzugehen. Meißner ließ dabei durchblicken, daß durch die Annahme dieses Vorschlags der Rechtsopposition im Hause des Reichspräsidenten meine Stellung fragwürdig sei.

Am nächsten Tage versuchte ich in einer längeren Unterhaltung Professor Keynes zu überzeugen, daß er mit der Propagierung einer inflationistischen Technik jede vernünftige Finanzpolitik Deutschlands erschüttere. Bei seinem Vortrag in Hamburg hatten die Zuhörer irrigerweise angenommen, daß die englische Regierung seine Ansichten teilte. Als ich fragte, wie er dächte, die Vorschriften des Young-Plans in bezug auf die deutsche Währung zu umgehen, stellte es sich heraus, daß er diese überhaupt nicht in Betracht gezogen hatte.

Im übrigen war der Tag ausgefüllt durch Besprechungen mit den Führern der Demokratischen Partei, der Wirtschaftspartei, des Jungdeutschen Ordens, die alle mehr oder minder deutlich ihre Zustimmung zu meinem Vorschlage äußerten und die ich außerdem gewinnen mußte für eine Ablehnung des Antrages im Ältestenausschuß am nächsten Tage auf sofortige Einberufung des Reichstages.

Der Plan war wohlüberlegt. Mitten in die gewandelte Stimmung im Reichspräsidentenhaus hinein sollte der Beschluß auf sofortige Einberufung des Reichstages platzen, um mich im Reichstage zu stürzen und so dem Reichspräsidenten das Odium meiner Entlassung abzunehmen. Einer meiner politischen Freunde beobachtete an diesem Tage eine lange Unterhaltung eines engeren Vertrauensmannes von Hugenberg mit dem kommunistischen Abgeordneten Torgler und kam dabei zu dem wohl zutreffenden Ergebnis, daß hier eine gemeinsame Politik für die Abstimmung im Ältestenrat vereinbart würde. Solche Unterhaltungen waren schon im September beobachtet worden und fanden auch später statt, wobei sich besonders der Abgeordnete von Freytagh-Loringhoven, einer der schärfsten Verfechter einer antimarxistischen Politik, hervortat. Diese Politiker scheuten in keiner Weise zurück, sich auf einer gemeinsamen taktischen Linie mit der KPD zu finden.

Während ich den 12. Januar fast völlig ausgefüllt hatte mit Besprechungen über die Devisenlage und die Sitzungen der BIZ sowie durch Unterhaltungen mit Bülow und Nadolny über die Taktik auf der Abrüstungskonferenz und einer letzten Besprechung mit den Führern des Christlichen Volksdienstes und der Bayerischen Volkspartei über die Reichspräsidentenwahl, bereitete man im Hause des Reichspräsidenten meinen Sturz vor. Hindenburg fiel völlig darauf herein, daß die beiden Rechtsparteien andeuteten, sie würden eine Wiederwahl des Reichspräsidenten auf normalem Wege ohne Agitation mitmachen, ohne daß sie dafür irgendeine schriftliche oder mündliche Verpflichtung eingegangen waren. Dabei ließ man durchblicken, daß ich allein das Hemmnis für eine solche Einigung sei, und so einigte man sich auf ein Communiqué wegen der Präsidentenwahl, das mir die ganze Schuld am Scheitern der Verhandlungen zuschob.

Meißner rief an und teilte mir mit, daß ein solches Communiqué in Vorbereitung sei und gleich veröffentlicht werden sollte. Er wolle mich loyalerweise darauf aufmerksam machen. Ich erwiderte ihm, ich würde selbst einem solchen Communiqué zustimmen, wenn tatsächlich eine Garantie der Rechtsparteien vorliege, daß sie den Reichspräsidenten aufstellen würden. Mein Tonfall am Telephon muß so frostig gewesen sein, daß Meißner eine halbe Stunde später mit dem fertigen Exposé herüberkam und mir mitteilte, er könne die Situation nicht mehr halten. Oskar von Hindenburg führe Verhandlungen mit allen möglichen Mittelsmännern, ohne sich vorher irgendeine Garantie für die Weiterentwicklung zu sichern. Eine Viertelstunde später kam der amerikanische Botschafter, der immer zur Stelle war, wenn mir irgendeine Gefahr drohte, und ließ durchblicken, daß das ganze diplomatische Corps bereits über die Vorgänge im Hause Hindenburg und meine eventuelle Entlassung orientiert sei.

Um dieselbe Zeit tagte der Ältestenrat des Reichstages. Die sofortige Einberufung des Reichstages wurde abgelehnt. Die Hoffnung auf meinen Sturz war im Reichstag und im Hause des Reichspräsidenten geringer geworden.

Nun erbat Meißner für halb eins eine neue Besprechung zur Neuformulierung des Communiqués. Ich zog Kaas und Pünder hinzu. Nach meiner Überzeugung war damals Meißner zu weiterem Entgegenkommen bereit, aber Oskar von Hindenburg gegenüber fühlte er sich nicht stark genug. Um 1 Uhr 50 wurden die Verhandlungen abgebrochen.

Goerdeler erschien, sehr besorgt um mein Schicksal. Ich ließ zum erstenmal erkennen, daß ich hoffe, er würde im Notfall mein Nachfolger werden. Das lehnte er ab und sagte, er würde nochmals versuchen, bei den Deutschnationalen zu wirken. Er meinte, der Kampf mit Hugenberg müßte nun bis auf das äußerste aufgenommen werden. Um vier Uhr nachmittags kam Otto Wolff, der auch schon die alarmierenden Nachrichten gehört hatte, unter dem Vorwand, mit mir über die Devisenlage der Reichsbank zu sprechen. Er ließ dabei durchblicken, daß Schleicher sehr bestürzt sei über die Wendung im Hause Hindenburg.

Ich ging ins Amtszimmer und begann auf einem Schreibblock den Entwurf meines Entlassungsgesuches zu stenographieren. Planck kam und fragte, ob ich mich tatsächlich mit dem Communiqué abfinden wolle. Ich erwiderte, das sei für mich unmöglich, er sehe mich im Begriff, mein Rücktrittsgesuch zu formulieren. Planck telephonierte sofort mit Schleicher. Nach wenigen Minuten kam Schleicher und erklärte, er mache diese Politik Oskar von Hindenburgs nicht mit. Er und Groener seien fest entschlossen, sich hinter mich zu stellen. Wenige Minuten später kamen Groener, Zweigert und Pünder. Es wurde in diesem Kreis ein neues Communiqué entworfen. Groener und Schleicher erklärten sich bereit, sofort mit mir zum Reichspräsidenten zu gehen und den Kampf aufzunehmen.

Die Besprechung beim Reichspräsidenten, zu der auch Meißner hinzugezogen wurde, fand um halb sechs statt. Der Reichspräsident, wohl durch seinen Sohn vorher mit einer Sprachregelung versehen, begann diese Unterhaltung mit einer Schärfe, die unerträglich war. Er erklärte, die Regierung habe ihn gegen seinen Willen in einen Verfassungsbruch nahezu hineingetrieben. Schleicher winkte mir mit den Augen, ihm die Antwort hierauf zu überlassen. Er fing mit einem militärischen Witz an und plauderte in dieser Tonart zehn Minuten weiter, als ob es sich um das Leeren einer guten Flasche im Kasino handele. Der Reichspräsident veränderte seine Gesichtszüge. Meißner, der selbst wiederholt vor Weihnachten in Übereinstimmung mit den andern erklärt hatte, daß mein Vorschlag verfassungsmäßig einwandfrei sei, rückte die Argumente der Rechtsopposition und des Sohnes in das Gedächtnis des Reichspräsidenten. Der Reichspräsident wurde wieder ernster und ablehnend.

Jetzt schaltete sich Groener ein. Seine Stimme steigerte sich bis zum Tonfall des Kommandierenden Generals, der eine Manöverkritik abhält. Er verbat sich in scharfen Worten irgendeine Kritik, daß man ihm, Groener, eine Verfassungsverletzung zugemutet habe. Er sei als Innenminister gleichzeitig auch Verfassungsminister. Eine Kritik des Reichspräsidenten treffe daher in erster Linie ihn. Er sei aber nicht gesonnen, in irgendeiner Form Äußerungen des Herrn Reichspräsidenten, wie er sie vorhin getan habe, auf sich sitzenzulassen. Diese mit erhobener Stimme und in schärfster Formulierung vorgetragenen Gedankengänge machten den armen alten Mann restlos unsicher. Er gab alles auf, was er vorher gesagt hatte, und erklärte, man müsse ihn wohl falsch informiert haben.

Nun konnten wir dazu übergehen, dem Reichspräsidenten zu erklären, daß er sich in seiner militärischen Ehre etwas vergeben würde, wenn er sich auf diese Intrigen einlasse. Er müsse sich jetzt bereit erklären, offen und ohne Parteibindung zu kandidieren und den Kampf in einer offenen Volkswahl wagen. Er war ganz sichtlich dazu geneigt, erklärte aber, er müsse, da es sich in diesem Fall ja auch um eine Angelegenheit der Familie handele, sich seine endgültige Stellungnahme bis nach der Rücksprache mit seinem Sohne vorbehalten.

Wieder einmal war im letzten Augenblick ein Ansturm abgeschlagen. Diesmal hatte mich Schleicher gerettet. Aber diese Rettung vergaß man ihm im Hause des Reichspräsidenten nicht. Seine Stellung war für die nächsten vier Wochen erschüttert; auf Umwegen erhielt ich die Information, daß der Sohn Oskar entschlossen sei, ,,dem Schwein das Genick zu brechen". Ich sorgte, daß ich über die Bemühungen Oskars dauernd auf dem laufenden blieb, und nahm zweimal die Gelegenheit eines Vortrages beim Reichspräsidenten wahr, um die Fähigkeiten Schleichers herauszustreichen. Dabei erklärte ich ihm vor allem, daß ich keinen anderen General kenne, der fähig sei, Schleicher zu ersetzen. Das erstemal reagierte der Reichspräsident nicht gerade sehr freundlich auf meinen Vorstoß, das zweitemal sagte er, wenn ich mich so für den General von Schleicher einsetze, so würde er sich auch von ihm nicht trennen.

Schleicher kam übrigens am andern Morgen zu mir und erzählte mir, wie raffiniert diesmal die Intrigen Hugenbergs im Hause des Reichspräsidenten gewesen seien. Schleicher hatte sofort erkannt, daß der Stoß nicht nur gegen mich, sondern gleichzeitig auch gegen ihn und Groener angesetzt worden sei. Oskar von Hindenburg sei fest entschlossen gewesen, alle diejenigen, die nun 14 Jahre sich schützend vor seinen Vater gestellt hätten, um dessen fragwürdigen Mythos zu retten, glatt fallenzulassen und auf die Seite jener überzugehen, die seinen Vater in den letzten Jahren im Stich gelassen hatten und ihn dauernd verleumdeten. Ich dankte Schleicher für seine Unterstützung. Wir besprachen dann eingehend das weitere taktische Vorgehen für die Aufstellung des Reichspräsidenten und kamen zu dem Schluß, daß er durch ein Komitee nominiert werden sollte, dem keine parteilich abgestempelten politischen Persönlichkeiten angehörten und das sich in erster Linie aus konservativen Männern zusammensetzen würde. Ich erklärte mich bereit, noch am gleichen Abend mit den Führern der SPD zu verhandeln und ihnen die Notwendigkeit klarzumachen, daß sie auch dieses schlucken müßten. Leider war ich an diesem und am nächsten Tage durch Besprechungen über die Stillhaltung, die gerade im letzten Augenblick nicht weiterkam und für die ich Kastl einsetzen mußte, sowie mit der Behandlung privater Fühler in der Reparationsfrage sehr in Anspruch genommen.

Kühlmann erschien nach seiner Rückkehr aus den Vereinigten Staaten und brachte ein Reparationsangebot, das ich ablehnte, wobei ich durchblicken ließ, daß mir in der letzten Woche bereits ein günstigeres gemacht worden sei. Das gleiche war bei Staatssekretär Bergmann der Fall, der aus Paris kam. Die Herren waren ungläubig gegenüber meinen Bemerkungen, daß ich mit den Verhandlungen schon weiter sei, als sie dächten.

Außerdem mußte an diesem Tag eine höchst peinliche Angelegenheit in Oberschlesien bereinigt werden, die mir größte Sorgen machte. In Oberschlesien bestand seit mehr als zehn Jahren, zuerst durch Wirth finanziert, eine mehr oder minder geheime Landesorganisation, die im Falle eines überraschenden polnischen Angriffes sofort 15000–20000 Mann mobilisieren konnte. Sie stand in engster Beziehung zur Reichswehr, was nach außen hin getarnt werden mußte. Anfang Januar war Oberpräsident Lukaschek bei mir gewesen, mit der Nachricht, daß ihm die Abschrift eines Briefes des geheimen Stabschefs der OAS, Major von Jagow, in die Hände gefallen sei, aus dem hervorging, daß er, weil die Nazis sich weigerten, mit dieser alten oberschlesischen Zollformation zusammenzuarbeiten, und das Monopol dieser geheimen Landesorganisation für sich beanspruchten, bereit war, diesem Verlangen nachzugeben. Ich hatte dies Schleicher mitgeteilt. Major Ott kam am Nachmittag des 13. mit Material zu Pünder, um die Unechtheit dieser Auffassung Lukascheks zu beweisen. Dieses Material war nicht restlos überzeugend. Ich wurde dadurch wieder einmal irre an den letzten, geheimen Absichten der Reichswehr, über die, wie es schien, Groener fortlaufend weniger orientiert wurde, und war nicht ganz sicher, ob ich Lukaschek am Abend mitteilen könne, daß seine Befürchtungen gegenstandslos seien. Zu dieser Häufung von Besprechungen kam noch die Verhandlung mit den Führern der SPD, die ich wohl nicht ganz frisch führte. Jedenfalls lehnte gegen acht Uhr die SPD den Vorschlag ab, ohne irgendeine Beteiligung der SPD die Nominierung des Reichspräsidenten durch ein unparteiisches Komitee vornehmen zu lassen.

Der Start für die zweite Phase der Präsidentenwahl stand nach meiner Erinnerung unter keinem günstigen Vorzeichen. Es war der 14. Januar – ein Tag, an dem auch die Entscheidung für die endgültige Unterhaltung mit François-Poncet getroffen werden mußte –, als ich dem Reichspräsidenten den Vorschläg für die Aufstellung des Wahlkomitees zu unterbreiten hatte.

Ich war in diesen Tagen außerordentlich stark absorbiert durch die innerpolitischen Vorbereitungen zur Wahl des Reichspräsidenten. Selbst in einer Sitzung der Zentrumspartei, in der ich normalerweise nie Schwierigkeiten für meine Politik gehabt hatte, kam eine gewisse Gereiztheit zum Durchbruch, da meine politischen Freunde über das Mißlingen meiner bisherigen Bemühungen infolge der Einmischung nicht verfassungsmäßiger Instanzen in letzte Entscheidungen meiner Politik informiert waren.

Ich kam allmählich in eine unmögliche Situation. Ich mußte denen, die bereit waren, unter Zurücksetzung jedes Parteiinteresses, aus staatspolitischen Gründen und im Glauben an den Hindenburg-Mythos bis aufs äußerste den Kampf für die Wiederwahl des Reichspräsidenten zu führen, auch noch klarmachen, daß sie sich aus den gleichen staatspolitischen Gründen in eine Pariarolle hineindrängen lassen mußten, während diejenigen, die in Wirklichkeit den Reichspräsidenten gar nicht wiederwählen wollten, im Hause Hindenburg mit Glacéhandschuhen angefaßt wurden. Es war stellenweise schwer, die Erregung beizulegen, die einige meiner politischen Freunde bekundeten, in einem Gremium, in dem normalerweise stets ohne Leidenschaft beraten wurde. Dabei mußte ich in solche Vorstandssitzungen mit der klaren Einsicht hineingehen, daß meine und des Reichspräsidenten Auffassung über die letzten Zielpunkte der politischen Entwicklung, namentlich über die Wiedereinführung der Monarchie, in keiner Weise übereinstimmten.

Eine halbe Stunde bevor ich am Nachmittag zum Reichspräsidenten ging, kam Treviranus, der einige Vorbereitungen für ein Komitee von konservativen Männern getroffen hatte, mit höchst ungünstigen Nachrichten aus dem Hause des Reichspräsidenten. Um fünf Uhr war ich beim Reichspräsidenten. Er begann mit in freundlichem Ton gehaltenen Vorwürfen wegen des Scheiterns der ersten Phase. Ich vermied, näher darauf einzugehen, und glaubte, der Sache besser dienen zu können durch eine konzisere Darlegung der letzten Ziele meiner Politik.

In der eine Dreiviertelstunde während Besprechung ergab es sich, daß der Reichspräsident sich eine Monarchie bzw. ihre Wiederherstellung nur denken konnte unter Zurückberufung Wilhelms II. und seiner Umgebung mit beratenden militärischen Führern unter Ausschluß aller übrigen Kreise des Volkes. Ich sagte dem Reichspräsidenten, er habe wohl noch nie ein Wort der Kritik an Wilhelm II. von mir gehört. Obwohl ich glaube, im Laufe von weiteren fünf Monaten den ganzen Versailler Vertrag tatsächlich erschüttert zu haben, um anschließend die Monarchie wieder einführen zu können, traue ich mir jedoch nicht die Kraft zu, gleichzeitig die Rückberufung Wilhelms II. auf den Thron durchsetzen zu können. Im Interesse der monarchischen Idee müsse die Familie Hohenzollern Opfer bringen.

Ich stelle mir die Entwicklung so vor, daß der Reichspräsident nach Abschluß der außenpolitischen Verhandlungen und nachdem ich vorher dafür die Unterstützung einer Zweidrittelmehrheit im Reichstag gefunden hätte, seine Präsidentschaft in eine Regentschaft für einen der Söhne des Kronprinzen umwandle. Ich würde mich im Laufe der nächsten 14 Tage darum bemühen, eine Aussprache mit dem Kronprinzen herbeizuführen. Ich hoffe, daß er für diese meine Politik Verständnis habe. Vor allem glaubte ich dem Kronprinzen ausreden zu können, sich irgendwie in die Präsidentenkampagne einzumischen oder Lockungen seitens gewisser Kreise der NSDAP zu folgen, die ihn als Gegenkandidaten für den Reichspräsidenten aufstellen wollten.

Das ganze Ergebnis dieser Unterhaltung war eine fast barsche Erklärung des Reichspräsidenten. Die Frage einer Aufstellung des Kronprinzen als Gegenkandidaten sei in einem Briefwechsel mit Seiner Majestät geklärt, und es sei nicht notwendig, daß ich mich in diese Angelegenheit einmische.

Ich erklärte dem Reichspräsidenten, ich fürchte, daß er mich nicht ganz verstehe. Ich würde wünschen, daß ich einmal die Gelegenheit hätte, vielleicht auch in Gegenwart seines Sohnes, diese ganze Frage zu besprechen. Der alte Herr schüttelte den Kopf und erklärte, sein Sohn mische sich schon gerade genug in die Politik ein. Er könne die Dinge für sich allein entscheiden. Ich antwortete darauf: „Ich hoffe, Herr Reichspräsident, daß Sie mir die Möglichkeiten schaffen, die außenpolitischen Fragen und die Wiederherstellung der Monarchie bis zu dem Punkte vortreiben zu können, daß kein Rückschlag eintritt. Wenn ich soweit bin, ist für Sie ja die Möglichkeit gegeben, ein Rechtskabinett zu berufen. Ich werde Sie dann bitten, nachdem ich ohne Erschütterung für die Grundfesten des Staates die Überleitung vollzogen habe, auf meine Dienste verzichten zu wollen."

Der Reichspräsident antwortete nur, daß er sich diese Sache überlegen müsse. Ich schied von ihm mit dem Gefühl einer gewissen Hoffnungslosigkeit, die Politik für die Dauer noch auf einen vernünftigen Weg bringen zu können.

Wie die Stimmung im Hause des Reichspräsidenten tatsächlich war, zeigte die Tischordnung am nächsten Tage bei dem Diplomatenessen, das der alte Herr gewohnheitsmäßig um diese Zeit des Jahres gab. Daß ein Gesandter zwischen den Botschaftern und mir saß, konnte ein Flüchtigkeitsfehler sein. Aber die kurzen Bemerkungen von drei Botschaftern mir gegenüber, daß man nicht verstehe, was diese neue Tischordnung solle, zeigten mir, wie weit durch solche lächerlichen Kleinigkeiten meine Autorität langsam zerstört wurde.

Der 16. Januar brachte eine Reihe von Verhandlungen über Stillhaltung und Butterzoll und den Besuch des konservativen Abgeordneten Boothby. Boothby kam zu mir, ohne mir zu sagen, daß er anschließend sofort zu Hitler ging. Bei seiner Rückkehr nach England machte er über seine Unterhaltung mit mir eine deprimierende Äußerung, während er Hitler als den großen Mann pries.

Kaum war er gegangen, als mir Pünder den Inhalt einer telephonischen Unterhaltung mit Hoesch mitteilte. Laval hatte von Hoesch in der Erkenntnis, daß er sich innenpolitisch im größten Schwächezustand befand, verlangt, er solle ihm sofort, vor Beginn der Kammerverhandlungen, eine authentische Interpretation meines WTB-Interviews bringen. Das war ungewöhnlich, entsprach nicht den bisher üblichen liebenswürdigen Beziehungen und konnte, wenn es bekannt wurde, als Kampfansage ausgelegt werden. Ich lehnte jede Interpretation des Interviews ab und bat Hoesch, Laval mitzuteilen, daß das Interview die Konstatierung einer Tatsache enthielte. Tatsachen ließen sich aber nicht interpretieren.

Abends spät kam Göring und brachte mir das offene Schreiben von Hitler. Er stellte dabei gleichzeitig seinen Adjutanten Körner vor und erklärte, Körner habe von ihm den Auftrag, sich stets zu meiner Verfügung zu halten, da sich ja wohl in der nächsten Zeit die Notwendigkeit dauernder und intensiver Fühlungnahme mit ihm als politischem Generalbevollmächtigten von Hitler ergeben würde. Ich war, da ich den Inhalt – eine Ablehnung der parlamentarischen Wiederwahl Hindenburgs – schon längst kannte und mir die ganze Taktik Hitlers noch einmal blitzschnell durch den Kopf gehen ließ, etwas erstaunt über die zum mindesten scheinbar echte Herzlichkeit des Tones sowie über den in seinen Worten enthaltenen Unterton eines Optimimus für ein politisches Zusammengehen in der Zukunft.

Der 18. Januar, an dem ich die Antwort auf Hitlers Denkschrift entwarf, brachte mir ein Telephonat aus London. Neurath teilte mit, daß die französische Regierung in London den Wunsch auf Vertagung der Reparationskonferenz geäußert habe. Dieser Wunsch mußte aus einer falschen Einschätzung der innerpolitischen Einstellung Deutschlands kommen. Mir war er sachlich und auch taktisch willkommen. Er deckte sich mit meinem Wunsch, aber die Franzosen traf vor der Welt die Verantwortung für die Vertagung, was ich erstrebt hatte.

Es war sehr schwer, am gleichen Tag die Vorbereitung einer Einigung über den Schutzzoll für die bäuerliche Veredlungswirtschaft zu treffen. Ich mußte mit Rücksicht auf die Reichspräsidentenwahl diese Einigung erzielen und vorher publizieren, ohne gleichzeitig unser ganzes handelspolitisches System über den Haufen zu werfen und Industrielle und Arbeiterschaft für die Präsidentenwahl zu verlieren.

Eine lange Unterhaltung mit Staatssekretär Weismann in der Nacht gab mir die Hoffnung, daß Ministerpräsident Braun bereit sein würde, seinen Einfluß bei der SPD einzusetzen, um den Vorschlag einer Nominierung des Reichspräsidenten durch ein rechtsgerichtetes Komitee zu tolerieren.

Ich mußte gleichzeitig den Einfluß des Staatssekretärs Weismann dafür gewinnen, daß Preußen bei der Regelung der Postabfindungsfrage mit Bayern und Württemberg keine Schwierigkeiten machen würde. Anschließend kam eine Einigung mit Württemberg über die Postabfindung zustande; aber kaum hatte die bayerische Regierung, mit der in der gleichen Frage schon vor Wochen eine Einigung stattgefunden hatte, davon Kenntnis bekommen, als sie noch am gleichen Tag über die frühere Einigung hinausgehende Forderungen stellte, die ich glatt ablehnen mußte.

Am 19. erschien abends der englische Botschafter und überbrachte den Vorschlag Englands, vollkommen identisch mit dem Vorschlag der Deutschnationalen Volkspartei an François-Poncet, den Hoover-Plan in der bisherigen Form um ein Jahr zu verlängern. Ich lehnte diesen Vorschlag glatt ab und verlangte eine Endregelung der Reparationen im Sinne meines WTB-Interviews mit dem Beginn des Sommers. Am andern Morgen wurde eine schriftliche Antwort beraten, die in der Form ausweichend war, sich aber in der Sache auf denselben Standpunkt stellte.

Am 20. Januar gegen Mittag kam Schleicher zu mir. Ich wiederholte meine Absicht, die ich bereits vor einigen Tagen ihm und Meißner gegenüber geäußert hatte, den Reichspräsidenten zu bitten, ihm und Meißner die Verhandlungen mit den Rechtsparteien über die Wiederaufstellung des Reichspräsidenten für die Volkswahl zu übertragen. Ich ermächtigte ihn dabei, den Vertretern der Rechtsparteien zu sagen, daß ich, wenn sie den Reichspräsidenten zuerst aufstellen und sich binden würden, das nicht wieder rückgängig zu machen, bereit sei, zurückzutreten, worauf noch vor der Wiederwahl des Reichspräsidenten ein Kabinett unter anderer Führung gebildet werden könnte. Wenn sie aber selbst auf diesen Kaufpreis nicht eingehen wollten, so sei ich fest entschlossen, den Kampf bis aufs äußerste aufzunehmen.

Ich hatte für den gleichen Nachmittag und für die nächsten Tage Vorbesprechungen mit Preußen über die Landesfinanzen, die den Zweck haben sollten, zwar Preußen zu helfen, aber in einer solchen Form, daß das Reich die Kraft haben würde, gleichgültig wie die Parteikonstellation Preußens auch sein würde, im Laufe des Sommers die preußische Regierung zu zwingen, aus ihrer Notlage heraus freiwillig Polizei und Justiz dem Reiche anzubieten. Ich hatte darüber in den erwähnten Unterhaltungen der letzten Zeit mit dem Reichspräsidenten gesprochen und gleichzeitig auch Schleicher am Tag vorher einige Andeutungen gemacht, um ihn in seinem Glauben für die kommende Entwicklung zu beruhigen.

Merkwürdigerweise verlangte Papen am nächsten Tag eine dringende Besprechung, in der er mich um Unterstützung bat für die Transferierung des Vermögens eines Freundes im Saargebiet und Befreiung von den Devisenvorschriften für diesen Zweck. Dabei beglückwünschte er mich, daß ich die Finanzpolitik so geführt habe, daß das Reich die Länder, vor allem Preußen, wenn es wolle, in die Tasche stecken könne. Ich war höchst erstaunt, daß Papen über die dem Reichspräsidenten und Schleicher gegenüber geäußerten letzten Absichten meiner Politik so schnell unterrichtet war.

Noch am 22. gelang es nicht, eine Einigung im Kabinett über Butterzölle und das neue Ostprogramm zu erzielen.

Dagegen gelang die Einigung mit Groener, Joël, Schleicher und Zweigert über die Antwort an Hitler, die abends 8 Uhr 30 abging. Die langen Kompromißverhandlungen lähmten die Wirkung dieser Antwort. Prälat Kaas telephonierte aus Vipiteno (Sterzing) in Südtirol.

Am Abend fand das übliche innenpolitische Essen im Reichspräsidentenpalais statt.

Am nächsten Tage teilte Schleicher mit, daß die bisherigen Verhandlungen mit den Rechtsparteien ziemlich aussichtslos stünden. Er war sehr unsicher, auch über die Lage im Hause Hindenburg. Ich sagte ihm, der Kampf müsse geführt werden, und wenn der Reichspräsident von mir verlange, daß ich ihm vor Eröffnung der Schlacht eine Sicherheit für den Ausgang der Schlacht gäbe, so stelle er an mich in der Politik ein Ansinnen, das man an ihn während des Krieges vernünftigerweise niemals gestellt haben würde.

An diesem und in den nächsten beiden Tagen häuften sich Besprechungen und Verhandlungen. Ich kann nur aufzählen:

Letzte persönliche Verhandlungen mit Wiggins und Tjarks über die Stillhaltung. Letzte persönliche Besprechungen mit Bülow und Nadolny vor deren Abreise nach Genf. Vorbereitung der Propaganda für die Reichspräsidentenwahl. Übereinkommen mit Emelka über Filmpropaganda. Erste Verhandlungen über Sanierung der Beamtenbanken. Erste Fühlungnahme mit Oberbürgermeister Sahm zwecks Initiative seinerseits für die Bildung eines Hindenburg-Wahlkomitees. Besprechungen mit Dietrich über die Bereitstellung der Generalanzeigerpresse. In der Nacht Besprechungen mit Treviranus und Habermann über eine Liste aus ihren Kreisen für das Sahmsche Komitee. Stundenlange Verhandlungen über die vom früheren Minister Köhler herbeigeführten Konflikte im Rechnungsausschuß über die Etatausschreitungen im Auswärtigen Amt. Besprechung mit Weismann, der über die Arbeit Brauns berichtete, die Zustimmung der SPD zum Hindenburg-Wahlkomitee zu bekommen. Verhandlungen mit den Rechtsparteien. Sehr ungünstig nach meinem Eindruck, aber Meißner und Schleicher dekuvrieren sich nicht.

Sowohl Meißner wie Schleicher meinten, daß der Reichspräsident kaum noch zu gewinnen sei für eine Kandidatur, die von mir propagiert würde.

Ich überlegte in der Nacht zum 27. und entschloß mich in der Frühe, Groener, Schleicher, Pünder und Meißner zu einer Besprechung zu bitten. Ich sagte ihnen, ich hätte mir die ganze Lage die Nacht hindurch überlegt. Die Verhandlungen, sowohl mit den Rechtsparteien wie im Hause des Reichspräsidenten, hätten mich zu dem Entschluß gebracht, heute noch dem Reichspräsidenten meine Demission zu überreichen, die ich in der Nacht entworfen hätte. Ich könne diese langsame Unterhöhlung meiner Stellung mit meiner Verantwortung für die Außenpolitik nicht länger vereinbaren. Eine derartig schrittweise betriebene Prestigeminderung stelle die ganzen erstrebten Erfolge der Außenpolitik in Frage. Ich sei fest entschlossen, aus Verantwortungsgefühl diesem Zustand ein Ende zu machen und mich zu opfern, um für den Reichspräsidenten die Bahn frei zu machen. Die Wirkung war ganz verschieden. Meißner sah ich an, daß er diesen Vorschlag als eine Erlösung empfand. Schleicher wurde blaß und gelb und erklärte sich einverstanden, sagte aber zum Schluß, er wolle Groener nicht vorgreifen. Groener wurde rot, schwieg und erklärte dann: „Ich werde diesem Vorschlag niemals zustimmen. Ich werde zum Reichspräsidenten hingehen und ihn als sein Generalstabschef daran erinnern, daß er mir bei Ihrer Berufung das Wort gegeben hat, durch dick und dünn bis zum Ende Ihrer Politik mit Ihnen zu gehen."

Groener meldete sich sofort beim Reichspräsidenten an. Er berichtete nach dem Mittagessen. Er hatte dem Reichspräsidenten erklärt, Kanzler könne er genug finden, aber keinen, der die gleiche Autorität gegenüber der Welt und die gleiche Beherrschung der schwierigen finanziellen, politischen und wirtschaftlichen Fragen besitze, erst recht keinen, der das Ausmaß an Loyalität aufbringe, das ich dem Reichspräsidenten nunmehr seit zwei Jahren bewiesen habe. Es sei eines preußischen Generals unwürdig, seinen Generalstabschef vor Beginn der Schlacht preiszugeben. Das wirkte. Der Reichspräsident erklärte bei einer gemeinsamen Besprechung mit Groener und mir, daß er mich nie preisgeben werde und daß ich jetzt mit den Verhandlungen über die Bildung des Ausschusses offiziell beginnen möge. Er sei entschlossen, mit mir den Kampf für das Vaterland bis auf das äußerste durchzuhalten.

Ich ließ sofort Sahm kommen, teilte ihm den Beschluß des Reichspräsidenten mit und bat ihn, noch am gleichen Tag den Hindenburg-Ausschuß zu wählen, der die Unterschriften der angesehensten Männer sammeln sollte für eine Adresse an den Reichspräsidenten, in der er um die Übernahme einer nicht parteipolitischen Kandidatur gebeten wurde.

Diese Adresse sollte die Grundlage für eine öffentliche Antwort des Reichspräsidenten bilden, in der er sich für die Übernahme einer neuen Kandidatur für eine Volkswahl ohne Rücksicht auf die Parteien bereit erklärte. Sahm ging sofort an die Arbeit.

Ich ging nun erneut zum Reichspräsidenten, ihm von dem Geschehenen Mitteilung zu machen und ihm mitzuteilen, daß dieses Komitee so zusammengesetzt wäre, daß er keine Sorge vor der Kritik seiner früheren Kameraden in der Armee zu befürchten habe. Der Reichspräsident war sehr aufgeräumt, noch immer unter dem Eindruck der Worte Groeners stehend, und erklärte, man solle vor der Geschichte „einem preußischen Feldmarschall nicht den Vorwurf machen können, daß er vor einem schweren Kampf im Interesse des Vaterlandes zurückgewichen ist".

Nachdem ich in froher Stimmung zurückgekehrt war, rief um halb acht Schlange an, man solle die Stimmung im Hause des Reichspräsidenten trotz vorangegangener Unterredung nicht zu optimistisch beurteilen. Eine Stunde später erschien Herr von Heydebreck von den „Münchner Neuesten Nachrichten" mit der gleichen Warnung. Er teilte mit, daß am nächsten Tag ein neuer Schlag gegen mich geführt werde. Er könne allerdings noch nicht mitteilen, wie dieser Schlag aussehen werde. Am nächsten Tag brachte Curtius ähnliche Warnungen, ebenso Habermann.

Von neun bis ein Uhr in der Nacht verhandelte ich mit den Führern des Gewerkschaftsbundes, um mit ihnen die Einzelheiten ihrer Agitation für den Reichspräsidenten durchzusprechen und ihnen klarzumachen, daß trotzdem ihre Namen außer dem des Vorsitzenden des DHV nicht in der Adresse für den Reichspräsidenten erscheinen würden.

Am Morgen sagte Hilferding, er hoffe, daß es ihm, Braun und Severing gelingen würde, die Unterstützung für die Wahl des Reichspräsidenten zu bringen, auch wenn die Kandidatur des Reichspräsidenten nur durch rechtsgerichtete Persönlichkeiten erbeten würde.

Dann kam der Schlag.

Meißner erschien mit einem Schreiben des Reichspräsidenten folgenden Inhalts:

„Die in der heutigen Presse begonnenen Veröffentlichungen um die Reichspräsidentenwahl geben mir Veranlassung, Ihnen in diesem nur für Sie selbst bestimmten Schreiben meinen Ihnen bisher nur mündlich bekanntgegebenen Standpunkt zu der Frage meiner Kandidatur schriftlich festzulegen: Ich bin nur dann bereit, erneut das Amt des Reichspräsidenten zu übernehmen, wenn ich davon überzeugt bin, daß mein Verbleiben in diesem Amt eine vaterländische Notwendigkeit ist. Ich kann ferner eine

Kandidatur nur dann annehmen, wenn sie nicht auf den geschlossenen Widerstand der gesamten Rechten stößt und meine Wiederwahl im ersten Wahlgang als gesichert angesehen werden kann. Bis über diese Voraussetzungen Klarheit besteht, muß ich mir meine Entscheidung über die Annahme der mir angebotenen Kandidatur vorbehalten und allen an mich gestellten Anfragen gegenüber vollständige Zurückhaltung wahren. "

Ich habe diesen Brief in Gegenwart von Meißner nur überflogen, da ich aus einer Chefbesprechung über die Verlängerung des ausländischen Diskontkredits und des Wagemannschen Planes herausgeholt wurde. Als ich nach dieser Besprechung den Brief genau durchlas, mußte ich zu meinem Erstaunen feststellen, daß derselbe in völligem Widerspruch stand zu den Erklärungen des Reichspräsidenten am Tage vorher. Der Reichspräsident hatte in dieser Unterhaltung nur von einer genügend breiten Front gesprochen. Die Mitglieder des Hindenburg-Ausschusses waren bereits zusammengerufen. Ich war am Ende meiner Möglichkeiten. Ich hatte an diesem Tag noch wichtige Besprechungen mit Litwinow und für den nächsten Tag eine Reihe von Herren aus dem Lande bestellt für die Eröffnung der Kampagne für die Reichspräsidentenwahl.
Am Nachmittag des 29. sprach ich mit Willisen über die Möglichkeit seiner Einwirkung auf den Kronprinzen zum Ziele einer stillen Förderung der Kandidatur Hindenburgs und einer Sicherung gegenüber den Angriffen von seiten der Monarchisten. Ich erklärte mich einverstanden, mit dem Kronprinzen in seinem Hause die schon längst gewünschte Unterhaltung zu führen.
Anschließend gab es eine mehrstündige Aussprache mit Groener, der über diesen neuen Schlag angeekelt und aufs höchste erstaunt war. Wir kamen zu dem Ergebnis, ich solle ruhig weiterarbeiten, ohne Rücksicht auf diesen Brief, und ihn als eine der häufigen Denkschriften des Reichspräsidenten für sein Familienarchiv betrachten, durch die er sich genau wie im Kriege vor der Geschichte sichern wolle, falls die Schlacht mißlinge.
Ich ließ spät am Abend noch Hilferding kommen, deutete ihm in loyaler Weise die Entstehung einer neuen Schwierigkeit an, kam aber mit ihm überein, daß er alle Kraft ansetzen solle, um ohne Rücksicht auf diese erneute Schwierigkeit die Sozialdemokraten zu gewinnen. So benutzte ich den nächsten Tag, um weitere Einzelheiten für die Vorbereitung der Kampagne für die Reichspräsidentenwahl zu besprechen.
Am 1. Februar wurden neben der Erledigung der Verhandlungen über die Etatsfrage die Gespräche über die Unterstützung des Reichspräsiden-

ten mit der Wirtschaftspartei, mit den deutschen Bauernvereinen und mit Vertretern der westdeutschen Zentrumspartei fortgeführt.

Zum Frühstück kam Schleicher. Ich bat ihn, trotz aller Rückschläge die Verhandlungen mit den beiden Rechtsparteien fortzuführen und zu versuchen, nachdem die Aufstellung der Kandidatur durch eine Gruppe konservativer Männer sichergestellt sei, sie für die Wiederwahl des Reichspräsidenten zu gewinnen. Er schlug mir vor, mich noch am nächsten Tage in seinem Hause mit dem Kronprinzen zu treffen. Ich sagte zu, obwohl mir eine Unterhaltung bei Willisen angenehmer gewesen wäre. Aber Schleicher abzusagen, wäre in diesem Augenblick für mich zu gefährlich gewesen. Dabei wurde ausdrücklich vereinbart, daß die Unterhaltung mit dem Kronprinzen geheim bleiben sollte. Inzwischen setzte ich alles ein, was mir nur zur Verfügung stand, um die Rechtsparteien zu bearbeiten.

Dann mußte ich mich zwei entscheidenden Fragen zuwenden. Die Verstimmung über die glatte Ablehnung eines Kompromisses in der Reparationsfrage hatte das englische Kabinett veranlaßt, nunmehr einen Vorstoß für die Schaffung einer Zollunion zwischen Österreich und den Südoststaaten zu machen, der juristisch nach dem Haager Urteil ebensowenig Aussicht hatte wie die deutsch-österreichische Zollunion, der aber alle Pläne für eine mitteleuropäische Zollangleichung, die ich langsam vorbereitete, durchkreuzte. Gleichzeitig mußte ich noch am 2. Februar in einer Chefbesprechung die Richtlinien für die endgültige Sanierung der Banken durchsetzen, die noch vor der Reichspräsidentenwahl unter allen Umständen vollendet sein mußte.

Abends fand dann die Unterhaltung mit dem Kronprinzen statt, die bei der leichten Auffassung des Kronprinzen sehr einfach verlief. Ich legte dem Kronprinzen meine letzten Ziele dar, vor allem, was die Restaurierung der Monarchie betraf. Er war nicht sonderlich entzückt von dem Gedanken einer Wiedereinführung der Monarchie mit Unterstützung bzw. Tolerierung der Linken. Er glaubte aber, daß ich sowieso scheitern würde, weil nach seiner Meinung über den Charakter des Reichspräsidenten, der mich ebenso verraten würde, wie er alle anderen verraten hätte, dieser gar nicht daran denke, den Platz für einen Monarchen frei zu machen. Der Kronprinz gebrauchte dabei halb im Ernst, halb im Scherz das Schlagwort von der Koalition zwischen dem 3. Garderegiment und den Gewerkschaften. Immerhin war er doch beeindruckt und lud mich ein, nach meiner Rückkehr aus Genf diese Frage auch mit der Kronprinzessin zu besprechen.

Vorsichtigerweise hatte ich am Morgen Hilferding kommen lassen und ihn streng vertraulich informiert über die bevorstehende Unterhaltung mit dem Kronprinzen und die Absicht, mit ihm über die Frage der monarchistischen Restauration zu sprechen. Ich bat ihn, für den Fall, daß trotz aller Vorsichtsmaßregeln diese Unterhaltung dennoch bekannt würde, dem Vorstand der SPD mitzuteilen, daß ich ihn vorher informiert hätte. Es war nur eine Vorsichtsmaßregel. Ich hatte nicht ernstlich gedacht nach allen Zusicherungen, die ich bekommen hatte, daß die Unterhaltung bekannt würde, obwohl ich gegen ein etwas späteres Bekanntwerden keine Bedenken mehr hatte. Am nächsten Tage zeigte es sich, daß diese Vorsicht nur zu begründet war. Schon um 12 Uhr 30 teilte mir Pünder, der nicht einmal informiert war, mit, daß sie das Tagesgespräch aller Berliner Redaktionen sei. Erst ein Jahr später erfuhr ich durch Frau von Willisen, daß Schleicher sich ihr und ihrem Mann gegenüber gerühmt hatte, diese Nachricht lanciert zu haben, um mich endgültig zu erledigen!

Was die wirkliche Absicht der NSDAP war, zeigte sich am 3. Februar, als Groener die Nachricht erhielt, Hitler wolle sich, um sich als Präsidentschaftskandidaten aufstellen lassen zu können, von der braunschweigischen Regierung zum Beamten ernennen lassen, wodurch er automatisch die deutsche Staatsbürgerschaft erhalte. Ich riet Groener ab, dagegen etwas zu unternehmen. Einmal weil die Gefahr bestand, daß solche Schritte als Angst vor einer Kandidatur Hitlers ausgelegt werden konnten, und weiter, weil nach allen Erfahrungen mit dem Reichspräsidenten doch die Gefahr bestand, daß der Reichspräsident ihm im letzten Augenblick in den Arm fiel. Außerdem sei ein Kampf zwischen dem Reichspräsidenten und Hitler in einer freien Volksabstimmung, die meiner Ansicht nach damit ende, daß mindestens im zweiten Wahlgang der Reichspräsident eine höhere Stimmenzahl als 1925 bekäme, am besten geeignet, die grenzenlosen Aspirationen Hitlers zu dämpfen. Dadurch würde er vielleicht verhandlungsbereit.

Der Staatsminister Baum von Thüringen teilte mir am gleichen Tage mit, daß in der Zeit, als Frick thüringischer Innenminister gewesen sei, er verfassungswidrig, weil das thüringische Staatsministerium nicht befragt worden sei, Hitler bereits die thüringische Staatsbürgerschaft verliehen habe.

Die Tage bis zur Abreise nach Genf waren bis in die Nacht hinein ausschließlich in Anspruch genommen mit den Vorbereitungen für die Bildung des Hindenburg-Ausschusses, der Reorganisation der Banken und der Etatslage in Preußen. Es war außerordentlich schwierig, den preußischen Finanzminister dafür zu gewinnen, daß er wenigstens vor der Wahl Hindenburgs nicht mit drastischen neuen Steuern vorging, vor allem der Einführung der Schlachtsteuer, die ein sehr ungünstiges Abstimmungsergebnis auf dem flachen Land zur Folge gehabt hätte.

Die Schwierigkeiten bei der Bankenreorganisation waren ähnlich groß. Die Leiter der Großbanken sträubten sich mit allen Mitteln gegen die Aufstellung einer klaren Bilanz und gegen eine ausreichende Zusammenlegung des Aktienkapitals. Dazu kamen die Personalfragen. Wir hatten schon große Schwierigkeiten gehabt, um Persönlichkeiten aus der Bankwelt für die Leitung der Dresdner Bank zu gewinnen. Die erste Forderung, die meistens gestellt wurde, wenn wir an einen Bankier herantraten, war die Sicherstellung der bisherigen lebenslänglichen Pensionsansprüche. Pensionsverträge, erst recht lebenslängliche, hatte es in der Vorkriegszeit im deutschen Wirtschaftsleben kaum gegeben. In der Nachkriegszeit riß diese Unsitte ein. Die Aktionäre verloren ihren Einfluß, die Direktoren in den unfähigen, ungeeigneten Aufsichtsräten bewilligten sich gegenseitig hohe Gehälter und hohe Pensionen.

Der einzige, der nach der Reorganisation der Banken nicht drohte, seine Pensionsansprüche einzuklagen, war Jacob Goldschmidt. Andere benahmen sich, als ob eine Räubermoral für sie etwas ganz Selbstverständliches sei. Die größten Unannehmlichkeiten in dieser Beziehung hatten wir im Fall Sobernheim. Sobernheim war eng befreundet gewesen mit Stresemann wie auch mit Meißner und anderen Persönlichkeiten des Reichspräsidentenhauses. Seit langem kannte ich die Gerüchte, daß Sobernheim in Spezialkonten die Frauen dieser Männer bei Spekulationen „mitnahm". Wir mußten unter allen Umständen verhindern, daß derartige Gerüchte vor der Reichspräsidentenwahl durchsickerten. Vor allem auch, daß bekannt wurde, was bei der nächsten Durchprüfung der Bankbücher sicher war. Sobernheim z. B. hatte sich selbst Kredite gegeben, die, wenn ich mich nicht irre, ungefähr 10 Millionen Mark ausmachten, um mit Aktien der eignen Bank zu spekulieren. Wegen seiner bekannten Stellung im Hause des Reichspräsidenten mußten wir alle diese Konten verschwinden lassen. Wenn einer der dabei in Frage kommenden Beamten nicht absolut loyal war, so war die Reichspräsidentenwahl gefährdet.

Ich besprach diese Dinge mit Dietrich, der sich gerade in dieser Zeit fabelhaft bewährte. Lange Erfahrungen mit Sanierungen von auslandsdeutschen Unternehmungen machten ihn für die diskrete Erledigung solcher Dinge besonders geeignet. Ich übertrug ihm, als ich nach Genf fuhr, die letzte Entscheidung in der Bankenreorganisationsfrage, über die wir uns in Grundlinien geeinigt hatten. Als äußersten Termin für die Erledigung der Frage hatte ich den 22. Februar angesetzt, aber schon vor der Genfer Reise, später noch mehr, stellte sich heraus, daß aus dem Hause des Reichspräsidenten sich retardierende Einflüsse geltend machten, alles Dinge, die dem Reichspräsidenten völlig unbekannt waren, der, soviel ich weiß, nie etwas mit der Commerz- und Privatbank zu tun gehabt hatte.

Ich erkannte alsbald, daß die Schwierigkeiten, die gemacht wurden, auf Sobernheim zurückzuführen waren. Da ich es nicht verantworten konnte, daß die Bankenreorganisation bis nach der Reichspräsidentenwahl hinausgeschoben wurde, so nahm ich eines Tages Meißner beiseite und erklärte ihm, wir seien bereit, Sobernheim aus seinem Debetsaldo zu befreien und ihm eine erhebliche Pension zuzugestehen. Von der Stunde an hatten wir keine Schwierigkeiten mehr. Keine Intrige, keine Verleumdung hat mich so tief deprimiert wie dieses Erlebnis.

Die Bankenreorganisation wurde nach unseren Plänen vorgenommen. Die Aufteilung in drei Großbanken statt zwei, wie die Deutsche Bank es forderte, hat sich bewährt. Die von uns geplante Dezentralisation der Großbanken ist leider völlig liegengeblieben. Ich habe erst später verstanden, warum alle diese Pläne sabotiert wurden. Wir hatten zwar die Zentralen der Großbanken genau durchgeprüft, aber die Filialbetriebe leider nur oberflächlich. Der Fall Schäfer (Düsseldorf) und später der Fall Brüning (Köln) zeigten, daß in den Großfilialen im Lande teilweise noch viel schlimmere Zustände herrschten als bei den Zentralen. Ich hatte deswegen Sorgen, aber damals war es nicht möglich, ihnen nachzugehen. Jede Frage wurde eisig ablehnend beantwortet. Die Spannung, namentlich mit einzelnen Herren der Deutschen Bank, wuchs von Tag zu Tag. Von allen Korruptionsaffären in den Leitungen und Filialen der Großbanken ist nur eine einzige gerichtlich verfolgt worden. Das war die des Bankdirektors A. P. Brüning, weil er meinen Namen trug.

Diese sachlichen Schwierigkeiten waren verhältnismäßig unbedeutend gegenüber den persönlichen in der Reichspräsidentenwahl. Ich selbst suchte nun in Einzelbesprechungen eine Reihe von Persönlichkeiten zu gewinnen für die Unterstützung der Wahl des Reichspräsidenten. Bei einzelnen, wie z. B. dem Admiral von Trotha, gelang das auch.

Am Tage meiner Abreise nach Genf, am 6. Februar, hielt ich mittags dem Reichspräsidenten einen Vortrag. Dabei wurde mir klar, daß die

Taktik des Ignorierens des Briefs des Reichspräsidenten keinen Erfolg gezeitigt hatte. Der Reichspräsident erklärte, er behielte sich seine Entscheidung, ob er sich nochmals aufstellen lasse, bis nach meiner Rückkehr aus Genf vor. So wurde jedesmal, wenn ich zu entscheidenden Verhandlungen ins Ausland fuhr, meine Stellung schon vorher unterminiert.

Die anderthalb Tage, die mir in Genf bis zu meiner Rede auf der Abrüstungskonferenz am Morgen des 9. Februar zur Verfügung standen, vergingen mit Besuchen bei den übrigen Delegationsführern und der Vorbereitung zu meiner Rede. Ich stellte zu meinem Bedauern fest, daß die Zusammenarbeit unserer Delegation recht schwach war und daß eine Reihe von persönlichen Verstimmungen bestand. Dazu kam die Nachricht aus Berlin, daß die Oppositionspresse den Memeler Konflikt – der Präsident des Direktoriums des Memelgebietes war von den Litauern abgesetzt worden – gewaltig aufbauschte, um einem möglichen Erfolg meiner Genfer Rede in Deutschland von vorneherein entgegenzuwirken.

Meine Freunde verlangten daher von mir, ich solle selbst in dieser Sache im Völkerbund einen scharfen Vorstoß unternehmen, um diesem Treiben zu begegnen. Das hätte aber eine Abschwächung der Wirkung meiner Rede in Genf selber bedeutet. Daher lehnte ich telephonisch ein solches Ansinnen ab.

Alle möglichen politischen Persönlichkeiten waren zur feierlichen Eröffnung der Abrüstungskonferenz nach Genf gekommen. Jeder wollte mündlich oder schriftlich irgendeinen Vorschlag für die Rede anbringen. Ich mußte mich dem höflich, aber bestimmt entziehen. Das bedeutete einen erheblichen Zeitverlust.

Bereits am zweiten Tag stellte ich fest, daß unter Stresemann und auch später gewisse Methoden eingerissen waren, die unmöglich weiter ertragen werden konnten. Stresemann hatte sich daran gewöhnt, alle seine Reden vorher dem Vertreter der „DAZ", einem Dr. Max Beer, vorzulegen. Man mutete mir das gleiche zu und warnte mich vor den Konsequenzen, wenn ich es nicht täte. Beer, der wohl klug war, aber eine grenzenlose Eitelkeit besaß, würde bei der in- und ausländischen Presse sonst Stimmung gegen mich machen. Er kam sich vor wie der Mann, der allein die Genfer Atmosphäre beurteilen konnte, und hat es sogar verstanden, diesen Eindruck selbst bei klugen Leuten wie dem Prälaten Kaas absolut festzusetzen, so daß dieser mich von Berlin aus dringend bat, die Rede Beer vorher zur Begutachtung vorzulegen. Das lehnte ich ab und erklärte mich nur bereit, ihn eine Stunde vor Eröffnung der

Konferenz zu empfangen und mich mit ihm über die bereits fertig umgedruckte Rede zu unterhalten.

Die Rede war ein Erfolg. Ehe ich damit begann, erhob sich ein minutenlanger Beifall, der nicht der Rede galt, sondern der von mir vertretenen Innen- und Außenpolitik. Dieser Beifall, der auch durch den Rundfunk in Berlin gehört wurde, zeigte dem Reichspräsidenten, der ebenfalls zuhörte, wie stark meine Stellung im Ausland war. Dietrich benutzte diesen Abend, dem Sohne des Reichspräsidenten in alemannischer Deutlichkeit zu sagen, daß er den General von Schleicher als den Vater der ewigen Intrigen ansehe, die auf die Dauer eine politische Arbeit unmöglich machten.

Nach der Rede hatte ich bis zu meiner Abfahrt Besprechungen mit unserer Delegation. Man hatte dort keine Vorstellung von irgendeiner Taktik und von der Notwendigkeit, alles wie zu einem Kampfe im Parlament vorzubereiten. Ich bat die Herren, unter allen Umständen die Zeit zu jeder nur möglichen Fühlungnahme auszunutzen. Ich ließ Bülow in Genf zurück, um sicher zu sein, daß die Dinge in meinem Sinne weiterliefen. Bülow erledigte diese Aufgabe wie immer in vorbildlicher Weise.

Am 10. Februar war ich wieder in Berlin, um – nach einer längeren Besprechung mit dem durchreisenden türkischen Außenminister über eine gemeinsame Taktik auf der Abrüstungskonferenz – mich der Bankenfrage zu widmen. Dann mußte ich die Fühler nach allen Seiten ausstrecken wegen der Reichspräsidentenwahl und dem Reichspräsidenten selber Vortrag halten. Dieser war durch die Vorgänge auf der Konferenz sichtlich stark beeindruckt, sehr freundlich und fest: abends bei dem gemeinsamen Jahresessen beim Nuntius behandelte er mich fast väterlich wohlwollend.

Ich hatte Schleicher gebeten, noch einen letzten Versuch bei Hugenberg zu machen. Schleicher berichtete darüber am andern Morgen, daß der Fall absolut hoffnungslos sei. Hugenberg stellte als Vorbedingung seines Eintretens für die Kandidatur Hindenburgs die sofortige Ausschreibung von Neuwahlen für Reich und Länder. Er war wieder einmal der blinde Hödur, der nicht sah, daß er nicht nur den Wiederaufbau der Nation in konservativem Sinne, sondern auch sich selbst ruinierte. Schleicher sagte mir bei dieser Gelegenheit, er habe seine Gespräche mit Hugenberg, sowohl wie die mit den Nazis, sorgfältig zu Papier gebracht. Alle hätten sich jetzt soweit kompromittiert, daß er sie durch eine Veröffentlichung dieser Unterredungen im deutschen Volke vernichten könne.

In späteren Unterhaltungen, 1932 nach meinem Sturz, haben mir verschiedene Nationalsozialisten gesagt, daß seine Taktik bei den Verhandlungen eine wesentlich andere gewesen sei und daß sie vielleicht dann doch einer Kandidatur Hindenburgs zugestimmt hätten, wenn ich selbst die Verhandlungen mit ihnen geführt hätte. Sie seien damals sehr nervös gewesen, vor allem, weil sich Hugenberg nicht demaskiert habe. Wenn sie zugestimmt hätten und Hugenberg hätte einen Stahlhelmkandidaten aufgestellt, so hätten sie unter Umständen 1 bis 2 Millionen ihrer Anhänger verloren. Ich stellte die Gegenfrage, ob sie denn nicht gewußt hätten, daß das Reichswehrministerium die Information verbreitet habe, daß ihre Zustimmung nur durch meine Verhandlungstaktik unmöglich geworden sei und daß ich selbst in der zweiten Phase vorgezogen hätte, die Verhandlungen mit den Führern der Rechtsparteien ausschließlich durch die beiden Vertrauensleute des Reichspräsidenten, Meißner und Schleicher, führen zu lassen. Die Antwort war, daß sie das völlig mißverstanden hätten: ich könne mir überhaupt nicht vorstellen, in welchem Ausmaß ich von Schleicher belogen worden sei.

Ich lege diese Behauptungen nieder, nicht um mich mit ihnen zu identifizieren, sondern um zu zeigen, wie Schleicher und die beiden Rechtsparteien versuchten, sich gegenseitig zu überlisten. Eine solche Methode muß ja zur Katastrophe führen, da in der Politik letzten Endes nicht ein falsch verstandener Machiavellismus, sondern nur Loyalität zu dauernden Erfolgen führt.

Die Tage vergingen mit Propaganda nach den Vereinigten Staaten und telephonischen Unterhaltungen mit Genf über die Festsetzung der Reparationskonferenz, der Erledigung der Bankenfrage und einer Reihe von Einzelbesprechungen, deren Erfolg Voraussetzung für einen Erfolg der Reichspräsidentenwahl war. Dazu gehörte auch die Bier- und Brotpreisfrage, die drohte, die Wirtschaftspartei zur Opposition abzudrängen. Die Abwälzung der Bierpreissenkung auf die Wirte hat zweifellos dazu beigetragen, daß diese bei der Wahl die besten Propagandisten für Hitler wurden. Die Brotpreisfrage konnte die Arbeiterschaft in Erregung bringen.

Einzeln mußte ich die Herren der Wirtschaftspartei fast eine Woche lang bearbeiten, um einen Sturz der Regierung vor der Reichstagssitzung am 23. Februar zu verhindern. Am 20. Februar gelang es endlich, mit der Wirtschaftspartei und den Bayern eine Einigung zu erzielen: Die Bierpreissenkung blieb bestehen unter gleichzeitiger Senkung der Biersteuer, so daß nur ein Teil der Senkung von den Wirten zu tragen war. Nachher nachte die BVP, Leicht ausgenommen, wegen der Biersteuer und der Holzpreise Schwierigkeiten, die erst beigelegt wurden, als ich am 16. Februar durch Dreyse erreichte, daß die Reichsbank auf die Postabfindung einen Vorschuß gab.

Nach einer starken Einwirkung auf den Reichspräsidenten durch Exzelenz von Berg gelang es schließlich, am 15. Februar den alten Herrn zu einer endgültigen Annahme der Kandidatur zu bewegen. Sehr wesentlich trug dazu bei, daß der Reichspräsident über unsere Abrüstungsvorschläge im einzelnen, über die ihm am gleichen Tage berichtet wurde und die ich am 17. Februar genehmigte, sehr zufrieden war. Der Reichspräsident gab sogar Anregungen für meine Reichstagsrede. Aber schon am nächsten Tage setzten neue Erschütterungsversuche ein. Gelegentlich eines Vortrages, den Groener beim Reichspräsidenten hatte, beauftragte der Reichspräsident Groener, mich zu ersuchen, die diplomatischen Beziehungen zu Litauen abzubrechen. Das paßte sowenig wie möglich in die Gesamtatmosphäre der Abrüstungskonferenz; ich konnte darauf selbstverständlich nicht eingehen.

Im letzten Augenblick vor der Reichstagssitzung drohte eine neue Komplikation. Um mit Rücksicht auf die Reichspräsidentenwahl eine möglichst große Stimmenzahl im Reichstag für die Regierung zu vereinigen, hatte ich eine längere Unterhaltung, die streng vertraulich sein sollte, mit einem zur Minderheit der DVP gehörenden Abgeordneten. Nach zwei Stunden kam der Abgeordnete Lambach und teilte mir erregt mit, daß der Abgeordnete von Lindeiner in einer gemeinsamen Fraktionssitzung des Christlichen Volksdienstes und der Volkskonservativen Mitteilungen über diese Unterhaltung gemacht habe, die wohl nie den Tatsachen entsprechen könnten, aber die Gefahr brächten, daß jetzt, im letzten Augenblick, der Christliche Volksdienst von mir abspränge.

Die Nervosität im Reich war außerordentlich. Am 22. Februar, einen Tag vor der Wiedereröffnung des Reichstags, waren die Würfel endgültig gefallen: Goebbels gab bekannt, daß Hitler als Reichspräsident kandidiere, und die Deutschnationalen und der Stahlhelm erließen einen Wahlaufruf für Duesterberg als Kandidaten.

Der Stahlhelm war abgefallen, nachdem ich eine ganze Nacht mit Seldte gesprochen hatte. Seldte verließ mich morgens um vier Uhr in gehobener Stimmung. Er erklärte, er habe nunmehr meine Politik verstanden und werde sich für sie einsetzen. Er werde sicher den Stahlhelm für die Unterstützung des Reichspräsidenten gewinnen. Er muß auch am nächsten Morgen noch dieser Ansicht gewesen sein, denn er schickte mir am Mittag durch einen besonderen Boten seine Kriegserinnerungsbücher mit herzlicher und anerkennender Widmung.

Eine Antwort des Stahlhelms, die mir in Aussicht gestellt war, habe ich nie bekommen. Als ich mich später bei einem Vertrauten Seldtes erkundigen ließ, weshalb man mich nicht wenigstens einer Antwort gewürdigt hätte, wurde mir erklärt, Seldte habe sich gar keine Mühe gegeben, sich beim Stahlhelm für sein mir gegebenes Versprechen einzusetzen, und im übrigen hätte ich es ja nicht für notwendig gehalten, ihm ein Ministerium anzubieten, das er für seine Verdienste doch zum mindesten hätte verlangen können.

WAHLKAMPF FÜR HINDENBURG

So brauchte ich mir im Reichstag dieses Mal keine Beschränkung aufzuerlegen und konnte frei reden. Als ich am dritten Tag der Sitzung, am 25. Februar, das Wort ergriff, beschränkte ich mich darauf, einige formulierte Äußerungen zur Außenpolitik vorzulesen, um dann das Manuskript beiseite zu schieben und zu einem scharfen Angriff gegen die Rechte auszuholen. Groener hatte mich vorher dazu ermuntert; der Reichspräsident habe jetzt genug von der Rechten.

Es war die dramatischste Sitzung des Reichstages, die ich erlebt habe. Es galt, den Kampf mit der tobenden Rechten, die mich keinen einzigen Satz ohne Unterbrechung zu Ende reden ließ, in scharfen Antworten und Dazwischenrufen durchzuhalten, ohne den Gedankengang jedes einzelnen Satzes und den der ganzen Rede in irgendeinem Augenblick zu verlieren. Manchmal dauerte der Tumult drei Minuten, ehe ich einen Satz beenden konnte. Goebbels und andere Nazis stürmten mehrere Male drohend die Treppen zur Tribüne herauf. Dieses brauchte ich. Wenn man in solchen Augenblicken im Parlament ruhig bleiben kann, wird der tobende Angreifer zu einer lächerlichen Figur.

Ich hatte während der minutenlangen Unterbrechungen Zeit, mich mit dem neben mir sitzenden Pünder zu unterhalten, ob ich nicht zu scharf würde, und sicherte mir dadurch eine dauernde Kontrolle, auch für die vermutliche Wirkung im Hause des Reichspräsidenten. Die Kommuni-

ten mußte ich mit schnellen Zwischenrufen abschlagen, um die Debatte
mit der Rechten ausschließlich fortzuführen. Es machte besondere
Freude, blitzschnell von der einen zur anderen Seite sich zu wenden und
für Minuten auf einen Hagel von Zwischenrufen zu reagieren und dann
in der Rede fortzufahren. Die vernünftigen Leute bei den Nazis saßen
bedrückt und schweigend, nicht nur Strasser, sondern diesmal auch
Göring. Um so mehr tobte der betrunkene Ley, bis ihn Strasser beim
Genick packte und aus dem Saale hinauswarf. In solchen Augenblicken
mußte schnell ein versöhnliches Wort eingeschaltet werden. Diese Taktik
erregte besonders Goebbels und Rosenberg. Rosenberg wurde wachsbleich. Schließlich schleuderte er mir das Wort „Landesverräter" entgegen. Nun konnte ich endlich meine Abrechnung mit ihm halten. Ich hielt
ihm entgegen, daß in dem Augenblick, wo er noch in Paris geweilt
und noch nicht gewußt hätte, welches sein Vaterland sei, ich zu der
Truppe gehörte, die an der Spitze der Gruppe Winterfeldt den Einmarsch nach Deutschland mitgemacht hätte, um die Revolution niederzuwerfen. Da erhob sich ein tosender Beifall in der Mitte, bis in die
Reihen der Deutschnationalen hinein, aber gleichzeitig herrschte be-
drücktes Schweigen bei der Linken. Ich mußte diesen Eindruck wieder
ausgleichen in neuen Auseinandersetzungen mit den Nazis. Um aber die
aus solchen Auseinandersetzungen möglicherweise erwachsenden Gefahren eines Stimmungsumschwunges im Hause des Reichspräsidenten zu
bannen, mußte ich einen Schluß finden, der an das persönliche Gefühl
des Reichspräsidenten appellierte, wenn ich auch dadurch erneut eine
frostige Stimmung bei der Linken hervorrufen würde. Ich wollte wenig-
tens für die Eingeweihten klar aussprechen, sowohl in der Mitte wie bei
der Linken, daß ich mir des Schicksals bewußt war, das mir nach der
Wiederwahl Hindenburgs drohte. Das war der Grund für die Wendung
am Schluß, daß ich mich glücklich schätzte, zwei Jahre einem Mann wie
dem Reichspräsidenten gedient zu haben. Der Erfolg der Rede war groß.
Ich wußte nicht, daß sie auf Schallplatten aufgenommen worden war
und daß sie durch den Rundfunk verbreitet wurde. Als ich mich am
Abend zufällig sehr erschöpft ans Radio setzte, hörte ich eine Stimme, die
mir fremd vorkam, obwohl mir die Worte bekannt schienen. Es war
meine Reichstagsrede, und jetzt erst konnte ich feststellen, wie stark die
Unterbrechungen und der Tumult gewesen waren, aber auch mit
Beruhigung wahrnehmen, daß ich mich trotz dieser Unterbrechungen
nur zweimal im Satzbau verhaspelt hatte.

Den nächsten Tag brauchte ich, um die frostige Stimmung bei der SPD wegen des Schlusses der Bemerkung über die Revolutionstage 1918 beizulegen. Erst als die SPD aus allen Teilen des Landes die Nachricht erhielt, daß die Rede eine ungeheure Wirkung gehabt hatte, war auch diese Gefahr gebannt. Nur Löbe konnte sich nicht beruhigen. Infolgedessen ließ er – gegen die Änderung der Geschäftsordnung vom Januar 1931 – die Überweisung von nahezu 100 Anträgen an die Ausschüsse zu, die Mehrausgaben von vielen Hunderten Millionen bedeuteten.

Die „B. Z." brachte zwei Tage später die faksimilierte Wiedergabe eines Befehls der Obersten Heeresteilung aus dem Reichsarchiv, der dartun sollte, daß es nie eine Gruppe Winterfeldt gegeben habe und ich infolgedessen dem Reichstag etwas vorphantasiert hätte. Eine Aussprache mit dem Bruder des vor einem Jahr gestorbenen Generals von Winterfeldt bewies, daß alles, was ich sagte, stimmte. Der General Detlof von Winterfeldt, unser Vorkriegs-Militärattaché in Paris und jetziger preußischer Bundesratsbevollmächtigter, sagte mir, er habe in den nachgelassenen Papieren seines Bruders gelesen, um festzustellen, ob meine Behauptung richtig sei. Von wem die zurechtgemachte Publikation in der „B. Z." ausging, habe ich nie festgestellt. Mein Verdacht richtete sich selbstverständlich gegen die Pressestelle des Reichswehrministeriums. Er verstärkte sich, als Planck sich auf meine Bitte, mit dem Reichwehrministerium etwas gegen die Publikation zu unternehmen, passiv verhielt.

Die Reichstagsrede hat in der Kampagne für den Reichspräsidenten durch häufige Wiederholung außerordentliche Dienste getan.

Ich begann jetzt die weiteren Verhandlungen mit einzelnen Persönlichkeiten, vor allem auch von der Presse. Am 29. Februar stellte mir Dr. Huck von der Generalanzeigerpresse die Unterstützung seines einflußreichen Konzerns in Aussicht. Am gleichen Tage verabschiedete das Reichskabinett, um die Landwirtschaft zu beruhigen, die neue Zollermächtigung, die normale und Obertarife vorsah, um zu differenzieren zwischen untervalutarischen Ländern und solchen, die ihre Währung aufrechterhalten hatten, um so die Front der Butter- und Käseimportländer zu brechen und Holland und die Schweiz in günstiger Stimmung auch für die weiteren Stillhalte- und Reparationsverhandlungen zu halten. Noch am gleichen Tage meldete sich der polnische Gesandte an. In den nächsten Tagen folgten Schritte der Gesandten der übrigen Länder, die in Frage kamen. Energischer wurden die Verhandlungen betrieben, die Bücher und Lammers in meinem Auftrag und unter Duldung, aber nicht mit Zustimmung von Bülow führten, um die Vorbereitung für den Angriff auf den Versailler Vertrag im ganzen zu treffen. An

29. Februar ging ich mit Bücher die einzelnen Punkte durch. Er formulierte sie, hatte aber keine Zeit, mir die Formulierung zu zeigen, da er noch am gleichen Abend nach Luxemburg fuhr zu einer Besprechung mit belgischen und französischen Industriellen. Ich hatte ihn ermächtigt, eine Maximalsumme von zwei Milliarden Mark für die Reparationen einzusetzen, wenn uns in gleicher Höhe eine internationale Anleihe gegeben würde. Als Bücher in die Verhandlungen eintrat, fürchtete er, daß die Besprechungen sofort scheitern würden, wenn er eine so niedrige Summe einsetzte. Er änderte sie daher eigenmächtig in vier Milliarden um. Ich durfte ihm daraus keinen Vorwurf machen, da er in äußerst loyaler Weise überall arbeitete und ich ihn mir nicht verstimmen wollte. Aber dieser Vorgang erschwerte mir die Genfer Verhandlungen im April außerordentlich.

Dann mußte ich darangehen, Geld für die Propaganda des Hindenburg-Ausschusses zu bekommen. Die Druckereien weigerten sich, für Hindenburg irgend etwas gegen Kredit zu drucken, weil sie – durch Aufbringung privater Mittel – erst vor drei Monaten ihre Forderungen aus der Hindenburg-Wahlkampagne vom Jahr 1925 bekommen hatten. Diese Verhandlungen, Geld zu beschaffen, waren äußerst deprimierend. Nur einige Herren waren von Anfang an bereit, gewisse Summen zu geben, die gerade ausreichten, die Kosten der Propaganda für zwei Tage zu zahlen.

Später erst erfuhr ich, daß manche von diesen Herren aus Angst gleichzeitig den zehnfachen Betrag Hitler zur Verfügung gestellt hatten. Die Vereinigten Stahlwerke übersandten, trotz persönlicher Unterhandlungen mit Vögler, 5000 RM für den Hindenburg-Wahlkampf, während sie später, wie ich aus Nazikreisen erfuhr, Hitler eine halbe Million zur Verfügung stellten. Das geschah, obwohl wir sie durch künstliche Arbeitsbeschaffung und Russenaufträge in schwerster Zeit vor einem völligen Zusammenbruch gerettet hatten.

Schon am 3. März stellte sich heraus, daß die bisherigen Mitglieder des Hindenburg-Ausschusses für die Propaganda gänzlich ungeeignet waren. Am 29. Februar hatten mir Joos und Ruffini bereits über die ungeschickte Methode berichtet und mir vorgeschlagen, Herrn Thedieck (Köln) für die Propaganda zu holen. Er traf am 2. März ein. Von dem Augenblick an glückte wenigstens die Pressepropaganda. Ein großer Teil des Wahlausschusses wollte nicht mehr mit dem Oberbürgermeister Sahm zusammenarbeiten. Ich mußte Sahm nahelegen zurückzutreten. An seine Stelle trat Gereke. Am 1. März fanden Besprechungen mit Gereke und

Kempner unter Zuziehung von Groener, Severing, Schleicher, Treviranus, Zweigert und Pünder statt. Am nächsten Tag war eine Sonderbesprechung mit Groener, Meißner und Pünder. Alle überbrachten mir den Wunsch aus dem Hause des Reichspräsidenten, unverzüglich Mittel für die Reichspräsidentenwahl zur Verfügung zu stellen. Ich mußte mit Dietrich diese Frage eingehend besprechen. Von ihm und einem seiner besten Mitarbeiter außerhalb des Finanzministeriums sowie von einem Herrn der Reichsbank und von Severing wurden Auswege gefunden. Im Reichsetat waren außer dem Geheimfonds des Auswärtigen Amtes und zwei kleineren Fonds der Reichskanzlei und des Innenministeriums Gelder rechtlich nicht verfügbar. Preußen hatte den Geheimfonds für die Schupos zur Verfügung, der etatsrechtlich einwandfrei zu gebrauchen war. Aber Preußen hatte kein Geld in seiner Kasse! Wir mußten daher zunächst aus der Reichskasse einen Kredit geben. Alle Beteiligten haben für den Reichspräsidenten auf Wunsch seiner Berater diese Summen verantwortet. Sie waren staatsrechtlich gedeckt. Trotzdem ist den preußischen Ministern bei der Februarwahl 1933 von der neuen Regierung in allen Ansprachen und Rundfunkreden der Vorwurf gemacht worden, daß sie diese Summen unterschlagen hätten.

Der Präsident des Rechnungshofes, Saemisch, hat, als er im März 1932 in meinem Auftrag gefragt wurde, ob die Verwendung dieser Summen einwandfrei wäre, keine entgegengesetzte Stellungnahme geäußert, aber er hatte nicht den Mut, diese Auffassung in einem Votum von sich zu geben. Zur Nachprüfung der etatsrechtlichen Möglichkeiten lud ich den Staatssekretär vom Reichsfinanzministerium zu einer vertraulichen Aussprache ein. Er kam zu ganz dem gleichen Ergebnis wie alle Juristen. Erst daraufhin entschloß ich mich, zu der Verwendung der Fonds meine Zustimmung zu geben.

Am 7. März eröffnete ich die Kampagne für den Reichspräsidenten in der Westfalenhalle in Dortmund. Am 8. sprach ich vor etwa 20 000 Menschen in Düsseldorf. Am 10. gelang es mir bei einem Presseempfang endlich, die anständige Presse für den Reichspräsidenten zu erwärmen. Am gleichen Tag hielt der Reichspräsident eine gut wirkende Rundfunkansprache. In einer Besprechung mit den Freien Gewerkschaften gelang es, ihre ganze Organisation für die Hindenburg-Wahl einzuspannen. Am Abend folgte die entscheidende Rede im Sportpalast. Ich sprach mit Graf Westarp zusammen. Es war schwierig, vor einer Versammlung zu reden, die massenhaft aus Anhängern der SPD bestand, in deren vordersten Reihen aber Generäle, hohe Beamte des alten Regimes und die Familie des Reichspräsidenten saßen. Aber die Rede gelang. Frau von Hindenburg, die vor mir saß, weinte.

Am nächsten Tage erhielt ich vor meiner Abreise nach Breslau, wo ich in der Jahrhunderthalle sprach, einen Brief von Oskar von Hindenburg, der für meine Rede im Sportpalast dankte und erklärte, daß sein Vater und er dieses Eintreten mir niemals vergessen würden und *daß ich mit der ewigen Dankbarkeit seiner Familie rechnen könne!*

Am Abend des Wahlsonntags saßen wir bei Pünder mit Groener und Kaas zusammen. Die ungeheuere Propaganda auf allen Seiten hatte eine gewaltige Wahlbeteiligung zur Folge. Die Ergebnisse der südbayerischen Wahlkreise ließen lange auf sich warten. Als endlich das Resultat aus Oberbayern eintraf, war es erschütternd. Namentlich um Dietramszell, wo der Reichspräsident jeden Sommer verbrachte und wo er nach unserer Meinung sehr populär sein mußte, war eine überwältigende Mehrheit für Hitler. Ich erhielt erst später die Aufklärung der bayerischen Regierung. Die Nazis hatten eine fabelhafte Agitation von Mund zu Mund aufgezogen, die viel Anklang fand, weil man sich dort schon seit langem über Oskar von Hindenburg ärgerte, der in bezug auf Trinkgelder und Unterstützungen sich offenbar schofel benommen hatte.

Die Sozialdemokraten hatten überall ihre Leute hundertprozentig an die Wahlurne bekommen für Hindenburg. Der Reichspräsident hatte im ersten Wahlgang mehr Stimmen erhalten als 1925 bei der endgültigen Wahl, nämlich 18 650 730. Jedoch fehlten 250 000 an der absoluten Mehrheit. Ich ging vormittags zum Reichspräsidenten, um ihm Mitteilung zu machen. Er war kühl und unfreundlich, obwohl seine Stimmenzahl gegen 1925 gewachsen war und dazu noch auf dem Höhepunkte der Krise. Er fand kein Wort des Dankes, sondern sagte nur: „Die Partie ist remis."

Am Nachmittag versuchte ich, die Preußenwahl auf Mai zu verschieben, konnte aber als äußersten Termin nur den 24. April ansetzen. Am Abend einigten wir uns über den Osterfrieden, und ich besprach mit Herrn Thedieck die Richtlinien für die Kampagne zum zweiten Wahlgang. Er bestätigte nun, daß alle Plakate und Aufrufe drucktechnisch für Hindenburg schlechter gewesen waren als für Hitler, obwohl wir die besten Künstler auf diesem Gebiete dafür gewonnen und gewaltige Summen dafür geopfert hatten. Die Nazis hatten dagegen schlechtbezahlte jüngere Künstler zur Verfügung, die mit ganz anderer Frische und Begeisterung an ihre Aufgabe herangingen.

Das ist der Nachteil der Staatsmaschinerie gegenüber jeder revolutionären Bewegung. Bei letzterer strömen die Kräfte freiwillig zusammen. Die Staatsmaschinerie aber ist bürokratisch, verliert Zeit und hemmt neue und kühne Ideen. Das kann auch der stärkste und verantwortungsvollste Leiter eines Staates nicht abstellen. Ich ließ daher an die erfahrenen Organisatoren der Parteien, die hinter Hindenburg standen, die Bitte aussprechen, selbständig Plakate für den zweiten Wahlgang zu schaffen. Sie waren weit wirksamer als die des ersten Wahlganges. Immerhin konnte schon beim ersten Wahlgang kein Zweifel bestehen über den Endsieg Hindenburgs.

Im März liefen Reparations- und Abrüstungsbesprechungen weiter. England schien wieder wach zu werden. Hoesch brachte nichtakzeptable Abrüstungsvorschläge aus Paris, und Nadolny wurde über Hoeschs Sonderverhandlungen sehr aufgebracht.

Unter dem Eindruck des ersten Wahlganges am 21. März gelang es, den Lee-Higginson-Kredit durch persönliche Verhandlungen zu verlängern. Dann wurden den Ressorts die Richtlinien für den Frühjahrs-Wirtschafts- und Finanzplan gegeben.

Abends fuhr ich zu der eindrucksvollen Goethefeier nach Weimar – am 22. März – und genoß, innerlich beruhigt, die wundervolle Tassoaufführung. Von dort fuhr ich, durch ein starkes Polizeiaufgebot gegen Nazidemonstranten geschützt, nach Tübingen und dann nach Badenweiler. Obwohl der Arzt – nach Abschluß der Reichspräsidentenkampagne – einige Tage vorher etwas sorgenvoll war, konnte ich gleich nach Ankunft die eindreiviertel Stunden auf den Blauen hinauflaufen und dabei feststellen, daß ich die weiteren Kämpfe körperlich bestimmt aushalten würde.

In Badenweiler begannen Verhandlungen über die Londoner Viererkonferenz zu den Donaufragen. Es sah so aus, als ob die Einladung nach London für Anfang April erfolge. Die Lage war für mich sehr schwierig. Bernstorff stellte fest, daß Tardieu bereits vor drei Wochen eine Einladung nach Chequers erhalten und angenommen hatte. Es bestand die Möglichkeit, daß dieser Zeitpunkt in Aussicht genommen war, weil es für mich ganz undenkbar war, während der Kampagne für den zweiten Wahlgang von Deutschland abwesend zu sein. Dadurch konnte es Tardieu unter Umständen leicht werden, die englischen Staatsmänner für sich zu gewinnen. Eine Einigung in der Donaufrage gegen uns hätte auch für die Reichspräsidentenwahl böse Folgen gehabt. Man neigt dazu, in solchen Augenblicken bei der englischen Politik Hinterhältigkeit und Absicht zu suchen, während in Wirklichkeit nur Unüberlegtheit dafür maßgebend ist. Ich bat deshalb Bernstorff, telephonisch der englischen Regierung mitzuteilen, daß ich bereit wäre, am 1. nach London zu kommen, aber für die von MacDonald in Aussicht genommene Zeit vom 4. bis 9. April nicht anwesend sein könne.

Am 30. morgens meldete Bülow, daß Sir Walter Layton meine Einladung nach Badenweiler ablehnen müsse, da er erkrankt sei. Ich hatte die Absicht, die Ruhe in Badenweiler zu benutzen, um mit ihm die ganzen Fragen der Reparationen und der internationalen Wirtschaft durchzusprechen und auf diese Weise für die Junikonferenz eine Totallösung vorzubereiten. Es war außerordentlich bedauerlich, daß Layton absagen mußte.

Nun entschied ich mich, Bülow nach London zu senden, um an der Konferenz teilzunehmen und gleichzeitig Augen und Ohren aufzumachen für das, was bei dem Weekend mit Tardieu herauskäme. Wir vereinbarten eine Zusammenkunft in Karlsruhe am 5. April. Bülow sollte von dort aus unmittelbar nach London fahren. Da ich mit meinem baldigen Sturz rechnete, lag mir daran, Bülow als künftigen Außenminister zum erstenmal selbständig auf einer Konferenz verhandeln zu lassen.

In Berlin bahnte sich eine neue Schwierigkeit an. Bei den Besprechungen mit der Reichsschuldenverwaltung über die Verlängerung des Lee-Higginson-Kredits stellte sich plötzlich heraus, daß die Reichsschuldenverwaltung, angeblich unter dem Druck der Drohungen des nationalsozialistischen Abgeordneten Reinhardt, ihre Auffassung über die rechtliche Zulässigkeit von Kreditvollmachten für das Reich grundsätzlich geändert hatte. Das bedeutete, daß man den Reichstag einberufen mußte, um von ihm die Vollmachten zu kurzfristigen Krediten des Reiches zu erhalten. Bewußt oder unbewußt ist die Reichsschuldenverwaltung auf eine Intrige hereingefallen, deren Zweck es war, noch vor der endgültigen Wahl des Reichspräsidenten im Plenum des Reichstages die Reichsregierung zu stürzen und damit auch die Wahl Hindenburgs unmöglich zu machen. Ich setzte telephonisch die Vertagung durch und behielt mir die Entscheidung für meine Rückkehr nach Berlin vor. Ich bat jedoch, die Stillhalteverhandlungen für die ausländischen Schulden der Länder und Gemeinden zu beschleunigen, um auf solche Weise die Situation nach dieser Richtung hin klarzustellen und zu wissen, wieviel kurzfristigen Kredit wir bei weiteren finanziellen Schwierigkeiten im Notfall auch in den Reichskredit einberechnen mußten, da die Möglich-

keit bestand, daß die Frühjahrswahlen für die großen Länderparlamente
arbeitsfähige Mehrheiten und damit kurzfristige Kredite für Länder und
Gemeinden unmöglich machen konnten.

Am 4. April begann in Karlsruhe die zweite Wahlkampagne. Der Auftakt
war günstig. Aber es gab auch Unerfreuliches. Der Präsident der Reichs-
bahndirektion von Karlsruhe, Baron Eltz, verweigerte Extrazüge für
meine Versammlungen, bewilligte sie aber ein oder zwei Tage später für
die Hitlerversammlungen. Am 5. folgte eine glänzende Versammlung in
Stuttgart, am 6. in Erfurt, wo ich in zwei Sälen sprach. Die Polizei konnte
nicht verhindern, daß bei dem Hin- und Herfahren zwischen den zwei
Kundgebungen auf den Straßen tobende Menschenmengen standen, die
in Pfuirufe gegen mich ausbrachen. In Weimar sprach ich in zwei
Parallelversammlungen der Arbeitslosen, die in rührender Weise bereit
waren, den Reichspräsidenten wiederzuwählen. Dieses Mal wurde er
wirklich mit den Stimmen der Ärmsten der Armen gewählt.
Nachdem ich in Hamburg auf zwei Versammlungen mit großem Vergnügen vor 25 000 Menschen gesprochen hatte, saß ich noch mit einigen
Führern der protestantischen Kirche und anderen Leuten zusammen, als
mir ein Zettel ohne Unterschrift in die Hand gedrückt wurde. Ich
erkannte sofort die Handschrift eines besonders gut unterrichteten Freundes auf der Rechten, der mir mitteilte, daß am Nachmittag im Hause des
Reichspräsidenten beschlossen worden sei, mich sofort nach der Reichspräsidentenwahl zu entlassen, und zwar auf Drängen Oskar von Hindenburgs. Vierzehn Tage vorher hatte ich noch verhindern müssen, daß der
junge Hindenburg einer Reihe von Persönlichkeiten auf der Rechten, die
seinen Vater im ersten Wahlgang bekämpften, Forderungen schickte, ein
Vorgang, der selbstverständlich Millionen von Stimmen von seinem
Vater abgewendet hätte.
Ich fuhr am 8. nach Stettin; dorthin bestellte ich mir Planck. Ich fragte
ihn nach der Stimmung im Hause des Reichspräsidenten, und er erzählte,
daß sie sich nicht geändert habe. Nur wünsche der Reichspräsident auf
Grund von Angaben von Batocki und anderen ostpreußischen Herren,
daß ich die Versammlung in Königsberg aufgebe, weil es ihm nicht
tragbar erscheine, daß ich gerade in Königsberg in einer Versammlung
rede, die vielleicht stark von Sozialdemokraten besucht wäre. Das könnte
seine alten ostpreußischen Freunde verstimmen. Ich bat Planck, dafür zu
sorgen, daß der Reichspräsident einsähe, daß ich nicht im letzten
Augenblick diese Rede absagen könnte; die Nazis hätten dann am Tag

vor der Wahl in ganz Deutschland verbreiten können, ich hätte Angst, in Königsberg zu sprechen. Auch gab ich ihm Instruktionen für Bülow in London mit.

Die Versammlung in Stettin vor etwa 15 000–18 000 Menschen fand in einer Markthalle statt, die eisig kalt war, so bitter kalt, daß Schlange und ich während der Rede die Mäntel anbehalten mußten. Dabei trieb der Wind ab und zu den Schnee durch die offenen Luken in die Halle hinein. Keine Rede in der ganzen Zeit ist mir so schwergefallen wie diese. Die Leute, die zum Teil ohne Mäntel in entsetzlicher Armut und Not dort saßen, mußte ich für die Stimmabgabe für den Reichspräsidenten gewinnen und ihnen beibringen, daß er sie vor einem Verfassungsbruch behüten würde, während ich wußte, daß der Reichspräsident sich gleich nach seiner Wahl gegen sie wenden würde.

In Königsberg hatte ich ähnliche Gefühle. Die Rede wurde auf Wunsch Groeners im Rundfunk übertragen. Ich versprach mir nicht viel davon, nachdem ich in Karlsruhe und Stuttgart gesehen hatte, daß die süddeutschen Länder allerhand Schwierigkeiten machten, eine Rede deutlich zu übertragen, aus Angst, Hitler könne doch gewinnen. Nach kurzer Zeit merkte ich, daß die Nazis sich auf den ganzen Saal verteilt hatten, um den Rundfunk für ihre Störungsversuche auszunutzen. Ich bemerkte Unruhe in der Versammlung. Dann erhoben sich Leute und eilten erregt dem Ausgang zu. Ich wußte nicht, was das bedeuten sollte. Niemand vom Vorstandstisch sandte mir Nachricht über die Vorgänge im Saal. Erst nach der Rede erfuhr ich, daß die Nazis ganze Kisten mit weißen Mäusen mitgebracht hatten, die sie in der Versammlung laufen ließen, worauf die Damen nervös wurden und zum Ausgang flüchteten. Ich mußte so reden, als ob nichts vor sich ginge, damit der Eindruck im Rundfunk nicht gestört würde. Das beeinträchtigte außerordentlich die Fähigkeit, sich zu konzentrieren. So konnte die Wirkung der Rede nicht die gleiche sein wie die der Rede im Sportpalast bei der ersten Wahl.

Nach meiner Rückkehr am Wahlsonntag, den 10. April, stellte ich fest, daß Pünder von einer veränderten Stimmung des Reichspräsidenten nichts wußte, im Gegenteil, Schleicher sowohl als Groener seien der Meinung, daß der Reichspräsident ein scharfes Vorgehen gegen seine Verleumder verlange und auch ein Verbot der SS- und SA-Abteilungen wünsche, das die Reichswehr jetzt ebenfalls ultimativ fordere.

VERBOT VON SA UND SS

Der Schlag gegen SS und SA müsse jetzt sofort geführt werden. Groener als Innenminister habe schon am 5. April die Länderminister nach Berlin zusammenzurufen, um über die Maßnahmen zur Aufrechterhaltung von Ruhe und Ordnung nach der Wiederwahl Hindenburgs zu beraten. Die Länderinnenminister hätten stürmisch die sofortige Auflösung der SS und SA gefordert, weil sie nicht mehr in der Lage seien, ohne Gefahr für Ruhe und Ordnung ihre Polizei frisch und diszipliniert zu erhalten. Zwar war ich mir bewußt, daß nach dem Versagen der Nazis bei der Reichspräsidentenwahl, die endgültig bewies, daß sie keinen Frieden und keine Zusammenarbeit wollten, man sich mit ihnen auf Leben und Tod auseinandersetzen mußte. Für mich war diese Alternative schon seit einem Jahr klar, aber sie konnte erst fallen, wenn der Reichspräsident wiedergewählt war, da sonst der Staat in einen chaotischen Zustand hineingerissen worden wäre. Nicht für richtig hielt ich es, diesen Schlag gleich einen Tag nach der Hindenburg-Wahl zu führen. Groener aber hatte Pünder erklärt, da in einer Woche die entscheidenden Verhandlungen in Genf begännen, müsse die Reichswehr darauf bestehen, daß SS und SA aufgelöst würden. Sonst könnten die Franzosen die Existenz solcher Verbände benutzen, um die Erfüllung der Forderungen der Reichswehr unmöglich zu machen. Ich fragte Pünder, wie Hammerstein und Schleicher über diese Frage dächten. Pünder erwiderte, daß gerade diese beiden Herren die Auflösung der SS und SA in Übereinstimmung mit allen Generälen der Reichswehr verlangten. Ich sah sofort den Ernst der Lage, die hinter meinem Rücken entstanden war. Jetzt stand ich einem Ultimatum der Reichswehr gegenüber, dem ich mich selbstverständlich nicht widersetzen konnte.

Am Nachmittag fand eine Besprechung in der Bibliothek statt. Groener, Schleicher, Zweigert, Joël und Pünder nahmen daran teil. Groener entwickelte seine Forderungen und erklärte, sie seien ultimativ, weil er sie bereits den Länderministern versprochen und sie in voller Übereinstimmung mit der Reichswehr aufgestellt habe. Ich bat Schleicher, sich zu äußern. Er erklärte, daß er, wie auch Hammerstein, sachlich absolut hinter Groener stehe. Dann erklärte er aber zu meinem grenzenlosen Erstaunen, daß er über die taktische Behandlung der Frage anderer Meinung sei als Groener. Er sei der Ansicht, Groener solle einen offenen Brief an Hitler schreiben und von Hitler verlangen, daß dieser selber die SA und die SS auflöse, widrigenfalls sie zwangsweise aufgelöst würden. Während seiner Ausführungen bemerkte ich, wie er Groener verächtlich und mich lauernd betrachtete. Ich begriff blitzschnell, daß er Groener so weit vorgeschickt hatte, um ihn dann fallenzulassen. Jetzt kam für mich die Entscheidung; sollte ich mich von Groener trennen? Er war der einzige in der Reichswehr, auf den ich mich absolut verlassen konnte. Es war die alte Methode Schleichers, Persönlichkeiten, die er loswerden wollte, zu scharfen Maßnahmen zu drängen, um sie dann allein zu lassen. Ich erklärte, mir die Entscheidung vorbehalten zu müssen, falls es den Herren vom Reichswehrministerium und Innenministerium nicht gelinge, eine andere Lösung zu finden, und stellte dabei die Frage, ob die Herren an eine Möglichkeit glaubten, daß der Reichspräsident, nachdem ihn der Stahlhelm im Stich gelassen hatte, einem Verbot aller militärischen Verbände zustimmen würde. Das wurde bezweifelt. Ich machte darauf die Einwendung, daß die Form des Schleicherschen Vorschlages mir unausführbar erschiene. Hitler zuzumuten, daß er selbst die SS und die SA auflöse, sei eine Forderung, die ihn nicht nur automatisch zwänge loszuschlagen, sondern die gleichzeitig auch dazu führe, daß weite Kreise, die an sich für eine Auflösung der SA und SS wären, Hitler ihre Sympathie zuwendeten, weil sie eine solche Forderung als unmenschlich betrachten würden.

Darauf wandte Schleicher ein, er brauche ja den Brief nicht zu schreiben, das sei die Aufgabe von Groener. Nun war für mich die Lage klar. Er wollte Groener in einen offenen Briefwechsel mit Hitler hineinziehen, bei dem Groener auf alle Fälle an Prestige verlieren mußte. Er erklärte allerdings, er freue sich, daß ich im Prinzip Verständnis für seine Taktik hätte. So äußerte er sich auch noch am nächsten Morgen Planck gegenüber. Ich schloß die Unterhaltung mit der Feststellung, es herrsche Einigkeit über die sachlichen Notwendigkeiten, nur noch nicht über die Form, ich werde mir diese am Abend überlegen.

Anschließend fragte Pünder Meißner, wie es sich mit der Einreichung der formalen Demission analog dem Verhalten Luthers bei der Reichspräsidentenwahl 1925 verhalte. Meißner erklärte, er glaube nicht, daß der Reichspräsident das erwarte, aber er würde die Frage vor meinem Besuch beim Reichspräsidenten klären. Die Wahlergebnisse am Abend zeigten zwar eine absolute Mehrheit der Stimmen für den Reichspräsidenten, aber auch ein weiteres starkes Anschwellen der Stimmen für Hitler. Die

Kommunisten waren größtenteils zu ihm abgeschwenkt. Während des Eintreffens der Wahlresultate besprach ich die Frage der Auflösung der SA und SS mit dem Prälaten Kaas unter Hinzuziehung von Pünder und teilte ihnen dabei meine Besorgnis mit, ebenso meine Beobachtungen über Schleichers Verhalten während der Nachmittagsbesprechung. Kaas, der im vorigen Herbst immer eine forsche Politik gefordert hatte, war jetzt, wo es um die Entscheidung ging, sehr zurückhaltend. Erst nach der Darstellung der vorangegangenen Besprechung mit Pünder stellte er sich auf den Standpunkt, man müsse jetzt sofort entschieden handeln.

In der Frühe des nächsten Morgens ließ ich Severing kommen. Wir besprachen die Lage ganz offen. Dabei berichtete ich über die Diskrepanz der Auffassungen von Groener und Schleicher, vor allem über die Tatsache, daß Schleicher, als er sah, daß ich mich nicht restlos auf seinen Standpunkt stellte, vor innerer Erregung einen roten Kopf bekommen habe und mit einem bösen Blick von mir geschieden sei. Severing erklärte, er könne jetzt nicht mehr zurück. Auf Grund der Zusagen Groeners am 5. April habe er alle Vorbereitungen getroffen zu einer schlagartigen Auflösung von SA und SS. Wenn man den Beschluß in Frage stelle und tagelang hin und her debattiere, so könne er keine Garantie übernehmen, daß die Polizei ohne blutige Kämpfe eine schnelle Unterdrückung der SA und SS durchführen könne. Ich erwähnte, daß ich volles Verständnis für dieses Argument hätte, daß ich aber fürchte, daß weite Rechtskreise bei den Preußenwahlen zu den Nazis übergehen und deren Stimmenzahl gewaltig vermehren würden. Severing erklärte, er müsse fest bleiben. Es gebe kein Zurück, oder die Staatsautorität bräche endgültig zusammen.

Nach kurzer Besprechung wegen der Londoner Verhandlungen und einem Besuch bei dem erkrankten Perlitius kehrte ich in meine Wohnung zurück, um in einer halben Stunde ruhiger Überlegung zu entscheiden. Pünder teilte mir mit, daß der Reichspräsident beim Frühvortrage sofort spontan erklärt habe: „Der Brüning soll mir nur ja nicht mit seinem Demissionsangebot kommen. Das wäre ja eine Beleidigung für mich, nachdem er meine Wahl durchgesetzt hat." Auch habe er bei Meißner vorgefühlt wegen des Verbotes der SS und SA. Der Reichspräsident wisse, daß es die einstimmige Forderung der Reichswehr sei, sofort an die Auflösung heranzugehen, er glaube nicht, daß, wenn ich die Forderung dem Reichspräsidenten unterbreiten würde, sich größere Schwierigkeiten ergäben.

Um 11 Uhr 25 begab ich mich durch den Garten zum Hause des Reichspräsidenten. Auf der Terrasse wartete Meißner, blaß und aufgeregt. Beim Durchgehen durch die Räume erzählte er mir schnell, daß sich alles geändert hätte. Der Reichspräsident erwarte meine Demission und würde sie annehmen. Auch sei er in der Frage der Auflösung der SS und SA umgefallen. Meißner wolle aber mit hineingehen zum Vortrage, um mich zu unterstützen. Ich überbrachte dem Reichspräsidenten die Glückwünsche des Kabinetts und erklärte ihm zugleich, daß ich ihm nach seiner Wiederwahl traditionsgemäß die Demission der Reichsregierung überbringe. Bevor ich ein Wort weitersprechen konnte, unterbrach er mich mit den Worten: „Ja, das wollte ich hören. Darauf wartete ich. Wir können ja in das Communiqué hineinschreiben, daß ich die Demission vorläufig nicht angenommen hätte."

Ich erklärte ihm, das sei für mich eine untragbare Lösung. Ich müsse in drei Tagen nach Genf zu entscheidenden politischen Verhandlungen. Niemand würde mich als ernsthaften Verhandlungspartner ansehen, wenn öffentlich bekannt sei, daß meine Demission, wenn auch nicht formal, so doch tatsächlich bestehe. Der Reichspräsident möge mir glauben, daß ich persönlich nichts lieber wünsche, als von der Bürde des Amtes entbunden zu werden. Ich würde ohne jedes Ressentiment gegen ihn ausscheiden. Aber die Lösung, die er vorschlage, sei vom Standpunkt des Staatsinteresses aus für mich untragbar. Ich müsse ihn deshalb bitten, meine Demission auch formal anzunehmen. Nicht in meinem, aber in seinem Interesse wolle ich ihn allerdings beschwören, in diesem Augenblick von einer Demission des Kabinetts und meiner Person Abstand zu nehmen. Er müsse sich darüber klar sein, daß der Name Hindenburg vor der Geschichte erledigt sei, wenn er am Tage nach der Wahl zu seinen Gegnern überginge und 20 Millionen Wähler, die Mehrheit des Volkes, so bitter enttäusche. Ich könnte mich kaum eines Falles entsinnen, wo sich etwas Gleiches ereignet habe. Wenn er die Absicht habe, möglichst bald zur Rechten zu drehen, so würde ich ihm dabei nicht hindernd im Wege stehen, aber er solle dann warten, vielleicht drei oder vier Wochen, bis die Wahlkampagne vergessen sei und sich des Volkes nicht mehr eine so ungeheure Erregung bemächtigen würde wie am heutigen Tage.

Meine Argumente prallten ab. Der Reichspräsident blieb fest und verbiß sich in seine Auffassung. Ich sah nach einer halben Stunde ein, daß mein Bemühen nutzlos sein würde. Daher schlug ich ihm vor, ein Communiqué folgenden Wortlauts zu veröffentlichen: „Der Reichskanzler überbrachte dem Reichspräsidenten die Glückwünsche des Reichskabinetts und überreichte ihm gleichzeitig die Demission des gesamten Kabinetts. *Diese* Demission nahm der Reichspräsident nicht an." Ich machte ihn darauf aufmerksam, daß Meißner bei der Herausgabe des Communiqués an W.T.B. dafür Sorge tragen solle, daß das Wort *diese* gesperrt gedruckt würde. Damit sei sachlich den Wünschen des Reichspräsidenten nachgekommen, ohne daß, aller Wahrscheinlichkeit nach, die Öffentlichkeit des In- und Auslandes merke, daß er tatsächlich meine Demission anzunehmen wünsche. Nachdem Meißner und ich ihm diese Finesse wiederholt klargemacht hatten, begriff er sie und war erfreut über die Lösung.

Ich ging dann über zu der Forderung der Reichswehr: Auflösung der SS und SA. Entgegen allen vorherigen Informationen äußerte der Reichspräsident starke Bedenken, das könne man ihm nicht zumuten, in diesen Formationen seien alte Kriegskameraden. Er wolle die Versöhnung mit seinen Gegnern. Ich erklärte ihm, ich wolle gerne die Frage nochmals mit ihm besprechen, aber sie müsse vor meiner Abreise nach Genf entschieden werden. Ich stellte diese Forderung, nachdem sie mir von der Reichswehr gestellt worden sei, aus Gründen der Staatsnotwendigkeit. Ich lehnte es ab, nach Genf zu fahren ohne Klärung dieser Frage. Der Reichspräsident sagte, er glaube nicht, daß die Reichswehr diese Forderung wirklich einmütig vertreten habe. Ich bat ihn, darüber doch den Reichswehrminister zu hören. Meißner unterstützte mich bestens und versuchte, dem Reichspräsidenten klarzumachen, daß die Mehrheit des Volkes ein Zögern in dieser Frage niemals verstehen würde. Der Reichspräsident antwortete abschließend, daß er mit seinem Sohn und anderen Ratgebern diese Frage im Laufe des Tages eingehend überlegen müsse. Beim Abschied sprach er ein paar herzliche Worte des Dankes.

In der Bibliothek fand eine Besprechung in ungefähr gleichem Kreise wie am Nachmittag vorher statt. Ich bin heute nicht mehr sicher, ob Schleicher noch daran teilnahm. Ich fragte Groener, ob er sicher sei, daß die gesamte Reichswehr das Verbot der SS und SA fordere. Er erklärte mir, Hammerstein sei noch am Morgen bei ihm gewesen und habe ihm gesagt, er dürfe unter keinen Umständen in diesem Punkt schwach werden, weil sonst die Reichswehr nicht mehr stark genug sein werde, später eine Revolte der SS und SA zu unterdrücken. In der Chefbesprechung wurde eine entsprechende Notverordnung formuliert. Joël, Zweigert und Groener erklärten dabei, daß sie es unter keinen Umständen verantworten könnten, wenn man in der Frage der Auflösung der SS und SA nachgäbe.

Am Nachmittag vertagte sich der Ältestenrat des Reichstages bis zum

26. April, um dann endgültig über eine Maisitzung des Reichstages zu beschließen. Die von dieser Seite drohende Gefahr war nunmehr abgewendet.

Am Abend brachte Treviranus Nachrichten aus Journalistenkreisen, die zeigten, daß von der Pressestelle des Reichswehrministeriums gegen das SA-Verbot gearbeitet wurde. Ich teilte dies gleich am andern Morgen Groener mit. Er sagte, er habe am Abend zuvor noch einmal den Chef der Heeres- und den Chef der Marineleitung zu sich kommen lassen. Beide hätten ihm nochmals erklärt, daß das Verbot von SA und SS eine unerläßliche Forderung für sie beide sei. Gereke und Curtius berichteten jedoch dasselbe wie Treviranus am Tag vorher; darauf ließ ich Groener um 1 Uhr 30 nochmals zu mir bitten und legte ihm die Frage vor, ob er nach wie vor der Unterstützung von Heer und Marine absolut sicher sei. Groener bejahte das und erzählte, daß sein Adjutant ihm mitgeteilt habe, im Reichswehrministerium sei ein Sturm der Entrüstung ausgebrochen über das Umfallen und Intrigieren von Schleicher. Anschließend bat ich Severing zu mir. Ich teilte ihm meine Besorgnisse mit und sagte ihm, ich sei entschlossen, vom Reichspräsidenten das Verbot zu verlangen oder meine Demission einzureichen. Ich hielt es aber für meine Pflicht, ihn rechtzeitig auf die möglichen Konsequenzen aufmerksam zu machen.

Um fünf Uhr begab ich mich mit Groener zum Vortrag beim Reichspräsidenten, der bis 6 Uhr 20 dauerte. Der Reichspräsident sperrte sich bis zum äußersten. Groener erklärte ihm, daß beide Reichswehrchefs das Verbot strikt verlangten. Ich erklärte dem Reichspräsidenten, daß ich im Moment persönlich keinen anderen Ausweg sähe. Die Meinungsverschiedenheit über das SS- und SA-Verbot sei bereits durchgesickert. Sie würde ins Ausland dringen. Die Franzosen müßten sehr schlechte Politiker sein, wenn sie hier nicht alsbald den Hebel ansetzten, um unsere Abrüstungsforderungen zu sabotieren. Sie würden spüren, daß keine einheitliche Front mehr bestehe und darum die Anrechnung von SA und SS auf die Stärke unseres Heeres öffentlich verlangen. Dann bleibe nichts anderes übrig, als nachträglich SA und SS aufzulösen. Ich würde mich aber niemals bereit erklären, dies unter dem Druck des Auslandes zu tun. Das würde nämlich den Franzosen auch später Gelegenheit geben, bei innerpolitischen Fragen einen solchen Druck auszuüben. Ich sei fest überzeugt, daß wir niemals eine feste und dauernde praktische Gleichberechtigung in der Rüstung erreichen würden, solange allmählich gewaltig angewachsene Militärverbände nebenher noch existierten. Schließlich boten Groener und ich unsere Demission an. Darauf gab der Reichspräsident nach. Groener und ich waren uns beim Fortgehen allerdings völlig klar darüber, daß der Reichspräsident nur vorübergehend nachgegeben hatte. Groener war sehr bedrückt und ahnte sein Schicksal.

Am Nachmittag des 13. April lud ich das Reichskabinett, erklärte ihm die Lage und bat um debattenlose Zustimmung zur Notverordnung über das SA- und SS-Verbot. Diese folgte. Um halb acht kam Treviranus und berichtete, daß Hammerstein umgefallen sei. Ich ließ am späten Abend noch Hilferding kommen und bat ihn, dafür zu sorgen, daß die Notverordnung in der Linkspresse nicht hämisch glossiert würde. Ich bat ihn auch, daß er sich während meiner Abwesenheit in Genf dauernd auf dem laufenden halte, um gewisse Verstimmungen in den Kreisen des „Berliner Tageblattes" und in der Umgebung des preußischen Ministerpräsidenten einzudämmen. Ich warnte ihn und den preußischen Ministerpräsidenten vor dem Glauben gewisser Linkskreise, daß man nun selbst eine gewaltige Bewegung wie die der Nazis aufziehen könne. Beide hatten dafür volles Verständnis.

Am nächsten Tage holte ich Groener in der Frühe zu mir und bat ihn, mir zu erlauben, als Vermittler zwischen ihm und Schleicher zu agieren. Er war einverstanden. Eine Stunde später ließ ich Schleicher bitten und bemühte mich, ihn an alle Bemühungen Groeners für sein Vorwärtskommen zu erinnern. Er versprach mir, sein möglichstes zu tun. Sachlich halte er aber das Verbot für falsch. Ich würde ja sehen, daß sich die größten Schwierigkeiten daraus ergeben würden.

Am gleichen Abend reiste ich mit Bülow und Planck nach Genf ab. Am 16. April mittags telephonierte Pünder und teilte mit, der Reichspräsident habe einen Brief an Groener geschrieben, der Maßnahmen auch gegen das Reichsbanner fordere. Der Brief sei so gehalten, daß er Groener in eine unmögliche Situation bringe, da er indirekt den Vorwurf enthalte, daß Groener ihm vorhandenes Material über Umsturzpläne von seiten des Reichsbanners vorenthalten habe.

Abends hatte ich ein weiteres langes Telephonat mit Pünder, der inzwischen in einer Unterredung mit Groener festgestellt hatte, daß das im Brief angekündigte Material aus Zeitungsausschnitten bestand, vor allem aus Artikeln in der „Börsenzeitung" und in der „Deutschen Zeitung". Groener habe die starke Vermutung, daß diese Informationen im Reichswehrministerium erfunden, von dort in die Zeitungen hineinlanciert und

dann vom Chef der Heeresleitung, auf Verlangen Schleichers, als überraschend neues Material dem Reichspräsidenten vorgelegt worden seien.
Ich wies Pünder an, dem Reichspräsidenten und Groener mitzuteilen,
daß ich eine sofortige strenge Untersuchung über das Material verlange
und, wenn es sich als echt erweise, auch gegen das Reichsbanner
vorgehen werde, im übrigen aber den Reichspräsidenten wissen zu lassen,
daß dies ein weittragender politischer Akt sei, über den ich nach dem
Sinn der bestehenden Verfassung zuvor gehört werden müsse. Das alles
geschah, als ich durch die ersten Besprechungen mit den ausländischen
Staatsmännern bereits jede Stunde in Anspruch genommen war.
Am Sonntag, den 17., machte ich mit Bülow und Sir Walter Layton eine
Autofahrt nach Montreux, um einmal einen ganzen Tag mit Layton über
die Reparationsfrage und über die Notwendigkeit eines gleichzeitigen umfassenden Vorgehens in der ganzen Welt zu sprechen. Ich setzte ihm
meine Pläne auseinander: Abschlußzahlung nur in Höhe einer sofort zu
gewährenden internationalen Anleihe, die benutzt wurde, um aus der
Devisenzwangswirtschaft herauszukommen, und Bereitwilligkeit gegenüber allen Ländern, die ein Gleiches böten, schrittweise einen Abbau der
Höchstschutzzölle bis auf etwa 15–20 % der geltenden Sätze vorzunehmen.
Ich machte ihm klar, dies sei die letzte Chance, zu großen, durchgreifen-
den Lösungen zu kommen, die Welt vor einem chaotischen Zustand zu
bewahren und ein weiteres Abgleiten der Währungen über ein verständi-
ges Maß hinaus zu verhindern. Dabei müsse ich für eine Reihe von
Jahren in bezug auf die agrarischen Produkte an einem Kontingent-
system festhalten.
Am nächsten Tage hatte ich eine erste Unterhaltung mit Benesch, die
sehr freundlich verlief. Ich deutete ihm kurz diese Pläne an. Nachmittags
ausführliche Besprechung mit Simon und Layton. Wiederholte die gleichen
Gedankengänge wie am Tage vorher in sehr eindringlicher Form. Beide
sagten Unterstützung zu. Erklärten sich bereit zu restloser Streichung
der Reparationen. Simon sah die Unterhaltung als so wichtig an, daß er
Layton bat, sofort nach London zu fliegen und dem englischen Kabinett
von dieser Unterhaltung Mitteilung zu machen.
Erster Besuch in diesen Tagen bei Stimson in Bessinge. In der Abrüstungsfrage kamen wir leicht zu einer Übereinstimmung in allgemeinen Linien.
In der Reparationsfrage deutete er an, daß er sich darüber nicht im
einzelnen unterhalten möchte. Ich schloß daraus, daß die Vereinigten
Staaten es vorzögen, sich vor vollendete Tatsachen stellen zu lassen.
Unterhaltungen mit Tardieu, Zalewski, Hymans, den Japanern, Russen

und einer Reihe von Vertretern anderer Länder fanden ununterbrochen statt. Der Besuch bei Henderson zeigte mir, daß, wenn er auch noch nicht sehr gefestigt war, er mehr als zuvor auf unserer Linie lag. Aber alles das waren nur Fühler. Ich mußte warten, bis MacDonald kam, den Layton herbeirufen wollte.

Zwischen all diesen Unterhaltungen kamen die Ferngespräche mit Pünder und Treviranus, die mir zeigten, wie stark die Erregung über den Brief des Reichspräsidenten bei jeder politischen Richtung war. Dietrich rief am Abend des 19. an mit ähnlichen Nachrichten. Im Laufe der Woche kam mir der Gedanke, da ich wegen der bevorstehenden großen Aussprachen im Rahmen der Großmächte über Abrüstung und Reparationen Genf nicht verlassen konnte, Groener zu bitten, sich mit mir am Sonntag der Preußenwahlen in Süddeutschland zu treffen. Ein Journalist fand heraus, daß es in der Nähe des Bodensees eine preußische Enklave gab, wo wir wählen konnten und eine entsprechende Vereinbarung wurde getroffen.

GROENER BERICHTET

Ich fuhr am 23. April mit Bülow und Planck nach St. Gallen und am Sonntagmorgen über Bregenz nach Lindau, wo wir Groener und einen Referenten trafen. Wir wählten in Achberg und hatten nun Zeit, auf der gemeinsamen Fahrt über Konstanz nach Basel alle Dinge im Auto zu besprechen. Groener brachte das vom Reichspräsidenten erst 24 Stunden nach Absenden seines Briefes abgeschickte Material mit. Die Untersuchung hatte ergeben, daß es sich entweder um Lappalien handelte oder unecht war. Groener konnte nun an Hand seiner Notizen über alle Phasen der Entwicklung während meiner Abwesenheit für jede Stunde genau berichten.

Hammerstein war am Tage meiner Ankunft in Genf zum Reichspräsidenten gegangen und hatte ihm berichtet, daß die Erregung der Wehrkreiskommandeure gegen Groener außerordentlich groß sei. Groener hatte im Reichswehrministerium durch seine Getreuen festgestellt, daß die Wehrkreiskommandeure telephonisch von Schleicher dazu aufgefordert worden waren. Hammerstein hatte weiter verlangt, daß gegen das Reichsbanner vorgegangen würde. Die Reichswehr besitze umfangreiches Material über Verschwörungen beim Reichsbanner. Daraufhin sei dann der Brief des Reichspräsidenten geschrieben worden. Als der Reichspräsident den Brief unterzeichnet habe, sei die politische Abteilung des Reichswehrministeriums nicht in der Lage gewesen, das Material schon zu produzieren. Sie hätte es mit Ausnahme eines Schriftstückes erst in die Presse lancieren müssen, um es dann als Presseausschnitte dem Reichspräsidenten vorzulegen. Man sei dabei so ungeschickt vorgegangen, daß das Material nicht gleichzeitig hätte vorgelegt werden können. Es sei etappenweise, je nach Erscheinen der Zeitungen, dem Reichspräsidenten übermittelt worden. Aber der Reichspräsident habe nichts gemerkt. Er habe ihn, Groener, sehr barsch angefahren und einen zweiten Empfang abgelehnt.

Es sei für ihn keine Frage mehr, daß Schleicher ihn jetzt, nach 20jähriger Kameradschaft, stürzen wolle und mich vermutlich in diesen Sturz zu verwickeln beabsichtige. Die Marine sei geradezu außer sich über diese Intrigen, und der ganze wegen Schleichers Machtstellung bisher niedergehaltene Haß der tüchtigsten Offiziere im Reichswehrministerium komme dabei zum Durchbruch. Groener, der an schwerer Furunkulose litt, war zwar ruhig, aber man merkte ihm an, daß er durch Schleichers Treulosigkeit auf das tiefste getroffen war. Er erzählte mir, er habe Schleicher, als dieser sein Adjutant gewesen sei, entdeckt, ihn hochgezogen und wie einen Sohn geliebt. Jahrelang sei Schleicher ein um den anderen Abend bei ihnen gewesen, und seine Tochter habe es als Selbstverständlichkeit angesehen, daß er sie heiraten würde. Er habe, als Schleicher sich dann anderweitig verheiratet hätte, nicht aufgehört, ihn zu verteidigen, weil er ihn so gern gehabt habe. Aber Hammerstein sei der böse Geist geworden.

Hier stellte ich zu meinem Schmerz fest, daß es Schleicher auch noch fertiggebracht hatte, für seine Intrigen Hammerstein vorzuschicken und alle Schuld bei Groener auf ihn zu laden. Wir fuhren bei herrlichem Wetter am Rhein entlang in einer wunderbaren Landschaft.

Groener wurde aufgeschlossen und erzählte ausführlicher als früher über den Ausbruch und das Ende des Krieges und wie er 14 Jahre lang alle Verleumdungen habe auf sich sitzenlassen, um Hindenburg zu retten. Er sei vor Ausbruch des Krieges der festen Überzeugung gewesen, daß man in keinen Krieg verwickelt würde, wenn der Generalstab die Nerven behalte. In Kissingen zur Kur befindlich, habe er mit wachsender Sorge verfolgt, wie die Operationsabteilung des Großen Generalstabs von Tag zu Tag nervöser geworden sei und gewisse Vorbereitungen getroffen habe, die zwar in keiner Weise eine Mobilmachung bedeuteten, aber da sie ja nicht geheimgehalten werden konnten, auch die Generalstäbe der anderen Länder nervös gemacht hätten. Alle Generalstäbe hätten sich gegenseitig beunruhigt. Man habe ihn 14 Tage vor Ausbruch des Krieges ersucht, nach Berlin zu kommen. Er habe es abgelehnt, seine Kur zu unterbrechen, mit der Begründung, daß, wenn man in Berlin dieselbe Nervenruhe behielte wie er in Kissingen, der Krieg nicht käme. Aber sein Rat sei nie gehört worden. Aus dem gleichen Grunde wie bei der engeren Wahl zwischen ihm und Ludendorff für den Posten des Chefs der Operationsabteilung sei er auf die Eisenbahnabteilung abgeschoben worden. Sein Vater, der nur Zahlmeister gewesen sei, sei dabei das ausschlaggebende Moment gewesen. Eigentlich sei er immer als Einsamer durch seine militärische Laufbahn gewandelt. Nur seine Schüler auf der Kriegsakademie, wie Willisen, Schleicher und Hammerstein, hätten für seine Pläne und Ideen Verständnis gehabt. Der Wechsel im Aufmarsch-plan, als Ludendorff 1911 die Operationsabteilung übernommen habe, sei bereits der Anfang vom Ende gewesen. Ludendorff habe damals für den Ernstfall die überraschende Offensive gegen Lüttich beschlossen. Zu diesem Zwecke seien die 42-cm-Mörser konstruiert und insgeheim in Auftrag gegeben worden. Er habe wiederholt vor der Überschätzung dieses Geschützes gewarnt, aber er sei nicht gegen Ludendorff, dessen militärische Kenntnisse er sehr schätze, aufgekommen. So habe er sich mit seinen jungen Schülern zusammengesetzt und mit ihnen einen völlig anderen Aufmarschplan fertiggestellt, der Lüttich liegen ließ und eine noch stärkere Massierung von Truppen am Niederrhein vorsah. Er habe es durchgesetzt, was mir bekannt war, daß Willisen 1913 als Kompanie-chef zu den Mecklenburgischen Jägern nach Colmar versetzt wurde mit dem geheimen Auftrag, zu prüfen, ob der Kamm der Vogesen mit einer geringen Anzahl von Truppen zu halten sei. Willisen habe diese Aufgabe in wenigen Monaten brillant gelöst und dem Großen Generalstab einen positiven Bericht übersandt. Vergeblich habe er, Groener, gedrängt, daß sofort eine Nachprüfung des Willisen-Berichts vorgenommen würde. Vier Wochen vor Ausbruch des Weltkrieges habe man sich endlich dazu entschlossen, zwei höhere Offiziere des Generalstabes nach dem Elsaß zu schicken, die mit Willisen den Kamm der Vogesen abgehen sollten. Sie seien zu dem gleichen Ergebnis gekommen wie Willisen. Darauf sei Groeners Plan aufgebaut gewesen. Zwei Armeekorps mindestens hätten im Elsaß freigemacht werden können. Ihre Massierung am Niederrhein hätte die Franzosen und Engländer gezwungen, als erste die belgische Neutralität zu verletzen, und hätte uns die Möglichkeit verschafft, unter günstigen politischen und militärischen Bedingungen den ersten Entscheidungskampf zu wagen, da dann der Durchbruch und die Umfassung im Raume zwischen Lüttich und Antwerpen unter gleichzeitigem Durchmarsch durch Holland möglich gewesen wäre.

Als man ihm schließlich nach Kissingen einen Offizier schickte, der von ihm die Schlüssel zum Tresor verlangte, der die Eisenbahnpläne enthielt, sei er nach Berlin gefahren und habe verlangt, daß er in einem Immediatvortrag beim Kaiser den Vorteil seines insgeheim aufgestellten Planes darlegen könne. Das sei abgeschlagen worden, man habe aber etwas von seiner Idee aufgenommen, aber so, daß nicht eine klare Entscheidung, sondern nur eine Verwirrung dadurch entstanden sei. Immer wieder sei dasselbe geschehen.

Während Willisen als Stabschef des HKK bei Hasebrück sich geweigert habe zurückzugehen, mit der Begründung, die Heereskavallerie könne das Gebiet des Kemel allein verteidigen und man solle die heranrollenden Divisionen lieber nach dem Osten schicken, um dort eine Entscheidung herbeizuführen, habe er, Groener, im Großen Hauptquartier für dieselbe Idee vergeblich gefochten. Wiederholte Besprechungen mit dem Kronprinzen hätten diesen im Kriege für Groeners Gedankengänge gewonnen. Der Kronprinz habe auch regelmäßig entsprechende Vorstöße bei Seiner Majestät gemacht und die Dinge immer klar gesehen. Er sei leider beim ersten Widerstand der Obersten Heeresleitung jeweilig zurückgewichen. Als lästiger Mahner sei Groener nach Berlin abgeschoben worden, um das Hindenburg-Programm durchzuführen. Er sei sich darüber klar gewesen, daß es nur mit Hilfe der Gewerkschaften abzuwickeln sei. In den ersten Besprechungen mit den Gewerkschaftsführern sei es ihm gelungen, trotz aller von anderer Seite geäußerten Besorgnisse, diese für das Programm zu gewinnen unter gleichzeitiger Einführung von Tarifverträgen. Das sei aber in den Augen der Schwerindustrie und der östlichen Landschaft ein Verbrechen gewesen. Man habe ihn beim Kaiser angeschwärzt, er sei so in Ungnade gefallen, daß bei einem Empfang in Pleß der Kaiser ihn ostentativ geschnitten habe. Die Kaiserin habe das bemerkt und habe Groener wiederholt zum Frühstück eingeladen, unter vier Augen, und ihm zugeredet, er solle über die Haltung des Kaisers nicht verbittert werden.

Als er in die Ukraine geschickt wurde, habe er gewußt, daß er für die Liquidierung der endgültigen Niederlage in Aussicht genommen sei. Dann, als Ludendorff vom alten Herrn fallengelassen wurde, sei er tatsächlich in die Stellung berufen worden zu dem Zwecke, den er vorausgesehen habe. Der alte Herr habe ihn wie immer bei solchen

Gelegenheiten beim Portepee gefaßt und ihm ewige Treue und Dankbarkeit geschworen. Das kenne er nun schon als stereotype Erscheinung, und er wolle nicht weiter darüber reden. Ich sagte ihm nur: „Exzellenz, ich verstehe die Tragik Ihres Lebens. Ich möchte kein bitteres Wort sprechen, aber wenn Sie im Februar 1930 mir etwas von diesen Dingen erzählt hätten, so wäre ich nicht gegen meine klare Einsicht auf den gleichen Appell und die gleichen Tränen des Reichspräsidenten hereingefallen. Mein Instinkt war gegen ihn, schon als er zum erstenmal an mich appellierte. Nur Ihre Garantie, daß Sie dafür sorgen würden, daß der Reichspräsident bis zur Erringung des Erfolges hinter mir stehen würde, hat mich schließlich bestimmt, den Auftrag anzunehmen."

Groener erklärte, daß er angenommen habe, nach den Ereignissen im November 1918 und Sommer 1919, daß der Reichspräsident das Wort halten würde, das er ihm auch in bezug auf meine Unterstützung gegeben habe. Er habe zwar, namentlich im Sommer 1919, schon starke Zweifel an dem Charakter des Reichspräsidenten bekommen. Die damalige Reichsregierung sei in ihrer überwiegenden Mehrheit entschlossen gewesen, den Versailler Vertrag abzulehnen. Ebert habe seine eigene Bereitwilligkeit, im äußersten Falle den Versailler Vertrag zu unterschreiben, davon abhängig gemacht, ob die Oberste Heeresleitung noch irgendeine Möglichkeit des bewaffneten Widerstandes sähe. Im Falle einer bejahenden Antwort hätte er gegen die Annahme des Vertrages entschieden. Ebert habe Groener mitteilen lassen, daß er Hindenburg am Nachmittag vor dem Beschluß des Reichskabinetts anrufen und ihn um eine klare Meinungsäußerung über die Möglichkeit weiteren militärischen Widerstandes befragen würde. Hindenburg sei zu Groener ins Büro gekommen, etwa eine halbe Stunde vor dem angekündigten Anruf Eberts. Groener habe ihm die Frage Eberts dann vorgelegt. Hindenburg habe erklärt, er, Groener, wisse doch genauso wie er selbst, daß ein weiterer Widerstand nicht in Frage käme. Groener habe ihn auf die Bedeutung dieser Entscheidung hingewiesen. Hindenburg sei aber fest geblieben. Als es ungefähr noch eine Viertelstunde bis zum Anruf Eberts gewesen sei, habe Hindenburg plötzlich die Uhr gezogen und gesagt: „Sie können ja ebensogut, auch in meiner Abwesenheit, Herrn Ebert die Antwort geben. Es ist wohl nicht notwendig, daß ich dabei bin." Diese Antwort habe Groener Ebert erteilt, und dann habe Hindenburg 14 Jahre lang auf Groener in der Öffentlichkeit den Vorwurf sitzenlassen, als ob dieser allein die Entscheidung zur Unterzeichnung des Versailler Vertrages veranlaßt hätte.

Ich fragte nun weiter nach den Ereignissen im November. Ich hatte das
schon einige Male früher getan. Aber Groener hatte eine Aussprache
darüber immer auf ruhigere Zeiten verschoben. Jetzt im Auto, am Rhein
entlang fahrend, erzählte er mir die ganzen Vorgänge, die im starken
Widerspruch standen zu dem, was der Reichspräsident gelegentlich
darüber geäußert hatte. Der Reichspräsident hatte mir neben anderem
die Flucht des Kaisers so dargestellt, als sei die plötzliche Abreise am
10. November ohne sein Wissen erfolgt. Er habe nicht mit einer so frühen
Abreise gerechnet. Groener berichtete nun, daß zwei Tage vorher zwischen ihm und Hindenburg, nach der Aussprache mit dem damaligen
Armee-Oberkommandierenden klar vereinbart worden sei, daß der
Kaiser nicht über die Grenze gehen sollte. Dieser Beschluß sei gefaßt
worden auf Grund der Verhandlungen Groeners mit Ebert und den
Mitgliedern des Reichskabinetts. Ebert habe damals, was mir übrigens
Solf später in Einzelheiten bestätigte, für die Rettung der Monarchie
gekämpft. Zwar habe er eine ehrenvolle Abdankung des Kaisers für
unvermeidlich gehalten, aber er wollte für einen Sohn des Kronprinzen
die Regentschaft des Prinzen Max von Baden sichern. Das wäre eine
absolut mögliche Lösung gewesen. Um so erstaunter sei Groener gewesen,
als Hindenburg ihn am andern Tage habe kommen lassen und ihm
erklärt habe, sie beide müßten jetzt zusammen zum Kaiser gehen und
von ihm seinen sofortigen Thronverzicht verlangen. Auf Groeners Einwand, daß das aber den Abmachungen vom Tage vorher absolut
widerspreche, habe Hindenburg erklärt, daran sei nun nichts mehr zu
ändern. Hindenburg selber habe am Tage vorher mit Exzellenz Hintze
den Thronverzicht der Hohenzollern vereinbart. Sie seien dann zum
Kaiser gegangen, dort habe Hindenburg angefangen zu weinen und dem
Kaiser gesagt, er sei vor innerer Erschütterung nicht fähig, das zu sagen,
was er sagen müsse. Groener habe daher den Befehl von ihm, Seiner
Majestät die Auffassungen der Obersten Heeresleitung mitzuteilen. Dieses Auftrages habe er sich entledigt, und so sei auf ihm, Groener, auch
diese Entscheidung hängengeblieben, obwohl der Feldmarschall sie selbst
ohne sein Wissen gefaßt habe.

Ich fragte, ob denn der Kronprinz nicht noch hätte eingreifen können.
Groener erzählte nun die Vorgänge bei der Besprechung mit den
Armeeoberkommandierenden, die telephonisch einberufen worden waren.
Der Kronprinz sei an dem Morgen nicht aufzufinden gewesen, und
deshalb sei der General von der Schulenburg als Stabschef in seiner
Vertretung gekommen. Erst nach Beendigung dieser Besprechung sei der

Kronprinz eingetroffen. Später hätte sich herausgestellt, daß sein Adjutant ihn in einer Villa in Esch aufgestöbert hatte. Nun habe er dem Kronprinzen sagen lassen, er müsse ihn dringend sprechen, es gehe um das Schicksal einer tausendjährigen Dynastie. Nach Beendigung der Unterhaltung des Kronprinzen mit dem Kaiser sei Groeners Adjutant gekommen und habe gemeldet, der Kronprinz sitze bereits im Auto. Groener sei dann auf die Straße gerannt hinter dem Auto her und habe dem Kronprinzen zugerufen, doch bitte zu warten. Der Kronprinz habe aber nur mit der Hand gewinkt und sei weitergefahren. Ihm, Groener, sei später berichtet worden, daß der Kronprinz sofort zu derselben Dame zurückgekehrt sei, bei der man ihn schon am Morgen gefunden habe. Durch diese Dinge sei bei ihm viel zerbrochen, und er sei heute noch so entsetzt und traurig, daß er es eigentlich stets vermeide, von diesen Tagen zu sprechen.

Als wir uns in Basel trennten, bat ich Groener, die Dinge bis nach meiner Rückkehr ruhig weiterzubehandeln, und dankte ihm, daß er mir endlich Klarheit über entscheidende Persönlichkeiten und historische Momente verschafft hätte. Bedrückt fuhr ich nach Genf zurück. Ich wußte nun, daß eine Politik, die auf einer Persönlichkeit wie Hindenburg aufgebaut war, noch einmal zusammenbrechen *mußte*. Das einzige, was noch Rettung bringen konnte, war ein durchschlagender Erfolg in Genf.

Am Abend trafen die Resultate der Preußenwahl ein. Wenn sie auch infolge des Briefes von Hindenburg an Groener gegen das Reichsbanner ein gewaltiges Anschwellen der Nationalsozialisten, zum Teil auch durch die Klepperschen Finanzmaßnahmen hervorgerufen, brachten, so wäre das an sich noch kein Grund gewesen, an einer ruhigen Lösung zu zweifeln. Pünder telephonierte, daß man nach dem Ergebnis eingesehen hätte, daß meine Warnung richtig gewesen war, die Schlachtsteuer nicht vor den Wahlen einzuführen.

WEHRPLÄNE

In den Wochen vorher und auf der Fahrt von Lindau nach Basel hatte ich sehr eingehend mit Groener über seine Wehrpläne gesprochen. Groener hatte sich schon seit einem Jahr stark mit dem italienischen Wehrsystem befaßt. Ich sah darin einen großen Zukunftsgedanken, der nicht einer weitschauenden Überlegung Mussolinis entsprang, sondern der Schwierigkeit, die faschistische Miliz loszuwerden. Gerade diese Erfahrung mit Mussolini hatte ihn bestimmt, die Auflösung der SA und SS zu verlangen. Er sah voraus, daß die Reichswehr aus rein militärischen Gründen für den Wiederaufbau eines neuen Heeres den Kampf auf Tod und Leben mit der SA und SS aufnehmen müsse. Wenn das zu spät geschähe, vor allem, wenn nach entscheidenden Verhandlungen auf der Abrüstungskonferenz eine dem innersten Wesen der Reichswehr entsprechende Lösung von Frankreich als Forderung aufgenommen würde, so käme man in unabsehbare politische Konflikte. Die Geschichte der Jahre 1934–35 hat ihm vollkommen recht gegeben. Die Reichswehr mußte ihrer eigenen Existenz halber immer wieder auf die Auflösung der SA und SS zurückkommen.

Um die faschistische Miliz unterzubringen, war man in Italien auf den Gedanken gekommen, die eigentliche Infanterie durch die faschistische Miliz zu ersetzen, während die Spezialwaffen das eigentliche Heer ausmachen sollten, zumal sie einer längeren Ausbildung bedurften. Die Kriegserfahrung hatte gezeigt, daß man den Infanteristen in einer weit kürzeren Zeit ausbilden konnte, als es den Anschauungen der Armeen der ganzen Welt entsprach. Eine einzige Ausnahme bestand, das war die Schweiz, die während des Krieges gezeigt hatte, daß man zum mindesten einen effektiven Grenzschutz auch mit einer reinen Miliz durchhalten könne. Der große Vorzug der Schweiz war, daß die Miliz eine Institution des gesamten Volkes war, während sie in Italien automatisch eine Parteiangelegenheit wurde.

Aus diesen Überlegungen und seiner grundsätzlichen Anschauung heraus, daß das Heer außerhalb jeden Parteigetriebes stehen müsse, und unter sorgfältiger Vergleichung des Schweizer und des italienischen Systems war Groener zu einem Plan gekommen, der nicht nur sachlich außerordentlich gut durchdacht war, sondern gleichzeitig auch die Verhandlungen auf der Abrüstungskonferenz für uns außerordentlich erleichterte. Dabei unterlag Groener nicht einer Megalomanie der Zahlen. Nach den Erfahrungen und Bitterkeiten des Krieges war er der Mann, der kühl nur an das Erreichbare und an die bestmögliche Durchbildung eines vermehrten Heeres dachte. Er rechnete mir vor, daß Frankreich sowieso wegen Geburtenausfalls während des Krieges eine Schwächung in der Zahl der Rekruten haben würde. Deswegen seien gerade die Vorbereitungen gewesen, um in der ersten Phase der Angleichung der Rüstungen mit scheinbar geringfügigen Forderungen und unter kluger Verwendung der Vorteile, die die zwölfjährige Dienstzeit uns sicherte, schon eine sachliche Überlegenheit gegenüber Frankreich im Laufe der nächsten fünf Jahre zu erreichen.

Noch kurz ehe wir uns in Basel trennten, unterstrich Groener einen Punkt, den er bereits mehrfach erwähnt hatte: Daß nämlich eine Armee nie schwächer sei als in dem Augenblick, in dem sie vergrößert würde. Je schneller und umfangreicher man die Vergrößerung vornähme, desto länger würde der Schwächezustand dauern. So war er zu einem sorgfältig angelegten, groß durchdachten Plan gekommen. Im Laufe von fünf Jahren sollte schrittweise die Dienstzeit in der Reichswehr auf vier bis fünf Jahre heruntergesetzt werden. Wir würden also nach fünf Jahren eine Hunderttausend-Mann-Armee mit vier- bis fünfjähriger Dienstzeit haben, d. h. also am Abschluß dieses Zeitraumes einen Kader von Unteroffizieren bzw. Spezialisten für Artillerie, Nachrichtenwesen, Kavallerie und Train von 200 000–250 000. Daneben sollte ein Milizsystem für die Infanterie kommen von ebenfalls 100 000 mit neunmonatiger Dienstzeit. Das würde unter Hinzuziehung der alten Reichswehrsoldaten am Ende dieser fünfjährigen Epoche bedeuten: 700 000 Mann schlagkräftige Infanterie und 300 000 allen anderen Armeen überlegene Spezialisten für die technischen Waffen.

Wir hatten schon früher in Besprechungen die finanziellen und wirtschaftlichen Schwierigkeiten sorgfältig durchdacht und waren zu dem Ergebnis gekommen, daß wir wegen der Ersparnisse am Pensionsetat diese Umwandlung und die volle Neubeschaffung von Material für diese Armee selbst im Rahmen des bisherigen Heeresbudgets durchführen könnten. So konnte ich im äußersten Fall sogar eine Budgetlimitierung auf der Abrüstungskonferenz akzeptieren, ohne die Groenerschen Pläne auch nur im geringsten zu gefährden.

Um diese neue Miliz militärisch unbedingt schlagfertig zu halten, mußte sie sich aus Angehörigen aller Parteien rekrutieren, die keinen gewaltsamen Umsturz wollten. Zu diesem Zweck mußten auch alle militärähnlichen Verbände parteipolitischen Charakters verschwinden. Um die Jugend für die neunmonatige Dienstzeit in der Miliz vorzubereiten, sollte statt dessen der Wehrsport obligatorisch schon in der Schulzeit und während der Universitätszeit beginnen. Dieses hatte Groener bei Ubernahme des Innenministeriums 1931 zur Bedingung gemacht. Ich hatte ihm dabei meine volle Unterstützung zugesagt. Die Vorbereitungen für diesen obligatorischen Wehrsport waren im Innenministerium bereits durchdacht und fertiggestellt. Sie sollten es ermöglichen, im Laufe von fünf Jahren ein Volksheer aufzustellen von solcher militärischen Schlag-kraft, wie wir es nie vor dem Kriege besessen hatten. Es war die Vollendung der Scharnhorstschen Gedanken unter Berücksichtigung der inzwischen gewonnenen Erfahrungen.

Ich hatte Groener gebeten, mir die neuesten Formulierungen sofort chiffriert nach Genf zu senden. Bis dahin waren die Verhandlungen, vor allem mit Tardieu, nur ein Geplänkel gewesen. Tardieu wollte uns, bevor er in eine Diskussion über die militärische Gleichberechtigung Deutsch-lands in Einzelheiten eintrat, zunächst ausschließlich auf die Formulie-rungen von neuen juristischen Sicherheitsforderungen locken. Das mußte ich unter allen Umständen vermeiden. Ich durfte die Franzosen aber auf der andern Seite nicht verprellen. Deshalb zeigten wir in der letzten Unterhaltung mit Tardieu vor seiner Abfahrt in seinen Wahlkreis sehr großes Interesse für die Idee als solche und versprachen auch unsererseits Entwürfe für ein solches Sicherheitssystem, so daß Tardieu nicht in der Lage war, die französische öffentliche Meinung aufzuputschen.

In den ganzen Jahren wäre es mir viel lieber gewesen, wenn der Abrüstungskonferenz eine Besprechung Groener–Schleicher–Hammer-stein auf der einen Seite und Weygand–Gamelin auf der anderen Seite vorangegangen wäre. Ich hatte seit dem Sommer 1930 in dieser Richtung Fühler ausgestreckt. Weygand hat aber stets abgelehnt. Als Briand und Laval in Berlin waren, kam ich erneut auf eine solche Möglichkeit zu sprechen. Ich erzählte ihnen, daß ich mich privat um eine solche Aussprache bemüht hätte, daß die französischen Generäle sie aber abgelehnt hätten. Beide zeigten sich hoch erfreut, daß es nicht zu dieser Aussprache zwischen den Generälen gekommen war. Weygand habe absolut dem Geiste der französischen Politik entsprechend gehandelt. Briand sagte: „Lieber junger Freund, nehmen Sie die Erfahrung eines alten Mannes entgegen. Wenn Generäle zusammen verhandeln, gibt es immer ein Unglück." Das würde ihnen, bei Erfolg oder Mißerfolg, eine viel zu große Bedeutung in der Politik verschaffen, die für eine friedliche Entwicklung der Völker immer ein Unsegen sei. Er schloß mit den Worten: „Oh, si vous saviez, ces generaux . . ."

Und trotzdem glaubte ich, diesen Versuch nicht aufgeben zu sollen. Hoesch hatte sonderbarerweise niemals eine persönliche Fühlung mit Weygand oder Gamelin gehabt. Ich ersuchte ihn, dies in gesellschaft-licher Form nachzuholen, um ausfindig zu machen, ob nicht vielleicht doch eine Möglichkeit der Zusammenkunft unserer und der französischen Generäle bestünde, weil ich mir sagte, daß man unter Umständen bei unmittelbarer Aussprache der Generäle vielleicht doch den französischen Sicherheitsforderungen entrinnen könne. Aber auch diese Fühlungnahme von Hoesch verlief negativ.

ABRÜSTUNGSKONFERENZ IN GENF

Vor seiner Abreise am 23. April hatte mir Tardieu gesagt, er würde spätestens am 26. zu einer Rücksprache, die in Bessinge, in der Wohnung Stimsons stattfinden sollte, zurück sein. Am Montag, den 25., war es immer noch ungewiß, ob Tardieu am nächsten Tage da sein würde. So verging der Montag mit anderen Besprechungen und mit Telephonaten mit Pünder. Pünder hatte an diesem Tage eine lange Unterredung mit Schleicher, um zu versuchen, den Konflikt mit Groener beizulegen. Er konnte kein günstiges Resultat mitteilen und riet dringend, sofort zurückzukehren, da die Lage sich gefährlich zuspitze. Selbst meine besten Mitarbeiter wankten. Staatssekretär Schäffer vom Reichsfinanzministerium wollte vor dem Eklat ausscheiden. Mit Mühe gelang es, zu erreichen, daß er noch bis 15. Mai bleiben wollte.

Ich sagte Pünder meine Rückkehr am 27. zu und erklärte ihm gleichzeitig, daß ein früherer Termin mit Rücksicht auf die entscheidenden Verhandlungen in Genf unter keinen Umständen in Frage komme. Gleichzeitig drängte ich Pünder, auf Luther einen Druck auszuüben, um möglichst schnell die Sanierung der Rheinischen Landesbank vorzunehmen, da durch die Verzögerung während meiner Abwesenheit ein gewisser Unwille in den Kreisen meiner eigenen Parteifreunde im Rheinland entstanden war. Pünder meldete am übernächsten Tage, daß er eine Sitzung anberaumt habe, in der sich Aussichten auf eine schnelle Sanierung der Rheinischen Landesbank ergeben hätten.

Vor der Abfahrt nach Bessinge übergab mir Planck die entscheidenden Punkte der Reichswehrforderungen. Ich hatte in den Tagen vorher mit Bülow häufig Spaziergänge gemacht, um mit ihm die Bedeutung dieser Verhandlungen durchzusprechen. Es galt, etwas zu erreichen, was psychologisch außergewöhnlich schwierig war, nämlich die anderen Mächte gleichzeitig für drei Forderungen zu gewinnen, die sich scheinbar alle gegenseitig widersprachen: Streichung der Reparationen, Abrüstung der andern und Aufrüstung für uns. Ich kam nun an einen Punkt, wo bei einem einzigen falschen Zug oder nicht restloser Einfühlung in die Psyche der Verhandlungspartner die ganze französische Propaganda mit Erfolg wieder aufleben konnte, vor allem in den Vereinigten Staaten, jene Propaganda, die dartun wollte, daß wir die Streichung der Reparationen nur anstrebten, um Geld für unsere eigene Aufrüstung freizumachen. Wenn es den Franzosen gelang, für diese Auffassung in England und Amerika Boden zu gewinnen, so war der große, mit unendlichen Opfern gelungene Aufmarsch von zwei Jahren verloren.

Ich hatte Bülow klargemacht, er müsse bei den Verhandlungen dabeisein und nach seiner Rückkehr nach Berlin das Außenministerium übernehmen. Das lehnte er ab trotz aller vorgebrachten Gründe. Ich wurde deutlicher, aber wie ich später erst feststellte, hat er mich damals nicht verstanden. Er hatte noch keine Ahnung, daß ich erledigt war und daß sogar ein durchschlagender Erfolg jetzt erst recht meinen sofortigen Sturz herbeiführen würde. Deshalb wollte ich, daß er schon vorher zum Außenminister ernannt würde, um so auch unter jedem denkbaren Nachfolger meine außenpolitischen Pläne durchzuführen und sie zu sichern. Ich wollte ihm nicht sagen, daß ich den bestimmten Eindruck hatte, und schon seit Dezember fest davon überzeugt war, daß mich der Reichspräsident unter irgendeinem Vorwand unter allen Umständen loszuwerden trachtete. Ich nahm an, daß wenigstens zu ihm darüber einiges durchgesickert sei. Ich fragte ihn, ob er denn nicht schon seit Januar an Neurath eine Veränderung wahrgenommen hätte. Er verneinte dies. Ich zögerte, ihm die volle Tragweite der Erschütterung meiner Stellung völlig klarzumachen, da ich fürchtete, er könne dann bei den kommenden Verhandlungen nicht mehr so frisch sein.

Ähnliche Unterhaltungen hatte ich auf Morgenspaziergängen mit Planck. Ich sagte ihm, es müsse in der Reichskanzlei für eine Veränderung Sorge getragen werden. Er müsse in eine leitende Stellung hinein. Ich besprach mit ihm die Reorganisation der Reichskanzlei, Übertragung der Aufgaben der Presseabteilung, soweit sie die Außenpolitik angingen, an das Auswärtige Amt und unmittelbare Eingliederung der sonstigen Aufgaben der bisherigen Presseabteilung in die Arbeit der Reichskanzlei. Ich sei entschlossen, Herrn von Hagenow zu entlassen und ihn, Planck, an seine Stelle zu setzen.

Mit nicht allzu großen Hoffnungen fuhr ich nach Bessinge durch die in herrlichem Sonnenschein liegende Landschaft. Die wiederholten Unterhaltungen mit MacDonald waren nicht so ergiebig gewesen wie die mit

Simon und Layton am zweiten Tage meines Genfer Aufenthaltes. Schon in der ersten Unterhaltung merkte ich nach wenigen Minuten den Grund. MacDonald sagte: „You are in shallow waters." Statt mich zu stützen, klang daraus die Überlegung, vielleicht könne man sich mit meinem Nachfolger besser einigen. Außergewöhnliche Ovationen, wie die bei meiner Rede in der Eröffnungssitzung, können leicht empfindliche Persönlichkeiten reizen. So erwartete ich von MacDonald nichts. Wir saßen im Sonnenschein auf der Terrasse. Stimson erklärte, er habe nicht die Absicht, nur wegen oberflächlicher Besprechungen in Genf zu bleiben. Einmal müsse man sich klar und deutlich aussprechen. Ich erklärte mich dazu bereit. Ich hatte auf diesen Augenblick ja nur gewartet. Nun hieß es, alle Überlegung und Kraft zusammenzureißen und zu wissen, wo es galt anzusetzen. Wegen der Bedeutung der Abrüstungsfrage für die Vereinigten Staaten begann ich mit einer Darlegung der künstlichen Mehrausgaben für das Hunderttausend-Mann-Heer infolge der Bestimmungen des Versailler Vertrages.

Nach meiner Beurteilung der Finanzlage Deutschlands würden wir in den nächsten fünf Jahren nicht in der Lage sein, die schon stark herabgesetzten Wehrausgaben durchzuhalten, obwohl wir schon in den letzten zwei Jahren die Ausgaben für Munitionserneuerung fast gänzlich gestrichen hätten. Vier Fünftel aller Ausgaben des Heeresbudgets seien bedingt durch die zwölfjährige Dienstzeit. Dabei seien die Pensionen für die nach zwölf Jahren zu entlassenden Leute noch nicht einmal im Heeresbudget enthalten. Wir hätten 30 000 gediente Leute, die wir nicht in Beamtenstellen unterbringen könnten. Für diese müßten wir, ohne daß sie Arbeit leisteten, infolge des Versailler Vertrages Pensionen auszahlen. Noch schlimmer seien die Bestimmungen über die Munitionsfabrikation. Jedes Gewehr, jede Patrone und jede Granate dürften nicht in ein und derselben Fabrik restlos hergestellt werden, so daß 50% der gesamten Herstellungskosten allein auf Fracht und Verladekosten entfielen. Das sei das Unsinnigste, was überhaupt je in solchen Fällen festgelegt worden sei. Dabei sei die Menge unserer Munition so begrenzt, daß die geschulten Munitionsarbeiter und die Maschinen nur zwei Monate im Jahr durchschnittlich beschäftigt werden könnten. Während der übrigen zehn Monate müßten aber die Löhne weiterbezahlt werden und ebenso die Zinsen für die stillstehenden Maschinen bzw. das in ihnen festgelegte Kapital. Ich merkte, wie Norman Davis und Stimson erstaunt aufhorchten.

Ich sah Bülow an und stieß noch weiter vor mit dem Verlangen, die zwölfjährige Dienstzeit sofort auf fünf bis sechs Jahre herabzusetzen. Es sei im übrigen unmöglich, die Leute bei einem zwölfjährigen Drill zufrieden zu halten. Von englisch-amerikanischer Seite wurde eingeworfen, daß auch sie das System der zwölfjährigen Dienstzeit hätten. Das Argument, daß die Truppen dieser Länder aber mehr Abwechslung durch Kolonialdienst und andere Bedingungen hätten, schlug durch, als ich aus dem Gedächtnis die hohen Selbstmordziffern der Reichswehr anführte. Nun verlangte ich freie Munitionsherstellung mit den schon erwähnten Argumenten der Budgeterleichterung. Nach einer Viertelstunde fühlte ich, daß auch in diesem Punkte die Schwierigkeiten beseitigt waren.

Ich ging nun über zu dem Verlangen der völligen Freiheit der Befestigungen an den Landesgrenzen bzw. an den Grenzen der entmilitarisierten Zone. Ich schilderte die Mächtigkeit des französischen und polnischen Befestigungssystems, obwohl beide Länder eine gewaltige Stoßarmee unterhielten. Die polnischen Kavalleriedivisionen könnten in 24 Stunden Berlin besetzen und Schlesien in derselben Zeit vom übrigen Deutschland militärisch vollkommen trennen. Aus diesem Grunde hätten wir schon fast alle unsere schlesischen Garnisonen aufgegeben, weil es zwecklos sei, unter solchen Bedingungen an eine Verteidigung Oberschlesiens auch nur zu denken. Ich erzählte, wie ich von Altbreisach aus selbst mit dem Glase die dreifache Linie der französischen Befestigungen in der Rheinebene angesehen hätte, und schilderte meine Eindrücke im einzelnen. Ich erinnerte Norman Davis daran, daß ich ihn bei meiner ersten Anwesenheit in Genf gebeten hätte, doch einmal im Auto durchs Elsaß zu fahren und sich selbst von diesen ungeheuer starken Befestigungen zu überzeugen, die mit Hilfe der deutschen Reparationszahlungen gebaut seien.

Stimson wurde wärmer und erklärte, es sei überhaupt unerhört, daß die Reparationszahlungen Deutschlands zur Aufrüstung Frankreichs benutzt würden. Ich konnte zuversichtlich weiter vorstoßen. Die Befestigungsfreiheit war bewilligt. Aber wie jetzt die Forderung auf praktische Verdoppelung der Reichswehr durchsetzen? Ich fing von der sinnlosen Aufgabe der Reichswehr an, bei jeder innenpolitischen Krise infolge der Beschränkung der Gesamtziffer der deutschen Polizei Polizeidienste mitübernehmen zu müssen. Ich hätte durch die Auflösung der SA und SS im letzten noch möglichen Augenblick der Welt gezeigt, daß ich entschlossen sei, eine mäßige demokratische Linie zu sichern und das Soldatenspiel, das in allen Ländern so gefährlich für den Frieden sei, weiter unmöglich zu machen. Aber vielleicht wüßten die Herren nicht, wie gefährlich ein solcher Schlag sei. Wir könnten ihn nur riskieren nach Vorbereitungen sorgfältigster Art. Wir hätten die Polizei in Innerdeutschland bereithalten müssen, um sie in die entmilitarisierte Zone zu werfen und sie im leeren Raume Deutschlands dann durch Reichswehr zu ersetzen. Wenn die Kommunisten gleichzeitig losgeschlagen hätten, so wären wir nicht in der Lage gewesen, die Aktion durchzuführen. Das Chaos wäre ausgebrochen und alles in Deutschland investierte ausländische Kapital wäre verloren gewesen.

Daher wollten wir verlangen, daß die Zahl der ernsthaft militärisch ausgebildeten Personen in Deutschland vermehrt würde unter gleichzeitigem Entgegenkommen gegenüber der französischen Sorge wegen der militärischen Überlegenheit der Hunderttausend-Mann-Armee mit zwölfjähriger Dienstzeit. Wenn man uns die Freiheit gäbe, schrittweise die Dienstzeit etwa auf die halbe Frist abzubauen, aber gleichzeitig daneben den Milizgedanken aufzunehmen, so wären wir bereit, fortschreitend die Reichswehr durch eine Miliz völlig zu ersetzen, müßten dann allerdings eine höhere Gesamtstärke verlangen. Es sei sogar möglich, Miliz für unsere Artillerie auszubilden, da wir ja doch nur 7,5-cm-Geschütze haben dürften.

Stimson war sich dieser letzteren Tatsache überhaupt nicht bewußt. Es trat eine längere Diskussion über die Kaliber in den einzelnen Armeen ein, die uns von dem geradlinigen Aufbau unserer Forderung abbrachte. Ich fürchtete, in der letzten Viertelstunde vielleicht zu heftig vorgestoßen zu sein. Daher lenkte ich über auf das Problem, wie man überhaupt einen Krieg einfach unmöglich machen könnte.

Ich verwies darauf, daß, wenn man die Franzosen zwänge, ihre Heeresstärke auf 100 000 Mann herabzusetzen und die Polen entsprechend noch weiter herunter, so seien alle diese Fragen viel leichter zu lösen. Die Erfahrung des passiven Widerstandes hätte mir gezeigt, daß Frankreich allein bei einem Vormarsch zur Pazifizierung des Ruhrgebietes 100 000 Mann brauche. Wenn also die Heeresstärke der Franzosen auf 100 000 Mann aktive Truppe herabgesetzt würde, so sei ein Angriff kaum mehr durchzuführen, falls wir genügend Miliz zur Verfügung hätten. Ich sah Bülow an und merkte, daß er es für nötig hielt, diesen Gedankengang zu vertiefen. Ich bat Stimson, Bülow anzuhören, der in der letzten Zeit die Verhandlungen mit der Reichswehr geführt habe, damit die Herren von dem zuständigen Mann des Auswärtigen Amts hören könnten, wie das Amt selber und die Reichswehr über diese Frage dächten.

Bülow ging sehr geschickt auf diese Taktik ein und setzte binnen zehn Minuten auseinander, daß es viel gescheiter wäre, alle Armeen zu beseitigen, und daß wir ja unsere Forderungen nur deshalb so formuliert hätten, weil wir einsähen, daß die anderen europäischen Mächte zu einer so radikalen Abrüstungsform wie der Abschaffung aller bestehenden Heere nicht zu bringen seien. Seine Ausführungen machten sehr starken Eindruck. Henderson fragte, wie hoch die Miliz nach unserer Forderung denn sein sollte. Ich antwortete, für die nächsten fünf Jahre etwa in der Stärke der jetzigen Reichswehr, nicht mehr. MacDonald stellte die Frage, wie es denn mit den schweren Waffen sei. Ermutigt durch die bisherigen Erfolge antwortete ich, daß wir bereit wären, auf schwere Angriffswaffen zu verzichten, wenn die anderen ebenfalls sich dazu entschlössen, dagegen völlige Freiheit in der Anschaffung der schweren Verteidigungswaffen haben müßten.

Unsere ganze militärische Politik sei, wie man aus unseren Vorschlägen entnehmen könne, ausschließlich auf die Defensive beschränkt. Daher müßten wir für ihre Durchführung auch volle Freiheit haben. Norman Davis warf ein, daß man doch nicht sofort und auf einen Schlag die andern zur restlosen Abschaffung der schweren Angriffswaffen bringen könne. Ich erwiderte ihm, daß ich das wohl einsähe, wenn man uns aber die Freiheit gäbe, Versuchstypen für die schweren Angriffswaffen zu konstruieren (die wir übrigens bereits seit Jahren hatten), so könnte man ja darüber reden, daß die andern im Laufe von fünf Jahren ihre schweren Angriffswaffen beseitigen sollten. Wenn in fünf Jahren nicht die völlige Beseitigung dieser schweren Angriffswaffen erreicht sei, so müsse man uns die Freiheit geben, auch auf diesem Gebiete im Rahmen unserer finanziellen Möglichkeiten zu einer Parität mit den andern zu kommen.

Es war ein Glück, daß Tardieu nicht anwesend war. Er hatte in den vorangegangenen Besprechungen immer mit seinem Material über geheime Rüstungen gedroht und erklärt, er würde in einer öffentlichen Sitzung der Abrüstungskonferenz der Welt Kenntnis von diesem Material geben. Hier lag der gefährliche Punkt. Wenn die Franzosen wirklich Kenntnis von all unseren Vorbereitungen hatten, so konnte die Auswirkung ihrer Veröffentlichung in dramatischer Form für uns eine katastrophale Wendung bedeuten. Ich hatte mir vorgenommen, falls eine solche Rede käme, mich sofort zu Wort zu melden und die Versammlung zu fragen, ob sie Agentennachrichten des französischen Generalstabes mehr Vertrauen schenke als mir, der ich den Mut gehabt hätte, gegen starke Widerstände die SA und die SS mit Gewalt aufzulösen.

Ich war sicher, daß ich bei der Gesamteinstellung der Welt gegen die Nazis mit einer solchen Argumentation in der Vollversammlung der Abrüstungskonferenz Tardieu aus dem Sattel heben konnte. Anders wäre es gewesen, wenn Tardieu in einem Gremium wie dem jetzigen Blatt für Blatt sein Material vorgelesen hätte. Das hätte sicher großen Eindruck auf die Amerikaner gemacht, und ich wäre in die Defensive gekommen. Wir kamen zum Ende unserer Beratung und hatten alle Klippen umschifft. Norman Davis fragte, wie man die Schwierigkeiten, die in unserer Forderung lägen, uns nach fünf Jahren die volle Freiheit für die Anschaffung schwerer Angriffswaffen zu geben, falls die andern sie inzwischen nicht abgeschafft hätten, lösen könnte. Bülow sagte, man könnte ja das, was wir jetzt vorgebracht hätten, im einzelnen formulieren und, unter gleichzeitiger Aufrechterhaltung der prinzipiellen Forderung der allgemeinen Abrüstung, es als Ersatz für Teil 5 des Versailler Vertrages ohne weitere Antastung des Vertrages durch die Abrüstungskonferenz bzw. den Völkerbund beschließen lassen. Stimson sah Norman Davis an, der bislang der schwierigste Partner seit Jahren gewesen war. Davis erklärte: „It is very fair, what the Chancellor is asking for, very fair indeed." Henderson und MacDonald erklärten gleichzeitig ihre äußerste Befriedigung über unseren Vorschlag. Ich dankte den Herren und bat sie nunmehr um ihre geschlossene Unterstützung gegen Frankreich. Vielleicht sei es zweckmäßig, der Presse bis zum Eintreffen Tardieus keine Mitteilung über das erzielte Übereinkommen zu machen, außer ihr vertrauliche Kenntnis von dem äußerst befriedigenden Verlauf der Verhandlungen zu geben. MacDonald stimmte dem zu und erklärte, man solle überhaupt von den Einzelheiten der Verhandlung nichts verlauten lassen, bis man Frankreichs und Italiens Zustimmung erhalten hätte. Alle erklärten sich einverstanden. Die Engländer wollten es übernehmen, sofort Grandi, der bis zur Rückkehr Tardieus nach Rom gefahren war, Mitteilung von dem Ergebnis zu machen und ihn um seine Zustimmung zu bitten. Diese Zustimmung, und zwar bedingungslos, traf nach einer telephonischen Unterhandlung zwischen Grandi und Mussolini bereits am Nachmittag in Genf ein.

Stimson, hoch erfreut über diese Einigung, verlangte, daß Norman Davis Tardieu telephonisch eine unverzügliche Rückkehr nach Genf nahelegen solle. Die Regierung der Vereinigten Staaten erwarte, daß auch Frankreich dieser Einigung zustimme. Wenn Frankreich sich jetzt sperre, so müsse es sich darauf gefaßt machen, daß der letzte Rest von Sympathien, der in den Vereinigten Staaten noch für Frankreich bestehe, verschwinde und daß

Frankreich auf keinerlei Unterstützung seitens der Vereinigten Staaten mehr zu rechnen hätte. Nach diesen sehr scharf gehaltenen Worten Stimsons verabschiedeten wir uns. In zwei und einer halben Stunde war es im ersten Anhieb gelungen, die Gesamtforderungen der Reichswehr hundertprozentig bei allen Großmächten mit Ausnahme Frankreichs durchzusetzen. Frankreich war nun restlos isoliert, wenn es nicht zustimmte. Ein Nichterscheinen Tardieus würde der Welt zeigen, daß Frankreich keine ehrliche Verständigung mit Deutschland wollte.

Am Abend ließ ich Nadolny, Welczeck, Blomberg, Schönheinz und den Admiral von Freyberg kommen und setzte ihnen das heute Erreichte auseinander. Blomberg kam mit einem Heft der ,,Tat" unter dem Arm und schien kein besonderes Interesse zu haben. Er nahm sogar frostig Abschied, während Admiral von Freyberg voll und ganz die Bedeutung dieses Tages erkannte und mir durch die Art seiner herzlichen Abschiednahme bewies, daß er das Ereignis auch als einen großen persönlichen Erfolg betrachtete.

Aber noch waren ja die Klippen nicht überwunden. Eine Prozedur für die Abrüstung der andern Mächte mußte noch formuliert werden. Trotzdem war für mich das Allerschwerste erreicht, nämlich trotz der geforderten Streichung der Reparationen unsere Aufrüstung gleichzeitig bewilligt zu bekommen. Niemand außer Bülow ahnte, wie gefährlich dieser Moment gewesen war. Wir wußten aber auch beide, daß es mit Tardieu noch ein schweres Ringen geben würde. Er würde, dessen waren wir sicher, in den weiteren Verhandlungen die Gegenmine der Sicherheitsforderungen noch fliegen lassen.

Aber – Tardieu kam überhaupt nicht. Nachdem es noch am Dienstag hieß, er werde spätestens Donnerstag eintreffen, verschlimmerte sich angeblich sein Kehlkopfleiden so stark, daß bekanntgegeben wurde, er könne in der nächsten Zeit überhaupt nicht fahren. Ich wartete bis Freitag, dann mußte ich abreisen.

Eine Stunde vor meiner Abreise verlangte Albert Thomas mich noch dringend zu sprechen. Ich war erst nicht allein mit ihm. Nachher redete ich mit ihm unter vier Augen. Er sagte mir, Tardieu würde ganz bestimmt überhaupt nicht kommen. In Paris seien Nachrichten eingetroffen, nach denen ich sofort nach meiner Rückkehr gestürzt würde. Diese Nachrichten hätten im wesentlichen Tardieu bestimmt, jetzt nicht nach Genf zu kommen. Außerdem sei sowohl die französische wie die internationale Rüstungsindustrie mächtig an der Arbeit, um eine Einigung über eine mäßige Aufrüstung Deutschlands und gleichzeitige Abrüstung der andern Mächte zu sabotieren. Er habe nunmehr das Material in der Hand, mit dem er nachweisen könne, daß *die nationalsozialistische Bewegung von der Rüstungsindustrie, vor allem der französischen, auf dem Weg über die Schweiz finanziert würde.* In acht Tagen werde er zu einer wichtigen Besprechung nach Paris fahren, in der er die letzte Aufklärung erhalte.

Dann würde er in Frankreich eine Kampagne gegen die Kriegstreiber beginnen und mit der Enthüllung der Finanzierung der Nazis durch die Kriegstreiber auch meine Position wieder stärken. Albert Thomas fuhr auch tatsächlich eine Woche später nach Paris, obwohl er eine Lungenentzündung hatte. Dort brach er zusammen und starb unerkannt in einem Lazarett. Weil ich die letzte Unterhaltung mit ihm im Gedächtnis hatte, neigte ich zunächst dazu, an eine unnatürliche Todesursache zu glauben.

Zuerst gerüchtweise, später mit allen Einzelheiten erfuhr ich, daß nach Eintreffen des telegraphischen Berichtes über das Ergebnis der Konferenz von Besinge, am Kamin des Regendanzschen Hauses in Dahlem, eine Unterhaltung zwischen Hammerstein, François-Poncet und Schleicher stattgefunden hatte. In dieser Unterhaltung ließ Schleicher durchblicken, daß es für Frankreich keinen Zweck hätte, mit mir zu verhandeln, da ich gleich nach meiner Rückkehr gestürzt würde. Es liegt auf der Hand, daß François-Poncet sofort Tardieu von dieser Unterhaltung unterrichtet hat. Ich muß an dieser Deutung festhalten, da sie sich völlig deckt mit den Mitteilungen, die mir Albert Thomas vor meiner Abreise aus Genf machte.

Während der Unterhaltung mit dem Reichspräsidenten am Tage meiner Demission kam ich nochmals auf diese Dinge zu sprechen mit dem Bemerken, daß es für mich unmöglich sein würde, objektiven Landesverrat seitens führender Leute in der Reichswehr länger zu ertragen. Der Reichspräsident zeigte mir beim Abschied eine dienstliche Meldung Schleichers, daß meine Behauptungen frei erfunden wären. Ich erklärte ihm, ich müsse mir eine derartig einseitige Behandlung bei so schwerwiegenden Fragen ernsthaft verbitten. Ich legte absolut keinen Wert darauf, sie weiter zu verfolgen, aber ich müßte mit aller Entschiedenheit meiner Ehre wegen Protest erheben, daß er eine Angelegenheit für erledigt erkläre, ohne mich überhaupt vorher anzuhören. Wie mir später erzählt wurde, hatte der Reichspräsident eine Denkschrift machen lassen, die er seinen alten Freunden schickte, in der u. a. auch der Vorwurf enthalten war, ich hätte ihn in dieser Angelegenheit bewußt belogen. Dabei ging aus den Sätzen der dienstlichen Meldung des Generals von Schleicher, die Hindenburg mir bei Einreichung meiner Demission vorlas, hervor, daß der Reichspräsident den wesentlichen Punkt meines Hinweises überhaupt nicht verstanden hatte.

Als ich mich von Stimson und MacDonald verabschiedete, gab Stimson offen seiner Entrüstung über das Verhalten Frankreichs Ausdruck. MacDonald ließ mich fühlen, daß er mit meinem schnellen Sturz noch bestimmter rechnete als acht Tage vorher. Er und Henderson sahen zwar den Zusammenbruch einer gemäßigten Demokratie in Deutschland voraus, nahmen aber in den Verhandlungen nicht die energische Haltung ein, die dieses hätte verhindern können. Von Henderson hatte ich dieses nie erwartet; bei dem Streit um die Zollunionsfrage hatte er sein ganzes Wesen eindeutig enthüllt. Er fiel auf jede französische Beeinflussung herein und hat bei seiner Reise 1931 nach Paris sich gegen den Beschluß des Londoner Kabinetts in der Zollunionsfrage auf die französische Seite gestellt. Er hat mir dadurch einen fast tödlichen Schlag versetzt, und nicht nur mir, sondern auch seinen politischen Freunden in Deutschland. 1933 ist Henderson, als er von Hitler nicht empfangen wurde, ihm nachgereist und hat ihn im Braunen Haus in München besucht in der Hoffnung, seine Abrüstungskonferenz retten zu können.

Als im Juni 1934 die besten Freunde, die Deutschland in England besaß, mich dringend baten, noch eine Unterhaltung mit Norman Davis und Henderson zu führen, um ihnen meine Überzeugung auseinanderzusetzen, daß die Reichswehr friedlich sei, und, wenn man ihre Forderungen für eine rein defensive Aufrüstung befriedige, der Friede in Europa besser gesichert sei als durch Ablehnung ihrer Forderungen, habe ich mich bereit erklärt, beide Herren im Hause Lord Astors zu empfangen. Im Einverständnis mit Lord Astor trafen beide am verabredeten Tage in London ein, aber nur Norman Davis kam zu mir. Ich glaube, ihn von der Richtigkeit meiner Ausführungen überzeugt zu haben, was damals von größter Wichtigkeit war. Henderson entschuldigte sich im letzten Augenblick. Er hatte zu große Angst, die Unterredung könnte bekannt werden und seine Beziehungen zu Hitler könnten dadurch getrübt werden. Das war der zweite Führer der englischen Arbeiterpartei. Ohne daß diese Einzelheiten bekanntwurden, da ich mit niemand davon sprach, ist Henderson der Verachtung seiner politischen Freunde in England und in der Welt anheimgefallen. Die Arbeiterpartei hat ihm im Herbst 1934 klargemacht, daß sie ihn nicht länger als ihren Parteisekretär ertragen könne.

Die letzten Tage in Genf waren ausgefüllt mit Besprechungen über Reparationsfragen, die Verbesserung der internationalen Wirtschaftslage u. a. Zweimal hatte ich eine Unterhaltung mit Hymans. Ich glaubte den Plan, den ich Bücher und Dannie Heinemann mitgegeben hatte, schon genügend in Brüssel vorbereitet, und setzte ihm eingehend auseinander, wie notwendig es sei, wenn man von uns eine Abschlußzahlung verlange, eine internationale Anleihe in gleicher Höhe sofort zu gewähren. Zu meinem Erstaunen mußte ich feststellen, daß Hymans in keiner Weise unterrichtet war. Er verstand meine Gedankengänge nicht.

Am nächsten Tage kam er zurück und fragte nochmals nach Einzelheiten, die mir bewiesen, daß die Unterhaltung am Tage vorher in keiner Weise dazu beigetragen hatte, etwas mehr Verständnis für unsere Pläne zu erwecken. Ich bat Krosigk, von Berlin herzukommen, um zusammen mit Posse diese Gedanken und Pläne zu formulieren. Zu meinem großen Bedauern merkte ich, daß Krosigk von der Berliner Atmosphäre stark infiziert war; er war nicht mehr derselbe. Ich konnte im Augenblick nicht viel Hilfe von ihm erwarten.

Im übrigen hatte ich mit dem holländischen Minister, dem Schweizer Minister und Bundesrat Motta Aussprachen, um ihnen die Gefahr für die von ihren Ländern in Deutschland investierten Kapitalien privater Hand klarzumachen, wenn nicht alsbald eine radikale Lösung in der Reparationsfrage käme. Allen, auch den Franzosen gegenüber hielt ich fest an der These: Abschlußzahlung nur in Höhe einer sofort zu gewährenden Anleihe, um aus den Devisen- und Handelsrestriktionen herauszukommen, Aufnahme der Raten der Abschlußzahlung erst nach zehn Jahren. Damit war taktisch das Interesse der Privatgläubiger festgelegt gegen die Forderungen der Franzosen in der Reparationsfrage. In all diesen Tagen hatte ich eine ganz ausgezeichnete Unterstützung vom Gesandten Müller-Bern.

Mit Benesch habe ich wiederholt die Gedankengänge einer Zollangleichung in Mitteleuropa besprochen. In mehreren Abendunterhaltungen setzte ich sie auch Posse auseinander, der viel Verständnis dafür hatte, um die Durchführung dieser Gedanken auch nach meinem Abgange zu sichern. In den letzten Tagen in Genf sollte eine erneute Besprechung in Luxemburg zwischen französischen und belgischen Ministern stattfinden. Da die Unterhaltungen mit Hymans kein Ergebnis gebracht hatten, so hatte ich die Absicht, weitere Aussprachen Büchers zunächst zu verschieben. Bei den Telephonaten ergab es sich, daß auch Bücher nicht mehr sicher war und schon mit einem Regierungswechsel rechnete. Deshalb wollte er als Privatperson auftreten. Ich gab ihm entsprechende Anregungen. Er fuhr am Abend des 28. nach Luxemburg. Am Sonnabend, den 30., war ich wieder in Berlin.

ARBEIT IN BEDROHTER STELLUNG

Gleich nach meiner Rückkehr berichteten Pünder und Treviranus sehr ernst über die Vorgänge während meiner Abwesenheit.

Ich glaubte in dem Vortrag beim Reichspräsidenten noch einmal die Schwierigkeiten überwinden zu können. Dieser Vortrag fand nach weiterer Rücksprache mit Kaas und Hilferding um 10 Uhr 45 statt. Ich berichtete dem Reichspräsidenten über das Ergebnis der Genfer Verhandlungen, vor allem über den Erfolg in Bessinge, und teilte ihm mit, daß die Forderungen der Reichswehr von allen Großmächten, mit Ausnahme von Frankreich, hundertprozentig angenommen seien. Es sei zur Zeit aber absolutes Schweigen über diesen Erfolg notwendig, weil ich nur dann glaube, die übrigen Mächte gegen Frankreichs Sicherheitsforderungen ausspielen zu können. Das sei nun die letzte Klippe, die noch zu umschiffen wäre.

Im übrigen besprachen wir die innerpolitische Lage. Ich hob in sehr zurückhaltender Form meine Bedenken gegen den Brief des Reichspräsidenten an Groener hervor. Dabei erklärte ich dem Reichspräsidenten, daß es die Interessen des Landes außerordentlich schädige, wenn jedesmal, wenn ich in politischen Verhandlungen im Ausland sei, eine Krise herbeigeführt würde. Ich schlug dem Reichspräsidenten vor, eine neue Notverordnung zu machen, die alle militärähnlichen Verbände von der jeweiligen Genehmigung des Reichsinnenministers abhängig mache. Die innere Einstellung des Reichspräsidenten war nicht zu erkennen.

Meißner berichtete eine Stunde später an Pünder, daß der Reichspräsident ihn nach meinem Weggang zu einem Spaziergang im Reichspräsidentengarten aufgefordert habe. Dabei habe der Reichspräsident wiederholt gesagt: „Es ist erstaunlich, was der kleine Brüning in Genf erreicht hat. Ich hätte das nie für möglich gehalten."

In der Eile der Besprechung am Morgen hatte ich ein großes Kuvert auf meinem Tisch übersehen, auf dem der Name Warmbold als Absender stand. Nachmittags kam Planck und sagte, ich müsse sofort den Brief von Warmbold lesen, der sein Abschiedsgesuch enthalte. Der damalige Intimus von Planck, Staatssekretär Schäffer vom Reichsfinanzministerium, bat, entgegen der während meines Genfer Aufenthaltes telephonisch getroffenen Vereinbarung, um seine sofortige Entlassung. Ich merkte, daß alle beeindruckt waren von der Hetze der Reichswehr gegen mich und von der Sorge, bei einem Kabinettswechsel abgesägt zu werden. Deshalb wollten sie vorher fortgehen. Warmbold ließ sich, genau wie am Tage der Unterzeichnung der 4. Notverordnung, als Werkzeug gegen das Kabinett gebrauchen.

Mittags ging ich zu der Sitzung des geschäftsführenden Vorstands der Zentrumspartei und blieb über zwei Stunden dort. Die Stimmung war nervös. Manche wollten bedingungslos mit den Nazis eine Koalition bilden. Sie wußten nicht, daß ich schon vor meiner Abreise geheime Verhandlungen mit dem Strasser-Flügel geführt und erklärt hatte, daß ich keine Bedenken hätte, in den Ländern eine Koalition mit den Nazis zu bilden unter einer Bedingung: daß sie niemals die Polizei in ihre Hände bekommen würden. Das bedeutete für Preußen, da der preußische Ministerpräsident selbständig die Minister ernannte, daß der Ministerpräsident nicht den Nazis ausgeliefert würde. Ich hatte den Nazis erklären lassen, sie könnten alle Ministerien, nur nicht den Ministerpräsidenten haben, für den ich Oberbürgermeister Goerdeler vorgeschlagen hatte.

Ich wollte Goerdeler gleichzeitig im Reichskabinett haben und bot ihm daher am 4. Mai das Wirtschaftsministerium an. Meine Absicht war, für den Fall, daß er annähme, gleichzeitig Dietrich zu bitten, auf den Vizekanzlerposten zu verzichten, den ich dann Goerdeler geben wollte. So konnte Goerdeler in die Position hineinwachsen, die ich für ihn in Aussicht genommen hatte für den Fall, daß ich gehen mußte. Er sollte dann mein Nachfolger und gleichzeitig preußischer Ministerpräsident werden. In diesem Falle wäre ich bereit gewesen, das Außenministerium beizubehalten. Dann wäre ich sicher gewesen, daß man mir in der Außenpolitik nicht in den Rücken gefallen wäre, und außerdem wäre durch die Zusammenarbeit mit Männern wie Goerdeler, Schlange, Dietrich und Stegerwald die Fortführung der Finanz-, Agrar-, Wirtschafts- und Sozialpolitik in meinem Sinne bis zu dem geheim gesteckten Ziele gesichert gewesen.

Man brauchte dann, wenn man im Reiche eine völlig überparteiliche Regierung hatte, die Situation in den Ländern nicht zu fürchten, denn langsam war die Finanzpolitik so weit, trotz größter Widerstände des neuen preußischen Finanzministers und der bayerischen Regierung, daß die Länderregierungen für die Auszahlung der Beamtengehälter praktisch stets auf die Reichshilfe angewiesen waren. So konnten die Länder, wenn sie aufsässig wurden, dauernd an die Kandare genommen werden. Mit diesen Sicherungen konnte das Experiment mit den Nazis gemacht werden, wenn sie wirklich wollten. Ihr Programm konnte erprobt werden. Die finanzielle Lage hätte auch Länderregierungen mit Nazimehrheiten gezwungen, fortschreitend selbst Zugeständnisse an das Reich zu machen.

Die Reichsreform winkte als sicheres Ziel. Schon hatte der ausgezeichnete sozialdemokratische Landespräsident von Lippe-Detmold mir vor meiner Abreise nach Genf angeboten, das Reich sollte die Verwaltung von Lippe-Detmold übernehmen. Von beiden Mecklenburg war ein Minister bei mir gewesen mit dem Angebot, die Justizverwaltung beider Mecklenburg auf das Reich zu übernehmen. Ein gleiches festes Angebot lag vor von Hessen. Damit hatte ich praktisch schon ein Stadium aussichtsreicher Verhandlungen herbeigeführt über eine norddeutsche Justizverwaltungsgemeinschaft, die dem Reich übertragen werden sollte.

Den süddeutschen Ländern hätte ich, wenn sie es absolut gewollt hätten, die Justizverwaltung selbst überlassen.

Eine Schwierigkeit, sowohl für politische Verhandlungen wie auch für die Reichsreform, lag in der Polizeiverwaltung. Hier hatte auf Grund der Erfahrungen der vergangenen anderthalb Jahre die Erkenntnis außerordentliche Fortschritte gemacht, daß es unmöglich sei, die Polizei bei dauernd wechselnden parteipolitischen Konstellationen intakt und schlagkräftig zu erhalten. Das klassischste Beispiel dafür war Thüringen, wo eine Zeitlang Frick als Innenminister die Polizei in der Hand gehabt hatte. Wegen seiner starken Übergriffe bei Besetzung von Personalstellen war er von einer Mehrheit sowohl der Rechten als auch der Linken gestürzt worden. Nun mußte die Polizei alsbald wieder gegen die Nazis eingestellt werden. Das lockerte natürlich die Disziplin. Dieses Problem war zur Aufrechterhaltung von Ruhe und Ordnung dringender als die Übertragung der Justizverwaltung auf das Reich.

Aus diesem Grunde hatte ich Zweigert und Joël gebeten, im stillen eine Notverordnung auszuarbeiten, die in der ersten Maiwoche fertiggestellt wurde. Sie hatte den Zweck, im Fall des Scheiterns aller politischen Koalitionsverhandlungen in den Länderregierungen, die Polizei auf das Reich zu übernehmen. Dann konnten sich die Länderparteien mit Papieren und Beschlüssen amüsieren, ohne daß Ruhe und Ordnung gefährdet wurden. Schon nach wenigen Wochen hätten die Länder ohne uns keine Beamtengehälter mehr auszahlen können. Dann wäre nochmals die Frage aufgetaucht, ob die Nazis sich angesichts einer drohenden Stimmung der Beamten weigern würden, vernünftige Koalitionsverhandlungen zu führen. Lehnten sie diese nochmals ab, dann war die Zeit reif, die Justizverwaltung aller Länder, zunächst durch Notverordnung, auf das Reich zu übertragen.

Der zweite Schritt in diesen meinen Plänen war die Einsetzung von Reichskommissaren in den Ländern, um überall die Verwaltungen in Ordnung zu bringen und überall Einsparungen zu machen. So sah ich an sich der Entwicklung gelassen entgegen, mit einem gewissen Optimismus sogar, wenn ich mich selbst halten oder die Macht einem Nachfolger übergeben konnte, der auf meinen Rat hörte und in diesen Geleisen behutsam, aber konsequent weiterarbeitete.

Von allen diesen Plänen konnte ich in der Vorstandssitzung der Zentrumspartei nichts erzählen. Nur dem Prälaten Kaas hatte ich einiges angedeutet. So kam ich in dieser Sitzung angesichts des Enthusiasmus vieler Mitglieder für die Nazis, der sich durch die Länderwahlen ergeben hatte, in eine etwas schwierige Situation. Ich mußte vor dem Glauben warnen, als könne man mit den Nazis Verhandlungen führen, wie sie früher mit andern Parteien üblich gewesen waren. Es ist ja begreiflich, daß man mich nicht verstand, da man die Erfahrungen, die ich durch viele geheime Besprechungen und Versuche einer Regierungsbildung mit den Nazis und vor allem mit den Deutschnationalen in den vergangenen Jahren gemacht hatte, nicht kannte. Eine auffallende Erscheinung war, daß gerade die führenden Mitglieder der preußischen Fraktion und die preußischen Zentrumsminister, die uns seit 1926, nach dem Scheitern der letzten Koalitionsverhandlungen mit der Rechten in Preußen, für eine konservative Politik im Reich die größten Schwierigkeiten gemacht hatten, jetzt fast bedingungslos mit den Nazis zusammengehen wollten. Ich fürchte, daß jeder der Minister seinen Posten sichern wollte und daß der Geschäftsführer der Fraktion, Dr. Graß, schon Verhandlungen mit den Nazis führte, um mit ihrer Hilfe Landwirtschaftsminister zu werden. Allen, mit Ausnahme von Hirtsiefer, fehlte politischer Instinkt und die politische Erfahrung. Es war der Fehler des Systems Hess, daß er in der Fraktion, bei aller taktischen politischen Begabung, kein politisches Denken aufkommen ließ und ebensowenig jüngere Mitglieder in seine kluge Maschinerie hineinsehen ließ, so daß sie sich an keine selbständige Verantwortung gewöhnen konnten. So war die Preußenfraktion nach dem Tode Hess' einem Diadochenregime ausgeliefert. Es gab nur eine Rettung: daß den jungen Mitgliedern, die Kaas und ich bei den letzten Wahlen hereingebracht hatten, zum Durchbruch verholfen wurde.

Noch am 30. April traf ich mich mit einem Vertrauensmann von Strasser in einem Privathaus und setzte ihm meine Gedankengänge, soweit das ging, auseinander. Den Versuchen der Nachrichtenstelle des Reichswehrministeriums, solche Besprechungen aufzuspüren, hatte ich mich zu entziehen gelernt. Ich fuhr im Dienstwagen zum Hause eines Freundes und bestellte den Chauffeur für den nächsten Tag wieder hin. Eine Stunde später ging ich über zwei Straßen zwischen unbebauten Plätzen zu einer Taxihaltestelle, fuhr in entgegengesetzter Richtung, als ich wollte, stieg aus, um eine Strecke zu Fuß zu gehen, nahm ein neues Auto, das mich in die Nähe des Privathauses brachte, wo ich Strassers Freunde sehen wollte, und ging dann zu Fuß in dieses Haus.

Am Sonntag, den 1. Mai, führte ich Besprechungen über die Lage und über neue Notverordnungen. Die eine betraf die Bekämpfung der Gottlosenbewegung, um Wünschen des Reichspräsidenten entgegenzukommen, obwohl ich niemals geglaubt habe oder in meinem Leben daran glauben werde, daß es möglich ist, mit dem Polizeiknüppel antireligiöse Strömungen zu bekämpfen.

Wenn die Geistlichen aller Konfessionen in leidenschaftlicher Wärme ihre Aufgaben erfüllen und vor allem allen Bedrängten und Bedrückten unter Einsatz ihrer ganzen Kraft Tag für Tag helfen, so werden sie spielend aller antichristlichen Strömungen Herr. Übernimmt diese Aufgabe die Polizei, so schlafen die Geistlichen ein, und das Christentum verliert für lange Zeit den Kampf. Ich konnte weder dem Reichspräsidenten noch wohlgesinnten Leuten beider Konfessionen klarmachen, daß es vom Standpunkt des Christentums aus unmöglich sei, mit einer Notverordnung gegen die Gottlosen vorzugehen und gleichzeitig die Bewegung des Herrn Rosenberg zu schonen. Für den Reichspräsidenten und andere war eine Gottlosenbewegung, die auf der Rechten war, eben keine Bewegung der Gottlosen. Severing teilte meinen Standpunkt. Er hatte nicht das geringste Bedenken, daß eine Notverordnung gegen die Gottlosen käme, erklärte mir aber, als Christ könne er nicht verstehen, daß man die Bewegung Rosenbergs, die er für viel gefährlicher halte als die plumpe Gottlosenbewegung der Kommunisten, gleichzeitig tolerieren wolle. Er warne als Christ vor einer zwiespältigen Gesetzgebung gerade in dieser

Frage. Wenn man die eine Bewegung mit der Polizei scharf bekämpfe, die andere aber toleriere, wäre der psychologische Eindruck bei der Masse des Volkes, daß die Regierung für die antichristliche Bewegung auf der Rechten gewisse Sympathien habe.

Am Montag, den 2. Mai, hatte ich eine Aussprache mit Warmbold. Ich bat ihn um freundschaftliche Erledigung seines Abschiedsgesuches. Er willigte ein, zusammen mit Pünder ein Kommuniqué in diesem Sinne zu vereinbaren. Bereits wenige Stunden nach dieser Zustimmung lehnte er jede weitere Besprechung ab und veröffentlichte selbständig eine sehr scharfe Nachricht.

Zu gleicher Zeit einigte ich mich mit Groener über eine generelle Genehmigungspflicht von militärischen Verbänden. Dazu erklärte mir Schleicher am Abend, daß nunmehr die Wünsche des Reichspräsidenten erfüllt seien und man ein Machtinstrument allererster Ordnung in die Hand bekommen habe.

Die Ministerbesprechung über die Restpunkte des Haushaltplanes und das Frühjahrsprogramm machte gute Fortschritte. Luther erhob immer neue Einwendungen gegen die Diskontierung einer maßvollen Summe für Arbeitsbeschaffungswechsel, die für 1932 auf 800 Millionen Mark insgesamt limitiert wurden, wobei nur solche Arbeiten in Angriff genommen werden sollten, die ausschließlich aus inländischen Erzeugnissen hergestellt werden konnten. Es handelte sich vor allem um den Bau von Autostraßen: der Verbindungsstrecke zwischen der soeben fertiggestellten Autostraße Köln–Bonn und dem gleichfalls fertigen, großzügigen Netz von Regierungsstraßen im Bereich des Ruhrsiedlungsverbandes, ferner um den Baubeginn der in allen Einzelheiten vorbereiteten Autostraße Frankfurt–Basel, deren erster Teil durch städtischen oder fiskalischen Besitz führte – also ohne Enteignungsverfahren sofort begonnen werden, während die Fortsetzung der Strecke nach Norden und Süden mitten durch kleinbäuerlichen Besitz nur durch ein neues Enteignungsverfahren gesichert werden konnte. Joël und Zweigert arbeiteten ein solches für die Notverordnung aus.

Die Verhandlungen über das Arbeitsbeschaffungsprogramm hatten sich einige Tage lang, kurz vor meiner Rückkehr aus Genf, erschwert. Der General von Schleicher verlangte, für Rüstungszwecke anderthalb Milliarden in das Arbeitsprogramm einzubauen. Ich sagte, daß das angesichts der aussichtsreichen Genfer Verhandlungen absolut unmöglich sei, obwohl ich bereit wäre, kleinere Summen zur Unterbringung der Miliz in kaschierter Form zur Verfügung zu stellen. Ich habe den Zweck des sonderbaren Vorstoßes von Schleicher damals nicht recht ergründen können. Äußerlich gab er sich völlig überzeugt. Es ist natürlich möglich, daß er nachher beim Reichspräsidenten meine Ablehnung benutzte, um gegen mich zu arbeiten. Sein Vorstoß zeigte, daß die Reichswehr im stillen einen Plan fertiggestellt hatte, um im großen, mit Hilfe der Arbeitsbeschaffung, die Aufrüstung durchzuführen.

Groß waren die Schwierigkeiten mit dem Arbeitsministerium wegen der Invalidenversicherungen. Hier rächten sich die Fehler von 1929. Ich hatte damals eine jährliche Neureserveschaffung aus der Notsteuer für die Knappschaft und Invalidenversicherung in Höhe von mindestens 80 Millionen Mark durchzusetzen versucht. Hinter meinem Rücken hatten die Beamten des Arbeitsministeriums und der Staatssekretär im Reichsfinanzministerium, Popitz, den SPD- und Zentrumsvertretern klargemacht, daß die Lage bei der Versicherung gar nicht so schlecht sei und daß man sogar die Möglichkeit sähe, den Kreis der Versicherten noch zu erweitern bzw. die Versicherungsleistungen zu erhöhen. Nun drängten die gleichen Beamten auf totale Herabsetzung der Renten, die wirklich die Ärmsten der Armen traf.

Ich hatte die Sanierung aufgeschoben bis nach den Landtagswahlen, um dann zu sehen, ob die Invalidenversicherung sich nach der Sanierung der Banken und Wiedereröffnung der Börsen nicht durch Verkauf von Pfandbriefen selber helfen könne. Aber es war den Beamten nicht klarzumachen, daß das in den vergangenen Jahren wieder angesammelte Vermögen der Invalidenversicherung jetzt in den Zeiten der Krise angesetzt werden mußte. Sie betrachteten die Erhaltung dieses Vermögens als Selbstzweck. Die Heftigkeit, mit der sie die Forderungen des Reichsarbeitsministeriums stellten, ließ mich aufhorchen; es war ganz klar, daß sie von irgendeiner Seite angetrieben wurden. Nur einer verstand das nicht, und es war ihm auch nicht beizubringen. Das war der Arbeitsminister selbst. Das Drängen des Arbeitsministeriums hörte auch dann nicht auf, als ich mit Krosigk zusammen eine Lösung fand zur Überbrückung der Schwierigkeiten der Invalidenversicherung bis zum Oktober 1932.

Eine genaue Beobachtung der Taktik der Herren des Reichsarbeitsministeriums und andere Indizien ließen mich zu dem Schluß kommen, daß die Umgebung des Reichspräsidenten darauf drängte, daß die Notverordnung mit den letzten unpopulären Maßnahmen, die noch getroffen werden mußten und von mir als notwendig erkannt waren, noch von mir gemacht wurde, um mich alsbald nachher zu stürzen. Nach dieser

574 *Arbeit in bedrohter Stellung*

Erkenntnis begann ein Tauziehen zwischen Schleicher und mir. Ich retardierte die Verhandlungen, um Zeit zu gewinnen und klar zu sehen, wie die politische Entwicklung stände. Unterdessen reifte der weitere Arbeitsbeschaffungsplan, vor allem die sofortige Beseitigung von Sommerwegen, die das größte Hemmnis für die Autos bildeten. Treviranus erhielt nach einigen schwierigen Verhandlungen vom Reichswehrministerium die Zustimmung zu diesem Plan. Der Chef der Reichswehr, General von Hammerstein, war in solchen Fragen immer klarblickend, großzügig und stets bereit, veraltete militärische Anschauungen über Bord zu werfen.

Der großzügige Siedlungsplan war fertiggestellt. Innerhalb von zwei Jahren sollten 150000 Siedler auf geeignetem Boden nach der schon beschriebenen neuen Siedlungsmethode angesetzt werden. Dabei war nicht an eine Aufteilung des gut wirtschaftenden Großgrundbesitzes gedacht, den wir im Gegenteil in den letzten zwei Jahren durch Bereitstellung enormer Summen gerettet hatten. Ein weitergehender Entwurf, den ein Referent im Arbeitsministerium ausgearbeitet hatte, ist nie vor das Kabinett gelangt. Als ich davon erfuhr, habe ich Sorge getragen, daß er nicht einmal als Grundlage für weitere Besprechungen diente. Dieser Plan ist nachher mißbraucht worden. Er wurde von Freiherr von Gayl, der als Direktor der Ostpreußischen Landgesellschaft (einer Siedlungsgesellschaft) davon Kenntnis erhalten hatte, dem Reichspräsidenten in die Hände gespielt, in entsprechender Aufmachung natürlich. Obwohl der Reichspräsident den völlig anders gehaltenen Text der Notverordnung in Händen hatte, glaubte er tatsächlich, daß der ihm zugesandte Plan in der Notverordnung enthalten sei.

Neben der Siedlung und der umfangreichen großstädtischen Randsiedlung mußte zur Lösung der Agrarkrise und zur Vorbereitung meiner internationalen Wirtschaftspläne noch die Stillegung der Böden 6., 7. und 8. Klasse im Osten erfolgen.

Durch die Aufforstung solcher Böden wurde gleichzeitig die „Kartoffelschwemme" im Osten beseitigt.

Über all diese Pläne herrschte Klarheit und Einverständnis, auch über das Arbeitsbeschaffungsprogramm durch Landgewinnung im Wattenmeer, Flußregulierung in Schlesien und kleinere Vorhaben der Landes- und Kommunalverwaltungen. Ich war bereit, den Beamten 10% ihres Gehaltes vorübergehend weiter abzuziehen und ihnen dafür Arbeitsbeschaffungs-Anleihestücke, die nach zwei Jahren einzulösen waren, auszuhändigen. Auch diskutierten wir damals die Möglichkeit, nach zwei

Jahren solche Arbeitsbeschaffungspapiere als Entgelt für Steuereinzah-
lungen bei den Finanzämtern anzunehmen. Das war die Genesis der
sogenannten Steuerscheine, die die Finanzen der öffentlichen Hand und
die Devisenlage der nächsten Jahre nicht so gefährdet hätten wie die
dann im Herbst beschlossenen Steuergutscheine.
Bei allen diesen Plänen leistete Luther jedesmal Widerstand. Er konnte
Scheininflation und wirkliche Inflation überhaupt nicht mehr unterscheiden. Dabei drängte er in völligen Sozialismus hinein und verlangte nicht
nur Enteignung von Grund und Boden zu vom Staat willkürlich festge-
setzten Preisen, sondern auch Enteignung von Steinbrüchen, Zement,
Holz und anderen Produkten. Innerlich entschlossen, dieses alles abzulehnen, ließ ich ihn ruhig reden, um politisch Zeit zu gewinnen.

DAS ENTSCHEIDENDE GESPRÄCH MIT SCHLEICHER

Am Abend des 2. Mai sollte, nachdem ich nachmittags mit Dillon als
dem Vertreter der amerikanischen Gläubiger über die Vorbereitung einer
Herabsetzung der Zinsen unserer Auslandsanleihe nach der Reparation-
streichung eine aussichtsreiche Besprechung geführt hatte, eine längere,
offene Aussprache mit Schleicher stattfinden. Schleicher sollte um neun
Uhr, nach dem Essen, kommen. Er traf mit einstündiger Verspätung ein.
Von diesem Tage an ließ er mich bei jeder Besprechung, für die ein
genauer Zeitpunkt vereinbart war, mindestens eine, oft zwei Stunden warten, ohne ein Wort der Entschuldigung zu sagen. Sei es, daß er vor diesen
entscheidenden Besprechungen, wie häufig in seinem Leben, sich im
letzten Moment unsicher fühlte, sei es, weil er mich fühlen lassen wollte,
daß er das Heft ja schon längst in der eigenen Hand hatte.
An diesem Abend hatte sein Zuspätkommen wohl einen anderen Grund.
Er wollte die Wirkung einer durch ihm nahestehende Leute in die
bayerische Volksparteikorrespondenz hineingebrachten Information abwarten. Sie enthielt die Nachricht meines Sturzes und der Bildung
eines Präsidialkabinetts. Ich hatte aber bereits drei Stunden früher davon
Kenntnis erhalten, weil der Redakteur der „Münchner Neuesten Nachrichten", von Heydebreck, Bücher telephonisch darüber unterrichtet
hatte, mit der Bitte, mich augenblicklich zu verständigen, mir gleichzeitig
klarzumachen, daß diese Mine von Major Marcks im Reichswehrministerium gelegt worden sei. So stand die Unterhaltung, die von 10 Uhr 30 bis

2 Uhr 30 nachts dauerte, von Anfang an unter keinem günstigen Omen. Wir sprachen uns in liebenswürdiger Form über das Vergangene aus. Es nahm nicht viel Zeit in Anspruch. Dann ging Schleicher mit lauernden Blicken dazu über, mich zu bedauern wegen der Unfähigkeit meiner Mitarbeiter.

Stegerwald sei ein Prolet, der nichts könne. Dietrich poltere nur, aber arbeite nicht. Goerdeler verstünde seine Aufgabe nicht. Treviranus sei total unfähig. Ich verteidigte jeden der Reihe nach, stimmte ihm nur zu in der Kritik Luthers. Einen Eindruck konnte er im übrigen nicht auf mich machen.

Dietrich war bei mir gewesen und hatte mir berichtet, daß Otto Wolff, der im allgemeinen gut mit Schleicher stand, zumindest immer rechtzeitig über seine Pläne unterrichtet war, Frau Dietrich gebeten hatte, mich zu warnen. Schleicher habe ihm gesagt, alle Ministerien seien nichts wert, einschließlich der Reichskanzlei, außer dem Dietrichs. Nur der könne im neuen Kabinett bleiben. An einem gewissen Verhalten von Stegerwald hatte ich inzwischen schon gemerkt, daß er, obwohl Schleicher überall auf ihn schimpfte, von ihm die gleiche Zusicherung hatte. Treviranus waren, wie ich wußte, ebenfalls solche Andeutungen gemacht worden. Goerdeler und Schiele, über die Schleicher abscheulich redete, hatten indirekt ähnliche Ausnahmeprädikate bekommen.

So war mir die Taktik Schleichers an diesem Abend von vornherein völlig klar. Ruhig und liebenswürdig wies ich seine Vorstöße gegen meine Mitarbeiter ab. Darauf zog er über Pünder los. Ebenfalls ergebnislos. Noch schien sich Schleicher nicht ganz sicher, ob er sich beim Reichspräsidenten im letzten Augenblick durchsetzen würde. Daher wollte er bei mir Mißtrauen gegen meine engsten Mitarbeiter erwecken.

Wir sprachen über die Regierung in Preußen. Ich erklärte ihm, daß die Verhandlungen mit den Nazis in vollem Gange seien. Er horchte auf und hielt plötzlich die Linie der Deutschnationalen. Ich sagte ihm, er solle sich nur nicht täuschen. Die erste Bedingung, die Hugenberg stellen würde, wäre seine, Schleichers, sofortige Entlassung. Ihn hasse er noch mehr als mich. Man müsse die Deutschnationalen zwingen, nachdem man eine Einigung zwischen Nazis und Zentrum in Preußen herbeigeführt habe, bzw. man dürfe sie erst in die Verhandlungen einschalten, wenn die Verhandlungen zwischen Zentrum und Nazis weiter fortgeschritten wären. Ich ließe einige vernünftige Deutschnationale durch Goerdeler informieren, den ich als preußischen Ministerpräsidenten in Aussicht genommen hätte. Schleicher lehnte Goerdeler ab. Wir kamen dann auf das Reich zu sprechen. Er verlangte, daß jetzt sofort eine Rechtsregierung gebildet würde. Ich erklärte ihm, daß ich den Zeitpunkt an sich noch nicht für reif hielte und daß man die Linke nicht bis zum äußersten reizen dürfe. Wenn aber eine sichere Mehrheit für eine Regierung mit der Rechten vorhanden wäre, so würde ich Platz machen. Er fragte, warum ich es nicht mache. Meine Antwort: Ich hätte die Gründe in der Oktobersitzung des Reichstages öffentlich angedeutet. Würde ich dann bleiben, so würden die SPD und die gesamte Linke in eine sinnlose Opposition hineingedrängt werden aus persönlicher Erbitterung. Ich schloß diese Ausführungen ab mit der Bemerkung: „Also ich nicht."

Er fragte nach dem Außenministerium. Ich sagte ihm, daß ein Wechsel im Reichskabinett *und* im Außenministerium vor Abschluß der außenpolitischen Verhandlungen mir geradezu katastrophal erschiene. Die Lage im Ausland sei leider im wesentlichen aufgebaut auf dem Vertrauen zu meiner Person. So gerne ich an sich gehen würde, in diesem Augenblick könnte ich es nicht verantworten. Ich wolle aber die Versicherung wiederholen, die ich schon mehrere Male Hugenberg und Hitler gegeben hätte, daß ich die Gesamtpolitik und die Außenpolitik bis zu dem Punkt vortreiben müsse, wo es keinen Rückschlag mehr geben könnte. Dann sei ich bereit, abzutreten, ich lege absolut keinen Wert darauf, daß die Erfolge nach außen hin mit meinem Namen verknüpft würden. Dann würde es auch besser sein, wenn jemand anderes das Außenministerium übernähme. Auf die Dauer sei es auch ungut, wenn sowohl der Minister wie der Staatssekretär unverheiratet seien, da die Damen des diplomatischen Corps nicht länger als ein Jahr auf alle Geselligkeiten verzichten wollten. Deshalb sollte man dann Bülow zum Außenminister machen, bei dem ich die Gewißheit hätte, daß meine Politik klug und besonnen weitergeführt würde, und ihm einen Staatssekretär beigeben, dessen Gattin in der Lage sei, auch finanziell, ein größeres Haus zu führen.

Während der letzten Viertelstunde hatte ich manchmal den Eindruck, als ob Schleicher unschlüssig wäre und als ob er sich meinen Argumenten nicht mehr entziehen könnte. Aus dem Grund entschloß ich mich, ganz offen mit ihm zu reden, und schlug einen sehr menschlichen Ton an. Ich sagte ihm: „Herr von Schleicher, wir sind beide alte Soldaten, bitte, gestatten Sie mir ein offenes und ehrliches Wort. Niemandem mehr als mir ist bekannt, daß Sie seit zwei Jahren versucht haben, die Politik hinter den Kulissen zu machen. Sie sind die Macht hinter dem Thron. Das ist das Schädlichste, was es in einem Staate geben kann, gleich, wie die Staatsform ist. Der, der sich etwas zutraut und der etwas kann, muß

auch offen die Verantwortung übernehmen. Ich traue Ihnen die Übernahme des Reichskanzleramtes in einer etwas ruhigeren Zeit, also etwa
im Juli oder August zu. Ich bin bereit, Ihnen die Situation innen- und
außenpolitisch vorzubereiten und die Überführung der Macht in Ihre
Hände ohne Erschütterung des Staatsgefüges selber einzuleiten. *Dann kommt
Ruhe in Staat und Volk. Das ist aber das Entscheidende für die nächsten zwei
Jahre.* Ich bin bereit, zum Reichspräsidenten hinzugehen und ihm das
vorzuschlagen. Ich werde diesen Vorschlag auch durchsetzen bei ihm.
Aber lassen Sie uns einen ehrlichen Pakt machen. Jeder Monat, jede
Woche, die Sie zu früh ins Amt kommen, kann die Erreichung des Zieles,
das wir beide als Patrioten wollen, im letzten Augenblick unmöglich
machen. Ohne Übertreibung der Bedeutung meiner eigenen Person
zwingt mich die Staatsraison auszusprechen, daß ich im Reich den
Kurs wie bisher noch zwei oder drei Monate durchhalten muß. Wenn
ich sehe, daß ich außenpolitisch mein Ziel im Juli erreiche, bin ich
bereit, Krankheit zu markieren und den Reichspräsidenten mit Rücksicht auf meinen Gesundheitszustand öffentlich zu bitten, mich von der
Bürde meiner Ämter zu befreien und Sie zu meinem Nachfolger zu
bestimmen, als den Mann, zu dem ich vor der Welt das Vertrauen
bekunde, daß er meine Linie in der Außenpolitik fortsetzen wird."
Schleicher wurde aschgrau. Er winkte mit dem Kopf ab und grübelte. Ich
sagte ihm: „Gut, wenn Sie das unter keinen Umständen machen wollen,
dann wollen wir uns jetzt schon über Goerdeler als meinen Nachfolger
einigen. Aber ich muß Ihnen sagen, daß ich es für richtiger halte, wenn
Sie in dem von mir ins Auge gefaßten Augenblicke selbst als Verantwortlicher in Erscheinung treten. Ein Staat kann nicht hochkommen, namentlich nicht in unserer Lage, wenn zwei fähige Leute gleichzeitig Politik
machen, der eine offen nach außen und der andere insgeheim. Außerdem
sind Sie erledigt, auch bei der Reichswehr, in dem Augenblick, da Sie die
letzte Verantwortung zu übernehmen sich weigern. Man wird sagen: Er
arbeitet nur hinter den Kulissen und hat nicht den Mut, klar mit seinen
Zielen vor die Öffentlichkeit zu treten. Das ist der Tod jedes Politikers,
noch dazu, wenn er General ist."
Schleicher schwieg. Ich glaubte weitergehen zu müssen und sagte: „Herr
von Schleicher, wir stehen jetzt an einem Punkt, wie er sich in der
preußischen Geschichte immer krisenhaft wiederholt. Sie sind ohne
Schmeichelei der einzige Mann in der Reichswehr, der über eine große
Leichtigkeit der Menschenbehandlung verfügt und dessen Auffassung in
politischen Dingen schnell genug ist, um eine politische Rolle zu spielen.

Ich selbst habe, wie Sie wissen, mit unserem gemeinsamen Freund Willisen der Reichswehr als letzter Grundlage der Ordnung im Staat eine ausschlaggebende Stellung verschafft. Ich habe die Macht des Parlamentes auf das richtige Maß zurückgebracht. Nur noch eine einzige Änderung der Geschäftsordnung ist notwendig, um dem Artikel der Reichsverfassung, der das Vertrauen des Reichstages für die Regierung fordert, eine Auslegung zu geben, die das Parlament auf die praktischen Rechte des englischen Unterhauses zurückwirft. Dann ist nach dieser Richtung alles Notwendige geschehen, und die Bahn für die konstitutionelle Monarchie ist frei. Ich überlasse Ihnen den letzten Schritt. Ich verstehe, daß Sie als Jugendfreund des Kronprinzen den berechtigten Ehrgeiz haben können, mit Ihrem Namen vor der Geschichte die Wiedereinführung der Hohenzollern zu verknüpfen. Aber möglich ist das nur durch eine schrittweise Überleitung nach Abschluß unseres außenpolitischen Feldzuges."

Schleicher machte eine verächtliche Handbewegung bei Erwähnung des Kronprinzen und der Hohenzollern. Deshalb fügte ich hinzu: „Für mich ist die Wiedereinführung der Monarchie keine Angelegenheit des Gefühls, sondern ausschließlich des Verstandes. Der Oberstkommandierende der Reichswehr muß eine Uniform und einen Ordensschrank besitzen, sonst wird der einfache Soldat niemals mit Hochachtung zu seinem Höchstkommandierenden aufsehen. In dieser Uniform muß ein wenig Verstand und viel Loyalität und Treue stecken. Dann ist alles ausreichend vorhanden, um Staat und Volk dauernd hochzuführen. Die Massen der organisierten Arbeiter müssen die Monarchie wünschen im Kampf gegen die Nazidiktatur. Dann ist sie dauernd gesichert.

Ich weiß, daß Sie belieben, mich in fröhlicher Gesellschaft den Zauderer zu nennen. Ich muß Ihnen sagen, daß ich das von der heiteren Seite nehme, soweit es meine Person betrifft, daß es aber das einzige ist, das mich erschüttert im Glauben an den letzten politischen Instinkt bei Ihnen. Es ist die ewige Tragik der preußischen Generäle, mit Ausnahme des großen Moltke, forsch zu sein, aber nicht beharrlich. Niemals, aus Angst vor der Kritik, auf den rechten Augenblick warten zu können, aus Naßforschheit zum Losschlagen zu neigen, wenn die Zeit noch nicht ganz reif ist, und dann nicht zu wagen, im letzten Augenblick alles, einschließlich des eigenen Ruhmes und des eigenen Lebens, auf eine Karte zu setzen. Ich erinnere Sie nur an den Weltkrieg. Der Aufmarsch war wundervoll, obwohl der Krieg durch die Art des Aufmarsches verloren war. Als es galt, das letzte zu riskieren, hatte man keinen Mut, und so hat es sich während des ganzen Krieges ständig wiederholt. Als uns der Kranz des Sieges vor Albert nahe zum Greifen winkte, hatte die Oberste Heeresleitung keinen Mut mehr. Die Front hätte den Sieg noch errungen, wenn in der Obersten Heeresleitung noch Zuversicht gewesen wäre."

Schleicher unterbrach mich und sagte: „Ich habe schon am 26. März 1918 gesagt, die Sache ist längst verloren, weil wir in den ersten zwei Tagen nicht schnell genug vorangekommen sind." Ich erwiderte ihm: „Sehen Sie, Herr General, in dem Augenblick, wo Sie die Sache verloren gaben, sahen wir überhaupt erst die Chance eines Erfolges. Darin unterscheiden wir uns naturhaft. Was Sie in Ihrer Stellung nicht lernen konnten, habe ich durch den Zwang der Dinge gelernt. Wenn der Angriff gegen uns kam, wenn man übersah, wie stark der Gegner war, der angriff, dann habe ich erst überlegt: Wieviel Patronen stehen zur Verfügung? Und dann in aller Kühle: Wie weit muß ich den Gegner anrennen lassen, um ihn sicher zu erledigen? Wissen Sie, es gehören stärkere Nerven dazu, um aus solcher Überlegung den Gegner trotz Tanks und ähnlichem auf 200 Meter oder nur 150 ruhig herankommen zu lassen und dann aus sicherer Nähe den Bruchteil einer Minute für die Feuereröffnung zu wählen. Das ist auch jetzt die politische Aufgabe. Sie müssen sie erkennen, wenn nicht eine sichere Katastrophe eintreten soll."

Die Lichter verloren ihren Glanz. Das erste Schimmern der Dämmerung fiel in die Bibliothek. Die Amseln fingen hier und da schon an zu flöten. Der General saß wechselnd zwischen aschgrau und gelb, müde, fast krank am Kamin. Ich beobachtete ihn. Ich sah, daß diese Unterhaltung auf seinen Verstand wirkte, ihn aber gefühlsmäßig einem Wutanfall nahebrachte. Ich wußte, daß er leberleidend war. Auch ich schwieg. Nach einigen Minuten blickte er mich mit den glänzenden Augen eines Fiebernden an. Wer ihn kannte, wer jahrelang die Züge dieses Gesichtes studiert hatte, der wußte: Jetzt ist es aus.

Er erhob sich. Ich wechselte den Ton, sprach kein Wort mehr über Politik und erkundigte mich nach seiner Gattin. Er wich ohne Antwort zu geben zurück. Ich stand unter dem Kronleuchter, er mit dem Rücken gegen die Bücher gelehnt. Durch die Gartenfenster fiel fahles Licht auf seine rechte Gesichtshälfte. Er senkte den Kopf, grübelte und sagte dann: „Das ist ja das Fatale, daß meine Frau mir immer sagt, Sie hätten recht und ich sei nicht ruhig genug, die letzten Entscheidungen zu treffen." Ich sagte nur: „Empfehlen Sie mich bitte Ihrer Frau Gemahlin." Er schlug die Sporen zusammen; ich geleitete ihn durch das Vorzimmer zur Treppe. Kein Wort fiel mehr. Es war endgültig aus.

IN GEFÄHRLICHER LAGE

Am anderen Morgen in der Frühe war eine weitere Ministerbesprechung über das Wirtschaftsprogramm. Ich konnte nicht zuhören, stand noch ganz unter dem Bann der nächtlichen Unterhaltung. Es klingt merkwürdig, aber ich hatte Mitleid mit Schleicher. Ich sah immer einen kranken Mann vor mir, siech und fahl in den Zügen, der die Tage seines Lebens berechnet und nun zu der Erkenntnis kommt: Vielleicht reicht es, wenn ich mein Werk sofort tue. Anschließend ging ich zum Reichspräsidenten. Ich bat um Unterzeichnung der Notverordnung wegen der militärischen Verbände und der Gottlosenbewegung und überbrachte ihm die Demission Warmbolds. Gleichzeitig bat ich um die Erlaubnis, Goerdeler das Wirtschaftsministerium anzubieten, und, falls er es ablehne, es interimistisch durch den Staatssekretär Trendelenburg zu besetzen. Kurz brachte ich das Gespräch auf die innerpolitische Lage. Ich sagte ihm, Vorfühler über Regierungsverhandlungen zwischen Zentrumspartei und NSDAP in Preußen seien ausgestreckt. Die verständigen Leute bei der NSDAP schienen mir nach der Niederlage Hitlers bei der Präsidentenwahl zu einer vernünftigen Lösung bereit. Ob Hugenberg wieder dazwischenschießen würde, könne ich jetzt noch nicht sagen.

Ich hatte meine politischen Freunde gebeten, nicht zu spät, aber auch nicht zu früh die Deutschnationalen zu den Verhandlungen hinzuzuziehen. Dabei hoffte ich auf den Einfluß, den Goerdeler immer noch bei einem Teil der Deutschnationalen hatte. Ich sagte dem Reichspräsidenten, daß ich meinen politischen Freunden in Preußen gesagt hätte, daß Goerdeler der einzig mögliche Kandidat für den Ministerpräsidentenposten in Preußen sei, nicht nur wegen seines Charakters und wegen seines sachlichen Könnens, sondern weil Goerdeler einer der Männer war, die trotz energischen Willens eigentlich keine ausgesprochenen Feinde bei irgendeiner Partei hatten. Nachdem ich seinen Wert erkannt hätte, hätte ich ihn schon seit Januar in alle möglichen Regierungsgeschäfte eingeweiht und ihm auch meine innersten Pläne und Absichten in der Außenpolitik, über die ich sonst mit keinem der Kabinettsmitglieder sprach, nicht einmal rückhaltlos mit Bülow, mitgeteilt. Ich wollte jemand haben, der alles kenne und die Zukunftslinien sähe, damit für den Fall, daß ich nicht länger im Dienst bleiben könne, jemand da sei, der mich absolut ersetzen könne. In sechs Wochen begännen die letzten Entscheidungen über Reparation und Abrüstungsproblem. Die Vorfühler, auch hier zu einer weiteren Revision des Versailler Vertrages zu kommen, seien bereits ausgestreckt. Im Juli hoffte ich, meinen alten Plan einer kleinen Wirtschaftskonferenz durchführen zu können.

Die Frage der Wiedereinführung der Monarchie sei ebenfalls gut vorbereitet. So sähe ich den Zeitpunkt innerhalb von zwei Monaten heranreifen, wo außen- und innenpolitisch die Dinge gelöst seien oder vor einer endgültigen Lösung ständen, und wo man ohne Verprellung der Linken eine Regierung mit der Rechten bilden könne. Das sei der Augenblick, wo ich ihm, dem Reichspräsidenten, sagen könnte, die Zeit sei gekommen, einen geeigneten Nachfolger für mich zu ernennen. Ich hätte ihm ja auch bereits einen solchen genannt, aber die nächsten zwei Monate müßten unter allen Umständen mit Ruhe und Besonnenheit durchgehalten werden. Nach diesen zwei Jahren der schwierigsten Politik seit dem Krieg dürfe man nicht in letzter Minute die Nerven verlieren. Diese zwei Monate würden naturgemäß, wenn auch die Finanz- und Wirtschaftsfragen für die Zukunft im wesentlichen gelöst wären, den Höhepunkt politischer Schwierigkeiten bringen. Aber wenn er nur weiter Vertrauen behalte, so sei ich ganz sicher, alle diese Fragen lösen zu können. Dann könne ich als Kanzler von ihm Abschied nehmen, in der Hoffnung, daß die persönlichen freundschaftlichen Beziehungen erhalten blieben.

Ich konnte an diesem Tage gar nicht feststellen, ob der Reichspräsident mich verstand und ob er überhaupt irgendein Gefühl hatte für das, was ich ihm anbot.

Ich ließ anschließend Severing kommen und warnte ihn vor den Gedankengängen Kleppers und einer gewissen Clique in seinem Ministerium und im preußischen Staatsministerium. Ich hatte Äußerungen von Klepper gehört in dem Sinne, die preußische Regierung sei finanziell stark genug, um sich dauernd von jeder wie auch immer gearteten Reichsregierung fernzuhalten. Sie würden mit der Schupo dann schon etwaige Absichten der Reichswehr zurückweisen. Ich sagte Severing, ich befürchte, daß das im Ernstfall alles Illusionen seien. Man möge sich nur nicht über die letzten Ideen des Reichspräsidenten täuschen. Mehr konnte und wollte ich ihm nicht sagen, um diesen ausgezeichneten Mann nicht völlig unsicher zu machen.

Am 3. Mai hatte ich mit Herrn von Lindeiner eine Unterredung. Entgegen der Auffassung des Auswärtigen Amts und der meiner eigenen Umgebung war ich zu dem Entschluß gekommen, um diesen unruhigen Geist zu einer positiven politischen Arbeit zu bringen, ihn zum Pressechef zu machen. Dazu mußte ich aber von ihm vorher eine einwandfreie Klärung der Vorwürfe haben, die, meiner Ansicht nach, in verleumderischer Absicht wegen der Verwendung von Ossageldern von den Deutschnationalen gegen ihn erhoben worden waren. In meinen Augen konnte er sich in dieser Unterhaltung von jedem Verdacht und Vorwurf reinwaschen, aber Köster und Planck waren nachher noch nicht befriedigt. Was mich in dieser Unterhaltung mehr beeindruckte, war seine Gesamthaltung. Ich hatte das ganz bestimmte Gefühl, daß er jetzt gar nicht mehr so großen Wert auf einen leitenden politischen Posten legte, weil andere ihm schon mit einem besseren gewinkt hatten. Den Rest des Nachmittags verbrachte ich mit mehreren geheimgehaltenen Besprechungen außerhalb des Hauses. Ich sah Wels bei Hilferding und sprach in einem andern Privathaus einen einflußreichen Mann der Deutschnationalen.

Dann kam der Bericht von Bücher und Lammers über die Verhandlungen in Belgien, die nicht schlecht aussahen. Ich informierte Kaas in einer kurzen Aussprache. Von neun Uhr bis Mitternacht hatte ich eine letzte Besprechung mit Warmbold, sowohl über sachliche Fragen wie auch über den Versuch, nachträglich seinem Ausscheiden eine freundschaftliche Nuance zu geben. Goerdeler, dem ich am nächsten Tage das Wirtschaftsministerium antrug, verhielt sich sehr ablehnend. Curtius sagte ebenfalls ab, als ich ihm die ständige Vertretung Deutschlands im Völkerbund antrug.

Rippel berichtete über neue Intrigen. Das diplomatische Korps erkannte allmählich meine gefährliche Lage. Gegen Abend kam Sackett, um sich wie immer, wenn ich in Not war, zu erkundigen und mir Hoffnungen zu machen. Er teilte mit, er habe den Auftrag von Stimson, mir dessen ganz besonders herzliche Grüße zu überbringen und zugleich auszusprechen, wie befriedigt er von dem Genfer Resultat sei. Er habe die ganz feste Hoffnung, daß ich im Juni bei den entscheidenden Verhandlungen einen vollen Erfolg haben würde, zu dem er mir bereits heute von Herzen seine Glückwünsche ausspräche.

Am 6. Mai gelang es mir, in der Siedlungsfrage eine Einigung zu erzielen. Nur eines erreichte ich noch nicht, nämlich die Übertragung des Siedlerkommissariates vom Arbeitsministerium auf die Schlangesche Oststelle. Stegerwald, bedrängt vom Ressortpartikularismus, wollte nicht einsehen, daß ich allein mit Übertragung der Leitung der Siedlung auf einen protestantischen Großgrundbesitzer des Ostens, wie Schlange, der zudem über eine große praktische Erfahrung verfügte, den Plan beim Reichspräsidenten durchzusetzen imstande war. Die Nerven aller waren im übrigen durch die ständigen Krisengerüchte und Intrigen bis zum

Äußersten gespannt. Manchmal drohten sogar in den Ministerbesprechungen Explosionen auszubrechen. Ich mußte trotz aller Schwierigkeiten und den düsteren Zukunftsaussichten mich selbst stets mit Gewalt zu einer lächelnden Miene zwingen, um solche Spannungen zu überbrücken.

Unter dem Vorwand, über Marineetatsfragen mit mir Rücksprache zu halten, meldete sich am gleichen Tage, den 6. Mai, Admiral Raeder bei mir. Nachdem wir die sachlichen Dinge besprochen hatten, lenkte ich das Gespräch auf die Situation Groeners. Raeder erklärte mir, ich hätte ebenso wie Groener nach wie vor das volle Vertrauen der Marineoffiziere und ihrer Leiter; sie würden nie vergessen, daß wir trotz aller Schwierigkeiten vom In- und Auslande her das Flottenbauprogramm durchgeführt hätten. Aber er müsse mich jetzt ganz offen darauf aufmerksam machen, daß der Zustand im Reichswehrministerium, soweit die Armee in Frage käme, nicht mehr lange zu ertragen sei. Die leitenden Herren arbeiteten nicht mehr, sondern diskutierten. Überall werde intrigiert und bildeten sich Parteien. Ich müsse mir darüber klar sein, daß ich entweder Schleicher für meine Linie gewinnen müsse, oder aber ich sei erledigt.

Drei Tage später kam auch Joël, der mir stets sehr wohlgesinnt war, und erklärte, er müsse als der älteste noch im Dienst befindliche Beamte altpreußischer Prägung mir ganz offen sagen, daß ich mit Schleicher Schluß machen müsse. Er unterminiere meine Autorität von Stunde zu Stunde mehr. Er könne von seiner alten konservativen Auffassung des Staates aus zu diesen Dingen nicht länger schweigen. Es dürfe nicht aufkommen, daß in einem Ministerium gegen den Minister und den obersten Beamten des Reiches mit diesen infamen Mitteln gearbeitet würde. Da ich Joëls Verschwiegenheit und Treue kannte, ließ ich ihn einen kleinen Einblick tun in das, was sich zwischen dem Reichspräsidenten und mir in den letzten dreiviertel Jahren zugetragen hatte. Er schied tief erschüttert und sehr bedrückt.

In diesen Tagen kam ein Besucher nach dem andern, um mir zu erzählen, was Schleicher über unsere nächtliche Unterhaltung weiterberichtet hatte. Wie ich fürchtete und auch gefühlt hatte, war sie völlig negativ verlaufen. Schleicher schäumte vor Wut über meine Bemerkung zur ewigen Tragik in der preußischen Geschichte. Meine Absicht, in absehbarer Zeit in eine der beiden leitenden Stellungen im Außenministerium aus Repräsentationsgründen eine verheiratete Persönlichkeit hineinzubringen, hatte er mit boshaften Bemerkungen in dem Sinne weitergegeben, als ob ich die Absicht hätte, mich zu verheiraten.

Groener erschien am 7. Mai. Er war sehr deprimiert und zeigte mir eine Erklärung, die er über die Vorgänge beim SA-Verbot in der Reichstagssitzung abzugeben beabsichtigte. Ich merkte aus dem Text der Erklärung, daß er im Reichswehrministerium bereits völlig isoliert war, angewiesen auf die Hilfe seines persönlichen Adjutanten.

Am Nachmittag einigte ich mich mit Bülow und Nadolny über die Taktik in der Abrüstungsfrage. Inzwischen war Treviranus wieder eingetroffen, mit dem ich die Frage der Arbeitsbeschaffungsfinanzierung, die Bankenzentralisation und die Reparationsfrage eingehend durchsprechen wollte. Zu diesen Verhandlungen zog ich am nächsten Tage auch Krosigk und den Bankenkommissar Ernst hinzu.

An diesem Sonntag richtete ich vor dem Verein der ausländischen Presse im Schöneberger Rathaus einen letzten Appell an die Welt. Viele der inländischen Zuhörer waren auf das höchste erstaunt über das, was ich bereits erreicht hatte. Sie begriffen es gar nicht.

Am 9. Mai wurde Krosigk mit Instruktionen für die Besprechungen zum Thema Donauraum nach Genf gesandt. Während der Chefbesprechung über die Verhandlungen Bücher–Lammers in Luxemburg konnte ich kaum anwesend sein, da ich eine lange und dringende Unterredung mit Sprague in der Reparationsfrage hatte, der nach gründlicher Umschau in der Reichsbank vor Luthers Passivität in der Bankenfrage warnte. Er hatte den Eindruck, daß Luther sich mehr für staatssozialistische Experimente in der Politik als für seine eigene Aufgabe interessierte.

LETZTE REICHSTAGSSITZUNG

An diesem 9. Mai trat der Reichstag wieder zusammen. Groener konnte an diesem Tage nicht zu der Sitzung erscheinen. Er ließ mir mitteilen, daß er eine schwere Furunkulose an der Stirne und hohes Fieber habe, fügte aber hinzu, auch wenn er noch so krank sei, würde er am nächsten Tage zu der politischen Aussprache kommen. Dietrich begründete das Gesetz über die Kreditvollmachten der Reichsregierung mit der veränderten Haltung der Reichsschuldenverwaltung und mit der Notwendigkeit, die Arbeitsbeschaffung durchzuführen und den Etat zu balancieren. Der Etat, der im Umdruck bereits fertiggestellt und angenommen sei, würde dem Reichstag erst im Sommer nach Abschluß der Reparationsverhandlungen vorgelegt. Die Kreditvollmachten wurden schnell bewilligt.

Nach der Abstimmung ließ mich der Reichspräsident schnellstens zu sich rufen und erklärte mir, er habe die Absicht, sofort die Parteiführer zu sich zu bestellen, um mit ihnen die politische Frage durchzusprechen. Ich fragte, ob zu dem Zweck der Bildung einer anderen Regierung. Der Reichspräsident drückte sich um eine klare Antwort herum. Daraufhin erklärte ich ihm, ich könne selbstverständlich gegen seine Absicht vom staatsrechtlichen Standpunkt aus keine Einwände machen. Nachdem aber gerade in diesem Augenblick die jetzige Regierung vom Reichstag so außerordentliche Kreditvollmachten erhalten habe, was ein großer Vertrauensbeweis sei, so sei seine Absicht, rein politisch gesehen, selbstverständlich ein ganz außergewöhnlicher Vorgang.

Da man im April geglaubt hatte, ich würde im Mai diese Kreditvollmachten nicht mehr vom Reichstag erhalten, so hatte man die Reichsschuldenverwaltung bewogen, plötzlich ihre Auffassung über die Gewährung von Kreditvollmachten durch Notverordnung zu ändern. Jetzt war diese Intrige gegen meine Gegner ausgeschlagen, aber blitzartig wurde die Chance erfaßt. Nachdem man auf einwandfrei legalem Wege die Kreditvollmachten für nahezu anderthalb Jahre hatte und an dieser Klippe nicht mehr scheitern konnte, hatte man den Reichspräsidenten überredet, mich sofort nach dieser Abstimmung zu stürzen, bevor mir der Reichstag am übernächsten Tag ein Vertrauensvotum aussprechen konnte. Dies war für mich eine zu starke Zumutung.

Ich erklärte dem Reichspräsidenten, er müsse selber wissen, was er tue, ich bitte um meine augenblickliche Verabschiedung. Der Reichstag wolle sich um eine halbe Stunde vertagen. Daher sei es meine Pflicht, ihn noch am heutigen Tage über die plötzlich veränderte Absicht des Reichspräsidenten zu unterrichten. Ich ginge jetzt sofort in den Reichstag und gäbe dort eine Erklärung ab, etwa folgenden Inhaltes: Nachdem die Reichsregierung soeben durch die Bewilligung außerordentlicher Kreditvollmachten seitens einer großen Mehrheit des Reichstages deutlich einen besonderen Vertrauensbeweis bekommen habe, beabsichtige der Reichspräsident, sofort eine andere Regierung zu bilden.

Das saß. Der Reichspräsident wurde verwirrt und erklärte mir, er gäbe seine Absicht auf. Als ich zum Reichstag zurückfuhr, fieberte ich stark. Ich dachte, es sei die Folge der Aufregung. Nach einer Stunde merkte ich, daß ich eine schwere Wurzelentzündung hatte. Die Schmerzen steigerten sich. Am Abend spät mußte ich noch zum Arzt, der den Zahn noch in der

Nacht entfernte. Am nächsten Tage waren von den Einspritzungen die Lippenmuskeln noch schwach, und so passierte das Unglück, daß ich ausgerechnet an diesem Tage in der höchsten politischen Spannung selbst nicht reden konnte. Ich mußte an diesem Morgen noch zwei Stunden zum Zahnarzt zurück und mußte daher Groener alleine reden lassen.

Groener mit schwerem Furunkel an der Stirne, verbundenem Kopf und hohem Fieber gab nicht die vorbereitete Erklärung ab. Er war wegen einer Rede des Abgeordneten Göring derartig erregt, daß er nach Luft schnappte und kaum Worte finden konnte. Er, der sonst ruhigste von allen. Es stellte sich heraus, daß Göring für seine Rede vom Reichswehrministerium ein intimer und geheimer Briefwechsel zur Verfügung gestellt war. Ohne diesen und eine auf gleichem Wege zu ihm gekommene geheime Denkschrift zu zitieren, las Göring, als ob es seine eigenen Worte wären, Sätze daraus vor, wobei Groener sofort erkannte, daß nunmehr Schleicher ihn restlos und rücksichtslos verriet und dabei nicht die Scham hatte, vor einer Verletzung des Dienstgeheimnisses und Diensteides zurückzuschrecken.

In dieser Erregung, mit rasenden Schmerzen vermochte der arme Groener keinen Hieb abzuwehren. Er wurde von ständigen Zwischenrufen unterbrochen, so daß seine Gedanken erst nachträglich im stenographischen Bericht festgestellt werden konnten. Er redete wie einer, der in den letzten Zügen liegt. Politisch war er tot nach dieser Rede. Ohne Mitgefühl strahlten die Gesichter auf der Rechten und leuchteten geradezu vor Schadenfreude. Ich sah mir jedes einzeln während seiner Rede an. Am widerwärtigsten war das des Generals von Seeckt, der aus seiner Freude über den Zusammenbruch seines alten Konkurrenten nicht den geringsten Hehl machte.

Lindeiner und Graf Westarp kamen sofort zu mir. Ersterer verlangte sofortigen Rücktritt Groeners. Ich hatte mich also nicht getäuscht in der Unterhaltung ein paar Tage vorher und in meinem Eindruck von ihm. In der Fraktion, bei der ich bis zum späten Abend blieb, herrschte trübe Stimmung. Ich hatte große Mühe, noch einen Funken Hoffnung wachzuhalten. Nun kam alles auf meine Rede am 11. Mai an.

Vor mir redete Strasser. Es war ein deutliches Angebot auf Zusammenarbeit. Während er sehr geschickt sprach, vernahm ich die Zwischenrufe aus den Kreisen seiner Fraktion in der wüsten Form, wie es von jeher bei den Nazis üblich war. Ich erkannte daraus, daß die Liste meiner Besucher der letzten Wochen offenbar dauernd den Nazis zur Verfügung gestanden hatte.

Um zwei Uhr griff ich dann endlich in die Debatte ein. Ich sprach vorsichtig und klar in Verteidigung Groeners, ließ das Thema aber dann fallen, um auf die Außenpolitik zu kommen. Ich sprach nicht deutlich von den Genfer Erfolgen, deutete sie aber an. Ohne es genau zu bezeichnen, wandte ich mich warnend gegen das Haus des Reichspräsidenten. Ich sprach von der Notwendigkeit, die letzten Minuten die Nerven zu behalten, und benutzte das Bild der letzten 100 Meter vor dem Ziel. Die Rede erntete stürmischen Beifall bei der Mehrheit des Hauses. Das Kabinett war wie immer im Reichstag gerettet. Jetzt waren auch diese Hoffnungen für meine Gegner wieder vorbei. Die politische Aussprache wurde um zwei Uhr nachts beendet. Es war kein Zweifel, daß die Regierung siegen würde. Daher sandte der Reichspräsident am Nachmittag Meißner zu mir und ließ mir sagen, er lehne es ab, noch länger mit Groener zusammenzuarbeiten. Er befahl mich zu einer Besprechung in der Frühe des andern Morgens, in der ich ihm meine Auffassung ruhig mitteilte und Groener warm verteidigte. Der Reichspräsident ging darauf nicht ein. Er erklärte, er habe die Absicht, am Abend nach Neudeck zu fahren und wolle mir nur mitteilen, daß während seiner Abwesenheit in Neudeck, die drei Wochen daure, keine Personalveränderung von mir vorgenommen werden dürfe. Die Haltung der Mehrheit des Reichstages hatte dem Reichspräsidenten die Möglichkeit geraubt, mich vor seiner Reise zu entlassen und eine andere Regierung zu bilden, aber der Plan sollte nur bis nach seiner Rückkehr verschoben werden.

Vom Reichspräsidenten aus fuhr ich zum Hochamt für den ermordeten Doumer. Beim Verlassen der Kirche sprach mich eine Reihe von Botschaftern an, um mir zu gratulieren zu meinem nun wohl endgültigen Siege. Sie ahnten nicht, daß ich politisch bereits erledigt war. François-Poncet war sehr liebenswürdig, aber als einziger hütete er sich vor irgendwelchen optimistischen Ausdrücken. Er war wohl auch der einzige, der durch Schleicher oder seine bis in das Haus des Reichspräsidenten reichenden Verbindungen richtig informiert war. Ich fuhr zurück, um mich umzuziehen, eilte in den Reichstag und fand dort eine tolle Situation vor.

Der Reichstag war überhaupt aufgeflogen. Im Restaurant hatte sich eine wüste Prügelei ereignet, so daß eine Reihe von Abgeordneten verwundet war. Die Nazis hatten plötzlich an einem Tisch der SPD einen ihrer früheren Parteifreunde gesichtet. Sie vermuteten, daß er es war, der die berüchtigten Briefe Röhms veröffentlicht hatte. Darüber entstand eine allgemeine Schlägerei, die Sitzung flog auf, aber die Nazis blieben im

Saale und weigerten sich, ihn zu räumen. Sie sahen wohl, daß sie mich nicht auf normalem Wege stürzen konnten. Vielleicht erhofften sie von der allgemeinen Verwirrung die Möglichkeit einer gewaltsamen Machtergreifung.

In meiner Abwesenheit hatte der Reichstagspräsident bereits ein Schupokommando bestellt. Ich saß inzwischen in meinem Zimmer mit Groener, der mir erzählte, auf telephonische Veranlassung von Schleicher hätten die Reichswehrkommandeure dem General von Hammerstein erklärt, daß sie nicht länger einen Minister wie ihn ertragen könnten. Damit sei sein Schicksal besiegelt. Ich erklärte ihm, daß ich nach dem Vortrag beim Reichspräsidenten am Morgen glaube, ihn noch zum mindesten die nächsten vier Wochen retten zu können. Groener weigerte sich, dieses Anerbieten anzunehmen. Er wolle nicht das ganze Kabinett gefährden, er wolle gerne, falls dies mein Wunsch sei, Reichsinnenminister bleiben, um von dort aus seine Idee der Erziehung zum Milizgedanken durchzuführen, aber mit seinem Amt als Reichswehrminister sei es aus. Er habe zu viel militärische Erfahrung, um nicht zu wissen, daß er nunmehr keine Autorität mehr im Heer besitze. Im Interesse des Staates müsse er mich bitten, die Machtstellung des Generals von Schleicher als Tatsache zu berücksichtigen und ihm daher das Amt des Reichswehrministers anzubieten. Er, Groener, würde mit Rücksicht auf mich und aus Liebe zum Vaterland dies ohne Bitterkeit tragen. Ich besprach schnell die Situation mit Dietrich als Vizekanzler und mit Joël als Justizminister. Groener ließ Schleicher kommen und bot ihm das Reichswehrministerium an. Schleicher war freundlich, behielt sich aber die Entscheidung vor.

Unterdessen war, während Groener bei mir saß, etwas Unmögliches passiert. Als ich in den Sitzungssaal gerufen wurde, stand der Polizeivizepräsident Weiß an der Rednertribüne in herausfordernder Haltung und ließ seine Schupoleute über die Brüstung der Regierungstribüne herab mit Gummiknüppeln auf die Nazis einschlagen. Ich eilte sofort zu Löbe, der im Restaurant saß, und fragte ihn, ob er das zulassen wolle. Er erklärte mir, das sei eine Sache der Polizei, in die er sich nicht einmischen könne. Ich merkte bei ihm eine bewußte Gleichgültigkeit.

590

AUF DEN ABSCHIED GEFASST

Der Reichstag vertagte sich ohne Debatte auf unbestimmte Zeit. Ich konnte mich zunächst nicht mit den politischen Dingen beschäftigen, da Schwierigkeiten wegen der Verlängerung des Rediskontkredits eingetreten waren. Offenbar wollten die Franzosen und auch die Engländer auf diesem Weg Daumenschrauben ansetzen wegen unseres Widerstandes gegen die französischen Pläne im Donauraum. Wir einigten uns noch am 12. Mai über ein Schreiben Luthers an die BIZ, das wirkte. Am nächsten Tag erhielt ich einen Brief Nadolnys aus Genf, der sich optimistisch äußerte über die wachsende Überzeugung von der Notwendigkeit eines guten Ausganges der Konferenz und insbesondere der Gewährung der Gleichberechtigung. Dagegen sei die Prozedur schwieriger geworden. Nadolny bewies in diesem Brief, daß er jetzt die Technik der Konferenz beherrschte. Dagegen teilte er auch etwas sehr Unangenehmes mit. Henderson war stark verschnupft, daß man ihn zu der Konferenz in Bessinge nicht hinzugezogen hatte. Aber Nadolny glaubte, daß zum Schluß sein eigenes Interesse als Präsident der Abrüstungskonferenz ihn dazu zwingen würde, unsere Ziele zu fördern.

Der nächste Tag war teils durch diplomatische Besprechungen, teils durch Besprechungen mit Arbeitgebern und Gewerkschaftsführern ausgefüllt, die den Zweck hatten, eine Einigung in der Tariffrage herbeizuführen.

Nach den Pfingstfeiertagen, am 17. Mai, führte ich zuerst eine lange Unterredung mit Schleicher, um ihn zu einer klaren Äußerung über die Annahme des Ministerpostens zu zwingen. Er ließ mich wie gewöhnlich dreiviertel Stunden warten. In der Unterhaltung ließ er durchblicken, daß er als Reichswehrminister in das Kabinett in seiner momentanen Zusammensetzung nicht eintreten würde. Diese Besprechung sollte streng vertraulich sein. Zwei und eine halbe Stunde später brachte die „Vossische Zeitung" den ganzen Inhalt in tendenziöser Form. Aus der vorsichtigen Antwort Schleichers war durch die Pressestelle des Reichswehrministeriums eine Fanfare gegen mich gemacht worden.

Schleicher hatte mich zunächst nach dem Sturze Groeners durch liebenswürdiges Entgegenkommen in eine fast unmögliche Lage hineinmanövriert. Das sah ich aus den Unterhaltungen, die ich mit Treviranus, Goerdeler und Geheimrat Kastl hatte. Goerdeler war unsicher geworden. Aus der Unterhaltung mit Kastl, die bis spät in die Nacht dauerte, ergab sich klar, daß der Apparat von Schleicher auch die Industrie mobilisierte. Kastl gab mir Aufschlüsse über Intrigen Schleichers in den letzten Monaten, die ich noch nicht voll erkannt hatte; dafür sah ich aber jetzt um so klarer. Kastl und Bücher glaubten mir versichern zu können, daß, wenn ich persönlich den Kampf mit Schleicher aufnähme, ich trotz aller sonstigen Schwierigkeiten die Unterstützung der besonnenen Leute der Wirtschaft haben würde, zumal sich langsam die Erkenntnis durchsetzte, wie weit ich bereits mit der Außenpolitik gekommen sei.

Jetzt kamen Persönlichkeiten zu mir, die mich politisch bekämpft hatten, denen es aber einfach zuwider war, daß ich durch die Intrigen Schleichers fallen sollte. Ich durfte ihnen gar nicht sagen, wie weit ich meine Stellung bereits seit Monaten erschüttert wußte, weil ich damit selber den Kampf aufgegeben hätte.

Während auf der einen Seite die Verhandlungen im Kabinett weitergingen und am 19. eine grundsätzliche Einigung über die Verkürzung der Unterstützungsfristen in der Arbeitslosenversicherung auf zwölf Wochen erzielt wurde, wurde unausgesetzt gegen mich gewühlt. Immer mehr davon sickerte durch. In der Presse wie in Privatbriefen häuften sich die Warnungen. Die „Deutsche Zeitung" brachte in der letzten Maihälfte schon einen wohlinformierten Artikel, der zum Schluß erklärte, es sei mit mir aus.

Am 19. Mai abends erfuhr ich, daß eine Besprechung stattgefunden hatte zwischen Meißner, Hammerstein, Wilmowsky und einigen anderen Herren wegen des Ankaufs der „Deutschen Tageszeitung" oder der „D.A.Z.". Die Gelder dafür seien vorhanden. Ich konnte mir nicht erklären, wo plötzlich so viel Geld herkommen könne. Später stellte es sich heraus, daß im Widerspruch zu den früheren Berichten aus dem Hindenburg-Wahlfonds eine große Summe entnommen worden war. Daraus sollte nicht nur der Ankauf, sondern auch der Betrieb der neu zu übernehmenden Zeitung gedeckt werden. Die Tendenz der Zeitung sollte in einer Unterstützung der Politik des Reichspräsidenten liegen. Zu dieser Besprechung hätte auch Treviranus eingeladen werden sollen. Meißner erhob dagegen Einwände mit der Begründung, wenn Treviranus hineingezogen würde, erführe ich von dieser Sache. Und das ginge unter keinen Umständen, obwohl er persönlich nichts gegen mich hätte.

Am 21. Mai, nach dem Abendessen für den arabischen Vizekönig, saß ich noch einige Zeit mit den eingeladenen Vertretern der Presse zusammen. Fritz Klein sagte mir, daß trotz der Intrigen des Reichswehrministeriums die Hoffnung bestünde, daß der Reichspräsident mich halten würde. Ich erzählte ihm als Gegenargument den Plan der Übernahme einer Zeitung zur Verteidigung einer sogenannten Präsidialpolitik und die Äußerungen, die Meißner in dem Gründungsausschuß getan hatte. Jetzt wurde Klein stutzig und erzählte, daß Wilmowsky vor einigen Tagen sich die Räume der „D.A.Z." angesehen und mit dem kaufmännischen Leiter der „D.A.Z." lange verhandelt hätte zwecks Ankauf der Zeitung, ohne daß man ihn selbst, den Chefredakteur, irgendwie benachrichtigte. Nun sah auch er, daß die Würfel gefallen waren. Rippel vom Christlichen Volksdienst brachte ganz ähnliche Nachrichten.

Unterdessen vollzog sich in der Außenpolitik eine immer günstigere Wendung. Hoesch nahm am 18. Mai in einem Brief an Köpke eine äußerst optimistische Haltung ein. Er kam jetzt nicht auf seine spontan gemachten Vorschläge über Abrüstungspolitik zu sprechen, weil er einsah, daß sich mit dem Sieg der französischen Linken eine „Politik durchsetzen muß, die sich mehr und mehr von den starren Thesen entfernt, an denen die bisherigen Machthaber nolens volens gezwungen waren festzuhalten. Wird auch Herriot vielleicht als Erbe und Exekutor der bisherigen französischen Thesen erscheinen, der große Unterschied in der Gesamtlage besteht doch darin, daß die bisherigen Männer, selbst wenn sie es gelegentlich wollten, nicht ihrem Willen gemäß handeln konnten, während die neuen Leiter, selbst wenn sie nicht recht wollten, schließlich werden handeln müssen."

Am 21. Mai schrieb mir der Gesandte Müller-Bern: „Man darf zunächst wohl feststellen, daß Tardieu mit seiner Clique erledigt ist. Er wird nicht einmal in der Opposition eine große Rolle spielen können ... Als er in seinem auf die Ermordnung Doumers folgenden Aufruf noch am Vorabend der Stichwahlen auch mit dem Kronprinzenbrief Stresemanns und dem Hitlersieg krebsen wollte, war der Widerwille gegen ihn so groß, daß es nichts mehr für ihn zu retten gab. Der unsichere Faktor, leider auch zunächst der unvermeidlichste bei der kommenden Regierungsbildung, ist Herriot ... Aber es wird gelingen mit Hilfe der Ihnen bekannten Persönlichkeiten, wie es schon einmal zur Zeit Millerands geschah, Herrn Herriot, wenn nötig, zu bändigen. Nebenbei: mit dem Fall Tardieus und seiner Werkzeuge ist auch die Bedeutung von François-Poncet sehr vermindert. Da Herr Berthelot ihn ohnehin nicht liebt und durch seine Berliner Vertrauensleute sich allerhand Unangenehmes über ihn berichten läßt, wird sich Herr François-Poncet wohl sehr bald in der Hauptstadt unbehaglich fühlen."

Ein Telephonat aus London belehrte mich, daß zwar die Treasury zur

Zeit noch keine Chancen für eine Initiative in der Reparationsfrage sähe, daß aber Nachrichten vorlägen, wonach die amerikanische Regierung im stillen schon mit Herriot verhandele. Das war am 23. Mai. In diesem Augenblick konnte ich noch nichts Genaueres über diese Sache in Erfahrung bringen. Immerhin war es das hoffnungsvollste Zeichen; denn allein ein Wiedereinschalten Amerikas konnte die Dinge in Europa vorwärtstreiben.

Am 21. Mai wurde die Notverordnung in erster Lesung fertiggestellt. Am Nachmittag hatte ich eine längere Besprechung über die landwirtschaftlichen Zins- und Genossenschaftsfragen, wobei ich zum erstenmal die Absicht äußerte, die Preußenkasse in ein Reichsinstitut umzuwandeln. Ich bat die Referenten um Ausarbeitung eines Vertragsentwurfes und um Vorbereitung der finanziellen Maßnahmen.

In dieser und den nächsten Wochen liefen die Verhandlungen in Preußen zwischen der Zentrumspartei und den Nazis. Ich machte die Führer des Zentrums mit Goerdeler bekannt und bat sie, die Verhandlungen zu beschleunigen, wobei ich ihnen freie Hand gab, Goerdeler als preußischen Ministerpräsidenten durchzusetzen. Allerdings wurden alle diese Verhandlungen stark erschwert durch die fortschreitend schlechteren Nachrichten aus Neudeck.

In der Frühe des 23. erschien Major Baur von der Landvolkpartei, der in Ostpreußen gewesen war. In Neudeck werde nur noch vom Agrarbolschewismus der Regierung geredet. Wenn es mir nicht gelingen sollte, noch in dieser Woche nach Neudeck zu fahren und den ganzen Spuk zu vertreiben, so sei es aus mit mir. Ich besprach diese Dinge mit Meißner, der mit dem fertiggestellten Text der Notverordnung nach Neudeck fuhr, und schlug vor, selber am 26. Mai, dem Fronleichnamstag, nach Neudeck zu kommen.

Meißner kehrte am Abend vorher von Neudeck zurück und berichtete, daß der Reichspräsident drei Stunden mit ihm die Notverordnung durchgearbeitet habe. Er habe sich über diese Arbeit sehr befriedigt gezeigt und keine Bedenken geäußert. Er habe nur noch einige kleine Wünsche, die er mir nach seiner Rückkehr persönlich sagen wolle. Der Reichspräsident könne, so ließ er mir sagen, bei der gewaltigen Arbeit, die auf mir laste, nicht die Verantwortung übernehmen, daß ich zwei Nächte in der Bahn sei. Er werde selber am Sonntag, den 29. Mai, zurückkommen und lasse mich bitten, dann um elf Uhr zu einer längeren Aussprache über die Notverordnung Vortrag zu halten. Das war eine höchst merkwürdige Nachricht: Einverständnis mit der Notverordnung und gleichzeitig Ablehnung meines Besuches! Dabei hatte ich erfahren, daß seit acht Tagen täglich ein Kurier Schleichers nach Neudeck fuhr. Goerdeler hatte mir erzählt, daß Herr von Alvensleben mit Wissen des jungen Hindenburg die Verhandlungen zwischen NSDAP, Deutschnationalen und Schleicher führte. In einem Schloß in der Nähe Berlins werde nächtlich verhandelt. Als Schleicher erfahren hätte, daß in Preußen Verhandlungen zwischen Zentrumsleuten und NSDAP stattfänden, wobei Goerdeler als Ministerpräsident genannt werde, habe Schleicher ihn warnen lassen. Herr von Alvensleben habe ihn am Bahnhof getroffen und ihn zur Teilnahme an den Besprechungen aufgefordert. Später erfuhr ich, daß Schleicher, als er von Meißner hörte, ich beabsichtigte nach Neudeck zu fahren, sofort mit Oskar von Hindenburg telephoniert hatte, um meine Reise unter allen Umständen zu verhindern. Er selber fuhr am Freitagabend nach Neudeck.

Was mich noch stärker frappierte, war eine mir zugetragene Bemerkung von François-Poncet. Einer der Herren des A.A. war gefragt worden: „Werden wir nun bald das Vergnügen haben, Herrn von Papen als Außenminister zu sehen?" Das deckte sich mit allen sonstigen Nachrichten. Ich erfuhr auch, daß Schleicher drei Kanzler in petto habe. Diese Nachricht hörte ich durch ein leitendes Mitglied des Stahlhelms, das mit großer Sorge die ganze Entwicklung betrachtete und einem Bekannten von mir mitteilte, daß die Verhandlungen der Rechtsparteien mit Schleicher, unter Hinzuziehung des Stahlhelms, vollkommen sinn- und planlos geführt würden.

Am Dienstag, den 24. Mai fand eine Sitzung des auswärtigen Ausschusses statt. Ich erwähnte darin noch nicht die Abmachungen von Bessinge außer Quaatz und Freytagh-Loringhoven gegenüber, die sich verständnislos zeigten oder zeigen wollten. In einer einstündigen Ansprache konnte ich unter stürmischem Beifall, fast ohne jede Opposition reden.

Sehr unangenehm war für mich die Teilnahme an der Fronleichnamsprozession, die mir den Todesstoß geben konnte. Prälat Kaas bemühte sich wiederholt vergebens, telephonisch beim Ordinariat zu erreichen, daß wegen des zu erwartenden schlechten Wetters die Prozession in der Kirche abgehalten würde. Das Ordinariat wollte meine schwierige Lage einfach nicht verstehen. Massenhaft waren Photographen angehalten, jede kleinste Bewegung von mir festzuhalten.

Ich war nicht sicher, ob nicht Filmaufnahmen im protestantischen Deutschland einen Sturm gegen mich entfesseln sollten.

Nach Abschluß der Notverordnung am 25. Mai hielt ich nur noch eine

Chefbesprechung am 27. Mai über Reparationsfragen mit endgültiger Ausarbeitung des vorzubereitenden Materials und der Einführung der Sachverständigen in die sachlichen und taktischen Aufgaben sowie über neue
luxemburgische Verhandlungen von Bücher ab. Dann führte ich ein kurzes
Gespräch mit Planck und sagte ihm, es wäre angesichts der Lage besser,
wenn er sich aus den Streitigkeiten heraushielte, da ich keinesfalls seine
Laufbahn beeinträchtigen wolle. Darnach verließ ich das Arbeitszimmer,
um nur noch einmal in der Nacht nach meiner Entlassung dorthin zurückzukehren und meine persönlichen Briefe im Schreibtisch zu holen.

Am Sonnabend, 28. Mai, mußte ich unglücklicherweise auf dem Jahres-
bankett des Vereins der ausländischen Presse im Hotel Adlon sprechen. Es
war seit längerer Zeit eine Rede ausgearbeitet, die wenig in die Situation
paßte. Ich versuchte alles, das Bankett zu verschieben. Umsonst. So änderte
ich in wenigen Sätzen die Rede, so daß Eingeweihte sie als letzte Warnung
verstehen konnten, für den Fall, daß es mir am Sonntag gelingen sollte,
den Reichspräsidenten noch einmal umzustimmen.

Am Vormittag erschien Sachsenberg von der Wirtschaftspartei und
erzählte mir, er sei bei Schleicher gewesen, der außerordentlich bedaure, daß die Dinge sich so weit zugespitzt hätten. Ob ich nicht mit
Schleicher noch einmal reden wolle? Ich antwortete Sachsenberg, daß
ich diese Anfrage Schleichers nur als einen Fühler über meine Stimmung
ansähe und daß ich mir wenig davon verspräche. Durch seine eigenmäch-
tigen Handlungen hätte Schleicher mir das Ergebnis der aussichtsreich-
sten Besprechungen in Preußen vereitelt. Die Nazis seien in den letzten
Tagen zu keinen weiteren Besprechungen mehr gekommen. Goerdeler,
der in meinem Auftrag die Verhandlungen mit den Deutschnationalen
führte, habe mir mitgeteilt, daß auch dort die Verhandlungen infolge
Schleichers Sonderpolitik fast aussichtslos stünden. Sachsenberg sagte
mir, er wolle nochmals zu Schleicher gehen, ihm meine Auffassung
berichten und ihn bitten, zu mir zu kommen.

Ich überlegte, was diese Fühlungnahme bedeuten konnte. Ich mußte zu
dem Schluß kommen, daß Schleicher seiner Sache beim Reichspräsidenten noch nicht ganz sicher sei und nun, wie immer für den Fall des
Scheiterns eines Vorstoßes, Rückendeckung suchte. Vielleicht wollte er
in einer Unterhaltung aus mir auch nur irgendeine Äußerung heraus-
locken, um sie nachher beim Reichspräsidenten gegen mich zu gebrauchen. Es hieß also: Vorsichtig sein. Schleicher kam nicht. Statt seiner kam
nach einer Stunde Meißner auf Veranlassung von Treviranus. Meißner
war völlig umgewandelt. Er erklärte mir, daß die Situation für mich beim

Reichspräsidenten nicht so schlecht stände, wohl aber für die bisherige Politik. Nun merkte ich, daß Schleicher einfach nicht den Mut hatte, selber zu kommen, und statt dessen Meißner geschickt hatte, um mich auszuhorchen. Meißner fing an zu fragen, ob ich eventuell bereit wäre, ein ausschließlich rechtsgerichtetes Kabinett zu bilden, wenn mir der Reichspräsident dafür die Tolerierung der Reichsparteien bringe. Ich fragte Meißner, ob denn der Reichspräsident dafür Garantien habe. Antwort: „Nein, aber er hofft sie zu schaffen." Ich erklärte Meißner, daß im ganzen Kabinett nur noch Stegerwald, Dietrich, Groener und ich nicht ausgesprochen der Rechten angehörten. Alle übrigen seien frühere Angehörige der Deutschnationalen oder, wie Schätzel, Mitglied der Bayerischen Volkspartei. Aber gerade wir vier seien ja stets ausgesprochene Befürworter einer Zusammenarbeit mit der Rechten gewesen.

Meißner ließ den Gegenstand fallen. Das bedeutete, daß er das Gespräch darüber für zwecklos hielt, weil er mich nicht zu einer Absage an meine bisherige Mehrheit bringen konnte. Würde er sie erreicht haben, war ich ein Verräter und hatte noch nicht einmal die Garantie einer wirklichen Unterstützung durch die Rechte. Es war die alte Politik Hugenbergs von 1930, mich erst abzutrennen von der Mehrheit, um mich dann endgültig zu stürzen.

Meißner fragte dann, ob ich bereit wäre, unter Graf Westarp oder Lindeiner als Reichskanzler das Außenministerium zu behalten. Antwort: Ich würde die Frage des Außenministeriums offenlassen, müsse ihn aber darauf aufmerksam machen, daß beide Herren unter keinen Umständen die Unterstützung Hugenbergs haben würden. Ich könnte mir auch nicht vorstellen, daß eine Partei wie die nationalsozialistische sich vier Jahre lang mit der Tolerierung eines Kabinetts abfände, nachdem sie in den Parlamenten des Reiches und der Länder die stärkste Partei geworden sei. Die Nazis hätten nur ein Interesse, mich zu stürzen, um dann nachträglich mit ihren Forderungen herauszukommen. Meißner antwortete darauf nicht. Er war eben Beamter, sah die Sache als unweigerlich verfahren an und bereitete nun seine Aufgabe vor, Kabinett 17 oder 18 zu bilden. Die Unterredung endete so, daß nichts für den Vortrag beim Reichspräsidenten verschüttet und andererseits meine bisherige Mehrheit nach einem Mißbrauch dieser Unterhaltung auch nicht zerstört war.

Ich ließ Bülow am Nachmittag kommen und bat ihn, er möge mir seine Ansicht sagen, ob ich in Lausanne die Außenpolitik ebenso erfolgreich wie bisher vertreten könne, wenn ich mit einer starken persönlichen

Prestigeminderung dorthin käme. Ich bat ihn dabei, jede persönliche Rücksichtnahme außer acht zu lassen und nur die rein sachliche Seite der Frage zu beantworten. Bülow war überrascht über die Situation. Er könne nur erklären, daß ich sicher, wenn ich nur als Außenminister nach Lausanne ging, mit einer Prestigeminderung rechnen müßte. Ich teilte ihm für alle Fälle noch mit, daß ich mich Meißner gegenüber bereit erklärt hatte, die Notverordnung mit Ausnahme der Herabsetzung der Leistung der Invalidenversicherung noch gegenzuzeichnen, um die Reparationsfrage zu sichern. Ich wollte dies tun, obgleich ich wüßte, daß ich damit aus dem politischen Leben ausscheiden würde, aber für mich käme es darauf an, solange ich noch im Amte sei, die Dinge bis zum letzten Tage so weit vorzutreiben, daß kein Rückschlag mehr erfolgen könne.

Am Abend hielt ich dann die Rede vor der Auslandspresse, die den Eindruck hervorrief, daß ich meiner Sache ganz sicher sei. Der Vorsitzende des Vereins der Auslandspresse, der langjährige Vertreter einer großen holländischen Zeitung, antwortete sehr geschickt, unter sehr großem Beifall. Vor allem rief eine Variation von Wilhelm Busch:

„Kanzler stürzen ist nicht schwer, Kanzler sein doch um so mehr"
eine demonstrative Ovation für mich hervor.

Von halb elf bis halb eins war McKenna mit Dietrich zusammen bei mir. Wir hatten eine lange Aussprache über die internationalen Lösungen der Finanz- und Wirtschaftsfragen und kamen zu völliger Übereinstimmung unserer Anschauungen. Diese Besprechung wurde am nächsten Tage bei einem Frühstück fortgesetzt, zu dem ich auch leitende Herren der Ministerien eingeladen hatte und wo ich ein so heiteres Gesicht machte, daß McKenna, als Treviranus ihm auf einer anschließenden Autofahrt mitteilte, ich hätte bereits demissioniert, dies nicht glauben wollte.

DIE DEMISSION

Aber die Demission lag fest. Am Sonntag um elf Uhr begab ich mich zum Reichspräsidenten. Er empfing mich sehr kühl. Ich erklärte ihm, daß die Notverordnung sofort unterzeichnet werden müßte, weil das Hinziehen seiner Zustimmung eine starke Unsicherheit im In- und Auslande hervorriefe. Ich müsse es als verantwortungsvoller Leiter der Politik als meine Pflicht betrachten, ihn darauf aufmerksam zu machen, wie gefährlich diese Situation sei. Wenn er wochenlang abwesend sei, ohne daß es mir erlaubt würde, mit ihm unmittelbar in Verbindung zu treten, aber politisch Andersgesinnte die Möglichkeit hätten, ihre Beurteilung der Lage ihm vorzutragen, so entstände dadurch eine Lage, die für das Vaterland die abträglichste wäre, die man sich überhaupt vorstellen könne. In diesem Augenblick sah ich, wie der Reichspräsident sein Brillenetui zur Hand nahm, und nun fiel mein Blick auf einen großen Aktenbogen, auf dem in der Handschrift des Reichspräsidenten, offenbar in Eile hingekritzelt, nur ein paar Worte standen.

Jetzt fiel mir wieder ein, daß ich im Vorzimmer den Mantel und die Mütze des Generals von Schleicher (wie ich annahm, obwohl sie auch Blomberg gehören konnten) hatte hängen sehen. Die Dinge hatten sich wohl so schnell abgespielt, daß er nicht mehr die Zeit gehabt hatte, alle Dokumente seiner Anwesenheit zu beseitigen, ehe er in das Zimmer Oskar von Hindenburgs verschwand.

Die Miene des Reichspräsidenten beobachtend, wußte ich nun, daß es endgültig aus war. Der Reichspräsident ließ mich reden. Ich setzte ihm auseinander, daß es mein Bestreben gewesen sei, die schrankenlose und planlos ausgeübte Macht des Parlamentes so weit einzuschränken, daß es einer Regierung, die ohne Herausforderung des Parlamentes entschlossen und planvoll auftrete, keine Schwierigkeiten mehr mache. Die Regierung sei dadurch absolut überparteilich geworden. Sie habe die außenpolitischen Arbeiten so vollziehen können, daß die Erfolge nun greifbar seien. Das sei aber nur durch große Geduld und vorübergehende Unpopularität möglich gewesen. Wenn erst die Erfolge sichtbar wären, würde diese Unpopularität schwinden. Aber jetzt, vor den sicheren Erfolgen, namentlich wo ich in aussichtsreichen Verhandlungen in Preußen stände zur Bildung einer Rechtsregierung, könne ich es nicht mit meiner Verantwortung für den Staat vereinbaren, daß dauernd hinter meinem Rücken und unter Berufung auf die Autorität des Reichspräsidenten meine Politik erschüttert und gegen sie gearbeitet würde. Er müsse im Interesse des Staates dafür sorgen, daß diese Nebenregierung, gleichgültig welche Art von Reichsregierung die Verantwortung trage, aufhöre.

Es gehe jetzt um das Letzte in den Geschicken des Vaterlandes. Ich bäte ihn, doch nicht in einem Augenblick, wo die große Chance bestände, im Rahmen der Verfassung eine zuerst in den Ländern zu vollziehende Wendung nach rechts vorzunehmen, während im Reich noch eine überparteiliche Regierung bestehe, die Autorität dieser Regierung zu zerstören.

Mit den in barschem, grobem Ton gesprochenen Worten: „Über Ihre Neigung, nach rechts zu gehen, hört man aber auch ganz andere Ansichten", setzte der Reichspräsident seine Brille auf, ergriff den Aktenbogen auf dem Schreibtisch und las, ohne weiter ein Wort zu äußern vor:
„1. Die Regierung erhält, weil sie zu unpopulär ist, von mir nicht mehr die Erlaubnis, neue Notverordnungen zu erlassen.
2. Die Regierung erhält von mir nicht mehr das Recht, Personalveränderungen vorzunehmen." Der Reichspräsident legte das Blatt wieder hin.
Ich antwortete: „Wenn ich die mir soeben vorgelesenen Äußerungen richtig verstehe, so wünschen Sie, Herr Reichspräsident, die Gesamtdemission des Kabinetts."
Antwort des Reichspräsidenten: „Jawohl. Diese Regierung muß weg, weil sie unpopulär ist."
Ich erklärte: „Ich werde morgen das Kabinett zusammenrufen und die Gesamtdemission des Kabinetts beschließen lassen."
Der Reichspräsident: „Ich ersuche darum, daß es möglichst schnell geschieht."
Mich fassend antwortete ich ruhig, ich selbst sehe es als Staatsnotwendigkeit an, daß möglichst schnell ein neues Kabinett gebildet würde. „Ich kann morgen früh alsbald die Demission überbringen."
Der Reichspräsident: „Tun Sie das."
Schweigen. Ich begann dann, ihm in höflicher Form zu sagen, daß ich dem Kabinett genau berichten würde, wie er meine Demission gefordert hätte, ohne ein Wort hinzuzufügen. Nach 26monatiger Zusammenarbeit wolle ich meinerseits von ihm in einer Form scheiden, die in der Öffentlichkeit nichts an dem Eindruck meiner Verehrung für seine Person ändere. Ich bedaure, daß er meine Arbeit abbreche, aber da ich nur auf sein dringendes Bitten und auf sein wiederholtes Versprechen, stets hinter mir zu stehen, das Amt übernommen hätte, so sähe ich nach diesen Vorgängen keine Möglichkeit einer ersprießlichen Arbeit.
Der Reichspräsident sagte, er müsse sich dagegen wenden, daß ich behauptet hätte, sein Sohn griffe in die Politik ein. Ich antwortete ruhig, aus vollem Bewußtsein, gerade um seine Wiederwahl zu ermöglichen, sei nie, selbst nicht gegenüber meinen engsten Mitarbeitern, ein Wort über die Einmischung seines Sohnes über meine Lippen gekommen. Ich könne daraus nur schließen, daß er von anderer Seite falsch informiert worden sei. Diesen Schluß hätte ich auch aus anderen Gründen schon seit vielen Monaten gezogen.
Ich wolle nur erinnern an die Vorgänge beim Verbot der SA und SS.

Nach meiner Rückkehr von der Wahlkampagne habe die Reichswehr ultimativ sofortige Auflösung von SA und SS verlangt. Ich hätte gebeten, dafür eine Form zu finden, die keine parteipolitische Spitze enthalte, so wie sie nach meiner Rückkehr aus Genf in der Notverordnung über die militärähnlichen Verbände gefunden worden sei. Nachdem aber die Chefs der Heeresleitung und Admiralität noch am nächsten Tage verlangt hätten, daß sofort die Auflösung der Naziverbände zu erfolgen hätte, so hätte ich in deren Interesse diese Forderung dem Reichspräsidenten vorgetragen. Nachher seien in meiner Abwesenheit andere Tendenzen aufgetaucht. Groener und ich seien durch völlig falsche Darstellung des Sachverhaltes dem Reichspräsidenten denunziert worden.

Im übrigen müsse er mir erlauben, ihm bei aller Verehrung und Schonung zu sagen, daß man keine Außenpolitik betreiben könne in entscheidenden Augenblicken, wenn Herr von Schleicher in Gegenwart des Chefs der Heeresleitung dem französischen Botschafter erkläre, es habe für die französische Politik keinen Zweck mehr, mit mir zu verhandeln, da ich gestürzt sei. Das sei Landesverrat. Diese Persönlichkeiten würden aber von ihm gedeckt, während diejenigen, die seine Wahl durchgesetzt und möglich gemacht hätten, von ihm verlassen würden.

Der Reichspräsident wurde unsicher. Er fand keine Antwort. Nach Sekunden des Schweigens erklärte er: „Mein Gewissen zwingt mich, mich von Ihnen zu trennen." Ich stand auf. Er erhob sich daraufhin ebenfalls. Im Stehen sagte er: „Natürlich müssen Sie Außenminister bleiben."

Antwort: „Herr Reichspräsident, auch ich habe ein Gewissen, und dieses zwingt mich, in bezug auf Staatsnotwendigkeiten nicht innerhalb eines Monates in entscheidenden Fragen von einem Extrem ins andere zu fallen. Ich habe Ihnen einen Nachfolger vorgeschlagen, Herrn Oberbürgermeister Goerdeler, den ich seit Monaten in Voraussicht des Kommenden in alle meine Absichten eingeweiht habe. Sie haben darauf geantwortet: ‚Wer Ihr Nachfolger wird, müssen wir noch sehen.' So kann man mir nicht zumuten, die Verantwortung für die Außenpolitik zuzusagen, wenn man mir nicht einmal mitteilt, wie denn das neue Kabinett aussehen soll. Ich bitte deshalb, Ihnen für das bis heute gezeigte Vertrauen dankend, mich verabschieden zu dürfen."

Nachmittags teilte ich den einzelnen Ministern persönlich die Notwendigkeit der Demission mit. Am nächsten Morgen kam Wels und erklärte, daß die SPD bereit wäre, weitere Opfer zu bringen im Sinne meiner Politik, wenn ich nur im Amte bliebe. Ich dankte ihm, riet ihm aber, sich nicht festzulegen, da ich erledigt sei.

Montags um 10 Uhr 30 kam Sackett, der Pünder telephonisch mitgeteilt hatte, er müsse mich unter allen Umständen vor dem Besuche beim Reichspräsidenten sprechen. Er sagte mir, er würde jetzt auf eigene Verantwortung etwas tun, das gegen alle diplomatischen Gepflogenheiten und gegen jede Tradition der amerikanischen Politik sei. Er habe einen Brief von Botschafter Gibson erhalten, den ich sofort durchlesen möchte. Ich könnte dem Reichspräsidenten Mitteilung von dem Inhalt machen. In diesem Brief berichtete Gibson, daß er einige Tage mit Herriot in einer Villa zwischen Lyon und Genf zusammengewesen sei und mit ihm die Abrüstungs- und Reparationsfrage im Sinne meiner Forderungen durchgesprochen habe. Sie seien dabei zu einer Einigung gekommen. Herriot sehe die absolute Notwendigkeit ein, meine Position im Innern Deutschlands im Interesse der europäischen Position zu stärken. Der Brief endigte mit den Worten: ,,Lassen Sie jetzt nur den Kanzler bald nach Genf kommen.‟

Ich erklärte Sackett, ich dankte ihm für seine stets gezeigte große Freundschaft und Hilfsbereitschaft. Wenn ich auch noch nicht formalrechtlich in Demission sei, so sei ich doch de facto nicht mehr im Amte, ich bäte deshalb, daß er Bülow ebenfalls diesen Brief zeige, damit dieser für die Außenpolitik des nächsten Kabinetts Bescheid wisse. Sackett meinte, er könne den Brief nur mir zeigen, da die Tätigkeit Gibsons auf Anordnung Stimsons erfolgt sei, *der einem Kabinett, das von einer Militärkamarilla diktiert würde, den gleichen Erfolg nicht zuwenden würde.* Ich bat Planck unter Mitteilung dieser Unterredung, sofort Bülow kommen zu lassen, den ich darauf vorbereitete, daß Sackett ihm den Brief eventuell zeigen würde.

Schiele bot sich an, nochmals mit dem Reichspräsidenten zu sprechen, ehe ich zu ihm ginge. Ich lehnte es nicht ab, mußte ihm aber sagen, daß sein Besuch wohl aussichtslos sein würde. Schiele vermochte überhaupt nicht einmal zum Reichspräsidenten durchzudringen, als er es versuchte.

Das Kabinett beschloß anschließend nach meinem Vortrag mich zu ersuchen, dem Reichspräsidenten die Gesamtdemission zu überbringen. Die Zeit für den Vortrag war ursprünglich nach dem Aufmarsch der Skagerrakwache angesetzt. Im letzten Augenblick wurde sie abgeändert. Ich wurde auf 11 Uhr 55 bestellt. Um 11 Uhr 54 wurde ich hereingeführt zum Reichspräsidenten. Ich überbrachte die Demission. Einige höfliche

Worte auf beiden Seiten. Schon klang die Musik der Matrosenwache von der Hohenzollernstraße her durch den Garten. Ich erhob mich. Der Reichspräsident sagte:

„Ich mußte Sie wegen meines Namens und meiner Ehre entlassen."

Antwort: „Herr Reichspräsident, auch ich habe einen Namen und eine Ehre vor der Geschichte zu verteidigen!" Sekunden des Schweigens. Die Musik wird lauter. Ich sagte: „Herr Reichspräsident, ich muß mich jetzt verabschieden, damit Sie rechtzeitig beim Aufziehen der Wache in das Portal treten können."

Der Reichspräsident: „Darf ich Sie noch einmal beim Portepee fassen, daß Sie das Außenministerium übernehmen?"

Ich stand bereits an der Tür. Bis jetzt hatte der Reichspräsident an beiden Tagen noch kein Wort des Dankes ausgesprochen. Antwort: „Herr Reichspräsident, Sie dürfen nicht vergessen, daß ich kein Bethmann-Hollweg bin. Wenn ich die Überzeugung habe, daß die Politik falsch ist, scheide ich ohne Groll aus dem Amte, aber ich kann als Christ vor meinem Gewissen nicht bestehen, wenn ich die Verantwortung für etwas übernehmen soll, das ich nicht mit meinem Gewissen vereinbaren kann. Ich hoffe nur eines, Herr Reichspräsident, daß Ihre Ratgeber Sie nicht auf einen Weg drängen, der zum Verfassungsbruch führt." Der Reichspräsident sah mich scharf an. Schon klopfte es an der Türe. Anscheinend hatte man Sorge, die Unterhaltung dauere zu lange.

Die Unterhaltung hatte drei und eine halbe Minute gedauert. Ich verbeugte mich stumm, zog mich im Vorraum an, ging durch den Garten zurück, während der Reichspräsident in das Portal trat und die Ehren-kompanie der Marine mit klingendem Spiel salutierte. Mein endgültiger Abgang wurde so noch mit einer Demütigung für mich gefeiert. Gefeiert von der Truppe, die ich in wochenlangem Ringen im Sommer 1931 vor der Einschränkung ihrer Rüstung gerettet hatte, für die ich mit Rücksicht auf ihre Zukunft gewagt hatte, vielleicht die letzte Chance zur Vermeidung der Bankenkrise nicht zu nutzen.

Am Nachmittag kamen Bülow und Goerdeler. Ich vereinbarte mit Bülow, der mir sagte, es würde noch einmal ein Druck angesetzt, um mich im Auswärtigen Amt zu halten, die Abschiedsbesuche beim diplomatischen Korps, die ich möglichst schnell erledigen wollte, und sagte ihm: „Wenn Sie wüßten, was vorgefallen ist, so würden Sie mich verachten, falls ich Außenminister bliebe."

Im geschäftsführenden Vorstand der Zentrumspartei berichtete ich am Abend. Dauernd wurde Florian Klöckner an den Apparat gerufen von

Papen, der am Sonntag in Berlin eingetroffen war. Man schickte ihm, als er nach meinem Bericht die Vorstandssitzung verließ, zwei Mitglieder nach. Sie fanden ihn in vertraulichem Gespräch mit Papen. Ich ging in die Wohnung zurück. Planck kam herein und teilte mir mit, daß er mit Papen zum Abendessen zu Schleicher gebeten sei, der den Auftrag zur Kabinettsbildung erhalten würde. Planck fragte mich, da er damit rechnen müsse, von Papen das Staatssekretariat angeboten zu bekommen, ob er mich noch spät in der Nacht nach der Rückkehr sprechen könne. Um ein Uhr erschien er und fragte mich, ob ich es als einen Affront gegen mich ansehen würde, wenn er das Staatssekretariat annähme. Antwort: „Nein, wenn Sie dafür Sorge tragen, daß meine Politik gesichert bleibt unter meinem Nachfolger, so halte ich es für gut, wenn Sie das Amt übernehmen, und bin gern bereit, Sie in der Öffentlichkeit vor Vorwürfen zu schützen." Planck fragte, ob er sich dadurch nicht bei der SPD mißliebig mache. Ich erklärte ihm, wenn die Regierung verfassungsmäßig arbeite und die großen Linien der bisherigen Politik fortgesetzt würden, würde ich ihm schon die Wege ebnen, auch zur SPD. Nur eines sei Voraussetzung: unter keinen Umständen dürfe Inflation gemacht werden und auch nicht die von mir beabsichtigte Devalvation der Mark vor einem günstigen Abschluß der Reparationsverhandlungen. Würde sie vorher kommen, so seien alle Opfer und alle Arbeit umsonst gewesen. Planck versprach mir das. Als er fortging, dachte ich, wie ich ihm am Vormittag in der Eile gesagt hatte, ich würde Bülow bitten, als letzte Gefälligkeit ihm seinen Wunsch zu erfüllen, in einen geeigneten Posten im Auswärtigen überzutreten. Um diese Zeit muß er schon geahnt haben, daß er Staatssekretär würde.

Es war spät geworden. Die Vögel im Garten fingen schon an zu singen. Als es hell wurde, fiel mein Blick auf die Platonausgabe. Ich las den Schluß des „Staates" wie schon oft früher in entscheidenden Augenblicken meines Lebens. Ich genoß wieder die Worte über Odysseus: „Er allein aber von allen Sterblichen wählte das unscheinbarste aller Lose, das des Privatmannes, weil er nach allen Erfahrungen . . ." So dachte ich mir mein Schicksal, ging um fünf Uhr zu Bett, mit der Aussicht, mich zum ersten Male seit 26 Monaten ausschlafen zu können, ohne das Gefühl, am nächsten Tage vor neuen Schwierigkeiten zu stehen.

IV

AUFLÖSUNG DES RECHTSSTAATS

ABSCHIEDSBESUCHE

Am 31. Mai erledigte ich auf Bülows Rat bereits mündliche Abschiedsbesuche beim diplomatischen Corps, um auf diese Weise irgendein Gespräch mit den Botschaftern über die Innenpolitik zu vermeiden. Das ließ sich verwirklichen, weil die Botschafter selbst, mit Ausnahme des mir befreundeten Sackett, der seiner tiefen Bekümmertheit und seiner großen Sorge Ausdruck gab, und François-Poncet keine Fragen stellten. François-Poncet brachte das Gespräch immer wieder auf die Innenpolitik. Ich erklärte ihm, spätestens bis zum Abend des nächsten Tages würde ein Kabinett gebildet werden. Nach allem, was ich wußte, würde das neue Kabinett mindestens eine so stark auf Verständigung mit Frankreich gerichtete Politik machen, wie ich es getan hatte. Er könne in seinem Bericht von dieser Mitteilung Gebrauch machen. Zurückgekehrt bat ich Bülow, darüber einen Aktenvermerk zu machen; denn schon begann in der deutschnationalen Parteikorrespondenz und anderswo ein Spiel, das einige Ähnlichkeit mit dem beim Rücktritt Bismarcks hatte.

Bereits am Montagabend hatte Papen, obwohl er noch keinen offiziellen Auftrag dazu hatte, Staatssekretär Pünder ersucht, ihm für die Verhandlungen mein Arbeitszimmer zur Verfügung zu stellen. Pünder hatte Papen darauf aufmerksam gemacht, daß das jeder Tradition widerspreche. Als Pünder mir dies telephonisch mitteilte, ging ich sofort in mein Arbeitszimmer in der Reichskanzlei und räumte meinen Schreibtisch auf, so daß er Herrn von Papen zur Verfügung stand. Nach diesem außergewöhnlichen Entgegenkommen meinerseits stand am nächsten Tag ein Artikel im Hugenbergschen „Schnelldienst", der den Vorwurf aussprach, ich schaffe Akten beiseite, und man müsse Vorsorge treffen, daß ich keine weiteren Akten beseitigen könne. Die nächste Ausgabe desselben „Schnelldienstes" brachte einen Angriff gegen Pünder, daß er noch immer sein Arbeitszimmer gebrauche!

Während der Abschiedsbesuche, die ich den Botschaftern machte, empfing der Reichspräsident in schneller Reihenfolge den Reichstagspräsidenten und die Parteiführer. Die Unterhaltungen waren so angelegt, daß sie jedem Sinn der Verfassung und jeder Tradition widersprachen. Der Reichspräsident ließ sich auf keine Warnung ein und auf kein politisches Gespräch. Der Reichstag wurde de facto von vornherein ausgeschaltet. Das Klischee der Kabinettsbildung von 1930 wurde äußerlich nachgeahmt, aber entweder wurde der Sinn nicht verstanden oder bewußt verunstaltet. Damals wurde in zwei Tagen ein Kabinett gebildet, das nicht an die Parteien gebunden war, bei dessen Bildung auch kein offizieller Empfang der Parteiführer stattfand, ich aber jede Stunde mit den Parteiführern persönlich auf Grund einer in zehn Jahren gemeinschaftlicher Arbeit geschaffenen Vertrauensbasis in Fühlung blieb. Die Methode von 1932 bedeutete eine Herausforderung und eine bewußte Beleidigung der verdientesten Männer in der Politik, vor allem des Prälaten Leicht, dessen Partei sogar 1925 gegen Marx gestimmt hatte.

Entsprechend war die Stimmung bei den Parteien von vornherein gereizt. Ersprießliche Verhandlungen konnten nicht geführt werden. Der Reichspräsident und seine Umgebung beruhigten sich damit, daß Hitler eine Erklärung abgab, er sei bereit, die neue Regierung, falls sie das SA- und SS-Verbot wieder aufhebe, zu unterstützen. Er hatte sich in keiner Weise festgelegt, wie ich von einer ganzen Reihe Nationalsozialisten später hörte, wie lange er diese Regierung stützen würde. Aber dem Reichspräsidenten wurde klargemacht, Hitler habe sich einverstanden erklärt, eine neue Regierung vier Jahre lang zu unterstützen, ohne sich selber daran zu beteiligen, vorausgesetzt, daß der Reichstag sofort aufgelöst und das SA- und SS-Verbot aufgehoben würde. Die Reichstagsauflösung in diesem Stadium bedeutete eine weitere starke Zunahme der Nazis. Man konnte damit rechnen, daß Hitler 35 % aller Stimmen erhalten würde, weil er nunmehr, bevor er irgendeine unpopuläre Maßnahme ergriffen hatte, seine ganze Agitation gegen die Parteien entfalten konnte, die den Reichspräsidenten gewählt und während 26 Monaten die schwerste und unpopulärste Verantwortung, die je Parteien getragen, auf sich genommen hatten.

1930 hatte ich den Reichstag aufgelöst, um auch für den Fall, daß meine Regierung eines Tages scheitern würde, eine neue Regierung, deren Träger bis dahin nur von der Agitation gelebt hatten, in einem noch arbeitsfähigen Parlament mit einer latenten gemäßigten Mehrheit auftreten zu lassen. Ich hatte damit gerechnet, daß die Krise vier Jahre dauern würde, so daß auch eine neue Regierung noch weiter unpopuläre Maßnahmen hätte treffen oder aufrechterhalten müssen, falls sie sich nicht mit einer völligen Zerrüttung unserer Finanzen und Wirtschaft abgefunden hätte. In letzterem Falle aber wäre sie nach einiger Zeit gestürzt worden, und bei Neuwahlen wäre eine verantwortungsvolle und gemäßigte Mehrheit sicher gewesen. Alle diese Trümpfe gab man leichtsinnig aus der Hand. Die Wahl des Herrn von Papen bedeutete zudem, daß man die Zentrumspartei bei den Wahlen sprengen wollte. Papen sollte die Rolle freiwillig spielen, die Treviranus gezwungen übernommen hatte. Auch Treviranus und seine Freunde waren, gegen meinen dringenden Rat, im November 1929 aus der DNVP ausgeschieden, weil ihnen durch Schleicher mitgeteilt worden war, der Reichspräsident appelliere an das vaterländische Pflichtgefühl der jungen Konservativen und der Frontgeneration, sich von dem negativen Hugenberg zu trennen. Es war Schleichers ewige Politik des divide et impera, wobei er sich nicht klarwurde, daß er damit einen chaotischen Zustand im deutschen Parteiwesen herbeiführte, der zum Sieg des Radikalismus, entweder von rechts oder von links, führen mußte.

Ich wußte damals nicht, daß Papen, wie mir Nazis im Sommer 1932 erzählten, schon 1931 Hitler seine Unterstützung angeboten und dabei in Aussicht gestellt hatte, daß er über einen erheblichen Teil der Zentrumspartei verfüge. Das war einer der Gründe, die Hitler bestimmten, als ich ihn im September 1931 in eine Sackgasse hineinmanövriert hatte, sich nicht mit uns zu verständigen. Wie wir erst ein Jahr später erfuhren, war auch der besondere Schützling des Prälaten Schofer, Dr. Hackelsberger, der damals gar nicht Zentrumsabgeordneter war und noch auf der Liste der DVP stand, zu gleicher Zeit auf Vermittlung seines alten Freundes Frick ebenfalls zu Hitler gereist, um ihm klarzumachen, daß die Zentrumspartei gerne mit ihm zusammenarbeiten würde!

Allen fiel die Erschütterung des Prälaten Kaas auf. Befürchtungen, die ich schon seit längerer Zeit hatte, bestätigten sich. Kaas hatte im Januar und Februar wiederholt Besprechungen mit Papen gehabt, in denen er sich, ebenso wie in anderen Unterhaltungen, für die Zulässigkeit eines Staatsstreiches vom Standpunkt des Naturrechtes aus einsetzte, ohne eine Ahnung, daß Papen eines Tages diese Äußerungen benutzen konnte oder wollte. Als er die Lage erkannte, trieb ihn sein Verantwortungsgefühl zu einer Unterhaltung mit Papen, in der er ihn aufmerksam machte, welche Gefahren für den deutschen Katholizismus entstehen könnten, wenn er sich zum Sturmbock gegen die Einheit des Kabinetts mißbrauchen ließe. Ich bin überzeugt, daß Kaas in dieser Unterhaltung am 31. Mai sehr scharf und eindeutig geworden ist, denn Papen hat ihm sein Wort gegeben, das Angebot des Kanzleramtes abzulehnen, wie Kaas mir beruhigt berichtete. Ich ließ daraufhin Goerdeler rufen und bat ihn, sich bereit zu halten und sich im Interesse des Vaterlandes unter keinen Umständen zu versagen, auch wenn das Schachspiel mit einem falschen Zug eröffnet sei.

machte den Fehler, ihm nicht viel stärker ins Gewissen zu reden und ihn an seinen Eid zu erinnern. Vielleicht hätte bei seiner Natur eine weniger freundliche Haltung besser gewirkt. Er reagierte auf meine Bemerkung nur mit der Äußerung, er sähe ein, es wäre eine zu starke Zumutung gewesen, mir das Außenministerium anzubieten.

Er fügte im Selbstgespräch, aber laut genug für meine Ohren, hinzu: „Nun hätten wir ja endlich ein Kabinett, wie ich es mir immer gewünscht habe. Nur die Sache mit dem neuen Kanzler, die gefällt mir nicht. Der wird's nicht schaffen." Bei diesen Worten erhob ich mich und verabschiedete mich.

Die Regierungserklärung des neuen Kanzlers wurde veröffentlicht. Im Interesse meiner Mitarbeiter entwarf ich mit Dietrich und Schlange eine Gegenerklärung, die von sämtlichen Mitgliedern des Kabinetts unterzeichnet wurde. Damit war die Schlachtordnung gegeben. Jedes Mitglied der früheren Regierung hatte sich, ohne daß ich irgendeinen Druck ausübte, geweigert, in der neuen Regierung ein Amt zu übernehmen. Der einzige, der ein Abschiedsschreiben des Reichspräsidenten mit Ausdrücken, wie sie früher üblich waren, bekam, war Schiele. Im Kaiserhof hatten sich auf die Nachricht von meinem Sturz hin die Naziführer versammelt und tranken Sekt. Nur Hitler weigerte sich, teilzunehmen, und erklärte: „Ihr wißt ja alle gar nicht, was geschehen ist."

Einen einzigen Regierungsakt nahm die bisherige Regierung als geschäftsführende noch vor. Es war die Übernahme der Flickschen Mehrheit beim Vereinigten Stahlwerk durch den Ankauf der Flickschen Aktien bei Gelsenberg, die, zusammen mit den im Portefeuille der Dresdner Bank befindlichen Gelsenbergaktien, dem Reich sowohl bei Gelsenberg wie beim Stahlverein die Mehrheit schaffte. Ich wollte verhindern, daß der übrigen Schwerindustrie diese Mehrheit für einen billigen Preis zufiel, da nur das Reich in der Lage war, nunmehr eine großzügige Dezentralisation, wie wir sie eingeführt hatten, durchzuführen. Meine Befürchtungen, daß eine neue Regierung ein Geschenk an die Schwerindustrie machen würde, haben sich ein Jahr später bestätigt.

Ich verabschiedete mich von den Beamten der Reichskanzlei einzeln und empfing dann den Herrn von Papen. Er erklärte, der Reichspräsident habe ihn beim Portepee gepackt, infolgedessen habe er nicht anders gekonnt. Er sei durch das Angebot vollkommen überrascht gewesen. Ich warf ein, daß ich dann gar nicht verstehe, daß der französische Botschafter schon vor drei Wochen gefragt habe, ob Papen nun Reichskanzler oder Außenminister würde. Er verließ den Gegenstand. An der Tür stehend sagte er, er habe ja überhaupt nur das Amt übernommen, um es einige Monate später wieder in meine Hände zurückzulegen. Ich antwortete lächelnd: „Das dürfte unter dem gegenwärtigen Reichspräsidenten wohl kaum möglich sein", daran denkend, daß Hindenburg erklärt hatte, nicht nur beim formalen Demissionsvortrag, sondern auch bei meinem letzten offiziellen Abschiedsbesuch, sein Gewissen und sein Name zwängen ihn, sich von mir zu trennen. Flugs wurde durch Papen bekanntgegeben, ich hätte erklärt, unter diesem Reichspräsidenten würde ich nie wieder ein Amt annehmen.

Meißner ließ durch Pünder anfragen, nachdem ich nochmals andere beleidigende Äußerungen des Reichspräsidenten erfahren hatte und mir die Bemerkung der Frau von Hindenburg: „Wir sind froh, daß wir die Plebs jetzt los sind", bekannt geworden war, ob ich bereit sei, an einem Frühstück im engsten Familienkreis beim Reichspräsidenten teilzunehmen. Ich ließ antworten, ich würde mich über eine solche Einladung sehr freuen, wenn ich nach zwei Monaten der Erholung alles vergessen hätte. Damit war die Mißdeutung meiner Worte beim Abschiedsbesuch Papens pariert. Natürlich ist niemals eine solche Einladung erfolgt. Ich habe im Verlauf der nächsten anderthalb Jahre immer wieder erklärt, wenn das Staatsoberhaupt meinen Rat hören möchte, stände ich jederzeit zur Verfügung.

Am ersten Tag nach meiner Entlassung habe ich noch ein einziges Mal eingegriffen. Ich hatte durch Bülow das diplomatische Korps gebeten, von Einladungen für mich in der nächsten Zeit abzusehen wegen der besonderen Umstände meiner Entlassung. So wies ich einen Versuch des englischen Botschafters ab, mich während meines Aufenthaltes in der Reichskanzlei noch einmal privatim zu sprechen. Am nächsten Tag ließ mir der Korrespondent des „News Chronicle" mitteilen, es sei ein wichtiger Brief von Sir Walter Layton für mich an seine Adresse unterwegs, den er mir persönlich zu übergeben habe. Er brachte ihn mir am darauffolgenden Tage. In diesem Brief teilte mir Sir Walter mit, daß die Erregung der englischen Regierung und auch MacDonalds über meine Entlassung so stark sei, daß man sich mit der Absicht trage, die Konferenz in Lausanne abzusagen und mit dieser Regierung weitere Verhandlungen über die Reparationsfrage abzulehnen, da man ihr nicht helfen wolle. Layton habe von MacDonald und Simon den Auftrag, bei mir persönlich zu sondieren, wie ich darüber dächte.

Ich ließ Layton sofort mitteilen, er möge allen seinen Einfluß einsetzen, um eine Vertagung der Lausanner Konferenz zu verhindern. Nicht nur

Entwicklung bringen könnte. Nur eines könnte noch retten. Das war der noch immer vorhandene Nimbus des Reichspräsidenten, der noch einmal wirksam werden konnte, falls es gelang, ihm einen vernünftigen Rat zukommen zu lassen.

In Lausanne wurde meine Forderung, eine Abschlußzahlung von einer sofortigen Anleihe abhängig zu machen, überhaupt nicht gestellt. Am dritten Tage der Konferenz hatte Papen mit Herriot eine Besprechung, in der er Herriot ein deutsch-französisch-polnisches Militärabkommen zur Eroberung der Ukraine angeboten haben soll. Das paßte in die Abrüstungskonferenz wie die Faust aufs Auge. Die ausländischen Mächte mußten erkennen, daß sich der Geist der deutschen Politik gewandelt hatte und nicht nur die Männer. Seit dem Frühsommer 1931 hatten die Franzosen immer wieder ergebnislos versucht, Rußland von uns abzusprengen. Das war ein Lieblingsgedanke von Herriot. Nun hatte Papen ihm die Trümpfe für sein Spiel in die Hände gegeben; er teilte am nächsten Tag den Inhalt seiner Unterredung mit Papen MacDonald und Litwinow mit. Litwinow vereinbarte sofort mit Herriot eine neue Zusammenkunft zwecks Vorbereitung einer französisch-russischen Annäherung. Der Grund zu einem völligen Abschwenken Rußlands war gelegt, ohne daß wir irgendeinen Vorteil in Tausch nehmen konnten. Ich mußte in Reden dauernd vor der Neigung, weitere Konzessionen in der Reparationsfrage zu machen, öffentlich warnen und unsere Unterhändler in Lausanne dadurch festlegen. Wie ich hörte, hat Planck von Berlin aus telephonisch um seine Demission gebeten.

Die Agitation der Reichtagswahlen war die denkbar ungeeigneteste Atmosphäre für so weittragende internationale Verhandlungen. Wie vorauszusehen war, konnten die Nazis in ihrer Agitation ungestraft aufs schärfste gegen die Lausanner Verhandlungen polemisieren, ebenso gegen die Notverordnungen. Ohne die Verantwortung zu teilen, hatten sie meinen Sturz erreicht und blieben selbst frei, die wildeste Agitation zu machen. Die Wiederzulassung der SA und SS gab ihnen selbstverständlich die Möglichkeit, eine übermütige Haltung einzunehmen. Hie und da begannen die Sozialdemokraten, sich zu bewaffnen, aus Furcht vor einem Gewaltstreich der SA und SS. Es kam zu Schießereien zwischen SPD und KPD und NSDAP. An einem Tage, an dem ich in Schlesien drei Versammlungen hatte, wurde eine Anzahl von Menschen aus allen drei Lagern verwundet und getötet. Die Empörung und Erbitterung wuchs von Tag zu Tag.

Die Regierung brachte aus Lausanne eine Lösung, die Bülow und

Krosigk mit Hilfe von Layton am letzten Tag durchgesetzt hatten. Aber diese Lösung entsprach nicht den hochgespannten Erwartungen, die weite Kreise mit der Idee einer „nationalen Regierung" verknüpften. Die Hugenbergpresse nahm zu den gröbsten Lügen und Verleumdungen gegen die frühere Regierung Zuflucht. Die Abrüstungsfrage wurde schließlich vertagt. Die durch die Stresaer Verhandlungen vorbereiteten Wirtschaftslösungen waren in einer eindruckslosen Resolution begraben. *Der Sommer 1932, der in meinen Augen die letzte Chance für große und dauernde Lösungen bringen konnte, ging für die Welt und für Deutschland ungenützt verloren.*

Eine Verschärfung der Krise mußte die Folge sein. Die Regierung und weite Wirtschaftskreise waren aber vom Optimismus umnebelt. Statt sich mit einer Verkürzung der Anwartschaft in der Arbeitslosenversicherung auf zwölf Wochen, wie wir es vorhatten, zu begnügen, ging man auf sechs Wochen herunter. Eine schnellere Mehrbelastung der Gemeinden aus der Wohlfahrtsfürsorge war die Folge, wenn auch durch die Einführung der Bedürftigkeitsprüfung schon nach sechs Wochen die Arbeitslosenziffern günstiger erschienen als früher. Gleichzeitig sank die Kaufkraft erheblich. Das zeigte sich nach wenigen Wochen in dem Absinken der landwirtschaftlichen Preise. Trotz aller Absperrmaßnahmen betrug der Jahreswert der landwirtschaftlichen Produktion in Deutschland bei meinem Ausscheiden aus dem Amte noch 12,5 Milliarden RM, am Ende der Regierung Papen aber nur noch 9,5 Milliarden und am Ende der Regierung Schleicher nur noch 6,5 Milliarden. Niemand in der Regierung hatte mehr einen Sinn dafür, wie sorgsam überlegt eine Finanz- und Wirtschaftspolitik den Verhältnissen angepaßt werden mußte. War man in der Kürzung von Einkommen auch nur 5 % zu weit gegangen oder entschloß man sich zu diesem Schritt einen Monat zu spät, so mußte die ganze Agrarkrise wegen der zu schnell gesunkenen Kaufkraft wieder aufleben. Die alte Wahrheit, daß bei einer hundertprozentigen Absperrung des heimischen Marktes gegen Agrarimporte nicht mehr die Höhe der Zölle den Preis bestimmt, sondern ausschließlich die inländische Kaufkraft, schien vergessen zu sein.

Eine weitere Radikalisierung der Bevölkerung in diesen brennend heißen Julitagen folgte. Riesenversammlungen, wie sie Deutschland selbst während der Kampagne für die Wahl des Reichspräsidenten nicht gekannt hatte, zeigten den Grad der Spannung. Am ersten Sonntag einer vierwöchigen ununterbrochenen Agitationsreise durch ganz Deutschland mußte ich morgens um zehn Uhr in Siegburg auf freiem Feld vor einer

Wohnungen von SA-Leuten, die früher bei den polnischen Insurgenten gewesen waren, nachts erschossen.

In meinen Versammlungen war es nur zu Krawallen gekommen. In Ratibor jedoch sprang plötzlich bei der Abfahrt ein junger Mann aus der Volksmenge heraus und warf aus einem Meter Entfernung ein pfundschweres und mit Zacken versehenes Messingstück gegen meinen Kopf. In dieser Sekunde zog der Wagen schnell an; das Messingstück prallte an dem Gelenk der abklappbaren Wagendecke nach vorn ab, flog an meinem Kopf vorbei, durchschlug die Scheibe und fiel neben dem Chauffeur nieder, ohne jemand zu verletzen. Der Chauffeur gab Vollgas und sauste ab. Ich konnte noch sehen, wie der junge Mann von den Schupos verhaftet wurde. Es war ein Angestellter des Finanzamtes in Ratibor. Der Staatsanwalt mußte die Verfolgung des Delinquenten einstellen – eine Aufforderung zu straffreien Attentaten gegen mich.

Ich warnte in den Massenversammlungen vor weiteren Verfassungsbrüchen und vor der Naßforschheit, die zu einem Nervenzusammenbruch führen würde. Die frühere preußische Regierung und die Länderregierungen von Bayern und Baden erhoben beim Staatsgerichtshof Klage gegen die Reichsregierung. Die moralische Autorität der Obrigkeit wurde durch die autoritäre Regierung restlos zertrümmert. Nirgendwo wurde dem Morden der SA Einhalt geboten. Deshalb entschloß ich mich, vor der Wahl im Sportpalast ein detailliertes Angebot an die Reichsregierung zu machen, sie dann zu unterstützen, wenn sie unter Zustimmung zur Abänderung der Reichsverfassung in zwei oder drei Punkten, wie der Auslegung des Art. 54, wieder in verfassungsmäßige Bahnen einlenkte. Es kam keine öffentliche Antwort, aber Papen soll sich wiederholt privatim geäußert haben: „Jetzt haben wir das Zentrum geleimt. Man muß dem Volke nur den Stiefelabsatz durch die Schnauze ziehen, dann pariert es schon."

Es war wie in einem Tollhaus. Mit Politik hatten diese Dinge überhaupt nichts mehr zu tun. Einige Herren der Reichswehr außerhalb des Schleicher-Kreises ließen mir sagen, sie verstünden den Staatsstreich gegen Preußen nicht. Die Reichswehr wäre, selbst zusammen mit der Schutzpolizei, nicht mehr in der Lage, Ruhe und Ordnung zu sichern, wenn ihr zwei Drittel des deutschen Volkes entgegenständen.

Die Wahlen ergaben das erwartete Bild: starkes Anschwellen der NSDAP und der Kommunisten, knappe Behauptung der SPD, Zertrümmerung aller bürgerlichen Parteien mit Ausnahme der DNVP, der Bayerischen Volkspartei und des Zentrums, das um 10% verstärkt aus dem Kampfe hervorging. Statt auf meine öffentlichen Vorschläge zu hören und zunächst einmal den Versuch zur Bildung einer verfassungsmäßigen Regierung mit Hilfe des Reichstages zu machen und so die Nazis zu entlarven, ließ Papen nur Joos und ein weiteres Mitglied der Zentrumspartei kommen und ersuchte sie, keine Parteiverhandlungen zu führen, bis die Regierung mit der NSDAP verhandelt habe. Die Herren befragten mich. Ich gab meine Zustimmung und sorgte dafür, daß niemand vom Zentrum Verhandlungen mit andern Parteien führte.

Den nachdenklichen Kreisen der Reichswehr wurde es langsam übel zumute. Sonderverhandlungen zwischen Schleicher auf der einen und Strasser und Hitler auf der andern Seite wurden geführt, ohne daß Papen davon etwas erfuhr oder den Zweck dieser Verhandlungen erkannte. Gereke, der mich nach Monaten wieder besuchte, erfreute sich des besonderen Vertrauens von Schleicher und stand auch mit Oskar von Hindenburg in enger Fühlung. Er berichtete, daß man an Papen verzweifle; man könne zwar nicht zum parlamentarischen System zurückkehren, aber wahrscheinlich würde die Reichswehr beim Reichspräsidenten vor Eröffnung des Reichstages einen Vorstoß machen, um Papen zu beseitigen. Man wolle nicht, daß die ganze Reichswehr in den Trubel um Papen mit hineingezogen werde.

In einer Sitzung des nach Berlin gerufenen geschäftsführenden Vorstandes der Zentrumspartei deutete ich solche Möglichkeiten an. Ich sagte, die erste Phase der Entwicklung zur Revolution sei nun zu Ende. Jetzt beginne die zweite Phase, der die dritte, entscheidende, folgen würde. Ich könne bei der Natur des Reichspräsidenten ziemlich genau voraussehen, wie diese dritte Phase aussehen würde. Prinz Löwenstein, der häufig zu Papen ging, meinte, ich hätte dabei an die Monarchie gedacht. Er konnte auch später nicht verstehen, daß ich dabei eine Kapitulation des Reichspräsidenten im letzten Augenblick vor den Forderungen der Nazis im Auge hatte. Nach der Sitzung kam Gereke und sagte mir, angesichts dieser Indiskretion könne er mir keine weiteren Informationen mehr geben, die so wichtig für die Zukunft des Landes sein könnten. Schleicher habe jetzt starken Verdacht gegen ihn geschöpft. Als ich ihm mitteilte, was ich wirklich gesagt hatte, war er beruhigt und wunderte sich nur, daß ein „prominentes Mitglied des Vorstandes" Schleicher falsch unterrichtet habe.

Den Nazis und der Regierung wurde jetzt klar, daß einer den andern bei meinem Sturz hatte betrügen wollen. Hitler schäumte vor Wut, hielt unsinnige Reden über „die Nacht der langen Messer" vor Papen, die

Nachdem ich Hitler eine längere Zeit hatte reden lassen, erläuterte ich meine Bedingungen, die außer den schon erwähnten noch die glatte Weigerung enthielten, ihm je den preußischen Ministerpräsidenten zu konzedieren, ebensowenig die preußische Polizei, und zur Voraussetzung jeder weiterer Verhandlung machte, daß sich seine führenden Parteigenossen mit unseren Vertretern vorher über ein Wirtschaftsprogramm einigten und es unterschrieben. Hitler ging, wenigstens scheinbar, auf alle diese Bedingungen ein. Ich erklärte mich bereit, nunmehr die Vermittlung zwischen seinen Leuten und denen meines Parteivorstandes zu übernehmen. Meine Aufgabe sei damit erschöpft. Er werde wohl verstehen, daß ich nach dem Vorgefallenen an solchen Verhandlungen selbst nicht teilnehmen könne. Die Verhandlungen begannen. In mehreren Sitzungen einigte man sich über ein von Dessauer entworfenes Programm, auch über alle anderen Forderungen.

Weder Papen noch Schleicher sahen ein, daß diese Bemühungen für die Regierung ein Sprungbrett schaffen konnten. Ein Herr, der mit Schleicher und Planck gefrühstückt hatte, ließ mir mitteilen, daß beide sehr gedrückt waren. Schleicher habe verzweifelt ausgerufen: „Brüning setzt sich mit seinen Gedanken ja doch durch!" Weil dieser Herr mich bat, mit Planck zu sprechen, lud ich Planck zum Frühstück ein. Um der Unterredung einen möglichst menschlichen Ton zu geben, erkundigte ich mich nach seinem persönlichen Wohlergehen und trug ihm Grüße an Schleicher und dessen Gattin auf. Dabei erwähnte ich, daß es mir gut ginge, nur daß ich wegen Überanstrengung bei der Wahlkampagne an Schlaflosigkeit litte. Am folgenden Tag erklärte Schleicher einer englischen Zeitung: „Menschen, die nicht schlafen können sind für die Politik unbrauchbar."

Zum gleichen Zeitpunkt war Herr Klönne bei mir, auf dessen Gut Oskar von Hindenburg zur Jagd gewesen war. Er wollte ein Gespräch zwischen dem Reichspräsidenten und mir, ohne daß es in der Öffentlichkeit bekannt wurde, vermitteln. Ich erklärte nach einiger Überlegung, daß eine Unterhaltung mit dem Reichspräsidenten ohne Kenntnis der Öffentlichkeit und ohne Wissen des Kanzlers meinen konstitutionellen Anschauungen widerspräche; ich sei aber bereit, irgendwohin nach Ostpreußen zu kommen, um Oskar von Hindenburg zu treffen. Klönne fuhr tatsächlich in den nächsten Tagen nach Neudeck, und ein paar Stunden später stand in der „D.A.Z." die Mitteilung, daß ein Vertrauensmann der Zentrumspartei Hindenburg die Auffassung der führenden Zentrumsleute darlege. Wegen dieser Veröffentlichung soll Oskar von Hindenburg Angst gehabt haben, mich zu sehen. Klönne schrieb nach seiner Rückkehr einen

Eilbrief über seine Unterhaltung mit Vater und Sohn Hindenburg. Am andern Morgen um elf Uhr rief er mich im Reichstag an, ob ich denn seinen Brief nicht erhalten hätte. Ich erhielt den Brief erst 48 Stunden später; allem Anschein nach war er vorher geöffnet worden.

Der Reichstag trat zu seiner Konstituierung zusammen. Alterspräsident war Klara Zetkin, die halb zusammenbrechend eine leidenschaftliche Rede gegen die kapitalistische Gesellschaft hielt. Die Nazis hielten das gegebene Wort und unterbrachen Frau Zetkin nicht ein einziges Mal. Die Präsidentenwahl wurde ordnungsgemäß getätigt, der Reichstag vertagte sich. Ich unterrichtete die SPD von den Verhandlungen und warnte sie, einen Generalstreik zu entfesseln, der damals beabsichtigt war. Da ich nicht an den Verhandlungen teilnähme, so bäte ich, daß sie sich dauernd bei unseren Herren im Reichstag informierten.

An einem der nächsten Tage telephonierte Hilferding, ich möge doch sofort in den Reichstag kommen. Unsere Unterhändler seien teilweise völlig enthusiasmiert von dem dauernden Entgegenkommen Hitlers und verlören den Kopf. Im Reichstag berichteten mir Breitscheid und Hilferding, daß Stegerwald ihnen erzählt habe, beim Wiederzusammentritt des Reichstages werde ein Antrag gestellt, den Reichspräsidenten wegen Verfassungsbruchs in den Anklagezustand zu setzen. Dem konnte sich die SPD, wenn sie nicht völlig unter den Schlitten geraten wollte, nicht entziehen. Ich beruhigte die beiden und sagte ihnen, ich sei sicher, das könne nur ein Mißverständnis sein und Stegerwald habe sie sicherlich nur warnen wollen. Aber Perlitius, Bell und Wegmann teilten mir mit, daß tatsächlich einige unserer Herren aus Erbitterung gegen den Reichspräsidenten auf diesen Trick Hitlers hereingefallen seien.

Ich erklärte in einer sofort einberufenen Sitzung, ich würde aus der Zentrumspartei ausscheiden, wenn irgendein Mitglied der Fraktion noch weitere Verhandlungen in dieser Richtung führe. Nach diesem Täuschungsversuch Hitlers könne es nur noch ein Ziel der Verhandlungen geben: nach der Regierungserklärung den Reichstag auf einige Zeit zu vertagen, um dem Reichspräsidenten und der Regierung Zeit zu weiteren Verhandlungen zu lassen.

Der Reichspräsident hat wohl nie erkannt, in welcher gefahrvollen Lage er schwebte. Wenn die Nazis einen solchen Antrag gestellt hätten, so hätten die Kommunisten mitgestimmt, und die SPD hätte sich, um nicht vernichtet zu werden, der Zustimmung nicht entziehen können. Der Reichspräsident wäre, wie das Urteil des Staatsgerichtshofes in der Klage Preußens gegen das Reich später bewies, tatsächlich wegen Verfassungs-

bruchs verurteilt worden. Was einzelne unserer Herren übersahen, war die Tatsache, daß dann ohne alle Frage Hitler zum Reichspräsidenten gewählt worden wäre, was sie ja gerade verhindern wollten.
Zur Entschuldigung der wenigen Unterhändler der Zentrumspartei, die im Eifer des Gefechtes auf Hitler hereingefallen waren, sei darauf hingewiesen, daß Hitler und seine Genossen die Taktik benützt hatten, das ganze Intrigenspiel der Umgebung des Reichspräsidenten, Schleichers und Papens während und nach meiner Amtszeit schonungslos zu enthüllen. Meine politischen Freunde waren darüber so erregt, selbst die ruhigsten, daß sie fast den Blick für das Ganze verloren hatten. Papen brachte es daraufhin fertig, eine moralische Kampagne gegen mich zu entfesseln, die mich in Zusammenhang bringen sollte mit dem Glückwunschtelegramm Hitlers an die Potempa-Mörder, nachdem er selbst zu dem Mord geschwiegen und den Staatsstreich gegen Preußen ausschließlich mit kommunistischen Mordtaten motiviert hatte.

REICHSTAGSAUFLÖSUNG UND NEUE WAHLEN

Als ich am übernächsten Tag in den Reichstag ging, ließ mich Göring in sein Amtszimmer bitten. Ich ließ ihm sagen, ich könne über politische Dinge nicht mit ihm verhandeln, da ich ja schon Hitler erklärt habe, daß eine Beteiligung an solchen Verhandlungen für mich nicht in Frage komme. Er schickte aber wiederholt Beamte mit der Begründung zu mir, er müsse in einer bestimmten Sache meinen Rat haben, es habe nichts mit meiner Partei zu tun. Nun ging ich zu ihm hin. Er fragte zunächst, wie er die Vertagung einzuleiten habe, und erzählte mir dann, daß die Verhandlungen keinen Zweck mehr hätten. Er wisse durch seine Beziehungen zum Haus des Reichspräsidenten, daß sich Papen, um ein positives Ergebnis von Verhandlungen zu vereiteln und nicht in öffentlicher Debatte dem Reichstag Rede und Antwort stehen zu müssen, sich vom Reichspräsidenten in Neudeck eine Blanko-Vollmacht zur Auflösung des Reichstages habe erteilen lassen. Papen beabsichtigte, den Reichstag ohne eine Abstimmung gleich nach Verlesung seiner Regierungserklärung aufzulösen. Schleicher habe starke Bedenken dagegen. Es könne passieren, daß Schleicher noch am nächsten Tag, einem Samstag, Papen aus Sorge für die weitere Entwicklung stürze.

Ich hörte mir diesen Bericht ungläubig an. Eine solche Auflösungstaktik schien mir unmöglich für jemanden, der auch nur einen Funken Verantwortungsgefühl für das Land und seine eigene Regierung besaß. Ich sagte Göring, er möge es mir nicht übelnehmen, aber ich hielte seine Information für erfunden. Als ich aus dem Zimmer trat, saßen dort einige Journalisten. Am Nachmittag ging, von der Reichspressestelle entfesselt, ein Sturm gegen mich los wegen angeblicher Verhandlungen mit Göring. Er bewies mir, daß Papen zwei Ziele im Auge hatte: Den Reichstag unter allen Umständen arbeitsunfähig und mir die Verhinderung dieser Absicht unmöglich zu machen. Am Samstagabend erschien eine große Erklärung Schleichers in der Presse, worin er jeden Versuch, Papen zu stürzen, weit von sich wies mit der Begründung, das sei mit dem Gehorsam gegenüber dem Reichspräsidenten unvereinbar. Dabei stand einwandfrei fest, daß er und Planck am Morgen noch in Privatgesprächen geäußert hatten, man müsse diesen leichtsinnigsten aller Kanzler schnellstens zur Strecke bringen.

Sonntagmorgen um sieben Uhr rief mich plötzlich Kaas aus Vipiteno an. Er erklärte, er sei bereit, nach Berlin zu kommen, wenn ich die Lage als sehr gefährlich ansähe. Ich erwiderte ihm, sie sei fast hoffnungslos. Wenn er deshalb vor der Entscheidung kommen wolle, so müsse er sich sofort in den Zug setzen. Montagmorgen kam er in Berlin an, ich informierte ihn. Es war eine Ältestenratsitzung angesetzt, in der man sich einigte, daß zunächst nach der Regierungserklärung eine Vertagung eintreten und dann nach einer kurzen Frist die Aussprache beginnen solle. Die Kommunisten verlangten, voll blinden Eifers und getreu der bolschewistischen Theorie, die Dinge immer auf die Spitze zu treiben, um das Chaos herbeizuführen, ihren Mißtrauensantrag als ersten Punkt vor der Regierungserklärung auf die Tagesordnung zu setzen. Unsere Vertreter verhandelten sofort mit den Nazis und machten sie darauf aufmerksam, daß sie entsprechend den Vereinbarungen gegen einen solchen Antrag stimmen mußten. Da der Widerspruch eines einzigen Reichstagsmitglieds genügte, um die kommunistische Initiative unmöglich zu machen, erklärte sich Oberfohren als Vertreter der Deutschnationalen bereit, wenn die Kommunisten ihren Antrag stellen würden, den geschäftsordnungsmäßigen Einspruch zu erheben. Dabei beruhigten sich alle Parteien mit Ausnahme der KPD.

Um ein Uhr telephonierte ich mit Perlitius und fragte, ob es notwendig sei, in den Reichstag zu kommen. Ich hatte eine Frühstückvereinbarung mit Marcus Wallenberg bei Hiller, und außerdem könne mich ein Angriff

Papens zwingen zu antworten, was ich vermeiden wolle; es sei bislang Gepflogenheit gewesen, daß der Amtsvorgänger bei der ersten Regierungserklärung seines Nachfolgers im Reichstag nicht anwesend sei. Perlitius beruhigte mich, alles sei in Ordnung, die Nazis seien sehr verständig; er sehe angesichts der Haltung der KPD ein, daß mein Ziel, Zeit und Ruhe zu gewinnen, absolut richtig sei.

Um vier Uhr kam ich ins Hedwigskrankenhaus zurück. Dort lag die Nachricht vor, sofort Perlitius anzurufen. Es war schwer, ihn zu erreichen. Er teilte mir mit, daß der Reichstag aufgelöst sei. Ich wollte meinen Ohren nicht trauen.

Er berichtete, die Kommunisten hätten zu Beginn der Sitzung verlangt, daß ihr Antrag als erster Punkt der Tagesordnung behandelt würde. Die übrigen Parteien, Frick vor allem, hatten nun zu Oberfohren hinübergesehen und erwartet, daß er, entsprechend seiner Ankündigung im Ältestenrat, Einspruch erheben würde. Oberfohren sei aber sitzengeblieben. Darüber sei eine nervöse Stimmung entstanden. Schließlich habe Esser mit Frick vereinbart, Antrag auf eine halbstündige Vertagung zu stellen. Der Antrag sei angenommen worden, worauf Verhandlungen der Fraktionsführer folgten. Unsere Herren hatten mit Frick vereinbart, sich dem Verlangen der Kommunisten sofort zu widersetzen. In dem Augenblick sei Papen auf der Tribüne erschienen und habe höhnisch lächelnd mit der roten Auflösungsmappe zur Diplomatentribüne hinaufgewinkt.

Er habe dann durch Planck bei Göring das Wort verlangen lassen. Göring, der schon einige Minuten vorher Kenntnis davon erhalten habe, daß man im Zimmer des Reichskanzlers eine Auflösungsbegründung zusammenbraue, um sie auf einem Bogen mit der Blankounterschrift Hindenburgs zu schreiben, habe das Wort verweigert und erklärt, da kein Widerspruch gegen den kommunistischen Antrag erhoben worden sei, müsse er über ihn sofort abstimmen lassen. Papen sei leichenblaß geworden und habe mit den Armen zum Präsidenten hingefuchtelt. Göring habe aber erklärt, man befinde sich bereits in der Abstimmung.

Die Abstimmung sei vollzogen worden; niemand habe gewußt, wie er stimmen sollte. Auf meine bestürzte Frage, ob die Zentrumspartei sich nicht mindestens der Stimme enthalten habe, erklärte mir Perlitius, er habe der Vereinbarung mit mir entsprechend eine blaue Karte in die Hand genommen, aber der neben ihm sitzende stets so maßvolle Prälat Leicht sei über Papens herausfordernde Art so erregt gewesen, daß er eine weiße Karte genommen und damit den nachfolgenden Reihen gewinkt habe. In der Unruhe hatten unsere eigenen Leute, da sie mit den Bayern zusammen in einem Block saßen, „weiß" als Fraktionsorder angesehen. Er selbst sei umringt gewesen von diskutierenden Leuten und hatte sich nicht durchschlagen können, um persönlich eine Parole auszugeben. So sei es gekommen, daß mit Ausnahme von zwei oder drei Mitgliedern, die den Saal verlassen hatten, die Zentrumspartei mit Ja gestimmt habe. Das war erschütternd. Zum erstenmal in ihrer Geschichte hatte die Zentrumspartei für einen Mißtrauensantrag gegen die Regierung gestimmt, und nun auch für einen kommunistischen. Ich teilte die Nachricht sofort Kaas mit, der zu meinem Erstaunen nicht in den Reichstag gegangen war. Ich sagte ihm, jetzt würde ein schwieriger Wahlgang kommen, weil man einem Teil unserer Wähler niemals klarmachen könne, daß die Zentrumspartei in einem Augenblick völligen Durcheinanders für ein kommunistisches Mißtrauensvotum gestimmt hatte. Ich wußte, daß sechs Wochen nach dem glänzendsten Wahlkampf, den das Zentrum seit den Septennatenwahlen gehabt hatte, wir nunmehr in den schwersten Wahlgang hineingehen würden. Kaas war ebenfalls durchaus betroffen.

Außer den 50 Deutschnationalen und einem knappen Dutzend Angehöriger kleiner Gruppen hatte der gesamte übrige Reichstag mit einer 90%igen Mehrheit der Regierung das Vertrauen versagt. Aber Herr von Papen blieb. Mit ihm blieb die wachsende Sorge der wenigen Einsichtigen, daß er das deutsche Volk rettungslos in eine Katastrophe hineinführen würde.

Die Zentrumspartei ging in einen Kampf hinein, der nicht wie im Sommer mit spontanem Elan geführt werden konnte. Die Regierung hatte in der Verordnung zur Belebung der Wirtschaft Steuergutscheine eingeführt. Diese konnten zwar nur eine vorübergehende Wirkung haben, riefen aber in der Wirtschaft lebhafte Freude und große Hoffnungen hervor. Nach Jahren stärkster Einschränkung mußte auch ein kleines Geschenk des Staates einen Stimmungsumschwung und eine Welle des Optimismus auslösen. In den Augen der naiven Wirtschaftsführer mußte ein Rückschlag eintreten, wenn die jetzige Regierung nicht im Amt blieb. Ein Abtasten der Stimmung im Lande bestätigte mir das alsbald. Die ruhigen Leute in Westfalen, Schlesien, am Rhein und in Schwaben hielten zudem nichts von häufigen Wahlen, weil sie davon eine neue Erschütterung des langsam entstehenden Vertrauens befürchteten. So setzte sich der Eindruck fest, daß diejenigen, die gegen die Regierung gestimmt hatten, für neue Erschütterungen allein die Verantwortung trugen.

Wir beschlossen, den Wahlkampf in der gefährdetsten Gegend, in Westfalen, mit einer großen Rede des Parteiführers zu eröffnen. Ich fuhr im Lande herum und machte zunächst einzelnen führenden Persönlichkeiten Mut für den Wahlkampf. Dann versuchte ich Kaas zu erreichen. Briefe blieben ohne Antwort; Versuche, ihn telephonisch zu erreichen, scheiterten. Erst nach Tagen konnte ich ihn in einem längeren Telephongespräch bestimmen, nach Badenweiler zu kommen, wohin ich einige Herren des geschäftsführenden Vorstandes der Partei ebenfalls bestellte. Kaas erklärte, er habe an den Augustverhandlungen und auch an der Abstimmung im Reichstag nicht teilgenommen. Er trüge nicht die geringste Verantwortung und könne daher auch nicht die Wahlagitation bestimmen. Er hätte es nach meinem Ausscheiden aus dem Amte gern gesehen, wenn ich die formale Führung der Zentrumspartei übernommen hätte, was ein Fehler gewesen wäre, sowohl für die Partei wie für mich. Alle Härten der Notverordnungen, die bislang nur mit einem Namen verknüpft waren, wären dann auf das Konto der Partei gekommen.

Deshalb zwangen mich Überlegung und Instinkt, genau wie nach meinem Sturz, mich nach außen völlig zurückzuhalten und die Führung in der Hand von Kaas wieder zu aktivieren. Ich erklärte in Badenweiler, ich sei bereit, alle Arbeit für ihn zu tun, wenn er wieder dauernd nach Deutschland käme, nach außen führend und verantwortlich, so daß mein Name allmählich in den Hintergrund rückte. Gerade wegen der scheinbaren Übereinstimmung der Regierungspraxis Papens mit bestimmten Auffassungen im Vatikan mußte Kaas nun hervortreten. Jetzt konnte er als römischer Prälat autoritativ dem katholischen Volksteil sagen, daß diese Praxis mit dem Ideal nichts gemeinsam hatte. Jetzt konnte er sogar ohne Gefahr öffentlich seine Neigungen für dieses Ideal bekunden. Darin lag sogar ein großer Vorteil. Ich erklärte mich bereit, noch in Badenweiler in einem halben Tag für ihn eine Rede in vornehmer Tonart zum Parteitag in Münster fertigzustellen. Dann könne er sich entscheiden, ob er sie halten wolle. Als Kaas die Rede gelesen hatte, sagte er zu.

Kurze Zeit darauf fand die Tagung in Münster statt. In der Zwischenzeit hatte Kaas in einigen wenigen Sätzen den Ton verschärft. Dann kam ein Ereignis, das ihn veranlaßte, sich nicht mehr an das Manuskript zu halten und zu schärfsten Angriffen gegen Papen überzugehen. Papen hatte am Tage vorher in Dortmund eine Rede vor westfälischen Industriellen gehalten. Die Anwesenden waren in der Mehrzahl die ältesten und erbittertsten Gegner des Katholizismus in Westdeutschland. Vor diesem Gremium griff Papen in heftigster Weise vor allem die katholischen

Arbeitervereine an. Antisoziale und antikatholische Instinkte wurden leidenschaftlich wach und sicherten ihm einen großen rednerischen Erfolg. In den Augen von Kaas war das das Äußerste, was sich ein katholischer Politiker leisten konnte. Seine Erregung war verständlich, aber sie kam seiner Rede nicht zugute. Wahrscheinlich wäre die Rede im Rheinland ein großer Erfolg gewesen, aber in dem nüchternen und kühlen Westfalen war es anders. Ich beobachtete, wie ein Teil der Versammlung immer mehr seine Ausführungen ablehnte. Auf vielen Gesichtern wurde dieser Zug der Ablehnung direkt verbissen. So war die Tagung nur ein teilweiser Erfolg. Der Wahlkampf wurde in etwas gedrückter Stimmung eröffnet; nur die Jugend der Partei war äußerst kampfeslustig.

Wieder ging es durch alle deutschen Gaue in Massenversammlungen, nicht so groß allerdings wie im Sommer, schon wegen der Witterung. Die Nazis, namentlich in Süddeutschland, betrieben gerade gegen uns eine wüste Agitation, viel stärker als bei den vorangegangenen Wahlen. In dem Bewußtsein, daß auch sie einen schweren Wahlkampf zu führen hatten, griffen sie zu den verwerflichsten Mitteln. Wie ich erwartet hatte, war den Nazis, sobald sie öffentlich mit dem Zentrum verhandelten, die Sympathie jener Wähler verlorengegangen, die aus antikatholischen Instinkten zu ihnen gestanden hatten. Das suchten die Nazis jetzt wiedergutzumachen. Sie begannen eine leidenschaftliche Hetze sowohl gegen den päpstlichen Kammerherrn Papen wie gegen den „Jesuiten" Brüning und den „Separatisten" Kaas. Wenn irgend etwas Papen hätte die Augen öffnen können über die Gefahren, die er durch seine Politik für den Katholizismus heraufbeschwor, so war es diese Agitation, die bei dessen Abneigung gegen den Katholizismus letzten Endes auch seine Stellung beim Reichspräsidenten erschüttern mußte.

Die Kampfmethoden wurden immer wüster. In Bamberg fuhr ich in der Dunkelheit unter einem Steinhagel von einer Parallelversammlung zur andern. Ein Stein flog durch das Fenster des Autos und schrammte den neben mir sitzenden Prälaten Leicht. Die polizeiliche Untersuchung am andern Morgen ergab, daß das Auto von mehr als 100 Steinen getroffen war. Aber die Autorität der bayerischen Regierung bei ihren eigenen Beamten und ihrer eigenen Polizei war bereits so schwach, daß die weiteren Untersuchungen in den Akten steckenblieben. In milderer Form wiederholte sich das an verschiedenen Orten. Man wußte meist nicht, ob es sich um Kommunisten oder Nazis handelte; die Methoden waren die gleichen.

Die Wahlen am 6. November brachten eine verhältnismäßige Schwächung der Nazis in den rein protestantischen Gegenden, eine ganz leichte Schwächung der Zentrumspartei, eine gute Behauptung der SPD, ein leichtes Anwachsen der kommunistischen Stimmen und ein völliges Scheitern der Hoffnungen des Herrn Dingeldey und ihm verwandter Politiker. Nur die Deutschnationalen nahmen etwas zu. Wiederum war es eine völlig unentschiedene Wahl. Nur in einem Punkt war sie klar und eindeutig: Genau dieselbe Mehrheit wie im Parlament, nämlich 90 %, hatte auch bei der Wahl gegen Papen gestimmt.

Dieses erwartend, hatte ich in Kaas' Münstersche Rede einen Vorschlag hineingebracht, der einen Ausweg aus der Situation aufzeigen konnte. Um den Reichspräsidenten aufzuklären über die wirkliche Lage und ihn aus der Sackgasse herauszuführen, sollte ein Mann berufen werden, der genügend politische Erfahrung besaß, selbst aber kein Amt in einer neuen Regierung übernehmen durfte, mit der einzigen Aufgabe, die Fühlung zwischen den Parteien herzustellen und die vernünftige Bildung einer Mehrheit zu ermöglichen, die sich auch auf die Vorbereitung gewisser Verfassungsänderungen einigen konnte. Ich dachte dabei an verschiedene Persönlichkeiten, etwa an Schleicher oder an Kaas oder einen Mann vom Schlage Goerdelers oder Geßlers. Dieser Vorschlag erregte, nicht ohne Grund, das besondere Mißtrauen Papens. Eine einzige Aussprache mit einer in der Politik erfahrenen Persönlichkeit würde den Reichspräsidenten belehrt haben, daß er mit der Fortsetzung der bisherigen Politik sich auf dem besten Wege zu einer letztlichen Kapitulation vor den Nazis befand.

Nicht durch naßforsches Bekämpfen der Nazis, nachdem SA und SS wieder zugelassen waren und stark zugenommen hatten, sondern durch ihr vorsichtiges Hineinspielen in langwierige politische Verhandlungen, die aber vor der Öffentlichkeit stattfinden mußten, konnte man die Nazis entweder zu positiver Mitarbeit zwingen oder ausreichend entlarven. Papen zog wieder sogenannte direkte Verhandlungen mit den Nazis vor, mit dem Ziel, sie unter allen Umständen scheitern zu lassen. Diese Art der Verhandlungen konnte aber nur die Wirkung haben, die extremen Gruppen bei den Nazis zu stärken und, wie es sich beim Berliner Straßenbahnerstreik zeigte, die stets latente Möglichkeit einer Zusammenarbeit zwischen Nazis, Kommunisten und Sozialdemokraten in die Wirklichkeit umzusetzen.

Für mich selbst entstand nach den Wahlen vorübergehend eine sehr unangenehme Situation. Entgegen der in Badenweiler vereinbarten

Tendenz rief mich am ersten oder zweiten Sonntag nach den Wahlen, als ich zum Mittagessen bei Freunden war, plötzlich Kaas an und bat mich, da er sich selbst nicht wohl fühle, zu einer sofortigen Besprechung zum Reichstagspräsidenten zu gehen. Dort traf ich außer Göring noch jemanden, wenn ich nicht irre, war es Frick. Hitler erschien nicht. Nach einiger Zeit kam Strasser mit seinem Adjutanten Schulz. Ich selbst hatte schnell noch Bell als Zeugen hinzugebeten.

Ein Ziel konnten wir in den Ausführungen von Göring nicht entdecken. Er erzählte von einem Abendessen beim Kronprinzen, an dem sämtliche Minister teilgenommen hätten, wo die Frage eines monarchistischen Putsches besprochen worden wäre. Göring konnte Einzelheiten dieser Unterhaltung bringen, was mich erstaunte; ich wußte noch nicht, daß eine Hofdame der Kronprinzessin seine Agentin war. Seine Rage erklärte sich, wie ich später erfuhr, zum Teil daraus, daß er nicht, wie er gehofft hatte, zu diesem Abendessen eingeladen worden war. Dann erzählte er Dinge über das politische Durcheinander im Hause des Reichspräsidenten. Ich hörte dies schweigend an, wohl wissend, daß es leider allzu richtig war. Er berichtete über infame Pläne Papens gegen Kaas und die Zentrumspartei. Auch da verhielt ich mich gleichgültig.

Dazwischen läutete alle fünf Minuten das Telephon. Bald sprach Göring mit Hitler und seinem Adjutanten, bald mit Herren, die entweder selbst der Reichswehr angehörten oder ihm Informationen aus der Reichswehr gaben, bald mit Persönlichkeiten aus dem Haus des Reichspräsidenten. Mir schien all das weder Sinn noch Verstand zu haben. Ich hörte mir die Ausführungen kühl an und erklärte ihm nur, es würde seiner Partei wahrscheinlich nichts anderes übrigbleiben, als zum mindesten die Fahne des Parlamentarismus vorübergehend zu entrollen. Mit uns sei nicht zu reden, bevor nicht die Stellvertretung des Reichspräsidenten gesetzlich gesichert sei. Ich bat ihn, die in der Münsterschen Rede ausgesprochene Idee mit zu unterstützen; er verhielt sich nicht ablehnend.

Dann ließ ich Bell mit Göring noch einige Sachfragen besprechen. Wir brachen ab mit dem Vorschlag, Hitler möge mit Kaas unmittelbar verhandeln. Strasser hatte die ganze Zeit schweigend und mürrisch dabeigesessen. Einen Augenblick dachte ich daran, als er mit Schulz vor mir die Treppe hinunterging, ihn anzusprechen. Ich merkte aber, daß oben an der Balustrade der Adjutant Görings uns beobachtete. Ich zog bei dem mir bekannten Haß zwischen Strasser und Göring vor, die Gelegenheit nicht wahrzunehmen. Das war ein Fehler; einige Tage danach sollte es sich zeigen.

Inzwischen wurde Hitler vom Reichspräsidenten empfangen, der ihn sehr schneidig abfertigte. Dann kam ein öffentlicher Notenwechsel zwischen Meißner, als Beauftragtem des Reichspräsidenten, und Hitler. Meißner erzählte über die Art und Form meines Regierungsauftrages beim zweiten Kabinett Legenden und verstieg sich zu der Behauptung, ich hätte, unter der Voraussetzung der Neubildung eines Kabinetts, das völlig losgelöst sei von jeder parteipolitischen Bindung, alle Vollmachten vom Reichspräsidenten erhalten. Dies war ein Täuschungsmanöver nach jeder Richtung. An öffentliche Richtigstellung war nicht zu denken, weil ich die letzten Möglichkeiten einer Berufung von Kaas als Vermittler seitens des Reichspräsidenten zerstört hätte.

Am Tage des letzten Notenwechsels zwischen Meißner und Hitler, der zum Bruch führte, wurde mir mitgeteilt, Strasser sei im Gremium der Naziführer völlig unterlegen, Göring und Goebbels hätten die Oberhand und drängten Hitler zu radikaler Entscheidung. Mein Gewährsmann berichtete, Strasser sei aus dem Kaiserhof herausgestürzt und planlos, mit sich selbst redend, über den Wilhelmsplatz hin und her gelaufen. Ich müsse sofort mit ihm zusammenkommen, um ein Unglück zu verhüten. Ich erklärte mich dazu bereit, und der Mittelsmann ging wieder fort. Ehe er zurückkam, hörte ich, daß Strasser alle Ämter niedergelegt habe.

Mein Gewährsmann, der zwei Stunden später zurückkam, hatte Strasser nicht mehr erreichen können und konnte mir nur berichten, daß Hitlers letzter Schriftsatz an Meißner, wie die vorangegangenen auch, im Kaiserhof von Schacht diktiert worden sei. Reinhart von der Commerz- und Privatbank, Intimus von Meißner und Bewunderer von Hitler, pendle zwischen dem Büro von Meißner und dem Kaiserhof hin und her. Die nachdenklicheren Nazis waren darüber sehr beunruhigt, weil Meißner auf diese Weise wahrscheinlich alles erführe über die scharfen Meinungsdifferenzen, die zwischen den Naziführern im Kaiserhof ausgetragen wurden. Hitler selbst, nach Leistung der Blanko-Unterschrift für die letzte von Schacht diktierte Note und nachdem Strasser alle Ämter niedergelegt hatte, sei vergnügt in die Oper gegangen, um sich die „Meistersinger" anzuhören. Darüber wurde in jenen Tagen ein viel wiederholter Witz gemacht: Hitler sei, der Politik müde, zu dem „Meißner-Sänger" gegangen.

Der Widerstandswille der Naziführer steigerte sich nach diesen Vorgängen zum Äußersten. Das Ausscheiden von Strasser, der meinem Gefühl nach von der Reichswehr dazu ermutigt worden war, hatte keineswegs die Partei gesprengt, sondern im Gegenteil alle andern Fehden vergessen lassen und vorübergehend sogar den Haß zwischen Göring und Goebbels beseitigt. Auch das divide et impera muß mit Verstand gemacht werden. Die einzige Wirkung von Schleichers und Papens Politik war, daß Strasser, der einzige, der in der Lage war, noch eine Brücke zu andern Gruppen zu schlagen, vom politischen Leben praktisch ausgeschaltet wurde. Das sagte ich zu verschiedenen Leuten, die Beziehungen zu Oskar Hindenburg und Schleicher hatten und dort meine Auffassungen hinterbrachten.

Vielleicht dadurch bewogen, entschloß sich der Reichspräsident, Kaas kommen zu lassen und ihm den Versuch zur Bildung einer Mehrheitsregierung aufzutragen. Die Form und der Zeitpunkt waren aber so gewählt, daß diese Mission von vornherein zum Scheitern bestimmt war. Kaas verhandelte mit Hugenberg, Hitler und anderen Parteiführern, meinem Eindruck nach in äußerst geschickter Weise; zumindest bei Hitler, denn dieser sagte zu Kaas, allmählich sei er zu der Überzeugung gekommen, daß die beiden einzigen der ihm bekannten Politiker, die das Wohl des Volkes wollten und nicht intrigierten, Kaas und ich seien. Er hielt dann in leidenschaftlicher Form vor Kaas eine Rede über die Vergiftung und Korruption in der Umgebung des Reichspräsidenten, wo die Leute nur ihre eigenen Ziele und Geschäfte betrieben; er wolle unter allen Umständen den Kampf gegen diese Atmosphäre aufnehmen und werde ihn so oder so durchfechten. Hugenberg verhielt sich listig abwartend. Er sah kühl seinen Weizen reifen. Nach anderthalb Tagen menschlich und politisch sehr interessanter Verhandlungen mußte Kaas seinen Auftrag ergebnislos in die Hände des Reichspräsidenten zurücklegen. Er nahm die Gelegenheit wahr, den Reichspräsidenten noch einmal dringend vor weiteren Experimenten zu warnen.

Während Kaas beim Reichspräsidenten weilte, wurde ich gefragt, ob ich zu einer Aussprache mit Meißners Stellvertreter Doehle bereit sei. Ich sagte, das müsse ich ablehnen; wenn Meißner meine Auffassung kennenlernen wolle, so stände dem nichts im Wege, daß er mich abends aufsuche. Ich stände ihm gern zur Verfügung. Meißner willigte ein, am übernächsten Abend um neun Uhr zu mir zu kommen. Er habe sichtlich erleichterten Herzens die Einladung angenommen und erklärte, „in den Augen von Brüning scheine ich noch der einzig anständige Mensch zu sein". Am Tage vorher ersuchte Bracht Prälat Kaas um eine Unterredung. Als stellvertretender Reichskommissar für Preußen und in dieser Eigenschaft Mitglied des Reichskabinetts enthüllte Bracht in einer mehrstündigen Unterhaltung mit Kaas ein Bild von der Unfähigkeit der

Regierung, vor allem von der Unzulänglichkeit und Charakterlosigkeit des Kanzlers, wie es nicht einmal der wildeste Kommunist gewagt hätte. Er beschwerte sich über die dauernden Übergriffe der Reichswehr und über die Anmaßungen von Schleicher. Die Quintessenz seiner Ausführungen war, daß Papen, wenn das Volk nicht vor die Hunde gehen solle, unter allen Umständen verschwinden müsse.

Die Unterhaltung von Bracht mit Kaas war mir im Zusammenhang mit andern Informationen ein wertvoller Fingerzeig für mein Gespräch mit Meißner am nächsten Abend. Meißner blieb bis Mitternacht bei mir. Ich vermied es, von der Vergangenheit zu sprechen, und sagte ihm, nach meiner festen Überzeugung sei die Reichswehr bei einer Fortsetzung der Papenschen Politik nicht in der Lage, Ruhe und Ordnung aufrechtzuerhalten. Es gebe nur eine Lösung: ein vorsichtiges Zurück auf die Grundlinien meiner Politik. Meißner fragte, wer das einleiten solle. Antwort: Obwohl ich es ablehnte, mich mit Schleicher zu unterhalten, sei es doch meine Ansicht, daß Schleicher allein die Rolle, die Kaas vergeblich gespielt habe, noch einmal erfolgreich aufgreifen könne, selbst wenn sie dazu führe, daß er selbst neben dem Reichswehrministerium vorübergehend auch noch die Kanzlerschaft übernehmen müsse. Man könne Papen irgendein bedeutendes Amt geben, das ihm einen Glorienschein verleihe, ohne daß er weiteres Unheil anrichten könne. Ich selbst sei bereit, weil ich die Dinge einem chaotischen Ende zueilen sähe, zwar nicht mit Schleicher persönlich zu verhandeln, aber aus einer Reservestellung heraus ihn zu unterstützen. Meißner verließ mich, ohne sich zu diesen Gedankengängen zu äußern.

Wie ich bald erfuhr, bereitete Papen jetzt den sogenannten Hauptschlag vor: gleichzeitiger Vorstoß gegen NSDAP, SPD, KPD, gegen die Gewerkschaften, gegen einen Generalstreik und alles, was ihm in Verfolgung seiner romantisch-reaktionären Ideen noch hätte im Wege stehen können. Meinen Informationen nach hatte Papen am Tage, bevor er gestürzt wurde, sich für diesen Gedanken die volle Unterstützung des Reichspräsidenten gesichert. Ich wußte zwar, daß die Reichswehr starke Besorgnisse hatte, aber ich hatte mich bereits mit dem Unvermeidlichen abgefunden.

Um so mehr war ich überrascht, als ich plötzlich einen Anruf bekam, Papen sei gestürzt. Ich konnte an der Richtigkeit der Mitteilung nicht zweifeln, um so weniger, als ich eine Stunde vorher den Besuch von Treviranus hatte, der zufällig Unter den Linden auf Bracht gestoßen sei, der völlig zermürbt ihn lange über den Charakter Schleichers vernommen habe, gegen den er das stärkste Mißtrauen hatte; Brachts Erwartung, daß Schleicher der nächste Kanzler sein würde, ging deutlich aus der Unterhaltung hervor.

Am Abend wurde ich informiert, am Vormittag habe eine Kabinettsitzung stattgefunden. Schleicher soll sich sehr zurückgehalten haben. Papen habe eine Putschaktion, als militärtechnisch durchführbar, befürwortet. Einzelne Mitglieder des Kabinetts, vor allem Bracht, hätten starke Zweifel gehabt, denen sich Neurath, Krosigk und andere anschlossen. Oberstleutnant Ott von Schleichers Stab wurde gerufen, um in rein militärischer Form die Einstellung der Reichswehr auseinanderzusetzen. Zur Bestürzung aller Beteiligten seien seine Auffassungen in allen Punkten den vorherigen Behauptungen Papens entgegengesetzt gewesen. Der Eindruck entstand, daß Papen das Kabinett belogen hatte. Meiner Auffassung nach kann Papen zunächst absichtlich irregeführt worden sein. Das Ergebnis war, daß Papen dem Reichspräsidenten die Demission des Kabinetts anbot. Herr von Neurath soll ihn auf Wunsch des Kabinetts zum Reichspräsidenten begleitet haben. Der Reichspräsident gab mürrisch seine Zustimmung zu der Demission Papens. Schleicher wurde berufen.

Eine ungeheuere Erleichterung ging durch die politischen Kreise. Ein Teil unserer Leute, vor allem die Gewerkschaftsführer, waren begeistert. Ich selbst war skeptisch. Dies war nicht die Lösung, die ich vorgeschlagen hatte, als ich den Namen Schleicher bei Meißner erwähnte. Es fand keine politische Besprechung mit den Parteien statt. Statt dessen wurde ein Kabinett gebildet mit denselben Regierungsmitgliedern wie früher, nur mit einem andern Kanzler. Ich hatte den Männern, die Brücken zwischen Schleicher und mir schlagen wollten, geraten, Schleicher solle Hugenberg und einige Nazis sofort in sein Kabinett aufnehmen. Statt dessen schien er den alten Kurs Papens fortsetzen zu wollen und zog sich dadurch die Todfeindschaft Hugenbergs zu.

DAS KABINETT SCHLEICHER

Beim Zusammentritt des Preußischen Landtags hielt der nunmehrige Alterspräsident Litzmann, General und Abgeordneter der NSDAP, eine geradezu unmögliche Rede gegen das Staatsoberhaupt, nach meinem Gefühl das Törichtste, was geschehen konnte. Ich täuschte mich aber noch einmal in der Person des Reichspräsidenten. Die beleidigenden Ausführungen eines alten Kriegskameraden bestärkten ihn nicht für Schleicher; er wurde unsicher und neigte nach einigen Tagen zum Nachgeben gegenüber den radikalen Forderungen Hitlers. Schleicher, zur höchsten Verantwortung berufen, tat, wie ich stets befürchtet hatte, gar nichts mehr. Er arbeitete eine Regierungserklärung aus, die er nicht im Reichstag abgab, sondern im Rundfunk vorlas. Es gelang uns jedoch, den schlechten Eindruck dieser Tatsache zu mildern. Planck hörte jetzt von Stunde zu Stunde mehr auf die Ratschläge, die alte erfahrene Geschäftspraktiker der Zentrumspartei wie Esser und Bell ihm gaben.

Der Reichstag trat zu einer beratenden Sitzung zusammen. Sie war hauptsächlich der Beschlußfassung einer großen Amnestie – in meinen Augen der Anfang vom Ende des Rechtsstaats – gewidmet. Alle unsere Juristen hatten dieselben Bedenken. Schleicher hoffte durch die Amnestie und einige Milderungen von Papens Notverordnung Zeit zu gewinnen und versöhnend zu wirken. Die Amnestievorlage nahm in den Verhandlungen zwischen Kommunisten, Nazis und der SPD ein erschreckendes Ausmaß an; die schwersten politischen Verbrechen wurden mit amnestiert. Ich versuchte die Zentrumsfraktion dagegen festzulegen, was mir nur teilweise gelang. Da Weihnachten heranrückte, war alles in einer friedseligen Stimmung und nicht geneigt, an letzte scharfe Prinzipien zu denken, vielmehr sentimentalen Regungen zu folgen. Der Reichstag vertagte sich; der Ältestenrat sollte Mitte Januar über den Wiederzusammentritt entscheiden.

Meine Besorgnisse galten im gleichen Maß auch der inneren Lage der Zentrumspartei. Die lange Abwesenheit des Parteiführers und das Fehlen von Fraktionssitzungen hatten den Zustand entstehen lassen, daß viele auf eigene Faust Verhandlungen führten. Kaas hätte nur ein einziges Mal den Parteiausschuß zusammenrufen und gegen diese Einzelverhandlungen Front machen müssen, so hätten sich 95% auf seine Seite gestellt. Er unterließ es. In Preußen verhandelten der gegen meinen Willen zum Vorsitzenden der Landtagsfraktion gewählte Prälat Lauscher und der Geschäftsführer der Fraktion Dr. Grass bald mit den Nazis, bald mit Schleicher. Warnungen vor den Charaktereigenschaften Görings und Schleichers schlug der den Berliner Politikern fremde Lauscher brüsk in den Wind. Dabei war er nur gelegentlich in Berlin und überließ die Fortsetzung der Verhandlungen Dr. Grass. Eine Bemerkung von Kaas im geschäftsführenden Vorstand, daß die Preußenfraktion nicht ohne Hinzuziehung der Reichsleitung verhandeln solle, führte zu einem Eklat zwischen den beiden Prälaten. Jahrelange gegenseitige Abneigung kam zum Durchbruch. Nur mit Mühe gelang es mir, beide zu einer Aussprache im Hedwigskrankenhaus zu bringen. Der Riß wurde überklebt, aber nicht geschlossen. Dr. Grass blies ins Feuer, nicht bewußt, sondern durch die Methode, die er sich unter Hess' Diktatur angewöhnt hatte.

Noch einmal gelang es mir, vor Weihnachten oder kurz danach, Bolz, Lauscher und Kaas an einem Abend im Hedwigskrankenhaus zusammenzubringen. Ich suchte ihnen in leidenschaftlicher Form klarzumachen, daß der Mangel an dauernder Zusammenarbeit und ihr sporadisches Auftreten in Berlin schließlich zu einer solchen Schwächung führen müßten, daß die Partei in der letzten Schlacht, die bevorstehe, nicht wegen mangelnder Treue der Wähler, sondern wegen mangelnder tätiger und selbstloser Zusammenarbeit der Führer zugrunde gehen würde. Ich befürchtete ohnehin, daß die Partei in die schwerste Krise kommen würde. Ich sei bereit wie in den vergangenen Monaten, wie ein Schäferhund hinter jedem einzelnen herzulaufen, aber mit gelegentlichen Aussprachen von einer halben Stunde alle vier Wochen ginge es jetzt nicht mehr. Sie überließen die Zügel auf diese Weise, ohne es zu ahnen, ehrgeizigen, der Windthorst-Tradition entfremdeten Persönlichkeiten. Trotz eines gewissen Eindrucks meiner Ausführungen lehnten die an sich sehr wohlgesinnten Herren es ab, die Lage als so gefahrvoll anzusehen.

Enttäuscht und bedrückt fuhr ich am zweiten Weihnachtstag nach Freudenstadt. Überraschend traf dort zwei Tage später Strasser bei mir ein. Wir sprachen bis tief in die Nacht miteinander. Er erzählte, daß Hitler und Papen am 7. Januar vormittags elf Uhr im Haus des Baron Schröder in Köln zusammenkommen würden. Das deckte sich mit anderen Nachrichten, die ich erhalten hatte. Schon am 10. Dezember sollte Papen geäußert haben, wenn er erführe, wer ihn gestürzt habe, so werde er dafür sorgen, daß dieser Mann beim Reichspräsidenten erledigt würde. Papen war in täglicher Fühlung mit dem Sohn des Reichspräsidenten geblieben, was dadurch erleichtert wurde, daß der Garten seiner Dienstwohnung, die er nicht zu räumen beabsichtigte, und der Garten des Reichspräsidenten-Palais' nebeneinanderlagen. Am 12. Dezember hatte ich bereits gehört, daß ein Mittelsmann zwischen Papen und Hitler unterwegs gewesen sei. Die einen nannten den Namen Werner von Alvensleben, die anderen Joachim von Ribbentrop. Schleicher wurde darüber einige Tage später informiert. Er wollte aber nicht glauben, daß Papen irgend etwas gegen ihn vorhabe. Papen habe ihm sein Offiziersehrenwort gegeben, niemals etwas gegen ihn zu unternehmen, und habe sich bemüht, von ihm seine Ernennung zum deutschen Gesandten in Wien zu erhalten. Ich war sehr beunruhigt, als solche Nachrichten sich häuften. Noch vor Weihnachten erhielt ich die Mitteilung, daß Graf Kalckreuth im Haus des Landbundes sich in dauernden Besprechungen bemühe, Hugenberg und Hitler zusammenzubringen. Allerdings wurde mir nie gesagt, daß sich an diesen Besprechungen auch Papen beteilige. Ich bat Strasser, sofort einen Getreuen zu Schleicher zu schicken und ihm unsere gemeinsame Warnung zu übermitteln. Vielleicht würde er dann endlich aufwachen. Strasser selbst empfahl ich, den Kopf unter den Arm zu nehmen und sich mit Hitler wieder auszusöhnen; er sei der einzige – wenn er in der Partei bleibe –, der eine friedliche Lösung herbeiführen könnte. Mir sei es gleichgültig, wer Kanzler sei oder würde. Ich würde jeden unterstützen, der guten Willens sei und die Politik auf ein Geleise zurückbrächte, das wenigstens annähernd der Verfassung entspreche. Strasser war sehr ernst. Er hielt eine Rückkehr in seine frühere Stellung in der Partei nicht mehr für möglich. Ich mache mir keine Vorstellung von dem Schmutz und den Intrigen in der Parteiführung. Darauf sagte ich ihm: „Sie müssen bereit sein, den Kampf dagegen aufzunehmen bis zur letzten Konsequenz, selbst bis zur Übernahme des Kanzleramtes in dieser verfahrenen Situation. Ich werde auch dann hinter Ihnen stehen. Aber vor einem warne ich Sie – fallen Sie nicht auf leichtsinnige Versprechungen von Schleicher herein. Sichern Sie sich seine Mitarbeit. Er ist klug, aber nicht treu. Deshalb müssen Sie ihn in Gegenwart des Reichspräsidenten festlegen. Sonst sehe ich nicht nur für Deutschland, sondern auch für Sie persönlich eine Katastrophe kommen." Wir schieden in sehr ernster Stimmung und vereinbarten, uns in vierzehn Tagen in Berlin wiederzutreffen. Strassers Verbindungsmann zu Schleicher sollte zu dieser Besprechung hinzugezogen werden, damit ich auch ihn warnen könne.

Als ich am Neujahrsmorgen in den Wald ging, fand ich den Leichnam eines Kellners, der sich in dem Eingang einer Waldhütte erhängt hatte. Es war das Symbol für die Ereignisse des beginnenden Jahres 1933. In der ersten Januarwoche in Berlin konnte ich nicht feststellen, daß sich die Parteien und die Presse nennenswerte Sorge um die weitere Entwicklung machten. Man hielt das Regime Schleicher für gefestigt, namentlich seitdem Groener eine Woche vorher in der „Vossischen Zeitung" einen Artikel veröffentlicht hatte, der sich in sehr vornehmer Form für Schleicher einsetzte und hervorhob, daß er zu der von mir vertretenen Linie zurückkehren würde. Ich mußte über die Bemerkung, daß Schleicher

„eine ähnliche Natur" sei wie ich, lächeln, aber der Artikel hinterließ bei der Linken und der Rechten starken Eindruck. Wieweit Schleicher selbst sorglos war, entzieht sich meiner Kenntnis. Seine Art, sich in Besprechungen auch mit meinen Bekannten jovial zu geben, konnte leicht über seine innersten Gedanken hinwegtäuschen.

Ich bat Kölner Freunde, schon am Neujahrstag zu beobachten, ob die Besprechung Hitler-Papen im Haus des Barons von Schröder tatsächlich stattfinde. Immerhin scheint Schleicher Papen zu sich gebeten und ihn auf sein Offiziersehrenwort gefragt zu haben, was an den Gerüchten über seine Verhandlungen mit Hitler wahr sei. Papen soll unter Ehrenwort die Erklärung abgegeben haben, er verhandle nicht, habe auch nicht die Absicht, mit Hitler zu verhandeln, und stelle sich loyal Schleicher zur Verfügung. Um so größer war die Erregung, als die Verhandlungen im Haus des Barons von Schröder tatsächlich stattfanden und die Presse in der Lage war, Photographien von dem Eintreffen Hitlers und Papens in das Haus zu bringen.

Über den wirklichen Inhalt dieser Verhandlungen erfuhr ich nichts Endgültiges. Es wurde gemunkelt, Papen habe durch Schröder die Wechsel, die die NSDAP für ihre Wahlausgaben ausgestellt hatte, aufkaufen lassen mit einem Betrag von sieben Millionen RM. In der Unterredung soll dann Papen Hitler mit gerichtlichem Vorgehen wegen Einlösung der Wechsel gedroht haben, falls er nicht bereit sei, mit Papen zu einer Einigung über die Politik zu gelangen. Die Nachricht von der Unterredung schlug wie eine Bombe ein; sie paralysierte Schleichers Aktivität und machte ihn unsicher.

Die Gefahren für Schleicher wuchsen, obwohl äußerlich sein Prestige nicht abnahm. Im Gegenteil: Durch seine außerordentlich geschickte Form der Konversation gelang es ihm nicht nur, mehr und mehr die gesamte Linkspresse einzufangen und Einfluß bei den Gewerkschaften zu gewinnen, sondern auch einzelne Persönlichkeiten aus dem Zentrum durch Versprechungen und Appelle an ihren Ehrgeiz für sich einzunehmen. Namentlich Imbusch und andere Gewerkschaftler spielten mit dem Gedanken eines Gewerkschaftskabinetts Schleicher-Strasser. Meine Warnungen waren vergeblich. Man glaubte Schleicher in einer so festen Position, im vollen Besitz des Vertrauens der Reichspräsidenten, Wehrmacht und Polizei hinter sich, daß er alles machen könne.

In dieser Zeit ließ Schleicher dauernd bei mir vorfühlen, wie ich auf seine Tätigkeit reagiere. Ich bekam täglich zwei oder drei solcher Besuche. Schon die Fragestellung der Besucher ließ mich vom ersten Augenblick an erkennen, daß sie von Schleicher geschickt waren. Ich stellte selbstverständlich Gegenfragen, vor allem, was Schleicher zu tun gedenke, wenn beim Wiederzusammentritt des Reichstags ein Mißtrauensvotum gegen ihn angenommen würde. Darauf kam stets die eine Antwort, daß er den Reichstag so oft auflösen würde, bis die Parteien erschöpft seien. Auf meine Bemerkung, daß dann auch die Wirtschaft völlig erschöpft sein würde und diese Taktik zur völligen Zertrümmerung der besonnenen Kräfte in der Politik führen müsse, bekam ich nur zynische Antworten Schleichers. Am Ende der zweiten Januarwoche erhielt ich über Landbundkreise die Bestätigung meiner Befürchtung, daß Schleicher für eine Reichstagsauflösung überhaupt keine Vollmachten mehr vom Reichspräsidenten bekommen würde. Ich erzählte das den Mittelsmännern Schleichers, die mir versicherten, daß Schleicher bereits die Zustimmung des Reichspräsidenten zu seinen Plänen habe.

Jetzt wurde ein Freund des Hauses Hindenburg, der mich öfter besuchte, von Oskar Hindenburg nicht mehr in der Wilhelmstraße empfangen, sondern in den Tiergarten bestellt. Nach seiner Darstellung ging Oskar Hindenburg dabei nicht auf sachliche Gegenstände ein, sondern beschwor ihn immer nur, jeden Verkehr mit mir abzubrechen. Außerdem gingen seine Informationen dahin, daß Papen bereit sei, mit jeder Gruppe zusammenzugehen, wenn er nur wieder an die Macht käme. Er bedauerte auch, daß Schleicher nach der Unterhaltung im Schröderschen Haus gegenüber Papen schon wieder vertrauensselig geworden sei. Oskar Hindenburg habe im übrigen völlig konfuse Auffassungen.

Gereke, Reichskommissar für Arbeitsbeschaffung im Kabinett – er konnte auf die Arbeitsbeschaffungspläne vom Frühjahr 1932, die schon im Juni hätten verwirklicht werden sollen, zurückgreifen –, bildete einen Beirat, der sich um eine Verbreiterung des Kabinetts nach rechts unter Einschluß Strassers bemühen sollte. Weil ich in dieser verfahrenen Lage darin einen Fortschritt sah, suchte ich ihm die Wege zu ebnen. Einer der Hauptvertrauensleute Strassers wurde in diesen Beirat berufen, ebenso ein Mann der Freien Gewerkschaften.

Im Haushaltsausschuß des Reichstages wurden Mitte Januar die sogenannten Osthilfe-Skandale aufgegriffen. Material war reichlich vorhanden, es stammte aber fast ausschließlich aus dem Jahre 1929, der Zeit der ersten Ostpreußenhilfe. Der Zentrumsabgeordnete Ersing hielt eine Rede, in der er erklärte, daß es mit dem besten Willen nicht ginge, daß die Regierung Geld für Kreise hinauswerfe, die dann die Regierung auf das heftigste bekämpften. Das war Wasser auf die Mühle der Deutsch-

nationalen und des Landbundes. Man fürchtete eine Volksbewegung gegen
die Osthilfe und warf sich deshalb Hitler in die Arme.

Auch zu uns streckte der Landbund Fühler aus. Ein Mitglied, ich weiß
nicht, ob im Auftrage der Gruppe oder spontan, teilte mir mit, daß die
Verhandlungen zwischen den Deutschnationalen, dem Landbund und
den Nazis bereits abgeschlossen seien und die Billigung Oskar Hindenburgs erhalten hatten. Wenn das Zentrum politisch nicht völlig vernichtet werden wolle, so solle es diese Warnung verstehen und sich nicht
restlos auf Schleicher festlegen. Da ich diesen Vertreter des Landbundes
seit nahezu einem Jahrzehnt vom Parlament her als einen sehr zuverlässigen Charakter kannte, mußte ich die Dinge ernst nehmen. Aus Nazikreisen wurde mir die Lage bestätigt. Ich konnte nur Kaas orientieren,
der aber diese Warnungen von sich abschüttelte. An weitere Kreise
konnte ich mich nicht wenden, da es unmöglich war, irgend etwas geheimzuhalten, und meine Gewährsmänner die größten Gefahren liefen.

Um diese Zeit hatte ich die geplante Unterredung mit Strasser. Ich
warnte ihn noch einmal und teilte ihm alle meine Beobachtungen mit.
Ich sagte ihm, es stehe für mich jetzt fest, daß Schleicher ein erledigter
Mann sei. Er solle sich unter keinen Umständen von ihm noch mißbrauchen lassen; sonst sei auch er politisch erledigt. Strasser war sehr unsicher,
erklärte mir, daß er das Wort des Reichspräsidenten habe und daß er sich
darauf verlasse. Es war mir schmerzlich, ihm sagen zu müssen, daß dieses
Wort nichts bedeute, weil der alte Herr manchmal gar nicht mehr wisse,
was er am Tage vorher versprochen habe. Es war das letzte Mal, daß ich
Strasser sah.

Schleicher unternahm nichts auf wirtschaftlichem Gebiet, als die Krise
auf ihrem Tiefstand war. Da der 24. Januar, der Termin für den
Wiederzusammentritt des Reichstags, sich näherte, bemächtigte sich der
Bevölkerung eine allgemeine Unruhe. Ein Manifest von Hugenberg
machte jedem, der seine Methoden kannte, deutlich, daß er sich bereits
der Unterstützung des Hauses Hindenburg gewiß war. Kurz vor dem
Termin der Reichstagssitzung erklärte mir Schäffer von der Bayerischen
Volkspartei, er habe jetzt die Verhandlungsmethoden Schleichers satt; er
werde auf niemanden mehr Rücksicht nehmen und mit Hitler über
die Bildung einer Regierung in Bayern sprechen. Ich brachte ihn mit
Grass zusammen, damit dieser den Ernst der Situation erkenne.

Schleicher, im Glauben, alle Vollmachten des Reichspräsidenten zu
besitzen, begann Besprechungen mit den Parteiführern, wobei er zynische
Bemerkungen über Hitler machte. Bei der Neigung, einem General alles

zuzutrauen, erweckte er den Eindruck, er habe die Situation restlos in der Hand. Die Bayerische Volkspartei und die SPD unterrichteten uns über diese Gespräche. Als auf einer Vorstandssitzung der Bayerischen Volkspartei mit der Zentrumspartei beide Parteiführer darüber referierten, was Schleicher von seinen Plänen und seiner Stellung mitgeteilt hatte, mußten wir feststellen, daß er mindestens einen von ihnen hinters Licht geführt hatte. Unter diesen Umständen riet ich, Schleicher zur Entscheidung zu zwingen. Wenn man den Reichstag um eine Woche vertage, so lasse man dem Kanzler Zeit genug, seine Stellung beim Reichspräsidenten zu klären. Falls sich dann herausstelle, daß er noch fest im Sattel sitze, könne man eine Vertagung des Reichstages auf längere Zeit riskieren.

Die Ältestenratssitzung fand am 20. Januar statt. Am Abend vorher war Herr von Keudell nach einem Jahr zum erstenmal wieder bei mir. Er zeigte mir einen Brief, den er an Oskar Hindenburg geschrieben hatte, in dem er ihn ersuchte, sofort ein Kabinett unter Hitler zu bilden. Mit Schleicher gehe es nicht weiter, er spiele alle Parteien gegeneinander aus. Ich sagte, wenn Hitler unter normalen Bedingungen Kanzler würde, so könne man die Lage noch einigermaßen ruhig betrachten. Ich stimmte ihm zu, daß, wenn Schleicher so unentschlossen fortführe, er alle wirklich konservativen Elemente ruiniere und selber in eine hoffnungslose Lage hineinkäme. Zum Schluß würde der Reichspräsident, soweit ich ihn kenne, in einer Panikstimmung entweder vor einer Linksrevolution abdanken oder Hitler die ganze Macht geben.

Mein ganzes Bestreben nach den Wahlen im Sommer 1932 sei gewesen, die Nazis zunächst einmal langsam an eine Mitarbeit im Parlament zu gewöhnen, um sie reif zu machen für eine Koalitionsregierung. Ich wisse, daß dafür an sich wenig Verständnis vorhanden sei, besonders bei der Linken, und doch sei es die einzige Möglichkeit, ohne eine schwere Erschütterung über die Krise hinwegzukommen. Man brauche das Wort parlamentarisch nicht in den Mund zu nehmen, aber letzten Endes sei es das einzige Wort für das System, die verschiedenen Gruppen, die überhaupt zur Mitarbeit geeignet seien, ohne schwere Erschütterungen in die Verantwortung zu bringen. Ich fürchte, daß Schleicher sich auf dem Weg befinde, der dieses letzte Ventil für lange Zeit unbrauchbar mache und zu einem blutigen Ende führen müsse. Ich hatte seit einem dreiviertel Jahr jede Gelegenheit genützt, um den Sozialdemokraten klarzumachen, daß man gewisse Risiken in Kauf nehmen müsse, um überhaupt noch zu einer Lösung ohne Bürgerkrieg zu kommen. Außer bei Hilferding hatte ich wenig Verständnis dafür gefunden.

Am Vormittag des 20. Januar kam Frick zu Esser, um vorzufühlen, ob das Zentrum bei einer längeren Vertagung mitmache. In Übereinstimmung mit der übrigen Leitung der Zentrumspartei war ich der Meinung, wenn die Nazis wirklich eine längere Vertagung wünschten, so solle man sich zusammenfinden. Damit schien das Kabinett Schleicher zunächst gerettet. Bei der Ältestenratssitzung stellte sich jedoch heraus, daß der Kanzler selbst, wie Staatssekretär Planck in seinem Auftrag mitteilte, zur baldigen unzweideutigen Klärung der politischen Lage jede Verlängerung der Vertagung über eine Woche hinaus ablehne. Jetzt wußten unsere Freunde wirklich nicht, woran sie waren. Der 31. Januar wurde für den Wiederzusammentritt des Reichstags festgelegt.

Spät an diesem Abend rief mich Planck an und bat um eine Unterredung; er wolle nur sein Herz ausschütten, es sei zu Ende. Als er dann am folgenden Abend bei mir war, erfuhr ich von ihm, daß Schleicher, auf Grund einer feierlichen Versicherung des jungen Hindenburg, daß er alle Vollmachten bekäme, sich zu der Vertagung um acht Tage entschlossen hatte, um dann eine Entscheidung herbeizuführen. Nachher habe Schleicher erfahren, daß Oskar Hindenburg umgefallen sei und daß der alte Herr weitere Vollmachten für ihn ablehne. In einer tragischen Wiederholung verfuhr der Reichspräsident mit ihm genauso, wie Schleicher es ihm mir gegenüber geraten hatte. Meinen Vorschlag, sofort eine neue Sitzung des Ältestenrats einzuberufen, lehnte Planck ab. Das habe keinen Zweck mehr, Schleicher sei erledigt.

Der Donnerstag und Freitag verliefen in größter Unruhe. Am Samstag, den 28. Januar, ging Schleicher zu Hindenburg zu einem letzten Vortrag und setzte ihm ruhig auseinander, welche Möglichkeiten er für die weitere Führung der Politik sehe. Statt darauf einzugehen, antwortete Hindenburg nur: „Ich danke Ihnen, Herr General, für alles, was Sie für das Vaterland getan haben. Nun wollen wir mal sehen, wie mit Gottes Hilfe der Hase weiterläuft." Schleicher selbst hat mir später so diese Dinge erzählt.

DER 30. JANUAR 1933

Papen wurde zum Reichspräsidenten gerufen. Er erhielt den Auftrag, über eine Regierungsbildung zu verhandeln in derselben Vermittlerrolle wie Kaas im November 1932. Nach wenigen Stunden zeigten Berichte, daß Papen diese Rolle als Tarnung benützte und daß er in bisherigen

Verhandlungen die Nazis hatte irreführen wollen. Er sprach mit den Mitgliedern des alten Kabinetts, mit Ausnahme Brachts, über ein Kabinett, an dessen Spitze er selbst stehen wollte. Krosigk, Neurath und Eltz sagten zu. Papen berief Werner von Blomberg aus Genf nach Berlin, um ihn zum Reichswehrminister zu machen. Erst dann fing er an, mit den Nazis zu verhandeln. Nach dem, was ich in diesen Tagen über die Vorgänge hatte erfahren können, dachte Papen, die Nazis mit ein paar nebensächlichen Posten im Reich und in Preußen abspeisen zu können. Dabei geriet er allerdings, was Hitler anging, an die falsche Adresse. Er drohte Hitler mit Enthüllungen, aber am nächsten Tage war er schon bereit, dem Reichspräsidenten Hitler als Kanzler vorzuschlagen. Darauf stellte Hitler seine Forderungen. Diese erregten wohl Bedenken beim Reichspräsidenten und erschienen Papen so ungeheuerlich, daß er sich entschloß, mit Hitler abzubrechen und doch ein Kabinett unter seiner eigenen Führung zu bilden.

Nun geschah etwas, was die mir so gut bekannten Charakterzüge des Reichspräsidenten wirksam werden ließ. Als General von Blomberg am Bahnhof Friedrichstraße ankam, erwartete ihn dort ein höherer Offizier des Reichswehrministeriums, der ihm befahl, sofort nach Genf zurückzureisen. Blomberg erklärte, er sei vom Reichspräsidenten hergerufen und werde darum mit dem Sohn des Reichspräsidenten vom Bahnhof aus telephonieren. Oskar Hindenburg erklärte dabei, die Berufung habe ihre Richtigkeit und er habe dem Höchstkommandierenden, dem Reichspräsidenten, Folge zu leisten. Schleicher war außer sich. Da er Blombergs politische Unerfahrenheit kannte, glaubte er, daß Papen, gestützt auf die Deutschnationalen, einem neuen Abenteuer zueile und daß dann die Reichswehr im Kampf gegen die Nazis und gegen die gesamte Linke zerbrechen müsse. Er berief die Führer der Gewerkschaften auf Sonntagnachmittag ins Reichswehrministerium und erklärte, wohl in Erregung, er werde die Potsdamer Garnison in Bewegung setzen, um Oskar Hindenburg, Papen und Hugenberg zu verhaften. Er wolle nicht, daß die Reichswehr nach mühsamster Arbeit politisch verbraucht würde. General von Bredow schwätzte diese Äußerungen Schleichers aus; sie kamen in entstellter Form zu Ohren des Reichspräsidenten. Dieser verlor, wie zu erwarten war, die Fassung und willigte ein, daß man mit Hitler verhandele und seine Bedingungen annehme.

Es wurde schon gemunkelt von einem Generalstreik am Montag. Als ich hörte, daß die Gewerkschaftsführer ins Reichswehrministerium gerufen worden seien, beantragte ich bei Kaas eine Vorstandssitzung, an der ich nur noch mit Mühe teilnehmen konnte, weil mich am Morgen eine schwere Grippe befallen hatte. Fiebernd versuchte ich, die dem Vorstand zugehörenden Gewerkschaftler zu bewegen, keine politische Aktion ohne Wissen des Parteiführers zu unternehmen. Kaas verstand nicht einmal, was ich wollte. Ich mußte mich zu Bett legen. Mit 40 Grad Fieber konnte ich nur noch telephonische Nachrichten entgegennehmen. In der Nacht, als ich starken Schüttelfrost hatte, wurde mir mitgeteilt, daß Hitler mit außerordentlichen Vollmachten Kanzler geworden sei. Das sei eben auf dem Internationalen Reit- und Fahrturnier von Meißner und Göring den Ministern und Ministerkandidaten mitgeteilt worden.

Erst einige Tage später erhielt ich genaue Nachrichten über die Vorgänge am 30. Januar. Die Minister wurden auf zehn Uhr zwecks Vereidigung zum Reichspräsidenten bestellt. Krosigk und Neurath, die nicht am vorigen Abend zum Reit- und Fahrturnier gegangen waren, glaubten, daß sie für ein Kabinett Papen vereidigt würden. Erst in letzter Minute erfuhren sie, daß es sich um ein Kabinett Hitler handelte. Zum Arbeitsminister war Seldte bestellt. Er hatte die Hoffnung aufgegeben und lag, als Meißner ihn anrufen ließ, um ihn zur Vereidigung zu holen, noch im Bett. Er erklärte, er werde kaum rechtzeitig da sein können. Man entschloß sich, Duesterberg zum Arbeitsminister zu machen. Er erschien rechtzeitig im Hause des Reichspräsidenten, wo man ihm mitteilte, er müsse Arbeitsminister werden und würde sofort vereidigt. Duesterberg, dessen Großvater Rabbiner gewesen war, nahm an. Als die Minister sich im geschlossenen Zug in das Zimmer des Reichspräsidenten zu gehen anschickten, erschien Seldte auf der Bildfläche. Duesterberg wurde die Ernennungsurkunde aus den Händen genommen und zerrissen, und Seldte erhielt seine alte Urkunde ausgefertigt.

Die neue Regierung war in Panikstimmung. Sie trat ihr Amt an, erließ eine Erklärung und löste den Reichstag auf. Schon am selben Abend hörte ich, daß vierzig Restaurants und leerstehende Häuser als Unterkunft für die SA gemietet seien, angeblich um einen bewaffneten Aufstand niederzuschlagen. Dann riß für einige Tage für mich die Orientierung ab. Ich konnte nicht mehr Zeitungen lesen. Der Arzt befürchtete eine Lungenentzündung, und mehrere Tage merkte ich, daß man sehr besorgt um mich war. Ich bat Kaas an mein Bett und sagte ihm, er solle sich unverzüglich mit der neuen Regierung in Verbindung setzen, um nicht völlig ausgeschaltet zu werden.

Dieser Aufgabe wurde er enthoben durch einen Brief Hitlers, durch den Kaas und ich zu einer Besprechung mit ihm aufgefordert wurden. Kaas und

Perlitius gingen hin. Hitler ließ durchblicken, daß er vielleicht nachträglich einen Zentrumsmann in das Kabinett hineinnehmen würde, und zwar als Justizminister. Ich traute diesem Angebot nicht. Falls es ernsthaft weiterbehandelt würde, schlug ich in erster Linie Bell, der die größte politische Erfahrung hatte, als Reichsjustizminister vor, in zweiter Linie Wegmann oder Schäffer. Kaas sollte an meiner Stelle diejenigen Herren empfangen, die mich bislang orientiert hatten. Statt dessen verlor er Stunden in Gesprächen mit Leuten wie Spahn und Gleichen von dem „Gewissen". Bereits am 1. Februar wurde veröffentlicht, daß die Verhandlungen Hitlers mit dem Zentrum zu keinem Ergebnis geführt und gezeigt hätten, daß eine Übereinstimmung nicht erzielt werden könne.

Schon vor Beginn der eigentlichen Wahlkampagne fingen Verhaftungen und Mißhandlungen auf offener Straße an. Eines Abends, als ich wieder aus dem Bett war, kamen, einer nach dem anderen, unsere Oberpräsidenten zu mir und berichteten über eine Sitzung der Ober- und Regierungspräsidenten, in der Göring mitgeteilt hatte, daß er alle Machtmittel des Staates für die Wahl zur Verfügung gestellt wissen wolle; die leitenden Beamten hätten ihren persönlichen Einfluß und die politischen Vollmachten für einen Wahlsieg der nationalen Parteien einzusetzen. Die Anwesenden waren erschüttert, daß die alte Auffassung vom Wesen des preußischen Beamtentums zugrunde ging. Nun kamen die ersten Notverordnungen über die Einschränkung der Pressefreiheit. Die Linke verhielt sich passiv.

Am ersten Tag, da ich mich besser fühlte, rief mich Schleicher an, ob er mich besuchen könne. Er war am 11. Februar nahezu vier Stunden bei mir. Es war das letzte Mal, daß ich ihn sah. Er schilderte mir die Vorgänge und wir sprachen über die Vergangenheit. Er erzählte, daß Hitler ihm bei der Verabschiedung gesagt hätte, es sei das Erstaunliche in seinem Leben, daß er immer dann gerettet würde, wenn er sich selbst schon aufgegeben habe. Schleicher berichtete Einzelheiten, äußerte sich sehr vornehm über den Reichspräsidenten. Es war nicht notwendig, zwischen uns beiden auch nur ein Wort über diesen Fall zu wechseln. Dagegen war er leidenschaftlich aufgebracht gegen Papen und den Sohn Hindenburg. Ich hatte tiefes Mitleid mit ihm und habe das Möglichste getan, um ihm während der ganzen Unterhaltung mit menschlichem Mitgefühl zu begegnen.

Als wir über die Zeit der Reichspräsidentenwahl 1932 sprachen, stellte ich fest, daß er schon völlig vergessen hatte, wie er in meinem Auftrag Ende Januar und Anfang Februar mit der Rechten zehn Tage lang

Verhandlungen über Hindenburgs Wiederwahl geführt hatte. Diese Tatsache schien mir ein Beweis für meine Auffassung von der Persönlichkeit Schleichers. Vielleicht war er nicht so sehr Intrigant aus dem Charakter heraus, wie es schien, weil er häufig und ohne Selbstkontrolle persönlichen Schwankungen in seiner Auffassung und in seiner Einstellung anheimfiel. Bei Männern, die ihr ganzes Leben im Nachrichtendienst verbrachten, wird es wohl immer schwer sein, festzustellen, was in ihrem Verhalten aus der Routine ihres Dienstes oder aus ihrem Charakter herrührt. Es kommt leicht vor, daß sie sich den ganzen Tag verstellen und blitzschnell Fragen in die Unterhaltung werfen, bloß um Reaktionen des Unterhaltungspartners zu erkennen, nicht weil die Fragen einer festen Überzeugung entspringen. Sie sind so sehr mit dem Geheimnisvollen und Hypothetischen beschäftigt, daß sie das Offensichtliche und Beständige unterschätzen.

Groener, der sich immer wieder so stark zu Schleicher hingezogen fühlte, war wesentlich anders veranlagt. Groeners Auffassungen waren schwer erarbeitet. Deshalb waren sie auf militärischem Gebiet nachher so kristallklar. In der Beurteilung von Menschen und ihrem Charakter war er etwas schwerfällig. Er rang nach den Worten – wie Bismarck oft – und bedurfte eines allmählichen Anlaufs, um klar und wirksam zu sprechen. Groener und Schleicher ergänzten einander völlig. Schon in Kolberg soll Schleicher als junger Major der treibende Kopf gewesen sein, während Groener mehr zum Abwarten neigte.

Alles in allem war Schleicher, wenn man den Nachrichtenoffizier von ihm abzieht, der einzige General seiner Generation, der immerhin eine gewisse Ahnung von der Politik hatte. Seine Fähigkeit, kleinliche Eitelkeiten und Intrigen und theoretische Rechthaberei schnell zu durchschauen und geschickt auszunutzen, paßte auch gerade für das deutsche Parteiwesen. Wegen seiner Ängstlichkeit vor letzten Entscheidungen durfte er nicht der erste Mann sein. Das war mir klar, als ich Meißner nach den Novemberwahlen einredete, daß Schleicher Kanzler werden müsse; in jenem Augenblick gab es keine andere Wahl.

Walter von Reichenau versuchte als Chef des Ministeramts die Rolle Schleichers weiterzuspielen, ohne überhaupt Grundsätze oder einen größeren Horizont zu haben. Schleicher klärte mich im übrigen darüber auf, daß schon lange im Hause des Divisionspfarrers der ostpreußischen Division Besprechungen zwischen Hitler, Blomberg und Reichenau stattgefunden hatten. Nun verstand ich vieles aus dem Verhalten Blombergs im Jahre 1932.

Ich versuchte nachher, das Gespräch mit Schleicher niederzuschreiben, ohne die Aufzeichnung zu Ende bringen zu können, weil die Wahlen kamen. Das tatsächlich Niedergeschriebene wurde vermutlich vor einer bevorstehenden Haussuchung nebst meinen anderen Papieren verbrannt. Es ist bedauerlich, diese Dinge für die Geschichtsschreibung nicht zu haben. In den vier Stunden haben wir beide noch einmal unser Gedächtnis über die zurückliegenden Jahre auffrischen können.

Für den 15. Februar hatte ich eine Einladung beim englischen Botschafter angenommen. Ich traf dort Krosigk. Angesichts der schon zahlreich begangenen Grausamkeiten und der schon jetzt klar erkennbaren Lockerungen des Gefüges benützte ich die Gelegenheit, um Krosigk auf die Gefahren aufmerksam zu machen und ihn daran zu erinnern, daß er bei seiner religiösen Einstellung ganz besondere Aufgaben im Kabinett habe. Ich hätte ihn wegen seines weiteren Verbleibens in späteren Kabinetten gedeckt und verteidigt, aber er müsse sich klar darüber werden, daß er nicht alles mitmachen könne, falls nicht sein Charakter vor der Geschichte leiden solle.

In diesen Tagen kamen mehr und mehr Freunde aus anderen Parteien, die auch Nachrichten aus dem Hause Hindenburg brachten. Der Präsident sei zufrieden, daß er den Sprung über die Hürde gemacht und nun für lange Zeit Ruhe habe. Diese Charaktereigenschaft wisse Hitler sehr geschickt auszunützen, und aus der früheren Ablehnung Hitlers sei schon eine beginnende Sympathie für ihn beim Reichspräsidenten entstanden.

Am 16. Februar war ich soweit wiederhergestellt, daß ich an einer Vertrauensmännerversammlung in Breslau teilnehmen konnte. Wie mir gesagt wurde, seien alle Sicherheitsmaßnahmen getroffen, um zu verhindern, daß irgend etwas von meinen Ausführungen über den Kreis der Versammelten herauskäme. Am nächsten Tag stand in einer Berliner Zeitung, zwar entstellt, aber ausreichend für die Gegner, die Quintessenz meiner Ausführungen. Am 18. Februar sprach ich in Würzburg schon unter dem Schutz eines starken Polizeiaufgebots. Die Stimmung war noch sehr kampfesfroh, mehr als ich erwartet hatte. Am 19. sprach ich in Ravensburg und Biberach. Der Leiter der Überlandzentrale holte mich im Auto ab, und ich wohnte bei ihm. Aus diesem Grunde wurde er später verhaftet, seine Ehre vorübergehend zerstört und er aus seiner Stellung entlassen. Nach einjährigem Verfahren wurde die Anklage gegen ihn fallengelassen. Ein württembergischer Wirtschaftsführer zwang die Presse zu einer Nachricht, die seine volle Rechtfertigung enthielt. Jetzt begann eine Zeit, in der für nahezu anderthalb Jahre jeder, der mich aufnahm oder aus seiner wohlwollenden Gesinnung mir gegenüber keinen Hehl machte, schwer darunter zu leiden hatte, etwas, was viel bedrückender ist, als sich selbst unmittelbar verfolgt zu wissen.

Am 20. Februar morgens fuhr ich von Ulm nach Kaiserslautern. In Kaiserslautern herrschte schwüle Stimmung. Während der Hauptversammlung fielen Schüsse. Das Publikum wurde unruhig, zumal in diesen Tagen wiederholt Angriffe auf Politiker versucht wurden. Stegerwald wurde tags darauf in Krefeld überfallen und am Kopf verletzt. Ähnliche Nachrichten lagen über eine Anzahl unserer Freunde vor. Die Redner der Linken konnten häufig überhaupt nicht mehr in Versammlungen sprechen. Proteste beim Reichspräsidenten hatten nicht den geringsten Erfolg. Als ich aus der Versammlung in Kaiserslautern herauskam, stand ein Polizeikommando dort unter einem sehr tüchtigen Offizier. Ich wurde in ein Auto gebracht, und Polizeiwagen folgten. Ich hörte hinter mir Schüsse; mehrere junge Leute der Bayerischen Volkspartei lagen tot oder verwundet auf der Straße. In Breslau war die Jahrhunderthalle voll besetzt. Ich hatte das Gefühl, von meinen Breslauer Wählern Abschied nehmen zu müssen.

Weiter ging es nach Niederschlesien, Hannover, ins Industriegebiet. Zwischen Düsseldorf, Elberfeld, Dortmund und Essen fand ich die geschulteste Wählerschaft. Vor der Essener Versammlung traf ich mich mit Kaas. Er wollte nicht mehr reden und versprach sich auch nichts mehr von einem Appell zur Erhaltung des Rechtsstaates. Der Abend zeigte, daß er völlig unrecht hatte; es war eine Freude, wie die Zuhörer mitgingen, als ich vom Rechtsstaat sprach und eine scharfe Untersuchung der Vorgänge beim Reichstagsbrand forderte. Von dieser Versammlung fuhr ich nach Berlin zurück.

Morgens um neun Uhr erhielt ich die ersten Warnungen wegen der Versammlung im Sportpalast am gleichen Abend. Von einem Kabinettsangehörigen erfuhr ich, daß diese Warnungen ihren Grund hatten. Mir wurde dringend geraten, vor vier Uhr das Hedwigskrankenhaus zu verlassen, weil mir sonst auf dem Wege zum Sportpalast etwas passieren würde. So ging ich um vier Uhr in ein Haus, das nicht allzuweit vom Sportpalast lag. Die Warnungen häuften sich, auch von Polizeioffizieren, die mir mitteilen ließen, daß sie zwar die Versammlung sichern könnten, aber nicht den Weg dorthin und nicht meine Rückkehr. Sie würden aber vorbereiten, daß ich mich durch einen Nebeneingang aus dem Sportpalast entfernen könnte.

Es sollte meine letzte Rede sein. Der Sportpalast war überfüllt. Eine ungeheuere Begeisterung beherrschte die Teilnehmer. Ich war in der Stimmung eines Menschen, der nichts mehr zu verlieren hat, fast heiter. Meine Worte über den Rechtsstaat und der Appell an den Reichspräsidenten hatten eine gewaltige Wirkung. Die überwachenden Beamten der Polizei lächelten humorvoll. An einem Nebenausgang des Sportpalastes stand ein Auto, das mich nach Schluß der Versammlung in großem Bogen um Berlin in mein erstes Versteck im Osten Berlins brachte. Dort blieb ich zwei Tage. Als das Wahlergebnis bekannt wurde, konnte ich zu meiner Freude feststellen, daß die Wählerschaft des Zentrums sich fabelhaft gehalten hatte.

Die nächsten Tage verliefen ohne besondere Ereignisse. Über die Absichten der Regierung war nichts zu erfahren. Eine prominente Persönlichkeit der Ära Schleicher besuchte mich und fragte, ob ich glaube, daß er, ohne etwas zu verpassen, für ein halbes Jahr eine Reise machen könne. Ich antwortete, er könne ruhig für ein Jahr gehen, vorher sei kein Wechsel zu erwarten. Dies erschütterte ihn sehr. Er folgte aber diesem Rat, kehrte gerade drei Wochen vor der Ermordung Schleichers zurück und wurde selbst für 48 Stunden eingesperrt.

ABSTIMMUNG ÜBER DAS ERMÄCHTIGUNGSGESETZ

Die Haussuchungen und Verhaftungen häuften sich. Der Reichstagsbrand und die Nachrichten über seine angeblichen Urheber wirkten beim breiten Publikum so, daß es sich über die Gewalttaten der Regierung nicht mehr aufregte. Die Menschen waren wie betäubt. Als ich einen Abend bei einem prominenten Politiker noch einmal eingeladen war, erzählte ich, daß vor dem Haus zwei Kriminalbeamte ständen, die seine Besuche überwachten. Man glaubte mir nicht. Ich bat, in einem Zimmer das Licht auszulöschen und mit mir vor den Vorhang zu treten. Wir sahen dort die beiden genauso stehen wie eine Viertelstunde vorher. Jetzt kam man zur Erkenntnis dessen, was bevorstand.

Allmählich wurde klar, daß die Nazis konsequent auf ein allumfassendes Ermächtigungsgesetz hinarbeiteten. Ihr Angebot einer Beteiligung der Zentrumspartei am Kabinett war nicht ernst gemeint gewesen. Während sie mit Kaas freundliche Worte wechselten, bewarfen sie unsere Freunde im Lande mit den ungeheuerlichsten Beschuldigungen. Zeitungen wurden verboten, katholische Vereine bedrängt. Die Verwarnungen und das Einschreiten gegen katholische Organisationen machten einen Teil der höheren Geistlichkeit mürbe. Sie kamen gelaufen und baten, man solle doch eine freundliche Haltung zur Regierung einnehmen. Ich ahnte damals und schon seit langem ihre finanzielle Abhängigkeit von der Regierung; die volle Tragweite dieser Abhängigkeit wurde mir jetzt erst schrittweise bewußt. Die Verleger der katholischen Zeitungen wurden nervös, sie befürchteten den Ruin ihrer Unternehmen. Es gelang nicht, sie zu überzeugen, daß dieser Ruin sowieso kommen würde. Schon vor dem 21. März schwenkte die „Augsburger Post" völlig um; das war das erste Signal.

Unterdessen waren nahezu sämtliche Kommunisten und einige Mitglieder der SPD verhaftet. Noch einige Verhaftungen, und die Parteien rechts von der Zentrumspartei hatten bereits eine Zweidrittelmehrheit im Reichstag. Damit wären wir ausgeschaltet. Es mußte ein letzter Versuch gemacht werden, die unglücklichen Wähler des Reichspräsidenten vor Verfolgung und Ermordung zu schützen. Ein schweres Beginnen, weil der Druck und die absolute Passivität des Reichspräsidenten lähmend wirkten und andererseits der von uns selbst vergrößerte Mythos Hindenburgs sogar bei unseren eigenen Wählern den Blick für die Realität trübte.

Wohl aber sahen die alten konservativen Kreise nun ein, in welche ungeheuerliche Situation selbst die DNVP unter Hugenberg geraten war. Zu nächtlicher Stunde erhielt ich die Besuche ihrer Vertreter. Ich muß zu ihrer Ehre sagen, daß sie bereit waren, leidenschaftlich für die Grundrechte der Verfassung zu kämpfen und zu leiden. Wir einigten uns auf folgende Forderungen: 1. Freiheit der Meinungsäußerung; 2. Aufrechterhaltung des Rechtsmittelwegs gegen Verbote und Verhaftungen, vor allem Feststellung des Tatbestandes, bevor ein Verbot oder eine Verhaftung aufrechterhalten werden konnte; 3. Unabsetzbarkeit der Richter; 4. Sicherung der Beamtenrechte; 5. Abänderung der Verordnung des Propagandaministers; 6. ein Gesetz über die Anwendung von § 2 der Verordnung vom 28. 2.; 7. nur Schwarz-Weiß-Rot als Flagge; 8. präventiv jederzeit die Fragen des Rechtsstaates vorher gemeinsam zu erörtern und die Fragen besonders voranzutreiben, die unzweifelhaft die Verfassungswidrigkeit der Regierungsmaßnahmen klarstellen konnten.

Es wurde versucht, diese Forderungen dem Reichspräsidenten vorzutragen und ihm mitzuteilen, daß sie in meinen Augen ein Bestandteil seines Verfassungseides seien und das seinen Wählern gegebene Versprechen erfüllten. Es war für die Herren sehr schwer, ihren Vertrauensmann an den Reichspräsidenten heranzubringen. Der Sohn bemühte sich, es unmöglich zu machen. Ich erkannte dies sehr klar, als Papen eines Tages den deutschnationalen Oberbürgermeister von Düsseldorf, Dr. Lehr, zu mir entsandte. Lehr erklärte, er habe die Vollmacht von Papen, mit mir zu verhandeln über meine Ideen zur Sicherung des Rechtsstaates. Er sei bereit, sie zu unterstützen, wenn vorerst zwei Bedingungen erfüllt würden: erstens, die christlichen Gewerkschaften sollen aufgelöst werden; zweitens, die Zentrumspartei solle erklären, daß sie auf irgendeine ausschlaggebende Rolle in der Politik verzichte. Ich mußte lächeln und war sehr geneigt, laut aufzulachen. Ich antwortete Lehr, daß ich auf diese beiden Bedingungen dann antworten würde, wenn er in der Lage wäre, mir zu sagen, was dann die positiven Vorschläge Papens waren. Ich merkte bald sehr deutlich, daß er gar keine hatte.

Trotzdem führte ich, um nichts zu versäumen, das Gespräch weiter. Eine Einheitsgewerkschaft sei mir in keiner Weise unsympathisch, und die ausschlaggebende Stellung der Zentrumspartei sei sowieso vernichtet. Wenn Papen zusichern könne, daß er seinen ganzen Einfluß im Kabinett ausnütze, so konnten wir zusammenwirken. Lehr kam nach einigen Stunden wieder und versicherte, daß Papen gemeinsame Vorschläge bis zum äußersten im Kabinett unterstütze. Wir einigten uns dann auf folgende Punkte: 1. keine Blankovollmacht für die Reichsregierung; 2. Einzelverhandlungen im Sinne der Punkte, die ich mit den altpreußischen Konservativen abgesprochen hatte; 3. zunächst nur formaler Zusammentritt des Reichstags, dann Vertagung um zwei Monate. Mit den zwei Monaten Vertagung sollte Zeit für ruhige Verhandlungen über das Ermächtigungsgesetz gewonnen werden.

Mit diesen Vorschlägen ging Papen hausieren. Die Nazis erkannten, daß sie dadurch mit ihrer Regierung auf einen verfassungsmäßigen Weg abgedrängt werden konnten, und beeilten sich, sie zu sabotieren. Ich selbst habe nach der zweiten Unterhaltung von Lehr nichts mehr gehört. Wenige Tage darauf wurde er verhaftet wegen angeblicher Vermengung privater und öffentlicher Finanzen in Düsseldorf. Er saß nahezu anderthalb Jahre im Gefängnis. Den altpreußischen Konservativen gelang es nicht, eine ernsthafte Unterhaltung mit dem Reichspräsidenten herbeizuführen.

Noch eine Hoffnung winkte. Durch Mittelsmänner wurde eine Besprechung mit Hugenberg vereinbart, in der ich Formulierungen zu einem Ermächtigungsgesetz und über die Artikel der Reichsverfassung, die von diesem Gesetz auszunehmen waren, unterbreiten sollte. Am Abend des

655 Vergebliche Einschaltung Hugenbergs

21. März traf ich Hugenberg, der von der Galavorstellung der Oper kam, und unterbreitete ihm alles. Wir hatten eine sehr lange Aussprache. Ich versuchte ihm noch einmal klarzumachen, daß er die ganzen Jahre eine falsche Beurteilung meiner Absichten gehabt hatte, und erwähnte, daß ich in der Hoffnung, nach den Neuwahlen 1930 doch mit ihm zu Rande zu kommen, die große Chance aus der Hand gelassen hatte, ihn in der entscheidenden Reichstagssitzung im April 1930 zu einem positiven Vertrauensvotum zu zwingen. Wir gingen die späteren Jahre durch. Ich glaubte zum erstenmal, Eindruck auf ihn zu machen.

Er versprach, sich für meine Formulierungen einzusetzen. Ich vereinbarte mit ihm, daß diese, wenn er eine Rücksprache mit Hitler gehabt hätte, von der DNVP als Abänderungsanträge zum Ermächtigungsgesetz eingebracht werden sollten.

Ich wußte damals noch nicht, daß die Abgeordneten Spahn und Stadtler in der Fraktionssitzung der DNVP am 20. März bereits einen Antrag gestellt hatten, die Partei aufzulösen und zur NSDAP überzutreten. Dabei hatten sie schon die Hälfte der Fraktion hinter sich. Hugenberg ließ sich von diesen Dingen nichts anmerken.

Er ließ mir erst in der entscheidenden Reichstagssitzung die Nachricht zukommen, und zwar wenige Minuten vor der zweiten Lesung, daß er nicht in der Lage gewesen sei, trotz wiederholter Versuche, Hitler überhaupt zu sprechen. Es bleibe ihm zu seinem Bedauern nichts anderes übrig, als bedingungslos dem Ermächtigungsgesetz zuzustimmen. Das war nach Lage der Dinge viel schlimmer und machte die Zentrumspartei noch aktionsunfähiger, als wenn ich diese Verhandlungen nicht geführt hätte.

Außer Hugenbergs Verständigung mit mir liefen Verhandlungen zwischen Hitler und Kaas, der ab und zu einige jüngere Mitglieder der Fraktion und gelegentlich auch ein erfahrenes älteres Mitglied zu diesen Besprechungen mitnahm. Von Unterredung zu Unterredung sah ich Kaas' Widerstand erlahmen. Er hatte noch immer die Hoffnung, einen unserer Leute als Justizminister und mich als Außenminister durchdrücken zu können. Ich beschwor ihn, den letzten Gedanken nicht einmal zu erwähnen, weil er für mich untragbar sei und – was viel schlimmer wäre – im Hause des Reichspräsidenten von vornherein schärfsten Widerstand hervorrufe. Er ließ sich überzeugen und verstand auch, daß ich als Garant der Wahl des Reichspräsidenten nicht in ein Kabinett eintreten könne, das unter Mißachtung der Verfassung Mißhandlungen der Wähler des Reichspräsidenten zuließ.

Kaas' Widerstand wurde schwächer, als Hitler von einem Konkordat sprach und Papen versicherte, daß ein solches so gut wie garantiert sei. Das war die Frage, die Kaas naturgemäß und verständlicherweise am meisten interessierte, aus seiner ganzen Anschauungswelt heraus. Seit 1920 hatte er immer gehofft, ein Reichskonkordat mitzuschaffen. Für ihn als Prälaten war die Sicherung der Beziehungen zwischen dem Vatikan und dem Deutschen Reich eine entscheidende Frage, der die übrigen höchstens koordiniert, wenn nicht untergeordnet werden mußten. Hitler und Papen werden gemerkt haben, wie die wachsenden Aussichten auf ein Konkordat Kaas immer mehr fesselten. Er verlangte allerdings, daß Hitler in irgendeiner Form sich auf den Abschluß eines Konkordats festlegte.

Hitler ging so weit, die von Kaas vorgeschlagenen Formulierungen für seine Regierungserklärung im Reichstag zu akzeptieren, sogar Ausdrücke zu verwenden, die vermutlich kein katholischer Kanzler hätte ungestraft gebrauchen können. Kaas kam immer hoffnungsfreudiger von diesen Unterhaltungen zurück. Meine Warnung machte keinen Eindruck. Er erklärte mir, daß vor allem die Formel „die freundschaftlichen Beziehungen zum Heiligen Stuhle" der größte Erfolg sei, den man seit zehn Jahren in irgendeinem Lande gehabt habe. Diese Formulierung werde einen ungeheueren Eindruck in Rom machen; er könne nicht anders als diesen Erfolg in den Mittelpunkt seiner Betrachtungen zu stellen. Ich sagte ihm, daß er damit als Vorsitzender die Zentrumspartei selber zerstöre, ohne irgendeine wirkliche Sicherheit in der Hand zu haben. Meine Bemühungen, ihn zu überzeugen, wurden mehr und mehr ergebnislos. Er wollte schon gar nichts mehr von einem Abänderungsantrag zum Ermächtigungsgesetz wissen; nur meine Erwartung, daß Hugenberg einen solchen einbringen lassen würde, konnte ihn davon abhalten, von vornherein darauf zu verzichten.

Schließlich bekam ich Kaas mit Hilfe einiger Freunde so weit, daß ein Brief entworfen wurde, den Hitler vor der Abstimmung der Öffentlichkeit übergeben sollte. In diesem Brief war die ausdrückliche Erklärung enthalten, daß nur unter gewissen Voraussetzungen von dem Ermächtigungsgesetz Gebrauch gemacht werden solle. Hitler erklärte sich einverstanden, diesen Brief vor der Abstimmung zu veröffentlichen, beziehungsweise Kaas auszuhändigen. Das war eine gewisse theoretische Sicherung, mehr nicht. Sie hatte aber in der Fraktion den Effekt, daß der Widerstand gegen das Ermächtigungsgesetz abnahm. Fraktionssitzungen mit wirklich offener Aussprache konnten nicht mehr abgehalten werden. Kaas hatte nicht die Autorität, den uneingeladenen Dr. Grass hinauszuwerfen oder

Dr. Hackelsbergers eigenmächtige Verhandlungen mit Papen und Frick zu verbieten. Alle Warnungen halfen nichts. Zudem ließ sich ein Teil der Fraktion, wie das ganze Volk, durch den Tag von Potsdam berauschen. Vorübergehend hatte ich gehofft, daß sich die Vorgänge bei der Fahrt nach Potsdam am 21. März auswirken würden. Für die einzelnen Parteien waren Autobusse gemietet. Uns allen fiel sehr auf, daß Oberfohren von der deutschnationalen Fraktion sich nicht zu seiner Fraktion in den Wagen setzte, sondern allein in einen der unseren. Gerade vor der Abfahrt kamen Kriminalbeamte in die Wagen und erklärten: „Wenn hier Herren im Wagen sind, die nicht zur DNVP oder zur DVP gehören, so müssen wir sie auf Waffen untersuchen." Viele Mitglieder wurden erregt. Als Kaas sah, daß wir die Wagen verlassen würden, um nicht mit nach Potsdam zu fahren, lief er in den Reichstag zurück und rief Göring, der als Reichskommissar zuständig war, ans Telephon, der eine sofortige Zurücknahme des Untersuchungsbefehls zusagte. Wer Augen hatte zu sehen, wußte, daß alle unter Furcht und Druck gestellt werden sollten. Nur die Hoffnung auf eine Intervention Hugenbergs und die Furcht, durch ein Fernbleiben die Chancen eines Abänderungsantrags seitens der Deutschnationalen zu zerstören, bewegten mich, an dieser Feier teilzunehmen. Sie war für mich das Niederdrückendste seit dem Einmarsch nach Deutschland 1918. Das Volk war in einem Rausch, die Abgeordneten ebenfalls, der Reichspräsident wachsbleich. Das fiel besonders auf, wenn er mit seinen braunen Handschuhen ab und zu eine Träne aus den Augen wischte. Ich dachte: Wie kann ein Mann, dessen Wähler in Konzentrationslager und SA-Keller geschleppt werden, sich von den dafür Verantwortlichen feiern lassen? War es das Alter, war es ein grundsätzlicher Charakterzug oder militärische Sentimentalität und Romantik, die ihn über alles sich hinwegsetzen ließen. Ich kam mir in dem Zuge vor wie einer, der zum Richtplatz geführt wird. Ich dachte daran, wie ich im Frühjahr 1919 oft sonntagsmorgens nach Potsdam hinausgefahren war, an der Garnisonkirche vorbei nach Sanssouci, um dann um zehn Uhr wieder in meinem Büro zu sein. Ich brauchte das damals als Trost für die Bitterkeit des Kriegsendes. Wie würde sich der aufgeklärte König gegen die Huldigungen, die ihm jetzt dargebracht wurden, gewehrt haben!

Vor den entscheidenden Fraktionsberatungen wurde mir mitgeteilt, daß schon 70% der Fraktion unter Führung von Dr. Hackelsberger entschlossen seien, dem Ermächtigungsgesetz zuzustimmen. Ich kämpfte dagegen. Ich erinnerte an Windthorst, an den 70jährigen Kampf für

Wahrheit, Recht und Freiheit. Ich warnte vor allzu großer Furcht; sie sei berechtigt für den Einzelnen, nicht aber in der Sache. Auch wenn wir jetzt zustimmten, würden unsere Zeitungen eingehen, unsere Schulen verloren sein und unsere Jugend in die Hände der Nationalsozialisten fallen. Besser sei es, ruhmreich unterzugehen, als einzeln nach und nach dieses Schicksal zu erleben. Kaas äußerte in vornehmer Form seine andere Auffassung und berichtete von dem ihm in Aussicht gestellten Brief.

In der Fraktionssitzung, die Hitlers Regierungserklärung am 23. März folgte, wirkte seine Rede noch stark. Es wurde eine Abstimmung verlangt. Sie ergab, daß außer mir noch einer aus der Partei austreten wollte und weitere bereit waren, ohne diesen Schritt gegen das Ermächtigungsgesetz zu stimmen. Ich sah mir die Namen der Einzelnen durch: Es waren alles Männer, die sowieso aller Wahrscheinlichkeit nach in Kürze verhaftet werden würden, Persönlichkeiten, mit denen man unter den damaligen Umständen Volksmassen nicht mehr in Bewegung setzen konnte.

Nach dieser Fraktionsabstimmung verließ ich den Saal. Ich besprach mich mit Dietrich und noch ein paar anderen, auch von den Deutschnationalen, die der Ansicht waren, ich würde durch einen schroffen Schritt jede Hoffnung auf Besserung der Verhältnisse zerschlagen. Ulitzka erklärte mir, ich würde das katholische Volk so restlos durcheinanderbringen, wenn ich mich jetzt abtrennte, daß es auch vom Religiösen her keine Widerstandskraft haben würde. Dann kam die Nachricht, Göring habe bereits meine ganze Rede und drücke nun auf Hitler, den versprochenen Brief an Kaas nicht mehr zu senden. Irgend jemand von der Fraktion mußte mitstenographiert und meine Ausführungen Göring vorgelegt haben.

Jetzt wurde ich bestürmt, und zwar von den besten Mitgliedern der Fraktion, auch denjenigen, die mit mir gestimmt hatten, unter ihnen Wirth. Sie erklärten, daß das Bekanntwerden meiner Rede mit den nötigen Konsequenzen ihre Verantwortung geändert hätte; sie waren jetzt bereit, für das Gesetz zu stimmen. Nur drei oder vier blieben fest. Zum Teil wäre die Verbindung ihrer Namen mit meinem für ihre weitere Wirkung katastrophal gewesen. Ich wollte nicht Dessauer mit seiner Familie ins Unglück bringen, nicht ahnend, daß ihn doch das von mir befürchtete Schicksal ereilen würde. So entschloß ich mich, am Nachmittag des 23. März mit in die Krolloper zu gehen, unter der Voraussetzung, daß Kaas, wenn der Brief von Hitler nicht käme, einen Vertagungsantrag stellen würde. Wenn er diesen Antrag nicht stelle, so würde ich die Krolloper verlassen und sofort meinen Austritt aus der Partei erklären. Ich zeigte ihm den Entwurf meiner Erklärung, den ich fertiggestellt hatte. Ich hoffte, dadurch einen Druck auf ihn auszuüben und gleichfalls durch meine Anwesenheit vielleicht ein Betrugsmanöver im letzten Augenblick verhindern zu können. Auch diese Hoffnung wurde zu einer bitteren Enttäuschung.

Die zweite Lesung begann, Hitlers Brief war nicht da. Ich erklärte Kaas, daß ich sofort die Sitzung verlassen würde, wenn er nicht die Vertagung der Abstimmung beantragen würde. Kaas ging zu Hitler, kam wieder und sagte: „Sie sehen, wie unbegründet Ihre Besorgnisse sind. Der Kanzler hat mir erklärt, daß er den Brief bereits unterschrieben und ihn dem Innenminister zur Weiterleitung abgesandt habe." Der Brief sollte noch während der Abstimmung eintreffen. Kaas fügte hinzu, wenn er irgendwie Hitler je geglaubt hätte, so müsse er es nach dem überzeugenden Ton dieses Mal tun. Er überlegte auch, und nicht unrichtig, daß, wenn er nun nach Hitlers Erklärung den Vertagungsantrag stellen oder ich den Saal demonstrativ verlassen würde, Hitler ein Argument haben würde, um den Brief doch nicht auszuhändigen. Ich entschloß mich daher, nach schwerem inneren Kampf zuzustimmen.

Die dritte Lesung kam, der Brief war noch nicht da. Kaas wollte nicht noch einmal fragen, bis ich meine Sachen packte und aufstand, die Sitzung zu verlassen. Er lief hinter mir her und sagte, er spreche noch mal mit Hitler und Frick. Wiederkommend, als die Abstimmung schon im Gange war, sagte er, Frick habe im Innenministerium, das zwei Minuten von der Krolloper entfernt sei, telephonisch festgestellt, daß der Brief schon durch einen besonderen Boten in den Reichstag abgegangen sei. Die Verzögerung sei wohl nur hervorgerufen durch den dichten Sicherheitskordon, der um den ganzen Königsplatz gezogen sei. Es sei keine Frage, daß der Brief noch während der Abstimmung eintreffen werde. Die Abstimmung geschah, der Brief kam nicht. So hatte ich noch die Erniedrigung ertragen, im Interesse der Sache für das Ermächtigungsgesetz gestimmt zu haben. Erregt sprang ich auf und wartete den Schluß nicht ab. Kaas kam hinter mir her.

Am Ausgang wurde ich erkannt. Rund um den Ausgang war im offenen Viereck etwa ein Bataillon SS aufgestellt. Die SS-Leute schrien: „Nieder mit Brüning, schlagt ihn tot!" Zehn höhere Polizeioffiziere, die neben mir am Ausgang standen, erkannten mich nunmehr und verkrochen sich buchstäblich auf den Knien hinter den Ministerautos, um nicht Zeuge des Massakers zu sein. Neurath, der neben mir herauskam, und den ich im Vorbeigehen grüßte, sprang in sein Auto hinein, um wegzufahren. Kaas lief schon in den Reichstag zurück. Ich ging ihm nach und sagte, wenn er jetzt nicht den Mut habe, mit mir durch den Kordon zu gehen, so sei es um seine Autorität geschehen; ich würde auf alle Fälle hindurchgehen. Nun folgte er mir in einigen Metern Abstand. Ich betrachtete die tobenden SS-Leute, wie wenn man im Felde vor einer unausweichlichen Situation steht. In der linken Ecke des Vierecks sah ich eine kleine Lücke, darauf steuerte ich los. Nun trat etwas ein, was man häufiger erlebt: die SS-Leute waren auf meinen Entschluß nicht vorbereitet, ihr Sprechchor kam durcheinander. Je näher ich an sie herankam, desto leiser wurden ihre Rufe. Als ich mitten zwischen den beiden Gliedern stand, schwiegen sie völlig. Nun konnte ich hindurchschreiten und in einer Nebengasse ein Auto nehmen. Erst später am Abend erfuhr ich, daß mein Drängen auf Kaas, einen Vertagungsantrag zu stellen, beobachtet wurde, worauf die SS schon „Nieder mit Brüning" ausrief – was aber nicht in den Saal hineindringen konnte.

Ich drängte Kaas, bei Hitler festzustellen, weshalb sein Brief nicht gekommen sei. Nach wiederholten vergeblichen Anrufen ließ Hitler erklären, die Nachricht von dem Brief sei nicht geheimgehalten worden, die Deutschnationalen hätten Einspruch dagegen erhoben, und so könne er zu seinem Bedauern auch nachträglich den Brief nicht mehr schicken. Dabei war die Veröffentlichung des Briefes ausdrücklich vereinbart. Wenn irgend etwas Kaas hätte aufklären können, dann war es diese Mitteilung, zusammen mit der Feststellung am nächsten Tage, daß von den Deutschnationalen keinesfalls ein Einspruch erhoben sei; im Gegenteil habe man die Absendung eines solchen Briefes gerade gewünscht.

Severing wurde gleich vor der Annahme des Ermächtigungsgesetzes in Haft genommen und wieder freigelassen, aber dann ständig verfolgt. Der einzige auch nur scheinbare Vorwand gegen ihn war, daß er aus seinen Mitteln als preußischer Innenminister die Wiederwahl des Reichspräsidenten überhaupt ermöglicht hatte. Gleich nach Annahme des Ermächtigungsgesetzes wurde Gereke verhaftet auf Grund der Anzeige eines seiner besten Freunde. Alle Schritte, den Reichspräsidenten für ihn zu interessieren, waren erfolglos. Von nationalsozialistischer Seite erhielt ich Warnungen, daß ein Teil der SPD-Führer nach Annahme des Ermächtigungsgesetzes verhaftet würde. Ich gab die Warnungen an Hilferding weiter und bat ihn, vor allem Wels und Breitscheid zu informieren; sie drei müßten Deutschland sofort verlassen. Am nächsten Tag mußte ich nochmals zu Hilferding schicken, um ihm nahezulegen, doch gleichzeitig mit den anderen noch in derselben Nacht Berlin zu verlassen. Daraufhin entschlossen sie sich. Schon am folgenden Tage drangen SA-Leute in die Wohnungen ein; da sie die Besitzer nicht vorfanden, demolierten sie einen Teil der Möbel.

In der nächsten Sitzung der Zentrumsfraktion erklärte ich den Herren, nunmehr habe die Partei faktisch aufgehört zu existieren; ich beabsichtigte nicht, noch an einer Sitzung teilzunehmen, und würde mein Mandat in einer Form und zu einem Zeitpunkt niederlegen, daß man mir nicht vorwerfen könne, die Partei sei daran gescheitert. Außer meinen persönlichen Freunden verstanden nur wenige, wie ernst die Lage war. Man fuhr ins Land hinein, froh, eine schwere Situation überstanden zu haben.

Schon vor dem 21. März hatte Kaas eine Unterhaltung mit Meißner über den Umfang des Ermächtigungsgesetzes. Meißner hatte dabei erklärt, daß die Annahme des Ermächtigungsgesetzes in der vorliegenden Form keine Gefahr bilde, weil der Reichskanzler dem Reichspräsidenten zugestanden habe, vor jedem Gebrauch des Ermächtigungsgesetzes sich mit ihm in Verbindung zu setzen. Als am Tage nach der Abstimmung klar wurde, daß das Versprechen Hitlers, einen Brief an Kaas zu senden, ein Täuschungsmanöver gewesen war, entschloß ich mich, dem Reichspräsidenten einen Brief zu schicken, der ihn zu einer klaren Stellungnahme in dieser Frage zwingen sollte. Wegen dieses Briefes geriet ich in einen scharfen Konflikt mit Kaas. Er erhob Einwendung über Einwendung. Es war so weit, daß ich mich schon anschickte, das Zimmer zu verlassen, als er sich endlich bereit erklärte, seine Zustimmung im Namen der Zentrumspartei zu geben, wenn die Formulierung des Briefes an den Reichspräsidenten ihm überlassen werde. So fiel dieser Brief entgegen meinem Entwurf sehr schwach aus.

Ich ließ ihn durch meinen Sekretär dem Ministerialdirigenten Doehle persönlich abgeben. Die Antwort legte die Verantwortung des Reichspräsidenten eindeutig fest. Dieser Erfolg hatte für mich den Nachteil, daß nun noch mehr als vorher meine Sorgen und Bedenken im Kreise der Zentrumspartei eindruckslos blieben. Der Brief lautete:

Berlin, den 28. März 1933

Sehr geehrter Herr Dr. Brüning,

Ihr Schreiben vom 24. d. M. habe ich in dankbarem Erinnern an die Zeit gemeinsamer Arbeit und in unveränderter Hochachtung vor Ihrer Persönlichkeit zur Kenntnis genommen. Ich kann Ihnen nur bestätigen, daß der Herr Reichskanzler mir seine Bereitwilligkeit erklärt hat, auch ohne formale verfassungsrechtliche Bindung die auf Grund des Ermächtigungsgesetzes zu ergreifenden Maßnahmen nur nach vorherigem Benehmen mit mir zu treffen. Ich werde hierbei stets bestrebt sein, enge Zusammenarbeit zu wahren und getreu meinem Eide „Gerechtigkeit gegen jedermann üben".

Mit freundlichen Grüßen verbleibe ich Ihr ergebener
(gez.) von Hindenburg

Welche geringe Bedeutung dieser Brief und die Absichten des Reichspräsidenten tatsächlich hatten, zeigten die nächsten Wochen und Monate. Selbst Löbe, in dessen Hände der Reichspräsident seinen Eid abgelegt hatte, wurde in unwürdiger und deprimierender Form behandelt. Der Reichspräsident intervenierte auch nicht, als der Sohn seines Amtsvorgängers Ebert verhaftet und im Konzentrationslager schwer mißhandelt wurde; die Bitten der Witwe des ersten Reichspräsidenten schienen keinen Eindruck zu machen.

Auf Umwegen erfuhr ich von Meißner, daß der Reichspräsident Papen beauftragt habe, im Kabinett jeweils in seinem Namen, wenn er es für notwendig hielt, ein Veto auszusprechen. Papen hatte davon keinen Gebrauch gemacht. Es stellte sich sehr bald heraus, daß er mit seinem Plan, die Nazis zu betrügen, hereingefallen war. Die Nazis hatten sich in den Besitz von soviel Material gegen Papen gebracht, daß er in die Defensive hineingeriet. Mir wurde versichert, daß es nach kurzer Zeit Hitler gelungen sei, plötzlich viel größeren Einfluß auf den Reichspräsidenten zu bekommen als Papen, und daß der Reichspräsident überzeugt war, daß Papen Hitler nur an die Macht gebracht hätte, um die Monarchie wieder einzuführen. Als im Sommer zum erstenmal Bedenken nach dieser Richtung hin entstanden, wurde Hindenburg ein Nachbargut von Neudeck geschenkt, die bisherigen Steuerrückstände niedergeschlagen und die Familie von Hindenburg für die Zukunft bezüglich dieser beiden Güter steuerfrei erklärt. Es gelang Oskar von Hindenburg, die Bedenken seines Vaters zu zerstreuen.

Nach der Annahme des Ermächtigungsgesetzes wurden meine Beziehungen zu Kaas immer kühler. Er hatte zwar von Hitler das Versprechen, daß Vereinbarungen über die Behandlung katholischer Beamter im wohlwollenden Sinn getroffen werden sollten. Drei Männer der Zentrumspartei, unter ihnen Wegmann, wurden bestimmt, um diese Vereinbarungen im einzelnen festzulegen und die früher der Zentrumspartei angehörenden Beamten zu schützen. Ich bat, daß Stegerwald mitgehen und in seiner bekannten Art, die auf Hitler vielleicht den meisten Eindruck mache, auf ihn einreden sollte. Statt dessen ließ Stegerwald sich von Hitler beeinflussen und stimmte ihm noch in vielen Dingen zu. Die anderen Vertreter berichteten bis in die Seele hinein betrübt.

Kaas beabsichtigte, am 14. April Berlin zu verlassen. Ich bat ihn, noch einmal mit Hitler zu sprechen. Er sagte zu und nahm noch drei Zeugen mit. Kaas hatte mir gesagt, er würde noch unter vier Augen mit Hitler sprechen. Das gelang ihm auch, obwohl die ganze Verhandlung kurz war. Er hat sich aber nicht entschließen können, mir irgendein Wort über den Inhalt dieses Gespräches mitzuteilen. Ich weiß nur, daß er vor seiner Abreise wiederholt im Auswärtigen Amt war und anderen erklärt hat, er beabsichtigte, das Vergangene zu vergessen und mit Papen loyal zusammenzuarbeiten. Alsbald hörte ich, daß Kaas schon auf der Fahrt nach Rom es fertiggebracht hatte, mit Papen in eine eingehende Unterhaltung über das Konkordat zu kommen und den Entwurf einzusehen, den Papen mitgenommen hatte. Es war der Entwurf aus dem Jahre 1920, mit Bestimmungen, die Kaas früher stets auf das entschiedenste abgelehnt hatte. Es gelang Kaas, Papen zu überreden, in einzelnen Punkten den Entwurf abzuändern. Er überreichte den abgeänderten Entwurf dem Kardinalstaatssekretär. Beide verfolgten die Taktik, Papen auf dieses minimale Programm festzulegen. Die Verhandlungen schritten in Rom schnell vorwärts. Nachrichten über dieses schnelle Vorwärtskommen drangen in wenigen Tagen nach Deutschland und machten sowohl die Bischöfe wie den katholischen Volksteil für eine Zeitlang denkbar optimistisch.

Ich muß hiervon den Kardinal von Breslau ausnehmen, der von vornherein klar sah und die allergrößten Bedenken hatte. Im Jahre 1932 hatte ich mit ihm eine lange Unterredung gehabt, in der er in seiner gütigen Art mir in allen meinen Befürchtungen recht gab. Ich habe ihm damals gesagt, daß nach meiner Beurteilung der Dinge und Menschen, vor allem des Charakters des Reichspräsidenten und Papens, die politische Entwicklung damit enden würde, daß zum Schluß die Nazis in einer Panikstimmung völlig die Herrschaft bekommen würden. Ich riet ihm dringend, eine Form zu finden, die, was die Beichtpraxis anging, in einem solchen Fall einen sofortigen Konflikt oder einen völligen Frontwechsel der Bischöfe mit nachfolgender Erschütterung ihrer Autorität ausschloß. Der Kardinal sah dies sofort, und er erließ eine entsprechende Verfügung. Bei den anderen Bischöfen war die Lage nicht so klar. So kam es, daß ohne irgendeine Fühlungnahme mit der Zentrumspartei, angeblich auf eine Anregung des Nuntius, die Bischöfe im März gemeinsam einen Erlaß herausgaben, der einen plötzlichen Frontwechsel gegenüber der NSDAP bedeutete und der Haltung der Zentrumsanhänger bei der Wahl widersprach, jener Wähler, die aus einem besseren Instinkt und aus einer größeren politischen Einsicht sowie aus einem tiefen Gefühl der Treue fest zu uns gestanden hatten. Dieser Erlaß war auch in der Formulierung unglücklich und bedeutete, zumindest indirekt, eine Empfehlung für den Nationalsozialismus. Die große Masse der einfachen Wähler mußte jetzt zu der Überzeugung kommen, daß eine Regierung, die so von den Bischöfen behandelt wurde, die Sympathie des Apostolischen Stuhles habe.

Dagegen anzukämpfen, das sah Kaas wohl ein, würde außerordentlich schwer sein, selbst wenn man den Mut dazu hätte. Wer den Kampf aufnahm, mußte unter den damaligen Umständen aus der Partei ausscheiden und hätte noch den Makel auf sich genommen, kein guter Katholik zu sein. Meine einzige Möglichkeit, in den Wochen um Ostern 1933 auf die Gefahren aufmerksam zu machen, bestand darin, daß ich immer an die Politik Windthorsts erinnerte. Selbstverständlich hatten vielleicht zwei Dutzend Abgeordnete, die sich als ausgesprochen feste Charaktere bewährten, keinen solchen Hinweis notwendig. Diese kamen aus allen Kreisen der Bevölkerung. Es ist mir eine Freude gewesen, daß genauso wie die Führer der alten Konservativen auch ein paar Vertreter des Katholizismus zu allen Konsequenzen bereit waren, für den Rechtsstaat zu kämpfen, und sich auf keinerlei Kompromisse einließen. Aber diese Männer waren mit mir zusammen nur einsame Felsen in der Brandung.

Darüber war für mich nach den Nachrichten, die ich in der zweiten Aprilwoche erhielt, kein Zweifel mehr. Ich hielt mich von der Partei fern und dachte, im Mai mein Mandat niederzulegen. Ich täuschte mich insofern, als ich annahm, daß vorübergehend eine gewisse Beruhigung eintreten würde und daß es überhaupt zwecklos sei, etwas zu unternehmen, weil die Gewerkschaftsarbeiter gegen mich stehen würden. Schon Ende April sah ich, daß eine Welle der Nervosität und Hoffnungslosigkeit durch unsere Wähler ging. Immer mehr Leute kamen, um mir zu erklären, daß, wenn nicht Kaas oder ich etwas unternähmen, die Wähler auseinanderlaufen und zu den Nazis übergehen würden. Ich erklärte denen, die aus dem Lande kamen, man solle sich an Kaas wenden; meine politische Laufbahn sei zu Ende. Tatsächlich sind manche spontan zu

Kaas nach Rom gefahren, um ihn zur sofortigen Rückkehr zu bewegen. Er sah äußerlich die Lage noch immer optimistisch an. Mir war es klar, daß er überhaupt nicht daran dachte, wieder zurückzukommen. Es begannen die Absetzungen unserer Beamten, Verhaftungen, Verhöhnungen, Verleumdungen. Das Schwierige war, auch jetzt noch eine Reihe von hochachtbaren Mitgliedern der Fraktion zu überzeugen von dem, was wirklich gespielt wurde.

In diesen späteren Apriltagen oder in den ersten Maitagen kam der Vizepräsident des Reichstags, Esser, vor seiner Abreise nach Euskirchen zu mir und sagte, ich solle doch endlich meinen Pessimismus aufgeben, er habe in seiner Eigenschaft als Vizepräsident des Reichstags eine lange Unterredung mit Göring gehabt, der ihm dabei versichert habe, wie sehr er hoffe, mit der Zentrumspartei zu einer guten Zusammenarbeit zu kommen. Göring habe ihm dabei gesagt, er wolle ihm eine Zigarre anbieten von einer ganz besonders guten Qualität, die er nur in den seltensten Fällen seinen besten Freunden anböte. Esser sagte mir, wenn ich jetzt noch nicht überzeugt sei, daß Göring es gut mit mir meine, so sei mir nicht zu helfen. Ohne zu ahnen, was kommen würde, antwortete ich ihm: „Timeo danaos et dona ferentes." Am folgenden Tage stand in den Mittagszeitungen die Nachricht, daß – auf Veranlassung des preußischen Ministerpräsidenten – Esser in seiner Heimat wegen angeblicher Untreue und anderer Vergehen verhaftet worden sei.

Verleger der Zentrumspartei bekamen immer neue Schwierigkeiten. Auch andere fingen an einzusehen, wohin die Reise ging. Duesterberg erzählte mir, wie bereits der Stahlhelm im Lande teilweise behandelt wurde. Ich vereinbarte mit ihm eine Fühlungnahme wegen des Eintritts unserer Katholischen Jugend in den Stahlhelm. Ein großer Teil der höheren Geistlichkeit, zwischen grenzenlosem Optimismus und Furcht schwankend, bezog uns gegenüber eine distanzierte Stellung. Ein Teil der Orden, die Informationen aus Rom erhielten, schwenkte gegen uns um, vor allem die Benediktinerabtei Maria Laach, während Beuron in der Mehrheit klar und fest blieb. Sehr stark wankte es im Dominikanerorden. Nur bei wenigen Mitgliedern des Berliner Domkapitels machte es Eindruck, als ich ihnen die Information weitergab, daß etwa vierhundert Geistliche bereit waren, der NSDAP beizutreten und sogar eine nationale Kirche mitzumachen.

Es war mir möglich, Kaas vor seiner Abreise nach Rom mit einem Mann zusammenzubringen, der ihm genaue Einzelheiten über den Plan, Katholiken und Protestanten zwangsweise in eine nationale Kirche zusammenzubringen, mitteilen konnte. Auch die Versammlungen der Deutschen Christen im Herrenhaus unter Teilnahme Görings konnten die Augen mancher nicht öffnen. Die Nazis setzten zunächst ihren Stoß bei der protestantischen Kirche an. Zwar erreichten sie bei diesem ersten Ansturm praktisch nichts anderes, als daß Bodelschwingh zum Reichsbischof gewählt wurde. Dieser Erfolg der Protestanten hätte Rom und die Bischöfe belehren müssen, daß auch ihre Stunde des Widerstandes auf einer gemeinsamen Kampfeslinie mit den Protestanten gekommen war, aber nicht einmal die Vorgänge dieser Wochen in Bayern, wo eine Nazi-Regierung mit Unterstützung der Reichswehr eingesetzt wurde, konnten die Menschen aufrütteln, auf die es ankam.

LETZTER VORSITZENDER DER ZENTRUMSPARTEI

Der Nazi-Erfolg in München rief eine Panikstimmung hervor, aber sie wirkte noch nicht nach Rom und konnte auch keine durchschlagende Aufklärung im Episkopat bringen. Immer dringender kamen die Hilferufe aus dem Lande. Man erklärte, wenn die Zentrumspartei keinen aktiven Vorsitzenden mehr in Deutschland habe, so würden auch die treuesten Wähler sie verlassen. So wurde noch einmal ergebnislos versucht, Kaas zur Rückkehr zu bewegen. Mein Standpunkt damals war, daß nur Kaas in dieser Situation die Partei leiten könne, vorausgesetzt, daß er zurückkehrte, zumal die erste Frist der Verhandlungen über das Konkordat mit Papens Rückkehr nach Deutschland beendet war. Kaas erklärte telephonisch, daß er zur Zeit in Rom unentbehrlich sei; er warne, einen anderen Vorsitzenden zu wählen, das könne die Lage in Rom zum Platzen bringen. Joos, der mit ihm telephonierte, verstand das so, daß der Vatikan, falls Kaas als Vorsitzender ausschied, die Zentrumspartei offen aufgeben würde. Ein Grund mehr, den noch vorhandenen Einfluß zugunsten der Beibehaltung Kaas' als Parteivorsitzenden einzusetzen. Joos, der von Kaas die Vollmacht als Stellvertreter hatte, brachte mir aber in den nächsten Tagen viele Zeugnisse und Äußerungen wertvollster Persönlichkeiten im Lande, daß die Partei auseinanderlaufen werde, wenn man sich nicht schnell entschließe, einen neuen Vorsitzenden zu wählen.

Drei Personen kamen dabei für mich in Betracht. In erster Linie Graf

Galen, der durch sein Ansehen bei den Bischöfen etwas erreichen und als früherer Generalstabsoffizier vielleicht auch zum Reichspräsidenten durchdringen konnte. In zweiter Linie Joos, der als Charakter über jedem Verdacht stand und Tradition und Erfahrung besaß. Als dritter Herr Dr. Hackelsberger, der zwar ohne Erfahrung und Tradition war, aber wenigstens über gute Verbindungen verfügte, bei den Nationalsozialisten gern gesehen und in der Lage war, den bedrängten Zentrumszeitungen finanziell zu helfen. Er hatte sich anscheinend deswegen in den Wochen vorher die allergrößte Mühe gegeben. Graf Galen nannte eine starke Hemmung: Ein Teil der Bischöfe verlangte, daß er die Führung der Katholischen Aktion übernähme. Er hätte sich dieser Aufgabe, die ihm nicht willkommen war, gerne entzogen, aber nach einem Besuch beim Nuntius sah er ein, daß ihm wohl nichts anderes übrigbleiben würde, als den Vorsitz der Zentrumspartei abzulehnen. Gegenüber Joos bestanden starke Bedenken bei einem Teil der Partei, weil er als linksstehend verschrien war. Hackelsberger lehnte nach einer Besprechung mit Schmitt von der Allianz, der damals eine große Rolle bei den Nazis spielte, die Übernahme ab.

In einer Sitzung des Parteivorstandes vor einer gemeinsamen Sitzung mit der preußischen Landtagsfraktion gelang es mir, die Nominierung von Joos einstimmig durchzusetzen. Als die Fraktion am andern Morgen zusammentreten sollte, war die Lage völlig verändert. Ein Teil der jungen Leute, die nur als Vertreter der katholischen Verbände gewählt waren, kamen zu einem geheimen Konventikel zusammen und erklärten, sie würden aus der Fraktion austreten, falls Joos gewählt würde. Es gelang mir nicht, diese Drohung zu bannen. In der Sitzung im Katholischen Gesellenhaus war die Lage so, daß zwar Joos noch mit einer Mehrheit hätte gewählt werden können, aber die Gefahr einer Spaltung der Partei lag auf der Hand.

Als ich referierte, drang der Direktor und Mitbesitzer eines süddeutschen Zentrumszeitungskonzerns in den Saal ein und verlangte laut die sofortige Auflösung der Partei. Ich sah, wie ein Teil der Anwesenden erschrocken bereit war nachzugeben. Es gelang mir nur mit Mühe, den Mann aus dem Saal entfernen zu lassen. Nunmehr erklärten alle Anwesenden, daß sie nur noch zusammenbleiben würden, wenn ich die Führung der Partei übernähme. Das war für mich das Schwerste, was mir im politischen Leben zugemutet wurde. Ich sollte die Verantwortung dafür tragen, daß die Partei ruhmlos auseinanderlief und daß Windthorst in schmachvoller Weise verraten wurde. Ich sah ein, daß es ein Fehler gewesen war, nicht bei der zweiten Lesung des Ermächtigungsgesetzes mein Mandat niederzulegen und aus der Partei auszutreten. Ich bat mir zwei Stunden Bedenkzeit aus.

Die Partei konnte vielleicht noch gerettet werden, wenn es gelang, einer Bestimmung des Konkordats zuvorzukommen, die den Geistlichen die Annahme von Mandaten unmöglich machen sollte. Ferner mußte es gelingen, alle Personen, die in irgendeiner Form der Korruption oder auch nur der leichtesten Vergehen beschuldigt wurden, zu einem Verzicht auf ihr Mandat zu bewegen, bis ihre Unschuld erwiesen war. Gerade das Trommelfeuer der Beschuldigungen hatte unsere Reihen ins Wanken gebracht. Ich ging zurück zu einer Sitzung, die wir im preußischen Landtag abhielten, und erklärte mich bereit, den Kopf hinzuhalten, wenn man mir verspreche, bis zum Letzten mit mir zu gehen, und ferner, wenn alle Abgeordneten mir ihr Mandat zur Verfügung stellten. Beim letzteren Punkte wankte schon der Vorsitzende der preußischen Zentrumsfraktion, aber spontan trat Letterhaus auf und erklärte, daß auch ohne den Vorsitzenden alle Fraktionsmitglieder bereit wären, auf ihr Mandat zu verzichten.

Ich hatte, bevor ich mich entschloß, mit meinem Mittelsmann bei Hugenberg telephoniert und ihn gefragt, ob ich sicher sein könne, daß auch die Deutschnationalen unter allen Umständen zusammenbleiben und sich nicht auflösen würden, auch wenn alle Mitglieder verhaftet würden. Das wurde mir ausdrücklich zugesagt. So hoffte ich eine Front der beiden letzten Parteien für den Rechtsstaat aufbauen zu können. In diesem Sinn hielt ich eine Rede mit einem Appell, den Kampf um die ewigen Prinzipien der Partei und das Erbe Windthorsts durchzuhalten. Die Rede machte einen Eindruck, aber nur wegen der Erschütterung, die man aus meinen Worten hörte, und weil wohl alle Anwesenden fühlten, daß es nun um den letzten Verzweiflungskampf für die Ehre, aber nicht mehr um die Macht ginge.

Ich bemühte mich nun in den einzelnen Landesteilen der Partei um Ordnung und, wo nötig, um die Ernennung von neuen Vertrauensleuten. Das war nicht leicht. Wenige Männer waren vorhanden, die sich dafür eigneten und gleichzeitig bereit waren, den Kampf unter drohenden schweren Gefahren für ihr Eigentum und Leben auf sich zu nehmen. In vier Wochen gelang diese Arbeit. Lokale Parteifehden, die manchmal ein Jahrzehnt alt waren, mußten in mühseliger Arbeit überwunden werden. Darüber wurde ein Teil der Wähler nervös, zumal sich immer mehr herausstellte, daß auch bei uns Verrat in den eigenen Reihen an der

Tagesordnung war. Der gesamte Vorstand der Danziger Zentrumspartei besuchte mich. Ich ermahnte sie, fest zu bleiben. Ich wußte aber nicht, daß eines ihrer Mitglieder damals schon mit den Nazis ein geheimes Abkommen zur Auflösung der Partei getroffen hatte. Drei Mitglieder des Zentrumsvorstands aus dem Saargebiet waren ebenfalls bei mir. Ich forderte auch sie auf, fest zu bleiben. Als sie an die Saar zurückkehrten, verbreitete ein an den Verhandlungen nicht Beteiligter, ich hätte die Auflösung der Partei angeraten. Immer mehr Stadtverordnete wurden abgesetzt oder verhaftet, ebenso Oberbürgermeister und hohe Beamte der Stadtverwaltung, die zu uns gehörten.

Dann geschah etwas Unerwartetes. Papen, von Rom zurückgekehrt, hielt Mitte Mai in einer Stahlhelmversammlung eine Rede mit der Wendung vom „altgermanischen Abscheu vor dem Strohtod". Die Welt horchte auf. Ein englischer Freund teilte mir mit, diese Rede habe in der Welt für Deutschland geradezu katastrophale Folgen. MacDonald habe sich mit Roosevelt in Verbindung gesetzt, und beide seien zu dem Ergebnis gekommen, daß, wenn Polen und Frankreich einmarschierten, man keine Schritte dagegen unternehmen würde. Deutsche Botschafter und Mitglieder des Auswärtigen Amtes bestürmten mich, Hitler auf die Gefahren aufmerksam zu machen. Ich erklärte mich dazu bereit.

Der Reichstag war zum 17. Mai einberufen, um eine Rede Hitlers entgegenzunehmen. Am Tage vorher setzte ich ihm die Gefahren auseinander. Wir sprachen seine Rede durch. An sich war sie schon verhältnismäßig gut. Ich verlangte nur, daß er noch stärker und positiver auf den Abrüstungsappell des Präsidenten Roosevelt eingehen sollte. Er versprach das. Ich warnte vor dem in seiner Rede vorgesehenen Angebot einer Kontrolle der SA und SS, was wenig Eindruck auf ihn machte, weil er eine solche Kontrolle für unausführbar hielt. Hitler versprach, mit mir Verhandlungen aufzunehmen, um eine Abänderung der bisherigen Notverordnungen über die Einschränkung der persönlichen Rechte und Freiheiten alsbald nach der Reichstagssitzung einzuleiten, und erklärte sich bereit, über meinen Vorschlag in eine eingehende Diskussion einzutreten und mir weitgehend entgegenzukommen.

Anschließend zog Frick ein Papier aus der Tasche, das eine Billigung der Erklärung Hitlers und ein Vertrauensvotum für die Regierung enthielt. Ich erklärte mich nur bereit, wenn die Rede mit den Abänderungen, die ich verlangt hatte, gehalten würde, einem Antrag zur Billigung dieser Friedensrede zuzustimmen; auch würde ich mich bemühen, die Zustimmung der SPD dafür zu bekommen.

Nur ein einmütiger Beschluß des Reichstags könne die schlechte Wirkung der Rede Papens überwinden. Hitler sah das ein und nahm eine Formulierung des Antrags, die ich vorschlug, an. Ich konnte die SPD davon überzeugen, daß sie im Interesse des Ganzen dieser Formulierung ebenfalls debattenlos zustimmen müßte. Das war eine Art heroischer Selbstüberwindung bei der SPD und beim Zentrum, während ihre Mitglieder zum Teil schon im Konzentrationslager schmachteten.

Hitler buchte diesen Erfolg für sich; er vergaß sehr bald, was er versprochen hatte. Immerhin gelang es, etwa zwei Wochen später eine erneute Besprechung mit ihm zu haben, in der ich im Detail auf die zugesagte Wiederherstellung der Grundrechte kam. Hitler leugnete jede Mißhandlung von Politikern. Ich ersuchte ihn, sofort mit mir in das Hedwigshospital zu fahren und sich dort die barbarischen Verstümmelungen von harmlosen, politisch andersdenkenden Leuten anzusehen. Das wirkte. Er verteidigte sich nicht mehr, sondern beauftragte Frick, auf Grund der von mir übergebenen Formulierung in Verhandlungen mit mir einzutreten. Diese Verhandlungen wurden von einem Tag auf den anderen verschoben. Jedesmal, wenn eine Sitzung vereinbart war, wurde sie im letzten Augenblick abgesagt. Es wurde mir alsbald klar, daß auch dieses Mal nicht die geringste Absicht bestand, feierlich gegebene Versprechen einzuhalten. Statt dessen wurden, wie schon im März, immer häufiger SA-Abteilungen am Hedwigskrankenhaus vorbeigeschickt, die vor meinem Fenster „Nieder mit Brüning" rufen mußten.

Dessauer, der nur dem Volksverein finanziell geholfen hatte, wurde trotz seines schweren Leidens verhaftet. Ein Verfahren gegen Reichskanzler Marx, die Minister Stegerwald und Brauns und gegen Lammers wurde eröffnet. Für Hermes' Verhaftung ergab sich in einer späteren Verhandlung auch nicht der leiseste Grund. Nicht nur bei uns begannen die Verhaftungen, sondern auch bei den Deutschnationalen. Der Führer der Bismarckjugend, Herbert von Bismarck, wurde vorübergehend in Schutzhaft genommen. Duesterberg wurde von Major von Stephani gewaltsam aus seinem Büro hinausgeworfen. Hackelsberger war in Rom, und ich vereinbarte ein Zusammentreffen mit ihm in Tübingen am 17. Juni. Auf der Bahnfahrt nach Tübingen über Würzburg kam von der bayerischen Grenze an auf jeder Station ein Beamter der Politischen Polizei in mein Abteil, um festzustellen, daß ich noch im Zuge sei.

Hackelsberger brachte den Entwurf des Konkordats nach Tübingen mit. Es war so ungeheuerlich, daß ich bat, den nächsten Bischof, Sproll von Rottenburg, heranzuholen. Selbst die konfessionellen Schulen waren de facto preisgegeben. Die Formulierung entsprach der alten Formulierung der DVP, die in dem Entwurf eines Reichsschulgesetzes von 1920 enthalten war. Dagegen hatte die Zentrumspartei mit Unterstützung der Bischöfe stets gekämpft, weil nicht einmal Religionsunterricht als Pflichtfach vorgesehen war. Wir hatten diesen Streit selbst das Kabinett Marx erschüttern lassen, um nicht einer Formulierung zustimmen zu müssen, in der die konfessionelle Schule völlig entwertet wurde. Dem also wollte der Vatikan zustimmen; das hatten Papen und Kaas ausgehandelt. Ich war tief erschüttert, auch über die molluskenartigen Formulierungen über katholische Verbände und über die Lehrerbildung. Klar und eindeutig formuliert war nur die Sicherung der Stellung des Nuntius in Berlin als Doyen des diplomatischen Korps.

Am gleichen Abend rief Frau Bolz an und teilte mit, ihr Mann sei in Berlin; es sei aber für ihn eine Aufforderung da, sich am Montagmorgen im Polizeipräsidium in Stuttgart einzufinden. Ich riet ihr, ihrem Mann telephonisch genau alles mitzuteilen; ich würde es für besser halten, wenn er tatsächlich dieser Aufforderung Folge leistete. Der Sonntagabend war herrlich; ich saß, bevor mich ein Auto nach Stuttgart brachte, lange am Fenster und schaute auf den Neckar hinaus. Kurze Zeit, nachdem ich das Haus Simon in Tübingen verlassen hatte, ging ein Schuß durch das Fenster, an dem ich mehrere Stunden gesessen hatte. Da die herbeigeholte Polizei die Kugel nicht fand, bedauerte sie, keine weiteren Nachforschungen anstellen zu können.

Bolz stellte sich am anderen Morgen der Polizei. Er wurde ergriffen, auf einen Wagen gesetzt und mehrere Stunden durch Stuttgart gefahren. Die „erregte Volksmenge" war überall aufgebaut und nahm eine so drohende Haltung an, daß ihn die Polizei in „Schutzhaft" nahm und in das Gefängnis auf dem Hohenasperg brachte. Das geschah dem Mann, der jahrelang als Minister und Staatspräsident eine zwar unpopuläre, aber vorbildliche Verwaltung durchgesetzt und erreicht hatte, daß Württemberg von allen Ländern das einzige war, das nach 1920 keine neuen Schulden gemacht hatte – einem Mann, der zwölf Jahre ununterbrochen mit der Rechten im Kabinett zusammengesessen und sich geweigert hatte, die Sozialdemokraten ins Kabinett aufzunehmen.

In Berlin angekommen, machte ich Gegenentwürfe zum Konkordat mit einer besseren Sicherung der konfessionellen Schulen. Ich bat Hackelsberger, diese Gegenentwürfe nach Rom zu schicken, von Basel aus Kaas anzurufen und ihm mitzuteilen, daß der Abschluß des Konkordats, das an sich wertlos sei, mit absoluter Sicherheit das Ende der Zentrumspartei bedeute. Selbstverständlich würde das Konkordat nach Vernichtung des Zentrums von der Regierung nicht gehalten werden, brauchte auch nicht gehalten zu werden, weil der Wortlaut viel zu schillernd sei. Ich bat dringend, daß man wenigstens noch die Ratifizierung aufschiebe, um abzuwarten, was die NSDAP unternehme. Ein Abschluß des Konkordats in diesem Augenblick sei der Dolchstoß für die mutigen Protestanten, die unter Bodelschwinghs Führung den Kampf um Recht und Freiheit ihrer Kirche aufgenommen hatten.

Meine Warnungen waren vergeblich. Schon nach wenigen Tagen zeigte sich, daß tatsächlich durch die Unterzeichnung des Konkordats Bodelschwingh erledigt war. Allerdings hatten Bodelschwingh und seine Freunde noch einen Fehler gemacht. Sie hatten sich mit dem Reichspräsidenten in Verbindung gesetzt in der Hoffnung auf seine Unterstützung. Der Reichspräsident schrieb von Neudeck einen Brief, der ein scheinbares Interesse für die Sache der protestantischen Kirche bekundete, aber in Abstimmung mit einem Schreiben von Frick ihren Widerstand tatsächlich entwaffnete.

Papen sprach in einer Versammlung in Maria Laach vor prominenten Katholiken des In- und Auslandes davon, daß ich versucht hätte, den Abschluß des Konkordats zu sabotieren. Das ging wie ein Lauffeuer durch die katholischen Kreise auch des Auslandes. Gerade im Begriff, eine Widerstandsfront neu aufzubauen, wurde ich von vielen Leuten verlassen, mit deren Hilfe ich gerechnet hatte. Das Konkordat wurde als gewaltigster Fortschritt des Katholizismus in Deutschland seit hundert Jahren gepriesen, das Gewissen auch der verantwortlichsten Katholiken und Geistlichen dadurch völlig beruhigt. Die Widerstandskraft ließ mehr und mehr nach.

Die DNVP fiel auseinander. Hugenberg und sein Staatssekretär von Rohr wurden aus dem Kabinett entfernt. Hugenberg mußte acht Tage, nachdem mir versichert worden war, daß die DNVP sich nicht auflösen würde, seine Partei aufgeben. Zwei Worte Hugenbergs verdienen festgehalten zu werden. Als er seine Abschiedsrede an die Partei gehalten und die Versammlung geschlossen hatte, kehrte er noch einmal zurück und bat einen Augenblick um Gehör. Er sagte dann: „Wenn Sie die Nachricht in den Zeitungen lesen, daß ich Selbstmord verübt habe, so glauben Sie es nicht." Hitler sagte er beim Abschied: „Wenn Sie Furcht haben vor einem Attentat, so will ich Ihnen sagen, daß Sie nicht durch einen Kommunisten, wohl aber durch die Hand eines Ihrer eigenen Parteigenossen ermordet werden."

Nun wurde die Bayerische Volkspartei erledigt. Sämtliche Mitglieder der Landtags- und Reichstagsfraktion, bis auf zwei, wurden verhaftet, zum Teil ins Konzentrationslager gebracht. Die Partei löste sich über den Kopf der verhafteten Führer hinweg von selbst auf. Es blieb nur noch die Zentrumspartei, an sie wagte man sich zuletzt heran.

Dr. Grass erklärte mir, daß, wenn ich die Partei nicht auflösen würde, er und eine Reihe anderer Mitglieder der preußischen Landtagsfraktion als Hospitanten zu der NSDAP übertreten würden. Hackelsberger, der einer meiner Stellvertreter war, kam schon mit dem fertigen Entwurf eines Auflösungsbeschlusses und eines Aufrufs an die Wähler zu mir. Er war vorher bei Frick gewesen. Frick hatte ihm mitgeteilt, ich könne ja ruhig weitermachen, bis ich ganz allein mit einem Dutzend Leute übrigbliebe. Bereits 14 Mitglieder der Reichstagsfraktion waren ausgetreten. Ich mußte das Fazit ziehen, daß höchstens noch die Hälfte der Reichstagsfraktion weiterkämpfen wollte. Jede Minute kamen neue Hiobsnachrichten. Die Verhaftung von Dessauer und der Abschluß des Konkordats hatten jede Widerstandskraft vernichtet. Grass kam, wenn ich mich nicht irre, mit Dr. Hettlage und erklärte, wenn ich nicht am selben Abend handle und die Partei auflöse, so würden sie mit einer Reihe anderer Mitglieder den offenen Bruch vollziehen.

Ich erklärte mich schließlich bereit, die Konsequenzen aus der Lage zu ziehen und die Partei aufzulösen, wenn eine Übereinkunft mit Hitler erzielt würde, daß wir einen von ihm ausdrücklich gebilligten Aufruf veröffentlichen, in dem festgehalten würde, daß er feierlich versprochen habe, falls alle Parteien aufgelöst waren, den Rechtsstaat wieder einzuführen. Für ihn war der Erfolg natürlich ein großer, für mich war auch der kleine Erfolg problematisch. Ich habe nicht daran geglaubt, daß er dieses Mal sein Wort halten würde, aber vor der Geschichte habe ich ihn förmlich festgelegt. Am Abend des 6. Juli wurde die Zentrumspartei aufgelöst.

Kein Bischof hat schriftlich oder mündlich ein Wort des Dankes ausgesprochen für das, was die Partei in ihrer mehr als 60jährigen Geschichte für den Katholizismus getan und gelitten hat. Nur der Provinzial Blei des Jesuitenordens kam nach einigen Tagen, um seinen Dank auszusprechen. Eine Freude in diesen schwersten Tagen war es, daß prominente Leute der Rechten und der protestantischen Kirche zu mir kamen und den Mut hatten, mir als letztem Vorsitzenden der Zentrumspartei den Dank ihrer Kreise auszusprechen. Rom schwieg. Ich mußte daran denken, daß Kaas auf die telephonische Bitte von Joos, den Abschluß des

Konkordats und damit die Auflösung des Zentrums aufzuhalten, scherzend gesagt hatte: „Habt ihr euch noch nicht aufgelöst? Macht doch schnell!" Um mich wurde es einsam. Die alten Freunde nahmen Abschied und dann sah ich für Wochen niemanden mehr.

SPÄTE EINSICHTEN

Mit dem Verschwinden des Zentrums waren alle bisherigen Parteien entweder vernichtet oder völlig in den Händen der NSDAP. Meine Versuche, durch die Mitte März angeknüpften Beziehungen zu Hugenberg mit der DNVP gemeinsam zum Schluß noch ein Bekenntnis zum Rechtsstaat abzugeben, waren gescheitert. Ein solches Bekenntnis hätte eine größere psychologische Wirkung gehabt als der letzte Aufruf der Zentrumspartei.

Hugenberg hatte sich selbst zu Fall gebracht. Er war wirtschaftlich erfahren genug, um zu wissen, daß nach 1924 Deutschland noch einmal eine fürchterliche Krise durchstehen müsse. Er wollte sich und seine Partei nicht in dieser Krise verbrauchen. Das Unglück kam über ihn, als er endlich in ein Kabinett eintrat, nachdem die Krise bereits im wesentlichen überwunden, aber er selbst nur noch der Führer einer geschwächten, kleinen Partei war. Seine sture Haltung, die ihn in der Opposition stark gemacht hatte, scheiterte an der vielseitigen Taktik Hitlers. Er hatte sich mit Menschen umgeben wie Spahn und Stadtler, die keinerlei politische Fähigkeiten hatten. Gerade die uns ursprünglich am leidenschaftlichsten bekämpfenden Mitglieder der DNVP sahen als erste die Fehler ihrer Partei in den vergangenen drei Jahren ein. Besonders die, die den Reichspräsidenten besser kannten als ich, hätten früher einsehen müssen, welche Gefahren auch für sie mit seinem Charakter verbunden waren.

Daß Hugenberg auch nicht einmal zu seiner eigenen Stützung eine wirkliche Mitarbeit mit der Zentrumspartei gewollt hatte, ging aus unserer Unterhaltung in der Nacht vom 21. auf den 22. März hervor. Er sagte mir, er habe die Absicht gehabt, die kommunistische Partei zu verbieten und so eine Mehrheit für das Ermächtigungsgesetz durch die Rechtsparteien allein zu schaffen. Das war sein Klischee. Als Hitler darüber hinausging, ohne ihn zu fragen, verlor er jede Übersicht und jede Initiative und kam immer mehr in eine dumpfe Resignation hinein. Er war letzten Endes nur der letzte Alldeutsche mit simplen Begriffen und Plänen, unendlich stur. Ihm war die Notwendigkeit des Einsatzes der letzten Kräfte auch dann, wenn der Kampf fast hoffnungslos war, fremd. So brach er zusammen wie eine Figur aus Gußeisen.

Fast unfaßbar war das Zusammenbrechen der Gewerkschaften. Nach dem Scheitern Schleichers haben sie nicht einmal den Versuch zu einem Generalstreik gemacht. Schleicher hatte keine Vorstellung, wie wenig Kraft die Gruppe noch besaß, auf die er sich stützen wollte. Die Gewerkschaften umgekehrt hatten keine Vorstellung, wie schwach die Position Schleichers schon war. Auch hier konnte man sagen: Zu spät.

Der Stoß gegen die Gewerkschaften erfolgte nicht spontan. Hier und da wurden Einzelne verhaftet, einzelne Gewerkschaftshäuser besetzt. Es stellte sich heraus, daß verkommene Existenzen, die früher bei den Gewerkschaften angestellt, aber von ihnen wegen ihres Lebenswandels oder wegen Veruntreuung von Geldern entlassen worden waren, eigens eingesetzt wurden, um Rache zu nehmen. Sie stellten ihr Wissen über einzelne Persönlichkeiten und über die finanzielle Lage der einzelnen Berufsverbände zur Verfügung. Das machte die Gewerkschaften noch schwächer. Es gelang mir noch spät, einzelne vernünftige Führer zu überzeugen, daß die drei Gewerkschaftsgruppen sich nun zusammenschließen müßten, um zu einer gemeinsamen Aktion wenigstens in der Verteidigung zu kommen. Nach kurzer Zeit flog auch das auf. Ein Teil der Führer der christlichen Gewerkschaften glaubte, durch Sonderverhandlungen mit den Nazis weiterzukommen. Sie ahnten nicht, und es war ihnen nicht klarzumachen, daß ihre frühere Verbindung mit Strasser gerade ihnen einen tödlichen Stoß zugefügt hatte. Sie nahmen in ihren Vorstand ein Mitglied der NSDAP auf, einen früheren Sekretär beim christlichen Metallarbeiterverband. Der sollte, bei einer hohen Bezahlung, in der Lage sein, die christlichen Gewerkschaften als einzige zu retten. Natürlich tat er nichts anderes, als alle Überlegungen im Vorstand des Deutschen Gewerkschaftsbundes den Nazis zu verraten.

Man ging zu Goebbels und bot ihm Mitarbeit im neuen Staat an. Goebbels empfing die Gewerkschaftsführer mit einem freundlichen Lächeln, was von ihnen so gedeutet wurde, als ob sie ihn für sich gewonnen hätten. Sie gingen zu Hitler, taten und glaubten das gleiche. Sie boten selbst an, einen Nationalsozialisten als Kommissar zu nehmen.

Der Deutschnationale Handlungsgehilfenverband tat noch ein übriges. Er hatte durch seine Versicherungsunternehmungen zuerst den Stahlhelm und später die NSDAP, was ich nicht sofort erfuhr, finanziell gerettet. Er glaubte deshalb, einen starken Einfluß auf die NSDAP zu haben. So trennte er sich vom Deutschen Gewerkschaftsbund und ging mit fliegenden Fahnen zum neuen Staat über.

Einer hielt mutig stand. Das war der wirkliche Begründer der christlichen Gewerkschaften, Franz Wieber. Nach der letzten Tagung der christlichen Gewerkschaften bekannte er sich leidenschaftlich gegen die angenommene Politik. Am Tage vor der gewaltsamen Auflösung der Gewerkschaften, die durch die selbstgewählten Kommissare gut vorbereitet war, legte er sich hin, um zu sterben. So hat er das Ende seines mühsam aufgebauten Werkes nicht miterlebt. Er war einer der aufrechtesten Männer und saubersten Charaktere, denen ich nach 1918 begegnet bin. Glühender Patriot und Monarchist, war er immer bereit, Verständnis für die wirklichen Notwendigkeiten der Wirtschaft aufzubringen und sie seinen eigenen Mitgliedern gegenüber zu verteidigen. Er war auch in seinem menschlichen Feingefühl ein wirklicher Aristokrat, der nichts für sich suchte. Das Schmerzlichste für ihn in den letzten Tagen seines Lebens war die Erkenntnis, daß seine nächste Umgebung ihm nicht mehr folgte. Er verließ sich auf alte Beziehungen zu Grauert, der inzwischen Staatssekretär im preußischen Innenministerium geworden war, und erkannte nicht, daß dieser Mann schon lange ein unaufrichtiges Spiel getrieben hatte.

Selbst nach der Auflösung der Gewerkschaften im Sommer 1933 wurde ein Teil der Führer weiter verfolgt. Der Vorsitzende der christlichen Gewerkschaften, Otte, entschloß sich, in Niederschlesien ein Siedlungsgut zu kaufen, um so seine zahlreiche Familie durchbringen zu können. Der Kauf war etwas kompliziert. Der bisherige Inhaber wollte sich ein anderes Gut kaufen. Als Otte die Zustimmung des Landrates zu seiner Übernahme des aufgegebenen Siedlungsguts hatte, zahlte er dem bisherigen Inhaber den Kaufpreis, der von diesem sofort zum Erwerb eines neuen Gutes verwendet wurde. Als das geschehen war, erklärte der Landrat Otte, daß er ihm die Genehmigung zum Erwerb des Siedlungsgutes doch nicht geben könne, weil gegen ihn der Verdacht der staatsfeindlichen Gesinnung bestehe. Dieser Beschluß sei endgültig. In seiner Erregung darüber fuhr Otte mit seinem Auto gegen einen Baum und verschied gleich darauf. Imbusch floh ins Saargebiet. Die übrigen Führer mußten sich und ihre Familien mühselig vor dem Hunger schützen.

Viel tragischer war das Geschick der Führer der Freien Gewerkschaften. Leuschner war gewarnt worden, nach einer Tagung des Internationalen Arbeitsamtes nicht mehr nach Deutschland zurückzukehren. Als ihm aber gesagt wurde, daß ihm nichts passieren würde, entschloß er sich doch dazu, obwohl er schon einmal zusammen mit den andern Führern in der barbarischsten Weise mißhandelt worden war. Als endlich die Führer der Freien Gewerkschaften aus einem SA-Keller in das politische Gefängnis Moabit geführt wurden, waren sie so mißhandelt, daß die altgedienten Polizisten, die ihre Überführung zu bewerkstelligen hatten, in Tränen ausbrachen. Leuschner saß anderthalb Jahre im Zuchthaus, ohne auch nur einmal verhört zu werden.

Weder bei den Gewerkschaften noch bei der Bank für Angestellte und Beamte konnte man einen einzigen Korruptionsfall nachweisen. Trotzdem wurde das ganze Vermögen beschlagnahmt. Ein Gleiches geschah dem Konsumverein. Auch hier übernahm man blühende Unternehmungen. Die Zweite Internationale beschränkte sich auf papierenen Protest, sie brachte nicht einmal Geld auf, um die hungernden Familien der in Haft Befindlichen zu unterstützen. Die Arbeiterschaft war von Entsetzen gelähmt. Das änderte ihre Gesinnung, soweit sie geschult war, nicht, aber sie wagte nicht mehr, sich zu äußern.

Ein gleiches Schicksal ereilte die Beamtenorganisation, die so maßlos zur Minderung der Staatsautorität beigetragen hatte, und die industriellen, gewerblichen, mittelständischen und landwirtschaftlichen Organisationen. Graf Kalckreuth, der in einer Rede gefordert hatte, daß man an seinem Hause eine Tafel anbringe mit der Inschrift: „Hier wurde das Dritte Reich gegründet", wurde abgesetzt und in der verächtlichsten Weise behandelt. Zu spät kam die Einsicht.

Zu spät kam auch die Einsicht für Rom. Es mußte einsehen, daß das Konkordat keinen Nutzen brachte. Die konfessionellen Schulen in der Pfalz und in Hessen wurden trotz des Konkordats beseitigt. Als die Protestanten unter Führung von Niemöller und Koch sich zum zweitenmal zum Kampf für letzte christliche Ideale erhoben, war die Lage des deutschen Katholizismus schon soweit klar, daß Rom sehen mußte, daß das Konkordat nur ein Fetzen Papier war. Aber man konnte sich nicht entschließen, gleichzeitig mit den Protestanten den Kampf nicht für politische, sondern für rein religiöse Ziele aufzunehmen. Man ließ sie ein zweites Mal im Stich und brauchte ein Jahr, um einzusehen, daß man im Kampf um letzte christliche Wahrheiten mit den gläubigen Protestanten am gleichen Strang ziehen mußte.

Nach dem Austritt des Deutschen Reiches aus dem Völkerbund im Oktober 1933 und dem Ausschreiben von Neuwahlen kamen zwei Männer zur stellvertretenden Oberin des Hedwigshospitals und fragten, ob ich dort noch wohne und ob ich nicht bereit sein würde, auf der Liste der Regierung für den Reichstag zu kandidieren. Die Schwester antwortete, sie wisse im Augenblick nicht, wo ich mich aufhielte. Die Herren legitimierten sich durch einen Fahrtausweis der Stadtbahn. Die Schwester sagte ihnen, sie zweifelte nicht, daß sie absolut ehrliche Absichten hätten, aber sie könne mit dem besten Willen nicht sagen, wo ich im Augenblick sei. Einige Zeit darauf läutete jemand bei einer anderen Schwester an und erklärte, er spreche von der Reichskanzlei aus, die Schwester antwortete, sie würde versuchen, mich zu erreichen, er möchte nach einiger Zeit wieder anrufen.

Natürlich war ich entschlossen, auf der Liste nicht zu kandidieren; auf der anderen Seite hätte es als Feigheit gewirkt, wenn ich mich versteckt hätte. So fuhr ich sofort zum Hedwigshospital zurück und wartete zwei Tage auf einen Anruf. Dieser kam nicht. Statt dessen erschien der Präsident Bumm und teilte mir mit, im Ministerium des Inneren habe man ihm eröffnet, wenn das Hedwigshospital mir länger Gastfreundschaft biete, so werde es die volle Macht des neuen Staates zu fühlen bekommen. Ich antwortete Bumm, ich würde selbstverständlich sofort ausziehen, es sei nicht meine Absicht, dem Hedwigshospital irgendwelche Gefahren zu bringen. So verließ ich am gleichen Tag nachmittags um vier Uhr die guten Schwestern, die so treu für mich gesorgt hatten.

Nun wurde mein Leben zum Versteckspiel. Ab November 1933 wurde ich sieben Monate lang von der Geheimen Staatspolizei verfolgt und mußte manchmal vierzehn Tage lang Nacht für Nacht in einem anderen Hause Zuflucht nehmen. Als sich dies herumsprach, bekam ich viele Briefe von einfachen Leuten, selbst von Kommunisten, die sich anboten, mich zu verbergen. Auch zwei Universitätsprofessoren hatten den Mut, mich aufnehmen zu wollen. Ein Bischof, Bares von Hildesheim, lud mich ein, beliebig lange bei ihm zu wohnen. Ich lehnte ab, ihm herzlich dankend für seine Güte und für seine Gesinnung. Eine Woche später ließ der Erzabt von Beuron mir sagen, ich könne unbeschränkt Gast der Abtei sein, er würde es nie dulden, daß SA-Scharen in das Kloster eindrängen. Auch ihm dankte ich, mußte aber aus verschiedenen Gründen ablehnen.

Das Wandern brachte auch Verfolgungen und Haussuchungen bei allen, die mir ihre Gastfreundschaft anboten. Manche sind darüber zugrunde gegangen. Röhr erlitt infolge seiner Verhaftung einen Herzschlag, zehn Tage nach der Geburt eines Kindes. Immer enger zog sich das Netz der Geheimen Staatspolizei zusammen. Schließlich bekam ich die sichere Nachricht, daß nun keiner meiner Schlupfwinkel mehr unbekannt sei. Es erreichten mich Warnungen, wenn ich nicht vor dem 14. Juni aus Deutschland heraus sei, sei es zu spät. Als ich wenige Tage vor Pfingsten in ein Haus hineinging, sah ich drei SS-Leute die Treppe herunterkommen. Ich ging ruhig an ihnen vorbei, sie erkannten mich nicht. Ich blieb einen Treppenabsatz höher stehen, um zu beobachten. Der ältere von ihnen zog eine elektrische Taschenlampe aus der Tasche und leuchtete die Namenschilder ab. Als er den Namen meines Freundes las, sagte er den beiden anderen: „Hier ist er, das müßt ihr euch merken." Diese Nacht war ich zum letztenmal in diesem gastlichen Haus. Nun sah ich, daß ich versuchen mußte, wenigstens für einige Wochen ins Ausland zu gehen.

Heftige Herzbeschwerden, die ich drei Wochen vorher bekommen hatte, zeigten mir, wie schwierig meine Lage war. Würde ich irgendwo krank und konnte nicht mehr Stunde für Stunde auf Grund von Warnungen oder Beobachtungen in ein anderes Haus gehen, so würde ich doch geschnappt, selbst wenn ich in solche Häuser ging, wie ich es in besonders kritischen Augenblicken tat, in denen hohe Funktionäre der NSDAP wohnten und die SS Wache vor der Tür stand. So entschloß ich mich gegen Ende Mai, ohne irgend jemandem außer drei Menschen etwas davon zu sagen, auf normalem Wege vorübergehend Deutschland zu verlassen. Mit Hermann Muckermann fuhr ich über die Grenze nach Holland. Erst drei Wochen später brachte der Geheimdienst heraus, daß ich in London war.

Als ich am 26. Juni von London abfuhr, glaubte man, daß ich wieder nach Berlin in eines der Häuser zurückgekehrt sei, wo ich mich öfters aufgehalten hatte. Am 30. Juni nachmittags fünf Uhr wurde eine gedruckte Mitteilung versandt, ich habe in diesem Hause Herrn von Alvensleben wiederholt getroffen – den ich im Jahre 1929 einmal in meinem Leben gesehen hatte. Damit sollte meine Inhaftierung oder Umlegung begründet werden. Am folgenden Morgen wurde festgestellt, daß ich gar nicht zurückgekehrt sei.

Diejenigen, die nicht wie ich schon ein Jahr lang vorher verfolgt worden waren, hatten an die Warnungen, die sie wie ich erhielten, nicht oder nur bedingt geglaubt. Als ich ihnen noch Warnungen zukommen ließ, weil sich die Nachrichten über einen großen Schlag verdichteten, hat sie mancher noch nicht ernst genommen. In dem schmerzlichen Erleben der SS-Mörder vom 30. Juni war es ein Trost, daß ich auch einige hatte warnen können, die in entscheidenden Momenten meine erbitterten politischen Gegner gewesen waren.

NACHWORT

Als der Altreichskanzler Heinrich Brüning in der Osterwoche dieses Jahres zu Norwich/Vermont verstarb, gab es ein weltweites Echo. Funk und Fernsehen, Wochenzeitung und Tagespresse bezeugten dem Verblichenen einen unerwarteten Respekt. Hervorgehoben wurden einerseits Integrität und Lauterkeit seines Charakters und andererseits die tragisch abrupte Beendigung seiner Wirksamkeit. Dem nach Deutschland überführten Toten erwiesen Bundeskanzler und Bundesregierung, Koalition und Opposition spontan ihre Reverenz. Seine Vaterstadt Münster ehrte den verstorbenen Ehrenbürger durch eine würdige Matinee und eine schlichte Bestattungsfeier. In der Bundesrepublik standen die Fahnen weithin auf halbmast.

Wer dieser geheimnisvolle Mann war, bezeugen besser als alle wissenschaftlichen und populären Geschichtsbücher, die seiner teils ausführlich und teils parenthetisch gedenken, Brünings eigene Memoiren, die insofern zu einem passenden Zeitpunkt erscheinen, als der Verewigte in diesem Jahre am 26. November 85 geworden wäre.

Die Memoiren verdeutlichen nicht nur seine Gestalt, sondern klären auch – ebenso nüchtern wie lebendig – die 26 Monate seiner dynamitgeladenen Kanzlerschaft.

Sicherlich hat es symbolische Bedeutung, daß am Anfang und am Ende der vierzehnjährigen Weimarer Republik zwei Männer standen, die ein jeweils tragisches Schicksal gelassen auf ihre Schultern und selbstlos an ihr Herz nahmen, den Tagesglanz ebenso souverän verschmähend wie den Nachruhm. Ich meine den großartigen Friedrich Ebert und eben Heinrich Brüning.

Denn die Wegscheide von Weimar nach Potsdam markiert nicht der 30. Januar 1933, der Tag der sogenannten nationalen Revolution, sondern der 30. Mai 1932, der Tag von Brünings und seines Kabinetts Demissionierung. Was nämlich diesem Tage folgte, war das kurzweilige Auftreten jener Operettenfiguren, die mit Papen und Schleicher agierten. Und war folgerichtig das Brigantentum einer mörderischen Kamarilla, die ihrem Führer völlig verfallen war.

Die Geschichtsschreibung hält mit Recht die Frage „was wäre geworden, wenn" für unerlaubt, weil mit den Mitteln der Wissenschaft unbeantwortbar. Desungeachtet riskiere ich die Frage: „Was wäre geworden, wenn Brüning ein paar Monate länger das Steuer der deutschen Politik hätte lenken können?" Meine Antwort lautet, daß es dann weder eine Hitlerdiktatur noch einen Zweiten Weltkrieg gegeben hätte, weder den gespenstischen Fackelzug, der das Dritte Reich eröffnete, noch das Meer von Blut und Tränen, mit dem es versank.

Als Heinrich Brüning am 30. März 1930 fünfundvierzigjährig seine Kanzlerschaft begann, war er der Öffentlichkeit so gut wie unbekannt; als er am 30. Mai 1932 demissionierte, war er der maßgebliche Politiker Europas. Durch Brüning wurde die Frage nach dem Fortbestand der Weimarer Republik zur Frage des Fortbestandes der politischen, wirtschaftlichen, gesellschaftlichen Ordnung aller europäischen Staaten, in etwa selbst der USA.

Brüning war der erste Kanzler nach der Katastrophe von 1918, der mit einem klaren Konzept vor den damaligen Reichstag trat und der mit unerschütterlicher Gelassenheit dieses Konzept Schritt um Schritt zu realisieren trachtete. Wenige Wochen nach Brünings Amtsantritt wurde deutlich, daß es zwischen dem Reichsparlament und dem Reichspräsidenten eine Reichsregierung gab, die weder pathetisch deklamierte noch gewohntermaßen manipulierte, sondern mit unerschrockener Konsequenz verfügte und handelte.

Die hohen menschlichen Qualitäten Brünings wurden selten bestritten. Etwa seine ethische Lauterkeit, seine eiserne Disziplin, seine unermeßlich scheinende Arbeitskraft, seine profunde Sachkenntnis, seine panoramic ability, seine Fähigkeit also, innerhalb der political matters jedes und alles im Rundblick zu sichten. Weniger deutlich wurde den Zeitgenossen, die Brüning gelegentlich einen Zauderer nannten, des Kanzlers gelassenes Warten auf jenen entscheidenden Punkt, der blitzschnelles Handeln erforderte. Richtiges Handeln an der falschen Stelle, heißt es in den Memoiren, ist genauso verheerend wie falsches Handeln an der richtigen Stelle.

Wie Bismarcks politisches Genie bestand dasjenige Brünings unter anderem darin, daß er einerseits auf weiteste Sicht hin kalkulierte und andererseits, durch keinerlei Theorien blockiert, jeden passenden Augenblick beim Schopfe faßte. Brüning wußte insofern um das Geheimnis der coincidentia oppositorum, der Vereinbarkeit also von Gegensätzen, als er bei jeder Unterhandlung nicht bloß den eigenen Standpunkt einleuchtend umschrieb, sondern auch den gegnerischen Standpunkt ruhig zur Kenntnis nahm und einem übergreifend Gemeinsamen einordnete.

Wenn Politik die Kunst des Möglichen ist, so ist der große Staatsmann daran zu erkennen, daß er alle Dinge, die sich hart im Raume stoßen, einer umfassenden Ordnung dienstbar macht; daß er Konsequenz mit Konzilianz verbindet und Standpunktfestigkeit mit Realitätserschlossenheit.

So konnte es geschehen, daß unser Kanzler innerhalb kürzester Zeit das bedingungslose Vertrauen ausländischer Politiker erwarb (der Sackett, Stimson, MacDonald, Grandi, Mussolini), wobei der common sense der Angloamerikaner seine Wahrheit und Wahrhaftigkeit schneller begriff als der Dogmatismus der Franzosen (ausgenommen Briand und etwa noch Laval).

Was Brüning zu Fall brachte, waren denn auch nicht außenpolitische Mächtigkeiten, sondern innenpolitische Wahnvorstellungen, kleinkarierte Spinnereien also und ein unwahrscheinliches Intrigantentum. Über diese und andere Phänomene, die man neuerlich mit Herzklopfen zur Kenntnis nimmt, berichten Brünings Memoiren genau und ausführlich.

Diese spiegeln insofern Brünings Art, als sie, den Menschen und Dingen jeweils entsprechend, einerseits von spartanischer Einfachheit sind und andererseits von subtiler Geistigkeit. Die Komplexität z. B. von Brünings Wirtschafts-, Finanz- und Steuerpolitik kann nur der Fachmann würdigen. Aber auch wir gewöhnlichen Sterblichen vermögen zu erkennen, in welchem Ausmaß die deutsche Finanzkrise nicht bloß ein Produkt sorglos begangener Fehler der deutschen Vergangenheit war, sondern auch Teilstück einer durch das Versailler Diktat mitausgelösten Weltwirtschaftskrise.

Bewegend ist dabei der Umfang von Verschleierungstaktik, die Großbanken und Konzerne ebenso sich leisteten wie agrarische und industrielle Mittelbetriebe, kirchliche und kommunale Unterstützungsempfänger ebenso wie Berufsgruppen und Informationspresse. Der Zustand läßt sich auf weiten Strecken nicht anders kennzeichnen als mit der Vokabel Korruptionismus. Die Memoiren halten die Daten und Fakten mit protokollarischer Genauigkeit fest und sind insofern unwidersprechbar.

Die Großräumigkeit von Brünings Konzept wird durch nichts besser illustriert als durch die Tatsache, daß alle innenpolitischen Maßnahmen, auch die unpopulärsten (wie Gehaltskürzung, Stelleneinsparung, Zwangsdiskontierung), in eine genaue Proportion gebracht wurden mit außenpolitischen Forderungen (dem Stillhalteabkommen z. B., der Reparationsstreichung, der Rüstungsangleichung). Erregend ist dabei, daß Brünings ingeniöse Diplomatie deutscherseits wenig Verständnis fand, einen kleinen Kreis qualifizierter Mitarbeiter (in Parlament und Regierung) ausgenommen, ja daß immer aufs neue vordergründig kalkulierende Querköpfe und Intriganten das Konzept des Kanzlers in Frage stellten. Die Memoiren lehren Seite für Seite, wie Brüning sich Tag um Tag gegen die unterschiedlichsten Mächte und Instanzen behaupten mußte.

Dieser Kanzler war gewiß keine tragische Gestalt, tragisch aber war die Konstellation von Mitwelt und Umwelt und war die zwielichtige Geschichtsstunde. Der Auftrag Brünings, der Reichsregierung zu neuer Autorität zu verhelfen durch eine resolute Rechtsorientierung, erwies sich als undurchführbar. Denn eben die konservativen Kräfte versagten sich auf der ganzen Linie. Und versagten sich, was immer auch Brüning unternahm, in wachsendem Ausmaß. Man denke an Hugenbergs exorbitante Sturheit, an Papens fahrlässigen Dilettantismus, an Schleichers konsequent durchgehaltenes Intrigantentum, an die Borniertheit ostelbischer Grundbesitzer und westdeutscher Industrieller, an die Beschränktheit von Hindenburgs Hausresidenz und an manches Verwandte solcher Art.

Brüning, der es strikt ablehnte, Verfassung und Parlament zu entmachten, sah sich verwiesen auf die wechselnde Unterstützung der Mitteparteien und der Sozialdemokratie. Die letztgenannte besaß ein ebenso hohes Maß an präziser Sachkenntnis wie an vaterländischem Verantwortungsbewußtsein. Dieserhalb sind respektvoll zu nennen Rudolf Hilferding und Karl Severing, Hermann Müller und Otto Braun, Otto Wels und Paul Löbe. Bei Hilferding z. B. fand Brüning „mehr Verständnis für die Prinzipien des kapitalistischen Banksystems als bei den Leitern der Großbanken zusammengenommen".

Nicht unerwähnt bleiben darf, daß in diesen schicksalsschweren Jahren die Gewerkschaften und ihre Führer, ja daß die westdeutsche Industriearbeiterschaft insgesamt, soweit sie nicht kommunistisch unterwandert oder nazistisch verhetzt war, einen außerordentlich gesunden Instinkt bewiesen und ein erstaunliches Verantwortungsgefühl für das Ganze des schwer erkrankten Staates.

Überhaupt weiß jeder, der die Zeit wachen Sinnes miterlebte, daß es eine geheimnisvolle Kommunikation gab zwischen dem Kanzler und dem zu Unrecht verleumdeten kleinen Mann. Wenn Hitlers Geschrei sich endlich doch durchsetzte, so trifft die Verantwortung nicht die Deutschen einfachhin, sondern sie trifft mit Namen zu nennende Einzelne. Dabei ist es schlechthin witzlos, Brüning einen Schrittmacher des Nazismus zu nennen; denn er war das genaue Gegenteil.

Die verheerendste Rolle spielte die vom Preußenknall besessene Hugenberg-Clique, welche sich – je länger, je mehr – in Hindenburgs Nachbarschaft ansiedelte. Unseligerweise war der junge Hindenburg von entwaffnender Beschränktheit, der alte Hindenburg aber hatte sich aus dem Sieger von Tannenberg in eine mythische Figur verwandelt, die sich in lichten Stunden bemerkenswert gut auf Personen und Sachen verstand, in umnebelten Augenblicken aber Orakelsprüche vor sich hin murmelte. Etwa: „Nun wollen wir mal sehen, wie mit Gottes Hilfe der Hase weiterläuft."

Daß Brüning 26 Monate hindurch, sein Ziel niemals aus den Augen lassend, allen Gewalten zum Trotz sich erhielt, grenzt ans Wunderbare. Zuweilen ist in seinen Memoiren die Rede von tiefer Abgeschiedenheit. Doch wäre es falsch, ihn zu einem Manne einsamer Entschlüsse umzustilisieren. Daß dieser Kanzler ein außerordentlich kontaktfreudiger Mann war, erweist die beträchtliche Schar zuverlässiger Mitarbeiter. Wir nennen bekannte Namen aus dem Regierungsbereich, so z. B. Willisen, Dietrich, Bülow, Treviranus, Pünder, Perlitius, Brauns, Groener, Geßler und Melchior.

Und auch dies verdient bleibende Erinnerung, daß Brüning der erste europäische Staatsmann war, der persönliche Kontakte mit Regierungshäuptern anderer Nationen souverän und systematisch pflegte. Nicht nur das Telephon („der heiße Draht") erhielt die ihm gebührende Funktion, sondern auch wechselseitige Besuche führender Politiker um sachlicher Probleme willen, ohne Ovationen also, Paraden und Trara. Dabei erwies sich Brünings ebenso aufrichtige wie noble Menschlichkeit als das verbindende Element. Es läßt aufhorchen, daß auf außenpolitischem Felde manche Konzession gemacht wurde – nicht so sehr um Deutschlands willen als vielmehr „to please Dr. Brüning".

Kirchlicherseits ist das furchtsame Ausweichen von Ludwig Kaas zu notieren und die Fehlsicht von Kardinalstaatssekretär Pacelli, der übrigens Brünings bessere Einsicht anläßlich Pius' XI. Enzyklika „Mit brennender Sorge" generös zugab. Schwer verständlich ist auch das gar zu bereitwillige Einschwenken des deutschen Episkopates auf die neue Linie und das gar zu langsame Erwachen angesichts der Täuschungsmanöver und Piratenstücke Hitlers und seiner Genossen. Dabei hätte allein der Münchner Gesellentag zu Anfang des Dritten Reiches jedem normalen Beobachter die Augen öffnen müssen.

Wenn Brüning am Ende immer und wieder den Geist Ludwig Windthorsts beschwor, so traf er weithin auf taube Ohren. Das ist nicht gesagt,

um Verstorbene anzuklagen, sondern um die überragende Größe eines
Mannes zu dokumentieren, welcher Retter des Vaterlandes hätte werden
können, wären seine Gefolgschaft um ein Geringes größer und verständi-
ger gewesen und seine innenpolitischen Kontrahenten um ein Weniges
intelligenter und selbstloser.

Wer Brünings Memoiren gründlich studiert, erkennt mit wachsendem
Erstaunen, daß dieser Kanzler sich selber den Spiegel häufiger vorhält als
seinen Freunden und Gegnern. Der Grundzug seiner Persönlichkeit war
eine bedingungslose Wahrhaftigkeit, die sich verband mit einer unge-
wöhnlichen Ehrfurcht vor Menschen jeglicher Herkunft und Gestalt. Daß
Brüning nicht nur für das Wahre erschlossen war, sondern auch für das
Schöne, lehren unvergeßliche Passagen seiner Erinnerungen. Man verge-
genwärtige sich seines sensiblen Organes für die Sprache der Symbole,
etwa anläßlich der Ruhrbesetzung, des Leichenkonduktes für Hermann
Müller, des Gesprächs von Chequers, des Geläutes der Weihnachts-
glocken, der Weimarer Tasso-Aufführung, des Neujahrsweges durch den
Schwarzwald, der zufälligen Clairvoyance General Schleichers.

Hier wie anderwärts wird deutlich, daß die Sorge um den Menschen, um
den deutschen Nächsten zumal, Brünings tägliche Begleiterin war. Doch
erschien diese Sorge selten oder nie in der steinernen Maske der Meduse,
sondern zumeist oder immer in Antlitz und Gebärde einer stillen
Gelassenheit, ja einer weltüberlegenen Heiterkeit.

Die posthum veröffentlichten Erinnerungen haben selber eine langwierige Geschichte. Diese darzustellen, ist hier nicht der Ort. Genug, daß
Brüning die Publikation seiner Memoiren aus Gewissensgründen immer
wieder hinauszögerte und daß er seine getreue Assistentin, Claire Nix,
und einen überlebenden Freund, Theoderich Kampmann, testamenta-
risch verpflichtete, die Blätter der Öffentlichkeit zugänglich zu machen.
Sie haben diesen Auftrag so verstanden, daß sie das vorgefundene
Manuskript unverkürzt und unretouchiert herausbrachten. Den besten
Kommentar zu seinen Memoiren schrieb Brüning selbst, und zwar in der
Gestalt zeitanalytischer Vorlesungen und einer beträchtlichen Anzahl
von Freundesbriefen. Auch diese der Nachwelt zu präsentieren, wird das
Bemühen der Editoren sein.

München, 25. Oktober 1970　　　　　　　　　　*Theoderich Kampmann*

ANHANG

HEINRICH BRÜNING
26. November 1885 – 30. März 1970

Heinrich Brüning wurde in Münster in Westfalen geboren als letztes Kind des Kaufmanns Friedrich Wilhelm Brüning (1827-1887). Mit anderthalb Jahren verlor er seinen Vater.

Um so enger blieb er mit seiner Mutter (Bernhardine, geb. Beringhof, 1846–1924), seinem Bruder Hermann (1876–1924) und seiner Schwester Maria (1880–1955) verbunden. Prälat Hermann Brüning war als Priester in Belgien und Frankreich, Hawaii, England und Amerika tätig, Fräulein Brüning als Fürsorgerin in Münster.

1904 wurde Heinrich Brüning Abiturient des Gymnasiums Paulinum in Münster. Die Ferien seiner Jugend verbrachte er regelmäßig mit Familienfreunden in der Normandie. Er studierte kurz an der Universität München, folgte dann seinem Vetter Prof. Clemens Baeumker nach Straßburg, um Philosophie und Geschichte, Staatsrecht und Nationalökonomie zu studieren. 1911 ging er an die Universität Bonn, wo er Ende 1914 bei Heinrich Dietzel promovierte. Die Ferien seiner Studienzeit verbrachte er meistens in London oder Burnley bei Manchester.

1915–1918 war er an der Westfront. 1919 war er einige Monate bei Carl Sonnenschein in Berlin tätig. Im September 1919 wurde er persönlicher Referent von Adam Stegerwald, der preußischer Wohlfahrtsminister und dann preußischer Ministerpräsident war. Dr. Brüning übernahm die Geschäftsführung des Deutschen Gewerkschaftsbunds von Stegerwald Ende 1920. Er war Mitbegründer der Tageszeitung ,,Der Deutsche".

Von Mai 1924 bis Ende 1933 war Dr. Brüning Zentrumsmitglied des Reichstags für den Wahlkreis Breslau. Dezember 1929 wurde er Fraktionsvorsitzender. Vom 30. März bis 30. Mai 1932 war er Reichskanzler. Zwei Monate vor der Auflösung der Zentrumspartei 1933 wurde er Parteivorsitzender.

1934–1939 reiste Dr. Brüning als Flüchtling durch Holland, die Schweiz, England und Amerika. Er hielt in abwechselnden Semestern Vorlesungen an den Universitäten Oxford und Harvard. 1939 nahm er einen neugegründeten Lehrstuhl für Staatsverwaltung in Harvard an, den er bis 1952 behielt.

1948 bekam er von den zuständigen amerikanischen und englischen Behörden die Erlaubnis zu einem kurzen Besuch bei seiner Schwester in Deutschland. Ab 1951 hielt er Vorlesungen an der Universität Köln, wo er Ordinarius für Politische Wissenschaften wurde. Nach seiner Emeritierung von der Universität Köln und dem Tode seiner Schwester kehrte er nach Neu-England zurück, wo er ein kleines Haus kaufte. Er starb Ostern 1970. Er ist in seiner Heimatstadt begraben.

ZEITTAFEL

1918

9. Nov.   Vorläufiger Thronverzicht des Kaisers Wilhelm II. und Ausrufung der Republik.

11. Nov.   Waffenstillstand.

1919

19. Jan.   Wahlen zur Nationalversammlung.

11. Febr.   Wahl Eberts zum Reichspräsidenten.

23. Juni   Annahme des Versailler Vertrags durch die Nationalversammlung.

31. Juli   Annahme der Weimarer Reichsverfassung durch die Nationalversammlung.

1920

10. Jan.   Inkrafttreten des Versailler Vertrages und der Völkerbundssatzung.

13. März   Kapp-Putsch.

19. März   Ablehnung des Versailler Vertrages im amerikanischen Senat.

6. Juni   Wahlen zum I. Reichstag.

1921

15. März   Französische Besetzung von Duisburg und Düsseldorf.

20. März   Abstimmung in Oberschlesien, 22. 3. Polnischer Einfall.

25. Aug.   Friedensvertrag zwischen USA und Deutschland.

26. Aug.   Ermordung Erzbergers.

20. Okt.   Teilung Oberschlesiens.

1922

16. April   Rapallo-Vertrag zwischen Deutschland und Rußland.

24. Juni   Ermordung Rathenaus.

26. Juni   Verordnung zum Schutz der Republik.

24. Okt.   Wiederwahl Eberts zum Reichspräsidenten bis 30. 6. 1925.

31. Okt.   Mussolinis Marsch auf Rom.

1923

11. Jan.   Französischer Einmarsch ins Ruhrgebiet.

24. Juli   Lausanner Frieden zwischen Türkei und Griechenland.

26. Sept.   Abbruch des passiven Widerstands im besetzten Gebiet.

8. Nov.   Hitler-Putsch in München.

20. Nov.   Stabilisierung der Reichsmark.

1924

14. Jan.   Beginn der Dawes-Konferenz.

9. April   Dawes-Plan veröffentlicht.

4. Mai   Wahlen zum II. Reichstag, DNVP stärkste Partei.

24. Aug.	Annahme des Dawes-Planes.
7. Dez.	Wahlen zum III. Reichstag, SPD wieder stärkste Partei.

1925

28. Febr.	Tod Eberts.
26. April	Wahl Hindenburgs zum Reichspräsidenten.
5. Okt.	Locarno-Konferenz.
3. Nov.	Locarno-Verträge im Reichstag angenommen.

1926

31. Jan.	Räumung der ersten besetzten Rheinland-Zone.
24. April	Berliner Vertrag zwischen Rußland und Deutschland.
10. Sept.	Eintritt Deutschlands in den Völkerbund.

1927

13. Mai	Schwarzer Freitag der Berliner Börsen.

1928

20. Mai	Wahlen zum IV. Reichstag.
27. Aug.	Unterzeichnung des Kriegsverzichtspaktes (Kellog-Pakt).

1929

11. Febr.	Beginn der Young-Verhandlungen.
7. Juni	Unterzeichnung des Young-Plans.
6. bis	
31. Aug.	Haager Konferenz über den Young-Plan.
3. Okt.	Tod Stresemanns.
28. Okt.	New Yorker Börsenkrach.
30. Nov.	Räumung der zweiten Rheinlandzone.

1930

3. bis	
20. Jan.	Zweite Haager Konferenz über den Young-Plan.
11. März	Annahme des Young-Plans im Reichstag.
30. Juni	Räumung der letzten Rheinlandzone.
14. Sept.	Wahlen zum V. Reichstag, NSDAP zweitstärkste Partei.

1931

16. Jan.	Eröffnung der Sitzung des Studienkomitees für die europäische Vereinigung in Genf.
21. März	Tod Hermann Müllers.
	Vereinbarung einer deutsch-österreichischen Zollunion.
11. Mai	Bekanntgebung von Schwierigkeiten der Österreichischen Kreditanstalt.
20. Juni	Hoover schlägt Moratorium für öffentliche internationale Schulden vor.

13. bis	
16. Juli	Akute Bankenkrise in Deutschland.
20. bis	
23. Juli	Londoner Konferenz.
3. Sept.	Aufgabe der deutsch-österreichischen Zollunion.
18. Sept.	Militärische Intervention Japans in der Mandschurei.
20. Sept.	Abwertung des englischen Pfundes.

1932

Jan.	Höchstzahl der Arbeitslosen: über 6 Millionen.
2. Febr.	Eröffnung der Abrüstungskonferenz in Genf.
10. April	Wiederwahl Hindenburgs.
16. Juni	Lausanner Reparationskonferenz.
20. Juli	Absetzung der preußischen Regierung durch die Reichsregierung.
31. Juli	Wahlen zum VI. Reichstag, NSDAP stärkste Partei.
14. Sept.	Verweigerung der deutschen Teilnahme an der Abrüstungskonferenz (bis 11. Dez.).
6. Nov.	Wahlen zum VII. Reichstag.

1933

28. Febr.	Verordnung zum Schutz von Volk und Staat.
5. März	Wahlen zum VIII. Reichstag.
23. März	Ermächtigungsgesetz.
19. April	Entwertung des amerikanischen Dollars.
19. Okt.	Austritt Deutschlands aus dem Völkerbund.
12. Nov.	Reichstagswahl und Volksabstimmung mit 95,1 % Ja-Stimmen.
1. Dez.	Gesetz zur Sicherung der Einheit von Partei und Staat.

1934

30. Jan.	Ende der Länderhoheit.
14. Febr.	Aufhebung des Reichsrats.
30. Juni	Hunderte von Verhaftungen und Erschießungen von Gegnern Hitlers („Röhm-Putsch").
2. Aug.	Tod Hindenburgs.

Die Reichsregierungen dieser Jahre sind nicht erwähnt; siehe dazu folgende Tabelle.

Die Ämterbesetzung in der Reichsregierung 1919—1933

Reichskanzler	Scheidemann (S)	Bauer (S)	1. Müller (S)	Fehrenbach (Z)	1. Wirth (Z)	2. Wirth (Z)	Cuno (pl)
Amtsdauer	13.2.19 – 21.6.19	21.6.19 – 27.3.20	27.3.20 – 21.6.20	21.6.20 – 10.5.21	10.5.21 – 26.10.21	26.10.21 – 22.11.22	22.11.22 – 13.8.23
Außenminister	Brockdorff-Rantzau (pl)	H. Müller (S)	H. Müller (S) Köster (S) [seit April 1920]	Simons (pl)	Rosen (pl) [seit 23.5.1921]	Wirth (Z) Rathenau (pl) [31.1.–24.6.22] Wirth (Z) [seit 26.6.1922]	v. Rosenberg (pl)
Innenminister	Preuß (S)	David (S) Koch (D) [seit 5.10.1919]	Koch (D)	Koch (D)	Gradnauer (S)	Köster (S)	Oeser (D)
Justizminister	Landsberg (S)	Schiffer (D) [seit 2.10.1919]	Blunck (D)	Heinze (DV)	Schiffer (D)	Radbruch (S)	Heinze (DV)
Wehrminister	Noske (S)	Noske (S) Geßler (D) [seit 24.3.1920]	Geßler (D)	Geßler (D)	Geßler (D)	Geßler (D)	Geßler (D)
Finanzminister	Schiffer (D) Dernburg (D) [seit 19.4.1919]	Erzberger (Z) [bis 12.3.1920]	Wirth (Z)	Wirth (Z)	Wirth (Z)	Hermes (Z)	Hermes (Z)
Wirtschaftsminister	Wissell (S)	Wissell (S) R. Schmidt (S) [seit 15.7.1919]	R. Schmidt (S)	Scholz (DV)	R. Schmidt (S)	R. Schmidt (S)	Becker (DV)
Ernährungsminister (auf gehoben 15.9.19 — 30.3.20)	R. Schmidt (S)	R. Schmidt (S) [bis 15.9.1919]	Hermes (Z)	Hermes (Z)	Hermes (Z)	Hermes (Z) Fehr [seit 31.3.1922]	Müller-Bonn (Z) Luther (pl) [seit 1.12.22]
Arbeitsminister	Bauer (S)	Schlicke (S)	Schlicke (S)	Brauns (Z)	Brauns (Z)	Brauns (Z)	Brauns (Z)
Postminister	Giesberts (Z)	Giesberts (Z)	Giesberts (Z)	Giesberts (Z)	Giesberts (Z)	Giesberts (Z)	Stingl (B)
Verkehrsminister (errichtet 21.6.1919)	—	Bell (Z)	Bell (Z) Bauer [seit 1.5.1920]	Groener (pl)	Groener (pl)	Groener (pl)	Groener (pl)
Chef der Reichskanzlei	Albert	Albert	Albert	Albert	Hemmer	Hemmer	Hamm

Erläuterungen: Als Endtermin ist bei den Regierungszeiten nicht der Tag des Rücktritts, sondern der in der Regel später liegende Tag der Abgabe der Geschäfte vermerkt.

Die Abkürzungen bedeuten: B = Bayerische Volkspartei; D = Deutsche Demokratische Partei (Deutsche Staatspartei); DN = Deutschnationale Volkspartei; DV = Deutsche Volkspartei; KV = Konservative Volkspartei; LV = Landvolkpartei; NS = Nationalsozialistische Deutsche Arbeiterpartei; pl = parteilos; S = Sozialdemokratische Partei Deutschlands; StH = Stahlhelm; W = Wirtschaftspartei; Z = Zentrumspartei.

Reichskanzler	1. Stresemann (DV)	2. Stresemann (DV)	1. Marx (Z)	2. Marx (Z)	1. Luther (pl)	2. Luther (pl)	3. Marx (Z)
Amtsdauer	13.8.23 – 6.10.23	6.10.23 – 30.11.23	30.11.23 – 3.6.24	3.6.24 – 15.1.25	15.1.25 – 20.1.26	20.1.26 – 17.5.26	17.5.26 – 29.1.27
Außenminister	Stresemann (DV)	Stresemann (DV)	Stresemann (DV)	Stresemann (DV)	Stresemann (DV)	Stresemann (DV)	Stresemann (DV)
Innenminister	Sollmann (S)	Sollmann (S) [bis 3.11.1923] Jarres (DV) [seit 12.11.1923]	Jarres (DV)	Jarres (DV)	Schiele (DN) [bis 26.10.1925] i. V. Geßler	Külz (D)	Külz (D)
Justizminister	Radbruch (S)	Radbruch (S) [bis 3.11.1923]	Emminger (B) [bis 15.4.1924] i. V. Joël	i. V. Joël	Frenken (Z) [bis 21.11.1925] i. V. Luther	Marx (Z)	Marx (Z) Bell (Z) [seit 16.7.1926]
Wehrminister	Geßler (D)	Geßler (D)	Geßler (D)	Geßler (D)	Geßler (D)	Geßler (D)	Geßler (D)
Finanzminister	Hilferding (S)	Luther (pl)	Luther (pl)	Luther (pl)	v. Schlieben (DN) [bis 26.10.1925] i. V. Luther	Reinhold (D)	Reinhold (D)
Wirtschaftsminister	v. Raumer (DV)	Koeth (pl)	Hamm (D)	Hamm (D)	Neuhaus (DN) [bis 26.10.1925] i. V. Krohne	Curtius (DV)	Curtius (DV)
Ernährungsminister (aufgehoben 15. 9. 19 – 30. 3. 20)	Luther (pl)	Graf Kanitz (pl) [seit 22.10.1923]	Graf Kanitz (pl)	Graf Kanitz (pl)	Graf Kanitz (pl)	Haslinde (Z)	Haslinde (Z)
Arbeitsminister	Brauns (Z)	Brauns (Z)	Brauns (Z)	Brauns (Z)	Brauns (Z)	Brauns (Z)	Brauns (Z)
Postminister	Höfle (B)	Höfle (B)	Höfle (B)	Höfle (B) [bis 9.1.1925]	Stingl (B)	Stingl (B)	Stingl (B)
Verkehrsminister (errichtet 21. 6. 1919)	Oeser (D)	Oeser (D)	Oeser (D)	Oeser (D) [bis 11.10.1924]	Krohne (DV)	Krohne (DV)	Krohne (DV)
Chef der Reichskanzlei	v. Rheinbaben	Kempkes	Bracht	Bracht	Kempner	Kempner	Pünder

Übersicht nach: Dokumente zur Deutschen Verfassungsgeschichte. Hrsg.: E. R. Huber. Bd. 3. S. 612 ff. (Stuttgart: Kohlhammer-Verlag)

Reichskanzler	4. Marx (Z)	2. Müller (S)	1. Brüning (Z)	2. Brüning (Z)	v. Papen (pl)	v. Schleicher (pl)	Hitler (NS) Vizekanzler: v. Papen (pl)
Amtsdauer	29.1.27 – 29.6.28	29.6.28 – 30.3.30	30.3.30 – 7.10.31	7.10.31 – 2.6.32	2.6.32 – 3.12.32	3.12.32 – 30.1.33	30.1.33
Außenminister	Stresemann (DV)	Stresemann (DV) [bis 3.10.29] Curtius (DV) [seit 4.10.1929]	Curtius (DV)	Brüning (Z)	Frh. v. Neurath (pl)	Frh. v. Neurath (pl)	Frh. v. Neurath (pl)
Innenminister	v. Keudell (DN)	Severing (S)	Wirth (Z)	Groener (pl)	Frh. v. Gayl (DN)	Bracht (pl)	Frick (NS)
Justizminister	Hergt (DN)	Erich Koch (D) v. Guérard (Z) [seit 13.4.1929]	Bredt (W) i.V. Joël [seit 5.12.1930]	Joël (pl)	Gürtner (DN)	Gürtner (DN)	Gürtner (DN)
Wehrminister	Geßler (D) Groener (pl) [seit 19.1.1928]	Groener (pl)	Groener (pl)	Groener (pl) [bis 12.5.1932]	v. Schleicher (pl)	v. Schleicher (pl)	v. Blomberg (pl)
Finanzminister	Köhler (Z)	Hilferding (S) Moldenhauer (DV) [seit 23.12.1929]	Moldenhauer (DV) Dietrich (D) [seit 26.6.1930]	Dietrich (D)	Graf Schwerin-Krosigk (pl)	Graf Schwerin-Krosigk (pl)	Graf Schwerin-Krosigk (pl)
Wirtschaftsminister	Curtius (DV)	Curtius (DV) Moldenhauer (DV) [seit 8.11.1929] R. Schmidt [seit 23.12.1929]	Dietrich (D) [bis 26.6.1930] i.V. Trendelenburg	Warmbold (pl) [bis 6.5.1932] i.V. Trendelenburg	Warmbold (pl)	Warmbold (pl)	Hugenberg (DN)
Ernährungsminister (aufgehoben 15.9.19 – 30.3.20)	Schiele (DN)	Dietrich (D)	Schiele (LV)	Schiele (LV)	Frh. v. Braun (DN)	Frh. v. Braun (DN)	Hugenberg (DN)
Arbeitsminister	Brauns (Z)	Wissell (S)	Stegerwald (Z)	Stegerwald (Z)	Schäffer (pl) [seit 6.6.1932]	Syrup (pl)	Seldte (StH)
Postminister	Schätzel (B)	Schätzel (B)	Schätzel (B)	Schätzel (B)	Frh. Eltz v. Rübenach (pl)	Frh. Eltz v. Rübenach (pl)	Frh. Eltz v. Rübenach (pl)
Verkehrsminister (errichtet 21.6.1919)	Wilhelm Koch (DN)	v. Guérard (Z) i.V. Schätzel (B) [seit 7.2.1929] Stegerwald (Z) [seit 13.4.1929]	v. Guérard (Z)	Treviranus (KV)	Frh. Eltz v. Rübenach (pl)	Frh. Eltz v. Rübenach (pl)	Frh. Eltz v. Rübenach (pl)
Chef der Reichskanzlei	Pünder	Pünder	Pünder	Pünder	Planck	Planck	H. H. Lammers

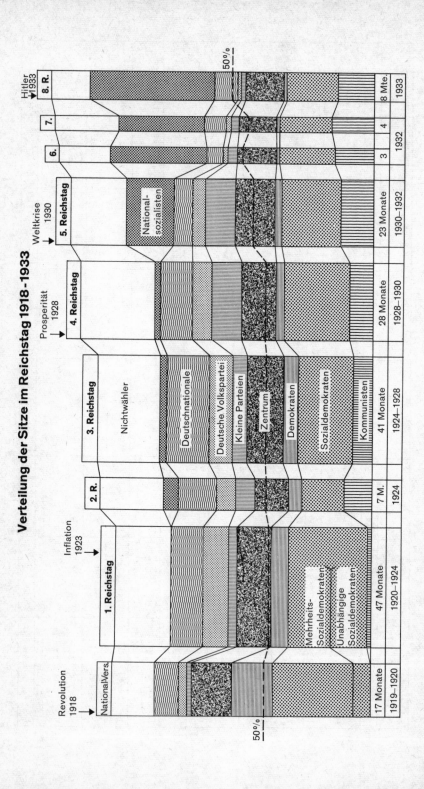

Verteilung der Sitze im Reichstag 1918-1933

PERSONENREGISTER

696 *Personenregister*

Bosch, Dr. Carl, Vors. d. I. G. Farben 234, 425
Bosch, Dr. Robert, Vors. d. Robert Bosch AG 234, 650
Bracht, Dr. Clemens Franz (1877 bis 1933), 1919 MinDir. im preuß. Wohlfahrtsmin., 1923 Staatssekr. in d. Reichskanzlei, 1924–1932 Oberbürgerm. von Essen, 1932–1933 Reichskommissar für Preußen 59, 120, 157, 305, 405, 426, 427, 635, 636, 646
Brand, Robert Baron 283, 310, 312, 315, 488
Brandenburg, Dr., MinDir. f. Luftfahrt im Reichsverkehrsmin. 150
Brandenstein, Joachim Werner Frhr. von 376, 423
Brandes, Dr. Ernst, Präs. d. dt. Landwirtschaftsrats 252, 459
Braun, Max 171
Braun, Dr. Otto, 1920, 1921–1933 preuß. MinPräs., 1919–1933 M. d. R. (SPD) 53, 60, 74, 134, 177, 185, 187, 188, 198, 199, 246, 249, 252, 271, 272, 286, 287, 291, 297, 321, 347, 348, 392, 459, 461, 483, 518, 619
Brauns, Dr. Heinrich, Priester, Juni 1920–Juni 1928 Reichsarbeitsmin., 1919–1933 M. d. R. (Zentrum) 70, 71, 78, 92, 93, 102, 103, 112, 114, 124, 126, 133, 670
Bredow, R. W. von, Oberst, 1932 Leiter d. Ministeramts im Reichswehrmin. 397, 646
Bredt, Prof. Dr. Johannes Viktor, März–Dez. 1930 Reichsjustizmin., Mai 1924–1933 M. d. R. (Wirtschaftspartei) 166, 167, 198, 210
Breitscheid, Dr. Rudolf, 1920–1933 M. d. R. (SPD), seit 1926 Mitgl. d. dt. Delegation z. Völkerbundsversammlung 148, 157, 166, 167, 188, 288, 289, 294, 296, 300, 311, 364, 501, 660
Briand, Aristide (1862–1932), franz. Ministerpräs. 1915–1917, 1921 bis 1922, 1925–1926, 1929, Außen-

min. 1925, 1926, 1926–1932 121, 122, 171, 204, 266, 268, 270, 308, 327, 328, 331–333, 335, 336, 340, 342, 410, 411, 413, 414, 439, 555
Brincard, Georges de, Direktor d. Credit Lyonnais 314
Brinon, Comte de, Havas-Vertreter in Berlin 307, 308, 311
Brüning, Dr. Antonius P., Dir. d. A. Schaffhausenschen Bankvereins, Filiale der Deutschen Bank in Köln 443–447, 523
Brüning, Hermann, Prälat (1874 bis 1924) 94, 102, 107
Buch, Major a. D. 19
Buchrucker, Major a. D. 99, 100
Bücher, Dr. Hermann, Direktor d. AEG 230, 234, 290, 293, 294, 303, 305, 315, 316, 322, 349, 351, 370, 371, 389, 436, 458, 530, 531, 566, 583, 585, 595
Bülow, Dr. Bernhard von, seit 1911 im auswärtigen Dienst, 1914–1915 Kriegsdienst, 1919–1923 freier Schriftsteller, 1923 Leiter des Völkerbundsreferats im A. A., dann Dirigent der europ. Abtlg., seit Juli 1930 Staatssekr. im A. A. 167, 228, 230, 233, 245, 253, 262, 265, 272, 275, 292, 293, 295, 302, 304, 305, 308, 310–312, 315, 324, 326, 332, 337, 338, 363, 382–384, 392, 409, 434, 438–440, 487, 492, 498, 499, 507, 516, 525, 535, 544–546, 557, 558, 560–562, 577, 596, 597, 601–603, 607, 613, 614, 616
Bülow, F. von, Oberpräs. d. Grenzmark 245
Bumke, Dr. Erwin, seit 1929 Präs. des Reichsgerichts 263
Burgess, R., Vors. d. Fed. Res. Board 431
Bussche, E. Frhr. von dem, Chef d. Personalamts im Reichswehrmin. 374, 380

Caillaux, Joseph, franz. MinPräs. a. D. 335

542–556, 567, 572, 584, 585, 587–590, 600, 640, 649

Guérard, Theodor von, Juni 1928 bis Febr. 1929 Reichsverkehrsmin. u. Min. f. besetzte Gebiete, April 1929–Okt. 1931 Reichsjustizmin., 1920–1930 M. d. R. (Zentrum) 131, 152, 164, 167, 179, 422, 428

Gutmann, Herbert, VorstMitgl. d. Dresdner Bank 225, 230, 316, 318

Gutsche, Wilhelm (1879–1930), Führer d. Gewerkschaft dt. Eisenbahner 61, 65, 66, 88, 94, 100, 101, 103, 128

Habermann, Max, Leiter d. Dt. Nat. Handlungsgehilfenverb. 61, 516, 518

Hackelsberger, Dr. Albert, 1932–1933 M. d. R. (Zentrum) 609, 657, 667, 670, 671, 673

Hagen, Dr. Louis, Teilh. d. Banken Levy u. Oppenheim, Köln 298

Hagenow, von, MinDir. d. Reichskanzlei (DVP) 312, 398, 402, 429, 557

Hahn, Diederich, M. d. R., Dir. d. Bundes d. Landwirte 209

Hamm, Dr. Eduard, Nov. 1923–Jan. 1925 Reichswirtschaftsmin., 1920 bis 1924 M. d. R. (Demokraten), 1924 Geschäftsführer d. Dt. Industrie- und Handelstags 394

Hammerstein-Equord, Kurt Frhr. von, 3. Garde-Rgt. zu Fuß, 1917–1918 GenStab. d. GenKommandos z. b. V. 65, 1929, GenMajor u. Stabschef d. Gruppenkommandos I, dann Chef d. Truppenamts, Okt. 1930 bis Jan. 1934 Chef d. Heeresltg. 64, 346, 373, 374, 495, 538, 542, 544, 546–548, 555, 564, 574, 589, 591, 600, 614

Hanfstaengl, Ernst, Mitgl. d. NSDAP 196, 197

Hartmann, Dr. Fritz, Finanzrat, Vors. d. Gemeinschaftsgruppe dt. Hypothekenbanken 476

Hatzfeldt, Hermann Fürst (1848 bis 1934), März 1920–Mai 1921 dt. Vertreter b. d. interalliierten Kommission 53, 54, 94, 119, 245

Hauenschild, von, seit Sept. 1931 Vors. der Landvolkspartei 502

Hauschild, Dr., MinRat im Reichslandwirtschaftsmin. 426

Havenstein, Dr. Rudols, Wirk. GehRat (1857–1923), 1908–1923 Präs. d. Reichsbank 85

Heim, Georg, 1919–1924 M. d. R. (BVP) 623

Heimann, Hugo, 1919–1920 Volksbeauftragter f. Berlin, 1919–1933 M. d. R., Vors. d. Haushaltsausschusses (SPD) 110, 115

Heine, Wolfgang, Dez. 1918 preuß. Justizmin., März 1919–März 1920 preuß. Innenmin. (SPD) 61

Heinemann, Dannie, Vors. d. „Sofina" 230, 436, 566

Held, Dr. Heinrich, bayr. Ministerpräsident 1924–1933 (BVP) 204, 303, 623

Helfferich, Dr. Karl (1872–1924), 1916–1917 Staatssekr. d. Innern, 1918 Dipl. Vertr. in Moskau, 1920–1924 M. d. R. (DVNP) 55, 105, 404

Helldorf, Wolf Graf von, SA-Führer v. Berlin 411

Henderson, Arthur, 1929–1931 engl. Außenmin., 1932–1933 Präsident d. Abrüstungskonferenz 265, 266, 268 bis 270, 280–282, 290, 294, 324 bis 326, 333, 337, 338, 347, 348, 355, 546, 561, 562, 565

Hepp, Karl, Präs. d. Reichslandbundes, seit 1920 M. d. R. (DVP, seit 1928 Landvolk) 202

Hergt, Oskar, Geh. Oberfinanzrat, 1918–1924 Vors. der DVNP, seit 1920 M. d. R. 110, 170, 179, 181, 257

Herle, Dr. Jacob, Geschäftsführer d. Reichsverbandes d. Dt. Industrie 293

Hermes, Andreas, März 1920–Nov. 1922 Reichsernährungs- u. Landwirtschaftsmin., Nov. 1922 bis Aug.

1930 M. d. R. (DNVP, dann Volkspartei) 121

Höfer, Freikorps-Gen. 76

Hoff, Dr. Curt, Dez. 1924–1930 M. d. R. (DVP) 157, 176, 290, 420

Hoffmann, Prof. Karl, Geh. RegRat 59

Höllein, Emil (1880–1929), M. d. R. 1920–1929 (KP) 114

Holtmeier, Dr., Gutsbesitzer 459

Hoover, Herbert, 1928–1932 amerik. Präs. 190, 194, 202, 223–225, 230, 231, 285, 291, 292, 295, 299, 300, 304, 345, 412, 413, 430, 431, 433, 437

Höpker-Aschoff, Dr. Hermann, 1925 bis 1931 preuß. Finanzminister, seit 1930 M. d. R. (Demokraten) 176, 305, 311, 366

Huck, Dr. Wolfgang, Verleger 530

Hugenberg, Dr. Alfred, Geh. Finanzrat, 1909–1918 Vors. Friedr. Krupp AG, seit 1916 maßgebend i. Dt. Verlagsverein, seit 1919 M. d. R., seit 1928 Vors. d. DNVP, Jan. bis Juni 1933 Reichsernährungs- und Landwirtschaftsmin. 40, 123, 136, 137, 148, 149, 155, 161, 162, 169, 170, 177, 180, 184, 187, 190, 198–200, 209, 210, 219, 232, 234, 239, 254, 257, 259, 271–273, 287, 314, 338, 340, 351, 360, 364, 373, 375–380, 384, 386–388, 390, 391, 393, 394, 401, 403, 405, 409, 411, 418, 425, 443, 457, 459, 469, 470, 481, 502–508, 510, 525, 526, 577, 581, 607, 609, 618, 635, 637, 640, 643, 646, 653, 656, 657, 668, 672, 674

Hymans, P. H., belg. Außenmin. 336, 545, 566

Imbusch, Heinrich, Vors. des Vereins der Bergarbeiter Deutschlands, 1929–1933 Vors. d. Dt. Gewerkschaftsbundes, M. d. R, 1919–1933 (Zentrum) 61, 88, 90, 94

Jagow, Traugott von, Major d. R. 510

Jahn, Dr. Joseph, Mitarb. d. Dt. Nat. Handlungsgehilfen-Verbandes, 1931 bis 1933 Geschäftsführer des Dt. Gewerksch.Bd. 84

Jeidels, Dr. Otto, Geschäftsinhaber d. Berliner Handels-Gesellsch. 311, 491

Joël, Dr. Curt, 1922–1931 Staatssekr. i. Reichsjustizmin., Okt. 1931–Juni 1932 Reichsjustizmin. 147, 164, 255, 302, 316, 317, 380, 400, 405, 410, 411, 420, 427, 463, 465, 483, 497, 500, 516, 538, 542, 569, 572, 589

Joos, Josef, M. d. R. 1919–1933 (Zentrum) 288, 531, 666, 667, 673

Jung, Edgar, Schriftsteller, 1934 erschossen 99, 214

Kaas, Prof. Dr. Ludwig, Prälat, 1919–1933 M. d. R., 1928–1933 Vors. d. Zentrums 111, 121, 135, 138, 139, 147, 152, 158, 171, 180, 198, 230, 288, 290, 295, 358, 359, 361, 375, 379, 380, 384, 389, 398–400, 402, 423, 425, 445–447, 492, 495, 496, 499, 502, 507, 516, 524, 533, 540, 567, 570, 571, 583, 594, 609, 610, 615, 622, 623, 627, 629–632, 636, 638, 639, 643, 646–648, 651, 652, 655–666, 671, 673

Kahl, Prof. Dr. Wilhelm (1849–1932), Geh. Justizrat (DVP) 255, 294, 390

Kalckreuth, Eberhard Graf von, 1924–1928 Präs. d. Reichslandbundes 202, 205, 640, 677

Kánya, Koloman von, 1925–1931 ungar. Gesandter in Berlin 495

Kapp, Dr. Wolfgang, GehRat, (1858 bis 1922), 1917–1920 Gen.Landschaftsdir. v. Ostpr., 1918 M. d. R. (Dt. Kons.) 48, 62, 64–67, 88, 90, 133

Kardorff, Katharina von 420

Kardorff, Siegfried von, Vizepräs. d. Reichstags, seit 1919 M. d. R. (DVP) 420

Kastl, Ludwig, GehRat, Geschäftsführer d. Reichsverb. d. Dt. Industrie 250, 305, 425, 510, 590, 591

Kehl, Dr. Werner, Direktor d. Deutschen Bank 156, 172, 303, 305, 323

Die folgenden Namen erscheinen gelegentlich im Text in einer nicht ganz korrekten Schreibweise: Conze, Doehle, Duesterberg, Ender, Fleuriau, Friedeburg, Hertz, Meier (Baden), Roedern, Schmidt (Hannover), Tyrrell.

SACHREGISTER